Jörg Frochte

Maschinelles Lernen

Grundlagen und Algorithmen in Python

3., überarbeitete und erweiterte Auflage

HANSER

Autor:

Prof. Dr. rer. nat. Jörg Frochte
Hochschule Bochum
Arbeitsgruppe Angewandte Informatik und Mathematik

MIX
Papier aus verantwortungsvollen Quellen
FSC® C083411

Bibliografische Information der Deutschen Nationalbibliothek:
Die Deutsche Nationalbibliothek verzeichnet diese Publikation in der Deutschen Nationalbibliografie; detaillierte bibliografische Daten sind im Internet über
http://dnb.d-nb.de abrufbar.

Internet: www.hanser-fachbuch.de

Lektorat: Dipl.-Ing. Natalia Silakova-Herzberg
Herstellung: Anne Kurth
Covergestaltung: Max Kostopoulos
Coverkonzept: Marc Müller-Bremer, www.rebranding.de, München
Titelbild: © shutterstock.com/studiostoks
Satz: Jörg Frochte
Druck und Bindung: CPI books GmbH, Leck
Printed in Germany

Print-ISBN 978-3-446-46144-4
E-Book-ISBN 978-3-446-46355-4

Frochte

Maschinelles Lernen

Inhalt

1 Einleitung

Manche sagen, maschinelles Lernen sei ein Teilgebiet der künstlichen Intelligenz, andere ein Hilfsmittel in Disziplinen wie Data Mining oder Information Retrieval. Es hängt von der Sichtweise ab. Für mich ist es das Gebiet, das die interessantesten Aspekte zusammenbringt, nämlich Informatik, Mathematik und Anwendungen, die sehr vielfältig sind. Man kann hier mit Menschen zusammenarbeiten, denen es um autonomes Fahren oder um lernende Roboter in Industrie und Haushalt geht. Andere Anwendungsfelder sind beispielsweise das Verhalten von Menschen in Online-Shops oder Prognosen über Kreditwürdigkeit.

Das Feld ist aber deutlich breiter: Ein Kollege von mir setzt zum Beispiel in einem Projekt maschinelles Lernen ein, um Stimmen bedrohter Vögel in Neuseeland – *http://avianz.massey.ac.nz/* bzw. [PMC18] – zu erkennen und auch um zu ermitteln, wie viele Vögel wirklich auf einer Aufnahme zu hören sind. Das ist nicht leicht, denn es könnte dreimal derselbe Vogel sein, der ruft, oder eben drei verschiedene. Das ist maschinelles Lernen in der Ökologie. Andere Kollegen arbeiten mit Satellitendaten unterschiedlicher Qualität und versuchen so, Aussagen zu treffen, um die ausgebrachte Wasser- und Düngermenge zu optimieren. Das sind zwar alles sehr ernsthafte Fälle. Man darf aber auch einfach Spaß haben und versuchen, die KI in einem Computerspiel besser und unterhaltsamer zu machen. Das maschinelle Lernen ist also eine Art Schweizer Taschenmesser, welches man in den unterschiedlichsten Situationen sinnvoll und unterhaltsam einsetzen kann.

Ich versuche in diesem Buch, die meiner Ansicht nach wichtigsten Techniken und Ansätze darzustellen. Es enthält aber zunächst nur eines von diesen mitteldicken Schweizer Taschenmessern. Wenn Sie das Buch durchgearbeitet haben, schauen Sie mal nach folgenden Begriffen, die es nicht in die dritte Auflage geschafft haben: Outlier Detection, Radiale-Basisfunktionen-Netze, Self Organizing Maps, Recurrent Neural Networks ...

Es gibt viele interessante Themen in diesem Feld. Am Ende des Buches haben Sie sich bestimmt die Grundlagen – und auch etwas mehr – angeeignet, um sich schnell in neue Bereiche einarbeiten zu können. Um die ganzen Werkzeuge in diesem Schweizer Taschenmesser sinnvoll nutzen zu können, sollte man einen breiten Überblick über das Gebiet haben und sich nicht auf eine Technik beschränken. Aktuell sind z. B. Convolutional Neural Networks sehr in Mode und natürlich kann man auch diese irgendwie benutzen, ohne verstanden zu haben, wie neuronale Netze überhaupt funktionieren. Ein Keras-Tutorial dazu kann man schnell abtippen und sehen, wie der eigene Computer Ziffern mit hoher Genauigkeit erkennt. Man muss zwar nicht immer alles durchdringen, aber wenn man sich dafür interessiert, will man dort nicht stehen bleiben, oder?

Ich verstehe zum Beispiel nicht viel von meinem Auto, weil es mich nicht interessiert. Meine Ignoranz funktioniert hervorragend, weil das Produkt recht gut entworfen ist und ich nicht den Wunsch habe, an ihm herumzuschrauben. Als reiner User fahre ich bei Problemen in eine Werkstatt. Ich gehe aber davon aus, dass Sie mit dem maschinellen Lernen mehr machen wollen als sich hineinzusetzen und loszufahren. Sie sind Designer von Lösungen, kreativer Kopf hinter neuen Anwendungen oder die Werkstatt, die sich um die rote Warnlampe kümmert.

Wer hier nur ein Werkzeug kennt, läuft in eine Falle, die als *Law of the instrument* oder auch **Maslows Hammer** nach dem Ausspruch *If all you have is a hammer, everything looks like a nail* bekannt ist. Um hier für unterschiedliche Probleme mit großen und kleinen Datenmengen ebenso wie für unterschiedliche Ressourcenlagen Lösungen anbieten zu können, versuchen wir es mit vielen Werkzeugen. Das Ziel ist es, beim Kennenlernen dieser Werkzeuge zwischen den beiden Monstern Skylla (Theorielastigkeit) und Charybdis (flache Unbedeutendheit) möglichst unbeschadet hindurch zu kommen. Das bedeutet, ich möchte, dass Sie am Ende des Buches die mathematischen Hintergründe dieser Technik im Wesentlichen kennen, aber nicht notwendigerweise in der trockenen Form aus Definition, Satz und Beweis. Ich bin überzeugt, dass ein guter Mittelweg darin besteht, möglichst viele Algorithmen aus dem Bereich einmal selbst umzusetzen. Benutzt man nur fertige Bibliotheken, ist es etwa so, als würde jemand glauben, vom Zusehen schwimmen gelernt zu haben. Ich möchte also mit Ihnen gemeinsam wirklich *schwimmen* und Algorithmen basierend auf Verständnis und Theorie umsetzen. Dabei ist es in Ordnung, wenn unsere Umsetzungen nicht das Rennen bzgl. der Performance gewinnen. Es geht darum, die Prinzipien und theoretischen Grundlagen einmal ausprobiert zu haben. Allerdings soll das kein fundamentalistisches Dogma sein. Wer glaubt, er habe den Ansatz gefunden, der immer und für jeden funktioniert, ist im besten Fall eine Gefahr für sich und im schlimmsten für andere Menschen.
Es gibt ein paar Stellen, an denen wir mit der Idee, die Dinge from-scratch umzusetzen, nicht weiterkommen würden: tiefe neuronale Netze (Deep Learning) und Support Vector Machines. Beide benötigen mehr Wissen und Software rund um Optimierung und Co. als in dieses Buch passt. Gleichzeitig sind sie sehr spannend, sodass man sie nicht einfach weglassen sollte, nur weil die Umsetzung nicht gut auf ein paar Buchseiten passt. Wir setzen daher die neuronalen Netze in ihrer klassischen Form zu Fuß um und gehen dann für die tiefen dazu über, Keras als Bibliothek zu verwenden. Im Zusammenhang mit klassischen Netzen handeln wir fast alle Fallen und Begriffe ab und gehen dann mit Keras zu Anwendungen über, die mehr Leistung oder bessere Optimierung brauchen. Dasselbe gilt in gewisser Weise für die Support Vector Machines, die ebenfalls ein Modul aus der quadratischen Optimierung benötigen; nur weglassen sollte man sie nicht. Hier schauen wir uns erst etwas theoretischer die Grundlagen an und greifen dann zum Ausprobieren zur fertigen Umsetzung aus scikit-learn.

Weil wir abseits dieser beiden Fälle tendenziell über Algorithmen gehen, versuchen wir vorzugsweise, einen eher algorithmischen statt einen statistischen Zugang zu nehmen. Das liegt auch daran, für welche Zielgruppe ich gewöhnlich maschinelles Lernen aufbereite. Ich selbst unterrichte das Fach für Ingenieure oder angewandte bzw. technische Informatiker. Die Ingenieure in der Praxis oder an der Hochschule sind oft mit MATLAB vertraut und haben dort ggf. bereits etwas mit maschinellem Lernen versucht. Die Informatiker in den Studiengängen hatten Java, C und ggf. MATLAB. Das meiner Meinung nach beste und kostengünstigste Ökosystem zum maschinellen Lernen findet man jedoch bei Python oder R. Letzteres ist gerade bei Statistikern sehr beliebt. Für Ingenieure ziehe ich Python R vor; u. a. wegen dessen besserer Einbindung, auch in Robotik-Projekten, und wegen des leichten Umstiegs. Der Sprung von MATLAB zu Python ist gering, muss aber immer gemacht werden. Ziemlich genau diese Sprunghöhe, die jemand schaffen muss, der von MATLAB bzw. GNU/Octave zu Python wechseln möchte, ist auch im Buch eingebaut. Es funktioniert aber auch, wenn jemand von Java oder C++ kommt.

Daneben sind Ingenieure oder Ingenieurinformatiker oft sehr gut ausgebildet in linearer Algebra und Analysis, dafür fehlt die Statistik in der Ausbildung. Daher habe ich auch die Statistik in der Darstellung des maschinellen Lernens möglichst knapp gehalten und den wirklich notwendigen Teil der Mathematik ins Buch integriert.

Die Analysis und lineare Algebra – in Kapitel 5 – sind in weiten Teilen eingebettet, wenn auch teilweise auf dem Niveau einer Erinnerung.

Im Buch baue ich die Quelltexte immer (fast) vollständig ein. Sie können die Quellen natürlich auch von meiner Seite *https://joerg.frochte.de* downloaden, aber mir ist es wichtig, dass der Python-Code wirklich ins Buch eingebunden ist. Wenn man einen algorithmischen Zugang versucht, sind die Algorithmen eben wesentlich. Außerdem möchte ich gerne, dass man das Buch sowohl vor dem Computer benutzen kann – direkt alles mitmachen und ausprobieren – als auch in einem Park sitzend und nur lesend. Ich selbst lese gerne auch gedruckte Fachbücher als Entspannung, wenn ich gerade keinen Bildschirm sehen will ... und ich vermute, ich bin damit nicht allein. Man kann Algorithmen in Python tatsächlich sehr kompakt notieren und auf die wesentlichen Ideen beschränken, was Python ebenfalls für den Abdruck interessant macht. Bezüglich des Codes wird jemandem, der Python schon länger benutzt, etwas auffallen: Ich benutze kein snake_case, was in Python ungewöhnlich ist. Gründe sind sicherlich, dass meine Kursteilnehmer von C, MATLAB oder Java kommen, ich selbst auch oft zwischen diesen Programmiersprachen wechsle und mir dabei eine Art Crossover-Stil angewöhnt habe. Ich hoffe, es stört niemanden, der an sauberes PEP 8 gewöhnt ist, und bitte falls doch um Nachsicht. Der Stil für die Variablennamen ist hier aber nicht so wichtig. Wir haben es die meiste Zeit mit sehr kurzen Variablen zu tun, wie X für die Trainingsmenge und Y für die Menge der Ziele usw. Da wölbt sich keine Schlange und macht kein Kamel einen Höcker.

In den Python-Codes, die einen wichtigen Teil des Buches ausmachen, müssen wir ohne Pfeile oder Fettdruck für Vektoren und Matrizen auskommen. Entsprechend lassen wir dies auch für die Formeln weg und bemühen uns, so zu klären, was was ist. Formeln haben immer dann eine Nummer, wenn auf diese später noch einmal verwiesen wird. Gleichheitszeichen im Pseudocode sind i. d. R. als *gleichgesetzt*, also als Zuweisung, zu lesen.

Im Buch sind drei Arten von „Boxen“ eingebaut:

Diese hat etwas damit zu tun, wo Sie in **scikit-learn** den Algorithmus, den wir gerade umgesetzt haben, finden können. Es ist lediglich ein Verweis auf professionelle Umsetzungen. **Keras** und scikit-learn sind für mich zwei sehr wichtige Stützpfeiler, um schnell und gut etwas in Python umsetzen zu können. Ich habe die Verweise auf diese beiden Bibliotheken beschränkt.

Die zweite Textbox ist ein allgemeines *Achtung*. Ich setze diese Box nicht so oft ein, weil irgendwie alles oder nichts wichtig ist. Aber manche Dinge sind doch ärgerlicher als andere und kosten sehr viel Zeit, wenn man sie überliest. Wenn ich einen dieser Fälle bereits erlebt habe, taucht diese Box auf.

Die wichtigste Gruppe von Boxen erkennt man an dem Schraubenschlüssel. Hier gibt es Anregungen, was Sie selbst anschließend ausprobieren könnten. Keine von diesen ist nötig, um dem Rest des Buches zu folgen. Es sind einfach Vorschläge, damit Sie selbst etwas mit dem neu Gelernten anfangen können, ohne dass die Lösung sofort danebensteht. Oft gibt es nicht DIE Lösung, sondern eben sehr viele Ansätze.

Wenn ich eine Variable aus einem Quellcode im Fließtext verwende, wird diese als `Schreibmaschinenschrift` gesetzt. Dinge, die fettgedruckt sind, tauchen im Index hinten auf. Der Sinn liegt darin, dass Sie etwas hinten im Index suchen und dann auf der Seite sofort sehen, wo es steht. In der Regel wird etwas nur beim ersten Auftauchen in den Index aufgenommen. Ansonsten bedeutet ein kursiver Druck etwas Ähnliches wie *Eigenname* oder *In-Anführungszeichen*. Der Einstieg in Python ist in Kapitel 3 konzentriert. Wer Python zusammen mit NumPy & Co. schon beherrscht, kann das Kapitel überspringen. Alle anderen erhalten in Kapitel 3 einen schnellen praktischen Einstieg, wie mit Matrizen und Arrays in NumPy gearbeitet wird. Im Unterschied zu Python als Grundlage habe ich beim Aufbau des Buches versucht, auch die Einarbeitung der mathematischen Grundlagen über mehrere Kapitel zu verteilen und nicht in einem Einstiegskapitel oder Anhang zu bündeln; einfach damit es nicht einen langen trockenen Teil gibt und dann viele Passagen, die quasi primär aus Pseudo- bzw. Quellcode bestehen. In Kapitel 4 folgt zusammen mit dem ersten Klassifikator ein guter Teil der minimalisierten statistischen Grundlagen, die wir brauchen. In Kapitel 5 gehen wir noch einmal tiefer auf Vektorräume, Normen und Metriken ein. Diese sind u. a. notwendig, wenn man hinterher, wie in Kapitel 13, versucht, Grade von Ähnlichkeiten zwischen Objekten zu ändern, und zwar durch die Art, wie Abstände definiert werden. In den Kapiteln 7 und 8 ist wiederum etwas Optimierung eingebaut, welche nötig ist, um neuronale Netze zu trainieren.

Die Auswahl von Merkmalen und ihre Reduktion sind das Thema des Kapitels 9. Hier brauchen wir noch einen Nachschlag bzgl. der Statistik und dazu Grundlagen zu Eigenwerten und Eigenvektoren. Diese sind nötig, um die Principal Component Analysis richtig einzuordnen. Vielleicht etwas ungewöhnlich ist die Lage des Kapitels 9 innerhalb des Buches. Man könnte eigentlich annehmen, dass die Diskussion über die Daten weiter vorne kommen sollte. Jedoch wollte ich für einige Demonstrationen schon Lernverfahren zur Verfügung haben, wozu neuronale Netze gehören, da diese z. B. andere Ansprüche haben als ein Entscheidungsbaum. Neu in der dritten Auflage ist, dass ich versuche, in dieses Kapitel Pandas als wohl wichtigste Bibliothek im Umgang mit strukturierten Daten einzubinden.

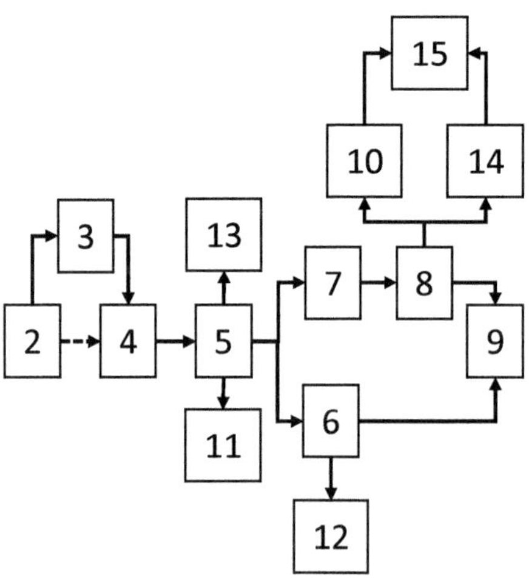

Abbildung 1.1 Abhängigkeiten zwischen den Kapitel des Buches

Wer das Buch in einer Vorlesung einsetzen will und kürzen möchte bzw. muss, für den habe ich die Abbildung 1.1 eingebaut. Sie gibt die wesentlichen Abhängigkeiten wieder. Es kann immer mal irgendwo ein Verweis auch außerhalb dieser Abhängigkeiten auftauchen. Daneben gibt es in jedem Kapitel viele Möglichkeiten zu kürzen, abhängig von den Vorkenntnissen der Teilnehmerinnen und Teilnehmer oder den Zielen zu kürzen. Wer z. B. eigentlich bestärkendes Lernen mit neuronalen Netzen machen möchte, der kann sich im Kapitel 8, auf die ersten zwei beiden Abschnitte konzentrieren. Generell kann man dann vieles auf dem Weg anpassen oder weglassen; dafür sind Dozentinnen und Dozenten eben wichtig.

Jetzt sollten wir aber anfangen, nachdem ich mich bei einigen Menschen bedankt habe. Das sind im Vergleich zur letzten Ausgabe einige mehr geworden. Ich möchte mich wirklich bei Lesern bedanken, die mir Anregungen schicken oder Stellen nennen, bei denen die Erklärungen im Buch nicht rundlaufen. Diese haben mich – ebenso wie die Arbeit zusammen mit Herrn Kaufmann am Projekt Weiterbildung AI (*https://we-ai.de*) – sehr weitergebracht bzgl. der Frage wo man noch was ändern oder ergänzen müsste. Neben den Leserinnen und Lesern, die mir konstruktive Rückmeldungen per E-Mail geben, haben mir auch viele Kolleginnen und Kollegen geholfen. Ich vergesse bestimmt jemanden und möchte mich dafür entschuldigen, jedoch unter anderem möchte ich mich bedanken bei Sabine Weidauer, Benno Stein, Matthias Rottmann, Peter Gerwinski, Herbert Schmidt, Michael Knorrenschild, Peter Beater, Christof Kaufmann, Henrik Blunck, Marco Schmidt, Stefan Müller-Schneiders, René Schoesau, Stefan Bader, Roland Schroth, Annabel Lindner, Julia Sudhoff und Gernot Kucera.

Wenn man ein Buch schreibt, kostet das immer viel zusätzliche Zeit neben dem normalen Beruf. Daher vielen Dank, dass ich mir diese nehmen durfte, an meinen Sohn Laurin und meine Frau Barbara. Letzterer genau wie den Korrektor und Lektorin des Hanser-Verlags vielen Dank für die Anregungen und Überarbeitungen.

Auch für die Zukunft freue ich mich auf jede Rückmeldung an joerg@frochte.de – und nun los!

2 Maschinelles Lernen – Überblick und Abgrenzung

Bevor wir uns mit den einzelnen Techniken, Methoden und Algorithmen beschäftigen, soll es in diesem Kapitel erst einmal darum gehen, einen Überblick zu bekommen. Das bedeutet, wir werden versuchen, eine Taxonomie der Techniken im maschinellen Lernen zu erarbeiten und das maschinelle Lernen im Kontext von *Künstlicher Intelligenz* sowie *Data Mining* bzw. *Knowledge Discovery in Databases* einzuordnen.

2.1 Lernen, was bedeutet das eigentlich?

Vor einer Klärung, was maschinelles Lernen ist, müsste man sich zunächst darüber klar werden, was wir unter Lernen an sich verstehen. Irgendwie hat jeder, der durch Schule und Hochschule gegangen ist, eine Vorstellung davon. Aber immer, wenn ich spontan nachfrage, gehen die Vorstellungen doch sehr auseinander. Eine Idee ist, in diverse Lexika zu schauen. Dabei bin ich auf eine Menge unterschiedlicher Antworten gestoßen. Hier einmal drei zur Auswahl:

Jede Form von Leistungssteigerung, die durch gezielte Anstrengung erreicht wurde.

Jede Verhaltensänderung, die sich auf Erfahrung, Übung oder Beobachtung zurückführen lässt.

Durch Erfahrung entstandene, relativ überdauernde Verhaltensänderung bzw. -möglichkeiten.

Im Prinzip gilt für die Maschine dasselbe, was diese Lexika-Definitionen nahelegen. Die Maschine bzw. das Computerprogramm – oft ein Agent, wie wir ihn in Kapitel 14 kennenlernen werden – soll aus Erfahrungen lernen und somit Verhaltensänderungen bei ihm bewirken.

Statt Maschinen statisch zu programmieren, wollen wir Techniken einsetzen, mit deren Hilfe unsere Computer ein Verhalten aus Daten lernen. Diese Daten stellen die Erfahrungen dar, welche die Maschine macht. Damit ist nicht automatisch gesagt, dass die Maschine immer weiterlernt. Es ist auch denkbar, dass wir ein Verhalten einmal mithilfe von Daten lernen bzw. trainieren und es dann einfrieren. Das sind bewusste Entscheidungen, die Entwickler treffen. Auch ist Lernen damit nicht identisch mit Intelligenz oder Bewusstsein. Eine Maschine kann sehr gut darin sein, ihr Verhalten z. B. bzgl. der Reinigung unserer Wohnungen zu verbessern und dabei nicht einen Krümel Intelligenz oder Bewusstsein besitzen. Sie verändert nur ihr Verhalten in der Umgebung auf der Basis von Algorithmen und Daten; man spricht davon, das Verhalten an die Umgebung zu adaptieren.

Eine genaue und allgemein verbindliche Eingrenzung des Begriffes *Maschinelles Lernen* ist nicht leicht und in der Literatur nicht einheitlich. Das kommt daher, weil das maschinelle Lernen für viele eher ein Werkzeugkasten ist, den sie im Rahmen des sogenannten Data Minings bzw. der Knowledge Discovery in Databases einsetzen. Andere wiederum sehen es als Teil der künstlichen Intelligenz, und entsprechend schauen die Weisen sehr unterschiedlich auf den gleichen Elefanten.

2.2 Künstliche Intelligenz, Data Mining und Knowledge Discovery in Databases

Wenn man von **künstlicher Intelligenz** spricht, steht man vor dem Problem, dass ohne das Adjektiv *künstlich* Intelligenz nicht im Sinne einer mathematischen Definition scharf definiert ist. Der Mensch geht davon aus, dass er – im unterschiedlichen Maße – intelligent ist und danach wird versucht, eine Definition zu erstellen.

Der Begriff *künstliche Intelligenz* spiegelt dabei den Menschen als Maßstab wider. Eine künstliche Intelligenz soll im Wesentlichen die gleichen intellektuellen Tätigkeiten wie ein Mensch ausführen können oder ihn dabei übertreffen. In der Forschung geht man davon aus, dass eine solche künstliche Intelligenz Folgendes leisten können sollte:

1. Logisches Denken
2. Treffen von Entscheidungen bei Unsicherheit
3. Planen
4. Lernen
5. Kommunikation in natürlicher Sprache

All diese Aspekte sollen eingesetzt werden können, um Ziele zu erreichen. Allgemein muss man sagen, dass der erste Punkt *Logisches Denken* zu den härtesten gehört und auch wegen des Wortes *Denken* am schwierigsten zu überprüfen ist.

Wo sind wir dort mit dem maschinellen Lernen zu finden? Nun, augenscheinlich dient das maschinelle Lernen dazu, den Punkt 4 *Lernen* zu bearbeiten. Die Algorithmen des maschinellen Lernens helfen zumindest auch beim Punkt 5 *Kommunikation* und sind ebenfalls in der Lage, den Punkt 3 *Planen* zu verbessern. Wie wir im Laufe des Buches noch sehen werden, fällt der Punkt 2 *Entscheidungen* auch fast vollständig in diesen Bereich. Bei so großen Überschneidungen ist es kein Wunder, dass die Begriffe oft durcheinandergeraten. Es ist allerdings nicht dasselbe, denn *Planen* oder *Entscheidungen bei Unsicherheiten treffen* kann man auch anders. Bis auf den Aspekt des Lernens selbst stellt das maschinelle Lernen oft Ansätze bereit, ist aber nicht der einzige Ansatz.

In der Aufzählung oben fehlen einige besonders schwer zu greifende Begriffe, die oft mit künstlicher Intelligenz verbunden werden, wie *Bewusstsein* und *Empfindungsvermögen*. Hier ist das maschinelle Lernen in dem mir bekannten Stand vollkommen außen vor und kann zumindest aktuell noch keinen Beitrag leisten; allenfalls es vortäuschen. Wenn eine Maschine die obigen Aspekte alle beherrschen würde, spräche man von einer **starken künstlichen Intelligenz**.

Die **schwache künstliche Intelligenz** hingegen beschränkt sich auf konkrete einzelne Anwendungsfelder – ist also keine universale Intelligenz – oder darauf, in gewissen Situationen intelligent zu erscheinen. Letzteres, finde ich, macht sie dann wieder sehr menschlich, denn wer war noch nicht in der Lage, einmal schlauer aussehen zu müssen, als er vermutlich ist?

Der Turing-Test wird oft erwähnt, wenn es um die Überprüfung geht, ob eine Maschine intelligent ist. Er besteht im Wesentlichen daraus, dass ein Mensch nicht mehr in der Lage ist, zu erkennen, ob das Gegenüber bei einem Telefongespräch oder einem Chat eine Maschine oder ein Mensch ist. Hierzu gab es schon viele Tests und Programme, unter anderem **Cleverbot**, der auf Small-Talk spezialisiert ist und als Unterhaltungsmodul von **Hitchbot** diente, der als Anhalter in Kanada unterwegs war.

Die Frage, die Sie sich selbst beantworten müssen, ist, ob eine Maschine, die den **Turing-Test** besteht, eine starke oder eine schwache künstliche Intelligenz ist. Der amerikanischer Philosoph John Rogers Searle zum Beispiel geht davon aus, dass in diesem Fall nur eine Intelligenz vorgetäuscht wird, und hat das in einem Gedankenexperiment, welches als das *Chinesische Zimmer* bekannt ist, ausgearbeitet. Die Frage ist, wie man überhaupt eine starke Intelligenz testen könnte.

Schwache künstliche Intelligenzen, welche quasi Spezialisten auf genau ihrem Gebiet sind, werden jedenfalls aktuell rapide weiterentwickelt und dringen in Bereiche der Produktion, Planung etc. vor. Natürlich sind auch Computerspiele typische Einsatzfelder schwacher künstlicher Intelligenzen. Hierbei muss man zwei Anwendungsfälle unterscheiden: Einmal die KI, die in Spielen – in der Regel mit vollständiger Information wie Schach oder GO – immer besser werden und menschliche Spieler hinter sich lassen. Zum anderen aber die künstliche Intelligenz, die in Computerspielen die Rolle von sogenannten *Non-Player-Characters* (NPC) übernimmt. Hier geht es wieder im Wesentlichen darum, ein gewünschtes Verhalten nachzuahmen und nicht darum, besser als der Spieler zu sein. Wenn dort in einem Rollenspiel ein Dorfdepp vorkommt, soll er nicht zu clever sein, sondern wie ein Schauspieler seine Rolle spielen. Bei NPCs geht es also oft darum, zu unterhalten, was hier dann die eigentliche Leistung ist. Alles andere wäre ökonomisch nicht weise, denn nur wenige von uns sind so veranlagt, dass sie Geld ausgeben, um sich von einem Computer einmal richtig demütigen zu lassen ... die meisten wollen eher selbst gewinnen. Während die Techniken für die Bewältigung von Spielen wie GO in der Regel auf maschinelles Lernen aufbauen, ist dies bei den NPCs in Computerspielen nur sehr selten der Fall.

Fassen wir einmal zusammen, dass maschinelles Lernen und künstliche Intelligenz eine große Überschneidung haben, und viele Techniken des maschinellen Lernens im Bereich der künstlichen Intelligenz eingesetzt werden. Wie sieht es mit dem anderen großen Feld aus, also der **Knowledge Discovery in Databases**?

Um das besser zu verstehen, beginnen wir mit dem Prozess der Knowledge Discovery in Databases, wie er in Abbildung 2.1 dargestellt ist. Diese Version geht auf die Veröffentlichung [FPSS96] zurück.

Am Anfang steht immer eine Sammlung von Daten, die wir einfachheitshalber mit einer großen Datenbank darstellen. Knowledge Discovery in Databases (KDD) ist dabei der Prozess der (semi-)automatischen Extraktion von Wissen aus eben dieser Datenbank. Wie man an dem Begriff *(semi-)automatisch* erkennt, ist hier oft ein Mensch enger Begleiter des Prozesses, und der Prozess läuft nicht immer autonom ab. In seiner (semi-)automatischen Form ist der KDD-Prozess interaktiv und iterativ, was bedeutet, dass der Anwender Entscheidungen trifft und einige Schritte ggf. wiederholt werden müssen. In Abbildung 2.1 wird dies durch die Rückwärtspfeile nach jedem Hauptschritt angedeutet.

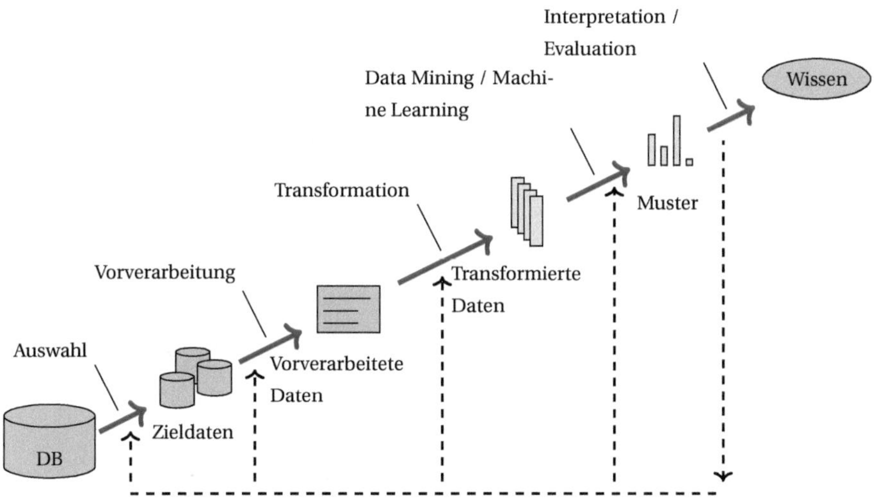

Abbildung 2.1 Knowledge Discovery in Databases als Prozess

Beim KDD-Prozess geht es zunächst darum, die Anwendungsdomäne zu verstehen und Daten für die definierten Ziele auszuwählen. Der Grund ist, dass die Ausgangsdatensammlung nicht speziell für unser Ziel angefertigt wurde, sondern eben viele Dinge enthält, die für uns keine Rolle spielen. Im nächsten Schritt der Vorverarbeitung werden die Daten bereinigt. Das meint unter anderem den Umgang mit fehlenden Daten, wie wir ihn in Abschnitt 9.2.2 diskutieren. Als Nächstes müssen die Daten transformiert und ggf. auch reduziert werden. Die Transformation kann dabei z. B. darin liegen, Daten, die als Strings vorliegen, numerischen Werten zuzuordnen, da die meisten Methoden auf numerischen Werten basieren und eben nicht auf symbolischen Größen. Das Reduzieren meint dann z. B., Daten zusammenzulegen, wie wir es in Kapitel 9 besprechen werden. Nehmen wir als Beispiel an, in einer Datenbank sind Informationen zu Länge, Breite und Gewicht eines Fahrzeuges enthalten. Wollen wir nicht mit so vielen Merkmalen arbeiten, fassen wir diese drei Merkmale irgendwie zu einem Meta-Merkmal *Groß* zusammen. Wir haben im weiteren Verlauf nicht mehr Länge, Breite und Gewicht, sondern einen Wahrheitswert für *Groß*, der z. B. zwischen 0 und 1 liegt. Für die vorliegenden Daten wählen wir dann eine geeignete Methode aus dem Bereich des maschinellen Lernens – oder wie andere sagen würden Data Minings – aus und nutzen diese. Das Resultat sind neue Ergebnisse (Muster) in den Daten. Das wäre im Wesentlichen das Wissen. Wenn es aber rein um Muster geht, kann es auch sein, dass diese wieder von einem Menschen interpretiert werden und dann als Output dieses Prozesses verwendet werden, um z. B. Abläufe in Firmen oder Institutionen zu verbessern.

Solange es um die Erkennung von Mustern in Daten geht, fallen das unüberwachte Lernen als Teil des Machine Learnings, über das wir gleich noch sprechen werden, und das Data Mining als Schritt innerhalb des KDD-Prozesses eigentlich zusammen. Es gibt manchmal den Versuch, eine Abgrenzung über die Menge der Daten zu machen. Das bedeutet, Sie lesen vielleicht irgendwo, dass es sich um Machine Learning handele, wenn es in den Hauptspeicher passt. Wenn es hingegen sequenziell aus Datenbank-Anwendungen kommen muss, sei es Data Mining. Das Problem an diesem Ansatz ist, dass es vorkommen kann, dass eine Fragestellung im Jahr 2005 Data Mining war, weil diese nicht in den Hauptspeicher passte. Aber im Jahr 2015 ist es dann Machine Learning, weil der durchschnittliche Hauptspeicher in Computern sich verändert hat. Das ist, wie ich finde, unglücklich. Es spricht nichts dagegen, Data Mining zu sagen, wenn man hervorheben möchte, dass eine klassische Datenbank Ausgangspunkt der Arbeit war und man nichts mit künstlicher Intelligenz zu tun hat. Wirklich sinnvoll zu unterscheiden sind jedoch primär der KDD-Prozess und das maschinelle Lernen als Werkzeug innerhalb dieses Prozesses.

2.3 Strukturierte und unstrukturierte Daten in Big und Small

Beim maschinellen Lernen scheint es immer darum zu gehen, aus Daten Wissen zu generieren, und zwar unabhängig davon, ob im Umfeld der künstlichen Intelligenz Systeme trainiert werden oder im Rahmen eines KDD-Prozesses Wissen aus einer Datenbank erzeugt wird. Da also Daten der Dreh- und Angelpunkt der ganzen Angelegenheit sind, sollte man sich die unterschiedlichen Arten von Daten einmal ansehen.

Zunächst gilt es, zwischen strukturierten und unstrukturierten Daten zu unterscheiden. **Strukturierte Daten** kann man sich fast immer in Form einer Tabelle vorstellen. Jede Spalte stellt dabei ein **Merkmal** oder eben englisch **Feature** dar und jede Zeile einen Eintrag, der mehrere dieser Merkmale in einem **Datensatz** oder **Record** kombiniert. Ein Problem mit der Fachsprache und der Umgangssprache ist, dass *Datensatz* oft eher als *Datenbestand*, also mehr im Sinne von *ein Satz/eine Sammlung von Daten*, benutzt wird.

Tabelle 2.1 Strukturierter Datenbestand in einer Tabellenform

Merkmale / Datensatz	f_1	f_2	f_3	…	f_{n-2}	f_{n-1}	f_n
1							
2							
⋮							
$m-1$							
m							

Nehmen wir an, die Tabelle enthält Informationen zu PKW, dann kann jede Zeile für ein konkretes Auto stehen, und in den Spalten finden sich die Eigenschaften, wie die Anzahl der Türen (f_1), der kombinierte Verbrauch(f_2), der Anschaffungspreis(f_3) etc. Solche Tabellen sind auch die Grundlage von relationalen Datenbankanwendungen wie SQL etc., sodass viele Daten, die wir in Unternehmen finden, strukturiert sind. Das bedeutet, wenn wir uns für eine Eigenschaft eines Objektes interessieren, wissen wir genau, wo wir diese finden. Die Informationen sind für uns in strukturierter Weise abrufbar.

Nun sind irgendwie alle Daten, die in einem Computer verarbeitet werden, strukturiert; also auch Bilder, die oft als Beispiel für **unstrukturierte Daten** genannt werden. Wie kommt das?

Abbildung 2.2 Unstrukturierte Information, dass ein Hund auf dem Bild ist

Das Bild-Format als solches ist natürlich strukturiert. Wenn wir z. B. ein Bild im PNG-Format in Python laden, werden wir drei Matrizen mit RGB (Rot, Gelb, Blau)-Werten erhalten und können dadurch, dass bekannt ist, wie das Bildformat aufgebaut ist, dieses Bild auch anzeigen. Die Information, was z. B. auf dem Foto in Abbildung 2.2 zu sehen ist, können wir jedoch nicht strukturiert abgreifen. Ist eine Katze auf dem Bild oder ein Hund oder keines von beiden? Die Information ist irgendwie im Bild enthalten, jedoch nicht für uns direkt zugreifbar. Dasselbe gilt für freie Texte wie E-Mails, denn sie sind bzgl. der Informationen, die uns interessieren, unstrukturiert.

Es ist einsichtig, dass es für uns leichter ist, strukturierte Daten als Grundlagen für Lernalgorithmen zu verwenden als unstrukturierte. Ebenso muss man sich klarmachen, dass die Frage, ob etwas als strukturiert oder unstrukturiert gilt, manchmal von der Anwendung bzw. Frage abhängt. Nehmen wir an, Sie haben eine Aufnahme einer Wärmebildkamera. Wenn die gesuchte Information die Wärme an einem Bildpunkt ist, so ist dieses Bild als Informationsquelle sehr strukturiert. Wollen wir hingegen auf dem Bild erkennen, ob etwas ein Gesicht ist oder nicht, dann ist die Datenquelle unstrukturiert.

Ein anderer Begriff, der in letzter Zeit im Zusammenhang mit dem maschinellen Lernen durch die Presse wirbelt, ist **Big Data**. Was meint man damit und will man das eigentlich haben? Generell meint Big Data Datenbestände, die bzgl. ihrer Menge, Komplexität, schwachen Strukturierung und/oder Schnelllebigkeit ein Problem für die herkömmliche Datenverarbeitung bzw. Datenanalyse sind. Eine recht akzeptierte Definition von Big Data bezieht das *big* auf drei Dimensionen

- Volume – großes Datenvolumen
- Velocity – große Geschwindigkeit, in der neue Daten generiert werden
- Variety – große Bandbreite der Datentypen und -quellen

Wenn man das zunächst so liest, dann ist Big Data nichts, was man haben möchte, denn das oben Aufgelistete bedeutet, dass man ein Problem hat, mit etwas umzugehen. Neben dem Punkt, dass Big Data aktuell durchaus ein Hype-Begriff ist, um Dinge zu verkaufen, ist es jedoch tatsächlich so, dass man hofft, in großen Datenbeständen Schätze zu haben, die es ermöglichen sollen, neue Geschäftsmodelle und -ideen zu entwickeln. Oft werden die Begriffe jedoch falsch genutzt, und es gibt den Wunsch, *irgendetwas mit Big Data* zu machen, obwohl die Fragestellungen und/oder Datenbestände zwar nicht per Hand, jedoch mit Standardmethoden des maschinellen Lernens bearbeitet werden könnten.

Generell ist *Volumen* für uns im Bereich des maschinellen Lernens nicht per se ein Problem. Sie werden im Laufe des Buches feststellen, dass wir uns z. B. im Rahmen strukturierter Daten sehr darüber freuen, viele Datensätze zu haben, es jedoch ungünstig finden, viele Merkmale zu haben, von denen wir nicht wissen, ob diese relevant sind bzw. ob diese miteinander stark korrelieren. In Sinne der Tabelle 2.1 sind also viele Daten, die durch mehr Zeilen entstehen, weit weniger problematisch als solche, die durch viele Spalten entstehen. Viele Spalten führen uns auf den **Curse of Dimensionality** oder **Fluch der Dimensionalität**, den wir in Abschnitt 5.3 besprechen werden. Nimmt man den Bereich des Data Minings in Simulationsdaten, so ergeben sich z. B. bei Finite-Element-Simulationen so viele Daten pro Simulation, dass man schnell viele Spalten erhält. Jedoch ist jede Simulation recht rechenintensiv, sodass viele Zeilen aufwendig zu erhalten sind. Das Thema **Simulation Data Mining** wird z. B. in [BY05] und [BSF$^+$11] vertieft diskutiert. Haben wir viele Daten, müssen wir natürlich mehr auf das Laufzeitverhalten der Algorithmen achten als bei kleineren Datenbeständen. So wird man vielleicht generell den in Abschnitt 13.3 diskutierten DBSCAN nutzen wollen, weicht jedoch für große Datenmengen eher auf den besser skalierenden k-Means aus Abschnitt 13.1 aus. Es geht also darum, welche Algorithmen wie gut skalieren, damit diese für Anwendungsfälle mit großem Datenvolumen taugen. Dafür bekommen wir durch mehr Datensätze oft mehr Qualität für unsere Prognosen. Wenn es hingegen um unstrukturierte Daten wie Bilder geht, sind große Mengen an Datensätzen sogar oft bitter nötig, um die dann oft verwendeten tiefen neuronalen Netze wie in Kapitel 8 trainieren zu können.

Fazit ist: Man will kein Big Data – abseits von Marketinginteressen – um seiner selbst Willen, da es oft Schwierigkeiten macht, wie die Diskussion oben nahelegt. Wenn man einen Anwendungsfall bzw. eine Fragestellung mit einer einfachen strukturierten Datenbank, die auf einer normalen Workstation läuft, beantworten kann, sollte man froh sein. Wenn die Anwendung wirklich Daten im Sinne des Big Data benötigt, dann schränkt dies die Auswahl von Algorithmen auf diejenigen ein, die gut mit der Anzahl an Datensätzen skalieren. Was natürlich immer steigt, sind die Anforderungen an die Hardware. Aber auch hier bieten Mietmodelle zunehmend Möglichkeiten, kurzzeitig große Leistung anzufragen. Ein größeres Problem für den Bereich des maschinellen Lernens ist tatsächlich ein Aspekt, der sich indirekt in *Velocity* und *Variety* verbirgt: Die meisten Algorithmen sind darauf angewiesen, dass die Merkmale als solche konstant bleiben. Wird irgendwo auf einmal ein neuer Sensor eingebaut und liefert Daten, die zuvor nicht zur Verfügung standen, ist das erst einmal eine Herausforderung. In der Tabelle 2.1 würde das einer neuen Spalte entsprechen, die jedoch für alle alten Datensätze keinen Eintrag beinhaltet.

Wir thematisieren immer die Laufzeit der Algorithmen, die dann Rückschlüsse darauf zulässt, ob diese gut oder schlecht skaliert werden. Ansonsten sind jedoch alle Beispiele, die wir in diesem Buch adressieren, weit davon ab, unter den Begriff Big Data zu fallen. Sie werden alles auf einem normalen PC oder Notebook berechnen können. Ein paar Beispiele sind leider nicht ganz so klein zu kriegen und brauchen ggf. wenige Stunden Rechenzeit. Davor *warne* ich Sie dann. Mein Tipp ist, alles durchzuarbeiten und den Quellcode dieser komplexeren Anwendungen in den Kapiteln 11 und 14 vor dem Mittagessen zu starten. Bis auf seltene Ausnahmen sollte ein normales Essen, bei dem man nicht schlingt, als Zeitrahmen ausreichen. Lediglich Abschnitt 15.6 fällt aus dem Rahmen. Hier ist im Vorteil, wer einen Gaming PC oder ähnliches besitzt und diesen auch mal länger entbehren kann.

2.4 Überwachtes, unüberwachtes und bestärkendes Lernen

Die Lernalgorithmen lassen sich im Wesentlichen in drei Kategorien einteilen:

- **„Überwachtes Lernen"**
- **„Bestärkendes Lernen"**
- **„Unüberwachtes Lernen"**

Tatsächlich geht es bei allen diesen Dingen darum, eine mathematische Funktion

$$f: X \to Y$$

zu konstruieren (lernen). Der Unterschied liegt in den Mengen X und Y, um die es geht, sowie darum, wie die Daten aussehen müssen, um diese Funktion zu lernen. Wichtig ist dabei, sich in Erinnerung zu rufen, dass das wesentliche Merkmal einer Funktion in der Mathematik ist, einem Element aus X genau ein Element Y zuzuordnen. In unseren Datenbanken werden wir jedoch aufgrund von Messfehlern, statistischen Effekten etc. oft den Fall haben, dass für einen Wert in X mehrere Aussagen über den Wert in Y vorliegen. Diese Widersprüche müssen die Algorithmen dann so auflösen, dass möglichst viele Einträge richtig durch die Funktion wiedergegeben werden.

2.4.1 Überwachtes Lernen

Das überwachte Lernen bedarf eines Lehrers. Den darf man sich jetzt allerdings nicht als eine Person vorstellen, welche die ganze Zeit den Algorithmus überwacht. Es geht darin, der Methode eine hinreichend große Menge von Ein- und Ausgaben zur Verfügung zu stellen, die bereits über den korrekten Funktionswert verfügen. Bei Datensätzen spricht man von gelabelten oder markierten Datensätzen. Ein Beispiel kann ein großer Datenbestand von Bildern mit Hunden und Katzen sein. Für jedes Bild hat jemand die Information hinterlegt, ob auf dem Bild ein Hund oder eine Katze abgebildet ist. Diese Information nutzen wir dann, um unseren Computer zu trainieren, auf Bildern Hunde und Katzen auseinanderzuhalten. Wenn dann neue Bilder kommen, zu denen diese Information nicht vorliegt, haben wir dann die begründete Hoffnung, dass der Computer diese selbstständig einordnen kann. Diese Art von Daten ist quasi die Daten-Gold-Klasse, da diese im Allgemeinen von Menschen mit Informationen veredelt wurden, und wenn man nicht gerade viele Leute dazu bringen kann, umsonst zu arbeiten, ist es durchaus teuer, die Daten so aufzuwerten. In diesem Lichte wird auch klarer, warum diverse Internetkonzerne froh sind, wenn wir als Verbraucher unsere Fotos beschreiben und sie ihnen zur Verfügung stellen. Die Klasse von Algorithmen beschäftigt uns in dem größten Teil des Buches, u. a. in den Kapiteln 4, 5, 6, 7, 8 und 12.

Im Wesentlichen geht es beim überwachten Lernen um zwei Problemstellungen, nämlich die Regression und die Klassifikation.

2.4.1.1 Klassifikation

Wie erwähnt, läuft es immer darauf hinaus, eine Funktion $f: X \to Y$ zu lernen. Bei der Klassifikation ist die Zielmenge Y diskret.

Abbildung 2.3 Schwertlilie mit Kelch- und Kronblatt

Ein bekanntes Beispiel ist der Iris Dataset. Dieser enthält Messwerte für das Kelch- und Kronblatt einer Schwertlilie (Iris) wie in Abbildung 2.3 dargestellt. Zu jedem Satz von Messwerten liegt eine Einschätzung eines Experten – in diesem Fall R. Fisher, der die Daten 1936 publizierte – vor, um welche Art von Schwertlilie es sich handelt. Die Datensammlung enthält dabei drei verschiedene Arten von Schwertlilien, nämlich *Iris setosa, Iris versicolor* und *Iris virginica.* Diese Werte bilden unsere Zielmenge:

$$Y = \{\text{Iris setosa, Iris versicolor , Iris virginica}\}$$

Um nicht zu tief in die Mathematik einzutauchen, versuchen wir uns *diskret* einmal im Unterschied zu *kontinuierlich* klarzumachen: Wenn unsere Menge aus dem Intervall von null bis zehn besteht, also $Y = [0,10]$, dann gibt es direkt neben jedem Element y in diesem Intervall wieder andere Elemente. Man kann keine Umgebung um y finden, in der nicht auch ein anderes Element liegt. Bei diskreten Mengen liegen die Elemente so vereinzelt, dass man Umgebungen finden kann, in denen niemand liegt. Beispielsweise nehmen wir einmal die ganzen Zahlen zwischen null und zehn, also $Y = \{0,1,2,\ldots 10\} \subset \mathbb{R}$. Wenn wir uns nun 0.5 weit rechts und links von z. B. 3 umsehen, finden wir dort nichts außer eben 3. Diese Menge ist diskret. Wir wollen also eine Abbildung in eine solche diskrete Zielmenge lernen und nennen dieses Vorhaben **Klassifikation**:

$$\text{Classification} = \text{gelernteFunktion}(\text{Features})$$

Die Merkmale, im Beispiel der Iris also die Messwerte für die Blätter, werden als Input gegeben, und der Output ist dann die Art der Schwertlilie. Im Unterschied zur Regression, über die wir gleich reden werden, können wir hierbei keine Zwischenwerte als Ausgabe akzeptieren. Das bedeutet, wenn die drei Typen von Schwertlilien mit den Zahlen von 1 bis 3 codiert werden, muss auch wirklich eine dieser drei Zahlen ausgegeben werden und nicht 2.5, weil der Algorithmus zwischen mehreren Möglichkeiten schwankt. Das klingt zunächst komplizierter, jedoch sind Klassifikationen in der Regel nicht schwerer als Regressionen, zu denen wir jetzt kommen, weil die Mengen oft deutlicher voneinander abgegrenzt sind.

Fassen wir es einmal etwas formaler zusammen:

Klassifizierungsproblem: Sei X der Raum der Featurevektoren und C eine Menge von Klassen. Darüber hinaus soll es eine Funktion c geben – die wir i. d. R. nicht kennen –, welche die fehlerfreie Klassifizierung

$$c : X \to C$$

vornimmt. Uns ist i. A. nur eine Menge von Beispielen bekannt:

$$D = \{(x_1, c(x_1),), (x_2, c(x_2),), \ldots (x_n, c(x_n),)\} \subseteq X \times C$$

Das Konstruieren dieser Funktion c ist die Lösung des Klassifizierungsproblems.

2.4.1.2 Regression

Die Regression funktioniert im Grundsatz recht analog zur Klassifikation. Auch hier wird im Wesentlichen eine Funktion gelernt; nur dass hier mit $Y \subseteq \mathbb{R}^n$ eine andere Zielmenge

$$D = \{(x^1, y^1), (x^2, y^2), \ldots, (x^n, y^n)\} \subset X \times Y$$

bereitgestellt wird. Es geht hierbei um Werte aus einem in der Regel kontinuierlichen Bereich; beispielsweise darum, einen optimalen Drehwinkel zu lernen oder die Höhe eines Kreditrahmens, der als sicher bzgl. der Rückzahlung gelten kann. Das Ergebnis ist dann eine Funktion

$$y = \text{gelernteFunktion}(\text{Features}).$$

Wie schon gesagt, ist y dabei in der Regel eine kontinuierliche Zielgröße. Aber es gibt auch Fälle, z. B. wenn wir die Anzahl der Fahrräder lernen wollen, die abhängig von Wochentag, Witterung etc. ausgeliehen werden, in denen die Zielgröße in den natürlichen Zahlen $\mathbb{N}$ liegt. Der Unterschied liegt also primär in den Skalenniveaus, die wir in Abschnitt 4.2.2 diskutieren werden. Grob gesprochen liegt es daran, dass die Klassifikation in Räume abbildet, in denen die Werte nominal sind. Das meint, dass wir unterschiedliche Gruppen angeben und ihre Vertreter zählen, jedoch nicht z. B. ordnen können. Katzen sind nicht besser als Hunde, jedoch vielleicht häufiger auf Bildern. Zwanzig Fahrräder, die in einer Stunde ausgeliehen werden, sind aber mehr als eines oder keines.

Vereinheitlicht kann man festhalten, dass es sowohl bei der Regression als auch bei der Klassifikation darum geht, eine Funktion $f(x)$ aus Beispielen zu lernen. Wir werden noch feststellen, dass man sogar Techniken aus der Regression dazu verwenden kann, um Probleme der Klassifikation zu lösen. In der Theorie geht es, wie oben beim Klassifizierungsproblem, beim **Regressionsproblem** darum, die hypothetisch existierende perfekte Funktion zu finden bzw. zu konstruieren. Rein praktisch können wir das natürlich nicht, weil wir immer zu wenige Beispiele, ein zu schlechtes Modell und/oder unsere Beispiele eine zu schlechte Qualität haben. Wir werden jedoch in der Praxis mit der Zeit immer mehr Beispiele ansammeln, daher sollte man sich die Funktionsannäherung bzw. Funktionsapproximation als etwas vorstellen, was kontinuierlich verbessert werden kann.

2.4.1.3 Lazy Learning und Eager Learning

Bei den Verfahren unterscheidet man zwei Arten von Ansätzen: den wesentlich häufigeren **Eager Learner** und den **Lazy Learner**. Beim Eager Learner ist der Lernprozess, also das Training, in der Regel wesentlich aufwendiger als die spätere Abfrage der gelernten Funktion. Man trainiert also beispielsweise über Stunden oder Tage neuronale Netze, um in Bildern dieses oder jenes zu finden. Ist das Netz trainiert und legt man ihm ein Bild vor, so kommt die Antwort vergleichsweise schnell. Grundlage dieser schnellen Antwort ist ein globales Modell, das in dieser vergleichsweise aufwendigen Trainingsphase erzeugt wurde. Der Lazy Learner hingegen investiert kaum Arbeit in das Training; kommt jedoch eine Abfrage, dann schaut er sich seinen Datenbestand an, baut ein lokales Modell und nutzt dieses für eine Aussage. Das Training ist also billiger als beim Eager Learner, die Abfrage jedoch teuer. Schon aufgrund der Begriffe, *lazy* heißt ja nichts anderes als *faul*, ist man geneigt, die zweite Gruppe für weniger sinnvoll zu halten. Das ist jedoch so allgemein betrachtet sicherlich falsch. Ein großer Vorteil ist nämlich das lokale Modell, das passgenau gebildet werden kann. Geht es um Regression, sind diese lokalen Modelle oft weit genauer als die globalen Modelle der Eager Learner. Wie wir im Laufe dieses Buches sehen werden, sind die globalen Modelle immer in einem stärkeren Maße Kompromisse, und ihre Qualität schwankt von Region zu Region. So konnte z. B. in [BFV+13] lediglich eine lokale Approximation die für numerische Anwendungen nötige Genauigkeit bringen, während alle globalen Ansätze keine Fortschritte erreichen konnten. Da Abfragen im Einsatz häufiger sind als die Trainingsphasen, wird man trotz allem aus ökonomischen Gründen versuchen, wenn möglich auf Eager Learner zurückzugreifen. Fast alle im Buch vorgestellten Verfahren fallen in diese Kategorie. Lediglich in Abschnitt 5.4 besprechen wir mit dem k-Nearest-Neighbor-Algorithmus einen Lazy Learner für Regression und Klassifikation, welcher jedoch oft sehr gute Resultate liefert, wenn globale Ansätze versagen.

2.4.2 Bestärkendes Lernen

Da man oft nicht weiß, was richtig oder falsch ist, kann man die Daten nicht entsprechend labeln. Man weiß z. B. nicht, wie die optimale Strategie aussieht, um ein Gebäude in kurzer Zeit mit wenig Energie zu reinigen. Man weiß aber, was ein wünschenswerter und was ein unerwünschter Ausgang ist. Letzteres kann z. B. sein, wenn der Putzroboter am Treppenabsatz Selbstmord begeht oder immer wieder die Erbstücke aus weichem Holz rammt. Für solche Problemstellen sind Techniken aus dem Bereich des **bestärkenden Lernens** bzw. englisch **Reinforcement Learning** die Lösung des Problems. Diese Methoden sind fast immer mit agentenbasierten Ansätzen verknüpft. Hierbei enthält ein Agent von uns kontinuierliche Rückmeldungen in Form von Belohnung und Bestrafung, wodurch er mit der Zeit eine (möglichst) optimale Strategie für unser Problem lernen soll. Wie wir sehen werden, brauchen wir, um diese Strategie lernen zu können, jedoch wieder die Möglichkeit, eine Funktion zu konstruieren, wobei wir dabei auf Techniken zurückgreifen, die aus dem Bereich der überwachten Methoden kommen. Daher beschäftigen wir uns mit dem bestärkenden Lernen auch erst am Schluss des Buches.

Wir werden feststellen, dass viele Analogien bzgl. Menschen oder Tieren, die zum bestärkenden Lernen außerhalb der Fachpresse publiziert sind, in die Irre führen. Im Gegensatz zu einem Hund oder Pferd, das man aus ethischen Gründen – und weil die Resultate, wie man mir sagte, oft schlecht sind – nie mit Strafen erziehen sollte, spricht bei einem Softwareagenten

Abbildung 2.4 Nein, der Roboter leidet unter negativem Feedback nicht

nichts gegen negatives Feedback. Er leidet nicht darunter. Was er tut, ist auf der Basis der Werte und Techniken des überwachten Lernens eine Nutzenfunktion zu approximieren, die ihm sagen soll, welche Aktionen zu dem höchsten Nutzen führen. Es ist also eine Optimierungsaufgabe, deren Grundlagen mathematische Reihen bilden. Für einfache Fälle kann man beweisen, dass etwas Sinnvolles dabei herauskommt, und dann feststellen, dass es in den komplexen Fällen leider immer Raum für Unsicherheiten geben wird. In der Praxis funktionieren die Lösungen jedoch oft vollkommen ausreichend.

2.4.3 Unüberwachtes Lernen

Während wir beim überwachten Lernen dem Algorithmus eine Sammlung von Zielwerten zur Verfügung stellen und beim bestärkenden Lernen immerhin noch die Ergebnisse eines Verhaltens positiv bzw. negativ bewerten können, gibt es Fälle, in denen beides nicht möglich ist. Wir haben einfach nur eine Menge an Daten und wollen mittels **unüberwachtem Lernen** versuchen, versteckte Strukturen in unmarkierten Daten zu finden. Da die Beispiele für den Lernalgorithmus unmarkiert sind, kann kein Fehler berechnet oder eine Belohnung verteilt werden. In diesem Sinne ist es nicht direkt möglich, Lösungen des Computers zu bewerten.

Als Beispiel benutze ich gerne die vier Pflanzen-Skizzen aus Abbildung 2.5 und lege diese meinen Mitmenschen vor. Wenn Sie zwei Gruppen bilden müssten – wobei sowohl eine Gruppe à 3 und eine à 1 Pflanze als auch zwei Gruppen mit jeweils zwei Elementen akzeptiert werden –, zu welchem Ergebnis würden Sie kommen und warum?

Es werden sehr unterschiedliche Antworten gegeben. Gerade Kinder sortieren die tote Pflanze aus, andere wiederum separieren den Bambus, weil er kein Gehölz ist usw. Der wichtige Punkt

Abbildung 2.5 Zeichnungen verschiedener Pflanzen

ist: alle haben Recht. Jeder Datensatz – also jede Pflanze – hat verschiedene Merkmale. Man untersucht diese Datensätze auf Ähnlichkeiten, wobei jeder die Merkmale unterschiedlich gewichtet und entsprechend gruppiert. Genauso gehen die Algorithmen in Kapitel 13 vor. Ein häufigeres Anwendungsgebiet kennt man vom Online-Shopping, das sich in Meldungen äußert wie *Kunden, die diesen Artikel gekauft haben, kauften auch ...* Es reicht im Allgemeinen, Kunden oder auch Business-Partner in ähnliche Gruppen zusammenzufassen, um Mehrwerte zu erzeugen. Ein Label im Sinne des überwachten Lernens brauchen diese Gruppen nicht, denn es ist gleichgültig, wie man eine Käufergruppe nennt; es reicht, wenn diese sich ähnlich verhält. Wie komplex und undankbar solche Aufgaben sein können, wird klar, wenn man überlegt, dass jemand nicht nur für sich über einen Account einkauft. Ich persönlich habe als Deko für ein Event einmal etwas gekauft, was eigentlich in ein Aquarium gehört. Es dauerte Monate, bis der Online-Shop aufhörte, mich mit den neuesten Trends für Aquaristik zu behelligen. Die Dinosaurier-Phase meines Sohnes hingegen war so intensiv, dass ich auch jetzt noch durch den Online-Shop in Versuchung gebracht werden soll. Der Kern dieser Geschichten ist ein sehr handfester, nämlich der nach Gewichtungen. Oft ist es sinnvoll, Datensätze nach ihrem Alter zu gewichten, damit der Computer die Möglichkeit erhält, zu vergessen, da Menschen keine statischen Objekte sind. Gleichzeitig hat man unter Umständen pro Kunde nicht so viele Datensätze, sodass man diese nicht zu schnell entwerten möchte. Sie sehen schon, dass es hier viele Anpassungsmöglichkeiten gibt, die nicht nur auf der Auswahl der Algorithmen, sondern auch auf der Aufbereitung der Daten basieren.

Die großen Unterschiede vom unüberwachten Clustering zur überwachten Klassifikation sind das Ziel und die Datenlage. Datenlage heißt, dass wir einmal Daten vorliegen haben, die annotiert sind. Das bedeutet, bei der Klassifikation liegen z. B. Datensätze von Vögeln, Hunden und Affen vor, und wir trainieren den Algorithmus mit den Zielwerten für diese Tiere. Er lernt, drei Gruppen zu unterscheiden – hoffentlich mit wenigen Fehlern. Im unüberwachten Fall haben wir ebenfalls Datensätze von Vögeln, Hunden und Affen vorliegen, aber ohne dass diese den drei Gruppen zugeordnet wären bzw. sein müssen. Wir benutzen deren Merkmale, wie z. B. *kann fliegen*, um diese in Gruppen zusammenzufassen. Je nachdem, wie der Clusteralgorithmus ausgelegt wurde, entstehen vielleicht dieselben drei Gruppen wie bei der Klassifikation, jedoch heißen diese hier nur Gruppe 1, 2 und 3, weil es nur darum ging, ähnliche Dinge zusammenzurücken. Je nachdem, welche Merkmale wir verwendet haben, ist der Kaiserpinguin ggf. zu Recht mit dem Bonobo in Gruppe 2, weil dort alle Tiere mit zwei Beinen hineingekommen sind, die nicht fliegen können. Vielleicht sind aber auch alle genau nach Vögeln, Hunden und Affen getrennt, weil die Merkmale das eben so hergegeben haben.

Eng verwandt mit dem Clustering, quasi die Umkehrung davon, ist die **Outlier Detection**; die Identifizierung von Datensätzen, die nicht mit einem erwarteten Muster oder anderen

Elementen in einer Datenbank übereinstimmen. Das können natürlich einfach dramatische Messfehler oder Fehlklassifikationen sein. Dann geht es darum, Daten von diesen zu befreien, was in den Kontext von Kapitel 9 fällt. Die häufigere Anwendung ist jedoch, dass ein solcher Eintrag mit einem Problem einhergeht, wie beispielsweise Betrug, einem technischen Defekt, medizinischen Problemen oder einem grammatikalischen Fehler in einem Text. Während Messfehler oder Fehlklassifikationen sehr vereinzelt sind, ist dies leider zum Beispiel bei Angriffen auf Netzinfrastrukturen nicht der Fall. Hier bilden die Outlier bereits wieder eigene, wenn auch wesentlich kleinere, Strukturen. Diese stimmen nicht ganz mit der üblichen statistischen Definition eines Ausreißers als seltenes Objekt überein. Oft sind hier Cluster-Algorithmen in der Lage, die durch diese Muster gebildeten Mikrocluster zu erkennen und bei solchen Anwendungen hilfreich zu sein.

2.5 Werkzeuge und Ressourcen

Im Internet gibt es viele Quellen, Werkzeuge und Hilfen zum Thema *maschinelles Lernen*. Manches ist flüchtig, aber vieles ist eine bewährte Anlaufstelle. Neben den IDEs wie Spyder oder Jupyter Notebooks gibt es eine Reihe von Ressourcen, die hier nicht thematisiert werden, die Sie sich aber ansehen sollten, sobald Sie wirklich mit maschinellem Lernen arbeiten. Auf der Berechnungsseite kann **SymPy** (*http://www.sympy.org/en/index.html*) oft eine sinnvolle Ergänzung sein. Die Verwendung dieser Python-Bibliothek erlaubt das Arbeiten mit symbolischen Berechnungen als Ergänzungen zu den numerischen in NumPy. Der Funktionsumfang ist im Wesentlichen der eines Computeralgebra-Systems. Oft nett ist die Fähigkeit, das Ergebnis der Berechnungen als LaTeX-Code auszugeben. SymPy ist ebenfalls freie Software unter der BSD-Lizenz. Mein Ziel ist es primär, Prinzipen und Ideen zu erklären und weniger, aktuelle Bibliotheken, entsprechend versuche ich daher mit Keras als API auszukommen und auch hier konservativ vorzugehen. Das Buch sollte halt länger sinnvoll sein als die API. Praktisch lohnt sich aber im Anschluss ein tieferer Einstieg in Keras und das darunterliegende Tensorflow.

Über die Matplotlib hinaus bietet sich **Seaborn** (*https://seaborn.pydata.org/*) zur Visualisierung an. Es baut auf die Matplotlib auf und bietet eine High-Level-Schnittstelle zum Erstellen anspruchsvoller statistischer Grafiken. Wer mit Bildern, besonders im Umfeld von Real-Time-Anwendungen, arbeitet, wird auf **OpenCV**(*https://opencv.org/*) stoßen. Bei OpenCV handelt es sich um eine freie Programmbibliothek unter der BSD-Lizenz. Sie beinhaltet Algorithmen für die Bildverarbeitung und im Rahmen von Computer Vision – wofür auch das CV in OpenCV steht – auch für maschinelles Lernen. Eine wichtige und häufige Anwendung ist die Gesichtserkennung.

Im Bereich des Reinforcement Learnings gibt es noch zahlreiche Umgebungen, in denen bzw. mit denen man Agenten trainieren kann. Wir machen das aus später dargelegten Gründen *from scratch* und im letzten Kapitel mit OpenAI Gym (*https://gym.openai.com/*), aber hier ein paar interessante Möglichkeiten, die sich anbieten, hinterher weiterzumachen. Einmal gibt es die Möglichkeit, mit **TORCS** bzw. *The Open Racing Car Simulator* (*http://torcs.sourceforge.net/*) einen Agenten für Autorennen zu trainieren. Es ist kein reines *Spiel*, sondern enthält eine gute Portion Physik. Es stehen Modelle von einigen Formel-1- und Geländefahrzeugen zur Verfügung. Wer eher an richtiges autonomes Fahren denkt, sollte einen Blick auf CARLA (*https://carla.org/*), einen Open-Source-Simulator werfen, welcher u. a. von Toyota und Intel mit unterstützt wird. Wer lieber Fußball spielen will, sollte sich die Software der **RoboCup Simulation League** unter *https://www.robocup.org/leagues/23* ansehen.

Wenn die Daten nicht wie beim Reinforcement Learning in einer Simulation quasi automatisch entstehen, sind sie die letzte noch fehlende Ressource, die man nicht unterschätzen darf. Sie finden eine Reihe interessanter Datensätze, um Ihre Fähigkeiten zu trainieren, im **UCI Machine Learning Repository** unter *https://archive.ics.uci.edu/ml/*. Die Plattform **Kaggle** (*https://www.kaggle.com*) wiederum bietet die Möglichkeit, sich mit anderen in dem Bereich maschinelles Lernen und Data Mining zu messen. Ziel ist, das beste Modell für die in dem Wettbewerb zur Verfügung gestellten Daten bereitzustellen.

2.6 Anforderungen im praktischen Einsatz

Kaggle ist eine interessante Plattform, führt aber, wenn man nur diese im Blick auf maschinelles Lernen hat, oft zu stark verkürzten Schlüssen. So wurde mitunter die Meinung geäußert, es reiche, Bücher und Vorlesungen auf das Thema *Deep Learning* zu begrenzen und die anderen Methoden auszulassen. Immerhin würde auf Kaggle doch fast jeder Wettbewerb seit ein paar Jahren durch Deep Learning gewonnen. Zunächst ist die Aussage inhaltlich nicht ganz glücklich, weil hier unstrukturierte Daten überrepräsentiert werden. Bei den strukturierten Daten liegt in der Tendenz eher ein Random Forest bzw. seit einiger Zeit XGboost in der Genauigkeit vorne. Zwei Algorithmen, die wir in Kapitel 10 kennenlernen werden.

Das Problem ist aber nicht der Punkt strukturierte vs. unstrukturierte Daten, sondern dass Kaggle im maschinellen Lernen so etwas wie die Formel 1 ist. Es geht bei dem, was man entwickelt, als einziges Kriterium um das Maximum an Genauigkeit, welches mit einem Ansatz erreicht werden kann. Aber ebenso wie die Formel 1 nicht viel mit dem Weg zur Arbeit zu tun hat, stellt die Realität auch öfter eher mehrdimensionale Anforderungen. Es gibt natürlich Rennwagen, es gibt aber auch Laster, Traktoren und Familienautos. Alle haben in ihrem Anwendungsbereich ihre Berechtigung. Bei Wettbewerben wie Kaggle liegen die 10 oder 20 besten Lösungsansätze oft nur in den hinteren Dezimalstellen auseinander. Es kommt aber nur in wenigen praktischen Anwendungen auf diese kleinen Unterschiede in der Genauigkeit an. Dafür gibt es andere Anforderungen, die unter den letzten Prozentpunkten leiden, die man hier versucht herauszuquetschen.

2.6.1 Mehrdimensionale Anforderungen

Viele Anwendungen im maschinellen Lernen liegen im Bereich der Vorhersage von Verbraucherverhalten, Predictive Maintenance, Supply-Chain-Optimierungen etc. Die letzten Anwendungen gehen wieder auf Zeitreihendaten zurück usw. Das findet in Deutschland viel in Mittelstandsunternehmen statt, die maschinelles Lernen eben nur als einen Teil ihrer IT-Infrastruktur sehen. Dazu kommen lernende autonome Systeme in Bereichen, wo es auch um Zertifizierungen geht; beispielsweise in der Produktion. In all diesen Fällen ist die KI bzw. das maschinelle Lernen ein wichtiger Baustein eines Produktes, aber nicht das ganze Produkt.

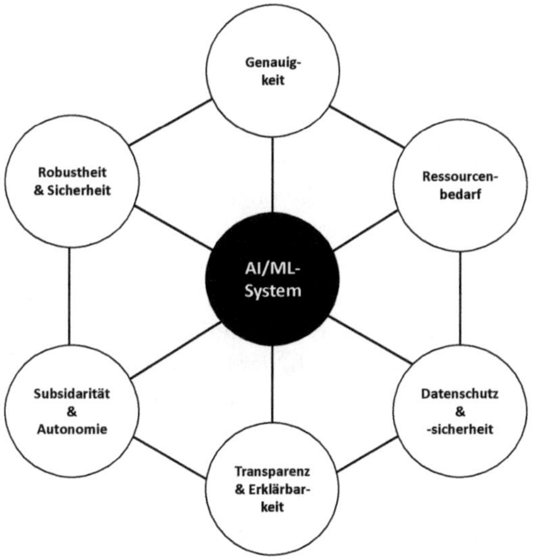

Abbildung 2.6 Anforderungshexagon für den Einsatz von ML bzw. KI-basierenden Systemen

Abbildung 2.6 zeigt ein Spannungsfeld, welche Anforderungen auftreten können. Natürlich wiegen nicht in jedem Einsatzfeld alle diese Anforderungen gleich viel. Beim Anwendungsgebiet Predictive Maintenance auf der Basis von Maschinendaten ist Datenschutz kein Thema und bei einem Empfehlungssystem für einen Online-Shop sind die Anforderungen an die Sicherheit andere als beim autonomen Fahren.

2.6.1.1 Genauigkeit

Die Genauigkeit ist meistens als Parameter intuitiv klar. Wir werden im Buch bei jedem Verfahren am meisten darüber reden. Halten wir es hier also kurz. Natürlich ist Genauigkeit wichtig. Unterhalb einer gewissen Schwelle nimmt dieser Parameter eine Königsrolle ein. Wenn die nötige Genauigkeit für den Einsatz nicht erreicht wird, braucht man sich um die anderen Probleme keine Gedanken zu machen. Ist die zwingend nötige Schwelle jedoch einmal übertreten, gewinnen andere Anforderungen an Bedeutung.

2.6.1.2 Transparenz und Erklärbarkeit

Transparenz hingegen ist oft schwerer zu fassen. Es gibt zum Beispiel viele Fälle, in denen von den Entwicklern erwartet wird, die Grundlage, auf der Entscheidungen durch den Algorithmus getroffen werden, offenlegen zu können. Dabei kann es um Anforderungen aus rechtlichen Rahmenbedingungen gehen oder um Nachweise in einem Zertifizierungsprozess in der Industrie. Wenn man z. B. einen CART-Algorithmus aus Abschnitt 6.3 eingesetzt hat, hat man eine Chance, diese Anforderungen umzusetzen. Mit einem Convolutional Neural Network (CNN) aus Abschnitt 11.2 ist das aktuell in dieser Qualität noch nicht möglich. Daneben kann die Analyse der eigenen strukturierten Daten, wie man diese im Vorfeld vieler Verfahren wie in Kapitel 9 durchführt, ebenfalls für Transparenz sorgen; hierbei sogar sowohl innerhalb eines Betriebs als auch nach außen. Werden die Einflussfaktoren besser durchdrungen, versteht man z. B. seine eigenen Kunden, Maschinen etc. besser. Daneben kann nach außen auf Anfrage transparent gemacht werden, was im Allgemeinen die größten Einflussfaktoren für eine Entscheidung sind. Wie sehr das Thema der Transparenz und Erklärbarkeit allgemein, aber besonders CNN und andere Deep-Learning-Techniken betreffend – einfach weil es hier noch weniger möglich ist – an Bedeutung gewinnt, erkennt man z. B. an den Aktivitäten auf EU-Ebene.

Im April 2019 hat die damalige EU-Kommission die *Ethik-Richtlinien für vertrauenswürdige KI* in ihrer überarbeiteten Form veröffentlicht. Den Begriff *vertrauenswürdige KI* wird man in dem anglophon geprägten Umfeld sicherlich seltener lesen als die englische Version **Trustworthy AI**. Unabhängig von der Bezeichnung umfassen diese Richtlinien viele Aspekte, die in dem über 50 Seiten langen Bericht diskutiert werden. Wohlgemerkt, die Anforderung und die Rechtfertigung der Anforderungen werden dargestellt, nicht die Lösungen. Diese sind nämlich nicht leicht und oft – abhängig davon, wie man die Anforderungen interpretiert – im Stand von Wissenschaft und Technik nicht vollständig umsetzbar. Ein Bereich, der besonders hervorgehoben wird, ist eben die Transparenz und Erklärbarkeit. Das bedeutet unter anderem, dass ein Mensch das Zustandekommen der Entscheidungen der KI verstehen können sollte. Selbst wenn man annimmt, dass mit *Mensch* hinreichend vorgebildetes Fachpersonal gemeint ist, sollte klar sein: Das wird nicht leicht. Generell ist zu hoffen, dass diese Begriffe nicht absolut zu verstehen sind. Es gibt sonst die Tendenz, von einer Maschine zu erwarten, was Menschen untereinander nicht schaffen. Der deutsch-britische Hirnforscher John-Dylan Haynes hat einmal gesagt:

> *Man weiß generell, dass Menschen nicht gut darin sind, zu sagen, warum sie sich auf eine bestimmte Art und Weise entschieden haben. Wir handeln oft intuitiv, ganz oft können wir gar nicht die Gründe angeben, warum wir eine Entscheidung gefällt haben, und selbst wenn wir diese Gründe angeben, sind sie oft falsch, wie sich zeigt.*

Nun ist aber der Stand der Verständigung zwischen Mensch und Maschine noch etwas schlechter als der unter Menschen, sodass es sich lohnt zu verstehen, warum das so ist und wo man ansetzen kann. Nehmen wir ein Beispiel, bei dem es Menschen eher leicht fällt, sich objektiv über Entscheidungsgrundlagen auszutauschen. Wenn wir Dinge bestimmen sollen, können wir recht gut erklären, warum wir glauben, dass es dieses oder jenes ist. Auch hier ist nicht immer alles leicht. Nehmen wir zum Beispiel die Klassen *Stuhl* und *Sessel*. Manche Dinge können wir sehr scharf einer Klasse zuordnen, aber bei manchem Schreibtischstuhl oder Schaukelstuhl beginnt dann schnell die Diskussion. Tiere sind hingegen eindeutiger klassifiziert und die Tendenz, als Beispiel die Klassifizierung von Hunden und Katzen auf Bildern als Einführungsbeispiel zu nehmen, ist so klischeehaft, dass wir dies auch in Kapitel 11 machen werden, um dem Klischee Genüge zu tun. Hier könnte eine Begründung lauten, dass Katzenaugen ein Indiz für eine Katze sind, genau wie Pfoten ohne Krallen, da eine Katze die Krallen einziehen kann. Jedoch ist es fraglich, ob eine in Bruchteilen einer Sekunde getroffene Klassifizierung eines Tieres so zu erklären ist oder ob das nicht viel direkter passiert.

2.6.1.3 Ressourcen

Der nächste Punkt betrifft die Ressourcen. Das sind u. a. reale Zeit sowie Rechenleistung und damit quasi Energie. Zeit ist immer ein Faktor; geht es um Echtzeitanwendungen, wird dieses Anforderungskriterium ggf. deutlich dominanter als die Genauigkeit. Hierbei muss man bei sehr vielen Methoden zwischen Training und Auswertung unterscheiden. Außer bei den Lazy-Learnern, die wir in Abschnitt 5.4 behandeln, ist das Training immer wesentlich aufwendiger als die Auswertung. Dafür findet Letztere in vielen Anwendungen sehr viel häufiger statt. Bzgl.

der Ressourcen ist es ähnlich bei der Genauigkeit ... wir reden noch öfter darüber, also können wir es hier kürzer halten.

2.6.1.4 Datenschutz und Datensicherheit

Die Ressourcen gehen oft mit dem **Datenschutz** Hand in Hand. Werden personenbezogene Daten verarbeitet, ist der Transfer zu einem amerikanischen Cloud-Anbieter oft nicht verantwortlich möglich, da der *Privacy Shield* durch eine *Executive Order* (wie am 25. Januar 2017 geschehen) schnell zur löchrigen Angelegenheit wird. Dazu kommt der Aspekt der **Datensicherheit**, der dazu führt, dass viele Verfahren auf eben den verfügbaren Ressourcen eines mittelständischen Unternehmens laufen müssen.

Bleiben wir jedoch zunächst beim Datenschutz: Der Name einer Person interessiert uns beim Training maschineller Lernalgorithmen so gut wie nie. Im Prinzip könnten die Spalten mit Namen und Vornamen fast immer gelöscht werden. Haben wir es damit schon erfolgreich mit **Anonymisierung**, also nicht mehr mit personenbezogenen Daten, zu tun und können unbehelligt weiterarbeiten? Leider oft nicht, denn in der harten Auslegung bedeutet Anonymisierung, dass personenbezogene Daten so verändert werden, dass diese einer Person nicht mehr zugeordnet werden können. Je reicher an Merkmalen unsere Datenbank ist, desto wahrscheinlicher ist es jedoch, dass man einen Datensatz einer Person auch ohne ihren Namen zuordnen kann. Nehmen wir mich und eine Datenbank aller Einwohner der Stadt, in der ich wohne, als Beispiel: Der Wohnort hat ca. 50 000 Einwohner. Fügen wir das Geschlecht als Merkmal hinzu, haben wir die Zahl halbiert. Nun folgt der Bildungsabschluss: Die Promotionsquote eines Jahrgangs liegt um die 2%. Also sind noch ca. 500 Personen übrig. Was meinen Sie, wie lange brauchen wir, bis wir bei weniger als 10 Personen sind? Nehmen wir noch die Körpergröße dazu und den Jahrgang des Schulabschlusses, so wird es schon sehr eng. Sie arbeiten also oft auch ohne Namen mit Daten, die potenziell personenbezogen sind. Werden diese Daten vor einem Transfer auf externe Server weiter aggregiert, zum Beispiel linear wie in Abschnitt 9.4 oder nicht-linear wie in Abschnitt 9.5, so transferieren Sie dann vermutlich keine personenbezogenen Daten mehr. Hier muss man sich den Einzelfall genau ansehen. Was Sie in jedem Fall erreicht haben, ist der Status der **Pseudonymisierung**. Im Gegensatz zur Anonymisierung existiert bei der Pseudonymisierung ein Rückweg, wenn man einen Schlüssel hat. Das wäre hier der Decoder, der auf den lokalen Systemen verbleibt.

Das Thema *Datenschutz* ist natürlich im Umfeld einer Technologie, die auf Daten basiert, wesentlich. Trotzdem werden wir darauf außerhalb dieses Abschnitts nicht mehr eingehen und uns mehr um die technischen und mathematischen Aspekte kümmern.

> Spricht man in Deutschland über Datenschutz, wird dieser entweder als positiver Schutz von Individuen oder als Arbeitshemmnis im Alltag wahrgenommen. Ich möchte Sie ermuntern, sich zu diesem Aspekt einmal selber Gedanken zu machen. Was ist mit Daten über den Verlauf von Krankheiten? Ist es ethisch akzeptabel, diese der Allgemeinheit vorzuenthalten, obwohl damit anderen geholfen werden könnte? Wie kann man sichergehen, dass eine solche Datenfreigabe sich dann nicht z. B. bei der Vergabe von Krediten gegen den Einzelnen wendet? Der Gesundheitszustand könnte durchaus in ein Scoring für Langzeitkredite eingehen. Andere Fragestellung: Man könnte ggf. den Verkehr und die Straßenführung besser planen, wenn man

mehr über das Pendelverhalten der Bevölkerung auf Straßenzug-Niveau hätte. Das würde vielleicht Menschen mehr Lebenszeit abseits des Staus schenken.

Ich bin gespannt, zu welchen Schlüssen Sie kommen. Die Ereignisse des Jahres 2020 rund um die Corona-App und den Gästelisten in Gaststätten – siehe z. B. [Tre20] – haben da vermutlich bei vielen Eindrücke hinterlassen. Jeder für sich hat vielleicht ein besseres Gefühl gewonnen, wie wichtig Daten als Hilfe und Entscheidungsgrundlage sind, und gleichzeitig auch das Misstrauen besser verstehen können, wenn man staatlichen Stellen vermeintlich oder real zu viel preisgeben soll. An dieser Stelle ein kurzes Lob an u. a. die *Gesellschaft für Informatik* und den *Chaos Computer Club*, die in Deutschland immer wieder – obwohl es der Name bei letzterem nicht vermuten lässt – als Stimme der (technischen) Vernunft agiert. Das Kuriose im Fall mit den Bewegungsdaten ist, dass durch die Verwendung von *Google Maps* zur Navigation vermutlich in Kalifornien alle nötigen Daten liegen. Wissenschaftler hier haben hingegen ggf. keine Arbeitsgrundlage auf der Basis frei zugänglicher Datenbestände. Die Open-Data-Ansätze werden dadurch eingeschränkt, dass die Veröffentlichung nicht stattfindet, wenn ein Rückschluss von den Daten auf natürliche Personen nicht ausgeschlossen werden kann. Wenn Sie an das Beispiel der Mittelstadt oben denken, erkennen Sie das Problem. Aggregierte Daten in Excel-Tabellen oder Diagrammen, wie sie als Open Data herausgegeben werden, sind hingegen für das maschinelle Lernen stark entwertet. Daten sind wichtig und sensibel; ihr Schutz ist auch ein Schutz des Bürgers vor Konzernen und staatlichen Zugriffen auf Privates. Gleichzeitig sind Daten der Rohstoff für das maschinelle Lernen, den man nicht leichtfertig verknappen möchte. Es ist also oft nicht alles einfach schwarz und weiß, sondern manches eben doch grau.

2.6.1.5 Subsidiarität und Autonomie

Der Datenschutz spielt auch mit, wenn es um Subsidiarität geht. Der Begriff *Subsidiarität* betrifft meistens gesellschaftliche Zusammenhänge. Das Prinzip ist, dass jeweils die kleinste gesellschaftliche Einheit, die eine Aufgabe erledigen kann, dies auch tun sollte. Nur wenn eine kleinere Einheit dazu nicht in der Lage ist, wird die jeweils übergeordnete Instanz aktiv. Was hat das nun mit maschinellem Lernen zu tun? Nehmen wir an, es handelt sich um lernende Agenten. Wo sollen die von den Agenten neu gefundenen Daten gespeichert werden, wo sollen die Agenten trainiert werden, wem gegenüber sollen sie loyal sein?

Fangen wir mit der ersten Frage an, die an den Aspekt des Datenschutzes anknüpft: Man muss sich dazu klarmachen, dass ein Roboter, der *sehen kann*, auch nichts Anderes ist als eine mobile Kamera. Werden die Bilder lokal durch den Roboter verarbeitet und nach angemessener Zeit gelöscht, haben nur wenige damit ein Problem. Wie sieht es jedoch aus, wenn die Bilder aus dem eigenen Haus zum weiteren Training auf einem Server des Herstellers geladen werden? Das eigene Bild, halbnackt im Morgenmantel, möchte man sich dort sicherlich nicht vorstellen. Auch bzgl. des Datenschutzes als Gesetz stellen beide Szenarien unterschiedliche Hürden dar. Hier wäre es also wünschenswert, wenn ohne Datentransfer etwas aus den Daten gemacht werden könnte.

Was bedeutet nun *loyal*? Als Beispiel nehmen wir einmal den Fall, in dem Amazon im Juli 2009 legal erworbene eBooks von den Geräten seiner Kunden gelöscht hat. Grund war ein Rechtsstreit, aber das Wesentliche hier ist, dass das Gerät nicht vom Kunden kontrolliert wurde, sondern von dem, der es verkauft hat. Stellen Sie sich vor, dass immer mehr Geräte, die lernen und sich entwickeln können sollen, Sie persönlich umgeben. Ein lernender Putzroboter, ein lernendes Smart Home und ein autonom fahrendes Auto. Die meisten von uns wären der Ansicht, dass ein Gerät, das uns gehört, auch uns gegenüber loyal sein muss. Jedenfalls legt dies der in *Science* veröffentlichte Artikel [BSR16] nahe. Grob zusammengefasst war ein Ergebnis dieser Studie über Moralvorstellungen, dass autonome Autos Autoinsassen opfern sollen, wenn dadurch mehr Passanten geschützt werden als Leute, die im Auto sitzen. Diese Aussage gilt aber nur solange, wie man nicht selbst im Wagen sitzt. Dann ist doch irgendwie das Gefühl vorherrschend, dass der Wagen seinen Besitzer schützen sollte. Das lässt sich fortsetzen. Der Putzroboter soll nicht gegen seinen Besitzer aussagen, wann dieser wo im Haus war – oder eben auch nicht – und das Smart Home nicht für den Stromerzeuger optimieren, sondern für seinen Besitzer. Das bedeutet für das maschinelle Lernen, dass es ggf. wünschenswert ist, wenn der Anwender mehr Kontrolle über das Lernen hat, beispielsweise darüber, welche Daten transferiert werden. Dann muss aber ggf. auf eine zentrale Rechenanlage verzichtet und lokal gelernt werden. Das bedeutet, dass nach einem initialen Werkstraining mit Ressourcen gearbeitet werden muss, die eher in der Größenordnung eines PCs oder sogar eines Raspberry Pi liegen und nicht in der eines Rechenzentrums.

Während die Aspekte oben eher die Probleme von Endkunden waren, ergeben sich analoge Probleme für Betriebe: Ist es akzeptabel, wenn Daten aus der Produktion wegen der lernenden Smart Factory an einen externen Anbieter abfließen? Wie viel Risiko ist tragbar, dass die Anlage nicht mehr uneingeschränkt läuft, wenn die Verbindung zum externen Rechenzentrum länger abbricht? In Star Wars Episode I wirkt es lustig, wenn, nachdem das Kontrollschiff der Druiden zerstört wurde, sich diese einklappen und den Kampf einstellen. Aber das gleiche Szenario, wenn ein Anbieter – technisch oder vertraglich – ausfällt, würde man doch in keiner Produktion oder Dienstleistung witzig finden. Das bedeutet, dass man in vielen Szenarien auf ein größeres Maß an Autonomie achten sollte und dafür auch ggf. Einbußen bei anderen Kriterien wie der Genauigkeit akzeptieren muss. Natürlich gibt es keine optimale Mischung, die für jede Anwendung gilt. Es geht vielmehr darum, immer einen guten Kompromiss für die konkrete Anwendung zu finden. Wenn beim autonomen Fahren Menschenleben gefährdet sind, wird man eher auf mehr Genauigkeit drängen, in anderen Szenarien auf mehr Datenschutz oder Autonomie und das Subsidiaritätsprinzip.

Der letzte Punkt betrifft die Entwicklung und Wartbarkeit von Software. Er ist weniger politisch oder philosophisch als die vorangegangenen Aspekte, doch in der Praxis oft wichtig. Hier treffen die Ansprüche eines Software-Architekten auf die eines KI-Enthusiasten. Für jemanden, der sich mit künstlicher Intelligenz beschäftigt, ist es wissenschaftlich und technisch faszinierend, je mehr man von der schwachen künstlichen Intelligenz, die auf ein Spezialgebiet fokussiert ist, hin zu einer kommt, die stärker generalisieren kann. Daher war man im Jahr 2015 auch davon begeistert, als die Google-Tochter DeepMind eine einzelne KI vorstellen konnte, die sich das Spielen von 49 unterschiedlichen Atari-Konsolen-Games selbst beibrachte. Die Resultate und Grundlagen dieser KI mit dem Deep-Q-Network wurden in der Fachzeitschrift *Nature* [MKS+15] veröffentlicht. Diese Faszination wird im Butter&Brot-Geschäft nicht immer geteilt. Hier kann es eher sinnvoll sein, spezialisierte lernende Einheiten bzw. KI zu verschalten, obwohl ein umfassender lernender Ansatz möglich wäre.

2.6.1.6 Robustheit und Sicherheit

Der *Verband der TÜV e. V.* hat im Januar 2020 die Ergebnisse einer Umfrage unter 1000 Personen zwischen 16 und 75 Jahren mit dem Titel *Sicherheit und Künstliche Intelligenz Erwartungen, Hoffnungen, Emotionen* veröffentlicht. Lesen Sie solche Nachrichten stets differenziert:

Der *Verband der TÜV e. V.* verfolgt wirtschaftliche Interessen und ist keine neutrale Stelle. Nur weil wir unsere PKW *zum TÜV* bringen, ist dies keine neutrale Prüfungs- oder Forschungseinrichtung. Hier gibt es wirtschaftliche Interessen und man darf annehmen, dass generell Organisationen, welche ihr Geld mit der Überprüfung von Regeln und Normen verdienen, selbigen nicht abgeneigt sind. Der evolutionäre Druck begünstigt in solchen Branchen keine großen Deregulierer. Unabhängig davon brauche ich eine Quelle für den Einstieg in diesen Abschnitt, und die Zahlen sind ein netter Start für die Diskussion. Also, nach obiger Studie erwarten 40% der Befragten 100% Fehlerfreiheit von einem KI-System. 34% würden einem KI-System in Ausnahmefällen Fehler zugestehen und 17% halten Fehler für normal. Aus meiner Sicht sind dies sehr heftige Aussagen, und wenn sie jetzt denken, die Personen hätten dabei an selbstfahrende Autos gedacht ... weit gefehlt. Bei sicherheitskritischen Anwendungen wie dem automatisierten Fahren verlangen 84% Prozent der Befragten, dass autonome Fahrzeuge absolut fehlerfrei arbeiten müssen. Die gleiche Prozentzahl war auch der Meinung, dass KI-Systeme in autonomen Fahrzeugen von unabhängigen Stellen geprüft werden sollten – sind Sie überrascht, dass dies Teil der Umfrage war? Mitnehmen kann man vermutlich, dass es Personen in einer relevanten Menge gibt, die davon ausgehen, dass Systeme fehlerfrei arbeiten können. Nun sind die Fragen in solchen Bögen manchmal etwas *ungünstig* gestellt, aber tun wir mal so, als ob das wirklich jemand denkt. Diese Personen sollten sich schon jetzt sehr viele Sorgen machen, weil nichts fehlerfrei funktioniert. Kein Mensch, kein System, nichts. Es geht immer darum, zu quantifizieren, wie viel wir bereit sind zu akzeptieren und ob wir die Gesamtheit oder den Einzelfall meinen.

Um das besser zu verstehen, sehen wir uns mal eine Branche an, bei der Sicherheit traditionell eine noch größere Rolle spielt als beim Auto, nämlich die Luftfahrt. Nach dem Absturz einer Boeing 737 Max von Ethiopian Airlines im März 2019 haben viele von uns einiges über die Zertifizierung von Flugzeugen gelernt. Wer das nicht hat und es gerne nachholen möchte, dem sei die öffentlich zugängliche Videoaufzeichnung des Talks von Bernd Sieker auf der 36C3-Konferenz über die Boeing 737MAX empfohlen. Der Vortrag ist lehrreich und unterhaltsam. Man erfährt u. a. dass die amerikanische Luftfahrtbehörde FAA doch vielleicht ein wenig zu eng mit dem Flugzeughersteller selber zusammengearbeitet hat. Etwas, das schon dafür spricht – trotz meiner kleinen Spitze oben gegen den TÜV – dass Firmen sich nicht (zu einem großen Teil) selber kontrollieren. Wenn aber alles so läuft, wie es laufen sollte, dann sollte sich alles nach drei Fragen richten:

1. Was sind die Kategorien für die Konsequenzen eines Fehlers (Tabelle 2.2) ?
2. Was tun wir, wenn welche Kategorie von Fehler eben doch auftreten könnte (Tabelle 2.2) ?
3. Wie quantifiziert man Begriffe wie *sehr selten* (Tabelle 2.4) ?

Ich habe die Tabellen einmal in Englisch belassen, bevor ich hinterher etwas aus diesem sensiblen Gebiet falsch übersetze. Uns geht es ja auch nicht um die Details bei Flügen. Ich selber würde es für einen Ferienflieger mal so zusammenfassen:

- *Catastrophic*: Panik! Wir werden alle sterben!
- *Hazardous*: Immer noch Panik. Einige der Insassen (inklusive ggf. meine Familie und ich) werden sterben oder ernsthaft verletzt im Krankenhaus enden.
- *Major*: Einige von uns werden den Urlaub im Krankenhaus verbringen, sich aber körperlich erholen.
- *Minor*: Wir werden uns ärgern, und es wird uns den Tag versauen. Dafür haben wir hinterher eine Geschichte zu erzählen.

Tabelle 2.2 Consequences of a failure

Catastrophic	Hazardous	Major	Minor
The loss of the aircraft	A large reduction in safety margins	A significant reduction in safety margins	Nuisance
Multiple fatalities	Physical distress or a workload such that the flight crew cannot be relied upon to perform their tasks accurately or completely	A reduction in the ability of the flight crew to cope with adverse conditions as a result of increase in workload or as a result of conditions impairing their efficiency	Operating limitations: emergency procedures
	Serious injury or death of a relatively small proportion of the occupants	Injury to occupants	

Die Frage ist nun, wie wahrscheinlich muss ein solches Ereignis sein, damit etwas dagegen getan wird bzw. in welchem Fall wird ein Flugzeug nicht mehr zugelassen? In der Tabelle 2.3 sind die Worte *Acceptable* und *Unacceptable* vermutlich selbsterklärend. Im letzteren Fall muss die Maschine am Boden bleiben bzw. sie wird nicht zugelassen und im ersteren scheint es keinen wirklich zu kümmern.

Tabelle 2.3 Probability vs. Consequences

	Extremely improbable	Extremely remote	Remote	Reasonably probable	Frequent
Catastrophic	Review	Unacceptable	Unacceptable	Unacceptable	Unacceptable
Hazardous	Review	Review	Unacceptable	Unacceptable	Unacceptable
Major	*Acceptable*	Review	Review	Review	Review
Minor	*Acceptable*	*Acceptable*	*Acceptable*	*Acceptable*	Review

Der Begriff *Review* bedeutet, dass, wenn ein Szenario in eine Überprüfungskategorie fällt, ein entsprechender Prozess durchgeführt werden sollte, um zu prüfen, ob es möglich ist, mildernde Maßnahmen zu ergreifen, um entweder die Wahrscheinlichkeit oder die Folgen des Szenarios zu reduzieren (oder beides), sodass es anschließend als *Acceptable* bewertet werden kann. Ihnen fällt sicher auf, dass *Minor*, was immerhin für Unannehmlichkeiten und Ärger bei uns als Fluggast steht, fast nie eine weitere Überprüfung erfordert.

Die Frage ist nun, was bedeuten die Umschreibungen für die Wahrscheinlichkeiten in der Titelzeile wirklich? Was ist z. B. *Extremely remote* in Zahlen? Darüber gibt die Tabelle 2.4 Auskunft. Wichtig ist, dass man hier unterscheidet, ob es sich um die Wahrscheinlichkeit für die ganze Flotte handelt oder um die für ein einzelnes Flugzeug. Beides kommt vor. Der Rest ist als Wahrscheinlichkeit pro Flugstunde angegeben.

Die Zahlen wirken ungewohnt klein, aber man muss sich klarmachen, was eben mit *pro Stunde* und *pro Fahrzeug* bzw. *pro Flotte* gemeint ist. Nehmen wir ein Beispiel aus dem autonomen Fahren und bekommen so wieder den Bogen zurück zum Thema *maschinelles Lernen und künstliche Intelligenz*. Autos sind uns ja allen doch näher als Flugzeuge, und wir nehmen das meistverkaufte Modell in Deutschland. Generell ist der VW Golf mit über 30 Millionen Exemplaren eines der meistgebauten Autos der Welt, sodass man gut merkt, was passiert, wenn

Tabelle 2.4 Probability of occurrence definitions

Probability of Occurrence classification	Extremely improbable	Extremely remote	Remote	Reasonably probable	Frequent
Qualitative definition	Should virtually never occur in the whole fleet life.	Unlikely to occur when considering several systems of the same type, but nevertheless, has to be considered as being possible	Unlikely to occur during total operational life of each system but may occur several times when considering several systems of the same type	May occur once or a few times during the total operational life of a single system	May occur once or several times during operational life
Quantitative definition	$< 10^{-9}$ per flight hour	10^{-7} to 10^{-9} per flight hour	10^{-5} to 10^{-7} per flight hour	10^{-3} to 10^{-5} per flight hour	10^{-3} per flight hour

man auf einmal über die Flotte redet. Von 2008 bis 2017 wurden ca. 250.000 VW Golf pro Jahr in Deutschland verkauft, wir können also mit 2,5 Millionen Fahrzeugen rechnen, die auf der Straße sind. Nehmen wir an, die Leute bewegen ihren Golf primär zur Arbeit und zurück, dann kommen wir bestimmt mit zwei Fahrstunden pro Tag hin. Gehen wir mal von 365 Tagen pro Jahr und 10 Jahren Einsatzzeit aus – ich hoffe für alle, die Autos halten länger – dann kommen wir auf 7300 Einsatzstunden. Für das einzelne Auto bedeutet das im Fall *Extremely improbable*:

$$7300 \text{ Einsatzstunden} \cdot 10^{-9} \frac{\text{Auftreten des Fehlers}}{\text{Einsatzstunden}} = 7.3 \cdot 10^{-6}$$

Zu Deutsch, es ist wirklich sehr unwahrscheinlich, dass etwas genau z. B. mit Ihrem Auto passiert.

$$2\,500\,000 \cdot 7300 \text{ Einsatzstunden} \cdot 10^{-9} \frac{\text{Auftreten des Fehlers}}{\text{Einsatzstunden}} = 18.25$$

Für die Flotte in Deutschland sieht es hingegen so aus, als wenn die Nachrichten im Laufe der 10 Jahre ca. ein bis zwei Mal pro Jahr über einen solchen Zwischenfall berichten könnten. Wahrscheinlichkeiten sind eine manchmal schwer greifbare Sache, aber grob kann man sagen: Je verbreiteter ein Produkt ist, desto eher können Sie natürlich davon ausgehen, dass irgendwo irgendjemandem damit etwas Seltenes – kann ja auch mal etwas Angenehmes sein – widerfährt.

Was bedeutet das auf die Eingangszahlen aus der Umfrage des *Verbands der TÜV e. V.* von 2020 übersetzt? Wenn die Verbraucher gewünscht haben, dass es für ihren persönlichen PKW sehr unwahrscheinlich ist, können wir uns in den Anforderungen bis hin zu *Extremely remote* oder sogar *remote* gemäß den sehr strengen Anforderungen der Luftfahrt bewegen. Denken wir jedoch an die Flotte, so sieht die Lage völlig anders aus. Wenn man also ein System auf der Basis von KI/ML in so etwas verbreitetes wie einen PKW einbaut, dann werden Fehler und früher oder später etwas – ggf. auch Tödliches – passieren. Das ist aber nichts Neues, was durch KI-Systeme entsteht. Auch heute verursachen technische Fehler oder schlechte Auslegungen (mit) Unfälle. Die Gretchenfrage ist also: Sehen wir aus irgendwelchen Gründen zwei Arten von Toten? Also solche, die durch traditionelle Fehlerquellen aus Technik und Fahrer gestorben sind, und solche, die durch ein System sterben, das eine KI beinhaltet. Ist dieser Aspekt nicht relevant, bleibt primär die Frage, ob autonomes Fahren mindestens das seit 2013 existierende Plateau von etwas über 3000 Verkehrstoten im Jahr halten kann oder besser noch weiter absenken kann. Die Frage ist also, ob die Gesellschaft soweit ist, z. B. 2000 Tote durch autonome Fahrzeuge statt 3000 durch Vertreter der Gattung Homo sapiens zu akzeptieren. Technologisch ist das autonome Fahren in Städten noch nicht verfügbar, die gesellschaftliche Akzeptanz auch nicht. Es ist spannend, was schneller da sein wird.

Um diese zu erreichen, braucht es ein hohes Verantwortungsgefühl von Entwicklern entsprechender Systeme. Wessen mit KI beworbener Gartenroboter die schönen Tulpen geschreddert hat, der tut sich schwer, anschließend einem mit KI beworbenen Wagen die eigene Familie anzuvertrauen. Man muss also schon bei vermeintlich kleinen Dingen auf Sicherheit und Robustheit achten. Sicherheit gewinnt man bei Systemen, die auf maschinellem Lernen basieren, genauso wie bei allen anderen technischen Systemen mit einem hohen Softwareanteil, nämlich durch das Durchlaufen von Tests und Standards, ohne dass finanzieller Druck diese torpediert. Es ist aber komplexer, ein System, das auf maschinellem Lernen beruht, zu testen. Eine Begründung ist, dass aktuelle Testverfahren und Normen nicht zu probabilistischen Softwarekomponenten passen, und eine andere kann mangelnde Robustheit im Feld sein. Ein Beispiel für mangelnde Robustheit ist ein System, das eigentlich sehr gut Schilder mit Geschwindigkeitsbegrenzungen erkennen kann. Unter den Laborbedingungen – was das bedeutet, lernen Sie im Laufe des Buches – gibt es eine sehr gute Genauigkeit. Diese Genauigkeit wird aber nur in einer *robusten Weise* erbracht, wenn die Erkennungen auch bei Störungen noch gut funktionieren. Wenn durch Wetterbedingungen, Aufkleber oder Pflanzenbewuchs auf einmal große Fehler auftreten, ist das fatal. Hier ist es im praktischen Einsatz besonders wichtig, ob sich das System wenigstens bewusst ist, dass es unsicher ist. Nehmen wir an, es könnte sein, dass auf dem Schild 30 oder 80 km/h steht. Wenn die Klassifikation knapp ausfällt, könnte der Wagen sich entschließen, den Fahrer zu fragen und bis zu einer Antwort besser mal 30 km/h zu fahren. Geht die Störung aber so weit – und das ist nicht so unwahrscheinlich – dass das System nicht nur falsch liegt, sondern sich dabei auch noch sehr sicher ist ... dann haben wir ein Problem und leider kein robustes System.

3 Python, NumPy, SciPy und Matplotlib – in a nutshell

Der Ansatz in dieser kurzen Einführung ist es, jemanden, der noch keinen Kontakt mit der Kombination aus Python, NumPy, SciPy und Matplotlib hatte, in einen im Wesentlichen für das Buch arbeitsfähigen Zustand zu versetzen. Dieses kurze Kapitel hat nicht den Anspruch, diese Werkzeuge umfassend zu behandeln. Python allein füllt dicke Bücher und die Kombination aus NumPy, SciPy und Matplotlib als Zusatz oft ein weiteres. Es ist aber – u. a. aufgrund der Einsteigerfreundlichkeit von Python – sehr schnell und mit wenigen Seiten möglich, für den Stoff dieses Buches arbeitsfähig zu werden, wenn man Vorkenntnisse in anderen Programmiersprachen hat. Besonders einfach geht der Umstieg, wenn Kenntnisse in MATLAB bzw. GNU Octave vorliegen, aber auch C/C++ oder Java können eine gute Ausgangsbasis für einen Einstieg sein.

3.1 Installation mittels Anaconda und die Spyder-IDE

Python kann unter Linux mit den Systemwerkzeugen wie z. B. `apt` installiert werden. Unter Windows ist es ggf. komplex, die benötigten Pakete direkt von den jeweiligen Seiten zu installieren. Hier bietet es sich an, auf eine Python-Distribution wie Anaconda zurückzugreifen.

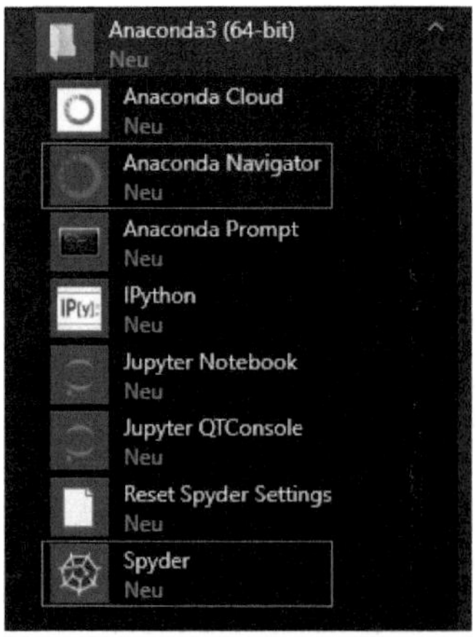

Abbildung 3.1 Anaconda im Windows-Menü

Wir gehen kurz die Installation mittels Anaconda unter Windows durch, wobei der Einsatz von Anaconda auch unter Linux möglich ist. Durch die Installation von Anaconda werden automatisch Python 3.x (64 bit), NumPy, SciPy, IPython, Matplotlib, Spyder, scikit-learn und Pandas installiert.

Zur Installation laden Sie Anaconda (Python 3.x version) als 64-bit Installer von *https://www.continuum.io/downloads* herunter. Zum Zeitpunkt des Schreibens würde ich die Anaconda-Version 2019.10 (*https://repo.anaconda.com/archive/*) mit einem anschließenden Update der Pakete empfehlen, da es mit der neueren Version 2020 mitunter Probleme gab. Anschließend installieren Sie nun Anaconda (benutzer- oder systemweit). Es ist oft vorteilhaft, wenn der Pfad keine Leerzeichen enthält, weil weitere Pakete aus der Python-Familie wie z. B. `Nuitka` damit öfter Probleme haben. Ein Ansatz ist sicherlich `C:\Anaconda3`, während hingegen `C:\Programme` ungeeignet ist, da dies nur ein Alias für `C:\Program Files` ist und somit Leerzeichen enthält. Nach der Installation gibt es im Startmenü die Einträge wie in Abbildung 3.1 gezeigt.

Ich nutze beim Schreiben des Buches die Versionen NumPy 1.18.5, SciPy 1.5.0, Matplotlib 3.2.2, Pandas 1.0.5, TensorFlow 2.1.0, GeoPandas 0.6.1 und Python 3.7.6. Falls Sie z. B. eine spezielle Python-Version verwenden wollen, gehen Sie wie folgt vor: Um die aktuell verwendete Version zu überprüfen, öffnen Sie den *Anaconda Navigator*. Hier zu *Environments*, danach rechts zu *Python* herunterscrollen. Dort steht dann rechts die installierte Version. Falls eine nicht gewünschte Version installiert ist, klicken Sie auf die grüne Checkbox und stellen dann bei *Mark for specific version installation* die gewünschte Version ein, z. B. 3.5.1. Anschließend unten rechts auf *Apply* klicken und bestätigen. In vielen Fällen ist so ein Down- oder Upgrade möglich. Daneben gibt es in Python noch die Möglichkeit von *Virtual Environments*, auf die wir hier jedoch nicht eingehen.

Es gibt für Python sehr viele verschiedene Editoren und Entwicklungsumgebungen. Sie können nach eigenem Geschmack wählen. Nach diesem Kapitel wird auch nicht mehr auf unterschiedliche Umgebungen eingegangen.

Generell haben zwei Umgebungen einen besonderen Charme. Das ist zum einen das **Jupyter-Notebook**. Es kann in einem Browser als webbasiertes interaktives Notizbuch genutzt werden. Der Server dazu kann auf dem eigenen Rechner unter localhost:8888 laufen oder eben auch auf einem Rechner ganz woanders. Hier liegt ein besonderer Reiz, weil Sie auf einem z. B. starken Rechner irgendwo anders über den Webbrowser arbeiten können, während das lokale Notebook nur wenig Ressourcen bereitzustellen braucht. Das Jupyter-Notebook ist besonders stark, wenn es darum geht, Datensätze mit fertigen Klassen zu bearbeiten. Wenn ich selbst Klassen implementiere, ziehe ich eine echte IDE vor.

Hier bietet sich die Python IDE **Spyder** an. Der große Vorteil für Umsteiger ist, dass diese in ihrem Design MATLAB bzw. GNU Octave sehr ähnlich ist. Spyder braucht beim ersten Starten in einer Sitzung unter Windows recht lange.

Wer bereit mit GNU Octave oder MATLAB gearbeitet hat, erkennt den Aufbau in Abbildung 3.2. In dem mit [1] gekennzeichneten Bereich steht Ihnen eine iPython-Console zur Verfügung. Hier können Befehle eingeben werden, die dann sofort ausgeführt werden. Werden dabei Variablen erzeugt oder verändert, können Sie dies im **Variable Explorer** [3] verfolgen. Dieser entspricht in seiner Funktionalität in etwa dem Workspace von Octave/MATLAB. Eigene Funktionen und Klassen können unter [2] geschrieben werden. Spyder hat dabei eine Anbindung an einen Debugger integriert.

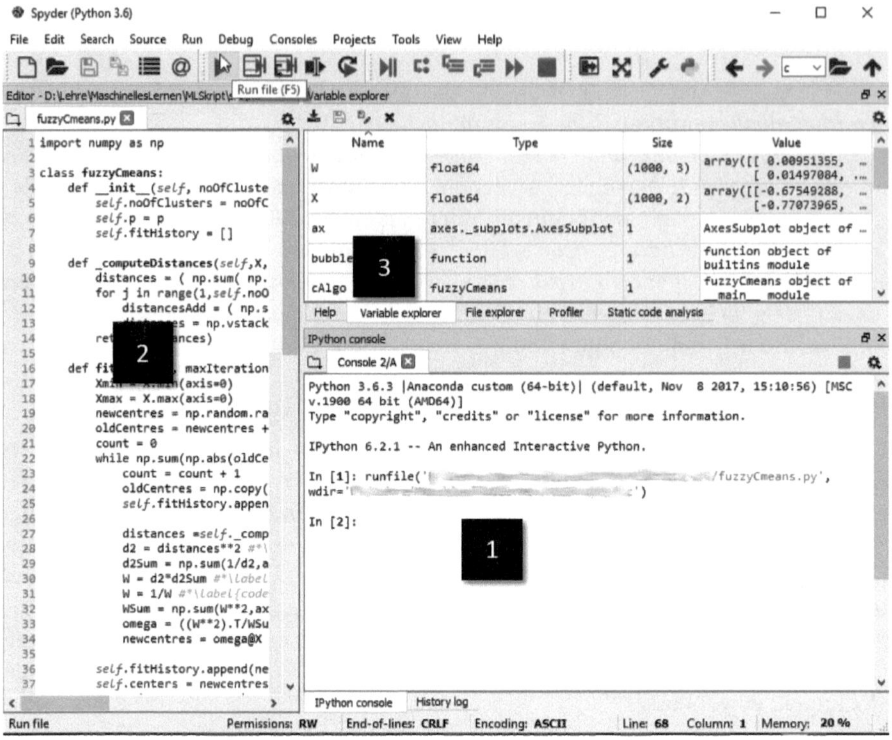

Abbildung 3.2 Spyder IDE Version 3.2.4

> **!** Ebenfalls analog zu MATLAB etc. gibt es ein Working-Directory. Es ist u. a. dafür entscheidend, wo nach Klassen etc. gesucht wird. Wenn Sie das Working-Directory unter *Tools* bzw. *Preferences* ändern, wirkt sich das erst auf eine neu geöffnete Konsole aus, nicht jedoch auf eine bereits geöffnete.

Ebenfalls für Umsteiger oder Benutzer der Bash angenehm ist die **Tab Completion**. Mit der Taste Tab kann nach einer bekannten Variablen oder Methode mit den entsprechenden Anfangsbuchstaben gesucht werden. Ähnliches funktioniert auch mit Dateipfaden. Wenn etwas eingegeben wird, was wie der Anfang eines Dateipfads aussieht (enthält „/" bei Linux und Mac), wird eine Liste der passenden Dateinamen ausgegeben. Natürlich gibt es auch die Möglichkeit der Suche in der **Command History**. Mit `Strg + P` (oder Pfeil nach unten), `Strg + N` (oder Pfeil nach oben) und `Strg + R` (reverse Suche) kann bereits eingegebener Code erneut ausgeführt werden oder darin gesucht werden. Ebenfalls angenehm ist die **Introspection**. Ein Fragezeichen nach einer Variablen oder Funktion gibt Informationen darüber aus.

Oft sehr nützlich sind die sogenannten **Magic Commands**. Mit vorangestelltem `%` und `%%` können diese speziellen IPython-Befehle ausgeführt werden. Ein Beispiel ist `%run`, wodurch ein Python-Code in einer Datei innerhalb von **IPython** ausgeführt wird. Es sind viele spezielle Tastenkürzel und ähnliches vorhanden. Am einfachsten wird das mit „%quickref" und „h" für Hilfe aufgelistet.

Zum Schluss noch eine angenehme Sache besonders unter Linux. Ein beliebiger Konsolenbefehl wird mit einem vorangestellten „!“ ausgeführt, beispielsweise: `!ping 192.168.1.42`

Das war natürlich nur eine grobe Übersicht zur IDE. Die jeweilige Umgebung spielt ab jetzt auch keine Rolle mehr in den Ausführungen.

3.2 Python-Grundlagen

Python ist eine Interpretersprache. Dies bedeutet, dass Programme – wie auch bei MATLAB oder Octave – nicht kompiliert, sondern interpretiert werden. Es gibt jedoch Projekte wie z. B. *Nuitka* (*http://nuitka.net/*), die versuchen, auch Möglichkeiten anzubieten, Python zu kompilieren, um eine kompaktere Distribution oder Performance-Verbesserungen zu erreichen. Einer der Vorteile einer Interpretersprache ist es, dass sich zwei Modi aufdrängen: einmal der Einsatz in einem interaktiven Kommando-Fenster – i. d. R. mittels IPython – und zum anderen die Organisation in Skripten, Funktionen und Bibliotheken. Im interaktiven Kommando-Fenster kann man Befehle eingeben und bekommt die Resultate direkt angezeigt. Wenn wir das im Buch tun, deuten wir es mit den drei Zeichen >>> an. Darüber hinaus können wir natürlich wie in jeder anderen Programmiersprache Funktionen designen und diese im Kommando-Fenster oder aus anderen Funktionen heraus aufrufen.

3.2.1 Basis-Datentypen und Lists

Beginnen wir mit den Variablen. Eine Variable in Python zu erzeugen, ist einfach: Man vergibt einen Namen und weist einen Wert zu. Variablentypen müssen nicht deklariert werden. Wird beispielsweise

```
>>> a = 42
```

ausgeführt, so entsteht eine Integer-Variable `a`. Seit Python 3 müssen wir als Personen, die eher mit Float-Werten arbeiten, uns glücklicherweise nicht mehr so viele Gedanken darüber machen, was passiert, wenn wir als Nächstes

```
>>> b = a / 5
```

eingeben. In Python 2.x wäre das Resultat noch 8 gewesen und vom Typ Integer, aber in Python 3 ist das Ergebnis 8.4 und ein Float, wie wir durch den Befehl `type(b)` überprüfen können.

Mathematische Operationen werden auf den Variablen wie gewohnt ausgeführt, also `+`, `-`, `*`, `/`. Lediglich das Potenzieren ist – je nachdem, von welcher Programmiersprache man kommt – etwas gewöhnungsbedürftig. Soll das Quadrat der Variablen `a` berechnet werden, so nutzt man die Syntax `a**2` oder `pow(a,2)` und nicht das Symbol `^`.

Wie z. B. in MATLAB oder C/C++ werden die Bool-Werte `True` und `False` als 1 und 0 codiert. Diese entstehen z. B. als Resultat von Vergleichsoperatoren wie ==, <, <=, >, >=. Ungleich kann mittels != ausgedrückt werden. Hier ein kurzes Beispiel:

```
>>> z=4 < 6
>>> b= z+2
>>> b !=3
False
```

`b` hat den Wert 3, da `z` `True` war – also 1 – und dieser Wert um zwei erhöht `b` zugewiesen wurde. Vom Typ her ist `z` allerdings als Bool mit dem Wert `True` angeben, nicht z. B. als `Integer` mit dem Wert 1.

Neben diesen Basisdatentypen gibt es noch viele weitere wie z. B. **Dictionaries**. Für uns wirklich wichtig sind **Lists**, **Tuples** und noch ein wenig **Strings**.

Ein String gehört in Python zu den Basisdatentypen oder **Built-in Types**. Der Operator + ist für Strings überladen, was zu sehr angenehmen Möglichkeiten führt, um Strings zusammenzufügen.

```
>>> a="Hallo"
>>> b='Welt'
>>> c = a + ' ' + b
>>> print(c)
Hallo Welt
>>> b == 'Welt'
True
```

Wie man sieht, können Strings durch einfache oder doppelte Anführungszeichen erzeugt werden. Auch hier können wir die Vergleichsoperatoren verwenden. Für die zahlreichen weiteren Operationen auf Strings sei hier auf die Python-Dokumentation [Thea] verwiesen. Wir werden davon nur wenig Gebrauch machen.

Wir wenden uns nun dem Typ `List` zu. Hierbei muss man zunächst eine kleine Warnung voranstellen. Während sich in Python die Basisdatentypen wie z. B. `char`, `float`, `complex`, ... praktisch analog zu den meisten Programmiersprachen bei einer Zuweisung `a = b` verhalten, ist das bei den Objekten, zu denen wir nun kommen, nicht mehr der Fall. Die Variablennamen sind in Python lediglich **Referenzen** auf ein Objekt, und eine Zuweisung erzeugt dann wiederum nur eine Referenz auf dasselbe Objekt. Wir schauen uns das gleich direkt einmal im Kontext von Listen an.

Eine Liste ist in Python einfach eine sehr flexible Kombination von Variablen beliebiger – auch unterschiedlicher – Typen, die durch eckige Klammern zusammengeschlossen werden. Damit ist Folgendes eine quasi typische Liste:

```
>>> TolkinListe=[3, 'Elben', 7, 'Zwerge', 9, 'Menschen', 1, 'Dunkler Herrscher']
>>> TolkinListeNat  = TolkinListe
>>> TolkinListeNat[1]=3.14
>>> TolkinListeNat[5]=9.81
>>> print(TolkinListe)
[3, 3.14, 7, 'Zwerge', 9, 9.81, 1, 'Dunkler Herrscher']
```

Wie man sieht, ist `TolkinListeNat` nur eine Referenz, also ein anderer Name für das gleiche Objekt, das auch mit `TolkinListe` bezeichnet wird. Änderungen in `TolkinListeNat` wirken sich somit direkt auf `TolkinListe` aus. Darüber hinaus erkennt man in dem Code oben eine weitere wichtige Eigenheit von Python:

Python startet in der Nummerierung für den Zugriff in Listen, Arrays etc. bei 0 wie C/C++ und nicht bei 1 wie MATLAB oder GNU Octave!

Kommen wir zurück zu den Referenzen. Unser Problem wird dadurch verkompliziert, dass Listen auch z. B. wieder Listen enthalten können. Es wäre sehr unerfreulich, diese Objekte per Hand mit unbestimmter Tiefe zu durchlaufen und quasi elementweise neu aufzubauen und zu kopieren. Zum Glück gibt es eine fertige Routine, die sich um tiefe Kopien bzw. *deep copy* kümmert:

```
>>> autoren = ["Douglas Adams","Isaac Asimov", "Terry Pratchett"]
>>> buecher = ["Per Anhalter durch die Galaxis", "Foundation-Zyklus", "Fliegende Fetzen"]
>>> empfehlungen = [autoren, buecher]
>>> print(empfehlungen)
[['Douglas Adams', 'Isaac Asimov', 'Terry Pratchett'], ['Per Anhalter durch die Galaxis', '
     Foundation-Zyklus', 'Fliegende Fetzen']]
>>> import copy
>>> mycopy = copy.deepcopy(empfehlungen)
```

Die Funktion deepcopy ist keine Built-In-Funktion von Python, weshalb wir die Bibliothek copy einbinden müssen. Darauf gehen wir noch einmal detaillierter in Abschnitt 3.2.3 ein.

Da die Liste einer der zentralen Datentypen von Python ist, gibt es auch entsprechend viele Methoden, die auf dieses Objekt angewendet werden können. Ein wichtiger Aspekt ist, dass diese Methoden i. d. R. kein Objekt zurückgeben, sondern nur das Objekt selbst modifizieren.

```
>>> liste=[ 1, -2, 3.5 , 1.4]
>>> myliste = liste.sort()
>>> print(myliste)
None
>>> print(liste)
[-2, 1, 1.4, 3.5]
```

Eigentlich ist das Verhalten nicht ungewöhnlich, wenn man an Java oder C++ denkt. Probleme entstehen hingegen manchmal daraus, dass Python mit seinem Laissez-faire-Stil Zuweisungen wie in der zweiten Zeile zulässt und myliste eben nur einfach den Wert None zuweist. Neben sort gibt es natürlich noch viele weitere Funktionen zur Manipulation von Listen, die in der Online-Dokumentation [Pyt] von Python nachgelesen werden können.

Wenn wir mit Kopien von Objekten arbeiten, stellt sich oft die Frage, ob diese bereits modifiziert wurden. Hier gilt, dass der Vergleichsoperator == dies Element für Element überprüft:

```
>>> mycopy == empfehlungen
True
>>> mycopy[1][2]='Ab die Post'
>>> mycopy == empfehlungen
False
```

Neben der Frage, ob zwei Listen identische Elemente haben, stellt sich oft die Frage, ob es sich auch um die gleiche Liste, also um dasselbe Objekt handelt.

```
>>> l1 = [1, 2, 3]
>>> l2 = l1
>>> l3 = [1, 2, 3]
>>> print(l1 == l2, l1 == l3, l1 is l2, l1 is l3)
True True True False
```

Diese Frage kann man wie oben mit `is` beantworten. Wegen der verwendeten Referenzen handelt es sich bei `l1` und `l2` um dasselbe Objekt im Speicher, während `l3` ein anderes Objekt mit den gleichen Werten ist.

Ein weiterer wichtiger Operator, der gleichfalls auf Listen und Arrays funktioniert, ist der Slice-Operator. Wir werden ihn im Zusammenhang mit Arrays in Abschnitt 3.2.5 besprechen.

Sehr ähnlich zur Liste ist **deque** als Container. Es gibt einige Unterschiede im Laufzeitverhalten und einige Methoden stehen bei einer `deque` nicht zur Verfügung. Für uns ist es im Allgemeinen praktischer, auf eine Liste zurückzugreifen, außer in Fällen, in denen wir einen endlichen Speicher über die `deque` darstellen wollen.

```
>>> from collections import deque
>>> store = deque(maxlen=10)
>>> for i in range(12): store.append(i)
>>> store
deque([2, 3, 4, 5, 6, 7, 8, 9, 10, 11])
```

Wenn die maximale Anzahl an Elementen erreicht ist, werden die ersten Elemente gelöscht und die neuen angehängt. Das passiert bei der `deque` sehr performant, sodass sich der Einsatz hierfür lohnt.

Nun wenden wir uns den **Tupeln** zu. Tupel sind auch eine Art Liste, aber nicht veränderbar. Für die Definition nimmt man runde statt eckige Klammern.

```
>>> t = (3, 'text')
>>> print(t[1])
text
>>> t[1] = 5
TypeError: 'tuple' object does not support item assignment
```

Die Fehlermeldung verdeutlicht, was mit *nicht veränderbar* gemeint ist. Der Datentyp Tupel wird von Python oft bei der Übergabe von Parametern an eine Funktion bzw. bei der Rückgabe mehrerer Werte verwendet.

3.2.2 Funktionen

Bis jetzt haben wir Python nur interaktiv auf der Kommandozeile genutzt, was oft auch nützlich ist. Das primäre Ziel in diesem Buch ist es hingegen, Funktionen zu schreiben, die wiederverwertet werden können. Hierzu benötigen wir dann einen Editor, bzw. in Spyder wird unter `File → New File` eine leere Vorlage erzeugt, die i. A. in etwa folgendermaßen heißt: `untitled0.py`. Damit haben wir mit `.py` auch schon die gewünschte Endung für alle Python-Dateien, die wir erstellen. Alle Kommentare, die in dieser Vorlage stehen, können Sie ruhig löschen und die Datei mittels *save as* nach Bedarf benennen. Wir beginnen nun damit, eine kleine eigene Funktion zu schreiben.

Funktionen werden in Python entsprechend dem Schema:

```
def funktionsName(Parameterliste):
    Anweisungen
```

definiert. Zuerst steht also das Schlüsselwort **def**, gefolgt von dem Funktionsnamen. Diesem schließen sich die Funktionsparameter an, die innerhalb von runden Klammern übergeben werden.

Wer von einer Programmiersprache wie C/C++ oder Java kommt, wird den Typ für den Rückgabewert u. U. vermissen. Hier muss man sich zum einen daran erinnern, dass Python eine **dynamische Typisierung** (engl. *dynamic typing*) verwendet. Das bedeutet, dass Typprüfungen zur Laufzeit durchgeführt werden. Zum anderen handelt es sich um eine Prüfung, die man als **Duck-Typing** bezeichnet. Das bedeutet, dass die Objekte – zu denen wir gleich noch kommen – nicht primär durch ihre Klasse beurteilt werden, sondern nur danach, ob geeignete Methoden umgesetzt wurden. Der Ausdruck *Duck-Typing* geht auf den recht bekannten Ausspruch

> *When I see a bird that walks like a duck and swims like a duck and quacks like a duck, I call that bird a duck.*

zurück.

Dieser liberale Umgang mit Typen ist manchmal sehr hilfreich und gleichzeitig für Umsteiger oft auch gewöhnungsbedürftig, u. a. wenn man wie hier nicht mehr an der ersten Zeile der Funktion erkennen kann, welcher Typ zurückgeliefert wird. Das geht so weit, dass eine Funktion sogar unterschiedliche Typen zurückliefern kann. Die Rückgabe erfolgt mit dem Schlüsselwort **return**. Wenn nach return kein Ausdruck steht oder falls return gänzlich fehlt, liefert die Funktion **None** zurück.

Nach dieser Kopfzeile folgt der Funktionskörper, der durch die Anweisungen gebildet wird. Alle Anweisungen müssen eingerückt sein. Wir machen uns das einmal an einem sehr einfachen Beispiel klar:

```
1  def mystemp():
2      """ Gibt den aktuellen Zeitstempel im intern. Format als String zurueck"""
3      import time
4
5      today = time.localtime()
6
7      InternDatum = str(today.tm_year)+'-'+str(today.tm_mon)+'-'+str(today.tm_mday)
8      InternZeit  = str(today.tm_hour)+':'+str(today.tm_min)+':'+str(today.tm_sec)
9      InternDatumsformat = InternDatum + 'T' + InternZeit
10     return InternDatumsformat
11
12 print(mystemp())
```

Die Funktion mystemp erstreckt sich von Zeile 1 bis Zeile 10. Wird dieses Skript gestartet, wird Zeile 12 ausgeführt, welche die oben definierte Funktion aufruft. Dass Zeile 12 nicht mehr zu der Funktion gehört, wird alleine durch die Einrückung deutlich gemacht. Aus dem Code ist bei komplexeren Funktionen oft nur schwer zu erkennen, was zurückgeben wird. Um so wichtiger ist der in Zeile 2 eingebaute **docstrings**. Er erlaubt eine kurze Dokumentation, die mithilfe von `help(mystemp)` aufgerufen werden kann. Darüber hinaus kann diese Technik in Zusammenhang mit dem Python-Dokumentations-Generator *pydoc* verwendet werden. In unserem Fall soll ein String zurückgeben werden, weshalb wir die von `time.localtime()` zurückgegebene Zeit erst einmal mittels **str** konvertieren müssen. Generell werden mittels der Funktion `str()` beliebige Python-Objekte in Strings umgewandelt.

Soll eine Funktion einen oder auch mehrere Werte zurückliefern, geschieht dies, wie in vielen anderen Programmiersprachen, mittels des Schlüsselworts **`return`**:

```
from math import sin
def wave(t=1):
        return t, sin(t)
```

Die Funktion oben demonstriert wie Default-Werte für Parameter, hier $t = 1$, gesetzt werden. Beim Aufruf gibt es mehrere Möglichkeiten. Dabei bieten sich benannte Argumente insbesondere bei sehr vielen Argumenten an.

```
>>> wave()
(1, 0.8414709848078965)
```

Wie man sieht, wird ein Tupel zurückgeliefert, welches man zunächst ggf. auspacken muss. Unten nun die Demonstration, wie man vom Default-Wert abweicht und zwar einmal mit einem Positionsargument und einmal mit benanntem Argument.

```
>>> x, y = wave(3)
>>> x, y = wave(t=3)
```

Da hier die beiden Variablen für die Rückgabe separat angegeben werden, wird das Rückgabe-Tuple sofort entpackt. Man spricht hier generell vom **Unpacking**. Das kann einmal wie oben quasi automatisch passieren:

```
>>> t = (1, 2, 3)
a, b, c = t
```

Im Zusammenhang mit Funktionen ist eine weitere Form mit `*` oft hilfreich:

```
def fun(x, y, z):
    print(x, y, z)
t = (1, 2, 3)
fun(*t)
```

`*t` entpackt hierbei das Tuple entsprechend der Reihenfolge und übergibt es.

Um die Funktion `time.localtime()` nutzen zu können, müssten wir `import time` in Zeile 3 notieren und so das Zeitmodul einbinden. Wie diese Module und die *Namespaces* in Python funktionieren, wird im folgenden Abschnitt kurz angesprochen.

3.2.3 Modularisierung

Eine `.py`-Datei, die nur Funktionen enthält (bzw. nur Klassendefinitionen, über die wir später kurz sprechen), ist quasi bereits eine Bibliothek. Eine solche Bibliothek – selbst erstellt oder vorgefertigt – wird mittels der **import-Anweisung** eingebunden. Wir haben das schon für `copy` und `time` gemacht. Eine weitere für uns wichtige Standardbibliothek ist `math`. Diese könnten wir mittels `import math` einbinden. Nach dem Schlüsselwort `import` können auch mehrere durch Komma getrennte Bibliotheken aufgeführt werden wie z. B. `import math, random`. Theoretisch können import-Anweisungen an jeder Stelle des Quellcodes stehen, i. A. werden diese jedoch direkt zu Beginn eingebunden, um die Übersichtlichkeit zu verbessern.

Ist die Bibliothek einmal importiert, stehen die Funktionen dieser Bibliothek in einem eigenen, geschützten Namensraum zur Verfügung. Das bedeutet: Nach `import math` kann auf den Kosinus nur über die Kombination aus Namensraum und Funktionsnamen zugegriffen werden, hier also `math.cos(x)`.

Man kann auch einzelne Funktionen aus der Bibliothek in den globalen Namensraum importieren:

```
>>> from math import cos, pi
>>> cos(-pi)
-1.0
```

Wem das zu umständlich ist, der kann die Funktionen der Bibliothek auch vollständig in den globalen Namensraum importieren, z. B. wie folgt:

```
>>> from math import *
>>> cos(-pi)
-1.0
```

Das Problem ist, dass dadurch auch der Schutz des Namensraumes ausgehebelt wird und vorher vorhandene Funktionen mit identischen Namen überschrieben werden. Ein guter Kompromiss sind häufig Abkürzungen, wie wir es für die NumPy später auch in Abschnitt 3.3 diskutieren werden. Hier ein Beispiel für ein Vorgehen mit Abkürzung:

```
>>> import math as Q
>>> Q.cos(Q.pi)
-1.0
```

Darüber hinaus gibt es noch eine weitere Sache, die Umsteigern ggf. Ärger bereiten kann: Python verwendet die **PYTHONPATH**-Variable als Angabe, wo nach Modulen gesucht werden soll. Ist das aktuelle Verzeichnis nicht in diesem Pfad, wird dort nicht gesucht. Mit `Spyder` wird das meiste hierbei sehr komfortabel abgefangen; so gibt es z. B. unter `Tools` im Menü den `PYTHONPATH-Manager`, der die Verwaltung erleichtert. Wer das hingegen von Hand tun will oder tun muss, kann den Pfad wie folgt um ein weiteres Verzeichnis erweitern:

```
>>> import sys
>>> sys.path.append('meinVerzeichnis')
```

Wenn man selbst an einer Bibliothek arbeitet, kommt es naturgemäß häufig zu Änderungen. Das Problem ist, dass diese Änderungen sich teilweise nur nach dem Importieren auswirken. Will man nicht ständig eine Python-Konsole öffnen und schließen, bietet sich **importlib** an.

```
>>> import importlib
>>> importlib.reload(NameDerLib)
```

Durch dieses Vorgehen wird `NameDerLib` erneut eingelesen und werden Änderungen propagiert.

Um Funktionen wirklich mit Leben zu erfüllen, braucht man im Allgemeinen Kontrollstrukturen, über die wir noch gar nicht gesprochen haben.

3.2.4 Kontrollstrukturen und Schleifenformen

Wie schon bei den Funktionen zuvor, kommt der Einrückung des Quellcodes in Python eine strukturierende Rolle zu. Das bedeutet, dass z. B. C-Programmierer ihre Klammern { } zu Gunsten einer konsequenten Einrückung eintauschen müssen.

Generell stehen die klassischen Kontrollstrukturen in Python zur Verfügung, und zumindest die `if`-Abfrage und die `while`-Schleife unterscheiden sich kaum von anderen Sprachen. Hier ein Beispiel, in dem ein wenig mit `if` und `while` herumgespielt wird.

```
1  foo = 21
2  if foo == 42:
3      print("This is the answer")
4  elif foo == 21:
5      print('At least ...')
6      print('it is half of the truth')
7  else:
8      print("I'm sorry, Dave, I'm afraid I can't do that.")
9
10 wurzel = foo
11 while abs(wurzel**2 - foo) > 10**-7 :
12     wurzel = 0.5 * (wurzel + foo/wurzel)
13
14 print("Die Wurzel von %e ist %e" % (foo,wurzel) )
```

Wie man erkennt, müssen die Statements und Bedingungen grundsätzlich mit einem Doppelpunkt abgeschlossen werden. Zeile 14 demonstriert, wie eine Ausgabe analog zu `printf` in C oder MATLAB erreicht werden kann. In das `print`-Kommando wird ein Platzhalter der Art `%[flags][width][.precision]typ` eingebaut. Für `typ` können dabei die schon aus C bzw. MATLAB bekannten Kürzel verwendet werden, u. a. `d` für Integer, `e` für die wissenschaftliche Formatierung von Gleitkommazahlen, `c` für einzelne Zeichen und `s` für Zeichenketten.

Etwas mehr aus dem Rahmen fällt die Python-Umsetzung der `for`-Schleife.

```
for var in set:
    commands
```

Der Grund liegt in `set`. Es wird hier tatsächlich über eine beliebige Liste iteriert. Der folgende Codeausschnitt illustriert dies zum einen mit einer Menge von Strings und zum anderen mit einer Menge von natürlichen Zahlen.

```
autoren = ["Douglas Adams","Isaac Asimov", "Terry Pratchett", "Iain Banks"]
for name in autoren:
    print(name)

for i in range(1,11,2):
    print(i)
```

Diese wesentlich größere Flexibilität führt dazu, dass, falls man gerne eine einfache Schleife über natürliche Zahlen hätte, man sich diese Menge zunächst erzeugen muss. Bei großen Zahlenmengen, wie sie bei Schleifen auftreten, erscheint es wie Speicherverschwendung, erst eine sehr lange Liste zu erzeugen, nur um eine Schleife zu durchlaufen. Um dies zu vermeiden, kennt Python die `range`-Funktion. Diese liefert keine Liste, sondern einen Iterator, der Zahlen in einem bestimmten Bereich (*engl. range*) bei Bedarf – also z. B. in unserer `for`-Schleife – liefern kann. Die Syntax ist `range(start,ende,schrittweite)`, wodurch die Werte im halboffenen Intervall `[start, ende[` mit der angegebenen Schrittweite erzeugt werden. Wird keine Schrittweite angeben, ist diese 1. Man kann auch nur eine Zahl angeben, wie das folgende Beispiel zeigt:

```
>>> range(7)
range(0, 7)
>>> list(range(7))
[0, 1, 2, 3, 4, 5, 6]
```

Man kann auch den Iterationsindex mit **enumerate** erhalten:

```

for i, autor in enumerate(autoren):
    print(i, autor)
```

Die Ausgabe lautet dann:

```
0 Douglas Adams
1 Isaac Asimov
2 Terry Pratchett
3 Iain Banks
```

Natürlich gibt es ein Konzept zur **Exception**- bzw. **Ausnahmebehandlung** in Python. Zur Demonstration nutzen wir ein einfaches Beispiel:

```
try:
    x = int(input("Bitte eine Ziffer eingeben: "))
except ValueError:
    print("Das war keine Ziffer")
finally:
    print('Es hat mich gefreut mit Ihnen zu interagieren...')
```

Nach **try** kommt der Code, der eine Exception werfen kann. Der Block unter **except** reagiert auf spezielle Fehlerklassen. Dies kann ggf. auch mit einem `else` kombiniert werden. Der letzte Code unterhalb von **finally** wird in jedem Fall ausgeführt, selbst, wenn in der try-Section `return`, `break` oder `continue` ausgeführt wird.

Klassen und Objekte werden wir teilweise zur Implementierung von Lernverfahren und mehr noch im Bereich der Agenten und des bestärkenden Lernens einsetzen. Daher lohnt sich ein kurzer Blick im folgenden Abschnitt auf dieses Thema.

3.2.5 Klassen und Objekte in Python

Während wir recht viel mithilfe von Klassendesigns umsetzen, werden wir z. B. von einem Thema wie der Vererbung keinen Gebrauch machen. Entsprechend halten wir den Absatz etwas kürzer und beschränken uns auf das Wesentliche.

Klassen werden mit ihren Konstruktoren und Destruktoren wie folgt definiert.

```
class myclass(Basisklasse):

    def __init__(self, args):

    def __del__(self):

    def funktionsname(self, args):
```

Wenn die Basisklasse nicht angegeben ist, erbt unsere Klasse nichts. `__init__` ist der Konstruktor der Klasse und `__del__` der Destruktor. Aufgrund der Spracheigenschaften von Python und dem darin verankerten Garbage Collector ist es jedoch nur selten nötig, eigene Destruktoren zu definieren.

Mit `funktionsname` wird in dem Beispiel eine zur Klasse gehörende Funktion bezeichnet – je nach Sprache/Kontext spricht man auch von *Member Functions* oder *Methoden*. Der erste Parameter `self` einer solchen Funktion ist eine Referenz auf das Objekt, von dem sie aufgerufen wird.

Als Beispiel implementieren wir einmal eine Kreis-Klasse mit einer einzigen Methode zzgl. dem Konstruktor.

```
import math

class kreis():

  def __init__(self,r,x,y):
      if r<0 :
          r=0
      self.r = r
      self.mx = x
      self.my = y

  def abstand(self,x,y):
      d = math.sqrt((self.mx-x)**2 + (self.my-y)**2)
      d = d - self.r;
      return(d)
```

Eine Besonderheit von Methoden in Python ist, dass der erste Parameter immer `self` sein muss. Über diesen Parameter erhält die Methode bei ihrem Aufruf eine Referenz auf das Objekt. Entsprechend greift man wie im Quelltext oben mittels `self` auf die Variablen bzw. Eigenschaften des Objektes zu. Methoden wie `abstand` werden mittels `Objektname.Methodenname()` aufgerufen. Das folgende Beispiel illustriert den Einsatz in der Python-Konsole:

```
>>> import os
>>> os.chdir('VERZEICHNIS')
>>> import kreis as beispiel
>>> einheitskreis = beispiel.kreis(1,0,0)
>>> einheitskreis.abstand(4,3)
4.0
```

Die ersten zwei Zeilen sind in Spyder sehr nützlich, wenn die zu importierenden Klassen nicht im Working-Verzeichnis sind und man auch nicht den PYTHONPATH modifizieren möchte.

Das Beispiel wurde in der Datei `kreis.py` gespeichert, entsprechend erfolgt der Import in der dritten Zeile, wobei wir hier als Namensraum `beispiel` festlegen. Anschließend wird mittels des Konstruktors eine Instanz erzeugt und von dieser wiederum im Anschluss die einzige Methode aufgerufen. **Private Methoden** gibt es in Python nicht in dem Sinne wie man es z. B. von Java gewohnt ist. Es gibt jedoch eine Konvention, um Methoden kenntlich zu machen die nur interne Bedeutung haben. Dem Namen wird ein Unterstrich _ vorangestellt. Wir machen im Buch jedoch sehr spärlich davon Gebrauch.

Wenn wir Klassen verwenden, um überwachte Lernverfahren zu implementieren, nutzen wir das immer gleiche Grundschema ohne Vererbung:

```
class model:
    def __init__(self, listeVonParametern):
       pass

    def fit(self, X,Y):
```

```
        pass

    def predict(self, X):
        pass
```

Die pass-Anweisung bewirkt tatsächlich einfach nichts. Man setzt sie als Platzhalter ein, wenn syntaktisch eine Anweisung erforderlich ist. Dies geschieht typischerweise, wenn man die API einer Klasse bereitstellen möchte, ohne bereits konkrete Methoden zu implementieren, oder wenn man sich im Entwicklungsprozess befindet und einige Methoden noch nicht implementiert sind.

Zu diesem groben Entwurf einer Klasse kommen ggf. noch weitere Elemente für die konkreten Algorithmen hinzu. Die Methode `fit` ist dabei immer für eine Art von Training zuständig und passt das konkrete Vorhersagemodell an die in `X` und `Y` zum Ausdruck gebrachte Datenlage an. `predict` hingegen gibt die Vorhersage bzw. Einschätzung des Modells zu den in `X` gespeicherten Merkmalen wieder. Der Rückgabewert ist dann eine Variable `Y`, die die Antwort auf eine Regressions- oder Klassifikationsfragestellung beinhaltet.

Unter einem Klassendesign werden Sie sehr oft die Zeile

```
    if __name__ == '__main__':
```

finden. Das Ziel ist dabei, eine `.py`-Datei sowohl als eigenes Skript bzw. Hauptprogramm verwenden zu können, als auch als Modul für anderen Programme. Das funktioniert so: Wenn eine Datei importiert wird, ist `__name__` gleich dem Dateinamen. Wird die Datei jedoch selbst ausgeführt, ist `__name__` gleich `__main__`.

Die Abfrage oben bedeutet also lediglich, dass der Code unten ausgeführt wird, wenn die Datei im Sinne eines Hauptprogramms aufgerufen wird.Das passiert entsprechend logischerweise nicht, wenn die Datei importiert wurde. Damit wird verhindert, dass der Code beim Importieren der Datei ausgeführt wird.

3.3 Matrizen und Arrays in NumPy

Ohne Erweiterungen durch Bibliotheken sind aufwendige Berechnungen in Python kaum effizient umsetzbar – zum einen, weil man gewisse Funktionalitäten vermissen würde, und zum anderen, weil die Geschwindigkeit von Python als Interpretersprache sonst nicht ausreichend wäre.

Wichtig in unserem Kontext sind die Bibliotheken **NumPy** und das darauf aufbauende **SciPy**. NumPy (*Numerical Python*) gibt uns die Möglichkeit, auf performante Funktionen für mathematische und numerische Routinen zurückzugreifen, die in Fortran oder C umgesetzt wurden. Damit stehen Datenstrukturen zur Verfügung, die auch ein effizientes Rechnen mit wirklich großen Arrays und Matrizen erlauben. Zusammen mit SciPy, welches NumPy um weitere nützliche Funktionen erweitert – z. B. zur Minimierung, Regression, Fouriertransformation etc. –, erhält man einen ausreichenden Funktionsumfang.

3.3.1 Grundlegendes und Typen

Das Wichtigste für uns in den kommenden Algorithmen sind Arrays bzw. Matrizen. Die wesentliche Datenstruktur hier ist **numpy.array**. Es gibt in Python noch eine alternative Variante von *Arrays*; wenn wir im Folgenden jedoch von *arrays*, *NumPy-Arrays* oder *numpy.arrays* reden, meint das immer dasselbe, nämlich *numpy.arrays*.

Um *NumPy* sinnvoll nutzen zu können, muss es zunächst eingebunden werden. Dazu haben wir drei unterschiedliche Möglichkeiten, von denen ich nur eine wirklich empfehlen möchte.

1. `import numpy`
2. `import numpy as np`
3. `from numpy import *`

Die erste Version ist korrekt, aber dafür bin ich – und, wie Sie im Netz sehen werden, auch fast alle anderen – zu faul. Hier wird nämlich die Bibliothek eingebunden, jedoch ohne Alias. Der Zugriff erfolgt dann über die volle Angabe des Namensraumes, also z. B. `B = numpy.array(A)`. Variante zwei definiert direkt einen Alias; das bedeutet, der Befehl verkürzt sich auf `B = np.array(A)`. *np* ist dabei der Standardalias, der i. d. R. verwendet wird.

Die dritte Variante führt dazu, dass man die Angabe des Namensraums *np* gänzlich unterlassen kann. Dies klingt zunächst verführerisch, weil die Listings etc. dann kürzer werden. Man könnte also direkt `B = array(A)` schreiben. Das Problem ist, dass viele Funktionsnamen nicht nur in *NumPy* vorkommen, sondern eben auch z. B. `array` in einem anderen Kontext definiert wird, ebenso `pow` etc. Daher ist es sauberer, den Namespace *np* hier zu bewahren.

Schauen wir als Einstieg einmal auf das folgende Listing:

```
1  import numpy as np
2  A = [ [25, 24, 26], [23, -2, 3], [0, 1, 2] ]
3  B = np.array(A)
4  C = np.matrix('1 2 3; -1 0 1; 1 1 4')
5  print(type(A))
6  print(type(B))
7  print(type(C))
```

`A` ist trotz der sehr ähnlichen Notation kein Array, sondern eine Standard-Python-Liste. Damit handelt es sich aber um eine der häufigeren Datenstrukturen in Python. Es kann also durchaus sein, dass eine andere Bibliothek Ihnen diese Datenstruktur zurückliefert und Sie sie dann in ein NumPy-Array konvertieren müssen.

Das geht, wie man in Zeile 3 sieht, zum Glück sehr einfach. Der Befehl `array` erzeugt ein neues NumPy-Array aus der übergebenen Liste, sodass `B` nun für entsprechende Berechnungen zur Verfügung steht. Array ist dabei wirklich eine sehr allgemeine Datenstruktur, die auch multidimensional sein kann. In Zeile 4 definieren wir hingegen einen Spezialfall dieser Datenstruktur, nämlich eine Matrix. Eine Matrix ist hier immer zweidimensional zu sehen. Nun ergibt sich natürlich sofort die Frage, welchen Sinn es hat, sich hier auf zwei Dimensionen einzuschränken.

Ein wichtiger Grund in einem Kontext wie dem unseren ist die Interpretation des Multiplikationszeichens.

```
>>> B*B
array([[625, 576, 676],
```

```
[529,   4,   9],
[  0,   1,   4]])
```

Wie man sieht, wäre nun jeder enttäuscht, der darauf gehofft hätte, dass hier eine Matrix-Matrix-Multiplikation durchgeführt wird. Vielmehr erfolgt die Multiplikation elementweise und entspricht somit dem MATLAB-Befehl `.*`. Führen wir hingegen die gleiche Operation mit `C` aus, erhalten wir folgendes Ergebnis:

```
>>> C*C
matrix([[ 2,  5, 17],
[ 0, -1,  1],
[ 4,  6, 20]])
```

Für den Typ Matrix wird nun `*` tatsächlich als Matrix-Matrix-Multiplikation interpretiert.

Um den Code lesbar zu halten, sollte man sich hier auf eine Vorgehensweise und einen Default-Datentyp festlegen. Tatsächlich konnte das auch schon immer das allgemeine Array sein. Mit dem Befehl `dot` erhält man auch hier eine Matrizenmultiplikation

```
>>> B.dot(B)
array([[1177,  578,  774],
[ 529,  559,  598],
[  23,    0,    7]])
```

Das würde aber bei starker Anwendung von linearer Algebra – und das werden wir teilweise tun – die Lesbarkeit deutlich verschlechtern.

Seit Python 3.5 gibt es hierfür zum Glück eine einfache Lösung. Es wurde neu der Operator `@` definiert. Dieser meint nun immer – und zwar unabhängig davon, ob wir eine Matrix oder ein allgemeines NumPy-Array haben, – die Matrizenmultiplikation.

```
>>> B@B
array([[1177,  578,  774],
[ 529,  559,  598],
[  23,    0,    7]])
>>> C@C
matrix([[ 2,  5, 17],
[ 0, -1,  1],
[ 4,  6, 20]])
```

! Wir verwenden also ab jetzt durchgehend `numpy.array` als Datentyp und nicht die Unterklasse `matrix`. Dabei verwenden wir immer `*` für die elementweise Multiplikation und `@` für die Matrizenmultiplikation. Da wir jedoch als mathematische Objekte nur Matrizen verwenden und keine mehrdimensionalen Arrays, sprechen und schreiben wir *Matrizen*!

3.3.2 Arrays erzeugen und manipulieren

Wer Umgebungen wie **MATLAB** oder **GNU Octave** gewöhnt ist, wird feststellen, dass das Expandieren und Manipulieren der Matrizen in Python zwar bemerkenswert gut geht – wenn man es mit C oder Java vergleicht –, aber doch besonders beim dynamischen Expandieren etwas weniger komfortabel ist. Auch in MATLAB bzw. GNU Octave ist es für die Performance hilfreich, sich vorher Gedanken über die endgültige Größe von Matrizen zu machen. In Python ist das nachträgliche Expandieren noch umständlicher, sodass es beinahe zwingend wird, vor der ersten Verwendung eine Matrix in der endgültigen Größe zu erzeugen. Hierzu bieten sich die folgenden Befehle aus Tabelle 3.1 an.

Tabelle 3.1 Befehle zum Erzeugen von Matrizen/Arrays

Syntax	Beschreibung
empty(shape)	Liefert ein nicht-initialisiertes Array zurück.
ones(shape)	Liefert ein mit Einsen initialisiertes Array zurück.
zeros(shape)	Liefert ein mit Nullen initialisiertes Array zurück.
full(shape, fill_value)	Liefert ein mit dem Wert `fill_value` initialisiertes Array zurück.
identity(n)	Liefert das Identitäts-Array mit der Kantenlänge `n` zurück.
eye(N,M,k])	Liefert ein 2D-Array der Größe `M×N` zurück, mit Einsen auf der Hauptdiagonalen bzw. der um k verschobenen Nebendiagonalen.
random.rand	Liefert ein Array von über [0,1] gleichverteilten Zufallszahlen zurück.
array(object)	Erzeugt ein neues Array aus vorhanden Daten von object.

Der Parameter `shape` gibt dabei immer die gewünschte Dimension der Matrix an. Die Befehle kennen noch weitere Parameter, auf die hier aber nicht eingegangen wird. Die vollständige Referenz findet man z. B. hier [Theb]. Zu den ersten vier angegebenen Befehlen gibt es noch jeweils eine recht nützliche `_like` -Variante, also z. B. `zeros_like`. Hierbei wird `shape` durch eine andere Matrix ersetzt, und es wird das entsprechende neue Array in der gleichen Dimension erzeugt.

Neben diesen Befehlen für mehrdimensionale Arrays, die wir jedoch wie besprochen nur für zweidimensionale Matrizen einsetzen, gibt es noch einige komfortable Möglichkeiten, Vektoren zu erzeugen.

Tabelle 3.2 Befehle zum Erzeugen von Vektoren

Syntax	Beschreibung
arange([start,] stop[, step,])	Erzeugt einen Vektor mit Einträgen von `start` bis `stop`.
linspace(start, stop[, num, endp])	Erzeugt einen Vektor mit äquidistanten Einträgen.
logspace(start, stop[, num, endp, base])	Erzeugt einen Vektor mit Einträgen mit logarithmischem Abstand.

! **arange** aus NumPy ist dabei analog zum den eingebauten Python-Befehl gehalten worden. Das führt automatisch dazu, dass man hier als Umsteiger von MATLAB oder Octave sich umstellen muss. Beispiel:

```
>>> np.arange(0,6,2)
array([0, 2, 4])
```

Wie man sieht, *fehlt* die 6, weil das Ende nicht hinzugenommen wird. Man hat also eben nicht den gleichen Output wie bei `0:2:6` unter MATLAB/Octave. Den bekommt man durch `np.arange(0,7,2)`.

Nun nutzen wir einige Befehle, um die Verwendung zu illustrieren.

```
>>> A=np.arange(12).reshape(4,3)
>>> A[0,0]=-1
array([[-1,  1,  2],
[ 3,  4,  5],
[ 6,  7,  8],
[ 9, 10, 11]])
```

Wir haben also zunächst einen Vektor der Länge 12 erzeugt und diesen mittels **reshape** in eine Matrix der Dimension 4 × 3 umformatiert. Anschließend wurde ein Eintrag auf −1 geändert. Wie man sieht, erfolgt der Zugriff auf einzelne Einträge mit eckigen Klammern, und wie immer ist zu beachten, dass die Nummerierung bei null beginnt. Als Nächstes werden wir eine Matrix B erzeugen, welche aus einem Ausschnitt von A gebildet wird:

```
>>> B=A[2:4,0:2]
array([[ 6,  7],
[ 9, 10]])
```

Python nutzt den Ansatz `[start:ende:schrittweite]` für das **Array Slicing**. Im Beispiel oben werden also durch [2:4] die Zeilen von einschließlich 2 bis 4, jedoch ohne die Zeile 4 angegeben. Bei den Spalten entsprechend von 0 bis 2, jedoch auch hier ohne die Schlussspalte 2. Wichtig ist, dass der Operator analog zu `arange` funktioniert, was den Endpunkt angeht. Es geht also auch:

```
>>> C=A[:,1:3]
array([[ 1,  2],
[ 4,  5],
[ 7,  8],
[10, 11]])
```

Praktisch ist hier die Verwendung der Default-Werte, wie hier für die Zeilen demonstriert. Wird kein Start-Index angegeben, ist null gemeint. Fehlt der Endindex, ist der größte Index-Wert der Matrix gemeint. Wird also wie hier nur der Doppelpunkt angegeben, wird alles von 0 bis 2 angesprochen.

Mit einer intelligenten Nutzung negativer Zahlen für die Schrittweite beim Slicing können schnell einfache Umsortierungen erreicht werden. Beispiel:

```
>>> Z=np.array([1, 2, 3, 4, 5])
>>> Z[::-1]
array([5, 4, 3, 2, 1])
```

Wichtig ist hierbei, dass, wenn für `start` oder `step` kein Wert angegeben ist, der ganze Bereich ausgewählt wird.

Bis jetzt haben wir ausschließlich mit positiven Indizes gearbeitet. Es sind jedoch auch negative Indizes möglich. Ein negativer Index $-i$ liefert den Wert des i-ten Listenelements als Ergebnis zurück, jedoch wird hier von hinten abgezählt.

```
>>> Z[-2]
4
```

Der größte erlaubte negative Index ist -1. Damit wird das letzte Element bezeichnet. Das Slicing funktioniert nach der bekannten Logik auch mit negativen Indizes:

```
>>> Z[-3:-1]
array([3, 4])
>>> Z[-2:]
array([4, 5])
```

Der letzte Zugriff hat wieder keine angegebene obere Grenze. Entsprechend wird von dem – von hinten gezählt – zweiten Element an bis zum Schluss alles ausgegeben bzw. darauf zugegriffen.

Leider gibt es dabei eine wichtige Sache zu beachten: Was wir hier erzeugt haben, sind keine **Deep Copies**, sondern nur **Views** auf die Arrays. Den Effekt sieht man, wenn man `B[1,1]=-1` eintippt und sich anschließend die Matrix A ansieht:

```
>>> A
array([[-1,  1,  2],
[ 3,  4,  5],
[ 6,  7,  8],
[ 9, -1, 11]])
```

Man hat also nur einen anderen Namen vergeben und eine ggf. einfachere Indizierung erzeugt, aber `B` verweist immer noch auf die gleichen Einträge in `A`.

Dieses Verhalten kann Ihrem Wunsch entsprechen, da es natürlich sehr resourcenschonend ist, so vorzugehen, wenn man wirklich nur eine andere View auf dieselbe Matrix haben will. Wird eine Kopie gewünscht, so kann man z. B.

```
>>> B=A[2:4,0:2].copy()
```

verwenden. In diesem Fall ist `B` eine neue, nicht mehr mit `A` verbundene Matrix.

Nutzt man nicht den Slicing-Operator, sondern Arrays für den Zugriff, ergeben sich weitere Freiheiten und ggf. auch Fallstricke. Starten wir hierzu noch einmal mit einem durchnummerierten `A`.

```
>>> A=np.arange(12).reshape(4,3)
>>> zeilen=[1, 3]
>>> spalten=[0, 2]
>>> D=A[zeilen, spalten]
array([ 3, 11])
```

Was ist hier passiert? Werkzeuge wie MATLAB bzw. GNU Octave wählen mit dieser Syntax unabhängig Zeilen und Spalten aus. NumPy fasst diese zusammen und nutzt die entstehenden Tupel, um einzelne Einträge auszuwählen. Wir haben also die Einträge (1,0) und (3,2)! Dafür haben wir nun eine *Deep Copy* erhalten. `D` ist also eine von `A` unabhängige Matrix und keine View.

Durch Nutzung des einfachen Slicings entstehen immer zunächst Views. Werden als Indexmenge jedoch Arrays verwendet, entstehen tiefe Kopien bzw. Deep Copys.

Nun haben wir also eine tiefe Kopie, aber vielleicht nicht das Array, das wir wollten. Wie können wir nun im MATLAB-Stil einen Bereich aus der bestehenden Matrix herausschneiden? Am besten geht dies vermutlich mit der Funktion **numpy.ix_**.

```
>>> from numpy import ix_
>>> D=A[ix_(zeilen, spalten)]
array([[ 3,  5],
[ 9, 11]])
```

Auch hier ist D wieder eine tiefe Kopie. Ebenfalls wird oft die Möglichkeit benötigt, einzelne Spalten oder Zeilen aus einer Matrix zu löschen. Hier ein Beispiel:

```
>>> A = np.array([[1,2,3,4], [5,6,7,8], [9,10,11,12]])
>>> B = np.delete(A, [2,3 ], 1)
>>> print(B)
[[ 1  2]
[ 5  6]
[ 9 10]]
```

Der letzte Parameter, hier 1, gibt an, bzgl. welcher Achse A beschnitten werden soll, und [2, 3] gibt an, welche Spalten gemeint sind. Die Nummerierung der Achsen startet bei 0, wodurch es hier i. A. nur um 0 für die Zeilen und um 1 für die Spalten geht.

Oft ist es nötig, Elemente zu finden, die eine spezielle Bedingung erfüllen. Nehmen wir einmal an, y würde die Vorhersage über eine Klassenzugehörigkeit enthalten. Dann können wir uns mit dem Befehl **flatnonzero** die Indizes liefern lassen, an denen der Wert von y z. B. 1 ist.

```
>>> y = np.array([1, 2, 1, 3, 4, 2, 1, 1, 3])
>>> index = np.flatnonzero(y==1)
>>> print(index)
[0 2 6 7]
>>> len(index)
4
```

Mit der Variablen index kann man anschließend sowohl auf die Elemente zugreifen, als auch ihre Länge nutzen, um die Anzahl von Einsen in y zu bestimmen.

Nachdem man im Laufe eines Programmes so viel mit Matrizen hantiert hat, benötigt man sicherlich hin und wieder eine Information über die Dimension. Hierbei müssen MATLAB-Wechsler wieder ein wenig aufpassen, weil **size** in NumPy etwas anderes liefert:

```
>>> B.size
6
>>> B.shape[0]
3
>>> B.shape[1]
2
```

size gibt also die Anzahl der Einträge zurück, während shape die Länge der jeweiligen Matrix-Dimension liefert.

Darüber hinaus gibt es noch einige Befehle aus dem Bereich der linearen Algebra, die wir kurz ansprechen sollten. Zunächst können Matrizen einfach transponiert werden:

```
>>> D.transpose()
array([[ 3,  9],
[ 5, 11]])
```

Darüber hinaus müssen oft Summen über Matrixelemente gebildet werden. Dies geschieht mittels `sum`:

```
>>> D.sum()
28
>>> D.sum(axis=0)
array([12, 16])
>>> D.sum(axis=1)
array([ 8, 20])
```

Wenn man sich mit maschinellem Lernen beschäftigt, kommt man natürlich nicht ganz um den Bereich der Statistik herum. Hierzu benötigen wir u. a. Zufallszahlen. NumPy bietet hierzu alle wesentlichen Funktionen. Mittels

```
>>> R = np.random.rand(4,2)
>>> print(R)
[[ 0.16371817  0.40409449]
[ 0.65729404  0.71451059]
[ 0.54901047  0.00610533]
[ 0.29182287  0.48094833]]
```

erzeugt man eine Matrix von gleichverteilten Float-**Zufallszahlen** aus $[0,1[$.

Wichtig ist es auch, zufällige Integerzahlen zu erzeugen, so z. B. mittels:

```
>>> np.random.randint(0,10,3)
array([2, 1, 9])
```

Dies erzeugt einen Vektor der Länge 3 mit gleichmäßig verteilten Zufallszahlen aus $[0,10[$.

Ein Problem, dem wir uns häufiger stellen müssen, ist, dass wir gerne eine Menge von zufälligen Integer-Zahlen hätten, um Datensätze in mehrere Untermengen aufzuteilen. Das bedeutet, dass wir zunächst keine Dubletten in einer solchen Liste von Zufallszahlen gebrauchen können. Um Fälle wie $[2,1,3,\ldots,3,\ldots]$ zu vermeiden, kann man wie folgt vorgehen:

```
>>> np.random.choice(10, 3, replace=False)
array([3, 7, 4])
```

Wichtig ist dabei die Option `replace=False`, welche eben solche Dubletten ausschließt. Der Name des Parameters steht im Zusammenhang mit dem aus dem Statistikunterricht bekannten Urnenmodell, bei dem Kugeln unterschiedlicher Farbe aus einem Behälter gezogen werden. Hierbei wird die Wahrscheinlichkeit für das Auftreten bestimmter Farbkombinationen untersucht. Es macht dabei einen großen Unterschied ob die Kugeln nach dem Ziehen zurückgelegt werden (*replace*) oder eben auch nicht. Wird eine Kugel zurückgelegt, kann diese natürlich anschließend erneut gezogen werden. Wenn wir dies nun mit der Funktion **np.delete** kombinieren, erhalten wir eine sehr effektive Methode, zwei disjunkte Untermengen – also solche mit leerer Schnittmenge – zu bilden, die zusammen wieder die Obermenge bilden:

```
import numpy as np

```

```
MainSet = np.arange(0,12)
Set1    = np.random.choice(12,4, replace=False)
Set2    = np.delete(MainSet, Set1)
```

Wenn so viel gewürfelt werden muss, gibt es oft Probleme mit der Reproduzierbarkeit. Wenn ein Fehler einmal aufgefallen ist, kann der gleiche Zustand nur schlecht wiederhergestellt werden. Ebenso ist es schwer, Ergebnisse zu verifizieren. Wenn das gewollt bzw. benötigt wird, sollte man vor der Ausführung seines Codes den ersten Zufallswert auf einen speziellen Startwert (*Samen*) setzen. Die dann durch den pseudozufälligen Zahlen-Generator im Anschluss erzeugte Sequenz ist deterministisch. In NumPy wird dies mittels **np.random.seed(seed)** durchgeführt. Für z. B. `seed=42` wird dann eine reproduzierbare Sequenz erzeugt. Wird der Befehl hingegen ohne Argument aufgerufen, wird als Startwert ein Wert genommen, der vom Systemzustand des Computer abhängig ist und nicht ohne weiteres reproduziert werden kann.

Ein weiterer Aspekt betrifft die Ausgabe der NumPy-Arrays. Diese ist zunächst generell eingeschränkt, zum Beispiel:

```
>>> np.random.seed(42)
>>> A = np.random.rand(20,20)
>>> print(A)
[[ 0.37454012  0.95071431  0.73199394 ...,  0.52475643  0.43194502
0.29122914]
[ 0.61185289  0.13949386  0.29214465 ...,  0.09767211  0.68423303
0.44015249]
[ 0.12203823  0.49517691  0.03438852 ...,  0.19598286  0.04522729
0.32533033]
...,
[ 0.49161588  0.47347177  0.17320187 ...,  0.58577558  0.94023024
0.57547418]
[ 0.38816993  0.64328822  0.45825289 ...,  0.02327194  0.81446848
0.28185477]
[ 0.11816483  0.69673717  0.62894285 ...,  0.42899403  0.75087107
0.75454287]]
```

zeigt nicht alle Einträge von `A`. Will man alle sehen, ergänzt man

```
>>> np.set_printoptions(threshold=np.inf, linewidth=100)
```

Der Default-Wert für `threshold` ist 1000, sodass der Aufruf mit `threshold=1000` das alte Verhalten zurückbringt. Daneben finde ich für mich die voreingestellte Ausgabenbreite von 75 zu konservativ gewählt, da mein Bildschirm doch eine größere Auflösung bietet. Mit `linewidth=100` sorgt man hier dafür, dass erst nach 100 Zeichen umgebrochen wird. Die vollständige Dokumentation für die Print-Optionen finden Sie hier [Thec].

Wer Python mit Spyder als IDE verwendet, wird feststellen, dass diese Einstellung auch den Variablen-Browser von Spyder beeinflusst. Dies führt, wenn mehrere große Matrizen im Speicher sind, zu Performance-Problemen. In dem Fall sollte man auf **pretty printer** ausweichen, was jedoch eine Konvertierung erfordert:

```
from pprint import pprint
pprint(A.tolist())
```

3.3.3 Array Broadcasting in NumPy

Das Array Broadcasting unter NumPy ist eine Art großartiger Alptraum – gerade für Leute, die von GNU Octave oder MATLAB herkommen: großartig, weil es eine sehr effiziente und flexible Art bereitstellt, Operationen auf Arrays auszuführen, Alptraum, weil es für Menschen, die es gewohnt sind, dass bei entsprechenden Aktionen eigentlich eine Fehlermeldung auftauchen müsste, zu Bugs im Code führt, die man schwer findet. Lassen Sie es mich an einem Beispiel demonstrieren.

```
>>> A = np.ones( (4,3) )
>>> v = np.array([1, -1, 2])
>>> C = A + v
>>> print(C)
[[ 2.  0.  3.]
 [ 2.  0.  3.]
 [ 2.  0.  3.]
 [ 2.  0.  3.]]
```

Wenn wir die Arrays als Matrizen betrachten, ist die Zeile `C = A + v` einfach nur unsinnig. Wenn man zwei Matrizen addieren möchte, müssen diese die gleiche Dimension haben. Wir nutzen als Datentyp jedoch nicht Matrizen, sondern eben Arrays. Diese erlauben mittels Broadcasting von `v` diese Operation. Broadcasting bedeutet hier, dass `v` auf eine zweite Dimension erweitert wird, damit die Operation möglich wird. Das funktioniert nicht nur für die Addition, sondern auch für die Multiplikation etc.

Um zu verstehen, wann was wie erweitert wird, betrachten wir zwei Arrays: das Array A mit den Dimensionen $a = (a_1, a_2, \ldots, a_n)$ und das Array B mit den Dimensionen $b = (b_1, b_2, \ldots, b_m)$. Das bedeutet, die Arrays können sich sowohl bzgl. der Anzahl der Dimensionen – also n und m – unterscheiden, als auch bzgl. der Dimensionen selbst, also $a_1 \neq b_1$ usw.

Es gibt drei Regeln, wann zwischen unterschiedlichen Arrays ein Broadcasting gelingen kann.

1. Wenn $n \neq m$, wird der kleinere Vektor der Dimensionen vorne mit Einsen aufgefüllt. Das bedeutet:
   - $n < m \Rightarrow (1, \ldots, 1, a_1, a_2, \ldots, a_n)$
   - $m < n \Rightarrow (1, \ldots, 1, b_1, b_2, \ldots, b_m)$
2. Wenn $a_i \neq b_i$, wird das Array, dessen Dimension hier gleich 1 ist, auf die Dimension des anderen Arrays ausgedehnt.
3. Wenn $a_i \neq b_i$, jedoch $a_i \neq 1$ und $b_i \neq 1$ gilt, so kommt es zu einer Fehlermeldung.

Sehen wir uns im Lichte dieser Regeln noch einmal das Beispiel oben an. Wir haben für `A` die Dimensionen (4,3) und für `v` (3,). Nach Regel 1 wird zunächst der Vektor der Dimensionen von `v` vorne mit einer 1 aufgefüllt, wird also zu (1,3). Als Nächstes kommen wir für diesen Fall zur Regel 2. Es gilt $4 \neq 1$, aber da die Dimension 1 ist, wird `v` in dieser Dimension einfach durch Wiederholung aufgefüllt. Das bedeutet, faktisch wird die Operation

$$\begin{pmatrix} 1 & 1 & 1 \\ 1 & 1 & 1 \\ 1 & 1 & 1 \\ 1 & 1 & 1 \end{pmatrix} + \begin{pmatrix} 1 & -1 & 2 \\ 1 & -1 & 2 \\ 1 & -1 & 2 \\ 1 & -1 & 2 \end{pmatrix}$$

durchgeführt. Der große Vorteil ist, dass dies ohne zusätzlichen Speicher erfolgt. Die Matrix wird also nicht im Speicher physikalisch dupliziert. Durch den Einsatz von Broadcasting können wir darüber hinaus oft Schleifen vermeiden, die in Python sonst sehr langsam wären.

Hier noch ein Beispiel mit der Multiplikation, welches gleichzeitig demonstriert, wie man mittels Transponieren durch `.T` die Limitation umgehen kann, dass nur vorne Einsen hinzugefügt werden.

```
>>> A = np.arange(12).reshape(4,3)
>>> B = np.array([1, -1, 0, 1])
>>> C = (A.T*B).T
>>> print(C)
[[ 0  1  2]
 [-3 -4 -5]
 [ 0  0  0]
 [ 9 10 11]]
```

Wichtig ist, dass sich das Broadcasting nur auf den Operator `*` erstreckt und nicht auf `@`. Letzterer ist wirklich die mathematische Matrizenmultiplikation und erzeugt auch genau dann Fehlermeldungen, wenn diese nicht möglich ist.

3.3.4 Mathematische Operationen auf NumPy-Arrays

Da wir, wie schon erwähnt Schleifen vermeiden wollen, brauchen wir Methoden, die es uns erlauben, mathematische Funktionen auf ganze Arrays anzuwenden. Die Lösung liegt in der Verwendung der NumPy-Implementierungen der entsprechenden Funktionen. Man findet so ziemlich jede mathematische Funktion hier abgedeckt. Ein Beispiel wäre der Sinus:

```
x = np.linspace(0,2*np.pi,200)
y = np.sin(x)
```

Nach diesen Anforderungen ist `y` nun ein Array der Länge 200, das die entsprechenden Sinuswerte enthält.

Die Potenz wird direkt mit `**` berechnet. Das bedeutet, wenn wir $y = \sin(x^2)$ umsetzen wollen, tun wir das wie folgt:

```
x = np.linspace(0,2*np.pi,200)
y = np.sin(x**2)
```

Wie fast überall meint auch in NumPy `np.log` den natürlichen Logarithmus, also den zur Basis e. Wenn man wirklich einmal den Zehnerlogarithmus benötigt, nutzt man `np.log10`.

Wie man an dem Beispiel oben sieht, kann man über NumPy auch die wichtigsten mathematischen Konstanten wie π, e ebenso wie `NaN` oder ∞ erhalten.

Da wir nun mit den Matrizen bzw. Arrays in NumPy etwas warm geworden sind, gehen wir nun über zu SciPy.

3.3.5 Sortieren und Partitionieren

Wir haben bereits eine Methode zum Sortieren von Listen kennengelernt. Für unsere Zwecke jedoch oft wesentlich effizienter sind die NumPy-Umsetzungen.

```
>>> A = np.array( [ [42, 3.141, 2.718], [9.81, 0, 2]])
>>> np.sort(A)
array([[ 2.718,  3.141, 42.   ],
[ 0.   ,  2.   ,  9.81 ]])
```

Ruft man einfach **np.sort** auf, erhält man das Array sortiert nach der letzten Achse als Rückgabewert. Hätten wir `A.sort()` aufgerufen, wäre die Matrix selbst entsprechend modifiziert worden. Mit dem Parameter `axis` kann man die Achse, nach der sortiert wird, anpassen:

```
>>> np.sort(A,axis=0)
array([[ 9.81 ,  0.   ,  2.   ],
[42.   ,  3.141,  2.718]])
```

Wer möchte, kann durch die Optionen auch Einfluss auf den verwendeten Sortieralgorithmus nehmen. Analog zu `sort` funktioniert **np.argsort**; nur dass hier die Indizes der entsprechenden Elemente zurückgegeben werden. Im Zusammenhang mit dem zuvor besprochenen Slicing können wir hierdurch z. B. direkt die Indices der zwei größten bzw. kleinsten Einträge erhalten.

```
>>> B = A.flatten()
array([42.   ,  3.141,  2.718,  9.81 ,  0.   ,  2.   ])
>> np.argsort(B)[0:2]
array([4, 5], dtype=int64)
>> np.argsort(B)[-2::]
array([3, 0], dtype=int64)
```

Es treten häufiger als man vielleicht denkt Anwendungen auf, in denen man gar nicht an der Sortierung aller Einträge interessiert ist. Bei uns geschieht dies beim *k-Nearest-Neighbor-Algorithmus* in Abschnitt 5.4. Hier werden wir uns nur für die k Elemente mit den kleinsten Abständen interessieren. In NumPy lässt sich das sehr effizient mit der Funktion **np.partition** bzw. **np.argpartition** umsetzen.

```
>>> np.partition(B,2)
array([ 0.   ,  2.   ,  2.718,  9.81 , 42.   ,  3.141])
```

Der angegebene Integerwert steht für die Stelle, an der die k-kleinste Zahl stehen wird. Rechts davon stehen Zahlen, die größer oder gleich dieser Zahl sind. Dabei wird weder für die rechte noch die linke Partition garantiert, dass diese sortiert ist. Der Vorteil dieses Ansatzes ist die Laufzeit. Während der Aufwand für eine steigende Anzahl n von zu sortierenden Elementen bei einem Sortieralgorithmus, wie beispielsweise dem Quicksort, im Durchschnitt $O(n \cdot \log(a))$ wächst, ist die Partitionierung deutlich günstiger. Hier kommt man mit einem linearen Anstieg bzw. genauer $O(k \cdot n)$ aus. Wie zuvor beim Sort-Aufruf können auch hier `axis` angegeben werden und die Methode `np.argpartition`, um sich auf die Indizes zu beschränken. Veranschaulichen wir das einmal an einem Beispiel.

In dem Paket **np.linalg** finden Sie eine Reihe von Methoden aus dem Bereich der linearen Algebra, u. a. auch die Möglichkeit, mittels **np.linalg.norm** sehr performant Normen zu berechnen. Mit den folgenden Befehlen erhalten Sie daher auf einem Array A mit 100 Vektoren im $\mathbb{R}^2$ die drei, die am nächsten in der Euklidnorm an einem Vektor x liegen.

```
>>> A = np.random.rand(100,2)
>>> x = np.random.rand(1,2)
>>> dist = np.linalg.norm(A-x,axis=1)
>>> idx = np.argpartition(dist,3)[0:3]
>>> print(A[idx])
```

3.4 Interpolation und Extrapolation von Funktionen mit SciPy

Maschinelles Lernen hat tatsächlich sehr viel damit zu tun, eine Funktion, von der nur einzelne Daten vorliegen, *zu lernen*. Wir fangen mal als Fingerübung für Python+NumPy damit an, eine Funktion zu interpolieren. Das bedeutet: Zu gegebenen einzelnen Daten – z. B. Messwerten – soll eine stetige Funktion konstruiert werden. Bei der Interpolation gehen wir davon aus, dass wir vor jeden Vektor x nur einen Messwert y vorliegen haben. Tatsächlich haben wir beim maschinellen Lernen in der Regel mehre Werte vorliegen und müssen zur Regression greifen, aber dazu kommen wir später.

Um ein praktisches Beispiel vor Augen zu haben, nehmen wir an, ein Elektrotechniker oder Physiker hätte uns einige Daten gegeben von einem Kondensator, der aufgeladen wird.

Tabelle 3.3 Messwerte der Aufladung eines Kondensators

Zeit [s]	I [mA]	U [V]
0	0.270	2.0
2	0.250	6.0
4	0.225	9.0
6	0.195	12.0
8	0.170	14.0
10	0.150	16.0
12	0.130	17.5
14	0.115	18.5
16	0.105	20.0
18	0.095	20.5
20	0.085	21.5
22	0.080	22.0
24	0.075	22.5
26	0.070	22.7
28	0.065	23.5
30	0.065	23.5
32	0.060	23.7
34	0.060	24.0
36	0.060	24.0
38	0.055	24.2
40	0.055	24.2
42	0.052	24.5

In diesem Fall wäre also x die verstrichene Zeit und y die z. B. in Volt gemessene Spannung.

Um die Funktion visualisieren zu können, importieren wir neben NumPy auch **Matplotlib**. Hier ist die gebräuchlichste Abkürzung für den Namensraum `plt`.

```
import matplotlib.pyplot as plt
import numpy as np
A = np.zeros([22,2])
A[:,0] = np.arange(0, 43, 2)
A[0:11,1]     = [2, 6, 9, 12, 14, 16, 17.5, 18.5, 20, 20.5, 21.5]
```

```
6  A[11:22,1] = [22, 22.5, 22.7, 23.5, 23.5, 23.7, 24, 24, 24.2, 24.2, 24.5]
7  print(A[:])
8  plt.plot(A[:,0], A[:,1], 'o')
9  plt.xlabel('Zeit [s]')
10 plt.ylabel('Spannung [V]')
11 plt.show()
```

Anschließend erzeugen wir in Zeile 3 eine mit Nullen gefüllte Matrix der richtigen Größe. In Zeile 4 nutzen wir jetzt das recht flexible Indexing mittels NumPy. Die erste Spalte – die Indizierung startet in Python bei 0 – wird mit den Werten von 0 bis 42 in Zweierschritten gefüllt. `arange` wird dabei wie oben besprochen eingesetzt, um den gewünschten Effekt zu erreichen. Zur Erinnerung: In Zeile 5 geht es um die Indexmenge `[0,1,. . . ,9,10]`. Die 11 ist aus den besprochenen Gründen nicht enthalten und ist in Zeile 6 entsprechend der Startindex.

Durch Zeile 4 und 5 haben wir nun also unsere Messwerte in die Matrix geschrieben. In Zeile 7 kontrollieren wir kurz, ob das auch funktioniert hat, und gehen dann über zur Ausgabe mit der Matplotlib. Die Syntax lehnt sich hier oft an die von MATLAB an und ist für Umsteiger daher recht intuitiv. Der Befehl `plot(x,y)` erzeugt einen **Polygonzug** durch die Werte (x_i, y_i). Ein Polygonzug ist formal die Vereinigung der Verbindungsstrecken einer Folge von Punkten. Wir wollen aber nur die einzelnen Messwerte illustrieren und ergänzen entsprechend `, 'o'` als gewünschtes Zeichen. In Zeile 9 und 10 werden dann die Achsen beschriftet. Wirklich dargestellt wird die Figure erst, wenn der Befehl `show` aufgerufen wird. Eine Figure ist im Wesentlichen die gesamte Abbildung aller Plots, die man in einem Fenster sieht. Der Terminus ist hier sehr an den von MATLAB angelehnt.

In gewisser Weise ist die dargestellte Kurve als Polygonzug auch schon eine der einfachsten Möglichkeiten zur Interpolation, mit der wir uns nun beschäftigen werden. Hierbei unterstellen wir zunächst, dass es eine Funktion f gibt, bei der für unsere Werte gilt:

$$f(\boldsymbol{x}_i) = y_i \qquad (i = 1..n)$$

Wir kennen f aber nicht und wollen nun eine Funktion g konstruieren, die f nahe kommt, und zwar indem wir f an den vorliegenden Stellen interpolieren, also fordern:

$$f(\boldsymbol{x}_i) = y_i = g(x_i) \qquad (i = 1..n)$$

Diese Stellen $\boldsymbol{x}_i$, an denen Werte y_i bekannt sind, nennt man im Kontext der Interpolation auch oft **Stützstellen**. In der Regel ist es nun unser Ziel beim maschinellen Lernen, ein g zu finden, das sich auch abseits der Stützstellen ähnlich verhält wie f.

> **!** Das primäre Ziel ist es also, ein Modell g zu finden mit $g(x) \approx f(x)$ auch außerhalb der bekannten Wertepaare. Diese sind nur Mittel zum Zweck, denn hier kennen wir die Werte ja schließlich schon.

Die Punkte allein geben uns dazu noch nicht genügend Anhaltspunkte, was wir tun sollen. Wir brauchen halt ein Modell für g. Dabei kann man sehr unterschiedlich vorgehen. Generell versucht man es – inklusive verwendetem Domänenwissen – immer irgendwie auf Ockhams Rasiermesser zurückzuführen. Mit **Ockhams Rasiermesser**, benannt nach Wilhelm von Ockham, einem mittelalterlicher Mönch und Philosophen, meint man ein Prinzip der Sparsamkeit bzgl. verwendeter Hypothesen. Wenn mehrere Ansätze funktionieren könnten, sollte man den verwenden, der am einfachsten ist und die wenigsten Annahmen benötigt. Alle anderen Ansätze werden durch Ockhams Rasiermesser abgeschnitten.

Das Beste wäre es natürlich hier, ein Modell zu wählen, das aus der Anwendung motiviert ist. Wäre der Physiker in unserem Beispiel nicht so schnell weggelaufen bzw. hätten wir uns daran erinnert, was er gesagt hat, würden wir etwas probieren, was in Richtung

$$f(t) = U_0\left(1 - e^{-\frac{t}{\tau}}\right)$$

geht. In diesem Fall würde es nur darum gehen, die beiden unbekannten Parameter U_0 und τ so zu wählen, dass diese möglichst gut zu zu unseren Werten passen.

Da wir das gerade nicht wissen, also kein gutes Modell für das Verhalten unseres Systems (Kondensator) haben, versuchen wir es hier zunächst einmal mit Polynomen. Die Idee ist dabei zunächst primär, die Art der verwendeten Funktion einfach zu halten. Wir werden sehen, dass man auch da schnell an seine Grenzen stößt.

Erst einmal brauchen wir aber Polynome, und dazu gibt es in NumPy die Klasse **poly1d**. Wie der Name nahelegt, handelt es sich hierbei um eindimensionale Polynome. Ein Polynom

$$P(x) = \sum_{i=0}^{n} a_i x^i = a_0 + a_1 x + a_2 x^2 + \cdots + a_{n-1} x^{n-1} + a_n x^n$$

ist, wie man sieht, vollständig definiert, wenn man seinen Grad $n \geq 0$ kennt und die $n+1$ Koeffizienten $a_i (i = 0..n)$. Das macht sich auch diese Polynomklasse zunutze.

Will man z. B. das Polynom $x^3 + 2x + 3$ erzeugen, geht man wie folgt vor:

```
>>> p = np.poly1d([1, 0, 2, 3])
>>> print(np.poly1d(p))
   3
1 x + 2 x + 3
```

Man gibt also nur eine Liste der Koeffizenten an, und die Länge der Liste gibt den Grad des Polynoms an. Wenn man das Polynom auswerten will, z. B. bei 0.5, so tut man dies wie folgt:

```
>>> p(0.5)
4.125
```

Die Klasse kann auch noch mehr – z. B. Nullstellen bestimmen etc. –, was wir hier aber nicht benötigen. Wir möchten ja ein Polynom durch gegebene Punkte berechnet haben. Hierbei verwenden wir nun zum ersten Mal SciPy. SciPy verwendet hierbei den häufigen Ansatz der Lagrange-Interpolationspolynome und weist direkt darauf hin – vgl. [Thee] –, dass seine Methode bei einer großen Anzahl von Interpolationspunkten instabil wird. Den numerischen Hintergrund dazu können Sie z. B. in [DR08], Kapitel 10 nachlesen. Uns wird dieser spezielle Aspekt hier aber nicht stören.

Wir arbeiten nun unser Listing von Seite 63 wie folgt um:

```
import numpy as np
from scipy import interpolate
import matplotlib.pyplot as plt

A = np.zeros([22,2])
A[:,0] = np.arange(0, 43, 2)
```

```
7  A[0:11,1]    = [2, 6, 9, 12, 14, 16, 17.5, 18.5, 20, 20.5, 21.5]
8  A[11:22,1] = [22, 22.5, 22.7, 23.5, 23.5, 23.7, 24, 24, 24.2, 24.2, 24.5]
9  plt.plot(A[:,0], A[:,1], 'o', label="Messwerte", c='k')
10 plt.xlabel('Zeit [s]')
11 plt.ylabel('Spannung [V]')
```

Im ersten Block haben wir nun wie besprochen zusätzlich SciPy eingebunden bzw. genauer das Unterpaket **Interpolate**. Seit der Version 3 reagiert die Matplotlib immer in einem Modus der mit einem auf `true` gesetzten `hold` vergleichbar ist. Das bedeutet alle Plot-Anweisungen werden in der gleichen Figure ausgeführt. Um ein Achsen-Objekt zu löschen kann man auf `cla()` oder für die ganze Figure auf `clf()` zurückgreifen. Alle folgenden Plot-Befehle beziehen sich also noch immer auf Figure1.

```
12
13 p2 = interpolate.lagrange(A[[0 , 10 ,21 ],0], A[[0 , 10 ,21 ],1])
14 xnew = np.arange(-2, 50, 2)
15 ynew = p2(xnew)
16 error = (( p2(A[:,0]) - A[:,1] )**2).sum()
17 print('P2 => Quadratische Fehler: %.4e; gemittelt %.4e.' % (error, error/22))
18 plt.plot(xnew, ynew, label="Polynome Ordnung 2", linestyle='-', c='k')
```

Nun lassen wir uns durch die SciPy-Routine **lagrange** ein Interpolationspolynom der Ordnung zwei berechnen. Dieses interpoliert die Messdaten an den beiden äußeren Punkten und in der Mitte.

Um ein Gefühl für die Qualität der Näherung zu bekommen, bedienen wir uns der **Summe der Fehlerquadrate**. Die Idee, die wir in Abschnitt 5.2 noch einmal genauer beleuchten werden, basiert darauf, große Abweichungen der Modellfunktion von den Daten stärker zu gewichten als kleine. Schauen wir uns hierzu die Formel, die Zeile 16 repräsentiert, einmal genauer an:

$$\text{error} = \sum_{i=1}^{n} \left(p(x_i) - y_i\right)^2 = \|p(x) - y\|_2^2$$

Bei Fehlerbeträgen $|p(x_i) - y_i| < 1$ sorgt das Quadrat dafür, dass dieser Anteil verkleinert wird, beispielsweise wird aus einer Differenz von $\frac{1}{2}$ ein quadratischer Fehlerbeitrag von $\frac{1}{4}$. Liegt hingegen der Fehler oberhalb von 1, z. B. bei 2, fließt diese Differenz mit 4 ein.

In Python setzten wir die Formel um, indem wir zunächst die beiden Vektoren voneinander abziehen, wodurch in jedem Eintrag des resultierenden Vektors die Differenz $p_2(x_i) - y_i$ steht. Mittels `**2` führen wir eine elementweise Quadrierung durch. Die so entstandenen Einträge $(p_2(x_i) - y_i)^2$ werden dann durch die Methode `.sum()` des NumPy-Arrays summiert.

Das Gleiche machen wir jetzt noch einmal für ein Polynom 5. Grades mit zwei weiteren Stützstellen.

```
19 p5 = interpolate.lagrange(A[0:22:4,0], A[0:22:4,1])
20 xnew = np.arange(-2, 50, 2)
21 ynew = p5(xnew)
22 error = (( p5(A[:,0]) - A[:,1] )**2).sum()
23 print('P5 => Quaratische Fehler: %.4e; gemittelt %.4e.' % (error, error/22))
24 plt.plot(xnew, ynew,label="Polynome Ordnung 5", linestyle='--', c='r')
25
26 plt.legend(loc='lower right')
27 plt.show()
```

Damit die Legende nicht über unserem Plot liegt, verbannen wir sie mit dem Parameter `lower right` in die untere rechte Ecke. Default ist oben rechts. Damit die Legende sinnvoll funktionieren kann, müssen wir in Zeile 18 und 24 ein Label mitgeben.

Durch dieses Programm erhalten wir die folgende Ausgabe:

```
P2 => Quadratische Fehler: 4.6963e+01; gemittelt 2.1347e+00.
P5 => Quadratische Fehler: 9.4385e-01; gemittelt 4.2902e-02.
```

und die Grafik aus Abbildung 3.3.

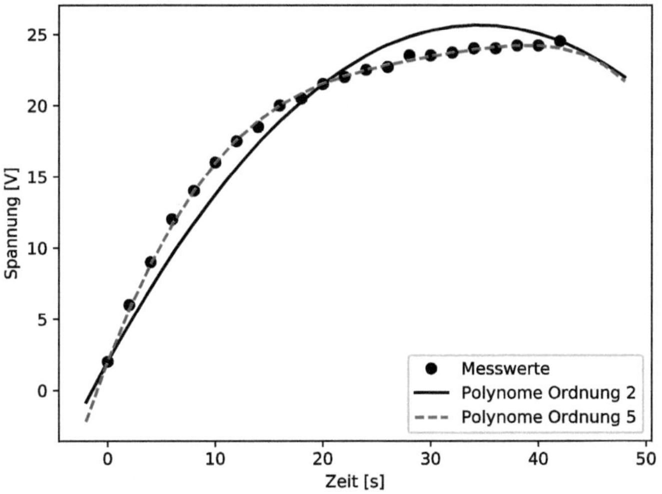

Abbildung 3.3 Annäherung mit Polynomen

Was bedeuten diese Werte? Nun, dass der quadratische Fehler als Ganzes runtergeht, wenn wir in mehr Punkten interpolieren, ist naheliegend. In den Stellen, an denen wir nun $f(x) = p(x)$ durch die Interpolation erzwingen, entsteht natürlich kein Fehler mehr. Auch wenn wir den quadrierten Fehler durch die Anzahl der verbliebenen Stellen – also denen, an welchen nicht interpoliert wird – teilen, wie wir es in Zeile 17 und 23 tun, sinkt der Fehler. Also Polynomgrad hochziehen und alles wird gut? So einfach ist das nicht. Es gibt zwei Probleme.

Das Prinzip, den Polynomgrad immer weiter hochzutreiben, hat eine Grenze. Der Effekt ist als **Runges Phänomen** bekannt und bedeutet, dass es irgendwann zu Oszillationen bei der Approximation kommt. Der Effekt ist, dass das Polynom zwischen den Knoten immer stärker von der zu approximierenden Funktion abweicht.

In der Abbildung 3.4 wird dies für den Fall eines Polynomansatzes vom Grad 10 und der Funktion $\sin^2(4\pi x)$ illustriert.

Wandeln Sie das Skript oben so ab, dass Sie die Werte der Funktion $\sin^2(4\pi x)$ an den Stützstellen `0:1:0.1` verwenden und mittels `interpolate.lagrange` ein Polynom 10. Grads hindurchlegen. Der Plot, den Sie dann erhalten, sollte im Wesentlichen dem in Abbildung 3.4 entsprechen.

Der Effekt aus Abbildung 3.4 bedeutet für uns, dass wir zwar die Funktion nun an allen bekannten Stützstellen perfekt durch unser Polynom p interpolieren. Das ist aber nicht unser

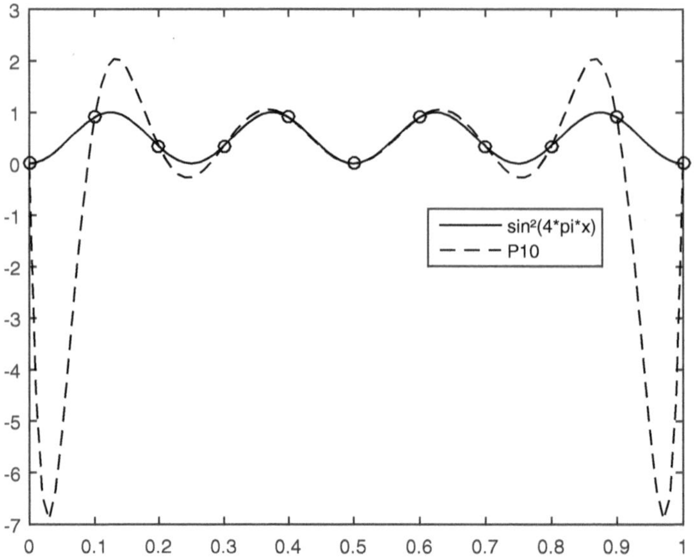

Abbildung 3.4 Beispiel zu Runges Phänomen mit einem Polynom der Ordnung 10

Ziel! Die Werte an den Stützstellen kennen wir schon, und ein Polynom ist sicherlich nicht unsere bevorzugte Art, diese Werte zu speichern. Wir wollen Aussagen über das Verhalten der – in unserem Beispiel – Spannung durch ein Modell *g* bzw. *p* zwischen diesen Stützstellen sowie rechts und links von unserem Messbereich.

> Wird der Polynomgrad so hochgetrieben, dass Runges Phänomen auftritt, so ist die Interpolation zwischen den Stützstellen ggf. wertlos.

Das ist schon mal sehr unerfreulich, und es wird noch schlimmer. Die Aussage oben betrifft den eigentlich leichteren Bereich. Hierbei wird durch die Interpolation der Verlauf der kontinuierlichen Funktion *f* zwischen bekannten Stützstellen mit ihren Werten abgeschätzt. Wenn wir hier andere Techniken nehmen wie z. B. Spline-Interpolation und so den Polynomgrad niedrig halten können, funktioniert das im Allgemeinen recht gut. Zu einer solchen Spline-Interpolation kommen wir später. Wo wir jedoch i. d. R. keine Hoffnung haben können, ist die **Extrapolation**. Darunter versteht man die Bestimmung des Verhaltens über den durch bekannte Werte gesicherten Bereich hinaus. Beispielsweise die Spannung bei −10 s oder 100 s.

Das liegt daran, dass für jedes Polynom gilt:

$$\lim_{t \to \infty} |p(t)| \to \infty$$

Ein Polynom geht also betraglich betrachtet immer gegen Unendlich. Die meisten Phänomene, die wir lernen wollen, tun das aber nicht! Die Spannung wird nicht unendlich werden, sondern gegen einen Grenzwert gehen. Das kann unser Polynom also unabhängig vom Polynomgrad niemals abbilden.

3.5 Daten aus Textdateien laden und speichern

Für viele Analysen im Rahmen des Data Minings werden die Techniken des maschinellen Lernens auf Datenbanken angewendet. Wir nutzen in diesem Buch oft frei verfügbare Beispiele aus dem UC Irvine Machine Learning Repository (*http://archive.ics.uci.edu/ml/*), welche in einfachen Textdateien vorliegen. Hierbei wird als Dateiformat i. A. CSV (*engl. comma-separated values*) verwendet. In diesem Format sind die Daten sehr einfach strukturiert abgelegt und durch ein Zeichen – oft ein , oder ; – separiert.

Eine der populärsten Datensammlungen, um in die Welt des maschinellen Lernens einzusteigen ist **Fisher's Iris Data Set**. Diese enthält jeweils 50 Datensätze von drei unterschiedlichen Arten der Schwertlilie (Iris setosa, Iris virginica und Iris versicolor). Jeder Datensatz enthält vier Merkmale

1. Länge des Kelchblattes (Sepalum)
2. Breite des Kelchblattes (Sepalum)
3. Länge des Kronblattes (Petalum)
4. Breite des Kronblattes (Petalum)

und als fünften Eintrag die damals (1936) bestimmte Art. Da auch von der gleichen Art nicht jede Pflanze gleich gewachsen ist, gibt es hier entsprechende Variationen. Dazu kommen immer statistische Messfehler, und wenn man Pech hat, u. U. auch noch systematische Fehler. Damit umzugehen, wird im Laufe des Buches oft unser Job sein. Jetzt jedoch müssen wir es zunächst schaffen, die Daten erst einmal in den Arbeitsspeicher zu laden.

Zunächst laden Sie aus dem UC Repository die Datei `iris.data` herunter (*http://archive.ics.uci.edu/ml/machine-learning-databases/iris/iris.data*). Danach können wir sehr analog zu C/C++, MATLAB usw. vorgehen und Dateien mittels `open` öffnen und dann mit einer `close`-Methode dieser Dateiklasse schließen. Zum Einlesen reiner Float-Dateien bietet sich die Funktion `loadtxt` aus der NumPy-Bibliothek an. Wir wollen ja hinterher i. A. mit Floats und Integern arbeiten und Strings eher vermeiden. Leider sind oft einzelne Merkmale in der Datenbank als Strings abgelegt. Daher öffnen wir zunächst die Datei und codieren die drei Typen von Schwertlilien mit 1, 2 und 3 (bis Zeile 13).

```
1  import numpy as np
2
3  fString = open("iris.data","r")
4  fFloat  = open("iris.csv","w")
5
6  for line in fString:
7      line = line.replace("Iris-setosa", "1")
8      line = line.replace("Iris-versicolor", "2")
9      line = line.replace("Iris-virginica", "3")
10     fFloat.write(line)
11
12 fString.close()
13 fFloat.close()
14
15 fFloat  = open("iris.csv","r")
16 #header = fFloat.readline().rstrip('\n')  # skip the header
17 #ColumnNames = header.split(',')
```

```
18 dataset = np.loadtxt(fFloat, delimiter=",")
19 fFloat.close()
```

Open arbeitet dabei mit den möglichen Modi 'r' für ausschließliches Lesen, 'w' für Schreiben, wobei dabei die Datei neu angelegt wird, und 'a', um Daten an eine bestehende Datei anzuhängen.

Im Anschluss an die Konvertierung öffnen wir also erneut fFloat und können diese nun mit einem Befehl in Zeile 18 als NumPy-Array einlesen. Wichtig ist nur die Angabe des Trennungszeichens (delimiter). Die Zeilen 16 und 17 sind auskommentiert, jedoch oft nützlich, wenn eine Kopfzeile den Daten vorangeht, in denen die Namen der Merkmale etc. stehen. Mit Zeile 16 und 17 wird der entsprechende String eingelesen und aufgesplittet. Somit kann hinterher, z. B. um Plots automatisch zu erstellen, auf die Namen in der Kopfzeile zugegriffen werden. Da diese Zeile dann schon eingelesen ist, stört sich **np.loadtext** in Zeile 18 nie an den Strings in der ersten Zeile der Datei. Will man nur die Daten auslesen und kann auf die Bezeichnungen verzichten kann man auch noch mehr direkt loadtxt überlasse. So wird z. B. mittels

```
np.loadtxt('X.csv',skiprows=9, usecols=(1,3))
```

aus einer Datei X.csv direkt nur die Spalten 1 und 3 eingelesen und dabei die ersten 9 Zeilen übersprungen. In diesem Fall kann man auch auf open und close verzichten.

Das Arbeiten mit Dateien ist auch ein gutes Beispiel für den Einsatz von **with** in Python. with wird im Bereich der Ausnahmebehandlung eingesetzt, um den Code sauberer und lesbarer zu machen. Es vereinfacht die Verwaltung von gemeinsamen Ressourcen wie z. B. Dateistreams. Ohne with müsste man etwa wie folgt vorgehen, um mit dem gemeinsamen Zugriff auf Ressourcen, was auch bei der parallelen Ausführung von Code passieren kann, umzugehen:

```
file = open('fileName', 'w')
try:
        file.write('hello world')
finally:
        file.close()
```

Dies vereinfacht sich zu

```
with open('fileName', 'w') as file:
        file.write('hello world !')
```

Wie man sieht, ist im Gegensatz zur ersten Implementierung bei Verwendung von with kein Aufruf von file.close() erforderlich. Das with-Statement selbst stellt die Freigabe von Ressourcen und die Ausnahmebehandlung sicher.

3.6 Visualisieren mit der Matplotlib

Wir können die Daten aus dem letzten Abschnitt nun nutzen, um noch ein wenig die Möglichkeiten der Matplotlib zur Visualisierung zu vertiefen. Bis jetzt haben wir uns auf zweidimensionale Funktionenplots konzentriert. Eine weitere wichtige Klasse, da wir häufig diskrete

Datensätze visualisieren, sind Streudiagramme bzw. **Scatter Plots**. Darüber hinaus nutzen wir die Gelegenheit, uns einmal anzusehen, wie Subplots in der Matplotlib funktionieren.

Hierzu erzeugen wir zunächst in Zeile 23 ein Figure-Objekt. Ein solches Figure-Objekt kann wieder Subplots enthalten. Die Methode **add_subplot** fügt ein solches hinzu und gibt eine Referenz auf das entsprechende **axis-Objekt** zurück. Für Details siehe [HDF$^+$]. Hierbei muss das gewünschte Layout der Subplots angegeben werden, nämlich `(Zeilen, Spalten, Nummer des Subplots)`. Bezüglich der Nummer des Subplots gilt, dass diese Plots von der Bibliothek zeilenweise durchnummeriert werden. Wir erzeugen also in Zeile 25 ein Layout mit zwei Zeilen und Spalten und erhalten ein Objekt für den ersten Subplot, sodass wir losplotten können.

```
21 import matplotlib.pyplot as plt
22
23 fig = plt.figure(1)
24
25 ax = fig.add_subplot(2,2,1)
26 ax.scatter(dataset[0:50,0],dataset[0:50,1],c='red',s=60,alpha=0.6)
27 ax.scatter(dataset[50:100,0],dataset[50:100,1],c='green',marker='^',s=60,alpha=0.6)
28 ax.scatter(dataset[100:150,0],dataset[100:150,1],c='blue',marker='*',s=80,alpha=0.6)
29 ax.set_xlabel('Kelchblattlaenge (cm)')
30 ax.set_ylabel('Kelchblattbreite (cm)')
31 ax.grid(True,linestyle='-',color='0.75')
32
33 ax = fig.add_subplot(2,2,2)
```

In den Zeilen 26–28 nutzen wir nun aus, dass in dem Datensatz die drei Typen von Schwertlilien sortiert hintereinander stehen. Wir tragen dabei die ersten beiden Merkmale gegeneinander auf den Achsen auf. Diese sind in den Spalten 0 und 1 codiert, sodass wir wirklich sehr effektiv mit dem Slice-Operator die nötigen Daten extrahieren können. Mit `c` wird die Farbe und mit `s` die Größe des Zeichens im Scatter-Plot definiert. Will man eine leichte Durchsichtigkeit erreichen, kann ein α-Wert angegeben werden. Um die Einträge besonders in Graustufen-Abbildungen – wie hier im Buch – besser unterscheiden zu können, bietet es sich an, neben der Farbe auch mittels `marker` die Form zu ändern.

Mit **set_xlabel** etc. kann man die Achsenbezeichnungen eintragen lassen. In Zeile 33 wird nun das Objekt für den nächsten Subplot angefordert. Hier geht es dann quasi genauso wie in den Zeilen 26–31 weiter, nur dass nun andere Eigenschaften gegeneinander aufgetragen werden, bis dass der Plot 3.5 entsteht. Es fehlen noch Kombinationen, aber Sie werden feststellen, wenn Sie alle auftragen, dass zwei Merkmale nie reichen, um die grünen und blauen Marker wirklich gut zu trennen. Rot ist hingegen sehr gut abgrenzbar.

Leider kommt es bei Subplots oft zu unschönen Effekten, z. B. dass die Achsenbeschriftung in den Nachbarplot eindringt etc. Die meisten dieser Probleme können mit dem Befehl unten aus Zeile 56 gelöst werden. Bis Zeile 56 standen hier nur immer wieder analoge Plot-Anweisungen, wie von Zeile 25–31 für unterschiedliche Kombinationen, die hier nun ausgeblendet wurden.

```
56 plt.tight_layout()
57 plt.show(block=False)
```

Damit unser Plot wirklich angezeigt wird, müssen wir dies mit `plt.show` veranlassen. Normalerweise hält dann die Verarbeitung an, bis die Grafik geschlossen wurde. Will man das vermeiden, muss man `block=False` an die Funktion übergeben. Wäre Zeile 57 das Ende unseres kleinen Programmes, wäre uns eine blockierende Wirkung sicherlich gleichgültig, aber ich möchte mit den Daten noch einen 3D-Plot demonstrieren.

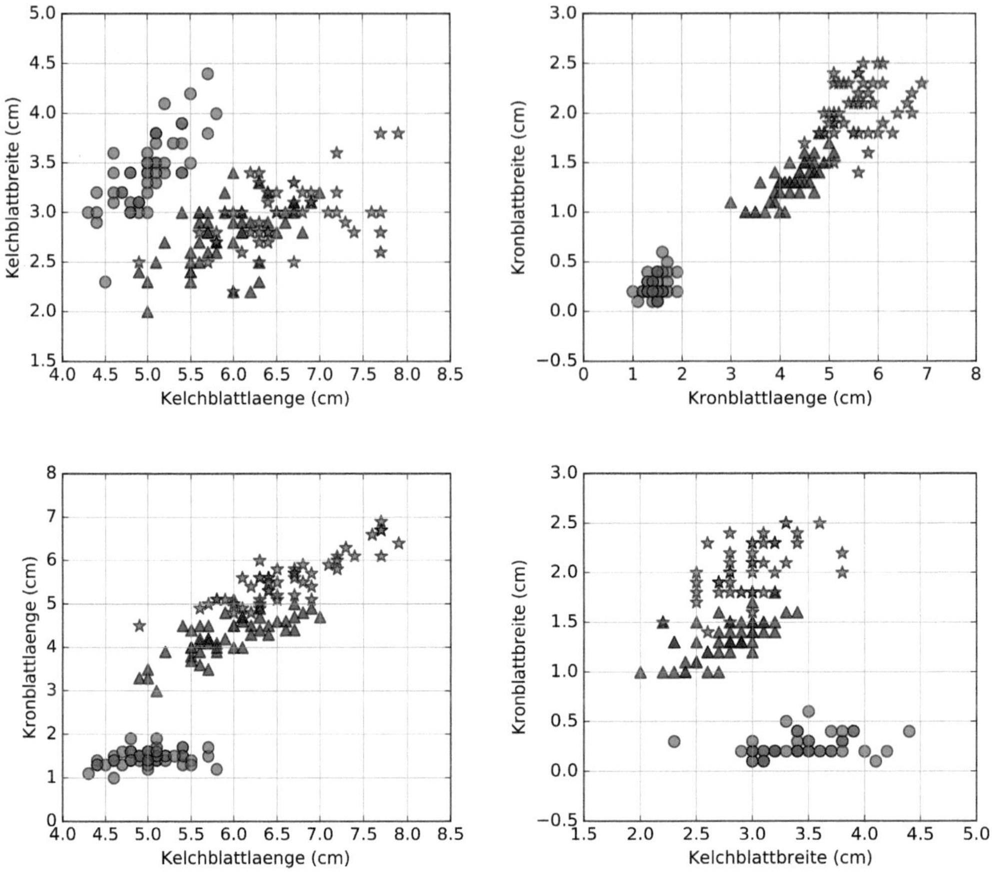

Abbildung 3.5 Zweidimensionaler Scatter-Plot der Iris-Datensammlung

In Zeile 61 wird für die neue Figure eine 2 vermerkt, da wir den vorangegangenen Plot nicht etwa überschreiben wollen, sondern ein neues Plotting-Fenster erstellen. Der 3D-Scatter-Plot funktioniert glücklicherweise im Wesentlichen genauso wie in 2D. Wir müssen lediglich zuvor wie in Zeile 60 die benötigte Funktionalität einbinden und in Zeile 62 durch eine weitere Option auf 3D quasi hinweisen. Den Effekt unserer Mühen sieht man in Abbildung 3.6.

```
60  from mpl_toolkits.mplot3d import Axes3D
61  fig = plt.figure(2)
62  ax = fig.add_subplot(1,1,1, projection='3d')
63  ax.scatter(dataset[0:50,1],dataset[0:50,2],dataset[0:50,3],c='red',s=60,alpha=0.6)
64  ax.scatter(dataset[50:100,1],dataset[50:100,2],dataset[50:100,3],c='green',marker='^',s=60,
        alpha=0.6)
65  ax.scatter(dataset[100:150,1],dataset[100:150,2],dataset[100:150,3],c='blue',marker='*',s=80,
        alpha=0.6)
66  ax.set_xlabel('Kelchblattbreite (cm)')
67  ax.set_ylabel('Kronblattlaenge (cm)')
68  ax.set_zlabel('Kronblattbreite (cm)')
69  plt.show()
```

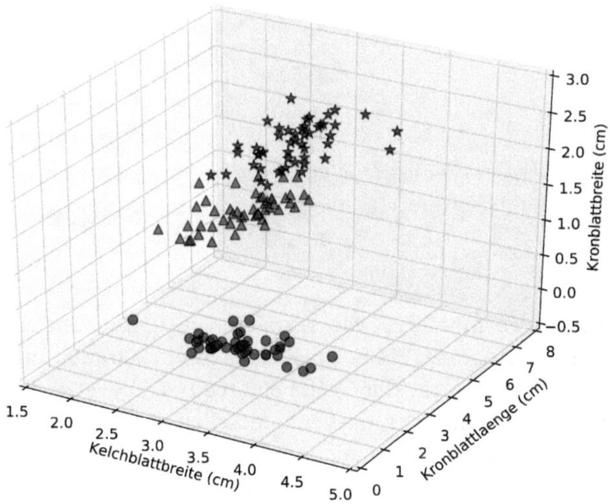

Abbildung 3.6 Dreidimensionaler Scatter-Plot der Iris Datensammlung

Wie man in Abbildung 3.6 schon erahnen kann, ist es auch mit drei Achsen optisch nicht einfach, die drei Gruppen zu trennen, es wird aber immer besser möglich. Diese Beispieldatenbank wird uns später auch noch verfolgen, aber wir werden es mit vielen Lerntechniken hinbekommen, dass der Computer die drei Gruppen zu unterscheiden lernt.

Die Matplotlib erlaubt es uns auch, Bilder in NumPy-Arrays zu importieren. Dabei kann die Matplotlib von sich aus nur mit dem PNG-Format umgehen. Für alle anderen Bildformate benötigt man eine installierte Pillow-Library. Wir beschränken uns hier auf PNGs.

Bilder sind oft Ausgangspunkt für Klassifizierungsaufgaben. Ein Ziel kann es zum Beispiel sein, handschriftliche Ziffern richtig zu erkennen. Eine Beispieldatenbank ist die **MNIST DATABASE of handwritten digits**, hier hinterlegt: *http://yann.lecun.com/exdb/mnist/*. Diese liegt leider nicht im PNG-Format vor, jedoch kann unter *https://github.com/myleott/mnist_png* eine PNG-Version bezogen werden. Ebenfalls liegt der Keras-Bibliothek, welche wir in Kapitel 8 kennenlernen eine Kopie bei.

In den Zeilen 5–8 laden wir ein PNG aus der MNIST-Datenbank und stellen es in einer `figure`-Umgebung dar. `fuenf` ist dabei ein normales NumPy-Array, das Werte zwischen 0 und 1 enthält. Da die Ziffern als Graustufenbild hinterlegt sind, müssen diese Daten farblich interpretiert werden, was wir durch die Angabe einer Colormap **cmap** spezifizieren.

```
1  import matplotlib.pyplot as plt
2  import matplotlib.image as mpimg
3  import numpy as np
4  import time
5
6  plt.figure(1)
7  fuenf=mpimg.imread('356.png')
8  plt.imshow(fuenf, cmap='gray')
9  print(fuenf.shape)
10
11 plt.figure(2)
12 weka=mpimg.imread('wekaralle.png')
13 plt.imshow(weka)
```

```
14 print(weka.shape)
15
16 newWeka = np.copy(weka)
17 t = time.time()
18 for x in range(0,800):
19     for y in range(0,800):
20         newWeka[x,y,0] = max(1 - (x/400 - 1)**2 - (y/400-1)**2,0)
21 elapsed = time.time() - t
22 print ("Benoetigte Zeit(s): " + str(elapsed))
23 plt.figure(3)
24 plt.imshow(newWeka)
```

Generell liegen jedoch die meisten PNGs im Format RGBA vor, also Red, Green, Blue und Alpha. Hierbei steht Alpha für den Grad der Transparenz. Ein Beispiel dafür ist ein 800×800-Bild einer Wekaralle. Wie man sieht, ist es ein NumPy-Array der Größe 800×800×4. Die letzte Dimension steht also für RGBA. Wenn man sich klarmacht, dass hier lediglich ein Array interpretiert wird, kann man hiermit Bilder manipulieren oder ineinander einfügen. In den Zeilen 18 bis 20 manipulieren wir den Rot-Kanal und bekommen so einen hübschen Effekt über der Weka, siehe Abbildung 3.7.

Wer mit Spyder arbeitet und dabei IPython nutzt, wird feststellen, dass die Grafiken direkt in die Konsole eingebettet werden. Manchmal ist das wünschenswert, und die Möglichkeiten, die sich über das Kontextmenü der rechten Maustaste ergeben, sind ausreichend. Wenn eigene Fenster etc. gewünscht sind, kann man mittels den *Magic Commands* das Verhalten ändern. Mittels `%matplotlib` wird auf eine externe Ausgabe umgeschaltet. Die Matplotlib gibt in der nächsten Zeile an, welches Default-GUI-Framework sie dafür nutzt. Man kann auch spezielle GUI-Frameworks erzwingen, aber das geht hier zu weit. Wenn Sie wieder in die eingebettete Darstellung zurück wollen, nutzen Sie einfach `%matplotlib inline`.

Abbildung 3.7 Geladendene Bilder inklusive Manipulation des letzten

3.7 Performance-Probleme und Vektorisierung

Was in dem Code oben sehr lange dauert, ist die Abarbeitung der beiden Schleifen in den Zeilen 18 bis 20. Auf meinem Notebook wird dafür eine benötigte Zeit von ca. 0.5 Sekunden angegeben. Das ist für diese wenigen Operationen eine gefühlte Ewigkeit.

Dafür gibt es hier im Wesentlichen drei Gründe:

1. Python wird in der Default-Implementierung (**CPython**) interpretiert. Es erfolgt weder eine Übersetzung nach Maschinencode, noch hat CPython einen JIT-Compiler
2. Python verwendet eine dynamische Typisierung. Das bedeutet, dass es im Gegensatz zu Sprachen mit statischen Typen bei jeder Zuweisung die Typen checkt Diese dynamische Typisierung führt unter CPython dazu, dass selbst eine Gleitkommazahl ein Objekt ist, welches eine Menge Overhead mitbringt, u. a. eben den Typ des Objektes, der abgefragt wird
3. Weil CPython ein reiner Interpreter ist, interpretiert er auch hier tatsächlich 640 000 Schleifendurchgänge einzeln

Dadurch dass wir mit NumPy arbeiten, haben wir allerdings schon ein Problem weniger, nämlich die oft sehr ineffiziente und stark fragmentierte Nutzung des Speichers durch das Objekt-Modell. Die Zahlen in dem NumPy-Array liegen sinnvoll hintereinander im Speicher.

Ansonsten kommen in unserem Fall allerdings wirklich alle Probleme zusammen. In Zeile 18 wird eine sehr elementare Operation ausgeführt, sodass der Unterschied zu Sprachen wie C/C++ oder Ansätzen mit JIT-Compiler besonders deutlich wird.

Häufig wird der Einsatz von *PyPy* (*https://pypy.org/*) als Alternative zu CPython genannt. PyPy ist ein Python-Interpreter mit eingebautem JIT-Compiler, der oft deutlich performanter ist als CPython, wenn es z. B. um Schleifen geht. Leider funktionieren alle für uns wichtigen Pakete wie NumPy, SciPy oder scikit-learn zu dem Zeitpunkt, an dem dieses Buch geschrieben wird, nicht mit PyPy (*http://packages.pypy.org/*). NumPy ist zumindest in Arbeit, und sicherlich lohnt es sich, öfter bei PyPy vorbeizuschauen.

Sicherer und interpreterunabhängiger ist es hingegen, den eigenen Code wo immer möglich zu vektorisieren. Das bedeutet, jede Schleife darauf zu untersuchen, ob man diese nicht durch Einsatz größerer Vektoren oder Matrizen vermeiden kann.

Im Allgemeinen muss man dazu vorher die Laufvariable in Form eines Vektors oder einer Matrix nachbilden. Hierbei ist besonders der Befehl **meshgrid** oft sehr sinnvoll. Hierdurch wird ein rechteckiges Gitter von Koordinatenwerten erzeugt. Beispiel:

```
>>> xv, yv = np.meshgrid(range(0,3),range(0,3))
>>> print(xv)
[[0 1 2]
[0 1 2]
[0 1 2]]
>>> print(yv)
[[0 0 0]
[1 1 1]
[2 2 2]]
```

Wechsler von MATLAB oder Octave werden den dort analogen Befehl kennen.

Wichtig ist hierbei, dass die Indizierung per Default kartesisch ist und sich damit gut wie hier z. B. für Bilder oder Plot eignet. Will man für Matrizen nicht umdenken, kann man eine andere Indizierung erzwingen:

```
>>> xv, yv = np.meshgrid(range(0,3),range(0,3), indexing='ij')
>>> print(xv)
[[0 0 0]
[1 1 1]
[2 2 2]]
```

```
>>> print(yv)
[[0 1 2]
[0 1 2]
[0 1 2]]
```

Mit diesem Ansatz können wir nun unsere Schleife verschwinden lassen.

```
newWeka2 = np.copy(weka)
t = time.time()
xv, yv = np.meshgrid(np.arange(0, 800),np.arange(0, 800))
newWeka2[:,:,0] = np.maximum(1 - (xv/400 - 1)**2 - (yv/400-1)**2,0)
del(xv, yv)
elapsed = time.time() - t
print ("Benoetigte Zeit(s): " + str(elapsed))
plt.figure(4)
plt.imshow(newWeka2[...,:3]@[0.299, 0.587, 0.114], cmap='gray')
```

Der oben stehende Code ist nun um ca. den Faktor 25 schneller als der ursprüngliche.

Ein anderer Ansatz sind Projekte, die versuchen, Python-Code zu kompilieren. Ein sehr vielversprechendes Projekt ist *Nuitka* (*http://nuitka.net/*). Ein solcher Ansatz löst auch ein anderes typisches Problem von Python, nämlich die Weitergabe von Programmen an Nichtprogrammierer, manchmal auch mit dem Wunsch verbunden, eben nicht den Quellcode weiterzugeben.

Wir bleiben hier jedoch bei CPython und werden uns im Weiteren einfach grundsätzlich um stark vektorisierten Quellcode bemühen. Der im Buch angegebene Pseudocode ist hingegen in der Regel eher an einer guten Lesbarkeit im Sinne von Schleifen ohne vorherige Optimierung ausgerichtet.

Nebenbei habe ich in die letzte Zeile ein kleines Goody eingebaut: Falls Sie auch einmal RGB-Bilder mit einer Colormap versehen wollen, stehen Sie vor einem Problem. Liegt nämlich ein Array mit 3 oder 4 Farbkanälen vor, ignoriert die Matplotlib eine angegebene Colormap. Durch die oben in eine Zeile gequetschte Matrix-Matrix-Multiplikation wird die typische Konvertierungsformel von RGB nach Graustufen effektiv umgesetzt:

$$\text{Grauwert} = 0.299R + 0.587G + 0.114B$$

Der Befehl `meshgrid` kann auch sehr effektiv mit der Matplotlib kombiniert werden, um eine Fläche auszufüllen.

```
import numpy as np
import matplotlib.pyplot as plt

XX, YY = np.mgrid[0:1:0.01, 0:1:0.01]
X = np.array([XX.ravel(), YY.ravel()]).T
Z = np.sin(XX**2)**2 + np.log(1 + YY**2)
fig = plt.figure()
ax = fig.add_subplot(1,2,1)
ax.pcolormesh(XX, YY, Z, cmap=plt.cm.Set1)
ax = fig.add_subplot(1,2,2)
ax.contourf(XX, YY, Z, cmap=plt.cm.Set1)
```

Die Methode **ravel** dient oben dazu, um eine Matrix in ein Vektorformat zu überführen. Beispiel:

```
>>> x = np.array([[1, 2, 3], [4, 5, 6]])
>>> print(np.ravel(x))
[1 2 3 4 5 6]
```

`pcolormesh` erlaubt uns hingegen einen komfortablen Zugang zu einem solchen Plot, wenn wir nicht über `imshow` gehen wollen. Der große Vorteil ist, dass wir es vermeiden, die Achsen und Koordinaten selbst transformieren zu müssen. `imshow` beginnt oben links mit (0,0) und geht dann wie bei Bilddateien üblich vor. `pcolormesh` erlaubt den Zugang wie bei mathematischen Funktionen üblich und kann darüber hinaus noch die Interpolationsarbeit übernehmen.

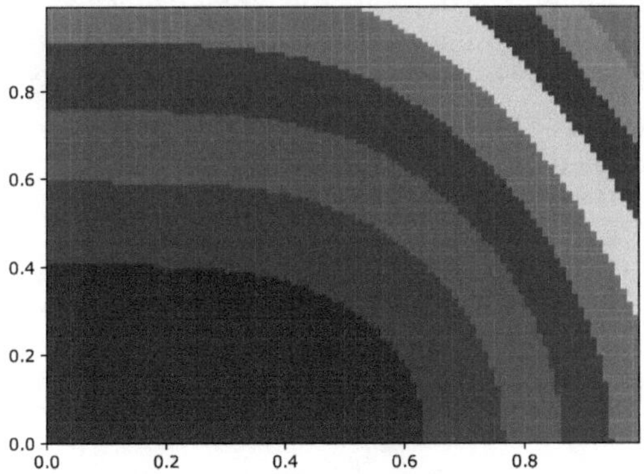

Abbildung 3.8 Ausgabe von pcolormesh

Eine typische Einsatzmöglichkeit dafür besteht darin, dass wir bei Klassifikatoren mit zwei Merkmalen manchmal die Ebene danach einfärben wollen, wo welche Klasse durch das Lernverfahren vermutet wird.

4 Statistische Grundlagen und Bayes-Klassifikator

Wir nehmen in diesem Buch keinen sehr statistischen Zugang zum Thema *maschinelles Lernen*, sondern nähern uns ihm - wie schon erwähnt - eher über Algorithmen und die Idee der Approximation von Funktionen. Ohne Grundlagen der Statistik und Wahrscheinlichkeitsrechnung geht es aber in diesem Feld dann doch nicht. Das Ziel dieses Kapitels ist es, sich mit diesen Grundlagen vertraut zu machen und diese dann direkt für unseren ersten einfachen Klassifikator zu nutzen.

4.1 Einige Grundbegriffe der Statistik

Am Anfang steht ein Experiment oder eine Beobachtung, deren Ausgang für einen Beobachter unbekannt oder zumindest nicht vollkommen sicher ist. Folgerichtig spricht man von einem **Zufallsexperiment** oder einer **Zufallsbeobachtung**. Hierbei ist es wichtig, dass *Zufall* nicht im Sinne von *geschieht ohne Ursache* verstanden werden sollte. Oft gibt es Ursachen, vielleicht gibt es sogar kausale Regeln; wir kennen diese aber nicht und können daher den Ausgang nicht vorhersagen. Ein Beispiel ist das Würfel-Experiment, das sicherlich fast jeder einmal in der Schule hatte. Bei einem typischen Spielwürfel kann für jeden Wurf ein Wert von 1 bis 6 auftreten. Ich – und Sie auch nicht – kann aber vor dem Werfen nicht sagen, welche Zahl es sein wird, obwohl der Würfel natürlich den ganz normalen Gesetzen der klassischen Mechanik gehorcht, die kausal und deterministisch sind. Der Grund ist, dass kleine Veränderungen in der Art, wie man wirft – also der Ausgangssituation, die man nicht bewusst steuern kann – großen Einfluss auf das Ergebnis haben. Wir können also zusammenfassen, dass auch Zufallsexperimente – wenn man die Quantenmechanik beiseite lässt – kausal im Sinne von Ursache und Wirkung ablaufen. Die Zufälligkeit des Ergebnisses beruht entweder darauf, dass der Vorgang scheinbar oder wirklich chaotisch im Sinne des Würfelwurfes ist oder auf dem Fehlen von Informationen über die Ursachenkette. Im letzteren Fall kann ein Zufallsexperiment durch neue Erkenntnisse ggf. den *Zufallscharakter* gänzlich verlieren.

Da wir, wenn es um Wahrscheinlichkeitsrechnung und Statistik geht, immer viele Vorgänge brauchen, stellen wir einen weiteren Anspruch an ein solches Experiment: Es muss zumindest theoretisch ein beliebig oft wiederholbarer Vorgang sein.

Die Menge der möglichen Ergebnisse eines solchen Experimentes ist der **Ergebnisraum**. Beim einmaligen Würfeln wären das die Ziffern 1 bis 6. Allgemeiner und etwas mathematischer notiert man:

$$\Omega = \{\omega_1, \omega_2, \ldots, \omega_n\}$$

Die Elemente ω_i dieser Menge Ω sind die **Ergebnisse** und mögliche einzelne Ausgänge unseres Zufallsexperiments. Jetzt könnten wir uns auch über komplexere Ergebnisse Gedanken machen als nur darüber, ob eine 6 gewürfelt wird. Es gibt auch viele Spiele, in denen es z. B. die Regel gibt *Bei einer 5 oder 6 ....* Dann würde mich das Ergebnis *5 oder 6* interessieren. Daher geht es uns auch ganz allgemein um Teilmengen von Ω. Eine solche Teilmenge A von Ω heißt **Ereignis**. Ein solches Ereignis $A \subseteq \Omega$ tritt genau dann ein, wenn ein Ergebnis ω auftritt mit $\omega \in A$. In unserem Beispiel ist also $A = \{5,6\}$ und A tritt ein, wenn entweder 5 oder 6 gewürfelt wird. Natürlich ist auch der einfache Fall möglich, in dem ein Ereignis genau ein Ergebnis beinhaltet, also z. B. $A = \{6\}$. Vermutlich ist es in vielen Fällen sogar die häufigste Anwendung. Die Menge aller Ereignisse, also aller möglichen Teilmengen von Ω wird mit $\mathcal{P}(\Omega)$ bezeichnet und heißt **Ereignisraum**. Das $\mathcal{P}$ kommt dabei von dem mathematischen Begriff der Potenzmenge. Dieser Ereignisraum umfasst alle Ereignisse und ist damit ein sicherer Ausgang des Experiments, da irgendein Ereignis nun einmal eintreten muss. Die leere Menge $\emptyset$ hingegen ist ein unmögliches Ereignis.

Während wir über den Ausgang eines Zufallsexperiments keine verlässliche Aussage treffen können, ist dies hingegen über größere Mengen solcher Zufallsergebnisse sehr wohl oft möglich. Es gibt nämlich Ereignisse, deren relative Häufigkeit sich, je öfter man ein Experiment durchführt, immer mehr einem festen Zahlenwert annähern.

Wir definieren also die **gemessene Wahrscheinlichkeit** P eines Ereignisses A durch den Quotienten

$$P(A) = \frac{\text{Anzahl der Fälle, in denen } A \text{ aufgetreten ist}}{\text{Anzahl aller Versuche}} \; .$$

Die *wirkliche* Wahrscheinlichkeit würde sich jedoch erst ergeben, wenn wir die Anzahl der Versuche gegen unendlich laufen lassen. Haben wir also beispielsweise 100 Mal gewürfelt und davon 14 Mal die 6 erhalten, so wäre unsere gemessene Wahrscheinlichkeit, dass $P(6)$ 0.14 entspricht. Falls der Würfel nicht gezinkt ist, werden wir beobachten, dass wir uns, je öfter wir das Experiment wiederholen, umso mehr 1/6 annähern, da jede Seite des Würfels als Ereignis gleich wahrscheinlich ist.

Geht man derart hemdsärmelig und empirisch an die Sache heran wie wir jetzt, ergeben sich die ersten zwei **Axiome** der Wahrscheinlichkeitstheorie **von** Andrei Nikolajewitsch **Kolmogorow** (1903-1987) fast schon direkt.

1. Axiom $P(A) \geq 0$
2. Axiom $P(\Omega) = 1$
3. Axiom $A \cap B = \emptyset \Rightarrow P(A \cup B) = P(A) + P(B)$

Der Quotient, den wir gebildet haben, ist natürlich immer größer 0 (Axiom 1) und aufgrund der Division durch die *Anzahl der Versuche* ergibt sich über alle aufgetretenen Fälle automatisch 1 (Axiom 2).

Auch das dritte Axiom ist eigentlich nicht überraschend, es versteckt sich allerdings hinter einer komplexeren mathematischen Notation. Gehen wir es einfach mal stückweise an. Die Bedingung ist, dass A und B eine leere Schnittmenge haben. Denken wir uns also in unserem Würfelbeispiel z. B. $A = \{5,6\}$ und $B = \{1,2\}$. Da beide Mengen nichts gemeinsam haben, können wir eine Aussage über die Wahrscheinlichkeit der Vereinigungsmenge $A \cup B = \{1,2,5,6\}$ machen. Hier gilt nämlich, dass wir einfach die Wahrscheinlichkeiten von A und B addieren dürfen. Bei einem fairen Würfel gilt $P(A) = P(B) = 2/6 = 1/3$ und somit $P(A \cup B) = 4/6 = 2/3$.

Dass die Schnittmenge leer ist, bildet eine wichtige Voraussetzung, wie man sich schnell klarmacht, wenn man den Fall $A = \{3,4,5,6\}$ und $B = \{1,2,3,4\}$ betrachtet. Hier gilt $P(A) = P(B) = 2/3$ und würde man beide einfach addieren, würde die 3 und 4 quasi doppelt gezählt und wir kämen auf eine Wahrscheinlichkeit von über 1 für $P(A \cup B)$, was gleichzeitig dem 2. Axiom und dem gesunden Menschenverstand widerspricht.

Diese Rechenregel ist jedoch bei weitem nicht die wichtigste. Was wir vor allem brauchen, ist der Satz von Bayes.

4.2 Satz von Bayes und Skalenniveaus

Bei dem Satz von Bayes geht es um sogenannte **bedingte Wahrscheinlichkeiten**; die Erkenntnis, dass sich Wahrscheinlichkeiten von Ereignissen verändern können, wenn bereits andere Ereignisse eingetreten sind.

4.2.1 Satz von Bayes

Unser Beispiel mit einem Spielwürfel taugt jetzt nicht mehr, um sich daran entlang zu hangeln. Daher nehmen wir einfach einen zweiten hinzu und denken an solche Spiele wie *Die Siedler von Catan.* Hier wird mit zwei Würfeln gewürfelt und weil die Autoren des Spieles vermutlich ahnten, dass nicht alle Spieler mathematisch begeistert sind, haben sie Chips mit bestimmten Zahlen in einer größeren Schrift und einige sogar zusätzlich rot bedruckt, je höher die Wahrscheinlichkeit für ein Wurfereignis ist. Nehmen wir mal an, es gäbe einen roten und einen blauen Würfel, damit wir die beiden unterscheiden können. Wenn wir nun im Spiel einen Chip mit einer 2 sehen, ist das die am kleinsten gedruckte Zahl überhaupt, da man nur eine 2 bekommen kann, wenn beide Würfel eine 1 zeigen. Die 3 ist schon eine Spur besser, da rot 1 und blau 2 ebenso wie blau 1 und rot 2 zu einer 3 führen. Geht man alle Kombinationen durch, erhält man folgende Tabelle 4.1 für die Wahrscheinlichkeiten, eine spezielle Summe mit zwei Zahlen zu würfeln:

Tabelle 4.1 Wahrscheinlichkeiten für die Summe eines Würfelergebnisse mit zwei Würfeln

2	3	4	5	6	7	8	9	10	11	12
1/36	1/18	1/12	1/9	5/36	1/6	5/36	1/9	1/12	1/18	1/36

Das Ganze gilt, wenn man mit zwei Würfeln gleichzeitig würfelt. Die Lage ändert sich jedoch dramatisch, wenn man z. B. erst mit Rot und dann mit Blau würfelt. Denn würfelt man mit rot eine 1, so ergeben sich als Wahrscheinlichkeiten für den Ausgang nach dem Wurf mit blau – welcher ja noch aussteht – die Werte aus Tabelle 4.2.

Eine solche bedingte Wahrscheinlichkeit dafür, dass A eintritt unter der Bedingung, dass B bereits eingetreten ist, notiert man als $P(A \mid B)$. Um mit dieser Art von Wahrscheinlichkeiten zu rechnen, ist der **Satz von Bayes** wesentlich:

$$P(A \mid B) = \frac{P(B \mid A) \cdot P(A)}{P(B)} \tag{4.1}$$

Tabelle 4.2 Wahrscheinlichkeiten für die Summe eines Würfelergebnisse mit zwei Würfeln, wenn einer eine 1 zeigt

2	3	4	5	6	7	8	9	10	11	12
1/6	1/6	1/6	1/6	1/6	1/6	0	0	0	0	0

Ein Nutzen dieses Satzes ist es, dass man mit einer bekannten bedingten Wahrscheinlichkeit $P(B \mid A)$, die einen nicht so sehr interessiert, eine andere bedingte Wahrscheinlichkeit $P(A \mid B)$ ausrechnen kann, die einem sehr wohl wichtig ist. Nehmen wir hier zunächst ein einfaches Beispiel: Die Teilnehmer an einer regelmäßigen Veranstaltung kommen entweder mit dem Auto oder mit öffentlichen Verkehrsmitteln. Das Ereignis A steht für „Teilnehmer kommt mit dem Auto" und das Ereignis B bedeutet, dass der Teilnehmer auch pünktlich ist. Ein Teilnehmer fährt zu 70% mit dem Auto ($P(\text{Auto}) = P(A) = 0.7$). In diesen Fällen ist er zu 80% pünktlich ($P(\text{pünktlich} \mid \text{Auto}) = P(B \mid A) = 0.8$), darüber hinaus haben wir beobachtet, dass er zu 60% generell pünktlich ist ($P(\text{pünktlich}) = P(B) = 0.6$). Was wir jetzt ausrechnen wollen – und mit dem Satz von Bayes auch können – ist die Wahrscheinlichkeit, dass er mit dem Auto gekommen ist, wenn wir feststellen, dass er pünktlich ist. Dieser Zustand entspricht $P(A \mid B)$ bzw. $P(\text{Auto} \mid \text{pünktlich})$. Mithilfe des Satz von Bayes führen wir nun die Rechnung durch:

$$P(A \mid B) = \frac{P(B \mid A) \cdot P(A)}{P(B)} \leadsto P(\text{Auto} \mid \text{pünktlich}) = \frac{\frac{8}{10} \cdot \frac{7}{10}}{\frac{6}{10}} = \frac{14}{15} \approx 0.933$$

Das heißt, wir sind uns zu über 90% sicher, dass er mit dem Auto gekommen ist, wenn wir beobachtet haben, dass er pünktlich ist.

Die Version des Satzes von Bayes oben ist die einfachste Formulierung. Für eine etwas umfassendere und auch nützlichere Darstellung benötigen wir ein Resultat, das als **Satz von der totalen Wahrscheinlichkeit** bekannt ist. Dieses Resultat hilft, wenn man eine Menge von Ereignissen hat, die den ganzen Wahrscheinlichkeitsraum abdeckt, aber kein Ergebnis gemeinsam haben. Mathematisch spricht man davon, dass diese Mengen **disjunkt** sind und notiert das so: Seien $B_1, B_2, \dots$ Ereignisse mit $P(B_j) > 0$ für alle j – das bedeutet, dass es Ereignisse sind, die auch wirklich, wenn auch ggf. sehr selten auftreten – und $\bigcup_{j=1}^{\infty} B_j = \Omega$, also alle möglichen Ergebnisse – aufgepasst, es geht nicht um Ereignisse, denn dann wäre von $\mathcal{P}(\Omega)$ die Rede – sind in den B_j enthalten, dann gilt:

$$P(A) = \sum_{j=1}^{\infty} P\left(A \mid B_j\right) \cdot P\left(B_j\right) \tag{4.2}$$

Jetzt müssen wir diese Formel noch für uns übersetzen, denn die in ihr enthaltene Aussage ist nicht halb so kompliziert wie die Formel vielleicht aussieht. Nehmen wir an, ein Roboter kann in einer Situation zwischen vier Entscheidungen B_1, B_2, B_3, B_4 wählen. Je nachdem, welche Entscheidung er trifft, wird er mit einer unterschiedlichen Wahrscheinlichkeit beschädigt. Sein AI-Modul ist noch nicht optimal trainiert, sodass er manchmal auch noch sehr ungünstige Entscheidungen nach einer Zufallsverteilung trifft.

Mit dem Satz von der totalen Wahrscheinlichkeit und Tabelle 4.3 lässt sich jetzt direkt berechnen, wie groß beim aktuellen Trainingsstand des Roboters die Wahrscheinlichkeit ist, beschä-

Tabelle 4.3 Wahrscheinlichkeitsverteilung für die Beschädigung des Roboters in Abhängigkeit von seiner Entscheidung und deren Häufigkeit

Entscheidung	B_1	B_2	B_3	B_4
Häufigkeit der Wahl	0.2	0.3	0.35	0.15
Wahrscheinlichkeit, beschädigt zu werden	0.8	0.2	0.25	0.7

digt ($P(A)$) zu werden:

$$P(A) = \sum_{j=1}^{4} P\left(A \mid B_j\right) \cdot P\left(B_j\right) = 0.8 \cdot 0.2 + 0.2 \cdot 0.3 + 0.25 \cdot 0.35 + 0.7 \cdot 0.15 = 0.4125$$

Also können wir festhalten, dass unser Roboter aktuell noch in rund 40% der Fälle beschädigt werden wird.

Wenn wir nun den Satz von der totalen Wahrscheinlichkeit (4.2) auf $P(B)$ im Nenner des Satzes von Bayes (4.1) anwenden, erhalten wir:

$$P(A_i \mid B) = \frac{P(B \mid A_i) \cdot P(A_i)}{P(B)} = \frac{P(B \mid A_i) \cdot P(A_i)}{\sum_{j=1}^{N} P\left(B \mid A_j\right) \cdot P(A_j)} \tag{4.3}$$

Um die Nützlichkeit dieser Aussage wertschätzen zu können, nehmen wir jetzt kein Beispiel mit Würfeln, sondern mit Softwaresystemen, die mit maschinellem Lernen wirklich im Einsatz sind. Angenommen, wir haben ein System entworfen, das einen Betrug bemerken soll. Das Ereignis A ist also „System zeigt Betrug an" und das Ereignis B ist „Es liegt ein Betrug vor". Interessant sind jetzt zwei Fragen: Erstens, wie oft gibt es einen Fehlalarm und zweitens, wie viele reale Betrugsfälle können verhindert werden? Nehmen wir an, wir haben das System ausgiebig mit Altfällen getestet und dabei herausgefunden, dass es einen Betrug mit 96% Sicherheit erkennt, also $P(A \mid B) = 0.96$. Allerdings gibt das System leider auch bei 1% der Nicht-Betrugsfälle Alarm, was $P(A \mid B^C) = 0.01$ entspricht. B^C steht hierbei für das Komplement von B, also die Menge aller Ereignisse ohne eben diejenigen, die schon in B enthalten waren. Alternativ kann man sagen, dass B^C das Ereignis ist, das B nicht eintritt. Wenn man ein Komplement einer Menge betrachtet, gilt natürlich automatisch, dass die beiden disjunkt sind und den ganzen Raum zusammengenommen bilden, es gilt:

$$P(B) + P(B^C) = 1$$

Wir können also alle unsere Aussagen von oben verwenden. Um das tun zu können, müssen wir noch wissen, wie häufig solche Betrugsfälle eigentlich vorkommen. Nehmen wir an, dass in 0.01% aller Fälle wirklich ein Betrug vorliegt, also $P(B) = 0.0001$ und damit automatisch $P(B^C) = 0.9999$. Wir sind an $P(B \mid A)$ interessiert, haben hingegen nur $P(A \mid B)$; doch mit dem Satz von Bayes ist das kein Problem. Hier fehlt uns nur $P(A)$, diesmal allerdings im Zähler. Das ersetzen wir nun durch (4.2) und erhalten:

$$\begin{aligned}
P(A \mid B) &= \frac{P(B \mid A) \cdot P(A)}{P(B)} = \frac{P(B \mid A) \cdot \left(P(A \mid B) \cdot P(B) + P(A \mid B^C) \cdot P(B^C)\right)}{P(B)} \\
\Rightarrow 0.96 &= \frac{P(B \mid A) \cdot (0.96 \cdot 0.0001 + 0.01 \cdot 0.9999)}{0.0001} \\
\Rightarrow P(B \mid A) &= 0.00950966 \approx 0.01
\end{aligned}$$

Wenn man sich das Ergebnis ansieht, merkt man, dass dieses System für Betrugserkennung sicherlich noch zu ungenau wäre. Wenn es anschlägt, ist es in ca. 1% der Fälle wirklich ein Betrug und in ca. 99% der Fälle ein Fehlalarm. Im praktischen Einsatz von Klassifikatoren muss man Erkennungsraten also immer in Zusammenhang mit den Häufigkeiten der Ergebnisse sehen, um zu beurteilen ob eine Genauigkeit ausreichend ist.

4.2.2 Skalenniveau

Jetzt gibt es noch einige Begriffe, denen wir uns nähern müssen, um wirklich arbeiten zu können. Diese werden wir uns aber jetzt an einem etwas realistischeren Beispiel am Computer klarmachen. Das Beispiel aus einer Datenbank **Acute Inflammations Data Set** vom Machine Learning Repository (*http://archive.ics.uci.edu/ml/datasets/Acute+Inflammations*) können wir dann auch später direkt für unseren ersten Klassifikator verwenden. In dieser kleinen Datenbank mit 120 Eintragungen und 8 Spalten geht es um ein medizinisches Diagnosesystem. Die ersten 6 Spalten sind Merkmale und die letzten beiden Diagnosen, jeweils eine Spalte pro Krankheitsbild. In der ersten Spalte ist ein Realwert angegeben, nämlich die Temperatur des Patienten, danach kommen 5 Spalten, in denen mit *yes* oder *no* das Ergebnis eines medizinischen Texts vermerkt wurde. Ebenfalls mit *yes* oder *no* ist in der letzten Spalte die Diagnose codiert. Wie man sieht, sollten wir für die Arbeit mit NumPy die Daten für uns zunächst konvertieren. Am Anfang wird ein statischer `seed` festgelegt, damit Sie im späteren Verlauf auch die gleichen Ergebnisse haben wie hier im Buch.

```
import numpy as np

np.random.seed(45)

fString = open("diagnosis.data","r")
fFloat  = open("diagnosis.csv","w")
for line in fString:
    line = line.replace(",", ".")
    line = line.replace("\t", ",")
    line = line.replace("yes", "1")
    line = line.replace("no", "0")
    line = line.replace("\r\n", "\n")
    fFloat.write(line)
fString.close()
fFloat.close()
dataset = np.loadtxt("diagnosis.csv", delimiter=",")
```

Bei dieser Konvertierung, an deren Ende ja immer Floats in Python stehen, kann etwas untergehen, nämlich dass wir hier in unserer Tabelle völlig unterschiedliche **Skalenniveaus** haben und damit auch unterschiedlich umgehen müssen. Die Tabelle 4.4 zeigt, auf welche Skalenniveaus wir hier treffen könnten.

In unserem Beispiel haben wir viele Einträge, die einer **Nominalskala** entstammen. Mit ihnen dürfen wir nicht *rechnen*, sondern wir dürfen sie nur zählen und vergleichen. Bei **Ordinalskalen** gibt es eine Reihenfolge, aber eben mehr auch nicht. Beispiele sind die meisten Bewertungssysteme im Internet, bei denen ein bis fünf Sterne vergeben werden. Damit kann man nicht rechnen und man weiß auch nicht, wie groß der Unterschied zwischen einem und zwei Sternen oder zwischen vier und fünf Sternen ist. Der **Intervallskala** fehlt zur Rationalskala die

Tabelle 4.4 Skalenniveaus

Skala	Math. Operationen	Messbare Eigenschaften	Beispiel
Nominal	$= / \neq$	Häufigkeit	ja/nein
Ordinal	$= / \neq\, ;\, < / >$	Häufigkeit, Reihenfolge	Dienstränge
Intervall	$= / \neq\, ;\, < / >,\, + / -$	Häufigkeit, Reihenfolge, Abstand	Datum
Rational	$= / \neq\, ;\, < / >,\, + / -,\, * / :$	Häufigkeit, Reihenfolge, Abstand, Nullpunkt	Temperatur (K)

sinnvolle Division und Multiplikation. Beim Datum wird es schnell klar: Der Abstand vom 10. Februar zum 17. Februar kann in Tagen angegeben werden, aber was bekommt man, wenn man durch ein Datum teilt oder den 10. Februar mit 2 multipliziert? Das geht nicht. Etwas komplexer ist die Frage, warum man bei der Temperatur darauf bestehen muss, dass diese in Kelvin gemessen wird, damit diese zur Luxusklasse der **Rationalskala** oder auch **Verhältnisskala** gehört. Dazu muss man sich noch einmal in Erinnerung rufen, dass der Zusammenhang zwischen Grad Celsius und Kelvin gegeben ist durch

$$\text{Temperatur in Grad Celsius} = \text{Temperatur in Kelvin} - 273.15\,.$$

Da der Nullpunkt der Kelvin-Skala auf die tatsächlich kleinste denkbare Temperatur gelegt ist, bedeutet dies, dass Grad Celsius aus dem Nullpunkt heraus verschoben ist. Wenn wir jetzt multiplizieren, würden wir diesen Offset immer mit multiplizieren. Nehmen wir an, gestern war es 10 °C bzw. 283.15 K und heute ist es 10 °C wärmer. Die Sache mit dem Abstand funktioniert gleich gut in beiden Einheiten. Wenn wir jetzt aber sagen *Es ist heute doppelt so warm wie gestern*, geht einiges schief. Verdoppelt man die Temperatur nämlich jetzt in K, erhält man 566.3 K und damit einen verdammt heißen Tag von 293.15 °C. In der Datei, die wir geladen haben, steht die Temperatur in °C. Um damit alles tun zu können, was mit Floatingpoint-Typen am Rechner möglich ist, müssten wir sie theoretisch also erst in Kelvin umrechnen. Wenn Sie einmal nicht wissen, dass etwas in einer Einheit vorliegt, die keinen **natürlichen Nullpunkt** hat und es wie eine Rationalskala behandeln, ist das oft in der Praxis der maschinellen Lernverfahren weniger schlimm. Die meisten Algorithmen kommen mit beiden **Kardinalskalentypen**, der Intervall- und der Rationalskala, gut zurecht. Wichtiger ist es in der Praxis, die Nominal- und die Ordinalskala richtig zu berücksichtigen und zu deuten.

Mit diesen beiden Skalen beschäftigen wir uns jetzt auch weiter und bestimmen die Häufigkeiten bezüglich der Diagnose in der siebten Spalte. Die Diagnose in der achten Spalte ignorieren wir vorläufig einmal. Mit dem folgenden Skript zählen wir zusammen, wie oft die Merkmale gemeinsam mit der Diagnose auftreten.

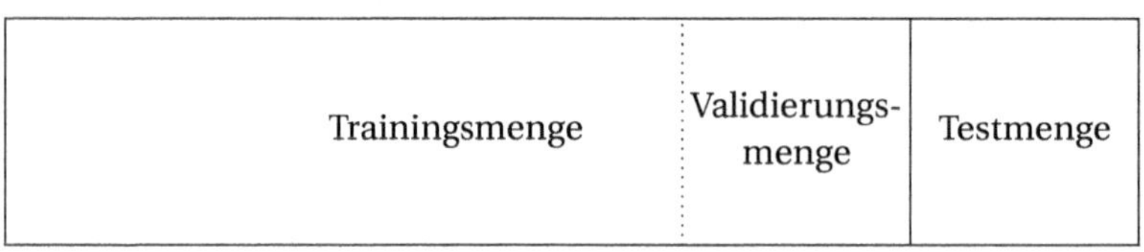

Abbildung 4.1 Aufteilung der Daten in eine Trainings-, Validierungs- und Testmenge

Das tun wir aber nicht mit dem ganzen Datenbestand, sondern nur mit einem Teil. Unser Ziel ist es ja, einen Klassifikator zu bauen und bei dem wollen wir auch mal sehen, wie gut der nun geworden ist. Dazu müssen wir uns ein paar Datensätze übrig lassen, an denen wir testen können, ob unser Klassifikator richtig funktioniert hat. Wir teilen also wie schon auf Seite 59 die Menge aller Datensätze in Python auf. Eine Menge werden wir zum Training des Klassifikators benutzen und eine, um die Qualität zu testen. Eine typische Aufteilung ist ca. 15% - 30% für die **Testmenge** und entsprechend 70% - 85% für die **Trainingsmenge**. Sollte es bei Verfahren noch die Notwendigkeit geben, Parameter im Laufe des Trainings zu wählen, wird von der Trainingsmenge oft noch eine Teilmenge zur **Validierung** abgezweigt.

Der Grund, warum eine Aufteilung in Trainingsmenge und Testmenge immer nötig ist, liegt daran, dass Lernverfahren dazu tendieren, die Strukturen der Trainingsmenge sehr gut abzubilden, falls genug Freiheitsgrade vorhanden sind. Nehmen wir als Beispiel an, wir hätten 15 Datensätze vorliegen, die jeweils aus einem x-Wert und einem y-Wert bestehen. Nun legen wir durch 10 dieser Werte mit der in Abschnitt 3.4 besprochenen Technik ein Polynom. In Python geht das sehr schnell:

```
>>> import numpy as np
>>> from scipy import interpolate
>>> import matplotlib.pyplot as plt
>>> np.random.seed(42)
>>> x = 10*np.random.rand(15)
>>> y = x + 0.5*np.random.rand(15)
>>> p = interpolate.lagrange(x[0:10],y[0:10])
>>> xp = np.linspace(0,10,100)
>>> yp = p(xp)
>>> plt.scatter(x[0:10],y[0:10],c='k')
>>> plt.scatter(x[10:15],y[10:15],c='k',marker='+')
>>> plt.plot(xp,yp,'k:')
>>> plt.xlabel('x'),plt.ylabel('y')
```

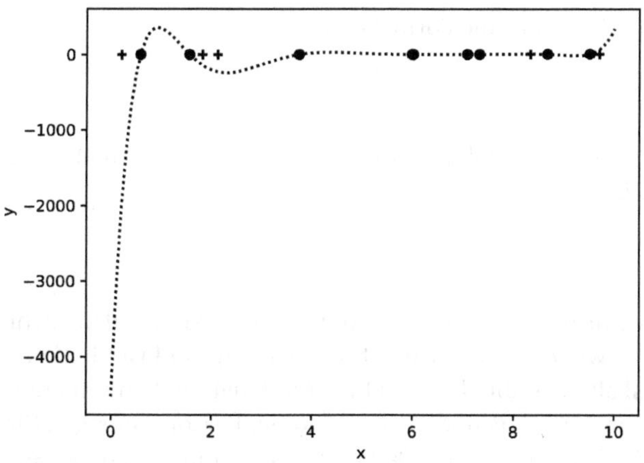

Abbildung 4.2 Overfitting mit verheerenden Folgen

Das Ergebnis sieht man in Abbildung 4.2. Unser Modell ist ein Polynom mit so vielen Freiheitsgraden, wie es nötig ist, um alle Werte perfekt abzubilden – nämlich zu interpolieren. Das durch diese 10 Werte gelegte Polynom macht auf diesen Werten keinen Fehler. Würden wir die Qualität des Modells nur auf den Werten testen, die zum Training benutzt wurden, wären wir also ggf. begeistert. Sieht man sich jedoch die Testmenge – welche mit '+' eingetragen ist – an, so kann man sich vorstellen, wie fatal falsch die Aussagen des Modells für neue Daten gewesen wäre, besonders für kleine Werte.

Arbeitet man mit Ansatzfunktionen, wie bei neuronalen Netzen, wird das Problem schneller klar, weil man auch hier unterschiedliche Freiheitsgrade vergeben kann. Ansätze wie die lineare Regression, die wir in Abschnitt 5.2 besprechen werden, haben das Problem quasi gar nicht, da mit sehr wenigen Freiheitsgraden gearbeitet wird. Wir werden uns noch detaillierter mit dem Problem des **Overfittings** in den Abschnitten 6.4 und 7.4 beschäftigen, da die dort besprochenen Verfahren auch in einem stärkeren Maße dazu tendieren.

Nun teilen wir für unseren ersten Klassifikator einmal die Daten, die wir haben, in eine Test- und Trainingsmenge auf. Der Bedarf an einer Validierungsmenge entsteht bei diesem Verfahren nicht.

```

X = dataset[:,1:6]
Y = dataset[:,6]
allData     = np.arange(0,X.shape[0])
iTesting    = np.random.choice(X.shape[0],int(X.shape[0]*0.2),replace=False)
iTraining   = np.delete(allData,iTesting)
dataRecords = len(iTraining)
XTrain = X[iTraining,:]
YTrain = Y[iTraining]
```

4.3 Bayes-Klassifikator, Verteilungen und Unabhängigkeit

Ausgangspunkt für unseren ersten Klassifikator ist die Formel (4.3).

$$P(A_i \mid B) = \frac{P(B \mid A_i) \cdot P(A_i)}{\sum_{j=1}^{N} P(B \mid A_j) \cdot P(A_j)}$$

Diese passen wir in der Notation ein wenig an. x soll jetzt der Vektor unserer Merkmale sein und i die Zugehörigkeit zur Klasse Nr. i.

$$P(i \mid x) = \frac{P(x \mid i) \cdot P(i)}{\sum_{j=1}^{N} P(x \mid j) \cdot P(j)}$$

Unser nächstes Problem ist, dass wir mit einer zunehmenden Anzahl an Merkmalen nicht mehr in der Lage sein werden, so etwas wie $P(x \mid i)$ auszurechnen. Hintergrund ist die Kombinatorik, die einfach zu viele Möglichkeiten ergibt, die einzelnen Merkmale zu kombinieren. Dadurch gibt es sehr viele Kombinationen auszurechnen – das könnten die Computer ggf. für viele Fälle noch schaffen – aber auch der Umfang unserer Datenbank muss immer größer werden, um diese Wahrscheinlichkeiten noch ermitteln zu können. Man behilft sich da mit einem Trick bzw. einer Annahme.

4.3.1 Stochastische Unabhängigkeit

Wenn zwei Ergebnisse A und B stochastisch unabhängig sind, gilt folgende Regel:

$$P(A \cap B) = P(A) \cdot P(B)$$

Beispiele für solche stochastisch unabhängigen Ergebnisse sind z. B. das Würfeln mit zwei Würfeln, was wir schon in Tabelle 4.1 gesehen haben. Meine Chance, dass beide Würfel gleichzeitig eine 6 zeigen, ist:

$$P(\text{rot} = 6 \cap \text{blau} = 6) = P(\text{rot} = 6) \cdot P(\text{blau} = 6) = 1/6 \cdot 1/6 = 1/36$$

Das könnten wir nutzen und unsere Probleme mit der Kombinatorik und der Datenbankgröße werden spürbar kleiner. Nehmen wir also an, dass die Merkmale $x^{(k)}$ mit $k = 1, \ldots, m$ in dem Merkmalsvektor unabhängig sind, erhalten wir:

$$P(x \mid i) = \prod_{k=1}^{m} P(x^{(k)} \mid i)$$

Das setzen wir nun ein:

$$P(i \mid x) = \frac{\prod_{k=1}^{m} P(x^{(k)} \mid i) \cdot P(i)}{\sum_{j=1}^{N} P(j) \cdot \prod_{k=1}^{m} P(x^{(k)} \mid j)}$$

Diese zunächst etwas ehrfurchtgebietende Formel mit Summen und Produktzeichen ist nun wirklich unser Klassifikator, den wir umsetzen können.

Die Frage ist nur, wie valide unsere Annahme ist, dass die Merkmale stochastisch unabhängig sind. Tatsächlich wird diese in der Regel falsch sein. Die meisten Dinge korrelieren dann doch irgendwie – das wäre das Gegenteil von unabhängig. Ein Grund ist der wichtige Unterschied zwischen **Korrelation** und **Kausalität**. In vielen Fällen denkt man sich, dass zwei Merkmale doch nichts miteinander zu tun haben und es schon klappen wird. Der Grund ist, dass man eher kausal denkt, also Ursache → Wirkung. Das Problem ist, dass es viele Korrelationen zwischen zwei Größen gibt, denen kein Kausalzusammenhang zugrunde liegt. Der deutsche Ausdruck *Scheinkorrelation* ist da etwas unglücklich, denn es ist tatsächlich mathematisch eine Korrelation, die uns bei der Formel oben Probleme macht. Beispielsweise würde man ja auch nicht annehmen, dass, wenn ein Merkmal der Schokoladenkonsum in einem Land und ein anderes die Anzahl der Nobelpreisträger ist, diese beiden etwas miteinander zu tun haben. Tatsächlich gibt es aber [Mes12] eine Korrelation zwischen den beiden. Die Autoren von [Mes12] deuteten das als kausalen Zusammenhang, also quasi als Aufforderung mehr Schokolade zu essen, um schlauer zu werden. Leider hat sich dann doch herausgestellt, dass so ziemlich jedes Merkmal – unter anderem Schokolade – , das sich mit dem Einkommen oder Reichtum in einem Land erhöht, auch mit der Anzahl der Nobelpreisträger korreliert. Irgendwie kostet Forschung dann eben doch Geld. Würden wir also beide Merkmale für unseren Klassifikator nutzen, wäre die Formel oben nicht mehr gültig.

Das Gute ist, dass dieser Zusammenhang nicht bei der kleinsten Verletzung sofort nichtig wird, sondern quasi mit dem Grad und der Häufigkeit der Verletzung schwindet. Hin und wieder ein wenig falsch darf es also in der Praxis sein.

Die Statistik hat verschiedene Methoden entwickelt, um zu untersuchen, ob zwei Größen korrelieren oder nicht. Ein Beispiel ist die Berechnung des **Pearson-Korrelationskoeffizienten**. Diese Ansätze können sinnvoll sein, wenn es um die Auswahl von Merkmalen geht. Wir diskutieren einige dieser Möglichkeiten, unter anderen den Pearson-Korrelationskoeffizienten, später im Abschnitt 9.3. Darüber hinaus gibt es auch die Möglichkeit, Merkmalsräume stärker zu verändern als nur Merkmale auszuwählen. Man kann diese auch fusionieren. Wir werden im Kapitel 9 einige im Umfeld des maschinellen Lernens oft eingesetzte Ansätze durchgehen. Zum weiteren Feld der Korrelationsanalyse für unterschiedliche Skalenniveaus sei hier auf einschlägige Werke zur Statistik, wie z. B. [FHK+16], verwiesen.

Wir nehmen jetzt einfach die Merkmale so, wie sie uns vorliegen, und schauen, wie weit wir damit kommen. Dabei konzentrieren wir uns, wie auch die Listings zuvor schon angedeutet haben, zunächst nur auf die nominalen Eigenschaften und lassen die Temperatur einmal außen vor.

4.3.2 Bayes-Klassifikator für nominale Merkmale

In der grundlegenden Formel unseres Klassifikators

$$P(i \mid x) = \frac{\prod_{k=1}^{m} P(x^{(k)} \mid i) \cdot P(i)}{\sum_{j=1}^{N} P(j) \cdot \prod_{k=1}^{m} P(x^{(k)} \mid j)}$$

ist also x der Vektor der Merkmale und i die Klassenzugehörigkeit, die wir vorhersagen wollen. Nehmen wir dazu unseren Beispieldatensatz **Acute Inflammations Data Set** aus Abschnitt 4.2.2 noch einmal genauer unter die Lupe:

1. Temperatur des Patienten in Grad Celsius
2. Auftreten von Übelkeit als Boolean-Wert
3. Lendenschmerzen als Boolean-Wert
4. Urinschub (kontinuierlicher Bedarf Wasserzulassen) als Boolean-Wert
5. Blasenschmerzen als Boolean-Wert
6. Beschwerden an der Harnröhre wie Juckreiz oder Schwellung des Harnröhrenaustritts
7. Krankheitsbild *Harnblasenentzündung* als Boolean-Wert
8. Krankheitsbild *Nierenentzündung mit Ursprung im Nierenbecken* als Boolean-Wert

Theoretisch sind bzgl. der Krankheitsbilder vier Kombinationen möglich; es liegt keine Diagnose vor, es liegt eine der beiden Diagnosen vor oder sogar beide. Verschaffen wir uns ein Gefühl für die Daten. indem wir einmal Folgendes eintippen:

```
>>> diag = np.sum(dataset[:,6:8],axis=1)
>>> plt.hist(diag,color='k')
```

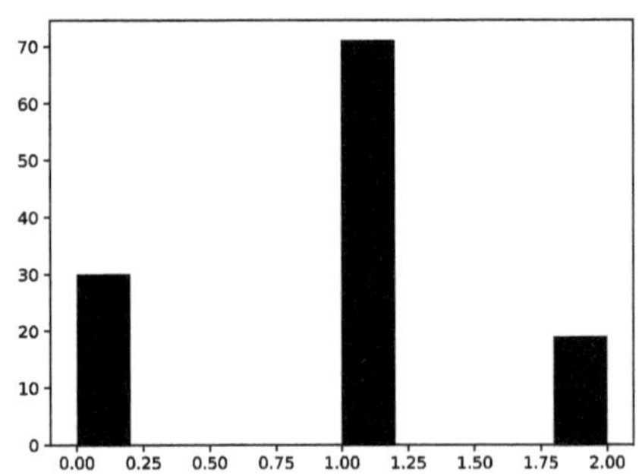

Wir haben also 30 gesunde Personen, 19 Einträge in denen beide Diagnosen vermerkt wurden und 71 mit jeweils einer. Bzgl. der Harnblasenentzündung liegt ein recht ausgeglichenes Verhältnis von 61 False zu 59 True im Datensatz vor. Etwas mehr zu Histogrammen kommt im nächsten Abschnitt.

Wenn wir nun einen Klassifikator programmieren, der zwischen der Gruppe Harnblasenentzündung *True* und *False* unterscheidet, so besteht die False-Gruppe sowohl aus Gesunden als auch aus Personen mit einer anderen Erkrankung.

In unserem Beispiel sieht x zunächst also so z. B. `[yes, no, no, no, yes]` bzw. `[1, 0, 0, 0, 1]` aus. Dadurch, dass alle Merkmale binär sind, also ja oder nein, müssen wir doppelt so viele Wahrscheinlichkeiten ausrechnen, wie wir Merkmale haben, nämlich jeweils eine pro **Merkmalsausprägung**. Mit Merkmalsausprägung bezeichnet man die verschiedenen Werte, die ein Merkmal annehmen kann. Das Ganze müssen wir für zwei Klassen durchführen. Die Klasse $i = 0$ bedeutet Personen, die keine Harnblasenentzündung diagnostiziert bekommen haben, und entsprechend steht $i = 1$ für Personen, bei denen eine Harnblasenentzündung vorlag.

Jetzt gilt es also zunächst, die Faktoren $P(x^{(k)} \mid i)$ aus den Daten zu extrahieren, wobei wir, wie zuvor erwähnt die Temperatur zunächst ignorieren. Das geht wie folgt eigentlich recht komfortabel:

```

PXI = np.zeros( (2,XTrain.shape[1],2) )
PI  = np.zeros(2)
for k in range(X.shape[1]):
    PXI[1,k,1] = np.sum(np.logical_and(XTrain[:,k],YTrain))
    PXI[1,k,0] = np.sum(np.logical_and(np.logical_not(XTrain[:,k]),YTrain))
```

`PXI[i,k,l]` entspricht dabei $P(x^{(k)} \mid i)$ mit $P(x^{(k)} = \text{yes} \mid i)$ für $l = 1$ und entsprechend `no` für $l = 0$. Dies bedeutet für den Eintrag `PXI[1,0,1]`, dass er folgende Information enthält:

$$\text{Anzahl der Fälle für } \underbrace{\text{Übelkeit}}_{x^{(k)}} = \underbrace{\text{True}}_{l} \text{ und } \underbrace{\text{Harnblasenentzündung} = \text{True})}_{i}$$

```
    PXI[0,k,1] = np.sum(np.logical_and(XTrain[:,k],np.logical_not(YTrain)))
    PXI[0,k,0] = np.sum(np.logical_not(np.logical_or(XTrain[:,k],YTrain)))
PI[1] = np.sum(YTrain)
PI[0] = dataRecords - PI[1]
```

In der letzten Zeile der Schleife haben wir einmal das De Morgansche Gesetz *nicht (a oder b) = (nicht a) und (nicht b)* sinnvoll anwenden können, um den Ausdruck etwas kürzer zu halten. Bis hierhin ist dieser Ausdruck, ebenso wie `PI[i]`, was $P(i)$ entspricht, noch nicht normiert. `PI` enthält also einfach die Anzahl der Fälle für die jeweilige Klasse. Wenn Sie sich nun einmal den Wert von `PXI[1,2,0]` ausgeben lassen, wird ein Problem direkt deutlich, wenn man versucht, diese rein mathematische Formel direkt in die Praxis zu transportieren.

Der Wert wird null, da diese Kombination in unseren Trainingsdaten nicht vorkommt. Der Null-Eintrag ändert sich durch die Normierung nicht und wir würden folglich durch null teilen. Was nun? Wir reparieren dies, indem wir annehmen, dass der Fall schon existiert, jedoch einfach zu selten ist, um in unserer Datenbank aufzutauchen. Nun addieren wir 1/Anzahl der Ausprägungen zu jedem Eintrag von `PXI`, womit wir quasi ein Auftreten gleichmäßig aufgeteilt haben, und erhöhen dann natürlich auch den Nenner um eins.

```

PXI = (PXI + 1/2) / (dataRecords+1)
PI  = PI  / dataRecords
```

Eins war dabei etwas willkürlich, aber es sollte ein eher kleiner Wert im Vergleich zu der Anzahl der Datensätze sein, den man hier quasi über alle Optionen verschmiert.

Zunächst schreiben wir uns jetzt eine kleine Funktion, die die Wahrscheinlichkeit berechnet, dass man mit einer speziellen Merkmalskombination zu einer der Klassen gehört.

```
39
40  def predictNaiveBayesNominal(x):
41      P = np.zeros_like(PI)
42      allofthem = np.arange(XTrain.shape[1])
43      for i in range(len(PI)):
44          P[i] = np.prod(PXI[i,allofthem,x])*PI[i]
45      denominator = np.sum(P)
46      P = P/denominator
47      choosenClass = np.argmax(P)
48      return choosenClass
```

Das Gute ist, dass wir durch die Speicherung in eine mehrdimensionale Struktur in der letzten Achse direkt die Merkmalsausprägung als Zugriffsarray nutzen können. Da hier die Klassennummer dem Argument entspricht, können wir auch direkt einfach das mit `argmax` ermittelte Argument des größten Eintrages als wahrscheinlichste Klasse zurückmelden. Zeilen 48 und 49 sind eingefügt, um der Formel oben zu entsprechen. Da die Skalierung keinen Einfluss darauf hat, was der größte Eintrag ist, kann man sie auch wie oben weglassen.

Python-Vektorisierung

Die Funktion oben ist nicht für eine Batch-Abfrage geeignet. Das bedeutet, eine Abfrage wie `predictNaiveBayesNominal(XTest.astype(int))` führt nicht zu einer vektoriellen Rückmeldung, die jeden Testfall beantwortet. Natürlich kann man einfach in die Funktion eine Schleife einbauen, aber das ist vergleichsweise langsam. Versuchen Sie doch einmal eine vektorisierte Version der Funktion zu erstellen!

Nun müssen wir unseren ersten Klassifikator noch auf der Testmenge evaluieren.

```
49
50  XTest = X[iTesting,:]
51  YTest = Y[iTesting]
52  correct   = np.zeros(2)
53  incorrect = np.zeros(2)
54
55  for i in range(XTest.shape[0]):
56      klasse = predictNaiveBayesNominal(XTest[i,:].astype(int))
57      if klasse == YTest[i]:
58          correct[klasse] = correct[klasse] +1
59      else:
60          incorrect[klasse] = incorrect[klasse] +1
61
62  print("Von %d Testfaellen wurden %d richtig und %d falsch klassifiziert" % (XTest.shape[0],np.
        sum(correct),np.sum(incorrect) ))
```

Am Ende stellen wir fest, dass wir 21 Testfälle richtig und 3 falsch klassifiziert haben. Die konkrete Aufteilung hängt natürlich vom Testset ab. Wenn Sie dort einen Seed von 42 wie sonst oft in dem Buch wählen gibt es sogar gar keine Fehler. Zum Glück haben wir jetzt aber welche, denn ich möchte mit Ihnen darüber reden, wie man die Güte eines Klassifikators angibt!

Tatsächlich ist unsere Ausgabe oben eines der wichtigsten Kriterien, nämlich die Genauigkeit bzw. Korrektklassifikationsrate. Allerdings ist diese nicht immer ganz gleichmäßig ausgeprägt. Ein Klassifikator kann besser darin sein, Erkrankte zu erkennen als Gesunde. Zum Beispiel ist er bei Kranken besonders genau und bei Gesunden eher ungenau. Das passiert schnell, weil wir in solchen Datenbanken ja oft überproportional viele Kranke haben im Vergleich zur repräsentativen Bevölkerung. Bei einer Früherkennung wird der Effekt sehr deutlich. Was ist uns wichtiger? Dass jeder Kranke erkannt wird und wir ggf. sehr viele Gesunde erschrecken und ggf. sogar zu riskanten weiteren Untersuchungen verdonnern oder dass jeder Gesunde erkannt wird und wir ein paar Kranke leider nicht rechtzeitig ausmachen? Allgemein kann man das ethisch nicht beantworten, u. a. weil in den Ausführungen oben die Konsequenzen für beide Gruppen nicht beschrieben sind... und auch wenn, gäbe es sicherlich unterschiedliche Meinungen. Man sollte aber wissen, ob sein Klassifikator eine *Vorliebe* hat. Hierzu betrachtet man die **Konfusionsmatrix**. Hierzu tragen wir an beiden Achsen einer Tabelle die Merkmale auf, und zwar einmal für die Vorhersage und einmal für die tatsächliche Klasse.

Tabelle 4.5 Konfusionsmatrix für eine Krankheitserkennung

		Tatsächliche Klasse	
		nicht-erkrankt	erkrankt
Vorhergesagte Klasse	nicht-erkrankt	11	3
	erkrankt	0	10

Mithilfe dieser Konfusionsmatrix sehen wir, dass alle drei Fehlklassifikationen darauf beruhen, dass Personen, die laut Datensatz krank sind, als nicht-krank eingestuft werden. Ob diese *Vorliebe* beim Fehler jetzt gut oder schlecht ist, hängt wie gesagt, vom Anwendungsfall ab.

Für den während der Corona-Pandemie verwendeten PCR-Test wurde u.a. im Testmonat Mai 2020, vgl. [Z$^+$20] versucht eine Falsch-Positiv-Rate zu ermitteln. Der Wert schwankt in Abhängigkeit von Rahmenbedingungen und Zusammensetzung der Gruppe, auf die wir hier nicht eingehen wollen. Wir gehen hier einmal von 1.0% bis 2.0% als einer realistischen Größenordnung aus und nehmen den mittleren Wert zum Rechnen. Auf 1000 durchgeführte Tests werden also in diesem Szenario durchschnittlich 15 Menschen fälschlich als Infizierte ausgewiesen. Welche unterschiedliche Auswirkung hätte ein solcher Fehler in Phasen, in denen viele tatsächlich Infizierte unter den Getesteten sind und in solchen, wo die Infektion in der Testgruppe faktisch nicht vorhanden ist? Zeitweilig wurde in Deutschland mit einem Grenzwert von 50 Infizierten pro 100 000 Einwohnern gearbeitet, um bei Bedarf Maßnahmen zur Pandemie-Eindämmung zu verschärfen. Wie viele Personen hätte man in einem Landkreis oder einer Stadt testen müssen, damit der Alarm aktiviert wird, wenn dort a) kein einziger infiziert ist und wenn dort b) ein sehr hoher Wert von 10% Infizierten existiert? Siegen ist dabei mit 104 419 Bürgern die kleinste Großstadt in Nordrhein-Westfalen. c) Wie genau muss ein Testverfahren mindestens sein, damit Siegen mit näherungsweise 100 000 Bürgern, wenn alle Einwohner getestet werden, von denen niemand tatsächlich infiziert ist, nicht fälschlich zum Problemgebiet erklärt wird?

Die Aufgabe ist deshalb interessant, weil es Forderungen gab, systematisch die Bevölkerung durch zu testen. In der 22. Kalenderwoche gab das Robert Koch-Instituts (RKI) die tägliche

Testkapazität für das Coronavirus mit ca. 150000 Tests an. Hätte man einige wenige kleinere Großstädte oder Landkreise mit dieser Kapazität systematisch überwacht und nur auf einen einzelnen Tests vertraut, würde im Fall einer False-Positiv-Rate wie oben die Pandemie nie enden.

Allgemein gilt: Für den einzelnen Testfall kann eine Fehlerquote klein erscheinen. Wird das Verfahren in der Breite verwendet, ergeben sich andere Effekte.

Man ist diesem Problem aber nicht einfach ausgeliefert. Es gibt einen naheliegenden Ansatz, der auch u. a. vom RKI – zumindest nachdem ausreichend Testkapazitäten vorhanden waren – vorgeschlagen wird, nämlich **Dual Target Tests**. Die in der Pandemie verwendeten Test verwenden dabei als Ansatz mehre Zielgene. Wenn wir uns wieder mehr dem maschinelles Lernen zuwenden wollen wäre die Idee grob gesprochen, dass man z. B. alle positiv getesteten Personen einem weiteren Test unterzieht, welcher nicht einfach das Resultat des ersten repliziert. Letzteres wäre natürlich sinnlos.

Rechnen Sie aus, was passiert, wenn man für alle positiv getesteten Personen einen zweiten Test durchführt, der eine ähnliche Falsch-Positiv-Rate wie der erste hat. Wie sieht es nun mit der kombinierten Anwendung von zwei Verfahren/Tests aus? Welche Qualität muss der Test haben, damit die Stadt Siegen um verschärfte Maßnahmen herumkommt, wenn alle Einwohner getestet werden, aber niemand krank ist?

Sie ahnen unabhängig von der Lösung der Aufgabe schon, dass es nun viel besser aussieht. Tatsächlich ist es auch bei maschinellen Lernverfahren ein sehr legitimer Ansatz, verschiedene Verfahren hintereinander auszuführen, wenn eine spezielle Art von Fehler von besonderer Bedeutung ist. Es ist jedoch wichtig, unterschiedliche Verfahren mit unterschiedlichen Eigenschaften zu verwenden. Nimmt man zweimal exakt den gleichen Test, erhält man deterministisch zweimal die gleiche Antwort. Das bringt einen natürlich in einem solchen Fall nicht weiter.

Einer der großen Vorteile des *Naiven Bayes-Klassifikators* ist, dass man sehr leicht mit fehlenden Werten umgehen kann. Wir haben ja schon in Abschnitt 2.2 erwähnt, dass Datenbanken häufig Datensätze enthalten, bei denen einzelne Merkmale fehlen, was vielen der später folgenden Verfahren durchaus Probleme macht. Die Lösungsstrategie für den *Naiven Bayes-Klassifikator* ist sehr einfach: Im Training wird die entsprechende Instanz bei der Häufigkeitszählung für die Merkmalswert-Klassenkombination nicht berücksichtigt. Bei der Klassifikation wiederum wird das Merkmal bei der Berechnung ausgelassen. Das bedeutet, für den Merkmalsvektor x soll eine Aussage getroffen werden, das l-te Merkmal steht aber nicht zur Verfügung. Nun wird für die Klasse i jeweils einfach das Produkt

$$\prod_{k=1,k\neq l}^{m} P(x^{(k)} \mid i)\cdot P(i)$$

gebildet und verglichen. Erneut bestimmt dabei der größte Werte die Klassenzuordnung.

Klassendesign und Umgang mit fehlenden Werten
Der Code oben ist einfach heruntergeschrieben und nicht besonders gut zur Wiederverwertung geeignet. Versuchen Sie doch einmal, eine Klasse für den *Naiven Bayes-Klassifikators* zu schreiben, die u. a. die Methode `fit(XTrain,YTrain)` hat, um das Training durchzuführen, und die Methode `predict(X)`, um eine Vorhersage zu treffen. Setzen Sie dabei direkt die Möglichkeit um, mit fehlenden – als `np.NaN` gekennzeichneten – Werten umzugehen.

4.3.3 Bayes-Klassifikator für Kardinalskalen

Jetzt ist natürlich die Frage, ob wir nicht noch besser werden können, wenn wir die Temperatur dazu nehmen. Vermutlich, aber hier haben wir keine einzelnen Merkmalsausprägungen, sondern müssen davon ausgehen, dass in einem Intervall zwischen der Körpertemperatur, bei der ein Mensch erfriert (20 °C) und bei der er durch Überhitzung stirbt (44 °C) jeder Wert vorkommen kann. Ein Ansatz könnte sein, die auftretenden Temperaturen Intervallen zuzuordnen und dann die Werte pro Intervalle zu zählen. Das ist aber eigentlich ein Rückschritt in der Genauigkeit und es gibt bessere Methoden, die mit Wahrscheinlichkeitsverteilungen zusammenhängen.

4.3.3.1 Gaußverteilung

Die normale Körpertemperatur eines Menschen liegt zwischen 36.3 °C und 37.4 °C. Diese schwankt ein wenig im Laufe des Tages bedingt durch verschiedene Stoffwechselprozesse. Früh am morgen eher niedrig, nachmittags tendenziell am höchsten und dann wieder fallend. Andere Abweichungen können durch Sport oder Außentemperatur entstehen. Im Prinzip haben wir also bei gesunden Menschen eine Messung, bei der man eine normalverteilte Streuung um einen Wert erwarten könnte. Das bedeutet, dass sie im Wesentlichen einer **Gaußschen Glockenkurve** entspricht.

$$f(x) = \frac{1}{\sigma\sqrt{2\pi}} e^{-\frac{1}{2}\left(\frac{x-\mu}{\sigma}\right)^2} \tag{4.4}$$

Die Gaußsche Glockenkurve ist eine Wahrscheinlichkeitsverteilung, die viele Phänomene gut beschreibt, z. B. die Abweichungen der Messwerte vieler natur-, wirtschafts- und ingenieurswissenschaftlicher Vorgänge. Hier ist es so, dass es einen richtigen, normalen oder typischen **Erwartungswert** μ gibt und wegen natürlichen Variationen oder Messfehlern es zu einer Streuung um diesen Erwartungswert kommt. Das Maximum der Kurve liegt entsprechend auch bei diesem Erwartungswert. Der Grad der Streuung wird durch die **Standardabweichung** σ beschrieben. Für größer werdende σ zerfließt die Kurve in gewisser Weise. Tatsächlich muss man sich immer darüber im Klaren sein, dass es bei Messungen oder Umfragen auf die Art des Fehlers ankommt. Nur **statistische Fehler** führen zu der obigen Form, es gibt aber auch **systematische Fehler**. Diese führen zu einer Abweichung des Messwerts vom wahren Wert in eine spezielle Richtung. Nehmen wir einmal an, ein Gewehr würde bei Hitze anfangen, leicht nach links zu ziehen. Die ersten z. B. 100 Schuss streuen dann noch primär um das Zentrum der Zielscheibe, danach dann zunehmend um einen Punkt links von der Zielscheibe. Der Ausdruck systematischer Fehler kommt dabei aus den Natur- und Ingenieurwissenschaften. In der

Statistik spricht man eher von einer **Verzerrung** oder auch **Bias**. Der Grund ist, dass solche Abweichungen sehr vielfältig sind und wirklich in jedem Bereich vorkommen können. Beispielsweise bekommt man, wenn Daten durch Umfragen erhoben werden, öfter gesellschaftlich akzeptierte Antworten als solche, die weniger akzeptiert sind. In unserem Fall geht es ja um die Körpertemperatur und da bekannt ist, dass hier auch das Messergebnis vom Messort – unter den Achseln, rektal etc. – abhängt, kann es zu Verzerrungen kommen, wenn nicht einheitlich gemessen wurde oder wir den Messort eben nicht kennen.

Wir werden diese Gaußverteilung nun nutzen, um zu modellieren, wie wahrscheinlich in unserer Datenbank eine Körpertemperatur im Zusammenhang mit einer Diagnose ist.

Bevor wir die Werte aus der Datenbank verwenden, sollten wir eine Erwartungshaltung für gesunde Personen formulieren – der Experte könnte es ggf. auch für kranke Personen. Für Gesunde scheint es sinnvoll anzunehmen, dass ca. $\mu = 37\,°\mathrm{C}$ gilt. Das ist schön glatt und liegt gut im Intervall. Da wir σ nicht kennen, bleibt uns nichts anderes über, als es zu schätzen. Hierfür kann es hilfreich sein zu wissen, dass für die Standardabweichung näherungsweise gilt, dass

- im Bereich von $\pm\sigma$ um μ 68,27 % aller Messwerte
- im Bereich von $\pm 2\sigma$ um μ 95,45 % aller Messwerte
- im Bereich von $\pm 3\sigma$ um μ 99,73 % aller Messwerte

zu finden sein werden/sollten. Wenn wir davon ausgehen, dass die meisten Menschen gesund sind, würden wir so etwas wie $\sigma = 0.5$ raten. Für diese Werte haben wir jetzt quasi Domain-Know-how bzw. medizinisches Laienwissen verwendet.

Den tatsächlichen Erwartungswert nähern wir nun durch den **Mittelwert der Stichprobe** an

$$\mu \approx \bar{x} = \frac{1}{n}\sum_{i=1}^{n} x_i \tag{4.5}$$

und die **empirische Standardabweichung** mit der **Stichprobenvarianz** s^2:

$$\sigma^2 \approx s^2 = \frac{1}{n}\sum_{i=1}^{n}(x_i - \mu)^2 \Leftrightarrow \sigma \approx s = \sqrt{\frac{1}{n}\sum_{i=1}^{n}(x_i - \mu)^2} \tag{4.6}$$

In der Wahrscheinlichkeitstheorie unterscheidet man sehr fein zwischen dem, was eine Stichprobe hergibt, also der Stichprobenvarianz und dem Mittelwert der Stichprobe und den Größen, die sich für den theoretischen Grenzfall ergeben. Wir haben es jedoch im praktischen Fall immer nur mit endlichen Datenmengen zu tun, also mit einer empirische Standardabweichung. Hintergrund ist, dass die Standardabweichung ein Begriff einer theoretischen Verteilung einer Zufallsvariable ist und die empirische Standardabweichung zu uns vorliegenden Stichprobe oder Datenbank gehört. Wir werden jedoch im Folgenden und besonders in Kapitel 9 einfach die Symbole σ statt s verwenden und knapper auch Standardabweichung schreiben, obwohl es sich nur um die empirische Standardabweichung unserer Datenbank handelt. Dasselbe gilt für die Diskussion, die sich bzgl. des Faktors $1/n$ in der Stichprobenvarianz immer wieder entzündet. Je nach Literatur und Kontext wird darauf gedrängt, dass dieser für Stichproben $1/(n-1)$ sein sollte. Wenn Sie es von der praktischen Seite sehen, ist es für unsere Ergebnisse im Allgemeinen gleichgültig, was Sie verwenden. Der Unterschied fällt nur bei sehr kleinen Datensätzen auf. Schon für mittlere Datenmengen wie z. B. 10000 Datensätze ist es gleichgültig, ob Sie mit $1/10000$ oder mit $1/10001$ arbeiten.

Neben der Datenmenge, die wir haben, hängt die Qualität natürlich auch davon ab, ob unsere Daten wirklich einer Normalverteilung entsprechen. Einen schnellen Eindruck über unsere Datenlage bekommen wir mithilfe eines **Histogramms**. Die Daten werden dazu in Klassen eingeteilt und jeder Klasse wird ein Rechteck zugeordnet, dessen Flächeninhalt die Klassenhäufigkeit darstellt. Der Matplotlib-Befehl kennt sehr viele Optionen für Darstellungen, aber wir nehmen hier eine sehr simple, in der wir einfach den Wertebereich in 15 gleich breite Rechtecke untergliedern lassen. Damit können wir an der Höhe direkt die Häufigkeitsdichte ablesen.

```

T = dataset[:,0]
trueIndex = np.flatnonzero(YTrain==1)
falseIndex = np.flatnonzero(YTrain==0)
muApproxTrue = np.sum(T[trueIndex])/trueIndex.shape[0]
sgApproxTrue = np.sum( (T[trueIndex]-muApproxTrue)**2 ) / (trueIndex.shape[0] -1)
muApproxFalse = np.sum(T[falseIndex])/falseIndex.shape[0]
sgApproxFalse = np.sum( (T[falseIndex]-muApproxFalse)**2 ) / (falseIndex.shape[0] -1)
```

Zunächst teilen wir unsere Trainingsdaten in zwei Gruppen auf. Diejenigen, bei denen die Diagnose negativ ist (`falseIndex`) und die, bei denen sie positiv ist (`trueIndex`). Wobei positiv hier bedeutet, dass eine Krankheit bejaht wird. Sprachlich führt das manchmal zu Fehlern, weil die Diagnose durch den Patienten natürlich nicht als positiv empfunden wird.

Nun schreiben wir schnell eine Funktion, um uns kompakt die Gaußverteilung für unterschiedliche σ und μ ausgeben lassen zu können.

```

def Gausverteilung(x,mu,sigma):
    y = np.exp(-0.5*( (x-mu)/sigma)**2 )/(sigma*np.sqrt(2*np.pi))
    return(y)
```

Die folgenden Codezeilen dienen dann dazu, die Abbildung 4.3 mit den für uns nützlichen Histogrammen zu erzeugen. Darüber hinaus fügen wir noch Plots der jeweiligen Gaußverteilung hinzu. Im ersten Subplot fügen wir beide Verteilungen hinzu, um diese leichter vergleichen zu können.

```

import matplotlib.pyplot as plt
fig = plt.figure()
ax = fig.add_subplot(131)
ax.hist(T[:],15,density=1, facecolor='k', alpha=0.5)
ax.set_xlabel('Temperatur');
ax.set_ylabel('Wahrscheinlichkeit')
Tplot = np.arange(33,44,0.05)
ax.plot(Tplot,Gausverteilung(Tplot,muApproxTrue,sgApproxTrue),'k:')
ax.plot(Tplot,Gausverteilung(Tplot,muApproxFalse,sgApproxFalse),'k-.')
ax.set_ylim([0,0.8])
ax.set_title('Alle Trainingsdaten')
ax = fig.add_subplot(132)
ax.hist(T[falseIndex],15,density=1, facecolor='k', alpha=0.5)
ax.set_xlabel('Temperatur')
ax.plot(Tplot,Gausverteilung(Tplot,muApproxFalse,sgApproxFalse),'k-.')
ax.set_ylim([0,0.8])
ax.set_title('Negative Diagnose')
ax = fig.add_subplot(133)
ax.hist(T[trueIndex],15,density=1, facecolor='k', alpha=0.5)
ax.set_xlabel('Temperatur')
```

```
ax.plot(Tplot,Gausverteilung(Tplot,muApproxTrue,sgApproxTrue),'k:')
ax.set_ylim([0,0.8])
ax.set_title('Positive Diagnose')
plt.tight_layout()
plt.show(block=False)
```

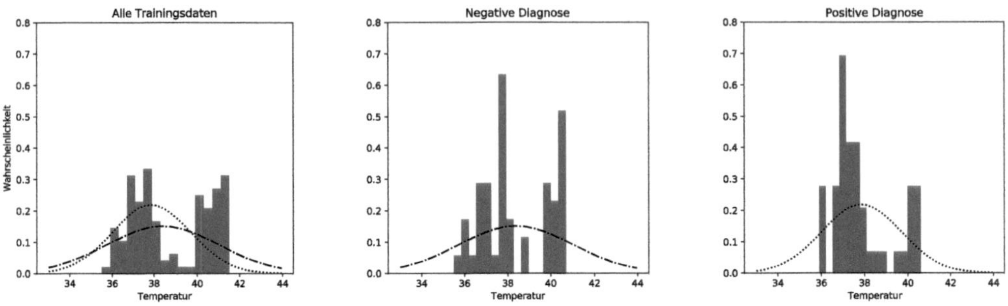

Abbildung 4.3 Histogramme der Temperatur im Datenbestand

Der Plot aller Trainingsdaten 4.3 sieht nicht wie eine Normalverteilung aus, sondern lediglich der Bereich von ca. 35.5 °C bis 38.5 °C. Das widerspricht unserer formulierten Erwartungshaltung. Was kann der Grund sein? Zunächst muss man festhalten, dass unsere Datenbank prozentual viel mehr kranke Personen als die normale Bevölkerung enthält, und daher haben wir im Bereich *Fieber* eine recht große Gruppe.

Das Überraschende ist nun, dass die zwei rechten Plots in Abbildung 4.3 nicht unserer Erwartung entsprechen. Bei einer negativen Diagnose – das bedeutet, man hat die Krankheit nicht – ist immer noch ein größer Fieberbereich dabei. Die Diagnose unserer Krankheit hingegen rückt sogar näher an unsere Erwartung. Wie kann das sein? In diesem Zusammenhang muss man sich klarmachen, dass in unserer Datenbank die Gruppe *Diagnose negativ* aus zwei Gruppen besteht. Einmal sind die gesunden Personen enthalten und zum anderen jedoch die, welche zwar nicht die Krankheit A haben, jedoch die ebenfalls in der Datenbank enthaltene Krankheit B. Diese Mischung und die oben erwähnten normalen Schwankungen bei diesem Merkmal machen uns nun Probleme.

Wir werden mit der Umsetzung jetzt jedoch trotzdem auf dieser Basis fortfahren, auch wenn es hier durch die geringen Unterschiede in den Histogrammen wenig Hoffnung gibt, dass dieses Merkmal etwas Entscheidendes verbessert. Der Wert, mit dem wir unsere zuvor schon berechnete Wahrscheinlichkeit multiplizieren, ergibt sich hier direkt durch die Auswertung der Gaußfunktion für die entsprechende Teilmenge. Für die positive bzw. negative Diagnose haben wir mit den Formeln (4.5) und (4.6) folgende gerundete Werte erhalten:

$$\mu_{\text{True}} = 37.78\,,\ \sigma_{\text{True}} = 1.93 \quad \text{und} \quad \mu_{\text{False}} = 38.45\,,\ \sigma_{\text{False}} = 2.48$$

Diese Werte setzten wir jetzt jeweils in die Formel (4.4) der Glockenkurve ein. T steht dabei für die jeweilige Temperatur.

$$P(T|\text{positive Diagnose}) = \frac{1}{1.93\sqrt{2\pi}} e^{-\frac{1}{2}\left(\frac{x-37.78}{1.93}\right)^2}$$

$$P(T|\text{negative Diagnose}) = \frac{1}{2.48\sqrt{2\pi}} e^{-\frac{1}{2}\left(\frac{x-38.45}{2.48}\right)^2}$$

Diese Formeln setzten wir nun in den nächsten Zeilen in Python um:

```

def predictNaiveBayesMixed(x,T,muTrue,sigmaTrue,muFalse,sigmaFalse):
    P = np.zeros_like(PI)
    allofthem = np.arange(XTrain.shape[1])
    P[0] = np.prod(PXI[0,allofthem,x])*PI[0]
    P[1] = np.prod(PXI[1,allofthem,x])*PI[1]
    P[0] = P[0] * Gausverteilung(T, muFalse,sigmaFalse)
    P[1] = P[1] * Gausverteilung(T, muTrue,sigmaTrue)
    choosenClass = np.argmax(P)
    return choosenClass
```

Am Schluss der Funktion wird, wie zuvor auch, die Klasse auf der Basis der größeren Wahrscheinlichkeit bestimmt.

Nun wollen wir noch kompakt testen, ob diese Veränderung etwas bzgl. unserer Testmenge gebracht hat.

```
TTest = T[iTesting]
def TestNaiveBayesMixed(muTrue,sigmaTrue,muFalse,sigmaFalse):
    correct   = np.zeros(2); incorrect = np.zeros(2)
    for i in range(XTest.shape[0]):
        klasse = predictNaiveBayesMixed(XTest[i,:].astype(int),TTest[i],muTrue,sigmaTrue,
      muFalse,sigmaFalse)
        if klasse == YTest[i]:
            correct[klasse] = correct[klasse] +1
        else:
            incorrect[klasse] = incorrect[klasse] +1
    return(correct, incorrect)

(correct, incorrect) =  TestNaiveBayesMixed(muApproxTrue,sgApproxTrue, muApproxFalse,
      sgApproxFalse)
print("Von %d Testfaellen wurden %d richtig und %d falsch klassifiziert" % (XTest.shape[0],np.
      sum(correct),np.sum(incorrect) ))
```

Durch das neue Merkmal der Temperatur konnten wir uns für diese Testmenge noch einmal verbessern. Von den 24 Testfällen wurden alle richtig klassifiziert.

4.3.3.2 Kreuzvalidierung

Die im letzten Abschnitt erzielte Genauigkeit hängt – besonders für kleinere Testmengen – stark von der Auswahl eben dieser Testmenge ab. Ist in unsere Testmenge ein Sonderfall reingeraten, wird dieser die Performance immer negativ beeinflussen. Dasselbe gilt, wenn von einer kleinen, schwierig einzuordnenden Gruppe zufällig niemand im Testset gelandet ist. Wie kann man die Aussage bzgl. der Genauigkeit unseres Modells bzw. der Methode und ihrer Parameter weiter verbessern?

Eine Antwort darauf kann eine **Kreuzvalidierung** geben. Die Kreuzvalidierung ist ein Ansatz, um die Qualität unabhängig von den Trainings- und Testmengen zu bewerten. Schließlich sollen später unserer Datenbank neue Testfälle hinzugefügt bzw. das Verfahren auf neue Fälle angewendet werden, ohne dass wir um dessen Genauigkeit fürchten müssen. Wir wollen ja unabhängiges *Maschinelles Lernen* betreiben und nicht, immer wenn neue Daten dazu kommen, wieder einen Experten für dieses Thema dazu holen müssen. Um das sicherzustellen, wird mit Datensätzen, welche nicht in der Trainingsphase genutzt wurden, die Güte der Vorhersage geprüft. Was wir oben gemacht haben, also eine Menge zum Testen abgespalten und auf einer verkleinerten Menge gelernt, ist tatsächlich bereits eine Variante von Kreuzvalidierung. Man spricht in solchen Fällen von einem **Holdout**-Ansatz. Bei kleinen Datenmengen kann dieser Ansatz aber trügerisch sein. In einem solchen Fall kann eine **k-fache Kreuzvalidierung** sinnvoll sein.

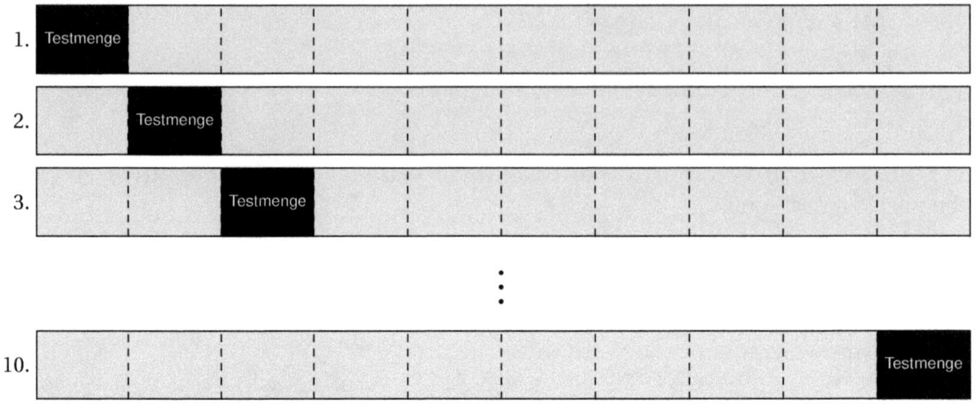

Abbildung 4.4 Schema einer k-fachen Kreuzvalidierung

Hierbei werden wie in Abbildung 4.4 gezeigt die Daten in k zufällig ausgewählte Teilmengen ähnlicher Größe aufgeteilt. Dann muss die Abfolge aus Training und Test k-fach durchgeführt werden. Hierbei wird jeweils eine Teilmenge zum Testen verwendet, und mit den restlichen $k-1$ Teilmengen wird trainiert. Statt die Teilmengen statisch zu halten, kann man auch **Monte Carlo-Wiederholungen** durchführen, wobei mehrfach zufällig partitionierte Daten für die beiden Teilmengen ausgewählt werden und nach vielen Durchläufen die Ergebnisse aller Ausführungen zusammengefasst werden. Nehmen wir an, dass der Fehler in Durchlauf i mit E_i bezeichnet wird, dann bildet man einfach mit

$$E = \frac{1}{k}\sum_{i=1}^{k} E_i$$

das arithmetische Mittel. Ein typischer Wert für k ist 10, wobei man auch kleinere Werte wählen kann, wenn die Datenmenge gering ist. Es gibt einen weiteren Aspekt zur Abwägung aus der Praxis. Je aufwendiger das Training eines Systems ist, desto eher wird man zu einer Holdout-Version tendieren, und je billiger, desto eher kann man auch eine sehr häufige Monte Carlo-Wiederholungen durchführen.

k-fach Kreuzvalidierung und Monte-Carlo-Wiederholungen
Der naive Bayes-Klassifikator ist eigentlich sehr billig bzgl. der Berechnungsaufwände und mit so wenigen Daten auch auf jedem kleinen Computer schnell ausgeführt. Es bietet sich also an, dass Sie einmal schauen, wie sich unser Ansatz oben bei einer k-fachen Kreuzvalidierung bzw. Monte-Carlo-Wiederholung schlägt.

Naiver Bayes-Klassifikator in scikit-learn
In `sklearn.naive_bayes` finden Sie Varianten des *Naiven Bayes-Klassifikators* implementiert . Dabei kommt die Klasse `GaussianNB` dem im letzten Kapitel besprochenen Ansatz am nächsten. Die API der aktuelle Version finden Sie unter:
http://scikit-learn.org/stable/modules/generated/sklearn.naive_bayes.GaussianNB.html

5 Lineare Modelle und Lazy Learning

Wir haben in Kapitel 3 schon in Python einfach Vektoren und Matrizen verwendet: als Zahlentupel oder eben auf eine grobe Erinnerung aufbauend. In Kapitel 4 haben wir ein paar Mal schon von Räumen geredet, jedoch war es da noch nicht wirklich zentral. Wenn es an die Regression geht oder, wenn wir wie in Kapitel 13, Objekte dadurch charakterisieren wollen, wie ähnlich diese einander sind, kommen wir nicht ohne ein wenig Theorie darüber, wie man Abstände bestimmt, aus. Dasselbe gilt für Verfahren wie den k-Nearest-Neighbor-Algorithmus, den wir am Schluss des Kapitels in Abschnitt 5.4 besprechen werden. Um uns nicht zu sehr auf alte Erinnerungen verlassen zu müssen, gehen wir im nächsten Abschnitt einmal die wesentlichen Dinge durch, die es zu Vektorräumen, Metriken und Normen zu wissen gilt. Wer sich hingegen an die Begriffe noch erinnert, kann auch direkt in Abschnitt 5.2 springen. Der Abschnitt 5.1 hat dabei natürlich nicht den Anspruch, ein Buch oder eine Vorlesung zur linearen Algebra zu ersetzen. Er soll lediglich die wichtigsten Ideen kompakt vermitteln, damit der Rest dieses Buches leichter verständlich ist, ohne das man extra ein Mathematikbuch zur Hand nehmen muss. Wer es genauer wissen will, muss natürlich schon zur entsprechenden Literatur greifen. Ich glaube aber, Sie kommen wirklich mit dem Wissen aus dem nächsten Abschnitt für das Buch hin und wenn Ihnen davon etwas zu schnell oder zu tief geht, überfliegen Sie es ggf. einfach und schauen Sie, ob die Dinge sich im Laufe des Buches nicht aus dem Zusammenhang ergeben.

5.1 Vektorräume, Metriken und Normen

Zunächst einmal sollten wir etwas zurücktreten und eine allgemeine Perspektive auf Vektoren einnehmen. Unsere bisherige Sicht basiert darauf, dass wir Zahlen in einen Python-Array schreiben und damit rechnen. Jeder Eintrag in unserem Vektor steht oft für ein Merkmal. Wie in Abschnitt 4.2.2 besprochen, können dabei die unterschiedlichen Merkmale auch zu verschiedenen Skalenniveaus gehören. Manche Einträge in diesen Vektoren entstammen auch Konvertierungen aus Strings in Zahlen wie die `yes`/`no` Einträge in dem Beispiel, das wir zum Test des Bayes-Klassifikators genutzt haben. Es steckt also viel mehr dahinter als nur Zahlentupel oder auch die Idee von Pfeilen, die in eine Richtung zeigen. Letzteres ist in sehr vielen Dimensionen für unsere Spezies sowie schwer vorstellbar. Um zu verstehen, was Vektoren sind, orientieren wir uns an einem Ausspruch, der Albert Einstein zugeschrieben wird:

> *Um ein tadelloses Mitglied einer Schafherde sein zu können, muss man vor allem ein Schaf sein.*

Bezogen auf Vektoren bedeutet dies: Vektoren sind mathematisch dadurch gekennzeichnet, dass

Vektoren die Elemente eines Vektorraumes sind.

Das führt einen allerdings nur weiter, wenn man weiß, was ein Vektorraum ist. Wir hoffen, es in der Regel mit Vektorräumen zu tun zu haben, damit wir ihre schönen Strukturen nutzen können. In der Praxis schreiben wir manchmal Dinge in Arrays und bilden Abstände in einer Weise, die sich mit dieser Theorie nicht vollständig vertragen.

5.1.1 Vektorräume, Erzeugendensysteme und Basen

Bei Vektorräumen geht es zunächst um Strukturen, die man gerne hätte und die erhalten bleiben sollen. Beispielsweise werden in der Physik Vektoren benutzt, um Kräfte zu modellieren. Diese Kräfte haben eine Einheit, nämlich Newton. Wenn man zwei Kräfte addiert, erwartet man, dass das Ergebnis eben wieder eine Kraft ist, die in Newton angegeben wird. Dasselbe gilt, wenn man die Stärke einer Kraft ändern möchte, indem man diese z. B. mit 0.5 multipliziert. Diese Struktur gilt jedoch nicht nur für Kräfte in der Physik, sondern ist eine besondere Eigenschaft eben von Vektorräumen. Sie sind also Strukturen, die durch ihre Elemente und deren Verknüpfungen definiert werden. Dabei muss einem klar sein, dass es nicht immer so ist, dass die Verknüpfung zweier Elemente wieder zu einem Element der gleichen Menge führt. Hierzu einmal zwei Beispiele: Zwei natürliche Zahlen, die durch den Operator / verknüpft werden, ergeben oft eine rationale Zahl, keine natürliche. Beispielsweise $5/2 = 2.5 \notin \mathbb{N}$. Das Kind zweier Ingenieure wird nicht unbedingt Ingenieur, sondern vielleicht Tierarzt. Vektorräume sind also besondere Strukturen und nichts, was selbstverständlich immer bei jeder Menge und jeder Verknüpfung automatisch gegeben ist.

Es geht also darum, Muster und Strukturen zu erkennen und zu nutzen. Obwohl dies in der Mathematik viel ausgeprägter ist, weil sie abstrakter ist, kennt man das Prinzip auch aus vielen anderen Bereichen, in denen es ggf. vertrauter erscheint. Nehmen wir die Biologie, die Tiere auch nach gemeinsamen Merkmalen zu gruppieren versucht. Allen Insekten beispielsweise ist gemein, dass sich ihr Körper in drei deutlich abgrenzbare Abschnitte gliedert, nämlich Kopf, Brust und Hinterleib, und was mir am meisten hilft, sie von Spinnentieren zu unterschieden: alle haben genau drei Beinpaare. So, wie die Fliegen oder die Schmetterlinge Ausprägung der allgemeinen Struktur *Insekt* sind, sind viele Dinge in der Mathematik eben konkrete Formen der sehr abstrakten Struktur *Vektorraum*. Beispiele für Mengen, auf die wir die Struktur eines Vektorraumes aufbauen können, sind u. a.

- Kräfte im n-dimensionalen Raum
- Translationen im n-dimensionalen Raum
- Reelle Zahlentupel der Länge n
- Polynome vom Grad kleiner gleich n
- 2×2-Matrizen
- ...

Auf all diese Mengen kann man die gleichen Strukturen aufbauen. Hierzu muss man eine Verknüpfung, bezeichnen wir diese einmal mit +, mit ähnlichen Eigenschaften definieren. Ein Beispiel für eine solche Eigenschaft ist: Wenn man zwei Elemente mit + verknüpft, erhält man wieder ein Element derselben Menge usw. Notieren wir einmal formal, was ein Vektorraum über den reellen Zahlen an Struktur haben muss:

Vektorraum über $\mathbb{R}$

$\mathbb{V}$ ist eine Menge, auf der eine Verknüpfung „+" definiert wurde. Seien Elemente $v, u \in \mathbb{V}$ und $\alpha, \beta \in \mathbb{R}$ gegeben. Wir nennen die Menge $\mathbb{V}$ und die auf ihr definierte Operation „+" einen Vektorraum $(\mathbb{V},+)$ über $\mathbb{R}$, wenn für $v, u \in \mathbb{V}$ und $\alpha, \beta \in \mathbb{R}$ folgende Gesetze gelten:

1. Das Ergebnis von $v + u = w$ ist wieder ein Element von $\mathbb{V}$
2. Das α-fache von v ist ein Element von $\mathbb{V}$: $\alpha v = w \in \mathbb{V}$
3. $(u + v) + w = u + (v + w)$
4. Es existiert ein neutrales Element $0 \in \mathbb{V}$, sodass für alle $u \in \mathbb{V}$ gilt: $u + 0 = 0 + u = u$
5. Zu jedem $u \in \mathbb{V}$ existiert ein Element $u^{inv} \in \mathbb{V}$ mit $u + u^{inv} = u^{inv} + u = 0$
6. $u + v = v + u$
7. $1 \cdot u = u$ und $0 \cdot u = 0$
8. $\alpha(\beta u) = (\alpha\beta)u$
9. $(\alpha + \beta)u = \alpha u + \beta u$; $\alpha(u + v) = \alpha u + \alpha v$

Der Kasten oben sieht vielleicht etwas unübersichtlich aus, aber wenn man die Punkte bewusst durchgeht, wird klar, um welche Strukturen es hier geht. Der Punkt 1 meint, wie schon diskutiert, den wesentlichen Aspekt, dass wir durch unsere Verknüpfung „+" den Raum nicht verlassen wollen. Die Bedingung 6 legt fest, dass die Reihenfolge dabei keine Rolle spielen soll. Dass das nicht immer gegeben ist, zeigt das Beispiel der Kongruenzabbildungen. Nehmen Sie an, $\mathbb{V}$ wäre die Menge aller Kongruenzabbildungen in 2D, also Parallelverschiebung, Drehung, Spiegelung und die Verknüpfungen dieser Abbildungen. Die erste Bedingung an einen Vektorraum wäre erfüllt, die Hintereinanderausführung von Kongruenzabbildungen ist wieder eine Kongruenzabbildung. Das Ergebnis ist allerdings abhängig von der Reihenfolge! Nehmen wir ein Quadrat, das im Ursprung eines Koordinatensystems liegt, wie in Abbildung 5.1 dargestellt. Drehen wir dieses erst um den Ursprung und verschieben es dann, bekommen wir, wie man sieht, ein anderes Bild als wenn wir es erst verschieben und dann drehen würden.

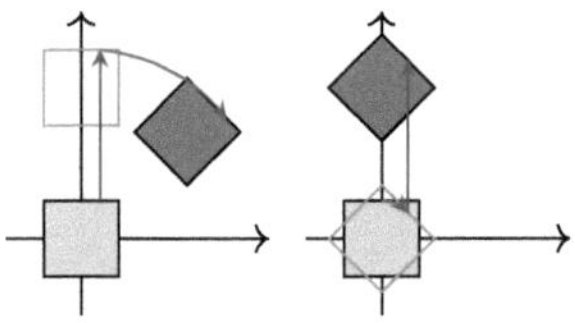

Abbildung 5.1 Kongruenzabbildungen sind kein Vektorraum, denn es kommt auf die Reihenfolge an

Da dieses Buch kein Lehrbuch über lineare Algebra ist, gehen wir hier nicht alle Aspekte der Definition durch. Sie können sich jedoch oft klarmachen, was ein Punkt bedeutet oder nicht, wenn Sie sich ein Zahlentupel vorstellen, das nur ganze oder natürliche Zahlen enthalten darf. Ebenso geht vieles nicht mehr gut, wenn Sie Dinge aus nominalen Skalen oder Ordinalskalen einsetzen, über die wir in Abschnitt 4.2.2

gesprochen haben. Spielen Sie mal ein wenig damit herum, um ein Gefühl dafür zu bekommen.

Alles, was die Bedingungen oben erfüllt, ist ein Vektorraum. Die Strukturen und Techniken sind in allen Vektorräumen gleich. Das Gute dabei ist, dass endlich-dimensionale Vektorräume auf gleiche Weise durch Zahlen-Tupel repräsentiert werden können. Wir können uns – wie wir gleich sehen werden – also auf Tupel reeller Zahlen zurückziehen. Das ist eine gute Nachricht, weil wir nach etwas Nachdenken so ziemlich alles mit unseren Python-Arrays abbilden können. Die Besonderheiten von unendlich dimensionalen Vektorräumen spielen für uns keine besondere Rolle, da wir am Computer nur mit endlichen Vektorräumen arbeiten. *Groß* ist im Allgemeinen möglich, aber *unendlich* passt eben in keinen Speicher.

Ein Beispiel, wie wir einen endlichen-dimensionalen Vektorraum auf einen Vektorraum basierend auf Tupeln reeller Zahlen transformieren können, ist die Menge aller Polynome vom Grad ≤ 2, also $p(x) = ax^2 + bx + c$, wobei explizit $a = 0, b = 0$ oder $c = 0$ zulässig sind. Dadurch existiert ein neutrales Element 0, nämlich $p_0(x) = 0x^2 + 0x + 0 = 0$. Man kann schnell nachrechnen, dass

$$p_0(x) + p(x) = (a+0)x^2 + (b+0)x + (c+0) = p(x)$$

gilt. Man erkennt direkt, dass man sehr vorsichtig sein muss, denn die Polynome, die genau den Grad 2 haben, sind eben kein Vektorraum, da wir kein neutrales Element haben. Durch die Koeffizienten a, b, c können wir die Polynome einfach als Zahlentupel der Länge drei darstellen und damit rechnen. Unsere Polynome werden dargestellt durch Vektoren vom Typ $v = [a, b, c]$; wir bewegen uns also im $\mathbb{R}^3$.

Wenn Sie sich etwas mehr mit dem Begriff des Vektorraumes vertraut machen wollen, gehen Sie doch alle neun Eigenschaften oben durch und zeigen Sie, dass die Polynome vom Grad kleiner gleich zwei ein Vektorraum sind. Es geht tatsächlich recht schnell.

Unser Arbeitsablauf sieht jetzt so aus, dass wir uns die Merkmale, mit denen wir arbeiten, ansehen und überlegen, ob das ein Vektorraum ist bzw. ob wir nicht Operationen – später auch Normen und Metriken – definieren können, damit das ein Vektorraum wird. Anschließend transformieren wir diese in Tupeln reeller Zahlen und arbeiten damit weiter. Tatsächlich machen wir das öfter, wenn wir feststellen, dass ein Eintrag unseres Merkmalsvektors nicht ganz in das Schema passt, und hoffen, dass uns das nicht um die Ohren fliegt. Man soll aber nicht sofort einfach aufgeben, da man tatsächlich – wie wir später sehen werden – vieles reparieren kann und dadurch einige Verfahren auch zuverlässiger funktionieren, wenn man angepasste Normen oder Operationen verwendet.

In jedem Fall denken wir ab jetzt bei Vektorräumen einfachheitshalber an Zahlentupel mit reellen Zahlen, da wir ja die anderen endlich-dimensionalen Vektorräume darauf transformieren können. Auf diese Struktur des Vektorraums können wir alle Strukturen, von denen wir uns vorher überzeugt haben, dass sie endliche Vektorräume sind, übertragen. Durch die oben erwähnten Strukturen können Vektoren mit + verknüpft und mit Skalaren multipliziert werden. Das Ergebnis ist eine **Linearkombination**:

$(\mathbb{V}, +)$ sei ein Vektorraum und $\mathbb{X} \subset \mathbb{V}$ eine Menge von Vektoren $\{v_1, ..., v_n\} =: \mathbb{X}$ mit $n \in \mathbb{N}$. Die Summe

$$x = \sum_{i=1}^{n} \lambda_i v_i$$

mit $\lambda_i \in \mathbb{R}$ nennt man Linearkombination der v_i.

Nehmen wir als Beispiel einmal den Iris Dataset Merkmalsraum von Seite 69. Dieser Merkmalsraum ist vierdimensional, und ein Merkmalsvektor aus diesem Raum könnte z. B. so aussehen:

$$v = \begin{pmatrix} \text{Länge des Kelchblattes} \\ \text{Breite des Kelchblattes} \\ \text{Länge des Kronblattes} \\ \text{Breite des Kronblattes} \end{pmatrix}$$

Wichtig ist, sich einmal über die Einheiten klar zu werden. Die Angaben oben sind in der Datenbank alle in Zentimetern. Tatsächlich ist der unachtsame Umgang mit Einheiten eine häufige Fehlerquelle, wenn mehrere Datenbanken zusammengeführt werden, was hinterher die schönste Datenanalyse ad absurdum führt. Damit ist man zwar – wie z. B. die Katastrophe um den Mars Climate Orbiter (1999) zeigt, siehe [Boa99], in guter Gesellschaft . . . , aber glücklicher macht einen das auch nicht. Im Fall der Sonde stürzte diese aufgrund eines Navigationsfehlers ab. Dieser wiederum hatte seine Ursache in einem Einheitenfehler. Die NASA berechnete Impulse im SI-System, während die Navigationssoftware des Herstellers Lockheed Martin das imperiale System nutzte. Wir lernen daraus: Gerade in der Praxis bei der Zusammenführung von Informationen immer auf die Einheiten achten.

Kommen wir zu dem Merkmalsraum zurück, der zum Iris Dataset gehört. Hier ist jeder Eintrag mit der gleichen Einheit versehen, aber es ist auch in Ordnung, wenn unser Merkmalsraum als ersten Eintrag eine Länge in Metern hat und als zweites eine Masse in Kilogramm. Da jeder Eintrag immer nur auf gleichartige Einheiten bei der Operation + trifft, ist das völlig unproblematisch. Unser Ziel ist es nun, oft den Merkmalsraum zu manipulieren. In Kapitel 9 geht es zum Beispiel darum, die Dimension eines solchen Merkmalsraums sinnvoll zu reduzieren. Dazu müssen wir oft die Art ändern, wie dieser Raum dargestellt wird. Die Darstellung eines Raumes hängt eng mit dem Begriff der Basis zusammen und dieser wieder mit der oben erwähnten Linearkombination.

Nehmen wir als Beispiel einmal die beiden mit + und $*$ in der Abbildung 5.2 dargestellten Mengen. Wird das Koordinatensystem durch x und y aufgespannt, so erscheint die Lage der Elemente etwas durcheinander. Ändert man die Darstellung und wählt $u = 1/\sqrt{2}(1,1)^\top$ und $v = 1/\sqrt{10}(1,3)$ als Achsen, so erscheinen die Mengen direkt nach Quadranten differenziert und sind leichter zu unterscheiden. Natürlich erfolgt die Aufteilung nicht immer so schön nach Quadraten, aber das Beispiel soll illustrieren, dass die Art, wie man ein Koordinatensystem wählt, sehr viel Einfluss haben kann. Nutzt man zum Beispiel den CART-Algorithmus aus Abschnitt 6.3, hat es dieser in dem Koordinatensystem u, v wesentlich leichter als im Koordinatensystem x, y die Mengen zu unterscheiden.

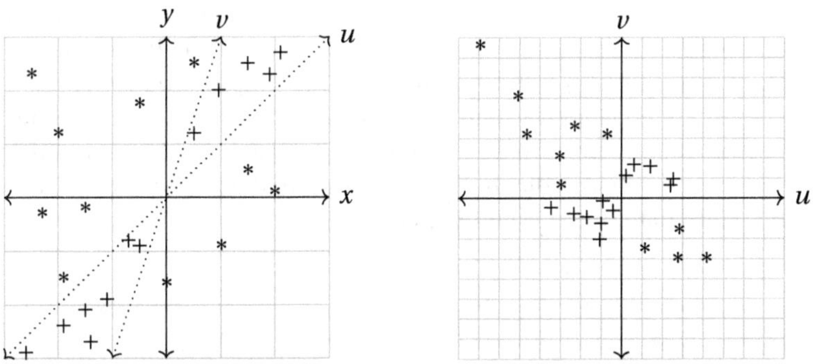

Abbildung 5.2 Änderung der Basis von $\{x, y\}$ nach $\{u, v\}$

Im Fall unseres Merkmalsraums von Iris Dataset können wir alle Elemente x dieses Vektorraums als Linearkombination einer der folgenden drei Mengen von Vektoren darstellen:

$$x = \lambda_1 \begin{pmatrix}1\\0\\0\\0\end{pmatrix} + \lambda_2 \begin{pmatrix}0\\1\\0\\0\end{pmatrix} + \lambda_3 \begin{pmatrix}0\\0\\1\\0\end{pmatrix} + \lambda_4 \begin{pmatrix}0\\0\\0\\1\end{pmatrix} \tag{5.1}$$

$$x = \lambda_1 \begin{pmatrix}1\\1\\1\\1\end{pmatrix} + \lambda_2 \begin{pmatrix}0\\1\\1\\1\end{pmatrix} + \lambda_3 \begin{pmatrix}0\\0\\1\\1\end{pmatrix} + \lambda_4 \begin{pmatrix}0\\0\\0\\1\end{pmatrix} \tag{5.2}$$

$$x = \lambda_1 \begin{pmatrix}1\\0\\0\\0\end{pmatrix} + \lambda_2 \begin{pmatrix}1\\1\\0\\0\end{pmatrix} + \lambda_3 \begin{pmatrix}0\\1\\1\\0\end{pmatrix} + \lambda_4 \begin{pmatrix}0\\0\\1\\1\end{pmatrix} + \lambda_5 \begin{pmatrix}0\\0\\0\\1\end{pmatrix} \tag{5.3}$$

Alle drei Möglichkeiten funktionieren. Wenn Sie den ersten Eintrag aus dem Dataset mit $x = (5.1, 3.5, 1.4, 0.2)^\top$ darstellen wollen, ist es mit dem Ansatz (5.1) am leichtesten. Hier entsprechen mit $\lambda_1 = 5.1, \lambda_2 = 3.5, \lambda_3 = 1.4, \lambda_4 = 0.2$ die Lambdas genau den Einträgen. Bei Ansatz (5.2) muss man ein wenig rechnen und kommt dann auf $\lambda_1 = 5.1, \lambda_2 = -1.6, \lambda_3 = -2.1, \lambda_4 = -1.2$. Ansatz (5.3) ist noch etwas schwieriger. Eine Lösung ist hier z. B. $\lambda_1 = 2.5$, $\lambda_2 = 2.6$, $\lambda_3 = 0.9$, $\lambda_4 = 0.5$ und $\lambda_5 = -0.3$. Wie auffällt, ist hier von *zum Beispiel* die Rede. Es gibt also noch andere ... wie zum Beispiel eben $\lambda_1 = 5.1$, $\lambda_2 = 0$, $\lambda_3 = 3.5$, $\lambda_4 = -2.1$ und $\lambda_5 = 2.3$.

Man merkt, die Möglichkeiten erscheinen unterschiedlich schön, aber jede dieser Mengen von Vektoren kann man dazu nutzen, um alle Datensätze aus der Datenbank darzustellen. Man spricht daher von einem **Erzeugendensystem** eines Vektorraums.

Sei $(\mathbb{V}, +)$ ein Vektorraum und $v_1, v_2, ..., v_n\} = \mathbb{X} \subset \mathbb{V}$ eine Menge von Vektoren, dann heißt diese Menge ein Erzeugendensystem von $\mathbb{V}$, falls jedes $x \in \mathbb{V}$ als Linearkombination der v_i $(i = 1...n)$ darstellbar ist.

$$x = \sum_{i=1}^{n} \lambda_i v_i$$

Das allein ist für unsere Anwendungen jedoch ein wenig zu schwach. So etwas wie den Fall (5.3) würden wir gerne vermeiden, weil die Darstellung hier ganz offensichtlich nicht eindeutig ist. Die Ursache liegt darin, dass das Erzeugendensystem *redundante Informationen* enthält. Mindestens einige Elemente des Erzeugendensystems können selbst als Kombination anderer Elemente des Erzeugendensystems ausgedrückt werden. Es gibt also keine Systeme – das haben wir in dem Beispiel oben ja gesehen –, die unseren Vektorraum darstellen können. Die Eigenschaft, um die es geht, nennt man **linear unabhängig**.

Sei $(\mathbb{V},+)$ ein Vektorraum und $\{v_1, v_2, ..., v_n\} \subset \mathbb{V}$ eine Menge von Vektoren und $\lambda_1, \lambda_2 ..., \lambda_n \in \mathbb{R}$. Diese Menge von Vektoren heißt linear unabhängig, wenn gilt:

$$\sum_{i=1}^{n} \lambda_i v_i = 0 \Rightarrow \lambda_i = 0 \text{ für alle } i = 1, ..., n$$

Vereinfacht formuliert sind die Vektoren linear unabhängig, wenn man keinen durch die anderen darstellen kann. Mit dem Begriff kann man nun auch die minimale Menge definieren, die wir suchen, um unseren Merkmalsraum eindeutig darzustellen. Man spricht hierbei von einer **Basis** eines Vektorraums.

Sei $(\mathbb{V},+)$ ein Vektorraum und $\{v_1, v_2, ..., v_n\} \subset \mathbb{V}$ eine Menge von Vektoren, dann heißt diese Menge Basis von $\mathbb{V}$, wenn gilt:

- $v_1, v_2, ..., v_n \subset \mathbb{V}$ ist linear unabhängig und
- für jedes $x \in \mathbb{V}$ gibt es $\lambda_1, \lambda_2 ..., \lambda_n \in \mathbb{R}$ mit

$$x = \sum_{i=1}^{n} \lambda_i v_i$$

Wie man sieht, ist jede Basis ein Erzeugendensystem, aber nicht jedes Erzeugendensystem ist eine Basis. Dem Begriff des Erzeugendensystems fehlt noch die Eindeutigkeit, welche die Basis auszeichnet. Ein Vektorraum – bzw. bei uns Merkmalsraum – hat nicht nur eine Basis, sondern viele denkbare Basen. Tatsächlich stellen beide, (5.1) und (5.2), valide Möglichkeiten für Basen dar, wobei (5.1) wegen ihrer Einfachheit schon etwas Besonderes ist und daher auch **kanonische Basis** genannt wird. So unterschiedlich die Basen doch sind, haben sie alle eines gemeinsam, nämlich die Anzahl ihrer Elemente. Jede Basis für unseren Iris-Dataset-Merkmalsraum hat also immer genau vier Elemente. Über die Anzahl der Elemente, die eine Basis haben muss ist die **Dimension des Vektorraums** definiert.

Will man wie in dem Beispiel aus Abbildung 5.2 zwischen zwei Basen wechseln, so stellt man die Vektoren der alten Basis als Linearkombinationen der neuen Basis dar. Die Koeffizienten dieser Linearkombinationen schreibt man in eine Matrix B, die dann als Abbildung zwischen neuer und alter Darstellung fungieren kann.

In Fall von x, y und u, v aus dem Beispiel aus Abbildung 5.2 lautet die Matrix für den **Basiswechsel** dann:

$$B = \begin{pmatrix} 2.12132 & -0.70711 \\ -1.58114 & 1.58114 \end{pmatrix}$$

5.1.2 Metriken und Normen

Damit lassen wir es zunächst einmal gut sein, was Vektorräume angeht, und kommen dazu, wie wir die Elemente in den Vektorräumen vergleichen, also deren Ähnlichkeit und Abstände bestimmen können. Wir starten jedoch nicht mit den Abständen – das wären die Metriken – sondern mit den Längen, das sind die Normen. Die meisten kennen nur eine Art, Abstände zu messen, nämlich diejenige, die auf der euklidischen Geometrie basiert. Dieser Ansatz für eine Norm ist über den *Satz des Pythagoras* motiviert.

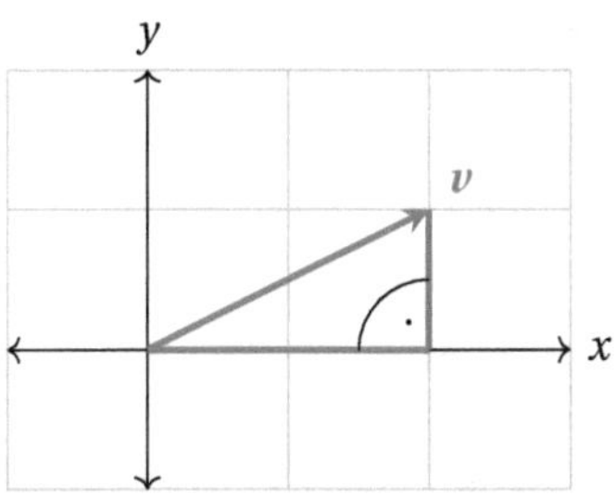

Abbildung 5.3 Motivation der euklidischen Norm über den Satz des Pythagoras

Da in allen ebenen rechtwinkligen Dreiecken – was nicht auf den zweidimensionalen Raum beschränkt ist – die Summe der Flächeninhalte der Kathetenquadrate gleich dem Flächeninhalt des Hypotenusenquadrates ist, kann hierüber die Länge von v in Abbildung 5.3 berechnet werden. In dem Beispiel also

$$\text{Länge von } v = \sqrt{2^2 + 1^2} = \sqrt{5}$$

Assoziiert man den Vektor mit einer Strecke in einer Ebene, so scheint dies die kanonische Art zu sein, die Länge zu bestimmen. Das entspricht quasi dem Anlegen eines Zollstockes. Nun ist dieses nicht die einzige Art, um Längen zu messen. Eine bekannte Norm hat ihren Namen von der amerikanischen Art, Städte in Blöcken zu organisieren. Man spricht von der **Manhattan-Norm**, die von der **Manhattan-Metrik** abgeleitet ist.

Wenn Sie v vom Ursprung aus in einer solchen Stadt erreichen wollen und sich nur entlang der Blockgrenzen bewegen können, ist der euklidische Abstand irrelevant. In Abbildung 5.4 würde er dem entsprechen, wie ein Vogel sich fortbewegen würde, den die Blockstruktur nicht interessiert. Sie sind in unserem Beispiel aber Fußgänger. Dabei ist es gleichgültig – solange Sie sich immer darauf zu bewegen und keine Umwege machen –, wie Sie sich fortbewegen: es sind immer 7 Kanten, die Sie in der Abbildung 5.4 brauchen, um v zu erreichen. Als Beispiel sind hier zwei Wege – einer in Schwarz und der andere in Grau – eingezeichnet. Hier kann man also die Strecke, die Sie zurücklegen müssen, durch die Summierung der einzelnen Einträge des Vektors berechnen.

$$\|v\|_1 = \sum_{i=1}^{n} |v_i|$$

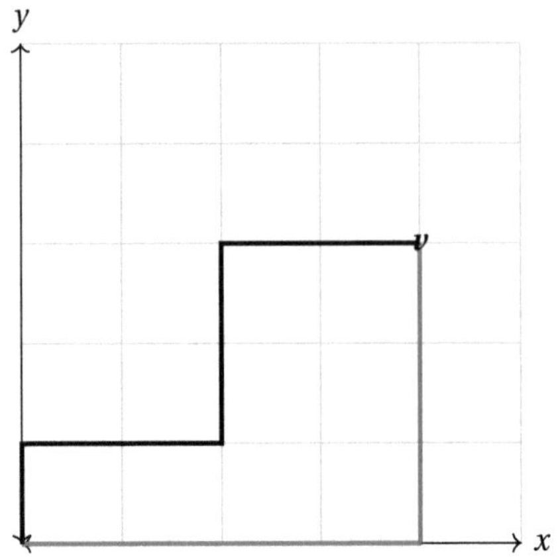

Abbildung 5.4 Motivation der Manhattan-Norm

In unserem Beispiel bedeutet das $\| v \|_1 = |4| + |3| = 7$. Nun gibt es viele Arten, um solche Längen zu messen. All diese Vorgehensweisen werden als Normen bezeichnet. Um eine Norm zu sein, müssen gewisse Eigenschaften erfüllt sein:

Norm auf $(\mathbb{V}, +)$
Eine auf der Grundmenge $\mathbb{V}$ eines Vektorraums $(\mathbb{V}, +)$ definierte Funktion $\|\cdot\| : \mathbb{V} \to \mathbb{R}_{\geq 0}$ (also eine Abbildung in die nichtnegativen reellen Zahlen) heißt Norm auf $\mathbb{V}$, wenn für alle Vektoren $x, y \in \mathbb{V}$ und $\alpha \in \mathbb{R}$ die folgenden Bedingungen erfüllt sind:

- $\|x\| = 0 \Rightarrow x = \mathbf{0}$ (Definitheit)
- $\|\alpha \cdot x\| = |\alpha| \cdot \|x\|$ (absolute Homogenität)
- $\|x + y\| \leq \|x\| + \|y\|$ (die Dreiecksungleichung)

Es gibt wirklich viele dieser Normen. Wir nutzen im Laufe des restlichen Buches primär die Familie der **p-Normen**. Die euklidische Norm, die jeder aus dem Alltag kennt, und die Manhattan-Norm gehören zu dieser Familie, die für $\mathbb{R}^n$ definiert sind als:

$$\|x\|_p = \left(\sum_{i=1}^{n} |x_i|^p \right)^{1/p}$$

wobei $1 \leq p \in \mathbb{R}$ ist. Für $p < 1$ können so keine Normen definiert werden, da dann die Dreiecksungleichung aus der Definition oben sonst verletzt wäre. Das p wird also immer unten an dem Norm-Symbol notiert und im Fall der bekannten Euklid-Norm lautet es dann $\|x\|_2$. Mit $p = 1$ erhalten wir die oben erwähnte Manhattan-Norm.

Nach mehreren Seiten Mathematik ohne Programmierung wird es – zur Auflockerung und zum besseren Verständnis – Zeit, sich den Effekt, den die verschiedenen Normen auf den Einheitskreis haben, zu visualisieren. Hierzu schreiben wir uns eine kleine Funktion:

```
import numpy as np
import matplotlib.pyplot as plt

def plotUnitCircle(p, sampels):
```

```
    x = 3*np.random.rand(sampels,2)-1.5
    n = np.linalg.norm(x,p,axis=1)
    indexIn = np.flatnonzero(n <= 1)
    indexOut = np.flatnonzero(n > 1)
    fig = plt.figure()
    ax = fig.add_subplot(1,1,1)
    ax.scatter(x[indexOut,0],x[indexOut,1],c='red',s=60,alpha=0.1, marker='*')
    ax.scatter(x[indexIn,0],x[indexIn,1],c='black',s=60, marker='+')
    ax.set_xlabel('x')
    ax.set_ylabel('y')
    ax.grid(True,linestyle='-',color='0.75')

plotUnitCircle(np.inf, 5000)
```

Wenn wir nun uns die Plots für $p = 1, p = 2, p = 4$ und $p = \infty$ ausgeben lassen, erhalten wir die Ausgaben aus Abbildung 5.5.

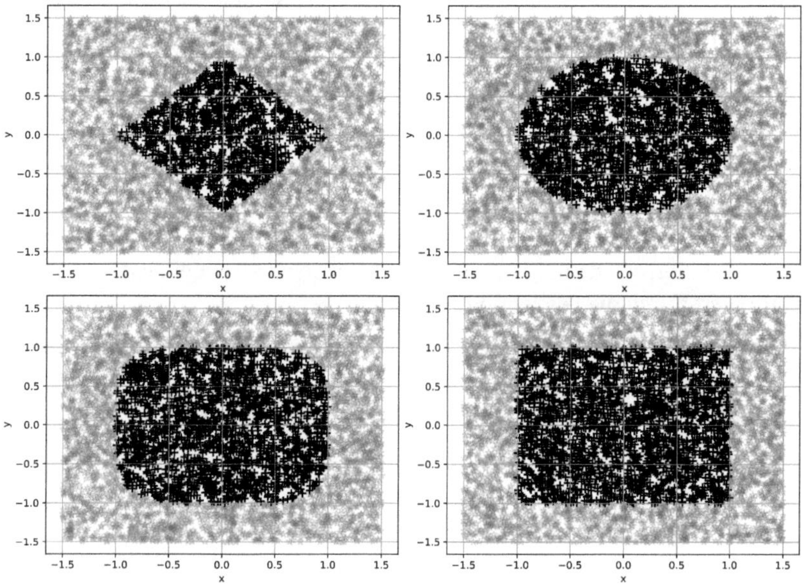

Abbildung 5.5 Einheitskreise in der 1-Norm, 2-Norm, 4-Norm und ∞-Norm

Wie man in Abbildung 5.5 sieht, verändert sich sehr stark das Verhalten, welche Einträge aus der xy-Ebene man zum Einheitskreis in der entsprechenden Norm hinzuzählen würde. Natürlich sehen manche Formen davon nicht so aus, wie man sich landläufig einen Kreis vorstellt, aber man spricht wirklich von Einheitskreisen, weil alle Elemente, die in dieser Norm die Länge 1 haben, dazugehören.

Darüber hinaus ist es auch oft interessant, sich auf der Basis der p-Normen seine eigene Norm zu bauen. Nehmen wir an, dass Sie sehr sicher sind, dass für PKW primär ihre kW-Zahl wichtig ist und nur am Rande die Anzahl der Türen, dann wäre es ggf. sinnvoll, diese Sichtweise durch eine Gewichtung ω_i zum Ausdruck zu bringen. Hierzu wählen Sie einfach für jede Dimension ein $\omega_i > 0$ und definieren sich ihre Norm wie folgt:

$$\|x\|_{\omega,p} = \left(\sum_{i=1}^{n} \omega_i \cdot |x_i|^p \right)^{1/p}$$

Damit entstehen zum Beispiel für $p = \infty$ in Abbildung 5.5 Rechtecke statt Quadrate. Oft wird in Anwendungen gefordert, dass die ω_i summiert Eins ergeben, also:

$$1 = \sum_{i=1}^{n} \omega_i$$

Mehr noch als um Längen geht es uns aber, wenn wir an die Cluster-Algorithmen etc. denken, darum Unterschiede bzw. Abstände zu berechnen. Bis jetzt haben wir allerdings durch die Normen nur Längen definiert. Zum Glück ist es, wenn man dies einmal hat, nur noch ein kleiner Schritt zu Abständen, also Metriken.

Schauen wir zunächst einmal, was formal eine Metrik ist:

Metrik
Sei $(\mathbb{V}, +)$ ein Vektorraum. Eine Abbildung $d\colon \mathbb{V} \times \mathbb{V} \to \mathbb{R}$ heißt Metrik auf $\mathbb{V}$, wenn für beliebige Elemente x, y und z aus $\mathbb{V}$ die folgenden Bedingungen erfüllt sind:

- $d(x,x) = 0$
- $d(x,y) = 0 \Rightarrow x = y$
- $d(x,y) = d(y,x)$ (Symmetrie)
- $d(x,y) \leq d(x,z) + d(z,y)$ (Dreiecksungleichung)

Es ist für uns praktisch, dass Normen dazu geeignet sind, Metriken zu erzeugen. Jede Norm auf einem Vektorraum induziert durch die Festlegung

$$d(x,y) = \|x - y\|$$

eine Metrik. Jede Norm kann also eine Art Abstände zu berechnen erzeugen.

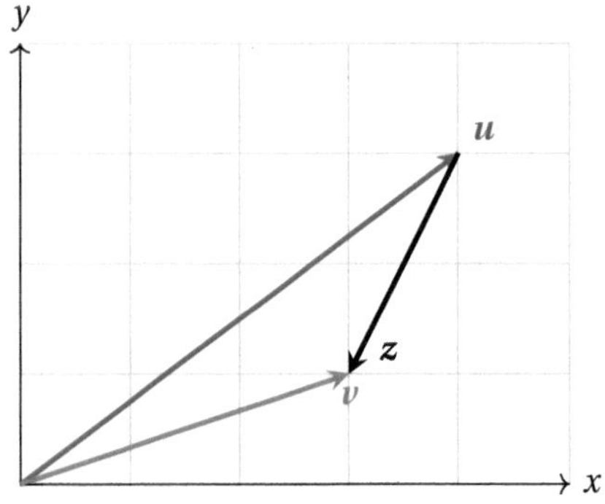

Abbildung 5.6 Eine Norm induziert eine Metrik

Damit haben wir nun zu jeder p-Norm automatisch eine Art, Abstände zu berechnen. Ein Beispiel: Für die Vektoren in der Skizze 5.6 gilt

$$u = v - z \Leftrightarrow z = v - u.$$

Der Abstand von u und v kann also durch die Länge von z definiert werden. Es gilt

$$d(u,v) = \|u - v\| = \|z\|$$

Wichtig ist, zu wissen, dass nicht jede Metrik durch eine Norm induziert wird. Ein bekanntes Beispiel ist die sogenannte **Paris-Metrik**. Diese Metrik erhielt ihren Namen vom (alten) französischen Eisenbahnnetz. p steht dabei symbolisch für Paris, und alle Wege führten in dieser Zeit über Paris, wodurch Reisen zum Teil deutlich verlängert wurden. Die Strecke von Marseille (x) nach Brest (y) müsste in dieser Metrik immer über den Punkt p (Paris) laufen. Das Ergebnis ist als Metrik:

$$d(x,y) = \begin{cases} 0 & \text{falls } x = y, \\ \|x-p\|_2 + \|p-y\|_2 & \text{sonst.} \end{cases}$$

Eine für das maschinelle Lernen bzw. die ihr zugrunde liegende Statistik wichtige Metrik ist die sogenannte **Mahalanobis-Distanz**. Ihre Definition umfasst mit

$$d(x,y) = \sqrt{(x-y)^T \Sigma^{-1} (x-y)}$$

jedoch die Kovarianzmatrix Σ, die wir erst im Abschnitt 9.4 bei der Hauptkomponentenanalyse bzw. PCA einführen. Daher gehen wir hier nicht weiter auf die Mahalanobis-Distanz ein, sondern wenden uns den Projektionen zu.

5.1.3 Unterverktorräume und Projektionen

Vektorräume haben ihrerseits wieder Untervektorräume. Ein Untervektorraum ist dabei eine Teilmenge eines Vektorraums, die selbst wieder einen Vektorraum darstellt. Die definierten Verknüpfungen werden dabei vom Vektorraum auf seine Untervektorräume übertragen.

Das bedeutet für uns am Beispiel des Iris Datasets, dass wir einmal den gesamten vierdimensionalen Merkmalsraum haben, in dem die Vektoren wie besprochen so aussehen:

$$v = \begin{pmatrix} \text{Länge des Kelchblattes} \\ \text{Breite des Kelchblattes} \\ \text{Länge des Kronblattes} \\ \text{Breite des Kronblattes} \end{pmatrix}$$

Dies ist unser Vektorraum, in dem wir die Merkmale addieren dürfen usw. Nehmen wir nun an, dass wir diesen vierdimensionalen Raum gerne auf einen zweidimensionalen Untervektorraum reduzieren würden. Dazu nehmen wir an, dass wir für unseren Vektorraum einfach die kanonische Basis benutzt haben. Der zweidimensionale Unterraum soll nun nur noch aus der Ebene

$$x = \lambda_1 \begin{pmatrix} 1 \\ 0 \\ 1 \\ 0 \end{pmatrix} + \lambda_2 \begin{pmatrix} 0 \\ 1 \\ 0 \\ 1 \end{pmatrix}$$

bestehen. Das heißt, eine Richtung ändert immer die Breiten und eine immer die Höhen. Wie stellen wir so etwas nun dar? Tatsächlich ist das keine besonders intelligente Wahl für eine Reduktion des Raumes. Wie man diese Unterräume von großen Merkmalsräumen am intelligentesten wählt, besprechen wir in Kapitel 9. Unser Problem hier besteht darin, dass wir auf eine Ebene projizieren wollen. Das geht einfacher, wenn man zunächst nur mit einer Richtung anfängt.

Wir beginnen also mit der Projektion auf einen Vektor bzw. eine Richtung. Diese Projektion auf einen eindimensionalen Unterraum kann geometrisch durch den Kosinus motiviert werden. Es gilt bekanntlich, dass Kosinus gleich Ankathete durch Hypotenuse ist, wodurch sich für die Projektion v_u von v auf u – wie in Abbildung 5.7 gezeigt – Folgendes ergibt:

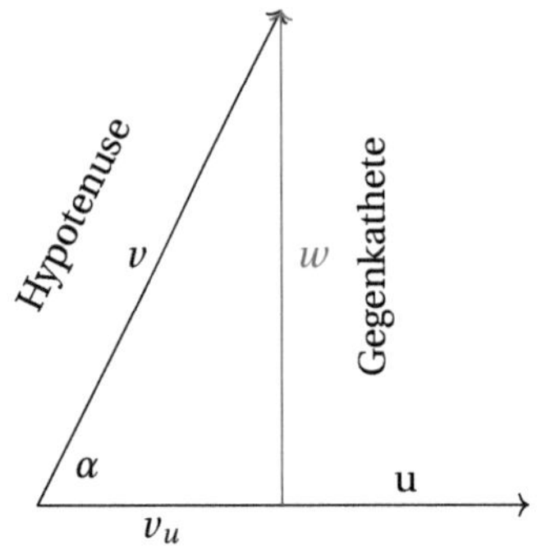

Abbildung 5.7 Projektion von v auf eine Richtung u

$$\cos(\alpha) = \frac{\|v_u\|_2}{\|v\|_2} \Rightarrow \|v_u\|_2 = \|v\|_2 \cos(\alpha) \tag{5.4}$$

Nimmt man nun noch die bekannte Formel für den Winkel zwischen zwei Vektoren v und u zu Hilfe, erhalten wir eine weitere Gleichung, die wir in (5.4) einsetzen können:

$$\cos(\alpha) = \frac{v \cdot u}{\|v\|_2 \cdot \|u\|_2} \Rightarrow \|u\|_2 \cdot \underbrace{\|v\|_2 \cos(\alpha)}_{=\|v_u\|_2} = v \cdot u = v^\top u$$

Das letzte Gleichheitszeichen ist eine Geschmacksfrage in der Darstellung, nämlich ob man die Notation mit einem Skalarprodukt oder mit einem Matrixprodukt bevorzugt.

$$\|u\|_2 \cdot \|v_u\|_2 = v \cdot u \Rightarrow \|v_u\|_2 = \frac{v \cdot u}{\|u\|_2} = \frac{v^\top u}{\|u\|_2} \tag{5.5}$$

Für v_u gilt $v_u = \lambda u$; es unterscheidet sich also von u nur bzgl. seiner Länge $\|v_u\|_2$, und beide zeigen entsprechend wie gewünscht in dieselbe Richtung.

Nehmen wir an, wir wollen einen Vektor x auf w projizieren und nehmen wir weiter an, dass w normiert ist. Das bedeutet, dass $\|w\|_2 = 1$. Dann entfällt der Nenner mit der Norm in (5.5), und wir erhalten die Projektion z durch:

$$z = w^\top x \tag{5.6}$$

z ist hierbei nur die Länge der Projektion von x in Richtung w. Will man einen Vektor inklusive Richtung haben, muss man $z \cdot w$ nutzen.

Da wir es nun mit einer Richtung können, gehen wir zu einer Ebene über, um das Beispiel von oben zu Ende bringen zu können. Das Ziel ist hierbei eine orthogonale Projektion. Der Vektor w soll also wie in Abbildung 5.8 senkrecht auf dem Untervektorraum stehen, in den wir

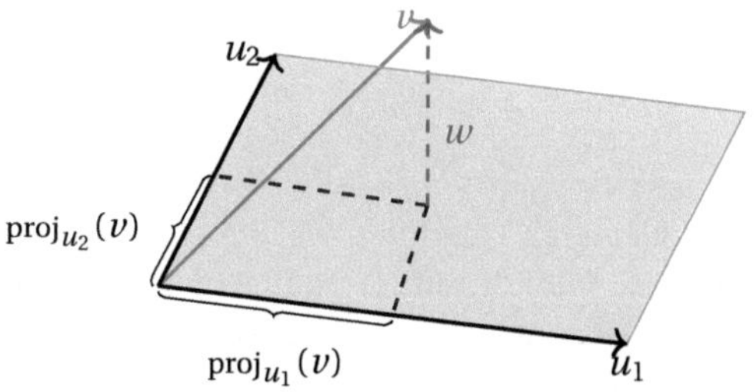

Abbildung 5.8 Projektion auf eine Ebene

projizieren wollen. Die Länge bzw. Norm von w ist ein Maß für den Fehler, den wir bei der Projektion machen.

Die eigentliche Projektion läuft dabei einfach pro Richtung ab. Das bedeutet, wie oben projizieren wir den Vektor v zunächst auf die Richtung u_1 unseres Untervektorraumes und dann auf u_2:

$$\mathrm{proj}_{u_1}(v) = \frac{v \cdot u_1}{\|u_1\|_2^2} u_1 = \frac{v \cdot u_1}{u_1 \cdot u_1} u_1 \qquad \mathrm{proj}_{u_2}(v) = \frac{v \cdot u_2}{\|u_2\|_2^2} u_2 = \frac{v \cdot u_2}{u_2 \cdot u_2} u_2$$

v teilt sich damit auf in einen Anteil, der in dem Untervektorraum $\mathbb{U}$ liegt, und einen Fehler w, der im sogenannten orthogonalen Komplement $\mathbb{U}^{\perp}$ liegt. Damit gilt:

$$v = \underbrace{\mathrm{proj}_{u_1}(v) + \mathrm{proj}_{u_1}(v)}_{\in \mathbb{U}} + \underbrace{w}_{\in \mathbb{W} = \mathbb{U}^{\perp}} \tag{5.7}$$

Als Maß für den Fehler berechnet sich also w entsprechend:

$$w = v - \mathrm{proj}_{u_1}(v) - \mathrm{proj}_{u_2}(v)$$

Die Projektionsvorschrift auf den r-dimensionalen Untervektorraum $(\mathbb{U}, \cdot)$ mit $\dim(\mathbb{U}) = r$ lautet somit:

$$\mathrm{proj}_{\mathbb{U}}\, v = \sum_{i=1}^{r} \mathrm{proj}_{u_i}(v) = \sum_{i=1}^{r} \frac{v \cdot u_i}{\|u_i\|_2^2} u_i$$

Das setzen wir jetzt einmal für das Beispiel oben mit dem Iris Dataset um. Hierzu nehmen wir einen allgemeinen Eintrag in dem vierdimensionalen Raum $v = (v_1, v_2, v_3, v_4)^{\top}$. Die beiden Richtungen unseres Untervektorraumes waren $u_1 = (1,0,1,0)^{\top}$ und $u_2 = (0,1,0,1)^{\top}$. Bezüglich der Normen gilt $\|u_1\|_2^2 = 1/\sqrt{2} = \|u_2\|^2$. Wenn wir das nun mit der Formel oben benutzen, erhalten wir

$$\mathrm{proj}_{\mathbb{U}}\, v = \frac{v \cdot u_1}{\|u_1\|_2^2} u_1 + \frac{v \cdot u_2}{\|u_2\|_2^2} u_2 = \frac{v_1 + v_3}{2} u_1 + \frac{v_2 + v_4}{2} u_2$$

Das bedeutet, in unserem neuen Untervektorraum wäre die Darstellung einfach $1/2 \cdot (v_1 + v_3, v_2 + v_4)^{\top}$, wobei u_1 und u_2 die Basis stellen würden.

5.2 Methode der kleinsten Quadrate zur Regression

In diesem Abschnitt geht es um die Methode der kleinsten Quadrate, welche eines der elementaren Verfahren darstellt, um ein Modell zu lernen. Wir konzentrieren uns hier auf lineare Modelle, obwohl über nicht-lineare Modelle und Ansätze wie das **Gauß-Newton-Verfahren** natürlich auch nicht-lineare Modelle gelernt werden können. Für diese nicht-linearen Ansätze sei hier auf die Standard-Literatur zur Numerik, wie z. B. [Deu04] Kapitel 4, verwiesen.

Für den linearen Fall fangen wir mit dem klassischen Anwendungsfeld der Regression an und schauen dann weiter, wie man es auf Klassifikationsprobleme anwenden kann.

Hier ist es unser Ziel, durch eine Wolke von Datenpunkten eine Kurve zu legen, die möglichst nah an den Datenpunkten vorbei verläuft. Entstanden ist das Verfahren als Ansatz für den Umgang mit Messungenauigkeiten und der Vorhersage von Bahnkurven von Himmelskörpern. In diesem Zusammenhang wurde die Methode etwa zeitgleich von Carl Friedrich Gauß und Adrien-Marie Legendre zwischen 1795 und 1810 erfunden.

Wir sollten zuerst einmal anhand eines sehr einfachen Beispiels klären, was man unter *nah vorbei* bzgl. der Datenpunkte verstehen soll, und dann gehen wir weiter, den Ansatz auf dem **Boston Housing Dataset** auszuprobieren. In dieser sehr alten Datenbank, die im Jahr 1978 in [HJR78] publiziert wurde, gibt es 13 Merkmale, nämlich – etwas grob übersetzt – die folgenden:

Nr.	Kürzel	Beschreibung
1.	CRIM	Pro-Kopf-Kriminalitätsrate
2.	ZN	Anteil an Wohnbauland für Grundstücke über 25000 qm
3.	INDUS	Anteil an nicht zum Einzelhandel gehörenden Gewerbeflächen pro Stadt
4.	CHAS	Charles River Dummy-Variable (1, wenn die Fläche an den Fluss grenzt; sonst 0)
5.	NOX	Stickoxidkonzentration
6.	RM	Durchschnittliche Zimmeranzahl pro Wohnung
7.	AGE	Anteil selbst genutzter Einheiten, die vor 1940 gebaut wurden
8.	DIS	Gewichtete Entfernungen zu fünf Bostoner Arbeitsämtern
9.	RAD	Index der Zugänglichkeit zu den Autobahnen
10.	TAX	Grundsteuersatz pro 10000 Dollar
11.	PTRATIO	Schüler-Lehrer-Verhältnis
12.	B	$1000 \cdot (Bk - 0.63)^2$, wobei Bk den Anteil der farbigen Bevölkerung angibt
13.	LSTAT	% der Bevölkerung mit niedrigem Status

Bzgl. der Merkmale muss man sich klarmachen, dass es eben eine historische Datenbank aus den siebziger Jahren ist. Heute würde man vermutlich aus verschiedenen Gründen andere Merkmale erheben; allerdings ist das Dataset zusammen mit dem Iris Flowers Dataset eines der klassischen Datensets für das maschinelle Lernen, an denen man recht viel verstehen und seine Performance auch gut vergleichen kann. Der Zielwert, den man mit der Regression berechnen möchte, ist der Medianwert der Eigenheime in 1000 Dollars. Insgesamt hat die Datenbank 506 Einträge, was wenig ist, wenn man es mit der Anzahl der Merkmale vergleicht. Komplexe Modelle werden hier also oft das Problem haben, die Freiheitsgrade durch die wenigen Daten sinnvoll zu bestimmen.

Nummerieren wir einmal die Merkmale oben wie in der Aufzählung durch, also $x_1 \dots x_{13}$. Da wir hier ein lineares Modell verwenden, implizieren wir damit, dass der Zusammenhang zwischen dem Preis y und den Merkmalen sich eben als Ebene in einem Raum mit dreizehn Merkmalen bzw. der Dimension 13 darstellen lässt:

$$y = u_0 + u_1 \cdot x_1 + u_2 \cdot x_2 + \cdots + u_{13} \cdot x_{13} = u_0 + \sum_{i=1}^{13} u_i x_i \tag{5.8}$$

Aus dem Schulstoff kennt man diese Darstellung als **Koordinatenform** der Ebene, nur dass man dort eben immer bei einer recht niedrigen Dimension aufhört. Im Dreidimensionalen ist die bekannte Form:

$$z = ax + by + c$$

Wenn die Anzahl der Merkmale zunimmt, spricht man von einer **Hyperebene**. Eine solche Hyperebene verallgemeinert den Begriff der Ebene. Die Ebene ist hier immer ein Unterraum mit einem Freiheitsgrad weniger als der gesamte Raum. In einem dreidimensionalen Raum hat eine Ebene eben zwei Freiheitsgrade bzw. Richtungsvektoren. Wenn der Raum zweidimensional ist, impliziert der Ausdruck *Hyperebene*, dass damit eben auch eine Gerade gemeint sein kann. Wie man sieht, ist die Hyperebene für eine festgelegte Anzahl von Dimensionen durch ihre Koeffizienten u_i definiert. Im Fall des Boston Housing Datasets haben wir 14 Werte zu bestimmen, da zu den 13 Merkmalen noch u_0 als **Offset** hinzukommt. Ohne u_0 müsste der Preis null sein, wenn alle Merkmale null sind. Das kann man so nicht voraussetzen. Wie kommen wir an die 14 Werte für u_i heran?

Wenn man sich die erste Zeile der Daten ansieht, haben wir dort folgende Werte für x

$$x = (6.3 \cdot 10^{-3}, 1.8 \cdot 10^{+1}, 2.3 \cdot 10^{+0}, 0.0 \cdot 10^{+0}, 5.4 \cdot 10^{-1}, 6.6 \cdot 10^{+0}, 6.5 \cdot 10^{+1}, 4.1 \cdot 10^{+0},$$
$$1.0 \cdot 10^{+0}, 2.9 \cdot 10^{+2}, 1.5 \cdot 10^{+1}, 3.9 \cdot 10^{+2}, 4.9 \cdot 10^{+0})^\top$$

Als Wert für y ist hingegen $2.4e+01$ hinterlegt. Diese Werte für x und y können wir nun in die Gleichung (5.8) einsetzen und erhalten damit eine Bedingung für unsere fehlenden Koeffizienten:

$$24 = u_0 + u_1 \cdot 6.3 \cdot 10^{-3} + u_2 \cdot 1.8 \cdot 10^{+1} + \cdots + u_{12} \cdot 3.9 \cdot 10^{+2} + u_{13} \cdot 4.9 \cdot 10^{+0}$$

Wenn wir das jetzt mit 14 Einträgen aus unserem Dataset machen, kann man über ein lineares Gleichungssystem vermutlich die Koeffizienten berechnen. *Vermutlich* bezieht sich darauf, dass im Sinne des oben Besprochenen die 14 Vektoren mit den Merkmalen linear unabhängig sein müssen, sonst klappt es nicht. Nun ist das bei echten Datensets sehr oft der Fall. Trotzdem wäre es keine gute Idee, auf der Basis von 14 Einträgen die Koeffizienten zu berechnen und den Rest des Datensets nicht zu verwenden. Die Vielzahl an Einträgen ist ja gerade dazu da, dass sich Schwankungen in den einzelnen Messungen ausgleichen und wir ein Modell erhalten, das insgesamt sinnvoll ist und sich gut verallgemeinern lässt. Es ist nicht das Ziel, 14 Einträge perfekt abzubilden und den Rest zu vernachlässigen. Wie kommen wir nun dahin, dass alle Einträge berücksichtigt werden und zur Qualität unseres Modells beitragen?

Um das Prinzip in wenigen Dimensionen visualisieren zu können, erzeugen wir uns schnell ein paar künstliche Werte:

```
import numpy as np
import matplotlib.pyplot as plt

np.random.seed(42)
x = np.random.rand(50)
x = np.hstack( (x,x) )
y = 2*x - 0.5
noise = 0.2*np.random.normal(size=x.shape[0])
ym = y + noise
plt.plot(x,y,color='k')
r = np.array( [ [x[95],x[95]],[ym[95],y[95]] ] )
plt.plot(r[0,:],r[1,:], 'k:' )
plt.scatter(x,ym,color='r')
plt.xlabel('x')
plt.ylabel('y')
plt.show()
```

Wir nehmen hier eine Gerade, deren Werte wir künstlich verrauschen. Daneben sorgen wir dafür, dass es auch zu einem x-Wert mehrere y-Werte gibt. Das ist nämlich ein durchaus üblicher Umstand für ein Regressionsproblem. Das Problem ist, dass es bei kleinen Datenmengen dazu beitragen kann, dass die Matrix keinen vollen Rang besitzt. In der linearen Algebra ist der Rang einer Matrix die Dimension des durch ihre Spalten erzeugten Vektorraums. Dies entspricht der maximalen Anzahl ihrer linear unabhängiger Spalten. Diese wiederum ist identisch mit der Dimension des durch seine Zeilen aufgespannten Raumes. Der Rang ist deshalb interessant, weil er darüber entscheidet, ob das Problem eindeutig lösbar ist oder nicht. Hat eine Matrix $A \in \times$ vollen Rang, was $\min(n, m)$ entspricht, so ist das Problem eindeutig lösbar. Im Allgemeinen ist die Eindeutigkeit jedoch beim maschinellen Lernen hier kein praxisrelevantes Problem, da wir immer so viele Datensätze im Vergleich zu den Merkmalen vorliegen haben, dass die Lösung eindeutig ist.

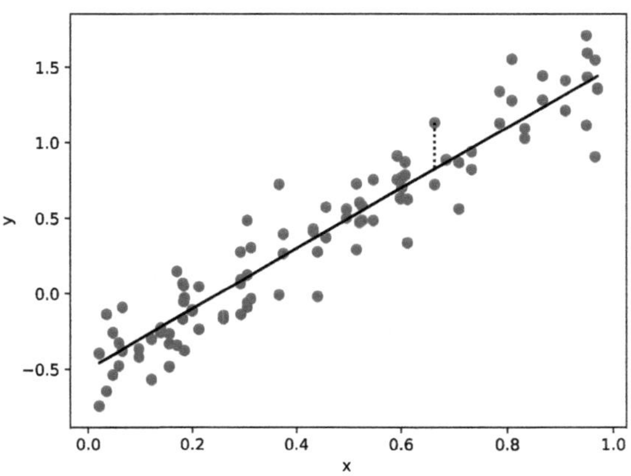

Abbildung 5.9 Beispiel für Regression an künstlichen Daten

Das Ergebnis ist der Plot in Abbildung 5.9. Die eingezeichnete Gerade ist – da wir ja wissen, was wir verrauscht haben – schon die Lösung. Normalerweise wissen wir natürlich nicht, welche Gerade wir dadurch legen müssen. Man braucht ein Kriterium, um festlegen zu können, welche Gerade besser durch die Punktwolke gelegt wird und welche schlechter. Die Lösung liegt in dem gestrichelt eingezeichneten Abstand. Diese Abstände zwischen dem Wert y_i aus der Datenbank und dem Wert $f(x_i)$, wobei f hier unsere Gerade ist, sind der Fehler, den wir gerne kleinbekommen würden. Es gibt aber auch hier wieder die Frage, wie man diese Abweichung misst, also in welcher Norm. Aus verschiedenen Gründen hat sich hierbei das Quadrat der 2-Norm als sehr sinnvoll herausgestellt. Beschreibt man mit y den Vektor aller Zielwerte und mit $f(x)$ den Vektor der Werte, die unser lineares Modell berechnen würde, entspräche dies kompakt notiert $\|y - f(x)\|_2^2$. Warum das Quadrat sinnvoll ist, kann man leichter sehen, wenn man den Ausdruck als Summe notiert:

$$\sum_{i=1}^{n} (y_i - f(x_i))^2$$

Das Quadrat hat die Wirkung, dass große Fehler, die oberhalb von 1 liegen, verstärkt und damit stärker bestraft werden als kleine Fehler unter 1, die durch das Quadrieren noch kleiner werden. Jeder einzelne Abstand

$$r_i = y_i - f(x_i)$$

wird als Residuum bezeichnet und entsprechend die Summe oben als **Residuenquadratsumme** oder **Summe der Fehlerquadrate**. Diese wollen wir minimieren. Für unseren linearen Fall bedeutet dies, dass wir zunächst eine Matrix A aus den Merkmalswerten bilden. Am Beispiel der Daten des Boston Housing Datasets notieren wir zunächst alle 506 Gleichungen untereinander:

$$\begin{aligned}
u_0 + u_1 \cdot 6.3 \cdot 10^{-3} + u_2 \cdot 1.8 \cdot 10^{+1} + \dots + u_{12} \cdot 3.9 \cdot 10^{+2} + u_{13} \cdot 4.9 \cdot 10^{+0} &= 24.0 \\
u_0 + u_1 \cdot 2.7 \cdot 10^{-2} + u_2 \cdot 0.0 \cdot 10^{+0} + \dots + u_{12} \cdot 3.9 \cdot 10^{+2} + u_{13} \cdot 9.1 \cdot 10^{+0} &= 21.6 \\
\vdots &= \vdots \\
u_0 + u_1 \cdot 4.7 \cdot 10^{-2} + u_2 \cdot 0.0 \cdot 10^{+0} + \dots + u_{12} \cdot 3.9 \cdot 10^{+2} + u_{13} \cdot 7.8 \cdot 10^{+0} &= 11.9
\end{aligned}$$

Das Ergebnis ist ein Gleichungssystem mit 14 Spalten und 509 Zeilen. Es ist damit überbestimmt und wir wollen es – wie schon oben erwähnt – im Sinne der kleinsten Fehlerquadrate lösen. Wir fassen nun die rechte Seite in dem Vektor $y = (24.0, 21.6, \dots, 11.9)^\top$ zusammen; die gesuchten Koeffizienten hingegen im Vektor $u = (u0, u1, \dots, u_{13})^\top$. Die eingefügten Werte der Merkmale dagegen bilden die Matrix

$$A = \begin{pmatrix} 1 & 6.3 \cdot 10^{-3} & 1.8 \cdot 10^{+1} & \dots & 3.9 \cdot 10^{+2} & 4.9 \cdot 10^{+0} \\ 1 & 2.7 \cdot 10^{-2} & 0.0 \cdot 10^{+0} & \dots & 3.9 \cdot 10^{+2} & 9.1 \cdot 10^{+0} \\ \vdots & \vdots & \vdots & \vdots & \vdots & \\ 1 & 4.7 \cdot 10^{-2} & 0.0 \cdot 10^{+0} & \dots & 3.9 \cdot 10^{+2} & 7.8 \cdot 10^{+0} \end{pmatrix}.$$

Mit dieser Notation lässt sich unser Problem zusammenfassen zu

$$\min_{u \in \mathbb{R}^n} \|Au - y\|_2^2$$

Da wir die oben erwähnte Norm verwenden, kann man – ohne hier auf Details einzugehen – von dem geometrischen Argument Gebrauch machen, dass das Residuum $r = Au - y$ senkrecht auf dem Unterraum steht, der durch das sogenannte Bild von A erzeugt wird. Für Details sei hier auf typische Literatur zur linearen Algebra wie z. B. [KB12] bzw. besser deren Numerik wie in [SK11] verwiesen. Wir konzentrieren uns darauf, wie wir dieses überbestimmte Gleichungssystem in Python so gelöst bekommen, dass dieses Minimierungsproblem erfüllt ist. Das Gute ist, dass es sich hierbei faktisch um einen Einzeiler handelt. Die Funktion `np.linalg.lstsq` aus dem Bereich der linearen Algebra der NumPy löst überbestimmte Gleichungssysteme im Sinne der kleinsten Fehlerquadrate. Der Ausdruck `lstsq` kommt dabei von der englischen Übersetzung **Least Squares Method**. Im folgenden Listing stellen wir also zunächst die Matrix A und die rechte Seite y auf und lösen das System anschließend mit dieser Methode.

```
1  import numpy as np
2  import matplotlib.pyplot as plt
3
4  np.random.seed(42)
5  X = np.loadtxt("BostonFeature.csv", delimiter=",")
6  y = np.loadtxt("BostonTarget.csv", delimiter=",")
7  TrainSet     = np.random.choice(X.shape[0],int(X.shape[0]*0.80), replace=False)
8  XTrain       = X[TrainSet,:]
9  YTrain       = y[TrainSet]
10 TestSet      = np.delete(np.arange(0, len(y) ), TrainSet)
11 XTest        = X[TestSet,:]
12 YTest        = y[TestSet]
13
14 A = np.ones( (XTrain.shape[0],14) )
15 A[:,1:14] = XTrain
16 maxValue = np.max(A,axis=0)
17 A = A/maxValue
18 (u, _, Arank, _) = np.linalg.lstsq(A, YTrain)
19 r = A@u - YTrain
20 print(np.linalg.norm(r)/r.shape[0], np.mean(np.abs(r)), np.max(np.abs(r)))
21 print(u)
22
23 B = np.ones( (XTest.shape[0],14) )
24 B[:,1:14] = XTest
25 B = B /maxValue
```

In den Zeilen 5 bis 12 laden wir die Daten des Boston Housing Datasets und teilen diese wie gewohnt in ein Trainings- und ein Test-Set. Von den Codezeilen her ist das sogar der längste Abschnitt. Um es uns bzgl. des Offsets leicht zu machen, erzeugen wir in Zeile 14 eine mit Einsen gefüllte Matrix, die wir jedoch bis auf die erste Spalte in Zeile 15 mit den Werten der Merkmale überschreiben. Eigentlich ist das Least-Squares-Verfahren sehr robust, was die Werte in der Matrix angeht, jedoch ist es immer hilfreich, diese wie in den Zeilen 16 und 17 zu normieren. Dann kann man auch leichter ablesen, welches Merkmal einen wie großen Einfluss hat, was bei unterschiedlichen Normierungen so nicht möglich ist. In Zeile 18 wird schließlich das überbestimmte System gelöst. NumPy liefert ein Tupel mit vier Werten zurück, doch uns interessiert nur die Lösung u und zur Sicherheit der Rang der Matrix `Arank`. Ist letzter kleiner als die Anzahl der Spalten, wären zu viele abhängige Werte enthalten. Bei realen, hinreichend großen Datenmengen passiert das jedoch gewöhnlich nicht. `A@u` entspricht nun der Vorhersage unseres linearen Modells. In Zeile 19 bilden wir die Differenz mit den Werten aus der Datenbank. Die Norm des Vektors r ist das Qualitätskriterium, nach dem die kleinsten Fehlerquadrate funktionieren. Da sich hier jedoch die Länge des Vektors – also die Anzahl der Beispiele – auf die Größe dieses Fehlers auswirkt, ist das für einen Menschen eine schwierig einzuschätzende Größe, weshalb wir durch die Anzahl der Einträge dividieren. Wie man sieht, liegt unser durchschnittlicher Fehler bei nur 3.34, was weniger als 10% sind, da der Wertebereich von y zwischen 5 und 50 liegt.

Betrachten wir nun einmal u selbst, wobei wir auf eine Nachkommastelle runden:

$$u = (37.9, -9.2, 5.3, -0.6, 2.3, -15.0, 31.6, 1.1, -18.6, 7.9, -10.3, -20.1, 3.4, -20.8)^{\top}$$

Lassen wir einmal das Offset von 37.9 beiseite, so wird deutlich, dass die Spitzenreiter in den negativen Faktoren das Schüler-Lehrer-Verhältnis sowie die Bevölkerung mit dem niedrigen sozialen Status sind. Am positivsten wirkt sich hingegen die Anzahl der Zimmer und die Anbindung über die Autobahnen aus. Das lineare Modell erlaubt also etwas, was wir bei vielen anderen Ansätzen später vermissen werden, nämlich die Analyse, welches Merkmal sich in welcher Weise auswirkt.

Nun müssen wir natürlich noch testen, ob sich unser sehr einfaches lineares Modell auf unserer Testmenge bewährt. Dazu ergänzen wir die folgenden Zeilen:

```
yPredit = B@u
rT = yPredit - YTest
print(np.linalg.norm(rT)/rT.shape[0], np.mean(np.abs(rT)), np.max(np.abs(r)))

fig = plt.figure(1)
ax = fig.add_subplot(1,2,1)
ax.set_title('Verteilung der Abweichungen auf der Trainingsmenge')
```

Wie man sieht, ist die Qualität mit einem durchschnittlichen Fehler von 3.16 in der gleichen Region wie auf dem Trainingsset. Die Abweichungen sind durch die geringen Fallzahlen nicht wesentlich.

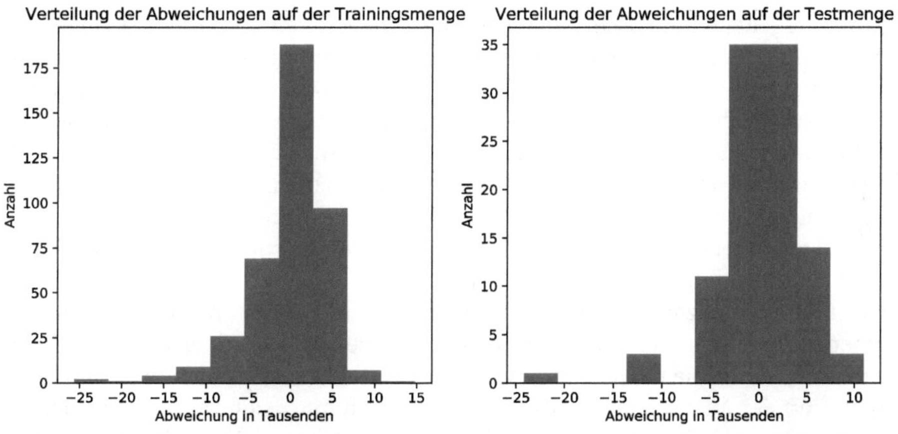

Abbildung 5.10 Verteilung der Abweichung der linearen Näherung von den Werten aus der Datenbank

Wie man in Abbildung 5.10 sieht, ist auch der Fehler auf Test- und Trainingsmenge ähnlich verteilt. Unsere Näherung tendiert dazu, die Preise eher etwas zu niedrig einzuschätzen. Trotzdem ist das Modell hier für ein Problem mit recht wenigen Daten und recht linearen Zusammenhängen zu guten Vorhersagen fähig. Das Problem ist natürlich, dass man oft erst sieht, ob zumindestens lokal im Bereich des Datenbestandes die Zusammenhänge primär linear sind, wenn man ein lineares Modell ausprobiert hat.

Wir haben die Funktionalität oben einfach in einem Skript heruntergeschrieben. Setzen Sie die Algorithmen doch einmal in einer Klasse `linearRegression` um. Integrieren Sie die Techniken der Zeilen 14 bis 18 in einer Methode `fit` und die Zeilen 23 bis 26 in einer Methode `predict`. Eine Methode `getParameter` kann man einsetzen, um sich die Koeffizienten aus u zurückliefern zu lassen.

Die Methode der kleinsten Fehlerquadrate ist nicht auf lineare Modelle beschränkt; es reicht, wenn die gesuchten Parameter linear in das Modell eingehen. Man kann also über die gleiche Technik versuchen, die Parameter u in

$$f(x) = u_0 + u_1 x + u_2 x^2 \tag{5.9}$$

oder

$$f(x) = u_0 + u_1 \cos(\pi x) + u_2 \sin(\pi x) + u_3 \cos(\pi/2x) + u_4 \sin(\pi/2x) \tag{5.10}$$

zu lernen bzw. zu bestimmen. Man ändert in diesen Fällen das Modell von linear auf quadratisch oder wie in Gleichung (5.10) auf einen Ansatz, der annimmt, dass die Daten einer Art Signal entsprechen, wie es z. B. durch Fourier-Entwicklungen angenähert wird. Wenn man solches Domain-Know-how hat, also eine begründete Hoffnung, dass ein Modell quadratisch oder periodisch ist, sollte man das auch nutzen. Das maschinelle Lernen rückt dann in die Nähe des klassischen Fittings von Parametern. Der einzige Unterschied ist dann, dass der Agent kontinuierlich die Koeffizienten an neue Datenlagen anpassen kann.

Am häufigsten wird jedoch im maschinellen Lernen der lineare Ansatz genutzt, da man hier direkt auch ein Gefühl für die Merkmale in einer linearen Näherung bekommt und auch sieht, ob sich ein komplexerer Ansatz, z. B. über neuronale Netze, wirklich lohnt. Wie teuer der Ansatz, das lineare Ausgleichsproblem zu lösen, ist, hängt von der verwendeten Technik ab. Die oben verwendete Routine setzt auf dichte Matrizen und Routinen aus der **LAPACK**. LAPACK steht für Linear Algebra Package und ist quasi eine Standard-Bibliothek, die Algorithmen aus dem Bereich der numerischen linearen Algebra auf dichten Matrizen umfasst. Nutzt man hier Techniken wie die QR-Zerlegung – diese wird u. a. bei [DR08] Abschnitt 3.9 behandelt – um das Problem anzugehen, erhält man einen Aufwand von $nd^2 - 2/3d^3$. d ist dabei die Anzahl der Merkmale und n die Anzahl der Datensätze. Das bedeutet, dass der Ansatz auch für größere Datenmengen recht gut skaliert, solange man die ganze Matrix im Speicher halten kann und die Anzahl der Merkmale nicht zu groß wird. Kann man die Matrix nicht mehr im Speicher halten, verliert der Ansatz an Attraktivität. Für Matrizen mit vielen Null-Einträgen kann es sinnvoll sein, iterative Verfahren wie das **GMRES** ins Auge zu fassen. Details hierzu inklusive Algorithmen finden Sie z. B. bei [Mei11].

Lineare Regression in scikit-learn

Auch die lineare Regression wurden in scikit-learn mit einer entsprechenden API versehen. Sie finden lineare Ansätze unter `sklearn.linear_model`. Das Standard Least-Squares-Verfahren ist in der Klasse `LinearRegression` umgesetzt. Die API der aktuelle Version finden Sie unter folgenden Link:
http://scikit-learn.org/stable/modules/generated/sklearn.linear_model.LinearRegression.html

5.3 Der Fluch der Dimensionalität

Die lineare Regression ist im letzten Abschnitt sehr gut mit der Kombination aus gleichzeitig vergleichsweise vielen Merkmalen und wenig Daten zurechtgekommen. Das ist bei weitem nicht bei jedem Verfahren so. Für die Probleme, die entstehen, wenn die Dimension des Merkmalsraums und die Anzahl der Datensätze nicht zusammenpassen, gibt es einen festen Begriff. Der **Fluch der Dimensionalität** oder englisch **Curse of Dimensionality** beschreibt ein Phänomen, das nicht nur im Bereich des maschinellen Lernens auftritt, sondern überall, wo man versucht, mit Datensätzen ein Modell der Realität abzubilden. Als Erstes tauchte der Begriff 1961 in dem Buch [Bel61] von Richard Bellman auf.

Um das Problem zu illustrieren, nehmen wir einmal an, wir hätten einhunderttausend Datensätze, und darüber hinaus gehen wir davon aus, dass alle Merkmale auf den Wertebereich von null bis eins skaliert wurden. Nun gehen wir weiter davon aus, dass die Werte gleichmäßig in unserem Merkmalsraum verteilt liegen. Es gibt also keine größeren Ballungen an einer Stelle oder leere Bereiche an anderen Stellen.

Im Endeffekt haben wir es also nun mit einem Hyperwürfel – so nennt man einen Würfel in d Dimensionen – mit der Kantenlänge 1 zu tun, in dem sich unsere 100000 Werte verteilen. Von diesem Hyperwürfel schauen wir uns nun den Teilwürfel mit der Kantenlänge 0.1 an, der direkt im Ursprung des Koordinatensystems liegt. Die Abbildung 5.11 illustriert den Fall für zwei und drei Raumdimensionen.

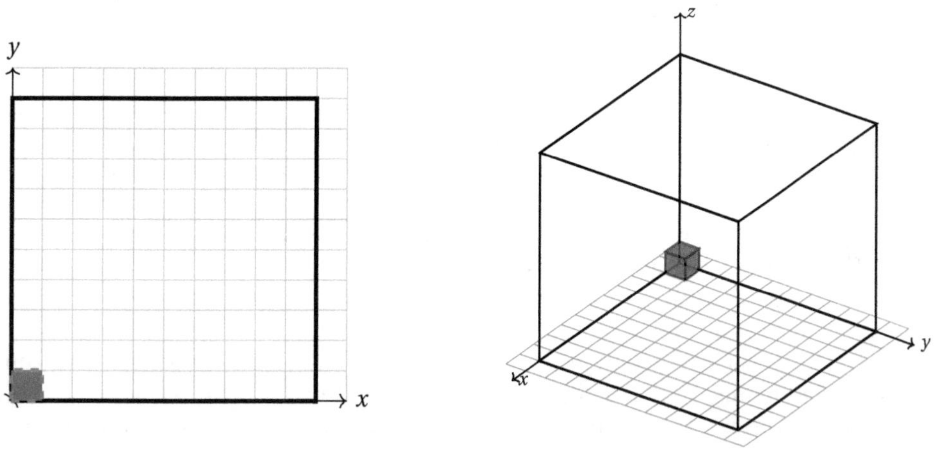

Abbildung 5.11 Anteil des Teilgebietes mit der Kantenlänge 0.1 in zwei und drei Dimensionen

Wie man sieht und leicht nachrechnen kann, macht unser verallgemeinerter Würfel mit der Kantenlänge 0.1 in 1D 10% des Gebietes aus, in 2D 1% und in 3D nur noch 0.1%. Entsprechend verteilen sich die Daten. Stehen in 1D noch 10000 Einträge in diesem Bereich zur Verfügung, um ein Regressionsmodell anzupassen, sind es in drei Raumdimensionen nur noch 100.

Die Abbildung 5.12 zeigt in einer halblogarithmischen Darstellung, wie sich die durchschnittliche Anzahl von Daten in einem Hyperwürfel der Kantenlänge 0.1 entwickelt, wenn die Dimension steigt. Wie man sieht, liegt bei fünf Raumdimensionen im Durchschnitt nur noch ein Datenpunkt in einem Hyperwürfel der Kantenlänge 0.1. Wenn man also die in Abschnitt 5.1.2 besprochene Norm mit $p = \infty$ verwendet und abfragt, welche Daten im Abstand 0.1 um

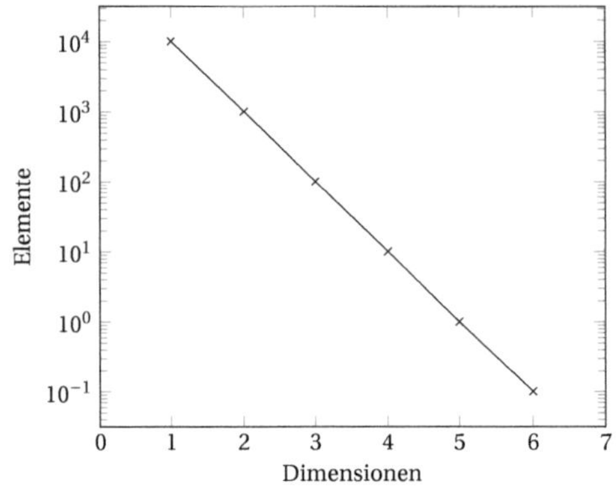

Abbildung 5.12 Elemente im Teilgebiet bei unterschiedlicher Zahl von Dimensionen

einen Punkt liegen, wird man in der Regel die Antwort *keine* bekommen. Dies macht vielen Clustering-Verfahren, die wir in Kapitel 13 besprechen, Probleme. Es wird aber auch schwierig, ein gutes Regressionsmodell bereitzustellen, wenn man nicht das Modell sehr einfach hält. Sehr einfach ist dann z. B. ein lineares Modell wie im Abschnitt 5.2. Daher sehen wir uns im Kapitel 9 noch einmal genau an, wie man Merkmalsräume ggf. verkleinern kann.

5.4 k-Nearest-Neighbor-Algorithmus

Die meisten Algorithmen im Bereich des maschinellen Lernens basieren auf einem Ansatz, den man **Eager Learning** nennt. Übersetzt bedeutet das in etwa *eifriges Lernen*. Hierbei wird der Hauptteil der Arbeit während des Trainings investiert. Ein typisches Beispiel für ein solches Verfahren sind Feedforward-Netze, wie wir sie in Kapitel 7 kennenlernen werden. Hier ist es aufwendig, das Netz zu trainieren, aber günstig, es hinterher abzufragen. Der **k-Nearest-Neighbor-Algorithmus**, oder kurz **k-NN**, nutzt hingegen den Ansatz des sogenannten **Lazy Learning**. Übersetzen kann man das mit *trägem Lernen*. Bei dieser Klasse von Verfahren findet die Hauptarbeit nicht beim Training statt, sondern erst zur Zeit der Anfrage. Die Begriffe klingen dabei ein wenig so, als wenn es eine gute Klasse von Verfahren gäbe, quasi die Fleißigen, und eine schlechte, nämlich die Faulen. Dem ist nicht so, und tatsächlich haben Ansätze wie k-NN unbestreitbare Vorteile. Hier kann nämlich das Modell lokal um den Abfragepunkt gebildet werden. Das ist durchaus öfter genauer als globale Modelle, welche allgemein erzeugt werden und keinen speziellen Ansatzpunkt haben, um den herum nur ein kleiner Bereich angenähert werden muss.

Sehen wir uns das *Lazy Learning* einmal am Beispiel des k-NN an. Neben der lokalen Entwicklung hat es noch einen weiteren Vorteil: es ist fast parameterfrei. Welcher große Vorteil das sein kann, wird erst klar, wenn man stark parameterabhängige Verfahren bzgl. der Parameter einstellen muss. Uns wird das zum ersten Mal im Kapitel 7 bei den neuronalen Netzen widerfahren. Die Grundidee beim k-NN ist es, eine Regression oder Klassenzuordnung für einen Abfragepunkt x auf der Basis seiner k nächsten Nachbarn durchzuführen. Um die beiden Anwendungsfälle zu unterscheiden, spricht man von **k-NN Classification** und **k-NN Regression**.

Wir beginnen mit der Klassifikation und nehmen uns als Anwendungsbeispiel wieder den Liliendatensatz. Wir werden k-NN im ersten Algorithmus sehr direkt umsetzen und uns wenig um Laufzeitoptimierung kümmern. Dabei schreiben wir auch keine Klasse, sondern nur eine einzelne Funktion, die auf der Basis der Mehrheit der k nächsten Nachbarn einer Anfrage eine Klassifizierung zuweist.

Der Anfang ist wie gewohnt: Wir laden die Daten und teilen diese in eine Trainings- und Testmenge auf.

```
1  import numpy as np
2
3  dataset = np.loadtxt("iris.csv", delimiter=",")
4  x = dataset[:,0:4]
5  y = dataset[:,4]
6  percentTrainingset = 0.8
7  np.random.seed(42)
8  TrainSet     = np.random.choice(x.shape[0],int(x.shape[0]*percentTrainingset),replace=False)
9  XTrain       = x[TrainSet,:]
10 YTrain       = y[TrainSet]
11 TestSet      = np.delete(np.arange(0,len(y)), TrainSet)
12 XTest        = x[TestSet,:]
13 YTest        = y[TestSet]
```

Die gesamte Klassifikation findet nun in der Funktion `plainKNNclassification` statt. Die erste Aktion hierbei ist die einheitliche Skalierung aller Merkmale auf das Intervall $[0,1]$ in den Zeilen 16 bis 18. Würde man auf eine Skalierung verzichten, ergäben sich Probleme bei Merkmalen, die aus unterschiedlichen Größenordnungen kommen. Nehmen wir einmal an, dass ein Merkmal die Körpergröße eines Menschen in Metern wäre und ein anderes die Höhe seines Jahreseinkommens in Euro. Ohne Skalierung wäre die Körpergröße als Merkmal bedeutungslos, da die Abweichungen beim Jahreseinkommen um nur 10 Euro schon jede Abweichung in der Körpergröße bedeutungslos machen würden. Indem wir skalieren, erhalten beide Merkmale die gleiche Bedeutung. Will man ein Merkmal stärker gewichten, kann man hier natürlich z. B. mit einem Faktor größer Eins Akzente setzen.

```
14
15 def plainKNNclassification(xTrain, yTrain, xQuery, k, normOrd=None):
16     xMin = xTrain.min(axis=0); xMax = xTrain.max(axis=0)
17     xTrain = (xTrain - xMin) / (xMax - xMin)
18     xQuery = (xQuery - xMin) / (xMax - xMin)
19     diff = xTrain - xQuery
20     dist = np.linalg.norm(diff,axis=1, ord=normOrd)
21     knearest = np.argpartition(dist,k)[0:k]
22     (classification, counts) = np.unique(yTrain[knearest], return_counts=True)
23     theChoosenClass = np.argmax(counts)
24     return(classification[theChoosenClass])
```

Neben der Skalierung ist die verwendete Norm einer der wichtigsten Parameter für diese Methode. Oft kommt die euklidische Norm zum Einsatz, doch andere Normen können je nach Anwendungsfall bessere Ergebnisse liefern.

```
25
26 errors = 0
27 for i in range(len(YTest)):
28     myClass = plainKNNclassification(XTrain, YTrain, XTest[i,:], 3)
29     if myClass != YTest[i]:
```

```
30            errors = errors +1
31            print('%s wurde als %d statt %d klassifiziert' % (str(XTest[i,:]),myClass,YTest[i]))
```

In unserem Fall ist die euklidische Norm jedoch sehr gut geeignet, lediglich zwei Fälle werden falsch klassifiziert. Hierbei haben wir einen einfachen Mehrheitsentscheid in Zeile 23 verwendet, um festzulegen, welche Klasse zurückgeliefert werden soll. Wie wir später noch für die Regression besprechen werden, ist es durchaus sinnvoll, hier auch Gewichte z. B. auf der Basis des Abstandes einzusetzen.

Die Bedeutung der gewählten Norm kann man z. B. an dem **Two Moons Problem** illustrieren. Hierbei handelt es sich um ein klassisches Testproblem für Clusterverfahren, was sich aber auch für Klassifizierungsprobleme nutzen lässt. Hierzu erzeugen wir mit dem Code unten zwei Halbmonde, die abhängig von dem festgelegten Prozentwert schmaler oder breiter ausfallen.

```
import numpy as np

def twoMoonsProblem( SamplesPerMoon=240, pNoise=2):

    tMoon0 = np.linspace(0, np.pi, SamplesPerMoon)
    tMoon1 = np.linspace(0, np.pi, SamplesPerMoon)
    Moon0x = np.cos(tMoon0)
    Moon0y = np.sin(tMoon0)
    Moon1x = 1 - np.cos(tMoon1)
    Moon1y = 0.5 - np.sin(tMoon1)

    X = np.vstack((np.append(Moon0x, Moon1x), np.append(Moon0y, Moon1y))).T
    X = X + pNoise/100*np.random.normal(size=X.shape)
    Y = np.hstack([np.zeros(SamplesPerMoon), np.ones(SamplesPerMoon)])

    return X, Y
```

Die Rückgabe des Codes ist eine Testmenge (X, Y), wobei Y den Wert 0 bzw. 1 hat; je nachdem, zu welchem Mond der Wert aus X gehören soll.

Die Abbildung 5.13 zeigt nun, was passiert, wenn wir für eine zufällige Menge von Testpunkten mit $x \in [-1,2]^2$ abfragen, wie diese klassifiziert wird. Verwendet wurden dabei jeweils 3 Nachbarn ($k = 3$). Wie man in Abbildung 5.13 sieht, ist der Bereich nah an den beiden Monden sehr stabil und unabhängig von der Norm. Beim übrigen Gebiet ergeben sich deutliche Abweichungen. Am stärksten ist dies bei dem Fall mit der 1-Norm zu erkennen, jedoch sieht man auch mit dem bloßen Auge in der unteren linken Ecke starke Abweichungen zwischen der 2- und der Maximumsnorm. Letztere wird durch `normOrd=np.inf` erzeugt. Die Wahl der Norm ist also besonders wichtig in Grenzfällen zwischen zwei Gruppen und wenn das Verfahren auf Gebiete ohne bzw. mit wenig Daten extrapoliert.

Die Güte des k-NN hängt stark von der Dichte sowie der vorliegenden Daten im Raum ab und ist daher auch sehr anfällig für den im Abschnitt 5.3 besprochenen Fluch der Dimensionalität. Es lohnt sich daher beim k-NN immer, Techniken zur Dimensionsreduktion in Erwägung zu ziehen, wie wir sie in Kapitel 9 besprechen werden.

Eine Schwäche des Verfahrens ist der Aufwand, der pro Abfrage entsteht. Wir müssen bei jeder Klassifizierung pro in der Datenbank gespeichertem Beispiel den Abstand berechnen und dann die nächsten Nachbarn auf der Basis der Abstände suchen. Die Aufwände erscheinen dabei zunächst verkraftbar. Der Aufwand für die Berechnung der Abstände wächst linear mit der Anzahl der Elemente im Trainingsset. Der nächste Faktor ist der Aufwand, hieraus die k

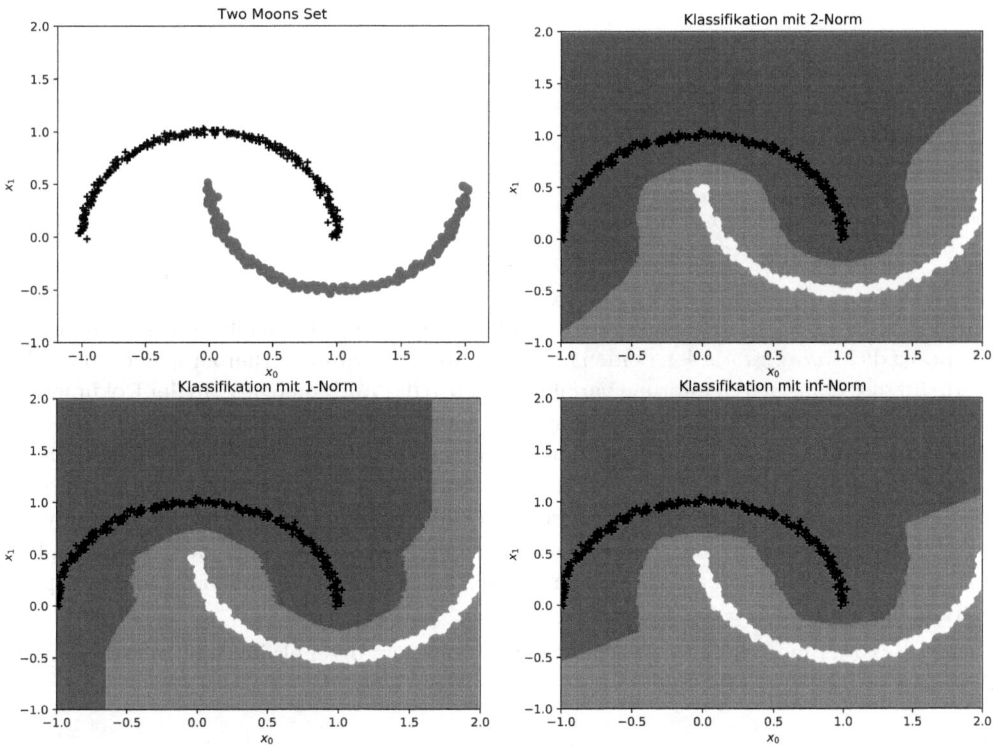

Abbildung 5.13 Klassifikation im Gebiet $[-1,2]^2$ mit k-NN für unterschiedliche Normen

kleinsten Elemente zu bestimmen. Wir haben im Code oben auf `argpartition` zurückgegriffen. Hierdurch wächst der Aufwand für die Bestimmung der nächsten Nachbarn mit $O(k \cdot n)$, nutzt man hingegen einen Sortieralgorithmus, wächst er für die meisten Algorithmen stärker und zwar mit $O(n \cdot \log(n))$. Das Problem ist jedoch, dass es eben ein Lazy Learner ist und dieser Aufwand pro Anfrage anfällt. Werden also viele Anfragen auf ein Problem mit einem großen Datenbestand gestellt, wird dieser Ansatz immer unattraktiver.

Der Ausweg ist eine Art Mischansatz, in dem man etwas Arbeit zur Trainingsphase investiert, um die Trainingsdaten so zu organisieren. Auf diesen organisierten Daten ist es dann möglich, die Suche nach Nachbarn nur noch auf einer Teilmenge durchzuführen. Hierfür kann z. B. der Raum der Trainingsdaten in Quadraten eingeteilt werden etc. Eine der in der Praxis gut bewährten Methoden ist der Einsatz eines k-dimensionalen Baums, kurz **kd-Baum** bzw. kd-tree. Bei dieser Datenstruktur handelt es sich um einen unbalancierten Suchbaum. Hierbei investiert man einmalig in die Konstruktion dieses Baumes, kann dann jedoch bei jeder Anfrage vom in der Regel schnelleren Auffinden der k nächsten Nachbarn profitieren. Für die Theorie zu dieser Datenstruktur sei hierbei auf die Literatur zu Datenstrukturen, wie z. B. in [BJM13] Abschnitt 8.2, verwiesen. Wir werden hier nun einfach die Implementierung aus der SciPy verwenden. Da wir diesen Baum dauerhaft speichern wollen, lohnt es sich, das Verfahren in einer Klasse zu implementieren und den Baum als interne Variable abzulegen. Wir tun dies im Folgenden für den Anwendungsfall der Regression.

```
1  import numpy as np
2  from scipy.spatial import KDTree
3
4  class knnRegression:
5      def fit(self,X,Y):
6          self.xMin = X.min(axis=0)
7          self.xMax = X.max(axis=0)
8          self.XTrain = (X - self.xMin) / (self.xMax - self.xMin)
9          self.kdTree = KDTree(self.XTrain)
10         self.YTrain = Y
```

Eine spezielle `__init__`-Methode ist für diese Klasse nicht nötig, da wir alle Informationen zum Zeitpunkt des *Trainings* aus den beiden Mengen X und Y gewinnen. Hierbei speichern wir die Werte für die Skalierung in internen Variablen, ebenso die Wertemenge Y. In der Dokumentation von SciPy erfahren wir, dass die Menge, die wir für die Konstruktion des Baums verwenden, nicht kopiert wird und Änderungen in dieser Menge zu Problemen führen können. Daher speichern wir die skalierte Größe in der internen Variable `XTrain`. Der Baum, den wir nun erzeugt haben, wird für eine moderate Anzahl von Dimensionen – in der Dokumentation wird 20 als Grenze angegeben – die Abfrage der k nächsten Nachbarn deutlich beschleunigen. Für eine große Anzahl von Dimensionen ist er weniger effektiv, aber die wollen wir, wie in Kapitel 9 diskutiert wird, sowieso versuchen zu vermeiden.

Die `predict`-Methode ist durch die Vorarbeiten nun sogar kürzer als im Quellcode der Klassifizierung.

```
11
12     def predict(self,X, k=3, smear = 1):
13         X = (X - self.xMin) / (self.xMax - self.xMin)
14         (dist, neighbours) = self.kdTree.query(X,k)
15         distsum = np.sum( 1/(dist+smear/k), axis=1)
16         distsum = np.repeat(distsum[:,None],k,axis=1)
17         dist = (1/distsum)*1/(dist + smear/k)
18         y = np.sum( dist*self.YTrain[neighbours],axis=1)
19         return(y)
```

In den Zeilen 15 bis 17 gewichten wir nun die Werte basierend auf ihrem Abstand $d_i = x_i - x$ von dem Ansatzpunkt x. Klassisch sähe eine reine Gewichtung über die Abstände so aus:

$$y_p(x) = \sum_{i=1}^{k} \hat{\omega}_i y_i \text{ mit } \hat{\omega}_i = \frac{d_i^{-1}}{\hat{d}} \text{ und } \hat{d} = \sum_{i=1}^{k} d_i^{-1}$$

Ein Problem, mit dem wir dabei umgehen müssen, ist u. a. die Ausnahme, bei der einer der k Nachbarn den Abstand null von unserem Ansatzpunkt hat. Das Problem vermeiden wir, indem wir die Formel um einen Wert `smear` erweitern, den wir neben dem Abstand gleichmäßig auf die Werte aufteilen. Für sehr kleine Werte von `smear` erhalten wir daher eine quasi reine Gewichtung mit dem Abstand und für sehr große eine gleichmäßige Gewichtung für alle k Nachbarn. Die Regression über die k Nachbarn x_i $(i = 1 \dots k)$ ergibt sich dann durch die folgende Formel mit den angepassten Gewichten ω_i:

$$y_p(x) = \sum_{i=1}^{k} \omega_i y_i \text{ mit } \omega_i = \frac{(d_i + \frac{smear}{k})^{-1}}{d} \text{ und } d = \sum_{i=1}^{k} \left(d_i + \frac{smear}{k}\right)^{-1}$$

Wenn die Nachbarn nicht gerade sehr dicht liegen, empfiehlt es sich nach meiner Erfahrung, bei einem Ansatz über eine Abstandsgewichtung nicht auf diesen `smear`-Wert zu verzichten. Der Hintergrund ist, dass sonst der eine besonders nahe Nachbar sehr stark gewichtet wird, die anderen entfernten jedoch quasi ausfallen. Hierdurch kann jedoch das Rauschen kaum herausgemittelt werden. Die Wahl der Parameter k und *smear* führt immer zu einem Tauschgeschäft, dessen optimales Setting man finden kann, wenn man eine Einschätzung für die Stärke des Rauschens und die Datendichte hat. Für eine große Zahl k von verwendeten Nachbarn besteht die Hoffnung, Rauschen besser glätten zu können, gleichzeitig werden ggf. zu weit entfernte Werte in die Berechnung einbezogen. Dies wirkt sich dann negativ auf die Qualität der Vorhersage aus. Ob die Nachbarn wirklich zu weit entfernt liegen, hängt maßgeblich von der Dichte ab. Liegt fast kein Rauschen vor, werden durch den `smear`-Wert Werte stärker gewichtet, die weiter entfernt liegen, ohne dass ein positiver Nutzen eintritt, welcher jedoch bei stärkerem Rauschen und geringer Dichte hingegen durchaus vorhanden ist. Eine grobe Faustformel lautet hier also, dass – je mehr Rauschen man vermutet – desto mehr Nachbarn man hinzuziehen sollte. Je mehr Nachbarn man bei nicht besonders hoher Dichte hinzuzieht, desto wichtiger sollte der Abstand in der Gewichtungsformel oben werden, was einen kleinen Wert für `smear` bedeutet.

> Um dafür ein Gefühl zu bekommen, spielen Sie doch einmal mit den Werten in dem Beispiel unten herum. Die nötigen Parameter stehen alle in den ersten Zeilen. Je höher `samples` ausfällt, desto stärker steigt die Dichte. Das Rauschen in Prozent können Sie mit `pNoise` variieren etc.

```
if __name__ == '__main__':
    samples = 5000
    pNoise = 1
    myK = 3
    mysmear = 0.5

    np.random.seed(42)
    x = np.random.rand(samples,2)
    y = np.tanh( 500*( (1/16) - (x[:,0]-0.5)**2 - (x[:,1]-0.5)**2 ) )
    Noise = np.random.normal(size=len(y))
    y = (1+Noise*pNoise/100)*y

    percentTrainingset = 0.8
    TrainSet     = np.random.choice(x.shape[0],int(x.shape[0]*percentTrainingset),replace=
      False)
    XTrain       = x[TrainSet,:]
    YTrain       = y[TrainSet]
    TestSet      = np.delete(np.arange(0,len(y)), TrainSet)
    XTest        = x[TestSet,:]
    YTest        = y[TestSet]

    myRegression = knnRegression()
    myRegression.fit(XTrain,YTrain)
    yP = myRegression.predict(XTest,k=myK, smear=mysmear)
    diff = yP-YTest
    MAE = np.mean(np.abs(diff))
    print(MAE)
```

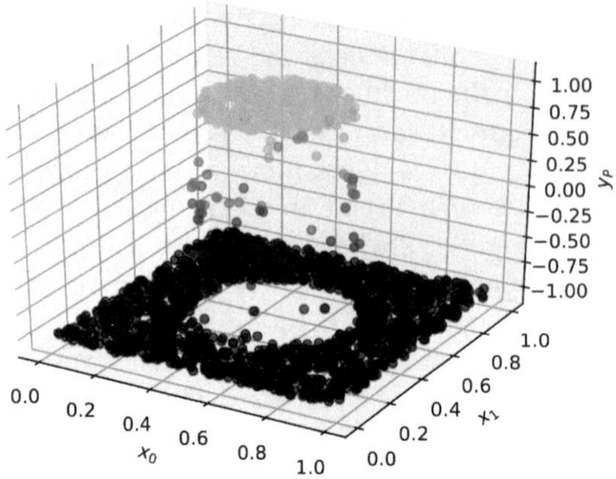

Abbildung 5.14 Regression mit k-NN

Abbildung 5.15 zeigt ein Beispiel, bei dem zwischen den Werten -1 und 1 sehr schnell umgeschaltet wird. Der Wert 1 kommt dabei in einem inneren Kreis vor und -1 im größten Teil des Restes des Gebietes. Zwischen beiden Bereichen gibt es eine kleine Übergangszone, in der im Wesentlichen auch die meisten Fehler bei der Regression passieren. Wenn Sie die Breite der Übergangszone vergrößern wollen, reduzieren Sie den Wert 500 in Zeile 29 z. B. auf 100.

Überführen Sie den Code für die Klassifikation doch einmal in ein ähnliches Klassendesign wie bei der Regression. Versuchen Sie dabei auch, Gewichte zu verwenden, die den Abstand berücksichtigen. Beachten Sie dabei, dass ein Mittelwert bei einer Klassifikation nicht sinnvoll ist. Sie müssen also eine Art gewichtete Mehrheitswahl umsetzen.

k-nearest neighbors in scikit-learn

Die Algorithmen aus der Familie der k-nearest neighbors sind in `sklearn.neighbors` umgesetzt. Es gibt zwei Klassen, welche die Ansätze von oben wiedergeben. Einmal für die Klassifikation und für die Regression `KNeighborsRegressor`. Die API der aktuellen Version finden Sie unter folgendem Link:
http://scikit-learn.org/stable/modules/generated/sklearn.neighbors.KNeighborsClassifier.html
bzw.
http://scikit-learn.org/stable/modules/generated/sklearn.neighbors.KNeighborsRegressor.html

6 Entscheidungsbäume

Entscheidungsbäume basieren auf der – in der Informatik bekannten und grundlegenden – Datenstruktur eines Baumes. Wir werden kurz die spezielle Datenstruktur von Bäumen, die wir zur Klassifikation und Regression benötigen, durchgehen und dann mit dem ersten Verfahren beginnen, um diese zu erstellen. Das Erstellen aus gegebenen Daten entspricht hierbei dem maschinellen Lernen.

6.1 Bäume als Datenstruktur

Ein Entscheidungsbaum hat eine Wurzel W (engl. root), an der die Auswertung beginnt. Am Ende steht ein Blatt b (engl. leaf), welches der einzige Knoten ist, an dem keine Entscheidung mehr fällt, sondern ein Zustand klassifiziert bzw. ein Regressionswert ausgegeben wird. An jedem anderen Knoten t – ebenso wie an W – wird eine Entscheidung getroffen und der Baum entsprechend durchlaufen.

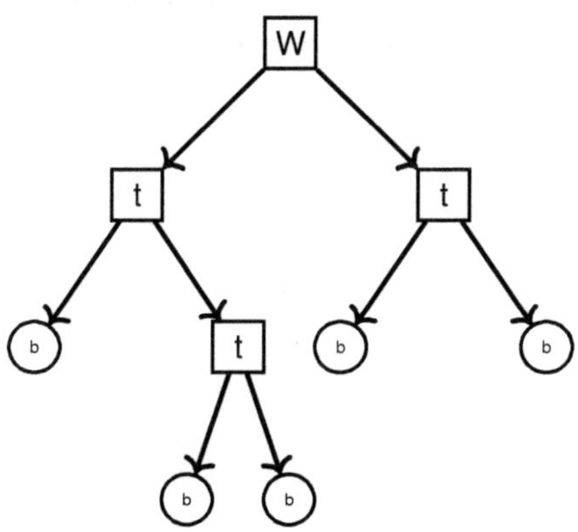

Abbildung 6.1 Ein binärer Baum als Datenstruktur

Wie können wir nun einen solchen Baum in Python umsetzen? Zunächst beschränken wir uns auf binäre Bäume, also Fälle, in denen jeder `t`-Knoten genau ein rechtes und ein linkes Kind hat. Einer der beiden zugehörigen Äste ist die `false`-Verzweigung, die genommen wird, wenn die abgefragte boolesche bzw. binäre Entscheidung mit `false` bewertet wird, und eine `true`-Verzweigung für den anderen Fall.

Wir gehen davon aus, dass in den Knoten unseres Baumes ein Wert eines NumPy-Arrays auf größer, kleiner oder gleich überprüft wird. Ist die Bedingung wahr, so wird der `true`-Verzweigung gefolgt, sonst der `false`-Verzweigung. Andere Datentypen wird die Baumklasse hier nicht erfassen. Speichern Sie diese Baumklasse bzw. das folgende Listing in einer Datei mit dem Namen `binaryTree.py` ab, da wir diese Klasse mehrfach wiederverwenden wollen.

Die Baumklasse selbst ist im Beispiel-Code unten eher kurz, weil die meiste Funktionalität in die Knoten verlagert wurde.

```
1
2  import numpy as np
3
4  class tree:
5      def __init__(self, varNo, value, operator):
6          self.rootNode = treeNode(0, value, varNo=varNo, operator=operator)
7          self.nodes = []
8          self.nodes.append(self.rootNode)
9          self.leafNodes = []
10         self.leafNodes.append(0)
```

Der Baum erhält zunächst seinen Wurzel-Knoten, zu dessen Initialisierung wir angeben, welche Abfrage er für einen Merkmalsvektor x beinhalten soll, und zwar im Sinne von

$$x[\text{varNo}] \underbrace{<}_{\text{operator}} \text{value}$$

Da es der Wurzel-Knoten ist, bekommt er die Nummer 0. Die Knoten speichern wir alle in einer Liste, sodass wir diese über ihre Nummer auch ansprechen können. Für unsere späteren Arbeiten beim Pruning in Abschnitt 6.4 ist es darüber hinaus hilfreich, den Baum nicht nur von der Wurzel aus, sondern auch von den Blättern aus analysieren zu können. Damit wir es dabei später leichter haben, merken wir uns auch, welche Knoten Leaf-Knoten sind, und legen auch hierüber eine Liste an.

Nun brauchen wir noch eine Methode, um neue Knoten hinzuzufügen. Dabei wollen wir wissen, was die Nummer des Elternknotens ist und ob der neue Knoten hier an den `True` oder `False`-Branch angefügt werden soll.

```
11
12     def addNode(self, ChildOf, branch, value, operator='<', varNo=0):
13         node = treeNode(len(self.nodes),value,ChildOf=ChildOf,operator=operator,varNo=varNo)
14         self.leafNodes.append(node.number)
15         self.nodes.append(node)
16
17         parent = self.nodes[ChildOf]
18         if branch is True:
19           parent.leftTrue = node
20         else:
21           parent.rightFalse = node
22
23         if parent.leftTrue is not None and parent.rightFalse is not None:
24             toDelete = self.leafNodes.index(parent.number)
25             del self.leafNodes[toDelete]
26         return(node.number)
```

Hierzu wird zunächst ein neuer Knoten mit allen Informationen erzeugt und an die Liste der Leaf-Knoten angefügt. Hintergrund ist, dass jeder neue Knoten zunächst einmal den Charakter eines Leaf-Knotens haben muss. Die Zeilen 17 – 21 fügen diesen dann an seinen Elternknoten entsprechend der Verzweigung an. Wenn der Elternknoten nun keinen offenen (gleich `None`) Ast mehr hat, ist er kein Leaf-Knoten mehr und wird aus der Liste der Leaf-Knoten entfernt (Zeilen 22 – 24). Damit man an diesem neuen Knoten weiterarbeiten kann, wird am Schluss seine Nummer zurückgegeben.

Die nächsten beiden Methoden basieren stark auf der Funktionalität aus den Knoten, die hier einfach aufgerufen wird.

```
27
28      def trace(self, x):
29          traceRoute = self.rootNode.trace(x)[0]
30          return traceRoute
31
32      def eval(self, x):
33          traceRoute = self.trace(x)
34          y = np.zeros(len(traceRoute))
35          for i in range(len(y)):
36              y[i] = self.nodes[traceRoute[i][-1]]()
37          return(y)
```

Die Methode `trace` gibt eine Liste von Listen zurück, die jeweils aufzeigen, welche Knoten ein Merkmalsvektor passiert hat. Der letzte Knoten ist der Leaf-Node, bei dem der Baum verlassen wurde. Die `eval`-Methode setzt darauf auf und nutzt in Zeile 36 das jeweils letzte Element dieser Liste, um über die Nummer des Leaf-Knotens seinen Wert abzufragen und in einen Auswertungsvektor y zu schreiben.

Nun gehen wir weiter zu der Knotenklasse. Die Lücke in den Zeilennummer ist beabsichtigt und wird im nächsten Abschnitt noch aufgefüllt.

```
48
49  class treeNode:
50      def __init__(self, number, value, ChildOf=None, operator='<', varNo=0):
51          self.number     = number
52          self.childOf    = ChildOf
53          self.leftTrue   = None
54          self.rightFalse = None
55          self.value      = value
56          self.varNo      = varNo
57          self.operator   = operator
```

Jeder Knoten kennt seine eigene Nummer (`number`) und die seines Elternelements (`ChildOf`) sowie den jeweiligen Nachfolger im `True` oder `False`-Fall. Im Buch werden wir ersteren immer nach links einzeichnen und zweiteren nach rechts, daher die Namen. Die letzten drei Eigenschaften werden für die Anfrage der Bedingung verwendet, bzw. im Fall eines Leaf-Knotens speichert `value` den Ausgabewert.

```
58      def __call__(self):
59          return(self.value)
```

Die Methode `__call__` führt dazu, dass jeder Knoten direkt wie eine Funktion ausgewertet werden kann und uns dabei seinen Wert zurückliefert. Alternativ kann man eine `eval`-Methode schreiben.

```
60
61      def leafNode(self):
62          if self.leftTrue is not None and self.rightFalse is not None:
63              return(False)
64          else:
65              return(True)
```

Die Methode oben testet, ob es sich um einen Leaf-Knoten handelt. Unvollständige Zustände, in denen noch nicht beide Verzweigungen mit Knoten belegt sind, werden dabei als `True` zurückgeliefert.

Zusätzlich brauchen wir noch die Möglichkeit, die Bedingung in einem Knoten auszuwerten.

```
66
67      def evalCondition(self, x):
68          if self.operator == '=':
69              cond = x[:, self.varNo] == self.value
70          elif self.operator == '<':
71              cond = x[:, self.varNo] < self.value
72          else: # case >
73              cond = x[:, self.varNo] > self.value
74          return cond
```

Die letzte Methode ist aufgrund des rekursiven Charakters und der Anforderung, größere Batches von Werten bearbeiten zu können, etwas komplexer. Die Zeilen 79 – 82 erledigen dabei die Initialisierung für den Fall, dass die Rekursion angestoßen wird.

```
75
76      def trace(self, x, index=None, traceRoute=None):
77          if index is None:
78              index = np.arange(len(x))
79          if traceRoute is None:
80              traceRoute = [[] for x in range(len(x))]
```

Die Variable `index` dient dazu, jeden einzelnen Merkmalsvektor entsprechend seiner Zeilennummer in dem Stapel bzw. Batch von Merkmalsvektoren zu verfolgen. $x[4,:]$ z. B. ist also der vierte Merkmalsvektor in diesem Stapel. `traceRoute` ist eine Liste von Listen, die alle leer in Zeile 80 initialisiert werden.

Die Zeilen 82 – 83 hängen nun den Knoten, in dem wir uns befinden, an die jeweilige Liste besuchter Knoten an. Dies ist eine der vielen Stellen, an denen bewusst *simple Python* eingesetzt wird, obwohl der Kundige vielleicht lieber eine List Comprehension wie
`[traceRoute[k].append(self.number) for k in index]`
gesehen hätte. Wenn wir in einem Leaf-Knoten sind, beenden wir die Rekursion.

```
81
82          for k in index:
83              traceRoute[k].append(self.number)
84
85          if self.leafNode():
86              return (traceRoute, index)
```

Da wir nun nicht in einem Leaf-Knoten sind, gibt es eine Bedingung, die wir auswerten können, um zu erfahren, welcher Merkmalsvektor aus unserem Stapel welchen Weg gehen wird.

```
87          cond = self.evalCondition(x[index])
88          trueIndex  = index[cond]
89          falseIndex = index[~cond]
```

`TrueIndex` enthält nun den Stapelindex aller Merkmalsvektoren, für die diese Auswertung positiv aufgefallen ist, und `falseIndex` für die anderen.

Entsprechend der Aufteilung wird die jeweilige Teilmenge an den einen oder anderen Ast des Baumes zur Weiterverfolgung übergeben. Auf dem Weg hinaus aus den Tiefen der Rekursion ignorieren wir durch `[0]` den Index als Rückgabewert. Hier ist nur noch die Variable `traceRoute` von Interesse.

```

        if self.leftTrue is not None and trueIndex.size != 0:
            traceRoute = self.leftTrue.trace(x, trueIndex, traceRoute)[0]
        if self.rightFalse is not None and falseIndex.size != 0:
            traceRoute =  self.rightFalse.trace(x, falseIndex, traceRoute)[0]
        return (traceRoute, index)
```

Um die Baumstruktur ein wenig zu testen, versuchen wir einmal, den Baum in Abbildung 6.2, der uns im nächsten Abschnitt noch begegnen wird, in unserer Datenstruktur abzulegen.

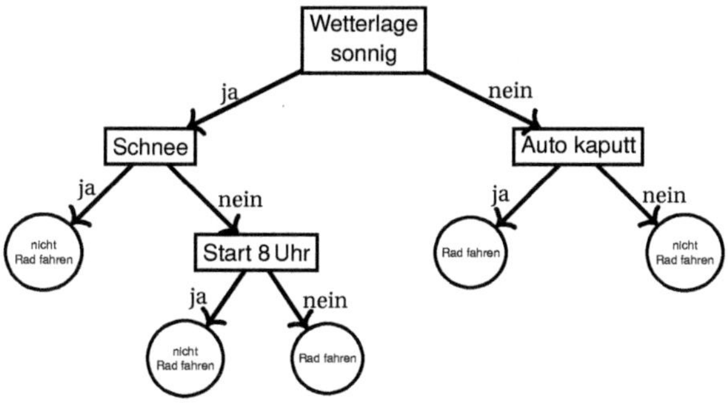

Abbildung 6.2 Entscheidungsbaum für die Radfahren-Entscheidung

Es gibt hier augenscheinlich vier Merkmale in unserem Vektor

$$x = [\text{Wetterlage sonnig}, \text{Auto kaputt}, \text{Schnee}, \text{Start 8 Uhr}]$$

die jeweils mit ja oder nein bzw. `True` oder `False` beantwortet werden können. Als NumPy-Array hätte unser Vektor x also jeweils den Wert 1 oder 0. Nun gilt es noch, die Ausgabe zu codieren. Auch hier wählen wir für *Fahrrad fahren* oder *nicht Fahrrad fahren* einfach `True` und `False`.

In diesem Sinne können wir nun den Baum aufbauen.

```
bicycleTree = tree(0,1,'=')
No = bicycleTree.addNode(0,False,1,varNo=1,operator='=')
bicycleTree.addNode(No,False,0)
bicycleTree.addNode(No,True,1)
No = bicycleTree.addNode(0,True,1,varNo=2,operator='=')
bicycleTree.addNode(No,True,0)
No = bicycleTree.addNode(No,False,1,varNo=3,operator='=')
bicycleTree.addNode(No,True,0)
bicycleTree.addNode(No,False,1)
```

Das Resultat unserer Bemühungen ist in Abbildung 6.3 ersichtlich. Die Zahl vor `||` ist dabei immer die Knotennummer. Die Leaf-Nodes sind grau abgehoben.

Nun testen wir den Baum einmal für einen sonnigen Tag, an dem das Auto nicht kaputt ist, kein Schnee liegt und wir nicht um 8 Uhr mit der Arbeit starten müssen.

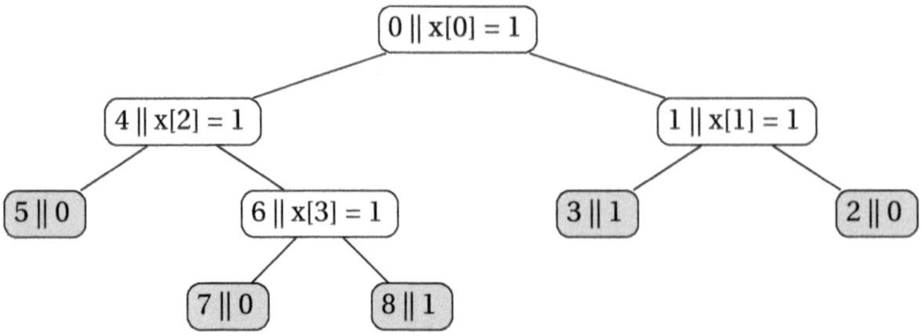

Abbildung 6.3 Datenstruktur unseres Entscheidungsbaumes für das Radfahren

```
x = np.array([True,False,False,False]).reshape(1,4)
```

Wenn wir hier jetzt unsere Route verfolgen und uns den Abschlusswert geben lassen,

```
y = bicycleTree.eval(x)
traceRoute = bicycleTree.trace(x)
```

erhalten wir als Spur unseres Beispiels `[0, 4, 6, 8]` und die Aussage 1, also dass wir wohl mit dem Rad fahren werden. Dass unser Code auch für einen ganzen Stapel von solchen Vektoren funktioniert, sehen Sie leicht, wenn Sie es einmal mit

```
x = np.random.randint(2, size=(10,4))
```

ausprobieren. Nun ist diese händische Art, einen Baum aufzubauen, ja genau nicht unser Ziel. Wir wollen Entscheidungsbäume aus Daten lernen und dabei auch mit widersprüchlichen Datenlagen umgehen können. Wie das geht, ist das Thema im nächsten Abschnitt.

Wer Erfahrung mit Programmpaketen wie Graphviz oder Tikz unter LaTeX hat, kann ja einmal eine `print`-Methode schreiben, die einen unserer Bäume visualisiert. Alle Informationen für die Beschreibung eines Knotens sind schon in der Klasse enthalten. Wer mit keinem der Pakete Erfahrungen hat, sollte davon eher die Finger lassen, weil die Einarbeitung jetzt ablenken würde.

6.2 Klassifikationsbäume für nominale Merkmale mit dem ID3-Algorithmus

Wir starten mit dem bereits etwas betagten ID3 (Iterative Dichotomiser 3)-Algorithmus. Dieser wurde von Ross Quinlan [Qui86] in den Achtzigern publiziert und ist durch seine recht einfache Struktur ein gutes Einstiegsbeispiel. Diese Einfachheit ergibt sich allerdings primär im Fall von Klassifizierungen und nominalen Feature-Werten, worauf wir uns hier auch beschränken werden. In diesen Fällen ist der Algorithmus recht effizient, wenn es darum geht, mit vielen

Features vergleichsweise einfache Bäume zu erzeugen. Dies beinhaltet, wie wir sehen werden, jedoch keine Aussage dazu, inwieweit der erzeugte Baum optimal ist.

Grundlage eines Entscheidungsbaums ist immer ein Datenbestand und im Fall von ID3 betrachten wir dabei Datensätze, die aus dem Bereich der Nominalskala kommen. Als Beispiel dient die Tabelle 6.1, die ein tägliches Protokoll sein könnte, ob jemand mit dem Rad zur Arbeit kommt oder nicht.

Tabelle 6.1 Beispieldatensätze für den Lernalgorithmus

Nr.	Wetterlage sonnig?	Schnee	Auto kaputt	Start 08:00	Rad fahren
1	Sonnig	Nein	Nein	Nein	Ja
2	Regen	Nein	Nein	Nein	Nein
3	Regen	Nein	Ja	Nein	Ja
4	Regen	Nein	Nein	Nein	Nein
5	Sonnig	Nein	Ja	Nein	Ja
6	Regen	Nein	Ja	Ja	Ja
7	Sonnig	Nein	Nein	Ja	Nein
8	Sonnig	Ja	Nein	Nein	Nein
9	Sonnig	Ja	Ja	Nein	Nein
⋮	⋮	⋮	⋮	⋮	⋮

Unser Ziel ist es nun, ein Prognosesystem für dieses Verhalten aufzubauen, und wir können durch das Protokoll auf vier Merkmale zurückgreifen. Ein möglicher Entscheidungsbaum zur vorhergehenden Tabelle könnte wie zuvor in Abbildung 6.2 bzw. 6.3 dargestellt aussehen.

Stellen Sie sich vor, wir werfen eine große Menge X von Merkmalsvektoren x inklusive Klassifizierung y oben in den Baum hinein. Diese gesamte Datenlage bezeichnen wir mit D. An jedem Knoten des Baumes, der kein Blatt ist, passiert nun eine **Aufteilung**. X enthält zu Beginn alle Merkmale, also in unserem Beispiel 4. Hat die Menge D den Wurzelknoten passiert, ist das Merkmal *Sonnig* danach nicht mehr wesentlich für den weiteren Verlauf. Im linken Ast ist eine Teilmenge von D, in der nur noch Beispiele mit *Sonnig* existieren, und rechts nur noch solche mit *Nicht Sonnig*. Formal und etwas mathematischer sagt man, dass der Feature-Raum aufgeteilt wird, und zwar in disjunkte, nichtleere Mengen $X_1, \ldots X_n$. In unserem Beispiel wäre am ersten Knoten $X_1 = \{x \in X \mid x[0] = \text{Sonnig}\}$ und $X_2 = \{x \in X \mid x[0] = \text{regen}\}$. Hierdurch ergibt sich auch automatisch eine Aufspaltung der Beispiele in $D_1 = \{(x, y) \mid x \in X_1\}$ und $D_2 = \{(x, y) \mid x \in X_2\}$. Abschließend einmal als Definition.

Definition: Aufteilung
Sei X der Feature-Raum und D die Menge von Beispielen. Unter einer Aufteilung von X wird eine Zerlegung in disjunkte, nichtleere Mengen $X_1, \ldots X_n$ verstanden. Eine solche Aufteilung von X impliziert eine Aufteilung von D in $D_1, \ldots D_n$ mit $D_j = \{(x, y) \mid x \in X_j\}$.

Dass die Mengen disjunkt sind – also keine Überschneidung haben – ist insoweit klar, als dass ein Datensatz ja nicht sowohl rechts als auch links entlang laufen kann.

Ein Baum besteht nun aus lauter solchen Aufteilungen. Die nächste Frage ist, wann der Baum aufhören soll, aufzuteilen: Einmal natürlich, wenn keine Merkmale zur Unterscheidung mehr übrig sind, aber das ist nicht alles.

In unserer Beispieltabelle 6.1 oben gab es unter den ersten neun Einträgen keinen widersprüchlichen, aber der könnte weiter unten vielleicht noch in etwa so vorkommen:

Nr.	Wetterlage Sonnig?	Schnee	Auto kaputt	Start 08:00	Rad fahren
42	Sonnig	Nein	Nein	Nein	Ja
43	Sonnig	Nein	Nein	Nein	Nein

Einmal ist man Rad gefahren, das andere Mal war man zu faul oder hatte viel zu tragen. Das Letzte wäre der typische Fall von wichtigen Merkmalen oder Informationen, die man für eine perfekte Prognose noch bräuchte, die aber leider nicht zur Verfügung stehen. Unsere Datenbank kann also auch widersprüchliche Informationen beinhalten. Hier kann kein Baum fehlerfrei arbeiten. Ein guter Baum ist folglich einer, der

1. möglichst wenige Fehler macht
2. und unter den verschiedenen Bäumen mit den wenigsten Fehlern dann der kleinste, der eine Antwort liefert.

Diesen Baum würden wir dann optimal nennen. Die Frage ist, was versteht man bei einem Baum unter *klein*?

Hierzu gibt es vier recht populäre Eigenschaften:

- **Anzahl der Blätter in einem Baum**
- **Baumhöhe**, also der längste Pfad im Baum, den es von der Wurzel bis zu einem Blatt geben könnte.
- **Pfadlängensumme** oder **External Path Length**
- **Gewichtete Pfadlängensumme** oder **Weighted External Path Length**

Das Kriterium *External Path Length* ist vermutlich erklärungsbedürftig und mit ihm die gewichtete Variante. Zur Berechnung der *External Path Length* beginnen wir an jedem Blatt und laufen von hier zur Wurzel. Dabei zählen wir die Kanten, die wir passieren. Diese Definition der External Path Length stammt aus [Knu97]. Es gibt auch Autoren, bei denen Sie die Knoten zählen, aber das korrespondiert miteinander. In jedem Fall macht man das nun für jedes Blatt, und die Summe über alle bei diesen Rückwärtsläufen ermittelten Zahlen ist eben die *External Path Length*. In unserem Beispiel aus Abbildung 6.2 bzw. 6.3 ist der Wert dieses Merkmals 12. Die letzte Größe der vier Kriterien ist die *gewichtete Pfadlängensumme*. Die Idee ist hier, dass es ja auch auf die Anwendungsdomäne ankommt, wie schwer z. B. ein sehr tiefer Seitenarm wiegt. Wenn dieser für einen sehr seltenen Fall steht und kaum durchlaufen wird, ist es weniger wichtig, als wenn der Regelfall so tief ist. Um das beurteilen zu können, nimmt man die Beispielmenge und hofft, dass diese repräsentativ für die spätere Anwendung ist. Wir nehmen hier einmal die ersten neun Einträge aus der Tabelle 6.1, um die gewichtete Pfadlängensumme zu bestimmen. Damit erhalten wir für unser Beispiel eine gewichtete Pfadlängensumme 21, eine Pfadlängensumme von 8, eine Baumhöhe von 3 und 5 Blätter.

Zur Abgrenzung betrachten wir nun einmal einen extrem tiefen Baum wie in Abbildung 6.4. Hier ergibt sich, dass die Anzahl der Blätter 5 ist, die Baumhöhe gleich 4, die Pfadlängensumme 8 und die gewichtete Pfadlängensumme 18. Je nachdem, was man betrachtet, kann man also sagen, der eine oder der andere Baum wäre kleiner. Diese Bäume sind allerdings insgesamt so

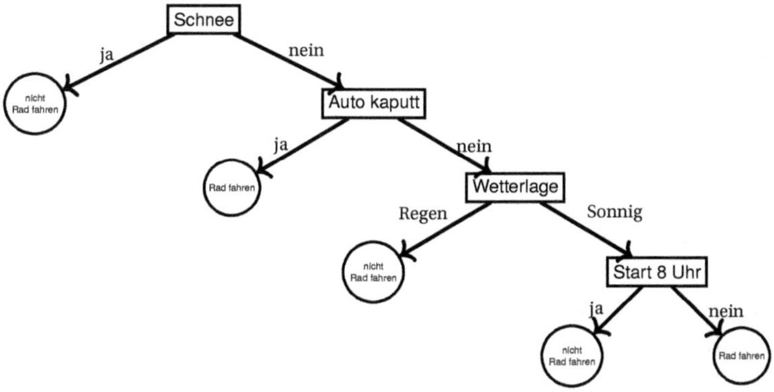

Abbildung 6.4 Tiefer Entscheidungsbaum für die Radfahren-Entscheidung

übersichtlich und unsere Datenmenge ist so klein, dass die Aussagen nur zur Illustration der Begriffe geeignet sind.

Da wir nun eine Vorstellung davon haben, wann ein Baum klein ist, kommen wir zurück zu unserem Ziel, für eine gegebene Datenlage D einen Entscheidungsbaum zu lernen, der die meisten Fälle richtig klassifiziert und dabei noch möglichst klein ist. Das Problem ist nun, dass dieses Problem zu der Klasse der NP-vollständigen Probleme gehört und wir somit mit Heuristiken arbeiten müssen, um für größere Datenmengen effizient solche Bäume aufstellen zu können. Das Ergebnis muss dann nicht automatisch das beste mögliche Ergebnis sein.

Wir betrachten nun als Pseudocode die rekursive Generierung eines Entscheidungsbaumes:

Gegeben ist eine Menge von Beispielen D mit einer Menge von Merkmalen $\mathcal{A} = \{A_1, \dots A_n\}$
procedure GENTREE(D)
  if D enthält nur Beispiele einer Klassifizierung **then**
    Neuen Blattknoten mit Klassifikation der Beispiele anlegen. **return** ()
  else if Merkmalmenge $\mathcal{A}$ ist leer **then**
    Blattknoten mit Klassifikation d. Mehrheit d. Beispiele anlegen
    ggf. Verhältnis speichern **return** ()
  else
    Wähle ein Merkmal $A_i \in \mathcal{A}$. Das Merkmal A_i habe r verschiedene Werte.
    Bilde r disjunkte Teilmengen $D_1, \dots D_r \subset D$ entsprechend der Werte von A_i.
    $\mathcal{A} = \{A_1, \dots A_n\} \setminus A_i$.
    Lösche das Merkmal A_i in $D_1, \dots D_r$
    for all D_j **do**
      if $D_j \neq \emptyset$ **then**
        return GENTREE(D_j)
      else
        Neuen Blattknoten m. Klassifikation d. Beispiele anlegen **return** ()
      end if
    end for
  end if
end procedure

Man sieht also, dass hier die Menge aller Beispiele D rekursiv immer wieder aufgeteilt wird. Der Algorithmus im Pseudocode ist auch für Fälle formuliert, in denen die Merkmale nicht boolesch sind, sondern mehr als zwei Werte annehmen können. Wir werden uns in der folgenden Umsetzung auf binäre Bäume und damit boolesche Merkmale beschränken.

Dieser Grundaufbau ist bei dem ID3 und seiner im Jahr 1993 in [Qui93] publizierten Erweiterung C4.5 im Wesentlichen identisch. Die Algorithmen unterscheiden sich hier hauptsächlich durch die für die Auswahl in Zeile 8 genutzte Heuristik. Die Grundlage des ID3 ist das Konzept der Informationsentropie.

Die Definition der Informationsentropie basiert auf der Arbeit [Sha48] *A Mathematical Theory of Communication* von Claude E. Shannon und existiert somit seit Ende der 40er-Jahre des letzten Jahrhunderts.

Um uns der Definition langsam zu nähern, stellen wir zunächst ein paar Vorüberlegungen an. Zunächst wird auffallen, dass man hier gerne mit Logarithmen rechnet. Hintergrund ist, dass – wie wir schon in Abschnitt 4.3.1 gesehen haben – sich die Wahrscheinlichkeit für zwei statistisch unabhängige Ereignisse als Produkt der einzelnen Wahrscheinlichkeiten ergibt. Nehmen wir an, die Chancen, dass ein Kind ein Mädchen oder ein Junge wird, stehen gleich. Dann ist die Chance, zwei Mädchen zu bekommen $0.5 \cdot 0.5 = 0.25$. Logarithmiert man beide Seiten, erhält man wegen der Rechenregeln für Logarithmen eine additive Formel:

$$\log 0.25 = \log(0.5 \cdot 0.5) = \log(0.5) + \log(0.5)$$

In vielen Situationen wird das Addieren dem Multiplizieren vorgezogen. Daher sind viele der folgenden Definitionen für Logarithmen notiert worden.

Häufige Basen für Logarithmen sind die natürliche Zahl e oder 10. Da Shannon über Informationen in einem digitalen Umfeld schrieb, war hier die Basis 2 für den Logarithmus – Codierung von Informationen in Bit (*binary digit*) – der naheliegendste Ansatz. Entsprechend definiert man den **Informationsgehalt** für das Eintreffen eines Ereignisses A mit Wahrscheinlichkeit $P(A) > 0$ als

$$-\log_2(P(A)). \tag{6.1}$$

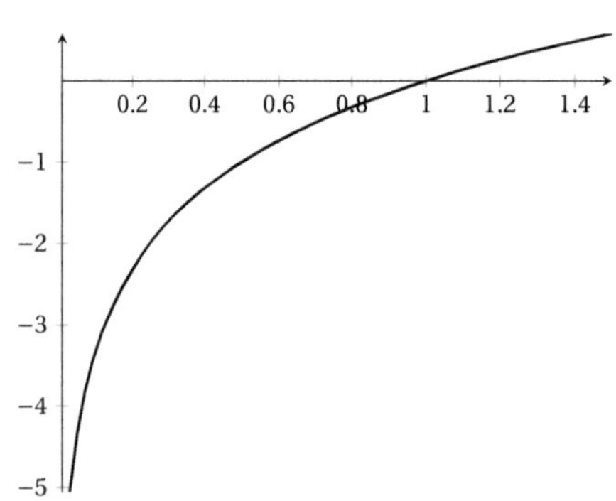

Abbildung 6.5 Logarithmus zur Basis 2

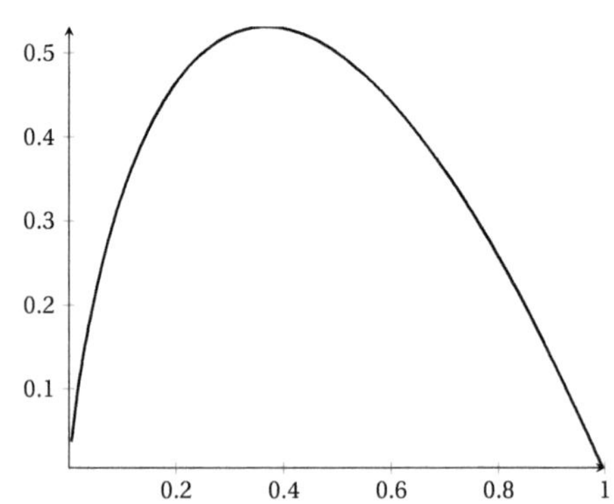

Abbildung 6.6 $f(x) = -x \cdot \log_2(x)$

Das Minus ist sehr sinnvoll, da $P(A) \leq 1$, und somit – wie man in Abbildung 6.5 sieht – $\log_2(P(A))$ immer kleiner oder gleich null ist.

Nun gewichtet man diese noch mit der Häufigkeit des Eintreffens des Ereignisses, also

$$-P(A) \cdot \log_2(P(A)).$$

Der Informationsgehalt eines Ereignisses ist nach dieser Definition also umso größer, je weniger es vorhersagbar ist. Ein sicheres Ergebnis enthält keine Information, weil ja sowie alle mit dem Ausgang gerechnet haben. Ein unmögliches Ereignis hat hier keine Information, da es eben nicht passiert. Für diesen Fall definiert man daher in diesem Kontext

$$0 \cdot \log_2(0) = 0.$$

Das andere Ende benötigt hingegen keinerlei Vereinbarungen, da der Logarithmus von 1 immer 0 ist und der Informationsgehalt daher als Produkt 0.

Man erkennt in Abbildung 6.6, dass der Informationsgehalt nicht ganz symmetrisch ist. Seltene Ergebnisse, die aber noch vergleichsweise regelmäßig vorkommen, bringen uns den größten Informationsgehalt.

Die Überlegungen oben waren nun ausschließlich an der gegebenen Definition motiviert. Vielleicht sollten wir noch einmal einen kleinen Schritt zurücktreten und uns fragen, ob wir diese Definition sinnvoll finden? Passt sie zu unseren Erfahrungen? Wenn Sie morgens aufstehen und keiner mit Ihrem baldigen Ableben rechnet, wird eine Nachricht, dass Sie überhaupt aufgestanden sind, vermutlich nicht mal Ihren engsten Bekanntenkreis interessieren. Sie stehen jeden Morgen auf, daher ist das eher eine Art Informationsbelästigung. Sind Sie jedoch als notorischer Langschläfer am Wochenende bekannt, der i. d. R. erst zum Mittagessen erwacht, ist die Nachricht, dass es an diesem Samstag schon um acht Uhr war, eine Information. Sie stehen ja nun ungewohnterweise für morgendliche Aktivitäten zur Verfügung.

Aus dem Begriff des Informationsgehaltes wird nun in der Informationstheorie ein zur Physik bzw. genauer Thermodynamik analoges Maß für die Entropie aufgebaut. Hier ist die Entropie ein Maß für den mittleren Informationsgehalt eines Zufallsexperiments, das wir beobachten. Man kann es dabei auch so sehen, dass die Entropie hier wie in der Thermodynamik die Unordnung misst. Unser Ziel beim Aufstellen eines Entscheidungsbaumes ist es, die Ordnung immer weiter zu vergrößern bzw. die Unordnung zu reduzieren. Wir wollen durch Aufteilungen an den Knoten des Baumes dahin kommen, dass in einem Blatt hinterher fast nur noch *Fahrrad fahren* oder eben *nicht Fahrrad fahren* vorkommt.

Formal ist die **Entropie** H eines Zufallsexperimentes V mit den möglichen Ausgängen $A_1, ..., A_k$ definiert als

$$H(V) = -\sum_{i=1}^{k} P(A_i) \cdot \log_2(P(A_i)). \tag{6.2}$$

Machen wir uns das dieses Mal an einem Münzwurf klar:

$$H(V) = -0.5 \cdot \log_2(\frac{1}{2}) - 0.5 \cdot \log_2(\frac{1}{2}) = -\log_2(\frac{1}{2}) = -\log_2(2^{-1}) = \log_2(2) = 1\text{Sh}$$

Das „Sh" steht hier für *Shannon*, da tatsächlich die Einheit für den Informationsgehalt einer Nachricht nach Shannon benannt wurde. Im Unterschied zur Physik haben sich Einheiten in der IT nicht in gleicher Weise für den Alltagsgebrauch durchgesetzt, und tatsächlich werden wir im weiteren Verlauf auch auf die Angabe der Einheit verzichten, obwohl die Idee einer Einheit für Information abseits der Definition auf der Basis von Bits sehr interessant ist.

Wir betrachten nun den Fall eines Zufallsversuches mit zwei möglichen Ergebnissen, bei denen ein Ausgang die Wahrscheinlichkeit p besitzt und der andere $1-p$. Damit ergibt sich:

$$H(V) = -\big(p\log_2(p) + (1-p)\log_2(1-p)\big) = -p\log_2(p) - (1-p)\log_2(1-p)$$

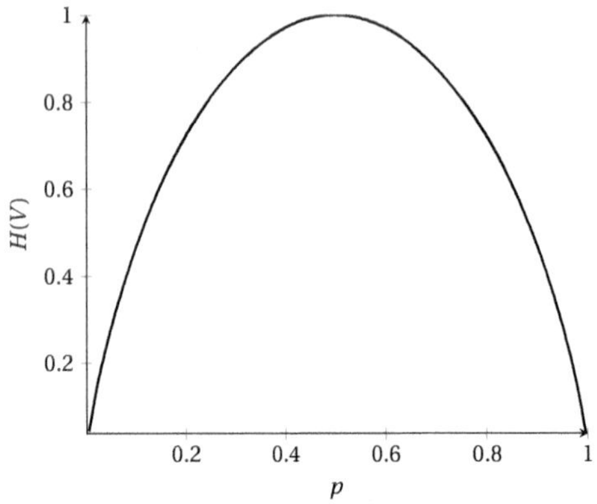

Abbildung 6.7 $H(V)$ für zwei Ergebnisse mit den Wahrscheinlichkeiten p und $1-p$

Wie man in Abbildung 6.7 erkennt, besitzt die Entropie in Abhängigkeit von p nun wieder einen symmetrischen Verlauf.

Gehen wir nun weiter zu einem etwas komplexeren Beispiel mit mehr als zwei möglichen Ereignissen. Beim Roulette gibt es die Zahlen 1 bis 36, welche in Schwarz und Rot unterteilt sind, und die grüne 0. Hier ergibt sich für die Entropie:

$$H(V) = -\frac{18}{37}\cdot\log_2(\frac{18}{37}) - \frac{18}{37}\cdot\log_2(\frac{18}{37}) - \frac{1}{37}\cdot\log_2(\frac{1}{37}) \approx 1.152$$

Was auffällt ist, dass augenscheinlich die Entropie nicht auf 1 normiert ist. Der Wert größer eins entsteht, da hier drei Möglichkeiten vorhanden sind. Will man eine einheitliche Grenze von 1, muss man durch die größte mögliche Entropie für einen Ausgang mit drei Möglichkeiten normieren. Diese finden wir aus Symmetriegründen, wenn die Chancen gleichverteilt sind:

$$H_{\max}(V) = -3\cdot\frac{1}{3}\cdot\log_2(\frac{1}{3}) = \log_2(3) \approx 1.585$$

Für unsere Zwecke ist es allerdings nur wichtig, immer die Entropie zu senken, sodass wir praktisch keinen Bedarf an einer Normierung haben.

Das Vorgehen machen wir uns jetzt anhand des *Soll ich Radfahren oder nicht*-Beispiels klar. Dabei teilen wir an jedem Knoten des Baumes die Mengen der Beispiele auf. Man fragt sich also, wie das Zufallsexperiment V, in unserem Beispiel *Rad fahren ja oder nein*, ausgehen würde, wenn wir das Zufallsexperiment W *Schnee ja oder nein* durchführen und seinen Ausgang kennen. Diese Fragestellung notiert man analog zur bedingten Wahrscheinlichkeit wie folgt: $H(V \mid W)$.

Dieses Konzept wird als **bedingte Entropie** bezeichnet und beantwortet für uns die Frage, wie groß die Entropie und damit die Unordnung sein wird, wenn die Menge aufgeteilt wurde. Um den Begriff formal zu definieren, sei V ein Zufallsexperiment mit möglichen Ausgängen

$A_1,...,A_k$, und sei W ein zweites Experiment mit möglichen Ausgängen $B_1,...,B_s$, dann ist die **bedingte Entropie** des kombinierten Zufallsexperiments $(V \mid W)$ definiert als

$$H(V \mid W) = \sum_{j=1}^{s} P(B_j) \cdot H(V \mid B_j), \tag{6.3}$$

mit

$$H(V|B_j) = -\sum_{i=1}^{k} P(A_i \mid B_j) \cdot \log_2(P(A_i \mid B_j)). \tag{6.4}$$

Setzt man nun (6.4) in (6.3) ein, so erhält man:

$$H(V \mid W) = -\sum_{j=1}^{s} P(B_j) \sum_{i=1}^{k} P(A_i \mid B_j) \cdot \log_2(P(A_i \mid B_j)) \tag{6.5}$$

Bei Datenbanken werden die Wahrscheinlichkeiten in der Formel 6.5 durch das Verhältnis der Merkmale in der Datenbank ersetzt und angenähert. Sehen wir uns das einmal an einem Fall aus unserem Beispiel an:

$$H(\text{Rad fahren} \mid \text{Schnee}) = -\left(\underbrace{\frac{7}{9}}_{\text{S. nein}} \left(\underbrace{\frac{4}{7}\log_2(\frac{4}{7})}_{\text{Radf. ja, S. nein}} + \underbrace{\frac{3}{7}\log_2(\frac{3}{7})}_{\text{Radf. nein, S. nein}} \right) + \underbrace{\frac{2}{9}}_{\text{S. ja}} \left(\underbrace{\frac{0}{2}\log_2(\frac{0}{2})}_{\text{Radf. ja, S. ja}} + \underbrace{\frac{2}{2}\log_2(\frac{2}{2})}_{\text{Radf. nein, S. ja}} \right) \right)$$

Da es das Ziel ist, die Entropie mit jeder Entscheidung zu senken, benötigt man ein Maß für dieses Absenken. Dieses Maß wird als **Infomation Gain (IG)** bezeichnet und ist wie folgt definiert:

$$\text{IG}(V, W) = H(V) - H(V|W) = H(V) + \sum_{j=1}^{s} P(B_j) \sum_{i=1}^{k} P(A_i \mid B_j) \cdot \log_2(P(A_i \mid B_j))$$

Der Information Gain misst die Differenz aus der Entropie vor – $H(V)$ – und nach der Entscheidung – $H(V|W)$ – . Unser Ziel ist ein hoher Information Gain in jedem Entscheidungsschritt. Sind die beiden Ergebnisse unabhängige Variablen, so ist der Information Gain null. Da $H(V)$ an einem einzelnen Knoten immer gleich ist, lohnt es sich nicht, diese Größe zu berechnen. Wir berechnen in unserem Algorithmus folglich nur $H(V|W)$ und wählen das kleinste aus, da wir dann weniger von $H(V)$ abziehen.

Wenn wir unser Beispiel wieder mit nur den ersten neun Einträgen in der Datenbank betrachten, können wir das noch gut ohne Computer ausrechnen:

$$H(V|\text{Wetter}) = -\left(\underbrace{\frac{5}{9}}_{\text{Sonnig}}\left(\frac{3}{5}\log_2(\frac{3}{5}) + \frac{2}{5}\log_2(\frac{2}{5})\right) + \underbrace{\frac{4}{9}}_{\text{Regen}}\left(\frac{2}{4}\log_2(\frac{2}{4}) + \frac{2}{4}\log_2(\frac{2}{4})\right)\right) \approx 0.9838$$

$$H(V|\text{Schnee}) = -\left(\underbrace{\frac{7}{9}}_{\text{S. nein}}\left(\frac{4}{7}\log_2(\frac{4}{7}) + \frac{3}{7}\log_2(\frac{3}{7})\right) + \underbrace{\frac{2}{9}}_{S.ja}\left(\frac{0}{2}\log_2(\frac{0}{2}) + \frac{2}{2}\log_2(\frac{2}{2})\right)\right) \approx 0.7662$$

$$H(V|\text{A. k.}) = -\left(\underbrace{\frac{5}{9}}_{\text{nein}}\left(\frac{4}{5}\log_2(\frac{4}{5}) + \frac{1}{5}\log_2(\frac{1}{5})\right) + \underbrace{\frac{4}{9}}_{\text{ja}}\left(\frac{1}{4}\log_2(\frac{1}{4}) + \frac{3}{4}\log_2(\frac{3}{4})\right)\right) \approx 0.76163$$

$$H(V|08:00) = -\left(\underbrace{\frac{7}{9}}_{\text{8 nein}}\left(\frac{4}{7}\log_2(\frac{4}{7}) + \frac{3}{7}\log_2(\frac{3}{7})\right) + \underbrace{\frac{2}{9}}_{\text{8 ja}}\left(\frac{1}{2}\log_2(\frac{1}{2}) + \frac{1}{2}\log_2(\frac{1}{2})\right)\right) \approx 0.9885$$

Der Wert ist im Fall *Auto kaputt* am niedrigsten, somit wird dieser auch als Attribut für den Wurzelknoten ausgewählt. Nun müssen wir im Anschluss die Teilmengen bilden für den Fall eines fahrtüchtigen PKW und den Fall, dass der Wagen streikt, und anschließend wieder oben die bedingte Entropie berechnen. Dafür können wir uns jetzt schnell ein kleines Python-Skript mit dem Namen `ID3Tree.py` schreiben, da wir die Funktion natürlich im Anschluss so oder so brauchen werden.

```
import numpy as np

def weightedSelfInformation( x ):
    y = 0 if x <= 0 else x*np.log2(x)
    return(y)
```

Zunächst definieren wir uns eine Funktion für unsere gewichtete Information. Um Problemen mit Gleitkommafehlern aus dem Wege zu gehen, wird einfach ab null abwärts alles auf 0 gesetzt.

Als Nächstes geht es daran, die bedingte Entropie zu berechnen. Hierbei beschränken wir uns auf den Fall mit zwei möglichen Ergebnissen, nämlich wahr oder falsch. Dadurch können wir vergleichsweise geradlinig die oben schon ohne Computer verwendete Formel einfach in Python umsetzen.

```

def CalConditionalEntropy(y,D,Feature):
    sizeDataBase = D.shape[0]
    D = D.astype(bool)
    TrueFeatureDatabase  = np.sum(D[:,Feature])
    FalseFeatureDatabase = sizeDataBase - TrueFeatureDatabase
    PFeatureTrue  = TrueFeatureDatabase/sizeDataBase
```

```
    PFeatureFalse = FalseFeatureDatabase/sizeDataBase

    Htrue = 0
    if PFeatureTrue>0:
        P_AB_True  = TrueFeatureDatabase - np.sum(np.logical_and(D[:,Feature],y))
        P_AB_False = TrueFeatureDatabase - P_AB_True
        P_AB_True  = P_AB_True/TrueFeatureDatabase
        P_AB_False = P_AB_False/TrueFeatureDatabase
        Htrue      = PFeatureTrue * (weightedSelfInformation(P_AB_False) +
     weightedSelfInformation(P_AB_True) )
    Hfalse = 0
    if PFeatureFalse>0:
        P_AB_True  = FalseFeatureDatabase - np.sum(np.logical_and(~D[:,Feature],y))
        P_AB_False = FalseFeatureDatabase - P_AB_True
        P_AB_True  = P_AB_True/FalseFeatureDatabase
        P_AB_False = P_AB_False/FalseFeatureDatabase
        Hfalse     = PFeatureFalse * (weightedSelfInformation(P_AB_False) +
     weightedSelfInformation(P_AB_True) )

    H = -Htrue - Hfalse
    return(H)
```

Um das nun zu testen, legen wir unsere ersten neun Beispiel-Datensätze in einem NumPy-Array ab. Die Merkmale werden in x gespeichert und die zu prognostizierende Größe in y.

```
dataSet = np.array([[ 1 , 0  , 0 , 0 , 1 ] , [ 0 , 0  , 0 , 0 , 0 ] ,
                    [ 0 , 0  , 1 , 0 , 1 ] , [ 0 , 0  , 0 , 0 , 0 ] ,
                    [ 1 , 0  , 1 , 0 , 1 ] , [ 0 , 0  , 1 , 1 , 1 ] ,
                    [ 1 , 0  , 0 , 1 , 0 ] , [ 1 , 1  , 0 , 0 , 0 ] ,
                    [ 1 , 1  , 1 , 0 , 0 ] ])
x = dataSet[:,0:4]
y = dataSet[:,4]

for i in range(4):
    H = CalConditionalEntropy(y,x,i)
    print(H)
```

Wenn Sie die Schleife unten ausführen, erscheinen auf dem Bildschirm die gleichen Werte, die wir oben auch bereits ausgerechnet haben.

Wir folgen dem Pseudocode noch etwas zu Fuß und überlassen nur das Ausrechnen der Entropie der Funktion oben. Die Idee ist es, ein besseres Verständnis zu haben, aber auch ein durchgerechnetes einfaches Fallbeispiel, um ggf. den eigenen Code debuggen zu können.

Hierzu betrachten wir nun die Teilmenge der Beispiele, in der *Auto kaputt* mit *Ja* beantwortet wird:

Nr.	Wetterlage Sonnig?	Schnee	Start 08:00	Rad fahren
3	Regen	Nein	Nein	Ja
5	Sonnig	Nein	Nein	Ja
6	Regen	Nein	Ja	Ja
9	Sonnig	Ja	Nein	Nein

Erneut wird für die verbleibenden Merkmale die bedingte Entropie berechnet:

$$H(V \mid \text{Wetter}) = 0.5000 \qquad H(V \mid \text{Schnee}) = 0.0000 \qquad H(V \mid 08{:}00) = 0.6887$$

Entsprechend wird der Algorithmus nun *Schnee* als Merkmal auswählen, was im Anschluss direkt zu zwei Blättern führt, da beide Teilmengen nur noch jeweils Radfahren bejahen bzw. verneinen.

In der anderen Verästelung des Baumes betrachten wir die Teilmenge, in der *Auto kaputt* mit *Nein* beantwortet wird:

Nr.	Wetterlage Sonnig?	Schnee	Start 08:00	Rad fahren
1	Sonnig	Nein	Nein	Ja
2	Regen	Nein	Nein	Nein
4	Regen	Nein	Nein	Nein
7	Sonnig	Nein	Ja	Nein
8	Sonnig	Ja	Nein	Nein

$H(V \mid \text{Wetter}) = 0.5510 \qquad H(V \mid \text{Schnee}) = 0.6490 \qquad H(V \mid 08{:}00 = 0.6490$

Der Algorithmus wird nun das Merkmal *Wetter* auswählen. Bei *Regen* kann sofort ein Blatt gebildet werden. Für *sonnig* verzweigt sich der Baum weiter.

Rechnen Sie die letzten Schritte einmal selbstständig weiter. Es sollte sich der Baum aus Abbildung 6.4 am Schluss ergeben.

Zu guter Letzt erhalten wir den in Abbildung 6.8 dargestellten Baum.

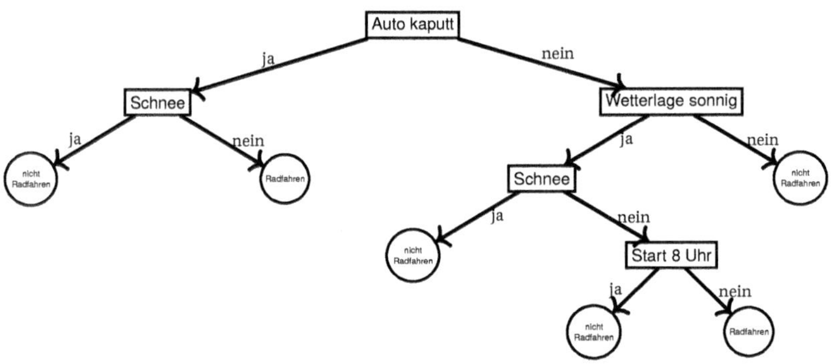

Abbildung 6.8 ID3-Entscheidungsbaum für die Radfahren-Entscheidung

Um den Algorithmus nun auch für größere Datenmengen umsetzen zu können, setzen wir den Pseudocode von Seite 137 nun direkt in Python um. Die Umsetzung ist so nah am Pseudocode, dass ich im Anschluss nur wenige Aspekte erklären möchte, die sich durch unsere Datenstruktur ergeben. `binaryTree` sollten Sie in Zeile 45 natürlich durch den Namen der Datei ersetzen, in der Sie Ihre Baumimplementierung abgespeichert haben.

```
44
45  from binaryTree import tree
46
47  class ID3BinaryTree:
48      def __init__(self):
49          self.bTree = None
50
```

```
    def _chooseFeature(self,X,y):
        # berechne die bedingte Entropie
        H = np.zeros(X.shape[1])
        for i in range(len(H)):
            H[i] = CalConditionalEntropy(y,X,i)
        chooseA = np.argmin(H) # Waehle die kleinste bedingte Entropie aus
        return(chooseA)

    def _GenTree(self,X,y,parentNode,branch,A):
        if parentNode == None: # Wurzelknoten muss noch angelegt werden
            A = np.arange(X.shape[1])
        else:
            if len(y) == np.sum(y): # Nur noch positive Faelle vorhanden?
                    self.bTree.addNode(parentNode,branch,True)
                    return()
            elif 0 == np.sum(y):
                    self.bTree.addNode(parentNode,branch,False)
                    return()
            commonValue = True if np.sum(y)>len(y)/2 else False
            if X.shape[0] == 0: # Keine Merkmale mehr vorhanden?
                self.bTree.addNode(parentNode,branch,commonValue)
                return()
        chooseA = self._chooseFeature(X,y)

        if parentNode == None: # Wurzelknoten muss noch angelegt werden
            self.bTree = tree(chooseA, True, '=')
            myNo = 0
        else: # erzeuge neuen Knoten im Baum
            myNo = self.bTree.addNode(parentNode,branch,True, operator='=', varNo=A[chooseA])

        # loesche Merkmal in X in A
        index  = np.flatnonzero(np.logical_and(X[:,chooseA], 1))
        X = np.delete(X,chooseA,axis=1)
        A = np.delete(A,chooseA,axis=0)
        # teile X auf
        XTrue  = X[index,:]
        yTrue  = y[index]
        XFalse = np.delete(X,index,axis=0)
        yFalse = np.delete(y,index,axis=0)
        if XTrue.shape[0]>0:
            self._GenTree(XTrue,yTrue,myNo,True,A)
        else:
            self.bTree.addNode(myNo,True,commonValue)
        if XFalse.shape[0]>0:
            self._GenTree(XFalse,yFalse,myNo,False,A)
        else:
            self.bTree.addNode(myNo,False,commonValue)
        return()
```

Abweichend vom Pseudocode mussten wir zu Beginn der Funktion `_GenTree` mit dem initialen Fall umgehen, in dem noch kein Wurzelknoten angelegt ist und das Array mit den Attributen noch nicht existiert. Die Funktion `_chooseFeature` haben wir abgespalten, da wir in Abschnitt 6.3 nur einen Ersatz für diese Funktion und `CalConditionalEntropy` zur Verfügung stellen müssen. Der Rest des Codes ist wiederverwertbar.

Für die restliche Funktionalität können wir einfach auf unsere Implementierung der Baumdatenstruktur bauen und alles durchreichen.

```
    def fit(self, X,y):
        self._GenTree(X,y,None,None,None)

    def predict(self, X):
        return(self.bTree.eval(X))

    def decisionPath(self, X):
        return(self.bTree.trace(X))
```

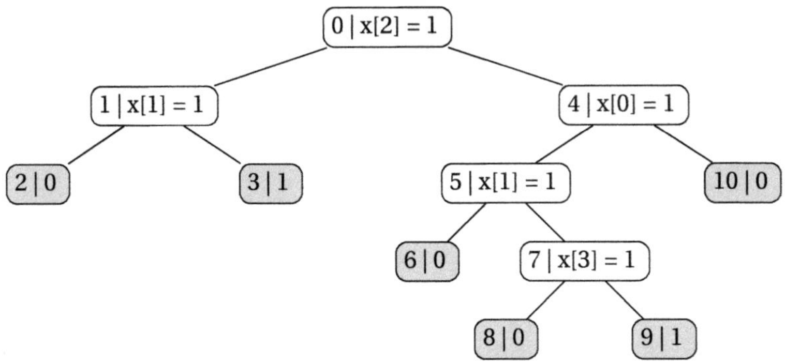

Abbildung 6.9 Generierter Baum mit Knoten-Nummern

Der so erzeugte Baum inklusive Knoten-Nummern ist in der Abbildung 6.9 dargestellt. Es bleibt die Frage, ob dieser Baum jetzt *kleiner* ist als der aus Abbildung 6.3. Für so kleine Bäume kann man das natürlich, wie wir es bis jetzt gemacht haben, gut per Hand ausrechnen, aber eigentlich sollte uns eine Methode lieber die Arbeit abnehmen. Durch die Funktionalität oben geht das auch in einer sehr kompakten Weise für zwei dieser Parameter. Da wir diese auch noch in anderen Bäumen nutzen wollen, fügen wir die Funktionalität der Baumklasse in der Datei `binaryTree.py` hinzu.

```
    def weightedPathLength(self, X):
        traceroute = self.trace(X)
        sum = 0
        for i in range(len(traceroute)):
            sum = sum + len(traceroute[i]) -1
        return(sum)

    def numberOfLeafs(self):
        return(len(self.leafNodes))
```

In unserer aktuellen ID3-Klasse in der Datei `ID3Tree.py` hingegen reichen wir die Daten der internen Struktur nur einfach durch.

```
    def predict(self, X):
        return(self.bTree.eval(X))

    def decisionPath(self, X):
        return(self.bTree.trace(X))
```

In dem Listing fehlt noch die Tiefe des Baumes und die ungewichtete Pfadlänge. Versuchen Sie, diese Funktionalität einmal selbst hinzuzufügen. Für die Tiefe ist ein Ansatz, sich aus der Liste der Leaf-Knoten einen nach dem anderen herauszugreifen und den Verweisen auf das Elternelement zu folgen. Wenn man dabei geeignet die Schritte zählt, erhält man sowohl die Pfadlänge als auch die Tiefe.

Schauen wir uns nun alle Parameter an, die wir auf Seite 136 besprochen haben. Die Anzahl der Blätter ist 6, die Baumhöhe 4, die Pfadlänge 10 und die mit unseren ersten neun Einträgen gewichtete Pfadlänge ist 23.

Damit ist der vom ID3 generierte Baum bzgl. jedes Parameters größer und schlechter als der in Abbildung 6.3 dargestellte Baum für die identische Datenbasis. Der Baum, der mittels ID3 berechnet wurde, ist also nicht optimal, der erste Baum war der bessere. Ein Grund ist, dass wir als Menschen eine Tabelle dieser Größe im Ganzen erfassen können und direkt alle Strukturen wahrnehmen. Der ID3 und ähnliche Algorithmen betrachten nur jeweils jedes einzelne Attribut an jedem Knoten und schaut nicht voraus. Bei großen Datenmengen schwindet dieser Vorsprung des Menschen jedoch sehr schnell, und man ist auf Algorithmen wie den ID3 mit seinen Heuristiken zwingend angewiesen.

Greifen Sie doch einmal auf das Beispiel aus Abschnitt 4.3.2 zurück, in dem wir die Temperatur als Merkmal noch ausgeblendet haben. Der Bayes-Klassifikator hat hier ca. 80% der Fälle richtig kategorisiert. Teilen Sie erneut die Beispiele in zwei Mengen ein, in eine für das Training und eine für den Test. Wie gut ist unser mit der Trainingsmenge gebildete ID3-Entscheidungsbaum auf der Testmenge?

Wenn ID3 für mehrere Werte und nicht nur für binäre Bäume umgesetzt wird, existiert eine einfache Möglichkeit, zumindest intervallierte Größen zu berücksichtigen. Man könnte z. B. die Temperatur in unserem Beispiel aus Kapitel 4 in Abschnitte zu je einem halben Grad aufteilen und diese als Kategorien dem ID3 zuführen.

Das Besondere am ID3 ist, dass er nicht auf binäre Bäume beschränkt ist. Der Pseudocode von Seite 137 sieht ausdrücklich die Möglichkeit von Mehrfachverzweigungen vor. Wir haben uns hier künstlich auf den Fall binärer Bäume beschränkt und dadurch die Codes etwas kompakter gehalten.

Erweitern Sie die ID3-Implementierung doch einmal für mehr als zwei Verzweigungen. Wenn Sie die Baumklasse hierzu nicht erweitern möchten, finden Sie im Python Package Index bzw. in Anaconda fertige Pakete zu Bäumen, z. B. *https://pypi.python.org/pypi/treelib/1.4.0*. Es ist jedoch nicht sehr komplex, unsere Klasse mithilfe einer Verzweigungsliste direkt zu erweitern.

6.3 Klassifikations- und Regressionsbäume für quantitative Merkmale

In unserem Beispiel oben haben wir uns auf nominale Merkmale beschränkt und als Ausblick diskutiert, wie man ordinale oder intervallierte Merkmale behandeln könnte. Zwar kann der Algorithmus unten auch mit nominalen Merkmalen umgehen, jedoch vertiefen wir die Möglichkeit nicht.

Am Beispiel des erstmals 1984 von Leo Breiman et al. publizierten [BFSO84] CART (Classification and Regression Trees) Algorithmus gehen wir jetzt zum Bereich der quantitativen Merkmale über, also solchen aus einer Intervall- oder Rationalskala. Wie der Name des Algorithmus schon erahnen lässt, kann er sowohl zur Klassifizierung als auch zur Regression eingesetzt werden.

6.3.1 Klassifikation

Wir beginnen mit der Klassifikation und lernen dabei ein anderes Maß als die beim ID3 genutzte Entropie kennen: Das beim CART eingesetzte Maß ist die **Gini Impurity**. Im Prinzip liegt diesem über die *Verunreinigung* (engl. impurity) funktionierenden Maß der gleiche Ansatz wie bei der Entropie zugrunde. Man will versuchen, die Trainingsmenge bei jeder Entscheidung homogener zu bekommen. Da sich der CART-Ansatz jedoch komplett auf binäre Bäume beschränkt – eine Erweiterung auf mehrere Verzweigungen ist hier nicht möglich – kann er etwas anders arbeiten und kommt zu anderen, oft besseren, Ergebnissen. Der Preis ist allerdings im Vergleich zu einem ID3 bzw. seinen Nachfolgern oft eine größere Tiefe des Baumes. Die Abweichung spielt jedoch in vielen praktischen Anwendungen keine große Rolle.

Wir gehen im Folgenden davon aus, dass wir $c \in \mathbb{N}$ verschiedene Klassen bestimmen wollen. Als Beispiel nehmen wir den schon aus Abschnitt 3.5 bekannten *Fisher's Iris Data Set*. In diesem Fall würden wir die drei Arten ($c = 3$) von Schwertlilien bestimmen wollen und diese mit Integerwerten codieren, also z. B. 1 :=Iris setosa, 2 :=Iris virginica und 3 :=Iris versicolor. An jedem Knoten wird nun die Trainingsmenge bzgl. ihrer *Impurity* betrachtet. Nehmen wir an, dass m Datensätze an einem Knoten in einer Trainingsmenge existieren, dann gibt $0 \leq N(i) \leq 1$ den Anteil davon an, der zur Klasse gehört. Um diesen zu berechnen, zählen wir diese Fälle und dividieren durch m. Wenn für einen Knoten $N(i) = 1$ und für alle anderen $N(i) = 0$ gilt, dann wird dieser Knoten als *pure* bezeichnet.

Zur Gini Impurity als Maß kann man sich für die Anwendung in Bäumen gut motivieren, indem man sich vorstellt, an einem Knoten würde die Klassifikation gewürfelt. Wir nehmen also an ein Knoten soll ein Blatt im Baum werden und wir bestimmen den Wert zufällig, jedoch wären die Chancen so verteilt wie Verhältnisse in der Trainingsmenge am Knoten. Liegen z. B. ein Beispiel Iris setosa, 2 Beispiele Iris virginica und 3 Beispiele Iris versicolor vor, so würde mit der Wahrscheinlichkeit $1/6 = N(1)$ die Klassifikation 1 für den Knoten festgelegt, mit $1/3 = N(2)$ die Klassifikation 2 und mit $1/2 = N(3)$ die Klassifikation 3. Bildlich könnte man es sich auch vorstellen, dass man mit geschlossenen Augen in die Menge der Beispiele greift und die Klassifikation wählt, die man zieht. Nun ist die Frage: Wie viele Beispiele bzw. welcher Anteil der Trainingsmenge würden, wenn i als Klasse festgelegt wird, falsch klassifiziert?

Es handelt sich um den ganzen Rest der Beispiele bzw. deren Anteil:

$$\sum_{j \neq i} N(j)$$

Dies geschieht aber mit einer Wahrscheinlichkeit, die sich am Anteil $N(i)$ innerhalb der Daten an dem Knoten orientiert. Entsprechend bildet man das Produkt aus dem Anteil $N(i)$ der Klassifikation i, die gewählt wurde, und den $N(j)$ mit $j \neq i$, die nun fehl-klassifiziert werden. Addiert man dies nun für alle Fälle auf, ergibt sich die Gini Impurity:

$$G = \sum_{i=1}^{c} N(i) \sum_{j \neq i} N(j)$$

Doppelsummen sind bzgl. der Berechnung nicht ganz so schön und in diesem Fall erlaubt uns eine einfache Umformung, diese auch zu vereinfachen. Wir wissen schon, dass alle $N(i)$ addiert eins ergeben müssen, da sie ja nur die Aufteilung der ganzen Trainingsmenge am Knoten darstellen. Es gilt also:

$$1 = \sum_{j=1}^{c} N(j) = N(1) + N(2) + \cdots + N(c)$$

$$\Leftrightarrow 1 - N(i) = \sum_{j=1, j \neq i}^{c} N(j)$$

Das können wir nun für die Umformung an der mit $(*)$ markierten Stelle verwenden, da $N(i)$ in der Formel vor das Summenzeichen gezogen werden darf:

$$G = \sum_{i=1}^{c} N(i) \sum_{j \neq i} N(j) \underbrace{=}_{(*)} \sum_{i=1}^{c} N(i)\,(1 - N(i)) = \sum_{i=1}^{c} N(i) - N(i)^2 = \sum_{i=1}^{c} N(i) - \sum_{i=1}^{c} N(i)^2$$
$$= 1 - \sum_{i=1}^{c} N(i)^2$$

Diese Größe ist nun sehr leicht zu berechnen und unser Ziel ist es, sie in jedem Schritt zu verringern. In einem reinen Knoten wird die Summe hinten 1 und wir erhalten 0 für die Gini Impurity. Je stärker die Menge durchmischt ist, desto mehr nähert er sich 1 an. In unserem fiktiven Beispiel mit den 6 Schwertlilien-Datensätzen erhielten wir:

$$G = 1 - \left(\frac{1}{6}\right)^2 - \left(\frac{1}{3}\right)^2 - \left(\frac{1}{2}\right)^2 = \frac{11}{18} \approx 0.61$$

Um uns klarzumachen, wie der CART hier vorgeht, nehmen wir tatsächlich das Schwertlilien-Beispiel, tun jedoch so, als wenn uns nur zwei Merkmale, nämlich die Kronblattlänge und -breite zur Verfügung stünden; einfach weil das Verfahren sich in zwei Dimensionen besser visualisieren lässt. Im Unterschied zum ID3 wird ein Merkmal nicht gelöscht, wenn es an einem Entscheidungsknoten verwendet wurde. Vielmehr wird der Merkmalsraum aufgeteilt, für den wir hier zumindest eine Ordnungsrelation voraussetzen und daher eben Vergleiche auf größer und kleiner durchführen können.

Das Gebiet wird dabei nicht beliebig aufgeteilt, sondern nur immer mit Schnitten parallel zu den Achsen. Dies reduziert deutlich die Komplexität, eine gute Aufteilung zu finden. Aus praktischen Gründen reicht es hierbei, sich auf einen Vergleichsoperator, also < oder >, festzulegen. Wir testen im Folgenden immer auf `kleiner`. Die nächste Reduktion bzgl. der Fragestellung nach einem optimalen Schnitt geschieht dadurch, dass nicht alle Werte zwischen dem kleinsten und größten Wert eines Merkmals betrachtet werden, sondern die Beispiele der Trainingsmenge mögliche Schnittpunkte definieren.

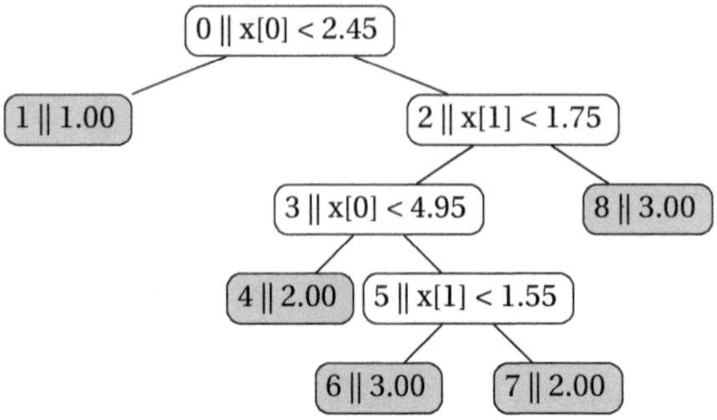

Abbildung 6.10 Entscheidungsbaum für Iris Dataset beschränkt auf zwei Merkmale

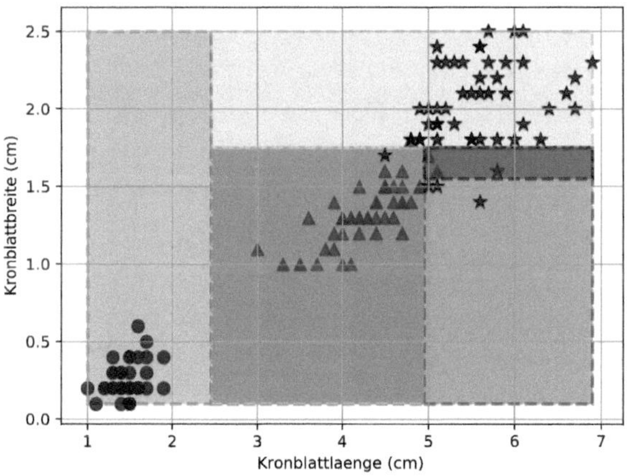

Abbildung 6.11 Gebietsaufteilung für Iris Dataset beschränkt auf zwei Merkmale

Betrachten wir das einmal anhand unseres Beispiels mit den Daten der Schwertlilien. Die Abbildung 6.10 zeigt den Baum, welcher durch den Algorithmus, den wir später durchgehen werden, erstellt wird. `x[0]` ist hierbei die Kronblattlänge und `x[1]` die Kronblattbreite. Die erste Aufteilung erfolgt auf der Basis der Kronblattlänge, die ein reines Gebiet links und ein noch unreines rechts zurücklässt. Der Schnittwert liegt genau zwischen dem Element mit dem größten `x[0]`-Wert im linken und demjenigen mit dem kleinsten im rechten Gebiet.

Nehmen wir an, mit T_i wären die n Werte des Merkmales i aus der Trainingsmenge bezeichnet. Dann bilden wir die Menge der Testpunkte durch:

$$A_i = \left(T_i[j] + T_i[j+1]\right)/2 \qquad j = 0 \dots n-1 \tag{6.6}$$

Im Fall, das es hier um das Merkmal *Kronblattlänge* bzw. x[0] handelt, illustriert Abbildung 6.12 die Projektion auf einer Achse, auf deren Basis dann gemäß (6.6) die Menge der möglichen Schnittpunkte entsteht.

Nun testen wir für jeden dieser Punkte, ob sich die Gini Impurity verringert, wenn wir durch diesen Wert eine Aufteilung im Merkmalsraum vornehmen. Wenn wir uns dies aufgrund der Datenmenge leisten können, betrachten wir alle so berechneten Testpunkte für alle Merkmale und wählen den Schnitt aus, welcher die Verunreinigung am meisten reduziert. Wird dies zu

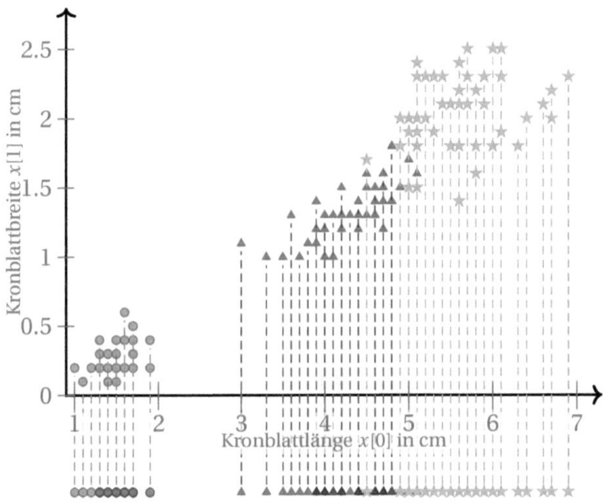

Abbildung 6.12 Projektion auf ein Merkmal zur Bildung der möglichen Schnittpunkte

kostspielig, kann dem Algorithmus auch ein Teil der Merkmale nicht zur Auswahl gegeben und so der Suchraum eingeschränkt werden. Natürlich verringert dies in der Regel die Qualität des Ergebnisses.

Allerdings ist auch bei Ausschöpfung aller Merkmale nicht sichergestellt, dass das Ergebnis bzgl. der Klassifizierung optimal ist. Zum einen hängt die Qualität sehr stark an der Größe und Qualität der Trainingsmenge. Das ist natürlich in gewisser Weise bei jedem Lernalgorithmus so, jedoch reagieren CART-Bäume sehr empfindlich auf Änderungen und nehmen deutlich andere Schnitte vor. Die Auswirkung bzgl. der Qualität auf der Trainingsmenge sind gering, jedoch kann es bei der Testmenge zu größeren Verschiebungen kommen. Betrachten wir dazu nochmals die Abbildung 6.10 und 6.11. Der erste Schnitt erfolgte auf der Basis des nullten Merkmals – wie wir später sehen werden, liegt das an der Implementierung –, hätte jedoch genauso gut etwa bei 0.75 auf der Basis des ersten Merkmals erfolgen können. Die Kreis-Menge wäre auch hier sauber abgeteilt worden. In diesem Fall wäre der Bereich oben links vermutlich jedoch *Stern* zugeordnet worden, nun ist er *Kreis*. Ist die Trainingsmenge jedoch groß genug, ist der Algorithmus im praktischen Einsatz sehr gut und liefert mit wenig Aufwand gute Resultate.

Nach der ersten Aufteilung betrachtet der Algorithmus nur noch jeweils ein Teilgebiet, in welchem erneut getestet wird, welcher Schnitt nun optimal wäre. Wie in Abbildung 6.13 dargestellt, ist links nichts mehr zu tun, da das Gebiet schon *pure* ist. Im rechten Gebiet wird dann für jeden möglichen Schnittpunkt die Gini Impurity (GI) berechnet. Im vorliegenden Fall wird entsprechend auf Basis des zweiten Merkmals unterschieden und bei 1.75 ein Schnitt vorgenommen. Als Python-Code kann dieser Ansatz zum Beispiel wie folgt umgesetzt werden:

```
import numpy as np
from binaryTree import tree

class bDecisionTree:
    def _calGiniImpurity(self,y):
        unique, counts = np.unique(y, return_counts=True)
        N = counts/len(y)
        G = 1 - np.sum(N**2)
        return(G)

```

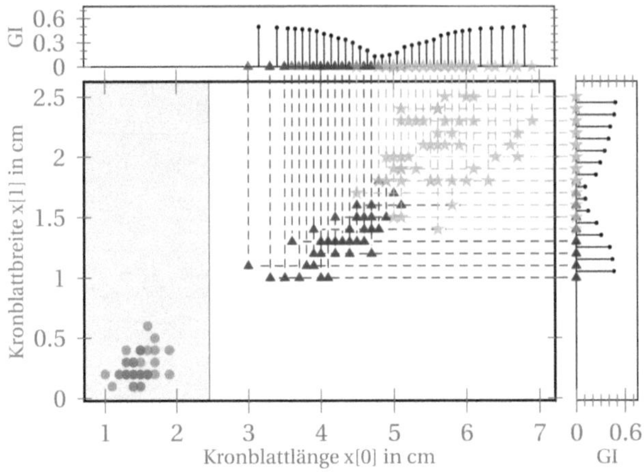

Abbildung 6.13 Projektion auf ein Merkmal zur Bildung der möglichen Schnittpunkte

```
11      def _bestSplit(self,X,y,feature):
12          G = 1
13          bestSplit = np.inf
14          XSort = np.unique(X[:,feature].round(self.xDecimals))
15          XDiff = (XSort[1:len(XSort)] + XSort[0:len(XSort)-1])/2
16          for i in range(XDiff.shape[0]):
17              index = np.less(X[:,feature], XDiff[i])
18              G1 = self._calGiniImpurity(y[index])
19              G2 = self._calGiniImpurity(y[~index])
20              GSplit = len(y[index])/len(y)*G1 + len(y[~index])/len(y)*G2
21              if G > GSplit:
22                  G = GSplit
23                  bestSplit = XDiff[i]
24          return (bestSplit, G)
```

Während die Funktion `\_calGiniImpurity` eine direkte Umsetzung der Formel ist, fällt in `\_bestSplit` vor allem Zeile 20 ins Auge. Wir wollen, um den Fortschritt bestimmen zu können, die für beide Gebiete berechneten Werte, welche bekanntlich zwischen null und eins liegen, mit dem Wert der Gesamtmenge vergleichen, die ihrerseits maximal eins werden kann. Wir müssen also die Summe der Teilmengen auf den Bereich bis 1 normieren. Die Wahl der Gewichte ist hier nicht eindeutig und bei dem Iris Dataset würden sich die gleichen Ergebnisse auch einfach für 0.5 als Vorfaktor ergeben. Der Ansatz in Zeile 20 macht in einigen Anwendungen Aufteilungen in eine sehr kleine saubere und eine größere verunreinigte Menge weniger attraktiv. Davon abgesehen wird wie besprochen in den Zeilen 14 und 15 die Auswahl an Mittelpunkten gebildet und in der Schleife über eben alle diese iteriert. Hierbei wird in Zeile 14 nicht auf `np.sort`, was naheliegend wäre, sondern auf `np.unique` zurückgegriffen. Hierdurch wird ein unerwünschtes Verhalten im Fall gleicher Werte vermieden. Bei einer kleinen Auswahl diskreter Werte im Datensatz kann der Ansatz darüber hinaus zur Beschleunigung des Codes beitragen. Dasselbe gilt für den Aspekt der Rundung in Zeile 14. Durch die Begrenzung auf weniger Dezimalstellen kann ebenfalls eine Optimierung erreicht werden, wie wir auch in Abschnitt 6.3.3 noch diskutieren werden.

```
25
26      def _chooseFeature(self,X,y):
27          G          = np.zeros(X.shape[1])
```

```
28         bestSplit = np.zeros(X.shape[1])
29         for i in range(X.shape[1]):
30             ( bestSplit[i] , G[i] ) = self._bestSplit(X,y,i)
31         smallest = np.argmin(G)
32         return (G[smallest], bestSplit[smallest],smallest)
```

Die Funktion `_chooseFeature` prüft über alle Merkmale, welches die kleinste Verunreinigung ermöglicht. Hierzu wird die oben diskutierte Funktion `_bestSplit` für jedes Merkmal aufgerufen. Die Verwendung von `argmin` in Zeile 31 bewirkt, dass bei zwei gleichen Gini Impurity Werten immer das erste Merkmal ausgewählt wird. Hier wäre es auch möglich, das Merkmal in diesem Fall unter den besten per Zufallsgenerator auszuwählen. Die nächste Funktionalität für die Bestimmung des Wertes an einem Knoten musste gegenüber der letzten Implementierung etwas erweitert werden, da wir es hier mit mehr als zwei Klassen zu tun haben.

```
33
34     def _ComputeValue(self,y):
35         unique, counts = np.unique(y, return_counts=True)
36         i = np.argmax(counts)
37         return(unique[i])
```

Unten folgt der Code für den Aufbau des Baumes, welcher auch Abbruchbedingungen beinhalten muss. Die erste der unten aufgeführten Abbruchbedingungen geht bereits in Richtung des `Overfitting und Pruning`, sodass wir die Besprechung auf Abschnitt 6.4 verschieben. Ansonsten gilt, dass wir mit dem Anlegen weiterer Verzweigungen stoppen, wenn eine der folgenden Bedingungen erfüllt ist:

- Es sind zu wenige Elemente der Trainingsmenge am aktuellen Knoten übrig
- Das Gebiet ist *rein* bzw. der Reinheitsgrad liegt unter einem vorher festgesetzten Schwellenwert
- Der Fortschritt darin, die verbliebene Trainingsmenge zu bereinigen, ist zu gering

Die konkrete Art, wie für die letzten beiden Bedingungen bzw. beim Suchen nach einer Aufteilung die Verunreinigung gemessen wird, ist übrigens oft gar nicht so bedeutsam. Wenn Sie die Gini Impurity durch die Entropie ersetzen, erhalten Sie qualitativ ähnliche Ergebnisse. Wenn man sich theoretisch fundiert länger Gedanken darüber macht, kommt man, wie hier publiziert wurde [RS04], zu dem Ergebnis, dass beide Maße nur in ca. 2% der Fälle zu einem unterschiedlichen Ergebnis kommen. Warum gibt es dann überhaupt zwei Arten, (fast) dasselbe zu messen? Verschiedene Leute mit einem unterschiedlichen Hintergrund haben sich eben das gleiche Problem angesehen. Jeder hat seine Erfahrungen eingebracht und daher eine leicht unterschiedliche Beschreibung gewählt. Nachdem das klar ist, können Sie natürlich hier auch die Entropie aus dem letzten Abschnitt verwenden. Dagegen spricht, dass der Logarithmus etwas kostspieliger zu berechnen ist.

Um die Abbruchbedingungen überprüfen zu können, werden zwei Parameter in der Entscheidungsbaumklasse gesetzt, die vom Anwender bei der Instanziierung des Baumes variiert werden können. Hierzu kommt ein Parameter für die oben erwähnte Begrenzung der Dezimalstellen bei den Schnittpunkten.

```
38
39     def __init__(self,threshold = 0.1, xDecimals = 8, minLeafNodeSize=3):
40         self.bTree = None
41         self.threshold = threshold
```

```
42          self.xDecimals = xDecimals
43          self.minLeafNodeSize = minLeafNodeSize
```

Die Funktion zum Aufbau des Baumes beinhaltet in den Zeilen 48 – 50, 53 – 55 sowie 69 und 74 die besprochenen Abbruchbedingungen. Von Zeile 63 bis 67 wird die Trainingsmenge entsprechend dem gewählten Merkmal und dem zugehörigen Schnittpunkt aufgeteilt.

```
44
45      def _GenTree(self,X,y,parentNode,branch):
46          commonValue = self._ComputeValue(y)
47          initG = self._calGiniImpurity(y)
48          if  initG < self.threshold or X.shape[0] <= self.minLeafNodeSize:
49              self.bTree.addNode(parentNode,branch,commonValue)
50              return()
51
52          (G, bestSplit ,chooseA) = self._chooseFeature(X,y)
53          if  G  > 0.98*initG :
54              self.bTree.addNode(parentNode,branch,commonValue)
55              return()
56
57          if parentNode == None:
58              self.bTree = tree(chooseA, bestSplit, '<')
59              myNo = 0
60          else:
61              myNo = self.bTree.addNode(parentNode,branch,bestSplit,operator='<',varNo=chooseA)
62
63          index = np.less(X[:,chooseA],bestSplit)
64          XTrue  = X[index,:]
65          yTrue  = y[index]
66          XFalse = X[~index,:]
67          yFalse = y[~index]
68
69          if XTrue.shape[0] > self.minLeafNodeSize:
70              self._GenTree(XTrue,yTrue,myNo,True)
71          else:
72              commonValue = self._ComputeValue(yTrue)
73              self.bTree.addNode(myNo,True,commonValue)
74          if XFalse.shape[0] > self.minLeafNodeSize:
75              self._GenTree(XFalse,yFalse,myNo,False)
76          else:
77              commonValue = self._ComputeValue(yFalse)
78              self.bTree.addNode(myNo,False,commonValue)
79          return()
```

Ansonsten orientiert sich der Ansatz stark an dem, was wir schon beim ID3-Code für binäre Bäume umgesetzt haben. Der Rest des Files unten reicht auch ganz analog zum ID3-Code lediglich Funktionalität durch.

```
80
81      def fit(self, X,y):
82          self._GenTree(X,y,None,None)
83
84      def predict(self, X):
85          return(self.bTree.eval(X))
86
87      def decision_path(self, X):
88          return(self.bTree.trace(X))
89
```

```
    def weightedPathLength(self,X):
        return(self.bTree.weightedPathLength(X))

    def numberOfLeafs(self):
        return(self.bTree.numberOfLeafs())
```

Nachdem der Klassifikator fertig ist, testen wir ihn nun auf dem Iris Dataset mit allen Merkmalen. 20% der Daten werden hierbei der Trainingsmenge vorenthalten, um darauf hinterher den Klassifikator testen zu können.

```

if __name__ == '__main__':
    dataset = np.loadtxt("iris.csv", delimiter=",")

    np.random.seed(42)
    MainSet = np.arange(0,dataset.shape[0])
    Trainingsset = np.random.choice(dataset.shape[0], 120, replace=False)
    Testset = np.delete(MainSet,Trainingsset)
    XTrain = dataset[Trainingsset,0:4]
    yTrain = dataset[Trainingsset,4]
    XTest = dataset[Testset,0:4]
    yTest = dataset[Testset,4]

    myTree = bDecisionTree(minLeafNodeSize=5)
    myTree.fit(XTrain,yTrain)

    yPredict = myTree.predict(XTest)
    print(yPredict - yTest)
```

Wenn Sie den Code ausführen, werden Sie merken, dass lediglich ein Wert ungleich Nullen ausgegeben wird. Der Klassifikator kann also hier wirklich mit 80% der Daten und allen vier Merkmalen ca. 97% Genauigkeit auf der Testmenge erreichen.

6.3.2 Regression

Um von der Klassifikation zur Regression zu gelangen, müssen wir nur zwei Aspekte wechseln: Einmal einen Ersatz für die Gini Impurity und zum anderen eine andere Art, den Wert an einem Leaf-Knoten zu berechnen. Statt einer Klassifizierung liegen uns im Fall einer Regression für den Featurevektor x Funktionswerte $f(x) \in \mathbb{R}$ vor, also reelle Zahlen.

Zunächst ersetzen wir die Gini Impurity durch die im Abschnitt 5.2 bereits bekannte Residuenquadratsumme (RSS). In diesem Fall ist unser Modell einfach eine Konstante ähnlich dem Mittelwert:

$$RSS = \sum_{i=1}^{n} (\bar{y} - f(x_i))^2$$

$$\bar{y} = \frac{1}{n} \sum_{i=1}^{n} f(x_i)$$

Die Rolle von $f(x_i)$ übernehmen die n Werte der Beispiele an einem Entscheidungsknoten. In Python umgesetzt erhalten wir folglich als Ersatz:

```
4  class bRegressionTree:
5      def _calLRSS(self,y):
6          yMean = np.sum(y)/len(y)
7          L2 = np.sum( (y-yMean)**2)
8          return(L2)
```

Man findet als Optimierungskriterium auch oft die mittlere quadratische Abweichung (MSE). Der Unterschied ist hierbei nur die Skalierung mit der Anzahl der verwendeten Beispiele. Die müssten wir aber in der Funktion `_bestSplit` direkt wieder zurückrechnen, um den unterschiedlichen Größen bei Teilungen gerecht zu werden. Nutzen wir direkt RSS, können wir in Zeile 20 einfach die Summe bilden.

```
9
10     def _bestSplit(self,X,y,feature):
11         RSS = np.inf
12         bestSplit = np.inf
13         XSort = np.unique(X[:,feature].round(self.xDecimals))
14         XDiff = (XSort[1:len(XSort)] + XSort[0:len(XSort)-1])/2
15         for i in range(XDiff.shape[0]):
16             index = np.less(X[:,feature], XDiff[i])
17             if not (np.all(index) or np.all(~index)):
18                 RSS_1 = self._calLRSS(y[index])
19                 RSS_2 = self._calLRSS(y[~index])
20                 RSSSplit = RSS_1 + RSS_2
21                 if RSS > RSSSplit:
22                     RSS = RSSSplit
23                     bestSplit = XDiff[i]
24         return (bestSplit, RSS)
```

Ansonsten ändert sich in der Funktion `_bestSplit` für die Regression wenig, außer dass in Zeile 11 nicht automatisch eine obere Grenze klar ist und wir daher zunächst mit `np.inf` initialisieren.

Als Ausgabewert an den Leaf-Knoten verwenden wir nun statt einer Mehrheitsentscheidung über die Kategorie den Mittelwert der Trainingsbeispiele in diesem Knoten.

```
25
26     def _ComputeValue(self,y):
27         return(np.sum(y)/len(y))
```

Im Rest des Codes vom Klassifizierungsfall muss man im Wesentlichen nur die Aufrufe der obigen Funktionen ändern.

Bitte vervollständigen Sie den Rest ihrer CART-Regressionsklasse so, dass ein einsatzbereites Vorhersageverfahren entsteht.

Nachdem wir nun den Code umgesetzt haben, werden wir ihn einmal auf zwei Beispielen ausprobieren. Das erste ist eine analytische Funktion

$$y = (\sin(2\pi x_0) + \cos(\pi x_1)) \cdot e^{1-x_0^2-x_1^2},$$

die wir mit verschiedenen Stärken von additivem weißen Rauschen versehen. Der Fehlerterm wird dabei in Zeile 107 und 109 so gestaltet, dass die Variable `errorRate` immer dem maximal möglichen relativen Fehler entspricht.

In Zeile 106 steigern wir diese langsam von 0% – was bedeutet, dass die Regression auf perfekten Werten erfolgt – bis zum 20%-Rauschen, was recht viel ist.

```
94  if __name__ == '__main__':
95      np.random.seed(42)
96      numberOfSamples = 10000
97      X = np.random.rand(numberOfSamples,2)
98      Y = ( np.sin(2*np.pi*X[:,0]) + np.cos(np.pi*X[:,1])) * np.exp(1 -X[:,0]**2 -X[:,1]**2 )
99
100     MainSet = np.arange(0,X.shape[0])
101     Trainingsset = np.random.choice(X.shape[0], int(0.8*X.shape[0]), replace=False)
102     Testset = np.delete(MainSet,Trainingsset)
103
104     regressionError = np.zeros(5)
105     for i in range(5):
106         errorRate = 0.05*i
107         errorFactor = 1 + 2*(np.random.rand(Trainingsset.shape[0]) - 0.5)*errorRate
108         XTrain = X[Trainingsset,:]
109         yTrain = Y[Trainingsset] * errorFactor
110         XTest = X[Testset,:]
111         yTest = Y[Testset]
112
113         myTree = bRegressionTree(xDecimals=3)
114         myTree.fit(XTrain,yTrain)
115         yPredict = myTree.predict(XTest)
116         yDiff = np.abs(yPredict - yTest)
117         regressionError[i] = np.mean(yDiff)
```

Die Abbildung 6.14 zeigt, wie sich der Fehler mit stärkerem Rauschen entwickelt.

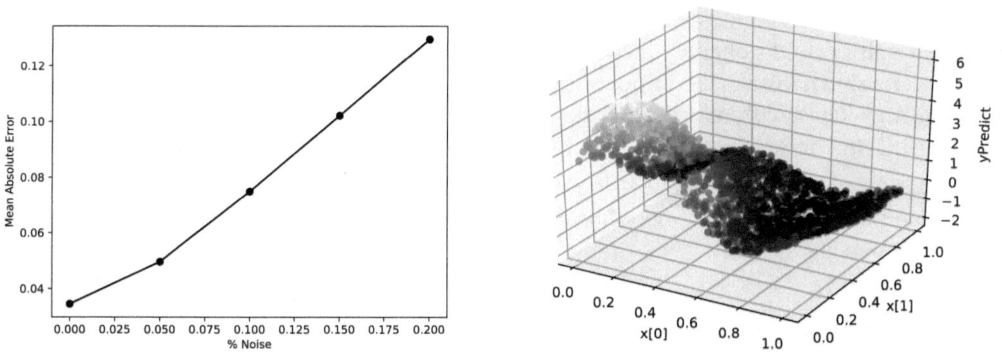

Abbildung 6.14 Regression mittels CART für nichtlineare Modelle und unterschiedlich starkes Rauschen

Der Plot auf der rechten Seite von Abbildung 6.14 ist die Prognose auf 20% verrauschten Daten. Wir haben dabei die Funktion auf Teilen des Einheitsquadrates durch stückweise konstante Funktionen auf Teilgebieten approximiert. Man sieht, dass wir mit 8.000 Werten in unserem Trainingsset die Funktion noch sehr gut rekonstruieren können. Dabei haben wir kein Vorwissen darüber verwendet, wie die Funktion vielleicht aussieht. Fälle, in denen es ein Modell und „nur“ Unsicherheiten über Parameter oder einzelne Funktionsbestandteile gibt, sind typisch für Anwendungen in den Natur- und Ingenieurwissenschaften. Hier ist zum Beispiel vorher klar, dass es sich um ein Signal handelt und sich als Ansatz eine Fourierreihe anbietet.

Der CART Baum kann nicht nur einen skalaren Wert $y \subset \mathbb{R}$ approximieren, sondern auch Vektoren, also $y \in \mathbb{R}^n$. Hierzu muss primär die Funktion `_calRSS` verändert und auf Vektoren erweitert werden. Dasselbe gilt für `_ComputeValue`. Natürlich werden solche Bäume komplexer in ihrer Struktur, je mehr Ausgabewerte berechnet werden sollen. Versuchen Sie einmal den Code oben für Vektoren zu erweitern.
Testen Sie ihren Code für die Funktion

$$y(x_1, x_2) = \begin{pmatrix} 1 - x_1^2 - x_2^2 \\ 0.5 \cdot x_1 x_2 \end{pmatrix}$$

In den meisten anderen Fällen muss man tatsächlich mit ganz allgemeinen Modellen arbeiten. Ein Beispiel, in dem sich ein Ansatz mit stückweise konstanten Werten gut eignet, ist das **Bike Sharing Data Set** (*https://archive.ics.uci.edu/ml/datasets/bike+sharing+dataset*) aus der Veröffentlichung [FTG13]. Es besteht aus 17389 protokollierten Daten über das Ausleihverhalten von Fahrrädern in einer Großstadt. Der Datenbestand enthält Daten bzgl. des Wetters und des Ausleihverhaltens für Fahrräder protokolliert nach Uhrzeit, Feiertag usw. Die Originaldatei enthält die Informationen zum Datum bzw. der Uhrzeit teilweise redundant in einem Zeitstempel und einzelnen Spalteneinträgen. Würden wir in dem Buch noch intensiver auf Pandas zurückgreifen, wäre es möglich, das hier mit wenig Code direkt abzuarbeiten. Damit alles ohne große Umformatierung funktioniert, finden Sie eine aufbereitete Datei auf der Webseite des Buches.

In dieser bereinigten Form haben wir 12 Merkmale, die in Tabelle 6.2 notiert sind. Auch nachdem nun offensichtlich doppelte Informationen entfernt wurden, ist der Datenbestand hierbei ein ganz realistischer Fall, in dem nicht alle Merkmale mit der von uns gesuchten Größe korrelieren müssen und sicherlich mehrere voneinander nicht statistisch unabhängig sind. Beispielsweise sind natürlich die Temperatur und die gefühlte Temperatur nicht statistisch unabhängig. Auch typisch ist, dass wir hier sehr unterschiedliche Arten von Merkmalen haben. Wie man sieht, sind die Merkmale 5,6,7 einer Nominalskala und 8 einer Ordinalskala zuzuordnen.

Trotz der Tatsache, dass nicht alle Merkmale rational sind, müssen wir an unserem Code nichts ändern. In der Praxis ist man hier oft weit entspannter, man muss sich nur die Auswirkungen und Gefahren klarmachen.

```
import numpy as np
from CARTRegressionTree import bRegressionTree

f = open("hourCleanUp.csv")
header = f.readline().rstrip('\n')  # skip the header
featureNames = header.split(',')
dataset = np.loadtxt(f, delimiter=",")
f.close()

X = dataset[:,0:13]
Y = dataset[:,15]

#X = np.delete(X,6, axis=1)

index = np.flatnonzero(X[:,8]==4)
X = np.delete(X,index, axis=0)
Y = np.delete(Y,index, axis=0)
```

Tabelle 6.2 Merkmale des Bike Sharing Data Set (2013)

Nr.	Merkmal	Bedeutung	Wertebereich
0	Season	Frühling(1), Sommer(2), Herbst(3), Winter(4)	$\{1,2,3,4\}$
1	Year	2011 (0) oder 2012 (1)	$\{0,1\}$
2	Month	Monat des Jahres	1 bis 12
3	Day	Tag des Monats	1 bis 31
4	Hour	Stunde des Tages	0 bis 23
5	Holiday	Ist es ein Feiertag?	0 (False) oder 1 (True)
6	Weekday	Wochentag	$\{1,2,3,4,5,6,7\}$
7	Workingday	Kein Wochenende und kein Feiertag?	0 (False) oder 1 (True)
8	Weathersit	Qualität des Wetters in Abstufungen	$\{1,2,3,4\}$
9	Temperature	Normierte Temperatur in Grad Celsius	[0,1]
10	aTemperature	Normierte gefühlte Temperatur in Grad Celsius	[0,1]
11	Humidity	Normierte relative Luftfeuchtigkeit	[0,1]
12	Windspeed	Normierte Windgeschwindigkeit	[0,1]

```

np.random.seed(42)
MainSet = np.arange(0,X.shape[0])
Trainingsset = np.random.choice(X.shape[0], int(0.8*X.shape[0]), replace=False)
Testset = np.delete(MainSet,Trainingsset)
XTrain = X[Trainingsset,:]
yTrain = Y[Trainingsset]
XTest = X[Testset,:]
yTest = Y[Testset]

myTree = bRegressionTree(minLeafNodeSize=15,threshold=2)
myTree.fit(XTrain,yTrain)
yPredict = np.round(myTree.predict(XTest))
import matplotlib.pyplot as plt
plt.figure(1)
yDiff = yPredict - yTest
plt.hist(yDiff,22,color='gray')
plt.xlim(-200,200)
plt.title('Fehler auf Testdaten')
plt.figure(2)
plt.hist(yTest,22,color='gray')
plt.title('Testdaten')
print('Mittlere Abweichung: %e ' % (np.mean(np.abs(yDiff))))
```

Wie man am oberen Ende des Baumes sieht, ist die Uhrzeit – Merkmal 4 – ein sehr wichtiger Aspekt. Das ist nicht verwunderlich. Ansonsten spielen die Jahreszeit (Nr. 0), das Jahr (Nr. 1), Feiertag: ja oder nein (Nr. 7) und die Temperatur (Nr. 9) eine große Rolle. Andere Merkmale kommen erst weiter unten als Feinabstimmung im Baum vor.

Wir erhalten hier einen mittleren Fehler von ca. 32 Fahrrädern, um die sich die Vorhersage auf der Testmenge verschätzt. Die Einordnung dieses Wertes wird durch die beiden Histogramme in Abbildung 6.16 erleichtert. Wie man sieht, schwankt die Anzahl der entliehenen Fahrräder beträchtlich. Im Mittel ist unser Ergebnis eigentlich sehr gut, was jedoch daran liegt, wie wir unser Testset gebildet haben. Unsere Testmenge wurde zufällig aus der Gesamtmenge der Da-

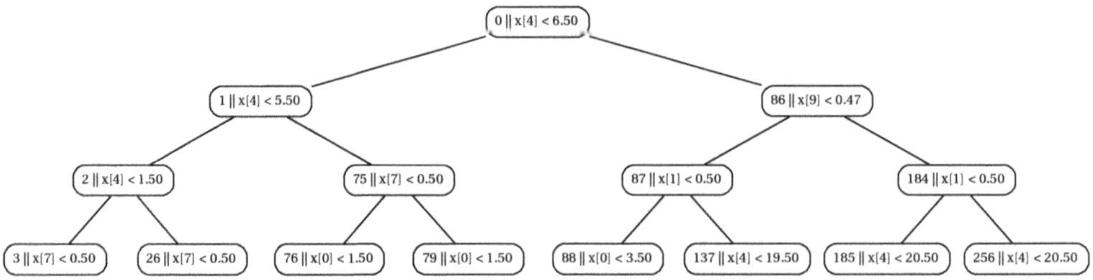

Abbildung 6.15 Erste Ebenen des mittels CART berechneten Entscheidungsbaumes

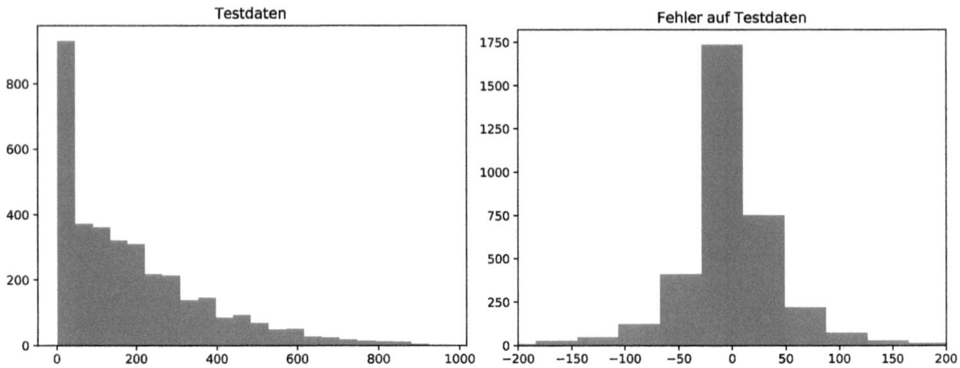

Abbildung 6.16 Werte der Testmenge und Fehlerverteilung beim CART

ten gezogen. Das bedeutet, dass zur Trainingsmenge zum Beispiel die ausgeliehenen Fahrräder an einem bestimmten Tag um 09:00, 10:00 und 12:00 gehören und die Testmenge den Wert um 11:00 enthält. Eine solche Interpolation auf zeitlichen Daten ist wesentlich leichter als eine Extrapolation.

Teilen Sie einmal die Testmenge neu auf und zwar so, dass sich diese aus ganzen Wochen zusammensetzt. Versuchen Sie dann noch einmal eine Analyse mit dem CART. Wundern Sie sich nicht, dass Sie hinter den Wert von ca. 30 Fahrrädern tatsächlich zurückfallen.

6.3.3 Komplexität, Parallelisierbarkeit und Laufzeitoptimierung

Sie haben oben bestimmt bereits bemerkt, dass man für größere Trainingsmengen merklich auf die Antwort des Rechners warten muss. Ist das lediglich unsere Implementierung, die Programmiersprache oder liegt es am Algorithmus? Wie würde sich dieser für wirklich große Datenmengen skalieren?

Nehmen wir für unsere Betrachtungen einmal an, die Trainingsmenge habe n_T Beispiele, mit jeweils n_F Merkmalen.

An der Auswertung liegt es generell nicht so sehr, die ist immer recht zügig. Nimmt man an, dass ein perfekt ausbalancierter Baum entstanden ist, liegen die Kosten für die Vorhersage bei $O(\log(n_T))$. Die Bäume sind natürlich nicht perfekt ausbalanciert, aber als Näherung taugt diese Aussage sehr oft.

Anders sieht es für das Training aus. Hier steigen die Kosten für die Bestimmung des Merkmales, welches die größte Reduktion der Verunreinigung bzw. der L_2-Norm verspricht, zunächst linear mit der Anzahl der Merkmale an; also $O(n_F)$, da jedes Merkmal geprüft werden möchte.

Für das Durchsuchen an jedem Knoten benötigt man n_F Durchläufe, um das Merkmal zu finden, das die größte Reduzierung der Verunreinigung bzw. der L_2-Norm bietet. Hierfür wird nun über alle noch denkbaren Schnittpunkte – deren Anzahl im Wesentlichen der von n_T entspricht – des getesteten Merkmals iteriert und jedes Mal dafür eine Operation auf allen verbliebenen Beispielen ausgeführt. Der Effekt sind Laufzeiten von $O(n_F \cdot n_T \log(n_T))$ an jedem Knoten. Dass es kein n_T^2 hier gibt, verdanken wir der Tatsache, dass sich die Menge im Baum suggestive weiter verkleinert. Hier steckt allerdings wieder die Hoffnung auf einen balancierten Baum in den Aussagen. Durch Summierung der Kosten an jedem Knoten erhält man die Gesamtkosten für den gesamten Baum:

$$O(n_F \cdot n_T^2 \cdot \log(n_T))$$

Dieses Laufzeitverhalten bedeutet, dass der Ansatz im Training nicht gut für große Datenmengen skaliert. Die Anzahl der Merkmale ist für viele Anwendungen weniger kritisch, da es sich um eine kleine Zahl im Vergleich zu den Trainingsbeispielen handelt. Kritisch ist der stärker als quadratisch – jedoch noch schwächer als kubisch – in das Laufzeitverhalten eingehende Term für die Anzahl der Trainingsbeispiele.

Diese Aussagen gelten für die direkte Umsetzung des ursprünglichen Konzeptes, wie wir sie im Code vorgenommen haben. Das Problem ist hierbei primär, dass die Norm bzw. die Verunreinigung für jeden neuen Splitpunkt entlang eines gegebenen Merkmals neu berechnet wird. Das allein erzeugt schon den quadratischen Aufwand auf der verbleibenden Menge von Beispielen an einem Knoten. Dies ist der Aspekt, welcher primär die Performance beeinträchtigt.

Der Effekt entsteht unabhängig von der Programmiersprache, jedoch ist Python bei der implementierten verschachtelten Schleife auch nicht hilfreich und man spürt die Auswirkungen etwas früher als bei einigen anderen Sprachen. Natürlich ist eine Umsetzung z. B. in *Cython* bzgl. der Schleifen schneller. Darüber hinaus bietet der Algorithmus natürlich große Potentiale für paralleles Rechnen, da die Proben für die Merkmale völlig unabhängig voneinander durchgeführt werden können.

Generell ist es für größere Datenmengen jedoch sinnvoll, die Werte für jedes Merkmal vorzusortieren und sich die Permutationen für diese Sortierung zu merken und nicht im Laufe des Trainings zu verwerfen. Darüber hinaus kann man die Suche nach dem optimalen Schnittpunkt effektiver gestalten, wenn man annimmt, dass die gesuchte Funktion stetig ist. Hierdurch können Intervalle getestet werden etc. Mit etwas Programmiergeschick kann man so unter einigen Annahmen für die meisten Problemklassen eine Komplexität von $O(n_F n_T \log(n_T))$ erreichen. Man braucht also etwas mehr Annahmen, ist aber dann in der Regel für größere Datenmengen gewappnet.

Wenn es für Sie im Verlauf der letzten Seiten zu wenig freies Programmieren gab, dann probieren Sie das doch einfach einmal: Wie viel können Sie womit herausholen? In der freien, in Python geschriebenen, Bibliothek *scikit-learn* ist ein solcher Ansatz umgesetzt. Sie können sich auch Anregungen durch den Blick in den Code der dortigen Umsetzungen von CART-Algorithmen holen.

CART in scikit-learn

In scikit-learn gibt es eine Implementierung für Entscheidungsbäume, die nach Stand März 2018 eine leicht optimierte Version des CART Algorithmus umsetzt. Wenn es für Ihre Anwendung wichtig ist, welcher Algorithmus verwendet wird, also ID3, C4.5, C5.0 oder CART, sollten Sie in jedem Fall aufmerksam die jeweils aktuelle Dokumentation lesen. Die implementierten Varianten für Entscheidungsbäume finden Sie in `sklearn.tree`. Es gibt eine Klasse für die Klassifikation `DecisionTreeClassifier` und eine für die Regression `DecisionTreeRegressor`. Die API der aktuellen Version finden Sie unter folgendem Link:
http://scikit-learn.org/stable/modules/generated/sklearn.tree.DecisionTreeClassifier.html
bzw.
http://scikit-learn.org/stable/modules/generated/sklearn.tree.DecisionTreeRegressor.html

6.4 Overfitting und Pruning

Wir sind schon auf Seite 86 auf das Problem des Overfittings eingegangen. Auch wenn unsere Bäume keine Polynome oder Ansatzfunktionen benutzen, neigen diese Ansätze zu einem Overfitting, wenn man keine Gegenmaßnahmen ergreift.

Um das Problem zu illustrieren, erzeugen wir einen künstlichen Satz von Daten zu den Merkmalen x_0 und x_1, wobei $0 \leq x_0, x_1 \leq 10$ gilt. Abhängig von diesen beiden Merkmalen wird eine Zielgröße y definiert. Falls $x_0 < 2$ soll $y = 1$ gelten, ebenso wenn $x_0 \geq 2$ und $x_1 < 5$ ist. In allen anderen Fällen ist $y = 0$.

```
import numpy as np
from CARTRegressionTree import bRegressionTree

np.random.seed(42)
x = 10*np.random.rand(1000,2)
y = np.zeros(1000)
index = np.flatnonzero(x[:,0]<2)
y[index] = 1
index = np.flatnonzero(np.logical_and(x[:,0] >= 2,x[:,1]<5))
y[index] = 1

MainSet = np.arange(0,1000)
Trainingsset = np.random.choice(1000, 800, replace=False)
Testset = np.delete(MainSet,Trainingsset)
```

```
XTrain = x[Trainingsset,:]
yTrain = y[Trainingsset]
XTest = x[Testset,:]
yTest = y[Testset]

smallTree = bRegressionTree()
smallTree.fit(XTrain,yTrain)
```

Der Baum, den wir im Listing oben mit dem CART-Algorithmus erzeugen, ist wie in Abbildung 6.17 dargestellt ein sehr schöner kompakter Baum.

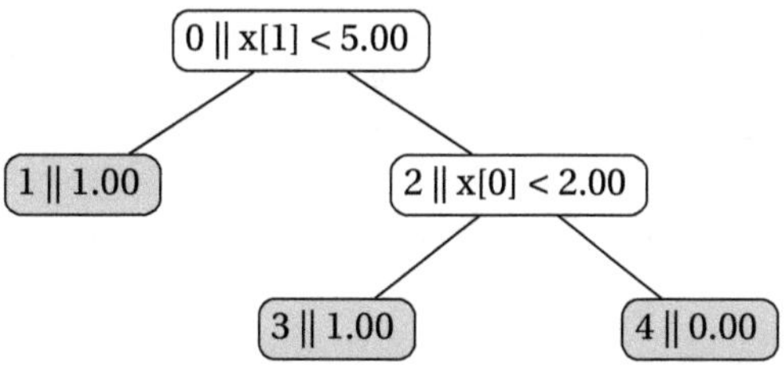

Abbildung 6.17 CART-Entscheidungsbaum ohne Rauschen

Fügen wir jedoch ca. 5% Rauschen hinzu, erhalten wir einen unglaublichen komplexen Baum, der versucht, das Rauschen einzufangen.

```

noise = 0.1*np.random.rand(1000) - 0.05
y = y + noise
yTrain = y[Trainingsset]
yTest = y[Testset]

complexTree = bRegressionTree()
complexTree.fit(XTrain,yTrain)
```

Das Schlimme ist, dass diese Komplexität mit unter anderem 408 Blättern nicht einmal zu einer höheren Qualität beiträgt. Das sieht man eindrucksvoll, wenn man beide Bäume nutzt, um die verrauschten Testdaten vorherzusagen.

```

yPredict = complexTree.predict(XTest)
error = np.abs(yPredict - yTest)
print(error.mean())
yPredict = smallTree.predict(XTest)
error = np.abs(yPredict - yTest)
print(error.mean())
```

Der komplexe Baum führt zu einem durchschnittlichen Fehler von 0.033 und der einfache kleine Baum zu 0.025. Unser Problem ist hier, dass der Baum sehr kleine Verästelungen bildet, um auch noch das kleinste Rauschen in seinen Trainingsdaten abdecken zu können.

Hier entstehen z. B. teilweise Blätter, die größere Werte als 1 besitzen. Wir haben zwar drei Werte zur Mittelwertbildung gefordert, aber dies schließt das bei hinreichendem Rauschen nicht aus. Da das Rauschen in den Testdaten nicht genauso auftritt wie in den Trainingsdaten, können hierdurch z. B. Werte, die in den Testdaten durch das Rauschen leicht unter 1 liegen, in das Blatt mit dem Wert über 1 geleitet werden. Der Effekt ist eine größere Differenz, als wenn der gleiche Wert in dem Blatt mit dem Wert 1 des kompakten Baumes mit 3 Blättern aus Abbildung 6.17 gelandet wäre. Es muss nicht sein, dass der kleine Baum weniger Fehler macht wie in diesem Beispiel, jedoch wird der komplexe nie wesentlich besser. Gleichzeitig verlieren wir teilweise durch die Komplexität einen der großen Vorteile eines Baumes. Bäume sind wesentlich transparenter in der Art, wie Entscheidungen getroffen werden, als zum Beispiel neuronale Netze. Wenn diese Bäume jedoch aberwitzig komplex werden, fällt dieser Vorteil natürlich geringer aus.

Unser Ziel ist es also, diese unsinnige Verästelung zu reduzieren und den Baum auf die notwendige Komplexität zurechtzustutzen. Das englische Wort für *Zurechtstutzen* ist **Pruning**, entsprechend spricht man von Pruningverfahren. Diese Verfahren lassen sich grob in zwei Kategorien einteilen, nämlich **Pre- und Post-Pruning**. Beim Pre-Pruning ist der Name eigentlich irreführend, da hier nichts beschnitten wird. Man versucht eher schon beim Aufstellen des Baumes die zu starke Verästelung zu vermeiden. Dabei wird ein Stopp-Kriterium verwendet. Typische Beispiele sind die maximale Tiefe des Baumes, Mindestverbesserungsraten oder Mindestgrößen für die Blätter.

Wir haben also schon zwei Arten von Pre-Pruning in unserem CART-Algorithmus umgesetzt. Mit der Variablen `threshold` können wir bestimmen, ob es genug Fortschritt gibt, um einen neuen Knoten zu erzeugen. Erhöhen wir diesen Wert auf 10^{-2}, so haben wir zum Beispiel nur noch 118 Blätter und einen durchschnittlichen Fehler auf dem Testset von 0.029. Oft ist es intuitiv leichter, den Wert für die minimale Anzahl von Elementen pro Blatt zu verändern; einfach weil man ein Gefühl dafür hat, dass bei einer gewissen Datenlage mindestens n Werte für einen Mittelwert genommen werden sollten, um das Rauschen herauszufiltern. Mit `minLeafNodeSize = 10` erhalten wir dieselbe Genauigkeit wie mit `threshold = 10**-2`, aber mit 160 Blättern einen etwas komplexeren Baum. Das sind Werte, die man als Start auch raten kann.

Vielleicht raten Sie auch besser und bekommen direkt bessere Bäume, die gleich unten folgen. Ich selbst schummle hingegen oft ein wenig. Eigentlich geht es ja um *Pre*-Pruning, also etwas, das man vorher einstellt; und zwar basierend auf seinem Vorwissen bzw. seinen Vorüberlegungen. Nun ist es allerdings so, dass zum Beispiel **scikit-learn** als eine der Bibliotheken, mit denen ich gerne arbeite, gar kein Post-Pruning – im Jahr 2017 – umgesetzt hatte. Wenn man durch die Möglichkeiten der Software nur ein Pre-Pruning hat, kann man das natürlich auch langsam im Sinne eines Fine-Tunings tun. Wenn man Parameter einstellen will, darf man das jedoch nicht auf der Testmenge tun, da diese sonst zum Teil des Verfahrens wird und nicht unabhängig ist. Daher müssen wir zunächst eine **Validierungsmenge** abspalten:

```

ValSet = np.random.choice(800, 200, replace=False)
xVal = XTrain[ValSet]
yVal = yTrain[ValSet]
Trainingsset = np.delete(Trainingsset,ValSet)
XTrain = x[Trainingsset,:]
yTrain = y[Trainingsset]
```

Die Feineinstellung erfolgt dann über die Verbesserung des Fehlers bzgl. der Validierungsmenge.

Dabei erhöht man einfach die beiden Werte `minLeafNodeSize` und `threshold`, solange sich die Qualität auf der Validierungsmenge nicht oder nur geringfügig verschlechtert.

```
preTree = bRegressionTree(threshold = 2.5*10**-1)
preTree.fit(XTrain,yTrain)
yPredict = preTree.predict(xVal)
error = np.abs(yPredict - yVal)
print(error.mean())
```

Die Zeilen oben muss man dann natürlich mehrfach durchlaufen. Bei meinen Versuchen bin ich für den `threshold = 0.25` bei einem niedrigen durchschnittlichen Fehler von 0.024 gelandet.

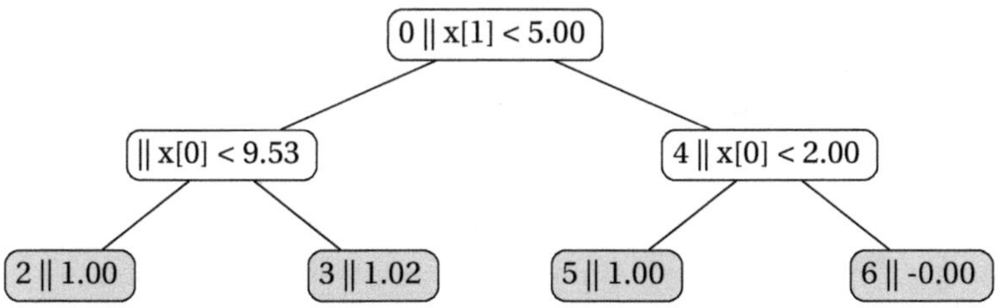

Abbildung 6.18 CART-Entscheidungsbaum mit Pre-Pruning

Wie man in der Abbildung 6.18 sieht, landet man bei einem sehr schönen Baum, der nur ein Blatt mehr als nötig hat. Mit der Einstellung `threshold = 5*10**-1` hätte man sogar das Rauschen vollständig herausfiltern können und denselben Baum mit der gleichen Qualität wie in Abbildung 6.17 erhalten. Aber das ist über die Validierungsmenge nicht perfekt zu sehen und nur in dieser Genauigkeit klar, weil wir wissen, wie wir die Daten erzeugt haben.

Dieser Ansatz oben ist natürlich etwas aus der Not geboren, weil kein Post-Pruning umgesetzt war. Für große Datenmengen ist es etwas unschön, immer wieder den ganzen Baum aufbauen zu müssen und sich über die Validierungsmenge heranzuarbeiten. Der theoretisch angebrachte Ansatz, wenn man keine gute Einstellung für das Pre-Pruning hat, ist das **Post-Pruning**. Hierbei werden an einem fertigen Baum Knoten durch Blätter ersetzt, um die Komplexität zu verbessern. Viele Leute verwenden auch nur für das Post-Pruning den Begriff **Pruning**, da nur hier etwas abgeschnitten wird. Beim Pre-Pruning verhinden wir eher – um im Bild zu bleiben – , dass etwas wächst. Die Beurteilung, was zurückgeschnitten wird, geschieht auch hierbei über eine Validierungsmenge, weshalb unser Ansatz oben einige Ähnlichkeiten aufweist. Einer der einfachsten und zugleich auch sehr effektiven Ansätze ist der **Reduced-Error-Ansatz**, den wir nun besprechen werden.

Hierbei testet man einen Knoten innerhalb des Baumes – wie in Abbildung 6.19 den grauen Knoten – darauf, wie sich der Fehler auf der Validierungsmenge entwickelt, wenn dieser Knoten durch ein Blatt ersetzt wird. Das Blatt wird dabei nach den allgemeinen Regeln für den Baum gebildet, also zum Beispiel nach einer Mehrheitsentscheidung für die Klassifizierung oder eine Mittelwertbildung für die Regression. Verbessert sich der Baum durch diesen Rückschnitt auf der Validierungsmenge oder ist der Fehlerzuwachs in einem tolerierbaren Maß, so wird der unter t liegende Teilbaum abgeschnitten und durch ein Blatt ersetzt.

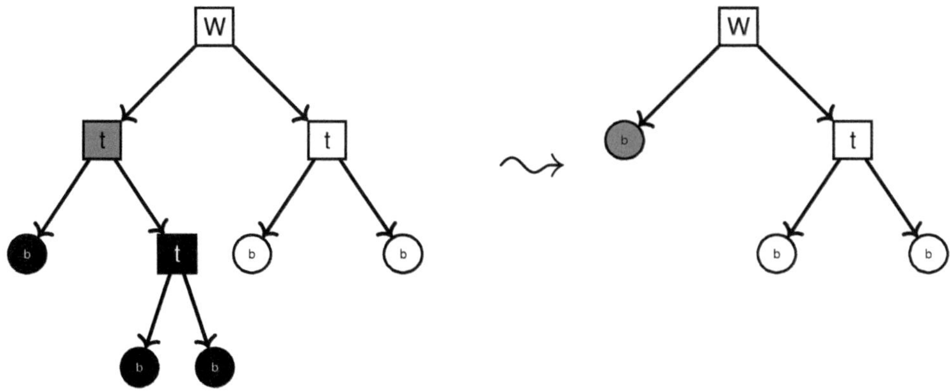

Abbildung 6.19 Pruning an einem binären Baum

Das Vorgehen lässt sich durch die folgenden sieben Schritte beschreiben:

1. Separiere die Validierungsmenge *Val* von der Trainingsmenge und wähle eine Toleranz $0 \leq \varepsilon$
2. Beginne mit dem vollständigen Baum $T = T_{\max}$
3. Wähle einen inneren Knoten t in T
4. Führe eine vorläufige Beschneidung von T in Bezug auf t durch und erhalte T_{temp}
5. Untersuche die Performance von T_{temp} mittels der Validierungsmenge bzgl. der Regression/Klassifikation
6. Wenn für den Fehler $E_{T_{\text{temp}}}(Val)$ des reduzierten Baums gilt:

   $$E_{T_{\text{temp}}}(Val) \leq (1+\varepsilon) \cdot E_T(Val),$$

   beschneide den Baum dauerhaft und nutze $T = T_{\text{temp}}$
7. Springe zurück zu Punkt 3, bis alle Knoten überprüft wurden

Bei dem Durchlaufen des Baumes wird oft so vorgegangen, dass man sich von den Blättern des ursprünglichen Baumes langsam nach oben vorarbeitet und versucht, in vielen kleinen Schritten den Baum zu beschneiden.

Während das Prinzip, wie man oben sieht, sehr einfach ist, ist die Umsetzung in unserem alten Code doch mit einigen Anpassungen an die Datenstruktur verbunden. Daher wird die konkrete Umsetzung in Python hier einmal ausgelassen.

Generell ist die Änderung jedoch nicht kompliziert, man braucht halt wieder ein paar mehr Codezeilen, die jedoch primär Datenstrukturen betreffen, und weniger das maschinelle Lernen. Ein Ansatz ist, in der Klasse `tree` eine Methode `deleteSubTree` umzusetzen. Wenn diese auf der Datenstruktur funktioniert, kann man in `bRegressionTree` oder `bDecisionTree` das eigentliche Pruning als Methode umsetzen.

Ich persönlich schätze übrigens einen naheliegenden Zwischenweg, den ich in der Standard-Literatur jedoch noch nicht gefunden habe. Statt am Schluss ein Pruning durchzuführen, ist es natürlich auch möglich, direkt einer Methode, die den Baum aufbaut, eine Trainings- und Validierungsmenge zu übergeben und beim Aufbau des Baumes die Validierungsmenge in die Entscheidung mit einzubeziehen, ob ein Blatt oder Knoten gebildet werden soll.

Der Ansatz lässt sich auch durch Modifikation unseres vorhandenen Codes umsetzen. Wenn Sie wollen, versuchen Sie doch einmal, ob Sie nicht direkt so kompaktere Bäume erzeugen können.

7 Ein- und mehrschichtige Feedforward-Netze

Künstliche neuronale Netze gibt es als Methode schon recht lange; die Anfänge liegen in den Arbeiten von Warren McCulloch und Walter Pitts [MP43] aus den 40er-Jahren des letzten Jahrhunderts. Motiviert wurden und werden diese Ansätze teilweise durch Analogien zu Neuronen im Gehirn. Grob kann man zusammenfassen, dass es das Ziel war, ein einfaches mathematisches Modell zu entwickeln, welches Verhalten der Neuronen im Gehirn erklären sollte.

Dieser Ursprung treibt oft bei Zeitungsartikeln etc. zu diesem Thema ungewöhnliche Blüten. Die künstlichen neuronalen Netze werden dort mit einem menschlichen Gehirn gleichgesetzt und es wird versucht, dem Leser Effekte und Möglichkeiten der Methode durch diese Analogie klarzumachen. Das Problem ist, dass das Gehirn bisher als Ganzes nicht verstanden ist. Somit können die künstlichen neuronalen Netze, die ursprünglich ein vereinfachtes Modell des Gehirns waren, nicht auf Basis des Gehirns verstanden werden; höchstens umgekehrt. Um die Methode der neuronalen Netze zu durchdringen, ist also vielmehr ein Ansatz über die Verkettung von Funktionen hilfreich als der Blick auf eine der komplexesten biologischen Strukturen, die wir kennen und noch nicht vollständig verstanden haben.

Von der ursprünglichen Idee hatten die neuronalen Netze eine Geschichte, die immer wieder von Hype und Desillusion geprägt war: Nach einer sehr erfolgreichen Startphase liefern Marvin Minsky und Seymour Papert durch eine genaue mathematische Analyse des Perzeptrons 1969 einen Anlass für eine erste Ernüchterung [MP69]. Oft wird in diesem Zusammenhang das XOR-Problem, welches wir später genauer betrachten werden, genannt. Tatsächlich war das Problem durchaus komplexer, da man auch 1969 schon mit Netzen mit verdeckten Schichten arbeiten konnte. Im Wesentlichen zeigte die Veröffentlichung, vereinfacht gesprochen, dass komplexere Probleme eben komplexe Netze benötigen und man sich nicht auf lokale Neuronen zurückziehen kann. Diese *komplexeren* Netze, die wir heute immer verwenden, waren damals jedoch eine große Herausforderung für die Rechenleistung der Hardware. Viel dürfte jedoch auch auf Missverständnissen beruhen von Leuten, die viel Hoffnung mit wenig Verständnis für die Methoden kombinierten.

Nach einigen Höhen und Tiefen hat sich das Gebiet aktuell wieder konsolidiert und kann immer neue Erfolge vorweisen. Deep-Learning-Ansätze bei neuronalen Netzen machen beispielsweise nun viele Anwendungen möglich, die vor kurzem noch nicht denkbar waren; jedoch um den Preis, dass vielleicht bald wieder Enttäuschung bei den Enthusiasten einsetzt, welche die Grenzen der Technologie nicht einschätzen können. Um Möglichkeiten und Grenzen der neuronalen Netze zu verstehen, arbeiten wir uns zunächst ein wenig durch die Historie und kommen dann zu komplexeren Strukturen.

7.1 Einlagiges Perzeptron und Hebbsche Lernregel

Wir beginnen diese historische Reise bei einer der ersten Lernregeln für eine sehr einfache Struktur eines neuronalen Netzes. Um jedoch überhaupt irgendein Netz verstehen zu können, müssen wir bei dessen elementaren Bestandteilen beginnen, den künstlichen Neuronen.

Abbildung 7.1 zeigt das Modell eines einzelnen Neurons. Auf der linken Seite stehen die einzelnen Einträge $x_0, x_1, \dots, x_n$ des Merkmalsvektors x.

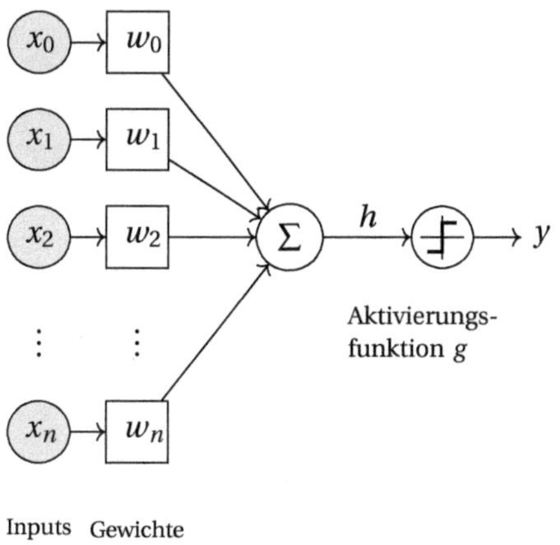

Abbildung 7.1 Mathematisches Modell eines Neurons

Diese Einträge des Vektors werden nun mit Gewichten $w_i \in \mathbb{R}$ (engl. *weights*) multipliziert und aufsummiert. Das Ergebnis ist die Funktion $h : \mathbb{R}^{n+1} \to \mathbb{R}$ mit

$$h(x) = \sum_{i=0}^{n} w_i x_i \,.$$

$h(x)$ wiederum ist der Eingangswert in eine Aktivierungsfunktion g. Die Anlehnung an eine echte Nervenzelle kommt daher, dass analog zu dieser Anregungen aus anderen Nervenzellen auf diese übertragen werden. Auch hier findet eine Art Summation statt. Liegt diese Summe von Anregungen über einem Schwellenpotential, feuert die Nervenzelle ihrerseits. Das Modell oben ist dabei natürlich extrem vereinfacht, aber es handelt sich ja auch nur um eine Anlehnung. In einer der einfachsten Aktivierungsfunktionen wurde versucht, dieses *Alles-oder-nichts*-Prinzip bei der Überschreitung des Schwellenpotentials umzusetzen. In diesem Fall kommt eine Schwellenwertfunktion als **Aktivierungsfunktion** bzw. engl. **activation function** wie in Abbildung 7.2 zum Einsatz. In Python ab NumPy 1.13 kann man diese Funktion wie folgt umsetzen:

```
y = np.heaviside(x - theta, 0)
```

Somit feuert auch unsere mathematische Nachbildung eines echten Neurons ab der Überschreitung eines Schwellenwertes θ und springt von 0 auf 1. Unterhalb dieses Schwellenwertes θ ist das künstliche Neuron inaktiv.

Nun sollten wir das Neuron aus Abbildung 7.1 noch etwas mathematischer betrachten. Hier kann uns eine kompaktere Darstellung helfen. Wie schon erwähnt, wird jeder Eintrag x_i des

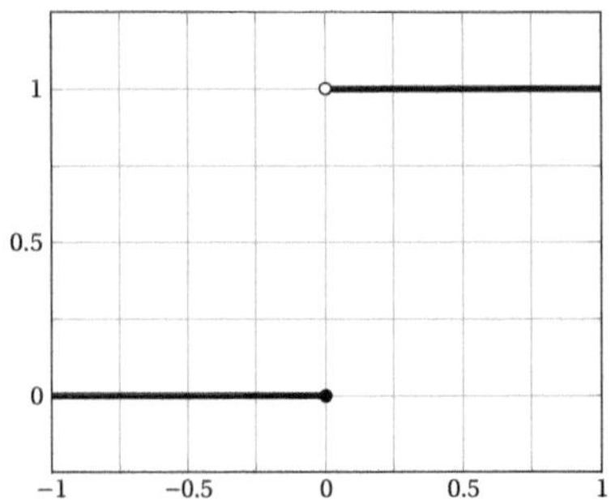

$$y = g(h) = \begin{cases} 1 & \text{für } h > \theta \\ 0 & \text{für } h \leq \theta \end{cases}$$

Abbildung 7.2 Heaviside-Funktion

Inputvektors x jeweils mit einem Gewicht w_i multipliziert. Wir können also w_i erneut zu einem Vektor w kombinieren. h kann man dann durch ein einfaches Skalarprodukt darstellen:

$$x_0 \cdot w_0 + x_1 \cdot w_1 + \cdots + x_n \cdot w_n = \sum_{i=0}^{n} x_i \cdot w_i = x \cdot w = h$$

Zieht man jetzt noch den Schwellenwert θ hinzu und stellt ein wenig um, so erhält man:

$$h - \theta = x_0 \cdot w_0 + x_1 \cdot w_1 + x_2 \cdot w_2 + \cdots + x_n \cdot w_n - \theta = 0$$

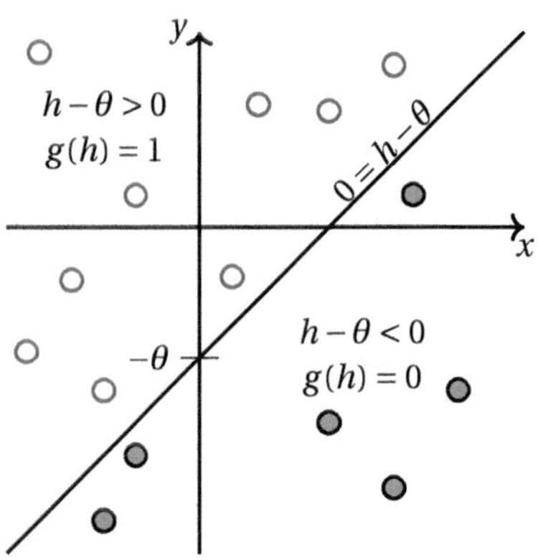

Abbildung 7.3 $h - \theta$ als Grenze für eine Klassifikation

In der Form erkennt man, dass hierdurch eine Hyperebene definiert wird, wie wir sie zum Beispiel auf Seite 115 kurz besprochen haben. Wenn der Raum zweidimensional ist, impliziert der Ausdruck Hyperebene, dass damit eben auch eine Gerade gemeint sein kann. Hierbei erhalten wird die Form:

$$w_0 x_0 + w_1 x_1 - \theta = 0 \tag{7.1}$$

Am zweidimensionalen Fall kann man sich den Ansatz sehr gut klarmachen, weshalb wir hiermit auch starten, und wie in Abbildung 7.3 visualisieren.

Durch θ wird die Hyperebene – hier eine Gerade – aus dem Ursprung hinaus verschoben. Die Aktivierungsfunktion wird dann für alle Werte auf der einen Seite der Hyperebene den Wert 1 haben und auf der anderen 0. Eine solche Hyperebene kann man daher als Klassifikator benutzen, wenn zwei Mengen **linear separierbar** sind. Man bezeichnet Mengen $M_1, M_2 \subset \mathbb{R}^n$ als linear separierbar, wenn eine Hyperebene im $\mathbb{R}^n$ existiert, die diese beiden Mengen im $\mathbb{R}^n$ trennt.

Das ist eine eher vereinfachte Definition und man kann sie auch auf Fälle erweitern, in denen es sich nicht um Teilmengen des $\mathbb{R}^n$ handelt, aber dann wird die Definition und die Anschauung eher komplexer und wir kommen hier mit dieser Definition aus.

Um uns diesen Aspekt der linearen Separierbarkeit besser klarzumachen, schauen wir uns das an einem Beispiel an, in dem die Hyperebene eben nur eine Gerade ist, also einen Fall im $\mathbb{R}^2$. Wir betrachten dabei die Frage, ob Fahrzeugklassen durch diesen Ansatz separierbar sind. Dazu betrachten wir Daten von jeweils 10 Modellen, die den Klassen Obere Mittelklasse, Mittelklasse, Kleinwagen und Kleinstwagen zugeordnet sind. Zur Verfügung stehen uns die Merkmale *Kaufpreis* und *Motorleistung*. Die Zuordnung stammt aus einem ADAC-Heft. Für mich ist das immer ein schönes Beispiel dafür, einen Computer Dinge sortieren zu lassen, da mir bisher kein Mensch eine über die Zeit konsistente Definition geben konnte. Die Datei dazu ist auf der Webseite des Buches zu finden.

Trägt man nun jeweils ein Merkmal an einer Achse auf, erhalten wir folgendes Bild über die Verteilung der Fahrzeuge:

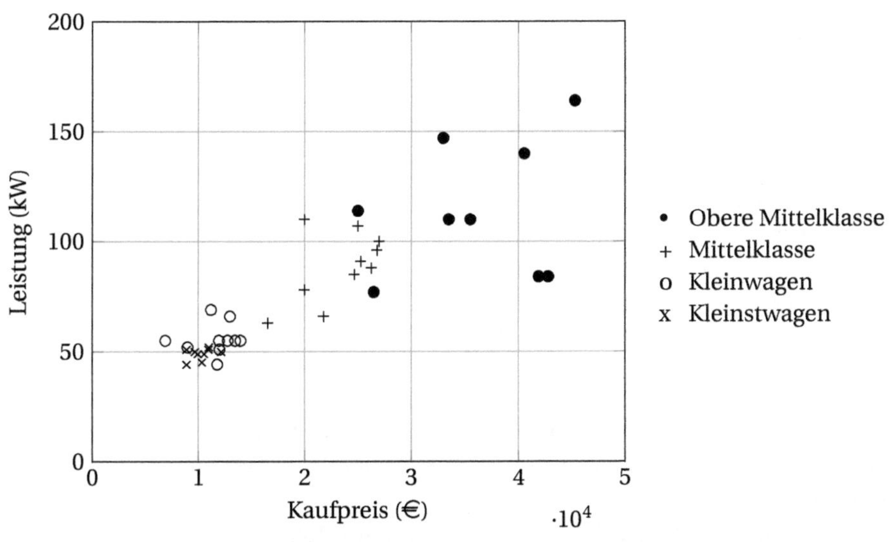

Abbildung 7.4 PKW-Klassen in Abhängigkeit von Kaufpreis und Leistung

Das sind jetzt vier Mengen in Abbildung 7.4. Wir können sicherlich mit den Werten 0 und 1, die uns mit diesem ersten Ansatz mit einem Neuron zur Verfügung stehen, nur zwei Mengen unterscheiden.

Fassen wir also zunächst einmal die Klein- und Kleinstwagen sowie die Mittelklasse und obere Mittelklasse in jeweils einer Menge zusammen. Linear – also durch eine Gerade in diesem Fall – separierbar ist es nach der Definition oben, wenn Sie jetzt mit einem Lineal und Bleistift einen Strich ziehen können und auf der einen Seite ist nur die Menge A und auf der anderen die Menge B. Versuchen Sie es mal – ggf. auch ohne wirklich einen Strich ins Buch zu machen –

und Sie werden feststellen: Es klappt. Diese beiden Mengen sind also linear separierbar. Ginge es um die Menge *obere Mittelklasse* als Menge A und den Rest als Menge B, so wäre das nicht möglich. Man müsste mit mindestens zwei Fehlklassifikationen leben.

Die Trennung von Klein- und Kleinstwagen scheint über lineare Ansätze völlig sinnlos. Lineare Separierbarkeit ist also nichts Selbstverständliches, sondern eher etwas Besonderes. Unten in Abbildung 7.5 finden Sie meine beiden Trennungsversuche für die ersten zwei Fälle.

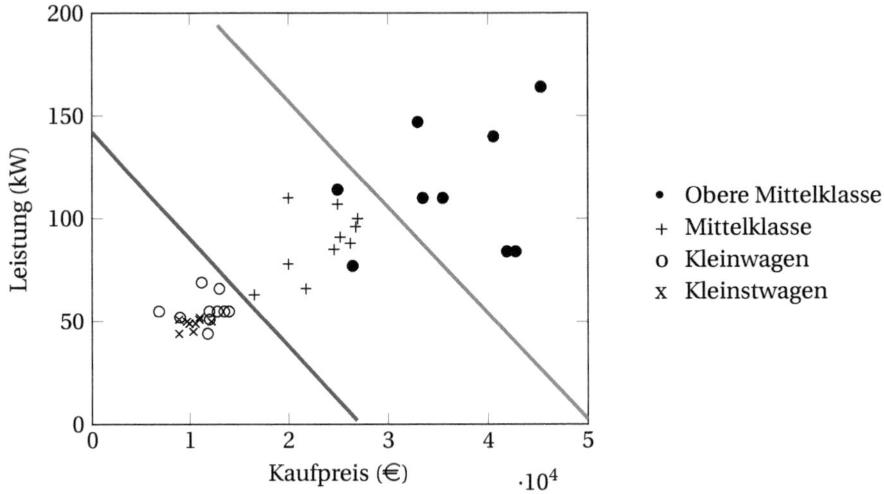

Abbildung 7.5 PKW-Klassen separiert durch einen Menschen

Nun wollen wir einmal sehen, welche Resultate wir erzielen, wenn wir diese Aufgabe einem einzelnen Neuron überlassen.

Zunächst müssen wir uns darüber klar werden, dass wir das Aktivierungspotential des Neurons konstant halten wollen. Es soll also eine Eigenschaft unserer Netzarchitektur sein und kein Parameter für das Training. Daraus ergibt sich ein Problem, denn mit fixiertem θ erscheint es so, als wenn unsere Gerade – allgemein natürlich Hyperebene – zwar ihre Steigung verändern kann, aber nicht den Schnitt mit der y-Achse. Allgemeiner gesprochen brauchen wir eine Möglichkeit, um die Affinität der Hyperebene mitlernen zu können. Das wird gelöst, indem wir einen zusätzlichen Inputwert bereitstellen, welcher konstant 1 ist. Das Ergebnis ist ein sogenanntes **einlagiges Perzeptron** (engl. *perceptron*).

Die Abbildung 7.6 zeigt das Schema eines solchen einlagigen Perzeptrons. In dem Beispiel werden zwei Merkmale als Input verwendet, hinzu kommt das nötige konstante Input-Neuron. 1 ist als Wert hier natürlich eine willkürliche Festlegung. Da aber die Inputwerte oft auf den Bereich zwischen 0 und 1 normiert werden, ist es sinnvoll, das **On-Neuron** oder auch **Bias-Neuron** in diesem Bereich – typischerweise eben gleich 1 – zu wählen.

Die Nummerierung der Gewichte wird so gewählt, dass man die Summation der gewichteten Eingaben als Matrix-Vektor-Multiplikation schreiben kann. Mit

$$W = \begin{pmatrix} w_{1,1} & w_{1,2} & w_{1,3} \\ w_{2,1} & w_{2,2} & w_{2,3} \end{pmatrix}$$

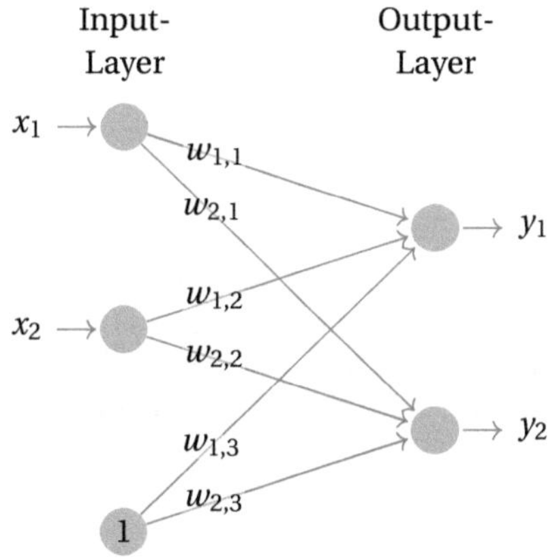

Abbildung 7.6 Schema eines einlagigen Perzeptrons

gilt dann

$$h = W \cdot x$$
$$y = g(h(x))$$

Die Funktion h führt dann komponentenweise die Aktivierungsfunktion – hier die Schwellenwert- oder Heaviside-Funktion – aus. Betrachten wir einmal nur y_1 um die Rolle des Bias-Neurons als Ersatz für θ zu verdeutlichen.

$$h(x) = w_{1,1} \cdot x_1 + w_{1,2} \cdot x_2 + w_{1,3} \cdot 1$$

Wie man sieht, übernimmt $w_{1,3}$ nun die Rolle von $-\theta$ in Gleichung (7.1).

Das Beispiel aus Abbildung 7.6 macht klar, dass wir mit einem solchen einlagigen Perzeptron mehrere Ausgangswerte berechnen können. Wir beschränken uns für unser Startbeispiel mit der Klassifikation der PKW auf den einfachsten Fall mit einem Output-Neuron. In diesem Fall vereinfacht sich einiges und wir erhalten eine einzeilige Matrix

$$W = \begin{pmatrix} w_{1,1} & w_{1,2} & w_{1,3} \end{pmatrix},$$

die man natürlich in diesem Fall auch einfacher als Vektor notieren kann:

$$w = \begin{pmatrix} w_1 & w_2 & w_3 \end{pmatrix}$$

Jetzt gehen wir daran, unser Netzwerk zu trainieren, was in diesem Fall bedeutet, die Gewichte w_i anzupassen. Für unser Einstiegsbeispiel verwenden wir zunächst eine der ältesten und einfachsten Lernregeln. Es handelt sich um die **Hebbsche Lernregel**.

Grundlage dieses Ansatzes ist zunächst der Unterschied zwischen dem gewünschten $\hat{y}$ eines Trainingswertes und dem tatsächlich beobachteten Output y. Diesen Fehler notieren wir einfach als:

$$error = \hat{y} - y$$

Die Grundidee ist nun, falls $\hat{y} > y$ ist, die Gewichte zu vergrößern, und diese zu verkleinern, falls $\hat{y} < y$. Dabei sollen Gewichte, die einen großen Einfluss haben, stärker verändert werden als Gewichte mit einem kleinen Einfluss.

Aus dieser Grundidee ergeben sich die folgenden Zuweisungen für die Anpassung der Gewichte:

$$\begin{aligned} \Delta w_j &= error \cdot x_j \\ w_j &= w_j + \Delta w_j \end{aligned}$$

Dieser Ansatz ist jedoch oft instabil, da die Werte zu stark springen und dabei nicht konvergieren. Um dies zu verhindern, wird die Änderung mit einer Lernrate $\eta \in]0,1]$ multipliziert, welche dämpfend auf die Änderungsprozesse wirkt. Warum es sinnvoll ist, die Gewichte im Bereich $[-0.5, 0.5]$ zu initialisieren besprechen wir noch genauer im Kontext des mehrlagigen Netzwerkes auf Seite 190.

Als Pseudocode ergibt sich für unseren einfachen Fall hier:

Gegeben ist eine Menge von Beispielen $D = \{(X, Y)\}$
w mit Zufallszahlen im Intervall $[-0.5, 0.5]$ initialisieren
$t = 0$
repeat
    $t = t + 1$
    $(\hat{x}, \hat{y}) = \text{RandomSelect}(D)$
    $error = \hat{y} - \text{heaviside}(w\,\hat{x})$
    for $j = 0$ **to** p **do**
        $\Delta w_j = \eta \cdot error \cdot \hat{x}_j$
        $w_j = w_j + \Delta w_j$
    end for
until $\| Y - \text{heaviside}(w\,X) \| < \varepsilon$ **or** $t > t_{\max}$

Dieser Pseudocode kann fast genauso nach Python übertragen werden. Falls nicht NumPy 1.13 und neuer vorhanden ist, haben wir schnell eine eigene kleine Heaviside-Funktion eingebaut. Angewendet auf das Beispiel mit den PKW könnte der Python-Code z. B. so aussehen:

```python
import numpy as np

np.random.seed(42)

dataset = np.loadtxt("Autoklassifizierung.csv", delimiter=",")


y = dataset[:,0]
x = np.ones( (len(y),3) )
x[:,0:2] = dataset[:,1:3]

xMin = x[:,0:2].min(axis=0); xMax = x[:,0:2].max(axis=0)
x[:,0:2] = (x[:,0:2] - xMin) / (xMax - xMin)
t = 0; tmax=100000
eta = 0.25
Dw = np.zeros(3)
w = np.random.rand(3) - 0.5
convergenz = 1

def myHeaviside(x):
    y = np.ones_like(x,dtype=np.float)
    y[x <= 0] = 0
    return(y)
```

```
24
25 while (convergenz > 0) and (t<tmax):
26     t = t +1;
27     WaehleBeispiel = np.random.randint(len(y))
28     xB = x[WaehleBeispiel,:].T
29     yB = y[WaehleBeispiel]
30     error = yB - myHeaviside(w@xB)
31     for j in range(len(xB)):
32         Dw[j]= eta*error*xB[j]
33         w[j] = w[j] + Dw[j]
34     convergenz =  np.linalg.norm(y-myHeaviside(w@x.T))
```

Die Initialisierung mit lauter Einsen in Zeile 9 und das nur teilweise Überschreiben in Zeile 10 erzeugt automatisch das benötigte Bias-Neuron in der letzten Spalte. Statt x_1 und x_2 wird hier wie in Abbildung 7.6 konstant nun eine 1 übergeben. In Zeile 13 hingegen kümmern wir uns erneut darum, dass unsere Eingaben normiert sind, um Verzerrungen zu vermeiden.

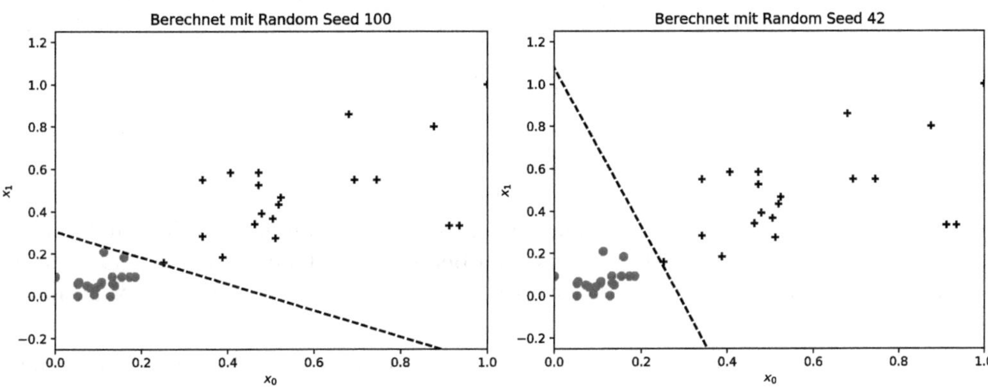

Abbildung 7.7 Aufteilung der Klassen bei unterschiedlichen Startwerten

Wie man in Abbildung 7.7 sieht, ist das Ergebnis zwar richtig, aber nicht ganz zufriedenstellend. Zum einen ist es offensichtlich, dass die Lösung nicht eindeutig ist. Dies ist ein Problem, das uns auch noch weiter verfolgen wird. Zum anderen trennen die Geraden die beiden Mengen nicht so wie ein Mensch es intuitiv gemacht hätte. Als Mensch versucht man automatisch z. B. in der Mitte zwischen beiden Gruppen durchzugehen, während hier Lösungen akzeptiert wurden, die sehr nah an einer der Gruppen liegen.

Generell gilt, dass – falls eine oder mehrere Hyperebenen zwischen den beiden Mengen existieren – das Netzwerk mit der Hebbschen Lernregel irgendwann konvergieren wird. Falls diese Ebene nicht existiert, z. B. wegen verrauschter Daten, bricht das Verfahren nach dem Erreichen der maximalen Durchgänge ab. Die Qualität der dabei erreichten Näherung ist dabei unklar, jedoch in der Praxis oft nicht schlecht.

Wir werden nun einmal unser Ergebnis für den Random Seed 100 hier kurz testen. Dazu schreiben wir eine Funktion, die anhand der berechneten Ebene auswertet, zu welcher Gruppe ein Element unserer Testmenge gehört.

```
35
36 def predict(x,w,xMin,xMax):
37     xC = np.ones( (x.shape[0],3) )
38     xC[:,0:2] = x
```

```
    xC[:,0:2] = (xC[:,0:2] - xMin) / (xMax - xMin); print(xC)
    y = w@xC.T
    y[y>0] = 1
    y[y<= 0] = 0
    return(y)
# SEAT  Ibiza, Sokda Octavia, Toyota Avensis und Yaris GRMN
xTest = np.array([[12490, 48], [31590, 169],[24740, 97], [30800, 156]])
yPredict = predict(xTest,w,xMin,xMax)
print(yPredict)
```

Alle außer dem Yaris GRMN werden richtig klassifiziert. Dieser ist jedoch auch als extremes Beispiel für einen zum Rennwagen aufgerüsteten Kleinwagen ausgewählt worden. Hieran sieht man, dass für besondere Fälle zwei Merkmale eben nicht ausreichen werden für eine Klassifikation mit mit hoher Genauigkeit.

Dieser einfache Lernansatz oben wurde einfach als Funktionen untereinander weggeschrieben. Wie schon in Abschnitt 3.2.5 erwähnt, ist das aber eigentlich nicht das Ziel. Wünschenswert ist eine Klasse mit einer `fit`- und `predict`-Methode. Setzen Sie doch zur Übungen den Code oben einmal als Klasse um und betten Sie dabei die Umsetzung der Heaviside-Funktion als `_heaviside` in die Klasse ein. Dann können auch Werte wie `xMin` etc. in der Klasse gehalten werden.

Allgemein ist das Finden einer Hyperebene für eine lineare Separation eigentlich ein Problem von polynomialer Komplexität. Die Komplexität beim vorgestellten Ansatz ist jedoch exponentiell, weshalb diese Methode für unsere historische Annäherung an neuronale Netze interessant, aber nicht wirklich praxistauglich ist.

Nun soll es jedoch darum gehen, zu klären, warum wir zu komplexeren Strukturen übergehen wollen und wie das funktioniert.

7.2 Multilayer Perceptron und Gradientenverfahren

Wenn man einmal in die Natur sieht, ist komplex jedoch sehr relativ. Es gibt eine sehr kleine Wespenart namens *Megaphragma mymaripenne*, und laut [Pol12] kommt diese mit einer Gesamtanzahl von 7400 Neuronen in ihrem Nervensystem aus. Das reicht zum Fliegen, Fortpflanzen etc. Damit ist sie allerdings wirklich ein Minimalist, denn im Gegensatz dazu soll die oft lästige Stubenfliege schon über 300 000 Neuronen verfügen. So komplex wird es im Folgenden zunächst nicht, aber die Natur ist wirklich sehr sparsam im Gegensatz zu vielen Anwendungen mit künstlichen neuronalen Netzen. Ein Grund kann darin liegen, dass sich Organismen ihre Energie für die organischen Netzwerke mühsam zusammensuchen bzw. jagen müssen und Großrechner bei Bedarf direkt an großen Energiequellen, wie z. B. Wasserkraftwerken, gebaut werden, wodurch Energie scheinbar nebensächlicher wird.

Aber völlig sinnlos will und wird man auch diese Energie nicht verbrauchen. Was ist es also, was uns zwingt, komplexere Strukturen einzusetzen? Dazu muss man sich klarmachen, was unser einfaches Perzeptron wirklich kann. Wir wissen, dass es Klassen fehlerfrei trennen kann, die linear separierbar sind. Das sind die Art von Problemen, die es lernen kann. Um komplexere Zusammenhänge deutlich machen zu können, wäre es sicherlich sinnvoll, wenn unser Netzwerk die grundlegenden logischen Verknüpfungen lernen könnte.

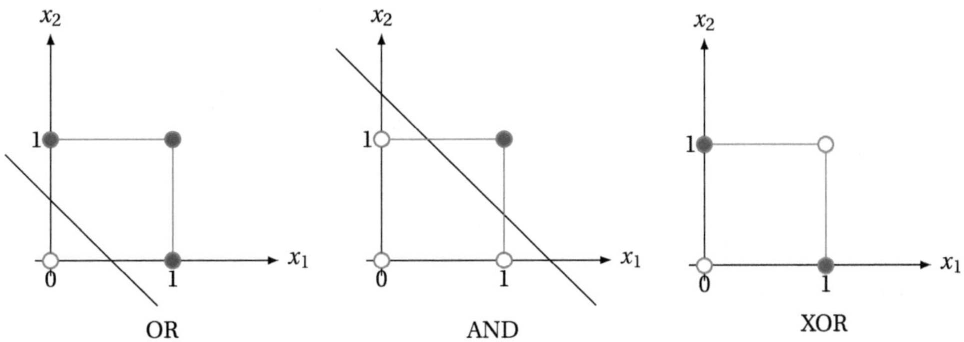

Abbildung 7.8 Elementare logische Operationen

Abbildung 7.8 zeigt die logischen Funktionen OR, AND und XOR. Beim Auftragen in die Koordinatensysteme wurde die typische Codierung 0 für False und 1 für True verwendet: Ausgefüllt sind alle Fälle markiert, in denen die Antwort *True* und weiß alle Fälle, in denen die Antwort *False* wäre. Wie man sieht, ist es offensichtlich, dass OR und AND linear separierbar sind. Die zugehörigen Perzeptrons können sogar analytisch ermittelt werden und sind in Abbildung 7.9 gezeigt. Im Output-Neuron wird dabei jeweils die Heaviside-Funktion verwendet.

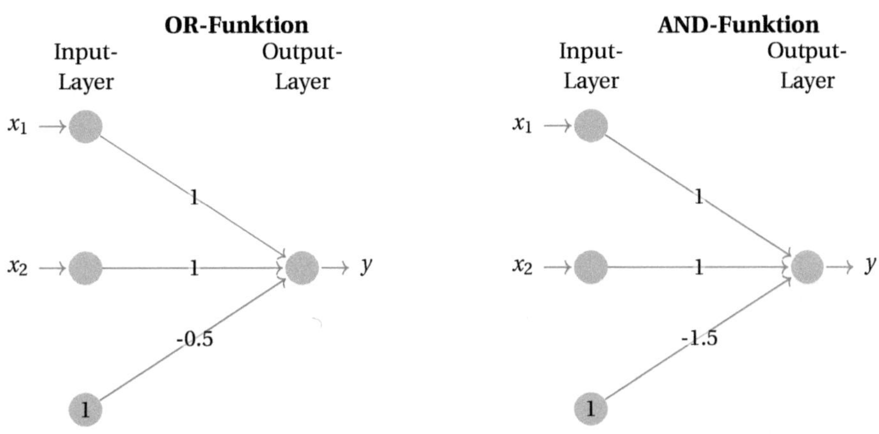

Abbildung 7.9 Perzeptron für OR und AND

Nutzen wir unsere Predict-Funktion für das einlagige Perzeptron aus dem letzten Abschnitt 7.1, so kann man schnell sehen, wie gut alles funktioniert:

```
>>> w = np.array([1, 1, -0.5])
>>> xBool = np.array([[1, 0],[0, 1],[1, 1],[0, 0]])
>>> print(predict(xBool,w,0,1))
[ 1.  1.  1.  0.]
>>> w = np.array([1, 1, -1.5])
```

```
>>> print(predict(xBool,w,0,1))
[ 0.  0.  1.  0.]
```

Für XOR lässt sich, wie schon absehbar, keine entsprechende Darstellung bzw. Gewichte w finden. Um diese Limitierung aufzubrechen, werden wir zum einen komplexere Strukturen einfügen, in denen mehrere Neuronen neben-, aber vor allem hintereinander verschaltet werden. Diese sind jedoch weit komplexer zu trainieren als unser einfaches Neuronen-Modell zuvor. Um dieses Training durchzuführen, kommen Verfahren aus der mathematischen Optimierung zum Einsatz. Diese Verfahren basieren jedoch im Regelfall auf Ableitungen und die von uns bisher verwendete Heaviside-Funktion ist nicht differenzierbar. Als differenzierbare Alternative zur Heaviside-Funktion bietet sich die **Sigmoidfunktion** mit

$$\varphi = \text{sig}(x) = \frac{1}{1+\exp(-x)}$$

oder der **Tangens Hyperbolicus** an:

$$\varphi = \tanh x = \frac{e^x - e^{-x}}{e^x + e^{-x}} = \frac{e^{2\cdot x} - 1}{e^{2\cdot x} + 1}$$

Der Wertebereich beider Funktionen liegt zwischen 0 und 1 für die Sigmoidfunktion bzw. -1 und 1 für den Tangens Hyperbolicus. Er kann je nach Anwendung als Wahrscheinlichkeit, zu einer Gruppe zu gehören, betrachtet werden. Durch den Parameter a kann man diese an verschiedene Bedürfnisse anpassen, ohne die Differenzierbarkeit zu verlieren. Je größer a wird, desto mehr nähert man sich der Heaviside-Funktion an. In Abbildung 7.10 sind beide für den Fall $a = 5$ dargestellt.

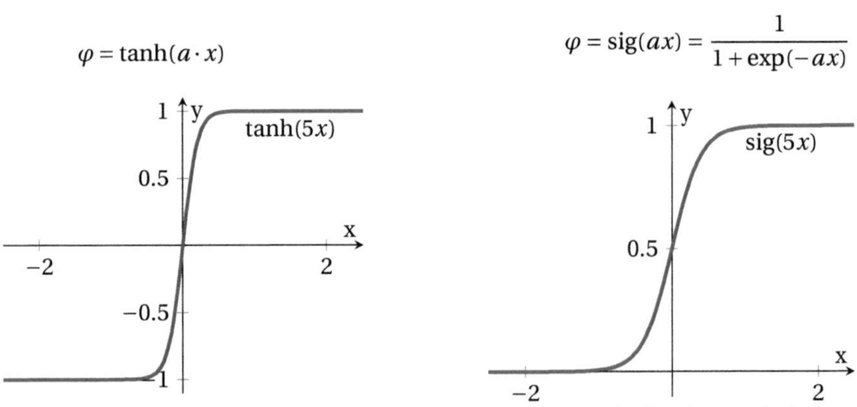

Abbildung 7.10 Sigmoidfunktion und Tangens Hyperbolicus als Aktivierungsfunktionen

Beide Funktionen bieten sich auch aufgrund der einfachen Struktur ihrer Ableitung an:

$$\text{sig}'(t) = \text{sig}(t)\left(1 - \text{sig}(t)\right)$$

$$\tanh'(t) = (1 + \tanh(t))\,(1 - \tanh(t))$$

Dies sind also die Aktivierungsfunktionen, die wir für dieses Kapitel nutzen werden. Weitere Aktivierungsfunktionen besprechen wir später in Abschnitt 8.2. Die Abbildung 7.11 zeigt die erste Steigerung der Modellkomplexität, die wir in Angriff nehmen werden.

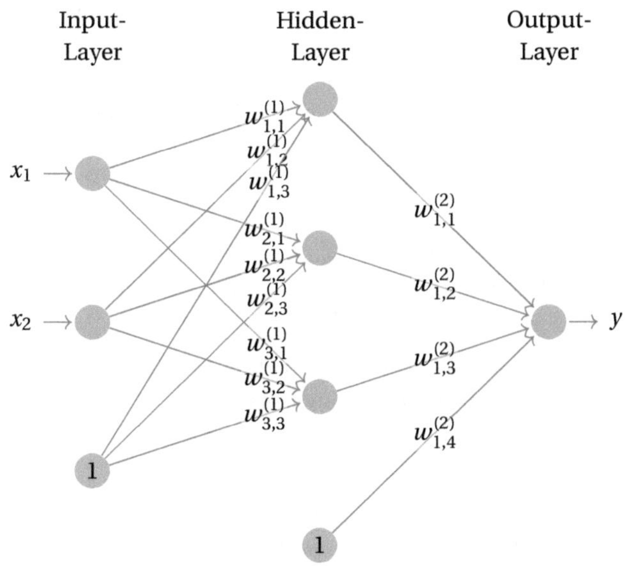

Abbildung 7.11 Neuronales Netz mit einem Hidden-Layer

Im Gegensatz zu dem Netzwerk zuvor in Abbildung 7.6 auf Seite 173 gibt es hier eine weitere Schicht zwischen dem **Input-Layer**, in dem die Merkmale dem Netzwerk zugefügt werden, und dem **Output-Layer**, welcher die fertige Berechnung bereitstellt. Man spricht von einem **Hidden-Layer**. Das Netzwerk wird also als etwas angesehen, das in Schichten organisiert ist. Die Komplexität des Modells hängt von der Größe der Schichten, also wie viele Neuronen diese beinhalten, und der Anzahl der Schichten ab. Wir fangen hier zunächst mit einer an. Welchen Sprung an Möglichkeiten man mit einem Hidden-Layer macht, erkennt man in der Abbildung 7.12. Wir verwenden hier noch einmal statt einer Sigmoidfunktion in den Hidden- und Output-Neuronen jeweils die Heaviside-Funktion.

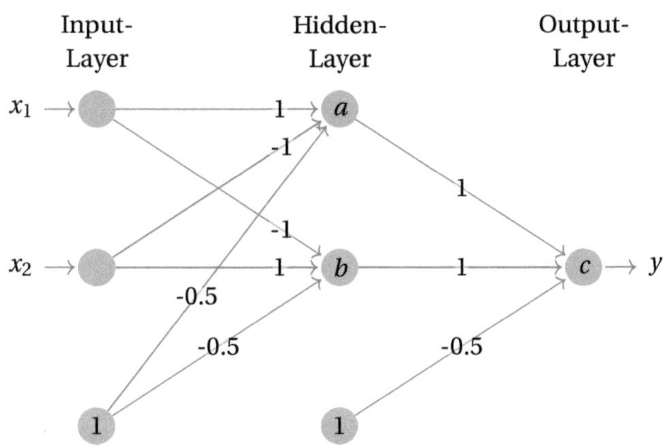

Abbildung 7.12 Perzeptron mit einem Hidden-Layer für XOR

Rechnen wir einmal den Verlauf der Verarbeitung für den Input $x = (1,0)^\top$ und $x = (1,1)^\top$ gemeinsam durch. Legt man $x = (1,0)^\top$ ergibt sich das Eingangssignal von a zu 0.5, womit die Heaviside-Funktion den Wert 1 ausgibt. Bei b hingegen zu -1.5 und somit dem Wert 0.

Über *a* erreicht das Output-Neuron der Wert 1, über *0* und über das Bias-Neuron des Hidden-Layers -0.5. In Summe liegt 0.5 an, weshalb richtigerweise 1 ausgegeben wird. Analog nun für $x = (1,1)^\top$, bei dem an *a* und *b* sich der Wert -0.5 ergibt und folglich die Heaviside-Funktion 0 ausgibt. Aus dem Hidden-Layer erreicht folglich -0.5 das Neuron *c*, weshalb das Netzwerk als Output eine 0 produziert. Mit diesem neuronalen Netz mit einem Hidden-Layer können wir jetzt mit sehr wenigen Neuronen die logische XOR-Funktion also darstellen.

Gehen Sie den Verlauf doch für die verbleibenden Fälle $x = (0,1)^\top$ und $x = (0,0)^\top$ einmal durch und zeigen Sie so, dass die Aussage oben auch wirklich stimmt.

An dem Beispiel-Perzeptron aus Abbildung 7.12 erkennt man auch, dass die Bias-Neuronen in dem Hidden-Layer im Gegensatz zu dem im Input-Layer optional sind.

Ziehen Sie einmal eine Verbindung von allen Merkmalen im Input-Layer, inklusive dem Bias-Neuron im Input-Layer, zu dem Bias-Neuron des Hidden-Layers. Nun überlegen Sie sich, welche Werte Sie für die Gewichte wählen müssten, um dasselbe Netzwerk wie in Abbildung 7.12 zu erhalten.

Fazit ist, dass die Hidden-Layer mit Bias-Neuronen versehen werden können, jedoch das Netz bei Bedarf selbst Bias-Neuronen in diesen Schichten ausbilden kann. Hierfür muss jedoch mindestens in der ersten Schicht ein Bias-Neuron vorhanden sein. Ein Nachteil daran, diesen Effekt im Inneren ausbilden zu müssen, ist u. a., dass mehr Gewichte bestimmt werden müssen. Natürlich müssen die Schichten weiterhin genug Neuronen beinhalten. In Abbildung 7.12 sind also in der dritten Schicht immer drei Neuronen nötig, aber das unterste muss nicht explizit ein Bias-Neuron sein.

Neben den schon erwähnten Aktivierungsfunktionen sollte noch eine weitere erwähnt werden, die oft in den Output-Layern Verwendung findet, die **lineare Aktivierungsfunktion**:

$$\varphi = a \cdot x$$

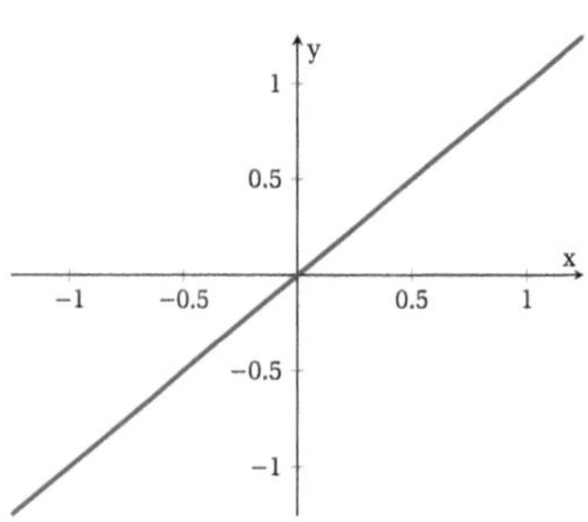

Abbildung 7.13 Lineare Aktivierungsfunktion

Wird im Output-Layer nur auf Sigmoid oder Tangens Hyperbolicus zurückgegriffen, ist der Wertebereich des Netzwerkes auf 0 bis 1 bzw. -1 bis 1 für den Output y begrenzt. Ein solches Netzwerk kann nur mit entsprechend skalierten Zielwerten verwendet werden. Natürlich ist auch die lineare Aktivierungsfunktion differenzierbar – eben mit a – und dem Einsatz der angedeuteten Optimierungstechniken steht durch sie nichts im Wege.

Technisch betrachtet können in einem Netzwerk immer weitere Hidden-Layer hinzugefügt werden. Bei Netzwerken mit mehr als zwei Hidden-Layern spricht man schon von tiefen bzw. **Deep Networks**. Jede weitere Schicht über zwei Hidden-Layern erweitert jedoch nicht mehr die Klasse der darstellbaren Funktionen. Man kann alle stetigen Funktionen schon mit einem Hidden-Layern approximieren, wenn man in dem Hidden-Layer Sigmoidfunktionen und im Output-Layer eine lineare Aktivierungsfunktion vorsieht. Wir kommen darauf noch mal in Abschnitt 7.4 auf diese als *Universal approximation theorem* [Cyb89] bekannten Aspekt. Die Abbildung 7.14 zeigt, wie ein nicht-tiefes Netzwerk mit zwei Hidden-Layern organisiert sein könnte.

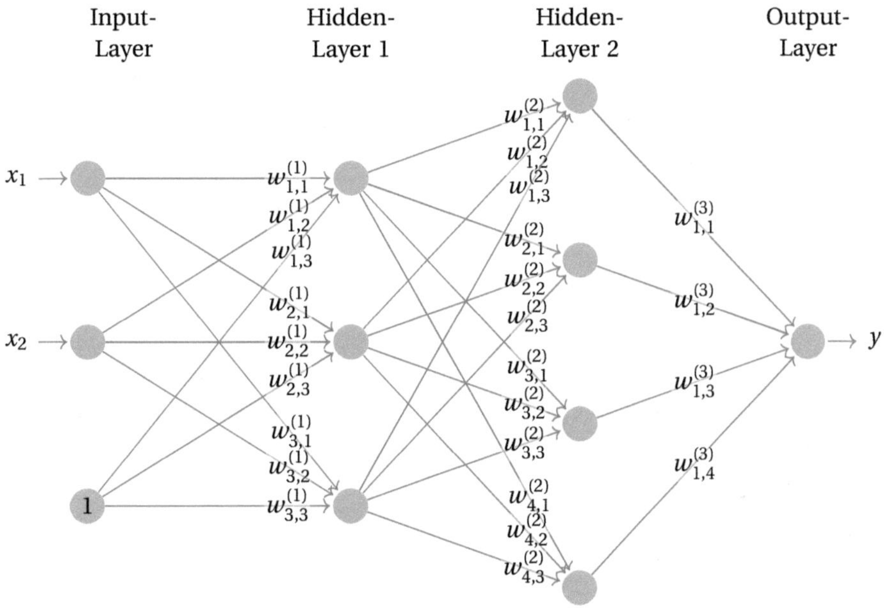

Abbildung 7.14 Perzeptron mit zwei Hidden-Layern

Netze wie das in Abbildung 7.14 oder auch 7.11 werden als **mehrlagige Perzeptrone** bzw. **Multilayer Perceptrons** (MLP) bezeichnet. Hierbei handelt es sich um eine Klasse künstlicher neuronaler Netze. Ein MLP besteht aus mindestens drei Schichten von Knoten, weshalb auch das Netzwerk in Abbildung 7.11 ein MLP ist. Oft sind solche Netze **fully connected**, was bedeutet, dass alle Neuronen einer Schicht mit den Neuronen der folgenden Schicht verbunden sind. Der deutsche, jedoch selten verwendete Ausdruck, ist **vollvermascht**. Es gibt mittlerweile einen sehr großen Zoo von Architekturen für neuronale Netze, jedoch sind MLP hierfür sehr grundlegend und auch für viele Anwendungen leistungsstark, sodass es sich in einer Einführung anbietet, hier den Schwerpunkt zu setzen. Das MLP gehört dabei zur Klasse der **Feedforward-Netze**. Bei diesen Netzen ist eine Schicht immer nur mit der nächsthöheren Schicht verbunden. Alle neuronalen Netze, die wir in Kapitel 7 und 8 besprechen, gehören dieser Klasse an.

In dem Beispiel oben ist zur Vereinfachung nur ein Output vorgesehen, jedoch können bei Bedarf natürlich beliebig viele Neuronen in der Output-Schicht zur Verfügung gestellt werden. Im Beispiel sind, um den Code und die Rechnungen zu vereinfachen, keine Bias-Neuronen in den Hidden-Layern vorgesehen.

Die Gestalt der zu approximierenden Funktionen kann theoretisch sowohl über mehr als auch längere Hidden-Layer – also mehr Neuronen in jedem Layer – adressiert werden. Was besser ist, hängt sehr vom Anwendungsfall ab. Ein Problem, das jedoch lange Zeit mehr Hidden-Layer als zwei zu einem seltenen Phänomen gemacht hat, ist die größere Herausforderung beim Training.

Bevor wir jedoch zum Training des Netzes übergehen, ist es hilfreich, sich klarzumachen, wie das Netz Werte berechnen würden, wenn es bereits vollständig trainiert wäre. Nehmen wir dazu an, wir würden in allen Hidden-Layern Sigmoidfunktionen und im Output-Layer eine lineare Aktivierungsfunktion nutzen.

Wir betrachten dies am Beispielnetzwerk aus Abbildung 7.14. Die erste Schicht berechnet:

$$O^{(1)} = \operatorname{sig}(\underbrace{W^{(1)}x}_{b}) \tag{7.2}$$

Dabei haben wir Gewichte der ersten Schicht zu einer Matrix zusammengefasst,

$$W^{(1)} = \begin{pmatrix} w_{1,1}^{(1)} & w_{1,2}^{(1)} & w_{1,3}^{(1)} \\ w_{2,1}^{(1)} & w_{2,2}^{(1)} & w_{2,3}^{(1)} \\ w_{3,1}^{(1)} & w_{3,2}^{(1)} & w_{3,3}^{(1)} \end{pmatrix} \in \mathbb{R}^{3\times 3}$$

welche mit den Merkmalen aus der Inputschicht multipliziert wird. Das Ergebnis ist ein Vektor b, auf den die Sigmoidfunktionen – wie in Gleichung (7.2) notiert – jeweils pro Eintrag von b angewendet wird, also:

$$\begin{pmatrix} \operatorname{sig}(b_1) \\ \vdots \\ \operatorname{sig}(b_n) \end{pmatrix} = \operatorname{sig}(b)$$

Dieser Output $O^{(1)}$ der ersten Schicht ist nun der Input der nächsten Schicht. Hierbei wird er seinerseits mit einer Matrix

$$W^{(2)} = \begin{pmatrix} w_{1,1}^{(2)} & w_{1,2}^{(2)} & w_{1,3}^{(2)} \\ w_{2,1}^{(2)} & w_{2,2}^{(2)} & w_{2,3}^{(2)} \\ w_{3,1}^{(2)} & w_{3,2}^{(2)} & w_{3,3}^{(2)} \\ w_{4,1}^{(2)} & w_{4,2}^{(2)} & w_{4,3}^{(2)} \end{pmatrix} \in \mathbb{R}^{4\times 3}$$

multipliziert und wir erhalten

$$O^{(2)} = \operatorname{sig}(W^{(2)}O^{(1)}) \tag{7.3}$$

für die nächste Schicht. Das Ergebnis $O^{(2)}$ dieser Schicht ist nun die Grundlage für die letzte Schicht – den Output-Layer –, in dem wir wie erwähnt von einer linearen Aktivierungsfunktion ausgehen wollten:

$$y = W^3 O^{(2)} = W^{(3)} \operatorname{sig}(W^{(2)}O^{(1)}) = W^{(3)} \operatorname{sig}(W^{(2)} \operatorname{sig}(W^{(1)}x)) \tag{7.4}$$

Man sieht also, dass unsere Vorhersage y_p eine Nacheinander-Ausführung der Aktivierungsfunktionen im Zusammenspiel mit Matrix-Vektor-Multiplikationen ist. Beim Training des Netzwerkes geht es nun darum, die Gewichte optimal zu bestimmen. Was heißt nun hierbei *optimal*?

Nehmen wir an, wir haben eine Trainingsmenge $D = \{X, Y\}$ gegeben. Dann ist es unser Ziel, die Funktion

$$J(W) = \sum_{y_D \in Y} \frac{1}{2} (y_D - y)^2 ,$$

also den summierten quadratischen Fehler des Outputs, zu minimieren. Den Faktor 1/2 haben wir dabei nur eingeschmuggelt, um später etwas schönere Terme zu haben. Ansonsten hat er keine Auswirkungen, denn das Minimum einer Funktion liegt immer an der gleichen Stelle, egal ob man diese mit einem positiven Wert skaliert oder nicht. Wichtig ist, sich klarzumachen, dass y hier nur von den Gewichten abhängt. Die Menge D und seine Wertepaare (x_D, y_D) sind gegeben und die Aktivierungsfunktionen Teil unserer ebenfalls fixierten Netzstruktur, daher ist J nur von W abhängig. Der Ansatz, wie ein Minimum von J in Abhängigkeit von W gefunden werden soll, läuft bei uns im Folgenden über das Gradientenverfahren. Es ist der einfachste Zugang, den man hier nehmen kann, wenn auch viele andere Optimierungstechniken möglich sind um die Gewichte zu bestimmen.

Der **Gradient** einer Funktion f kann mithilfe des sogenannten Nabla-Operators

$$\nabla = \begin{pmatrix} \frac{\partial}{\partial x_1} \\ \frac{\partial}{\partial x_2} \\ \vdots \\ \frac{\partial}{\partial x_n} \end{pmatrix}$$

ausgedrückt werden. Dabei ist $\frac{\partial}{\partial x_1}$ als Operation eine **partielle Ableitung**. Vereinfacht gesprochen ist eine partielle Ableitung einer Funktion f mit mehreren Variablen eine Ableitung nach einer einzelnen dieser Variablen. Das bedeutet, wenn $f(x, y) = 3x^2 - y^2 + xy$ ist, lautet ihre partielle Ableitung nach x

$$\frac{\partial f}{\partial x} = 6x + y .$$

y wird beim Differenzieren einfach wie eine Konstante behandelt und dann die gewohnten Regeln für das Differenzieren angewendet. Entsprechend gilt für den Gradienten:

$$\nabla f = \begin{pmatrix} \frac{\partial}{\partial x} \\ \frac{\partial}{\partial y} \end{pmatrix} f = \begin{pmatrix} \frac{\partial f}{\partial x} \\ \frac{\partial f}{\partial y} \end{pmatrix} = \begin{pmatrix} 6x + y \\ -2y + x \end{pmatrix}$$

Wertet man den Gradienten nun in einem Punkt z. B. $(1, -1)$ aus, ergibt sich ein klassischer Vektor, hier $(5, 3)^\top$.

Wir machen nun einen kurzen Exkurs, um grob zu verstehen, wie das Gradientenverfahren funktioniert. Beim Gradientenverfahren macht man es sich zunutze, dass der Gradient ∇f einer Funktion

$$f : \mathbb{R}^n \to \mathbb{R}$$

in Richtung des steilsten Anstiegs und entsprechend $-\nabla f$ in Richtung des steilsten Abstiegs zeigt. Im Beispiel oben würde also $(-5,-3)^\top$ in Richtung des steilsten Abstiegs zeigen. Man startet bei einem Punkt $x^0 = (x_1^0, x_2^0)$, der kein Extremum sein sollte, da sonst ∇f der Nullvektor ist und wir somit keine Abstiegsrichtung haben. Betrachtet man z. B. die folgende Funktion

$$f(x_1, x_2) = 1 - x_2 \cdot \sin(x_1) \cdot \sin(x_1 - 0.5) \cdot \exp(-x_1^2 - x_2^2)\,,$$

die in Abbildung 7.15 dargestellt ist, erkennt man zwei Probleme.

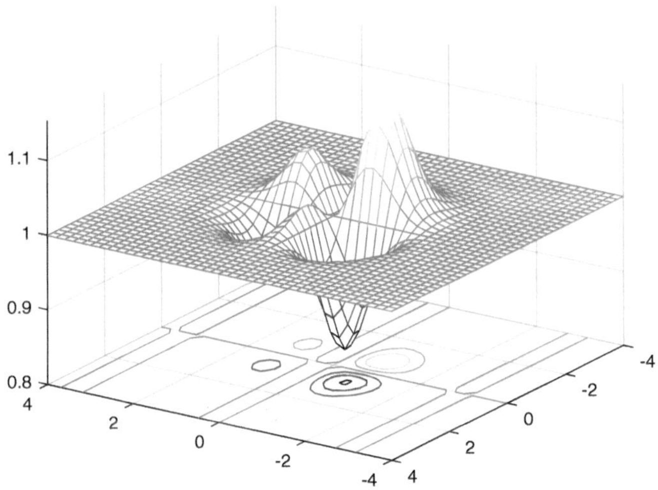

Abbildung 7.15 Beispielhafte Funktionsoberfläche für das Gradientenverfahren

Wenn wir bei einem beliebigen Punkt starten und immer der steilsten Abstiegsrichtung folgen, so könnten wir in dem kleinen Nebenminimum links landen statt in dem gewünschten globalen Minimum weiter rechts. Dieses Problem, in lokalen Minima stecken zu bleiben, ist nicht typisch für das Gradientenverfahren, sondern existiert als Problem für jeden Optimierungsalgorithmus.

Um in Richtung des steilsten Abstiegs zu gehen, wird beim Gradientenverfahren wie folgt iteriert:

$$x^{(j+1)} = x^{(j)} - \eta \nabla f(x^{(j)}) \tag{7.5}$$

η ist dabei ein Parameter zwischen $]0,1]$, der die Stabilität des Verfahrens erhöhen kann, wodurch jedoch höhere Kosten entstehen. Im folgenden Pseudocode ist das Gradientenverfahren umgesetzt.

Require: x_1, m
$k = 1$
$\eta = 0.1$
while $\nabla f(x_k) \neq 0$ **AND** $k < m$ **do**
    $x^{(k+1)} = x^{(k)} - \eta \nabla f(x^{(k)})$
    $k = k + 1$
end while

Die Abbruchbedingung in Zeile 3 ist natürlich theoretisch. In der Praxis benutzt man $\|\nabla f(x_k)\| \leq \varepsilon$. In Zeile 4 sieht man, dass wir in Richtung $-\nabla f(x_k)$ suchen. Für die Schrittweite wählen wir 0.1. Es gibt Verfahren, um diese bei Bedarf automatisch zu optimieren, hierfür sei jedoch auf die Literatur zur numerischen Optimierung verwiesen.

Wir werden dieses Verfahren jetzt auf unsere Fehlerfunktion

$$J(W) = \sum_{y_D \in Y} \frac{1}{2} (y_D - y)^2 \tag{7.6}$$

anwenden. Das führt zu folgender Regel für das Update der Gewichte

$$W_{neu} = W_{alt} - \sigma \nabla J(W_{alt})$$

und damit zur Notwendigkeit, den Gradienten unserer Fehlerfunktion bzgl. W zu bestimmen. Zum Glück ist der ∇-Operator linear und wir können ihn am Summenzeichen vorbeiziehen:

$$\nabla J(W) = \sum_{y \in D} \frac{1}{2} \nabla (y_D - y)^2 \underbrace{=}_{(*)} \sum_{y_D \in Y} (y_D - y) \cdot (-\nabla y) = - \sum_{y_D \in Y} (y_D - y) \nabla y$$

Da wir eine gegebene Menge an Beispielen haben und diese nicht von W abhängen, ist y_D für uns in jedem dieser Summanden eine Konstante. Es geht also nur um y, welches – wie wir aus Gleichung (7.4) wissen – von allen Gewichten abhängig ist. Bei Umformung $(*)$ tritt die bekannte Kettenregel auf den Plan. Die äußere Ableitung ist hier einfach $2(y_D - y)$, was auch eben der Grund für den Faktor $1/2$ war, und die innere eben genau $-\nabla y$. Während der Faktor $(y_D - y)$ leicht zu berechnen ist, bereitet uns die Bildung des Gradienten von y noch ein paar Schwierigkeiten.

Um mit nur etwas höherer Analysis zu verstehen, was da passiert, schauen wir uns zunächst nur einen kleinen Teil des Beispielnetzwerkes an. Es handelt sich um den Teil, der von $w_{1,1}^{(1)}$ beeinflusst wird.

Die für das Gradientenverfahren nötigen partiellen Ableitungen sind u. a.

$$\frac{\partial J(W)}{\partial w_{1,1}^{(3)}} = -\sum_D (y_D - y) \cdot \frac{\partial y}{\partial w_{1,1}^{(3)}}$$

$$\frac{\partial J(W)}{\partial w_{1,1}^{(2)}} = -\sum_D (y_D - y) \cdot \frac{\partial y}{\partial w_{1,1}^{(2)}}$$

$$\frac{\partial J(W)}{\partial w_{1,1}^{(1)}} = -\sum_D (y_D - y) \cdot \frac{\partial y}{\partial w_{1,1}^{(1)}}$$

Die Größen, nach denen hier differenziert wird, liegen alle entlang des obersten Verbindungsweges in der Abbildung 7.16. Sie beeinflussen den in der Abbildung markierten Auszug, welcher vergleichsweise übersichtlich ist und die Komplexität etwas reduziert. Wir werden diese partiellen Ableitungen als Prototypen für die jeweilige Schicht verwenden. Es ist am einfachsten, die am weitesten rechts stehende Schicht zu betrachten, und sich dann nach links durchzuarbeiten. In gewisser Weise kommt daher der Name **Backpropagation**. Wir gehen nun entsprechend vor:

$$y = O_1^{(3)} = w_{1,1}^{(3)} \cdot O_1^{(2)} + w_{1,2}^{(3)} \cdot O_2^{(2)} + w_{1,3}^{(3)} \cdot O_3^{(2)} + w_{1,4}^{(3)} \cdot O_4^{(2)}$$

$$\frac{\partial y}{\partial w_{1,1}^{(3)}} = O_1^{(2)}$$

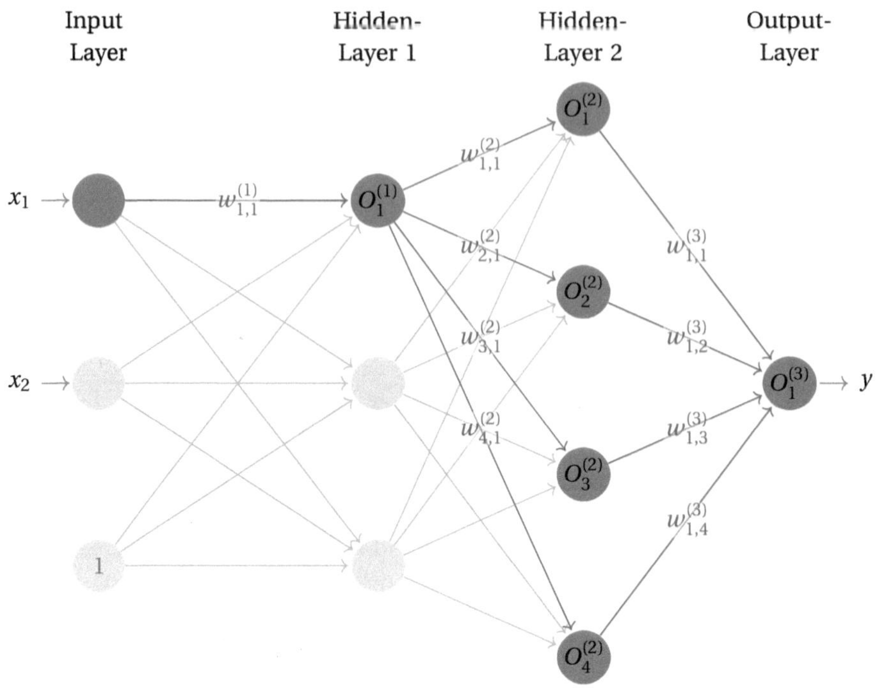

Abbildung 7.16 Von $w^{(1)}_{1,1}$ beeinflusster Ausschnitt des Netzes

In den weiteren Schichten müssen wir starken Gebrauch von der Kettenregel machen. Hier ist es gut, sich auf eine eher heuristische Motivation der Kettenregel zu besinnen, die einem hilft, die Übersicht zu bewahren. Nehmen wir an, dass $u(v(x))$ eine zusammengesetzte Funktion ist und man $\frac{\partial u}{\partial x}$ berechnen möchte. In der vereinfachten Sicht tut man jetzt so, als ob man diesen Bruch quasi einfach mit ∂v erweitert:

$$\frac{\partial u}{\partial x} = \frac{\partial u}{\partial v} \cdot \frac{\partial v}{\partial x}$$

Das ist zwar mathematisch nicht ganz sauber, hilft aber in den nächsten Schichten sehr, die Orientierung zu bewahren. So erhalten wir in der nächsten Schicht:

$$\frac{\partial y}{\partial w^{(2)}_{1,1}} = \frac{\partial y}{\partial O^{(2)}_1} \frac{\partial O^{(2)}_1}{\partial w^{(2)}_{1,1}} = w^{(3)}_{1,1} \cdot \left[O^{(2)}_1 \left(1 - O^{(2)}_1\right) \cdot O^{(1)}_1 \right]$$

Sofort unten kommt eine ausführlichere Erklärung, wie diese Gleichung entsteht. Wenn Sie mögen, stoppen Sie hier und versuchen Sie es einmal alleine nachzuvollziehen.

$w^{(3)}_{1,1}$ ist hier die Ableitung $\frac{\partial y}{\partial O^{(2)}_1}$. Der Term in den Klammern ergibt sich durch den zweiten Faktor. Hierbei entsteht der Term $O^{(1)}_1$ durch die innere Ableitung von $O^{(2)}_1$ nach $w^{(2)}_{1,1}$.

Die äußere Ableitung ist eben die besprochene Ableitung der Sigmoidfunktion in einer kompakten Schreibweise:

$$O_1^{(2)} = \operatorname{sig}(\dots + O_1^{(1)} \cdot w_{1,1}^{(2)} + \dots)$$

$$\frac{\partial O_1^{(2)}}{\partial w_{1,1}^{(2)}} = \underbrace{\operatorname{sig}(\dots + O_1^{(1)} \cdot w_{1,1}^{(2)} + \dots)}_{=O_1^{(2)}} \left(1 - \underbrace{\operatorname{sig}(\dots + O_1^{(1)} \cdot w_{1,1}^{(2)} + \dots)}_{=O_1^{(2)}} \right) \cdot O_1^{(1)}$$

$$= O_1^{(2)} \left(1 - O_1^{(2)}\right) \cdot O_1^{(1)}$$

Nun bleibt nur noch eine Schicht, um die wir uns kümmern müssen. Für diese am weitesten vorne liegende Schicht beginnen wir wieder damit, y entsprechend der letzten Schicht zu notieren, und arbeiten uns nach vorne.

$$\frac{\partial y}{\partial w_{1,1}^{(1)}} = \frac{\partial}{\partial w_{1,1}^{(1)}} \left(w_{1,1}^{(3)} \cdot O_1^{(2)} + w_{1,2}^{(3)} \cdot O_2^{(2)} + w_{1,3}^{(3)} \cdot O_3^{(2)} + w_{1,4}^{(3)} \cdot O_4^{(2)} \right)$$

$$= w_{1,1}^{(3)} \frac{\partial O_1^{(2)}}{\partial w_{1,1}^{(1)}} + w_{1,2}^{(3)} \frac{\partial O_2^{(2)}}{\partial w_{1,1}^{(1)}} + w_{1,3}^{(3)} \frac{\partial O_3^{(2)}}{\partial w_{1,1}^{(1)}} + w_{1,4}^{(3)} \frac{\partial O_4^{(2)}}{\partial w_{1,1}^{(1)}} = \dots$$

Da die Gewichte der ersten Schicht alle nachfolgenden Schichten beeinflussen, fällt hier auch nichts weg. Analog zum Ansatz zuvor wenden wir wieder die Kettenregel an, um uns in die nächste Schicht zurückzubegeben. Wie wir in der Abbildung 7.16 sehen, beeinflusst unser Gewicht $w_{1,1}^{(1)}$ die nachfolgende erste Schicht nur im Knoten $O_1^{(1)}$.

$$\dots = w_{1,1}^{(3)} \frac{\partial O_1^{(2)}}{\partial O_1^{(1)}} \frac{\partial O_1^{(1)}}{\partial w_{1,1}^{(1)}} + w_{1,2}^{(3)} \frac{\partial O_2^{(2)}}{\partial O_1^{(1)}} \frac{\partial O_1^{(1)}}{\partial w_{1,1}^{(1)}} + w_{1,3}^{(3)} \frac{\partial O_3^{(2)}}{\partial O_1^{(1)}} \frac{\partial O_1^{(1)}}{\partial w_{1,1}^{(1)}} + w_{1,4}^{(3)} \frac{\partial O_4^{(2)}}{\partial O_1^{(1)}} \frac{\partial O_1^{(1)}}{\partial w_{1,1}^{(1)}} = \dots$$

Nun sollten wir dazu übergehen, das mit Summenzeichen zu schreiben. Immerhin ist es unser Ziel, aus diesem Beispiel die allgemeinen Formen ableiten zu können.

$$\dots = \sum_j w_{1,j}^{(3)} \frac{\partial O_j^{(2)}}{\partial O_1^{(1)}} \frac{\partial O_1^{(1)}}{\partial w_{1,1}^{(1)}} = \dots$$

Hier sieht man, dass die kompaktere Notation auch hilft, Strukturen zu erkennen. Der letzte Faktor hängt nicht von j ab. Wir können die Ableitung also direkt bilden und dann vorziehen. Dabei nutzen wir aus, dass Folgendes gilt:

$$O_1^{(1)} = \operatorname{sig}(W^{(1)} x)$$

$$\frac{\partial O_1^{(1)}}{\partial w_{1,1}^{(1)}} = \operatorname{sig}(W^{(1)} x) \left(1 - \operatorname{sig}(W^{(1)} x)\right) \underbrace{x_1}_{(*)} = O_1^{(1)} (1 - O_1^{(1)}) x_1$$

Der Term $(*)$ ist die beim Differenzieren auftretende innere Ableitung. Nun nutzen wir das, um unsere angefangene Rechnung fortzusetzen:

$$\dots = \sum_j w_{1,j}^{(3)} \frac{\partial O_j^{(2)}}{\partial O_1^{(1)}} O_1^{(1)} (1 - O_1^{(1)}) x_1 = O_1^{(1)} (1 - O_1^{(1)}) x_1 \sum_j w_{1,j}^{(3)} \frac{\partial O_j^{(2)}}{\partial O_1^{(1)}} = \dots$$

Für den letzten Term bilden wir jetzt wieder die Ableitung und können dabei auch ausnutzen, dass es sich wieder um eine Sigmoidfunktion handelt.

$$\cdots = O_1^{(1)}(1 - O_1^{(1)})x_1 \sum_j w_{1,j}^{(3)} O_j^{(2)}(1 - O_j^{(2)}) w_{j,1}^{(2)}$$

Wie man sieht, wiederholt sich hier ein Muster, das sich nun auch direkt auf beliebige Gewichte übertragen lässt.

$$\frac{\partial y}{\partial w_{1,j}^{(3)}} = O_j^{(2)} \tag{7.7}$$

$$\frac{\partial y}{\partial w_{j,k}^{(2)}} = w_{1,j}^{(3)} \cdot O_j^{(2)} \left(1 - O_j^{(2)}\right) \cdot O_k^{(1)} \tag{7.8}$$

$$\frac{\partial y}{\partial w_{k,l}^{(1)}} = x_l O_k^{(1)}(1 - O_k^{(1)}) \sum_j w_{1,j}^{(3)} O_j^{(2)}(1 - O_j^{(2)}) w_{j,k}^{(2)} \tag{7.9}$$

Diese Ableitungen erlauben nun die Berechnung der Ableitung der Fehlerfunktion:

$$\frac{\partial E(W)}{\partial W} = -\sum_D \left(y_D - y\right) \cdot \frac{\partial y}{\partial W} \tag{7.10}$$

Tatsächlich bleibt die Frage, was D hier konkret sein soll, weil es nämlich einen Unterschied im Vorgehen ausmacht. Hierzu muss man sich den Unterschied zwischen **Batch-Learning** und **Incremental Learning** vor Augen führen. Beide Varianten beginnen damit, dass zunächst die Gewichte W zufällig initialisiert werden.

Das *Batch-Learning* läuft danach wie folgt ab:

```
while Fehler auf allen Trainingsdaten noch zu groß do
    Berechne für alle Trainingsdaten D die gemeinsame Ableitung
    Berechne den Fehler bezogen auf D
    Aktualisiere die Gewichte mit dieser gemeinsamen Ableitung und den Fehler
end while
```

Charakteristisch für diesen Ansatz ist also, dass die Ableitung wirklich über eine Summe wie oben in Gleichung (7.10) errechnet wird.

Das *Incremental Learning* verläuft hingegen wie folgt:

```
while Fehler auf allen Trainingsdaten noch zu groß do
    for all x aus dem Trainingsset do
        Berechne für ein Beispiel die x-Ableitung
        Berechne den Fehler bezogen auf dieses Beispiel
        Aktualisiere die Gewichte mit dieser gemeinsamen Ableitung und den Fehler
    end for
end while
```

Hier wird also immer nur ein Beispiel betrachtet. Was sind die Vor- und Nachteile der beiden Ansätze? Mathematisch sieht es zunächst so aus, dass nur das Batch-Learning über der ganzen Trainingsmenge einen vergleichsweise kontinuierlichen Abstieg sicherstellen kann. In der Praxis ist es so, dass sich besonders zu Beginn des Lernens die unterschiedlichen Fehler oft aufheben und es nur zu wenigen Fortschritten kommt.

Man kann es sich vielleicht so vorstellen, als wenn immer gegensätzliche Interessen Einzug in die Entscheidung finden, in welche Richtung – Gradientenabstieg – man gehen soll, und das Verfahren sich dann entschließt, sich quasi nicht zu bewegen.

Dadurch konvergiert der Ansatz in der Praxis oft für große Batches langsamer und verirrt sich öfter in Nebenminima.

Auf der anderen Seite ist das reine *Incremental Learning* anfällig für Instabilitäten. Ausreißer in ihren Daten können Fortschritte in einem Zug zunichte machen, aber auch normale Fehler in den Daten wirken sich ohne die Mittelung deutlicher aus.

Ein guter Ansatz ist daher oft, eher kleine Batches aus der größeren Trainingsmenge zu ziehen und mit diesen zu lernen. Im Fall eines Batches im Sinne eines Auszuges aus den Lerndaten sollte man jedoch auch noch über die Fehlerfunktion nachdenken. Wir haben beim Gradientenabstiegsverfahren auf Seite 184 schon den Parameter η kennengelernt, der verhindern soll, dass das Gradientenverfahren zwar in die Richtung geht, aber leider zu weit. Diese **Lernrate** bedarf bei Batch-Ansätzen besondere Aufmerksamkeit. Wenn wir die Steigung des Gesamtfehlers aus Gleichung (7.10) verwenden, müssen wir im Allgemeinen kleinere Lernraten für größere Batches als für kleine verwenden. Der Effekt wird klar, wenn man sich Folgendes vor Augen hält: Betrachten wir eine beliebige Trainingsmenge D_1 und ein zweite D_2, welche durch das Duplizieren aller Trainingsbeispiele aus D_1 erstellt wurde. D_2 besitzt also doppelt so viele Daten wie D_1, aber nicht wirklich mehr Informationen. Außerdem haben D_1 und D_2 den gleichen mittleren Fehler, jedoch ist der Gesamtfehler von D_2 natürlich doppelt so groß. Die Gradienten von D_1 und D_2 zeigen aufgrund der Daten in dieselbe Richtung, jedoch ist der Betrag von D_2 doppelt so groß wie der von D_1. Verwenden wir als Maß also den Gesamtfehler, müssen wir – falls η die optimale Schrittweite für D_1 ist – $\eta/2$ für D_2 wählen. Daher wird η tendenziell klein und auch empfindlicher. Ein Ansatz ist die Verwendung des durchschnittlichen Fehlers, vor allem jedoch eine adaptive Anpassung von η an die Entwicklung des Fehlers und des Gradienten, ggf. auch der Einsatz anderer Optimierungsverfahren. Um dies sicherzustellen, müssten wir tiefer in die Optimierung eintauchen, als es in dieser Einführung geplant ist. Daher werden wir *per Hand* hier nur einen inkrementellen Ansatz umsetzen, der im Allgemeinen leicht zu parametrieren ist als der Batch-Ansatz. Die Arbeit mit Batches verschieben wir auf das Kapitel 8, beim dem wir auf Keras für die Umsetzung neuronaler Netze zurückgreifen. Der Begriff *Incremental Learning* ist unabhängig von dem eingesetzten Gradientenverfahren. Auch andere Techniken können ggf. inkrementell genutzt werden. Daher werden Sie oft auch den Begriff **Stochastic Gradient Descent** lesen, wenn das inkrementelle Lernen zusammen mit dem Gradientenabstiegsverfahren verwendet wird. Auch davon gibt es wieder einige Varianten, allen ist jedoch gemein, dass die Abstiegsrichtung nicht basierend auf der gesamten Menge D berechnet wird, sondern durch ein einzelnes Beispiel aus $(x_D, y_D) \in D$ angenähert wird.

Eng verbunden mit dem inkrementellen und dem Batch-Lernen sind die Begriffe des Offline- und Online-Learnings. Beim **Offline-Learning** werden alle Daten gespeichert und können jederzeit abgerufen werden. Da wir für das Batch-Lernen – im Besonderen für große Batches – immer Zugriff auf eine ganze Menge von Datensätzen brauchen, ist Batch-Learning immer offline. Beim **Online-Learning** wird jeder Datensatz nach der Bearbeitung verworfen und die Gewichte werden aktualisiert. Online-Learning ist immer inkrementell. Trotzdem sind Online-Learning und inkrementelles Lernen nicht dasselbe. Man kann, und wir tun das im Folgenden oft, inkrementelle Lernverfahren auch auf Datensätzen anwenden, die vollständig im Speicher vorliegen. Ein Beispiel für Online-Learning wäre zum Beispiel ein autonomer Roboter mit einem schwachen Prozessor und kleinem Speicher. Er nimmt mit seinen Sensoren Werte aus der Umgebung wahr und nutzt diese in dem Moment, in dem diese vorliegen zum Lernen. Anschließend löscht er diese Werte wieder und kann nicht mehr darauf zugreifen. Stellen wir uns hingegen einen großen Roboter vor mit einem ausreichenden Speicher, der diese Werte alle speichert und in jedem Zyklus nacheinander einzeln betrachtet, so benutzen beide ein inkrementelles Verfahren, aber der erste online und der zweite offline. Es ist klar, dass Online-Lernen im Allgemeinen schwieriger und instabiler ist als Offline-Learning. Dafür ist Online-Learning auch auf schwacher Hardware möglich.

Kommen wir nun zu unserer Beispiel-Implementierung einer Klasse für Netzwerke mit zwei Hidden-Layern. Hierbei beginnen wir damit, dass beim Initialisieren der Klasse die Anzahl der Neuronen pro Schicht angegeben werden soll. Anschließend folgt eine Methode, welche die Gewichte auf der Basis dieser Angaben initialisieren kann.

```
import numpy as np
import scipy.special
import copy

class simpleMLP:
    def __init__(self, hiddenlayer=(10,10)):
        self.hl = hiddenlayer
        self.xMin = 0.0; self.xMax = 1.0
        self.W = []
        self._sigmoid = lambda x: scipy.special.expit(x)
```

Da NumPy keine eigene Sigmoidfunktion hat, greifen wir hier auf die entsprechende Funktion aus der SpiPy-Lib zurück. Da diese nicht für NumPy-Arrays optimiert wurde, kombinieren wir sie mit einer Lambda-Funktion. Wir verankern diese hier als unsere Sigmoid-Definition in der Klasse. Natürlich könnte man sich durch `1 / (1 + np.exp(-x))` auch selbst erstellen, ohne auf Lambda-Funktionen zurückzugreifen. Jedoch war in meinen Tests der Ansatz über Lambda-Funktionen einige Prozent-Punkte schneller und lohnt sich daher später, wenn wir Ziffernerkennung umsetzen wollen.

Wichtig ist es immer, **zufällige Startgewichte** zu nutzen, da z. B. überall die gleichen konstanten Anfangswerte sehr ungünstige Effekte haben können. Bei gleichen Gewichten hätte jeder Knoten im neuronalen Netz den gleichen Anteil. Wenn nun die Gewichte durch die Backpropagation aktualisiert werden, würde der Fehler ebenfalls gleichmäßig aufgeteilt und die Knoten gleichmäßig verändert. Diese Symmetrie ist nachteilig beim Lernen nicht perfekt symmetrischer Modelle, welche ja die Regel sind. Solange wir nur kleine Netze benutzen, reicht der Ansatz für die **Initialisierung der Gewichte** oben aus. Wir gehen dabei immer davon aus, dass die Eingangsdaten zumindest normiert wurden.

```

    def _initWeights(self):
        self.W.append((np.random.rand(self.hl[0],self.il) - 0.5 ))
        self.W.append((np.random.rand(self.hl[1],self.hl[0]) - 0.5))
        self.W.append((np.random.rand(self.ol,self.hl[1]) - 0.5))
```

Die Tendenz, die Startwerte eher in einem kleineren Wertebereich zu wählen, ergibt sich aus dem Problem **Sättigung**. Wenn man sich noch einmal die Sigmoidfunktion oder den Tangens Hyperbolicus wie in Abbildung 7.10 bzw. unten in Abbildung 7.17 dargestellt vor Augen führt, merkt man, dass große Aktivierungswerte – welche sich ja als Summe der Eingangssignale multipliziert mit den Gewichten ergeben – zu Gradienten mit sehr geringen Steigungen führen werden. Die Ableitung der beiden Funktionen für große Werte ist ja beinahe parallel zur x-Achse.

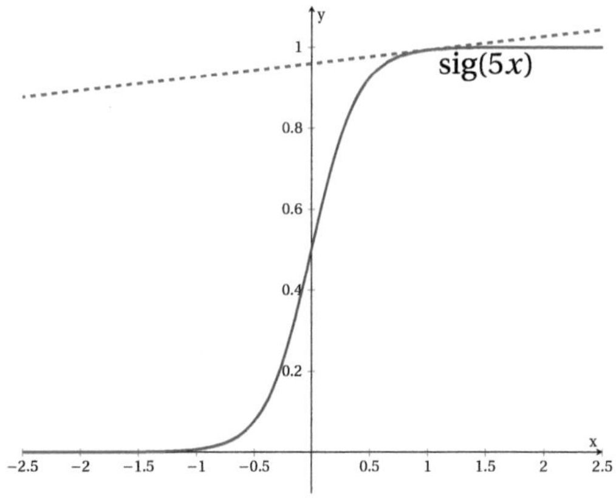

Abbildung 7.17 Gradient bzw. Tangente mit geringer Steigung bei $x = 1$

In dem Beispiel in der Abbildung 7.17 hat die Ableitung bei $x = 1$ noch ungefähr den Wert 0.0332. Das bedeutet, dass der Eintrag in einem Gradientenabstiegsverfahren fast verschwindet. Noch etwas weiter nach rechts und er wäre näherungsweise null. Man macht es also dem Netzwerk im Bereich dieser Sättigung unnötig schwer, die Gewichte zu ändern und so etwas *zu lernen*.

Ein weiteres Problem können Fälle sein, in denen Gewichte oder manchmal auch Signale den Wert null annehmen. In diesem Fall tritt bei den Produkten eine Multiplikation mit null auf, wodurch der Fehler in der Rückpropagation behindert wird. Die Sigmoidfunktion kann jedoch nie wirklich Null werden, was dieses Problem schon ein wenig begrenzt. Gleichwohl sollten Null-Gewichte – will man die Verbindung zwischen zwei Neuronen nicht völlig kappen – immer vermieden werden.

Für größere Netze mit vielen Eingängen in ein Neuron kann eine solche einfache Zufallsverteilung jedoch ungünstig sein. Wenn nämlich recht viele Signale in ein Neuron eingehen, entstehen vergleichsweise große Werte in der nächsten Schicht. Dies kann am Anfang des Lernvorgangs dann zu extremen Reaktionen führen, wenn die Gewichte einfach ohne Berücksichtigung dieser Struktur zwischen -0.5 und 0.5 verteilt wurden. Eine Faustformel sagt, dass es sinnvoll ist, die Werte der Gewichte zufällig aus dem Bereich von plus-minus des Kehrwertes der Quadratwurzel der Anzahl der eingehenden Signale zu legen. Gehen also z. B. 4 Signale ein, wäre der Bereich von $-1/\sqrt{4}$ bis $1/\sqrt{4}$, wie wir ihn hier nutzen, optimal. Für mehr Signale kann es sinnvoll sein, den Bereich entsprechend anzupassen.

Experimentieren Sie doch einmal mit unterschiedlichen Ansätzen für die Methode `_initWeights`. Bringen Ihnen in den folgenden Beispielen Initialisierung der Wertebereiche, die abhängig von der Struktur der Layer gewählt werden, Vorteile? Es geht hier faktisch nur um einen anderen Faktor für die Skalierung.

Der nächste Code-Abschnitt stellt alle Methoden bereit, um eine Vorhersage mit dem neuronalen Netz durchführen zu können.

```
16
17      def _calOut(self,X):
18          O1 = self._sigmoid(self.W[0]@X.T)
19          O2 = self._sigmoid(self.W[1]@O1)
20          y = (self.W[len(self.W)-1]@O2).T
21          return(y)
22
23      def predict(self,X):
24          X = (X - self.xMin) / (self.xMax - self.xMin)
25          X = np.hstack( (X,np.ones(X.shape[0])[:,None]) )
26          y = self._calOut(X)
27
28          return(y)
```

Der Grund, hier zwei Funktionen zu nutzen, liegt darin, dass wir innerhalb der Trainings-Funktion einige Male das Netzwerk auswerten müssen. Hier ist X jedoch schon normiert und besitzt auch bereits Bias-Neuronen. Die Zeilen 24 und 25 würden hier also nur Fehler erzeugen.

Der Vorteil, in der letzten Schicht keine Sigmoidfunktion gewählt zu haben, sondern eine lineare Aktivierung, liegt darin, dass wir Ausgabewerte nicht normieren müssen – obwohl dies manchmal trotzdem anzuraten ist – und direkt die Ausgaben für die Prädiktion verwenden können. Außerdem konnten wir so einmal demonstrieren, dass Netze natürlich nicht homogen sein müssen und mehrere verschiedene Aktivierungsfunktionen enthalten können. Die Prädiktionsmethode besteht dann tatsächlich auch nur daraus, die Funktion `calOut` aufzurufen und zuvor in Zeile 25 den Merkmalen noch eine Spalte mit Eins-Einträgen hinzuzufügen sowie eine Normierung vorzunehmen.

Der komplexeste Teil ist nun die Methode zum Training. Am Beginn stehen dabei eine Reihe von Vorarbeiten. In Zeile 34 fügen wir den Merkmalen wieder die Bias-Spalte hinzu. Dann initialisieren wir in Zeile 37 bis 39 wie oben besprochen die Gewichte, und zwar auf Basis der Dimensionen der Hidden-Layer. Unser Netzwerk ist dabei zunächst nur darauf ausgelegt, einen einzelnen Ausgabewert zu berechnen.

```
29
30      def fit(self,X,Y,eta=0.75,maxIter=200,vareps=10**-3,scale=True):
31          self.xMin = X.min(axis=0) if scale else 0
32          self.xMax = X.max(axis=0) if scale else 1
33          X = (X - self.xMin) / (self.xMax - self.xMin)
34          X = np.hstack( (X,np.ones(X.shape[0])[:,None]) )
35          if len(Y.shape) == 1:
36              Y = Y[:,None]
37          self.il = X.shape[1]
38          self.ol = 1
39          self._initWeights()
40
41          self.train(X,Y,eta,maxIter,vareps)
```

Neben den Gewichten, die wir natürlich dauerhaft anlegen wollen, brauchen wir auch noch lokale Variablen für die Änderungen ΔW (dW) der Gewichte, die wir in Zeile 49 bis 51 bereitstellen.

Nun können wir mit dem eigentlichen Trainingsteil starten.

```

    def train(self,X,Y,eta,maxIter=200,vareps=10**-3):
        if len(Y.shape) == 1: Y = Y[:,None]

        if self.il != X.shape[1]: X = np.hstack( (X,np.ones(X.shape[0])[:,None]) )



        dW = []
        for i in range(len(self.W)):
            dW.append(np.zeros_like(self.W[i]))
        yp = self._calOut(X)
```

Vielleicht sind Ihnen die etwas ungewöhnlichen Leerzeilen aufgefallen. Wir lassen die bewusst hier frei, weil wir diesen Code noch etwas weiterentwickeln wollen und dann die Anpassungen in eben diesen Zeilen erfolgen sollen.

Zunächst geht es nun um den Fehler. In Zeile 54 berechnen wir den gemittelten Startfehler. Der ist in Zeile 55 automatisch unser Startwertwert für den kleinsten Fehler, den unser Netzwerk bisher gemacht hat. Die Entwicklung dieses Fehlers wollen wir uns später ansehen um zu verstehen, wie das Training verlaufen ist. Hierzu nutzen wir die Variable `self.error` in Zeile 57. Zum anderen geht es darum, sich die Gewichte in dem Durchlauf zu merken, in dem das Netzwerk die besten Resultate gezeigt hat. Daher brauchen wir mit `minError` eben eine Variable, um uns die bisher kleinsten Fehler zu merken und mit `minW` in Zeile 56 auch eine Möglichkeit, uns die Gewichte zu merken, die zu diesem kleinsten Fehler gehören. Diesen kleinsten Fehler bestimmen wir aktuell nur auf dem Trainingsset. Im Abschnitt 7.4 besprechen wir weitere Feinheiten und Verbesserungen.

```
54          meanE = np.sum((Y-yp)**2)/X.shape[0]
55          minError = meanE
56          minW = copy.deepcopy(self.W)
57          self.error=[]
58          mixSet = np.random.choice(X.shape[0],X.shape[0],replace=False)
```

In Zeile 58 mischen wir die Daten einmal durch. Das ist nicht unbedingt nötig und man könnte es auch dem Benutzer überlassen. Der Hintergrund ist, dass wir, wie diskutiert, die Daten einzelnen betrachten. Falls unserer Funktion geordnete Datensätze übergeben wurden – also z. B. erst alle Kranken, dann alle Gesunden – hätten wir sonst ein Problem. Der letzte Teil der Trainingsdaten hat spätestens im letzten Durchlauf einen größeren Einfluss als der Vorangegangene. Einfach weil er als Letztes die Möglichkeit bekommt, die Gewichte zu verändern. Sind die Daten sortiert und bleiben es, hat eine zeitliche oder räumliche Region quasi immer das letzte Wort und wird überproportional zu Ungunsten der anderen berücksichtigt. Um ein Beispiel zu haben, nehmen wir einmal an, Sie haben Daten einer Stadt vorliegen und diese sind nach Stadtteilen sortiert. In vielen Städten in Deutschland bilden sich immer stärker Muster – die Fachleute sprechen von sozialer Segregation – heraus, in den sich abzeichnet, dass Stadtteile bzgl. des Einkommens etc. sehr stark auseinandergehen. Nehmen wir weiter an, die letzten tausend Datensätze enthalten die Daten des reichsten und die ersten tausend Datensätze des ärmsten Stadtteils. Dann wird es bei der Prognose wahrscheinlich zu einer Verzerrung kommen, die die ganze Stadt *reicher* erscheinen lässt. Dasselbe gilt bei einer zeitlichen Sortierung, die wir uns später noch anhand der Bevölkerungsentwicklung der BRD ansehen werden. Wenn Sie den Effekt einmal sehen wollen, lassen Sie diesen Teil sortiert und lernen einfach eine Gerade, die Sie mit `x=np.arange(0,1,0.001)` erzeugen. Der Bereich der größeren x-Werte wird dann besser angenähert werden als der Bereich nahe null.

```
59         counter = 0
60         while meanE > vareps and counter < maxIter:
61             counter += 1
62 
63             for i in mixSet:
64                 x = X[i,:]
65                 O1 = self._sigmoid(self.W[0]@x.T)
66                 O2 = self._sigmoid(self.W[1]@O1)
67                 temp = self.W[2]*O2*(1-O2)[None,:]
68                 dW[2] = O2
69                 dW[1] = temp.T@O1[:,None].T
70                 dW[0] = (O1*(1-O1)*(temp@self.W[1])).T@x[:,None].T
71                 yp = self._calOut(x)
72                 yfactor = np.sum(Y[i]-yp)
73                 for j in range(len(self.W)):
74                     self.W[j] += eta * yfactor* dW[j]
75 
76             yp = self._calOut(X)
77 
78             meanE = (np.sum((Y-yp)**2)/X.shape[0])
79             self.error.append(meanE)
80             if meanE < minError:
81                 minError = meanE
82                 minW = copy.deepcopy(self.W)
83         self.W = copy.deepcopy(minW)
```

Die Zeilen 68, 69 und 70 entsprechen dabei jeweils den Formeln (7.7), (7.8) und (7.9). Die berechneten Änderungen `dW` werden dann in der nächsten Schleife auf die Gewichte angewendet. In den Zeilen 76 bis 82 geht es darum, den Fehler zu bestimmen und zu protokollieren. Wenn wir einen neuen Bestwert erreicht haben, wird der aktuelle Stand abgespeichert. Vor dem Verlassen der Methode in Zeile 83 wird diese beste gefundene Konfiguration der Gewichte in die verwendeten Gewichte unseres Netzwerkes zurück übertragen.

Das Netzwerk sollte nun schon ganz brauchbar funktionieren, weshalb wir es einmal an einem einfachen Regressionsfall testen werden.

Wir nehmen dazu die Funktion

$$y = \sin(2\pi(x + 0.5y)) + 0.5y$$

und verrauschen die Trainingsdaten künstlich mit Zufallszahlen, die zu einem relativen Fehler von maximal 5% führen.

```
84 
85 if __name__ == '__main__':
86     np.random.seed(42)
87     XTrain = np.random.rand(2500,2)
88     YTrain = np.sin(2*np.pi*(XTrain[:,0] + 0.5*XTrain[:,1])) + 0.5*XTrain[:,1]
89     Noise = np.random.rand(YTrain.shape[0]) - 0.5
90     YTrain = (1+ 0.05*Noise)*YTrain
91 
92     XTest = np.random.rand(500,2)
93     YTest = np.sin(2*np.pi*(XTest[:,0] + 0.5*XTest[:,1])) + 0.5*XTest[:,1]
94 
```

```
    myPredict = simpleMLP(hiddenlayer=(8,8))
    myPredict.fit(XTrain,YTrain)
    yp = np.squeeze(myPredict.predict(XTest))
```

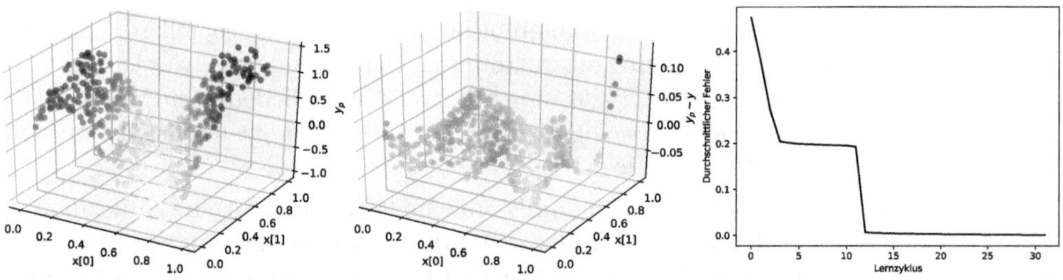

Abbildung 7.18 Regression mittels Multilayer Perceptron. Links das Resultat für die Testmenge, in der Mitte die Differenz und rechts der Verlauf des Fehlers während des Trainings

Der Fehlerverlauf in Abbildung 7.18 bezieht sich dabei wie besprochen auf die Trainingsdaten und nicht auf eine Testdatenmenge. Man sieht, dass Phasen, in denen länger nichts passiert, abrupt übergehen können in Phasen mit plötzlicher Verbesserung. Nach 32 Zyklen endet das Training, da der Schwellenwert für die Genauigkeit erreicht ist.

Unser Netzwerk war mit (8,8) sicherlich nicht zu groß anlegt, sodass es kaum die Möglichkeit zu einer Überanpassung gegeben hat. Wenn wir das Problem schlechter einschätzen können, werden jedoch oft mehr Freiheitsgrade gegeben, was eine bessere Steuerung erfordert. Hierüber werden wir im nächsten Abschnitt reden.

Versuchen Sie doch einmal – um zu überprüfen, ob Sie hier das Vorgehen vollständig verstanden haben – unseren Code oben auf den Tangens Hyperbolicus als Aktivierungsfunktion umzustellen.

Das primäre Ergebnis unseres Trainings sind immer die Matrizen mit den Gewichten. Diese kann man exportieren und anderen weitergeben. Wir werden später noch eine Export- und Import-Methode hinzufügen. Was hingegen oft nicht allein hilfreich ist, ist die reine Angabe der Architektur, also zum Beispiel hier 8 Neuronen im jedem Layer. Durch einen leicht anderen Algorithmus oder einen anderen Seed-Wert könnte jemand anders zu deutlich anderen Gewichten kommen, da er zum Beispiel in einem Nebenminimum hängen geblieben ist. Die Architektur und ggf. weite Angaben zur Regularisierung etc., die wir in Abschnitt 8.5 besprechen werden, geben ihrem Gegenüber ein Gefühl für die Modellkomplexität und Auslegung. Ein identisches Verhalten garantiert nur der Transfer der Gewichte. Außerdem können auch alte Gewichte als Ausgangspunkt für ein neues Training mit neuen Daten dienen.

7.3 Klassifikation und One-Hot-Codierung

Wir haben die neuronalen Netze bisher ausschließlich auf Regressionsprobleme angewendet. Bei der Übertragung auf die Klassifikation von mehr als zwei Klassen entsteht ein Problem, welches wir von den Bäumen als Lernverfahren bisher nicht kennen. Generell erscheint bei vielen Anwendungen die Klassifikation auf strukturierten Daten häufig als etwas leichter verglichen mit der Regression. Bei der Klassifikation mit zwei Klassen bedeutet ein Wert von 0.7 und 0.8 für die Klassenzuordnung dasselbe und wird auf 1 gerundet. Bei der Regression sind das hingegen bedeutende Unterschiede.

Theoretisch kann man eine Klassifikation immer auf eine Regressionsaufgabe zurückführen, bei der die Kategorien als Integerwerte vorliegen. Da das neuronale Netz aus stetigen, wenn nicht sogar differenzierbaren Funktionen gebildet wird, können die Ausgabewerte nicht springen. Dieser Effekt, dass wir für die Klassifikation reelle Zahlen nutzen, holt uns auch ein wenig ein, wenn wir versuchen, ein neuronales Netz mit nur einem Ausgang für die Erkennung von verschiedenen Gruppen zu verwenden.

Wie in Abschnitt 4.2.2 besprochen, gibt es unterschiedliche Skalenniveaus. Das gilt für die Merkmale ebenso wie für die Zielwerte. **Kategoriale Merkmale** oder **Zielwerte** werden durch Nominal- und Ordinalskalen beschrieben. Nehmen wir an, es gibt in unserer Zielmenge zwei Szenarien. Einmal besteht diese aus {Ratte, Hund} und einmal aus {Ratte, Pferd, Elefant, Hund}. Im ersten Fall ist alles recht einfach. Wir nutzen ein Output-Neuron und codieren Ratte mit 0 und Hund mit 1. Je nachdem, woran der Wert näher ist, wird die entsprechende Kategorie als Vorhersage verwendet. Im zweiten Fall wird alles etwas komplexer. Oft sind Kategorien in Datenbanken als Integer durchnummeriert. Beispielsweise oben von 0 bis 3. Nehmen wir nun an, wir würden direkt diese Werte im Zusammenhang mit einem Output-Neuron verwenden.

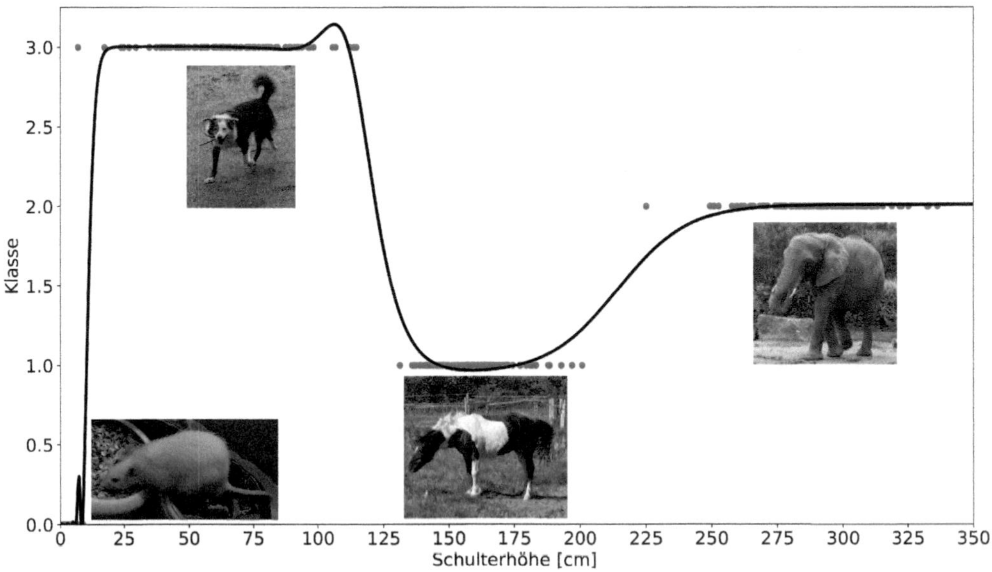

Abbildung 7.19 Gelernte Funktion zur Bestimmung einer Tierklasse mit Integer-Codierung in Abhängigkeit von der Schulterhöhe

Des Weiteren gehen wir davon aus, dass es nur ein Merkmal gibt wie z. B. die Schulterhöhe des Tieres. Wenn die Ordnung in der Codierung – wie es nun mal bei {Ratte, Pferd, Elefant, Hund} der Fall ist – nichts mit der Anordnung entlang des Merkmals zu tun hat, erhalten wir ein trainiertes Modell in der Art wie in Abbildung 7.19 abgebildet. Dies beinhaltet ein paar fiese Überschwinger wegen der Art der Aktivierungsfunktionen oder wegen Messfehlern, bzw. sehr kleinen Hunden, in den Daten. Trotz dieser kleinen unschönen Aspekte im Funktionsverlauf sind diese Effekte nicht das wirkliche Problem. Stellen wir uns vor, dass wir abfragen wollen, welche Klasse im Fall von ca. 13 cm vorliegt. Das Ergebnis wäre sicherlich überraschend und würde *Pferd* lauten. Von dem Wert 0 der Ratte zum Wert 3 für den Hund durchquert die Funktion notwendigerweise die Wertebereiche von *Pferd* und *Elefant*. Der Anwender würde sich über Mini-Elefanten oder etwas, das noch kleiner als ein Hyracotherium, ist freuen können. Das ist natürlich nicht wünschenswert und auch wenn die Codierung hier bewusst etwas pathologisch gewählt wurde, dürfen Sie in einem Szenario mit mehreren Merkmalen etc. sicherlich nicht davon ausgehen, immer eine Codierung entsprechend aller Anordnungen auf den Merkmalen finden zu können. Integer sind also als Zielcodierung nur sehr selten für eine Klassifikation mit neuronalen Netzen sinnvoll; nämlich dann, wenn eine Ordnung in den Klassen existiert und man diese glaubt, in den Übergängen deutlich machen zu können. Beispielsweise {Mops(0), Border Collie(1), Rottweiler(2), Irischer Wolfshund(3)}, aber auch nur dann, wenn die Merkmale zu der Codierung passen, als beispielsweise Größe und Gewicht. Wird ein Merkmal wie Intelligenz oder Auslaufbedarf eingeführt, muss das nicht mehr passen. Es ist also wirklich eine Ausnahme, für die Fälle in denen die Integerwerte einer Ordinalskala entsprechen, die sich in allen Merkmalen widerspiegelt.

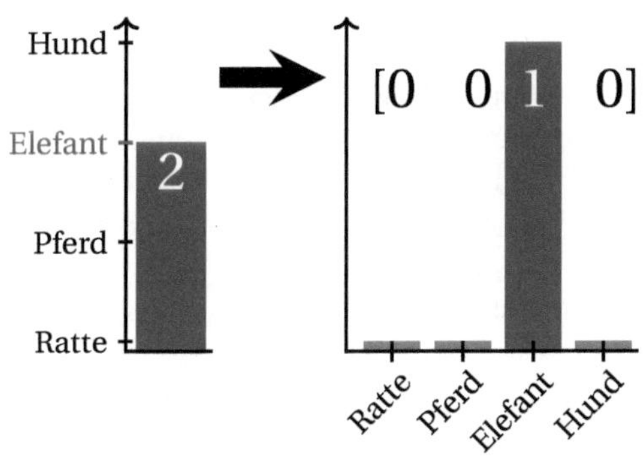

Abbildung 7.20 Beispiel für die Umwandlung von Integer in One-Hot-Codierung

Der Regelfall ist der Übergang zur **One-Hot-Codierung** bzw. englisch **One-Hot Encoding**. Bei diesem Ansatz wird der skalare Zielwert durch einen vektoriellen ersetzt. Das bedeutet wie in Abbildung 7.20 es wird ein Vektor verwendet, dessen Länge bzw. Dimension der Anzahl der Kategorien entspricht. Gehört ein Element zu einer Kategorie, setzen wir den Wert auf 1, sonst auf 0. Nimmt man an an, dass m Merkmale und n Kategorien vorliegen, verändert sich unser gelerntes Modell also von

$$\text{model}: \mathbb{R}^m \rightarrow \mathbb{R}(\text{ Integer-Codierung})$$

zu

$$\text{model}: \mathbb{R}^m \rightarrow \mathbb{R}^n(\text{ One-Hot-Codierung}).$$

Daher brauchen wir entsprechend viele Output-Neuronen, was uns auch ein wenig was auch kostet. Zum einen entstehen dadurch in der letzten Schicht mehr Freiheitsgrade durch die neuen Verbindungen, was wir noch genauer in der Gleichung (7.11) auf Seite 199 betrachten werden. Das bedeutet, unser Netz wird komplexer auch wenn wir sonst die Architektur des Netzes gleich lassen. Es ist aber durchaus möglich, dass diese Aufteilung in den vorangegangen Hidden-Layern mehr oder weniger Freiheitsgrade erfordert. Oft ergibt sich auf der Habenseite bessere Konvergenzeigenschaften, da ungünstige Anordnungen wie in Abbildung 7.19 anspruchsvoller für die Optimierungsalgorithmen sind.

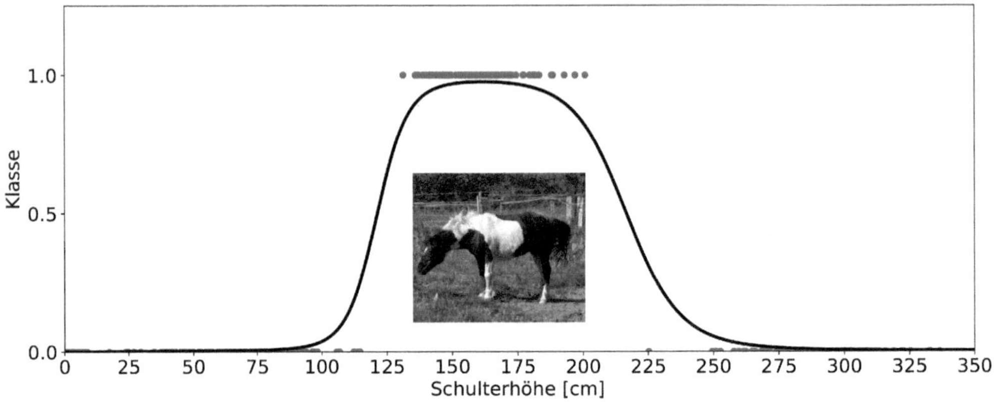

Abbildung 7.21 Ein Ausgabeneuron der gelernten Funktion zur Bestimmung einer Tierklasse mit One-Hot-Codierung in Abhängigkeit von der Schulterhöhe

Durch den One-Hot-Ansatz ergeben sich dann pro Output-Neuron Ausgaben wie in Abbildung 7.21. Nur Pferd-Zielwerte haben an diesem Output den Wert 1, alle anderen den Wert 0. Das Ergebnis ist zu interpretieren als 0 für kein Pferd und 1 für Pferd. Nach unserem jetzigen Kenntnisstand liegt es nahe, für die Fall der Integer-Codierung lineare Aktivierungsfunktionen in Output zu verwenden und für die One-Hot-Codierung Sigmoids. Wir werden in Abschnitt 8.4.1 später noch fortgeschrittene Alternativen diskutieren.

7.4 Auslegung, Lernsteuerung und Overfitting

Bei dem Beispiel auf Seite 195 haben wir nicht thematisiert, warum wir gerade 8 Neuronen in jedem Layer gewählt haben. Wie kommt man darauf? Zunächst muss man sagen, dass man es für komplexere Aufgaben nicht weiß, jedoch ist es oft eine gute Idee, die Anzahl der Neuronen eher knapp zu halten statt zu freigiebig zu sein. Zum einen bedeuten mehr Neuronen auch mehr Trainingsaufwand, zum anderen neigt ein neuronales Netz dazu, seine Trainingsdaten *auswendig zu lernen* statt zu generalisieren, wenn man ihm die Möglichkeit lässt. Über diese Unannehmlichkeiten und wie man sie vermeidet, soll es in dem folgenden Abschnitt gehen.

George Cybenkos konnte 1989 in [Cyb89] zeigen, dass mehrlagige Perzeptrons universelle Methoden zur Funktionsapproximation sind. Die Theorie besagt also, dass wir mit einem MLP

– genügend Neuronen vorausgesetzt – jede stetige Funktion annähern können. Damit sind mehrlagige Perzeptrons ein allgemeiner Ansatz für die Regression. Da man die Klassifizierung als einen Spezialfall der Regression auffassen kann, eignen sich diese Methoden natürlich auch für Klassifikationsprobleme. Hier sind die Übergänge oft sprunghafter, jedoch kann man i.d.R. davon ausgehen dass diese durch stetige Funktionen beliebig genau angenähert werden können.

Das bedeutet, mit sehr vielen – ggf. in einer für die Praxis unmöglich großen Menge – Neuronen können wir fast alles approximieren. Nutzen wir jedoch zu viele Neuronen, besteht die Gefahr der Überanpassung und wir würden damit auch Rauschen und Ausreißer auswendig lernen, statt verallgemeinerte Regeln zu lernen.

Weiter unten sprechen wir über die Form und Art der zu approximierenden Funktion. Ein Aspekt, den wir vorher bedenken sollten, ist, wie viele Daten haben wir von dieser Funktion, die wir konstruieren wollen, vorliegen? Sind es zu wenig, limitiert dies unsere Möglichkeiten für die Netzstruktur. Überlegen wir einmal, wie viele **Freiheitsgrade ein neuronales Netz** mit zwei Hidden-Layern wie das aus Abschnitt 7.2 hat. Wir haben es mit drei Matrizen zu tun. Nehmen wir an, wir haben m Merkmale und n Outputwerte. Dazwischen haben wir im ersten Hidden-Layer h_1 Neuronen gewählt und im zweiten h_2. Damit müssen die folgenden drei Matrizen mit Gewichten bestimmt werden:

$$W^{(1)} \in \mathbb{R}^{h_1 \times (m+1)} \quad , \quad W^{(2)} \in \mathbb{R}^{h_2 \times h_1} \quad , \quad W^{(3)} \in \mathbb{R}^{n \times h_2}$$

$m+1$ statt m ergibt sich wegen des Bias-Neurons, welches zumindestens in der ersten Schicht vorgesehen ist. Im restlichen Netz gehen wir von einer vollständigen Vernetzung aus. Mit diesen Matrizen ergibt sich die Anzahl der Freiheitsgrade zu:

$$\text{Freiheitsgrade (degrees of freedom)} = (m+1) \cdot h_1 + h_1 \cdot h_2 + h_2 \cdot n \tag{7.11}$$

Nehmen wir an, wir kommen aufgrund von Überlegungen vorab auf die Idee, dass unser Netz – welches z. B. 4 Merkmale bekommt und einen skalaren Output generiert – jeweils 32 Neuronen in zwei verdeckten Schichten haben soll. Dann geht das nur, wenn wir genug Werte in unserer Datenbank haben. Setzen wir die Werte (4,32,32,1) in unsere Formel (7.11) oben ein, so kommen wir auf 1216 Freiheitsgrade. Diese Freiheitsgrade werden durch das Lösen eines Optimierungsproblems bestimmt. Beim Gradientenverfahren merkt man nicht sofort, wenn man dafür vielleicht zu wenige Informationen hat. Denken wir einmal an die Gleichung (7.4)

$$y = W^{(3)}\,\mathrm{sig}(W^{(2)}\,\mathrm{sig}(W^{(1)}x))$$

von Seite 182 zurück. Diese Funktion mit ihren Verkettungen von Aktivierungsfunktionen versuchen wir an unsere Datenlage anzupassen. Der einfachste Fall eine Funktion an Daten anzupassen, wenn man genauso viele Daten wie Freiheitsgrade hat, ist die Interpolation, über die wir auch im Abschnitt 3.4 kurz gesprochen haben. Was wir hier machen, ist jedoch keine Interpolation, sondern eine Regression.

Würden wir nur lineare Ansatzfunktionen verwenden wie in Abschnitt 3.4, wäre es tatsächlich sehr ähnlich zu einer lineare Regression und wir bekommen leichter ein Gefühl für die Datenmenge. Wir gehen generell davon aus, dass unsere Daten mit Fehlern behaftet sind und wir einen Ausgleich dieser Fehler über die Menge der Daten und statistische Überlegungen – also z. B. , dass die Fehler einer Gaußverteilung entspringen – erreichen können. Wir wollen also in der Regel mehr Daten als Freiheitsgrade haben. Das bedeutet, wenn wir oben 1216 Freiheitsgrade bestimmen wollen, sollten wir ein Vielfaches davon als Daten vorliegen haben. Den genauen Faktor kann man vorab schwer bestimmen. Wenn die Daten gut verteilt sind und wenig Fehler beinhalten, reicht ein Faktor $1.x$ durchaus auch. Gehen wir von mehr Fehlern etc. aus, so brauchen wir einen höheren Faktor. Daher sollte die Anzahl der Datensätze eine Untergrenze für die Anzahl der Freiheitsgrade darstellen. Das Gradientenverfahren funktioniert in der Regel auch, wenn weniger Informationen als Freiheitsgarde vorliegen. Für lineare Aktivierungsfunktionen bzw. bei einem lineare Modell wüssten wir dann aber, dass das Ergebnis des Gradientenverfahrens dann stark von Zufall, Glück und Pech bestimmt ist und nicht von der Datenlage, denn diese reicht nicht aus, um alle Freiheitsgrade zu bestimmen. Im Allgemeine ist das nicht das, was wir wollen, sondern ein Netz, welches über die Datenbank definiert ist. Ein Ausweg aus der Zwickmühle, eine komplexe Funktion mit wenigen Daten annähern zu wollen, bieten manchmal Techniken wie die Regularisierung, die wir uns später in Abschnitt 8.5 ansehen. Daneben muss man sich klarmachen, dass die nichtlinearen Modelle diese Regel etwas verkomplizieren. Oft brauchen wir dann schon Freiheitsgrade, damit sich das Modell überhaupt entsprechend der Zielform ausrichten kann. Entsprechend kann der Datenbedarf für nichtlineare Modelle noch schwerer abgeschätzt werden.

Nachdem wir uns Gedanken über Datenmengen gemacht haben, wenden wir uns der erwarteten Form der zu approximierenden Funktion zu. Hier werden wir damit starten, ein Bauchgefühl für eine Untergrenze von Neuronen zu bekommen. Nehmen wir an, Sie wollen eine Gruppe lernen. Es geht also darum, dass der Wert der Trainingsdaten 1 ist, wenn ein Beispiel der Gruppe zugehörig ist, und 0, wenn dem nicht so ist.

Nutzen wir mehrlagige Perzeptrons, wird unser Ausgabewert durch die Verkettung und lineare Kombination von differenzierbaren Funktionen, z. B. Sigmoid, gebildet. Da differenzierbare Funktionen immer auch stetig sind, kann die Funktion nicht plötzlich von 0 auf 1 springen, sondern muss jeden Wert dazwischen durchlaufen. Wir müssen also in unserem trainierten Netz auch Ausgaben wie 0.2 oder 0.8212 etc. interpretieren. Wir gehen dabei so vor, dass wir einfach mathematisch runden. Das heißt: $y \geq 0.5$ bedeutet, etwas ist in der Gruppe, und $y < 0.5$ eben das Gegenteil.

Nehmen wir für solch eine Klassifikationsaufgabe an, dass für Werte der Merkmale X in einem Intervall I die Funktion y gleich 1 ist und außerhalb nicht. Dann müssen wir also einmal *hinauf* und dann wieder *herunter*.

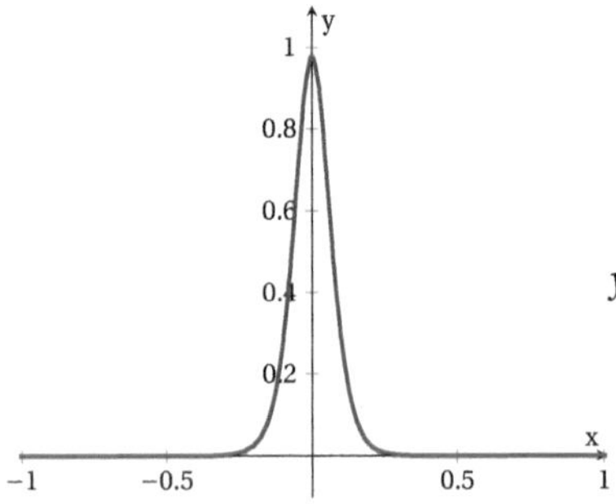

$$y_p = 4\,\mathrm{sig}(25x + 0.5) - 4\,\mathrm{sig}(25x - 0.5)$$

Abbildung 7.22 Abgrenzung eines Intervalls mit zwei Sigmoidfunktionen

Wie Abbildung 7.22 illustriert, erlauben zwei linear kombinierte Sigmoidfunktionen es schon, einmal einen abgeschlossenen Bereich als zugehörig zu definieren.

Bei einem einlagigen Netz wissen Sie also, dass jedes Intervall mindestens zwei Neuronen kosten wird. Das gilt wiederum pro Merkmal. In einem zweidimensionalen Merkmalsraum könnte es allerdings an den Rändern komplexer werden. Um das zu illustrieren, betrachten wir die beiden folgenden Aufgaben, Elemente von Mengen zu klassifizieren.

$$M_1 = \{(x, y) \in \mathbb{R}^2 \mid (x-0.5)^2 + (y-0.5)^2 < 0.2^2\} \text{ vs. } M_2 = \mathbb{R}^2 \setminus M_1$$

In der Problemstellung haben wir zwei Merkmale und einen kreisförmigen Bereich M_1, der vom Rest abgegrenzt wird. Nach den Überlegungen oben müssen wir also davon ausgehen, dass vier Neuronen in einem MLP mit einem Hidden-Layer das Mindestmaß sind. Wird es besser, wenn wir mehr Freiheiten geben, und wenn ja, wie schnell?

Dazu führen wir mit den beiden Mengen M_1 und M_2 nun ein kleines Experiment durch.

Die Einträge (4,1) und (160,1) in der Tabelle 7.1 unten wären besser mit einem einzelnen Layer berechnet worden – also (4,) und (160,) – statt unserem Mode und einem Freiheitsgrad im zweiten Layer. Vielleicht haben Sie Lust, den schon geschriebenen Code für einen Layer zu spezialisieren?

Der Quellcode unten erzeugt unseren Test für das Lernen dieser Klassifizierung. Die Trainingsmenge wurde dabei mit bis zu 15% Fehlklassifikationen in den Zeilen 13 und 14 verunreinigt. Das Ergebnis sieht man in Abbildung 7.23. 15% ist dabei nicht wenig. Was jedoch unserem Algorithmus hilft, ist, dass die Verunreinigungen rein zufällig auftreten und sich nicht systematisch in einer Region häufen. So ist es leichter, die einzelnen Fehler heraus zu glätten.

```
1  import numpy as np
2  from simpleMLP import simpleMLP
3
4  np.random.seed(42)
5  X = np.random.rand(1250,2)
6  Y = np.zeros(1250)
7  index = (X[:,0] - 0.5)**2 + (X[:,1] - 0.5)**2 < 0.2**2
8  Y[index] = 1
9
10 TrainSet      = np.random.choice(X.shape[0],int(X.shape[0]*0.80), replace=False)
11 XTrain        = X[TrainSet,:]
12 YTrain        = Y[TrainSet]
13 falsePositive = np.random.choice(len(TrainSet),int(len(TrainSet)*0.15), replace=False)
14 YTrain[falsePositive] = 1
15 TestSet       = np.delete(np.arange(0, len(Y) ), TrainSet)
```

Wie man sieht, gilt nicht allgemein *viel hilft viel*, sondern die Tabelle 7.1 zeigt, dass es zunächst wichtig ist, nicht zu wenige Neuronen in der ersten Schicht zur Verfügung zu stellen. Nimmt man zu wenige, stehen dem Netz nicht mehr die nötigen Informationen zur Darstellung der Funktion zur Verfügung. Dieser Informationsverlust kann oft nach hinten nicht mehr ausgeglichen werden. Eine grobe Faustregel ist, dass, wenn in einer Sicht weniger Neuronen sind als wir Merkmale haben, eine Kompression vorliegt und in der Regel Information verloren gehen wird. Manchmal nutzt man das auch aus, um Rauschen zu reduzieren. Wenn es genauso viele Neuronen sind, haben wir keinen Flaschenhals und es könnte bei geeigneter Optimierung funktionieren.

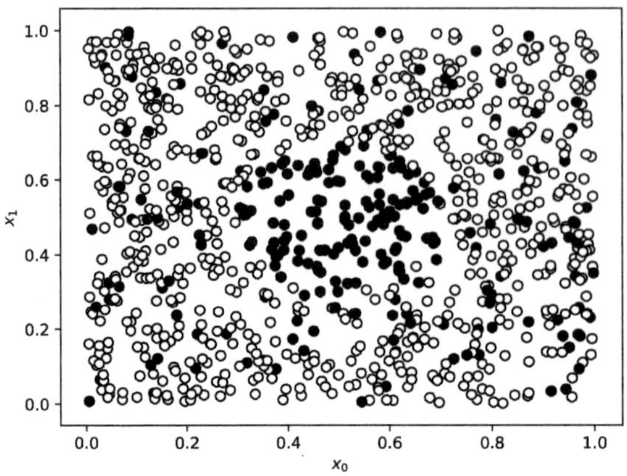

Abbildung 7.23 Verunreinigte Trainingsmenge

Tabelle 7.1 Approximation des Kreises mit verschiedenen Auslegungen eines Netzwerkes

Hidden-Layer	Genauigkeit
(16,16)	98.4 %
(32,32)	97.6 %
(16,1)	96.4 %
(3,3)	96.4 %
(4,1)	96.0 %
(4,4)	96.0 %
(120,120)	86.8 %
(2,2)	82.4 %
(2,8)	81.2 %

Wenn man mehr als vier Freiheitsgrade in unserem Beispiel zulässt, geht es darum, ob diese verwendet werden, entweder die Rundungen unseres Kreises besser zu erfassen oder die Verunreinigungen zu approximieren. 96% korrekte Klassifizierung sind dabei die Leistung, die wir schon mit 4 Neuronen in der ersten Schicht erreichen. Zu den Abständen zwischen den Klassifikationen muss man sich klarmachen, dass wir 250 Beispiele in unserer Testmenge haben, sodass jedes Beispiel für 0.4% steht. Die Unterschiede sind also teilweise gering und schon eine Veränderung im Startwert des Zufallszahlengenerators mag diese umsortieren. Das beste Ergebnis erreicht man hier mit 16 Neuronen in beiden Layern. Unsere Trainingsdatenmenge hat 1000 Werte. Die Struktur mit 32 Neuronen in beiden Layern jedoch 1152 Freiheitsgrade und die mit 120 in beiden Layern sogar 14880. Während das leichte Überreizen der uns zur Verfügung stehenden Informationen bei 32 Neuronen noch gute Resultate bringt, versagt das Training bei der völlig überzogenen Netzgröße deutlich. Hierzu muss man sich die Verhältnisse in den eigenen Beispielen klarmachen. Es gibt mehr weiße als schwarze Punkte in Abbildung 7.23. Tatsächlich sind 86.8% der Menge der weißen Gruppe zugehörig und 13.2% der schwarzen. Das bedeutet: Wenn unser Netzwerk lernt, immer null zurück zu liefern, erreicht man eine Genauigkeit von 86.8%.

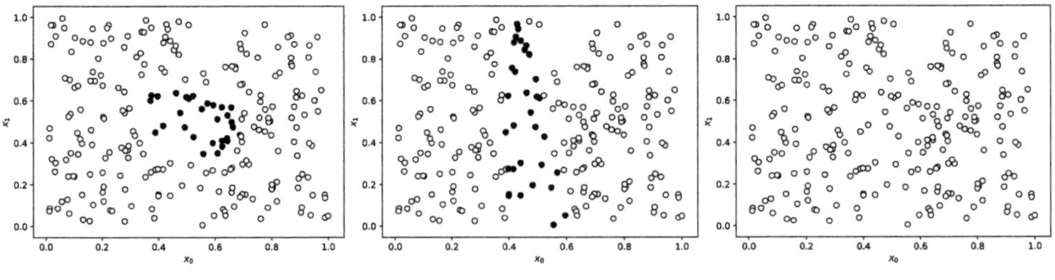

Abbildung 7.24 Klassifikation der Testmenge mit (16,16) [links], (2,8) [Mitte] und (120,120) [rechts]

Tatsächlich ist die Null-Funktion hier ein attraktives lokales Minimum, da man hiermit viele Werte richtig behandelt. Der Fall (120,120) ist also kein Overfitting, sondern eher ein Problem im Training – in diesem Fall mit zu vielen Freiheitsgraden. Dass es auch schlechter geht, sieht man am Beispiel mit der Hidden-Layer-Konfiguration (2,8). Wie man in Abbildung 7.24 sieht, hat hier das Netz durchaus erfolgreich trainiert. Da jedoch zu wenig Freiheitsgrade in der ersten Schicht vorlagen, konnte keine geeignete Form bei der Approximation ausgebildet werden.

> **!** Generell sollte man im Sinne des auf Seite 64 erwähnten Prinzips von Ockhams Rasiermesser immer das kleinste Netz nutzen, welches sinnvolle Ergebnisse liefert.

Natürlich kann man nicht alle denkbaren Konfigurationen durchprobieren. Wie geht man also vor, wenn man kein Gefühl für die Größe des Netzes hat? Zunächst gibt es zwei primäre Ansätze die, Layer auszurichten.

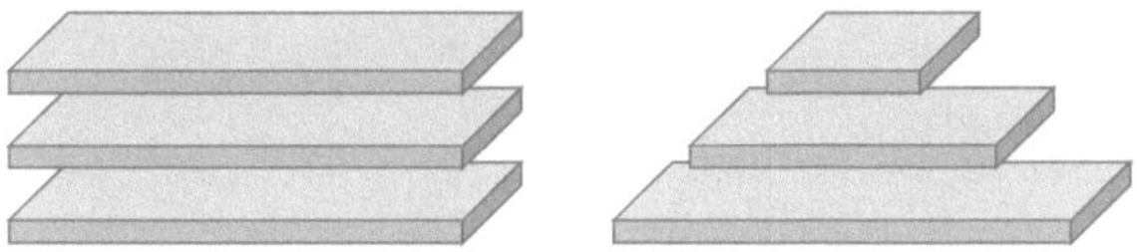

Abbildung 7.25 Verhältnis von Layern im MLP

Wie Abbildung 7.25 zeigt, kann man einmal versuchen die Information ohne Verengung durchfließen zu lassen. Dann entsteht etwas, was an einen Quader oder ein Hochhaus erinnert. Die andere Form ist nach hinten kleinere Layer zu nutzen. Dadurch wird das Netz gezwungen Information zu verdichten. Das ist dann eher eine Maya-Pyramide und kein Hochhaus. Wenn man einmal von Anwendungen wie einem Autoencoder, den wir uns in Abschnitt 9.5 ansehen, absieht hat es i. A. keinen Sinn zwischendurch eine Verengung des Informationsflusses zu erzwingen und dann den Strom – um in diesem Bild zu bleiben – wieder zu erweitern. Die nachfolgenden Schichten können nur auf das aufsetzen, was nach der Informationsverdichtung noch übrig ist. Informationsverdichtung ist jedoch nichts Schlechtes. Gerade bei Klassifikationen ist daher ein Ansatz im Stil der Maya-Pyramide sehr oft anzutreffen. Bei Regressionen ist es schwerer zu sagen, ob das Hochhaus oder die Pyramide besser geeignet sind Freiheitsgrade aufzuteilen. Manchmal sind auch Ansätze mit einem Hidden-Layer – quasi einem Bungalow – völlig ausreichend.

Oben haben wir nur mit zwei Klassen gearbeitet und haben daher noch keinen Gebrauch von der in Abschnitt 7.3 besprochenen One-Hot-Codierung gemacht. Generell spricht man davon, dass man bei mehr als zwei Klassen eine **Mehrklassenklassifikation** bzw. **Multiclass Classification** durchführt. Es ist wichtig, das nicht mit der wesentlich komplexeren **Multi-Label Classification** zu verwechseln. Im letzteren Fall kann ein Objekt, also ein Record in einer Datenbank, zu mehren Klassen gehören. Rollenspieler denken da bestimmt an Mehrklassen-Charaktere Typ Krieger-Dieb etc. aber so etwas ist auch in der Wirklichkeit eher die Regel als die Ausnahme. Leider keine einfache Sache, weshalb wir das hier noch nicht besprechen.

Wir schauen uns nun die Integer-Codierung mit einem Output-Neuron und die One-Hot-Codierung mit zwei Outputs einmal an einem Beispiel an. Wir beginnen mit der Variante, in der wir ein einzelnes Output-Neuron nutzen. Später erweitern wir den Quellcode unseres MLP, um mehre Outputs umsetzen zu können.

Für ein Output-Neuron erledigt der folgende Quelltext mit unserer einfachen Implementierung des MLP die Aufgabe recht gut:

```
import numpy as np
from simpleMLP import simpleMLP

```

```
np.random.seed(42)
X = np.random.rand(1250,2)
Y = np.zeros(1250)
index = (X[:,0] - 0.25)**2 + (X[:,1] - 0.25)**2 < 0.2**2
Y[index] = 1
index = (X[:,0] - 0.75)**2 + (X[:,1] - 0.75)**2 < 0.2**2
Y[index] = 2
```

Dieses Beispiel kann man auffassen als ein Problem mit drei Mengen mit den Werte 0, 1 und 2 oder als Problem, wo es nur um die zwei Mengen 1 und 2 geht und wir zusätzlich die Information haben, dass die Elemente, die mit 0 bezeichnet sind, etwas ganz anderes sind. Ein Beispiel wäre, das 1 die Hunde sind, 2 die Katzen und 0 ein Sammelsurium anderer Tiere. Wir gehen von Letzterem aus.

```

TrainSet      = np.random.choice(X.shape[0],int(X.shape[0]*0.70), replace=False)
XTrain        = X[TrainSet,:]
YTrain        = Y[TrainSet]
TestSet       = np.delete(np.arange(0, len(Y) ), TrainSet)
XTest         = X[TestSet,:]
YTest         = Y[TestSet]

myPredict = simpleMLP(hiddenlayer=(32,32))
myPredict.fit(XTrain,YTrain,maxIter=2000)
yp = myPredict.predict(XTest)
diff = np.abs(np.round(yp.T) - YTest).astype(bool)
fp = np.sum(diff)/len(TestSet)*100
print('richtig klassifiziert %0.1f%%' % (100-fp))
```

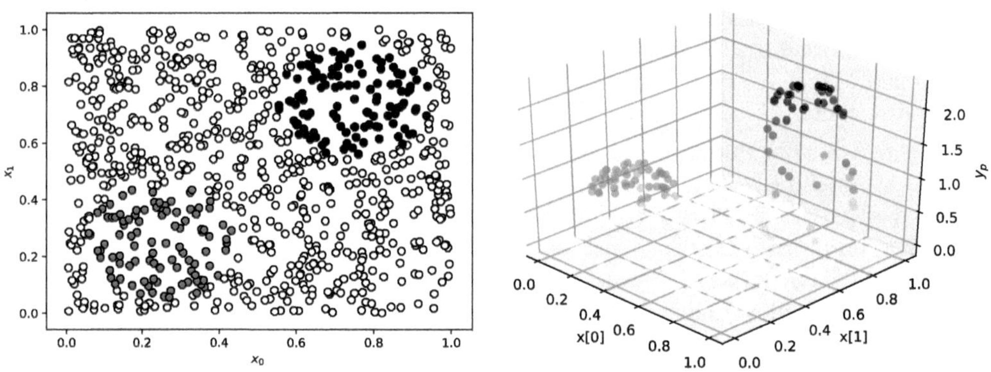

Abbildung 7.26 Klassifizierung von zwei Gruppen mit einem MLP mit einem Output-Neuron

Wir nutzen wieder die Architektur mit 16 Neuronen in jedem Hidden-Layer. Dabei erreichen wir eine Genauigkeit von 94.1% korrekten Klassifizierungen. Dass wir nicht erneut 98.4% erreichen, wie bei der letzten Klassifikation, ist erwartbar, da wir mit gleich vielen Testbeispielen eine komplexere Funktion annähern wollen. Man kann etwas mehr Neuronen noch riskieren und dabei das Ergebnis verbessern. Mit (32,32) sind erneut 97.6% möglich. Für uns hier ist jedoch interessant, wo das Netz mit dem Layout (16,16) seine Fehler macht. Diese Information liefert Abbildung 7.26. Wir setzen unser Modell aus lauter stetigen Funktionen zusammen. Das tun wir, da wir ja differenzieren können wollen. Da aus Differenzierbarkeit automatisch

Stetigkeit folgt, können diese Modelle keine Sprünge machen. Um also von 0 nach 2 zu kommen, passiert die Funktion notwendigerweise die 1. Je nachdem, wie steil der Aufstieg angelegt wird, entsteht so ein unterschiedlich breiter Rand, in dem Angehörige der Menge 2 als Angehörige der Menge 1 klassifiziert werden. Wie besprochen setzen wir später den Ansatz um je ein Output-Neuron pro Klasse vorzusehen. Jedes dieser Neuronen ist dann binär codiert. Ist ein Element nicht in der Klasse, wird am jeweiligen Neuron `False` bzw. 0, und falls es zu der Klasse gehört, `True` bzw. 1 gesetzt.

Damit haben schon mal ein ToDo für unsere erweiterte MLP-Klasse: Mehrere Output-Neuronen ermöglichen.
Zunächst sammeln wir jedoch noch weitere Aspekte, die wir in der verbesserten Klasse zur Lernsteuerung und Qualitätssteigerung umsetzen wollen. Es werden insgesamt drei Aspekte sein und ohne diese vorab zu sammeln, kommt es zu zu vielen kleinen Code-Änderungen.

Allgemeine Unsicherheiten über die Qualität des Modells werden verschärft, wenn man von einem Bereich mit vielen Daten – wo also eine Regression oder zumindestens Interpolation vorgenommen wird – zu einer Art **Extrapolation** übergeht. Manchmal spricht man auch positiver von einer **Generalisierung**. Wir sehen uns hier einen Aspekt in 1D an und kommen generell auf das Thema im Abschnitt 9.6 zurück. Wenn wir, wie oben, die Testmenge aus dem gleichen räumlichen bzw. zeitlichen Gebiet nehmen wie die Trainingsmenge, testen wir unser Verfahren auf Fehler, die durch eine Ausgleichsrechnung entstanden sind. Für Extrapolationen gilt der Ausspruch *„Prognosen sind schwierig, besonders wenn sie die Zukunft betreffen“*, welcher dem Physiker Niels Bohr zugeschrieben wird.

Bei der Extrapolation geht es um die Frage, wie gut ein Modell Vorhersagen außerhalb des mit Trainingsdaten versehenen Bereichs macht. Hierbei muss man den Randbereich von weit entfernten Bereichen unterscheiden. In letzteren ist nur eine seriöse Aussage möglich, wenn man das Modell der Anwendungsdomain bereits beim Auslegen des Lernverfahrens genau genug kannte. In diesem Fall kann man Domain-Know-how in die Auswahl und Auslegung des Lernverfahrens einbringen. Darüber hinaus muss das Modell stabil sein etc. Alle diese Aspekte kommen nur selten zusammen, sodass z. B. Prognosen für die ferne Zukunft im Allgemeinen auf dem Niveau vom Glaskugeln-Lesen bleiben. Etwas anders ist das nahe Umfeld. Wir betrachten hierzu einmal das **Beispiel der Bevölkerungsentwicklung der BRD**. Diese enthält diesen schönen, schwer zu erfassenden Sprung zum Zeitpunkt der Wiedervereinigung.

Die vorliegenden Trainingsdaten decken den Zeitraum von 1956 bis 2013 ab (58 Datensätze). Vielen Zahle zwischen den wenigen Volkszählungen sind natürlich Hochrechnungen und Statistiken, enthalten also Fehler gegenüber der Realität, die wir aber nicht kennen. Für die Frage, wie gut ein Modell extrapoliert, schauen wir sowohl in die Zukunft als auch in die Vergangenheit. Hierzu nutzen wir die Zahlen von 1950 mit 49 842 in der Vergangenheit und 80 896 für 2014 und 82 175 für 2015. Alle Angaben sind dabei immer in Millionen gehalten und der Fehler besteht in der addierten Abweichung zu diesen drei Daten.

```
import numpy as np
from simpleMLP import simpleMLP

np.random.seed(42)

dataset = np.loadtxt("censusGerman.csv", delimiter=",")
XTrain = dataset[:,0][:,None]
YTrain = dataset[:,1]
yMin = YTrain.min(axis=0); yMax = YTrain.max(axis=0)
```

```
YTrain = 2*(YTrain - yMin) / (yMax - yMin) - 1

XTest = np.array([1950.0, 2014.0, 2015.0])[:,None]
YTest = np.array([49.842, 80.896, 82.175 ])

myPredict = simpleMLP(hiddenlayer=(16,16))
myPredict.fit(XTrain,YTrain,maxIter=400, eta=0.25)
yp = myPredict.predict(XTest)
yp = (yMax - yMin)/2* (yp +1) + yMin
fehler = np.sum(np.abs(YTest - yp.T))/len(YTest)
print('Mittler Fehler fuer die Extrapolation : %f' % (fehler) )
yp = myPredict.predict(XTrain)
yp = (yMax - yMin)/2* (yp +1) + yMin
fehler = np.sum(np.abs(dataset[:,1]-yp.T))/len(YTrain)
print('Mittler Fehler fuer die Regression im Inneren : %f' % (fehler) )
```

Wie man in dem Quelltext oben erkennen kann, normieren wir dieses Mal nicht nur die Eingabedaten x, sondern auch die Targetdaten y. Letztere werden auf das Intervall [-1,1] abgebildet. Der Hintergrund ist, dass die recht großen Werte der Bevölkerung komplett im letzten Layer erfasst werden müssen, da die Sigmoids in den Hidden-Layern auf den Bereich [0,1] beschränkt sind. Das führt bei diesem Wertebereich zu Problemen im Lernverhalten. Das gilt verschärft, weil wir mit recht wenigen Daten versuchen das Netz zu trainieren. In Kapitel 9 gehen wir darauf näher ein.

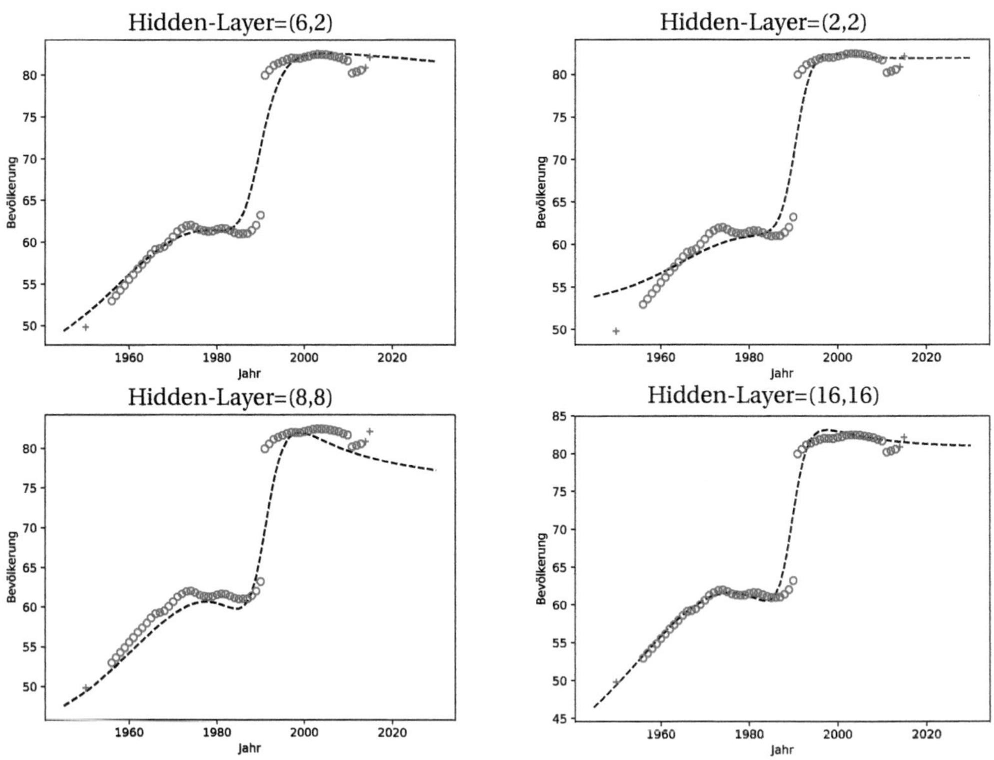

Abbildung 7.27 Modell für die Bevölkerungsentwicklung mit verschiedenen Hidden-Layer-Konfigurationen

Wie man in Abbildung 7.27 sieht, ist die Qualität für unterschiedliche Hidden-Layer-Konfigurationen wieder sehr unterschiedlich und auch nicht einheitlich, was die Interpolation auf den Trainingsdaten und die Extrapolation über den Rand hinaus angeht. Die besten Werte auf den Trainings- und Testdaten liefert dabei das Netz mit 6 Neuronen in der ersten und 2 in der zweiten Schicht sowie das Netz mit 16 Neuronen in beiden Schichten. Letzteres gibt – zu Recht oder zu Unrecht – den aktuellen Trend nicht wieder, sondern geht von einer deutlich schrumpfenden Bevölkerung in der späteren Zukunft aus. Der Ansatz (2,2) extrapoliert schlecht auf dem Testwert in der Vergangenheit, während man hofft, dass die Prognose von (8,8) für die Zukunft weiterhin so falsch ist, wie auf den beiden Testwerten.

Wir fassen abschließend zusammen, dass es wichtig ist, die Generalisierungs- oder Extrapolationsleistung eines Systems an Rändern, wo keine oder kaum Daten vorliegen, mit seiner Leistung im Inneren der Wertemenge nicht zu verwechseln. Typische Prognosesysteme werden jedoch kontinuierlich mit neuen Daten ergänzt und können sich so verbessern. Hier ist maschinelles Lernen oft ein dynamischer Prozess und nicht ein statisches Modell, das für alle Zeiten gelten soll.

Tatsächlich sind sowohl die Extrapolation bzw. Generalisierung als auch die Konstruktion von Modellen im Inneren von Datenmengen wichtige Anwendungen. Wenn man einen Roboter oder eine Industrieanlage anlernt, macht man das in der Regel mit Daten, die für den Betrieb jetzt gültig sind. Wir bewegen uns also im Inneren einer Datenlage. Denkt man zum Beispiel an Systeme in der Logistik, so sind vermutlich die meisten Tage nicht unähnlich zu vorangegangen Datenlagen. Hier bewegt sich ein gut ausgelegtes System auf sehr sicherem Boden. Neue Situationen wird das System versuchen aufgrund seiner Generalisierungsfähigkeit zu erfassen. Wie gut das gelingt, hängt von System an und davon, wie weit außerhalb des bekannten Verhaltens sich die Anforderung bewegt. Wenn die Situation jedoch auf die eine oder andere Art bewältigt ist, wird diese dem Datenbestand hinzugefügt und wir erweitern damit immer mehr unseren Bereich, in dem das lernende System sicher(er) agiert. Eigentlich nicht unähnlich zu jedem Lebewesen und dem bekannten Ausspruch: *fool me once shame on you fool me twice shame on me.*

Unabhängig von Rand- oder Innenlage ist es immer unser Ziel, das Netz mit der besten Performance auf neuen Daten zu wählen und nicht, unsere Trainingsdaten möglichst gut darzustellen. Diese kennen wir ja schon und ein ANN wäre eine sehr teure Art, einfach nur Daten zu speichern. Ein Beispiel ist in der Abbildung 7.28 dargestellt. Sie zeigt die Trainingsmenge für ein Klassifizierungsproblem, bei dem die Mengen + und $*$ unterschieden werden sollen. Der Ansatz unten macht dies fehlerfrei. Gleichzeitig ist es zweifelhaft, ob der Rüssel, den man hier nach links herausragen sieht, wirklich korrekt für das Modell ist. Es könnte sein, dass die beiden so erfassten Einträge mit $*$-Symbol einfach fehlerhaft waren. Wenn wenig Freiheitsgrade zur Verfügung stehen, wie in dem linearen Beispiel oben rechts, so muss sich der Algorithmus entscheiden, wo er die Gerade hinlegt, und wird dabei Fehler in Kauf nehmen müssen. Trotzdem könnte er besser für unbekannte Daten generalisieren als der Ansatz unten rechts. Unten rechts hingegen wurde etwas mehr Freiheit gelassen als nur eine Trenngerade. Das könnte die beste Lösung sein, falls wirklich generell zum Beispiel große x_2-Werte dafür stehen, dass ein Eintrag wahrscheinlich der Gruppe + zugerechnet werden sollte. Vermutlich haben wir es also bei dem letzten Modell in der Abbildung 7.28 mit einem Overfitting zu tun. Die Frage ist nun,

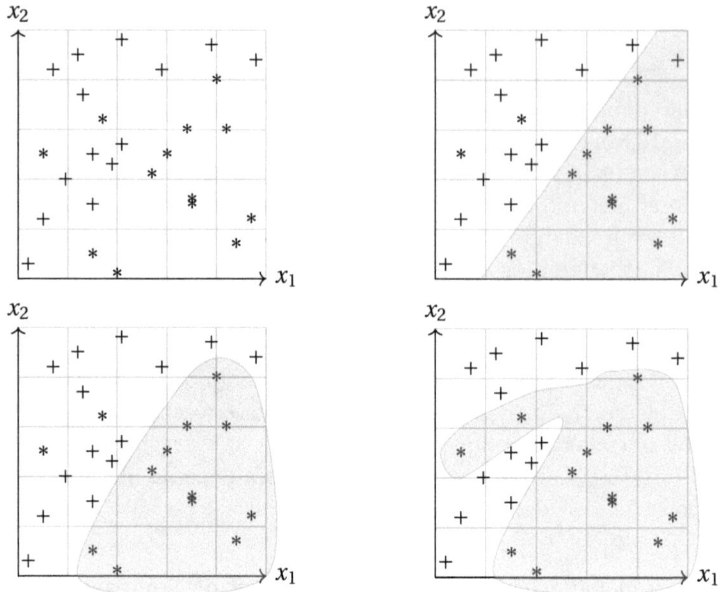

Abbildung 7.28 Trainingsmenge korrekt abbilden vs. Generalisierung

wie wir dies im Training eines neuronalen Netzes vermeiden können, falls wir das Netz nicht direkt so auslegen können, dass die Freiheitsgrade gar kein Overfitting zulassen. Letzteres ist im linearen Fall meistens so, aber die Dimensionierung des Netzes ist ja nicht leicht, wie wir schon auf den letzten Seiten bemerkt haben.

Der einfachste Ansatz für den Vergleich verschiedener neuronaler Netze ist, die Fehlerfunktion mit Daten auszuwerten, die unabhängig von den Trainingsdaten sind. Diese Daten bilden die **Validierungsmenge**. Diese Menge tritt nun an die Stelle der Trainingsdaten, die wir bisher verwendet haben, um das beste Netzwerk im Laufe der Iterationen auszuwählen. Wie man u. a. am Beispiel in Abbildung 7.28 sieht, ist diese jedoch kein geeignetes Mittel, wenn es um das Problem des Overfittings geht und die Fragestellung, ob unser Modell auch außerhalb seiner Trainingsdaten gut generalisiert. Es stellt sich vielleicht nun bei dem einen oder anderen die Frage, warum wir hierfür nicht einfach das Testset verwenden?

Hierzu sollten wir uns die drei Mengen einmal genau ansehen:

1. **Trainingsmenge**: Diese Daten werden zum Training der Methode verwendet. Im Fall des neuronalen Netzes wird auf diesen Daten die Backpropagation durchgeführt und die Gewichte werden angepasst. Wenn genug Freiheitsgrade zur Verfügung stehen, könnte es dazu kommen, dass ein Netz die Trainingsdaten quasi auswendig lernt, aber dafür nicht mehr gut in der Lage ist, auf andere Fälle zu generalisieren.
2. **Validierungsmenge**: Diese Daten werden verwendet, um aus einer Menge von Netzwerken dasjenige auszuwählen, welches die beste Leistung auf diesen Daten zeigt, oder um ggf. auch Parameter anzupassen. Ein einfaches Beispiel ist, das Netz – bzw. die Gewichte – aus einer Sequenz von Netzwerken auszuwählen, in denen der Fehler am kleinsten war. Bei einer negativen Entwicklung kann das Training auch ganz gestoppt werden. Diesen Ansatz nennt man **Early Stopping**. Damit sind die Netzwerkdaten ebenfalls am Training beteiligt.

Eine ungewöhnliche Zusammensetzung der Validierungsmenge führt z. B. dazu, dass ggf. ein nicht optimales Netz ausgewählt wird.

3. **Testmenge**: Diese Daten beurteilen die Qualität des Netzwerkes bzw. des Verfahrens, ohne am Training irgendwie beteiligt zu sein.

Das bedeutet, dass jedes Verfahren zum überwachten maschinellen Lernen eine Trainings- und eine Testmenge benötigt. Jedes Verfahren, das darüber hinaus Parameter einstellen muss, wird zusätzlich eine Validierungsmenge benötigen, da sonst die Parameter in Abhängigkeit der Menge eingestellt würden, die es zu überwachen gilt. Es handelt sich also um eine akzeptierte Lösung für das Problem *Wer bewacht die Wächter?*. Eine typische Aufteilung zwischen Training, Validierung und Test ist 60%|20%|20% . Jedoch können im Einzelfall deutliche Abweichungen angemessen sein, zum Beispiel, wenn die Trainingsdaten knapp sind. Vielleicht brauchen wir auch keine Validierungsmenge, wenn vorher schon klar ist, dass unser Modell nicht zu viele Freiheitsgrade hat und keine **Überanpassung** – was der deutsche, jedoch seltenere, Ausdruck für **Overfitting** ist – möglich ist.

> Wichtig ist jedoch immer, die Testmenge unabhängig und in angemessener Größe zu halten.

Wir werden an unserem alten Code für das MLP jetzt diese Dinge verbessern:

1. Erweiterung auf mehrere Output-Neurone
2. Eine Möglichkeit, die Gewichte zu importieren und exportieren
3. Integration der Validierungsmenge als Kriterium für die Auswahl der besten Gewichte
4. Einbau eines *Klassifizierungsmodus*, um den Fehler in diesem Fall angepasst betrachten zu können

Die Änderung für mehr Output-Neuronen besteht lediglich darin, eine Schleife über eben diese einzufügen. An den Ableitungen ändert sich nichts, außer dass $W^{(3)}$ nun von einem Vektor zu einer Matrix wird.

$$\frac{\partial y_m}{\partial w^{(3)}_{m,j}} = O^{(2)}_j \tag{7.12}$$

$$\frac{\partial y_m}{\partial w^{(2)}_{j,k}} = w^{(3)}_{m,j} \cdot O^{(2)}_j \left(1 - O^{(2)}_j\right) \cdot O^{(1)}_k \tag{7.13}$$

$$\frac{\partial y_m}{\partial w^{(1)}_{k,l}} = x_l O^{(1)}_k (1 - O^{(1)}_k) \sum_j w^{(3)}_{m,j} O^{(2)}_j (1 - O^{(2)}_j) w^{(2)}_{j,k} \tag{7.14}$$

Entsprechend bleiben auch die meisten Zeilen unseres alten Listings hierbei unverändert. Am besten speichern Sie die Datei unter einem neuen Namen und führen dann die Änderungen unten durch. Zunächst geben wir der Klasse lediglich einen neuen Namen und merken uns, ob es um eine Klassifikation geht:

```
class MLPNet:
    def __init__(self, hiddenlayer=(10,10),classification=False):
        self.hl = hiddenlayer; self.classification = classification
```

Ansonsten wurden nur die Vorfaktoren für die Initialisierung der Gewichte, wie auf Seite 191 besprochen, eingefügt. Die nächste echte Änderung besteht darin, in Zeile 27 für die Klassifikation direkt zu runden.

```
27         if self.classification: y = np.round(y)
```

Der Ansatz, einfach auf- oder abzurunden, funktioniert bei den einfachen Beispielen, die wir im Folgenden betrachten, gut. Er passt auch dazu, dass wir für Klassifikation und Regression die gleiche Fehlerfunktion zur Optimierung verwenden. Es werden aber einige wichtige Fälle mit diesem Ansatz nicht adressiert. Wenn z. B. drei Klassen möglich sind, kann ein Output aus (0.45 , 0.25, 0.3) bestehen. Das bedeutet bei dem unten umgesetzten Ansatz, dass der Datensatz keiner der drei Klassen zugeordnet wird. Wenn Sie sich aber sicher sind, dass jeder Datensatz zu einer der drei Klassen gehören sollte, wären Sie mit dieser Zuweisung vermutlich unzufrieden und würden es vielleicht vorziehen, wenn er der Klasse mit dem größten Wert zugewiesen wird. Alternativ könnte die Ausgabe (0.51, 0.62, 0.2) vorliegen, da wir ja nicht darauf bestehen, dass die Ausgabe summiert 1 ergibt. In diesem Fall wird der Code unten den Datensatz sowohl der Klasse 1 als auch 2 zuordnen. Auch dieses Verhalten ist vielleicht nicht gewollt. Der Ansatz unten approximiert einfach einen Vektor und rundet Ausgaben, was oft gut funktioniert. Ansätze, die mehr darauf abzielen eine Wahrscheinlichkeit von 1 auf verschiedene Klassen aufzuteilen, besprechen wir später im Abschnitt 8.4.1.

In Zeile 30 fügen wir `XT` und `YT` als Option hinzu, die es uns später ermöglicht, bei Interesse den Fehler auf dem Testset mit zu beobachten.

```
30     def fit(self,X,Y,eta=0.75,maxIter=200,vareps=10**-3,scale=True,XT=None,YT=None):
```

Da wir mehr als ein Output-Neuron zulassen wollen, ändern nun wir in Zeile 38 den Wert von 1 auf die Anzahl der Output-Neuronen. Diese kann direkt der Dimension von Y entnommen werden. In Zeile 40 rufen wir eine Methode auf, die eine Validierungsmenge von der Trainingsmenge abspaltet.

```
38         self.ol = Y.shape[1]
39         self._initWeights()
40         (XVal, YVal, X, Y) = self._divValTrainSet(X,Y)
41         self.train(X,Y,XVal,YVal,eta,maxIter,vareps,XT,YT)
```

In der Trainingsmethode soll nun natürlich auch die Validierungsmenge übergeben werden und auch bei dieser prüfen wir kurz, ob das Bias-Neuron schon hinzugefügt wurde.

```
42
43     def train(self,X,Y,XVal=None,YVal=None,eta=0.75,maxIter=200,vareps=10**-3,XT=None,YT=None)
        :
44         if XVal is None: (XVal, YVal, X, Y) = self._divValTrainSet(X,Y)
45         if len(Y.shape) == 1: Y = Y[:,None]
46         if len(YVal.shape) == 1: YVal = YVal[:,None]
47         if self.il != X.shape[1]: X = np.hstack( (X,np.ones(X.shape[0])[:,None]) )
48         if self.il != XVal.shape[1]: XVal = np.hstack( (XVal,np.ones(XVal.shape[0])[:,None]) )
49         dW = []
```

Da wir nun die Leistung unseres neuronalen Netzes mit der Validierungsmenge beurteilen wollen, müssen wir mit dieser auch den Startfehler berechnen. Entsprechend sind in den drei folgenden Zeilen kleine Anpassungen zu machen.

```
52        yp = self._calOut(XVal)
53        if self.classification: yp = np.round(yp)
54        meanE = (np.sum((YVal-yp)**2)/XVal.shape[0])/YVal.shape[1]
```

In Zeile 57 ergänzen wir Variablen für weitere Fehlerprotokolle.

```
57        self.errorVal=[]; self.errorTrain=[]; self.errorTest=[]
```

Ab Zeile 62 häufen sich jetzt kleinere Änderungen, damit wir die Schleife über die m Output-Neuronen integrieren können.

```
62            for m in range(self.ol):
```

Die wesentlichen Formeln bleiben hiervon jedoch natürlich unberührt. Man muss den nachfolgenden Block nur um einen Tabulator einrücken. In dieser tieferen Einrückung sind die folgenden Zeilen dann jeweils um den Output `m` zu ergänzen.

```
71                    yp = self._calOut(x)[m]
72                    yfactor = np.sum(Y[i,m]-yp)
```

Nun geht es darum, die Evaluation auf der Validierungsmenge durchzuführen. Ab Zeile 76 wird so viel verändert, dass es sich jetzt nicht mehr lohnt, Zeilen auszusparen. Die Änderungen ergeben sich jedoch nur aus dem Austausch der Trainingsmenge des alten Codes mit der Validierungsmenge.

```
76            yp = self._calOut(XVal)
77            if self.classification: yp = np.round(yp)
78            meanE = (np.sum((YVal-yp)**2)/XVal.shape[0])/YVal.shape[1]
79            self.errorVal.append(meanE)
80            if meanE < minError:
81                minError = meanE
82                minW = copy.deepcopy(self.W)
83                self.valChoise = counter
```

Nun fügen wir noch einen kurzen Abschnitt ein, der, falls das Testset übergeben wurde, für alle drei Mengen den Fehler protokolliert:

```
84
85            if XT is not None:
86                yp = self.predict(XT)
87                if len(YT.shape) == 1: YT = YT[:,None];
88                meanETest = (np.sum((YT-yp)**2)/XT.shape[0])/YT.shape[1]
89                self.errorTest.append(meanETest)
90
91                yp = self._calOut(X)
92                if self.classification:
93                    yp = np.round(yp)
94                meanETrain = (np.sum((Y-yp)**2)/X.shape[0])/Y.shape[1]
95                self.errorTrain.append(meanETrain)
96        self.W = copy.deepcopy(minW)
```

In der letzten Zeile werden wie gewohnt die besten Gewichte übertragen.

Es folgt noch die oben verwendete Funktion, welche die Validierungsmenge abspaltet.

```
    def _divValTrainSet(self, X,Y):
        self.ValSet   = np.random.choice(X.shape[0],int(X.shape[0]*0.25),replace=False)
        self.TrainSet = np.delete(np.arange(0, Y.shape[0] ), self.ValSet)
        XVal     = X[self.ValSet,:]
        YVal     = Y[self.ValSet]
        X        = X[self.TrainSet,:]
        Y        = Y[self.TrainSet]
        return (XVal, YVal, X, Y)
```

Wenn die Trainingsmenge hierbei 80% der Daten ausgemacht hat, erzeugt der Faktor 0.25 hier eben die von uns beabsichtigte Aufteilung in 20% Testmenge, 20% Validierung und 60% Training.

Die letzten beiden Methoden dienen dem Import und Export der Gewichte. Die Methoden sind bzgl. der Programmierung vergleichsweise unspektakulär und werden unten einfach nur angegeben. Wichtiger istsich klarzumachen, warum es so bedeutend ist, die Gewichte sichern zu können. Jede Lib wie z. B. Keras bietet ähnliche Möglichkeiten. Der Grund liegt in der Art, wie neuronale Netze trainiert werden. Wenn ein Datenbestand D vorliegt und jemand eine neuronales Netz erfolgreich darauf trainiert hat, dann besteht ggf. die Notwendigkeit, dieses Netz auch anderen Personen zugänglich zu machen. Dabei reicht es leider nicht zu sagen, dass man m Hidden-Layer mit jeweils h_i $(i = 1 \dots m)$ Neuronen gewählt hat. Mit nur diesen Informationen ist es sehr wahrscheinlich, dass jeder andere ein (leicht) abweichendes Netz erhält. Zunächst ist damit die Art des Trainingsalgorithmus nicht geklärt, aber auch wenn z. B. beide ein Gradientenabstiegsverfahren verwenden, ist dies sehr von Startwerten und der zufälligen Initialisierung der Gewichte abhängig. Um das gleiche Verhalten zu bekommen, müssen die Gewichte weitergegeben werden und diese Gewichte müssen mit den gleichen Aktivierungsfunktionen verwendet werden. Nur so erhalten mehrere Personen ein System mit dem gleichen Verhalten. Ein anderer Anwendungsfall ist, dass ein Netz noch nicht fertig trainiert ist. Dafür kann es viele Gründe geben. Entweder es ist eine erste Produktversion, die später verbessert werden soll oder – was zumindest an Hochschulen vorkommt – die Rechenzeit, die man auf dem Rechencluster hatte, ist aufgebraucht. Man speichert seinen Zwischenstand, um dort beim nächsten Zeitslot weiterarbeiten zu können.

```
    def exportNet(self, filePrefix):
        np.savetxt(filePrefix+"MinMax.csv", np.array([self.xMin, self.xMax]), delimiter=",")
        np.savetxt(filePrefix+"W0.csv", self.W[0], delimiter=",")
        np.savetxt(filePrefix+"W1.csv", self.W[1], delimiter=",")
        np.savetxt(filePrefix+"W2.csv", self.W[2], delimiter=",")

    def importNet(self,filePrefix, classification=False):
        MinMax = np.loadtxt(filePrefix+'MinMax.csv',delimiter=",")
        W2 = np.loadtxt(filePrefix+'W2.csv',delimiter=",")
        W1 = np.loadtxt(filePrefix+'W1.csv',delimiter=",")
        W0 = np.loadtxt(filePrefix+'W0.csv',delimiter=",")
        self.W = [W0,W1,W2]
        self.hl = (W0.shape[0], W2.shape[1])
        self.il = W0.shape[1]
        self.ol = W2.shape[0]
```

```
        self.xMin = MinMax[0]
        self.xMax = MinMax[1]
        self.classification = classification
```

Nach diesen ganzen Umarbeitungen und Ergänzungen werden wir die verbesserte Klasse nun auch endlich einmal nutzen. Der Code unten führt nun erneut den Test von Seite 204 für die Klassifizierung von zwei bzw. drei Gruppen aus.

```

if __name__ == '__main__':
    np.random.seed(42)
    X = np.random.rand(1250,2)
    Y = np.zeros( (1250,2) )
    index1 = (X[:,0] - 0.25)**2 + (X[:,1] - 0.25)**2 < 0.2**2
    Y[index1,0] = 1
    index2 = (X[:,0] - 0.75)**2 + (X[:,1] - 0.75)**2 < 0.2**2
    Y[index2,1] = 1

    TrainSet    = np.random.choice(X.shape[0],int(X.shape[0]*0.70), replace=False)
    XTrain      = X[TrainSet,:]
    YTrain      = Y[TrainSet]
    TestSet     = np.delete(np.arange(0, len(Y) ), TrainSet)
    XTest       = X[TestSet,:]
    YTest       = Y[TestSet]

    myPredict = MLPNet(hiddenlayer=(24,24),classification=True)
    myPredict.fit(XTrain,YTrain,maxIter=1200, XT=XTest , YT=YTest)
    yp = myPredict.predict(XTest)

    fp = np.sum(np.abs(yp - YTest))/len(TestSet)*100
    print('richtig klassifiziert %0.1f%%' % (100-fp))
    print('falsch klassifiziert %0.1f%%' % (fp))
```

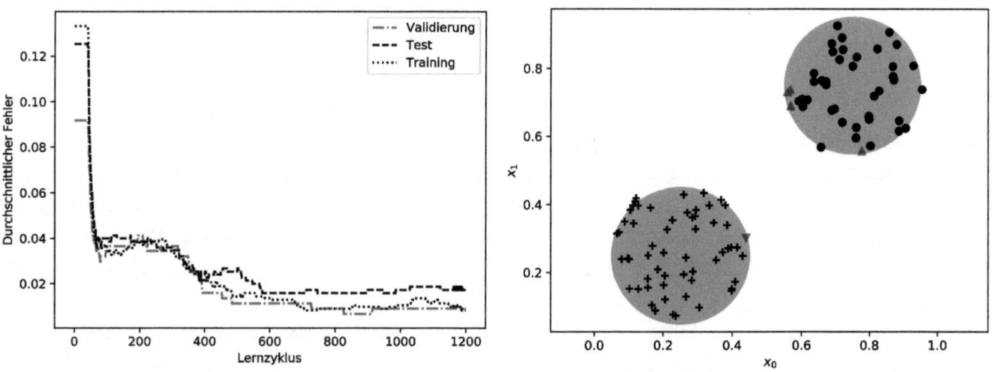

Abbildung 7.29 Klassifizierung von zwei Gruppen mit einem MLP(16,16) mit zwei Output-Neuronen

Auf der Basis der Validierungsmenge wurde Epoche 827 ausgewählt, was uns – wie man in Abbildung 7.29 sieht – vor einem Overfitting bewahrt hat. Danach wurde nur der Fehler auf dem Trainingsset verringert, während der auf dem Test- und Vailidierungsset sogar wieder anstieg. Durch die eingesetzten Techniken mit zwei Output-Neuronen und der Lernsteuerung werden nun 96.8 % der Fälle richtig klassifiziert, was eine gewisse Verbesserung zu den 94.1% ist, die mit dem alten Code für nur ein Output-Neuron erreicht wurden. Dabei haben wir die Anzahl der Neuronen in den Hidden-Layern konstant gehalten. Das Netzwerk ist also bis auf die letzte Schicht bzgl. der Kosten identisch.

Wir haben auf Seite 204 schon angesprochen, dass man dieses Beispiel auch als eines mit drei Mengen auffassen kann. Ganz im Sinne von Hund, Katze und alle anderen Tiere. Stellen Sie den Quellcode doch einmal so um, dass Sie drei Ausgabeneuronen verwenden und die dritte Menge nicht nur als negative Aussage verwenden. Also statt Nicht-Hund und Nicht-Katze – was zwei Nullen an den beiden Output-Neuronen entspricht – , sondern als eigene Klasse, die erkannt werden soll.

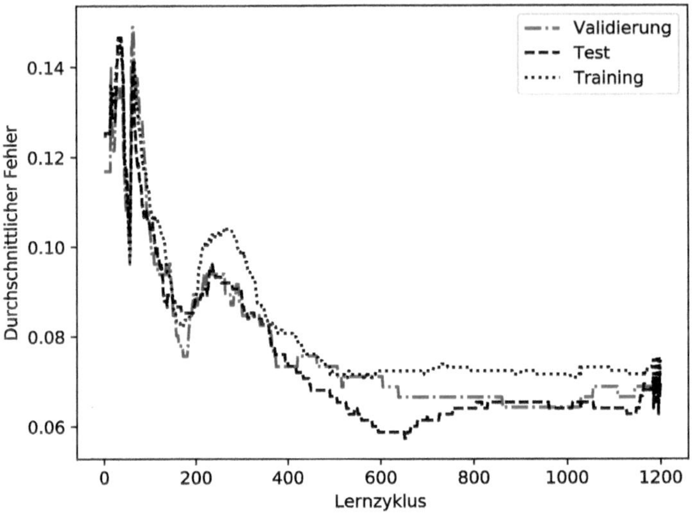

Abbildung 7.30 Klassifizierung von zwei Gruppen mit einem MLP(24,24) mit zwei Output-Neuronen

16 Neuronen je Schicht sind bei unserer Datenlage und der zu approximierenden Funktion angemessen. Erhöht man hingegen die Anzahl der Neuronen auf 24 je Schicht, vergrößert man die Anzahl der Freiheitsgrade des Netzwerkes und es kommt zu interessanten Effekten. Wie man in Abbildung 7.30 sieht, liegt das Minimum für die Test- und Validierungsmenge zu deutlich unterschiedlichen Zeitpunkten. Auf Basis der Validierungsmenge werden die Gewichte aus der Epoche 863 verwendet. Schaut man auf die Testmenge, hätte man sich vermutlich für einen Zyklus knapp über 600 entschieden. Was man auch sieht, ist, dass wir ab spätestens 700 in einen Bereich kommen, wo größere Fortschritte unwahrscheinlich werden. Das Minium liegt zwar knapp über 800 auf der Validierungsmenge, aber das liegt eben an der Zusammensetzung der Validierungsmenge. Wenn wir nun zum Beispiel 3000 Zyklen maximale Trainingszeit angegeben hätten, würden wir nur Rechenzeit und Energie verschwenden. Viele Implementierungen haben daher wie besprochen ein **Early Stopping** implementiert, welches das Training abbricht, wenn über einen längeren Zeitraum keine ausreichenden Fortschritte auf der Validierungsmenge mehr gemacht wurden.

Versuchen Sie doch einmal, eine solche Heuristik für ein *Early Stopping* im Code oben umzusetzen, und testen Sie Ihren Ansatz auf dem Beispiel mit 24 Neuronen in beiden Layern.

Kommen wir erneut dazu, wie wir die Qualität unseres Netzwerkes nach dem Training selbst beurteilen können. Aktuell nehmen wir hierfür den mittleren Fehler, und natürlich ist es leicht, sich auch andere Maße wie den größten Fehler etc. anzusehen. Ausreißer und Datenfehler sind jedoch Gründe dafür, dass der maximale Fehler kein gutes Maß ist. Der mittlere Fehler gibt auf der anderen Seite kaum ein Gefühl für Ausreißer und die Menge der korrekt erfassten Werte. Es könnte ja sein, dass wir eigentlich immer sehr gut sind, aber uns eben einige wenige Ausreißer, die für die Anwendung kaum relevant sind, den Durchschnitt ruinieren. Plots wie in Abbildung 7.29 sind bei höher dimensionalen Problemen keine Lösung. Eine einfache Möglichkeit, die Qualität zu visualisieren, ist, die Outputs des Netzwerkes und den Datenpunkt gegeneinander in einem 2D-Plot aufzutragen. Würde das Netzwerk immer die gleichen Werte liefern wie die Datenbank, ergäbe dies die Identitätsfunktion, also eine Gerade mit 45° Steigung. Aufgrund von Modellgüte und fehlerhaften Daten ist dies nicht zu erwarten. Sind die Fehler jedoch gleichmäßig gaußverteilt, liefert ein Ausgleichsproblem im Wesentlichen ebenfalls die Identität.

In dem Code für den Regression-Plot spielt sich die gesamte Mathematik in den Zeilen 6 bis 9 ab. Der Rest besteht darin, die MatplotLib dazu zu bewegen, die Resultate wie in Abschnitt 3.6 besprochen etwas ansehnlich anzuzeigen.

Die Zeilen 6 bis 9 greifen dabei auf die im Abschnitt 5.2 beschriebene Methode der kleinsten Fehlerquadrate zurück, um eine Ausgleichsgerade zu berechnen. Das System, welches sich aus unserer Fragestellung ergibt, lautet:

$$\begin{pmatrix} yp_0 & 1 \\ \vdots & \vdots \\ yp_n & 1 \end{pmatrix} \cdot \begin{pmatrix} m \\ b \end{pmatrix} = \begin{pmatrix} y_0 \\ \vdots \\ y_n \end{pmatrix}$$

In Zeile 6 erzeugen wir von dem übergebenen Netzwerk die Prediction yp für den Input x. Anschließend wird in Zeile 7 für das Ausgleichsproblem eine Matrix voller Einsen erzeugt. Sie erhält dabei so viele Zeilen wie wir Beispiele vergleichen wollen, in der Formel oben also n. Das Ziel ist hier die Berechnung einer Ausgleichsgeraden mit der Steigung m und dem Achsenabschnitt b. Die Einsen in der zweiten Spalte sind für die Berechnung des Parameters b. Für m ersetzen wir die erste Spalte mit der Vorhersage unseres neuronalen Netzes. Wären yp und y identisch, wäre die Lösung natürlich $m = 1$ und $b = 0$.

```
1  import numpy as np
2  import matplotlib.pyplot as plt
3  from fullMLP import MLPNet
4
5  def regressionPlot(x,y,network,setName=''):
6      yp = network.predict(x)
7      A = np.ones( (x.shape[0],2) )
8      A[:,0] = yp.reshape(x.shape[0])
9      m, c= np.linalg.lstsq(A,y)[0]
10     fig = plt.figure()
11     ax = fig.add_subplot(1,1,1)
```

```
    myTitle = '%s: %f * x + %f ' %(setName, m,c)
    ax.set_title(myTitle)
    ax.scatter(yp,y, marker='+', color=(0.5,0.5,0.5))
    ax.set_xlabel('ANN Output')
    ax.set_ylabel('Data Set')
    alpha = min(yp.min(),y.min())
    omega = max(yp.max(),y.max())
    xPlot = np.linspace(alpha,omega,10)
    ax.plot(xPlot,xPlot,'k')
    ax.plot(xPlot,xPlot*m+c,'r--')
    ax.set_xlim([alpha,omega])
    ax.set_ylim([alpha,omega])
```

Um diese Visualisierung einmal zu testen, greifen wir auf das **Boston Housing Dataset** aus Abschnitt 5.2 zurück. Jeder der 506 Datensätze besitzt 13 Merkmale sowie den Preis der Häuser aus verschiedenen Vororten in Boston in den siebziger Jahren. Es sind also sehr viele Merkmale – bei vergleichsweise wenigen Datensätzen –, von denen unsere Vorhersage abhängt.

```

np.random.seed(42)

X = np.loadtxt("BostonFeature.csv", delimiter=",")
Y = np.loadtxt("BostonTarget.csv", delimiter=",")

yMin = Y.min(axis=0); yMax = Y.max(axis=0)
Y = (Y - yMin) / (yMax - yMin)
TrainSet     = np.random.choice(X.shape[0],int(X.shape[0]*0.80), replace=False)
XTrain       = X[TrainSet,:]; YTrain       = Y[TrainSet]
TestSet      = np.delete(np.arange(0, len(Y) ), TrainSet)
XTest        = X[TestSet,:]; YTest        = Y[TestSet]

myPredict = MLPNet(hiddenlayer=(10,10))
myPredict.fit(XTrain,YTrain, eta=0.5, maxIter=1000, XT=XTest , YT=YTest)

regressionPlot(XTest,YTest,myPredict, setName='Testset')
regressionPlot(X,Y,myPredict, setName='All Data')
regressionPlot(XTrain[myPredict.TrainSet,:],YTrain[myPredict.TrainSet],myPredict, setName='
    Trainingset')
regressionPlot(XTrain[myPredict.ValSet,:],YTrain[myPredict.ValSet],myPredict, setName='
    Validationset')

ypTest = myPredict.predict(XTest)
print('Mittlerer Fehler %0.2f' % (np.mean(np.abs(ypTest - YTest[:,None]))))
```

Abbildung 7.31 zeigt das Ergebnis. Hierbei kann man zunächst erkennen, dass unser Netzwerk eine ganz gute Arbeit geleistet hat. Bei allen drei Gruppen liegen wir sehr nah an einer Steigung von eins, und auch der Achsenabschnitt unterscheidet sich kaum von null. Jedoch kann man noch mehr aus den Abbildungen erkennen: Es gibt zwei Werte, die sich besonders weit von der Achse entfernt haben. In beiden Fällen hat der Datensatz hier den maximal möglichen Wert von eins, und unser Netzwerk liegt mit Werten deutlich unter 0.8 weit davon entfernt. Es könnte sich hier um Ausreißer handeln, die sehr untypisch sind. In diesem Fall wäre es – gerade bei einer so dünnen Datenlage – gerechtfertigt, sie nicht mehr zu betrachten und sich auf die *normalen Fälle* zu konzentrieren. Tatsächlich können extreme Einzelfälle die Prognosegenauigkeit des Netzwerkes sehr stark beeinträchtigten, da diese schon im Training sehr große Fehler erzeugen und den Gradienten beim Abstieg ungünstig lenken.

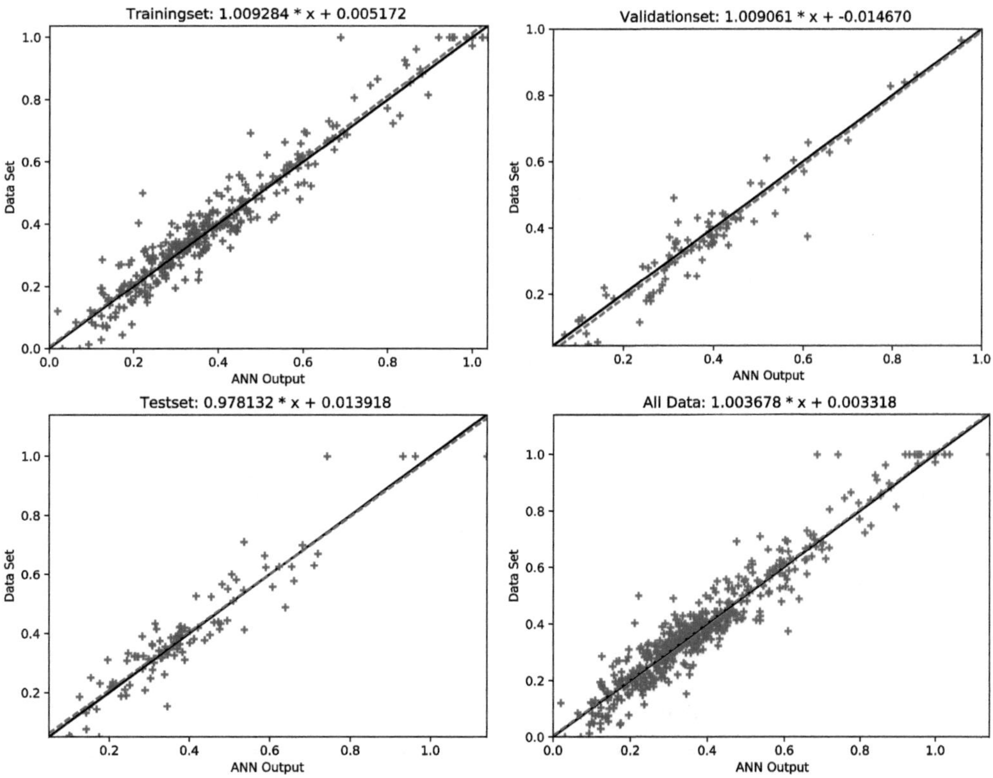

Abbildung 7.31 Regression-Plot für das *Boston Housing Dataset* für ein MLP(10,10)

Wollen wir die Ergebnisse des MLP mit anderen Methoden aus den letzten Kapiteln vergleichen, müssen wir natürlich die Skalierung der Werte mitbedenken.

```

yp = myPredict.predict(XTrain)
yp = yp.reshape(yp.shape[0])
error = (yMax - yMin)*(yp - YTrain)
print(np.mean(np.abs(error)))
```

Vergleicht man Abbildung 7.32, wird deutlich, dass wir trotz der Validierungsmenge kein leichtes Overfitting verhindern konnten. Die Trainingsmenge weist zwar deutlich weniger hohe Abweichungen auf als z. B. die lineare Näherung in der Abbildung 5.10 von Seite 119. Jedoch konnte dieser Fortschritt nicht vollständig auf die Trainingsmenge übertragen werden. Insgesamt ist es dem MLP jedoch gelungen, nichtlineare Effekte gut einzufangen und den Fehler gegenüber dem linearen Modell von 3.34 auf der Trainingsmenge auf 2.38 bzw. auf der Testmenge von 3.16 auf 2.49 zu senken.

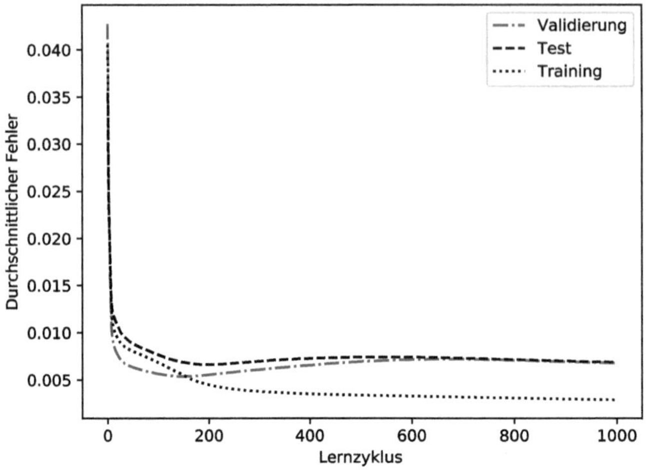

Abbildung 7.32 Verteilung der Abweichung der MLP-Näherung von den Werten aus der Datenbank

MLP in scikit-learn

Im Modul `sklearn.neural_network` findet man bei scikit-learn Umsetzungen der neuronalen Netze. Die API ist sehr übersichtlich, gut entworfen und für kleinere Aufgaben völlig ausreichend. Für umfangreichere Problemstellungen sind ggf. Ansätze mit einer GPU-Unterstützung wie Keras, welches in Kapitel 8 eingesetzt wird, sinnvoll. In scikit-learn haben wir wieder eine Klasse `MLPRegressor` für die Regression, die im Wesentlichen wie oben beschrieben arbeitet. Die Klasse `MLPClassifier`indexscikit-learn!MLPClassifier für die Klassifikation arbeitet mit einem Softmax-Ansatz in Output. Wir besprechen diese Vorgehensweise erst im Abschnitt 8.4.1.

Die API der aktuellen Version finden Sie unter folgendem Link:
http://scikit-learn.org/stable/modules/generated/sklearn.neural_network.MLPClassifier.html
bzw.
http://scikit-learn.org/stable/modules/generated/sklearn.neural_network.MLPRegressor.html

8 Deep Neural Networks mit Keras

Bis hierhin sind wir mit unserem selbstgeschriebenen neuronalen Netz gekommen, und auf einfachen Problemen wird es auch gute Dienste leisten. Auch für Anwendungen im Online-Learning kann man ggf. auf diese Ansätze aufbauen. Wenn es jedoch daran geht, mehr Hidden-Layer hinzuzufügen und über sogenannte Deep Neural Networks zu sprechen, bekommen wir mit diesem einfachen Code Probleme. Ein Aspekt hierbei ist die Optimierung zum Bestimmen der Gewichte, die hierfür zu simpel gehalten ist. Hier tiefer einzusteigen, würde den Rahmen eines Einstiegsbuches sprengen und deutlich mehr Mathematik bzgl. der Optimierung erfordern. Für unsere kleinen Beispiele unwichtig, aber für größere Probleme relevant ist auch die Parallelisierung und ggf. die Unterstützung von GPUs bei der Berechnung.

Um auch einen Einblick in die Welt des Deep Learnings zu bekommen, greifen wir daher auf **Keras** zurück: eine quelloffene Python-Bibliothek für neuronale Netzwerke. Sie steht unter der sehr liberalen MIT-Lizenz, die sich für Anwendungen in Open-Source-Software und proprietärer Software eignet. Keras ist dabei ursprünglich primär als ein Frontend mit dem Ziel, intuitiv und im positiven Sinne abstrakt zu sein, entwickelt worden. Dabei wurden zunächst als Backend verschiedene Technologien, wie unter anderem **TensorFlow** und **Theano**, unterstützt. Im Jahr 2017 entschied sich das TensorFlow-Team von Google, Keras in die Kernbibliothek von TensorFlow zu integrieren. Die Dynamik führte dazu, dass Keras 2.2.5 die letzte Version war, die mehrere Backends unterstützt. Mittlerweile wird empfohlen, auf `tf.keras` zu wechseln, die in TensorFlow 2.0. integriert ist. Im Buch haben wir auch alle Quellcodes entsprechend umgestellt. Wo immer möglich, beschränken wir die Änderungen auf die Art, wie Klassen eingebunden werden, und versuchen, den Quelltext möglichst unabhängig zu halten. Mit der Python-Distribution Anaconda wird z. B. aktuell TensorFlow mit verteilt. Die Variante ohne GPU-Unterstützung kann dabei direkt mit dem Tool Anaconda Navigator installiert werden.

> **!** Wie schon in der Einleitung erwähnt, geht es nicht darum, eine Bibliothek umfassend darzustellen. Fallstricke in Keras 2.0x können sich in einigen Versionen erledigt haben. Dieser Abschnitt soll nur soweit gehen, wie es nötig ist, um mit Netzen zu experimentieren, die wir mit unseren Bordmitteln nicht trainieren könnten. Für eine umfassende und jeweils aktuelle Darstellung der Keras-API schaut man am besten auf die Projekt-Webseite.

8.1 Sequential Model von Keras

Wir beginnen damit, dichte Netze, also die Architektur, die wir schon kennengelernt haben, mit Keras zu erstellen. Dabei betrachten wir Methoden zur Regularisierung. Dies ist ein weiterer Ansatz, um mit Problemen des Overfittings umzugehen. Es betrifft alle Netze, aber im Besonderen die Deep Networks mit ihrer großen Zahl an Freiheitsgraden.

Um ein Gefühl für Keras, genauer das **Keras Sequential Model**, zu bekommen, werden wir uns einfach erneut des **Boston Housing Datasets** annehmen. Das geht in Keras glücklicherweise in wenigen Schritten. Tatsächlich werden sogar die Daten zum Testen von Keras mitgeliefert, aber wir bleiben zum fairen Vergleich bei unserer alten Aufbereitung.

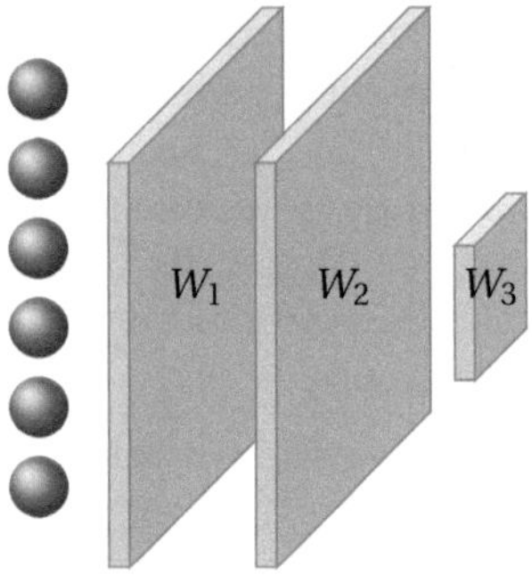

Abbildung 8.1 Aufbau des Sequential Models in Keras

Das *Sequential Model* funktioniert so, dass wir zunächst einmal das Objekt anlegen und dann das neuronale Netz Lage um Lage aufbauen. Wir gehen dabei vom Input-Layer sequenziell bis zum Output-Layer vor. Hierbei muss man sich vor Augen halten, dass Keras den Input-Layer nicht zählt. Er wird implizit erzeugt, indem der erste dem Model hinzugefügte Layer die Information über die Input-Dimension als Parameter enthält. Wie in Abbildung 8.1 passen dadurch die Nummerierungen und die Anzahl der Gewichte genau zu den `add`-Aufrufen für neue Layer.

In diesem Abschnitt bleiben wir darüber hinaus bei MLP. Da hier alle Neuronen der Vorgängerschicht mit allen Neuronen der nachfolgenden verbunden sind, nennt man diese **Fully-connected Layer**. Keras verwendet, um diesen Umstand zu benennen, die kürzere Bezeichnung *Dense*. Besteht ein Netz ausschließlich aus solchen Layern, verwendet man oft in Abgrenzung zum Convolutional Neural Network, das wir später in Abschnitt 11.2 besprechen werden, den Begriff **Fully-connected Neural Network**.

Ein wichtiger Punkt ist, dass Keras als Standard-Einstellung einen **Vektor von Bias-Neuronen** nutzt, den wir so in unserer eigenen Implementierung nicht hatten. Der Output einer *Dense*-Schicht wird wie folgt berechnet:

$$\text{output} = a(\text{input} \cdot W^{\top} + b) \tag{8.1}$$

a ist die Aktivierungsfunktion, z. B. eine Sigmoidfunktion. Die Matrix der Gewichte ist dabei relativ zu unserer vorangegangen Implementierung transponiert. Wirklich neu ist hingegen der Vektor b, welcher zusätzlich zu lernende Bias-Neuronen enthält. Diese Bias-Neuronen können das Training erleichtern, erhöhen aber natürlich noch einmal die Anzahl der Freiheitsgrade. Um den besseren Vergleich mit den vorangegangen Kapiteln zu haben, schalten wir diese Bias-Neuronen unten gleich ab.

Wir verwenden aus der Keras-Bibliothek das **Sequential Model**, kurz `Sequential`, und die dichten – also vollständig verbundenen – Layer `Dense`.

```
import numpy as np
from tensorflow.keras.models import Sequential
from tensorflow.keras.layers import Dense
```

Nun versuchen wir, reproduzierbare Ergebnisse zu erzeugen. Dazu setzen wir die Seeds in zwei Zufallsgeneratoren:

```
import tensorflow as tf
np.random.seed(42)
tf.random.set_seed(42)
```

Keras bzw. TensorFlow greifen nicht nur auf NumPy Zufallszahlen zurück, weshalb wir auch noch den Seed von Tensorflow setzen. Trotzdem gibt es durch die Berechnung auf der Grafikkarte und paralleles Rechnen – und nicht zu vergessen abweichende Versionen der Bibliotheken – die Möglichkeit, dass Sie nicht zu 100% gleiche Ergebnissen erhalten wie im Buch.

Wie schon so oft, laden wir jetzt unsere Daten, teilen diese auf und skalieren sie.

```
X = np.loadtxt("BostonFeature.csv", delimiter=",")
Y = np.loadtxt("BostonTarget.csv", delimiter=",")

yMin = Y.min(axis=0); yMax = Y.max(axis=0)
Y = (Y - yMin) / (yMax - yMin)
TrainSet     = np.random.choice(X.shape[0],int(X.shape[0]*0.80), replace=False)
XTrain       = X[TrainSet,:]
YTrain       = Y[TrainSet]
TestSet      = np.delete(np.arange(0, len(Y) ), TrainSet)
XTest        = X[TestSet,:]
YTest        = Y[TestSet]
```

Der eigentliche Keras-Teil ist nun sehr kurz: Zuerst das Objekt erzeugen.

```
myANN = Sequential()
```

Nun fügen wir den ersten Layer hinzu. Die erste Zahl gibt immer die Anzahl der Neuronen in der Schicht an. Damit klar ist, wie viele Verbindungen aus der Input-Schicht kommen, müssen wir diese Zahl mit dem Parameter `input_dim` angeben. Dabei definiert der Parameter `kernel_initializer`, wie die zufälligen Startwerte für die Gewichte erzeugt werden sollen. Hier wählen wir einmal eine Normal-Verteilung. Schließlich folgt durch `activation` die Angabe, welche Aktivierungsfunktionen in dieser Schicht verwendet werden sollen.

```
myANN.add(Dense(10,input_dim=13,kernel_initializer='normal',activation='sigmoid'))
```

So führt man es Schicht um Schicht fort. Die Parameter sind dabei immer nur pro Schicht einheitlich.

```
myANN.add(Dense(10,kernel_initializer='random_uniform',activation='sigmoid',use_bias=False))
myANN.add(Dense(1,kernel_initializer='normal',activation='linear',use_bias=False))
myANN.compile(loss='mean_squared_error', optimizer='adam')
```

Sind alle Schichten hinzugefügt, wird das Netz `compiliert`. Dabei muss man angeben, welche Fehlerfunktion, hier `loss` genannt, man verwenden möchte und welcher Optimierungsalgorithmus eingesetzt werden soll. Wir haben hier den *Adam*-Optimierer eingestellt, der seit 2014 [KB14] eine sehr gute Default-Wahl für das Training darstellt. Der von uns bisher verwendete stochastische Gradient würde dabei mit der Abkürzung `SGD` übergeben. Bzgl. der Fehlerfunktion bleibt es dabei, dass für die Regression der mittlere quadratische Fehler ein gutes Maß für die Optimierung darstellt.

```
myANN.save('StartANN.h5')
```

In der Zeile oben machen wir etwas, was eigentlich an dieser Stelle ungewöhnlich ist. Wir speichern das Netz einmal komplett ab. Komplett meint hier die Architektur, also wie wir es oben aufgebaut haben, und seine Gewichte. Letztere sind natürlich noch überhaupt nicht an dem Datenset trainiert worden. Das Ziel ist, dass ich mit den gleichen Startbedingungen später etwas vergleichen möchte. `h5` ist dabei das von Keras unterstützte Format. Mittlerweile gibt es Formate, mit denen man ein vollständiges Modell auf der Festplatte speichern kann; zum einen das oben erwähnte H5-Format von Keras und seit der Integration in TensorFlow das **SavedModel**-Format. Wir nutzen im Buch ausschließlich H5, standardmäßig wählt das System aber das SavedModel-Format, wenn die Endung `.h5` oder `format='h5'` nicht explizit ausgewählt wird. Darauf müssen Sie ggf. ein wenig achten.

```
history = myANN.fit(XTrain,YTrain, epochs=1000, verbose=False)
```

Die `fit`-Methode ist nun so ähnlich wie bei unserem eigenen Code. Zwingend sind natürlich die Angaben zur Trainingsmenge. Die Anzahl der Durchläufe bzw. Epochen wird auch hier als optionaler Parameter angegeben. Wir sind großzügig und geben der Methode die gleiche Anzahl von Durchläufen wie unserem eigenen Code aus dem letzten Abschnitt.

Nun nutzen wir das Netz, um wie gewohnt eine Vorhersage auf der Testmenge zu treffen:

```

yp = myANN.predict(XTest)
yp = yp.reshape(yp.shape[0])
errorT = (yMax - yMin)*(yp - YTest)
print(np.mean(np.abs(errorT)))
```

Mit dem Code oben bekommt man im Wesentlichen die gleiche Qualität wie bei unserer eigenen Implementierung. Der genaue Wert schwankt etwas wegen des oben erwähnten Problems mit der Reproduzierbarkeit.

Ein Punkt ist allerdings unangenehm, und zwar der, dass wir einfach die letzten Gewichte des Trainings bekommen haben und nicht automatisch die besten. Wir müssen also noch sehen, wie wir in Keras ein **Early Stopping** umsetzen.

Zunächst laden wir unser untrainiertes Modell erneut. Wenn wir das nicht tun und das alte Objekt `myANN` verwenden, lernen wir auf den letzten Gewichten weiter. Das kann oft ein gewünschtes Verhalten sein, aber hier wollen wir sehen, ob wir vom gleichen Ausgangspunkt besser zurechtkommen.

```

from tensorflow.keras.models import load_model
myANN = load_model('StartANN.h5')
```

Als Nächstes sollten wir uns um die Validierungsmenge kümmern. Keras besitzt die Möglichkeit, der `fit`-Methode durch den Parameter `validation_split` direkt mitzuteilen, wie viel Prozent der Trainingsdaten zur Validierung genutzt werden sollen. Wir könnten also mit der Angabe 0.25 wieder dasselbe Verhältnis wie im Abschnitt zuvor erreichen. Leider wird in der vorliegenden Version von Keras diese Validierungsmenge einfach vom Schluss der Trainingsdaten abgezweigt. Wie schon besprochen, ist dies unkritisch, wenn die Daten selbst durchmischt sind. Stellen Sie sich jedoch eine Klassifizierung vor, bei der die erste Hälfte der Daten der Gruppe A angehört und die zweite der Gruppe B. Unsere Validierungsmenge bestünde nur aus Angehörigen der Gruppe B. Um solche Probleme zu vermeiden, kümmern wir uns selbst um die Validierungsmenge und kopieren dazu die Methode von unserer MLP-Implementierung. Anschließend müssen nur die `self`-Bezüge entfernt werden:

```

def divValTrainSet(X,Y):
    ValSet   = np.random.choice(X.shape[0],int(X.shape[0]*0.25),replace=False)
    TrainSet  = np.delete(np.arange(0, Y.shape[0] ), ValSet)
    XVal     = X[ValSet,:]
    YVal     = Y[ValSet]
    X        = X[TrainSet,:]
    Y        = Y[TrainSet]
    return (XVal, YVal, X, Y)
(XVal, YVal, XTr, YTr) = divValTrainSet(XTrain,YTrain)
```

Der Schlüssel zur Umsetzung mit dieser gebildeten Validierungsmenge sind die **Callbacks**. Diese legen wir vor dem Aufruf der `fit`-Methode an und übergeben sie dann. Fangen wir mit dem *Early Stopping* an.

```
earlystop  = keras.callbacks.EarlyStopping(monitor='val_loss', patience=20, verbose=False,
     restore_best_weights=True)
```

Wir haben damit festgelegt, dass die Grundlagen für den Callback **EarlyStopping** – wie eigentlich meistens – die definierte Fehlerfunktion ist. `patience=5` bedeutet, dass das Training abbricht, wenn sich die Fehlerfunktion für mehr als 5 nicht verbessert hat. Effektiv sind es also quasi 6. Hintergrund ist, dass `patience=0` bedeutet, dass sofort abgebrochen werden soll, wenn es nicht mehr abwärts geht. Dafür muss man aber eben einen Schritt weiter rechnen. Setzen wir `restore_best_weights` auf `True`, so werden im Anschluss die besten Gewichte in Bezug auf die Validierungsmenge wieder hergestellt. Nun kann man sich fragen, welchen Grund es geben kann, hier überhaupt `False` anzugeben. Eine Begründung ist, dass das Training sehr großer neuronaler Netze bei welchem vieles, was Speicher kostet, ausgeschaltet werden muss.

```
callbacksList = [earlystop]
```

Alle Callbacks, die wir für das Training übergeben wollen, werden in einer Liste gespeichert. Zusammen mit den Validierungsdaten wird diese nun für das Training übergeben.

```
history = myANN.fit(XTr,YTr, epochs=1000, validation_data=(XVal, YVal), callbacks=
     callbacksList, verbose=False)
```

Der Rückgabewert `history` erlaubt es uns nun, wie gewohnt Einblick in die Fehlerentwicklung über die einzelnen Lernzyklen zu nehmen. Der Zugriff erfolgt über eine Dictionary-Datenstruktur von Python.

```
import matplotlib.pyplot as plt
lossMonitor = np.array(history.history['loss'])
valLossMonitor = np.array(history.history['val_loss'])
counts = np.arange(lossMonitor.shape[0])
fig = plt.figure()
ax = fig.add_subplot(1,1,1)
ax.plot(counts,lossMonitor,'k', label='Trainingsdaten')
ax.plot(counts,valLossMonitor,'r:', label='Validierungsdaten')
ax.set_xlabel('Lernzyklus')
ax.set_ylabel('Fehler')
ax.legend()
```

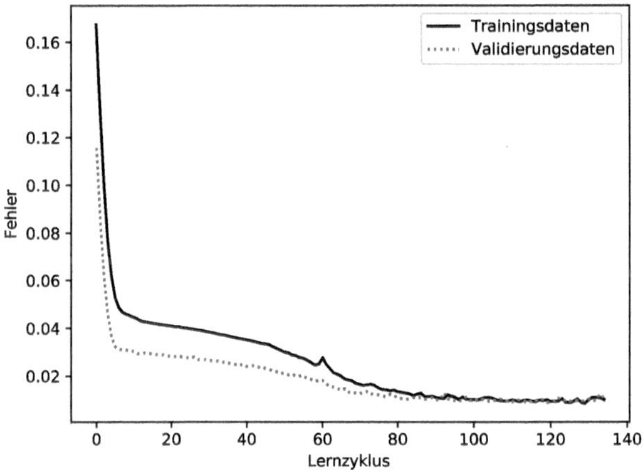

Abbildung 8.2 Fehlerentwicklung in Keras für das Boston Housing Dataset mit Early Stopping

Die Abbildung 8.2 zeigt den Verlauf, bis dass für 20 Schritte das Modell keinen Fortschritt mehr auf der Validierungsmenge zeigt. Dann wird das Training abgebrochen.

Tatsächlich ist das jetzt etwas weniger genau als in dem Fall mit 1000 Lernzykeln, was daran liegt, dass wir vielleicht nicht geduldig genug sind (*patience*). Es kann aber auch sein, dass uns einfach die Daten, die wir für die Validierung verwendet haben, im Training schmerzlich fehlen. Es ist nun mal ein sehr kleiner Datensatz. Für 1000 Lernzyklen ohne Early Stopping wurde ein mittlerer absoluter Fehler von ca. 2.65 erreicht, und das Early Stopping setzt uns bei ca. 3.13 ab. Das bietet uns einen willkommenen Anlass, noch etwas genauer auf die Callbacks zu schauen. Es gibt nämlich z. B. auch die Möglichkeit, über einen **Monitor-CallBack** die besten Gewichte auf der Festplatte zu speichern und diese im Anschluss wieder zu laden. Dadurch haben wir direkt den Lernfortschritt gesichert. Natürlich kann man den Ansatz, der jetzt beschrieben wird, auch mit dem Early Stopping oben kombinieren.

Wir überspringen jetzt einige Zeilen im Code, in denen nur die Plots erstellt werden, und konzentrieren uns auf Keras und die neuronalen Netze. Hier laden wir wieder unser initiales Netz.

```
myANN = load_model('StartANN.h5')
```

Als nächstes setzen wir mit **ModelCheckpoint** eine weitere Callback-Funktion ein. Diese speichert als Default-Verhalten das Modell nach jeder Epoche ab. Um den Geschwindigkeitsverlust durch das Schreiben zu begrenzen, nutzen wir wieder die Validierungsmenge und teilen so der Callback-Funktion mit, nur die jeweils beste Version zu speichern.

```
checkpoint = keras.callbacks.ModelCheckpoint('bestW.h5', monitor='val_loss', verbose=False,
        save_weights_only=True, save_best_only=True)
callbacksList = [checkpoint]
```

Darüber hinaus reduzieren wir den Umfang weiter, indem wir nur die Gewichte speichern lassen. Wir wissen ja, wie unser Netz aufgebaut ist.

```
history = myANN.fit(XTr,YTr, epochs=1000, validation_data=(XVal, YVal), callbacks=
        callbacksList, verbose=False)
myANN.load_weights('bestW.h5')
```

Im jetzigen Training werden die tausend Epochen durchgerechnet, es wird aber nicht mit den letzten Gewichten geendet, sondern denjenigen, mit denen die Validierungsmenge den kleinsten Wert in der Fehlerfunktion erzeugt hat.

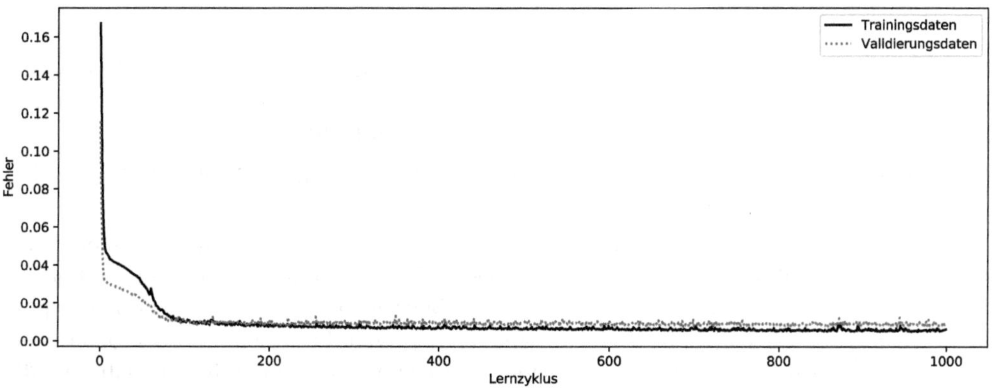

Abbildung 8.3 Fehlerentwicklung in Keras für das Boston Housing Dataset ohne Early Stopping

Mit einem mittleren absoluten Fehler von 2.80 erhalten wir im Tausch für Rechenzeit eine bessere Approximation. Wie man in der Abbildung 8.3 erkennen kann, wird die Optimierung tatsächlich schnell ein sehr zähes Geschäft. Mittels

```
np.argmin(valLossMonitor)
Out[2]: 934
```

erfahren wir, dass der Speicherpunkt tatsächlich sehr spät liegt.

> Stellen Sie das Skript oben ein wenig um, und zwar so, dass Sie mit der ganzen Trainingsmenge rechnen und das Netz in Abhängigkeit des Wertes von `loss` statt `val_loss` gespeichert wird. Das ist keine generelle Empfehlung, weil es so keinen Schutz gegen Overfitting gibt.

Für den Export oder Import von Gewichten sind wir nicht ausschließlich auf das H5-Format angewiesen. Es ist auch möglich, direkt auf die Gewichte eines Netzwerkes zuzugreifen und diese mittels NumPy-Arrays zu im- und exportieren. `i` ist dabei der Index desjenigen Layers, dessen Gewichte Sie im- bzw. exportieren wollen.

```
myANN.layers[i].set_weights(listOfNumpyArrays)
listOfNumpyArrays = myANN.layers[i].get_weights()
```

Schreiben Sie zwei Funktionen. Eine, die alle Gewichte der Layer ihres Netzwerkes im CSV-Format abspeichert und eine, die diese wieder lädt. Um es nicht zu kompliziert zu machen, sollten Sie davon ausgehen, dass ein identisch aufgebautes Netz zur Verfügung steht, in welches die Layer kopiert werden können.

8.2 Verschwindender Gradient und weitere Aktivierungsfunktionen

Mit Keras können wir auf unsere bereits aus Abschnitt 7.2 bekannten Aktivierungsfunktionen zurückgreifen, also der Sigmoidfunktion und dem Tangens Hyperbolicus. Dazu kommen weitere Aktivierungsfunktionen wie die **ReLU** (**Rectifier Linear Unit**).

Mittels NumPy kann die ReLU-Aktivierungsfunktion in Abbildung 8.4 einfach mittels `np.maximum(x, 0)` umgesetzt werden.

Wir hatten bereits auf Seite 191 in Abbildung 7.17 diskutiert, dass manchmal Gradienten verschwinden – also faktisch null werden – und dies problematisch für das Training ist. Bei Sigmoid und Tangens Hyperbolicus geschah dies bei betraglich vergleichsweise großen Inputs in die Neuronen. Wir haben auch einige Gegenmaßnahmen besprochen. Das Problem verschärft sich jedoch in tiefen Netzen, die über zahlreiche Schichten verfügen. Daher ist die ReLU-Aktivierungsfunktion in diesem Kontext sehr beliebt, da ihr Gradient stückweise konstant und in dieser Richtung entsprechend robust ist. Aus diesem Grund wird der Ansatz in tiefen Netzen am häufigsten eingesetzt, obwohl ReLU als Funktion nicht differenzierbar ist,

$$\mathrm{ReLU}(x) = \begin{cases} x & \text{für } x \geq 0 \\ 0 & \text{für } x < 0 \end{cases}$$

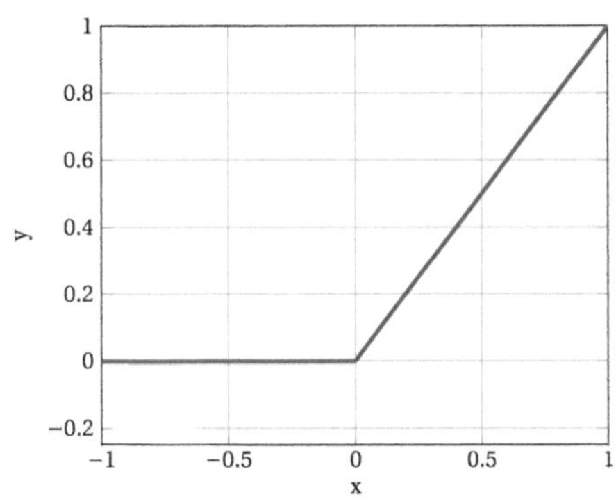

Abbildung 8.4 ReLU-Aktivierungsfunktion

was theoretisch einen Nachteil bzgl. der Optimierung mit Verfahren wie dem Gradientenabstiegsverfahren darstellt.

Dabei muss man sich klarmachen, dass ReLU-Ansätze zunächst einmal unbeschränkt sind. Durch die Kombination mehrerer ReLU-Ansatzfunktionen kann aber ein ähnliches Verhalten wie bei den Sigmoid-Ansätzen erreicht werden. In Python können Sie das schnell mit den drei folgenden Befehlen illustrieren:

```
x = np.linspace(-2,2,num=1000)
y = np.maximum(1-np.maximum(-x,0),0)
plt.plot(x,y,c='k')
```

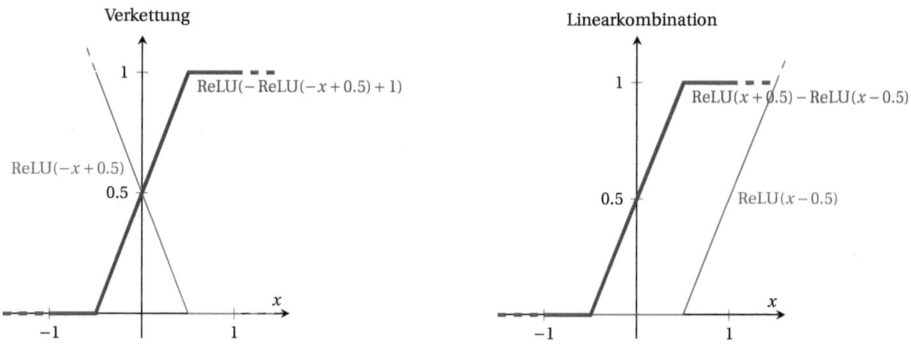

Abbildung 8.5 Ähnliches Profil wie Sigmoid durch zwei ReLU-Funktionen gebildet

Das Ergebnis ist in Abbildung 8.5 links zu sehen und entspricht damit wieder grob der Eigenschaft einer Sigmoidfunktion. Statt die beiden Funktionen zu verketten, kann derselbe Effekt auch durch eine Linearkombination erreicht werden (rechts). In einem neuronalen Netz würde die Verkettung dem entsprechen, was durch hintereinander geschaltete Neuronen erreicht werden kann, während die Linearkombination dem entspricht, was nebeneinander geschaltete Neuronen erreichen können.

Versuchen Sie, die in Abbildung 7.22 auf Seite 200 dargestellte Funktion mit ReLU-Funktionen nachzustellen. Das Ergebnis sollte einem Delta (Δ) bzw. spitzen Hut ähneln.

Was bei der Verwendung von ReLU Aktivierungsfunktionen sehr angenehm ist, ist die Tatsache, dass die Funktion ebenso wie die Ableitung sehr günstig auszuwerten ist. Den Wert einer Sigmoidfunktion zu ermitteln, ist nun einmal deutlich teurer als den einer einfachen Geraden. Eine Idee, zumindest eine billigere Alternative für den Sigmoid zu erhalten, ohne seine Eigenschaften vollständig zu verlieren, ist der **Hard Sigmoid**. Hier wird im Prinzip der Sigmoid mit stückweise linearen Funktionen nachgebaut.

Aktuell sieht es so aus, als wenn ReLU unser Problem des verschwindenden Gradienten löst und dafür eben ggf. mehr Freiheitsgrade braucht. Es fehlt aber ein Aspekt, und das ist das Phänomen des **Dying ReLU**. Es klingt dramatischer, als es ist, und beschreibt ein Problem, das damit einher geht, dass ReLU ebenso wie seine Ableitung für alle negativen Werte exakt null ist. Die Gradienten und die Funktion selbst werden beim Sigmoid oder Tangens Hyperbolicus ggf.

$$\text{HardSig}(x) = \begin{cases} 0 & \text{für } x < -2.5 \\ 1 & \text{für } x > 2.5 \\ 0.2 \cdot x + 0.5 & \text{für } -2.5 \leq x \leq 2.5 \end{cases}$$

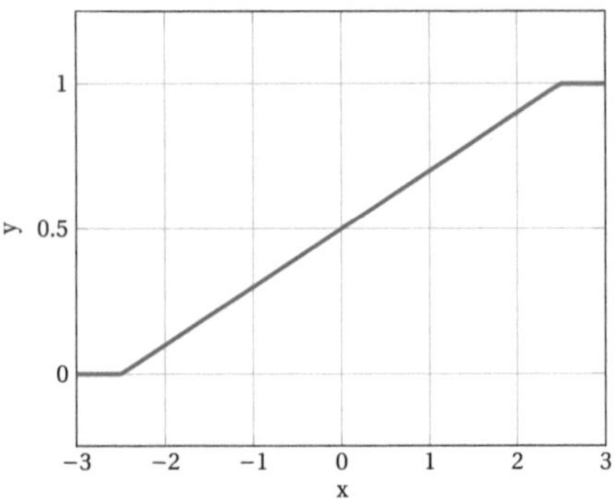

Abbildung 8.6 Hard Sigmoid-Aktivierungsfunktion

sehr klein, aber nicht exakt null. Dadurch ist ein Neuron mit einer ReLU-Aktivierungsfunktion quasi *tot*, wenn es erst einmal für alle Trainingsbeispiele null ausgibt. Das Problem ist, dass damit automatisch die Ableitung null ist und es somit sehr unwahrscheinlich ist, dass sich am Gewicht für das Neuron noch einmal etwas verändert. Damit verliert dieses Neuron seine aktive Rolle in der Weitergabe von Informationen, wodurch sich der Effekt ggf. sogar in weiter hinten liegende Schichten ausbreitet. Es geht nicht darum, dass es für einige Trainingsbeispiele in den negativen Bereich rückt, sondern eben für (fast) alle. Der Grund ist, dass die Optimierer jeweils mit einem Batch von Daten arbeiten, und die Gradienten darin mitteln. Solange nicht alle Gradienten im Batch null sind, können sich die Gewichte noch ändern. Praktisch tritt das Problem nicht so oft auf, und wenn, kann man als Erstes versuchen, die Lernraten zu verringern. Hilft es nicht, kann man zu anderen Aktivierungsfunktionen greifen.

$$\text{ELU}(x) = \begin{cases} x & \text{für } x \geq 0 \\ \alpha \cdot (\exp(x) - 1) & \text{für } x < 0 \end{cases}$$

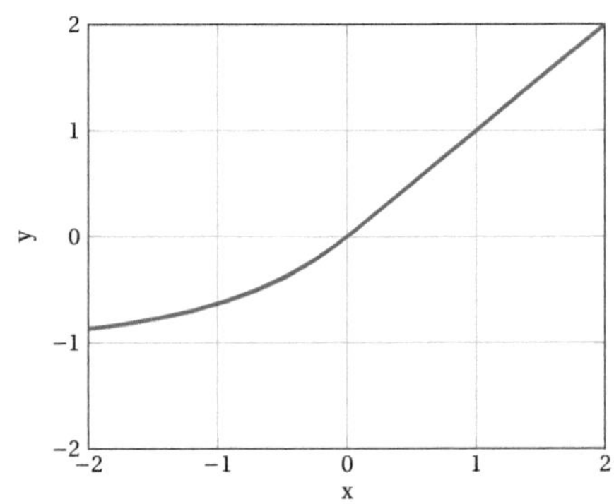

Abbildung 8.7 ELU-Aktivierungsfunktion

Eine Alternative, die Abhilfe verspricht, ist **ELU** aus Abbildung 8.7. Diese Aktivierungsfunktion ist im positiven Bereich identisch mit ReLU, hat jedoch eine leichte Krümmung im negativen Bereich und verhindert so das *Dying ReLU*-Phänomen. Ähnlich funktioniert auch der Ansatz über die **Softplus**-Aktivierungsfunktion aus Abbildung 8.7. Der wesentliche Unterschied, wie man in Abbildung 8.8 sieht, ist der Wertebereich, welcher bei Softplus immer positiv ist.

Die Frage mit so viel Auswahl an Aktivierungsfunktionen ist nun ... welche soll man nehmen? Grob gesagt kann man für flache neuronale Netze – also solche mit einem, maximal zwei Hidden-Layern – mit dem Tangens Hyperbolicus beginnen. Er hat die gleiche Darstellungs-

$$\text{softplus}(x) = \ln(\exp(x) + 1)$$

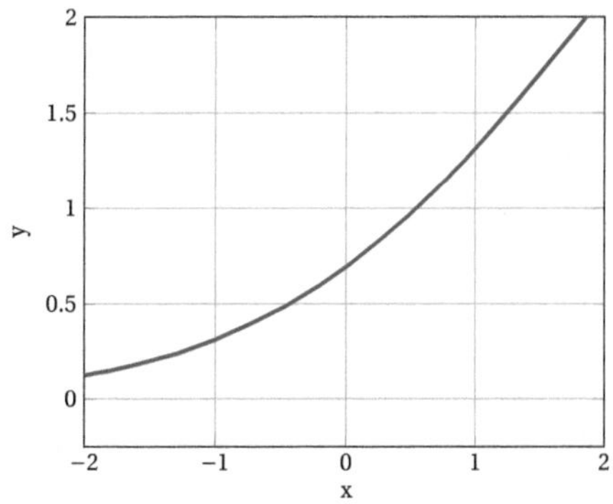

Abbildung 8.8 Softplus-Aktivierungsfunktion

leistung wie Sigmoid. Im Prinzip kann man die Sigmoidfunktion als eine skalierte und verschobene Tangens Hyperbolicus-Funktion ansehen und umgekehrt. Aber die Konvergenzeigenschaften sind im Training beim Tangens Hyperbolicus oft etwas besser. Diese Art von Aktivierungsfunktionen hat oft eine größere Leistung pro Neuron, wenn es an die Approximation geht. Leider konvergiert das Training mit zunehmender Tiefe manchmal schnell schlechter. Außerdem ist die Auswertung etwas teurer. Wenn also ein tiefes neuronales Netz entworfen wird, würde ich raten, zuerst zu ReLU-Aktivierungsfunktionen zu greifen. Gibt es dort Probleme, kann man versuchen, ob sich diese mittels ELU oder anderen Ansätzen wie Softplus beheben lassen. Letztere sind robuster, aber je nach Hardware auch teurer. Der Hard Sigmoid ist billiger als Sigmoid, hatte in meinen Anwendungen immer schlechtere Konvergenzeigenschaften, sodass ich ihn persönlich nur in Betracht ziehe, wenn besondere Anwendungen mit z. B. Echtzeitbezug im Raum stehen.

Nach meiner Erfahrung ist die Wahl der Aktivierungsfunktion das wesentlichste Element für das neuronale Netz, wenn es um die Regression geht. Das genaue Verhalten hängt jedoch auch davon ab, wie die Werte am Anfang des Trainings initialisiert werden. Daher sparen wir uns ein Beispiel bis zum Ende des nächsten Abschnitts auf.

8.3 Initialisierung und Batch Normalization

Als wir in Abschnitt 7.2 ein neuronales Netz per Hand programmiert haben, sind wir schon auf den Aspekt gestoßen, dass die Initialisierung der Gewichte von Bedeutung ist. Werden alle Knoten gleich initialisiert, kann das Netz generell nichts lernen. Wie schon auf Seite 191 angesprochen, funktioniert eine einfache Zufallsinitialisierung bei großen ebenso wie bei tiefen Netzen immer schlechter. Funktionen wie Sigmoid und Tangens Hyperbolicus können am schnellsten optimiert werden, wenn die eingehenden Daten standardisiert sind. Die reine Normierung ist da eher die zweite Wahl. Warum ist das so? Ich greife die Motivation aus [LBOM98] auf, ohne in die gleiche Tiefe zu gehen.

Das Training des Netzes ist im Allgemeinen schneller und effizienter, wenn der Mittelwert über alle Eingangsgrößen in etwa null ist. Das hängt ein wenig von der verwendeten Aktivierungsfunktion ab. Hierbei wurde in [LBOM98] an Sigmoid und Tangens Hyperbolicus gedacht. Um null sind die Gradienten zunächst recht ausgeprägt. Um zu verstehen, warum eine gleichmäßige Verteilung sinnvoll ist, nehmen wir einmal den extermen Fall an, in dem alle Inputs positiv wären. Aufgrund der Vorzeichen in der Backpropagation des Fehlers müssen nun alle Gewichte entweder erhöht oder verringert werden. Sie können sich jedoch nicht in unterschiedliche Richtungen entwickeln. Das führt zu einem sehr langsamen und fehleranfälligen Abstiegsverhalten im Rahmen des Gradientenabstiegsverfahrens. Der negative Effekt schwächt sich ab, je mehr man die Daten um null herum anordnet.

Der nächste Aspekt besteht darin, wie groß die initialen Gewichte sein dürfen. Auch hier hängt es natürlich durchaus von der Aktivierungsfunktion ab. Was beim Sigmoid zu einem verschwindenden Gradienten führt, ist für eine lineare Aktivierungsfunktion natürlich vollkommen unkritisch. Generell kann man sagen, dass, je mehr Inputs ein Neuron hat, desto höher die Chance ist, durch Zufall betraglich zu große oder zu kleine Inputs zu erzeugen. Nehmen wir an, zwischen $[-a, a]$ ist der Wertebereich für die verwendete Aktivierungsfunktion sicher, und wir haben zwei Inputs, die wir mit einem zufälligen Gewicht im Intervall $[-a/2, a/2]$ initialisieren. Des Weiteren gehen wir davon aus, dass die beiden Inputwerte zufällig bei ± 1 liegen, und zwar mit den Vorzeichen so, dass sich alle Signale im Neuron addieren. Damit landen wir glücklicherweise genau am Rande unseres noch gewünschten Bereiches. Um solche unglücklichen Verkettungen von Vorzeichen und Größe zu vermeiden, sollten wir also die zufälligen Startwerte kleiner wählen, je nachdem, wie viele Inputs in das Neuron eingehen. Wie genau, ist dabei nicht immer ganz klar und hängt teilweise von den Aktivierungsfunktionen ab.

In Keras sind mehrere Strategien für die Initialisierung umgesetzt. **RandomUniform** setzt im Wesentlichen das um, was wir zuvor im Abschnitt 7.2 per Hand programmiert haben. Zwischen den Default-Werten `minval=-0.05` und `maxval=0.05` werden die Werte gleichmäßig verteilt als Zufallszahlen erzeugt. **RandomNormal** hingegen verwendet eine Normalverteilung der Zufallswerte, um den Mittelwert `mean=0.0`. Die Default-Standardabweichung beträgt dabei `stddev=0.05`. Will man betraglich zu große Werte vermeiden, welche bei einer Normalverteilung nicht auszuschließen sind, kann man auf **TruncatedNormal** zurückgreifen. Die so erzeugten Werte ähneln den Werten der Normalverteilung, außer dass Zufallszahlen, die mehr als zwei Standardabweichungen vom Mittelwert aufweisen, verworfen und neu erzeugt werden.

Alle oben vorgestellten Initialisierungsstrategien sind unabhängig davon, wie viele Inputverbindungen vorhanden sind. Wir haben aber schon kurz abgesprochen, dass dies durchaus ein Aspekt sein kann, den es sich lohnt, zu berücksichtigen. **lecun_uniform** setzt die Ideen aus dem Paper [LBOM98] von 1998 um und begrenzt die gleichmäßige Zufallsvariable auf ein Intervall, welches von den Inputs abhängt. Die Grenze ist dabei

$$\sqrt{\frac{3}{\#\text{Inputs}}},$$

wobei #Inputs für die Anzahl der Inputs steht.

Seit 1998 wurde natürlich weiter probiert, wobei die primären Ideen auf die Jahrtausendwende datieren, und anschließend wichtiges Feintuning durchgeführt wurde. Der in [GB10] vorgeschlagene Ansatz führte zu den in **glorot_normal** und **glorot_uniform** umgesetzten Techniken. Letztere ist quasi analog zu `lecun_uniform`, jedoch werden Grenzen festgelegt als

$$\sqrt{\frac{6}{\#\text{Inputs} + \#\text{Output}}}$$

Die Version mit einer Normalverteilung entspricht im Wesentlichen `TruncatedNormal`, wobei das Zentrum bei 0 und die Standardabweichung auf

$$\sqrt{\frac{2}{\#\text{Inputs} + \#\text{Output}}}$$

fixiert ist.

Der nächste Schritt im Finetuning kam im Jahr 2015 im Rahmen des Papers [HZRS15], welches erneut für zwei Varianten von **Initializern** in Keras Pate stand: **he_normal** und **he_uniform**. `he_uniform` entspricht dem Ansatz aus dem LeCun Paper, bis auf einen zusätzlichen Faktor 2 im Zähler. `he_normal` hingegen ist sehr analog zu dem Ansatz bzgl. der Normalverteilung von [GB10], außer dass die Outputs nicht berücksichtigt werden und so die Standardabweichung auf

$$\sqrt{\frac{2}{\#\text{Inputs}}}$$

gesetzt wird.

> In Keras 2.3.0 ist `glorot_uniform` der Standard-Initializer. Ist keiner explizit angegeben, wird also nach der oben beschriebenen Strategie vorgegangen.

Allein, dass man hier einen Default festlegen kann, zeugt davon, dass dieser Aspekt im Design – ganz schlechte Optionen einmal ignoriert – nicht von gleicher Tragweite ist wie die Wahl der Aktivierungsfunktion.

Nimmt man an, dass eine Standardisierung der Merkmale im Input für das Training hilfreich ist, so ist bedauerlich, dass wir selbst zu Beginn des Trainings nicht davon ausgehen können, dass diese Verteilung in einem tiefen Netzwerk beibehalten wird. Mit jeder Schicht, welche die Daten durchlaufen, kann es dazu kommen, dass die Werte wieder stärker z. B. in den positiven oder negativen Bereich abdriften.

Diese Bewegung wird als **kovariate Verschiebung** bzw. {**Covariate Shift** bezeichnet. Hiermit umschreibt man die Veränderung der Verteilung der im Training und in den Testdaten vorhandenen Eingangsvariablen. Der Begriff ist nicht auf das oben erwähnte Problem beim Training reduziert, sondern kann auch Phänomene in den ursprünglichen Daten beschreiben.

Die Technik, die u. a. als Gegenmittel dazu entworfen wurde, kann man eigentlich noch nicht ganz abschließend akademisch beurteilen; einfach weil das Verständnis über die mathematischen Hintergründe noch zu schlecht erforscht ist. Der Ansatz stammt aus der Veröffentlichung [IS15] vom Preprint-Server arXiv aus dem Jahre 2015. Es funktioniert jedoch in der Praxis so gut, dass man die Technik nicht unerwähnt lassen sollte.

Das Ziel ist, während des Trainings die Stabilität zu erhöhen und die Trainingszeit zu verkürzen. Grob gesprochen, geschieht dies durch die Normalisierung innerhalb des Netzes.

Die Batch-Normalization (BN) standardisiert den Output eines Neurons. Beim Training werden die Outputs eines Neurons x_d (Sample d, Feature j) über einen Batch $D = \{x_1, x_2, \ldots\}$ gesammelt. Für diesen einzelnen Batch werden der Mittelwert μ und die Standardabweichung σ bestimmt, und der Output des Neurons wird standardisiert und als $\hat{x}_d$ gespeichert. Der Mittelwert ist zu diesem Moment null und die Standardabweichung 1. Nun kommen zwei Parameter,

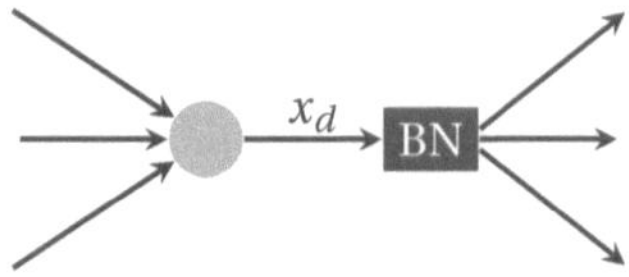

$$\hat{x}_d = \frac{x_d - \mu}{\sigma}$$
$$y_d = \gamma\,\hat{x}_d + \beta$$

Abbildung 8.9 Batch-Normalization an einem Neuron während des Trainings

β und γ, ins Spiel, welche beim Training gelernt werden. Diese legen entsprechend Abbildung 8.9 den Erwartungs- bzw. Mittelwert β und die Standardabweichung γ fest.

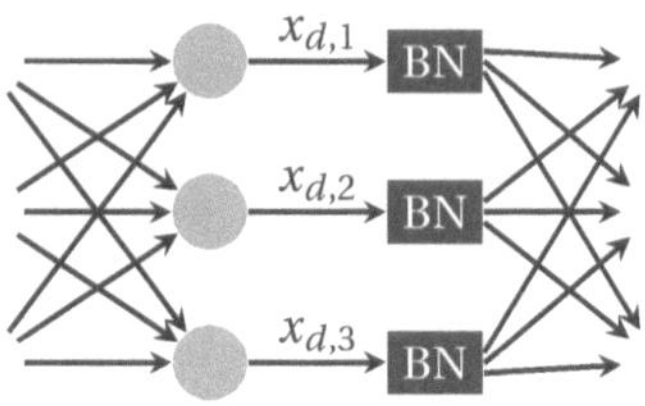

$$\hat{x}_{d,j} = \frac{x_{d,j} - \mu_j}{\sigma_j}$$
$$y_{d,j} = \gamma_j\,\hat{x}_{d,j} + \beta_j$$

Abbildung 8.10 Batch-Normalization für mehrere Neuronen während des Trainings

Dies passiert für jedes Neuron unabhängig. Das Bild auf einen ganzen Layer hin ausgeweitet ergibt sich gemäß Abbildung 8.10. Man sieht, dass dieses Element in einem neuronalen Netz sehr stark auch von der Größe der verwendeten Batches abhängt. Bei sehr kleinen Batches im Training hat es wenig Sinn. Natürlich stellt sich damit auch sofort die Frage, wie eine Batch-Normalisierung nach dem Training funktioniert. Wenn wir uns von dem Netz im Anschluss ein einziges Objekt z. B. klassifizieren lassen, gibt es ja keinen Batch mehr. Für den Betrieb im Anschluss an das Training werden während des Trainings im Sinne eines gleitenden Mittelwertes über die Batch-Mittelwerte und -Standardabweichungen die entsprechenden Parameter gebildet. Diese nach dem Training fixen Werte werden zusammen mit den zwei gelernten Parametern zur Standardisierung verwendet. Damit hat man etwas, von dem wir schon lange wissen, dass es als Vorverarbeitung für die Merkmale vor dem Training wichtig ist, nun zusätzlich in die tieferen Schichten des Netzwerkes verlegt.

Die tatsächliche Implementierung entspricht allerdings nicht der Darstellung aus Abbildung 8.10. Der Grund ist, dass immer, wenn durch einen Wert dividiert wird, man bei solchen Anwendungen damit rechnen muss, dass dieser auch (fast) null werden kann. Um hier für eine ausreichende numerische Stabilität zu sorgen, wird daher ein ε hinzugefügt. Die zusammengefügte Transformation ergibt sich dann in der faktischen Implementierung zu

$$\gamma \cdot \frac{1-\mu}{\sqrt{\sigma^2+\varepsilon}} \cdot x + \beta \tag{8.2}$$

Das ε in Gleichung (8.2) ist dabei durchaus relevant und beträgt in der aktuellen Implementierung von Keras/Tensorflow 10^{-3}. Da dies mit der Wurzel eingeht, haben wir schon eine untere Grenze für den Nenner von 0.03, selbst wenn σ völlig verschwindet. Das einfache Vorgehen in Keras in der Art

```
ANN.add(Dense(6,input_dim=1,activation='tanh'))
ANN.add(BatchNormalization())
```

entspricht mathematisch der Verkettung

$$\mathrm{BN}(\mathrm{act}(Wx))\,. \tag{8.3}$$

Es gibt Veröffentlichungen und Autoren, die vorschlagen, wie folgt vorzugehen:

```
ANN.add(Dense(6,input_dim=1))
ANN.add(BatchNormalization())
ANN.add(Activation('tanh'))
```

Diese Vorgehen vertauschen die Ausführungsreihenfolge zu:

$$\mathrm{act}(\mathrm{BN}(Wx)) \tag{8.4}$$

Theoretisch wird das Vorgehen (8.4) damit begründet, dass nur so die Aktivierungsfunktion *act* einen normalisierten Input bekommt. Die Matrix-Vektor-Multiplikation verändert die Werte immerhin noch. Praktisch habe ich oft bessere Erfahrungen mit dem Ansatz 8.3 gemacht, der für die nächste Schicht quasi wieder einen normalisierten Input erstellen kann. Ob es ein normalisierter Input ist, hängt natürlich bei (8.3) und (8.4) von den gelernten Werten ab. Wenn Layer[1] vom Typ `BatchNormalization` ist, erhalten Sie die ermittelten Werte und das verwendete ε wie folgt:

```
gamma, beta, mu, var = ANN.layers[1].get_weights()
batchEps = ANN.layers[1].epsilon
```

Auf einigen Seiten im Internet steht aktuell, es würde die Standardabweichung zurückgeben werden. In der dem Autor vorliegenden Softwareversion wird jedoch die Varianz zurückgeliefert! Bitte überprüfen Sie das kritisch, wenn Sie mit den Werten wirklich weiterarbeiten. Solange Sie den Layer nur benutzen, ist es für Sie nicht in gleicher Weise relevant.

> Wundern Sie sich nicht, wenn wir später die Anzahl der Freiheitsgrade in einem Netz betrachten. Für eine Batch-Normalization werden durch Keras pro Neuron 4 angegeben, jedoch sind nur zwei davon trainierbar. Die beiden trainierbaren sind β und γ. Die beiden anderen sind die gemittelten Werte für μ und σ, welche nicht durch den Optimierer bestimmt werden, sondern durch die Trainingsmenge und ihre Einteilung in Batches.

Um die verschiedenen Techniken einmal in Keras umgesetzt zu sehen und ein Beispiel für den in Abschnitt 8.2 angesprochenen *Dying ReLU* zu haben, versuchen wir nun einmal, eine sehr einfache Funktion, den Betrag, zu approximieren. Das Beispiel ist an [LSSK19] angelehnt. Das tun wir durch ein für diese Aufgabe viel zu kompliziertes Netz. Es geht uns dabei also um diesen schwer zu fassenden Punkt der Konvergenzgeschwindigkeit bzw. des *verschwindenden Gradienten* oder auch *Dying ReLU*. Es ist nur ein Beispiel und kein Beweis, jedoch sieht man, denke ich, so schon recht viel. Fangen wir aber mit einer kleinen Überraschung für den einen oder anderen an: Die folgenden drei Zeilen sorgen dafür, dass die ggf. verbaute Grafikkarte zu Berechnung *nicht* benutzt wird.

```
import tensorflow as tf

myDevices = tf.config.experimental.list_physical_devices(device_type='CPU')
tf.config.experimental.set_visible_devices(devices= myDevices, device_type='CPU')
```

Es gilt allgemein als eine ganz wichtige Sache, eine schnelle Grafikkarte zu haben, auf der man parallel möglichst schnell neuronale Netze trainieren kann. Eine solche Grafikkarte ist aber nur ein Vorteil, wenn es darum geht, große Datenmengen pro Record, wie beispielsweise Bilder, zu verarbeiten. Bei kleinen Datenmengen pro Record wird aus dem vermeintlichen Geschwindigkeitsvorteil eine Bremse! Ich versuche das mal unabhängig von der konkreten Implementierung zu erklären, die sich auch mal wieder schnell ändern kann. Vereinfacht gesprochen ist die GPU ein Prozessor, der viel mehr Berechnungseinheiten hat als eine typische CPU mit z. B. 8 Kernen. Dafür sind die Kerne einer CPU schneller und oft besser optimiert, mit hohen Floatpoint-Anforderungen umzugehen. Durch die vielen parallelen Recheneinheiten kommt die GPU auf mehr FLOPS, die man dann ausspielen kann, wenn sich eine Arbeit gut parallelisieren lässt, beispielsweise die Verarbeitung von Bildern. Außerdem berechnen wir für die Optimierung immer die Gradienten von einer gewissen Menge an Sampels, beispielsweise 32. Das bedeutet, wenn wir für 32 Bilder die Berechnung auf der GPU ausführen, können 32 Gradienten parallel berechnet und anschließend gemittelt werden. Jeder einzelne Gradient hat, da es sich um ein Bild handelt, ein hohes eigenes Potential für die Parallelisierung. Wenn wir aber 32 Sampels verarbeiten, die nur aus wenigen Gleitkommawerten bestehen, existiert dieses Potential nicht in der Größenordnung. Wir müssen aber immer ein Offset für die Auslagerung bezahlen, nämlich u. a. die Kommunikation zwischen CPU und GPU für die Berechnungen. So kann es kommen, dass die Auslagerung auf die Grafikkarte den Trainingsprozess sogar verlangsamt.

> **!** Daher die große Faustregel: Je größer die Datenmenge pro Sampel ist, desto eher sollte das Training auf der Grafikkarte durchgeführt werden. Es geht wirklich um die Größe pro Sampel bzw. pro Batch, nicht um die Gesamtgröße der Datenbank, die verarbeitet werden soll.

> **!** Gerade diese Befehle sind leider in der API nicht sehr stabil und werden unangenehm oft verändert. Die Angabe oben in dem Listing funktioniert für Tensorflow 2.0. Ab Tensorflow 2.1 müssen Sie Zeile 2 und 3 weglassen und `tf.config.set_visible_devices([], 'GPU')` stattdessen verwenden. Hier ist leider oft ein Blick in die jeweils aktuelle Dokumentation bzw. Netzforen wichtig.

Im Folgenden binden wir alle Pakete ein, die wir später brauchen werden.

```
5
6   import numpy as np
7   import matplotlib.pyplot as plt
8   from timeit import default_timer as timer
9   from tensorflow.keras.models import Sequential
10  from tensorflow.keras.layers import Dense, BatchNormalization
```

Als Nächstes machen wir uns Listen, die alle Fälle abdecken, die wir testen wollen.

```
11
12  myActivationList = ['sigmoid','tanh', 'relu', 'elu', 'softplus', 'hard_sigmoid'  ]
13  myInitializerList = [ 'normal' , 'random_uniform' ,'TruncatedNormal', 'glorot_normal' ,
14                       'glorot_uniform', 'he_normal', 'he_uniform']
```

Über die Aktivierungsfunktionen haben wir schon gesprochen und auch die beiden ersten Arten, die Startwerte zu initialisieren, sind bekannt.

Jetzt besorgen wir uns die Daten für unser Testbeispiel. Wir erwähnt, nehmen wir die Betragsfunktion auf einem etwas unsymmetrischen Bereich, sodass der Plot ein wenig aussieht wie ein Haken.

```
X = np.linspace(-0.75,1.25,10000)
Y = np.abs(X)
```

Nun kommen ein paar eher technische Variablen.

```
lastError = []; lastTime = []
showPlot  = True
batchNorm = True
noOfRuns = 25
howDeep  = 10
```

Da ein Verfahren auch einfach mit den initialisierten Startwerten Pech haben kann, führen wir den Test für jede Variante `noOfRuns` durch. `howDeep` gibt an, wie tief das Netz gemacht werden soll. Mit `batchNorm` können wir schnell ein- und ausschalten, ob wir eine Batch-Normalization durchführen wollen.

Falls wir einen Plot wünschen, öffnen wir diesen und platzieren schon mal die Originaldaten.

```
if showPlot:
    plt.figure()
    plt.scatter(X,Y)
```

Der folgende Schritt ist, mit den verschiedenen Kombinationen in der bekannten Technik für ein Sequential Model aus Abschnitt 8.1 ein neuronales Netz aufzubauen. Würde man deutlich mehr als 4 Neuronen verwenden, könnte man den Effekt des *Dying ReLU* nicht erkennen. Wenn eine Verbindung abstürbe, würde eine parallel geschaltete die Rolle übernehmen. Die je nach Wahl von `howDeep` reichlich vorhandenen Freiheitsgrade in der Tiefe können hingegen eine zuvor ausgefallene Verbindung nicht kompensieren.

```
for myAct in myActivationList:
    lastError.append([]); lastTime.append([])
    for myInit in myInitializerList:
        minerror = np.Inf
        for c in range(noOfRuns):
            myANN = Sequential()
            myANN.add(Dense(4,input_dim=1,kernel_initializer = myInit, activation = myAct))
            if batchNorm: myANN.add(BatchNormalization())
            for _ in range(1,howDeep):
                myANN.add(Dense(4,kernel_initializer = myInit,activation = myAct))
                if batchNorm: myANN.add(BatchNormalization())
            myANN.add(Dense(1,kernel_initializer = myInit,activation = 'linear'))
```

Den Abschluss bildet immer ein einzelnes Neuron mit einer linearen Aktivierungsfunktion. Dadurch können auch Aktivierungsfunktionen mit beschränktem Wertebereich wie der Sigmoid hypothetisch Funktionen mit abweichendem Wertebereich darstellen.

Um auch zu honorieren, ob ein Ansatz vielleicht deutlich schneller eine gewünschte Genauigkeit erreicht hat, trainieren wir das Netz in Teilzyklen mit jeweils 10 Epochen. Ist danach eine gute Approximation bereits erreicht, wird das Training abgebrochen.

```
            myANN.compile(loss='mse', optimizer='adam')
            start = timer()
            for _ in range(20):
                history = myANN.fit(X,Y, epochs=10, verbose=False)
                if history.history['loss'][-1] < 0.9*10**-2: break
```

Die Zeit, die das Training benötigt hat, wird dann protokolliert, ebenso wie die Genauigkeit. Da wir hier einen perfekten Datensatz haben und es uns nur um die Fähigkeit zur Approximation bzw. Konvergenzgeschwindigkeit geht, ist eine Unterscheidung in Test- und Trainingsmenge nicht nötig.

```
            lastTime[-1].append(timer() - start)
            lastError[-1].append(myANN.evaluate(X,Y,verbose=False))
```

Nun merken wir uns den besten Fall, den eine Kombination erreicht, um diese dann zu plotten. Dadurch sieht man am Schluss sehr deutlich, welche Kombinationen überhaupt zu einer Lösung geführt haben und welche nicht, letztere werden nur gestrichelt geplottet.

```
            if showPlot and minerror > lastError[-1][-1]:
                yPlot = myANN.predict(X)
                minerror = lastError[-1][-1]
        if showPlot:
            theTitle = myAct + ' ' + myInit
            if minerror < 10**-2: plt.plot(X,yPlot, label=theTitle, linewidth=2)
            else: plt.plot(X,yPlot,':', label=theTitle)

if showPlot: plt.legend()
```

Die Plots stelle ich im Buch nicht dar, da man dabei ohne Farben und einen interaktiven Plot nicht viel erkennen könnte. Es ist primär interessant zu sehen, wie sich die Ansatzfunktionen besonders bei nur einem Layer versuchen, an den Haken anzuschmiegen. Wenn Sie den Code oben selber ausprobieren wollen, ändern Sie `noOfRuns` auf so etwas wie 2 oder 3. Mit 25 beschäftigt sich ein Computer schon mal einen Tag mit der Ausführung.

Tabelle 8.1 Anzahl an erfolgreichen Trainingsverläufen von maximal 25 bei einem Netz mit einem Hidden-Layer für unterschiedliche Aktivierungsfunktionen und Zufallsgeneratoren

	Normal	Random Uniform	Truncated Normal	Glorot Uniform	Glorot Normal	He Normal	He Uniform
Sigmoid	25	25	25	25	25	25	25
Tanh	25	25	25	25	25	25	25
Relu	19	14	17	21	9	20	25
ELU	22	23	22	24	23	24	25
Softplus	25	25	25	25	25	25	25
Hard Sigmoid	0	0	0	0	0	10	3

Wenn wir die Sache flach angehen lassen, dann ergibt sich natürlich kein Dying ReLU. Das ist ein Phänomen, das eher bei tiefen Netzen auftritt. Aber man sieht in der Tabelle 8.1, dass für flache Netze die Aktivierungsfunktionen aus der guten alten Zeit wie Sigmoid und Tangens Hyperbolicus eben vernünftig sind. Sie wurden nicht umsonst Jahrzehnte lang eingesetzt. Einzig die nicht-differenzierbaren Ansatzfunktionen zeigen bei diesem Beispiel ein wenig Schwäche.

Tabelle 8.2 Anzahl an erfolgreichen Trainingsverläufen von maximal 25 bei einem Netz mit zehn Hidden-Layern für unterschiedliche Aktivierungsfunktionen und Zufallsgeneratoren

	Normal	Random Uniform	Truncated Normal	Glorot Normal	Glorot Uniform	He Normal	He Uniform
Sigmoid	0	0	0	1	0	1	1
Tanh	3	5	4	25	25	25	25
Relu	4	7	6	7	8	9	11
ELU	24	24	23	25	25	25	25
Softplus	0	0	5	22	24	24	25
Hard Sigmoid	0	0	0	7	6	9	5

Wenn wir das Netz nun tiefer staffeln, nehmen die Probleme für die Optimierung zu. Wie erwartet, stirbt der ReLu etwas öfter und beim Sigmoid sieht es noch finsterer aus, was das Konvergenzverhalten angeht. Hier muss man sich klarmachen, dass die beiden Funktionen mit leicht unterschiedlichen Problemen kämpfen, nämlich dem Dying ReLU und dem verschwindenen Gradienten und/oder dem *Covariate Shift*. Der Effekt ist natürlich derselbe; die Optimierung konvergiert nicht. Lediglich ELU-Aktivierungen sind hier robust, sowie mit den neueren Initialisierungstechniken der Tangens Hyperbolicus und Softplus.

Tabelle 8.3 Anzahl an erfolgreichen Trainingsverläufen von maximal 25 bei einem Netz mit zehn Hidden-Layern und Batch Normalization für unterschiedliche Aktivierungsfunktionen und Zufallsgeneratoren

	Normal	Random Uniform	Truncated Normal	Glorot Normal	Glorot Uniform	He Normal	He Uniform
Sigmoid	5	6	3	2	1	13	18
Tanh	1	0	0	13	11	18	19
Relu	15	13	16	24	24	25	24
ELU	0	0	1	12	10	23	22
Softplus	9	11	10	18	21	18	21
Hard Sigmoid	22	21	20	10	11	17	16

Falls der *Covariate Shift* eines unserer Probleme ist, könnte ggf. die Batch Normalization helfen. Wie man in der Tabelle 8.3 sieht, stimmt das auch für ReLU und mit HeNormal und HeUniform für den Sigmoid. Auch der Hard Sigmoid profitiert, hier sogar besonders mit den traditionellen Initialisierungstechniken.

> **!** Die Wirkung der Batch-Normalization hängt von der Zusammensetzung und der Größe der Batches ab. Für sehr kleine Batches ist dieser Ansatz offensichtlich weniger sinnvoll. Die Werte oben sind für den Default-Wert von 32 in Keras berechnet. Es kann sein, dass ein größerer Batch hier auch zu anderen / besseren Ergebnissen hätte führen können. Daher ist die Batch-Normalization als Technik abhängiger von Parametern, als es vielleicht auf den ersten Blick scheint.

Was schließen wir nun aus den drei Tabellen 8.1 8.2 und 8.3? Das Bild ist nicht so klar und mir kommt da immer ein Satz aus dem Romans *Der Herr der Ringe* ins Gedächtnis, den Tolkin den Elben Gildor Inglorion sagen lässt:

> *Elves seldom give unguarded advice, for advice is a dangerous gift, even from the wise to the wise, and all courses may run ill.*

Anscheinend gibt es kein Kochrezept, was man allgemein jemanden mitgeben kann. Es scheint klar, dass man sich, wie schon auf Seite 64 erwähnt, *Ockhams Rasiermesser* zu Herzen nehmen soll. Das kleinste Modell, welches gute Vorhersagen macht, ist komplexeren immer vorzuziehen. Es gibt Gründe, warum man lange Jahrzehnte um sehr tiefe Netze einen Bogen gemacht hat. Wenn sich ein Problem mit einer flach(er)en Architektur gut lösen lässt, sollte man sich freuen und nicht erst versuchen, tiefe Netze aufzubauen, weil es vielleicht gerade sexy ist.

Ansonsten ist ELU eine sehr robuste Wahl, die aber in der Auswertung teurer ist als ReLU. Auch die Batch Normalization ist nichts, was man wie einen Default einfach immer einbauen kann. Manche Ansätze reagieren in einigen Fällen sogar negativ darauf, allein der ReLU und der Hard Sigmoid profitieren durchgehend in unserem Beispiel. Aber eben zunächst primär in diesem Beispiel, weshalb das so eine Sache mit den Ratschlägen ist. Es gibt in jedem Fall nicht den einen Ansatz, der immer funktioniert. Das ist sicherlich auch der Grund, warum man keine Default Aktivierungsfunktionen setzt und deren Wahl immer eine bewusste Entscheidung sein sollte. Bei der Initialisierung der Startwerte hingegen sieht es so aus, dass man mit den drei modernen Ansätzen eigentlich immer recht gut fährt. Außer in diesem Beispiel der Hard Sigmoid Aktivierungsfunktion mit Batch Normalization konnte keiner von den traditionellen Ansätzen profitieren.

Bitte beachten Sie, dass oben steht, der ELU sei in der Auswertung teurer als ReLU. Das lässt keinen Rückschluss auf die Trainingsdauer zu. Diese wird viel mehr bestimmt durch die Frage, wie viele Schritte der Optimierer wirklich braucht, um das Funktional zu minimieren. In dem Beispiel oben werden Sie an den Ausgaben feststellen, dass z. B. ELU ohne Batch Normalization und HeNormal-Initialisierung – beide konvergierten am Ende jedes Mal – wesentlich schneller das Minimum fand als ReLU mit. Aber das Problem ist ja auch quasi designt, um ReLU-Ansätzen im Sinne des Dying ReLU Schwierigkeiten zu machen.

8.4 Loss-Function und Optimierungsalgorithmen

In diesem Abschnitt schauen wir noch einmal eine Stufe detaillierter auf die Fehler- bzw. Loss-Function und die Optimierungsalgorithmen, als wir dies zuvor getan haben. Bisher haben wir uns ausschließlich auf den mittleren quadratischen Fehler als Qualitätsmaß gestützt und darüber unsere Fehlerfunktion definiert. In diesem Zusammenhang ist noch ein Hinweis wichtig: Wir haben in Abschnitt 7.4 schon einmal anklingen lassen, dass die Merkmale normiert oder – wie wir später in Kapitel 9 besprechen werden – standardisiert werden sollten. Wie sieht es mit den Ausgabewerten aus? Liegt nur ein skalarer Ausgabewert vor, so ist die Normierung oder Standardisierung von Zielvariablen manchmal hilfreich, damit das Netz schneller konvergiert.

Sie ist aber keinesfalls zwingend. Ist jedoch ein ganzer Vektor von Ausgabewerten vorgesehen, ergibt sich ein anderes Bild.

> **!** Liegt ein neuronales Netz mit einer vektorwertigen Ausgabe vor, deren einzelne Einträge unterschiedlichen Größenordnungen entstammen, wird die Behandlung der Zielwerte zu einer zwingend nötigen Aktion.

Der Grund ist recht einfach wenn man sich klarmacht, wie der mittlere quadratische Fehler sich auswirkt. Liegt eine Größe z. B. im Bereich zwischen 0 und 1, während ein anderer Zielwert bis 1000 erreichen kann, so wird der Optimierungsalgorithmus sich darauf konzentrieren, diese Größe zu optimieren. Er richtet sich nach dem absoluten Fehler und nicht nach dem relativen Fehler. Daher sollten die Zielwerte in einem solchen Fall normiert oder standardisiert werden.

8.4.1 Qualitätsmaße für die Klassifikationsgüte

Wir haben in Abschnitt 7.3 darüber gesprochen, dass man theoretisch jede Klassifikation im Sinne einer Regression angehen und jeder Klasse einfach einen ganzzahligen Wert zuordnen könnte. Jedoch führe dies zu ein paar Problemen, die wir dort besprochen haben, weshalb wir meistens dazu übergehen, die Zielwerte für eine Klassifikation in Vektoren mit lauter Nullen und einer Eins in der Zeile, die zu der Klasse gehört, umzuwandeln. Ein häufiger Begriff für dieses Vorgehen ist auch **One-Hot-Encoding**.

Das hat bis jetzt für zwei Klassen sehr gut geklappt. Unser Netz hat für jede Klasse einen Wert berechnet und wir haben einfach den Wert genommen, für den das Netz den höchsten Wert berechnet hat. Den Fehler haben wir dann in der Regel einfach basierend auf dieser Auswertung ausgerechnet. Also, wenn wir für *Hund* eine 0.7 hatten und für *Katze* eine 0.4, haben wir es dann eben als vollständig richtig gezählt, wenn es auch ein Hund in der Testmenge war, oder als vollständig falsch, wenn es eine Katze war. Ein anderer Ansatz, den wir auch schon kennen und benutzt haben, ist die mittlere Abweichung zu nehmen und es damit eben wie die Approximation an eine Funktion zu sehen. 0.9 als Wert für *Hund* ist damit besser als 0.7 und wird als kleiner Fehler gewertet.

Basierend auf dieser Auswertung haben wir den sogenannten **Classification Error** berechnet. Dieser ist definiert als:

$$\text{Classification Error} = \frac{\text{Anzahl der Fehlklassifizierungen}}{\text{Anzahl der Fälle}}$$

Die Genauigkeit bzw. **Accuracy**, die Sie öfter als Ausgabe auch von Keras finden werden, ist einfach

$$\text{Accuracy} = 1 - \text{Classification Error}$$

Wir haben bereits eine Schwäche des Classification Errors kennengelernt, nämlich dass wir mit der reinen Zahl für alle Klassen keine gute Rückmeldung über die Leistungsfähigkeit des Systems bekommen, falls die Klassen unterschiedlich oft vorkommen. Nehmen wir beispielsweise an, dass wir wir 950 gesunde Menschen und 50 Kranke in unserer Testmenge haben.

Einfach weil dies eben der Verteilung von Gesunden und Kranken entspricht, die auch in der Trainingsmenge vorlag. Ein Classification Error von 0.05 bzw. 5% steht für 50 Fehlklassifikationen und kann bedeuten, dass wir nicht einen Kranken richtig erkennen. Ein Klassifikator der einfach immer nur *gesund* zurückliefert könnte schon diese Qualität erreichen und wäre sicherlich nicht sinnvoll im Einsatz. Daher haben wir uns zuvor diesen Fehler auch noch mal pro Klasse angesehen. Das funktioniert wiederum bei zwei Klassen sehr gut, aber es wird schnell unübersichtlich, wenn hunderte von Klassen existieren können. Dieses Problem werden wir nicht ganz los, adressieren es jedoch später mittels der Konfusionsmatrix. Ein anderes Problem kann man jedoch durch eine andere Art, den Fehler zu messen, abmildern. Wenn wir den Classification Error betrachten, bekommt ein Netz, das sich mit 0.6 für Hund knapp dafür entscheidet, dass auf dem Bild ein Hund ist, dieselbe Performance zugesprochen wie eines, das sich mit 0.95 fast sicher ist.

Eine weitere Möglichkeit, den Fehler zu messen, nach der wir auch oft optimieren, ist der **Mean Squared Error**. Er ist eigentlich eher motiviert durch den Anwendungsfall einer Regression, funktioniert aber hier auch bei einer Klassifikation manchmal ganz passabel. Wenn wir diesen Ansatz benutzen, ist ein Wert von 0.95 als Näherung für die 1 der Hundeklassifikation auch wirklich besser als 0.6. Der Mean Squared Error ist dabei zunächst universell für Regression und Klassifikation einsetzbar.

Für die Klassifikation bevorzugt man in der Regel jedoch den **Cross-Entropy-Error**. Er gibt analog zum Mean Squared Error die Möglichkeit, den Grad der Abweichung zu berücksichtigen. Hierzu braucht es jedoch eine Wahrscheinlichkeitsverteilung auf die vorhandenen Klassen. Das bedeutet, dass die Werte für die einzelnen Klassen summiert 1 ergeben. Um dies sicherzustellen, benutzen wir die **Softmax**-Funktion:

$$\sigma_j(z) = \frac{e^{z_j}}{\sum_{k=1}^{K} e^{z_k}} \text{ für } j = 1..n \tag{8.5}$$

Diese Version kann man als einen Spezialfall der Softmax-Funktion verstehen, die wir im Rahmen des Abschnitts 14.4 noch benötigen werden. Der allgemeine Fall besitzt noch einen Parameter τ und fällt mit der Definition oben zusammen, wenn $\tau = 1$ gewählt wird. Im Umfeld der Feedforward Neural Networks ist allerdings immer der obige Spezialfall gemeint. Der Wertebereich der Funktion liegt zwischen 0 und 1. Ihr Effekt ist, dass diese Funktion jedem Eintrag eines n-dimensionalen Vektors z eine Wahrscheinlichkeit zuordnet. Die Summe aller dieser Wahrscheinlichkeiten ist dann wie gewohnt 1.

Wir wenden nun einmal nachgelagert den Softmax auf dem Output an. Machen wir das einmal für ein Beispiel: Sei hierzu $z = (0.7, 0.3, 0.5)^\top$, dann ergibt sich

$$d = \sum_{k=1}^{K} e^{z_k} = e^{0.7} + e^{0.3} + e^{0.5} \approx 5.0123$$
$$\sigma_1 = e^{0.7}/d \approx 0.4018$$
$$\sigma_2 = e^{0.3}/d \approx 0.2693$$
$$\sigma_3 = e^{0.5}/d \approx 0.3289$$

Basierend auf diesen Werten, die nun jeweils eine Wahrscheinlichkeit darstellen, kann auf der schon auf Seite 139 in (6.2) besprochenen Entropie ein Maß für die Abweichung definiert werden. Hierbei verwendet man die **Kreuzentropie** bzw. **Cross-Entropy**. Dieser Ansatz kommt aus der Informationstheorie und misst dort die Art, wie bei der gleichen Menge, aber zwei unterschiedlichen Wahrscheinlichkeitsverteilungen p (*natürliche Verteilung*) und q (*abweichende Verteilung*) Informationen optimal kodiert werden müssten. Im Bereich des maschinellen Lernens und besonders der Klassifikation verwenden wir die grundlegende Idee etwas anders. Hier wird die Cross-Entropy als Fehlerfunktion verwendet. Dabei sind unsere korrekten Lerndaten y die natürliche Verteilung und die von uns berechnete Approximation y_p die abweichende Verteilung. Die Cross-Entropy ist dabei gegeben durch die Formel:

$$D(y, y_p) = -\sum_i y_i \log(y_{p\,i}) \tag{8.6}$$

Welche Basis im Logarithmus hier verwendet wird, ist im Endeffekt natürlich egal, da sich die Werte für eine Basis a und b dann eben um einen konstanten Faktor C unterscheiden. Es gilt ja bekanntlich:

$$C = \log_a b = \frac{\log_a x}{\log_b x}$$

Worauf man hingegen sehr wohl achten muss ist, dass die Cross-Entropy nicht symmetrisch ist:

$$D(y_p, y) \neq D(y, y_p)$$

Man sieht es auch an dem Logarithmus, in welche Schwierigkeiten wir kämen, wenn wir typische Labels hier einsetzen würden. Der Logarithmus von null ist nicht definiert bzw. wird als $-\infty$ zurückgeliefert. Für angenäherte Werte steht hier hingegen zumindest ein kleiner Wert. Wenn Sie ganz sicher gehen wollen, können Sie in einer Implementierung auch einen kleinen Summanden wie 10^{-15} verwenden, um so sicherzustellen, dass nie wirklich der Logarithmus von null berechnet wird. Berechnen wir einmal die Cross-Entropy für das Beispiel oben mit dem natürlichen Logarithmus:

$$-(1 \cdot \log(0.7) + 0 \cdot \log(0.3) + 0 \cdot \log(0.5)) \approx 0.3567$$

Da der Logarithmus von 1 immer 0 ist und dazu auch noch streng monoton steigend, haben wir hier ein sinnvolles Maß, nach dem wir optimieren können. Unser Ziel ist es, der Null möglichst nah zu kommen, wobei wir das natürlich nicht erreichen können. Da die natürliche Verteilung p an den meisten Stellen Nullen erzeugt, werden nur wenige Einträge ungleich null aufsummiert. Die Fehlerfunktion $J(W)$ zur Optimierung der Gewichte entsteht nun, indem wir die Cross-Entropy über alle N Beispiele berechnen und anschließend mitteln:

$$J(w) = \frac{1}{N} \sum_{n=1}^{N} D(y^{(n)}, y_p^{(n)}) \tag{8.7}$$

Schauen wir uns diese Funktion sowie den mittleren quadratischen Fehler

$$\frac{1}{N} \sum_{n=1}^{N} \sum_i (y_i^{(n)} - y_{p\,i}^{(n)})^2$$

und den Classification Error einmal im Vergleich an.

Dazu nehmen wir an, es gäbe zwei Netze, die Hunde, Katzen und Bären unterscheiden können sollten. Die Netze nutzen wie in den vorherigen Kapiteln Sigmoids im Output-Layer. Die

Tabelle 8.4 Classification Error vs. Mean Squared Error vs. Cross-Entropy-Error

										Classification Error	MSE	Mean Cross-Entropy Error
Netz	Hund	Katze	Bär	Hund	Katze	Bär	Hund	Katze	Bär			
	1	0	0	0	1	0	1	0	0			
Output1	**0.9**	**0.2**	**0.1**	**0.1**	**0.9**	**0.2**	**0.7**	**0.3**	**0.5**	0	0.06	-
Softmax	0.51	0.26	0.23	0.23	0.51	0.26	0.40	0.27	0.33	0	0.14	0.06
Output2	**0.6**	**0.1**	**0.1**	**0.2**	**0.8**	**0.1**	**0.5**	**0.4**	**0.4**	0	0.10	-
Softmax	0.45	0.27	0.27	0.27	0.49	0.24	0.36	0.32	0.32	0	0.18	0.17

Werte in Tabelle 8.4 sind so gewählt, dass es *interessant* für einen Vergleich wird. Tatsächlich liegen die Netze mit den Ausgabewerten `Output1` und `Output2` nicht vor. Um die Mean Cross Entropie berechnen zu können, wird als Erstes der Softmax auf diesen Output angewendet. Diese Outputs der beiden fiktiven Netze werden nun in unserem Gedankenexperiment – also einmal quasi *raw* und einmal nach der Anwendung des Softmax – benutzt, um den mittleren quadratischen Fehler zu berechnen. Die Cross-Entropy ist wie besprochen nur für die Softmax-Ausgabe möglich. Für den Classification Error haben wir angenommen, dass einfach der größte Eintrag verwendet wird. Es ist auch möglich, nur Einträge oberhalb einer Schranke zu akzeptieren. Dann antwortet das Netz ggf. auf die Frage *Hund, Katze oder Bär?* mit *Nichts davon!*. Nimmt man einfach den größten Wert, so liegen beide Netze für alle drei Testfälle immer richtig, und wir haben einen Classification Error von 0. Man sieht jedoch, dass sich das Netz mit dem `Output1` viel sicherer mit seiner Wahl ist. Das wird durch den Classification Error so nicht widergespiegelt. Die beiden anderen Maße geben die Reihenfolge bzgl. der Netzqualität hingegen so wieder, wie man sie anhand der Tabelle auch einschätzen würde. Sieht man sich die Faktoren an, so merkt man, dass der Abstand prozentual im Mean Cross-Entropy Error deutlich größer erscheint als bzgl. des MSE. Das gilt unabhängig davon, ob man den Raw-Output nimmt oder die Variante, die durch den Softmax verarbeitet wurde. Wenn Sie die Tabelle 8.4 einmal selbst verifizieren wollen, können Sie die beiden Funktionen zu Hilfe nehmen. Tatsächlich lässt sich das alles in NumPy wirklich jeweils in einer Zeile ausdrücken:

```
import numpy as np

def softmax(z):
    return(np.exp(z)/np.sum(np.exp(z)))

def crossEntropy(p,q):
    return( -np.sum(p*np.log(q)))
```

Ein wichtiger Spezialfall der Cross-Entropy (8.6) bzw. (8.7) für die Unterscheidung zweier Klassen ist die **binäre Kreuzentropie** bzw. **Binary Cross-Entropy**:

$$-\frac{1}{N}\sum_{n=1}^{N} y^{(n)}\log(y_p^{(n)}) + (1 - y^{(n)})\log(1 - y_p^{(n)})$$

Bei dieser Version macht man sich zunutze, dass die Wahrscheinlichkeit für zwei Klassen über einen einzelnen Wert codiert ist. y_p ist die Wahrscheinlichkeit für Klasse A und entsprechend $(1 - y_p)$ die Wahrscheinlichkeit für Klasse B.

Es gibt noch sehr viele Ansätze für Loss-Funktionen, die hier nicht besprochen werden können, auch und gerade für Regressionsprobleme, die sinnvoll sein können. Sollte Ihr Verfahren z. B. unter Ausreißern leiden, die Sie nicht entfernen können oder wollen, lohnt es sich, einmal einen Blick auf die **Huber-Loss-Function** zu werfen. Diese schwächt den Effekt von Ausreißern gegenüber dem mittleren quadratischen Fehler deutlich ab. Wie gesagt ... es gibt einen ganzen Zoo sinnvoller Fehlerfunktionen, je nach Einsatzgebiet und Datenlage.

8.4.2 Einsatz des Softmax im Output-Layer

Wie oben erwähnt, nimmt man nicht einfach den Output eines Netzes mit z. B. Sigmoid-Aktivierungsfunktionen im letzten Layer und wendet darauf den Softmax an. Der letzte Layer ist ein Softmax-Layer, und selbiger ist eine eigenständige Aktivierungsfunktion. Schauen wir uns das mal am Beispiel des schon bekannten Fisher's Iris Datasets bzw. kurz Iris Flower Datasets an. Wir starten im Wesentlichen wie gewohnt und teilen unseren Datensatz in Trainings- und Testmenge auf.

```
import numpy as np

dataset = np.loadtxt("iris.csv", delimiter=",")
x = dataset[:,0:4]
y = dataset[:,4]
percentTrainingset = 0.8
np.random.seed(42)
TrainSet     = np.random.choice(x.shape[0],int(x.shape[0]*percentTrainingset),replace=False)
XTrain       = x[TrainSet,:]
yTrain       = y[TrainSet]
TestSet      = np.delete(np.arange(0,len(y)), TrainSet)
XTest        = x[TestSet,:]
yTest        = y[TestSet]
```

Als Nächstes setzen wir das One-Hot-Encoding um. Hierzu rufen wir **to_categorical** mit der Menge auf, die umformatiert werden soll, und das zweites Argument entspricht der Anzahl der Klassen. Die Klassen sollten dabei in der Ausgangsmenge als Integer von 0 bis zur Anzahl der Klassen durchnummeriert sein. Das ist für unseren Datensatz eine Art Fallstrick, denn die Nummerierung beginnt bei 1. Entsprechend subtrahieren wir eins und können die Funktion benutzen.

```

from tensorflow.keras.utils import to_categorical
YTrain = to_categorical(yTrain-1, 3)
YTest  = to_categorical(yTest-1, 3)
```

Nun setzen wir unser Netz analog zu dem Vorgehen beim Boston House Price Dataset aus Abschnitt 8.1 zusammen. Neu ist einmal natürlich der Softmax-Layer und zum anderen das Argument `metrics=['accuracy']`. Die Metrik ist, wie schon Abschnitt 5.1.2 besprochen, eine Funktion, mit deren Hilfe wir Abstände bestimmen können. Bei Keras gibt eine Metrik eine weitere Möglichkeit neben der Loss-Funktion, die Leistung des Netzes zu beurteilen. Die gewünschte Metrik wird bei der Kompilierung einfach angegeben. Im Fall von `verbose = True` wird diese mit ausgegeben und steht am Schluss bei der Evaluierung zur Verfügung. Jedoch wird weiterhin ausschließlich die Loss-Funktion zum Training verwendet und nicht die angegebenen Metriken.

```

from tensorflow.keras.models import Sequential
from tensorflow.keras import layers
ANN = Sequential()
ANN.add(layers.Dense(8,activation='tanh',input_dim=4))
ANN.add(layers.Dense(8,activation='tanh'))
ANN.add(layers.Dense(3,activation='softmax'))
ANN.compile(optimizer='adam',loss='categorical_crossentropy',metrics=['accuracy'])
ANN.fit(XTrain,YTrain,epochs=500, verbose=False)
scores = ANN.evaluate(XTest,YTest)
print("Accuracy: %.2f%%" % (scores[1]*100))
```

Für die Kontrolle der erreichten Qualität nutzen wir nun die Keras Methode **evaluate**. Sie ist recht nützlich, und im Gegensatz zu unseren selbstgeschriebenen Codes kann hier – geeignete Maschine und Backend vorausgesetzt – die Evaluation bzgl. der Batches parallel durchgeführt werden. Zurückgeliefert werden der Wert der Fehlerfunktion und die zuvor angegebenen Metriken; in diesem Fall, da es sich um eine Klassifikation handelt und wir das zuvor angegeben haben, die Genauigkeit bzgl. der richtig klassifizierten Datenbankeinträge.

Am Ende haben wir ein Netz, das unsere Testmenge fehlerfrei abbilden kann. Stellt man ein solches Netz wie in Kapitel 7 grafisch dar, so führt ein Aspekt aus Gleichung (8.5) zu einer Neuerung. Der Wert der Ausgabe in einem Neuron hängt durch die Summe im Nenner von (8.5) von den anderen Neuronen im gleichen Layer ab. Es ist zwar keine Rückwärtsverbindung, wie bei **rekurrenten neuronalen Netzen** bzw. **Recurrent Neural Networks**, jedoch eine Querverbindung. Man kann diese wie in der Abbildung 8.11 versuchen zu verdeutlichen. Im Unterschied zum nachgelagerten Vorgehen in Abschnitt 8.4.1 wird nun wieder wie bei jedem anderen Neuron der Input des Softmax-Neurons aus der gewichteten Summe der Eingangssignale gebildet. Die Neuronen agieren dabei nicht völlig autonom, sondern sind durch die Division aus (8.5) gekoppelt.

8.4.3 Optimierungsalgorithmen

Wir betrachten nun einige Optimierungsalgorithmen – die auch in Keras verfügbar sind – und schauen, welchen Effekt die Auswahl des Qualitätsmaßes hierbei hat. Den einzigen Optimierungsalgorithmus, den wir in Abschnitt 7.2 bisher ein wenig näher betrachtet haben, ist das Gradientenabstiegsverfahren zusammen mit dem mittleren quadratischen Fehler als Qualitätsmaß. Dabei haben wir schon besprochen, dass es üblich ist, mehrere Beispiele zu einem Batch zusammenzufassen. Ausnahme: das reine Online-Learning.

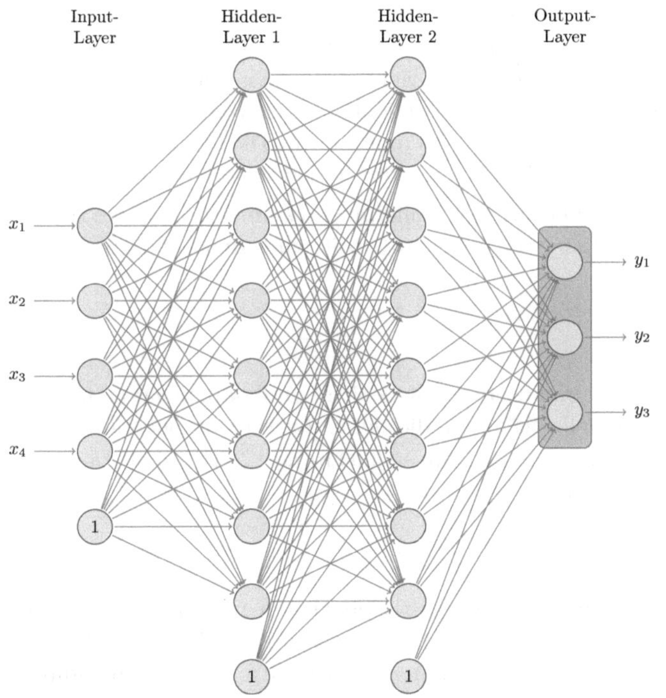

Abbildung 8.11 Aufbau des MLP mit Softmax-Output-Layer

8.4.3.1 Stochastic Gradient Descent

Das in Keras unter Stochastic Gradient Descent (SGD) umgesetzte Gradientenabstiegsverfahren entspricht im Wesentlichen unserem aus Abschnitt 7.2. Es hat nur eine Besonderheit, das sogenannte Momentum, welches in der alten Gleichung (7.5) auf Seite 184 fehlt:

$$\Delta x_{i+1} = \gamma \Delta x_i - \eta \nabla f(x_i) \tag{8.8}$$

$$x_{i+1} = x_i + \Delta x_{i+1} \tag{8.9}$$

Wie man sieht, funktioniert der stochastische Gradientenabstieg mit Momentum, indem das Update des letzten Schrittes gespeichert wird und das nächste Update als Linearkombination aus dem Gradienten und diesem gespeicherten alten Update gebildet wird. Die Idee ist aus einem Artikel von 1986 [RHW86], und der Name Momentum ist als Analogie zur Physik bzw. Mechanik gewählt. Das Verfahren soll einen Impuls in eine spezielle Richtung haben und dadurch weniger schnell zu Oszillationen neigt. Der Default ist in Keras jedoch, dass das Momentum abgeschaltet ist. Nutzt man also einfach SGD, ist dies der normale stochastische Gradient.

8.4.3.2 Adagrad

In den vorliegenden Implementierungen wird der stochastische Gradientenabstieg immer mit den gleichen Parametern durchgeführt. Das ist jedoch nur selten optimal, da eine Ebene, in der der Gradient fast verschwindet, oder ein Bereich, in dem er stark oszilliert, unterschiedliche Anforderungen stellen. Es gibt viele Ansätze, um damit umzugehen, die meisten davon sind *adaptiv*. Das bedeutet, Sie passen Parameter auf der Basis einer Heuristik an den vorliegenden Fall an. Einer dieser Algorithmen aus dem Jahr 2011, siehe [DHS11], ist **Adagrad**, wobei die ersten drei Buchstaben für *adaptiv* und die nächsten vier für *Gradient* stehen. Das ist genau das, was der Algorithmus tut. Er skaliert nicht den Gradienten als Ganzen, wie es η bei SGD tut, sondern betrachtet jede Dimension bzw. jedes Merkmal einzeln. Die Lernrate ist also zum einen nicht konstant und zum anderen erfolgt die Änderung für jedes Merkmal individuell.

Im Algorithmus kommen folgende Größen vor: Die Skalierung im i-ten Schritt s_i, die zu optimierende Größe x_i und wieder ein Parameter η. In jedem Schritt wird zunächst die Skalierung aktualisiert.

$$s_{i+1} = s_i + \nabla f \otimes \nabla f$$

f ist dabei die zu minimierende Größe, in unserem Fall die Fehlerfunktion. Etwas erklärungsbedürftig ist das Symbol $\otimes$ an dieser Stelle. Es soll für die elementweise Multiplikation stehen. Das bedeutet, $\nabla f \otimes \nabla f$ ist wieder ein Vektor, der z. B. im ersten Eintrag $(\frac{\partial f}{\partial x_1})^2$ enthält. Mit dieser Basis führen wir das Update von x durch

$$x_{i+1} = x_i - \eta \nabla f \oslash \sqrt{s_{i+1} + \varepsilon}$$

$\oslash$ ist dabei anlog zu oben eine elementweise Division. ε ist ein kleiner, positiver Hilfswert, der verhindert, dass durch null dividiert wird. Der Effekt dieser Skalierung ist, dass in der Komponente am stärksten der Veränderung gefolgt wird, in deren Sinne noch am wenigsten optimiert wurde.

Entsprechend ist die Lernrate η auch der einzige Parameter, der in der Keras-Schnittstelle angegeben werden muss. Alle anderen werden adaptiv bestimmt.

8.4.3.3 RMSProp

RMSProp ist wie Adagrad, nur mit einer kleinen Veränderung, denn es wird ein exponentieller Abfall eingebaut. Das beschränkt die Anzahl der zurückliegenden Gradienten, die Einfluss auf die Skalierung nehmen, durch den Faktor $0 \leq \rho < 1$. Mit der gleichen Notation wie oben erhält man

$$s_{i+1} = s_i + (1-\rho) \nabla f \otimes \nabla f \tag{8.10}$$

$$x_{i+1} = x_i - \eta \nabla f \oslash \sqrt{s_{i+1} + \varepsilon} \tag{8.11}$$

Entsprechend ist RMSProp mit $\rho = 0$ quasi Adagrad und damit ein weiter Parameter, den man auch in Keras angeben kann.

8.4.3.4 Adam

Den Optimierungsalgorithmus **Adam** aus dem Jahr 2015 [KB15] haben wir schon benutzt, ohne ihn genauer zu erklären. Der Name steht für *Adaptive Moment Estimation*. Er ist oft eine sehr gute Default-Wahl wenn man unsicher ist welchen Optimierer man wählen soll. Grob gesprochen ist er eine Kreuzung zwischen dem SGD mit Momentum und RMSProp.

Es kombiniert dabei den Durchschnitt des vorigen Gradienten (Momentum) mit dem Ansatz über die Quadrate der Gradienteneinträge.

$$m_{i+1} = \beta_1 \Delta x_i - (1-\beta_1)\nabla f(x_i) \tag{8.12}$$

$$s_{i+1} = \beta_2 s_i + (1-\beta_2)\nabla f \otimes \nabla f \tag{8.13}$$

$$\hat{m} = \frac{1}{1-\beta_1^{i+1}} m_{i+1} \tag{8.14}$$

$$\hat{s} = \frac{1}{1-\beta_2^{i+1}} s_{i+1} \tag{8.15}$$

$$x_{i+1} = x_i - \eta \hat{m} \oslash \sqrt{\hat{s}+\varepsilon} \tag{8.16}$$

(8.12) entspricht (8.8), wobei die Rolle von η und γ von β_1 und $1-\beta_1$ übernommen werden. Ein höheres β_1 bedeutet damit mehr Momentum und weniger Änderung in der Abstiegsrichtung. (8.13) wiederum lehnt sich an (8.10) an, wobei ρ nun durch die Terme mit β_2, dessen Wahl jedoch auch s_i beeinflusst, ersetzt wurde.

Es gibt noch einige weitere Optimierer, und viele haben jeweils ihre Nischen. Es ist jedoch in der Tat eine gute Strategie, wenn man wegen der guten Heuristik zunächst zum Adam-Optimierer greift oder weil man ein Verhalten als *plain vanilla*-Ansatz zum SGD verstehen möchte.

8.4.3.5 Verhalten auf unterschiedlichen Fehlerfunktionen

Wie wirkt es sich nun aus, ob man als Basis für die Fehlerfunktion MSE oder die Kreuzentropie verwendet? Zunächst verändert es quasi die Landschaft, die ein Optimierer entlanglaufen muss, um das (globale) Minimum zu finden. 2018 wurde ein sehr interessanter Artikel publiziert [LXT⁺18], in dem es darum geht, diese Landschaften zu visualisieren. Die Herausforderung liegt in den Dimensionen. Hat ein Netz z. B. 20 Freiheitsgrade – und oft sind es weit mehr –, so würde es sich um eine Abbildung vom $\mathbb{R}^{20}$ nach $\mathbb{R}^+$ handeln. Ein üblicher 3D-Plot ist mit $\mathbb{R}^2$ nach $\mathbb{R}^+$ ausgereizt und mit Tricks und Farbe kann man versuchen, eine vierte Dimension anzudeuten. Die Idee aus dem Paper oben basiert grob gesprochen darauf:

1. Trainieren eines Netzwerks
2. Zufällige Richtungen im hoch-dimensionalen Raum erstellen
3. Auf der Basis dieser Richtungen und Störungen Änderung der Loss-Funktion ermitteln

In den Details steckt noch einiges an Wissen, aber ganz grob als Ideenskizze kann man zusammenfassen, dass Richtungen an die Stelle von Variablen/Freiheitsgraden treten. Das Ergebnis ist besser als nichts, aber natürlich immer ein Kompromiss, da es von der Wahl der Richtungen und deren Aufbereitung abhängt. Daneben ist einer Achse nicht so leicht eine Bedeutung zuzuordnen.

Um für unsere Zwecke überhaupt zu sehen, dass es einen Unterschied macht, nehmen wir statt einer solchen Technik lieber ein sehr einfaches Beispiel. Wir nutzen ein Netz, das nur aus einem einzelnen Neuron besteht. Dieses enthält einen Freiheitsgrad für die Skalierung in der Aktivierungsfunktion und einen für das Bias-Neuron. Ziel ist hierbei, eine Schaltfunktion zu lernen.

Als Erstes binden wir alle nötigen Module ein.

```
import numpy as np
from tensorflow.keras.models import Sequential
from tensorflow.keras.layers import Dense
import matplotlib.pyplot as plt
from mpl_toolkits.mplot3d import Axes3D
from matplotlib import cm
```

Dann bauen wir unser Testbeispiel. Die Funktion soll bei 0.5 von 0 auf 1 schalten und enthält dabei sechs fehlerhafte Werte.

```
X = np.hstack( (np.linspace(0,0.45,num=50),np.linspace(0.55,1,num=50)) )
Y = (X > 0.5).astype('float').T
Y[1] = Y[5] =  Y[10] = 1
Y[80] = Y[70] = Y[60] = 0
```

Die nächsten Variablen erzeugen wir, damit wir später unseren 3D-Plot erstellen können.

```
#x = np.arange(-3.0, 3.0, 0.25); y = np.arange(-3.0, 3.0, 0.25)
x = np.arange(-1.0, 3.0, 0.1); y = np.arange(-1.0, 2.0, 0.1)
XPlot, YPlot = np.meshgrid(x, y)
```

Nun bauen wir unser Netz auf, welches wir jedoch nicht über die `fit`-Methode trainieren werden. Im Code unten ist die Kreuzentropie eingestellt, diese müssen Sie für den zweiten Plot in Abbildung 8.12 auf `mse` ändern.

```
XPlotv = XPlot.flatten(); YPlotv = YPlot.flatten()

myANN = Sequential()
myANN.add(Dense(1,input_dim=1,activation='sigmoid'))
myANN.compile(loss='binary_crossentropy', optimizer='adam',metrics=['accuracy'])
```

Unser Ziel ist es, die Werte für die Gewichte systematisch durchzuprobieren. Um direkt die richtige Struktur von `w` zu haben, holen wir uns einmal die zufälligen Startgewichte in der letzten Zeile, nur um diese direkt zu überschreiben.

Das tun wir in der folgenden Schleife. Wenn die Gewichte geändert wurden, evaluieren wir das Netz und speichern die Rückgabewerte ab.

```
w = myANN.layers[0].get_weights()

Zloss  = np.zeros_like(YPlotv)
Zacc   = np.zeros_like(YPlotv)
for i in range(XPlotv.shape[0]):
    w[0][0][0]= XPlotv[i]
    w[1][0]    = YPlotv[i]
    myANN.layers[0].set_weights(w)
```

Am Ende liegen diese für unseren 3D-Plot noch im falschen Format vor, weshalb wir das nun anpassen.

```
    Zloss[i] , Zacc[i] = myANN.evaluate(X,Y,verbose=False)

Zloss = Zloss.reshape(XPlot.shape)
```

Der Rest des Codes dient nur dazu, den gewünschten Plot zu erhalten. Um zu sehen, was der Wert der Fehlerfunktion für die Genauigkeit bedeutet, plotten wir diese ebenfalls.

```
Zacc  = Zacc.reshape(XPlot.shape)

fig = plt.figure()
fig.suptitle("Binary Crossentropy", fontsize="x-large")
ax = fig.add_subplot(1,2,1, projection='3d')
ax.plot_surface(XPlot, YPlot, Zloss, cmap=cm.Greys)
ax.set_xlabel('w'); ax.set_ylabel('Bias')
ax.set_zlabel('Loss-Function')
ax = fig.add_subplot(1,2,2, projection='3d')
ax.plot_surface(XPlot, YPlot, Zacc, cmap=cm.Greys)
ax.set_xlabel('w'); ax.set_ylabel('Bias')
ax.set_zlabel('Acc')
plt.tight_layout()
```

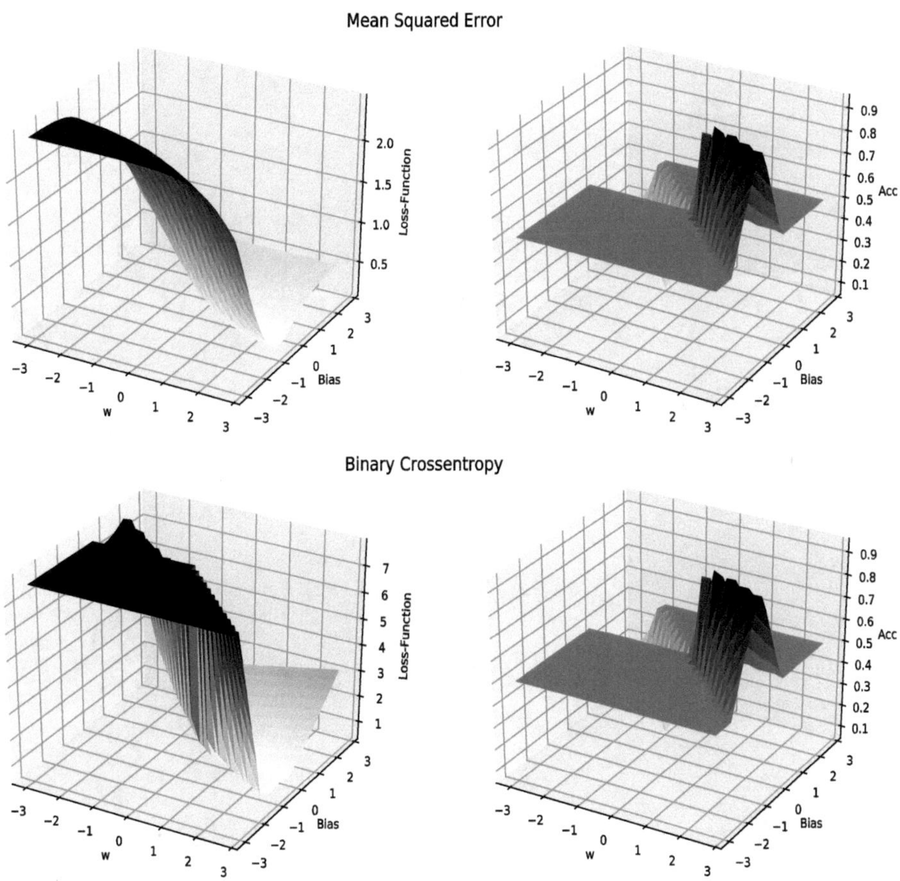

Abbildung 8.12 Der Wert der Loss-Funktion (links) und die erreichte Genauigkeit (rechts) in Abhängigkeit der verwendeten Gewichte bei der Nutzung des Tangens Hyperbolicus als Aktivierungsfunktion

In der Abbildung 8.12 sieht man, dass natürlich der optimale Wert der Freiheitsgrade bzgl. der Genauigkeit nicht von der Loss-Funktion abhängt, sondern nur von der Architektur des neuronalen Netzes und den verwendeten Aktivierungsfunktionen.

Es gibt also einmal das Minimum der Loss-Funktion und zum anderen die Werte, welche für eine Aufgabe das gewünschte Ergebnis liefern. Bei einer geeignet gewählten Loss-Funktion ist es dasselbe. In diesem Beispiel liegt daher die beste Kombination von `w` und `bias` an derselben Stelle. Die Wahl der Loss-Funktion ändert nicht das Ziel der Minimierung. Man sieht aber, dass der Tangens Hyperbolicus nicht die beste Wahl als Aktivierungsfunktion ist. Die binäre Kreuzentropie und unsere Zielwerte erwarten Ausgaben zwischen 0 und 1. Um diese zu erreichen, bedarf es eines gewissen Bias-Wertes für den Tangens Hyperbolicus. Ist der Bias-Wert zu klein, ergibt sich eine Ebene, in der sich die Fehlerfunktion nicht wesentlich ändert. Jeder Optimierungsalgorithmus, der auf den Gradienten setzt, wird hier steckenbleiben oder zumindest kaum vorwärts kommen. Die Wahl der binären Kreuzentropie als Fehlerfunktion verschärft das Problem, aber generell sieht es etwas gefährlich aus.

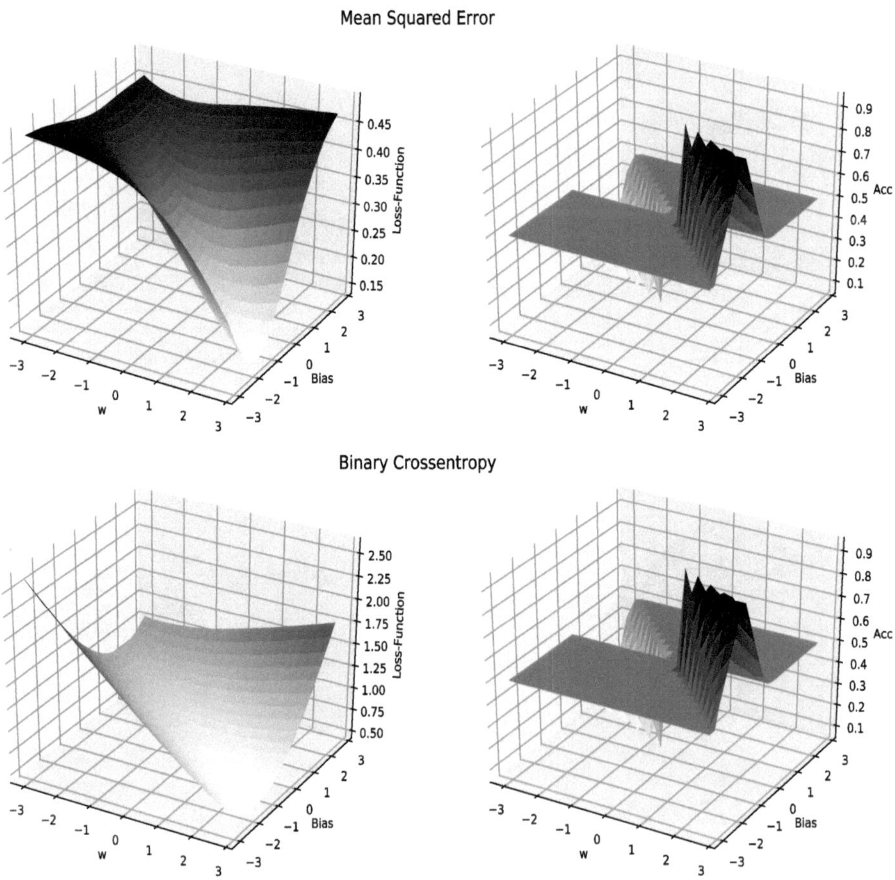

Abbildung 8.13 Der Wert der Loss-Funktion (links) und die erreichte Genauigkeit (rechts) in Abhängigkeit der verwendeten Gewichte bei der Nutzung des Sigmoid als Aktivierungsfunktion

Betrachtet man hingegen das gleiche Bild für den Sigmoid als Aktivierungsfunktion, so erkennt man, dass die Form wesentlich angenehmer erscheint. Der Grund ist u. a. dass hier automatisch der Wertebereich der Aktivierungsfunktion zum Bereich der Zielwerte passt. Wenn Sie es testen, werden Sie feststellen, dass der SGD mit allen vier Fällen in den Abbildungen 8.12 und 8.13 umgehen kann, während Adam sich mit dem Ansatz über den Tangens Hyperbolicus schwerer tut.

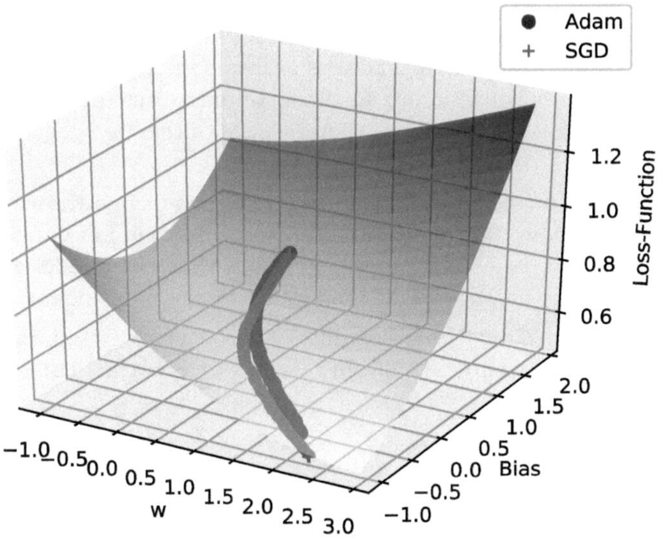

Abbildung 8.14 Verhalten von Adam und SGD beim Netz mit Sigmoid-Aktivierungsfunktionen und binärer Kreuzentropie

Abbildung 8.14 illustriert, wie Adam und SGD auf das Minimum zuarbeiten. Viel hängt dabei von den Startwerten ab. Es ist erkennbar, dass die Algorithmen sich unterschiedlich auf das Minimum zubewegen, aber am Ende nach unterschiedlich vielen Schritten das Minimum erreichen.

Wir haben oben immer von dem Minimum geredet. Ein wichtiger Aspekt, der einem klar sein muss, ist, dass es sich bei der Optimierung der Gewichte in einem neuronalen Netz im Allgemeinen um ein sogenanntes **schlecht gestelltes Problem** handelt. Ein **gut gestelltes Problem** hat die folgenden Eigenschaften:

- Das Problem hat eine Lösung (Existenz)
- Diese Lösung ist eindeutig (Eindeutigkeit)
- Diese Lösung hängt stetig von den Eingangsdaten ab (Stabilität)

Ein schlecht gestelltes liegt vor, wenn nur eine dieser Eigenschaften nicht gegeben ist. Die Existenz einer Lösung kann man in der Regel voraussetzen, die Eindeutigkeit hingegen beinahe nie. Wir nehmen das neuronale Netz aus Abbildung 7.12 von Seite 179 als Beispiel und gehen analog zu dem Beispiel 3.4 aus der Veröffentlichung [FM19] vor. Wie in Abschnitt 7.2 gesehen, ist die Existenz der Lösung nicht unsere Sorge, wir kennen ja schon mindestens eine. Tatsächlich existieren jedoch sechs sehr unterschiedliche Lösungsstrukturen. Dies ergibt sich durch die drei unterschiedlichen Arbeiten, wie man XOR durch die grundlegenden logischen Operatoren darstellen kann:

$$x_1 \,\mathrm{XOR}\, x_2 = (x_1 \wedge \neg x_2) \vee (\neg x_1 \wedge x_2) \tag{8.17}$$

$$= (x_1 \vee x_2) \wedge (\neg x_1 \vee \neg x_2) \tag{8.18}$$

$$= (x_1 \vee x_2) \wedge \neg(x_1 \wedge x_2) \tag{8.19}$$

Dabei können die Klammerterme durch jeweils einen Hidden-Knoten im Netz aus Abbildung 7.12 repräsentiert werden. Die finale AND- bzw. OR-Operation wird im Output-Knoten ausgeführt. Damit haben wir automatisch drei Darstellungen und da die Operationen symmetrisch sind, kann man die Nummerierung entsprechend im Netz anpassen, wodurch sechs denkbare Lösungsstrategien entstehen. Dazu kommen noch Skalierungen, die nichts an der Genauigkeit ändern.

XOR ist dabei ein sehr kleines und übersichtliches Netzwerk, und Sie dürfen nicht erwarten, dass es in größeren Netzwerken besser wird. Das bedeutet, wenn zwei Personen mit unterschiedlichen Startwerten eine Optimierung beginnen, kann selbst mit dem gleichen Optimierungsverfahren nicht davon ausgegangen werden, dass diese im gleichen Minimum enden.

An die Frage knüpfen wir auch später noch einmal im Abschnitt 13.6 an, bei dem das Training eines Netzes für das XOR-Problem als Prototyp für ein schlecht gestelltes Problem fungiert.

8.4.4 Bilderkennung am Beispiel von Ziffern

In diesem Abschnitt demonstrieren wir einmal, dass man unter guten Voraussetzungen auch ohne Convolutional Neural Networks eine Bilderkennung mit klassischen MLPs durchführen kann. Danach reden wir darüber, warum wir doch in der Regel für die Bilderkennung auf Convolutional Neural Networks ausweichen werden.

Wir arbeiten mit der *Modified National Institute of Standards and Technology database* (**MNIST**). Sie wird häufig für Benchmarks genutzt, wobei die Genauigkeiten heute so hoch sind, dass die Unterschiede oft sehr gering sind. Der Datenbestand besteht aus insgesamt 70 000 Bildern von Ziffern. Davon werden in den Benchmarks 60 000 zum Training verwendet und 10 000 als Testmenge. Jedes dieser MNIST-Bilder hat eine Dimension von 28 × 28 Pixel. Es handelt sich um ein Graustufenbild. Das bedeutet, jeder Pixelwert liegt zwischen 0 und 255. Das Praktische ist, dass Keras eine Routine mitliefert, die diese Daten für uns organisiert und auch direkt für den Benchmark aufteilt.

```
import numpy as np
import matplotlib.pyplot as plt
from tensorflow.keras.models import Sequential
from tensorflow.keras.layers import Dense
from tensorflow.keras.utils import to_categorical
from tensorflow.keras.datasets import mnist

(XTrain, yTrain), (XTest, yTest) = mnist.load_data()
```

Was wir nun im Speicher haben, sind Matrizen für jeden Datenbankeintrag. Der Vorteil ist, dass wir diese komfortabel mit NumPy plotten können und dadurch einen Eindruck gewinnen, was das Ausgangsmaterial ist.

```

fig = plt.figure()
for i in range(9):
    ax = fig.add_subplot(3,3,i+1)
    ax.imshow(XTrain[i], cmap='gray', interpolation='none')
    ax.set_title(yTrain[i])
plt.tight_layout()
```

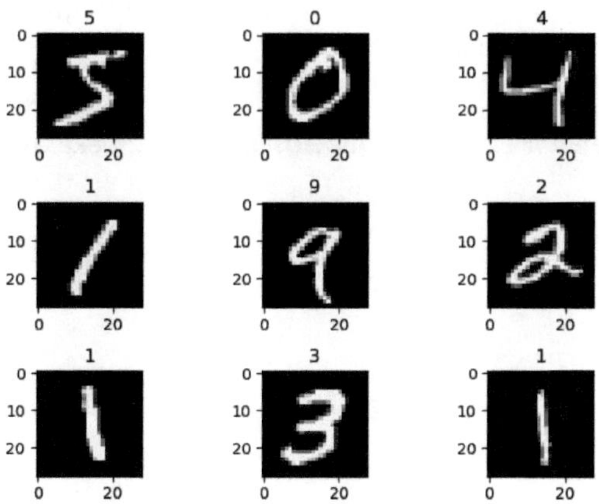

Abbildung 8.15 Die ersten neun Bilder aus den Trainingsdaten

Nun können unsere Netze bis jetzt nicht mit Matrizen als Eingangsgröße arbeiten. Wir formatieren also die 28×28-Matrix in einen Vektor mit 784 Einträgen um. Außerdem wissen wir bereits, dass Eingangswerte, die zwischen 0 und 255 liegen, schwierig für unsere Netze sind. Wir müssen die Werte daher normalisieren oder wie hier skalieren, indem wir durch 255 teilen.

```

XTrain = XTrain.reshape(60000, 784)
XTest = XTest.reshape(10000, 784)
XTrain = XTrain/255
XTest  = XTest/255
```

Als Nächstes gilt es, das Problem zu adressieren, dass wir wieder Zielwerte von 1 bis 10 haben, jedoch lieber zehn binäre Ausgangswerte hätten. Wir gehen jetzt daher vor wie in Abschnitt 8.4.2 und rufen **to_categorical** mit der Menge auf, die umformatiert werden soll. Das zweite Argument ist wie zuvor die Anzahl der Klassen. Zur Erinnerung: Die Klassen sollten dabei in der Ausgangsmenge als Integer von 0 bis Anzahl der Klassen durchnummeriert sein.

```

YTrain = to_categorical(yTrain, 10)
YTest  = to_categorical(yTest, 10)
```

Nachdem wir nun die Mengen für das Training und den anschließenden Test vorbereitet haben, bauen wir wie gewohnt ein MLP aus. Dabei legen das Netzwerk einfach *knapp* aus um ein Overfitting zu vermeiden. Regularisierungstechniken als Alternative besprechen wir im nächsten Abschnitt.

```

myANN = Sequential()
myANN.add(Dense(80,input_dim=784,activation='relu'))
```

```
myANN.add(Dense(40,activation='relu'))
myANN.add(Dense(10,activation='sigmoid'))
myANN.compile(loss='mean_squared_error', optimizer='adam', metrics=['accuracy'])
myANN.fit(XTrain, YTrain, batch_size=24, epochs=10, verbose=True)
```

Es hat kaum einen Einfluss, ob man `loss='categorical_crossentropy'` mit Softmax im letzten Layer oder Sigmoid und `loss='mean_squared_error'` verwendet. Probieren Sie es einmal aus. Die Werte der Loss-Funktion sind natürlich wie zuvor besprochen unterschiedlich. Die Genauigkeit ist beinahe identisch.

Für die Kontrolle der erreichten Qualität nutzen wir erneut die aus Abschnitt 8.4.2 bekannte Keras-Methode **evaluate**.

```

score = myANN.evaluate(XTest, YTest, verbose=False)
print('Test score:', score[0])
print('Test accuracy:', score[1])
```

Mit diesem Mini-Netz erreichen wir aus dem Stand eine Genauigkeit von 97.75% auf den Testdaten.

Versuchen Sie sich einmal daran, mit mehr Knoten, mehr Lernzyklen und allem anderen, was wir zuvor besprochen haben, über die 98% oder sogar höher zu kommen.

Mit reinen MLP-Ansätzen muss man sich auf unter 1% Fehler hinaufarbeiten. Nun muss man sich fragen, was das in der Praxis heißt. Wie wir im Abschnitt 4.2.1 diskutiert haben, sind Genauigkeiten in Anwendungen immer relativ zu den Grundmengen zu beurteilen, um die es geht. Bei der Ziffernerkennung haben wir es nicht mit einem Fall zu tun, in dem eine Klassifikation wie Betrug oder Krankheit wesentlich seltener ist als der – im Wesentlichen – ehrliche oder gesunde Mensch oder eben anders kranke Patient. Das bedeutet, dass über 98% ausreichend für den praktischen Einsatz erscheint und man kaum Bedarf an noch komplexeren Netz-Architekturen sieht. Das Problem sind die Laborbedingungen, unter denen wir oben gearbeitet haben. Unsere Zahlen waren immer gut auf die 28 × 28 Pixel große Fläche ausgerichtet.

Schreiben Sie selbst ein paar Ziffern auf ein Blatt Papier. Scannen Sie dieses anschließend und wandeln den Scan in Graustufen um. Wenn Sie es sich etwas schwerer machen wollen, nutzen Sie einen Bleistift oder blauen Füller. Nun schneiden Sie die Ziffern aus und skalieren den ausgeschnittenen Bildbereich auf 28 × 28. Hierbei bitte nicht zu pedantisch, sondern bewusst etwas unordentlich sein, sodass die Ziffer nicht immer perfekt den Bereich ausfüllt, sondern mal etwas kleiner oder nicht immer ganz perfekt ausgerichtet ist; keine groben Fehler, es reichen ein paar Pixel. Die meisten Menschen machen diese kleinen Fehler bei der Prozedur sowieso automatisch. Nutzen Sie diese Beispiele mit Ihrem Netz, das so hohe Genauigkeiten zuvor erreicht hatte.

Wenn Sie das oben ausprobieren, werden Sie feststellen, dass die Genauigkeit deutlich einbricht. Ich habe z. B. versucht, in meiner Schrift ohne saubere Zentrierung π zu erkennen. Das Ergebnis lautet:

$$3,27859255385 \neq 3,14159265359$$

Es sind also 6 Fehler aufgetreten – das Komma habe ich nur im Buch für die Optik hinzugefügt. Bei 12 Ziffern ist das mit 50% zwar besser als zu raten, aber doch sehr weit entfernt von $95\% + x$ Genauigkeit. Der Grund ist, dass unser Netz keinen räumlichen Bezug hat. Jedes Pixel steht für sich allein und ist in einem Vektor aneinandergereiht. Wenn also in dem Bild eine kleine Translation um wenige Pixel stattfindet, bedeutet dies eine deutliche Auswirkung. Man kann schnell merken, dass die MLPs vergleichsweise empfindlich sind gegenüber Translationen, Rotationen und Skalierungen. Natürlich kann man dem auch mit mehr und unterschiedlichen Trainingsbeispielen entgegentreten. Als effektiver hat sich jedoch besonders im Bereich der Bilderkennung eine andere Architektur von Netzen gezeigt, die wir uns später in Kapitel 11 ansehen werden.

8.5 Overfitting und Regularisierungstechniken

Durch die Verwendung von Keras und den moderneren – sowie besser implementierten – Optimierungsalgorithmen aus Abschnitt 8.4.3 können wir nun komplexere, tiefere Netze entwerfen und mittels numerischer Optimierung auch trainieren. Ein Problem rückt dadurch noch mehr in den Fokus und zwar, dass wir in der Regel durch mehr Layer auch mehr Freiheitsgrade bekommen. Damit steigt die Wahrscheinlichkeit für das Overfitting bei tiefen Netzen tendenziell an. Daher werden wir nun tiefe Netze gleichzeitig mit einer Technik einführen, die man als **L1- bzw. L2-Regularisierung** bezeichnet.

8.5.1 L1- und L2-Regularisierung

Die grundlegende Idee findet man bereits bei [Bre98], und diese besteht darin, dass man die Komplexität des Modells zum Teil der Fehlerfunktion macht, die man zu minimieren versucht. Hierzu koppelt man die Komplexität des Modells mit einem Faktor $\lambda \geq 0$ als Summand an die Zielfunktion an:

$$J = \text{Fehler auf den Trainingsdaten} + \lambda \cdot \text{Modellkomplexität} \tag{8.20}$$

Im Fall von neuronalen Netzen sind die Gewichte $w_{ij}^{[l]}$ das Maß der Modellkomplexität. l gibt dabei die jeweilige Matrix der Gewichte an. Ein Gewicht mit dem Wert Null reduziert dabei die Komplexität, da diese Verbindung nicht genutzt wird. Man könnte ebenfalls Verbindungen vorab hart auf null setzen und somit ausschalten. Das bedeutet, je mehr Gewichte null oder sehr nah daran sind, desto geringer ist die Modellkomplexität unseres Netzwerkes. Je mehr

Neuronen mit großer Stärke meinen, Informationen weitergeben zu müssen, desto komplexer wird unser Netz.

Wir ergänzen also die (7.6) von Seite 185 um einen neuen Term im Stile der Gleichung (8.20):

$$J(W) = \sum_{y_D \in Y} \frac{1}{2} \left(y_D - y\right)^2 + \sum_{l=1}^{n} \lambda_l \cdot \| W^{(l)} \|^2 \tag{8.21}$$

$$\| W^{(l)} \|^2 = \sum_{i=1}^{h^{(l)}} \sum_{j=1}^{h^{(l-1)}} \left(w_{ij}^{(l)}\right)^2 \tag{8.22}$$

$h^{(l)}$ bezeichnet die Anzahl der Neuronen im Layer l. Wie man sieht, summieren wir im Wesentlichen hier über alle Quadrate der Gewichte auf. Dies entspricht der in Abschnitt 5.1.2 besprochenen 2- bzw. Euklid-Norm. Wie bei dieser Norm üblich, werden kleine Abweichungen von null durch das Quadrat deutlich abgeschwächt berücksichtigt. Ein doppelt so großer Wert fällt viermal so stark ins Gewicht, hierdurch fließen starke Ausreißer umso mehr ein. Das Ergebnis ist ein Netz, in dem alle dazu tendieren, *leise* zu reden; also eher viele kleine Verbindungen existieren und zu dominante Verbindungen stärker bestraft werden.

In Gleichung (8.21) wurde das für das ganze Modell einheitliche λ aus (8.20) in einen Faktor pro Schicht verändert. Dies lehnt sich an die Umsetzung in Keras an, in der es möglich ist, den Summanden pro Schicht festzulegen bzw. für einzelne Schichten eben auch keinen zu vergeben. Letzteres entspricht $\lambda_l = 0$.

Eine Alternative zum Quadrat der Gewichte ist die bereits in Abschnitt 5.1.2 besprochene 1-Norm. Hierbei werden nicht die Quadrate, sondern deren Absolutbeträge aufaddiert.

$$J(W) = \sum_{y_D \in Y} \frac{1}{2} \left(y_D - y\right)^2 + \sum_{l=1}^{n} \lambda_l \cdot \| W^{(l)} \|^1 \tag{8.23}$$

$$\| W^{(l)} \|^1 = \sum_{i=1}^{h^{(l)}} \sum_{j=1}^{h^{(l-1)}} \left| w_{ij}^{(l)} \right| \tag{8.24}$$

Was wie eine kleine Veränderung aussieht, hat große Auswirkungen. Der L_1-Ansatz dämpft nicht den Fehler für kleine Gewichte. Jede Abweichung von null wird also linear bestraft. Hierdurch entstehen im Gegensatz zum L_2-Ansatz mehr Null-Einträge oder sehr nah an null liegende, die zu null hin gerundet werden könnten. Das ist zunächst positiv, da somit eine Art eingebaute Merkmalsauswahl, wie wir sie noch in Abschnitt 9.3 besprechen werden, erfolgt. Man kann also an den Quasi-Null-Einträgen ablesen, welche Merkmale kaum oder gar nicht benötigt werden. Die Gewichtsmatrizen sind dünnbesetzt, in extremen Fällen kann man sogar dazu übergehen, diese als Sparse-Matrizen zu speichern und so Speicherplatz zu sparen. Natürlich gibt es diese Vorteile nicht umsonst, sondern sie werden mit Nachteilen erkauft. Wenn eine Netzarchitektur gar keine Tendenz hat, viele überflüssige Verbindungen zu haben, dauert das Training oft länger als im Vergleich zur L_2-Regularisierung. Nicht nur das, es schlägt sogar öfter fehl und ist viel empfindlicher für die Wahl der λ_l als die L_2-Regularisierung.

Die Gründe sind unter anderem, dass erstens, alle Gewichte gleich null zu halten, ein viel attraktiveres Nebenminimum ist, aus dem man sich befreien muss, und zweitens die Differenzierbarkeit und Glätte durch den Betrag beschädigt werden. Während das Quadrat eine differenzierbare, glatte Funktion ist, kann man den Betrag z. B. in null bekanntlich nicht differenzieren. Daher gibt es für den L_2 eine theoretische Aussage für die Optimierung, die für den

L_1-Fall so nicht existiert. Grob gesprochen kann man sagen, dass L_1 die Gewichte dazu ermutigt, wenige aber deutliche Abweichungen von null zu wählen. Also: wenige reden laut und die meisten schweigen. Bei L_2 flüstern alle.

Wenn man generell keinen Bedarf an einer eingebauten Merkmalsauswahl der L_1-Variante hat, empfiehlt es sich eher, mit der L_2-Regularisierung zu arbeiten, da hier die Parameterwahl robuster ist und für eine größere Spannbreite von Lambda-Werten sinnvolle Ergebnisse erzeugt werden.

Weil beide Strafterme für die Modellkomplexität einfach linear – also als Summand – der Fehlerfunktion hinzugefügt werden, spricht natürlich auch theoretisch nichts dagegen, beide Ansätze zu mischen, wie dies u. a. in [ZH05] diskutiert wurde. Keras bietet hierzu eine entsprechende API an, die Sie hier finden: *https://keras.io/regularizers/*.

Wir konzentrieren uns auf die beiden reinen Varianten von L_1- und L_2-Regularisierung. Dazu setzen wir einen Testfall mit einer geschwungenen Grenze zwischen zwei Klassen auf, die entlang der folgenden Funktion verläuft:

$$g(x_1) = 0.4\sin(2\pi x_1 + x_1^2) + 0.55$$

Alles oberhalb der Grenze ist Klasse A, während alles auf und unterhalb der Grenze zur Klasse B gehört. Zunächst erzeugen wir eine zufällige Menge von 1200 Einträgen als Trainingsdaten.

```
import numpy as np
import matplotlib.pyplot as plt
from tensorflow.keras.models import Sequential
from tensorflow.keras.layers import Dense
from tensorflow.keras import regularizers

np.random.seed(42)

X = np.random.rand(1200,2)
groupeA = 0.4*np.sin(2*np.pi*X[:,0] + X[:,0]**2) +0.55 > X[:,1]
groupeB = 0.4*np.sin(2*np.pi*X[:,0] + X[:,0]**2) +0.55 <= X[:,1]
Y = np.zeros(X.shape[0])
Y[groupeA] = 1
Y[groupeB] = -1
```

Diese Menge hat für das weitere Vorgehen zwei Nachteile: Zum einen wollen wir gerne wegen der im Abschnitt 7.3 besprochenen Effekte mit zwei Ausgabeneuronen arbeiten und nicht mit einem Wert, der zwischen -1 und 1 variiert. In Abschnitt 8.4.4 schauen wir, wie man sich das mit Keras etwas einfacher machen kann. Zum anderen ist die Menge aktuell fehlerfrei und ohne Rauschen. Wir wollen jedoch in einem Umfeld um den Grenzverlauf einige Fehler einbringen. Hierzu wird bei ca. einem Viertel der Einträge im Abstand von 0.2 von der Grenze die Zuordnung verändert.

```

groupeE = np.abs(0.4*np.sin(2*np.pi*X[:,0] + X[:,0]**2) +0.55 - X[:,1])< 0.2
index = np.flatnonzero(groupeE)
flip = np.random.rand(index.shape[0]) < 1/4
Y[index[flip]] = (-1)*Y[index[flip]]
groupeAdata = Y>0
groupeBdata = Y<0
XTrain = X
YTrain = np.zeros( (X.shape[0],2) )
```

```
YTrain[groupeAdata,0] = 1
YTrain[groupeBdata,1] = 1
```

Nun plotten wir das Ergebnis, um ein Gefühl dafür zu bekommen, was wir unseren Netzen gleich zumuten werden:

```

t = np.linspace(0,1,200)
b = 0.4*np.sin(2*np.pi*t + t**2) +0.55
fig = plt.figure()
ax = fig.add_subplot(1,1,1)
ax.scatter(X[groupeAdata,0],X[groupeAdata,1],marker='+',c='k')
ax.scatter(X[groupeBdata,0],X[groupeBdata,1],marker='*',c='gray')
ax.plot(t,b,'r--',lw=2)
ax.set_xlabel('$x_1$')
ax.set_ylabel('$x_2$')
ax.set_title('Trainingsdaten')
```

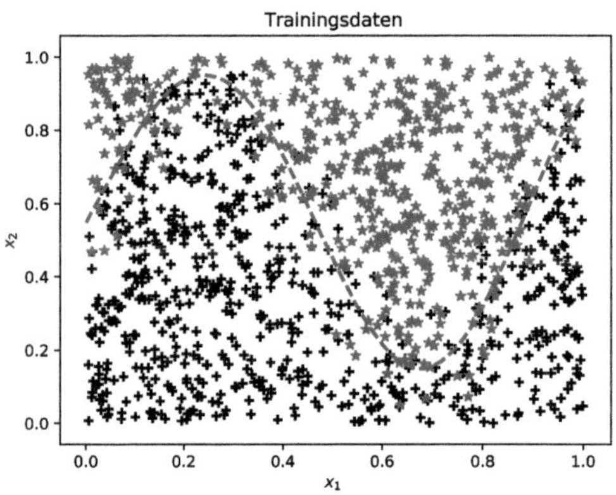

Abbildung 8.16 Trainingsset für die Klassifikation mit verrauschtem Rand

Wie Abbildung 8.16 zeigt, haben wir ein lösbares Problem geschaffen, was jedoch ein paar Schwierigkeiten schafft. Man könnte, wie auf Seite 208 besprochen, versuchen, das kleinste Netz zu finden, was einerseits generalisiert, andererseits jedoch durch die Anzahl der Neuronen in der Lage ist, den Grenzverlauf einzufangen. Je nach Stärke des Rauschens kann das jedoch ein Problem sein, da die Anzahl der Freiheitsgrade, die nötig ist, um die Grenze darzustellen, in manchen Regionen eben zur Abbildung des Fehlers eingesetzt werden. Der Ansatz über die Regularisierung ist es, sehr viele Freiheitsgrade zur Verfügung zu stellen und dabei gleichzeitig deren Nutzung zu bestrafen.

Um zu zeigen, was ein großes Netz ohne Regularisierung tun würde, trainieren wir ein großzügig ausgelegtes Netz. Dabei, wie auch bei den nächsten Listings, verzichten wir auf Hilfsmittel wie die Verwendung einer Validierungsmenge, um ausschließlich den Effekt der Regularisierung zu sehen. In der Praxis spricht natürlich nichts dagegen, beide Sicherheitsprinzipien zu kombinieren.

```

myANN = Sequential()
myANN.add(Dense(256,input_dim=2,kernel_initializer='normal',activation='relu'))
myANN.add(Dense(256,kernel_initializer='random_uniform',activation='relu'))
myANN.add(Dense(128,kernel_initializer='random_uniform',activation='relu'))
myANN.add(Dense(128,kernel_initializer='random_uniform',activation='relu'))
```

```
myANN.add(Dense(2,kernel_initializer='normal',activation='sigmoid'))
myANN.compile(loss='mean_squared_error', optimizer='adam', metrics=['accuracy'])
myANN.fit(XTrain,YTrain, epochs=500,batch_size=20)
```

Nun erzeugen wir sehr viele Daten in dem Bereich $[0,1]^2 \subset \mathbb{R}^2$, um zu visualisieren, wie sich das Netz verhält.

```

XTest = np.random.rand(20000,2)
yp = myANN.predict(XTest)
groupeAp = yp[:,0] > yp[:,1]
groupeBp = yp[:,1] > yp[:,0]
fig = plt.figure()
ax = fig.add_subplot(1,1,1)
ax.scatter(XTest[groupeAp,0],XTest[groupeAp,1],marker='+',c='k')
ax.scatter(XTest[groupeBp,0],XTest[groupeBp,1],marker='*',c='gray')
ax.plot(t,b,'r--',lw=2)
ax.set_xlabel('$x_1$')
ax.set_ylabel('$x_2$')
ax.set_title('Ohne Regularisierung')
```

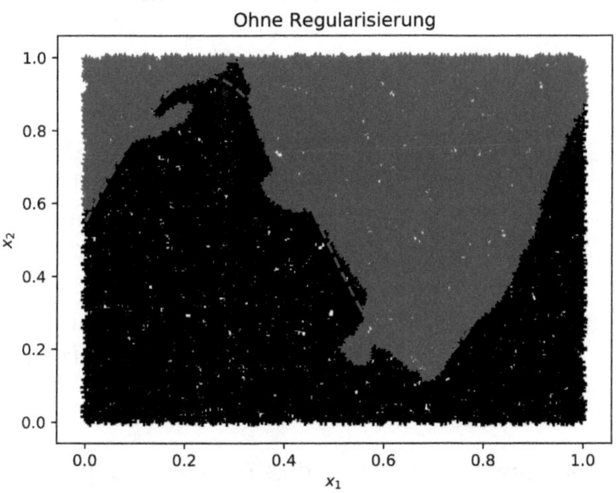

Abbildung 8.17 Klassifikation ohne Regularisierung

Wie nicht anders zu erwarten, zeigt die Abbildung 8.17 eine starke Überanpassung am Rand, der vollkommen ausgefranst wirkt. Hier hat keine Generalisierung stattgefunden.

Nun beginnen wir mit der L_2-Regularisierung und fügen in jedem Layer mittels
`kernel_regularizer=regularizers.l2(0.0001)`
einen Strafterm hinzu. Der Wert 0.0001 ist recht klein und könnte größer gewählt werden. Ziel war hier, einen möglichst kleinen Wert zu nehmen, um den Abstand zur L_1-Regularisierung zu zeigen, die wesentlich empfindlicher ist.

```

myANN = Sequential()
myANN.add(Dense(256,input_dim=2,kernel_initializer='normal',activation='relu',
        kernel_regularizer=regularizers.l2(0.0001)))
myANN.add(Dense(256,kernel_initializer='random_uniform',activation='relu',kernel_regularizer=
        regularizers.l2(0.0001)))
```

```
myANN.add(Dense(128,kernel_initializer='random_uniform',activation='relu',kernel_regularizer=
    regularizers.l2(0.0001)))
myANN.add(Dense(128,kernel_initializer='random_uniform',activation='relu',kernel_regularizer=
    regularizers.l2(0.0001)))
myANN.add(Dense(2,kernel_initializer='normal',activation='sigmoid'))
myANN.compile(loss='mean_squared_error', optimizer='adam', metrics=['accuracy'])
myANN.fit(XTrain,YTrain, epochs=500,batch_size=20)
```

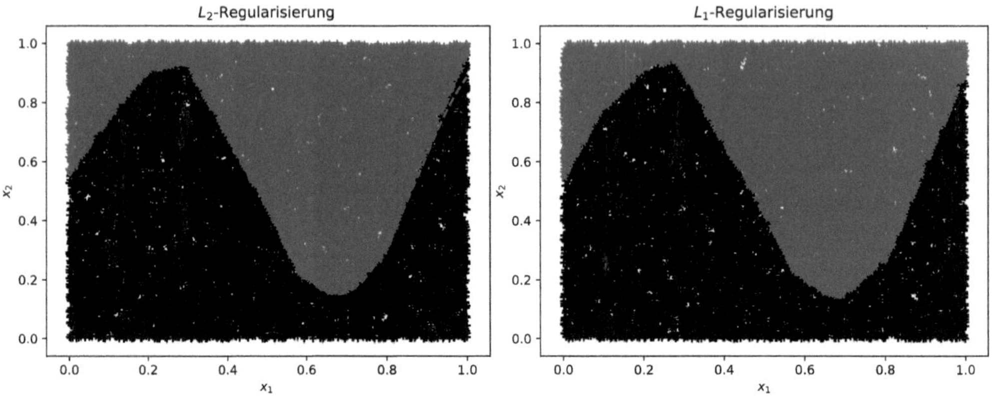

Abbildung 8.18 Klassifikation mit L_2-Regularisierung(0.0001) und L_1-Regularisierung(0.00001)

Das Gleiche führen wir mit `kernel_regularizer=regularizers.l1(0.00001)` für die L_1-Regularisierung durch. In diesem Fall ist λ eine Zehnerpotenz kleiner gewählt, da deutlich größere Werte dazu führen, dass das Netz nicht mehr gut trainiert. Ein Grund ist natürlich, dass in unserem Beispiel mit nur zwei Merkmalen, die auch beide wesentlich sind, sich nicht leicht Null-Pfade ausprägen konnten.

Anschließend fertigen wir analog zu dem unregularisierten Fall zwei Plots an. Das Ergebnis ist in Abbildung 8.18 abzulesen. Beide Ansätze tragen also deutlich dazu bei, das Netz einer Generalisierung zu bewegen und ein Overfitting zu vermeiden.

> Ein sehr positiver Effekt ist, dass wir mithilfe der L_1- und L_2-Regularisierung in der Lage sind, komplexere Netzstrukturen auszulegen, als es die Menge unserer Daten hergibt. Das Netz oben hat deutlich über hunderttausend Freiheitsgrade, die sich ohne Regularisierung nicht mit 1200 Datensätzen sinnvoll bestimmen lassen.

> Wie Sie sicherlich bemerkt haben, haben wir nicht durch `use_bias=False` erzwungen, die Bias-Vektoren nicht zu benutzen. Unsere Formel (7.11) von Seite 199 für die Anzahl der Freiheitsgrade in einem Netz ist also nicht korrekt für diesen Fall. Stellen Sie eine neue Variante auf, die Bias-Neuronen im Sinne des Ansatzes (8.1) von Seite 220 verwendet. Wie erwähnt, ist das sogar die Standard-Einstellung in Keras.

8.5.2 Dropout-Strategie und Software-Patente

Neben dem Ansatz über die L_1 und L_2-Regularisierung ist die Dropout-Strategie ein weiter verbreiteter Ansatz, um die Komplexität des Modells zu reduzieren und dabei eine Überanpassung zu verhindern.

Die Grundidee der **Dropout**-Strategie ist, zufällig bestimmte Neuronen in einer Schicht mit einer bestimmten Wahrscheinlichkeit p – häufig wird 50% verwendet – gemäß einer Bernoulli-Verteilung zu deaktivieren, indem diese auf null gesetzt werden. Wenn man ca. die Hälfte der Aktivierungen einer Schicht auf null setzt, kann sich das neuronale Netz während des Trainings nicht auf bestimmte Aktivierungen in einem gegebenen Feedforward-Pfad verlassen. Daher werden im Training mit aktiviertem Dropout redundante Wege im Netz ausgebildet, um ein- und dasselbe Signal zu transportieren. Dadurch werden mehr Neuronen für das gleiche Ziel verwendet. Da jedoch das Dropout nur während des Trainings stattfindet, muss man die verbleibenden Neuronenaktivierungen neu skalieren. Wenn man z. B. die Hälfte der Aktivierungen in einem Layer auf null setzt, müssen die restlichen um den Faktor 2 vergrößert werden. In gewisser Weise wird das Signal über mehrere Kanäle weitergegeben, und alle tragen zu der weiteren Verarbeitung bei. Knipst man im Training die Hälfte davon aus, so muss man die verbleibenden eben entsprechend verstärken. Bei der späteren Vorhersage im Einsatz findet kein Dropout statt, und die entsprechende Verstärkung um den Faktor 2 ist nicht mehr nötig. Oft liest man auch in Veröffentlichungen, dass der Einsatz von Dropout das Training beschleunigen kann.

Diese Dropout-Methode gehört ebenso wie einige spezielle Ideen zu den Support Vector Machines (SVM) zu den frühen Vertretern einer zweifelhaften Entwicklung von **Softwarepatenten** im Umfeld des maschinellen Lernens. Das meiste am maschinellen Lernen ist auf den Computer gebrachte Mathematik, wobei man ggf. spezielle technische Aspekte der Parallelisierung etc. ausnehmen kann. Nach deutschem Patentrecht sind mathematische Algorithmen in Software gegossen als solche nicht patentierbar. Verkürzt formuliert kann man sagen, der Stand in der EU bzgl. solcher Patente ist, dass der EU-Gesetzgeber – u. a. das Europäische Parlament im Juli 2005 – sagt, Software sei nicht patentierbar. Das europäische Patentamt (EPA) macht sich mit seiner Praxis zu *computer-implementierten Erfindungen* weitgehend seine eigene Welt, wie sie ihm gefällt. Nicht förderlich für eine restriktive Politik ist hierbei sicherlich, dass sich das EPA selbst aus den eingenommenen Gebühren finanziert. Die deutsche Justiz ist da schon kritischer und hat zum Beispiel im Urteil des BGH mit dem Aktenzeichen X ZR 47/07 aus dem Jahr 2010 immer wieder versucht, Grenzen zu ziehen. Es ist daher in Deutschland immer fraglicher, ob ein erteiltes Patent auch vor Gericht besteht im Gegensatz zum angelsächsischen Raum, wo die Einstellung und die Patentpraxis eine andere ist.

Die Dropout-Technik wurde von Geoffrey Hinton 2014 in [SHK+14] veröffentlicht und gewann schnell an Bedeutung. Erst langsam wurde nach der akademischen Veröffentlichung offenbar, dass diese Technik im Dezember 2012 von u. a. Hinton zum Patent angemeldet wurde. Der Patentantrag wurde erst nach einer längeren Phase öffentlich und wurde für die Firma DNNRESEARCH INC. eingereicht, die kurz darauf von Google übernommen wurde. Geoffrey Hinton arbeitet seit März 2013 neben seiner Arbeit an der Universität Toronto auch für Google. Das Patent war Teil einer Serie von mehreren Patenten, die von Google angemeldet wurde, und ist in den USA seit 2016 [HKSS16] aktiv.

Softwarepatente haben eine ethische und eine praktische Dimension, über die man diskutieren kann und über die schon viel diskutiert wurde. Ich selbst bin allgemein sehr skeptisch, ob

Patente auf (mathematische) Algorithmen für die Volkswirtschaft etwas anderes leisten können, als besonders kleine und mittlere Unternehmen sowie freie Software zu benachteiligen und den Wissensfortschritt zu behindern. Publikationen schaffen *Prior Art* – wodurch Softwarepatente behindert werden – und sind meiner Ansicht effektiver für den Fortschritt eines Wissensgebietes und der Menschheit.

Generell kann man sagen: je interessanter maschinelles Lernen kommerziell wurde und wird, desto mehr nehmen die Patente zu. Die ersten Patente, die ich persönlich kenne, sind aus den Jahren 1994 und 1997 von Vladimir Vapnik [CV97], und seit 2005 gewinnt dies mehr an Dynamik. Während die ersten Patente zu SVM bereits mit einer Laufzeit von 20 bis 25 Jahren auslaufen, gilt dies für Patente im Umfeld des Deep Learnings noch für Jahrzehnte nicht. Entsprechend sollten Sie in Erwägung ziehen, dass Algorithmen des maschinellen Lernens, die Sie nutzen, zumindest in den USA wirksam vor Gericht patentiert sind. Es ist davon auszugehen, dass man den Dropout-Ansatz über TensorFlow via Keras legal nutzt. Der Grund ist, dass TensorFlow zu Google gehört und unter der Apache 2.0 Lizenz steht, welche auch die Verwendung von Patenten umfasst. Google hat damit die Problematik des existierenden Software-Patentes unter allen schlechten Möglichkeiten noch mit am besten gelöst. Was die Verwendung über Keras/TensorFlow hinaus angeht, kann ich seriös nicht einordnen. Ich hoffe, ich habe Sie ein wenig für das Problem sensibilisiert, und damit soll es zu dem Thema an dieser Stelle genug sein. Zum weiteren Lesen seien z. B. die Webseite [GN17] der Electronic Frontier Foundation (EFF) empfohlen.

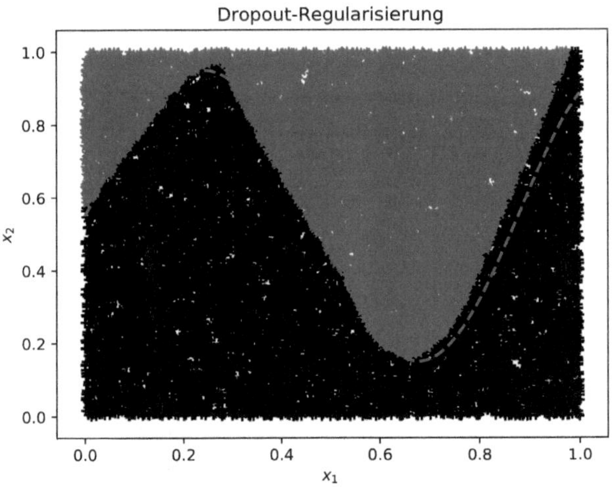

Abbildung 8.19 Klassifikation mit Dropout-Regularisierung 50%

In Keras wird der Dropout als eigener Layer umgesetzt, welcher sich zwischen zwei Schichten schiebt und mit der dort angegebenen Rate die Verbindungen während des Trainings kappt bzw. hoch skaliert. Der Syntax dabei lautet: `model.add(Dropout(Rate))`
Sollte man den Layer zwischen Input und ersten Hidden-Layer schieben wollen, muss der Dropout-Layer der erste sein, welcher hinzugefügt wird. Hierbei ist dann die Dimension des Input-Layers anzugeben, also z. B. `model.add(Dropout(Rate, input_shape=(2,)))` .

Um diesen Ansatz nun einmal zu testen, nutzen wir das Beispiel aus dem Abschnitt für die L_1- und L_2-Regularisierung weiter. Dabei verwenden wir zwischen allen Hidden-Layern eine Dropout-Schicht mit einer Rate von 0.5.

```
from keras.layers import Dropout
myANN = Sequential()
myANN.add(Dense(256,input_dim=2,kernel_initializer='normal',activation='relu'))
myANN.add(Dropout(0.5))
myANN.add(Dense(256,kernel_initializer='random_uniform',activation='relu'))
myANN.add(Dropout(0.5))
myANN.add(Dense(128,kernel_initializer='random_uniform',activation='relu'))
myANN.add(Dropout(0.5))
myANN.add(Dense(128,kernel_initializer='random_uniform',activation='relu'))
myANN.add(Dense(2,kernel_initializer='normal',activation='sigmoid'))
myANN.compile(loss='mean_squared_error', optimizer='adam', metrics=['accuracy'])
myANN.fit(XTrain,YTrain, epochs=500,batch_size=20)
```

Wie man in Abbildung 8.19 sieht, trägt auch der Dropout-Ansatz dazu bei, dass das Netz in der Lage ist, zu generalisieren.

Oben wurde einfach der häufige Ansatz 0.5 verwendet. Der Verlauf in Abbildung 8.19 wirkt jedoch etwas kantig. Wahrscheinlich kommt man auch mit einer kleineren Dropout-Rate aus. Experimentieren Sie doch ein wenig mit der Rate und schauen Sie, wo Sie die besten Ergebnisse bekommen. Generell empfiehlt sich eine Suche im Rahmen 0.1 bis 0.5.

9 Feature-Engineering und Datenanalyse

Wenn man sich im wirklichen Leben den Daten in einem Unternehmen oder einer öffentlichen Einrichtung zuwendet, sind diese im Allgemeinen in einem nicht optimalen Zustand. Wie wir schon auf Seite 17 bzgl. des dort in Abbildung 2.1 dargestellten KDD-Prozesses diskutiert haben, ist die Auswahl und Vorverarbeitung der Daten ein zentraler Schritt. Wir fangen in diesem Kapitel damit an, über die allgemeine Auswahl zu reden, und stellen die bisher oft durchgeführte Normierung im Kontext dar. Dann geht es weiter zu Verfahren, die tatsächlich Informationen linear oder nicht-linear zusammenführen können. Vor all dem steht jedoch ein Arbeitsschritt, und dieser ist, sich allgemein mit den vorliegenden Daten vertraut zu machen. Dabei ist Pandas für strukturierte Daten ein sehr gutes Werkzeug, das wir zunächst kennenlernen werden. Danach werden wir die Formeln & Theorie besprechen und diese in NumPy umsetzen. Dabei gibt es in der Regel eine fertige Routine in Pandas, die wir uns ansehen werden. Das ist natürlich keine fundierte Einführung in Pandas. Darüber gibt es ganze Bücher, hier geht es wirklich nur um einen Kickstarter.

9.1 Pandas in a Nutshell

Wozu brauchen wir Pandas, wenn wir NumPy haben? NumPy erlaubt, effizient mit Matrizen zu rechnen, was es für die Implementierung von Algorithmen und für unstrukturierte Daten geeignet macht. Pandas vereinfacht hingegen Data Analysis mit strukturierten Daten in Python und nutzt NumPy-Arrays als Basis. Die Analogie wäre, dass NumPy sich an mathematischen Matrizen und Arrays orientiert und Pandas sich eher anfühlt, als würde man zusätzlich die Möglichkeiten eines Tabellenkalkulationsprogramms, wie Excel, Calc aus LibreOffice oder ähnliche Programme, haben. Das neue Feature ist, dass man Zeilen und Spalten nicht nur über Nummern, sondern auch über Bezeichnungen ansprechen kann. Dies macht Code im Umfeld von strukturierten Daten lesbarer.

Um das zu erreichen, schauen wir uns zunächst zwei Datentypen an. Das, was für NumPy das Array ist, ist für Pandas der **DataFrame**. Für 1d-Arrays gibt es in Pandas zusätzlich die **Series**. `DataFrames` haben Namen für die verschiedenen Spalten (Feature-Namen) und können einen fast beliebigen Typen für den Zeilenindex haben, um Data-Samples anzusprechen (z. B. Datum mit Uhrzeit). Daneben gibt es eine bessere Unterstützung für den Import und Export von Daten nach Excel oder Calc.

9.1.1 Series

Wie oben erwähnt, wird `Series` verwendet, um mit eindimensionalen Arrays zu arbeiten, wie beispielsweise Zeitreihen. Hier ein einfaches Beispiel:

```
>>> import pandas as pd
>>> s = pd.Series([3, 5, 6])
>>> print(s)
0    3
1    5
2    6
dtype: int64
```

In der ersten Zeile wird Pandas importiert. Die typische Abkürzung, die Sie so ziemlich überall sehen werden, ist pd. Dann legen wir das Äquivalent zu einem Vektor in NumPy an und geben diesen aus. Hierbei fällt ein erster Unterschied auf: Die Ausgabe enthält zwei Spalten. Die erste enthält den Index und die zweite die Daten. Wie arbeiten wir nun mit diesen Daten? Einmal können wir analog zu dem Ansatz bei NumPy-Arrays zugreifen, dafür benötigen wir das **iloc**-Attribut. *iloc* steht dabei für *integer location.* Dazu zwei Beispiele:

```
>>> print(s.iloc[0:2])
0    3
1    5
dtype: int64
```

```
>>> print(s.iloc[[0, 2]])
0    3
2    6
dtype: int64
```

Der Zugriff erfolgt analog zu NumPy-Arrays, nur jetzt mit `.iloc[...]` anstatt `[...]`. Das ist eigentlich eher ein Rückschritt in der Notation, besonders wenn es um mathematische Algorithmen geht, aber der Preis für andere, neue Möglichkeiten.

> `iloc` funktioniert nicht über den Index, sondern über die Position. Passen Sie auf, dass Sie sich hier nicht von einer Ausgabe nach dem Löschen von Elementen irreführen lassen.

Der Index in der Ausgabe ist keine Dekoration und auch nicht dasselbe wie die Position. Er wird genau wie die Daten abgespeichert und bleibt auch mit ihnen verbunden, wenn Elemente gelöscht werden. Elemente löschen kann man mittels **drop**.

```
>>> s.drop(1, inplace=True)
>>> print(s)
0    3
2    6
dtype: int64
```

Der Befehl oben löscht das Element mit Index-Label 1 im Objekt. Der Unterschied zu NumPy ist also, dass eben dieser Index existiert, der fest den Daten zugeordnet ist. `iloc` ignoriert den Index und geht nur nach Position der Daten (wie bei NumPy-Arrays):

```
>>> print(s.iloc[0], s.iloc[1])
3 6
```

Der Index selbst ist wie ein nicht-veränderbares NumPy-Array:

```
>>> print(s.index)
Int64Index([0, 2], dtype='int64')
```

Neben der Position kann ebenso mit dem Index zum Zugriff gearbeitet werden. Dafür gibt es das **loc[...]**-Attribut:

```
>>> s.loc[2] = 7
>>> print(s)
0    3
2    7
dtype: int64
```

In dem Listing oben wird das Element mit Index-Label 2 verändern, nicht das an der Position 2. Nun stellt sich auf den ersten Blick die Frage, wie sinnvoll es ist, zwei solche Zugriffsarten zu haben. Einmal kann es nützlich sein, zu wissen, was die ursprüngliche Lage in einem Datensatz war, auch nachdem Zeilen gelöscht wurden. Das allein erklärt den Aufwand jedoch noch nicht. Der wesentliche Grund ist, dass der Index einen beliebigen Typ annehmen kann wie in dem Beispiel unten.

```
>>> s = pd.Series([3, 5], index=['a', 'b'])
>>> print(s)
a    3
b    5
dtype: int64
>>> print(s.loc['b'])
```

In der letzten Zeile geben wir mittels `loc` das Element mit dem Index-Label `b` aus. Durch String-Labels ergeben sich wesentlich aussagekräftigere Möglichkeiten mit Daten zu arbeiten. Wir werden in einem Beispiel später mit den Daten von Staaten arbeiten. Wenn wir z. B. die Entwicklung der Lebenserwartung in Deutschland ausgeben wollen, können wir das über seine Position im Datensatz tun, aber auch z. B. über sein Länderkürzel, was man als Index verwenden kann. Letzteres ist für den Leser eines Programmcodes – und auch oft für die Entwickler – wesentlich lesbarer.

> **!** In Pandas gibt es neben dem aus NumPy bekannten Ansatz über die Position eine weitere Art zu indizieren: `loc[...]` indiziert mit Index-Labels.

Mit dem `loc[...]`-Attribut lassen sich auch Elemente hinzufügen:

```
>>> s.loc[2] = 7
>>> print(s)
a    3
b    5
2    7
dtype: int64
```

In dem Beispiel oben wird ein Element mit Index-Label 2 hinzugefügt. Es wird implizit erzeugt, da dieser Index noch nicht vorhanden ist.

Machen wir das hingegen bei einem existierenden Index, ändern wir den Wert:

```
>>> s.loc['2']=42
>>> print(s)
a     3
b     5
2    42
dtype: int64
```

Für mich ist das oft leider eine Fehlerquelle, weil ich durch Tippfehler schon öfter Daten hinzugefügt habe, statt diese zu ändern. Hier ist etwas Vorsicht nicht fehl am Platz. Durch Operationen und Zuweisungen kann sich auch der Index-Datentyp ändern (z. B. von `Int64Index` zu `Index` mit `dtype='object'`). Analoges gilt für den `Series`-Datentyp:

```
>>> s.loc[2] = 5.7
>>> print(s)
a    3.0
b    5.0
2    5.7
dtype: float64
```

Das sollte reichen, um ein erstes Gefühl zu bekommen. Für uns interessanter ist der folgende Datentyp, bei dem wir jedoch alles, was wir oben gelernt haben, weiterverwenden können.

9.1.2 Dataframe

Ein **DataFrame** bildet ein 2d-Array ab. Es gibt genau wie bei `Series` einen Index für die Zeilen und zusätzlich einen für die Spalten:

```
>>> df = pd.DataFrame([[1, 2, 3], [4, 5, 6]])
>>> print(df)
```

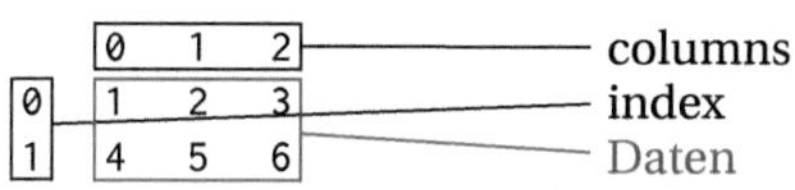

Statt einer einfachen Nummerierung kann man den (Zeilen-)Index und die Spaltennamen auch direkt beim Erstellen mit angeben:

```
>>> df = pd.DataFrame([[1, 2, 3],[4, 5, 6]],index=['table','chair'],columns=['w','h','d'])
>>> print(df)
w  h  d
table  1  2  3
chair  4  5  6
```

Über die Attribute `index` und `columns` erhält man Auskunft über die aktuelle Festlegung:

```
>>> print(df.index)
Index(['table', 'chair'], dtype='object')
>>> print(df.columns)
Index(['w', 'h', 'd'], dtype='object')
```

Ein `DataFrame` ist wie eine Tabelle mit benannten Spalten und indizierten Zeilen, wobei letztere nur der Default sind und geändert werden können.

CSV-Dateien lassen sich unter Pandas in diesem Datentyp problemlos einlesen. Wir lesen hier in einem Python-Skript eine Datei ein, mit der – bzw. genauer mit den darin enthaltenen Daten – wir uns im restlichen Kapitel beschäftigen werden.

```
import numpy as np
import matplotlib.pyplot as plt
import pandas as pd
df = pd.read_csv('nations.csv')
pd.options.display.max_columns = 10
pd.options.display.width = 180
```

Sie finden die Datei `nations.csv` im ZIP-File zum Buch auf der in der Einleitung angegebenen Webseite *https://joerg.frochte.de*. Um einen schnellen Eindruck zu gewinnen, kann man sich mittels **head** den Start der Datenbank anzeigen lassen; analog übrigens mit **tail** auch den Schluss.

```
print(df.head())
```

```
  iso3c      country      region  year  gdp_percap  life_expect  population  birth_rate  neonat_mortal_rate       income
0   AFG  Afghanistan  South Asia  1990         NaN    49.861049  12067570.0      49.029                52.8  Low income
1   AFG  Afghanistan  South Asia  1991         NaN    50.640976  12789374.0      48.896                51.9  Low income
2   AFG  Afghanistan  South Asia  1992         NaN    51.362927  13745630.0      48.834                50.9  Low income
3   AFG  Afghanistan  South Asia  1993         NaN    52.021878  14824371.0      48.839                49.9  Low income
4   AFG  Afghanistan  South Asia  1994         NaN    52.614341  15869967.0      48.898                49.1  Low income
```

Wenn Sie direkt auf der IPython-Konsole arbeiten, können Sie im Folgenden natürlich auf das `print` verzichten, aber ich schreibe alles in ein Skript und in dem Fall erfolgt sonst keine Ausgabe. Kurz zur Bedeutung der aus dem Portal der Weltbank (*https://data.worldbank.org/indicator/*) exportierten Merkmale:

1. **`iso3c`**: Dreistelliger Code für jedes Land, vergeben von der Internationalen Organisation für Normung
2. **`country`**: Landesname. Davon gibt es 199 verschiedene
3. **`region`**: Entsprechend der Einteilung der Weltbank
4. **`year`**: Jahr 1990 – 2014. Wir sind nur an 1994 und 2014 interessiert.
5. **`gdp_percap`**: Bruttoinlandsprodukt pro Kopf in aktuellen internationalen Dollar
6. **`life_expect`**: Lebenserwartung zur Geburt, in Jahren
7. **`population`**: Geschätzte Gesamtbevölkerung zur Jahresmitte, einschließlich aller Einwohner mit Ausnahme der Flüchtlinge
8. **`birth_rate`**: Geburtenrate der Lebendgeburten während des Jahres pro 1000 Menschen, basierend auf einer Bevölkerungsschätzung zur Jahresmitte
9. **`neonat_mortal_rate`**: Neugeborenensterblichkeit. Säuglinge, die vor Erreichen des 28. Lebenstages (i. W. erster Monat) sterben, pro 1000 Lebendgeburten in einem bestimmten Jahr
10. **`income`**: Einteilung der Landesökonomie in eine Einkommensgruppe

Genau wie bei `Series` gibt es beim `DataFrame` ebenfalls `iloc[...]`:

```
print(df.iloc[0:2, 0:5])
```

```
  iso3c      country      region  year  gdp_percap
0   AFG  Afghanistan  South Asia  1990         NaN
1   AFG  Afghanistan  South Asia  1991         NaN
```

Neben `iloc[...]` steht auch noch `loc[...]` zur Verfügung:

```
print(df.loc[0:2, ['income','neonat_mortal_rate']])
```

```
       income  neonat_mortal_rate
0  Low income                52.8
1  Low income                51.9
2  Low income                50.9
```

> **[!]** Achtung: Beim Slicen mit `loc` ist der Stop-Wert von Start:Stop:Step mit im Ergebnis enthalten! Das ist leider inkonsistent zu NumPy bzw. `iloc` und erzeugt entsprechend öfter Probleme.

Beim booleschen Indizieren entstehen keine NumPy-Arrays, sondern Rückgaben vom Typ `Series`:

```
idx = df.loc[:,'region'] == 'South Asia'
print(idx.sum(), type(idx))
```

```
200 <class 'pandas.core.series.Series'>
```

Diese `Series` werden in `loc[...]` direkt und in `iloc[...]` nur als `numpy.ndarray` akzeptiert:

```
maxBirth = df.loc[idx,'birth_rate'].max()
minBirth = df.loc[idx,df.columns[7]].min()
print('In der Region South Asia ist die minimale Geburtenrate %.2f und die maximale %.2f .'
      % (minBirth,maxBirth))
```

```
In der Region South Asia ist die minimale Geburtenrate 15.94 und die maximale 49.04 .
```

> **[!]** Um einen `DataFrame` in ein NumPy-Array zu konvertieren, kann die Methode `to_numpy()` (ab Version 0.24.0) bzw. `values` (älter, laut Dokumentation nicht mehr empfohlen) benutzt werden.

Wie man sehen kann, erreicht man so mit dem Zugriff über NumPy-Arrays und `iloc` dasselbe wie mit `Series` und `loc`. Jedoch zeigt sich hier einer der Vorteile von Pandas. Wir wissen im Code direkt, dass es sich um die Geburtenrate handelt. Für den Zugriff über `iloc` muss man wissen, dass diese in der achten Spalte – wegen der Nummerierung ab null jedoch mit dem Zugriff über 7 – liegt. Aktuell indizieren wir die Zeilen noch über die Nummern, die beim Einlesen verwendet wurden. Man kann das jedoch flexibel ändern und z. B. zu den aussagekräftigeren Länderkürzeln übergehen.

```
print(df[df.iso3c=='AFG'])
df.drop(columns='iso3c', inplace=True)  #df.set_index('iso3c',inplace=True)
```

Auf Ihrem Bildschirm sollten jetzt die Daten von Afghanistan der Jahre 1990 bis 2014 stehen, was alle sind, die wir haben. Die Methode ist sicherlich sehr sprechend, neu ist die Option `inplace=True`. Sie sorgt dafür, dass die Änderung direkt in dem aktuellen Objekt vorgenommen wird. Ansonsten wird wie bisher ein verändertes Objekt zurückgeliefert.

Per Default besteht der Index aus den durchnummerierten Zeilen der Datenbank beim Import. Er bleibt eindeutig über weitere Veränderungen. Das bedeutet, wenn man später die Zeile 5 löscht, so ist diese diese Fünf eben nicht mehr vorhanden, es wir nicht aufgerückt, um die Lücke zu schließen. Mit dem folgenden Befehl könnte man `iso3c` als Index des DataFrames nutzen. Dadurch würde `iso3c` nicht mehr als Feature verwendet.

```
df = df.set_index('iso3c')
```

> Die Verwendung eines Merkmals wie iso3c oben hat ggf. für einige Anwendungen unangenehme Nachteile. Der Index ist nicht mehr eindeutig, sondern liefert, wie beim Aufruf oben, mehrere Einträge. Für einen Zugriff auf einzelne Elemente ist er so nicht mehr geeignet, was uns im Laufe des weiteren Vorgehens nicht stört.

Der Index ist nicht der einzige denkbare Schlüssel, mit dem auf Dataframe gearbeitet werden kann, sondern man ist dort weitaus flexibler. Betrachten wir dazu einmal ein minimales Beispiel abseits der Länderdaten.

```
df1 = pd.DataFrame([['Alice', 314159 ], [ 'Bob' , 271828], ['Ingo', 662607 ]],
                                        columns=['Name','Telefon'] )

    Name  Telefon
0  Alice   314159
1    Bob   271828
2   Ingo   662607

df2 = pd.DataFrame([['Alice', 'Katze'], [ 'Bob' , 'Hund'], ['Carola', 'Kaninchen']],
                                        columns=['Name','Haustier'])

pd.merge(df1, df2, on='Name')

    Name  Telefon Haustier
0  Alice   314159    Katze
1    Bob   271828     Hund
```

Der erste Dataframe enthält von Personen Telefonnummern, der zweite die Haustiere. Dabei sieht man, dass manche Personen nicht in beiden DataFrames vorkommen. Mittels **merge** kann man Zeilen von DataFrames über Schlüssel miteinander verknüpfen. Wir haben hier als Schlüssel die Namen ausgewählt. Das Ergebnis ist ein DataFrame, der beide Merkmale enthält, jedoch nur von den Fällen, in denen der Schlüsselwert – hier der Name – in beiden DataFrames vorhanden war. Wir werden das später auch bei den Ländern noch brauchen, aber eben doch viel später.

Einige der Merkmale sind sehr unschön umschrieben und würden sich als Überschriften in – insbesondere deutschen – Präsentationen nicht gut machen. Die Methode rename ist hierzu geeignet:

```
df = df.rename(columns={'country': 'Staat', 'year': 'Jahr', 'gdp_percap': 'BIPproKopf'})
df.rename(columns={'region': 'Region', 'life_expect': 'Lebenserwartung'}, inplace=True)
df.rename(columns={'population': 'Bevoelkerung', 'birth_rate': 'Geburtenrate'}, inplace=True)
df = df.rename(columns={'neonat_mortal_rate': 'Kindersterblichkeit', 'income': 'Einkommen'})
```

Wie oben demonstriert, gibt es auch hier die Möglichkeit, die Option inplace=True zu verwenden. Zahlen sind gut, um einen Überblick zu erhalten, oft ist auch ein Bild sehr hilfreich.

```
df.hist(bins=25, color='gray')
```

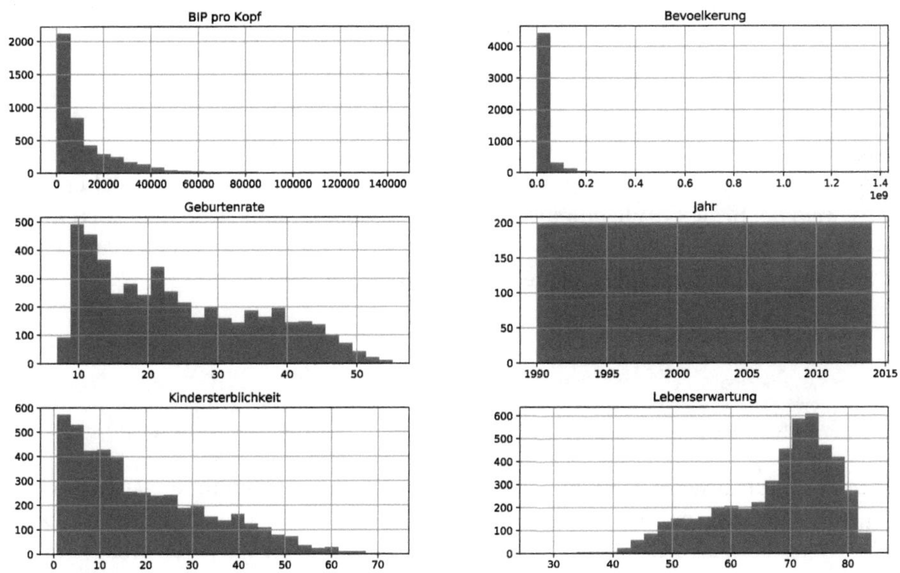

Abbildung 9.1 Beispiel eines Histogramms mit der Verteilung der Lebenserwartung in der Datenbank

Wird **hist** direkt auf ein Datenframe angewendet, erzeugt es eine Serie von Histogrammen wie in Abbildung 9.1. Dabei werden alle Merkmale mit numerischen Einträgen dargestellt. Das kann zu Verwirrungen führen, wenn man annimmt, damit alle Merkmale angezeigt zu bekommen. Um die ordinalen Merkmale zu visualisieren, ist aktuell ein Umweg nötig. Im Folgenden demonstrieren wir das am Beispiel des Einkommens. Pandas setzt bzgl. der Visualisierung auf der Matplotlib auf. Das bedeutet, wir können direkt Methoden eines Dataframes oder einer Series aufrufen und erhalten Matplotlib-Objekte zurück, die man weiter editieren kann. Das Ergebnis ist in Abbildung 9.2 dargestellt.

```
plt.figure()
ax = df.loc[:,'Einkommen'].hist(color='gray')
ax.set_xlabel('Einkommen')
ax.set_ylabel('Haeufigkeit')
df.plot.scatter(x='Jahr',y='Kindersterblichkeit',c='BIPproKopf',colormap='gray',alpha=0.4)
```

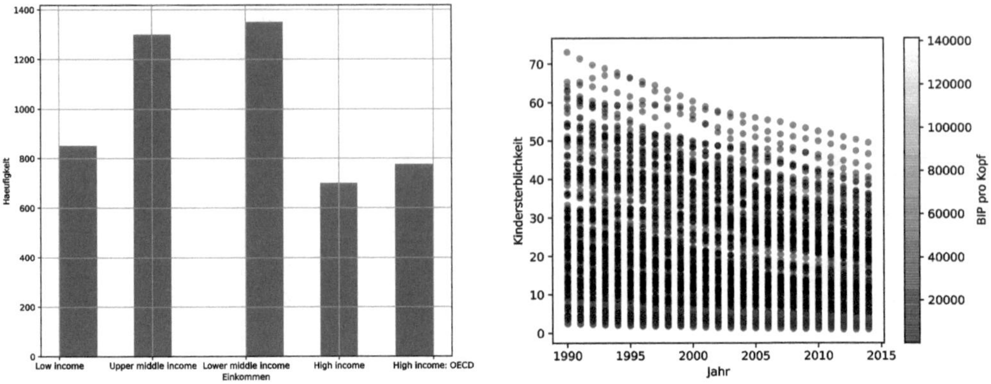

Abbildung 9.2 Beispiel eines Histogramms mit der Verteilung der Lebenserwartung in der Datenbank (links) und ein Scatter-Plot der Entwicklung der Kindersterblichkeit (rechts)

Ebenfalls in Abbildung 9.2 dargestellt ist ein Scatter-Plot aus einem Dataframe, wie wir das schon aus der Arbeit mit der Matplotlib gewohnt sind. Beruhigend ist die Erkenntnis, dass nicht alles schlechter wird. Während man so den Überblick über einzelne Länder nicht erhalten kann, sieht man doch, dass es allgemein besser wird. Um den Einfluss des BIP etwas einzufangen, sollten Sie das besser am Computer mit mehr Farben und einer größeren Darstellung ausgeben. Alternativ greift man sich einzelne Staaten heraus:

```
print(df.Staat.unique())
justOneCountry = df[df.Staat=='Iraq']
justOneCountry.plot.scatter(x='Jahr', y='Kindersterblichkeit', c='k', title='Iraq')
justOneCountry = df[df.Staat=='Rwanda']
justOneCountry.plot.scatter(x='Jahr', y='Kindersterblichkeit', c='k', title='Rwanda')
```

Analog zu NumPy liefert **unique** alle Werte, die in der Spalte *Staat* vorkommen. Dadurch haben wir die genaue Schreibweise und wissen, welche Länder enthalten sind. Staaten, wie z. B. Taiwan, deren völkerrechtliche Stellung umstritten ist, werden von der WHO, der Weltbank etc. oft nicht in den Datenbestand aufgenommen, um Konflikte, unter anderen mit der Volksrepublik China, zu vermeiden. Solche politischen Dimensionen muss man immer im Hinterkopf haben, wenn man Datenquellen an sich beurteilt. Nun suchen wir uns zwei Länder heraus: den Irak und Ruanda. Der Grund für die Auswahl ist, dass man schon Länder suchen muss, bei denen wirklich etwas vorgefallen ist, um eine andere als positive Entwicklung zu finden.

Den Irak-Krieg von 2003 können Sie in dem Plot quasi nicht ablesen, hingegen den Völkermord in Ruanda aus dem Jahr 1994 inklusive den Nachwirkungen kann man gut erkennen. Diesem in Europa manchmal nicht sehr präsenten Völkermord fielen ca. 75 Prozent der in Ruanda lebenden Tutsi-Minderheit und Personen der Hutu-Mehrheit, die diesen verhindern wollten, zum Opfer.

Nun enthält unsere Datenbank, wie schon erwähnt, Werte einer Ordinalskala von *Low income* bis *High income: OECD*. Wir wissen schon jetzt, dass wir uns damit schwer tun werden, später mit diesen Kategorien zu arbeiten, wenn wir z. B. einen Baum lernen wollen. Hier gibt es mindestens zwei Möglichkeiten: Wir codieren diese mit Integern von 1 bis 5 oder wir nutzen eine Übersetzung in eine Währung. Wenn man bei der Weltbank ein wenig sucht, findet man solche Zahlen z. B. für das Jahr 2013:

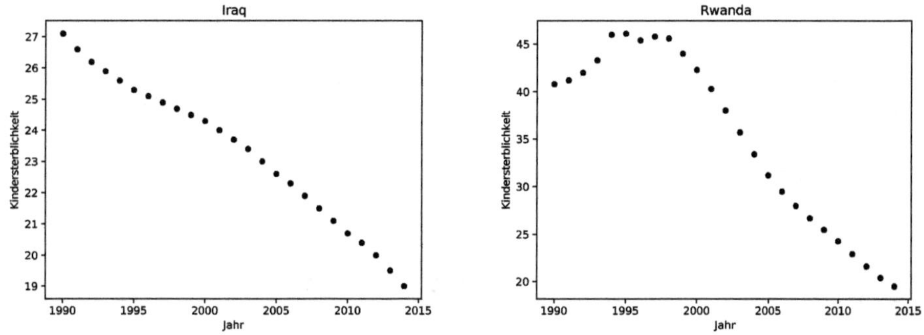

Abbildung 9.3 Kindersterblichkeit von 1990 bis 2014 im Irak und Ruanda

Low income:	1,035 $ or less
Lower middle income:	1,036 $ to 4,085 $
Upper middle income:	4,086 $ to 12,615 $
High income:	12,616 $ or more

Leider fehlt eine Angabe für die letzte Kategorie und *more* ist auch nicht sehr hilfreich. Ich habe mich daher einmal um brauchbare Mittelwerte in den Kategorien für den Zeitraum bemüht. Danach wäre es eine denkbare Möglichkeit, folgende Zuordnung vorzunehmen:

`'Low income'`	$\mapsto$	647.5 $
`'Lower middle income'`	$\mapsto$	2,445.5 $
`'Upper middle income'`	$\mapsto$	7,975.5 $
`'High income'`	$\mapsto$	27,218 $
`'High income: OECD'`	$\mapsto$	42,380 $

Der Vorteil gegenüber den Integer-Kategorien ist, dass hier die Abstände etwas deutlicher werden. `Upper middle income` ist nun mehr als dreimal reicher als `Low income`, was sonst nicht wiedergegeben wird.

```
dfV = df.copy()
dfV['Einkommen'].replace(to_replace=['Low income']          , value=  647.5, inplace=True)
dfV['Einkommen'].replace(to_replace=['Lower middle income'], value= 2445.5, inplace=True)
dfV['Einkommen'].replace(to_replace=['Upper middle income'], value= 7975.5, inplace=True)
dfV['Einkommen'].replace(to_replace=['High income']         , value=27218.0, inplace=True)
dfV['Einkommen'].replace(to_replace=['High income: OECD']   , value=42380.0, inplace=True)
```

Da wir jetzt anfangen, die Daten ernsthaft zu verändern, machen wir einmal eine Kopie des Dataframes und ersetzen mittels **replace** die Strings der Kategorien durch plausible Gleitkommawerte. Durch die Option `inplace` geschieht dies wie besprochen direkt im Dataframe. Wie wären wir vorgegangen, wenn wir eine Ersetzung durch Integer-Werte hätten vornehmen wollen? Das sehen wir uns am Beispiel der Regionen einmal an. Dabei nutzen wir zunächst die Methode **describe**, welche uns einen groben Überblick über die Wertverteilung gibt.

```
print(dfV['Region'].describe())
```

```
count                      4975
unique                        7
top       Europe & Central Asia
```

```
freq                        1300
Name: Region, dtype: object
```

Es gibt 4975 Datensätze mit sieben eindeutigen Werten, am häufigsten kommt als Region `Europe & Central Asia` vor. Für uns interessant ist, dass es sieben sind. Im schlechtesten Fall müssten wir diese nun heraussuchen und einzeln durch eine Ziffer ersetzen. Es gibt jedoch einen Befehl, **factorize**, der uns sehr viel Arbeit abnimmt.

```
print(pd.factorize(dfV.Region))
```

```
(array([0, 0, 0, ..., 3, 3, 3], dtype=int64), Index(['South Asia', 'Europe & Central Asia', 'Middle East & North
Africa', 'Sub-Saharan Africa', 'Latin America & Caribbean', 'East Asia & Pacific', 'North America'],
dtype='object'))
```

Wir bekommen ein Array zurückgeliefert, der jedem Eintrag in unserer Spalte einen Integerwert zuweist. Der Index hingegen erklärt, welcher Integer welcher Region entspricht. Da dort `South Asia` als Erstes steht, ist es eben die 0, `Europe & Central Asia` die 1 etc. pp. Wir überschreiben nun einfach die Strings mit diesen Integer-Werten:

```
dfV['Region'] = pd.factorize(dfV.Region)[0]
```

9.2 Aufbereitung von Daten und Imputer

Der erste Schritt bei der Aufbereitung der Daten ist, diese nach Ausreißern zu sichten, die uns jeden Trainingsansatz durcheinander bringen können; egal, ob sie in der Trainings-, Test- oder Validierungsmenge enthalten sind. Für größere Datenmengen nutzt man hierzu oft Verfahren und Ansätze, die man als Outlier Detection oder Outlier Analysis bezeichnet. In diesem Buch wird das Thema leider nicht vertiefend behandelt. Generell kann man zum Beispiel das in Abschnitt 13.3 besprochene Clusterverfahren dazu verwenden, Datenpunkte zu identifizieren, die ungewöhnlich sind.

> Wenn Sie Bedarf an etwas mehr Hilfsmitteln zum Thema *Outlier Detection* oder *Outlier Analysis* haben, finden Sie über das in Abschnitt 13.3 diskutierte DBSCAN-Verfahren eine Reihe von Hilfsmitteln in scikit-learn. Eine Zusammenstellung und Einführung ist im Netz unter *http://scikit-learn.org/stable/modules/outlier_detection.html* zu finden.

Neben der Aufbereitung von Daten werden Outlier auch im Rahmen von Anwendungen zur Sicherheitsanalyse und FRAUD-Detection mit maschinellem Lernen verwendet. Die Idee ist, grob gesprochen, dass ungewöhnliche Datensätze zu ungewöhnlichem Verhalten gehören, was wiederum zu ungewöhnlichen Absichten passen könnte. Wenn letztere Betrug sind, schließt sich der Kreis.

Per Hand sucht man nach Einträgen, die sich deutlich von den restlichen Größenordnungen unterscheiden. Ein Blick auf das Histogramm in Abbildung 9.2 gibt einen ersten Eindruck. Man sieht, dass sich alle Größen – Jahre sind da nicht verwunderlich – recht kontinuierlich entwickeln, außer der Bevölkerung und vielleicht dem BIP. Einen tieferen Einblick bekommen wir in die numerischen Größen mit der Methode **describe**, diesmal angewendet auf den ganzen Dataframe:

```
print(dfV.describe())
```

```
      [..]  BIP pro Kopf  Lebenserwartung  Bevoelkerung  Geburtenrate  Kindersterbl.      Einkommen
count        4500.000000      4820.000000  4.969000e+03   4874.000000    4675.000000   4975.000000
mean        12790.702785        67.798630  3.127845e+07     24.224782      19.392620  13289.859296
std         16297.862233         9.898495  1.224760e+08     11.842941      14.896943  15025.500828
min           239.739376        27.078902  9.004000e+03      6.900000       0.700000    647.500000
25%          2264.885916        61.311579  1.193148e+06     13.500000       7.000000   2445.500000
50%          6577.176462        70.441354  5.786794e+06     21.754500      15.100000   7975.500000
75%         17198.183309        75.116262  1.932259e+07     33.910500      29.300000  27218.000000
max        141968.100275        83.980488  1.364270e+09     55.122000      73.100000  42380.000000
```

Die Auslassungszeichen `[..]` stehen für die Spalten *Region und Jahr*, die ich aus typographischen Gründen weglasse. Wollen wir alle Merkmale auswerten, auch die kategorialen, so übergeben wir zusätzlich die Option `include='all'`. In diesem Fall werden alle Staaten ausgegeben, was in unserem Fall nicht sehr informativ ist. Die anderen kategorialen wurden bereits umgewandelt und sind deshalb enthalten. Die Zeile `count` gibt die Anzahl an auswertbaren Datenbankeinträgen an. Wegen fehlender Werte in manchen Ländern in einigen Jahren schwankt diese zwischen 4500 und 4975. Das `mean` gibt den Mittelwert an und `std` die Standardabweichung. Wie schon erwähnt, sind `min` und `max` der minimale und der maximale Wert, der auftritt. Die Werte dazwischen sind die **Quantil** bzw. im englischen **Percentiles**. Hierbei handelt es sich um eine Kennzahl einer Stichprobe bzw. Datenbank und entsprechend um einen statistischen Fachbegriff. Oft werden diese nicht als Prozentwerte, sondern Gleitkommazahl zwischen 0 und 1 angegeben. Die Aussage ist im Wesentlichen, dass zum Beispiel 25% der Länder eine Bevölkerung kleiner gleich `1.193148e+06`, also etwa einer Millionen haben. Die Welt ist – aus Sicht der BRD – voller kleiner Staaten.

```
df.Staat[df.Bevoelkerung<1.193148e+06].unique()
Out[30]:
array(['Antigua and Barbuda','Aruba', 'Bahamas, The','Bahrain','Barbados','Belize','Bermuda',
'Bhutan', 'Brunei Darussalam','Channel Islands', 'Comoros', 'Cyprus', 'Djibouti', 'Dominica',
'Equatorial Guinea', 'Fiji','French Polynesia', 'Gabon','Gambia, The', 'Greenland','Grenada',
'Guam', 'Guinea-Bissau', 'Guyana', 'Iceland', 'Kiribati', 'Liechtenstein', 'Luxembourg',
'Macao SAR, China', 'Maldives','Malta','Marshall Islands','Mauritius','Micronesia, Fed. Sts.',
'Montenegro','New Caledonia','Palau','Qatar','Samoa','San Marino', 'Sao Tome and Principe',
'Seychelles','Solomon Islands','St. Kitts and Nevis','St. Lucia',
'St. Vincent and the Grenadines','Suriname', 'Swaziland','Timor-Leste', 'Tonga', 'Tuvalu',
'Vanuatu','Virgin Islands (U.S.)'], dtype=object)
```

Wenn der Mittelwert und der Median so weit auseinander liegen wie hier, spricht dies für Ausreißer. Das schauen wir uns im nächsten Abschnitt genauer an.

9.2.1 Normierung und Standardisierung

Schon bei den neuronalen Netzen haben wir die Werte auf das Intervall $[0,1]$ oder $[-1,1]$ normiert. Der Grund ist, dass viele Lernverfahren – im Unterschied zu z. B. den CART-Bäumen – extrem empfindlich auf sehr große oder kleine Eingangswerte reagieren. Eine Normierung hat den Vorteil, dass wir uns wirklich ganz sicher sein können, dass ein von uns gewünschter

Eingangswertebereich eingehalten wird. Die Normierung geschieht dabei pro Spalte. Wir bezeichnen eine solche Spalte mit $x^{(i)}$, was z. B. wie oben die Bevölkerungswerte sein können. Für diese Spalte sei $x^{(i)}_{\text{min}}$ der kleinste und $x^{(i)}_{\text{max}}$ der größte auftretende Wert. Mit diesen Bezeichnungen kommen wir auf die Formel für die normierte Spalte $\hat{x}^{(i)}$, die wir schon einige Male benutzt haben:

$$\hat{x}^{(i)} = \frac{x^{(i)} - x^{(i)}_{\text{min}} \cdot (1, 1, \ldots, 1)^\top}{x^{(i)}_{\text{max}} - x^{(i)}_{\text{min}}} \tag{9.1}$$

Der mit Einsen gefüllte transponierte Vektor dient dazu, dass jeder Eintrag in der Spalte um $x^{(i)}_{\text{min}}$ verschoben wird. In Python passiert dies bekanntlich automatisch. Wollen wir hingegen auf $[-1, 1]$ transformieren, brauchen wir die Formel nur ein wenig abzuändern:

$$\hat{x}^{(i)} = 2\frac{x^{(i)} - x^{(i)}_{\text{min}} \cdot (1, 1, \ldots, 1)^\top}{x^{(i)}_{\text{max}} - x^{(i)}_{\text{min}}} - 1 \tag{9.2}$$

Die Normierung hat den primären Vorteil, dass die Wertbereiche garantiert sind; der sekundäre liegt darin, dass eine unterschiedliche Struktur bzgl. der Standardabweichung in den Merkmalen erhalten bleibt. Für manche Verfahren ist das tatsächlich kein Vorteil, sogar ein Nachteil. Aber für eine Betrachtung der Merkmale vorab, quasi per Hand, ist es manchmal nützlich. Schauen wir uns als Demonstration dazu ein einzelnes Jahr 2011 in der Datenbank an und betrachten die Standardabweichung nach der **Normierung**. Ich mache zunächst eine Kopie des Auszugs aus dem Datenframe, da dieser später noch verändert werden soll. Da das Jahr in diesem Auszug konstant 2011 ist, nutzen wir `drop`, um diese Spalte zu entfernen. Eine Normierung können wir natürlich nur auf Spalten durchführen, die Zahlen beinhalten und nicht wie Spalte *Staaten* Strings. Daher lassen wir uns in der Zeile 44 den Teil des Dataframes zurückliefern, dessen Typ aus Zahlen besteht. Hierfür verwenden wir die Methode **select_dtypes**. Die Formel zur Normierung wird in Zeile 45 quasi identisch zur mathematischen Formulierung durchgeführt. Anschließend verbinden wir diesen rein numerischen Teil mittels **concat** wieder mit der beschreibenden Spalte. Die Ergebnisse diskutieren wir ein paar Seiten später in Tabelle 9.2, nachdem wir eine weitere Technik betrachtet haben.

```
43  df2011 = dfV[dfV.Jahr == 2011].drop(columns=['Jahr'])
44  df2011num = df2011.select_dtypes('number')
45  data2011N = (df2011num - df2011num.min()) / (df2011num.max() - df2011num.min())
46  data2011N = pd.concat((df2011.Staat, data2011N), axis='columns')
47  print(data2011N.mean(),'\n',data2011N.std(),'\n',data2011N.median() )
```

> Pandas kennt zusätzlich die Methode `normalize` für viele praktische Anwendungen. Dazu kommen Methoden aus Scikit-learn. Die Umsetzung hier geschieht so, dass wir möglichst nah an den mathematischen Formeln sind, um zu verstehen, was passiert.

Wir lassen uns in Zeile 47 neben der Standardabweichung noch den Mittelwert und den **Median** der normierten Daten ausgeben.

> Natürlich geht alles, was wir oben tun, auch mit NumPy. Es bieten sich für die Berechnung der Standardabweichung der Befehl `np.std`, für den Mittelwert `np.mean` und für den **Median** `np.median` an. Falls jedoch wie hier Daten vorliegen, die auch NaN-Werte enthalten, nutzt man die Varianten von Funktionen, welche diese Werte bei der Berechnung ignorieren, also `np.nanstd` etc.

Der **Median** ergibt sich, indem man alle Werte in einer Spalte entsprechend der Größe sortiert. Hier ist der Median derjenige Wert, der für eine ungerade Anzahl von Datensätzen genau in der Mitte stehen würde. Bei einer ungeraden Anzahl von Einträgen ist es also ein Wert aus den Spalten, sonst verwendet man als Median den Mittelwert der beiden mittleren Einträge. Als Ergebnis hat die Hälfte der Werte einen größeren Wert als der Median und die andere Hälfte einen kleineren. Wie oben besprochen, ist der Median ein spezieller **Quantil**, nämlicher der zu $p = 0.5$ bzw. 50% .

Sich Median und Mittelwert ausgeben zu lassen, gibt ein Gefühl für die Werte. Wie im letzten Abschnitt schon erwähnt gilt: Liegen der Median und der Mittelwert deutlich auseinander, ist dies ein Indikator für Ausreißer im Datenbestand. Ein schönes Beispiel stammt aus der Süddeutschen Zeitung vom 23. Oktober 2015 und trägt den Titel *Dieser Mann ist so reich, dass Statistiken seines Wohnorts wertlos sind.* Es geht um Heilbronn, welches aufgrund eines einzigen Mitbürgers das höchste Pro-Kopf-Einkommen Deutschlands hatte, da dieses eben über den Mittelwert berechnet wird. Da der Mittelwert sehr empfindlich ist gegenüber Ausreißern und der Median weniger, lohnt sich der Vergleich. Je stärker beide voneinander abweichen, desto eher wird der Mittelwert vermutlich von wenigen Einträgen an den Rändern beeinflusst.

In unserem Beispiel erhalten wir die in Tabelle 9.1 angegebenen Größen.

Tabelle 9.1 Standardabweichung (σ), Mittelwert und der Median der normierten Daten

	BIP pro Kopf	Lebens-erwartung	Bevölker-ung	Gebur-tenrate	Kinder-sterblichkeit	Einkom-men
σ (≈)	0.153	0.250	0.099	0.257	0.236	0.360
Mittelwert (≈)	0.128	0.636	0.025	0.328	0.280	0.302
Median (≈)	0.073	0.702	0.005	0.267	0.203	0.175

Der Vorteil, diese Werte für die normierten und nicht für die Originaldaten zu berechnen, liegt in der Vergleichbarkeit zwischen den Merkmalen. Wie man an der Ausgabe von `describe` auf Seite 275 sieht, liegt z. B. der Mittelwert der einzelnen Merkmale Größenordnungen auseinander, sodass Vergleiche schwer fallen. Lebenserwartung und Geburtenrate liegen eben Größenordnungen entfernt von dem Einkommen oder der Bevölkerung. Die Werte in Tabelle 9.1 hingegen sind leicht vergleichbar.

Man kann sehr gut erkennen, dass die Verteilung in der Spalte *Bevölkerung* besonders ungewöhnlich ist. Einmal liegen Mittelwert und Median deutlich auseinander und zum anderen sehr weit von 0.5 entfernt. Würden sich die Werte sehr gleichmäßig bzw. linear über den Wertebereich verteilen, würde man eben 0.5 erwarten. Wie sieht es mit den Ländern aus, wenn wir die Werte normieren und sortieren? China als bevölkerungsreichstes Land landet bei 1.00, aber die USA – auf Platz 3 nach der Bevölkerung – liegt nur noch bei 0.23 . Mit normierten Daten erkennen wir damit ein Problem bzgl. der Bevölkerung. Wir werden viel mehr sehr kleine Werte und wenige große haben, die somit die Anpassung von Gewichten z. B. in neuronalen Netzen erschweren könnten. Der Grund ist, dass die extremen Werte an den Enden nun einmal unsere Transformation bestimmen. Brasilien mit seinen ca. 200 Millionen Einwohnern markiert quasi die Grenze der unteren 15% des Wertbereiches, in denen sich alle Länder bis auf vier wiederfinden werden.

Ein anderer Ansatz ist die **Standardisierung**. Manche Statistiker bestehen darauf, diesen Ansatz, der nicht auf Größen wie der Standardabweichung, sondern wie bei uns oben auf der empirischen Standardabweichung einer Strichprobe basiert, als **Studentisierung** zu bezeichnen. In allen Statistikprogrammen etc. werden Sie es jedoch als Standardisierung finden und auch wir verwenden diesen Begriff im Folgenden für die empirische Variante.

Das Ziel der Standardisierung ist eine Transformation, sodass die resultierenden Werte das arithmetische Mittel null und die (empirische) Varianz eins besitzen. Dies gelingt mit der folgenden Transformation, bei der $\overline{x}^{(i)}$ den Mittelwert der i-ten Spalte angibt:

$$\tilde{x}^{(i)} = \frac{x^{(i)} - \overline{x}^{(i)} \cdot (1,1,\ldots,1)^{\top}}{\sigma_{x^{(i)}}}$$

Wie schon besprochen, berechnen wir die Standardabweichung wie folgt:

$$\sigma_{x^{(i)}} = \sqrt{\frac{1}{n}\sum_{k}\left(x_k^{(i)} - \overline{x}^{(i)}\right)^2}$$

Da die (Stichproben)Varianz $\sigma^2_{x^{(i)}}$ eben das Quadrat der (empirischen) Standardabweichung ist, ist auch die Varianz hier auf eins normiert.

Es wurde bereits erwähnt, dass es diese kleine *Meinungsverschiedenheit* gibt, ob in der Formel oben ein $1/n$ oder ein $1/(n-1)$ stehen sollte. Leider sind sich unsere beiden Lieblingswerkzeuge auch nicht einig. Hier eine kleine Demonstration:

```
data = np.array([0,1,2,3,4,5,6,7,8,9])
s = pd.Series(data)
print(data.std(),s.std())
2.8722813232690143, 3.0276503540974917
```

Hierdurch kann es bei kleinen Datensätzen zu Abweichungen kommen. Bei größeren geht es in den Nachkommastellen unter.

Die Standardisierung erfolgt durch die folgenden Zeilen:

```
48  data2011S = (df2011num - df2011num.mean()) / df2011num.std()
49  data2011S = pd.concat((df2011.Staat, data2011S), axis='columns')
50  pd.options.display.max_rows = None
51  print(data2011N.sort_values(by=['Bevoelkerung'], ascending=False))
52  print(data2011S.sort_values(by=['Bevoelkerung'], ascending=False))
```

Das technische Vorgehen ist dabei analog zur Normierung. Nun haben wir uns für beide Transformationen die Länder absteigend nach der Bevölkerung sortieren und ausgeben lassen. Die Zeile 50 sorgt dafür, dass wir auch den mittleren Teil der Tabelle sehen. Ansonsten sind nur Kopf und Rumpf zu erkennen. Bei großen Datenbeständen empfiehlt sich dieses Vorgehen nicht, doch hier ist es nützlich.

Tabelle 9.2 Auswirkung von Normierung und Standardisierung auf die Daten im Jahr 2011 nach Einwohnern sortiert

		Ursprünglich		Normiert		Standardisiert	
Nr.	Bezeichnung	Bevölk.	BIP p.K.	Bevölk.	BIP p.K.	Bevölk.	BIP p.K.
1	China	1.3441e+09	10274.49	1.000000	0.072340	9.77982	-0.36308
2	India	1.2474e+09	4634.94	0.928069	0.030096	9.05760	-0.63859
3	USA	3.1171e+08	49781.80	0.231906	0.368274	2.06779	1.56697
	⋮	⋮	⋮	⋮	⋮	⋮	⋮
16	Germany	8.1797e+07	42142.54	0.060849	0.311051	0.35030	1.19377
	⋮	⋮	⋮	⋮	⋮	⋮	⋮
39	Iraq	3.186776e+07	13203.04	0.023702	0.094276	-0.02266	-0.22001
	⋮	⋮	⋮	⋮	⋮	⋮	⋮
100	Jordan	6.7603e+06	10324.44	0.005022	0.072714	-0.21021	-0.36064
101	Togo	6.5661e+06	1255.08	0.004878	0.004779	-0.21166	-0.80371
	⋮	⋮	⋮	⋮	⋮	⋮	⋮
120	New Zealand	4.3840e+06	32734.38	0.003254	0.240578	-0.22797	0.73415
	⋮	⋮	⋮	⋮	⋮	⋮	⋮
145	Qatar	1.9054e+06	134117.43	0.001410	1.000000	-0.24648	5.68704
	⋮	⋮	⋮	⋮	⋮	⋮	⋮
198	Palau	2.0606e+04	12947.90	0.000008	0.092365	-0.26056	-0.23247
199	Tuvalu	9.8440e+03	3488.24	0.000000	0.021506	-0.26064	-0.69461

Was diese unterschiedlichen Techniken für unsere Daten bedeuten, zeigen wir einmal exemplarisch für die Merkmale *Bevölkerung* und *BIP* in Tabelle 9.2. Bzgl. der Bevölkerung steht der Irak für den Mittelwert und Jordanien für den Median. Entsprechend liegt er in einer sortierten Liste von 199 in der Mitte bei 100. Durch große Staaten weicht der Mittelwert nach oben ab, weshalb dieser schon bei Platz 39, dem Irak, angenommen wird. Der standardisierte Wert der Bevölkerung in der Tabelle 9.2 hat einen Wertebereich von 9.78 bis -0.26. Wer ausschließlich das Bild einer Gaußglocke vor Augen hat, wundert sich vielleicht, dass die Verteilung nicht symmetrisch um null ist. Die Aussage in Abschnitt 4.3.3.1 war jedoch, dass sich im Bereich von $\pm\sigma$ um μ ca. 68,27 % aller Messwerte aufhalten. Das lässt sich auch schnell visualisieren.

```
fig = plt.figure()
pop2011 = data2011S.Bevoelkerung
s = pop2011.std(); m = pop2011.mean(); xmax = pop2011.max()
print(s,m) # Es gilt immer: s = 1, m = 0, weil standardisiert!
ax1 = pop2011.hist(color='gray', bins=50)
ax2 = ax1.twinx()
x = np.linspace(m-s, xmax, 10000)
y = np.exp(-0.5 * ((x-m)/s)**2) / np.sqrt(2*np.pi) / s
ax2.plot(x, y, c='k', lw=2)
x = np.linspace(m-s, m+s, 10000)
y = np.exp(-0.5 * ((x-m)/s)**2) / np.sqrt(2*np.pi) / s
ax2.fill_between(x, y, 0, alpha=0.3, color='r')
ax2.set_ylim(0)
```

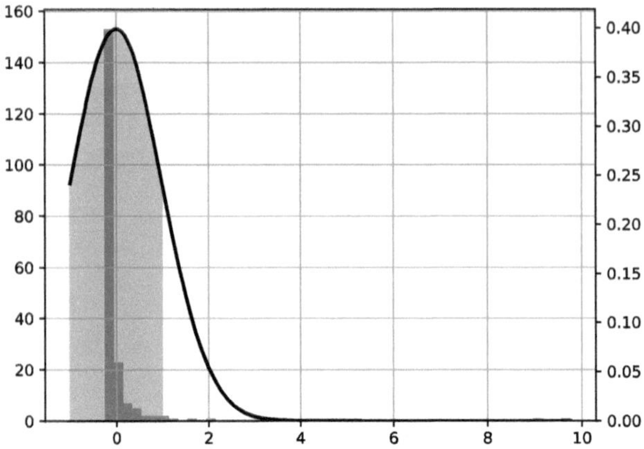

Abbildung 9.4 Eine Standardabweichung auf der Bevölkerung von Staaten im Jahr 2011

Neu sind lediglich die Befehle **twinx**, um eine zweite y-Achse zu erhalten, und **fill_between**; bei letzterem gilt *nomen est omen*. Man sieht, dass eine Standardabweichung sicherlich über 2/3 der Staaten umfasst und eben durch die beiden Ausreißer Indien und China recht große Werte enthält. Wäre es besser, hinterher die Daten ggf. noch einmal komplett anders aufzubereiten und das Merkmal *Bevölkerung* durch etwas wie *Bevölkerungsdichte* zu ersetzen? Es hängt immer von der Fragestellung der verwendeten Methode ab. Dass Merkmale, die auf Einwohner oder Fläche normiert sind, auch Ausreißer enthalten können, zeigt das BIP pro Kopf in Tabelle 9.2. Das Emirat Katar drückt hier die Skala sehr zusammen, wenn auch nicht so sehr wie China und Indien es bei der Bevölkerung tun. Bei den normierten Daten liegt es hier bei 1, und Staaten wie die USA kommen erst bei ca. 0.37. Auch hier leiden sicherlich viele Algorithmen, wenn die Daten normiert werden, und eine Standardisierung ist sinnvoller.

Generell ist es häufig anzuraten,

1. die Daten vorab zu analysieren und zu verstehen,
2. zu prüfen, ob Ausreißer entfernt werden sollen und/oder Merkmale konvertiert werden müssen
3. und anschließend die Daten zu standardisieren.

Ist der Wertebereich frei von Ausreißern, hat die Normierung manchmal Vorteile. Ein typisches Beispiel sind die Farbkanäle bei Bildern, von denen klar ist, dass die Werte immer zwischen 0 und 255 liegen. Eines von beidem – das Normieren oder Standardisieren – sollte man in jedem Fall tun, da beide Ansätze völlig unterschiedliche Größenordnungen vermeiden. Letztere sind abseits von Verfahren wie dem CART-Algorithmus immer ein großes Problem.

Wir haben hier die Arbeiten an den Daten quasi zu Fuß durchgeführt. Bei der praktischen Arbeit, wenn man verstanden hat, was man tut, empfiehlt sich ein Blick in das Modul `preprocessing` der Bibliothek scikit-learn. Nutzen Sie den dort enthaltenen Preprocessor `MinMaxScaler`, um eine Normierung vorzunehmen.

9.2.2 Imputation fehlender Daten

Aus verschiedenen Gründen enthalten viele Real-World-Datensätze fehlende Angaben, die oft als NaNs codiert werden. Solche Datensätze sind jedoch inkompatibel mit den bisher und auch später besprochenen Lernalgorithmen. Alle diese Algorithmen gehen mehr oder weniger davon aus, dass alle Werte in einem Array reelle Zahlen sind.

Ein Strategie ist natürlich immer, die unvollständigen Datensätze – die Zeilen in der Matrix – zu verwerfen. Wenn es nicht zu viele sind, ist das eine valide Möglichkeit. Sind es zu viele und diese konzentrieren sich auf ein Merkmal, gibt es sogar Fälle, in denen dieses Merkmal – also die Spalte – gelöscht wird.

Oft kann man sich keine der beiden obigen Strategien leisten, weil man zu viele Daten verliert. Besonders kritisch ist es bei Produkten bzw. Produktfamilien. Stellen Sie sich vor, dass z. B. ein Roboter in einer Fabrik mit einer gelernten Funktionalität arbeiten soll. Das Training basiert auf den in langen Jahren von der Vorgängerversion des Roboters aufgezeichneten Daten. Unser neuer Roboter hat darüber hinaus weitere neue Sensoren, die uns Daten liefern. Nach einer gewissen Einsatzzeit sollen auch seine Daten zum Training genutzt werden. Nehmen wir an, der Wechsel in den Roboterversionen war am 01.01.2020. Dann haben wir vor 2020 das Merkmal i des neuen Sensors nie vorliegen, jedoch ab diesem Datum. Nutzen wir jetzt alle alten Daten nicht mehr oder verzichten wir auf die Informationen des neuen Sensors?

Zum Glück muss man diese Wahl in der Regel nicht treffen. Oft – wenn auch nicht immer – hilft eine Technik weiter, die man als **Imputation** bezeichnet. Es gibt unterschiedliche Ansätze; allen gemein ist es, die fehlenden Werte aus dem bekannten Teil der Daten vorherzusagen und diese vorhergesagten Werte den lückenhaften Datensätzen zuzuordnen. Drei einfache Strategien bestehen darin, einen der folgenden Werte grundsätzlich für einen fehlenden Wert einzusetzen: den Mittelwert, den Median, den häufigsten Wert.

Der letzte Ansatz ist oft sinnvoll, wenn die Wertemenge diskret ist. Diese sehr einfachen Ansätze funktionieren oft erstaunlich gut, auch wenn hierbei jeder Datensatz den gleichen Wert bekommt. Die Lernalgorithmen können damit unglaublich oft gut zurechtkommen; ggf. indem ein Merkmal, das zu viele dieser fehlerhaften Werte hat, eben schwächer berücksichtigt wird.

Natürlich entstehen durch diesen *One Size Fits All*-Ansatz auch seltsame Datensätze. Beispielsweise wird die häufigste Todesursache in Deutschland mit *Herz-Kreislauf-Erkrankungen* angegeben. Hätten wir eine Tabelle, in der dieses Merkmal aufgeführt wird, so wäre dieses – es macht ca. die Hälfte der Fälle aus – das häufigste und wir würden in allen fehlenden Datensätzen *Herz-Kreislauf-Erkrankungen* einsetzen. Enthält unser Datenbestand Kinder, ist diese Ersetzung für Kinder bis 15 Jahre sehr unwahrscheinlich. Herz-Kreislauf-Erkrankungen kommen für sie in der Auflistung der zehn häufigsten Todesursachen auf den Seiten des statistischen Bundesamtes für 2015 *https://www.destatis.de/DE/ZahlenFakten/GesellschaftStaat/Gesundheit/Todesursachen/Tabellen/SterbefaelleKindern.html* nicht einmal vor. Es wäre ggf. sinnvoller, bei der Ersetzung der Werte den für diesen Datenbestand wahrscheinlichsten Wert zu nehmen und nicht den für alle Datensätze häufigsten.

Einen solchen Ansatz, der für jeden Datensatz den wahrscheinlichsten Wert ermittelt, erhalten wir über unsere Lernverfahren. Wir nutzen die vollständigen Daten und trainieren diese auf das fehlende Merkmal.

Daneben gibt es die Möglichkeit, die fehlenden Daten zu interpolieren, falls es sich um Daten handelt, die untereinander einen geeigneten Bezug haben, beispielsweise räumlich oder zeitlich angeordnete Daten. Fassen wir unsere Möglichkeiten einmal zusammen:

1. Merkmale mit fehlenden Werten außer acht lassen
2. Sampels mit fehlenden Werten außer acht lassen
3. Den Mittelwert für fehlende Werte einsetzen
4. Den Median für fehlende Werte einsetzen
5. Einen Lernalgorithmus nutzen, um die fehlenden Werte zu ersetzen
6. Den häufigsten Wert für fehlende Werte einsetzen [primär für kategoriale Größen]
7. Fehlende Werte interpolieren [Bezug zum Beispiel räumlich oder zeitlich nötig]

Um das praktisch anzupacken, schauen wir, wie es mit unserem Datensatz bestellt ist.

```
print(dfV.isna().sum())
```

```
Staat                  0
Region                 0
Jahr                   0
BIP pro Kopf         475
Lebenserwartung      155
Bevoelkerung           6
Geburtenrate         101
Kindersterblichkeit  300
Einkommen              0
```

isna gibt analog zu NumPy *True* und *False* zurück, je nachdem, ob ein Wert NaN ist oder nicht. Das **sum** summiert anschließend alle Fälle mit NaN-Werten aus.

Es gibt auch den Befehl **notna**. Nutzen Sie diesen, um sich anzeigen zu lassen, wie viele Daten unversehrt sind.

Wie man erkennen kann, ist außer der Klassifikation der Länder in Einkommensgruppen so ziemlich jede der Spalten betroffen, da das Jahr und der Staat hier nicht sinnvoll sind. Wir stellen uns nun der Aufgabe, die Lebenserwartung auf der Basis der anderen Merkmale außer *Staat* vorherzusagen.

Um eine saubere Menge von Zielwerten zu erhalten, entfernen wir zunächst alle Samples, bei denen die Lebenserwartung NaN ist. Darüber hinaus verzichten wir auf die sechs Fälle, in denen kein Wert für die Bevölkerung vorliegt.

```
dropIdx = ( dfV.Bevoelkerung.isna() | df.Lebenserwartung.isna() )
dfV = dfV[~dropIdx]
print(dfV.isna().sum())
```

Wir haben Glück und stellen fest, dass danach nur noch fehlende Werte bzw. NaN in den Merkmalen BIP (450 Sampels), Geburtenrate (9 Sampels) und Kindersterblichkeit (285 Sampels) übrig sind. Der folgende Code wird kombinatorisch wesentlich einfacher, wenn wir uns von den neun Datenbankeinträgen trennen, in denen die Geburtenrate fehlt.

```
70 dropIdx = dfV.Geburtenrate.isna()
71 dfV = dfV[~dropIdx]
72 withNaN = (dfV.BIPproKopf.isna() | dfV.Kindersterblichkeit.isna())
73 print("%.2f Prozent der Eintraege enthalten mind. ein NaN" % (withNaN.sum()/dfV.shape[0]*100))
```

Wie wir lesen können, haben wir ca. 89% einwandfreie Daten und 11% unvollständige Daten. 532 Datensätzen fehlt mindestens einer der beiden Werte, in 195 Fällen sogar beide.

```
74 print(dfV[withNaN].Staat.value_counts())
```

Mit der Zeile oben schauen wir uns an, welche Länder betroffen sind.

```
Somalia              25
Aruba                25
Myanmar              25
...
```

Da wir die Daten nur über 25 Jahre betrachten, sieht es danach aus, dass sich die fehlenden Werte bei einigen wenigen Ländern häufen. Fünfzehn Staaten mit 20 oder mehr Lücken sind für 369 der 532 fehlerhaften Datensätze verantwortlich. Das ist später noch von Bedeutung.

```
75 idx = (dfV.BIPproKopf.isna() & dfV.Kindersterblichkeit.isna() )
76 dfV = dfV[~idx].copy()
77 withNaN = (dfV.BIPproKopf.isna() | dfV.Kindersterblichkeit.isna())
```

In Zeile 75 filtern wir die Fälle heraus, in denen sowohl beim BIP als auch bei der Kindersterblichkeit im gleichen Jahr ein NaN vermerkt ist. Man könnte diesen Fall lösen, aber der Code würde noch mehr Fälle abdecken müssen. Der etwas unangenehme Preis ist, dass wir nur noch mit 337 lückenhaften Datensätzen arbeiten. Entsprechend geringer ist deren Bedeutung. Die Index-Menge der verbliebenen bestimmen wir in Zeile 77.

```
78 dfnum = dfV.select_dtypes('number')
79 Y = dfnum.Lebenserwartung.copy()
80 feature = dfnum.drop(columns=['Lebenserwartung'])
81 X  = (feature - feature.mean()) / feature.std()
```

Nun gilt es, die Daten zu standardisieren. Da wir auch noch die Spalte *Staat* mit ihren Strings haben, können wir nicht direkt losarbeiten. Entsprechend wählen wir in Zeile 78 nur die Inhalte mit Zahlen aus. Da es uns darum geht, die Lebenserwartung vorherzusagen, kopieren wir diese (Zeile 79) als Zielgröße und nehmen den Rest als Merkmale (80). In Zeile 81 werden alle Merkmale standardisiert. Die Zielgröße lassen wir unverändert, da wir kein neuronales Netz einsetzen werden und eine Technik wie k-NN oder CART hier keine weitere Verarbeitung benötigt. In unserem Fall ist das nicht hilfreich, aber man kann mittels `pd.concat((dfV.Staat, X), axis='columns')` die beschreibende Spalte mit den Namen der Staaten wieder anfügen.

! So einfach wie der k-NN erscheint, er ist oft ein sehr brauchbarer Imputer. Andere Techniken, die man sonst sehr gerne verwendet und die besonders genau auf strukturierten Daten sind, lernen wir im Kapitel 10 kennen. Die dort vermittelten Methoden Random Forest, Gradient Boosting und der k-NN sind gute Ansätze für einen ersten Versuch für ML-basierte Imputer.

Im nächsten Codeabschnitt setzen wir die Aufteilung in Test- und Trainingsmenge in einer Funktion um. Das tun wir analog zu den vorherigen Kapiteln, nur dass wir jetzt zur Übung auf Dataframes setzen.

```
def trainSet(X,Y,percent):
    TrainSet     = np.random.choice(X.shape[0],int(X.shape[0]*percent),replace=False)
    XTrain       = X.iloc[TrainSet,:]
    YTrain       = Y.iloc[TrainSet]
    TestSet      = np.delete(np.arange(0,len(Y)), TrainSet)
    XTest        = X.iloc[TestSet,:]
    YTest        = Y.iloc[TestSet]
    return XTrain, XTest, YTrain, YTest
```

Anschließend binden wir den k-NN, den wir in Abschnitt 5.4 selber programmiert haben, ein. Um die folgenden Ergebnisse möglichst reproduzierbar zu machen, wird, wie so oft, der Random-Seed von NumPy gesetzt. Abschließend teilen wir durch unsere Funktion diejenigen Anteile der Datenbank auf, die vollständig – also ohne NaN-Einträge – sind. Dabei verwenden wir 70% zum Training und 30% zum Testen.

```
from knnRegression import knnRegression
np.random.seed(42)
XTrainP, XTestP, YTrainP, YTestP = trainSet(X[~withNaN],Y[~withNaN],0.7)
```

Nun nutzen wir wie aus Abschnitt 5.4 gewohnt den k-NN, wobei wir hierfür die Dataframes immer mittels to_numpy() umwandeln müssen.

```
model = knnRegression()
model.fit(XTrainP.to_numpy(), YTrainP.to_numpy())
yP    = model.predict(XTestP.to_numpy(),k=2, smear = 10**-3)
print('MAE auf Testset ohne Luecken: %.3f' % (np.mean(np.abs(yP-YTestP.to_numpy()))))
```

Scikit-learn kann direkt mit NumPy und Dataframes umgehen. Hier wäre ein entsprechendes Vorgehen nicht nötig. Wenn Sie wollen, könnten Sie auch unseren alten k-NN so erweitern, dass auch dieser direkt flexibel reagiert. Ein Ansatz könnte etwa wie folgt aussehen:

```
if isinstance(X, [pd.DataFrame, pd.Series):
        X = X.to_numpy()
```

Der Code oben wird als mittleren absoluten Fehler etwas wie 1.022 zurückmelden, wobei durchaus ±0.1 durch die Wahl des Random-Seeds beeinflusst wird. Es gibt eben einige recht spezielle Länder in unseren Daten, und es macht einen Unterschied, ob diese in der Trainings- oder in der Testmenge sind.

Oben haben wir uns auf die Fälle beschränkt, in denen alle Daten vollständig waren. Wie gehen wir mit den Daten mit fehlenden Einträgen um?

Hierbei unterscheiden wir zwei bzw. drei Anwendungen:

1. Man möchte Daten vervollständigen, um diese zum Training zu verwenden
2. Man möchte/muss Daten auswerten, um eine Prognose zu erstellen und diese Daten sind unvollständig
3. Eine Mischung aus den beiden obigen Punkten

Wir beginnen damit, uns um den ersten Fall zu kümmern und gehen dann über zum zweiten. Die Mischung ist technisch logisch klar und kann als kleine Aufgabe dienen. Indem wir ein Modell nur mit vollständigen Daten trainiert haben, haben wir den Ansatz Nummer 2 von der Aufzählung auf Seite 282 umgesetzt. Dieser ist nur eine Option, wenn es um das Training geht. Den Ansatz Nummer 1, Merkmale mit fehlenden Werten außer acht zu lassen, werden wir nun nutzen. Dieser würde sowohl für die Prognose als auch für das Training funktionieren. Später sehen wir uns die Ansätze Nummer 4 (Median-Imputer) und Nummer 5 (Imputer über Regression) an.

Um für diesen Ansatz einfach die betroffenen Merkmale zu ignorieren, entfernen wir in den Zeilen 100 und 101 die zugehörigen Spalten aus dem Merkmalsraum. Anschließend brauchen wir uns für Merkmale (Zeile 102) und Zielwerte (Zeile 103) nur darauf zu beschränken, die Elemente der Testmenge auszuschließen. Da der Index eindeutig an einem Zeileneintrag unseres Dataframes hängt, können wir damit auch nach Umformungen und Veränderungen die Menge noch sicher identifizieren. Mit dieser nun größeren Trainingsmenge, was die Anzahl der Sampels angeht, und kleineren, was die Anzahl der Merkmale betrifft, trainieren wir nun unseren k-NN.

```
99
100  Xdoped = X.drop(columns=['BIPproKopf'])
101  Xdoped = Xdoped.drop(columns=['Kindersterblichkeit'])
102  XTDrop = Xdoped.drop(XTestP.index)
103  YTDrop = Y.drop(XTestP.index)
104  modelDrop = knnRegression()
105  modelDrop.fit(XTDrop.to_numpy(), YTDrop.to_numpy())
106  yP    = modelDrop.predict(XTestP.drop(columns=['BIPproKopf','Kindersterblichkeit']).to_numpy()
107                         ,k=2, smear = 10**-3)
108  print('MAE auf Testset mit weniger Merkmalen: %.3f' % (np.mean(np.abs(yP-YTestP))))
```

Hier springt der mittlere absolute Fehler noch auf 2.318, was nicht durch unterschiedliche Zuordnungen von Test- und Trainingsmenge erklärt werden kann. Dieser Ansatz ist auf der vorher definierten Trainingsmenge deutlich schlechter. Die Merkmale sind anscheinend – etwas analytischer gehen wir das im nächsten Abschnitt an – zu wichtig, um diese einfach fallen zu lassen.

Mit dem Ansatz Nummer 4 (Median-Imputer) geht es daran, die NaN-Stellen zu füllen, statt sie zu ignorieren. Dabei gehen wir analog vor und nutzen besprochene Techniken:

```
XTMean = X.drop(XTestP.index).fillna(X.mean())
YTMean = Y.drop(XTestP.index)
modelMean = knnRegression()
modelMean.fit(XTMean.to_numpy(), YTMean.to_numpy())
yP    = modelMean.predict(XTestP,k=2, smear = 10**-3)
print('MAE auf Testset mit Mean-Imputer: %.3f' % (np.mean(np.abs(yP-YTestP))))
```

Das Ergebnis ist ein mittlerer absoluter Fehler von 1.040. Das bedeutet, im Rahmen der Schwankungen sind wir nicht besser und nicht schlechter geworden, als wenn wir die Daten nicht unserem Trainingsset hinzugefügt hätten.

Sie können den Code oben leicht variieren und statt dem Median den Mittelwert nehmen. Durch die Analyse, die wir gemacht haben, wissen wir, dass bei diesen Daten der Mittelwert durchaus bei einigen Merkmalen verzerrt wird. Erwarten Sie folglich nicht zu viel.

Vielleicht schaffen wir es, uns mit einem Ansatz über reine Regression, also Nummer 5, selber an den Haaren aus dem Sumpf zu ziehen. Hierzu nehmen wir einfachheitshalber die gleiche Technik wie für die Prognose der Lebenserwartung selbst.

Wir fangen damit an, uns einen Imputer für das Merkmal *BIP pro Kopf* zu konstruieren. Dazu kopieren wir in Zeile 117 von allen vollständigen Sampels den BIP in eine Variable für den Zielwert und entfernen diesen aus der Liste der Merkmale (Zeile 118). Anschließend nutzen wir das mittels dieser Daten und dem k-NN gewonnene Modell, um die fehlenden Werte vorherzusagen und das Resultat in Zeile 123 einzusetzen.

```
116
117 BIP  = X[~withNaN].BIPproKopf.copy()
118 fBIP = X.drop(columns=['BIPproKopf'])
119 modelBIP = knnRegression()
120 modelBIP.fit(fBIP[~withNaN].to_numpy(), BIP.to_numpy())
121 idx = X.BIPproKopf.isna()
122 Imput    = modelBIP.predict(fBIP[idx].to_numpy(),k=2, smear = 10**-3)
123 X.loc[idx, 'BIPproKopf'] = Imput
```

Völlig analog gehen wir bzgl. dem Merkmal der Kindersterblichkeit vor und ersetzen auch hier die fehlenden Werte.

```
124 Kid  = X[~withNaN].Kindersterblichkeit.copy()
125 fKid = X.drop(columns=['Kindersterblichkeit'])
126 modelKid = knnRegression()
127 modelKid.fit(fKid[~withNaN].to_numpy(), Kid.to_numpy())
128 idx = X.Kindersterblichkeit.isna()
129 Imput    = modelKid.predict(fKid[idx].to_numpy(),k=2, smear = 10**-3)
130 X.loc[idx, 'Kindersterblichkeit'] = Imput
```

Da Sampels mit NaN weder in der ursprünglichen Test- noch in der Trainingsmenge waren, fügen wir einfach alle unsere mittels k-NN vervollständigten Daten der Trainingsmenge hinzu und gehen genauso vor wie bei dem Imputer, bei dem wir einfach die Median-Werte eingesetzt haben.

```
131 XNaNKnn = X[withNaN]
132 YNaN = Y [withNaN].to_numpy()
133 XTKnn = np.vstack( (XNaNKnn.to_numpy(),XTrainP.to_numpy()) )
134 YTKnn = np.hstack( (YNaN,YTrainP.to_numpy()) )
135 modelKnn = knnRegression()
136 modelKnn.fit(XTKnn, YTKnn)
137 yP    = modelKnn.predict(XTestP,k=2, smear = 10**-3)
138 print('MAE auf Testset mit kNN-Imputer: %.3f' % (np.mean(np.abs(yP-YTestP))))
```

Das Ergebnis dieses etwas längeren Codes wirkt zunächst ernüchternd. Mit einem mittleren absoluten Fehler von 1.060 haben wir keinerlei Fortschritt erzielt. Das Weglassen der Merkmale war ein Rückschritt, ansonsten schadet in unserem Fall das Reparieren und Hinzufügen der Daten nichts, es gibt jedoch auch keine messbare Verbesserung auf dieser speziellen Testmenge. Die Testmenge ist jedoch für diese Frage durchaus mit einer gewissen Verzerrung behaftet. Länder, die häufig fehlerhafte Werte aufweisen, sind hier nicht enthalten. Daher ist es für das Modell auf dieser Testmenge kein großer Vorteil, Wissen bzgl. der Länder wie Somalia aufzubauen. Daneben ist die Anzahl der hinzugefügten Daten mittlerweile sehr klein. Die Trainingsmenge wächst nur sehr moderat von 2991 auf 3328 Einträge durch unsere reparierten Daten. Es geht nicht darum, einen großen Datenbestand, bei dem z. B. ein Sensorwert nicht erfasst wurde, für die Zukunft nutzbar zu machen.

Damit ein Imputer für Trainingsdaten ein echter Vorteil ist,

- muss es einen Mangel an Daten für die gestellte Aufgabe geben. Klingt trivial: Ein Imputer ist kein Selbstzweck.
- Die fehlenden Werte müssen mit einer ausreichend hohen Genauigkeit und Robustheit vorhergesagt werden können. Sind die notwendigen Modelle für die Imputer komplexer als die eigentliche Vorhersage, ist ein Erfolg unwahrscheinlich.

Oft schaden Imputer nicht, und manchmal stützen die hinzugenommenen Sampels das Modell an Stellen, wo es sonst mit der Datenlage dünn aussieht.

Wir nutzen – obwohl es zunächst vielleicht naheliegend erscheint – keinen Imputer über Zeitreihen. Eigentlich sind diese mit am besten. Eine Interpolation in einer Zeitreihe ist robust und oft sehr genau. Leider fehlen, wie oben besprochen häufig, in dem vorliegenden Datenbestand fast alle Einträge für viele Länder bei den beiden Merkmalen. Hier geht es nicht darum, kleinere Lücken zu überbrücken.

Während das Nutzen ausschließlich der vollständigen Datenbankeinträge für das Training oft eine gute und auch einfachere Wahl scheint, ist dies keine Option, wenn eben eine Vorhersage für einen Eintrag mit fehlenden Daten gemacht werden muss. Nun haben wir für fast alle Modelle die Daten mit den NaN-Einträgen der Trainingsmenge hinzugefügt. Entsprechend eignen sich diese nicht mehr als Qualitätsmaß für unsere Frage. Beginnen wir mit dem Modell, welches ausschließlich mit den unversehrten Daten trainiert wurde.

```

yKnn  = model.predict(XNaNKnn.to_numpy(),k=2, smear = 10**-3)
print('PureModel: MAE fuer Daten mit kNN-Imputer: %.3f' % (np.mean(np.abs(yKnn-YNaN))))
yMean = model.predict(XTMean.drop(XTrainP.index).to_numpy(),k=2, smear = 10**-3)
print('PureModel: MAE fuer Daten mit Mean-Imputer: %.3f' % (np.mean(np.abs(yMean-YNaN))))
```

Bei den mit dem Mean Imputer reparierten Daten entsteht ein großer mittlerer absoluter Fehler von 3.845, bei den fehlenden Werten, die durch eine Regression mittels k-NN berechnet wurden, hingegen ein Fehler von 2.776.

Dabei gibt es zwei Aspekte: Einmal sind diese Länder, wie erwähnt, in der Trainingsmenge unterrepräsentiert, und zum anderen scheint die pauschale Anwendung von Mean hier zusätzliche Probleme zu bereiten.

Ein Imputer – egal ob für Training oder Auswertung – ist nie unabhängig von der eingesetzten Vorhersagemethode zu sehen. Die k-NN ist ein recht einfaches lokales Verfahren. Die Effekte bei einem neuronalen Netz können anders sein.

Trainieren Sie ein neuronales Netz mittels der unversehrten Datenbestände auf die Zielgröße der Lebenserwartung und probieren Sie erneut, wie sich die einzelnen Imputer-Ansätze auswirken.

Der Fehler, der bei dem k-NN Imputer auftritt, erinnert an denjenigen, der auf der Testmenge auftrat, als wir einfach die beiden Merkmale weggelassen haben. Das wäre natürlich auch immer ein Ansatz. Man kann mehrere Modelle haben, statt die Daten zu reparieren: Ein Modell für vollständige Daten und eines für beschädigte. Probieren wir, wie effizient ein Modell ohne die beiden Merkmale wäre, wenn wir es nur auf den Einträgen mit fehlerhaften Werten testen. So ein Modell haben wir oben schon fast gebaut, aber dabei eine größere und für diese Frage unzulässige Trainingsmenge verwendet. Würden wir das Modell von oben verwenden, wären die Elemente der Testmenge auch in der Trainingsmenge. Der Fehler wäre sehr klein und wir hätten uns selber belogen. Also noch einmal, ohne die Trainingsmenge aufzustocken:

```

modelPureDrop = knnRegression()
modelPureDrop.fit(XTrainP.drop(columns=['BIPproKopf','Kindersterblichkeit']).to_numpy(),
                  YTrainP.to_numpy())
XTestNaN = XTMean.drop(XTrainP.index)
XTestNaN = XTestNaN.drop(columns=['BIPproKopf','Kindersterblichkeit'])
yMean = modelPureDrop.predict(XTestNaN.to_numpy(),k=2, smear = 10**-3)
print('DropModel: MAE fuer Daten mit NaN %.3f' % (np.mean(np.abs(yMean-YNaN))))
```

Das Ergebnis ist ein MAE von 3.977 und damit das schwächste Resultat. Es scheint so, als wenn die beiden Merkmale doch zu wichtig wären und wir diese zumindest für eine Prognose so gut reparieren sollten, wie möglich.

Im nächsten Abschnitt 9.3 schauen wir uns die Merkmale genauer an und versuchen herauszufinden, welche wirklich wichtig sind und aus welchem Grund.

Im Internet gibt es eine Liste mit den Daten aller Reisender auf der Titanic. Sie finden diese Daten u. a. hier *biostat.mc.vanderbilt.edu/wiki/pub/Main/DataSets/titanic3.xls* und auch in den Download-Unterlagen zu diesem Buch. Nehmen wir an, wir möchten ein Prognosemodell für das Überleben auf der Titanic erstellen. Dazu wäre das Alter eine wichtige Größe, die leider in der Tabelle oft nicht angegeben ist. Testen Sie verschiedene Techniken, um mit diesen fehlenden Daten umzugehen. Welche Imputer-Technik wirkt sich auf welche Weise auf die Qualität der Vorhersage aus?

Imputer und Preprocessing in scikit-learn
Allgemein hat scikit-learn viel zu bieten, was die Vorverarbeitung von Daten angeht. Eine Übersicht finden Sie im User Guide des entsprechenden Moduls `preprocessing`: *http://scikit-learn.org/stable/modules/preprocessing.html*. In diesem Modul liegt auch die Klasse `Imputer`, welche wie oben die Möglichkeit bietet, fehlende Werte durch ihren Mittelwert, Median oder den häufigsten Wert zu ersetzen. Die API der aktuellen Version finden Sie unter folgendem Link:
http://scikit-learn.org/stable/modules/generated/sklearn.preprocessing.Imputer.html

9.3 Featureauswahl

Eine Frage, wenn zahlreiche Merkmale vorliegen und diese ggf. auch aufbereitet wurden, ist, ob diese wirklich relevant für unsere Fragestellung sind. Hängt z. B. die Lebenserwartung im Datensatz aus dem letzten Abschnitt überhaupt von der Bevölkerung eines Landes oder dem BIP pro Kopf ab oder wäre es besser, diese Merkmale direkt zu vernachlässigen, weil wir davon ausgehen, dass es sowieso keinen Zusammenhang gibt?

9.3.1 Kovarianz und Korrelationskoeffizient

Was hier die Auswahl verkompliziert ist, dass es keinen Ursache-Wirkung-Zusammenhang zwischen einem Merkmal und der vorherzusagenden Größe geben muss. Es reicht eine Korrelation, die ggf. auch unsinnig oder politisch inkorrekt sein kann.

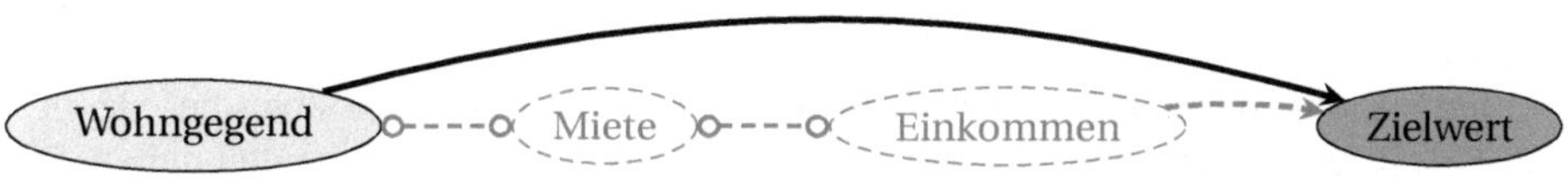

Abbildung 9.5 Komplexe Verkettungen von korrelierenden Größen

Ein Aspekt kann z. B. wie in Abbildung 9.5 sein, dass Ihr Einkommen mit Ihrer Wohngegend korreliert. Natürlich verdient man nicht automatisch weniger, wenn man in einem sozialen Brennpunkt wohnt, da das Gehalt ja mit einem Umzug nicht gekürzt wird. Aber tendenziell bevorzugt man angenehme Wohngegenden, wenn man sich z. B. die Miete leisten kann. Die Höhe der Miete hängt also von der Wohngegend ab und die Fähigkeit, diese höhere Miete zu bezahlen, vom Einkommen. Wenn wir für eine Vorhersage gerne eigentlich das Einkommen verwenden würden, es aber nicht haben, dann kann die Wohngegend also ein gutes Merkmal sein, das uns einen Ersatz liefert. Dieser Vorteil, quasi Ersatzgrößen nutzen zu können, geht mit dem Nachteil einher, dass auch unsinnig erscheinende Merkmale, wie die Anzahl der Störche, vielleicht doch geeignet sind, die Geburtenrate vorherzusagen – jedenfalls in Teilen von Europa. Diese Dinge sind nämlich ggf. auch regional oder kulturell verschieden.

Um uns hier nicht auf unsere schnell fehlgeleitete Intuition verlassen zu müssen, nutzen wir bekannte Verfahren aus der Statistik. Das erste ist die **Kovarianz** zwischen zwei Größen. Wir wissen ja bereits, dass die Varianz ein Maß für die Schwankung um den Mittelwert ist. Die Kovarianz verallgemeinert dies auf den Fall mit mehreren Größen. Nehmen wir ein Merkmal x und die Zielgröße y. Mit $\bar{x}$ und $\bar{y}$ bezeichnen wir die Mittelwerte der beiden Größen. Nehmen wir als Beispiel die Lebenserwartung aus der bekannten Datenbank und die Geburtenrate als Merkmal. Die Kovarianz beantwortet nun die Frage, ob beide Merkmale zusammen um ihren Mittelwert schwanken; also, wenn die Lebenserwartung über dem Durchschnitt liegt, liegt dann auch die Geburtenrate über dem Durchschnitt? Wenn ja, ähnlich stark? Wenn nein, ist es vielleicht genau umgekehrt? Dann hätten wir einen negativen Zusammenhang! Oder ist es eher willkürlich, dann haben wir keinen Zusammenhang vorliegen.

Abbildung 9.6 illustriert den Zusammenhang für die meisten standardisierten Größen aus der Datenbank. Es fehlt z. B. die Kindersterblichkeit, aufgetragen gegen die Bevölkerung, bei der sich jedoch, ähnlich wie bei anderen Größen, kein Zusammenhang zeigt. In jedem der Scatterplots wurde eine Trennlinie aufgetragen. Der gezeigte Ausschnitt wurde etwas beschränkt, wodurch Staaten wie China oder Indien bei der Bevölkerung nicht sichtbar sind. Sie fließen jedoch in die Berechnung der Ausgleichsgraden ein. Der Code, um die Grafiken aus Abbildung 9.6 zu erzeugen, lautet:

```
dfSort = dfV[~dfV.isna().any(axis=1)]
dfSort = dfSort[dfSort.Jahr==2011]
dfSort = dfSort.select_dtypes('number').drop(columns=['Region','Einkommen','Jahr'])
dfSort = (dfSort - dfSort.mean()) / dfSort.std()
plt.rcParams.update({'figure.max_open_warning': 0})
for feature in dfSort.columns:
    for f in dfSort.columns:
        if f == feature: continue
        plt.figure()
        z = np.polyfit(dfSort.loc[:,f], dfSort.loc[:,feature], 1)
        plt.scatter(dfSort.loc[:,f], dfSort.loc[:,feature], c='k')
        plt.plot(dfSort.loc[:,f], z[0]*dfSort.loc[:,f]+z[1],'r--',lw=3)
        plt.xlabel(f + ' [Standardisiert]', fontsize=14)
        plt.ylabel(feature + ' [Standardisiert]', fontsize=14)
```

Bitte beachten Sie, dass der Code zwar Plots für die Region erzeugen kann, aber diese keinen Sinn haben. Die Region ist eine kategoriale Größe, die wir in Zahlen umgewandelt haben. Die Reihenfolge in der Nummerierung ist ohne jede Bedeutung. Daher kann man hier Korrelationen nicht einfach mit einer solchen Grafik einfangen. Die Trendlinien haben nur bei mindestens ordinalen Größen eine Chance, eine Aussage zu liefern. Durch die Trendlinien bzw. Ausgleichsgraden erkennt man bereits, ob Werte korrelieren oder vermutlich nicht. Wie man Abbildung 9.6 entnehmen kann, scheint es keinen Zusammen zwischen der Geburtenrate und der absoluten Bevölkerung eines Landes zu geben. Ein Land hat scheinbar also nicht einfach deshalb viele Einwohner, weil es dort eine rasante Vermehrung gibt. Ähnliches gilt für die Bevölkerung und die Kindersterblichkeit, in der sich auch kein deutlicher Trend abzeichnet. Es lassen sich jedoch mehre Trends abgelesen. Mit steigender Lebenserwartung fällt die Kindersterblichkeit, es gibt also eine negative Korrelation. Umgekehrt gilt, wenn die Geburtenrate steigt, steigt auch die Kindersterblichkeit. Hier liegt eine – mathematisch gesprochen – positive Korrelation vor. Während sich bei den beiden obigen Zusammenhängen die Werte beinahe mustergültig um eine Trendgerade streuen, wird es beim BIP komplexer. Es gilt zwar, dass die Lebenserwartung steigt bzw. die Geburtenrate und die Kindersterblichkeit fallen, wenn der BIP steigt, jedoch scheint hier ein eher nichtlinearer Zusammenhang zu existieren.

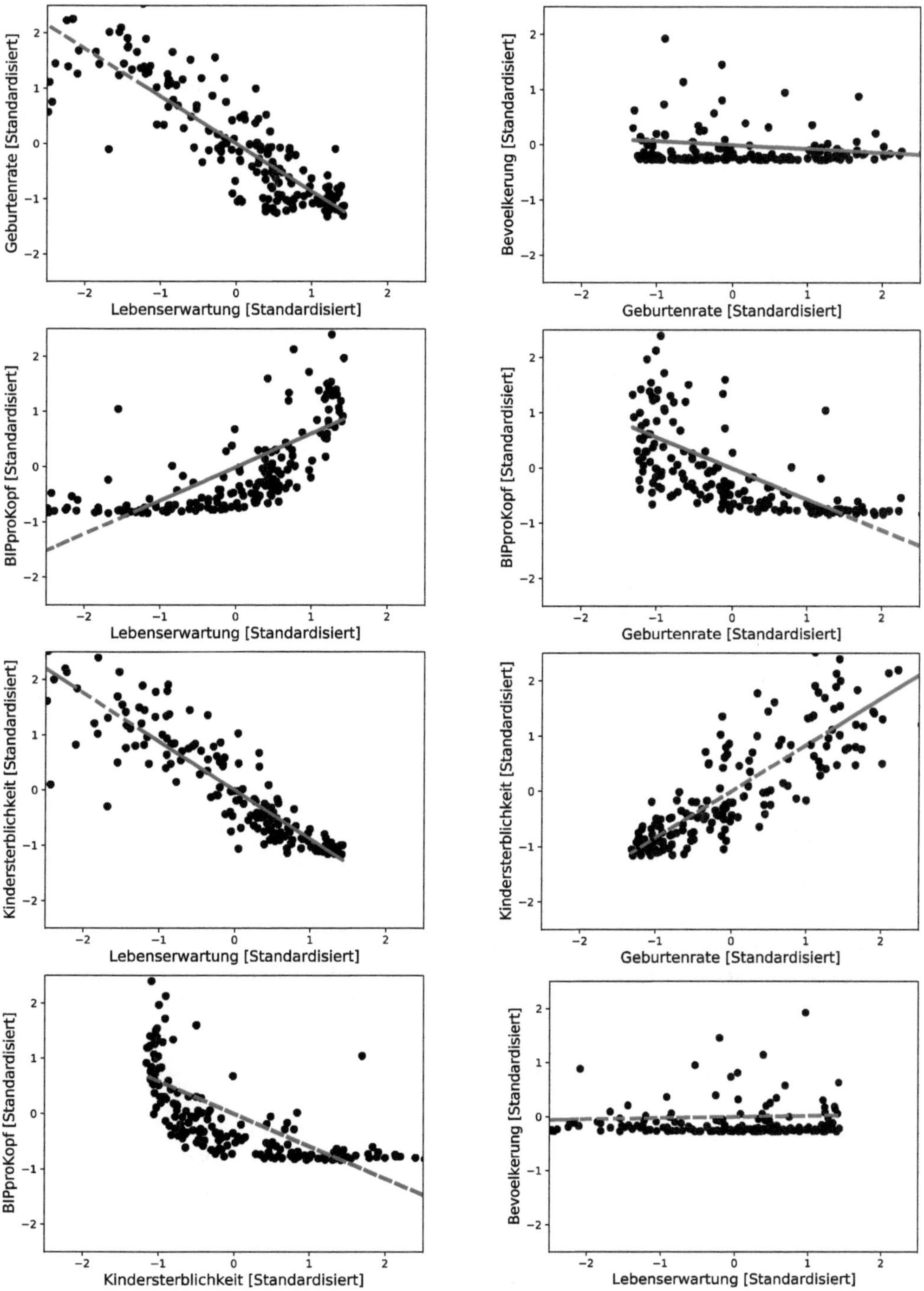

Abbildung 9.6 Zusammenhang zwischen Größen auf standardisierten Daten im Jahr 2011

Die Zusammenhänge in Abbildung 9.6 sind nur für das Jahr 2011 visualisiert worden. Das bedeutet, der Aspekt der Zeit fehlt völlig. Tragen Sie doch gegenüber den Jahren einmal die Größen *Lebenserwartung*, *Kindersterblichkeit* und *BIP pro Person* auf. Sie werden merken, dass früher nicht alles besser war, sondern in der Regel sogar schlechter.

Die Scatterplots mit den Trendlinien geben ein erstes Gefühl. Statistisch wird die Korrelation zwischen Merkmalen anders ausgedrückt. Um das Maß der Korrelation zwischen Werten zu qualifizieren, multiplizieren wir die Abweichung vom Mittelwert $(x_i - \bar{x})$ im Merkmal mit der Abweichung in der Zielgröße $(y_i - \bar{y})$. In anderen Anwendungsfällen ist es natürlich auch möglich, dasselbe für zwei Merkmale zu tun und zu sehen, ob diese eine hohe Kovarianz aufweisen. Nun summieren wir dies für alle n Elemente einer Datenmenge bzw. Stichprobe auf und bilden davon den Mittelwert, indem wir durch die Anzahl der Elemente teilen:

$$\mathrm{Cov}(x, y) = \frac{1}{n} \sum_{i=1}^{n} (x_i - \bar{x}) \cdot (y_i - \bar{y}) \tag{9.3}$$

In diesem Sinne spricht man eben von **Kovarianz**, weil gemeinsam variiert wird, wenn dieser Wert hoch ist, bzw. genau gegeneinander, wenn er niedrig ist. Nur: Was ist jetzt *groß* und was *klein*? Der Ausdruck oben ist nicht normiert, sodass wir Probleme hätten, einen Wert, wie z. B. 15, einzuordnen. Steht 15 für eine hohe gemeinsame Varianz oder eine niedrige?

Betrachten wir noch einmal die Formel für die Stichprobenvarianz:

$$\sigma_x^2 = \mathrm{Cov}(x, x) = \frac{1}{n} \sum_{i=1}^{n} (x_i - \bar{x}) \cdot (x_i - \bar{x}) = \frac{1}{n} \sum_{i=1}^{n} (x_i - \bar{x})^2$$

Man sieht die Ähnlichkeit zur Kovarianz sofort, da hier nur y durch x ersetzt wurde, und man kann sich leicht vorstellen, dass es unmöglich ist, mehr mit jemandem im Gleichklang zu variieren als mit sich selbst. Das bedeutet, dass die maximale Kovarianz durch die Varianz der einzelnen Größen begrenzt ist und im Extremfall der Varianz entspricht. Um hier nun eine normierte Größe zu erhalten, den sogenannten **Korrelationskoeffizienten** oder auch **Pearson-Korrelationskoeffizienten**, dividieren wir durch das Produkt der Varianzen der beiden Größen und ziehen hinterher die Wurzel. Der Faktor $\frac{1}{n}$ kürzt sich dabei heraus:

$$\mathrm{Kor}(x, y) = \frac{\mathrm{Cov}(x, y)}{\sqrt{\sigma_x^2 \cdot \sigma_y^2}} = \frac{\sum_{i=1}^{n} (x_i - \bar{x}) \cdot (y_i - \bar{y})}{\sqrt{\sum_{i=1}^{n} (x_i - \bar{x})^2 \cdot \sum_{i=1}^{n} (y_i - \bar{y})^2}} \tag{9.4}$$

Ein typisches Symbol für den Korrelationskoeffizienten, das Sie öfter in der Literatur finden werden, ist ρ. Man sieht schnell, z. B. wenn man $y = x$ in die Formel einsetzt:

$$\mathrm{Kor}(x, x) = \frac{\mathrm{Cov}(x, x)}{\sqrt{\sigma_x^2 \cdot \sigma_x^2}} = \frac{\sigma_x^2}{\sigma_x^2} = 1\,,$$

dass dieser bei einer maximalen Kovarianz auf eins begrenzt ist. Je näher er diesem Wert kommt, desto mehr gilt *je mehr x desto mehr y*; umgekehrt bei einer Nähe zu -1 *je mehr x desto weniger y*.

Das Problem ist, dass der Ansatz, die gemeinsame Kovarianz zu einem Maß für die Korrelation zu machen, nur für lineare Zusammenhänge funktioniert. Hier kann man sagen, dass 0 bedeutet, dass beide Merkmale linear nicht voneinander abhängen. Hängen die beiden Größen hingegen nichtlinear voneinander ab, so funktioniert dieser Ansatz nicht mehr. Wir machen uns das einmal an drei Beispielen in Python klar. Als erstes Beispiel nehmen wir einen linearen Zusammenhang

$$y_1 = \frac{x}{2},$$

in dem der Korrelationskoeffizient perfekt funktionieren sollte, als zweites einen quadratischen Fall

$$y_2 = (x - \frac{1}{2})^2,$$

dessen Wendepunkt die Mitte unseres Bereiches markiert, und zum Schluss einen logarithmischen Zusammenhang

$$y_3 = \ln(x+1).$$

Das Ganze betrachten wir für $x \in [0,1]$, was auch dazu führt, dass der logarithmische Zusammenhang auf diesem Intervall recht gut durch eine lineare Funktion zu approximieren ist. Abbildung 9.7 zeigt diese Möglichkeit deutlich an.

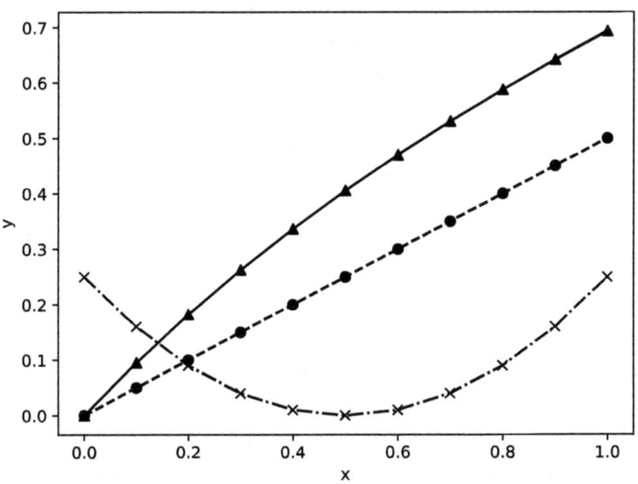

Abbildung 9.7 Linearer, quadratischer und logarithmischer Zusammenhang

Zur Berechnung verwenden wir die NumPy-Funktion `numpy.corrcoef`. Diese nimmt als Argument eine Matrix entgegen, in der in jeder Spalte eine Größe aufgetragen ist. Der Rückgabewert ist dann die Matrix der Korrelationskoeffizienten bzw. die **Korrelationsmatrix** jeder Größe mit jeder anderen. Übergeben wir also z. B. x und y, erhalten wir als Rückgabe

$$P = \begin{pmatrix} \text{Kor}(x,x) & \text{Kor}(x,y) \\ \text{Kor}(y,x) & \text{Kor}(y,y) \end{pmatrix}.$$

Es liegt in der Natur des Korrelationskoeffizienten, dass auf der Diagonalen nur Einsen stehen und die Matrix symmetrisch ist, da $\text{Kor}(x,y) = \text{Kor}(y,x)$ gilt. Wir übergeben dieser Funktion nun alle unsere Zusammenhänge, sehen uns jedoch nur die erste Zeile an. Schließlich sind wir an dem Zusammenhang zwischen y_1 und y_2 etc. nicht interessiert.

```
import numpy as np

x = np.arange(0,1.1,0.1)
y1 = 0.5*x
y2 = (x-0.5)**2
y3 = np.log(x+1)

data = np.vstack( (x,y1,y2,y3) )
kor = np.corrcoef(data)
print(kor[0,:])
```

Als Ausgabe erhalten wir:
`[ 1.00000000e+00 1.00000000e+00 3.61385101e-17 9.95355229e-01]`
Die erste Eins überrascht uns nicht, da sie für den Zusammenhang von x mit sich selbst steht. Danach erkennt man, dass der perfekte lineare Zusammenhang auch tatsächlich mit einer 1 bewertet wird, und der logarithmische ist mit ca. 0.99 auch gut erkannt worden. Völlig negiert wird jedoch der quadratische Zusammenhang, obwohl beide Größen natürlich voneinander anhängen, aber eben stark nichtlinear.

Wie sehr ein nichtlinearer Zusammenhang erkannt wird, kann man sich anhand dessen klarmachen, was wir in Kapitel 5 besprochen haben. Wenn ein Zusammenhang gut durch ein lineares Modell angenähert werden kann, bekommen wir auch in dem Maße eine brauchbare Rückmeldung durch den Korrelationskoeffizienten. Je schlechter ein lineares Modell taugt, desto schwächer wird der angezeigte Zusammenhang. Verschieben wir zum Beispiel den quadratischen Zusammenhang um 0.5

```
y4 = x**2
data = np.vstack( (x,y4) )
kor = np.corrcoef(data)
print(kor[0,1])
```

so erhalten wir mit ca. 0.96 eine sehr starke Aussage über die Korrelation. Für die praktische Anwendung besonders in den Ingenieur- und Naturwissenschaften gilt, dass Daten oft in einen eingeschränkten Wertebereich – bzgl. der Merkmale – aufgenommen werden und sich für eine konkrete Anwendung oft linear gut annähern lassen.

Schauen wir uns nun die Korrelationen für unsere Beispieldaten an. Pandas bietet hierzu wie NumPy eine eigene sehr komfortable Methode an. Die Methode **corr** berechnet den Wert für alle numerischen Größen.

```
plt.xlim([-2.5,2.5]); plt.ylim([-2.5,2.5])
```

Das Ergebnis finden Sie in der Tabelle 9.3, dabei weisen wir der Lebenserwartung noch keine besondere Rolle zu, sondern behandeln alle Spalten gleich. Auf der Hauptdiagonalen ergibt sich logischerweise überall eine Eins, da jeder Wert perfekt mit sich selbst korreliert. Wie man sieht, gibt es einen (näherungsweise) linearen Zusammenhang zwischen der Kindersterblichkeit und der Lebenserwartung sowie der Geburtenrate. Die Bevölkerung wächst mit der Zeit (Jahr), weist aber sonst wenig Zusammenhänge im Sinne einer Korrelation auf. Bzgl. des BIP ist das klar, da dieser schon pro Kopf umgerechnet ist. Die absolute Wirtschaftsleistung eines

Tabelle 9.3 Korrelationen der Merkmale in den Länderdaten

	Jahr	BIP pro Kopf	Lebens-erwartung	Bevöl-kerung	Geburt-enrate	Kinder-sterblichkeit
Jahr	1.000000	0.231535	0.209427	0.024038	-0.189293	-0.232761
BIP pro Kopf	0.231535	1.000000	0.576393	-0.050401	-0.517901	-0.568173
Lebenserwartung	0.209427	0.576393	1.000000	0.016906	-0.862700	-0.875687
Bevölkerung	0.024038	-0.050401	0.016906	1.000000	-0.058990	0.061929
Geburtenrate	-0.189293	-0.517901	-0.862700	-0.058990	1.000000	0.839325
Kindersterblichkeit	-0.232761	-0.568173	-0.875687	0.061929	0.839325	1.000000

Landes weist sicherlich eine Korrelation mit der Bevölkerung auf, aber eben nicht die Wirtschaftsleistung pro Kopf.

Neben wir an, wir wollen mit nur zwei Merkmalen die Lebenserwartung vorhersagen. Mit dem folgenden Code tun wir etwas, dass normalerweise bei größeren Datenbeständen bzw. mehr Merkmalen nicht funktioniert ... wir probieren in einem Brute-Force-Ansatz alles einmal durch.

```

fullTree = bRegressionTree()
fullTree.fit(XTrainP.to_numpy(),YTrainP.to_numpy())
yP = fullTree.predict(XTestP.to_numpy())
print('CART alle Merkmale: %.3f' % (np.mean(np.abs(yP-YTestP.to_numpy()))))
for f1 in XTrainP.columns:
    for f2 in XTrainP.columns:
        if f1 == f2 : continue
        fTrain = XTrainP.loc[:, [f1,f2] ]
        fTest  = XTestP.loc[:, [f1,f2] ]
        reduTree = bRegressionTree()
        reduTree.fit(fTrain.to_numpy(),YTrainP.to_numpy())
        yP = reduTree.predict(fTest.to_numpy())
        print('CART (',f1,f2,') : %.3f' % (np.mean(np.abs(yP-YTestP.to_numpy()))))
```

Tabelle 9.4 Ergebnisse für den CART mit unterschiedlichen Merkmalen

Merkmal 1	Merkmal 2	MAE
Alle Merkmale		1.024
Kindersterblichkeit	Bevölkerung	2.181
Bevölkerung	Geburtenrate	2.689
Region	Kindersterblichkeit	2.818
Bevölkerung	BIP pro Kopf	2.857
Geburtenrate	Kindersterblichkeit	3.126
BIP pro Kopf	Kindersterblichkeit	3.351
Region	Einkommen	3.375
Kindersterblichkeit	Einkommen	3.469
Geburtenrate	BIP pro Kopf	3.614
BIP pro Kopf	Region	3.952
Geburtenrate	Region	4.048
Kindersterblichkeit	Jahr	4.054
Jahr	Einkommen	4.255
Region	Bevölkerung	4.280
Geburtenrate	Einkommen	4.380
Region	Jahr	4.418
Bevölkerung	Einkommen	4.699
Geburtenrate	Jahr	4.783
Einkommen	BIP pro Kopf	4.979
BIP pro Kopf	Jahr	5.190
Jahr	Bevölkerung	8.368

Das Ergebnis lässt sich in der Tabelle 9.4 ablesen. Dabei habe ich darauf verzichtet, die vertauschten Paare, also (BIP, Region) und (Region, BIP),aufzuführen. Da der CART wie besprochen durch die Implementierung durchaus unterschiedlich schneidet, liefern dieselben Merkmale in einer anderen Reihenfolge minimal andere Ergebnisse. Eine Eigenschaft, die wir in Kapitel 10 noch ausnutzen werden.

Was man vermutlich nach den Werten der Korrelationskoeffizienten für das Jahr 2011 aus Tabelle 9.3 erwartet hat, ist, dass die Geburtenrate und die Kindersterblichkeit zu den wichtigen Bestandteilen der besten Kombinationen in der Tabelle 9.4 gehören. Was sicherlich verwundert ist die Bevölkerung, welche doch zu mindestens für das Jahr 2011 keine Korrelation aufgewiesen hat bei welcher auch der Plot in Abbildung 9.6 keinen nichtlineare Zusammenhang nahelegt. Für diesen speziellen Fall hilft es, sich zunächst klarzumachen, dass wir hier alle Jahre betrachten. Das bedeutet, ein Land ist in der Regel sowohl in der Testmenge als auch in der Trainingsmenge enthalten. Nehmen wir an, von den 25 verschiedenen Jahren mit Werten sind von den drei Ländern Germany, Samoa und Malta sieben in der Testmenge gelandet und 18 in der Trainingsmenge. Wenn der Lernalgorithmus sicher in der Lage wäre, das jeweilige Land und den Zeitpunkt zu identifizieren, dann könnten vermutlich drei Werte aus dem Trainingsset im Leaf-Node eines Entscheidungsbaumes ein recht gutes Ergebnis liefern. Schauen wir uns den *Siegerbaum* genauer an, so stellen wir fest, dass dieser sehr verästelt ist und die maximal mögliche Anzahl an Leaf-Nodes ausgeprägt hat.

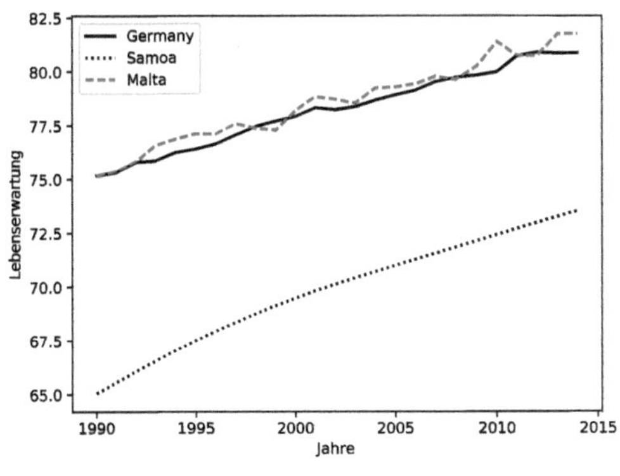

Abbildung 9.8 Entwicklung der Lebenserwartung in drei Ländern

Schauen wir auf Abbildung 9.8, so sieht man, dass sich natürlich die Lebenserwartung über die Jahre verändert. Im Fall von Deutschland ist die Änderung für den Zeitraum jedoch wesentlich kleiner als der Abstand zu einem Staat wie Samoa. Das bedeutet, dass es sehr hilfreich ist, primär den Staat und sekundär den ungefähren Zeitraum identifizieren zu können. Mit der Bevölkerung und der Kindersterblichkeit haben wir eine Art groben Fingerabdruck für den jeweiligen Staat. Daneben sinken beide tendenziell mit der Zeit und geben so ein wenig Information über die verstrichenen Jahre. Diese Information hat sich der Baum also indirekt geholt. Man muss sich klarmachen, dass die Merkmale einen Raum aufspannen. Geburtenrate und Kindersterblichkeit korrelieren stark mit der Lebenserwartung, aber beide liefern im Prinzip ähnliche Informationen. Der Informationsraum wird mit beiden nicht so gut aufgespannt wie mit der Kindersterblichkeit und der Bevölkerung. Hier bringt die Bevölkerung einfach eine fehlende Information bei.

Das bedeutet aber auch, dass die erreichten sehr hohe Genauigkeit mit CART und k-NN daran liegen, dass unsere Aufgabe eine eher interpolierende ist. Es gilt kein Modell, welches sich für Prognosen in die Zukunft gut eigenen würde.

Stellen Sie die Testmenge anders zusammen. Packen Sie alle Werte bis 2010 in die Trainingsmenge und alle Werte ab 2010 in die Testmenge. Nutzen Sie dann ein neuronales Netz, einen CART und ggf. auch ein k-NN. Welches Verfahren ist ein einem solchen Szenario besser? Sind andere Merkmale wichtiger?

Natürlich ist es keine Lösung für viele praktische, Probleme einen solchen Merkmalsraum mittels Brute-Force zu bestimmen. Was es hier noch für Möglichkeiten gibt, betrachten wir im folgenden Abschnitt.

Analysieren Sie einmal die Merkmale des *Bike Sharing Data Sets* aus Abschnitt 6.3.2 bzgl. ihrer Korrelation. Berechnen Sie dazu den Korrelationskoeffizienten zwischen den Merkmalen *Temperature, aTemperature, Windspeed, Hour* und *Holiday*. Bei den ersten vier liegt der Verdacht auf eine Korrelation nahe. Das letzte Merkmal ist sicherlich für direkte kausale Zusammenhänge unwahrscheinlich. Vielleicht finden Sie aber doch etwas, da die gesetzlichen Feiertage ja nicht gleichmäßig über das Jahr verteilt sind ...

9.3.2 Sequenzielle Auswahl von Merkmalen

Die Auswahl der Merkmale im letzten Abschnitt erfolgte auf Brute-Force-Basis und wir haben auch schon gesehen, dass die reine Betrachtung der Korrelation uns in die Irre hätte führen können. Die höchste Korrelation mit dem Zielwert ist nicht der beste Ansatz, um den Raum der Merkmale aufzuspannen. Der Grund ist, dass zwei Merkmale die ungünstige Eigenart haben können, stark mit der gesuchten Größe zu korrelieren, aber zusammen eben keinen geeigneten Vektorraum im Sinne des Abschnitts 5.1 aufzuspannen. Beispielsweise haben doch Merkmale wie Geburtenrate und Kindersterblichkeit viel miteinander zu tun. Man sieht an Tabelle 9.3, dass beide mit ca. 0.83 beinah ebenso stark miteinander korrelieren wie mit der Lebenserwartung.

Nehmen wir an, wir dürften für unsere Regression nur zwei Merkmale nutzen, wäre es dann automatisch gut, zwei zu nehmen, die als Vektoren faktisch in die gleiche Richtung zeigen? Vermutlich nicht! Eigentlich hängt hier für die beste Darstellung eines Raumes mit weniger Basisvektoren natürlich alles mit allem zusammen, aber so kann unser Computer nicht arbeiten. Bei einer höheren Anzahl von Basisvektoren würde der Raum, wie erwähnt, durch die kombinatorischen Möglichkeiten schnell zu groß werden.

Es wird versucht, das Problem über einen **Greedy-Algorithmus** zu lösen. Dazu muss man sich klarmachen, dass wir es hier wieder mit einem Such- oder alternativ Optimierungsproblem zu tun haben. Beide Sichtweisen können sinnvoll sein. In diesem Problemumfeld trifft der Greedy-Algorithmus in jedem Schritt der Suche eine lokal optimale Auswahl. Da er dabei natürlich nicht alle kombinatorischen Möglichkeiten nutzt, ist die Lösung im Allgemeinen nicht optimal, aber in der Regel praxistauglich. Der Ausdruck *Greedy*, also habgierig, kommt daher, dass versucht wird, eben nur lokal das Maximum herauszuholen, ohne auf spätere Implikationen zu achten.

Ausgangspunkt ist ein Merkmalsraum mit d Merkmalen. Dieser soll nun auf $k < d$ Merkmale verkleinert werden. Ein einfacher Greedy-Algorithmus hierzu ist die **sequenzielle Rückwärtsauswahl** (engl. **Sequential Backwards Selection** (SBS)). Die Grundidee besteht darin, dass der SBS der Reihe nach Merkmale aus der vollständigen Merkmalsmenge entfernt, bis schließlich nur noch so viele Merkmale überbleiben wie zuvor festgelegt wurde. In unserem Beispiel oben würde im ersten Schritt jeweils ein Merkmal entfernt werden. Es entstehen also mehrere Mengen, mit denen jeweils ein Lernalgorithmus trainiert wird. Die Menge, auf der wir das beste Ergebnis erhalten, behalten wir und entfernen dann das entsprechende Merkmal. Mit den verbleibenden Merkmalen und den dazugehörigen Mengen machen wir dann wieder dasselbe usw. Um die Frage des *besten Ergebnisses* beantworten zu können, brauchen wir eine Funktion, nennen wir sie einmal J, die in $\mathbb{R}$ abbildet, und die wir minimieren wollen. Das klingt komplizierter als es ist. Man kann z. B. einfach den Fehler auf einer Validierungsmenge nehmen. Das ist ein gutes Maß für die Qualität unseres Algorithmus und etwas, das wir minimieren wollen.

Der folgende Pseudocode gibt das Vorgehen wieder:

Gegeben ist eine Menge X_d von d Merkmalen und eine Zielzahl von k Merkmalen, auf die reduziert werden soll.
Darüber hinaus ist ein Qualitätsmaß J und ein Lernalgorithmus L gegeben.
$l = d$
while $l > k$ **do**
    for all $x \in X_l$ **do**
        Bilde die Menge $\hat{X} = X_l \setminus \{x\}$
        Berechne die Qualität des Lerners L auf $\hat{X}$ bzgl. J
        Speichere diese in Q
    end for
    Ermittele die Kombination mit dem kleinsten Fehler $i = \text{argmin}(Q)$
    $l = l - 1$
    Setze $X_l = X_{l+1} \setminus \{x_i\}$
end while

Wir setzen das nun direkt einmal in Python um. Die Umsetzung ist dabei sehr nah an den Pseudocode angelehnt. Wichtig ist allein in Zeile 9, zuvor die Originalposition der Merkmale zu speichern, da das im m-ten Schritt aussortierte Merkmal 3 vielleicht zuvor Merkmal 6 war und eben in zuvor gelagerten Schritten bereits vorangestellte Merkmale gelöscht wurden. Dadurch, dass in Zeile 20 immer nur der Eintrag an der Position i gelöscht wird und nicht der Wert i, wird so am Ende der Index der ursprünglichen Merkmale zurückgeliefert.

```
1  import numpy as np
2  from CARTRegressionTree import bRegressionTree
3
4  def SBS(X,y,k, verbose=False):
5      l=X.shape[1]
6      MainSet = np.arange(0,X.shape[0])
7      ValSet  = np.random.choice(X.shape[0],int(X.shape[0]*0.25), replace=False)
8      TrainSet  = np.delete(MainSet,ValSet)
9      suggestedFeatures = np.arange(0,l)
10     while (k<l):
```

```
11          Q = np.zeros(l)
12          for i in range(l):
13              Xred = np.delete(X, i, axis=1)
14              reduTree = bRegressionTree(minLeafNodeSize=40)
15              reduTree.fit(Xred[TrainSet,:],y[TrainSet])
16              error = y[ValSet] - reduTree.predict(Xred[ValSet,:])
17              Q[i] = np.mean(np.abs(error))
18          i = np.argmin(Q)
19          if verbose: print(Q);print(suggestedFeatures[i])
20          suggestedFeatures = np.delete(suggestedFeatures,i)
21          X = np.delete(X, i, axis=1)
22          l = l -1
23      return(suggestedFeatures)
24
25  np.random.seed(42)
26
27  X = np.random.rand(1000,5)
28  y = 2*X[:,1] - X[:,3]**2 - 0.01*X[:,0]**3 + 0.1*(X[:,2] - X[:,4]**2)
29
30  suggestedFeatures = SBS(X,y,2, verbose=True)
31  print(suggestedFeatures)
```

Wie man sieht, haben wir als Qualitätskriterium in Zeile 17 den mittleren Fehler gewählt und als Lerner erneut einfach den CART-Algorithmus. Um zu testen, ob der Algorithmus auch so funktioniert, wie wir uns das vorstellen, nutzen wir in Zeile 27 und 28 eine analytische Funktion. Man sieht hier sofort, dass die Variablen x_1 und x_3 den größten Einfluss haben. Der Algorithmus berechnet im ersten Durchlauf die folgenden Fehler für die Mengen ohne das entsprechende Merkmal:

`[ 0.10600957 0.53429257 0.10600957 0.2891085 0.10600957]`

Wie erwartet, haben x_0, x_2 und x_4 einen kleinen Einfluss, und es wird zunächst Nr. 0 entfernt. Wenn man die `LeafNodeSize` verkleinert, dann gibt es zwischen den dreien kleinere Unterschiede, und es kommt zu anderen Reihenfolgen. Man sieht also, dass der Algorithmus durchaus sensitiv für die Parametrierung des Lernens ist und natürlich erst recht dafür, welcher Lerner überhaupt benutzt wird. Deutliche Unterschiede in der Bedeutung der Merkmale sind unabhängig davon, kleinere nicht. Im nächsten Schritt erhalten wir für den mittleren Fehler

`[ 0.52041526 0.10600957 0.28665652 0.10600957]` ,

was dazu führt, dass 2 aussortiert wird, und abschließend

`[ 0.55340841 0.28113308 0.10600957]` ,

womit zum Schluss 4 entfernt wird. Wie erwartet, schließen wir mit der Empfehlung ab, die Merkmale 1 und 3 zu verwenden.

Dass die lokale Suche so gut funktioniert hat, hängt auch stark davon ab, dass hier alle Merkmale unabhängig voneinander waren und die Unterschiede in der Bedeutung sehr ausgeprägt sind. In der Praxis ist es oft nicht so klar und einfach, weshalb auch die Auswahl von Merkmalen für Fragestellungen – besonders mit geringen Datenmengen – ein Aspekt ist, der in vielen Publikationen, wie z. B. [FB16], als eigenständiger Aspekt diskutiert wird.

Bei der Anwendung

```
np.random.seed(42)
suggestedFeatures = SBS(XTrainP.to\_numpy(),YTrainP.to\_numpy(),k=2, verbose=True)
```

auf unsere etwas größere Länderdatenbank ergibt sich ein komplexeres Bild. Um näher am späteren Lerner zu sein, verändern wir jedoch die `minLeafNodeSize` wieder auf den Default-

Wert. Im ersten Schritt der Merkmalsauswahl ergeben sich folgende Fehler für die Menge ohne das jeweilige Merkmal:

```
[1.33836817 1.15436991 1.17443619 1.42812275 1.18322491 1.33741195 1.15360914]
```

Somit wählt der Algorithmus das Merkmal 6 (*Einkommen*) zur Entfernung aus. Die Entscheidung ist sehr knapp und es hätte bei leicht anderen Parametern – Stichwort Validierungsmenge – sicherlich auch ein anderes Merkmal treffen können. Schauen wir einmal, wie es weitergeht:

```
[1.43135214 1.1562354 1.22249229 1.52217265 1.29715039 1.40720476]
```

Nun wird tatsächlich das *Jahr* (Merkmal Nummer 1), welches in unserem Brute-Force-Test nie besonders wertvoll war, im nächsten Schritt entfernt.

```
[1.45005972 1.2621214 1.64910441 1.36464156 1.52609582]
```

Das Merkmal *BIP* fällt als nächstes heraus. In den nächsten Schritten verlieren wir mit

```
[1.73100088 2.08532452 1.58655146 1.68285742]
```

die Geburtenrate, obwohl gerade sie stark mit dem Zielwert korreliert. Da aber die Kindersterblichkeit noch im Modell ist, scheint es so, als wenn die Entscheidung sinnvoll wäre.

```
[2.41869814 3.01432269 3.74389794]
```

Im letzten Schritt wird die Region entfernt. Damit hat sich der Algorithmus im letzten Schritt tatsächlich für die in Tabelle 9.4 vermerkte beste Lösung entschieden. Es ist jedoch eine lokale Suche, die keinesfalls immer derartig positiv ausgeht. Wichtig ist auch, in dem Algorithmus einen ähnlichen – möglichst den gleichen – Lerner zu verwenden, der später eingesetzt werden soll. Bei ähnlicher Qualität der Aussagekraft der Merkmale bevorzugen unterschiedliche Algorithmen ggf. jeweils andere Merkmale.

Neben dem schrittweisen Entfernen gibt es noch einen weiteren Ansatz, nämlich die **sequenzielle Vorwärtsauswahl** (engl. **Sequential Forward Selection** (SFS)). Hier besteht die Grundidee darin, mit einer leeren Menge zu beginnen und schrittweise Merkmale hinzuzunehmen. Dieser Ansatz notiert sich als Pseudocode sehr ähnlich zur Rückwärtsvariante:

Gegeben ist eine Menge X_d von d Merkmalen und eine Zielzahl von k Merkmalen, auf die reduziert werden soll.
Darüber hinaus ist ein Qualitätsmaß J und ein Lernalgorithmus L gegeben.
$l = 0$
$X_l = \emptyset$
while $l < k$ **do**
  for all $x \in X_d \setminus X_l$ **do**
    Bilde die Menge $\hat{X} = X_l \cup \{x\}$
    Berechne die Qualität des Lerners L auf $\hat{X}$ bzgl. J
    Speichere diese in Q
  end for
  Ermittle die Kombination mit dem kleinsten Fehler $i = \text{argmin}(Q)$
  $l = l + 1$
  Setze $X_l = X_{l-1} \cup \{x_i\}$
end while

In Python kann man diesen Algorithmus z. B. wie folgt umsetzen:

```
import numpy as np
from CARTRegressionTree import bRegressionTree

def SFS(X,y,k, verbose=False):
    MainSet = np.arange(0,X.shape[0])
```

```
    ValSet  = np.random.choice(X.shape[0],int(X.shape[0]*0.25), replace=False)
    TrainSet  = np.delete(MainSet,ValSet)
    featuresLeft = np.arange(0,X.shape[1])
    suggestedFeatures = np.zeros(1,dtype=int)
    l=0
    while (k>l):
        Q = np.inf*np.ones(X.shape[1])
        for i in featuresLeft:
            suggestedFeatures[l] = i
            reduTree = bRegressionTree(minLeafNodeSize=40)
            reduTree.fit(X[np.ix_(TrainSet,suggestedFeatures)],y[TrainSet])
            error = y[ValSet] - reduTree.predict(X[np.ix_(ValSet,suggestedFeatures)])
            Q[i] = np.mean(np.abs(error))
        i = np.argmin(Q)
        if verbose: print(Q);print(i)
        suggestedFeatures[l] = i
        featuresLeft = np.delete(featuresLeft,np.argwhere(featuresLeft == i) )
        suggestedFeatures = np.hstack( (suggestedFeatures,np.array([0]) ) )
        l = l +1
    suggestedFeatures = suggestedFeatures[0:l]
    return(suggestedFeatures)
```

Der Rest des Listings wäre natürlich identisch zu dem vorangegangen. Mit dem gleichen Random-Seed erhält man jedoch erneut dieselben Merkmale vorgeschlagen wie bei der Rückwärtsvariante.

Beide Algorithmen sind sehr grundlegend und wurden Ende der neunziger Jahre des letzten Jahrhunderts durch eine adaptive Version verbessert. In [SPNP99] wird diese Version vorgestellt, die in jedem Schritt die Anzahl der neu hinzugenommenen bzw. entfernten Merkmale variieren kann und so vor allem für große Merkmalsräume bessere und stabilere Resultate schafft.

Feature selection in scikit-learn
Es gibt in scikit-learn viele Hilfsmittel zur Merkmalsauswahl. Eine Übersicht finden Sie im User Guide des Moduls `feature_selection`: *http://scikit-learn.org/stable/modules/feature_selection.html.* In diesem Modul liegt auch die Klasse `RFE`, welche analog zu oben rekursive Merkmale der Merkmalsmenge entnimmt. Die API der aktuelle Version finden Sie unter folgenden Link:
http://scikit-learn.org/stable/modules/generated/sklearn.feature_selection.RFE.html

Nutzen Sie die besprochenen Techniken einmal für das *Bike Sharing Data Set* aus Abschnitt 6.3.2, nämlich jeweils `SBS` und `SFS`, um sich 8 bzw. 10 der 12 Merkmale auswählen zu lassen. Vergleichen Sie die mit 8 Merkmalen erreichte Qualität mit der von zwölf Merkmalen, indem Sie anschließend den k-NN-Ansatz aus Abschnitt 5.4 und ein MLP mit ein oder zwei Hidden-Layern einsetzen. Der Random Forest ist hier kein gutes Beispiel, da dieser Ansatz tendenziell mehr von einer höheren Dimension des Merkmalsraums profitiert. Mit dem k-NN bzw. MLP sehen Sie eher den reinen Effekt, der durch die Verkleinerung des Raumes erzeugt wird.

Im nächsten Abschnitt wird es darum gehen, die Merkmale nicht primär auszuwählen und dadurch Informationen zu verlieren, sondern diese Merkmale neu zu kombinieren, um so möglichst viele Informationen zu erhalten.

9.4 Hauptkomponentenanalyse (PCA)

Die **Hauptkomponentenanalyse**, englisch **Principal Component Analysis** (PCA), ist im Prinzip nichts anderes als eine Projektion von einem großen Raum, der alle Merkmale enthält, in einen kleineren Raum. Die Basisvektoren des kleineren Raumes sind dabei jedoch nicht einfach wie im letzten Abschnitt weniger Merkmale, sondern werden ggf. aus mehreren Merkmalsvektoren linear zusammengesetzt. Diese Beschreibung lehnt sich mehr an die klassische lineare Algebra an, im Kontext des maschinellen Lernens spricht man auch von einem unüberwachten linearen Transformationsverfahren. Die Frage ist natürlich, auf welcher Grundlage entschieden wird, wie wir unsere neue, kleinere Basis für den Merkmalsraum aufbauen. Die Idee bei der PCA liegt darin, anhand von Korrelationen zwischen Merkmalen Muster in den Daten zu entdecken und zu nutzen. Hierbei ist das Ziel, die Richtungen mit maximaler Varianz in einem hochdimensionalen Raum zu finden und diese besonderen Richtungen als Grundlage für unsere Projektion in den niedriger dimensionalen Raum zu verwenden.

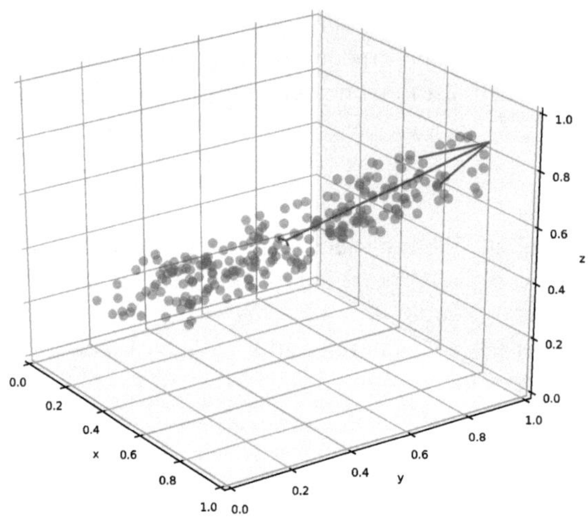

Abbildung 9.9 Beispielmenge für eine PCA

Die Abbildung 9.9 illustriert das Ziel. Wir haben eine Menge, die am stärksten eine Varianz in Richtung w_1 aufweist. Nun gilt es, hierzu weitere Basisvektoren w_2 und w_3 zu finden. Diese drei Vektoren sollen alle senkrecht aufeinander stehen, also orthogonal sein. Das Ergebnis ist dann eine Basis von drei orthogonalen Vektoren, die jeweils in die Richtung der verbliebenen maximalen Varianz zeigen. Die Reihenfolge bzw. Nummerierung gibt dabei an, wie stark die Varianz in dieser Richtung im Vergleich zu den anderen ist. In Richtung der w_1 ist sie am größten, dann kommt PC_2 und zum Schluss PC_3. Wenn wir also nur einen zweidimensionalen Raum wünschen, werden wir w_1 und w_2 als Basis nutzen und w_3 entfallen lassen. Um auf diesen von w_1 und w_2 aufgespannten Untervektorraum zu kommen, werden wir eine Projektionsmatrix W konstruieren. Die Annahme für diesen Ansatz lautet, dass die Richtungen mit der größten Varianz auch die meiste Information beinhaltet. Das ist oft richtig, aber trotzdem eine Annahme, die auch falsch sein kann.

Als Beispiel starten wir mit der konstruierten Beispielmenge oben und verwenden anschließend die schon bekannten PKW-Daten. Mit den bereits diskutierten mathematischen Hilfsmitteln kann man die Herleitung gut durchführen, und meiner Ansicht nach ist diese auch sehr hilfreich dabei, das Verfahren zu verstehen. Wer jedoch direkt zur praktischen Anwendung springen möchte, ohne die Hintergründe zu beleuchten, kann den folgenden durchaus mathematischen Abschnitt auch überspringen und direkt im Abschnitt 9.4.2 weiterlesen.

9.4.1 Mathematische Herleitung und Motivation

Vorab benötigen wir noch ein weiteres Hilfsmittel, die **Kovarianzmatrix.**

$$\Sigma = \begin{pmatrix} \sigma_1^2 & \sigma_{12} & \cdots & \sigma_{1n} \\ \sigma_{21} & \sigma_2^2 & \cdots & \sigma_{2n} \\ \vdots & \vdots & \ddots & \vdots \\ \sigma_{n1} & \sigma_{n2} & \cdots & \sigma_n^2 \end{pmatrix}$$

Hierbei ist $\sigma_{i,j} = \mathrm{Cov}(x_i, x_j)$ wieder die Kovarianz der Merkmale x_i und x_j. Damit enthält die Kovarianzmatrix alle paarweisen Kovarianzen der Merkmale und somit die Informationen über Streuungen und Korrelationen. Sie ist eng mit der auf Seite 293 beschriebenen Korrelationsmatrix

$$P = \begin{pmatrix} \rho_{11} & \rho_{12} & \cdots & \rho_{1n} \\ \rho_{21} & \rho_{22} & \cdots & \rho_{2n} \\ \vdots & \vdots & \ddots & \vdots \\ \rho_{n1} & \rho_{n2} & \cdots & \rho_{nn} \end{pmatrix} = \begin{pmatrix} 1 & \rho_{12} & \cdots & \rho_{1n} \\ \rho_{21} & 1 & \cdots & \rho_{2n} \\ \vdots & \vdots & \ddots & \vdots \\ \rho_{n1} & \rho_{n2} & \cdots & 1 \end{pmatrix} \text{ mit } \rho_{ij} = \frac{\mathrm{Cov}(x_i, x_j)}{\sqrt{\sigma_i^2 \cdot \sigma_j^2}} = \frac{\sigma_{ij}}{\sqrt{\sigma_i^2 \cdot \sigma_j^2}}$$

verwandt, wobei die Einsen auf der Hauptdiagonale sich daraus ergeben, dass die Korrelation eines Merkmals mit sich selbst, wie besprochen immer, 1 ergibt. Wie man sieht, unterscheiden sich beide im Wesentlichen durch eine Skalierung. Definiert man die Diagonalmatrix $D = \mathrm{diag}(\sigma_{11}, \sigma_{22}, \ldots, \sigma_{nn})$, erhält man p durch Σ und umgekehrt:

$$P = D^{-1} \cdot \Sigma \cdot D^{-1} \qquad \Sigma = D \cdot P \cdot D$$

Das macht die beiden zu sogenannten kongruenten Matrizen. In der linearen Algebra nennt man zwei quadratische Matrizen P und Σ , wenn es eine invertierbare Matrix R gibt, sodass

$$\Sigma = R^T \cdot P \cdot R$$

gilt. Da für eine Diagonalmatrix $D = D^T$ gilt, ist dies augenscheinlich erfüllt, wenn alle $\sigma_{ii} \neq 0$ sind. Darüber hinaus sind die beiden Matrizen symmetrische Matrizen.

> Im Falls von Daten, bei denen alle Merkmale standardisiert wurden, also $\sigma_i = 1$ gilt:
>
> $P = \Sigma$

Diese Verwandtschaft erlaubt eine Motivation der PCA über P und Σ, wobei wir die über Σ nehmen.

Die Projektion auf einen Vektor bzw. einen eindimensionalen Unterraum ist nicht kompliziert. Im Abschnitt 5.1.3 hatten wir bereits besprochen, dass – wenn wir einen Vektor x auf ein normiertes w projizieren wollen – wir die Projektion z durch die Gleichung

$$z = w^\top x$$

erhalten. z war dabei nur die Länge der Projektion in Richtung w. Ist ein Vektor inklusive Richtung gewünscht, muss man zw nutzen.

Wie oben schon erwähnt, ist die Hauptkomponente w_1 diejenige, entlang der unsere Datenmenge am meisten ausgedehnt ist. Das Ziel ist, dass die Differenz zwischen den Stichprobenpunkten am deutlichsten wird. Da es uns nur um die Richtung geht und damit wir hinterher eine normierte Basis bekommen, legen wir fest, dass w_1 normiert sein soll, also $\| w_1 \| = 1$. Damit stellen wir auch automatisch die Eindeutigkeit der Lösung sicher. Die Varianz $\text{Var}(z_1)$ mit $z_1 = w_1^\top x$ kann durch

$$\text{Var}(z_1) = w_1^\top \Sigma w_1$$

berechnet werden. Wir verzichten hier auf einen formalen Beweis, sollten uns das jedoch einmal für einen dreidimensionalen Fall plausibel machen. Nehmen wir zunächst an, wir hätten $w = (1, 0, 0)^\top$:

$$\begin{pmatrix} 1 & 0 & 0 \end{pmatrix} \begin{pmatrix} \sigma_1^2 & \sigma_{12} & \sigma_{13} \\ \sigma_{21} & \sigma_2^2 & \sigma_{23} \\ \sigma_{31} & \sigma_{32} & \sigma_3^2 \end{pmatrix} \begin{pmatrix} 1 \\ 0 \\ 0 \end{pmatrix} = \begin{pmatrix} 1 & 0 & 0 \end{pmatrix} \begin{pmatrix} \sigma_1^2 \\ \sigma_{21} \\ \sigma_{31} \end{pmatrix} = \sigma_1^2$$

Da wir genau in Richtung des ersten Merkmals die Varianz abgefragt haben, bekommen wir eben auch genau diesen Eintrag. Nehmen wir nun an, wir würden eine Linearkombination aus den ersten beiden Merkmalen abfragen, also z. B. $w = (1/\sqrt{2}, 1/\sqrt{2}, 0)^\top$:

$$\begin{aligned} \begin{pmatrix} 1/\sqrt{2} & 1/\sqrt{2} & 0 \end{pmatrix} \begin{pmatrix} \sigma_1^2 & \sigma_{12} & \sigma_{13} \\ \sigma_{21} & \sigma_2^2 & \sigma_{23} \\ \sigma_{31} & \sigma_{32} & \sigma_3^2 \end{pmatrix} \begin{pmatrix} 1/\sqrt{2} \\ 1/\sqrt{2} \\ 0 \end{pmatrix} &= \frac{1}{2} \begin{pmatrix} 1 & 1 & 0 \end{pmatrix} \begin{pmatrix} \sigma_1^2 + \sigma_{12} \\ \sigma_{21} + \sigma_2^2 \\ \sigma_{31} + \sigma_{32} \end{pmatrix} \\ &= \frac{\sigma_1^2 + \sigma_{12} + \sigma_{21} + \sigma_2^2}{2} \end{aligned}$$

Wie erwartet, erhalten wir dann eine Mittelung der Varianzen der beteiligten Merkmale. Nun suchen wir nach einer speziellen Richtung, und zwar nach derjenigen, in der die Varianz maximal ist. Das ist ein Optimierungsproblem und lässt sich wie folgt notieren:

$$\max_{w_1} \underbrace{w_1^\top \Sigma w_1}_{(*)} - \underbrace{\lambda(w_1^\top w_1 - 1)}_{(**)} \tag{9.5}$$

Der Term $(*)$ ist die Varianz, die wir maximieren wollen, und der Term $(**)$ ist eine sogenannte Lagrange-Zwangsbedingung, die bewirkt, dass w_1 auch die Norm 1 hat. λ ist dabei ein sogenannter Lagrange-Parameter. Wir nutzen den Lagrange-Formalismus hier einfach ohne weitere Erläuterung, da er auch nur einmal im Kontext des Buches verwendet wird. Wer an den Grundlagen interessiert ist, findet diese z. B. in [AHK+15] S. 1311ff. Die Verwendung hier ist sehr analog zu dem, was man von Optimierungsproblemen ohne Nebenbedingungen kennt. Die notwendige Bedingung ist, dass der Gradient verschwindet – also gleich dem Nullvektor wird – und entsprechend differenzieren wir den Ausdruck oben nach unserer variablen Größe w_1. Indem wir die Ableitung gleich dem Nullvektor setzen, erhalten wir als Bedingung:

$$2\Sigma w_1 - 2\lambda w_1 = 0$$

Die 2 kann gekürzt werden, und dann bringen wir λw_1 auf die rechte Seite.

$$\Sigma w_1 = \lambda w_1$$

Wie man sieht, wird w_1, wenn es auf Σ angewendet wird, lediglich in seiner Länge verändert. Das ist die Definition eines Eigenvektors, weshalb also w_1 ein Eigenvektor von Σ ist und λ ein Eigenwert. Da Σ eine symmetrische Matrix ist, ist automatisch klar, dass es nur reelle Eigenwerte gibt und wir uns hier um komplexe Zahlen etc. keine Gedanken machen müssen.

Diese Bedingung, dass jede Lösung ein Eigenvektor sein muss, können wir nun in (9.5) nutzen:

$$w_1^\top \underbrace{\Sigma w_1}_{=\lambda w_1} = w_1^\top \lambda w_1 = \lambda \underbrace{w_1^\top w_1}_{=1} = \lambda \tag{9.6}$$

Das bedeutet, dass der Term, den wir maximieren wollen, eben dann maximal wird, wenn wir den Eigenvektor mit dem größten Eigenwert wählen. Seien $\lambda_1 > \lambda_2 > \ldots$ die nach der Größe sortierten Eigenwerte von Σ, so wählen wir also $\lambda = \lambda_1$.

Damit hätten wir die erste Hauptkomponente mit der größten Variation. Auch w_2 soll natürlich die Varianz ebenfalls maximieren, auf eins normiert sein und darüber hinaus fordern wir nun, dass w_2 senkrecht auf w_1 steht. Diese Bedingung bewirkt dann, dass unsere neuen Merkmalsachsen nicht mehr miteinander korrelieren. Daher erhalten wir nun für die zweite Achse eine etwas komplexere Bedingung:

$$\max_{w_2} w_2^\top \Sigma w_2 - \lambda(w_2^\top w_2 - 1) - \beta(w_2^\top w_1 - 0) \tag{9.7}$$

Der dritte Term fordert also nun als Nebenbedingung $w_2^\top w_1 = 0$, was eben genau Orthogonalität bedeutet. Wieder differenzieren wir diese Gleichung, nun eben nach w_2, um die notwendige Bedingung für einen Extremwert zu bekommen:

$$2\Sigma w_2 - 2\lambda w_2 - \beta w_1 = 0 \tag{9.8}$$

Das wirkt nun zunächst komplexer, jedoch können wir ausnutzen, dass w_1 und w_2 orthogonal sein sollen. Hierzu multiplizieren wir die Gleichung (9.8) von links mit $w_1^\top$ und erhalten:

$$2w_1^\top \Sigma w_2 - 2\lambda w_1^\top w_2 - \beta w_1^\top w_1 = 0$$

Hier fällt nun viel weg, da zum einen $w_1^\top w_1 = 1$ wegen der Normierung gilt und $w_1^\top w_2 = 0$, da beide Vektoren senkrecht aufeinander stehen sollen.

$$2w_1^\top \Sigma w_2 - \beta = 0 \tag{9.9}$$

Für den nächsten Schritt nutzen wir noch einen kleinen Kniff. Der Term $w_1^\top \Sigma w_2$ als Ganzes ist nichts anderes ein Skalar. Während für Matrizen A, B Regeln wie $(A \cdot B)^\top = B^\top \cdot A^\top$ gelten, dürfen Skalare einfach transponiert werden, ohne dass sich etwas ändert. Es gilt also:

$$w_1^\top \Sigma w_2 = (w_1^\top \Sigma w_2)^\top = w_2^\top \Sigma w_1$$

Da w_1 aber ein Eigenwert war, gilt $\Sigma w_1 = \lambda_1 w_1$ und somit wegen der geforderten Orthogonalität wieder

$$w_2^\top \Sigma w_1 = w_2^\top \lambda_1 w_1 = \lambda_1 w_2^\top w_1 = 0$$

Setzen wir dies in (9.9) ein, vereinfacht sich das zu

$$\beta = 0$$

und wir können (9.7) vereinfachen zu

$$2\Sigma w_2 - 2\lambda w_2 = 0 \Rightarrow \Sigma w_2 = \lambda w_2 \tag{9.10}$$

Das bedeutet, dass w_2 der Eigenvektor von Σ mit dem zweitgrößten Eigenwert sein sollte, und wir setzen also $\lambda = \lambda_2$. Das kann man jetzt für die restlichen Hauptkomponenten so weiter treiben. Die anderen Achsen sind dann durch die Eigenvektoren entsprechend der absteigenden Eigenwerte gegeben. Dieses Ergebnis passt auch dazu, dass wir eine symmetrische Matrix betrachten, deren Einträge alle reell sind. Hier gilt, dass die Eigenvektoren w_i, w_j zu zwei verschiedenen Eigenwerten einer reellen symmetrischen Matrix immer orthogonal sind. Es ist jedoch nicht automatisch klar, dass unsere Matrix regulär ist. Ist Σ nicht regulär, sondern singulär, so erhalten wir nur $k < n$ unterschiedliche Eigenwerte. Diese k Achsen bieten dann einen verkleinerten Raum, den wir als neue Basis nutzen können und das sogar in der Theorie ohne Informationsverlust. In der Praxis nimmt man oft die ersten l Hauptkomponenten, bis zu denen große Eigenwerte auftreten, und lässt die kleinen freiwillig entfallen. Der singuläre Fall tritt z. B. auf, wenn ein Merkmal ohne Verlust als Linearkombination der anderen Merkmale dargestellt werden kann. Dann erhält unser Merkmalsraum durch dieses Merkmal auch keine neuen Informationen.

9.4.2 Praktische Umsetzung in Python

Mithilfe dieser Eigenvektoren $w_1, ..., w_k$ von Σ aus dem letzten Abschnitt können wir nun die Projektionsmatrix $W = [w_1, w_2, \ldots, w_k] \in \mathbb{R}^{n\times k}$ bilden, durch die mittels

$$z = W^\top x = xW$$

der Merkmalsvektor x aus dem n-dimensionalen Raum in den k-dimensionalen projiziert wird.

Nun haben wir am Anfang gesagt, es gibt Möglichkeiten, eine PCA auch über die Korrelationsmatrix zu motivieren statt über die Kovarianzmatrix. Ein Grund, der dies ohne die ausführliche Diskussion motiviert, wurde bereits genannt, nämlich dass für standardisierte Daten die Kovarianzmatrix zur Korrelationsmatrix wird. Jedoch ist die Frage ob, man auf den Rohdaten oder vorverarbeiteten Daten arbeitet, nicht unerheblich. Wie erwähnt, sind beide kongruente Matrizen. Es sind aber keine ähnlichen – im Sinne der lineare Algebra – Matrizen. Zwei quadratische Matrizen A, B sind ähnlich, wenn es eine reguläre Matrix S gibt, sodass

$$B = S^{-1}AS$$

gilt. Dann wären die Eigenwerte gleich, im Fall kongruenter Matrizen ist das nicht sichergestellt.

> **!** Das bedeutet, je nachdem ob und wie Sie ihre Daten vorverarbeitet – roh, normiert, standardisiert, ... – haben, erhalten Sie ggf. eine andere Projektion.

Manche Leute beunruhigt das, weil diese Personen sich erhoffen, dass die PCA die Frage nach der Bedeutung der Merkmale und dem besten Raum liefert. Mathematisch liefert dieses Verfahren jedoch ausschließlich eine Projektion basierend auf der Form der Daten, die hierfür verwendet werden und keine absolute Antwort auf die Frage nach der Bedeutung.

Daher gibt es kein Vorgehen, was immer das beste ist. Leute mit viel Erfahrung werden auch manche Merkmale anders aufbereiten als andere und so versuchen, möglichst viel zu erreichen.

... Sie machen alles richtig. Der Form nach einwandfrei. Alles sieht genau so aus wie damals. Aber es haut nicht hin. Nicht ein Flugzeug landet.

Richard Feynman: Cargo Cult Science. Eröffnungsrede des Caltech zum Semesterbeginn 1974.

Bei Feynman geht es darum, dass Dinge in Cargo-Kult-Wissenschaften – er nennt als Beispiele Didaktik und Pädagogik – aussehen wie Wissenschaft, aber nicht funktionieren. Entscheidend ist, ob die Flugzeuge landen und entscheidend bei Ihnen ist, was auf ihrem Datensatz funktioniert. Leider kann ich dazu kein *das klappt immer* liefern und für den Einsteiger ist *mit etwas Erfahrung* auch nicht hilfreich. Zumal es oft beinah so was wie gelogen ist. Die meisten probieren ein Schema, welches in den meisten Fällen klappt und nur wenn das nicht klappt, weichen Sie davon ab.

Wenn alle Merkmale in den gleichen Skalen liegen, also sich nicht um Größenordnungen unterscheiden, ist auch die PCA normalerweise robust gegenüber der Frage, ob zuerst standardisiert wird oder nicht. Liegen die Merkmale z. B. Größenordnungen auseinander, so verändert eine Standardisierung die Größen der Eigenwerte. Nehmen wir an, die Werte eines Merkmals liegen zwischen 0 und 1000 und alle anderen nur zwischen 0 und 1. Dieser Unterschied wird sich in den Eigenwerten auswirken.

Im Zweifelsfall würde ich empfehlen, die Daten so aufzubereiten, wie Sie es ohne die PCA tun würden, was im Regelfall im Sinne von Abschnitt 9.2.1 die Standardisierung ist. Dies entspricht, wenn Sie das für alle Merkmale tun, wie besprochen, der Verwendung der Kovarianzmatrix. Wenn sich die Skalen der Variablen ähneln, probieren Sie es ggf. mit den Rohdaten.

Im Wesentlichen läuft die Berechnung dann wie folgt ab:

1. Aufbereitung der Daten, in der Regel also Standardisierung der Daten bzgl. aller n Merkmale
2. Kovarianzmatrix aufstellen
3. Eigenwerte und Eigenvektoren der Kovarianzmatrix berechnen
4. abhängig von den Vorgaben bzw. der Entwicklung der Eigenwerte die k Eigenvektoren mit den größten Eigenwerten auswählen
5. Aus diesen k Eigenvektoren die Projektionsmatrix W konstruieren

Das setzen wir nun an dem konstruierten Eingangsbeispiel aus Abbildung 9.9 einmal um. Als Erstes brauchen wir natürlich die künstlich gestreuten Daten:

```
import numpy as np

np.random.seed(42)
xs = np.arange(0.2,0.8,0.0025)
ys = np.arange(0.2,0.8,0.0025)
zs = np.arange(0.2,0.8,0.0025)

dx = 0.15*(np.random.rand(xs.shape[0])-0.5)
dy = 0.30*(np.random.rand(ys.shape[0])-0.5)
dz = 0.20*(np.random.rand(zs.shape[0])-0.5)

x = 0.5*xs + 0.25*ys + 0.3*zs + dx
y = 0.3*xs + 0.45*ys + 0.3*zs + dy
z = 0.1*xs + 0.30*ys + 0.6*zs + dz
dataset = np.vstack( (x,y,z) ).T
```

In `dataset` sind nun die Merkmale in Spalten angeordnet, so wie wir das bisher immer codiert hatten. Das bedeutet, `dataset` hat so viele Zeilen, wie wir Datenbankeinträge haben, und so viele Spalten wie Merkmale vorhanden sind. Nun führen wir Schritt 1 aus und standardisieren wie in Abschnitt 9.2.1 besprochen die Daten:

```
xbar = np.mean(dataset,axis=0)
sigma = np.std(dataset,axis=0)
X = (dataset - xbar) / sigma
```

Nun folgt Schritt zwei, die Berechnung der Kovarianzmatrix. Hierfür gibt es eine fertige Funktion in NumPy. Diese erwartet jedoch die Daten in den Zeilen und nicht, wie wir das bisher gemacht haben, in den Spalten. Entsprechend müssen wir die transponierte Matrix übergeben.

```
Sigma = np.cov(X.T)
```

Von dieser Matrix berechnen wir nun entsprechend Schritt drei die Eigenwerte und Eigenvektoren. Auch hierfür können wir auf eine fertige Funktion aus der NumPy zurückgreifen:

```
(lamb, w) = np.linalg.eig(Sigma)
```

Als Ergebnisse bekommen wir die Eigenwerte 2.74940363, 0.0790633, 0.18403306 und die zugehörigen Eigenvektoren

$$W = \left(\begin{pmatrix} 0.58644900 \\ 0.56641603 \\ 0.57900816 \end{pmatrix}, \begin{pmatrix} 0.76949444 \\ -0.16641001 \\ -0.61659226 \end{pmatrix}, \begin{pmatrix} 0.25289499 \\ -0.80714347 \\ 0.53344497 \end{pmatrix} \right)$$

Die Eigenvektoren stehen in den Spalten von w und sind im Rahmen der Gleitkommaarithmetik auf 1 normiert. Die Gleitkommaarithmetik und numerische Kondition kann einem auch noch direkt bei der Berechnung der Eigenwerte Schwierigkeiten bereiten. Die Funktion `eig` dient allgemein zur Eigenwertberechnung und nutzt die Symmetrie der Matrix nicht aus. Wenn man also entgegen der theoretischen Überlegungen komplexe Eigenwerte erhält, sollte man einmal zur Funktion `eigh` wechseln. Diese ist für hermitesche Matrizen – sind alle Einträge in der Matrix reelle, ist hermitsch dasselbe wie symmetrisch – entworfen und wird dann vermutlich bessere Ergebnisse liefern. Die Eigenwerte werden übrigens, wie man sieht, nicht nach der Größe sortiert zurückgeliefert.

Der folgende Code dient ausschließlich der Visualisierung, wobei wir `quiver` ein wenig missbrauchen, um unsere drei Vektoren darstellen zu können.

```
import matplotlib.pyplot as plt
from mpl_toolkits.mplot3d import Axes3D
fig = plt.figure(2)
ax = fig.add_subplot(1,1,1, projection='3d')
ax.scatter(x,y,z,c='red',s=60,alpha=0.3)
ax.set_xlim([0,1]); ax.set_ylim([0,1]); ax.set_zlim([0,1])
ax.set_xlabel('x'); ax.set_ylabel('y'); ax.set_zlabel('z')
xM = np.array([xbar[0],xbar[0],xbar[0]])
yM = np.array([xbar[1],xbar[1],xbar[1]])
zM = np.array([xbar[2],xbar[2],xbar[2]])
D = np.zeros_like(w)
D[:,0] = lamb[0]/4*w[:,0]
D[:,1] = lamb[1]/4*w[:,1]
D[:,2] = lamb[2]/4*w[:,2]
ax.quiver(xM,yM,zM, D[0,:], D[1,:], D[2,:])
```

In unserem Fall sieht man, dass wir mit einer Projektion auf Basis des zu 2.74940363 gehörigen Eigenwertes fast die ganze Variation abbilden könnten und vermutlich so sehr gute Ergebnisse mit nur einem verdichteten Merkmal erhalten würden.

```
xNew = (w[:,0].T@X.T).T
print(np.std(xNew))
```

`xNew` ist nun dieses verdichtete Merkmal, jedoch wie man sieht, ist es nicht mehr standardisiert, was auch nicht zu erwarten war.

> Falls Sie die Daten im ersten Schritt standardisiert haben, wird dieser Zustand durch die Projektion im Allgemeinen nicht erhalten. Sollten Sie in den nächsten Schritten mit standardisierten Daten arbeiten wollen, müssen Sie die durch PCA fusionierten Daten zuerst erneut standardisieren.

Nun kann man unsere Beispielmenge gut visualisieren, da es Daten in drei Dimensionen sind, jedoch gibt es keinen Anwendungsfall. Um einen realistischeren Anwendungsfall zu haben, der sich allerdings weniger schön visualisieren lässt, wenden wir uns dem bekannten Iris Flower Set zu. Wer sich jetzt gewünscht hätte, mit den Länderdaten weiterzuarbeiten, der sei auf Abschnitt 13.5 vertröstet. Dort werden wir tatsächlich eine PCA für die Länderdaten einsetzen und dort passt diese Datenbank auch besser hin. Wir werden die Blumen nun analog zum Vorgehen in Abschnitt 6.3.1 mit einem CART klassifizieren, uns jedoch hierbei, statt auf die vier ursprünglichen Merkmale, auf zwei durch die PCA erzeugte stützen.

Im ersten Schritt werden die Daten geladen und Merkmalsmenge und Zielgröße extrahiert. Eine Standardisierung ist nicht nötig. Der CART profitiert nicht davon und die Merkmale sind alle in einer Größenordnung. Um zu sehen, was passiert, wenn dem nicht so ist, bauen wir in Zeile 8 und 9 einen Schalter ein, welcher ein Merkmal hochskaliert.

```
1  import numpy as np
2  import matplotlib.pyplot as plt
3  from CARTDecisionTree import bDecisionTree
4
5  dataset = np.loadtxt("iris.csv", delimiter=",")
6  X = dataset[:,0:4]
7  Y = dataset[:,4]
8  skale = False
9  if skale: X[:,0] = 100*X[:,0]
```

Im zweiten Schritt wird die Kovarianzmatrix aufgestellt:

```
10
11 Sigma = np.cov(X.T)
```

Anschließend werden Eigenwerte und Eigenvektoren berechnet:

```
12 (lamb, W) = np.linalg.eig(Sigma)
```

Nun analysieren wir, wie unsere Daten bzgl. der Hauptachsen ausgeprägt sind. Dazu sortieren wir zunächst die Eigenwerte absteigend und bilden die Summe. Diese benötigen wir, um die prozentualen Anteile, die eine Hauptkomponente bzgl. der Varianz leistet, zu berechnen. Das tun wir, indem wir den Eigenwert durch die Summe der Eigenwerte teilen. Der letzte Wert ist die kumulative Summe der Aufklärung, die wir nur zur Illustration mit plotten wollen.

```
13 eigenVar = np.sort(lamb)[::-1]
14 sumEig = np.sum(lamb)
15 eigenVar = eigenVar/sumEig
16 cumVar= np.cumsum(eigenVar)
```

Nun werden wir das Ganze einmal in einer Grafik darstellen:

```
17 plt.figure()
18 plt.bar(range(1,len(eigenVar)+1),eigenVar, alpha=0.25, align='center',
19         label='Varianzanteil', color='gray')
20 plt.step(range(1,len(eigenVar)+1),cumVar, where='mid',
21         label='Kumulativer Varianzanteil', c='k')
22 plt.xlabel('Hauptkomponenten'); plt.ylabel('Prozentualer Anteil')
23 plt.legend()
```

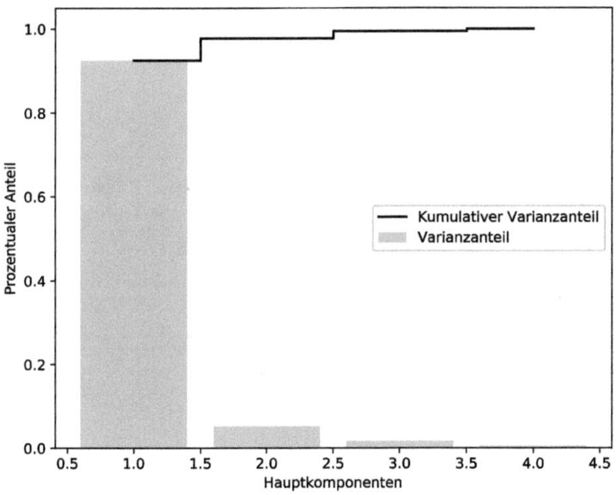

Abbildung 9.10 Analyse des Beitrages der einzelnen Hauptkomponenten zur Varianz

Wie man in Abbildung 9.10 sieht, erreichen wir schon mit den beiden ersten Hauptachsen etwas über 97% Varianzaufklärung. Dabei leistet allein der erste Vektor ca. 92%. Auf diese beiden neuen Koordinatenachsen transformieren wir nun unsere Daten, sodass wir anschließend nur noch 2 statt 4 Merkmale haben.

```
eigenVarIndex = np.argsort(lamb)[::-1]
WP = W[:,eigenVarIndex[0:2]]
XProj = ( WP.T@X.T ).T
```

Mithilfe dieser zwei neuen Koordinatenachsen trainieren wir nun einen Entscheidungsbaum. Dabei verwenden wir mit einer LeafNodeSize von 5 die gleiche Einstellung wie im Abschnitt 6.3.1 und nutzen auch den gleichen Random-Seed zur Aufteilung von Trainings- und Testmenge.

```
np.random.seed(42)
MainSet = np.arange(0,dataset.shape[0])
Trainingsset = np.random.choice(dataset.shape[0], 120, replace=False)
Testset = np.delete(MainSet,Trainingsset)
Testset = np.delete(MainSet,Trainingsset)
XTrain = XProj[Trainingsset,:]
yTrain = Y[Trainingsset]
XTest = XProj[Testset,:]
yTest = Y[Testset]

fullTree = bDecisionTree(minLeafNodeSize=5)
fullTree.fit(XTrain,yTrain)
yP = fullTree.predict(XTest)
print(yP - yTest, '\n', WP.T)
```

Vergleicht man die Fehlklassifikationen in Abschnitt 6.3.1 mit den hier erreichten, so sieht man, dass dasselbe Beispiel in der Testmenge erneut nicht richtig klassifiziert wurde. Dazu kommt ein weiterer Fehler. Das ist sehr gut, wenn man bedenkt, dass wir die Dimension des

Merkmalsraums halbiert haben. Damit wir auch sehen, was passiert ist, schauen wir uns die Daten in ihrer neuen Darstellung einmal an.

```

plt.figure()
plt.scatter(XProj[0:50,0],   XProj[0:50,1],c='red',s=60,alpha=0.6)
plt.scatter(XProj[50:100,0], XProj[50:100,1],c='green',marker='^',s=60,alpha=0.6)
plt.scatter(XProj[100:150,0],XProj[100:150,1],c='blue',marker='*',s=80,alpha=0.6)
plt.xlabel('1. Hauptkomponente'); plt.ylabel('1. Hauptkomponente')
plt.grid(True,linestyle='-',color='0.75')
```

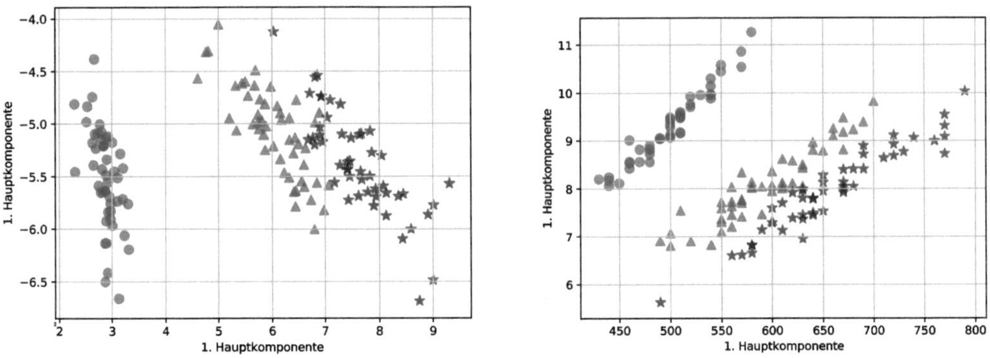

Abbildung 9.11 Darstellung des Iris Data Sets in den ersten beiden Hauptkomponenten (links ohne und rechts mit Skalierung)

Die Abbildung 9.11 zeigt das Ergebnis und zwar für den unveränderten Fall links und den Fall, in dem wir ein Merkmal um den Faktor 100 hochskalieren. Wie man sieht wirkt sich dies natürlich auf die Darstellung aus, beachten Sie auch die Achsen. Jedoch in diesem Fall nicht einmal besonders fatal. Beide Fälle sind für den CART gut zu handhaben.

Die PCA funktioniert solange gut, wie zwischen den Merkmalen Abhängigkeiten bestehen und diese Abhängigkeiten im Wesentlichen linear sind. Schließlich bildet man lediglich eine Linearkombination der ursprünglichen Merkmale und arbeitet damit weiter.

Nehmen Sie erneut das *Bike Sharing Data Set* aus Abschnitt 6.3.2 und versuchen Sie nun mithilfe der PCA, einen Merkmalsraum der Dimension 8 zu bilden. Verwenden Sie auf diesem Merkmalsraum die gleichen Verfahren inklusive beim MLP die gleiche Konfiguration wie in Abschnitt 9.3.2. Vergleichen Sie die erreichte Genauigkeit mit der, die mit dem `SBS` und `SFS` für 8 Merkmale möglich war.

PCA in scikit-learn

Die PCA gibt es auch als Klasse in scikit-learn, und zwar im Modul `decomposition` unter dem Namen `PCA`. Die API der aktuellen Version finden Sie unter folgendem Link:

http://scikit-learn.org/stable/modules/generated/sklearn.decomposition.PCA.html

Im Rahmen der Betrachtung von Clusteralgorithmen in Abschnitt 13.5 werfen wir noch einmal einen Blick auf die Bedeutung der PCA.

9.5 Autoencoder

Der Einsatz von neuronalen Netzen war bisher ausschließlich auf den Bereich des überwachten Lernens begrenzt. Es gibt jedoch auch Anwendungsfälle in denen man davon spricht, dass neuronale Netze zum unüberwachten Lernen verwendet werden. Eine in der öffentlichen Wahrnehmung sehr dominante Form sind **Generative Adversarial Networks** (GAN). Wie der Name schon andeutet, geht es quasi um gegeneinander arbeitende Netze. Zwei künstliche neuronale Netzwerke versuchen sich gegenseitig in einem Spiel zu überlisten. Der Generator – erstes Netz – erstellt Sampels und das zweite neuronale Netzwerk – der Diskriminator – überprüft, ob es sich um z. B. ein Gesicht handelt. Der Diskriminator wird dabei natürlich überwacht trainiert, aber das GAN als Ganzes wird zu den unüberwachten Methoden gezählt. Eine kleine Warnung vorweg. Es gibt oft Personen, die hoffen mittels, GAN quasi ein Art Data Augmentation durchzuführen, wie wir es in Abschnitt 11.3 besprechen werden. Das ist nur sehr gegrenzt möglich. Der Diskriminator braucht z. B. genug Gesichter im eigenen Training, um beurteilen zu können, ob das Ergebnis des Generators überzeugend ist. Wenn ein genereller Mangel an Gesichtern zum Trainieren des Diskriminators besteht, funktioniert das GAN nicht.

Für stark nichtlineare Zusammenhänge kann an die Stelle der PCA ein Autoencoder treten. Dieser ist zunächst nichts anderes als ein neuronales Netz, das mindestens drei Schichten besitzen muss.

Abbildung 9.12 zeigt eine schematische Darstellung eines Autoencoders. Schicht 1 ist der Input-Layer und Schicht 2 der Output-Layer. Als Zielwert wird nun im Output-Layer immer der gleiche Wert angelegt wie im Input-Layer. Das bedeutet, wenn ein Vektor $x = (1,2,3,4,5)^\top$ die Merkmale darstellt, ist die Zielgröße $y = x$.

$$x = y = \text{autoencoder}(x)$$

Nun wird das Netz wie in Abbildung 9.12 wie ein Schmetterling aufgebaut, der sich in der Mitte verengt und an dieser Verengung achsensymmetrisch ist. Dieses Netz wird wie gewohnt trainiert. Durch den Flaschenhals für die Information in der Mitte unseres Schmetterlings kommt es zu einer Kompression der Information. Ist das Netzwerk fertig trainiert, wird es aufgeteilt. Der linke Teil dient als Encoder und transformiert den Featurevektor x auf eine reduzierte Darstellung:

$$x_r = \text{autoencoder}_l(x) = \text{encoder}(x)$$

Bei Bedarf kann die rechte Hälfte als Decoder verwendet werden:

$$\tilde{x} = \text{autoencoder}_r(x_r) = \text{decoder}(x)$$

Sie soll einen Vektor $\tilde{x} \approx x$ berechnen. Als Ersatz für die PCA reicht der Encoder-Anteil des Netzwerkes aus. Dabei ist es übrigens nicht unbedingt nötig wie in Abbildung 9.12, dass das

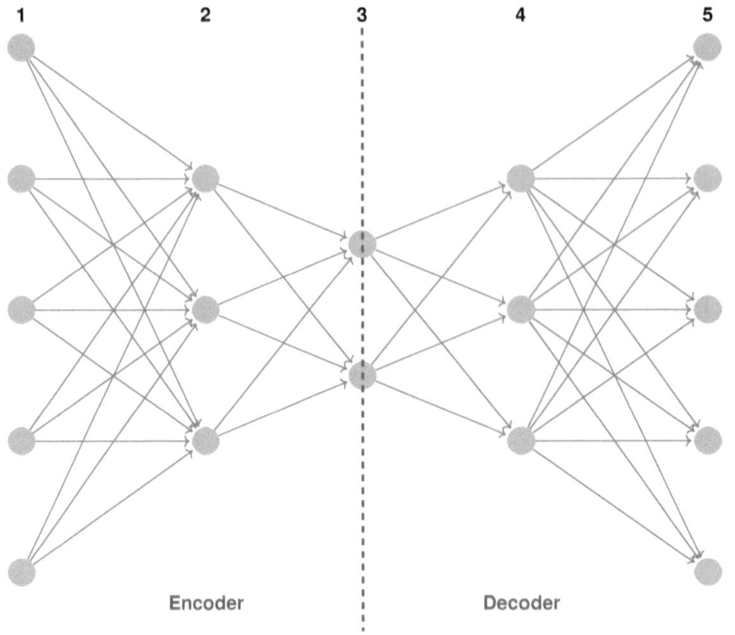

Abbildung 9.12 Schematische Darstellung eines Autoencoders

Netz in jeder Schicht von links bis zur Mitte verjüngt. Gelegentlich wird auch der erste Hidden-Layer – in der Abbildung Schicht 2 – noch größer als der Input-Layer gewählt. Sobald mehr als drei Layer involviert sind – also der Input-Layer, ein Hidden-Layer und der Output-Layer – spricht man oft auch von einem **Deep Autoencoder**.

Den nichtlinearen Ansätzen des Autoencoders gelingt oft eine sehr effektive nichtlineare Dimensionsreduktion. Die genaue Arbeitsweise hängt dabei von der Wahl der Aktivierungsfunktionen ab. Für lineare Ansatzfunktionen ist die Leistungsfähigkeit eines Autoencoders analog zur Hauptkomponentenanalyse. Daher werden in der Regel auch nichtlineare Ansatzfunktionen verwendet, wenn zu einem Autoencoder als Ansatz gegriffen wird.

Wir sehen uns das Prinzip einmal am Beispiel der MNIST-Datenbank an und nutzen, wie in Abschnitt 8.1 besprochen, die Keras-Bibliothek, um es zu trainieren. Dabei werden wir bei dem schon besprochenen Ansatz des *Sequential Models* bleiben, um nicht noch tiefer in Keras eintauchen zu müssen. Ein ggf. geringfügig kürzerer Ansatz ist über die *Functional API* möglich, die wir hier jedoch nicht vertiefen werden. Stattdessen nutzen wir den schon auf Seite 226 diskutierten Zugriff auf die Gewichte.

Unser Ziel wird es dabei sein, die ursprünglich 784 auf z. B. 24 Merkmale zu reduzieren. Wir werden dazu einen Deep Autoencoder verwenden, um die Möglichkeiten zu demonstrieren.

Zunächst laden wir wie schon in Abschnitt 8.4.4 die MNIST-Daten, wandeln diese in einen Vektor um und skalieren die Werte.

```
import numpy as np
import matplotlib.pyplot as plt
from keras.layers import Dense
from keras.models import Sequential
```

```
from keras.datasets import mnist

(XTrain, YTrain), (XTest, YTest) = mnist.load_data()
XTrain = XTrain.reshape(60000, 784)
XTest = XTest.reshape(10000, 784)
XTrain = XTrain/255
XTest  = XTest/255
```

Nun legen wir, damit wir hinterher leichter verschiedene Varianten ausprobieren können, die Größen der Layer fest.

```
Layer1 = 196
Layer2 = 98
zielZahlMerkmale = 24
```

Nachdem wir gewählt haben, wie groß das Netz sein soll und vor allem auf wie viele Merkmale wir es reduzieren wollen, trainieren wir nun wie besprochen die Autoencoder.

```
autoencoder = Sequential()
autoencoder.add(Dense(Layer1,input_dim=784,activation='sigmoid'))
autoencoder.add(Dense(Layer2,activation='relu'))
autoencoder.add(Dense(zielZahlMerkmale,activation='relu'))
autoencoder.add(Dense(Layer2,activation='relu'))
autoencoder.add(Dense(Layer1,activation='relu'))
autoencoder.add(Dense(784,activation='sigmoid'))
autoencoder.compile(loss='mean_squared_error', optimizer='adam')
autoencoder.fit(XTrain, XTrain, epochs=25, verbose=True,validation_data=(XTest, XTest))
```

Das Netzwerk zeigt einen Fehler von 0.0087 auf der Trainings- und 0.0089 auf der Testmenge. Letztere haben wir als Validierungsmenge eingesetzt. Wie schon in Abschnitt 8.1 besprochen, passiert mit der Menge nichts, solange wir keine Callbacks verwenden. Die Menge ist also immer noch eine wirkliche Testmenge und hat das Training nicht beeinflusst. Wir können nun direkt verfolgen, wie sich der Fehler entwickelt.

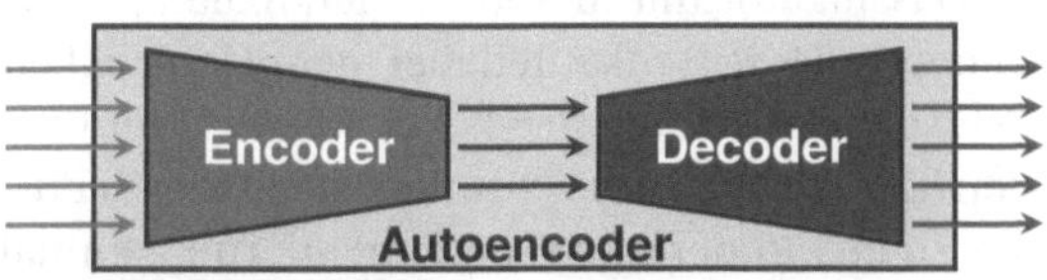

Abbildung 9.13 Schema eines Autoencoders

Am Ende des Trainings steht ein zusammenhängendes Netzwerk. Wir möchten jedoch ein Encoder- und Decoder-Netzwerk haben. Also legen wir diese einfach an und kopieren die Gewichte aus unserem trainierten Netz hier hinüber.

```
encoder = Sequential()
encoder.add(Dense(Layer1,input_dim=784,activation='sigmoid'))
encoder.add(Dense(Layer2,activation='relu'))
encoder.add(Dense(zielZahlMerkmale,activation='relu'))

for i in range(len(encoder.layers)):
    W = autoencoder.layers[i].get_weights()
    encoder.layers[i].set_weights(W)
```

Das Gleiche machen wir erneut für den Decoder.

```

decoder = Sequential()
decoder.add(Dense(Layer2,input_dim=zielZahlMerkmale, activation='relu'))
decoder.add(Dense(Layer1,activation='relu'))
decoder.add(Dense(784,activation='sigmoid'))

for i in range(len(encoder.layers),len(autoencoder.layers)):
    W = autoencoder.layers[i].get_weights()
    decoder.layers[i-len(encoder.layers)].set_weights(W)
```

Nachdem alles erreicht ist, wollen wir natürlich sehen, wie gut unsere Verdichtung funktioniert hat. Die Zahlen des Fehlerfunktionals oben geben uns ja kein Gefühl. Daher schicken wir die Testmenge einmal durch den Prozess und schauen uns anschließend ein paar der Beispiele an.

```

encodedData = encoder.predict(XTest)
decodedData = decoder.predict(encodedData)
```

Plottet man die ersten zehn Beispiele der Testmenge, ergibt sich das in Abbildung 9.14 dargebotene Bild. Als Mensch kann man die auf 24 Merkmale reduzierte und dann wieder expandierte Darstellung der Ziffern sehr gut erkennen.

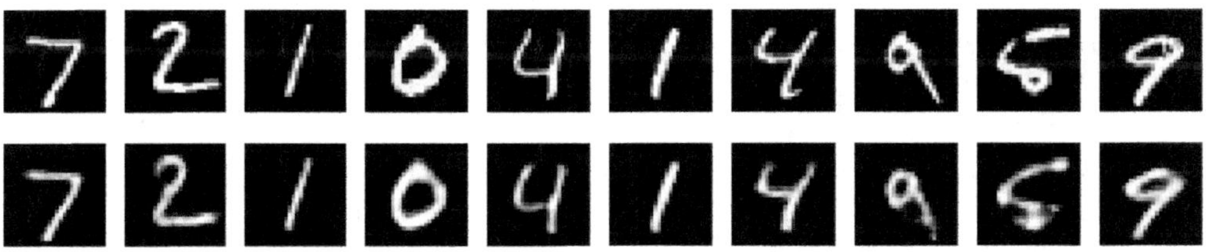

Abbildung 9.14 Output des Autoencoders

Die entscheidende Frage ist natürlich, ob ein Klassifikator mit diesen 24 Merkmalen gut arbeiten kann bzw. besser als mit den ursprünglichen 784. *Besser* kann dabei mehr Genauigkeit oder auch mehr Geschwindigkeit bedeuten. Unsere Umsetzung des k-NN aus Abschnitt 5.4 war vergleichsweise langsam. Mit 24 Merkmalen können wir es aber zumindest auf dieses Problem anzuwenden. Dazu lassen wir das Skalieren etc. in der alten Implementierung einmal beiseite.

```
XTrainRed = encoder.predict(XTrain)
XTestRed = encoder.predict(XTest)

def unscaledKNNclassification(xTrain, yTrain, xQuery, k, normOrd=None):
    diff = xTrain - xQuery
    dist = np.linalg.norm(diff,axis=1, ord=normOrd)
    knearest = np.argpartition(dist,k)[0:k]
    (classification, counts) = np.unique(YTrain[knearest], return_counts=True)
    theChoosenClass = np.argmax(counts)
    return(classification[theChoosenClass])


errors = 0
for i in range(len(YTest)):
```

```
        myClass = unscaledKNNclassification(XTrain, YTrain, XTest[i,:], 3)
        if myClass != YTest[i]:
            errors = errors +1
            print('%d wurde als %d statt %d klassifiziert' % (i,myClass,YTest[i]))
```

Wenn man diesen Code ausführt, wird die Testmenge des MNIST einmal vollständig klassifiziert. Es dauert immer noch sehr lange, also führen Sie den Code besser vor dem Mittagessen oder so aus. Am Schluss werden Sie feststellen, dass es nur 295 Fehlklassifikationen von 10 000 Testfällen gegeben hat, was 97.05% korrekten Klassifikationen entspricht. Das bedeutet, unser k-NN arbeitet trotz reduzierter Daten in der gleichen Genauigkeitsklasse wie das tiefe neuronale Netz mit 97.75% aus Abschnitt 8.4.4.

Die oben verwendete Konfiguration des Autoencoders ist nicht die beste, die man bekommen kann. Im Gegenteil, die Wahl ist nur grob aus dem Bauch motiviert und hat einigermaßen funktioniert. Spielen Sie doch ein wenig mit dem Layout des Autoencoders herum und schauen Sie, ob Sie noch eine bessere Auslegung finden. Die Parameter, an denen man drehen kann, sind hier die Anzahl der Layer, die Anzahl der Neuronen und natürlich die Aktivierungsfunktionen.

Mit einem tiefen Autoencoder haben wir ein sehr mächtiges Werkzeug in der Hand, um Repräsentationen eines Merkmalraumes in einem wesentlich niedrigerdimensionalen Raum zu erzeugen. Nun ist unser primäres Interesse ja nicht die Kompression von Daten, sondern das Entwickeln stabiler Lernverfahren. Hier muss man sich jetzt kritisch fragen: *Was bringt mir ein solcher Autoencoder?*

Mit linearen Ansatzfunktionen und nur drei Schichten erlaubt der Autoencoder einen Einblick in die Art, wie Merkmale zusammenhängen. Allerdings kann er dann nicht mehr als eine PCA, und man sollte i. d. R. eben diese auch verwenden. Autoencoder, die wirklich mächtig sind, verlieren zunehmend die Transparenz, nachzuvollziehen, wie sich Merkmale auswirken und zusammensetzen.

Der Vorteil des Autoencoders liegt also nicht in dem durch ihn vermittelten tieferen Verständnis für die Daten. Was er hingegen erreichen kann, ist für nachfolgende Klassifizierungs- oder Regressionsverfahren Repräsentationen zu erzeugen, die gegenüber Rauschen in den Daten robuster sind. Ebenso kann er es natürlich kostengünstigen Algorithmen durch die Verdichtung der Information ermöglichen, auf diesem kleinen Merkmalsraum zu lernen. Ob das sinnvoll ist, hängt vom Anwendungsszenario ab. Wenn Sie so oder so planen, ein tiefes neuronales Netz zu nutzen, können Sie vermutlich durch einen Flaschenhals im Netz einen ähnlichen Effekt erreichen und haben ein monolithisches Netz. Wenn Sie kein neuronales Netz nutzen wollen, sondern eine andere Methode, dann muss Ihnen klar sein, dass – falls Transparenz oder Nachvollziehbarkeit die Motivation für die andere Methode ist – dies durch den Autoencoder schon weitgehend negiert ist.

Ein Vorteil, den es besonders im Zusammenhang mit schwächerer Hardware beim Einsatz im dauerhaften Anwendungsfall gibt, ist die Entkoppelung von Lernzyklen.

Wie in Abbildung 9.15 dargestellt, gibt es einen Zyklus für den Autoencoder, der uns den Encoder für unsere Merkmale liefert. Der zweite Zyklus ist der des Systems, das auf den verdichteten Merkmalen Vorhersagen macht. Entkoppelt man diese beiden Trainingszyklen zeitlich, werden Szenarien möglich, die es vorher nicht waren. Beispielsweise kann man zunächst eine

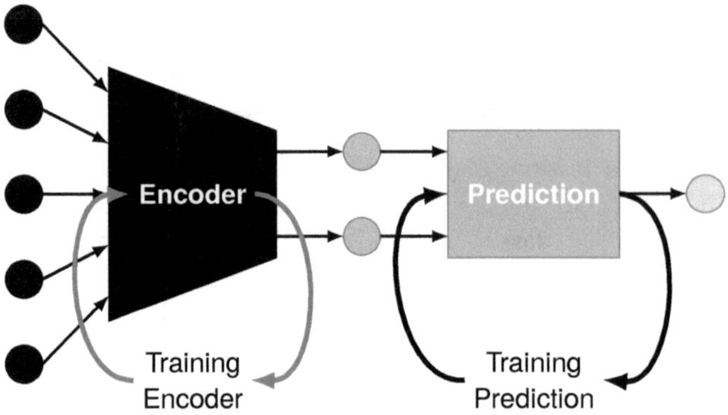

Abbildung 9.15 Zwei statt einem Lernzyklus mittels Autoencoder

gewisse Menge an Sensordaten sammeln. Mit diesen wird dann ein Autoencoder trainiert. Die Prediction findet hingegen auf einem autonomen System, wie zum Beispiel einem Serviceroboter, statt. Der Roboter soll jedoch auch im Betrieb trotz schwächerer Hardware und begrenztem Speicher noch lernen. In einem solchen Szenario wird der Autoencoder doppelt vorteilhaft. Zum einen kann sich das autonome System darauf beschränken, die komprimierten Daten mit sich zu führen, um Speicher zu sparen. Zum anderen kann es in einem eigenen Zyklus sein Vorhersage-System trainieren. So kann man z. B. auf dem autonomen System den k-Nearest Neighbors Algorithmus einsetzen, ohne Schwierigkeiten mit dem kd-Baum zu bekommen. Erfolgen die Anfragen nicht zu häufig, dann ist der k-NN ggf. der wirtschaftlich sinnvollste Einsatz für einen kontinuierlich lernenden Agenten. Natürlich bezahlt man für eine solche Entkoppelung auch einen Preis. Der Autoencoder wird hier mit einer initialen Datenmenge trainiert und profitiert nicht oder nur in seinem sehr ausgedehnten Trainingszyklus von den neuen Daten. Ein monolithischer Ansatz würde immer das ganze System mit den neusten Daten trainieren.

Die Verdichtung der Merkmale gelingt oft gut, jedoch liegen diese oft nicht so vorteilhaft für den nachfolgenden Lerner im Raum angeordnet wie bei einer PCA. Generell habe ich wesentlich bessere Erfahrung auch bei nicht zu stark ausgeprägten nichtlinearen Zusammenhängen mit einer PCA als mit dem Autoencoder gemacht, wenn es darum geht, einen Merkmalsraum zu komprimieren. Im Zweifel sollten Sie es immer erst mit einer PCA probieren, bevor Sie zu einem Autoencoder greifen. Das gilt für die Merkmalsreduktion. Für die Aufbereitung wie in der nächsten Aufgabe kann das ganz anders aussehen.

Ein Einsatzfeld, in dem der Autoencoder sehr gute Dienste leistet, ist das Unterdrücken von Rauschen in Daten unter anderem in Bildern oder Signalen. So kann mit Regularisierung und Training mit verrauschten Input-Bildern und originalen Output-Bildern ein Autoencoder zum Entrauschen von Bildern verwendet werden. Fügen Sie doch dem MNIST-Datensatz aus Abschnitt 8.4.4 doch einmal ein künstliches Rauschen hinzu. Trainern Sie dann ohne Autoencoder und einmal mit einem

Autoencoder. Wobei hier natürlich, um entrauschte Bilder zu erhalten, auch tatsächlich der ganze Zyklus in Abbildung 9.13 durchlaufen werden kann. Sie müssen also nicht auf den reduzierten Daten lernen, sondern können auch versuchen, wie gut es mit dem Output des Decoders funktioniert.

Generell ist der Vorteil sowohl der PCA als auch des Autoencoders oft eine Repräsentation, die gegenüber Rauschen in den Daten robuster ist als die ursprüngliche Darstellung.

9.6 Aleatorische und epistemische Unsicherheiten

Maschinelles Lernen, wie wir es bisher kennengelernt haben und noch weiter im Buch betrachten werden, generiert – grob gesprochen – Modelle aus Daten; im Fall des überwachten Lernens mit dem Ziel, Vorhersagen zu treffen. Vieles von dem, was gleich besprochen wird, kann man auch auf bestärkendes Lernen anwenden, aber wir konzentrieren die Betrachtung auf das überwachte Lernen.

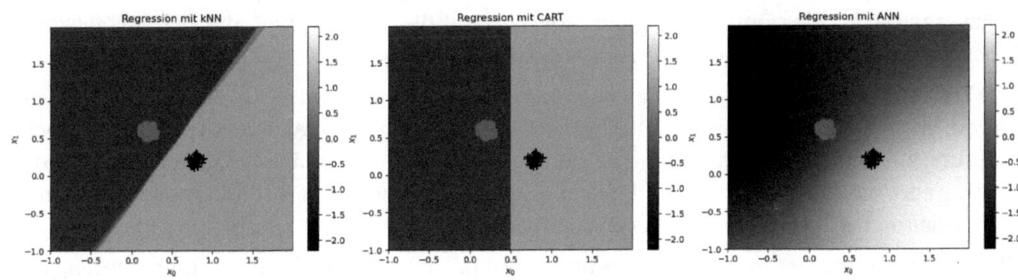

Abbildung 9.16 Regressionsmodelle – kNN (links), CART (Mitte) und dichtes neuronales Netz (rechts) – auf demselben Datensatz

Beim überwachten Lernen müssen wir zwischen Fällen unterscheiden, in denen das Modell zwischen eng liegenden Daten interpoliert wird, oder solchen, in denen es generalisiert wird. Werfen wir hierzu einen Blick auf Abbildung 9.16. Es gibt zwei Regionen, in denen Daten vorliegen. Bei den runden Markern weiter links wurde der Wert -1 gemessen und bei den Kreuzen weiter rechts der Wert $+1$. Wenn wir uns nun mittels eines CART, kNN mit drei Nachbarn und Distanzgewichtung und einem MLP ein Modell für eine Regression berechnen lassen, sind die Ergebnisse sehr unterschiedlich. Das MLP ist übrigens mit Hidden-Layern mit jeweils fünf Neuronen und einem Tangens hyperbolicus als Aktivierungsfunktion aufgebaut.

Alle drei Techniken sind Ihnen mittlerweile vertraut. Bauen Sie den Versuch nach. Auch ohne die exakt gleiche Trainingsmenge sollten sie qualitativ dasselbe Ergebnis erhalten.

Sowohl CART als auch kNN sind bei der Vorhersage im Inneren der beiden Sample-Kreise fehlerfrei, und das MLP produziert hier nur geringe Fehler in der zweiten Nachkommastelle. In einem realistischen Szenario käme unsere Testmenge auch aus diesen beiden Kreisgebieten, und wir könnten damit die Qualität der Vorhersage nahe der Samples gut einschätzen. Ich persönlich vergleiche die Fähigkeit innerhalb einer solchen Datenwolke oft mit einer Interpolation, welche auch viel sicherer ist als eine Extrapolation. Letzteres entspricht der Generalisierung in Bereichen, in denen kaum oder sogar wie hier keine Datenpunkte vorliegen. Da es dort keine Messungen gab, haben wir auch nichts, mit dem wir die Qualität dort messen könnten. Wie man in der Abbildung 9.16 erkennt, liegen die drei Verfahren abseits der beiden Sample-Zentren sehr weit mit ihren Vorhersagen auseinander. Das MLP geht davon aus, dass ein nichtlineares Modell vorliegt und noch betraglich größere Werte als Eins auftreten. Die beiden anderen bleiben bei dem bekannten Wertebereich, machen aber trotzdem deutlich unterschiedliche Aussagen. Solche Modelle sind nicht beweisbar richtig, sondern immer mit Unsicherheiten behaftet. Entsprechend gilt dasselbe für die durch das Modell gewonnenen Aussagen. Wenn es wirklich nur die beiden Anwendungsgebiete gibt, die mit den Samplekreisen übereinstimmen, ist es unwichtig, wie die Modelle die Lage weitab der Samples einschätzen. Sind es jedoch Daten z. B. für den Regelbetrieb einer Anlage oder für das Fahrverhalten unter normalen Umständen und es gibt dort draußen eben die wichtigen jedoch seltenen Ausnahmen, dann ist unsere Unsicherheit hier ein großes Problem.

Wir konzentrieren die Betrachtung auf die Quellen der Unsicherheit, die nicht von der verwendeten Methode herrühren, also zu viele oder zu wenige Freiheitsgrade, schlechtes Konvergenzverhalten bei der Optimierung etc., sondern auf die Unsicherheit, die sich aus falschen Modellannahmen und verrauschten oder ungenauen Daten speist.

Das Ziel ist dabei, eine realistische Einschätzung über die Unsicherheit einer Vorhersage zu erhalten. Wir haben in Abschnitt 8.4.4 Ziffern erkannt und der Softmax scheint dabei eine Rückmeldung zu liefern, wie sicher sich das Modell ist. Das ist jedoch nicht vergleichbar mit einer objektiven Unsicherheit. Es gibt viele Fälle, wie wir in Abschnitt 11.4 sehen werden, in denen ein Modell sich sehr sicher ist, etwas erkannt zu haben, dies jedoch kompletter Unsinn ist.

Ein häufiger Ansatz ist es, alle Unsicherheiten auf probabilistische Weise zu modellieren, also auf Ideen zurückzuführen, die wir in Kapitel 4 im Rahmen des Satzes von Bayes und Wahrscheinlichkeitsverteilungen besprochen haben. Das ist ein legitimes Argument, es greift jedoch mitunter zu kurz. Der Grund ist, dass man so zwei sehr unterschiedliche Unsicherheitsquellen nicht unterscheiden kann. Diese beiden Quellen sind die **aleatorische Unsicherheit** und die **epistemische Unsicherheit**. Grob gesagt, bezieht sich die aleatorische Unsicherheit auf den Begriff der Zufälligkeit, die man nicht wegdiskutieren kann, auch wenn man etwas noch so genau untersucht. Ein klassisches Beispiel für aleatorische Unsicherheit ist der Münzwurf. Sie können Ihrem Modell beliebig viele Datensätze von Münzwürfen zur Verfügung stellen, es wird nicht besser werden, als die Wahrscheinlichkeiten von Kopf oder Zahl von 50:50 – abzüglich der wenigen Fälle, in denen die Münze auf der Kante liegen bleibt – zu ermitteln. Mehr Daten können hier die Genauigkeit bzw. Sicherheit nicht erhöhen.

Im Gegensatz dazu bezieht sich die epistemische auf eine Unsicherheit, die durch fehlendes Wissen verursacht wird, d.h. sie bezieht sich auf den epistemischen Zustand des Modells oder Agenten. Diese Unsicherheit kann im Prinzip auf der Grundlage zusätzlicher Informationen, also durch eine größere Datenbank, verringert werden. Mit anderen Worten, die epistemische Unsicherheit bezieht sich auf den reduzierbaren Teil der gesamten Unsicherheit, während sich die aleatorische Unsicherheit auf den nicht-reduzierbaren Teil bezieht.

Bisher haben wir beim maschinellen Lernen die beiden Quellen der Unsicherheit nicht unterschieden. Oft ist diese Unterscheidung tatsächlich für praktische Probleme nicht notwendig. Wenn jedoch der Ruf nach immer mehr Daten ertönt oder es um sicherheitskritische Anwendungen geht, muss man hier mehr Arbeit in Gedanken über Datenquellen und Modelle investieren. Der einfache Ansatz bzgl. der Daten *viel hilft viel* ist dann nicht zielführend.

Wir nähern uns der Frage anhand eines Beispiels, bei dem wir direkt umsetzen können, was zuvor auch bzgl. der PCA besprochen wurde. Wir definieren erst ein paar Schalter, mit denen wir unterschiedliche Experimente durchlaufen lassen können:

```
import numpy as np
from scipy.stats import truncnorm
import matplotlib.pyplot as plt
from mpl_toolkits.mplot3d import Axes3D
from CARTDecisionTree import bDecisionTree

newModel        = True
nurEpistemische = True
PCA             = False
```

Das Ziel ist, dass wir einen Fall haben, in dem es nur eine epistemische Unsicherheit gibt und in einem anderen Fall noch einen aleatorischen Anteil. Hierzu bauen wir zwei Wolken aus Zufallswerten auf. Diese sind zentriert um Vektoren $b1$ und $b2$, sodass sich die Wolken ein wenig überlappen, wenn wir diese für `nurEpistemische = False` näher zusammenrücken. Die Wolken werden in einem dreidimensionalen Merkmalsraum aufgebaut, den wir mittels PCA aber auf eine oder zwei Dimensionen reduzieren können.

```
if nurEpistemische:
    b1 = [ 2.5, -3.2, -1.0]
    b2 = [-2.0, +5.5, +3.0]
else:
    b1 = [ 2.0, -2.0, -0.5]
    b2 = [-1.0, +4.0, +2.5]
```

Als Nächstes bauen wir diese Wolken auf. Dabei ist die Anzahl der Freiheitsgrade flexibel und wir können über eine Schleife auch schauen, ob sich bzgl. des Modells etwas ändert, wenn mehr Daten zur Verfügung stehen.

```
DoF = [10000,15000, 20000,30000,40000,60000,80000,100000]
p = []
for sPerC in DoF:
    np.random.seed(42)
    Y = np.ones((2*sPerC))
    Y[0:sPerC] = 0
    X = np.zeros((2*sPerC,3))
    X[0:sPerC,0] = 1.2*truncnorm.rvs(-2, +2, size=sPerC) + b1[0]
    X[0:sPerC,1] = 3.0*truncnorm.rvs(-2, +2, size=sPerC) + b1[1]
    X[0:sPerC,2] = 3.0*truncnorm.rvs(-2, +2, size=sPerC) + b1[2]
    X[sPerC:2*sPerC,0] = 1.0*truncnorm.rvs(-2, +2, size=sPerC) + b2[0]
    X[sPerC:2*sPerC,1] = 1.0*truncnorm.rvs(-2, +2, size=sPerC) + b2[1]
    X[sPerC:2*sPerC,2] = 2.5*truncnorm.rvs(-2, +2, size=sPerC) + b2[2]

    if newModel:
        start = int(1.8*sPerC)
```

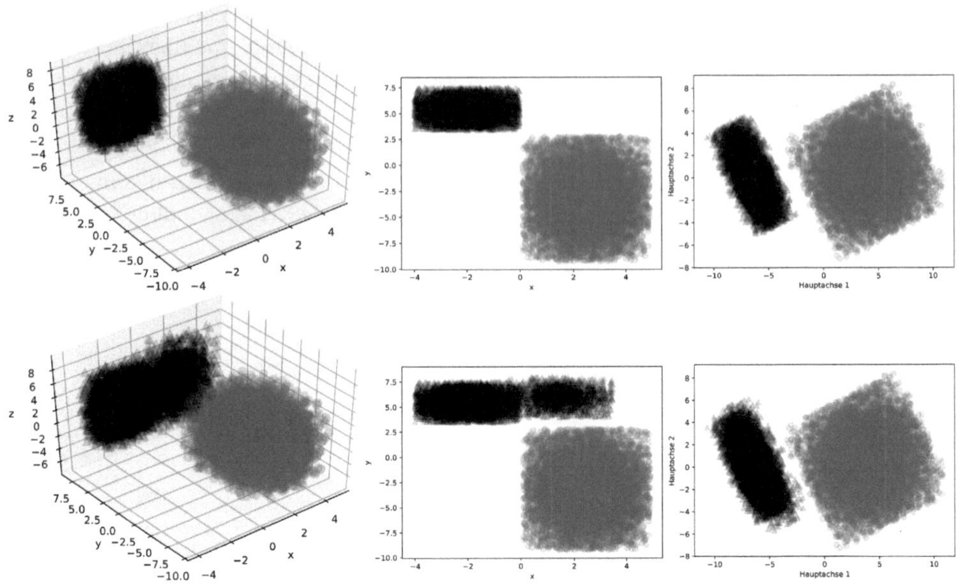

Abbildung 9.17 Zwei Klassen (Dreiecke in schwarz und Kreise in Rot/Grau) in einem dreidimensionalen Raum, mit der Projektion auf die xy-Ebene in der Mitte und nach einer PCA rechts

```
        addOn = 2*sPerC - start
        X[start:2*sPerC,0] = 1.0*truncnorm.rvs(-2, +2, size=addOn) + 1.5
        X[start:2*sPerC,1] = 1.0*truncnorm.rvs(-2, +2, size=addOn) + 6.0
        X[start:2*sPerC,2] = 3.0*truncnorm.rvs(-2, +2, size=addOn) + 3.0
```

Der Aspekt `newModel` fügt der zweiten Gruppe ein bisher unbekanntes Ergebnis oder eine unbekannte Objektgruppe hinzu. Was das bedeutet, sieht man in der Abbildung 9.17, anhand welcher wir den Aspekt der epistemischen Unsicherheit diskutieren werden.

In der oberen Zeile von Abbildung 9.17 sieht man den Fall für `newModel=False` und in der unteren für `newModel=True`. Im oberen Fall gibt es im Dreidimensionalen eine Unsicherheit über die Wahl des richtigen Modells. Stellen wir uns zwei Ansätze für ein maschinelles Lernverfahren vor: Einmal einen Ansatz über eine Trennungsebene bzw. Trennungsgerade, wie wir ihn in Abschnitt 7.1 diskutiert haben, und zum anderen einen CART aus Abschnitt 6.3. Wie man sieht, gibt es kein eindeutiges Modell, um beide Klassen zu trennen. Wir können ohne weitere Annahmen nicht entscheiden, welches die richtige Trennungsebene ist. Auch beim CART sind mehrere Schnitte – wie man in der Projektion auf die xy-Ebene in der Mitte von Abbildung 9.17 sieht – möglich, um mit einem sehr kleinen Baum die Klassen zu trennen. Ohne weitere Informationen ist jedoch die Generalisierung mit einer großen Unsicherheit verbunden. Zieht man einen Schnitt parallel zur x-Achse, wird alles unter ca. 2.5 zur Kreis-Klasse erklärt und oberhalb zur Dreieck-Klasse. Schneiden wir parallel zur y-Achse, trennen wir etwa bei $x = 0$ die beiden Mengen. Der Unterschied für die später ausgewerteten Daten ist natürlich enorm. Dabei muss man in der echten Anwendung zwei Fälle unterscheiden:

1. Es gibt diese Samples bzw. Daten in der Praxis nicht
2. Diese Samples bzw. Daten wurden noch nicht erfasst, weil sie seltener sind

Zum ersten Fall könnte zum Beispiel ein Datensatz sein, der Maße von Tieren enthält, analog zu dem Beispiel aus Abschnitt 7.3 mit der Schulterhöhe. Nehmen wir an, der Datensatz bestünde nicht nur aus dem eindimensionalen Merkmalsraum mit der Schulterhöhe, sondern es gäbe zusätzlich die Größe und das Gewicht. Selbst wenn wir beinahe alle Arten von Landtieren erfassen würden, so gäbe es gewisse Regionen in dem Koordinatensystem, in dem einfach keine Daten vorliegen und das aus gutem Grund: Einfach weil sehr kleine Tiere, die sehr viel wiegen nicht auftreten. Hier ist unsere Unwissenheit in diesem Bereich des Merkmalsraums folgenlos für die Praxis.

Zum zweiten Fall passt ein Beispiel aus dem Bereich des autonomen Fahrens. In [VA17] wird die epistemische Unsicherheit als wesentlicher Aspekt für einen Unfall eines selbstfahrenden PKW angeführt, indem das Versagen des Systems im Auto durch die extrem seltenen Umstände beim Unfall erklärt wird. Das ist ein Fall, in dem es an Daten mangelte.

`newModel=True` stellt einen Fall nach, in dem sich neue Datenquellen auftun und somit die Freiheitsgrade für das Modell reduzieren. Nun wäre es für den CART, wie man in der unteren Zeile von Abbildung 9.17 sieht, nur noch möglich, einen Schnitt parallel zur x-Achse vorzunehmen, und auch für allgemeine Trennungsebenen reduzieren sich die Möglichkeiten dramatisch. Hier wäre nun klar, dass alte Modelle, die ohne diese Daten gebildet wurden, ggf. völlig falsch liegen.

Die PCA als Darstellung hat dabei übrigens, wie man in der letzten Spalte von Abbildung 9.17 sieht, sofort eine eingeschränkte Darstellung geliefert, die sehr hilfreich gewesen wäre.

```

    if PCA:
        Sigma = np.cov(X.T)
        (lamb, W) = np.linalg.eig(Sigma)
        eigenVarIndex = np.argsort(lamb)[::-1]
        WP = W[:,eigenVarIndex[0:2]]
        X  = ( WP.T@X.T ).T

    MainSet = np.arange(0,X.shape[0])
    Trainingsset = np.random.choice(X.shape[0], int(0.8*X.shape[0]), replace=False)
    Testset = np.delete(MainSet,Trainingsset)
    XTrain = X[Trainingsset,:]
    YTrain = Y[Trainingsset]
    XTest = X[Testset,:]
    YTest = Y[Testset]

    fullTree = bDecisionTree(minLeafNodeSize=7, xDecimals = 2)
    fullTree.fit(XTrain,YTrain)
    yP = fullTree.predict(XTest)
    p.append(np.abs(yP - YTest).sum()/YTest.shape[0]*100)
    print(p[-1],' Prozent der Testmenge wurden fehlklassifiziert')
```

Generell muss man sich die Bedeutung der Darstellung bzw. der Merkmale klarmachen. In der Darstellung von Abbildung 9.17 sehen wir, dass die Trennbarkeit der Mengen in drei- und zwei Raumdimensionen möglich ist; letzteres sowohl, wenn man eine Darstellung über eine PCA nutzt, als auch, wenn man einfach das dritte Merkmal vernachlässigt.

Die Frage, ob der aleatorische Anteil der Unsicherheit wirklich nicht reduzierbar ist, hängt manchmal auch von der Darstellung ab. In dem einen Merkmalsraum mögen zwei Klassen nicht fehlerfrei trennbar sein, in einem anderen schon. Das kann mit der Reduzierung von Dimensionen zusammenhängen oder aber auch generell damit, dass gewisse Merkmale, die

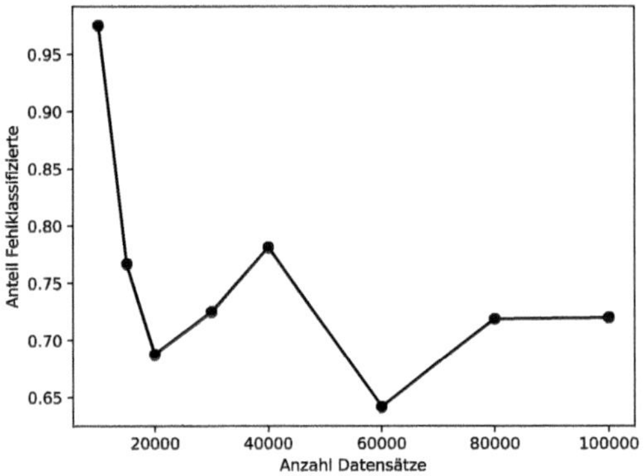

Abbildung 9.18 Entwicklung des Fehlers auf der Testmenge für eine größer werdende Trainingsmenge

die Klassen unterscheidbar machen würden, nicht erhoben wurden; beispielsweise aus Datenschutzerwägungen. Aus technischer Sicht oder der Sicht der Anwendungsdomäne handelt es sich also um unterscheidbare Klassen. Der Effekt ist, dass – falls der Merkmalsraum nicht erweitert werden kann – dort in dieser Darstellung ein aleatorischer Anteil der Unsicherheit vorliegt, welcher durch mehr Datensätze nicht behoben werden kann.

Wenden wir uns nun dem Fall zu, welcher eintritt, wenn wir die Datenwolken ohne diese zusätzlichen Daten etwas zusammenschieben. Dies entspricht dann grob dem Fall, der eintritt, wenn eine Form von aleatorischer Unsicherheit vorliegt, die sich dann nicht durch mehr Daten kurieren lässt. Wir nehmen dazu einen CART und versuchen die beiden Mengen zu trennen.

```
    
    MainSet = np.arange(0,X.shape[0])
    Trainingsset = np.random.choice(X.shape[0], int(0.8*X.shape[0]), replace=False)
    Testset = np.delete(MainSet,Trainingsset)
    XTrain = X[Trainingsset,:]
    YTrain = Y[Trainingsset]
    XTest = X[Testset,:]
    YTest = Y[Testset]

    fullTree = bDecisionTree(minLeafNodeSize=7, xDecimals = 2)
    fullTree.fit(XTrain,YTrain)
    yP = fullTree.predict(XTest)
    p.append(np.abs(yP - YTest).sum()/YTest.shape[0]*100)
    print(p[-1],' Prozent der Testmenge wurden fehlklassifiziert')
```

Wie man in Abbildung 9.18 sieht, gibt es – wie erwartet – einen Fehleranteil, der sich nicht reduzieren lässt. Das Verhalten liegt natürlich daran, dass wir recht gleichmäßig Daten hinzufügen. Man könnte natürlich auch nur Daten außerhalb des Bereiches hinzufügen, so die Testmenge vergrößern und die Anzahl der problematischen Daten klein halten. Das wäre aber so, als wenn man die Tachoanzeige überklebt, um nicht zu schnell zu fahren. Die Unsicherheit und das Problem, in dem Gebiet verlässliche Aussagen zu treffen, bleiben, und man bekommt auch einen Strafzettel, wenn man die Geschwindigkeitsanzeige überklebt. Es hilft nichts.

Das war hier nur ein sehr grober erster Einblick in das Thema aleatorische und epistemische Unsicherheiten mit dem primären Ziel, für diese Fragestellung zu sensibilisieren. Wer tiefer einsteigen möchte oder muss, dem empfehle ich das Tutorial [HW19] von Eyke Hüllermeier und Willem Waegeman, das kürzlich veröffentlicht wurde, als Lektüre. Die Darstellung ist naturgemäß etwas theoretischer, aber man wird auf ca. 50 Seiten fundiert an das Thema herangeführt.

Was kann man aus dieser sehr groben Einführung mitnehmen?

- Wenn eine Fragestellung einen aleatorischen Anteil bzgl. der Unsicherheit aufweist, kann man diesen nicht durch mehr Daten reduzieren.
- Es gibt eine aleatorische Unsicherheit, die in der Natur der Sache liegt, wie bei einem Münzwurf. Es gibt aber auch solche, die von der Darstellung im Merkmalsraum abhängig ist. Manchmal hilft es, weitere Merkmale zu erheben, statt mehr Datensätze mit den alten Merkmalen.
- Es ist nicht leicht, die Art der Unsicherheit und ihr Ausmaß zu bestimmen. Dies ist ein aktuelles Forschungsfeld und die Unsicherheit, die z. B. ein neuronales Netz auf der Basis des Softmax angibt, ist oft kein ausreichendes Maß.

9.7 Umgang mit unbalancierten Datenbeständen

Beim überwachten Lernen stößt man oft auf sogenannte unbalancierte Datenbestände. Das bedeutet, dass der Anteil einiger der Klassen viel höher oder niedriger ist als in den anderen Klassen. Viele Algorithmen aus dem maschinellen Lernen neigen dann dazu, die Genauigkeit zu erhöhen, indem sie zwar den Fehler bzw. die Loss-Funktion reduzieren, aber dabei die Klassenverteilung nicht berücksichtigen. Dieses Problem ist besonders verbreitet bei Anwendungen wie Fraud Detection, Anomaly Detection oder Predictive Maintenance. Der Grund liegt auf der Hand, denn mit einem etwas positiven Menschenbild hält man *Betrug* für ein seltenes Ergebnis im Vergleich zu *kein Betrug*; ebenso mit etwas Hoffnung auf die Ingenieurwissenschaft – wenn keiner aus anderen Bereichen etwas kaputt spart – funktionieren Maschinen häufiger als sie versagen. Der Wartungsfall oder sogar der Ausfall einer Maschine sind also seltene Ergebnisse.

Nehmen wir an, dass es geht um ein Verhältnis von 95% Fällen ohne Störung / Betrug und zu 5% Fällen mit. Dann erreicht der Algorithmus eine sehr hohe Genauigkeit, wenn er diesen primären Fall – z.B. keine Störung – sehr gut erkennt. Wenn er hingegen ein Beispiele der Minderheitsklasse fehlklassifziert, fällt das kaum auf.

Es gibt drei Hauptstrategien, um hiermit umzugehen:

- **Undersampling**
- **Oversampling**
- Umgewichten

Der **Near Miss Algorithm**, basierend auf der Veröffentlichung [MZ03], setzt den Ansatz des Undersampling um. Er zielt darauf ab, die Klassenverteilung auszugleichen, indem Beispiele aus Mehrheitsklassen nach dem Zufallsprinzip eliminiert werden. Man wirft also Datensätze weg, was sich erst einmal ungewöhnlich anhört. Wenn Sampels von zwei verschiedenen Klassen sehr nahe beieinander liegen, entfernt das Verfahren das Beispiel der Mehrheitsklasse, um die Abstände zwischen den beiden Klassen zu vergrößern. Dies hilft bei der anschließenden Klassifizierung. Um das Problem des Informationsverlustes bei den meisten Undersampling-Techniken abzumildern, werden Ansätze analog zum k-NN verwendet.

Synthetic Minority Oversampling Technique, kurz SMOTE, aus der Veröffentlichung [CBHK02], versucht hingegen, statt Elemente der Mehrheitsklasse zu entfernen, für die Minderheitsklasse neue Beispiele aus den vorhandenen Beispielen zu synthetisieren. Es werden also künstliche Beispiele erzeugt. Dabei funktioniert SMOTE grob wie folgt: Es werden Sampels ausgewählt, die im Merkmalsraum nahe beieinander liegen, eine Linie zwischen den Sampels im Feature-Raum gezogen wird und ein neues Sampels für die Datenbank an einem Punkt entlang dieser Linie erzeugt. Dabei wird zunächst ein zufälliges Beispiel aus der Minderheitenklasse ausgewählt. Dann werden k der nächsten Nachbarn für dieses Beispiel gefunden. Einer dieser Nachbarn wird zufällig ausgewählt und ein synthetisches Beispiel wird an einem zufällig ausgewählten Punkt zwischen den beiden Beispielen im Feature-Raum erstellt.

Sowohl für den Near Miss Algorithm aus auch für SMOTE gibt es in der **imbalanced-learn toolbox**, siehe auch [LNA17], als scikit-learn kompatible Implementierungen. Wir werden diese hier nicht weiter betrachten, sondern zum Abschluss einen anderen Ansatz etwas näher beleuchten.

Neben etwas eleganteren Ansätzen wie SMOTE kann man Oversampling auch dadurch vornehmen, indem man Datensätze der Minderheitenklasse dupliziert. Dadurch bekommt die Datenbank und der Algorithmus zwar keine neue Information, aber bei der Entscheidungsfindung z. B. im Rahmen des Aufbaus eines Entscheidungsbaums bekommt die entsprechende Klasse natürlich mehr Gewicht. In gewisser Weise ist dieser Ansatz konservativer als der von SMOTE. Bei SMOTE erhofft man sich sowohl das Problem der fehlenden Balance zu adressieren, als auch dem Datenbestand bessere Stützstellen für die Prädiktion zu geben. Durch die Verbindungen nimmt man als Prämisse dabei an, dass die Menge, die hierdurch vervollständigt wird, zumindest lokal konvex ist, was nicht stimmen muss. Zu Erinnerung, man nennt eine Menge konvex, wenn für zwei beliebige Punkte, die zur Menge gehören, auch deren Verbindungsstrecke vollständig in der Menge liegt. Wenn es klappt ist das natürlich toll, sitzen die künstlichen Beispiele jedoch an falschen Stellen ist dies nicht unbedingt hilfreich. Das reine Wiederholen adressiert ausschließlich das Problem bzgl. der Balance.

Im Fall neuronaler Netze kann man dies noch eleganter lösen als durch eine reine Wiederholung von Einträgen, nämlich die Änderung der Gewichtung. Hiermit kommen wir dann auch zur letzten der drei oben aufgezählten Möglichkeiten.

Zunächst laden wir das Iris-Flower Data Set übernehmen aber von der dritten Klasse 25 Elemente nicht in unseren Datensatz. Dadurch haben die Klassen 1 und 2 jeweils 50 Elemente und die Klasse 3 nur die Hälfte. Zur Erinnerung; im Iris-Flower Data Set beginnt die Nummerierung der Klassen bei 1, damit kommt Keras jedoch nicht gut klar, weshalb wir einfach eins abziehen um bei null zu beginnen.

```
import numpy as np
import matplotlib.pyplot as plt
from CARTDecisionTree import bDecisionTree
from tensorflow.keras.utils import to_categorical
from tensorflow.keras.models import Sequential
from tensorflow.keras import layers
```

```

dataset = np.loadtxt("iris.csv", delimiter=",")
Xall = dataset[:,0:4]
Yall = dataset[:,4] -1
X = Xall[0:125,:]
Y = Yall[0:125]
```

Nun teilen wir, wie schon so oft, die Trainungs- und Testmenge auf. Wobei ich etwas schummle und die zuvor beiseite gelegten Fälle der Klasse 3 der Testmenge hinzufüge.

```

np.random.seed(42)
n = X.shape[0]
MainSet = np.arange(0,n)
Trainingsset = np.random.choice(n, int(0.75*n), replace=False)
Testset = np.delete(MainSet,Trainingsset)
Testset = np.delete(MainSet,Trainingsset)
XTrain = X[Trainingsset,:]
yTrain = Y[Trainingsset]
XTest = np.vstack( (X[Testset,:],Xall[125:150,:] ))
yTest = np.hstack( (Y[Testset], Yall[125:150]) )
```

Bei dem Aufbau des neuronalen Netzes gehen wir sehr analog zu Abschnitt 8.4.2 vor. Wir nutzen also u. a. erneut die Funktion `to_categorical`, um ein One-Hot-Encoding zu erreichen.

```

noOfClasses = 3
YTrain = to_categorical(yTrain, noOfClasses)
YTest  = to_categorical(yTest, noOfClasses)
```

Das Netz wird ähnlich aufgebaut wie in Abschnitt 8.4.2, jedoch etwas kleiner. Es war damals schon eher an der Gefahrengrenze zum Overfitting und in diesem Fall stehen noch weniger Beispiele zum Lernen zur Verfügung.

```

ANN = Sequential()
ANN.add(layers.Dense(8,activation='tanh',input_dim=4))
ANN.add(layers.Dense(3,activation='softmax'))
ANN.compile(optimizer='adam',loss='categorical_crossentropy',metrics=['accuracy'])
```

Nun definieren wir ein Array mit Gewichten w, das so viele Einträge umfasst, wie wir Samples in der Trainingsmenge haben. Diese Gewichte können dann im Fehlerfunktional verwendet werden. Im Beispiel oben ist es die Kreuzentropie. Entsprechend verändert sich das Fehlerfunktional (8.7) von Seite 241 geringfügig zu:

$$J(w) = \frac{1}{\sum_{n=1}^{N} w_n} \sum_{n=1}^{N} w_n D(y^{(n)}, y_p^{(n)}) \tag{9.11}$$

Setzen wir im folgenden Code w überall auf 1, haben wir den alten Fall ohne Gewichte, mit der eingetragenen 2 werden die Gewichte der unterrepräsentierten Klasse eben doppelt gewichtet. Mathematisch können natürlich die Gewichte der überrepräsentierten Klasse genauso gut abgewertet werden. Diese Gewichte bringen wir mit der Option `sample_weights` bei der `fit`-Methode ein.

```
w = np.ones(XTrain.shape[0])
w[yTrain==2] = 2
ANN.fit(XTrain,YTrain,epochs=500, verbose=True, sample_weight=w)
```

Als Nächstes werten wir die Qualität des Netzes aus. Das tun wir einmal auf der im Vergleich zur Trainingsmenge untypisch zusammengestellten Testmenge und durch die Option `verbose=True` beim Fitten auf der Trainingsmenge.

```
yPred  = ANN.predict(XTest)
choise = np.argmax(yPred, axis=1)
errors = np.abs(yTest -  choise).sum()/yTest.shape[0]
print("Accuracy: %.2f%%" % ((1-errors)*100))

konfusionMatrix  = np.zeros((noOfClasses,noOfClasses))
konfusionMatrixN = np.zeros((noOfClasses,noOfClasses))
for i in range(noOfClasses):
    index = np.flatnonzero(yTest == i)
    for j in range(noOfClasses):
        index2 = np.flatnonzero(choise[index] == j)
        konfusionMatrix[i,j] = len(index2)
        konfusionMatrixN[i,j] = len(index2)/len(index)
print(konfusionMatrix)
print(konfusionMatrixN)
```

Wie man sieht, berechnen wir hier einmal eine normierte Version der Konfusionsmatrix, die immer dann besonders sinnvoll ist, wenn die Klassen unterschiedlich stark in der Testmenge repräsentiert sind, und eine absolute Version.

Mit der Höhergewichtung der Klasse 2 erhalten wir auf der Trainingsmenge eine Genauigkeit von 97.85 % und auf der Testmenge von 94.74 %. Gewichten wir hingegen alle Sampels gleich, so ergibt sich zwar die gleiche Genauigkeit auf der Trainingsmenge, jedoch nur noch eine Genauigkeit von 91.23% auf der Testmenge. Durch die zufällige Initialisierung des Netzes kann bei Ihnen das Ergebnis leicht variieren, aber die Tendenz sollte gleich sein.

	Klasse 0	Klasse 1	Klasse 3
Klasse 0	1.00	0	0
Klasse 1	0	1.00	0
Klasse 2	0	0.088	0.912

	Klasse 0	Klasse 1	Klasse 3
Klasse 0	1.00	0	0
Klasse 1	0	1.00	0
Klasse 2	0	0.147	0.853

Abbildung 9.19 Konfusionsmatrizen für den Fall mit Gewichtung (links) und ohne (rechts)

Wie Abbildung 9.19 zeigt, geht der Unterschied in der erreichten Anzahl korrekt klassifizierter Elemente aus der Testmenge ausschließlich auf die unterrepräsentierte Klasse zurück. Wie immer können die Ergebnisse auf ihrem Rechner leicht abweichen, sollten jedoch den oben abgebildeten qualitativ entsprechen. Wie man sieht, ist die Gewichtung der Sampels eine sehr effektive Möglichkeit um, zumindest für neuronale Netze und anderen Techniken, die auf Fehlerfunktionalen basieren, mit unbalancierten Datenbeständen umzugehen. Darüber hinaus gibt es in Keras noch sehr analog die Möglichkeit, Klassen zu gewichten. Auf den Ansatz mit der Gewichtung von Sampels kommen wir auch im Abschnitt 11.1.3 später zurück, wo wir uns mit einer speziellen Klasse von neuronalen Netzen beschäftigen werden.

10 Ensemble Learning mittels Bagging und Boosting

In seinem Buch [FMH⁺96] schildert der Physik-Nobelpreisträger Richard P. Feynman unter anderem sein Erlebnis, in einer Diskussion mit dem Argument konfrontiert worden zu sein, dass fünfundsechzig Ingenieure einer Firma im Durchschnitt zu einem anderen Ergebnis gekommen sind als er. Den Gedanken, den er dazu schildert, lautet:

> *Ich konnte nicht beanspruchen, es besser zu wissen als fünfundsechzig andere Leute – aber besser als der Durchschnitt von fünfundsechzig anderen Leuten, das ganz gewiss!*

Er führt aus, dass die Durchschnittsbildung die Meinung des Besten unter diesen fünfundsechzig – der es vielleicht besser gewusst hätte als Feynman – so verwaschen hat, da so viele weniger fähige Leute mit berücksichtigt wurden, dass die Aussage entwertet wird. Auch jeder, der in größeren Organisationen arbeitet, hat sicherlich schon erlebt, dass das Ergebnis einer großen, breit angelegten Kommission eher an den kleinsten gemeinsamen intellektuellen Nenner erinnert als an die Innovation der besten Person in der Kommission. Der englischsprachige Raum umschreibt dieses Phänomen prägnant mit dem Ausdruck *a camel is a horse designed by a committee.*

Trotz dieser oft deprimierenden Ergebnisse im menschlichen Umfeld – manchmal kommt ja auch etwas Gutes heraus – möchte ich Sie ermutigen, den Maschinen hier mehr zuzugestehen. Wir werden gleich sehen, wie tatsächlich eindrucksvolle Ergebnisse erreicht werden können, sogar mit der Bildung von Durchschnitten und Mehrheitsentscheidungen!

Den Ansatz, mehrere Lerner zusammenzuschalten, nennt man beim maschinellen Lernen **Ensemble Learning**. Grob gibt es im Ensemble Learning zwei Ansätze: **Boosting** und **Bagging**. Beim Boosting geht es darum, mehrere schwache Lerner hintereinanderzuschalten. Wir starten jedoch zunächst mit dem Bagging.

10.1 Bagging und Random Forest

Der Random Forest, um den es in diesem Abschnitt geht, gehört zu der Gruppe der Bagging-Verfahren. Der Ausdruck *Bagging* setzt sich zusammen aus der englischen Beschreibung *Bootstrap Aggregating*. Diese ist leider, wenn jemand sich zum ersten Mal mit diesem Thema beschäftigt, in keiner Weise selbsterklärend, weil *Bootstrapping* in der Informatik als Ausdruck oft anders verwendet wird, nämlich im Sinne des *sich selbst an den Stiefelriemen* irgendwo heraus oder herüber zu ziehen. Dadurch heißt so ziemlich alles, was sich selbst aus dem Sumpf zieht, in der Informatik *Bootstrapping*. Das *Bootstrapping* in *Bootstrap Aggregating* geht jedoch auf die Statistik und nicht auf die Informatik zurück. Maschinelles Lernen ist eben eine interdisziplinäre Disziplin aus Mathematik, Informatik und Anwendungsdomain. In der Statistik ist

Bootstrapping eine Methode des Resampling von Daten mit **Zurücklegen**. Um zu verstehen bzw. sich zu erinnern, was *Zurücklegen* hier bedeutet, stellen wir uns eine Urne mit vier roten und zwei schwarzen Kugeln vor. Wenn man nun blind in die Urne greift, um eine Kugel zu ziehen, hat man eine Chance von 2/3, eine rote Kugel zu ziehen. Nehmen wir an, wir haben eine rote Kugel gezogen. Wenn wir diese jetzt nach dem Zug beiseite legen, dann steigt die Chance auf eine schwarze Kugel beim nächsten Ziehen, während die rote unwahrscheinlicher wird. Legen wir die gezogene Kugel hingegen zurück, so bleibt es bei 2/3 zu 1/3. In diesem Sinne ist *Zurücklegen* beim Bilden von Mengen im Rahmen des Bagging bzw. in der Statistik gemeint. Wie steht dies nun im Zusammenhang mit dem *Ensemble Learning*? Nehmen wir an, wir arbeiten mit einem Trainingsset D, welches n Datensätze enthält. Mittels Bagging werden nun m neue Mengen D_i generiert, wobei jede die Größe n' besitzt. Die Probenentnahme aus D geschieht dabei uniform – also mit gleicher Wahrscheinlichkeit für jede Probe – und mit Zurücklegen. Dadurch können einige Datensätze in D_i doppelt auftauchen. Für den Fall $n = n'$ und hinreichend große Datenmengen kann man zeigen, dass D_i den Anteil $1 - 1/e$ der Daten der ursprünglichen Menge beinhaltet. Das entspricht in etwa 63% der ursprünglichen Daten. Die restlichen ca. 37% von D_i sind auf Mehrfachziehungen desselben Datensatzes zurückzuführen. Eben diese Art von Datenzusammenstellung wird als **Bootstrap-Sample** bezeichnet. Zugegeben klingt diese Art, sich Trainingsmengen zusammenzustellen, zunächst wenig einleuchtend. Man nimmt einen schönen Datensatz, löscht Informationen und ersetzt diese durch Duplikate. Tatsächlich erzeugen wir jedoch so Lerner, die sich leicht unterschiedlich auf demselben Problem verhalten, was wir ja wollen. Diese m Trainingsmengen werden nun jeweils einem Lerner zugeführt und deren Auslage durch Mittelung für die Regression bzw. Abstimmung für die Klassifizierung kombiniert. Manchmal wird der Fall $n' < n$ auch als **Subagging** bezeichnet.

Wie Leo Breiman in seinem Artikel [Bre96] 1996 zeigen konnte, ist dieser Ansatz für ein breites Spektrum von Methoden, wie zum Beispiel neuronale Netze oder Entscheidungsbäume, sinnvoll anwendbar. Die größte Verbreitung fand der Ansatz jedoch bei der Kombination von Entscheidungsbäumen. Die unter dem Namen **Random Forest** bekannte Methode wurde ebenfalls von Breiman in [Bre01] im Jahr 2001 publiziert. Wir konzentrieren uns hier auf eine Variante, die auf den CART-Algorithmus aufsetzt.

Wie unterscheidet sich nun der *Random Forest* vom reinen Bagging mit verschiedenen CART-Bäumen? In gewisser Weise kann man sagen, dass das reine Bagging oft nicht genug Variationen von Bäumen erzeugt. Folglich geht der Ansatz des *Random Forests* über das Zuweisen von durch Bagging erzeugten Trainingsmengen hinaus und fügt weitere Zufallselemente dem Algorithmus zur Erzeugung des Entscheidungsbaums hinzu. Das erste neu eingebrachte Zufallselement bewirkt, dass der Algorithmus nicht mehr unter allen Merkmalen auswählen darf, sondern nur noch aus einer zufällig gewählten Teilmenge. Diese Teilmenge wird bei jeder Entscheidung im Baum neu zusammengestellt. Damit ergibt sich als Pseudocode:

Sei m die Anzahl an Merkmalen
Wähle die Anzahl N von Bäumen, welche der Random Forest umfassen soll
for $i = 0$ **to** N **do**
    Erzeuge neue Bootstrap-Trainingsmenge D_i
    Beim Lernen des Entscheidungsbaums wähle zufällig an jedem Knoten $\tilde{m} \leq m$ Merkmale aus, die zur Aufteilung verwendet werden dürfen
    Füge den so auf D_i trainieren CART dem Random Forest hinzu
end for

Ein Problem scheint nun die Wahl von $\tilde{m}$ zu sein, weil man ungern neue Parameter einführt, die man wieder intelligent wählen muss. In der Literatur wird als recht robuster Ansatz oft die Wahl

$$\tilde{m} = \text{int}(\sqrt{m}) \text{ oder } \tilde{m} = \text{int}(\log_2(m))$$

angegeben. Schaut man sich aktuell Implementierungen des Random Forests zum Beispiel in der Bibliothek scikit-learn – hier Version 0.19.1 – an, so bemerkt man, dass die Wahl von der Aufgabe abhängt. Für Klassifikationen wird im Allgemeinen wie oben zu $\sqrt{m}$ geraten, bei Regressionen hingegen wird als Default

$$\tilde{m} = m$$

vorgeschlagen. Man muss sich klarmachen, dass bei der Klassifikation die Gruppen in einem geeinten Vektorraum oft deutlich abgegrenzt sind. Die Regression hingegen versucht, über den ganzen Vektorraum ein Modell mit hoher Genauigkeit zu erzeugen, dessen Daten sich nicht nur in wenigen diskreten Ausprägungen unterscheiden. Wir setzen unten einen Teil der Optionen von scikit-learn um.

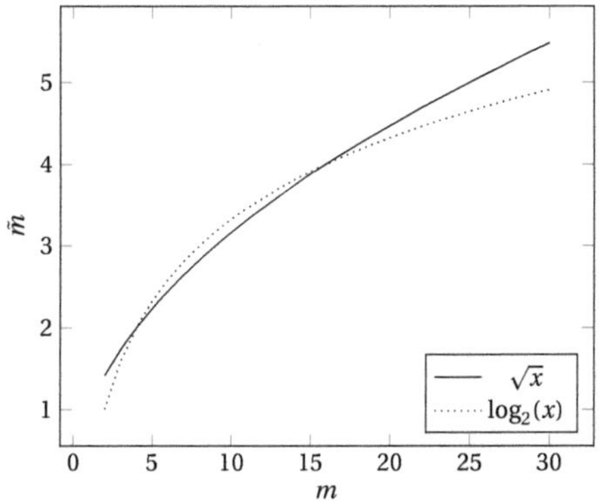

Abbildung 10.1 Vergleich zweier Ansätze für die Wahl von $\tilde{m}$

Wie Abbildung 10.1 deutlich macht, lohnt es sich für typische Anzahlen von Merkmalen sowohl den Logarithmus als auch die Wurzel umzusetzen. Beide unterscheiden sich hier maximal um ein Merkmal. Wir nutzen daher einen Übergabewert n, mit dem folgende Optionen umgesetzt werden:

- $0 < n < m$: Es werden n zufällige Merkmale pro Knoten für die Entscheidung zugelassen
- $n = 0$: n wird auf die Anzahl der maximal vorhandenen Merkmale m gesetzt
- $n = -1$: Der Wert pro Knoten wird mittels $\tilde{m} = \text{int}(\sqrt{m})$ berechnet

Für die Klassifikation ist das Standardvorgehen $n = -1$ und für die Regression $n = m$, was bedeutet, dass ein reines Bagging durchgeführt wird.

Nun bleibt die Frage, wie groß unser Wald sein soll, also die Wahl von N. Im Prinzip gibt es darauf drei Antworten. Um die erste einordnen zu können, sollten wir uns klarmachen, dass der Random Forest für viele Aspekte eine Art eingebaute Validierungsmenge besitzt. Jeder Baum enthält bekanntlich nur einen Teil unserer Trainingsdaten, sodass ein anderer Teil für das Parameter-Tuning zur Verfügung steht. Das Wichtige ist, dass jeder Baum über eine solche Menge verfügt. Das erlaubt uns, den **Out-of-Bag-Error** zu berechnen. Hierzu nehmen wir ein

$x_i \in D$ und lassen dies von allen Bäumen auswerten, die x_i nicht in ihren Trainingsdaten hatten. Das tun wir für alle Datensätze und bilden dann den mittleren Vorhersagefehler. Um N zu bestimmen, fügen wir solange Bäume dem Wald hinzu, wie dies der Qualität bzgl. des Out-Of-Bag-Errors zuträglich ist. Die nächste Antwort zumindest auf die Frage nach einer Schranke für N liegt in der hervorragenden Parallelisierbarkeit des Random Forests. Da alle Bäume unabhängig voneinander trainiert und ausgewertet werden können, ist hier die Parallelisierung direkt gegeben. Will ich auf einem Rechner mit 16 Einheiten den Random Forest möglichst schnell ausführen und trainieren, sollte ich diesen auf 16 Bäume begrenzen. Als drittes und letztes können wir aufgrund unserer Erfahrung einen Wert für N festlegen. Oft ist das nicht der schlechteste Ansatz.

Eine weitere gute Eigenschaft des Random Forests ist übrigens, dass die Notwendigkeit zum Pruning bzgl. der Qualität der Ergebnisse entfällt. Die vielen Bäume haben denselben Effekt auf die zufälligen Variationen wie das Pruning. Was jedoch tatsächlich entfällt, ist die Einfachheit eines kompakten Baumes.

Um den Random Forest ausprobieren zu können, müssen wir die Beschränkung der Merkmale in unseren bereits fertigen Code einfügen. Dazu kopieren wir die Datei `CARTRegressionTree.py` nach `CARTRegressionTreeRF.py` – analog für den Decision Tree – und ändern dort eine Methode wie folgt ab:

```
29      def _chooseFeature(self,X,y):
30          G         = np.inf*np.ones(X.shape[1])
31          bestSplit = np.zeros(X.shape[1])
32          if self.n == 0:
33              feature = np.arange(X.shape[1])
34          elif self.n == -1:
35              feature = np.random.choice(X.shape[1],int(np.sqrt(X.shape[1])),replace=False)
36          else:
37              feature = np.random.choice(X.shape[1],self.n,replace=False)
38          for i in feature:
39              ( bestSplit[i] , G[i] ) = self._bestSplit(X,y,i)
40          smallest = np.argmin(G)
41          return (G[smallest], bestSplit[smallest],smallest)
```

Da wir nicht mehr alle Werte in G tatsächlich berechnen, darf dies nicht als Null-Array, sondern muss in Zeile 30 mit `np.inf` initialisiert werden. Dadurch wird ein Feature, das nicht zur Wahl stand, auch nie in Zeile 40 berücksichtigt. In Zeile 32 wählen wir die Merkmale, die zur Auswahl stehen sollen, aus und setzen dabei die drei Ansätze oben um. Diese treten in Zeile 38 an die Stelle der `range`-Anweisung. Damit sind die notwendigen Änderungen im Code des CART-Algorithmus schon abgeschlossen. Lediglich zu Beginn der `__init__`-Methode müssen wir noch n als Option ergänzen:

```
43      def __init__(self,n = 0, threshold = 10**-8, xDecimals = 8, minLeafNodeSize=3):
44          self.n = 0
```

Nun legen wir den Random Forest als eigene Klasse an. Wir beginnen mit der Initialisierung. Diese besteht im Wesentlichen daraus, die Werte, die wir bekommen haben, an die Bäume unseres Waldes durchzureichen. Die Bäume werden dabei entsprechend der gewünschten Anzahl in einer Liste angelegt. Der Parameter `perc` gibt an, wie viel Prozent der Daten für das Bagging genutzt werden sollen. Jeder Wert kleiner eins führt zum Subagging.

```
1  import numpy as np
2  from CARTRegressionTreeRF import bRegressionTree
3
4  class randomForestRegression:
5      def __init__(self,noOfTrees=10,threshold = 10**-8, xDecimals = 8, minLeafNodeSize=3, perc
        =1):
6          self.perc = perc
7          self.threshold = threshold
8          self.xDecimals = xDecimals
9          self.minLeafNodeSize = minLeafNodeSize
10         self.bTree = []
11         self.noOfTrees = noOfTrees
12         for i in range(noOfTrees):
13             tempTree = bRegressionTree(threshold = self.threshold, xDecimals = self.xDecimals
       , minLeafNodeSize=self.minLeafNodeSize)
14             self.bTree.append(tempTree)
```

Die `fit`-Methode teilt nun die Menge entsprechend des Baggings auf und reicht die neu zusammengestellten Trainingsdaten an die Bäume weiter. Die Funktion `np.random.randint` ist dabei sehr nützlich, denn diese setzt automatisch das von uns gewünschte Ziehen von Integer-Werten mit Zurücklegen aus der Menge aller Datensätze um. In Zeile 20 merken wir uns diese Menge. Der Grund ist, dass man ggf. den Out-of-Bag-Error berechnen möchte.

```
15
16     def fit(self,X,y):
17         self.samples = []
18         for i in range(self.noOfTrees):
19             bootstrapSample = np.random.randint(X.shape[0],size=int(self.perc*X.shape[0]))
20             self.samples.append(bootstrapSample)
21             bootstrapX = X[bootstrapSample,:]
22             bootstrapY = y[bootstrapSample]
23             self.bTree[i].fit(bootstrapX,bootstrapY)
```

Die Vorhersage besteht einfach darin, allen Bäumen die Anfrage durchzureichen und die Antwort anschließend zu mitteln. Hierbei gewichten wir alle Bäume unseres Waldes gleich.

```
24
25     def predict(self,X):
26         ypredict = np.zeros(X.shape[0])
27         for i in range(self.noOfTrees):
28             ypredict += self.bTree[i].predict(X)
29         ypredict = ypredict/self.noOfTrees
30         return(ypredict)
```

Nachdem unsere kleine Random-Forest-Klasse nun umgesetzt ist, wollen wir diese natürlich auch einmal testen. Dazu nutzen wir das Beispiel mit dem Fahrradverleih, das wir schon auf Seite 158 für den CART-Algorithmus verwendet haben. Die Zeilen 33 bis 53 können Sie aus dem alten Code kopieren und müssen nur den CART durch den Random Forest ersetzen.

```
31
32 if __name__ == '__main__':
33     f = open("hourCleanUp.csv")
34     header = f.readline().rstrip('\n')
35     featureNames = header.split(',')
36     dataset = np.loadtxt(f, delimiter=",")
```

```
    f.close()

    X = dataset[:,0:13]
    Y = dataset[:,15]

    index = np.flatnonzero(X[:,8]==4)
    X = np.delete(X,index, axis=0)
    Y = np.delete(Y,index, axis=0)

    np.random.seed(42)
    MainSet = np.arange(0,X.shape[0])
    Trainingsset = np.random.choice(X.shape[0], int(0.8*X.shape[0]), replace=False)
    Testset = np.delete(MainSet,Trainingsset)
    XTrain = X[Trainingsset,:]
    yTrain = Y[Trainingsset]
    XTest = X[Testset,:]
    yTest = Y[Testset]

    myForest = randomForestRegression(noOfTrees=24,minLeafNodeSize=5,threshold=2)
    myForest.fit(XTrain,yTrain)
    yPredict = np.round(myForest.predict(XTest))
    yDiff = yPredict - yTest
    print('Mittlere Abweichung: %e ' % (np.mean(np.abs(yDiff))))
```

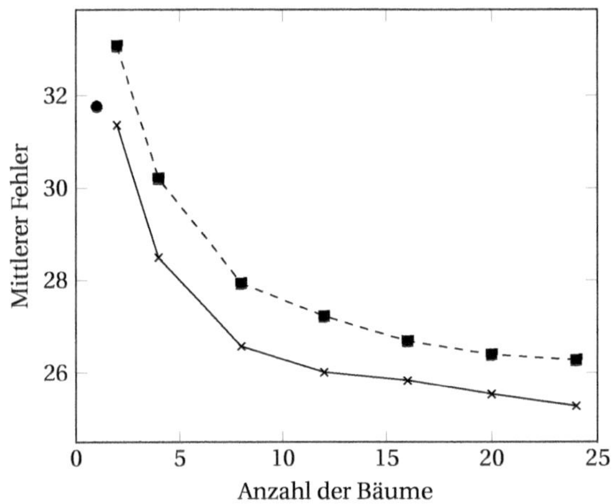

Abbildung 10.2 Mittler Fehler für den Random Forest (Bagging und Subagging) für unterschiedlich viele Bäume

Wir testen diesen Code für verschiedene Parameter. Dabei nutzen wir einmal ein Bagging mit allen Daten und einmal eine Subagging Variante für eine unterschiedliche Anzahl von Bäumen. Für die Wahl der Merkmale nehmen wir die Default-Einstellung für Regressionen. Die Wahl $\tilde{m} = \text{int}(\sqrt{m})$ würde hier zu deutlich schlechteren Ergebnissen führen.

Der CART mit seinem Ergebnis aus Abschnitt 6.3.2 ist in Abbildung 10.2 als ausgefüllter Kreis eingetragen. Die Ergebnisse, die wir mit dem Bagging aller Daten erreicht haben, sind mit einem durchgezogenen Graphen notiert und mit 50% Subagging (`perc=0.5`) gestrichelt.

Wie man sieht, ist der Random Forest in der Lage, deutlich genauere Ergebnisse zu liefern. Das vollständige Bagging erreicht dabei eine bessere Performance bzgl. der Genauigkeit. Jedoch muss man sich klarmachen, dass das Subagging mit der Hälfte der Daten im Training auch deutlich günstiger ist und immer noch recht gute Werte erzielt. Für 24 Bäume erreicht die Variante mit Subagging einen mittleren Fehler von 26.27, das vollständige Bagging von einen mittleren Fehler 25.27. Der CART – also ein einzelner Baum – konnte eine Genauigkeit von 31.76 erreichen. Tatsächlich gehört der Random Forest auf strukturierten Daten zu den Verfahren, welche die höchste Genauigkeit bei gleichzeitig recht wenig Parameteranpassungen erreicht.

Setzen Sie analog den Random Forest für die Klassifikation um. Testen Sie Ihre Umsetzung auf zwei Testproblemen: zum einen den Patientendaten aus Abschnitt 4.2.2 und zum anderen dem Two Moons Problem von Seite 124.

10.2 Feature Importance mittels Random Forest

Bei einer geeigneten Implementierung kann man den Random Forest auch zur Feature Analyse einsetzen. Führen wir uns vor Augen, was ein einzelner Baum bzgl. der Bedeutung der Merkmale leisten kann und was nicht. In Abbildung 6.15 aus Abschnitt 6.3.2 haben wir uns die ersten beiden Ebenen eines mittels CART generierten Baumes angesehen. Für das Bike Sharing Dataset konnte man dort bereits zeigen, dass der Baum die Uhrzeit als wichtigstes Merkmal eingestuft hat. Je tiefer wir in den Baum schauten, desto komplexer wurde die Auswertung. Es ist im Allgemeinen nicht so, dass der Baum als Ganzer balanciert ist; ebenso wenig, dass genauso viele Trainingsbeispiele rechts wie links an einem Entscheidungsknoten weiterfließen. Das bedeutet, dass die Knoten unabhängig von ihrer Lage im Baum unterschiedlich viel dazu beitragen, das Fehlermaß zu verringern bzw. die Impurity zu senken. Nun treten Merkmale in einem durch CART erzeugten Baum mehrfach auf. Schon auf der ersten Ebene in Abbildung 6.3.2 kommt z. B. die Uhrzeit mehrfach vor. Grob können wir bereits festhalten: Wenn man auswertet, wie oft und an welcher Stelle ein Merkmal in den unterschiedlichen Bäumen ausgewählt bzw. verwertet wurde, kann man deren Bedeutung bewerten. Wobei *Stelle* eben nicht nur Lage, sondern Beitrag bedeutet. Das können wir für Bäume analysieren und hätten es auch schon machen können. Es gibt jedoch ein Problem bei der Verwendung eines einzelnen Baumes.

Erinnern wir uns an den CART und das Iris Data Set in Abschnitt 6.3. In der Abbildung 6.11 auf Seite 150 könnte der erste Schnitt auch entlang der Kronenblattbreite (y-Achse) erfolgen und würde ebenfalls die Gruppe der kreisförmigen Elemente separieren. Auch mit den oben geschilderten Gewichtungen, auf der Basis der Analyse wie viele Samples welchen Weg nehmen etc., würde der eine Baum x als Merkmal aufgrund der Lage direkt an der Wurzel für wesentlich bedeutsamer halten, und der andere y.

Das bedeutet, in einem einzelnen Baum werden Merkmale höher eingeschätzt als andere, weil man eben nur nach einem Merkmal sortieren kann. Das Merkmal oder ggf. sogar diejenigen, die man später auswählt, fallen bei einer Bedeutungsanalyse, die sich nur auf diesen Baum stützt, zurück. In einem Random Forest werden im Beispiel aus Abbildung 6.11 bei den Bäumen beide Schnitte – sowohl entlang der x- als auch der y-Achse – vorkommen, da die Trainingsmenge durch das Bagging immer verändert wird. Das bedeutet, die Anzahl unterschiedlicher Bäume hilft uns, das Problem zu adressieren, dass Merkmale implementierungsabhängig als Erstes ausgewählt werden, was deren Bedeutung verzerrt.

Um weiterzukommen, müssen wir den bisher nur schwammig adressierten Begriff der *Bedeutung des Features im Baum* formal adressieren. Die Standardmethode zur Berechnung der **Feature Importance** ist die **Mean Decrease in Impurity** oder auch Gini-Bedeutung. Die Grundidee ist, bei jeder Teilung im Baum die Verbesserung im Verunreinigungsmaß dem Merkmal zuzuschreiben, welches verwendet wurde. Analog funktioniert es für die Regression. Schauen wir zunächst auf die Klassifikation. Das tun wir für einen Baum, und abschließend werden die Ergebnisse über alle Bäume im Wald gemittelt. Ein Ansatz, um die Bedeutung ni_j eines Knoten zu berechnen, lautet:

$$\mathrm{ni}_j = w_j \cdot C_j - w_{\text{links}}(j) \cdot C_{\text{links}}(j) - w_{\text{rechts}}(j) \cdot C_{\text{rechts}}(j) \tag{10.1}$$

Es geht zunächst hierbei um das Merkmal i, welches zum Splitting verwendet wird. w_j ist dabei die Anzahl der Elemente im Knoten j, und C_j ist die Verunreinigung in diesem Knoten. Links und rechts meint dabei die Kinder-Knoten vom Knoten j aus betrachtet. Um das besser zu verstehen, nehmen wir den sehr einfachen Baum aus Abbildung 6.17 aus Abschnitt 6.4. Ich habe den Baum erneut in Abbildung 10.3 aufgenommen, damit Sie nicht zu viel blättern müssen. Die Zielfunktion lautete:

$$y(x) = \begin{cases} 1 & x_0 < 2 \\ 1 & x_0 \leq 2 \text{ und } x_1 < 5 \\ 0 & \text{sonst} \end{cases}$$

Dieser Baum ist mit einem zufällig erzeugten Datensatz mit Werten für die beiden Merkmale zwischen 0 und 10 entstanden. Nehmen wir an, die 1000 Samples in dem Trainingssatz wäre perfekt gleichmäßig verteilt, so lägen 500 unterhalb in $x_1 = 5$ und 100 links von $x_0 = 2$ bzw. 400 rechts davon. Im Wurzelknoten wird x_1 verwendet.

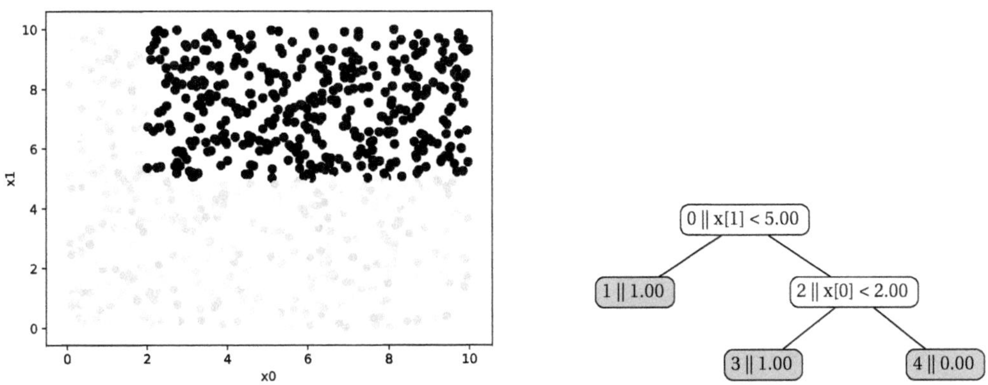

Abbildung 10.3 Trennung zweier Mengen durch einen Baum

Zwar war dies eine Regression, für die der Baum gebildet wurde; für die Formel tun wir einfach so, als wenn es darum ginge, die Klassen 0 und 1 wie in Abbildung 10.3 zu klassifizieren. Am Anfang in der Wurzel haben wir folglich eine Gini Impurity von

$$C_0 = 1 - \left(\frac{400}{1000}\right)^2 - \left(\frac{600}{1000}\right)^2 = 0.48$$

Der rechte Kindsknoten ist pure und damit die Impurity 0. Beim linken ergibt sich

$$C_2 = 1 - \left(\frac{100}{500}\right)^2 - \left(\frac{400}{500}\right)^2 = 0.32$$

Anschließend sind beide Knoten pure und damit 0. Nutzen wir die Formel (10.1) für n1:

$$\mathrm{n1}_0 = 1000 \cdot 0.48 - 500 \cdot 0 - 500 \cdot 0.32 = 320$$

Wie man hier sieht, wird die Größe von der Anzahl der Elemente, die sortiert werden, dominiert. Das korreliert mit einer Lage nahe der Wurzel im Baum, ist jedoch nicht dasselbe. Der zweite wichtige Aspekte ist, wie stark die Gini Impurity reduziert wird. Das Merkmal 0 kommt beim Knoten 2 zum Einsatz, der Rest sind Blätter:

$$\mathrm{n0}_2 = 500 \cdot 0.32 - 540 \cdot 0 - 100 \cdot 0 = 160$$

Da wir nur zwei Knoten mit Entscheidungen haben, bedeutet dies, dass unser Baum das Merkmal 1 für etwa doppelt so wichtig hält wie das Merkmal 0. Dass in diesem Baum jedes der beiden Merkmale nur einmal an je einem Knoten vorkommt, ist natürlich nicht normal. Im Allgemeinen muss man zur Berechnung aller Werte, die zu einem Merkmal gehören, über den ganzen Baum aufaddieren:

$$\tilde{\mathrm{ni}}_i = \sum_{j \text{ mit } i \text{ Entscheidungskriterium}} \mathrm{ni}_j$$

Diese Werte sind nicht normiert, sodass wir schwer die Bedeutung erfassen können. Daher normieren wir es in dem Baum auf 1, indem wir die gewichtete Verbesserung an allen Knoten addieren:

$$\bar{\mathrm{ni}} = \sum_{\text{alle Knoten}} \mathrm{ni}_j$$

Abschließend normieren wir die Bedeutung jeweils:

$$\mathrm{ni}_i = \frac{\tilde{\mathrm{ni}}_i}{\bar{\mathrm{ni}}}$$

Diese Werte pro Baum werden abschließend über den ganzen Wald gemittelt und erzeugen so ein gutes Maß für die Bedeutung eines Merkmals. Ein Vorteil ist, dass die Arbeit für die *Feature Importance* quasi automatisch beim Erstellen der Bäume bzw. des Random Forests anfällt. Die Frage ist: Was haben wir da genau ausgerechnet? Ich zitiere eine Aussage von Breiman & Cutler als Erfinder des Random Forest:

> *Every time a split of a node is made on variable m the gini impurity criterion for the two descendent nodes is less than the parent node. Adding up the gini decreases for each individual variable over all trees in the forest gives a fast variable importance that is often very consistent with the permutation importance measure.*

Quelle: [BC]

Dort wird der Name **Gini Importance** verwendet, außerhalb hat sich jedoch allgemein **Feature Importance** etabliert. Dieser häufiger benutzte Name ist etwas gefährlich, denn er suggeriert, dass es wirklich die Bedeutung eines Merkmales für eine Aussage ist.

Ich selber würde es im Deutschen etwas vorsichtiger formulieren:

> *Der Wert gibt an, wie hilfreich ein Merkmal für den Random Forest war, um zu seinem Ergebnis zu kommen.*

Der Unterschied liegt darin, auf das aktuelle Vorhersagemodell zu verweisen. Man kann den Wert nicht hundertprozentig mit der statistischen Bedeutung gleichsetzen. Dabei gibt es zwei Probleme, die auch bei praktischen Beispielen auftreten und nicht als *akademisch* abgekanzelt werden können.

Unter anderem in [ATSL10] versucht man, sich formaler dem Problem zu nähern. Hier wird auch thematisiert, dass der Algorithmus eine Tendenz besitzt, unterschiedliche Typen von Merkmalen zu bevorzugen. Nehmen wir an, zu einem Modell gehören sowohl kontinuierliche Merkmale als auch solche mit vielen kardinalen Kategorien und solche mit wenigen. In jedem Knoten sucht der Algorithmus den besten Schnittpunkt. Kontinuierliche Variablen haben viele mögliche Schnittpunkte und unterliegen daher einem statistischen Problem, welches als **multiples Testen** bekannt ist.

Der Begriff ist vermutlich nicht jedem bekannt. Zunächst muss man festhalten: Jeder Test auf einen Zusammenhang zwischen X und Y kann trotz Signifikanz falsch sein. Typische Wahrscheinlichkeiten, die für einen einzelnen Test akzeptiert werden, liegen bei 1% bis 5%. Das bedeutet, wenn ein Test durchgeführt wird, ist die Wahrscheinlichkeit, einen Zusammenhang zu sehen, der nicht da ist, z. B. bei 2%. Für Studien werden meist mühevoll Daten gesammelt, um eine Frage, die sogenannte **Primärhypothese**, zu beantworten. Oft werden dabei mehr Daten erfasst, als für die Beantwortung dieser Frage - zumindest im Nachhinein – notwendig sind. Es ist sehr menschlich zu versuchen, aus diesen mit Mühe gewonnenen Daten möglichst viel herauszuholen. Das gilt besonders, wenn sich die Primärhypothese nicht bewahrheitet. Man sucht nach irgendeinem signifikanten Zusammenhang, der sich publizieren lässt. Manchmal kommt etwas Gutes heraus, und manchmal, z. B. im Zusammenhang mit Ernährung, etwas, das in einer Zeitungsmeldung *Amerikanische Wissenschaftler haben herausgefunden, dass...* mündet. Es wurden z. B. viele Daten rund um den Kaffeekonsum – eines der am besten untersuchten Lebensmittel – aufgenommen mit der Primärhypothese, dass Kaffeetrinker früher sterben. Diese kann man – aus Sicht der Organisation der Studie – nicht signifikant belegen und testet stattdessen auf andere Zusammenhänge weiter. Je nach Datenlage kann man Erkrankungen durchprobieren oder ob vielleicht Kaffeetrinker eher zu Adipositas neigen. In jedem Fall nennt man diese Art der statistischen Auswertung, in der dieselben Daten wiederholt auf Zusammenhänge geprüft werden, multiples Testen.

Es werden viele statistische Signifikanztests hintereinander durchgeführt; sagen wir, es wurde nach 100 verschiedenen Hypothesen ein statistischer Zusammenhang mit irgendetwas gefunden. Was ist das Problem an diesen wiederholten Tests? Führen wir 100 Tests statt nur einem durch, erhalten wir

$$1 - 0.98^{100} \approx 0.867$$

als Sicherheit bzw. über 13% Wahrscheinlichkeit, etwas zu sehen, was nicht da ist, statt einer von 2%.

Durch diesen Effekt werden Merkmale, die viele mögliche Schnittpunkte beinhalten, aus statistischen Gründen tendenziell überbewertet gegenüber solchen mit nur wenigen Kategorien oder im Extremfall binären. Wenn ich 100 Schnittpunkte durchprobiere, habe ich eher eine Chance, einen vermeintlichen Zusammenhang zu finden, als wenn ich nur bei binären Merkmalen einen einzigen Versuch habe.

Ein weiteres Problem ist, dass von diesem Bias abgesehen die Reihenfolge innerhalb der Merkmale bzw. Gini Importance der Variablen nichts darüber aussagen, ob die Merkmale selbst korrelieren bzw. abhängig sind. Nehmen wir beispielsweise die Variablen Gewicht, Länge und Breite eines Schiffes, die für eine Aussage als recht wichtig eingeschätzt werden. Diese Werte sind jedoch eher gemeinsam ein Merkmal für *Schiffsgröße*, was man vielleicht für andere Methoden als den Random Forest besser im Sinne des Kapitels 9 zusammengelegt hätte. Auch wäre das kombinierte Merkmal *Schiffsgröße* vielleicht nicht nur wichtig, sondern das allerwichtigste von allen Merkmalen; einfach weil sich oben der Effekt auf mehrere korrelierende Variablen verteilt.

> Die Gini Importance bzw. Feature Importance ist eine aufwandsarme Methode, um ein Gefühl für den Merkmalsraum zu bekommen. Sie ersetzt keine finale Auseinandersetzung mit den Merkmalen, sondern sollte eher als erster Schritt verstanden werden, wenn das Ziel ist, Zusammenhänge zu verstehen. Geht es darum, eine Aussage zu machen, welche Merkmale für dieses Modell wie wichtig waren, ist diese Methode oft ausreichend.

Wir werden uns das praktisch ansehen. Um nicht unsere handgeschriebenen Bäume aus Kapitel 6 nur für diesen einen Test erweitern zu müssen, greifen wir dabei auf die Implementierung des Random Forest aus der Bibliothek scikit-learn zurück.

Wir werden die Fähigkeiten des Ansatzes, eine Feature Importance mittels des Random Forests zu berechnen, anhand zweier Datensets betrachten, die schon sehr bekannt sind: das *Iris Flower Data Set* und das *Boston Housing Dataset*. Wir schreiben den Code so, dass wir nur eine Variable ändern müssen, um den jeweiligen Test durchzuführen. Da es sich bei dem einen um eine Regression und bei dem anderen um eine Klassifikation handelt, laden wir beide Varianten des Random Forests aus scikit-learn. Die API bzgl. fit etc. ist sehr ähnlich zu dem, was wir umgesetzt haben.

```
import numpy as np
import matplotlib.pyplot as plt
from sklearn.ensemble import RandomForestRegressor, RandomForestClassifier

np.random.seed(42)
beispiel = 'iris'
if beispiel == 'iris':
    dataset = np.loadtxt('iris.csv', delimiter=",")
    X = dataset[:,0:4]
    Y = dataset[:,4]
    names = ['sepal length (cm)','sepal width (cm)','petal length (cm)','petal width (cm)']
else:
    X = np.loadtxt("BostonFeature.csv", delimiter=",")
    Y = np.loadtxt("BostonTarget.csv", delimiter=",")
    names = ['CRIM', 'ZN', 'INDUS', 'CHAS', 'NOX', 'RM', 'AGE', 'DIS', 'RAD', 'TAX',
             'PTRATIO', 'B', 'LSTAT']
```

Wir organisieren die Variable NoS (Number of Samples) und erzeugen Zufallszahlen als Testmerkmal für die Feature Importance. Wir nehmen dabei Werte zwischen 0 und 10 mit einer Nachkommastelle. Dieses statistisch sicherlich zusammenhangslosen Merkmale zur gesuchten Größe kleben wir mit `hstack` an die *echten* Merkmale an. Anschließend fügen wir den Namen des Merkmals dem Array hinzu. Jetzt können wir aus X direkt die NoF (Number of Features) ablesen.

```
NoS = X.shape[0]
zufall = np.random.randint(100, size=(NoS, 1)) / 10
X = np.hstack((X, zufall))
names = np.hstack((names, 'rand'))
NoF = X.shape[1]
```

Wir suchen nicht die optimale Anzahl an Bäumen für beide Fälle, sondern verwenden einheitlich 100 Bäume, um genug Varianten für die Bedeutung der Merkmale zu haben. Ansonsten ist die Initialisierung ähnlich wie bei unserer Handimplementierung, lediglich `random_state` ist neu. Es dient dazu, die Reproduzierbarkeit zu verbessern, da nicht alle Zufallsgeneratoren in sklearn sich aus NumPy speisen.

```
if beispiel == 'iris':
    rf = RandomForestClassifier(n_estimators=100, random_state=42)
else:
    rf = RandomForestRegressor(n_estimators=100, random_state=21)
rf.fit(X, Y)
```

Die errechnete Feature Importance liegt nach dem Fitting automatisch vor und kann dem Attribut `feature_importances_` entnommen werden. Um eine schönere Ausgabe zu haben, sortieren wir die Merkmale nach ihren Feature Importances mittels `argsort` und geben alles auf der Konsole aus.

```
importances = rf.feature_importances_
indices = np.argsort(importances)[::-1]
print("Feature ranking:")
for f in range(NoF):
    print('%d . feature %d %s;  %f.4' % (f+1, indices[f], names[indices[f]],
                                          importances[indices[f]]))
```

Nun können wir einen Blick unter die Motorhaube werfen, denn der Random Forest ist hier ähnlich implementiert, und man kann auch einzelne Bäume ansprechen. Daher sammeln wir die berechneten Feature Importances aller Bäume in einer Liste. Diese konvertieren wir zum einfacheren Arbeiten in eine Matrix und berechnen anschließend die Standardabweichung.

```
inEveryTree = []
for tree in rf.estimators_ :
    inEveryTree.append(tree.feature_importances_)
inEveryTree = np.array(inEveryTree)
VarImportance = np.std(inEveryTree, axis=0)
```

Nun visualisieren wir die Ergebnisse in einem Balkendiagramm und zweckentfremden den Fehlerbalken, um die Variation über die einzelnen Bäume darzustellen.

```
plt.figure()
plt.title("Feature importances")
ind = np.arange(NoF)
```

```
plt.bar(ind, importances[indices], color="r",
        yerr=VarImportance[indices], align="center")
plt.xticks(ind, names[indices])
plt.show()
```

Zum Schluss sehen wir uns die Ergebnisse bzgl. der beiden Datenbanken an:

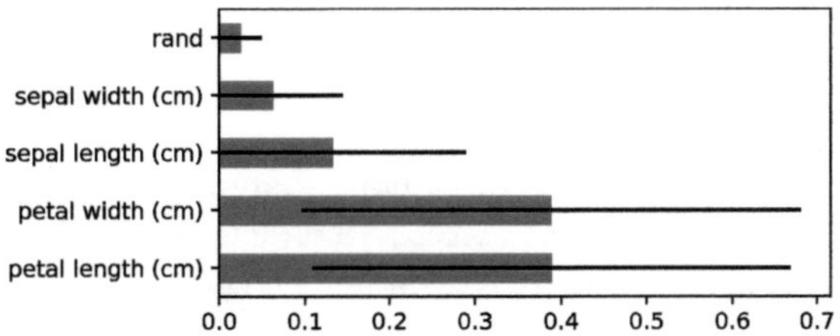

Feature ranking:

Merkmal	Imporatence
petal length (cm)	0.389231
petal width (cm)	0.388660
sepal length (cm)	0.133051
sepal width (cm)	0.063192
rand	0.025865

Abbildung 10.4 Ergebnisse bzgl. der Feature Importance auf dem Iris Flower Data Set inklusive Zufallsmerkmal

Im Fall des *Iris Flower Data Sets* kommt alles so heraus, wie man es erwarten würde. Die Abbildung 10.4 zeigt, dass die Feature Importance der Zufallsvariablen deutlich hinter den anderen liegt. Man sieht auch, warum es sinnvoll war, sich in Abschnitt 6.3 wie in Abbildung 6.11 auf das Kronenblatt zu konzentrieren. Es ist deutlich wichtiger in dieser Analyse als das Septumblatt.

Kommen wir zum *Boston Housing Dataset*:

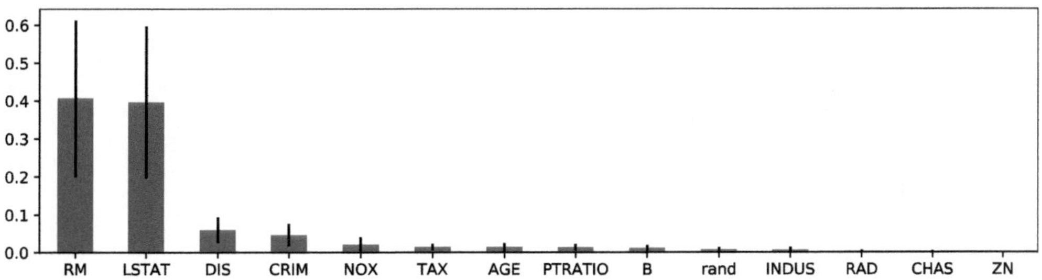

Abbildung 10.5 Ergebnisse bzgl. der Feature-Importance auf dem Boston Housing Dataset inklusive Zufallsmerkmal

In diesem Fall überholt der Zufall die realen Merkmale. Er erscheint ebenso bedeutend oder sogar bedeutender als

- INDUS: Anteil an nicht zum Einzelhandel gehörenden Gewerbeflächen pro Stadt
- RAD: Index der Zugänglichkeit zu den Autobahnen
- etc.

Vermutlich sollten wir daher mit allen Aussagen, die sich in der Nähe oder unterhalb der Bedeutung von `rand` befinden, vorsichtig sein. Übrigens sind INDUS und rand beinahe gleich. Es gehört nicht viel dazu, und es zeigt sich bei Ihnen eine andere Reihenfolge.

Variieren Sie die Werte von `random_state`. Wie robust ist die Reihenfolge bei 100 Bäumen? Wird es mit mehr Bäumen ggf. robuster?

Darüber hinaus sieht man hier, dass dieser Ansatz Unsicherheiten enthält und man dies in Erwägung ziehen muss. Jedoch kann man sicherlich festhalten, dass aufgrund des großen Abstandes der Status der lokalen Bevölkerung (LSTAT) und die durchschnittliche Zimmeranzahl pro Wohnung (RM) am wichtigsten waren.

Versuchen Sie einmal, die oben genannte Technik auf das schon bekannte Bike Sharing Dataset anzuwenden. Überlegen Sie dabei vorab, welche Merkmale anfällig für eine *Benachteiligung* sind, weil es nur wenige Merkmalsausprägungen gibt.

10.3 Gradient Boosting

Unsere erste und bisher einzige Methode aus dem Bereich des **Ensemble Learnings** war in Abschnitt 10.1 der Random Forest. Dieser gehört wie diskutiert zur Klasse der Bagging-Ansätze. In diesem Kapitel soll ein sehr erfolgreicher Ansatz aus dem Bereich der **Boosting**-Verfahren vorgestellt werden: das Gradient Boosting. Wie in Abschnitt 10.1 angesprochen, geht es beim Boosting darum, mehrere schwache bzw. schwächere Lerner zusammenzuschalten, um einen starken Lerner zu bilden. Um das zu tun, gehen wir im nächsten Abschnitt die Grundprinzipien durch und implementieren einen eigenen Lerner. Anschließend sehen wir uns mit **XBBoost** eine der aktuell führenden Implementierungen an.

10.3.1 Grundprinzipien des Gradient Boostings

Meistens wird Gradient Boosting auf der Basis von Bäumen durchgeführt. Wenn wir uns darauf beschränken, bietet es sich an, nach Gemeinsamkeiten und Unterschieden zum Random Forest zu fragen.

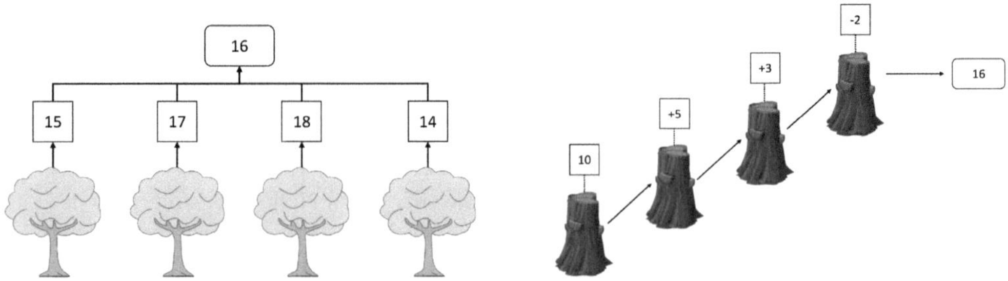

Abbildung 10.6 Unterschiede im Vorgehen beim Random Forest (Bagging) im Vergleich zum Boosting mit Baumstümpfen

Beim Random Forest stehen die Bäume wie links in Abbildung 10.6 nebeneinander, und jeder hat zur gleichen Frage eine Meinung, die die Grundlage für die Entscheidung des Ensembles liefert. Bei der Regression werden diese einzelnen Rückmeldungen durch Mittelwertbildung und bei der Klassifikation durch z. B. Mehrheitsabstimmung kombiniert. Anders ist es rechts bei einem Boosting-Ansatz. Hier gibt ein Stumpf, also als Datenstruktur ein Baum mit nur wenigen Verzweigungen, eine grobe Abschätzung. Anschließend wird diese Einschätzung von nachgelagerten Stümpfen korrigiert, bis ein zufriedenstellendes Ergebnis eintritt.

> Von der grundsätzlichen Natur her ist damit das Bagging eine Ensemble Technik, die parallel agiert, und das Boosting etwas, das sequenziell passiert. Natürlich gibt es Implementierungen von Boosting-Algorithmen, die mehrere Rechenkerne etc. unterstützen. Es gibt unterschiedliche Stellen und Ebenen in einem Algorithmus, die sich zur Parallelisierung eigenen.

Die Frage, wie diese Korrekturen vorgenommen werden, unterscheidet verschiedenen Boosting-Algorithmen voneinander. Einer der ältesten ist AdaBoost, der im Jahre 1995 in [FS95] von Freund und Schapire vorgestellt wurde. Diese gewannen für ihre Arbeit 2003 den Gödel Prize, welcher für herausragende Veröffentlichungen mit Bezug zur theoretischen Informatik von der *European Association for Theoretical Computer Science* (EATCS) und der *Association for Computing Machinery* (ACM) vergeben wird. AdaBoost arbeitet mit der Veränderung der Gewichte, die einzelne Datensampels bei der Bildung der nachgelagerten Lerner haben sollen. Der Zugang ist etwas einfacher als beim Gradient Boosting, mit dem wir uns nun beschäftigen. Gradient Boosting wurde etwas später entwickelt. Die Grundidee stammt aus dem Jahr 1997 von dem schon aus anderen Kapiteln bekannten Mathematiker und Informatiker Leo Breiman [Bre97] und wurde in den Veröffentlichungen von Jerome H. Friedman wie [Fri01] und denen des Teams aus Llew Mason, Jonathan Baxter, Peter Bartlett and Marcus Frean, vgl. [MBBF00], um die Jahrtausendwende von anderen Wissenschaftlern zu einem effizienten Algorithmus weiterentwickelt.

Zunächst sehen wir uns einmal den Pseudocode des allgemeinen Gradient Boosting Algorithmus an. *Allgemein* bedeutet hier, dass man diesen Ansatz auch für andere Lerner h als ausschließlich Bäume verwenden kann. Als Input braucht der Algorithmus neben der Datenbank $\mathscr{D}$ eine Loss-Function $L(y_i, F(x))$ analog zu der, die wir schon bei den neuronalen Netzen kennengelernt haben.

procedure GRADIENT BOOSTING($\mathscr{D} = \{(x_i, y_i)\}_{i=1}^n$, $L(y_i, F(x_i))$)

Initialisiere das Modell mit einem konstanten Wert

$$F_0(x) = \arg\min_{\gamma} \sum_{i=1}^{n} L(y_i, \gamma) \tag{10.2}$$

for $m = 1 \ldots M$ **do**

Berechne das Pseudo-Residuum

$$r_{i,m} = -\left[\frac{\partial L(y_i, F(x_i))}{\partial F(x_i)}\right]_{F(x)=F_{m-1}(x)} \quad \text{für } i = 1, \ldots, n \tag{10.3}$$

Trainiere den Lerner h_m auf das Pseudo-Residuum, also $\{(x_i, r_{i,m})\}_{i=1}^n$

Löse das eindimensionale Optimierungsproblem:

$$\gamma_m = \arg\min_{\gamma} \sum_{i=1}^{n} L(y_i, F_{m-1}(x_i) + \gamma h_m(x_i)) \tag{10.4}$$

Führe das folgende Update durch:

$$F_m(x) = F_{m-1}(x) + \gamma_m h_m(x) \tag{10.5}$$

end for return $(F_m(x))$
end procedure

In seiner Allgemeinheit wird der Algorithmus zunächst schwer zu greifen sein. Das liegt daran, dass er für viele verschiedene Lernalgorithmen und Loss-Functions anwendbar sein soll. Er wird in der Regel mit dem quadratischen Fehler als uns bereits sehr bekannte Loss-Function

$$L(y, F(x)) = \frac{1}{2}(y_i - F(x_i))^2 \tag{10.6}$$

verwendet. Wir spezialisieren den Algorithmus oben auf diese Loss-Function und Bäume als Lerner. Dabei gehen wir Zeile für Zeile vor und kommen so für den allgemeinen Algorithmus zu einem besseren Verständnis. Wir gehen dabei von Bäumen aus, die pro Blatt einen konstanten Wert liefern.

Fangen wir mit Gleichung (10.2) an. Setzt man die obige Funktion (10.6) ein, so erhält man:

$$F_0(x) = \arg\min_{\gamma} \frac{1}{2} \sum_{i=1}^{n} (y_i - \gamma)^2 \Rightarrow \gamma = \frac{1}{n} \sum_{i=1}^{n} y_i \tag{10.7}$$

Den Grund, warum das Minimum genau beim Durchschnitt angenommen wird, erkennt man, wenn man nach γ differenziert und gleich null setzt:

$$\frac{\partial}{\partial \gamma} \frac{1}{2} \sum_{i=1}^{n} (y_i - \gamma)^2 = \sum_{i=1}^{n} (y_i - \gamma) = 0$$

Das bedeutet, die notwendige Bedingung für die Extremstelle bringt uns sofort dazu, den Durchschnitt zu nehmen. Das macht die Initialisierung recht einfach.

Nun geht es an die Gleichung (10.3), die dem Verfahren den Namen gegeben hat. Hier wird die partielle Ableitung verwendet, um das Ziel der nächsten Reduktion festzulegen. Setzen wir erneut (10.6) ein:

$$r_{i,m} = -\left[\frac{\partial \frac{1}{2}(y_i - F(x_i))^2}{\partial F(x_i)}\right]_{F(x)=F_{m-1}(x)} = \left[y_i - F(x_i)\right]_{F(x)=F_{m-1}(x)} = y_i - F_{m-1}(x_i) \tag{10.8}$$

Damit erklärt sich auch der Name Pseudo-Residuum. Im Fall dieser Loss-Function ist wirklich nur das Residuum quasi der Fehler der letzten Approximation F_{m-1}. Das kann natürlich bei einer anderen Loss-Function weniger intuitiv sein.

Die Gleichung (10.4) schauen wir uns für dieses Residuum genauer an: Nehmen wir an, der Lernalgorithmus h_m hätte es geschafft, mit verhältnismäßig kleinem Fehler ε_i die Zielwerte zu approximieren. Dann ergibt unter Berücksichtigung von (10.8)

$$h_m(x_i) = y_i - F_{m-1}(x_i) + \varepsilon_i$$

in (10.4) eingesetzt:

$$\begin{aligned}\gamma_m &= \arg\min_{\gamma} \sum_{i=1}^{n} (y_i - (F_{m-1}(x_i) + \gamma(y_i - F_{m-1}(x_i) + \varepsilon_i)))^2 \\ &= \arg\min_{\gamma} \sum_{i=1}^{n} ((1-\gamma)y_i + (1-\gamma)F_{m-1}(x_i) + \gamma\varepsilon_i)^2\end{aligned}$$

Damit ist klar, dass $\gamma_m = 1$ optimal wäre, wenn die Regression die Zielwerte exakt gelernt hat ($\varepsilon_i = 0$). Wir haben es oft mit verrauschten Daten zu tun, häufig sogar inklusive Ausreißern, welche die Approximation erschweren.

> **!** Es gilt, im Hinterkopf zu haben, dass wir i.d.R. schwache Lerner koppeln. Die Fehler sind besonders in den ersten Schritten nicht zu vernachlässigen.

Das bedeutet, die ersten beiden Terme werden für große γ nahe 1 minimiert, der hintere für Werte nahe 0. Hat der verwendete Lernalgorithmus den Fehler analog zu der globalen Loss-Function verwendet, so kann man getrost von $\gamma_m = 1$ ausgehen, denn die Approximation wurde mit dem gleichen Qualitätskriterium durchgeführt. Das ist nicht unbedingt nötig. Der Lerner h_m muss nicht auf die gleiche Loss-Function hin optimieren. Es könnte z. B. sein, dass h_m den mittleren absoluten Fehler optimieren möchte und die globale Loss-Funktion den mittleren quadratischen Fehler. Wir werden im Folgenden davon ausgehen, dass dies nicht der Fall ist bzw. vernachlässigbar und somit $\gamma_m = 1$ gewählt werden kann.

Ein Problem beim Gradient Boosting ist das Overfitting. Verwendet man den obigen Algorithmus ohne weitere Modifikationen, z. B. mit einem Baum, so wird dieser früher oder später jeden Wert der Trainingsmenge fehlerfrei approximieren, jedoch als Modell unbrauchbar sein. Daher wird oft eine Lernrate $0 < \nu \leq 1$ in den Algorithmus mit eingebaut, diese wird auch als Regularisierungsfaktor bezeichnet. Sie steht an der gleichen Position, an der oben γ_m steht. Dieser Faktor begrenzt den Beitrag eines einzelnen Lerners und verhindert so eine zu schnelle Überanpassung. Würde man beliebig viele Lerner verwenden, verliert sich dieser Effekt wieder. Es gilt, auch die Anzahl an Boosting-Lernern zu begrenzen. Das kann einmal mit einer fixen Menge an Lernern passieren und zum anderen mit einem dynamischen Ansatz über eine Validierungsmenge. Solange sich das Boosting auf der Validierungsmenge – analog zu dem Vorgehen bei neuronalen Netzen – verbessert, solange werden Lerner hinzugenommen.

Zum besseren Verständnis setzen wir das Gradient Boosting mit Bäumen für die Regression um. Vorher fassen wir den dafür spezialisierten Algorithmus zusammen, wobei MSE für *Mean Square Error* steht:

procedure MSE GRADIENT TREE BOOSTING($\mathscr{D} = \{(x_i, y_i)\}_{i=1}^n$, $L(y_i, F(x_i)) = \frac{1}{2}(y_i - F(x_i))^2$)
  Initialisiere das Modell mit einem konstanten Wert

$$F_0(x) = \frac{1}{n}\sum_{i=1}^{n} y_i$$

  for $m = 1 \dots M$ **do**
    Berechne das Pseudo-Residuum

$$r_{i,m} = y_i - F_{m-1}(x_i) \text{ für } i = 1, \dots, n$$

    Trainiere den Entscheidungsbaum h_m auf $\{(x_i, r_{i,m})\}_{i=1}^n$
    Führe das folgende Update durch

$$F_m(x) = F_{m-1}(x) + \alpha \cdot h_m(x)$$

  end for **return** $(F_m(x))$
end procedure

Das Ziel ist bekanntlich, schwache Lerner zu kombinieren. Die Frage ist in der Praxis oft: *Wie schwach?* In manchen Implementierungen werden CART-Bäume generell als schwach im Vergleich zu einem Ensemble gesehen. Lässt man jedoch eine beliebige Tiefe des Baumes zu, muss mehr Aufmerksamkeit in die Lernrate α investiert werden, da ein Overfitting wahrscheinlicher wird. Im Allgemeinen wird einer der beiden extremen Ansätze favorisiert: Entweder viele sehr einfache Lerner, wie quasi nur Baumstümpfe, oder weniger recht komplexe Lerner, also vollständige Bäume. Wir haben in Kapitel 6 den CART per Hand implementiert und könnten diese Implementierung hier nutzen. Um schwache Lerner zu erzeugen, müssten wir eine recht große Zahl von Elementen pro Leaf Node einstellen. Damit wäre aber nicht die genaue Struktur vorgeben. Um etwas genauer sagen zu können, was jeder unserer Baum(stümpfe) leistet, wäre es besser, die genaue Tiefe des Baumes einstellen zu können. Um die Implementierung aus Kapitel 6 nicht recht technisch erweitern zu müssen, greifen wir auf die CART- Implementierung aus der **scikit-learn** Bibliothek zurück. Das ist auch die einzige Bibliothek, die wir neben NumPy benötigen.

```
import numpy as np
from sklearn.tree import DecisionTreeRegressor

class gradientBoost:
    def __init__(self,noOfLearner=10, maxDepth =4, eta = 0.2):
        self.noOfLearner =  noOfLearner
        self.maxDepth = maxDepth
        self.eta = eta
        self.learner = []
        self.startValue = None
```

Wie man sieht, geht es bei der Init-Methode nur darum, sich die später verwendeten Parameter zu merken. Die Liste wird die einzelnen Bäume speichern, wobei der konstante Startwert einfach in einer Float-Variable gespeichert wird.

Die Fit-Methode entspricht anschließend fast 1:1 dem oben angegeben Pseudocode. Theoretisch kann man die Variable `yP` auch durch einen Aufruf der Predict-Methode ersetzen. Dies ist jedoch ungleich rechenaufwendiger und daher den Gewinn an Schönheit im Code nicht wert.

```

    def fit(self,X,y):
        self.startValue = np.mean(y)
        yP = self.startValue * np.ones(X.shape[0])

        for i in range(0,self.noOfLearner):
            r = -(yP - y)
            learner = DecisionTreeRegressor(max_depth=self.maxDepth)
            learner.fit(X,r)
            self.learner.append(learner)
            yP += self.eta * learner.predict(X)
```

In die Predict-Methode ist hier ein zusätzliches Feature eingebaut worden: die Option, die Auswertung bei einem bestimmten Level abzubrechen. Ein Grund ist das Erstellen der Plots in Abbildung 10.7 unten, um den Verlauf der Approximation zu visualisieren. Ansonsten werden die Ausgaben nur wie besprochen addiert.

```

    def predict(self,X, level=np.inf):
        y = self.startValue * np.ones(X.shape[0])
        for count, learner in enumerate(self.learner):
            if count>level-1: break
            y += self.eta * learner.predict(X)
        return(y)
```

Nun brauchen wir ein einfaches Testbeispiel, bei dem sich die Fehlerentwicklung leicht visualisieren lässt. Hierzu nehmen wir eine Stufenfunktion und verrauschen diese ein wenig.

```

if __name__ == '__main__':
    import matplotlib.pyplot as plt
    np.random.seed(42)
    X = np.linspace(0,1,1000)
    yT = np.round(3*np.cos(2*np.pi*X)*np.sin(np.pi*X+0.2))
    y  = yT + 0.2*(np.random.rand(1000)-0.5)
    X  = X.reshape(1000,1)
```

Anschließend trainieren wir unser Gradient Boosting und erzeugen die Plots, die teilweise in Abbildung 10.7 zu sehen sind.

```
    gb = gradientBoost(noOfLearner=20, eta=0.5, maxDepth = 2)
    gb.fit(X,y)
    errorList = []
    for i in range(20):
        yP = gb.predict(X,level=i)
        plt.figure()
        plt.scatter(X,y,c='r', alpha=0.15)
        plt.plot(X,yP,c='k',lw=2)
        plt.ylim([-3.1,1.1])
        plt.title('Level '+str(i))
        errorList.append(np.mean(np.abs(yP - yT)))
```

Beim Gradienten Boosting haben wir auf Bäume mit einer geringen Tiefe gesetzt und diese kombiniert. Dadurch neigt das Boosting nicht zum Overfitten bzw. geht zunächst immer eher niederfrequente Fehler an und tendiert nicht dazu, das Rauschen auswendig zu lernen. Selbst

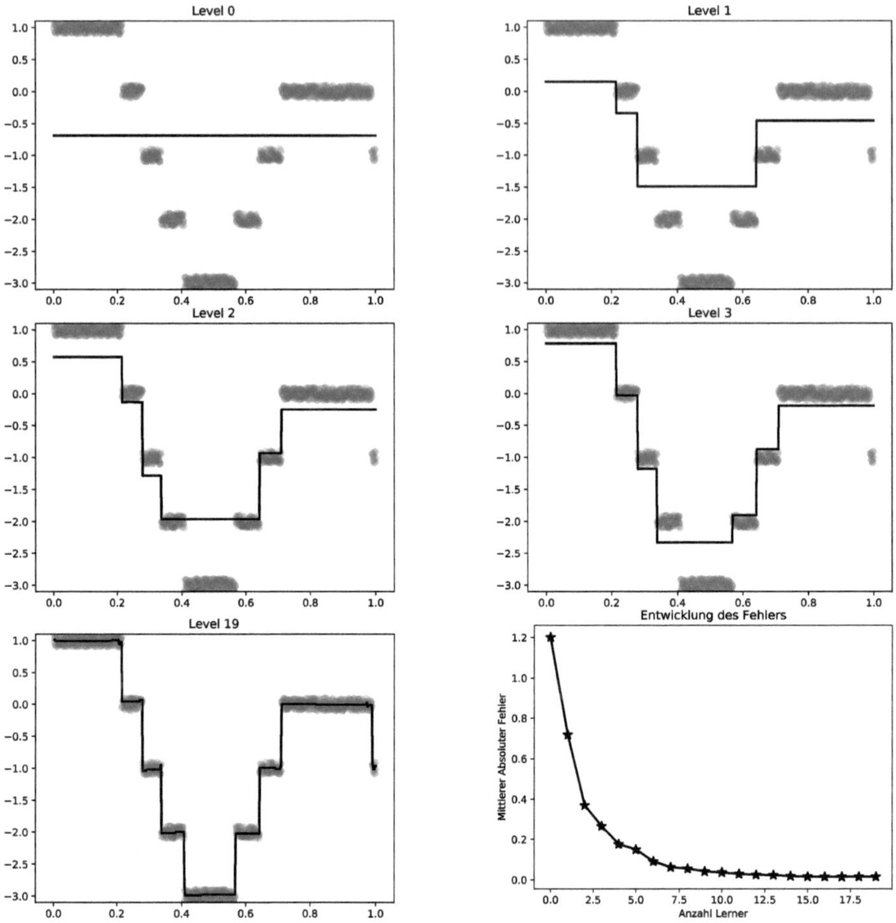

Abbildung 10.7 Entwicklung der Approximation und des Fehlers auf dem Testbeispiel

mit 19 hintereinander geschalteten Lernern in der Abbildung 10.7 sind in der Approximation nur wenige Wellen enthalten, die natürlich nicht zu der perfekten Funktion gehören. Das Problem bei der Wahl der Parameter beim Gradient Boosting ist, dass diese *gegeneinander* arbeiten. Wenn wir η reduzieren, um das Overfitting zu vermeiden, müssen wir gleichzeitig die Anzahl an Lernern oder ihre Komplexität, in diesem Fall tiefere Bäume, erhöhen, um die nötige Approximation der zugrunde liegenden Zusammenhänge sicherzustellen. Das Fine-Tuning kann hier mühsam sein. Die Ergebnisse sind jedoch oft, wie wir unten sehen werden, durchaus beeindruckend.

Wir werden das Gradienten Boosting nun auf dem bekannten Bike Sharing Dataset verwenden und schauen, wie es sich bei einem realen Problem schlägt. Zunächst kommt im Code der Aufbau unseres bekannten Testproblems:

```
    Y = dataset[:,15]
    index = np.flatnonzero(X[:,8]==4)
    X = np.delete(X,index, axis=0)
    Y = np.delete(Y,index, axis=0)
```

```
np.random.seed(42)
MainSet = np.arange(0,X.shape[0])
Trainingsset = np.random.choice(X.shape[0], int(0.8*X.shape[0]), replace=False)
Testset = np.delete(MainSet,Trainingsset)
XTrain = X[Trainingsset,:]
yTrain = Y[Trainingsset]
XTest = X[Testset,:]
yTest = Y[Testset]
```

Wie man sieht, habe ich im folgenden Quellcode zwei Konfigurationen für das Training vermerkt, von denen eine auskommentiert ist.

```
import time

gb = gradientBoost(noOfLearner=100,eta=0.1,maxDepth=12)
# gb = gradientBoost(noOfLearner=500,eta=0.2,maxDepth=5)
startProc = time.process_time()
gb.fit(XTrain,yTrain)
yPredict = np.round(gb.predict(XTest))
endeProc = time.process_time()
print('Systemzeit: %5.3f s' % (endeProc-startProc))
yDiff = yPredict - yTest
print('Mittlere Abweichung: %e ' % (np.mean(np.abs(yDiff))))
```

Das Bemerkenswerte ist, dass die beiden Konfigurationen mit 23.85 (100 tiefe bzw. stärkere Lerner) und 23.74 (500 flache bzw. schwächere Lerner) quasi identische Ergebnisse bzgl. des Fehlers liefern. Da der Code für das Aufbauen der Bäume in scikit-learn optimiert ist und oft teilweise auf Cython zurückgreift, während das Gradient Boosting einfach eine 1:1-Umsetzung des Pseudocodes ist, kann man die beiden Konfigurationen nicht perfekt über die Systemlaufzeit vergleichen. Trotzdem kann man festhalten, dass der Ansatz mit weniger Lernern hier performanter ist. Beim Vergleich mit dem Random Forest haben wir eine etwas höhere Genauigkeit erreicht, jedoch deutlich mehr Lerner investiert. Nach meiner Erfahrung kann man aus dem Gradient Boosting oft mehr herausholen als aus dem Random Forest, jedoch ist letzterer einfacher zu parametrieren und oft ähnlich genau.

Ergänzen Sie den Code oben, um die Funktionalität einer Validierungsmenge zur Umsetzung eines Early-Stoppings zu verwenden. Das Gradient Boosting soll solange Lerner hinzufügen, bis entweder die maximale Anzahl erreicht ist, oder bis es m Schritte lang keinen Fortschritt mehr gegeben hat. Sorgen Sie dafür, dass die letzten m Lerner aus der Liste entfernt werden.

10.3.2 XGBoost

Wenn Sie nicht selber an neue Varianten von Verfahren arbeiten, ist es in der Praxis ratsam, auf **XGBoost** zurückzugreifen. Der Name steht für **eXtreme Gradient Boosting** und die Implementierung steht unter der Apache 2.0 Lizenz. Im Wesentlichen implementiert XGBoost das oben besprochene Verfahren, jedoch mit zahlreichen Erweiterungen und Anpassungen, siehe hierzu u. a. [CG16].

Sie können es mittels

```
conda install py-xgboost-cpu
```

unter Anaconda installieren. Wie der Zusatz cpu andeutet, gibt es auch eine GPU-Variante. Da es uns nicht primär um die Performance geht und die CPU-Variante weniger Abhängigkeiten hat, bleiben wir dabei. Eine der wichtigsten Unterschiede von XGBoost zum einfachen Gradienten Boosting ist, dass hier ein ausgeklügelteres Optimierungsverfahren verwendet wird. Während oben ein reiner Gradientenabstieg genutzt wurde und damit nur die erste Ableitung, setzt XGBoost Ableitungen höherer Ordnungen ein, um schneller zum Minimum des Fehlerfunktionals zu kommen. Das Ergebnis ist ein Newton-Ansatz, welcher – genügend Glätte im Fehlerfunktional vorausgesetzt – schneller konvergiert. Setzen wir nur die gleichen Parameter wie beim Test mit unserem handgeschriebenen Algorithmus und belassen den Rest auf den Default-Werten, so ergibt sich folgender Code:

```
from xgboost import XGBRegressor
model = XGBRegressor(learning_rate = 0.1, max_depth = 12, n_estimators = 100)
model.fit(XTrain,yTrain)
yPredict = np.round(model.predict(XTest))
yDiff = yPredict - yTest
print('Mittlere Abweichung: %e ' % (np.mean(np.abs(yDiff))))
```

Mit einem Fehler von 22.61 erreicht XGBoost noch einmal eine kleine Verbesserung gegenüber unserer Eigenimplementierung mit 23.85. Das Paket verfügt über eine Vielzahl von Parametern zur Einstellung des Verhaltens. Generell sei auf die Dokumentation des Softwareprojektes verwiesen. Besonders interessant im Sinne der kleinen Aufgabe oben ist jedoch die Umsetzung eines Early-Stoppings. Dies kann mit dem Code unten umgesetzt werden, wobei wir 20% der Daten unserer Trainingsmenge für die Validierung verwenden:

```

TrainSet = np.arange(0,len(yTrain))
Valset = np.random.choice(len(yTrain), int(0.2*len(yTrain)), replace=False)
Trainingsset = np.delete(TrainSet,Valset)
XVal = XTrain[Valset,:]
yVal = yTrain[Valset]
XTrain = XTrain[Trainingsset,:]
yTrain = yTrain[Trainingsset]
model = XGBRegressor(learning_rate = 0.1, max_depth = 12, n_estimators = 500)
model.fit(XTrain,yTrain, eval_metric='mae', early_stopping_rounds=20 , eval_set=[(XVal,
  yVal)], verbose=True)
yPredict = np.round(model.predict(XTest))
yDiff = yPredict - yTest
print('Mittlere Abweichung: %e ' % (np.mean(np.abs(yDiff))))
```

Das bedeutet, dass es maximal 500 Lerner geben wird und analog zu einem neuronalen Netz der Early-Stopping-Algorithmus 20 Zyklen wartet, ob sich eine Verbesserung einstellt. Ist das nicht der Fall, wird das Training abgebrochen. Natürlich kann man auch hier verschiedene Metriken einstellen. In diesem Fall ist der mittlere absolute Fehler angegeben, da wir danach am Schluss die Qualität beurteilen. Nach dem Durchlaufen der Fit-Methode erhalten wir folgende Ausgabe:

```
[234] validation_0-mae:23.6966
Stopping. Best iteration:
[214] validation_0-mae:23.6949
```

Das bedeutet, dass für die Vorhersage der Stand nach 214 Lernern verwendet werden wird und das Training nach 234 Schritten abgebrochen wurde. Dabei wurde auf der Testmenge ein mittlerer absoluter Fehler von 23.93 erreicht. Ein kleiner Rückschritt, der aber durch die nun fehlenden Trainingsdaten erklärt werden kann. Man sieht, dass unsere eigene Implementierung und die beiden Varianten sich auf diesem speziellen Problem nicht so besonders unterscheiden.

Eine Bemerkung noch zum Schluss: Wird das Gradient Boosting auf der Basis von Bäumen durchgeführt, kann man ähnliche Überlegungen für das Gradient Boosting anstellen wie in Abschnitt 10.2 für den Random Forest. Das analoge Schema ist auch in XGBoost implementiert und im obigen Beispiel können Sie mittels `model.feature_importances_` auf die ermittelte Bedeutung der Merkmale für das XGBoost zugreifen.

11 Convolutional Neural Networks mit Keras

Convolutional Neural Networks in der Art, wie wir sie heute verstehen, haben ihren Ursprung in den Arbeiten von Yann LeCun [LeC89] aus dem Jahr 1989. Bei den mit **CNN** oder **ConvNet** abgekürzten Netzen handelt es sich um eine besondere Art von Feedforward-Netzen. In einem CNN werden Daten, die man sinnvoll in eine Gitterstruktur bringen kann, auf eine andere Weise verarbeitet als bei den vollständig verbundenen Netzen der Kapitel 7 und 8.

Daten mit einer Gitterstruktur sind natürlich zuallererst Bilder, mit denen wir uns auch hauptsächlich beschäftigen werden. Es geht aber keinesfalls nur um Bilder. Auch **Zeitreihen** (engl. **time series**) können gelernt werden, da die Zeitreihe sich gut in einem 1D-Gitter anordnen lässt. Wie der Namensteil *Convolutional* (dt. Faltung) schon andeutet, gehört zu der besonderen Art, wie die Netze aufgebaut sind, eben eine mathematische Operation, die als Faltung bezeichnet wird. Sie ist eine lineare Operation, die nun statt einer vollständigen Matrix-Vektor-Multiplikation an einigen Stellen der Verarbeitung angewendet wird. Wenn dies mindestens in einem Layer passiert, sprechen wir von einem Convolutional Neural Network. Die grundsätzlichen Aspekte des Trainings etc. bleiben jedoch genauso erhalten, wie wir sie zuvor besprochen haben. Natürlich würde die Implementierung komplexer, da verschiedene Techniken zusammenkommen. Das Training über Optimierungsalgorithmen ist jedoch im Wesentlichen gleichartig.

Die Faltung ist aber nicht die einzige Neuerung. Es kommt auf die gesamte Architektur eines Convolutional Neural Networks an. Diese besteht einmal aus Faltungen, dann gibt es auch Teile, die wie unsere klassischen Netze aussehen, und ein weiteres neues Element ist das Pooling. Werfen wir zunächst einen Blick auf eine typische Abfolge in einem CNN.

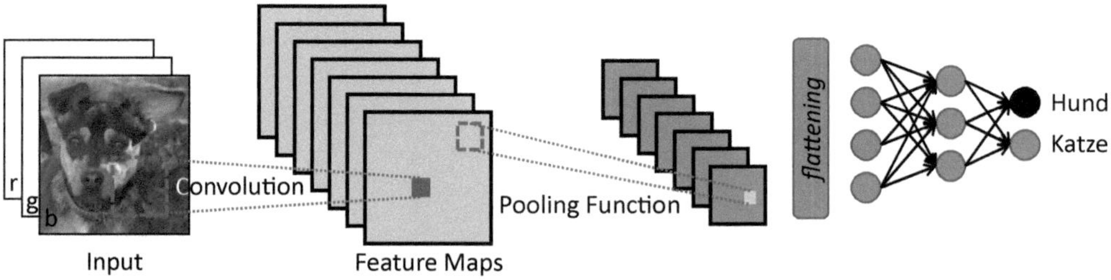

Abbildung 11.1 Elemente der Architektur eines CNN

Wie in Abbildung 11.1 sieht wahrscheinlich kein im Einsatz befindliches CNN aus, aber es enthält alle wesentlichen Elemente. Auch die Reihenfolge im Schema entspricht dem praktischen Einsatz. Eine Abfolge von Faltung und Pooling wird verwendet, um automatisch Merkmale zu generieren. In diesem Prozess wird der räumliche Bezug der Daten verwendet. Abschließend werden diese wieder in einen Vektor umgewandelt (*flattening*). Mit diesen durch das Netz selbst generierten Merkmalen arbeitet nun ein klassisches, dicht besetztes MLP.

11.1 Grundlagen und eindimensionale Convolutional Neural Networks

Wir beginnen damit, erst einmal die Grundlagen einer Faltung zu verstehen und orientieren uns daran, wie diese schon seit langem im Bereich der Bild- und Signalverarbeitung verwendet wird. Wegen der einfacheren Darstellung starten wir zunächst mit eindimensional angeordneten Daten wie Zeitreihen von Sensorwerten. Anschließend geht es weiter zu zweidimensionalen Anordnungen, wie eben Bildern. In jedem der Abschnitte gehen wir kurz auf das Pooling ein. Erst starten wir jedoch mit einigen kurz gehaltenen mathematischen Grundlagen zu Faltungen.

11.1.1 Einige Grundlagen zu Faltungen

Ganz allgemein ist eine Faltung eine mathematische Operation zwischen zwei Funktionen, die jeweils in die reellen Zahlen abbilden. Angewendet wird diese mathematische Technik u. a. in dem Bereich der Signal- und Bildverarbeitung. Um das besser zu verstehen, nehmen wir als Beispiel einen Roboter, der mit einem Abstandssensor mit dem Wert $x(t)$ den Aufenthaltsort eines beweglichen Gegenstands verfolgen will. t ist dabei die Zeit und x der Abstand, also ist bis hierher alles reellwertig. Nun nehmen wir an – was durchaus normal ist – dass der Sensor etwas verrauschte Daten liefert. Um das Rauschen etwas herauszufiltern, besteht der Ansatz darin, ein paar Werte, die der Sensor produziert hat, zu mitteln. Nun sind nicht alle Messungen, die wir gespeichert haben, gleichwertig. Beispielsweise sind wir nur an den Daten der letzten Sekunde interessiert, und auch dort gilt: je neuer desto wichtiger. Um das zum Ausdruck zu bringen, nutzt man dann eine Gewichtsfunktion $\omega(a)$. a ist dabei das Alter der Messung. Wenn wir nun ω und x zusammenbringen, bekommen wir eine neue Funktion s, die uns den Sensorwert weniger verrauscht liefern soll:

$$s(t) = \int x(t-a) \cdot \omega(a)\,\mathrm{d}a \tag{11.1}$$

Diese Operation, die durch das Aufsummieren bzw. hier Aufintegrieren von gewichteten Werten definiert ist, wird als Faltung bzw. Convolution bezeichnet. Kurz notiert man den Zusammenhang aus (11.1) mithilfe eines $*$-Symbols wie folgt:

$$s(t) = (x * \omega)(t) \tag{11.2}$$

Natürlich funktioniert so eine Faltung nicht für jedes ω wie oben gewünscht. Damit es sich um eine Mittelung handeln kann, muss ω gewisse Eigenschaften erfüllen. Wenn ω eine Wahrscheinlichkeitsdichtefunktion ist, ist dies bereits erfüllt, da hier der Wert 1 kontinuierlich verteilt wurde und durch Aufintegrieren wieder entsteht. Von dieser Art von Funktionen haben wir z. B. schon die Gaußsche Normalverteilung kennengelernt. Außerdem muss ω für alle negativen Werte gleich null sein. Diese Einschränkungen hängen aber von der Anwendung ab, in der die Faltung verwendet wird.

11.1.2 Eindimensionale Convolutional Neural Networks

In den meisten technischen Umsetzungen wird nicht, wie in (11.1) und (11.2), mit Integralen gearbeitet, sondern mit Summen; einfach schon deshalb weil die Messewerte nicht kontinuierlich vorliegen, sondern zum Beispiel in einem konstanten Abstand von einer Millisekunde. Das bedeutet, dass die Ansätze oben quasi von einem Integralzeichen zu einem Summenzeichen überführt werden. Für die folgenden Umsetzungen ist dies grundsätzlich der Fall.

Im Umfeld der Convolutional Neural Networks haben sich einige Begriffe um die Faltung herausgebildet. Das erste Argument – also in (11.2) das x – wird als **Input** I bezeichnet und das zweite – oben ω – als **Kernel** K. Das Ergebnis der ganzen Operation wiederum trägt den Namen **Feature Map**. Im Eindimensionalen fast die Gleichung (11.3) zusammen, was bei der Faltung auf diskret vorliegenden Daten passiert:

$$s[i] = \sum_{m=-(k-1)/2}^{+(k-1)/2} I[i+m] \cdot K[m] \tag{11.3}$$

In Gleichung (11.3) habe ich eckige Klammern in Anlehnung an den Matrix-Zugriff in Python verwendet. Darüber hinaus ist die Version auf ungerade $k \in \mathbb{N}$ beschränkt, was uns die Anschauung und Arbeit einfacher macht. In den meisten Implementierungen kann auch ein gerades k verwendet werden.

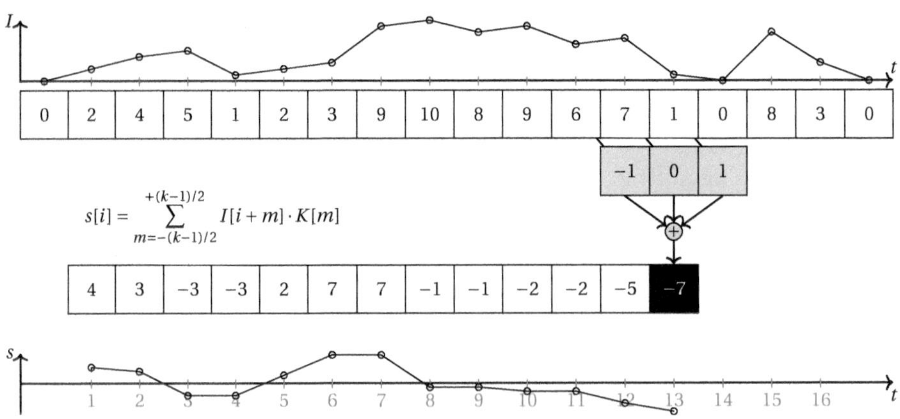

Abbildung 11.2 Diskrete Faltung auf einem 1D-Array

Abbildung 11.2 verdeutlicht die Faltung für den Fall eines Kernels der Breite drei bzw. $k = 3$. Nehmen wir an, dass die Daten gleichmäßig entlang der Zeit t aufgenommen wurden mit einer Samplingrate Δt, dann liegt jeder Abtastpunkt i bei $\Delta t \cdot i$.

Rechnen Sie einmal die letzten drei Werte von s aus, die in der Abbildung 11.2 noch fehlen. Wenn Sie auch auf 8- ,Ɛ ,Ƨ (Spiegel benutzen) kommen, haben Sie verstanden, wie die Faltung funktioniert.

Die Abbildung 11.3 zeigt, liegt im Fall eines Faltungs- bzw. **Convolutional Layer** eine dünnbesetzte Wechselwirkungen bzw. **sparse interactions** vor.

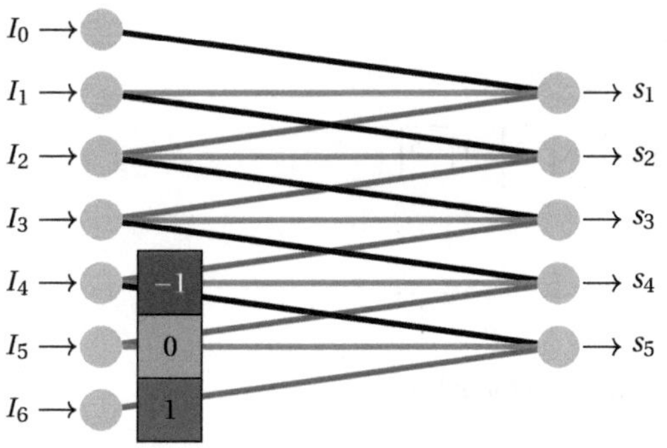

$$s = \begin{pmatrix} F_{-1} & F_0 & F_1 & 0 & 0 & 0 & 0 \\ 0 & F_{-1} & F_0 & F_1 & 0 & 0 & 0 \\ 0 & 0 & F_{-1} & F_0 & F_1 & 0 & 0 \\ 0 & 0 & 0 & F_{-1} & F_0 & F_1 & 0 \\ 0 & 0 & 0 & 0 & F_{-1} & F_0 & F_1 \end{pmatrix} I$$

Abbildung 11.3 Dünnbesetzte Wechselwirkungen (Sparse Interactions) und gemeinsame Nutzung von Parametern (Parameter Sharing) bei der Verwendung von Faltungslayern

In den voll vernetzten Ansätzen, die wir in den letzten Abschnitten verwendet haben, werden Multiplikationen mit vollbesetzten Matrizen zum Übergang zwischen den Layern verwendet. Das bedeutet, jeder Input interagiert theoretisch – natürlich kann mal ein Eintrag null sein – mit jedem Output. Das ist bei einer Faltung, wie wir oben gesehen haben, nicht der Fall. Einträge, die nicht im Bereich des Kernels liegen, haben keinen Einfluss auf den Wert der Faltung. Im Beispiel oben gibt es nur die drei Gewichte des Faltungskernels zu trainieren. Entsprechend haben nur drei benachbarte Einträge in I einen Einfluss auf den korrespondierenden Wert in s. Die Matrix-Vektor-Operation in Abbildung 11.3 entspricht der Matrixmultiplikation in einem Dense Network unter Verwendung der Identität als Aktivierungsfunktion. Der wesentliche Unterschied, der hier zu der dünnbesetzte Wechselwirkungen führt, ist, dass nur so viele Diagonalen in der Matrix aus Abbildung 11.3 besetzt sind, wie der Kernel Freiheitsgrade hat.

Oft haben Eingangssignale mehrere Kanäle, beispielsweise werden gleichzeitig mehre Sensorwerte an einer Maschine aufgezeichnet. In Bildern, zu denen wir im Abschnitt 11.2 kommen, entsprechen die Kanäle eben den Farbkanälen Rot, Grün und Blau (RGB). Jeder neue Kanal vergrößert den Faltungskernel. Am Ende steht ein einziges Signal.

Die Frage, ob man von einer 1D-, 2D-, 3D- oder sogar 4D-Faltung spricht, hängt vom Output ab. In Abbildung 11.4 ist der Input faktisch eine Matrix mit zwei Zeilen und 18 Spalten. Der Output ist jedoch eindimensional, da wir hier über eindimensionale Faltungslayer sprechen.

Es ist üblich, mehrere Faltungskernel parallel zu verwenden, um mehrere Ausgabesequenzen zu erzeugen. Dies geschieht wie in Abbildung 11.4 dargestellt, wobei die Ausgaben jedes Si-

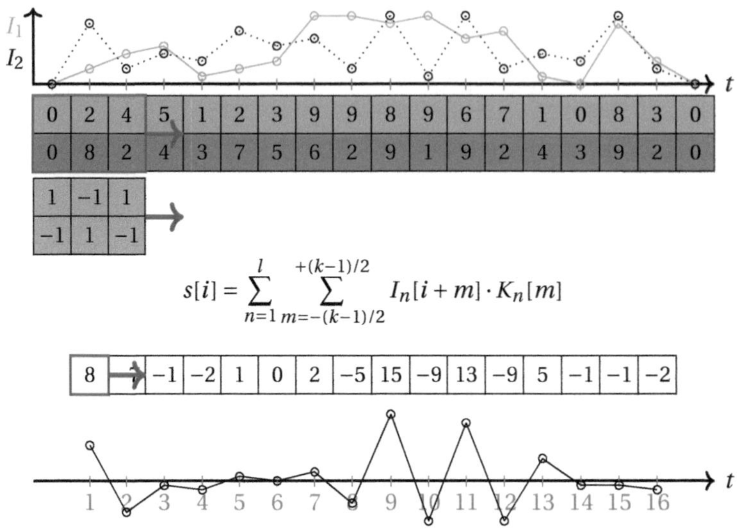

Abbildung 11.4 Verarbeitung mehrerer Kanäle in einem Faltungslayer

gnals einfach addiert werden. k ist dabei erneut die Breite der Kernel und l die Anzahl der Kernels.

$$s[i] = \sum_{n=1}^{l} \sum_{m=-(k-1)/2}^{+(k-1)/2} I_n[i+m] \cdot K_n[m] \tag{11.4}$$

Der rote Pfeil in Abbildung 11.4 könnte ein Vorzeichen verdecken ... Rechnen Sie doch mal nach mit der Gleichung (11.4), ob es +7 oder -7 sein sollte.

Der Grund ist, dass ein Convolutional Neural Network natürlich nicht nur aus Faltungen besteht. Die Faltungen verändern die ursprünglichen Signale so, dass jeder Kernel bzw. Filter unterschiedliche Eigenschaften des Signals betont. Der Kernel in Abbildung 11.2 und 11.3 reagiert zum Beispiel stark auf Änderungen im Signal. Ist das Signal im Wesentlichen konstant, liefert er null als Ausgabe zurück. In gewisser Weise generieren die Convolutional Layer neue Merkmale/Feature, auf deren Basis dann eine Regression oder Klassifikation durchgeführt werden kann.

Nehmen wir einmal den Fall, dass ein Signal mit einem einzigen Kanal vorliegt und wir mehrere Kernel trainieren wollen.

Das Problem ist nun, dass jeder Kernel im Wesentlichen genauso viel Daten generiert wie auch das ursprüngliche Signal hatte. *Im Wesentlichen* meint dabei, dass an den Enden etwas abgeschnitten wird. Ein Aspekt, auf den wir detaillierter eingehen, wenn wir uns den Bildern bzw. 2D Signalen zuwenden. Im Groben bedeutet es aber hier, dass, wenn wir 10 Kernel verwenden, um Charakteristika des Inputs herauszuarbeiten, wir ca. zehnmal so viel Merkmale erhalten. Der Featurespace würde riesig werden, besonders wenn man sich klarmacht, dass in der Regel auf die gefalteten Outputs erneut Faltungslayer anwendet werden. Es fehlt also ein Schritt zur Informationsverdichtung und Verallgemeinerung. Dieser Verarbeitungsschritt ist das **Pooling**.

Für das Pooling gibt es verschiedene Ansätze, wobei am häufigsten auf das sogenannte **Max-Pooling** zurückgegriffen wird. Hierfür unterteilt man den Output im Abschnitt der Breite z und übernimmt hierbei nur den größten Wert. So, wie bei den Neuronen biologische Analogien gebildet werden, wird für dieses Verhalten auch ein Vergleichbares in der Natur angegeben, und zwar die laterale Hemmung, bei der eine aktive Nervenzelle die Aktivität der benachbarten Zellen hemmt. Das Pooling nimmt natürlich einmal Informationen aus dem Prozess, aber nur hierdurch kann man auch sehr tiefe Netze bauen, die sonst oft zu einem Overfitting führen würden. Außerdem wirkt sich die Verdichtung auch in der Regel positiv auf die Performance beim Training und der späteren Ausführung aus. Natürlich ist das Max-Pooling nicht die einzige Möglichkeit einer Verdichtung, aber die zur Zeit am meisten verwendete. Die andere häufige Alternative ist die Mittelwertbildung, das **Average Pooling**.

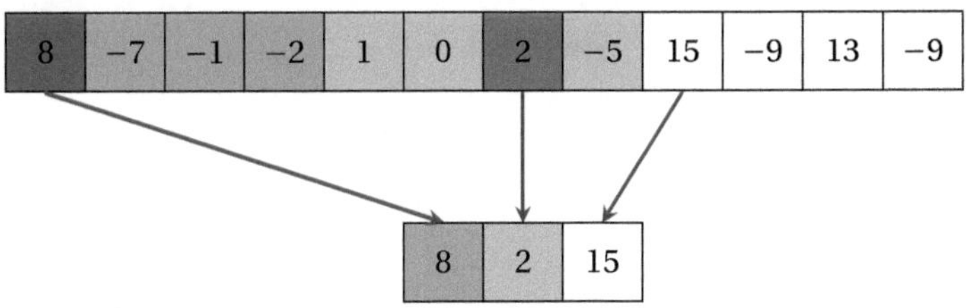

Abbildung 11.5 Max-Pooling mit je vier Elementen in einem 1D-CNN

Abbildung 11.5 zeigt ein Beispiel eines Max-Poolings mit einer Breite von $z = 4$. Der Output der Länger 12 wird durch diese Pooling-Operation auf einen der Länge drei verdichtet. Im Rahmen des Poolings wird die Dimension der Feature Maps also reduziert.

Diese Abfolge aus Convolution und Pooling wird nun im Allgemeinen einige Male wiederholt. Dabei gehören die Fragen, wie oft gefaltet, wie oft mittels Pooling die Information verdichtet wird und ob vielleicht erst mehrfach gefaltet werden soll etc., zum Aspekt der Architektur des CNN. Diese konkrete Ausgestaltung der CNN-Architektur hängt von der Aufgabe ab, die das Netz bewältigen soll, und ist nicht einfach festzulegen ... und das ist milde formuliert. Wenn Leute davon sprechen, sie hätten ein CNN entwickelt, das dieses und jenes kann, besteht tatsächlich viel davon daraus, Parameter und Layer-Designs durchzuprobieren. Da CNN – besonders im Kontext von Bildern – oft längere Laufzeiten benötigt, kann es auch eine Weile brauchen, bis ein gutes Design gefunden ist.

Diese *Designfreiheit* betrifft aber den mittleren Teil, der als Abfolgen von Convolution und Pooling besteht. Den Anfang macht natürlich immer der Input und den Schluss ein dichtes neuronales Netz bzw. in diesem Kontext ein **Fully-connected Layer**. Dessen Input-Werte sind die in einen Vektor umgewandelten Outputs der letzten Schicht der Abfolge aus Convolution- und Pooling-Layern. Man spricht vom **Flattening**. Nach diesem Schritt sind wir wieder in der Welt der zuvor besprochenen Multilayer Perceptrons. Eine Sichtweise auf die CNN ist daher auch, dass die Abfolge aus Convolution- und Pooling-Layern, die Features für den Fully-connected Layer generiert, und daher quasi selbst die Feature lernt. Statt also Features durch einen Menschen bestimmen oder herausarbeiten zu lassen, wird diese Aufgabe auf die Layer ausgelagert. Die Abbildung 11.6 zeigt einen schematischen Aufbau eines solchen Netzes mit einem Signal mit mehren Kanälen. Die hier dargestellten Kernel bewegen sich ausschließlich eindimensional, jedoch über alle Kanäle des Signals. Pro Filter wird ein Output erzeugt. Das Pooling operiert dann jeweils nur auf einem der Outputs und verdichtet diesen.

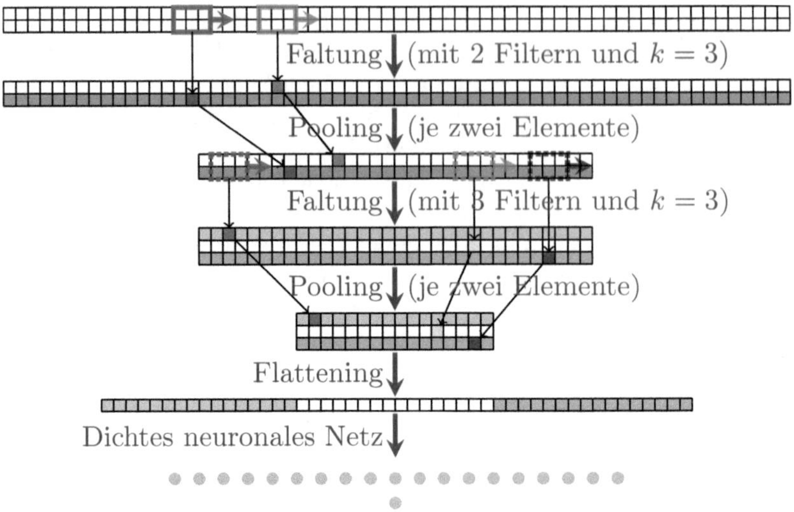

Abbildung 11.6 Aufbau eines 1D Convolutional Neural Network

11.1.3 Klassifizierung von Signalen als Beispiel

Um das einmal in der Praxis zu sehen, schauen wir uns dies nun für eine Reihe künstlich erzeugter Signale an. Zunächst erzeugen wir also `nrows` von Signalen mit jeweils `nsteps` von Abtastungen des Signals. Die Signale selbst werden durch eine Fourier-Ansatz der Ordnung 10

$$\frac{a_0}{2} + \sum_{k=1}^{10} (a_k \cos(kt) + b_k \sin(kt))$$

mit zufälligen Koeffizienten a_k, b_k gebildet. Anschließend wird das Signal normiert, sodass maximal eine Signalstärke von 2 vorliegen kann. Falls Sie sich über die etwas sinnlose dritte Dimension von `timeseries` wundern; das liegt daran das wie im obigen Abschnitt besprochen, mehre Kanäle möglich wären. Keras braucht diese Dimension, um die Anzahl der Kanäle zu bestimmen. Im unseren Fall liegt nur einer vor.

```
import numpy as np
import matplotlib.pyplot as plt
np.random.seed(42)

nrows = 10000
nsteps = 5000
timeseries = np.zeros((nrows, nsteps, 1))
t = np.linspace(0, 30, num=nsteps)
for i in range(nrows):
    a = 2*(np.random.rand(11) - 0.5)
    b = 2*(np.random.rand(11) - 0.5)
    timeseries[i,:,0] = a[0]/2
    for k in range(1, 11):
        timeseries[i,:,0] += a[k] * np.cos(t*k)
        timeseries[i,:,0] += b[k] * np.sin(t*k)
    timeseries[i,:,0] = 2*timeseries[i,:,0]/np.max(np.abs(timeseries[i,:,0]))
```

Nun werden 20% der Signale mit einer Störung versetzt. Die Stelle, an der die Störung auftritt, wird zufällig bestimmt. Alle Fälle mit Störung werden als Klasse 1 definiert, der Rest gehört zur Klasse 0.

```
Y = np.zeros(nrows)
yTrue = np.random.choice(nrows, int(nrows*0.2), replace=False)
Y[yTrue] = 1
stoerung = np.array([0.1, 0.2, 0.4, 0.4, 0.3,0.4,0.4,0.2,0,0,0,0,0,0,0,0,
                -0.1,-0.2,-0.4,-0.2,-0.2,-0.4,-0.2,-0.1] * 2)
for i in yTrue:
    xpos = np.random.randint(0, nsteps - len(stoerung))
    timeseries[i, xpos:xpos+len(stoerung), 0] += stoerung
```

Anschließend bilden wir wie gewohnt die Trainings- und Testmenge.

```
TrainSet = np.random.choice(timeseries.shape[0],
                            int(timeseries.shape[0]*0.80), replace=False)
XTrain   = timeseries[TrainSet,:]
YTrain   = Y[TrainSet]
TestSet  = np.delete(np.arange(len(Y)), TrainSet)
XTest    = timeseries[TestSet,:]
YTest    = Y[TestSet]
```

Wie man sieht, gibt es viel mehr Beispiele, die zur Klasse 0 gehören, als solche, die zur Klasse 1 gehören. Das ist eine typische Aufteilung, wenn es zum Beispiel im Zusammenhang von **Predictive Maintenance** darum geht, Auffälligkeiten zu finden; tatsächlich ist es dort oft eher noch ein schlechteres Verhältnis. Um dies auszugleichen, bedienen wir uns später der in Abschnitt 9.7 besprochenen Technik und gewichten alle Samples, welche zur Klasse 1 gehören, mit 1 und alle, die zur Klasse 0 gehören, mit 0.3.

```
sampleWeight = np.ones_like(YTrain)
sampleWeight[YTrain==0] = 0.3
```

Nun binden wir wie zuvor auch die benötigten Klassen ein. Neu ist hier die Verwendung der neuen Layer `Conv1D` und `MaxPooling1D`. Durch das Setzen des `RandomSeed` versuchen wir die Reproduzierbarkeit zu verbessern, wenn es sich auch nicht zu 100% erreichen lässt.

```
from tensorflow.keras.models import Sequential
from tensorflow.keras.layers import Dense, Flatten
from tensorflow.keras.layers import Conv1D,MaxPooling1D
from tensorflow.compat.v1.random import set_random_seed
set_random_seed(42)
```

Wie man sieht, können wir wie zuvor auch bei dem Dense-Layer angeben, ob wir von den Bias-Neuronen Gebrauch machen wollen oder nicht. Der Default ist auch hier die Verwendung von Bias-Neuronen. Die Gewichte der Kernels werden ebenfalls analog zu den Gewichten in den Dense-Layern, die wir u. a. in Kapitel 8 besprochen haben, durch den Einsatz von Aktivierungsfunktionen gelernt. Wir verwenden hier ReLU. Gehen wir nun noch die restlichen Parameter von `Conv1D` durch: Der erste Parameter `8` besagt, dass wir 8 Feature Maps erzeugen wollen. Die Länge jedes dieser Kernel wird durch `kernel_size` definiert. Im ersten Layer müssen wir nun definieren, welche Dimension der Input haben soll. Da wir nun nicht mehr von strukturierten Daten ausgehen, ist der Parameter nicht `input_dim` sondern `input_shape`, wird aber davon abgesehen genauso behandelt.

```
model = Sequential()
model.add(Conv1D(8, kernel_size=10, activation='relu', use_bias=False,
                 input_shape=(timeseries.shape[1],1)))
```

Beim `MaxPooling` haben wir es mit weniger Parametern zu tun, wir brauchen im Wesentlichen nur angeben, wie viele Elemente für die Pooling-Operation verwendet werden sollen. Wie eingangs besprochen ist die klassische Art eines CNN Faltungs- und Pooling-Layer sich abwechseln zu lassen. Genau so gehen wir nun auch vor.

```
model.add(MaxPooling1D(pool_size=4))
model.add(Conv1D(6, kernel_size=8, activation='relu', use_bias=False))
model.add(MaxPooling1D(pool_size=4))
model.add(Conv1D(1, kernel_size=4, activation='relu', use_bias=False))
model.add(MaxPooling1D(pool_size=4))
```

Wenn wir der Ansicht sind, dass wir eine geeignete Architektur definiert haben, um die nötigen Merkmale zu generieren, geht es ans *Flattening*. Durch `Flatten` werden alle verbleibenden Einträge in einen Vektor angeordnet und dienen dann quasi als Input in ein dichtes neuronales Netz, welches die Klassifikation durchführt. In unserem Fall ist hier nicht viel zu tun, da ich oben nur noch einen Filter vorgesehen habe und das bei einem Signal als Input. Das ist jedoch ein eher ungewöhnlicher Ansatz. Typischer ist derjenige, den wir später bei Bildern sehen werden, welcher die Anzahl der Filter nach hinten wachsen lässt und nicht wie hier kleiner wird. Der Vorteil, falls man mit einem Ansatz wie im vorliegenden Netz bei einem Signal sinnvoll Ergebnisse erreichen kann, ist die verbesserte Transparenz. Wir werden gleich sehen, was damit gemeint ist.

```
model.add(Flatten())
#model.add(Dense(10, activation='sigmoid'))
model.add(Dense(1, activation='sigmoid'))
model.compile(optimizer='adam', loss='binary_crossentropy', metrics=['accuracy'])
history = model.fit(XTrain, YTrain, epochs=30, verbose=True, sample_weight=sampleWeight)
model.summary()
print(model.evaluate(XTest, YTest, verbose=False))
```

Der Rest verläuft im Wesentlichen wie schon zuvor bei den dichten neuronalen Netzen. Dieses Beispiel gehört übrigens zu den Fällen, bei denen man der Optimierung etwas Zeit geben muss.

Wie Abbildung 11.7 zeigt, verbleibt die Loss-Funktion sehr lange auf einem Niveau, bis eine gute Abstiegsrichtung gefunden ist. In dieser verbessert sich die Leistung des Netzes dann sprunghaft. Am Ende des Trainings stehen wir bei einer Genauigkeit von 99.95 % auf der Testmenge. Der Befehl `summary` gibt uns aus, wie unser Netz aufgebaut ist und wo wie viel Freiheitsgrade entstanden sind:

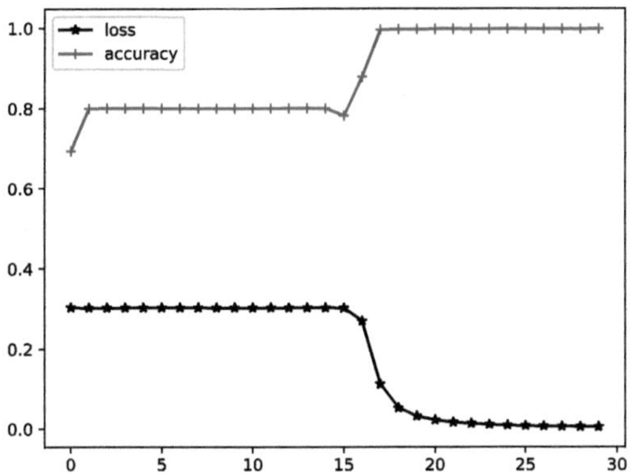

Abbildung 11.7 Trainingshistorie für die Klassifikation von Signalen

```
Layer (type)                 Output Shape              Param #
=================================================================
conv1d (Conv1D)              (None, 4991, 8)           80
_________________________________________________________________
max_pooling1d (MaxPooling1D) (None, 1247, 8)           0
_________________________________________________________________
conv1d_1 (Conv1D)            (None, 1240, 6)           384
_________________________________________________________________
max_pooling1d_1 (MaxPooling1 (None, 310, 6)            0
_________________________________________________________________
conv1d_2 (Conv1D)            (None, 307, 1)            24
_________________________________________________________________
max_pooling1d_2 (MaxPooling1 (None, 76, 1)             0
_________________________________________________________________
flatten (Flatten)            (None, 76)                0
_________________________________________________________________
dense (Dense)                (None, 10)                770
_________________________________________________________________
dense_1 (Dense)              (None, 1)                 11
=================================================================
Total params: 1,269
Trainable params: 1,269
Non-trainable params: 0
```

Die 80 Freiheitsgrade im ersten Layer entsprechen gerade den 8 Filtern mit einer Länge von 10 Einträgen, die wir konfiguriert haben. Interessant zu beobachten ist auch die Veränderung der Dimension des Outputs. Diese reduziert sich einmal durch das Pooling und zum anderen durch den *Verschnitt* an den Rändern, welcher durch die Länge der Kernel entsteht. Beachten Sie, dass in den Dense-Layern Bias-Neuronen verwendet werden und entsprechend mehr Freiheitsgrade entstehen.

Nun folgt der Vollständigkeit halber der Code für die Erstellung von Abbildung 11.7.

```
plt.figure()
plt.plot(history.history['loss'], color='k', label='loss',marker='*')
plt.plot(history.history['accuracy'], color='r', label='accuracy',marker='+')
plt.legend()
```

Nun wollen wir visualisieren, was das Netz im Laufe seiner Verarbeitung so tut. Um das zu tun, schreiben wir noch schnell eine kleine Funktion. Diese baut darauf auf, dass man für ein bestehendes Netz mithilfe eines Konstruktes, das als **Keras Function** umgesetzt ist, Teile aus Input und Output von Netzwerken kapseln kann. Die `Keras function` liegt im Backend-Modul, welches es uns erlaubt, vom konkreten Backend – also TensorFlow, Theano etc. – zu abstrahieren. Bei der aktuellen Version von Keras gibt es faktisch nur noch TensorFlow als Backend. Dadurch importieren wir nicht mehr `from keras` wie zuvor sondern `TensorFlow.keras`. Die Reihenfolge deutet auf die Umkehr der Einbindung hin, wobei hier quasi das Backend TensorFlow das Frontend Keras gefressen, aber die API unterhalb dieser Einbindung funktioniert noch. Wie dieser Ansatz konkret funktioniert, sieht man gleich unten.

```
from tensorflow.keras import backend as K

def zwischenVerarbeitungPlotten(sigSingle, outLayer):
    signal = sigSingle[np.newaxis,...]
```

Die Variable `sigSingle` soll die Daten eines unserer Signale beinhalten. Als Input wird eigentlich immer eine ganze Serie von Signalen erwartet. Daher geht Keras hier von einer Dimension mehr aus, als wir haben. Entsprechend fügen wir vorne eine leere Dimension an.

```
    outputSingleLayer = K.function([model.layers[0].input], [model.layers[outLayer].output])
    myout = outputSingleLayer([signal])[0]
```

Wie man sieht, lautet die Syntax der Keras Function:
`keras.backend.function(inputs, outputs, updates=None)`
Das erscheint etwas abstrakt, ist jedoch einfacher, als man denkt. Möchte man den Input nutzen, der dem Netzwerk übergeben wird, ist dies der Input der 0-ten Schicht. Wenn man anschließend den Output zwei Schichten später betrachtet, so ist dies der Output der Schicht 2. Das verknüpft man mit der Keras Function, indem man für `inputs [model.layers[0].input]` übergibt und für `outputs [model.layers[3].output]`. Die eckigen Klammern sind nötig, da hier als Typ eine Liste erwartet wird. Die Rückgabe ist ebenfalls eine Liste, welche in unserem Fall nur ein Element enthält. Das holen wir uns durch `[0]` direkt.

Der Rest sind mehr Zeilen Code, aber eben nur das Plotten dessen, was wir ausgegeben bekommen. Die Schleife ist nötig, da in der Regel mehrere Filter in einer Schicht verwendet werden.

```
    plt.figure()
    plt.subplot(myout.shape[2]+1, 1, 1)
    plt.xlim([0,nsteps])
    plt.title('Original Signal')
    plt.plot(sigSingle.squeeze(), linewidth=2, c='r')
    for i in range(myout.shape[2]):
        plt.subplot(myout.shape[2]+1, 1, i+2)
        plt.plot(myout[0,:,i].squeeze(), linewidth=2, c='k')
        plt.xlim([0,len( myout[0,:,i].squeeze() ) ])
        mystring = 'Effect of Learned Filter ' + str(i)
        plt.title(mystring)
    plt.tight_layout()
    plt.subplots_adjust(hspace=0.8)
    plt.show()
```

Nun suchen wir uns in den Testdaten ein paar Fälle, die zur Klasse 0 bzw. 1 gehören, und schauen uns das Ganze mit unserer selbstgeschriebenen Funktion einmal an.

```

firstY0 = np.flatnonzero(np.logical_not(YTest))[0]
firstY1 = np.flatnonzero(YTest)[0]
yP = model.predict(XTest)
print(yP[firstY0],yP[firstY1])
zwischenVerarbeitungPlotten(XTest[firstY0,:], 0)
zwischenVerarbeitungPlotten(XTest[firstY1,:], 0)
```

Zunächst stellen wir fest, dass die Ausgabe 0.00576717 und 0.9958279 dafür steht, dass sich das Netz sehr sicher ist mit seiner Klassifikation.

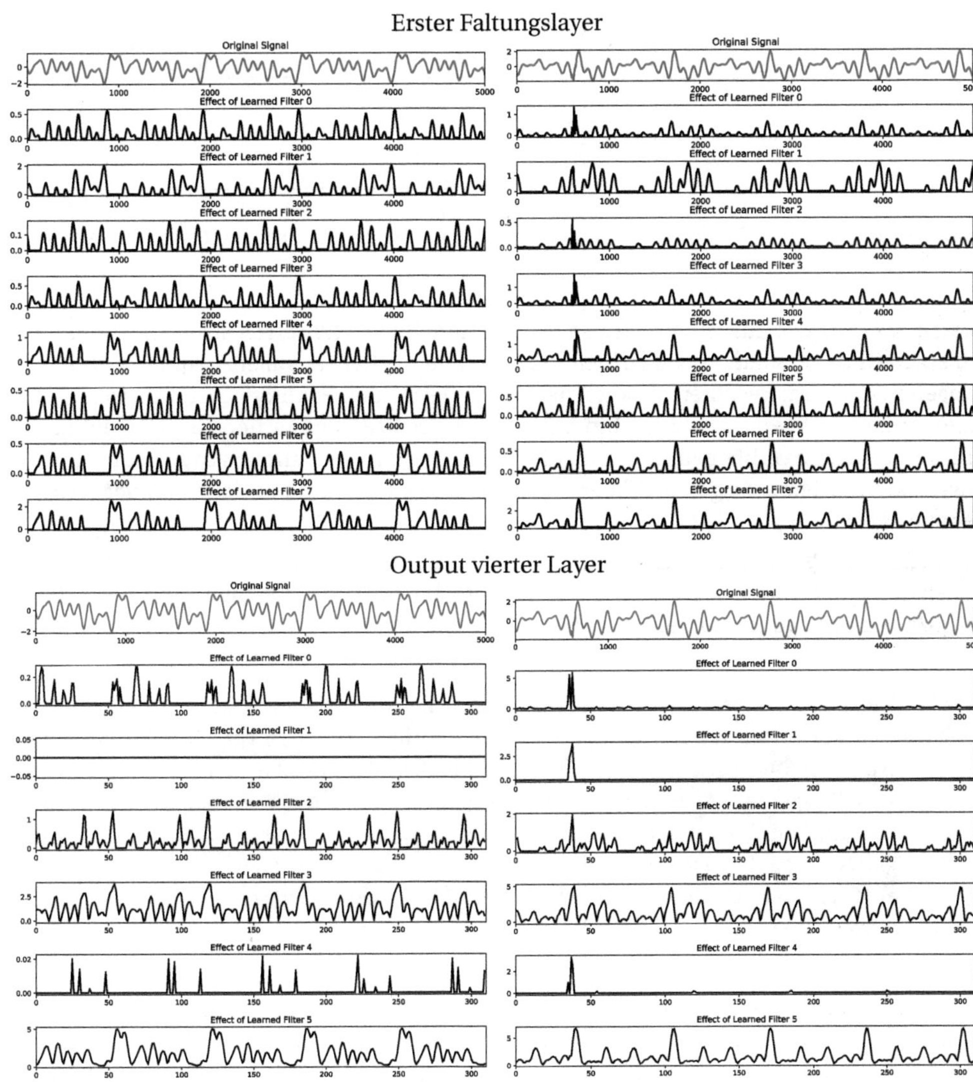

Abbildung 11.8 Erster Faltungslayer angewendet auf ein Signal der Klasse 0 (links) und ein Signal der Klasse 1 (rechts)

In Abbildung 11.8 und auch in den folgenden Abbildungen muss man darauf achten, dass die y-Achsen unterschiedlich skaliert sind. Man sieht schon an der Skalierung, dass die ersten vier gefilterten Signale unterschiedlich reagieren. Der Filter 0, 2 und 3 in der ersten Faltungsebene reagiert auch sehr deutlich an der Stelle an der die Störung eingefügt wurde.

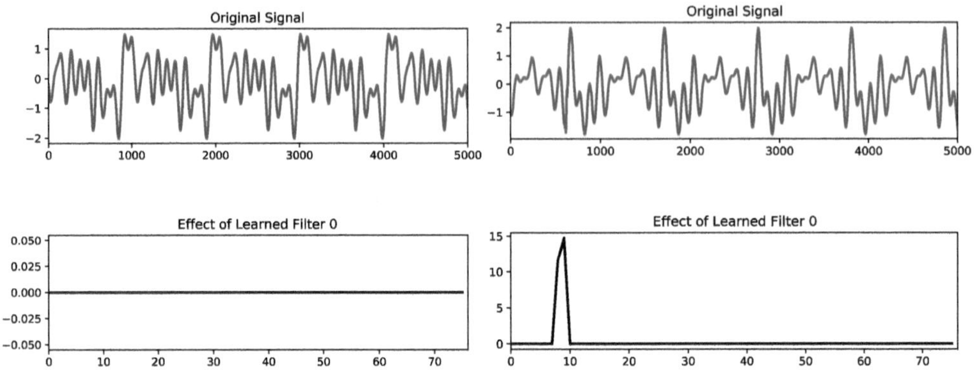

Abbildung 11.9 Dritter Faltungslayer angewendet auf ein Signal der Klasse 0 (links) und ein Signal der Klasse 1 (rechts)

Die Filter 0, 1 und 4 aus der zweiten Faltung in Abbildung 11.8 setzen sich gemäß dem, was wir auf Basis der Abbildung 11.6 auf Seite 358 diskutiert haben, aus allen Outputs der vorangegangen zusammen. Beachten Sie auch den Effekt der beiden Pooling-Layer. Da zwei Mal mit einer Breite von 4 gepoolt wurde, sind nun auf der x-Achse nun nur noch etwas mehr als 300 Abtastungspunkte verblieben. Während die Filter 2, 3 und 5 sehr ähnlich bzgl. der maximalen Ausschläge reagieren, zeigen die Filter 0,1 und 4 starke Unterschiede genau an der Stelle, an der auch die Störung vorliegt.

Der in Abbildung 11.9 dargestellte Ouput des letzte Pooling-Layers umfasst mit den 76 Merkmalen nun den Übergang zu anschließenden Netz. Wie man sieht reicht es hier aus zu testen ob große Ausschläge vorhanden sind oder eben auch nicht.

Sie erinnern sich sicherlich noch an die Diskussion aus dem ersten Kapitel und die Definition aus der Tabelle 2.4, was *selten* unter Umständen manchmal bedeutet. Wenn Sie hier seltene Events aufspüren wollen, kann es zu deutlich schlechteren Verteilungen aus 80% zu 20% kommen. Probieren Sie doch einmal aus, wie es sich verhält, wenn es nur noch 5% bzw. 1% von Fällen mit der Störung in ihrem Datensatz gibt. Können Sie das noch mit den Sample-Gewichten ausgleichen? Lassen Sie sich eine Konfusionsmatrix ausgeben, um zu sehen, wie gut diese seltene Klasse richtig eingeordnet wird.

Die Faltung am Schluss nur mit einem Kernel durchzuführen erlaubt, es hier sogar – im Rahmen der Genauigkeit, die durch das Pooling verloren gegangen ist – den Ort der Störung zu erkennen. Das ist, wie schon erwähnt, ein Design, welches nicht immer funktioniert und falls sich primär für Signale eignet. Nun gehen wir weiter zu einem für CNN wesentlich populäreren Anwendungsfeld.

11.2 Convolutional Neural Networks für Bilder

Bekannt sind Convolutional Neural Networks nicht primär durch Ihren Einsatz auf Signalen, sondern es dürfen durchaus mehr Dimensionen sein. Da wir uns nun mit Bildern als Beispiel beschäftigen wollen, gehen wir einmal von zwei Dimensionen aus.

11.2.1 Mehrdimensionale Faltung und Pooling

Das führt dazu, dass der Kernel auch mehr Dimensionen haben sollte, da auch in zwei Raumdimensionen Werte fusioniert werden sollen. Das Ergebnis führt für den Fall eines Bildes zu

$$S[i,j] = (I * K)[i,j] = \sum_m \sum_n I[m,n] \cdot K[i-m, j-n] \tag{11.5}$$

Mit den eckigen Klammern werden in Python die Zugriffe auf Elemente der Matrizen notiert. Die mathematisch korrekte Faltung ist kommutativ definiert. Das bedeutet, dass $I * K = K * I$ gilt, was – wie man von der Matrixmultiplikation weiß – nicht selbstverständlich ist.

$$S[i,j] = (K * I)[i,j] = \sum_m \sum_n I[i-m, j-n] \cdot K[m,n] \tag{11.6}$$

Eigentlich bietet es sich von der Umsetzung im Quellcode eher an, die Formulierung (11.6) umzusetzen als (11.5). Leider bezahlen wir die Kommutativität hier damit, dass K relativ zu I gedreht wurde. Das sieht man daran, dass die Indizes in (11.6) für steigende Werte von m bzw. n sich in gegensätzliche Richtungen entwickeln. Der Index in I fällt und der in K steigt.

Nun ist die Kommutativität in der mathematischen Theorie sehr wichtig für einige Beweise im Rahmen von Faltungen; für die Netze hier jedoch nicht. Tatsächlich treten nämlich die Einträge im Kernel K in den Faltungslayern an die Stelle der bekannten Gewichte aus den Dense-Layern. Das bedeutet, sie werden so trainiert, dass sie ihren Zweck erfüllen, und dabei ist die Drehung ohne Bedeutung. Die Werte passen sich sowieso den Trainingsbeispielen an. Daher implementieren wir eine Formel, die ohne diese Drehung definiert wird, und zwar:

$$S[i,j] = (K * I)[i,j] = \sum_m \sum_n I[i+m, j+n] \cdot K[m,n] \tag{11.7}$$

Streng mathematisch ist (11.7) jetzt keine Faltung mehr, aber wenn die Gewichte einfach gedreht gelernt werden, hat alles natürlich die gleiche Wirkung. Manche Texte/Libraries sprechen daher einfach weiter von einer Faltung, andere sagen, dass sie hier eine **Cross-Correlation** implementieren.

Wir haben jetzt viel über Faltungen gesprochen, aber welchen Sinn haben diese auf Bildern? Warum sollte ein Computer dies als Ansatz nehmen? Dafür gibt es viele Gründe: Beginnen wir mit dem klassischen Einsatz, bei dem solche Faltungen schon lange eingesetzt werden. Je nachdem, welcher Kernel verwendet wird, zeigt $K * I$ einen anderen Blick auf die Eigenschaften eines Bildes.

Wir werden das gleich auch einmal probieren, und zwar mit dem Kernel:

$$K = \begin{pmatrix} 1 & 0 & -1 \\ 0 & 0 & 0 \\ -1 & 0 & 1 \end{pmatrix} \tag{11.8}$$

Wie bei CNN üblich, setzen wir dabei die Faltung wie in (11.7) ohne Rotation des Kernels um. Das Vorgehen wird in Abbildung 11.10 illustriert.

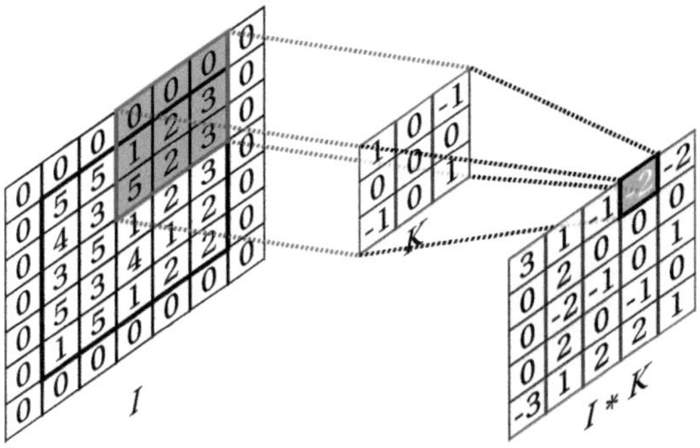

Abbildung 11.10 Faltung auf ein 2D-Array mit Zero-Padding angewendet

Der 3 × 3 große Kernel wird auf einen Bildbereich angewendet. Alle Zahlen in dem Bereich werden mit dem Wert aus dem Kernel multipliziert und anschließend aufsummiert. Das Ergebnis wird in die Matrix S eingetragen. Das bedeutet, der Eintrag (i, j) in der Matrix I und seine Umgebung bestimmen den Eintrag (i, j) in der Matrix S. Hierbei tritt naturgemäß ein Problem am Rand des Bildes auf. Nehmen wir beispielsweise die obere linke Ecke des Arrays. $(0,0)$ hat keine Umgebung, welche die Operation mit dem Kernel erlauben würde. Das bedeutet, normalerweise würde S kleiner sein als I; wie viel kleiner, hängt vom Kernel ab. In unserem Fall würde aus einer 7 × 7- eine 5 × 5-Matrix werden. Jede Faltung würde Informationen an den Rändern abschneiden. Das ist jedoch besonders bei kleineren Bildern nicht unbedingt gewünscht und man möchte eher, dass I und S gleich groß sind. Um dies zu erreichen, wird z. B. eine Technik mit Namen **Zero Padding** angewendet. Der Name ist dabei eigentlich schon Programm: Padding kommt vom englischen *to pad*, was hier so viel bedeutet wie *auffüllen*. Ein Kernel ist hier immer quadratisch und hat, da es sich um eine gleichmäßige Umgebung um einen Punkt (i, j) handelt, eine ungerade Anzahl von Spalten bzw. Zeilen. Nehmen wir an, diese Anzahl der Zeilen/Spalten des Kernels wird mit k bezeichnet, dann müssen wir $(k-1)/2$ Spalten und Zeilen an den jeweiligen Rändern von I hinzufügen. Diese werden nun mit null befüllt. Der Filter läuft aber nur über die ursprünglichen Einträge von I. Das Ergebnis S hat dann genauso viele Dimensionen wie I. Wollen wir aber auf der Faltung weitere Faltungen durchführen, ist es sinnvoll, auch S direkt wieder mit einem Rand aus Nullen zu umgeben. Dieses Zero Padding in I und S ist in Abbildung 11.10 dargestellt und führt dazu, dass immer eine Matrix gleicher Größe das Netzwerk durchläuft.

Natürlich muss der Filter sich auch nicht zwangsweise immer genau einen Pixel weit über das Bild bewegen. Er kann auch größere Sprünge machen. In Keras kann man dem Faltungslayer, den wir später noch kennenlernen werden, die Option **strides** übergeben. Damit kontrolliert man die Schrittweite. Der Default ist immer eins. Der folgende Quellcode soll jedoch zunächst verdeutlichen, wie die oben erwähnten Formeln inklusive Schrittanpassung angewendet werden. Die Funktion myConv setzt das alles um. Tatsächlich können wir uns in Zeile 12 durch die Array-Verknüpfung * eine von sonst drei Schleifen ersparen, und auch sonst geht die Implementierung eigentlich recht geradlinig. In Zeile 7 wird ein etwas größeres Array aus Nullen erzeugt, in den wir in Zeile 8 das Bild einfügen. Dadurch wird das Zero-Padding nachgebildet.

```
1  import numpy as np
2
3  def myConv(pic,strides=(1,1), convMatrix=np.array([ [1,0,-1],[0,0,0],[-1,0,1]])):
4      size    = convMatrix.shape[0]
5      pad     = size-1
6      shift   = int((pad)/2)
7      picPadding = np.zeros( (pic.shape[0]+pad, pic.shape[1]+pad) )
8      picPadding[shift:pic.shape[0]+shift,shift:pic.shape[1]+shift] = pic
9      picConv = np.zeros_like(picPadding)
10     for i in range(0,pic.shape[0],strides[0]):
11         for j in range(0,pic.shape[1],strides[0]):
12             picConv[i+shift,j+shift] = np.sum((convMatrix*picPadding[i:i+size,j:j+size]))
13     picConv = picConv[shift:picConv.shape[0]-shift,shift:picConv.shape[1]-shift:]
14     picConv = picConv[0:picConv.shape[0]:strides[0],:]
15     picConv = picConv[:,0:picConv.shape[1]:strides[1]]
16     return picConv
```

Eine Methode, hier noch mehr Schleifen einzusparen, wäre der Einsatz von sogenannten **Toeplitz-Matrizen** gewesen, aber die Implementierung wollten wir ja hier Keras überlassen. Außerdem ist so die Umsetzung der Abtastung über die strides sehr leicht umzusetzen. In Zeile 13 wird der Rand, der durch die obige Umsetzung beim Zero-Padding entsteht, abgeschnitten und in Zeile 14 und 15 werden die Zeilen und Spalten entfernt, für die ggf. eben keine Faltung berechnet wurde.

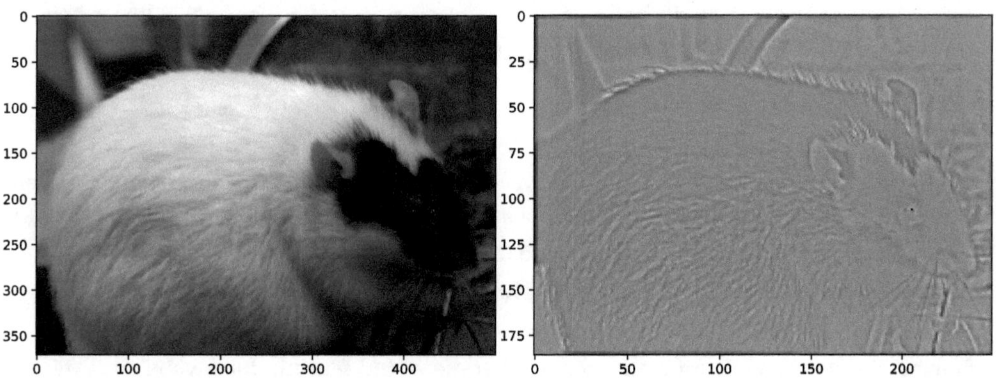

Abbildung 11.11 Betonung der Kanten durch eine Faltung

Nun müssen wir die Funktion nur noch anwenden. Ich habe mal als Beispiel eine unserer Farbratten genommen. Finden Sie nicht auch, dass es viel zu viel um Hunde vs Katzen geht beim maschinellen Lernen und die intelligenten Farbratten da einfach zu kurz kommen?

```
17
18 import matplotlib.pyplot as plt
19 import matplotlib.image as mpimg
```

```
pic = mpimg.imread('terryRatte.png')/255
convMatrix = np.ones( (9,9) )
convMatrix[4,4] = -convMatrix.size +1
picConv = myConv(pic,strides=(2,2), convMatrix=convMatrix)
plt.figure()
plt.imshow(pic, cmap='gray')
plt.figure()
plt.imshow(picConv, cmap='gray')
```

Abbildung 11.11 zeigt, was passiert, wenn wir auf ein Foto einen Kernel zur Kantenhervorhebung anwenden. Da in dem Beispiel eingestellt wurde, dass die Abtastung nur alle zwei Pixel erfolgen soll, wird zunächst einmal das Bild kleiner. Sie sehen das an den Achsenbeschriftungen. Wenn Sie den Code ausführen, können Sie am Bildschirm auch heranzoomen und erkennen, dass der Rand manchmal etwas ungewöhnlich ist. Das sind Effekte des Paddings. Ich habe einen etwas anderen Kernel als den in (11.7) genommen – welcher auch der Default in der Funktion ist –, da dieser noch schwieriger für den Druck ist. Sie können aber unten am Bildschirm gleich verschiedene ausprobieren. Nach der Anwendung eines solchen Kernels bekommen wir einen viel stärkeren Eindruck davon, wo Kanten und Übergänge im Bild sind, und verlieren dafür andere Informationen. Diese Technik mit einem festen Kernel, der für Menschen sinnvolle Veränderungen erzeugt, ist schon älter. Sie wurde und wird auch abseits von neuronalen Netzen viel in der Bildverarbeitung und -erkennung verwendet. Man kann sich aber gut vorstellen, dass das Ergebnis der Faltung es auch einem Computersystem leichter macht, gewisse Dinge zu sehen. Andere Informationen außer den Kanten und Übergangsstrukturen sind hingegen durch den Filter verloren. Das ist auch der Grund dafür, warum wir, wie schon bei den Signalen im CNN, später nicht nur mit einer Faltung arbeiten werden. Das CNN wird verschiedene Faltungen einsetzen können und auch noch selbst *wählen* dürfen, welche am sinnvollsten ist.

Variieren Sie die Funktion oben doch einmal so, dass diese ohne Padding arbeitet. Dann sollte das Ergebnis ein wenig kleiner sein, dafür jedoch keine Artefakte am Rand aufweisen.

Schauen wir jetzt noch, welche weiteren Vorteile außer der *Extraktion* einzelner Bildeigenschaften sich noch aus der Faltung für ein Netz ergeben könnten. Tatsächlich sind die folgenden die drei wichtigsten Ideen, die dem Netz im Zusammenhang mit Faltungen weiterhelfen:

- Dünnbesetzte Wechselwirkungen (**Sparse Interactions**)
- Gemeinsame Parameter (**Parameter Sharing**)
- Äquivalente Repräsentationen (**Equivariant Representations**)

Ich habe hier deutsche Begriffe angegeben, aber diese sind sehr unüblich verglichen mit der englischen Fachterminologie.

Gehen wir die drei Hauptvorteile oben einmal durch:

Die *sparse interactions* kennen wir schon von der Arbeit mit Signalen und hatten und hatten uns diese anhand der Abbildung 11.3 klargemacht. Es gilt nun nur noch für mehr Dimensionen zu verallgemeinern. Auch hier gilt, dass bei voll vernetzten Ansätzen Matrix-Multiplikationen zum Übergang zwischen den Layern verwendet werden, bei denen im Allgemeinen die Matrizen vollbesetzt sind. Bei der Faltung gilt wieder, dass Einträge, die nicht im Bereich des Kernels liegen, keinen Einfluss auf den Wert der Faltung haben. Je größer der Bereich ist, den die

Kernel abdecken, desto mehr Verbindungen entstehen. Wir haben zuvor in Abschnitt 8.4.4 gelernt, die Ziffern aus der MNIST-Datenbank durch ein neuronales Netz zu erkennen. Dabei hatten wir es mit Bildern der Dimension 28 × 28 zu tun. Das ist wirklich eher klein. Trotzdem hatten wir – da wir das Bild in einen Vektor umgewandelt haben – es mit 784 Merkmalen zu tun. Ein Übergang von Input zum ersten Layer wurde mit einer 784 × 80-Matrize durchgeführt, was 62720 Freiheitsgraden für die Gewichte entspricht. Wenn wir es nun mit üblicheren Größen von Bildern zu tun bekommen, wie 1200 × 800 Pixeln, sind wir schnell bei unglaublich vielen Freiheitsgraden. Es ist auch absehbar, dass wir nichts Sinnvolles mehr mit 80 Neuronen im ersten Layer erreichen könnten. Durch die Faltung wird nun die Verbindung von k^2 Inputs zu einem Neuron in der nächsten Schicht hergestellt. Bei einem dichten Netz hingegen steht jeder Inputwert mit jedem Neuron in der nächsten Schicht in Verbindung. Damit liegen wir bei dieser Faltungsarchitektur für typische Wahlen von k bzgl. der Anzahl der Verbindungen um Größenordnungen kleiner als beim dichten Netz. Der Vorteil ist dabei nicht nur auf das Training beschränkt. Tatsächlich führt es auch zu weniger Floating Point Operations für die Berechnung der Auswertung. Allerdings muss man sich hier immer klarmachen, dass die Aussagen auf Netzwerke zutreffen würden, die bei dichter Besetzung ähnliche Strukturen wie bei CNN nutzen würden. Das wäre für größere Probleme nie der Fall, weil man es eben nicht schaffen kann. Die Strukturen für voll besetzte Netze sind darauf angewiesen, schneller auf kleinere und dafür voll besetzte Layer zu gehen. Hier kann man schon absehen, wann CNN ihre besondere Stärke ausspielen können. Sie werden dann besonders effektiv sein, wenn auch die Zusammenhänge zwischen Daten eher lokal sind. Wenn wirklich alles von allem abhängt, müsste man es auch wie in einem vollbesetzten Netz modellieren. Das ist jedoch oft nicht der Fall. Die Frage, ob es zum Streit wegen der Gartenbepflanzung kommt, hängt nur von Ihren nächsten Nachbarn ab. Es ist unwichtig, wie zornig oder nett die Leute fünf Straßen weiter sind. Tatsächlich haben CNN auch später noch Mechanismen, um *Fernwirkungen* einzubinden, aber in dieser Faltung sind wir zunächst lokal und dadurch sind die Verbindungen dünn besetzt. Damit ist auch die Aussage von Seite 365 sicherlich klarer, was *Daten, die man sinnvoll in Gitterstrukturen bringen kann* meint. Natürlich kann man Daten immer auf unterschiedliche Strukturen umformatieren, aber bei einem Bild, einer Zeitreihe oder einem Text bestehen Verbindungen zu und zwischen den Nachbarn. In der Linguistik, also der Sprachwissenschaft, gibt es eine Grammatik, die auf der Idee beruht, dass Wörter mit der Valenz, siehe z. B. [Ág00], eine Eigenschaft haben, andere Wörter *an sich zu binden* oder auch eben Ergänzungen zu fordern. Diese lokalen teilweise willkürlich erscheinenden Strukturen von Texten, die es zum Beispiel bei Präpositionen vielen Menschen, wie in [Fro14] beschrieben, schwer machen, richtig zu schreiben, erlauben den Convolutional Neural Networks, in Texten lokale Zusammenhänge zu entdecken. Wenn man hingegen einfach Merkmale einer beliebigen Datenbank in den Spalten einer Matrix anordnet, ist dies nicht in gleicher Weise sinnvoll. Es ist hier nun einmal vollkommen willkürlich, ob das Alter neben der Schuhgröße oder neben dem Vermögen angeordnet wird.

Kommen wir zum Schlagwort **Parameter Sharing**: Dies bedeutet, dass dieselben Parameter, also Gewichte und damit zu lernende Größen, für mehr als eine Funktionalität im CNN verwendet werden können. In einem vollständig vernetzten Ansatz – wie wir ihn zuvor verwendet haben – muss jedes Gewicht einzeln gelernt werden. Wenn wir aber einen Kernel gefunden haben, der uns oben rechts im Bild eine schöne Eigenschaft herausarbeitet, dann können wir diesen auch unten links einsetzen. Damit kann man deutlich Speicher sparen, der durch die Architektur und Anwendungsgebiete des CNN typischerweise schnell knapp wird.

Die bei den Faltungsnetzwerken typische Form des *parameter sharing* führt beinahe automatisch auf die Eigenschaft **equivariant representation**. Diese ist mathematisch angeknüpft an eine äquivariante Abbildung (engl. equivariant map). In diesen Fällen spielt die Reihenfolge der Anwendung einer Funktion im Sinne von

$$f(g(x)) = g(f(x))$$

keine Rolle. Das ist eine sehr wünschenswerte Eigenschaft für eine Bilderkennung. Warum? Nun, eine dieser Funktionen könnte zum Beispiel eine Verschiebung sein. Wenn Sie oben rechts im Bild einen Elefanten erkennen können, wäre es doch sehr wünschenswert, wenn Sie dies auch unten links im Bild könnten. Bei einem klassischen Netzwerk ist das alles andere als sichergestellt. Wurden Elefanten bisher nur oben rechts gesehen, wird das Netz unten links keinen erkennen. Nehmen wir nun an, dass g eine Translation ist – also das Verschieben unseres Elefanten – und f die Auswertung des neuronalen Netzes. Wenn beide äquivariante Abbildungen sind, können wir die Reihenfolge ändern, ohne die Werte der verketteten Funktion zu verändern. Praktisch führt diese Eigenschaft dann dazu, dass der Elefant auch unten links erkannt wird. Während wir für Verschiebungen diese wünschenswerte Eigenschaft durch die Faltung und die gemeinsam genutzten Parameter quasi geschenkt bekommen, ist das bei weitem nicht für alle Operationen der Fall. Gedrehte Elefanten müssen dem Netz anders beigebracht werden.

Ähnlich wie zuvor bei den dichten Netzen enthalten viele Implementierungen für das Lernen der Kernelwerte neben dem Gewicht noch ein **Bias-Neuron**, dessen Wert auf den Output hinzuaddiert wird. Welche Einträge in den Kerneln und ggf. dem Bias-Neuron sinnvoll sind, soll das Verfahren durch Backpropagation selbst lernen. Als Ergebnis erhalten wir wie besprochen Feature Maps. Die Anzahl der Feature Maps hängt wie bei den Signalen von der Anzahl der Kernel ab, die gelernt werden. Jedem Kernel ist eine Feature Map zugeordnet. Die Feature Maps sind, wenn ein Padding eingesetzt wurde, noch von der gleichen Dimension wie der Input und ansonsten nur geringfügig kleiner.

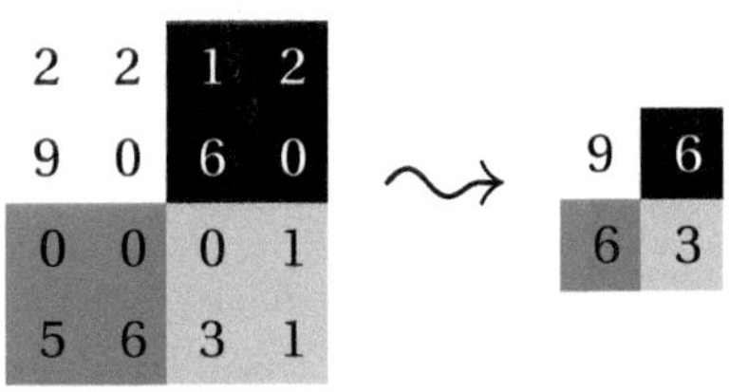

Abbildung 11.12 (2,2) Max-Pooling

Die Faltungen als einen der beiden Schritte hatten wir bereits diskutiert, daher fehlt jetzt noch die Verallgemeinerung des **Pooling** auf mehre Dimensionen. Wie bei den Signalen wird am häufigsten auf das sogenannte **Max-Pooling** zurückgegriffen. Hierfür unterteilt man eine Feature Map nun eben in $z \times z$ Quadrate und übernimmt, wie in Abbildung 11.12 dargestellt, hierbei nur den größten Wert. Generell ist z bei Bildern typischerweise klein und variiert zwischen 2, 3 und maximal 4. Ansonsten gehen i. A. doch bei einem einzigen Pooling zu viele Informationen verloren. Wie auch bei der Faltung bewegt sich hier quasi ein $n \times m$ großes Feld über unser Array. Auch hier können Probleme an den Rändern entstehen, sodass Teile der Ränder abgeschnitten würden. Nehmen wir zum Beispiel an, es läge ein 17×17 Pixel großes Bild vor, und wir würden das oben beschriebene Pooling anwenden. In diesem Fall würden nur die Bilddaten im Bereich der ersten 16 Pixel berücksichtigt. Wird hingegen ein Padding eingesetzt, wird eine achtzehnte Zeile und Spalte im Bild voller Nullen hinzugefügt, und das Pooling kann über den ganzen Bereich laufen. Das reine Verkleinern der durchgereichten Bilddaten könnte man auch durch die Veränderung der Abtastung mittels `strides` erreichen, jedoch leistet dies weniger bzgl. der Verstärkung der Aktivierung. Das Max-Pooling reicht das stärkste Signal von mehreren – in Abbildung 11.12 vier – Faltungen weiter. Mittels einer Abtastung nur alle zwei Pixel hätten wir dieselbe Reduktion erreicht, aber eben nicht diesen Verstärkungseffekt. Dafür ist es natürlich billiger, einfach nicht abzutasten. Man spart sich die Faltungen und die `max`-Operation.

11.2.2 Bilderkennung am Beispiel von CIFAR-10

Wir werden nun die Bilderkennung mit einem CNN einmal auf der bekannten **CIFAR-10** Datenbank (*https://www.cs.toronto.edu/~kriz/cifar.html*) durchspielen. CIFAR steht für Canadian Institute For Advanced Research und es handelt sich hierbei um eine Sammlung von recht kleinen 32 × 32-Pixel Bildern, die auch ohne GPU-Support noch gut zu verarbeiten sind. Sie enthält 60.000 Bilder, die zu zehn verschiedenen Klassen gehören. Die Klassen sind: Flugzeuge(0), Autos(1), Vögel(2), Katzen(3), Rehe(4), Hunde(5), Frösche(6), Pferde(7), Schiffe(8) und Lastwagen(9). Von jeder Klasse gibt es 6000 Bilder. 5000 davon sind dem Trainingsset zugeordnet und 1000 dem Testset.

Die Größe der Bilder macht es möglich, die Daten auch auf einem Rechner zu bearbeiten, auf dem kein GPU-Support vorhanden ist. Gleichzeitig sollte man das nicht in dem Sinne verstehen, dass der Datenbestand *leicht* zu klassifizieren ist. Die Zuordnung ist mit den kleinen Bildern nicht leicht, da auf 32 × 32-Pixel die Information auch nicht in gleicher Weise codiert werden kann wie z. B. im Fall 100 × 100-Pixeln.

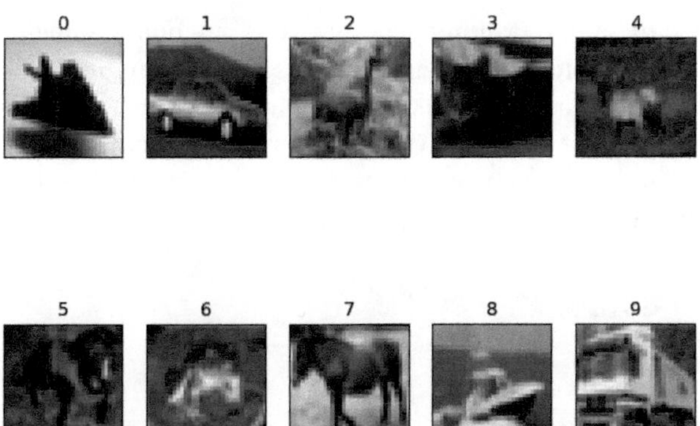

Abbildung 11.13 Vertreter jeweils einer Klasse in dem CIFAR-10 Dataset

Die Bilder in Abbildung 11.13 kann man als Mensch ganz gut zuordnen, wobei man Vorwissen nutzt und etwas genauer hinsehen muss. Der Abbildung 11.13 fehlen allerdings durch den Druck die Farben. In Farbe ist der Frosch schon leichter zu erkennen, und der Klassifikator bekommt auch alle drei Farbkanäle (RBG) als Informationen. Auf der Webseite *http://rodrigob.github.io/are_we_there_yet/build/classification_datasets_results.html* werden die jeweils aktuellen Ergebnisse für eines der typischen Klassifizierungsprobleme genannt. Dort sind auch Ergebnisse mit ca. 95% gelistet, aber dies sind keine Ansätze, die direkt ein CNN mit den im Wesentlichen unveränderten Bilddaten verwenden. Wenn man ein reines CNN benutzt, so wie wir jetzt, liegt ein typischer Wert bei 75%±2% Genauigkeit auf dem Testset. Die Schwankungen hängen oft mehr davon ab, an welcher Stelle man den Lernprozess abbricht als an den Details der Architektur des CNN.

Sehr angenehm ist, dass ähnlich wie MNIST auch CIFAR-10 direkt über Keras eingebunden werden kann. Das Erste, was wir tun, ist also, uns die Daten besorgen und Abbildung 11.13 in Farbe auf Ihren Bildschirm zu zaubern.

```
import numpy as np
from tensorflow.keras.datasets import cifar10

(xTrain, yTrain), (xTest, yTest) = cifar10.load_data()
noOfClasses = 10
```

Nachdem wir die Daten geladen haben, stehen diese als NumPy-Array zur Verfügung. Um die Abbildung 11.13 suchen wir das erste Bild heraus, das zu einer Klasse gehört, und stellen es mit der Matplotlib dar. Dann wird der Frosch leichter erkennbar.

```
im = []
import matplotlib.pyplot as plt
fig = plt.figure()
for i in range(noOfClasses):
    ax = fig.add_subplot(2, 5, i+1, xticks=[], yticks=[])
    frist = np.flatnonzero(yTrain == i)[0]
    im.append(xTrain[frist,:,:,:])
    ax.set_title(i)
    ax.imshow(im[i])
plt.show()
```

Mit diesen Daten können wir aber noch nicht das Training beginnen. Wir möchten gerne die Integer-Zielwerte wieder in Vektoren umwandeln, die mit einer 1 und sonst Nullen die Zugehörigkeit zu einer Klasse darstellen. Wie zuvor auf Seite 253 nutzen wir hierzu die Tools von Keras. Darüber hinaus sind die Farben mit Werten von 0 bis 255 codiert. Das macht, wie wir schon bemerkt haben, bei den neuronalen Netzen Schwierigkeiten, weshalb wir mit einer Division durch 255 alles auf den Wertebereich $[0,1]$ skalieren.

```

from tensorflow.keras.utils import to_categorical
YTrain = to_categorical(yTrain, noOfClasses)
YTest  = to_categorical(yTest, noOfClasses)
XTrain = xTrain/255.0
XTest  = xTest/255.0
```

Ihnen ist wahrscheinlich schon aufgefallen, dass wir diesmal keinen Seed für die Zufallszahlen gesetzt haben. Der Grund ist, dass wir allein für die Reproduzierbarkeit dadurch keinen Fortschritt erreichen würden. Hier müssten mehrere Dinge getan werden, die jedoch teilweise auch vom verwendeten Backend von Keras abhängen. Bei Interesse finden Sie unter dem Eintrag *how-can-i-obtain-reproducible-results-using-keras-during-development* in der Keras-FAQ weitere Informationen. Hier wird es jetzt so sein, dass Sie beim Ausführen etwa die gleiche Genauigkeit bekommen werden wie ich, aber z. B. eine andere Konfusionsmatrix.

Zunächst importieren wir nun die schon bekannten Module aus der Keras-Bibliothek.

```
from tensorflow.keras.models import Sequential
from tensorflow.keras import layers
from tensorflow.keras.regularizers import l2

l2Reg = 0.001
```

Das letzte dient wieder der Einbindung der L2-Regularisierung aus Abschnitt 8.5.1. Generell brauchen Sie bei CNN im Rahmen der Bilderkennung eigentlich immer eine Form der Regularisierung, um ein Overfitting zu vermeiden; einfach da wir – wie man auch unten sieht – eigentlich immer zu wenig Daten für die Anzahl der Freiheitsgrade haben. Häufiger als eine L2-Regularisierung werden Sie Ansätze mit Dropout-Strategie wie in Abschnitt 8.5.2 vorfinden.

Wir beginnen wie gewohnt und fügen dann mit **Conv2D** eine neue Art von Layern hinzu. Es handelt sich um eine Umsetzung der zuvor besprochenen Faltung auf Bildern. Es gibt darüber hinaus noch Varianten mit ein- oder dreidimensionalen Kerneln; hierzu sei jedoch auf die Keras-Dokumentation verwiesen.

```
CNN = Sequential()
CNN.add(layers.Conv2D(32,(3,3),padding='same',activation='relu',kernel_regularizer=l2(l2Reg),
        input_shape=(32,32,3)))
```

Gehen wir einmal nacheinander die Parameter von `Conv2D` durch: Der erste Parameter `32` besagt, dass wir 32 Feature Maps erzeugen wollen. Sie sollen durch einen 3 × 3-Kernel entstehen. Standardmäßig führt Keras kein Padding durch, mittels `padding='same'` stellen wir ein Zero-Padding ein. Die Gewichte der Kernels werden analog zu den Gewichten in den Netzen, die wir zuvor besprochen haben, durch den Einsatz von Aktivierungsfunktionen gelernt. Bei CNN ist der Default-Ansatz immer ReLU als Ansatzfunktionen zu wählen, was wir dann auch oben angeben. Wie zuvor beim ersten Layer müssen wir auch hier die Dimension des Inputs definieren. Die angegebene Dimension ergibt sich aus der Dimension der Bilder und der Größe des Farbraumes. Im RGB-Schema ist das eine 3 und bei einem Graustufenbild wäre es nur eine 1 etc.

```
CNN.add(layers.MaxPool2D(pool_size=(2, 2),padding='same'))
```

Als Nächstes fügen wir einen Pooling-Layer ein. Wir nehmen dabei das typische Format, indem wir aus einem 2 × 2-Feld das Maximum berechnen lassen. Die Aktivierung des Paddings ist natürlich eigentlich unnötig, da es bei einem 32 × 32 großen Bild keinen Verschnitt gibt. Ich wollte es nur kurz für andere Anwendungsfälle demonstrieren. Tatsächlich geschieht durch diese Option hier keine Veränderung bzgl. der Dimensionen, wie wir gleich sehen werden. Will man statt dem Max-Pooling ein Average-Pooling durchführen, geht dies in Keras mittels **AveragePooling2D**.

Nun wiederholen wir diese Abfolge aus Falten und Pooling noch zweimal. Dabei verdoppeln wir nach hinten noch einmal die Anzahl der Filter.

```
CNN.add(layers.Conv2D(32,(3,3),padding='same',activation='relu',kernel_regularizer=l2(l2Reg)))
CNN.add(layers.MaxPool2D(pool_size=(2, 2),padding='same'))
CNN.add(layers.Conv2D(64,(3,3),padding='same',activation='relu',kernel_regularizer=l2(l2Reg)))
CNN.add(layers.MaxPool2D(pool_size=(2, 2),padding='same'))
CNN.add(layers.Conv2D(64,(3,3),padding='same',activation='relu',kernel_regularizer=l2(l2Reg)))
```

Im Anschluss kommt, wie schon in den Abschnitten zuvor beschrieben, das Flattening, um die erzeugten Merkmale dem Fully-connected Layer übergeben zu können.

```
CNN.add(layers.MaxPool2D(pool_size=(2, 2),padding='same'))
```

Der anschließende Teil entspricht einem klassischen MLP, was wir wieder genauso aufbauen.

```
CNN.add(layers.Flatten())
CNN.add(layers.Dense(512,activation='relu',kernel_regularizer=l2(l2Reg)))
CNN.add(layers.Dense(256,activation='relu',kernel_regularizer=l2(l2Reg)))
```

Nur am Schluss nutzen wir nun als Ausgabe einmal die in Abschnitt 8.4.1 besprochene Softmax-Funktion, um Wahrscheinlichkeiten für die einzelnen Klassen zu erhalten.

```
CNN.add(layers.Dense(10,activation='softmax'))
```

Bevor wir fortfahren, lassen wir uns durch die Methode `summary` einmal ausgeben, wie unser Netz nun tatsächlich aufgebaut ist. Interessant ist dabei besonders, wie die Freiheitsgrade verteilt sind.

```
_________________________________________________________________
Layer (type)                 Output Shape              Param #
=================================================================
conv2d_5 (Conv2D)            (None, 32, 32, 32)        896
_________________________________________________________________
max_pooling2d_4 (MaxPooling2 (None, 16, 16, 32)        0
_________________________________________________________________
conv2d_6 (Conv2D)            (None, 16, 16, 32)        9248
_________________________________________________________________
max_pooling2d_5 (MaxPooling2 (None, 8, 8, 32)          0
_________________________________________________________________
conv2d_7 (Conv2D)            (None, 8, 8, 64)          18496
_________________________________________________________________
max_pooling2d_6 (MaxPooling2 (None, 4, 4, 64)          0
_________________________________________________________________
conv2d_8 (Conv2D)            (None, 4, 4, 64)          36928
_________________________________________________________________
flatten_2 (Flatten)          (None, 1024)              0
_________________________________________________________________
dense_4 (Dense)              (None, 512)               524800
_________________________________________________________________
dense_5 (Dense)              (None, 256)               131328
_________________________________________________________________
dense_6 (Dense)              (None, 10)                2570
=================================================================
Total params: 724,266
Trainable params: 724,266
Non-trainable params: 0
```

Wie man sieht, erzeugt unsere erste Schicht gerade einmal 896 Gewichte bzw. Freiheitsgrade, die das Netz durch Lernen bestimmen muss. Die Zahl ergibt sich wie folgt:

$$896 = 32\,\text{Bias-Neuronen} + 32\,\text{Feature Maps} \cdot (3 \cdot 3)\,\text{Kernelgewichte} \cdot 3\,\text{Farbkanäle}$$

Möchte man keine Bias-Neuronen bei der Faltung verwenden, kann man diese mittels `use_bias = False` beim Hinzufügen von `Conv2D` abschalten. Wie man sieht, ist das Pooling frei von zu lernenden Parametern. Die nächste Faltung hingegen ist deutlich teurer. Jede der angegebenen 32 Faltungen wird auf die 32 Maps angewendet, welche durch das Pooling auf die Größe 16 × 16 reduziert wurden. Entsprechend erhalten wir:

$$9248 = 32\,\text{Bias-Neuronen} + 32 \cdot 32\,\text{Feature Maps} \cdot (3 \cdot 3)\,\text{Kernelgewichte}$$

> Für die restlichen Faltungen können Sie einmal selbst versuchen, die Zahlen nachzuvollziehen. Das Schema bleibt immer gleich und zu Überraschungen kommt es eigentlich nur, wenn man die Bias-Neuronen vergisst.

Summieren wir alle vor dem Flattening auftretenden Gewichte auf, erhalten wir 65568. Das Netz als Ganzes hat jedoch 724266 Gewichte. Das bedeutet, dass nur 9.05% der Gewichte hier im ersten Teil des Netzes liegen. Der dichte Teil ist eben, wie der Name sagt, dicht besetzt und bekommt auch im Vergleich zu unseren früheren Versuchen in den vorangegangen Abschnitten viele Merkmale übergeben. 64 Feature Maps mit einer Größe von 4 × 4 führen zu 1024 Eingabedaten; also mehr als 784 Werte, die wir beim MNIST-Versuch als Input hatten. Man darf jedoch die Gewichte nicht mit dem Aufwand bei der Auswertung vergleichen. Das MLP besteht im Wesentlichen aus Matrix-Vektor-Multiplikationen, die leichter effizient umzusetzen sind als die komplexeren Verarbeitungen innerhalb des Faltungsteils. Daher gibt die Verteilung der Freiheitsgrade nicht die Verteilung der Laufzeit bei der Auswertung des Netzes genau wieder.

Nun folgt die bekannte Abfolge aus Compilieren, Trainieren und Auswerten. Für das Training nutzen wir passend zum Softmax nun den aus Abschnitt 8.4.1 bekannten Cross-Entropy-Error.

```
CNN.summary()
CNN.compile(optimizer='adam',loss='categorical_crossentropy',metrics=['accuracy'])
CNN.fit(XTrain,YTrain,epochs=20,batch_size=64)
scores = CNN.evaluate(XTest,YTest,batch_size=64)
```

Die Genauigkeit über alle Klassen sagt allein noch nicht so viel aus. Besonders da wir hier nicht von Genauigkeiten reden, bei denen vermutlich alle Klassen einfach gut getroffen werden. Bei ca. 25% Fehlklassifikationen ist die Frage, wie sich diese auf die einzelnen Klassen verteilen. Daher berechnen wir durch die folgenden Zeilen eine Konfusionsmatrix. Dazu wenden wir das Netz auf die Testmenge an. `yPred` enthält dann für jedes Beispiel zehn Werte, welche die Wahrscheinlichkeit für diese Klasse angeben. Wir nehmen als Ergebnis immer den Eintrag mit der größten Wahrscheinlichkeit. Die Klasse ergibt sich also durch den Index des maximalen Wertes.

```
print("Accuracy: %.2f%%" % (scores[1]*100))

yPred = CNN.predict(XTest)
```

Mit dieser Auswertung geht es nun an die Kornfusionsmatrix, die wir in der unten stehenden Schleife per Hand zusammenstellen.

```
choise = np.argmax(yPred, axis=1)

konfusionMatrix = np.zeros((noOfClasses,noOfClasses))
for i in range(noOfClasses):
    index = np.flatnonzero(yTest == i)
```

```
    for j in range(10):
        index2 = np.flatnonzero(choise[index] == j)
        konfusionMatrix[i,j] = len(index2)
```

Wie schon erwähnt, wird die genaue Verteilung bei Ihnen wegen der Änderungen in den Zufallswerten etwas anders sein.

	Flugzeuge	Autos	Vögel	Katzen	Rehe	Hunde	Frösche	Pferde	Schiffe	Lastwagen
Flugzeuge	840	14	42	23	10	6	8	6	21	30
Autos	29	837	5	15	1	6	5	0	28	74
Vögel	75	3	685	85	41	52	35	12	4	8
Katzen	23	9	79	648	34	127	45	16	10	9
Rehe	32	3	126	91	601	40	61	33	8	5
Hunde	16	1	59	194	21	660	15	23	7	4
Frösche	8	4	63	70	15	11	814	3	9	3
Pferde	20	2	47	79	40	77	7	716	4	8
Schiffe	102	25	14	21	1	5	2	2	798	30
Lastwagen	34	65	11	19	1	7	5	7	17	834

Abbildung 11.14 Konfusionsmatrix für unser CNN auf dem CIFAR-10 Problem

Wie man in Abbildung 11.14 schnell sieht, werden die technischen Klassen mit ihren klaren Kanten besser erkannt als die Lebewesen. Fehlklassifikationen finden oft zwischen Lebewesen bzw. zwischen technischen Dingen statt, seltener zwischen den beiden Gruppen, wobei Frösche bzgl. der Verwechslungsgefahr herausfallen. Während die genauen Ergebnisse von Training zu Training variieren, bleibt die problematische Gruppe aus Katzen, Rehen, Hunden und Pferden i. A. bestehen.

Falls Sie sich einmal visualisieren wollen, was das Netz im Laufe seiner Verarbeitung so tut, schreiben wir noch schnell eine kleine Funktion. Dazu nutzen wir die aus Abschnitt 11.1.3 bekannte Backend-Funktion.

```
print(konfusionMatrix)

from keras import backend as K

def outputMoasik(imSingle, outLayer):
```

Die Variable `imSingle` soll die Daten eines unserer Bilder beinhalten. Als Input wird eigentlich immer eine ganze Serie von Bildern erwartet. Daher geht Keras hier von einer Dimension mehr aus als wir haben. Entsprechend fügen wir vorne eine leere Dimension an.

```
    pic = imSingle[np.newaxis,...]

    outputSingleLayer = K.function([CNN.layers[0].input],[CNN.layers[outLayer].output])
```

Wie man sieht, lautet die Syntax der Keras Function:
`keras.backend.function(inputs, outputs, updates=None)`

Das erscheint etwas abstrakt, ist jedoch einfacher, als man denkt. Möchte man den Input nutzen, der dem Netzwerk übergeben wird, ist dies der Input der 0-ten Schicht. Wenn man anschließend den Output zwei Schichten später betrachtet, so ist dies der Output der Schicht 2. Das verknüpft man mit der Keras Function, indem man für `inputs [CNN.layers[0].input]` übergibt und für `outputs [CNN.layers[3].output]`. Die eckigen Klammern sind nötig, da hier als Typ eine Liste erwartet wird. Die Rückgabe ist ebenfalls eine Liste, welche in unserem Fall nur ein Element enthält. Das holen wir uns durch `[0]` direkt.

Nun geht es daran, die Fläche für unser Mosaik aus angewendeten Filter-Bildern vorzubereiten. Wir haben entweder 32 oder 64 Feature Maps vorliegen. Daher ordnen wir diese entweder als 4×8 oder 8×8 an. Da sich die Größe im Lauf der Verarbeitung auch ändert, fragen wir diese ab und bereiten ein leeres Array vor, das alle Bilddaten unseres Faltungs-Mosaiks aufnehmen kann.

```
    picFilter = outputSingleLayer([pic])[0]

    gridy = 8
    gridx = 4 if outLayer < 4 else 8
    size = picFilter[0,:,:,0].shape[0]
```

Zum Schluss müssen wir die Bilder nur noch zusammenkleben. Das Ergebnis unserer Mühen geben wir dann als ein ganzes Bild aus. Ich habe hier für den S/W-Druck eine Colormap benutzt, die hell und dunkel quasi umkehrt. Auf dem Bildschirm und für Ihre Intuition wollen Sie vielleicht lieber `gray` verwenden.

```
    mosaik = np.zeros( (gridx*size,gridy*size))

    for l in range(0,picFilter.shape[3]):
        x = int(np.floor(l / gridy))
        y = l%gridy
        mosaik[x*size:(x+1)*size,y*size:(y+1)*size] = picFilter[0,:,:,l]
    plt.figure()
    plt.imshow(mosaik,cmap='binary')
    plt.show()
```

Wenden wir diese Funktion nun einmal auf die Bilder aus Abbildung 11.13 an. Wie man in Abbildung 11.15 sieht, wirken die Faltungen der ersten Schicht teilweise unterschiedlich auf den Frosch und das Auto. Der rechts stehende quadratische Output repräsentiert dann die Eingabewerte, die nach einer Umformatierung die Grundlage der Arbeit des dichten Anteils des Netzes sind. Hier kann man als Mensch eigentlich keine bildlichen Eindrücke mehr gewinnen; außer eben, dass für unterschiedliche Klassen die aktiven und passiven Teile eben unterschiedlich verteilt sein sollten.

Dass man Hunde und Katzen bei besserer Datenlage gut unterschieden kann – über 98% Genauigkeit wurden erzielt – zeigt übrigens die *Dogs vs. Cats Challenge* auf Kaggle. Wir werden im nächsten Abschnitt sehen, wie weit wir mit unseren Mittel kommen können, wenn wir uns wirklich ausschließlich Hunden und Katzen zuwenden. Dieses Beispiel ist bereits sehr klischeehaft für das maschinelle Lernen, daher möchte ich in der folgenden Aufgabe noch auf eine sehr inspirierende Challenge zum Abschluss aufmerksam machen.

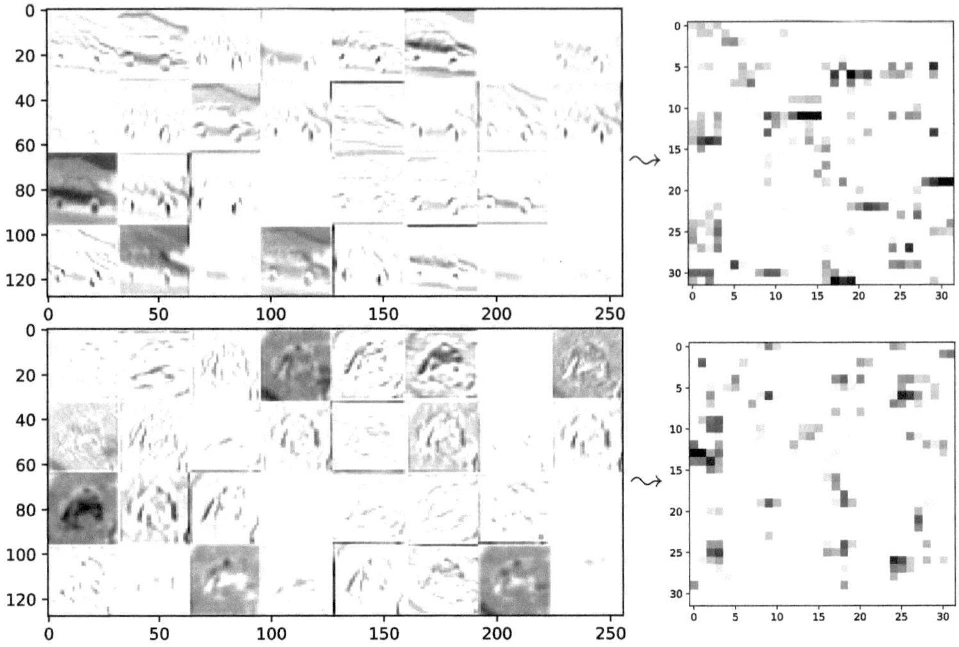

Abbildung 11.15 Ausgabe der ersten und letzten Faltung für das Auto und den Frosch aus Abb. 11.13

Wie schon im an Anfang des Buches erwähnt, kann maschinelles Lernen oft helfen, wo viele Leute es nicht vermuten, so im Naturschutz. Ein schönes Beispiel ist die Challenge *Right Whale Recognition* auf Kaggle *https://www.kaggle.com/c/noaa-right-whale-recognition.* Hier geht es darum, Glattwale zu erkennen. Die großen Meeressäuger wurden mit am stärksten durch die Bejagung dezimiert und ihre Überwachung ist für die Arterhaltung wichtig.

11.3 Data Augmentation und Flow-Verarbeitung

Der CIFAR-10 Datensatz passt bei so ziemlich jedem Computer noch bequem in den Hauptspeicher. Wie gehen wir aber vor, wenn wir von einer Datenbank lernen wollen, die größer ist als der Hauptspeicher unseres Computers? Es gibt in Keras dazu mit der **ImageDataGenerator**-Klasse die Option für eine entsprechende Bilddatenaufbereitung. Zu dem Leistungsspektrum der Klasse gehört u. a. :

- Standardisierung gemäß der Records
- Standardisierung gemäß der Merkmale
- Zufällige Rotation, Verschiebungen, Scherung und Spiegelungen

- Anpassen der Dimensionen
- ...

Durch zufällige Rotation, Verschiebungen, Scherung und Spiegelungen kann man aus einer vorhanden Menge an Bilddaten quasi neue machen.

Abbildung 11.16 Beispiel für Data Augmentation

Man spricht hier von **Data Augmentation**. Hierbei werden, wie in Abbildung 11.16 demonstriert, vorhandene Bilddaten verändert und der Datenbank hinzugefügt. Ein gespiegelter Hund ist immer noch ein Hund, und wenn man ihn leicht zusammendrückt und schlanker macht, bleibt es auch ein Hund. Durch leichte Drehungen, Spiegelungen und Scherungen können so die Datenbestände deutlich aufgestockt werden. Natürlich ist der Effekt einer solchen Data Augmentation begrenzt. Enthält die Datenbank beispielsweise keine Hunde mit hängenden Ohren so wird auch durch die oben angegeben mathematischen Operationen dieses Merkmal nicht gelernt werden. Es gleicht aber hervorragend eine Schwäche von CNN aus. Wir hatten in Abschnitt 11.2 besprochen, dass CNN per Design durch die Eigenschaft *equivariant representation* sehr gut mit Translationen umgehen können. Etwas mehr Probleme machen Zoom-Effekte (in beide Richtungen), noch problematischer sind Rotationen. Es kann also sein, dass ein Netz sehr gut stehende Hunde erkennt, aber große Probleme hat, wenn diese gedreht präsentiert werden. Reichern wir aber künstliche Drehungen im Datensatz an, so werden diese – um dem Preis, dass wir dem Netz mehr Daten präsentieren müssen und der Rechenaufwand steigt – anschließend besser erkannt.

Um das einmal durchzuspielen, versuchen wir, unsere Leistung bzgl. der Unterscheidung von Hunden und Katzen zu verbessern, die wir beim CIFAR-10 erreicht haben. Wirklich vergleichen kann man das natürlich nicht, da CIFAR-10 eben 10 Klassen hat und eine niedrige Auflösung der Bilder. Aber wir sollten doch mal versuchen, Hunde und Katzen mit um 90% Genauigkeit auseinanderzuhalten.

Der Datensatz, den wir benutzen, wurde im Rahmen eines Kaggle-Wettbewerbs aus dem Jahr 2013 zur Verfügung gestellt. Er ist nicht ganz perfekt, was Datenschutz & Co. angeht, da dort auch teilweise die Besitzer der Hunde und Katzen mit abgebildet sind. Sie können ihn sich aber bei Microsoft für ganz persönliche Forschung downloaden. Alternativ ist der Datensatz für Mitglieder auch noch auf Kaggle abrufbar. Der Datensatz enthält 25 000 gelabelte Bilder von Hunden und Katzen und 12 500 ungelabelte Bilder im Ordner `Test`. Diese waren für den Wettbewerb vorgesehen. Leider können wir sie als Testmenge nicht gebrauchen, weil für uns eben diese Labels fehlen. Das bedeutet, wir werden von den 25 000 Bilder ca. 1/4 weglegen und als unsere Testmenge verwenden. Die Arbeitsreihenfolge ist also wie folgt:

1. `dogs-vs-cats.zip` von *https://www.microsoft.com/en-us/download/details.aspx?id=54765* herunterladen
2. Das ZIP-File entpacken
3. Im entpackten Verzeichnis nun den `train.zip` entpacken
4. Das existierende *Test* können Sie löschen, um Speicherplatz zu sparen

Anschließend führen Sie das folgende Skript aus, welches ca. 25% der Daten als `Test` aus dem ursprünglichen Trainingsordner nach `Test` weg kopiert und die verbliebenen Daten in Unterverzeichnisse dogs und `cats` kopiert.

```
1  import numpy as np
2  from os import makedirs, path, listdir
3  from shutil import copyfile
4
5  np.random.seed(42)
6  if not path.isdir('dogs-vs-cats/train/dog'):
7      testRatio = 0.25
8      subdirs = ['train/', 'test/']
9      for subdir in subdirs:
10         labeldirs = ['dogs/', 'cats/']
11         for labldir in labeldirs:
12                 newdir = 'dogs-vs-cats/' + subdir + labldir
13                 makedirs(newdir, exist_ok=True)
14     for file in listdir('dogs-vs-cats/train'):
15         src = 'dogs-vs-cats/train/' + file
16         if path.isfile(src):
17             if np.random.rand() < testRatio: dst_dir = 'test/'
18             else: dst_dir = 'train/'
19             if file.startswith('cat'):
20                 dst = 'dogs-vs-cats/' + dst_dir + 'cats/'  + file
21                 copyfile(src, dst)
22             elif file.startswith('dog'):
23                 dst = 'dogs-vs-cats/' + dst_dir + 'dogs/'  + file
24                 copyfile(src, dst)
```

Mittels `path.isdir` bauen wir uns einen Indikator, ob die Aufteilung nötig ist oder wir das Skript zum wiederholten Male ausführen. Wenn das Skript bis Zeile 24 durchgelaufen ist, können die Bilder, welche direkt in `train` liegen, ebenfalls auf Wunsch gelöscht werden.

Nun fangen wir nach den technischen Vorarbeiten wirklich mit dem maschinellen Lernen wieder an. Wir wenden die Dinge an, die wir mittlerweile im Zusammenhang mit CNN kennengelernt haben: Faltung, Pooling und Flatten. Darüber hinaus setzen wir die aus Abschnitt 8.3 bekannte Batch-Normalisation ein. Die Variable `reducePicDim` definiert, auf welche einheitliche Größe wir die Bilder bringen wollen. Für einige der Bilder ist dies übrigens entgegen dem Namen der Variablen ein Hochskalieren. Mit `try` und `except` testen wir, ob im Verzeichnis bereits ein fertig trainiertes Netz liegt. Falls dem so ist, wird es geladen.

```
25
26 from tensorflow.keras.models import Sequential, load_model
27 from tensorflow.keras.layers import Dense, Conv2D, MaxPool2D, Flatten, BatchNormalization
28 from tensorflow.keras.preprocessing.image import ImageDataGenerator
29
30 reducePicDim = 256
31
32 try:
```

```
    CNN = load_model("dogVScat.h5")
except:
    trainDatagen = ImageDataGenerator(rotation_range=30, rescale=1./255, horizontal_flip=0.1)
    trainGenerator = trainDatagen.flow_from_directory(
        directory=r"./dogs-vs-cats/train/",
        target_size=(reducePicDim, reducePicDim),
        color_mode="rgb", batch_size=64,
        class_mode="categorical", shuffle=True, seed=42)
```

Wenn kein fertiges Netz vorhanden ist, nutzen wir den oben bereits erwähnten `ImageDataGenerator`. Hier legen wir zunächst fest, welche Veränderungen an den geladenen Bildern vorgenommen werden dürfen. In unserem Fall erlauben wir Rotationen von $\pm 30°$ und skalieren die Bilder auf den Wertebereich von 0 bis 1. `horizontal_flip` sorgt dafür, dass die Bilder zufällig horizontal gespiegelt werden. Interessant ist auch die Option `zoom_range`, welche dazu führt, dass ein wenig in Bilder hinein und hinaus gezoomt wird. Damit allein weiß jedoch der Generator noch nicht, woher er die Bilder nehmen soll. Es gibt verschiedene Ansätze, die man in der Dokumentation nachlesen kann, wir nehmen hier einmal die Methode **flow_from_directory**. Diese erlaubt es uns, die Daten in kleinen Happen in den Hauptspeicher zu laden. Hierzu geben wir unter anderem an, aus welchem Verzeichnis die Daten kommen sollen, auf welche Größe die Bilder skaliert werden und in welchem Farbmodus – hier RGB – die Daten vorliegen. `shuffle=True` ist der Default-Wert, welcher dafür sorgt, dass die Bilder nicht in der alphanumerischen Reihenfolge der Dateinamen geladen werden, wobei der `seed` eben die Zufallsgenerator initialisiert. Das Laden erfolgt in Einheiten, welche der `batch_size` entsprechen, typische Werte liegen zwischen 16 und 128 je nach Speichergröße der Grafikkarte und der Bildgröße. Nun gibt es keine Datei, welche die korrekten Labels enthält. Die Labels werden nach Verzeichnisstruktur automatisch erzeugt. Wenn nur zwei Kategorien vorliegen, wie hier, gibt es für `class_mode` zwei logische Ansätze:

- *binary*, Labels sind 0 oder 1
- *categorical*, Labels werden gemäß One-Hot-Encoding erzeugt.

Mit `testGenerator.class_indices` können wir sehen, dass in unserem Fall die Zuordnung `'cats': 0, 'dogs': 1` erfolgt ist. Die Labels ergeben sich durch die Verzeichnisnamen in alphanumerischer Reihenfolge. Nachdem wir nun definiert haben, woher unsere Daten kommen sollen, müssen wir natürlich noch das Netz aufbauen.

```
    CNN = Sequential()
    CNN.add(Conv2D(32,(5,5),activation='relu',input_shape=(reducePicDim,reducePicDim,3)))
    CNN.add(MaxPool2D(pool_size=(3, 3)))
    CNN.add(BatchNormalization())
    CNN.add(Conv2D(32,(5,5),activation='relu'))
    CNN.add(MaxPool2D(pool_size=(3, 3)))
    CNN.add(BatchNormalization())
    CNN.add(Conv2D(64,(3,3),activation='relu'))
    CNN.add(MaxPool2D(pool_size=(2, 2)))
    CNN.add(BatchNormalization())
    CNN.add(Conv2D(64,(3,3),activation='relu'))
    CNN.add(Flatten())
    CNN.add(Dense(100,activation='relu'))
    CNN.add(Dense(50,activation='relu'))
    CNN.add(Dense(2,activation='softmax'))
    CNN.summary()
    CNN.compile(optimizer='adam',loss='categorical_crossentropy',metrics=['accuracy'])
```

Wie man sieht, orientiert sich das Netz an dem klassischen Vorgehen, das wir auch schon für CIFAR-10 verwendet haben. Da die Bilder hier größer sind, kann man auf Padding gut verzichten. Darüber hinaus haben wir keine Regularisierung vorgenommen. Tatsächlich sagt man der hier eingesetzten Batch-Normalization leichte Regularisierungseigenschaften nach – vorauf man sich aber nicht verlassen kann – und ich habe natürlich bei der Anzahl der Freiheitsgrade schon etwas rumprobiert, damit kein ausgeprägtes Overfitting auftritt.

Wenn Sie dieses Netz ausprobiert haben und über einen ausreichend schnellen Rechner verfügen, sollten Sie einmal Alternativen ausprobieren. Sie können z. B. mehr Filter zulassen und dafür eine Regularisierungstechnik einbauen.

Während es beim Netzaufbau im Prinzip wie immer läuft, geht es nun ans das Training. Wir nutzen hier nun nicht `fit`, sondern `fit_generator`. Diesem übergeben wir unseren oben erstellen `ImageDataGenerator`. Dieser sorgt automatisch für die gewünschte Data Augmentation. Das Training dauert wegen der Menge der Bilder und deren Größe nun deutlich länger. Um die investierte Arbeit nicht zu verlieren, speichern wir im Anschluss das trainierte Netz.

```
    CNN.fit_generator(generator=trainGenerator, epochs=10, verbose=True)
    CNN.save("dogVScat.h5")
```

Nun wollen wir natürlich wissen, wie gut unser Netz auf dem Testset ist. Dazu bauen wir analog zum Generator für die Trainingsmenge nun eine für die Testmenge. Hierbei verzichten wir darauf, die Bilder – bis auf die nötige Skalierung – zu verändern. Das Ziel ist hierbei primär ein besseres Training und nicht so sehr der Test. Die Evaluation wird nun auch so durchgeführt, dass nicht alle Daten gleichzeitig im Speicher gehalten werden müssen.

Natürlich hat es auch Nachteile, sich alles stückweise von der Festplatte zu laden. Wir verlieren Geschwindigkeit! Wenn Sie alles im RAM halten können, ist dies in der Regel schneller als die Daten von der Platte zu laden.

```
testDatagen = ImageDataGenerator(rescale=1./255)
testGenerator = testDatagen.flow_from_directory(
    directory=r"./dogs-vs-cats/test/",
    target_size=(reducePicDim, reducePicDim),
    color_mode="rgb", batch_size=8,
    class_mode="categorical", shuffle=False)
myloss, acc = CNN.evaluate_generator(testGenerator, steps=len(testGenerator), verbose=True)
print('Acc: %.3f' % (acc * 100.0))
```

Die letzte Zeile gibt eine Genauigkeit von 89.4 % aus, was wir mal als Ziel *nah bei 90%* durchgehen lassen.

Die Frage ist nun, ob unser Klassifikator gleichmäßig genau bzgl. der Hunde und Katzen ist. Um das herauszufinden und ein paar Methoden zu demonstrieren, nutzen wir nun `predict_generator`, um eben eine Vorhersage auf der Basis eines Generators durchzuführen. Das `reset` vorher ist eine Vorsichtsmaßnahme, um ein deterministisches Verhalten des Generators bzw. des letzten Elements zu erzwingen. Es sollte eigentlich nicht nötig sein und ist es vielleicht, wenn Sie das Buch lesen, schon nicht mehr. Durch die Anwendung von `argmax` stellen wir fest, welche Klasse die höchste Wahrscheinlichkeit hat und entsprechend als Vorhersage gilt.

```
testGenerator.reset()
yP = CNN.predict_generator(testGenerator, steps=len(testGenerator), verbose=True)
yPClass = np.argmax(yP,axis=1)
```

`testGenerator.classes` enthält die Labels gemäß den Verzeichnissen. Hiermit finden wir heraus viele Hunde und Katzen denn genau in unserer Testmenge sind und abschließend schauen wir danach, wie oft es mit der Klassifikation nicht funktioniert hat.

```
cats = np.sum(testGenerator.classes == 0)
dogs = np.sum(testGenerator.classes == 1)
catsAsDogs = np.sum( np.abs(yPClass[testGenerator.classes == 0] -0) )
dogsAsCats = np.sum( np.abs(yPClass[testGenerator.classes == 1] -1) )
confMatrix = np.array([[(cats-catsAsDogs)/cats, catsAsDogs/cats],
                       [dogsAsCats/dogs, (dogs-dogsAsCats)/dogs]])
print(confMatrix)
```

Als Konfusionsmatrix erhalte ich:

	y_P Cat	y_P Dog
y_T Cat	85.08	14.92
y_T Dog	06.07	93.93

Es kann sein, dass Sie wegen der zufälligen Initialisierung eine andere Verteilung bekommen. Fall Sie genau mit einem Netz weiterarbeiten wollen, laden Sie sich das ZIP-File von einer Webseite. Das hd5 dieses Netzes ist ebenfalls enthalten.

Der Klassifikator ist also wesentlich besser, wenn es um Hunde geht als um Katzen. Oder um genauer zu sein: Im Zweifelsfall tendiert er dazu etwas als Hund zu klassifizieren. Im nächsten Abschnitt versuchen wir unseren Klassifikator noch etwas besser zu verstehen.

11.4 Class Activation Maps und Grad-CAM

Wenn man ein CNN verwendet, um zum Beispiel eine Klassifizierung vorzunehmen, geht schon mal was schief. Manchmal sind es Dinge, die man algorithmisch lösen kann. Also zum Beispiel, indem man die Architektur des Netzes verändert oder die Optimierer. Nicht selten sind es aber einfach die Daten, auf die man aufsetzt. Ein schönes Beispiel stammt aus dem Paper [RSG16]. Hier sollten u. a. Wölfe und Huskys unterschieden werden. Die Bilder der Wölfe hatten jedoch immer Schnee im Hintergrund, während die Bilder der Huskys keinen Schnee im Hintergrund hatten. Auf einem Testset, welches nach dem gleichen Prinzip aufgebaut ist, funktioniert die Klassifikation hervorragend. Wird jedoch ein Husky mit Schnee im Hintergrund gezeigt, so wird dieser, sogar mit einer hohen durch das Netz angegebenen Genauigkeit, als Wolf klassifiziert. Das Netz hat durch einen Bias in den Daten zwar hohe Genauigkeiten, ist aber für viele Einsätze sinnlos; ein Dackel im Schnee ist weitab von einem Wolf.

Während es sich bei [RSG16] um ein bewusstes Experiment handelte, kommt das Problem auch in wesentlich kritischeren Anwendungen vor. Das Problem wird klarer, wenn man sich die Arbeiten um das Paper [EKN+17] vor Augen führt. Hier geht es darum, Flecken auf der Haut als Hautkrebs – sogar verschiedene Arten – und harmlose Artefakte zu identifizieren. Das Paper hat einen sehr großen Eindruck gemacht und wurde tausendfach zitiert. Die Aussage war vereinfacht, dass die KI bzw. AI besser war als die meisten Ärzte und sich bald vermutlich jeder einfach sein Smartphone schnappen könnte, um damit schnell herauszufinden, ob es ein harmloses Muttermal oder Hautkrebs ist. Die Begeisterung macht es schwer, im Netz bzw. den Medien die eher kritischen Stimmen ausfindig zu machen. Der Datensatz weist nämlich einige Probleme auf, wie u. a. in [NKS+18] thematisiert wird. Die Bilder des Trainingssets enthalten teilweise Markierungen, um die Größen der Abbildung besser einschätzen zu können. Das Problem, auf das auch in [NKS+18] hingewiesen wird, ist, dass in dem Trainingsdatensatz Bilder mit Größenmarkierungen eher bösartige Hautveränderungen beinhalten, sodass es nah liegt, dass der Algorithmus unbeabsichtigterweise lernt, dass die Markierungen für bösartige Veränderungen stehen.

Häufig können Artefakte in der Datenerfassung wie der Schnee oder die Markierungen auf medizinischen Bildern unerwünschte Korrelationen hervorrufen, die die Klassifikatoren während des Trainings aufgreifen und nicht im Sinne der späteren Anwendung nutzen.

Diese Probleme können allein durch die Betrachtung der Rohdaten und Vorhersagen sehr schwer zu identifizieren sein. Das gilt besonders, weil man es hier mit unstrukturierten Daten zu tun hat, bei denen der Klassifikator selber auch die Merkmale generiert. Die Forschung auf dem Gebiet ist sehr aktiv und es gibt vielversprechende Ansätze. Ich möchte hier ein Beispiel für eine Methode präsentieren, die in ihrer Leistungsfähigkeit zwar begrenzt ist, aber einen ersten Einblick liefert. Außerdem erlaubt uns die Beschäftigung noch einmal mehr über CNN zu lernen. Man geht bei CNN davon aus, dass die erzeugten Merkmale an Abstraktion zunehmen. Was bedeutet das? Man weiß, dass der erste Layer im Wesentlichen recht einfache Muster auf der Basis von Kanten oder Gradienten erkennt. Es sind eher einfache Filter wie in Abbildung 11.11 auf Seite 367, welche die Voraussetzung für das weitere Lernen abstrakter Dinge schaffen. Die Hoffnung ist, dass die nächsten Layer sich dann von den Pixeln wegbewegen und eben ein Konzept wie z. B. Auge oder Schwanz erkennen. Optimalerweise gibt es am Ende nach unserer letzten Faltung dann Merkmale, die quasi für *Katzenaugen* oder *Pfote ohne Krallen* stehen. Es ist aber keineswegs sichergestellt, dass diese abstrakten Konzepte irgendetwas mit dem zu tun haben, was wir Menschen als ein abstraktes Konzept für ein Tier oder ein Ding verstehen. Sie sind mit Sicherheit in dem Sinne abstrakter als sie nicht mehr direkt auf der Pixelebene basieren.

Nimmt man an, dass der eine Filter am Schluss primär für einen Hunde- oder Katzenschwanz bzw. Katzenaugen oder Pfoten ohne Klauen steht, dann kommt man schnell hinter die Grundidee aus dem Paper [ZKL+16]. In diesem Paper wird ein Ansatz mit dem Namen **Global Average Pooling**, kurz **GAP**, propagiert. Der Name ist Programm und der bedeutet nichts anderes als Mittelwertbildung jeder Feature-Map. Statt eines Übergangs mittels Flatten in ein nachgelagertes dichtes Netz wird ein **GAP-Layer** verwendet; eben der Ansatz, den wir schon als Alternative zum Max-Pooling kennengelernt haben. Nimmt man an, dass ein Netz 14 Feature Maps hat, besteht der GAP-Layer aus deren Mittelwerten. Das bedeutet aber auch, dass man, um diese Technik anwenden zu können, eine spezielle Netzarchitektur benötigt. Hinter der Merkmalsgenerierung durch Faltung und Pooling darf nur noch ein GAP-Layer und ein vollverbundener Output-Layer folgen. Es erfolgt kein Flattening. Das Netz muss mit der in Abbildung 11.17 dargestellten Architektur trainiert werden, bevor man diese nutzen kann, um zu visualisieren, welche Aspekte im ursprünglichen Bild am meisten zu einer Klassifizierung bei-

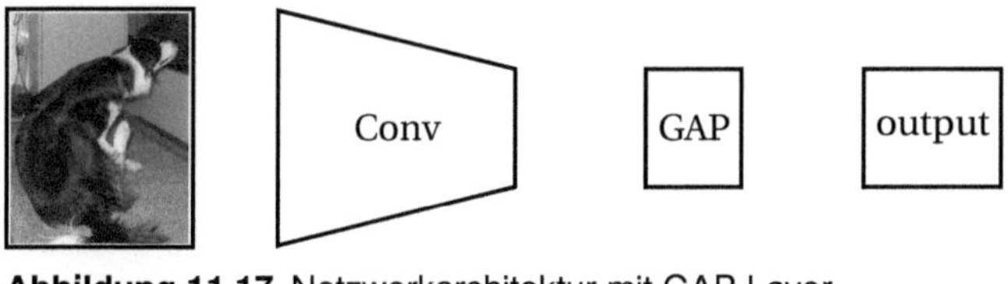

Abbildung 11.17 Netzwerkarchitektur mit GAP-Layer

getragen haben. Diese Darstellung, die wir erhalten wollen, nennt man **Class Activation Maps**. Es ist eine skalare Bitmap mit Werten, die den Grad der Aktivierung angeben.

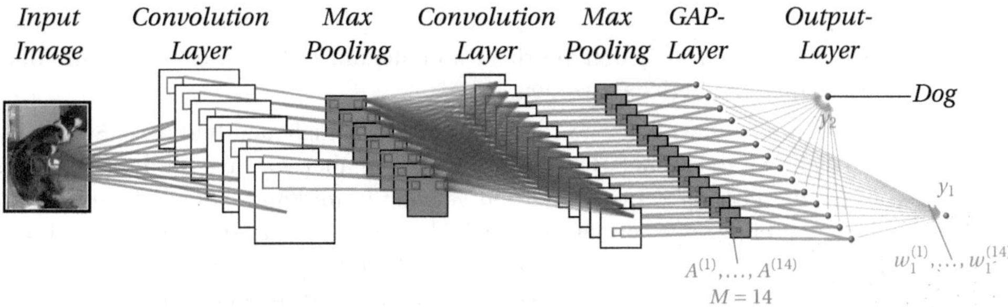

Abbildung 11.18 Detail-Netzwerkarchitektur mit GAP-Layer

Der erste Schritt ist das Bilden des Mittelwertes über eine Feature Map $A^{(m)}$:

$$\text{Mittelwert} = \sum_{i,j}^{I,J} A_{i,j}^{(m)} \tag{11.9}$$

Anschließend werden diese mit den Gewichten $w_c^{(m)}$ multipliziert. c ist dabei der Index für die Verbundene Klasse, während m für die Nummer der Feature Map steht. Die Entscheidung für eine Klasse geschieht dann gemäß der Gleichung (11.10).

$$y_c = \sum_{m=1}^{M} \left(\frac{1}{I \cdot J} \sum_{i,j}^{I,J} A_{i,j}^{(m)} \right) \cdot w_c^{(m)} \tag{11.10}$$

Das ist bis jetzt nur eine etwas andere Art, die Klassifikation durchzuführen. Wie hängt dies nun mit der Visualisierung der Aktivierung zusammen. Dazu stellen wir die Gleichung (11.10) ein wenig um.

$$y_c = \frac{1}{I \cdot J} \sum_{i,j}^{I,J} \underbrace{\left(\sum_{m=1}^{M} A_{i,j}^{(m)} \cdot w_c^{(m)} \right)}_{\text{CAM}} = \frac{1}{I \cdot J} \sum_{i,j}^{I,J} \underbrace{\left(\sum_{m=1}^{M} A^{(m)} \cdot w_c^{(m)} \right)}_{\text{CAM}} \frac{1}{I \cdot J} \sum_{i,j}^{I,J} \text{CAM}_{i,j} \tag{11.11}$$

Hierbei vertauschen wir die Summen über die Dimensionen I und J der Feature Map und die Summe über alle Feature Maps. In der inneren Klammer von Gleichung (11.11) erhalten wir nun eine Matrix, welche an den Stellen – über alle Feature Maps hinweg gemittelt – große Einträge hat, wo eine starke Aktivierung für die Entscheidung *Klasse c* vorliegt. Der Ausdruck *gemittelt* ergibt sich wegen der Division durch $I \cdot J$, also der Größe der Matrix. Die Darstellung

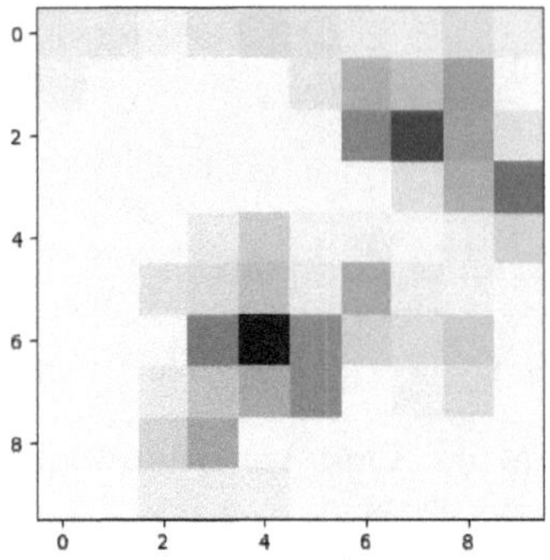

Abbildung 11.19 Beispielhafte Darstellung einer Class Activation Map (CAM)

$A^{(m)}$ soll deutlich machen, dass es eben Matrizen sind, die mit $w_c^{(m)}$ gewichtet und anschließend durch die Summation überlagert werden.

Diese CAM-Matrix können wir nun verwenden, um im ursprünglichen Bild diese Stellen für einen Menschen sichtbar zu machen. Dazu muss man sich aber vor Augen führen, dass die Feature Map durch die Pooling-Schritte und den Verschnitt am Rand – es sei denn, es wurde durchgängig ein Padding angewendet – deutlich kleiner geworden ist. Daher ist es üblich, diese eine Class Activation Map, wie sie beispielhaft in Abbildung 11.19 gezeigt wird, hochzuskalieren und diese skalierten Werte mit dem ursprünglichen Bild zu überlagern.

Das Problem ist, dass man mit dem GAP-Ansatz in der Regel schlechtere Ergebnisse erzielt als mit einem dichten Netz. Wir würden also bei gleich komplexen Modellen mehr Transparenz gegen weniger Genauigkeit tauschen. Zum Glück wurde ein Jahr nach dem GAP-Ansatz noch ein weiteres Paper publiziert. In [SCD$^+$17] wird ein Ansatz vorgestellt, mit dessen Hilfe man versucht, die alten Architekturen weiterverwenden zu können und gleichzeitig doch mehr Transparenz zu erhalten. Das Ergebnis ist insofern sehr angenehm, als es auf viele Netze angewendet werden kann. Die Zuordnung zu den Aktivierungen für die Klassenentscheidung ist aber weniger gradlinig und an einigen Stellen eher heuristisch motiviert.

Als Erstes konzentrieren wir uns auf den Term $A^{(m)} \cdot w_c^{(m)}$ in Gleichung (11.11). Die Feature Maps existieren natürlich auch bei der klassischen CNN-Architektur, aber statt $w_c^{(m)}$ haben wir einen wesentlich komplexeren Zusammenhang, der durch ein neuronales Netz gegeben ist. Hier nimmt man eine Anleihe bei der Backpropagation, bei der man auch für die Gewichtsänderung versucht, die Einflüsse durch die Gradienten zu motivieren. Allerdings ist in diesem Fall nicht die ganze Feature Map mit dem Output-Neuron y_c verknüpft, sondern einzeln Einträge der Feature Map, welche in einen Vektor durch Flattening umformatiert werden.

$$A^{(m)} \cdot w_c^{(m)} \rightsquigarrow A^{(m)} \cdot \underbrace{\left(\sum_{i,j}^{I,J} \frac{\partial y_c}{\partial A_{i,j}^{(m)}} \right)}_{\text{Summierter Gradient}}$$

Nimmt man an, dass ein Netz vorliegt, in dem die Zusammenhänge linear sind und zuvor ein Average Pooling durchgeführt wurde, ist damit der Ansatz über einen GAP-Layer ein Spezialfall dieser Art, Gewichte zu berechnen.

Die gesamte Formel aus [SCD+17] lautet:

$$\mathrm{ReLU}\left(\sum_{m=1}^{M}\underbrace{\left(\frac{1}{I\cdot J}\sum_{i,j}^{I,J}\frac{\partial y_c}{\partial A_{i,j}^{(m)}}\right)}_{\text{Gemittelter Gradient}}\cdot A^{(m)}\right)=\mathrm{ReLU}\left(\sum_{m=1}^{M} w_c^{(m)}\cdot A^{(m)}\right) \tag{11.12}$$

In (11.12) tritt der gemittelte Gradient an die Stelle des Gewichtes für die Feature Map beim GAP-Ansatz. Anschließend verhindert die ReLU-Funktion, dass negative Werte auftreten können. Das ist einer der Aspekte, den ich mit *heuristisch* vorab meinte. Es liegt die Idee zugrunde, dass negative Gewichte beim ursprünglichen GAP-Verfahren eher ausdrücken wollen; *gehört nicht zu der Klasse* und positive *gehört zu der Klasse*. Daneben haben die Autoren des Grad-CAM rumprobiert – und was positiv ist diese Tests auch in die Veröffentlichung aufgenommen – und bei Ihnen klappte die Darstellung mit ReLU besser. Das ist aber kein mathematischer Beweis, nicht einmal für einen Spezialfall.

Diese Formel werden wir nun einmal versuchen umzusetzen. Dazu müssen wir Gradienten berechnen, und das wollen wir gerne automatisch berechnen lassen. Hierzu bietet TensorFlow – nicht Keras – eine geeignete Funktionalität. Entsprechend müssen wir TensorFlow selbst einbinden. Darüber hinaus soll der Gradient nicht über das ganze Modell berechnet werden, sondern nur von den Feature Maps bis zu den Output-Neuronen. Hierzu müssen wir quasi ein Teilmodell bilden. Um dieses Teilmodell zu erzeugen, nutzen wir ausnahmsweise einen Aspekt der **Model Class API** von Keras statt der Sequential. Entsprechend importieren wir die Klasse **Model**.

```
80
81  import tensorflow as tf
82  from tensorflow.keras.models import Model
83  def heatmap(img, model):
84      for l in model.layers:
85          if isinstance(l, Conv2D): lastConvLayer = l
86      calcFeaturesAndPred = Model([model.input], [lastConvLayer.output, model.output])
```

Als Erstes Suchen wir in Zeile 85 den letzten Layer vom Typ `Conv2D`, also die letzte Faltung. Liegt dahinter noch ein Pooling, wird dies in die Gradientenbildung einbezogen. In Zeile 86 bauen wir uns mit der Model-API ein neues Modell auf der Basis unseres bereits trainierten Modells. Der Unterschied ist hier lediglich, dass wir zwei Outputs festlegen, nämlich die bekannten Output des Softmax und zusätzlich den Output des letzten Faltungslayers `lastConvLayer.output`.

Nun benötigen wir nach langer Zeit das in Abschnitt 3.5 erwähnte `with`-Statement. Es ist die in TensorFlow vorgesehene Methode, um bei der parallelen Ausführung mit Ressourcenkonflikten und der Bereinigung umzugehen. Mit diesem `with`-Statement verknüpft ist hier `tf.GradientTape`. Es ist Teil der TensorFlow API zur automatischen Differenzierung, also der Berechung des Gradienten einer Funktion in Bezug auf die Eingabevariablen. Die Bezeichnung `tape` kommt daher, dass alle Operationen, die im Kontext eines `tf.GradientTape` ausgeführt werden quasi auf ein *Band* (eng. Tape) aufzeichnet. TensorFlow verwendet anschließend dieses Band bzw. Tape, um die Gradienten, die mit jeder aufgezeichneten Operation verbunden sind zu berechnen. Das funktioniert aber lediglich mit TensorFlow-Variablen. Entsprechend wandeln wir in Zeile 87 unser Bild in eine solche Variable um. Mit diesem Typ kann man fast genauso arbeiten wie mit NumPy-Arrays. In Zeile 89 müssen wir wieder eine leere Dimension hinzufügen, da wir eben nur ein Bild durch die Verarbeitung verfolgen wollen. Die Rückgabewerte unserer konstruierten Funktion sind jetzt wie gewünscht Feature Maps und die Vorhersagen. Wir sind nur daran interessiert, warum sich das Netz für die vorhergesagte Klasse entschiedenen hat, daher ermitteln wir deren Index (Zeile 90) und nutzen diesen anschließend, um den zugehörigen Outputwert zu ermitteln. Die Feature Maps haben vier Achsen. Die erste ist unsere künstliche Dimension, die wir hinzugefügt haben, da wir nur ein Bild haben. Die nächsten beiden stehen für die Größe der Map und die letzte für die Anzahl der Feature Maps.

```
87      img = tf.Variable(img);
88      with tf.GradientTape() as tape:
89          featureMaps, predictions = calcFeaturesAndPred(img[np.newaxis,...])
90          maxActivation = np.argmax(predictions[0])
91          predictedClassEntry = predictions[:, maxActivation]
```

Nachdem die Berechnungen ausgeführt sind, nutzen wir nun in Zeile 93 die auf dem Tape aufgezeichneten Daten, um die Gradienten aus Gleichung (11.12) zu berechnen. Die Syntax ist so, dass das erste Argument die Variable ist, die differenziert werden soll, und das zweite di,e nach der differenziert wird. In Zeile 94 bilden wir den Mittelwert für jede Feature Map. Hierbei ist es hilfreich, das `axis`-Argument gleich einem Tuple zu setzen. Die Werte $(0,1,2)$ bedeuten, dass der Mittelwert über eben diese Achsen gebildet wird. Der Gradient hat die Dimensionen: *(Anzahl von Datensätzen, x-Auflösung der Feature Map, y-Auflösung der Feature Map, Anzahl der Feature Maps).* Die erste Dimension ist bekanntlich unsere künstliche, da wir nur ein Bild haben. Wird also über die ersten drei Achsen gemittelt, erhalten wir so viele Werte, wie wir Feature Maps haben, bzw. so viele Werte, wie die letzte Dimension angibt.

```
92
93      grads = tape.gradient(predictedClassEntry, featureMaps)
94      pooledGrads = np.mean(grads, axis=(0, 1, 2))
```

Nun multiplizieren wir gemäß Gleichung (11.12) die Feature Maps mit den Gewichten in Zeile 95 und erhalten $w_c^{(m)} \cdot A^{(m)}$. Anschließend bilden wir in Zeile 96 die Summe über alle Feature Maps.

```
95      weightedFeatures = featureMaps * pooledGrads
96      heatmapImg = np.sum(weightedFeatures, axis=-1).squeeze()
```

Am Schluss wenden wir ReLU an, was faktisch durch `np.maximum` geschieht. In den letzten zwei Zeilen der Funktionen geben wir die Werte zurück. Da wir aber die Heatmap als Bild weiterverarbeiten wollen, normieren wir diese zuvor vor. Sinnvolle Ansätze sind da auf den Bereich 0 bis 1 oder bis 255. Durch den Einsatz von Tape ist `predictions` eine TensorFlow-Variable. Mit der Methode `numpy` wandeln wir diese wieder um.

```
98      heatmapImg = np.maximum(heatmapImg, 0)
99      if np.max(heatmapImg) > 0 : heatmapImg /= np.max(heatmapImg)
100     return heatmapImg, predictions.numpy()
```

Jetzt haben wir eine Class Activation Map, müssen diese aber noch über unser ursprüngliches Bild legen. Hierzu müssen wir das Bild skalieren und ein paar weitere Anpassungen vornehmen. Da dies jetzt eher technisch ist, versuche ich kurz alles zusammenzufassen. `cm.Reds` wandelt als Klasse skalare Daten in eine RGBA-Darstellung gemäß der Colormap um. Rottöne passen hier schön zu dem Namen Heatmap, aber natürlich geht alles, was sequenziell ist, und Ihren Geschmack trifft. Den Alpha-Kanal brauchen wir nicht, deshalb unterdrücken wir diesen mithilfe von [...;:3]. In PIL gibt es eine optisch schöne Methode zum Skalieren. Um diese nutzen zu können konvertieren wir etwas hin und her. Die Methoden dazu kommen aus der **image**-Klasse von Keras.

```
from matplotlib import cm
from PIL import Image as PILImage
from tensorflow.keras.preprocessing import image

def overlayHeatmap(img, heatmapImg):
    heatmapImg = cm.Reds(heatmapImg)[..., :3]
    heatmapImg = image.array_to_img(heatmapImg)
    heatmapImg = heatmapImg.resize(img.shape[:-1], resample=PILImage.BICUBIC)
    heatmapImg = image.img_to_array(heatmapImg)
```

Die nächsten drei Zeilen sind nur da, falls Sie die gleiche Ausgabe haben wollen wie im Buch. Eigentlich ist es in bunt natürlich etwas hübscher.

```

    imGray = 0.2989*img[:,:,0] + 0.5870*img[:,:,1] + 0.1140*img[:,:,2]
    imGray = cm.gray(imGray)[..., :3]
```

Nun geht es daran, die Heat bzw. Class Activation Map mit dem Bild zu überlagern. Das passiert einfach per Addition. Die Gewichte sorgen dafür, dass die Class Activation Map dominant ist und das Bild nur leicht im Hintergrund sichtbar ist. Wenn Sie es gerne anders haben wollen, ändern Sie es halt. Die beiden Zeilen bewirken, dass beide Bilder gleich skaliert sind, auch wenn sich das Verhalten der Konvertierungsmethoden mal ändert oder nicht gleich ist.

```

    if np.max(imGray) <= 1: imGray = 255*imGray
    if np.max(heatmapImg) <= 1 : heatmapImg = 255*heatmapImg
    superimposedImg = np.minimum(heatmapImg * 0.6 + 0.2*imGray, 255).astype(np.uint8)
    return superimposedImg
```

Nun wollen wir das alles auch mal ausprobieren. Dazu greifen wir auf ein paar Bilder aus meinem privaten Fundus zurück. Diese sind im ZIP-File auf der Webseite enthalten. Sie können aber auch Bilder aus der Testmenge auswählen. Diese enthält aber noch eine kleine Gemeinheit, die ich mit Ihnen besprechen möchte. Ich nehme nämlich auch drei Bilder, die weder Katzen noch Hunde enthalten. Darüber hinaus noch eine freigestellte Katze, auf die wir später kommen.

```

import matplotlib.pyplot as plt
plt.rcParams.update({'figure.max_open_warning': 0})
imageList = ['hund1.jpg', 'hund2.jpg','hund3.jpg', 'hund4.jpg',
             'katze1.jpg', 'katze2.jpg', 'katze3.jpg', 'katze4.jpg',
             'ratte.jpg', 'luchs.jpg', 'wolf.jpg', 'katze1freigestellt.jpg']
```

Zunächst laden wir in einer Schleife alle Bilder und skalieren diese direkt beim Laden auf die Größe, die das CNN verarbeiten kann. Unser Netz ist trainiert, Voraussagen für Daten zu treffen, die auf den Bereich 0 bis 1 normiert wurden, entsprechend normieren wir das Bild bzgl. der Wert für die weiteren Schritte.

Die Vorhersage muss immer als Pipeline gedacht werden. Daten werden geladen, vorverarbeitet und dann die Prognose durchgeführt. Wenn die Quelle wechselt ist das eine ganz unangenehme Fehlerquelle. Vielleicht waren vorher Daten immer schon auf [0,1] normiert und es erfolgte daher keine Normierung im Code. Wechselt die Quelle, bekommt man auf einmal z. B. Daten im Bereich [0,255]. Da die Bilddimensionen stimmen, gibt es keine Fehlermeldung, aber völlig sinnlose Vorhersagen. Solche Fehler zu finden, kostet manchmal Stunden!

```
for imageFile in imageList:
    imgSize = CNN.input_shape[1:-1]
    img = image.load_img(imageFile, target_size=imgSize)
    img = image.img_to_array(img)/255.0
    plt.figure(); plt.imshow(img)
```

Nun erstellen wir mit unserer Funktion die Heatmap und lassen uns gleichzeitig über die Vorhersage informieren.

```
    hm, predictions = heatmap(img, CNN)
    plt.figure(); plt.imshow(hm, cmap=cm.Reds)
    if np.argmax(predictions[0]) == 0: classstring = 'cat'
    else: classstring = 'dog'
    print(imageFile,' predicted as ',classstring, ' with ', predictions)
```

Anschließend überlagern wir die Heatmap mit dem Original und speichern das Ergebnis als PNG, um es z. B. in einem Buch abdrucken zu können.

```
    fusion = overlayHeatmap(img, hm)
    plt.figure(); plt.imshow(fusion)
    name = imageFile.split('.')[0]
    plt.title(name+str(predictions))
    name = 'heat'+name+'.png'
    image.array_to_img(fusion).save(name, 'PNG')
```

Den Code oben kann man schlecht wiederverwenden. Kopieren Sie die beiden Funktionen `heatmap` und `overlayHeatmap` inklusive aller benötigten Einbindungen einmal in eine Datei `gradCAM.py`. Dann können wir diese später noch benutzen.

Abbildung 11.20 Heatmaps und Vorhersagen für Bilder mit Hunden und Katzen

Nun schauen wir mal, was wir rausbekommen haben. Wir wussten aus Abschnitt 11.3 schon, dass unser Netz ein Hundefreund ist und im Zweifel eher dazu tendiert, eine Katze zum Hund zu machen. Abbildung 11.20 zeigt die Prognosen und die Heatmaps für drei Hundebilder. Alle drei sind richtig als Hund klassifiziert und das auch mit einer hohen Sicherheit von Seiten des CNN. Man sieht, dass sich das Netz auf Schnauzen und Schwänze zu konzentrieren scheint. Das dritte Bild ist aber verdächtig. Es wurden viele Bereiche im Bild berücksichtigt, auf denen kein Hund zu sehen ist. Entweder sind mehr Hundebilder in freier Wildbahn im Archiv oder das Netz lässt sich von Strukturen im Hintergrund leicht ablenken. Solchen Klassifizierungen sollten wir mit etwas Vorsicht begegnen. Mal sehen, wie es bei den Katzen weitergeht.

Wie man aus Abschnitt 11.3 vermuten konnte, treten die Fehler eher bei den Katzen auf. Die erste Katze wurde mit beinahe 80% als Hund klassifiziert. Wir sehen aber auch, dass ähnlich wie bei der dritten Katze für die Klassifizierung eher der Hintergrund den Ausschlag gegeben hat.

Abbildung 11.21 Heatmap & Vorhersage für freigestellte Katze

Das kann legitim sein, weil man z. B. ein Kamel eher nicht in der Antarktis vermutet, aber hier erscheint es weniger verständlich. Der Hintergrund lenkt scheinbar ab. Wie wäre es wohl ausgegangen, wenn die erste Katze ohne Hintergrund hätte eingeordnet werden sollen? Für den Test habe ich diese einmal unfachmännisch freigestellt und erneut klassifizieren lassen. Abbildung 11.21 zeigt eindrucksvoll, dass sich das Netz nun wieder auf Ohren und Fellaspekte konzentriert. Die Katze wird nun auch zu 90% als Katze erkannt.

Wie sieht es mit den eingebrachten Bildern einer Farbratte, eines Luchses und eines Wolfes aus? Biologisch wäre es plausibel, wenn sich das Netz beim Luchs für Katze, beim Wolf für Hund und bzgl. der Ratte sich das Netz als knappes Ergebnis für Katze oder Hund entscheiden würde. Wie man in Abbildung 11.22 deutlich sieht, geht unser Netz aber nicht nach der Biologie, sondern nach Mustern. Beim Wolf ist noch alles, wie wir es erwarten. Es schaut auf Gesicht und Körper und sagt *Hund*. Beim Luchs lässt es sich wieder vom Hintergrund ablenken und klassifiziert ihn ebenfalls als *Hund*. Entgegen der generellen Tendenz unseres Netzes wird die Farbratte mit großer Sicherheit zur Katze. Vermutlich weil der Spielplatz der beiden Haustiere sich ähnelt. Die Ratte jedenfalls kommt in der Heatmap kaum vor.

Machen Sie sich doch mal einen Spaß daraus und schicken Sie Bilder von Tieren mit und ohne Hintergrund durch das Netz und sehen Sie sich die Ausgaben genau an. Vielleicht bekommen Sie so ein besseres Gefühl für das Verhalten des CNN.

cat (8.5684e-01 1.4315e-01) dog (4.1199e-02 9.5880e-01) dog (4.0606e-02 9.5939e-01)

Abbildung 11.22 Heatmaps und Vorhersagen für Bilder mit nicht berücksichtigten Tieren

Nachdem die Idee einmal in der Welt war, wurde natürlich an unterschiedlichen Orten geschaut, ob man da nicht noch mehr rausholen kann. Ein Problem ist, dass die Größe der Feature Maps am Schluss automatisch die Genauigkeit der Lokalisation beeinflusst. Hätten wir noch ein paar mehr Poolings eingebaut, wäre noch weniger über gewesen, um herauszufinden, was interessant war. Ein anderes ist, dass wir händisch vorgehen müssen. Man muss Bilder als Mensch stichpunktartig analysieren und schauen, ob es einem plausibel vorkommt. Varianten wie Grad-CAM++, siehe [CSHB18], aus dem Jahr 2018 lösen diese Probleme noch nicht. Es geht eher um punktuelle Verbesserungen, um den Preis von mehr Heuristik bzw. weniger leicht nachvollziehbaren Formeln. Ich hoffe, dass Sie durch das Grad-CAM- bzw. GAP-Verfahren einen Einblick in die Möglichkeiten und Grenzen bekommen haben. Nun werden wir im nächsten Kapitel sehen, ob wir bzgl. unserer Hunde und Katzen nicht noch besser werden können und ggf. auch die starke Sensitivität für den Hintergrund etwas verringern können.

11.5 Transfer Learning

Wir haben im Abschnitt 11.3 unseren Datenbestand durch Data Augmentation aufgewertet. Dies kann auch ein wenig helfen, wenn man nur auf vergleichsweise wenig Daten zum Training zurückgreifen kann bzw. wenn es darum geht, die Erkennung unempfindlicher gegenüber Rotationen zu machen. Wie wir schon diskutiert haben, kann man hiermit jedoch nur beschränkt neue Informationen dem Netz zuführen. Ein anderer Ansatz, um ggf. mit vergleichsweise geringem Datenbestand ein Netz zu trainieren ist **Transfer Learning**. Transfer Learning ist ein Gebiet im maschinellen Lernen, bei dem es darum geht, dass beim Lösen eines alten Problems gewonnene Wissen zu nutzen und auf ein anderes, aber verwandtes Problem zu übertragen.

Nehmen wir als Beispiel unser Netz für die Erkennung von Hunden und Katzen. Es gibt draußen sehr viele Bilder von Hunden und Katzen und nicht genauso viele von z. B. Wölfen und Luchsen. Das CNN, um Hunde und Katzen zu unterscheiden, wurde mit jeweils ca. 10000 Bildern pro Klasse trainiert. Nehmen wir nun an, wir haben weniger als 1000 Bilder von Wölfen und Luchsen. Dann könnten wir unser altes Netz als Ausgangspunkt für das neue Netz nehmen. Die bereits gelernten Gewichte in den Kerneln wären dann die Startwerte für die Suche nach guten Gewichten für Wölfe und Luchse. Da wir es, wie schon auf Seite 184 beschrieben, mit einem Mimimierungsproblem zu tun haben, starten wir so näher am Minimum. Das führt im Allgemeinen zu schnellerer Konvergenz und größerer Stabilität. Für die Verwendung bereits trainierter Netze ist man im Umfeld von CNN oft nur an dem Rumpf interessiert, also an dem Teil bis zum Übergang zum dichten Netz. Der Fully-connected Layer ist oft zu spezialisiert für eine Wiederverwendung. Dieser Einsatz wird durch Keras sehr gut unterstützt, tatsächlich werden dort auch einige der bekanntesten Netze bereits fertig trainiert angeboten.

Tabelle 11.1 Auf ImageNet vortrainierte Netze in Keras

Netz-Architektur	Größe	Top-1-Genauigkeit	Top-5-Genauigkeit	Gewichte	Layer
Xception	88 MB	0.790	0.945	22910480	126
VGG16	528 MB	0.715	0.901	138357544	23
VGG19	549 MB	0.727	0.910	143667240	26
ResNet50	99 MB	0.759	0.929	25636712	168
InceptionV3	92 MB	0.788	0.944	23851784	159
InceptionResNetV2	215 MB	0.804	0.953	55873736	572
MobileNet	17 MB	0.665	0.871	4253864	88
DenseNet121	33 MB	0.745	0.918	8062504	121
DenseNet169	57 MB	0.759	0.928	14307880	169
DenseNet201	80 MB	0.770	0.933	20242984	201

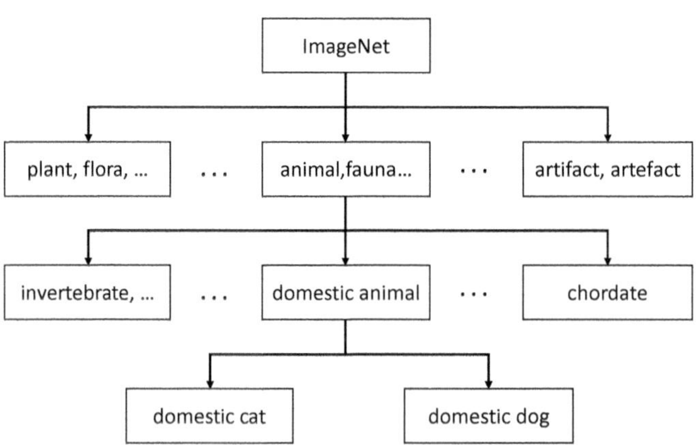

Abbildung 11.23 Auszug aus dem hierarchischen Aufbau von ImageNet

ImageNet ist eine Bilddatenbank, die nach der WordNet-Hierarchie organisiert ist. Würde man alle Klassen flach darstellen, hätte man in den Challenges 1000 Klassen zu bestimmen gehabt. Die WordNet-Hierarchie, die in der Abbildung 11.23 skizziert ist, entspricht auch unter den Knoten für Pflanzen (eng. plant) und Tieren (eng animal) nicht einer biologischen Hierarchie. Als Beispiel, unter Tiere sind die drei wichtigsten Knoten *invertebrate* (wirbellose Tiere), domestic animal (Haustier) und *chordate* (Chordatiere). Falls Sie nicht wissen, was Chordatiere sind, grämen Sie sich nicht; bis ich mich mit ImageNet beschäftigt habe, wusste ich es auch nicht. Es sind i.W. Manteltiere und Wirbeltiere. Daran sieht man, dass die Kategorien nicht logisch aufgebaut sind, da Menschen nun mal nichts anderes als Säugetiere sind, die wiederum zu den Wirbeltieren gezählt werden. Tatsächlich verstecken die Menschen sich aber in den Auslassungspunkten der Abbildung 11.23 auf derjenigen Ebene, in der auch Pflanzen, Tiere und Gegenstände vorkommen. Also sehr weit oben. Unsere geliebten Haustiere bekommen eine eigene Kategorie usw.

Wir arbeiten nicht mit den auf den Konferenzen wie z. B. 2009 im Rahmen einer IEEE-Konferenz veröffentlichten [DDS⁺09] Auszüge aus der Datenbank. Einfach weil diese zu groß sind. Die Trainingsdaten der 2012 ImageNet Challenges umfassen ca. 150 GB an Daten. Sollten Sie mit den Daten arbeiten wollen, sollte es theoretisch möglich sein, bei ImageNet einen Login zu erhalten und damit Zugriff. Praktisch dauert das in letzter Zeit lange und funktioniert nicht zuverlässig.

Hier kommt ein sehr wichtiges Projekt ins Spiel. Academictorrents (*http://academictorrents.com/*), siehe [CL14], [LC16], hat es sich zur Aufgabe gemacht, die immer größer werdenden Datenmengen für Wissenschaftler und Enthusiasten auf der Basis der BitTorrent-Technik zugänglich zu machen. Wenn Sie – abseits des Buches – interessiert sind, mit ImageNet zu arbeiten, suchen Sie dort nach:

- ImageNet LSVRC 2012 Training Set (Object Detection)
- ImageNet LSVRC 2012 Validation Set (Object Detection)

Nachdem man den Aufbau von ImageNet kennt, versteht man auch besser, was mit Top-1- und Top-5-Genauigkeit in Tabelle 11.1 gemeint ist. Die Top-1-Genauigkeit meint den Maßstab, den wir bisher immer angelegt haben, nämlich ob die Klasse mit der höchsten Genauigkeit auch die Klasse ist, die im Label steht. Entsprechend geht es bei dem schwächeren Kriterium der Top-5-Genauigkeit darum, ob die richtige Klasse zumindest in den fünf Klassen mit der höchsten Wahrscheinlichkeit enthalten ist.

Ich möchte jetzt mit Ihnen das VGG16 als Grundlagen für das Transfer Learning verwenden. Blickt man in die Tabelle 11.1, erscheint die Wahl alles mögliche, nur nicht naheliegend. MobileNet wäre sicherlich kleiner im Speicher und InceptionResNetV2 schafft sehr gute Genauigkeiten. Der Grund ist, dass VGG16 aus dem Jahr 2014 [SZ14] noch mit sehr einfachen Mitteln arbeitet und zwar ausschließlich mit solchen die wir schon besprochen haben. Die neueren Netze benutzen großteils Techniken, die auf den Artikel *Deep residual learning for image recognition* [HZRS16] zurückgehen, sogenannte **Residual Blocks** enthalten. Mit diesen haben wir uns aber noch nicht beschäftigt, also nehmen wir, was wir schon gut verstehen. Abbildung 11.24 zeigt die Architektur von VGG-16. Der Name kommt daher, dass dieses Netz 16 Faltungslayer besitzt. Insgesamt hat das Netz in Keras 23 Layer. Wir wollen alles bis zum Trennstrich in Abbildung 11.24 verwerten.

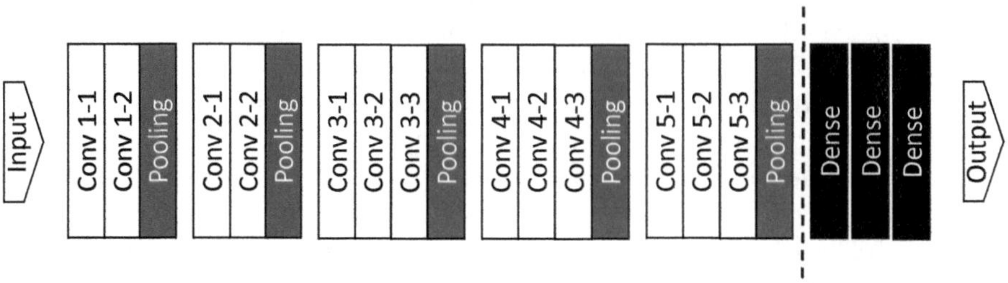

Abbildung 11.24 VGG16 Architektur

Der folgende Code demonstriert, wie man `VGG16` verwenden kann, um ein eigenes Netz mit einem Sequential-Anstaz zu bauen:

```
VGGVar = Sequential()
vggModel = VGG16(weights='imagenet',include_top=False, input_shape=(256, 256, 3))
VGGVar.add(vggModel)
...
VGGVar.summary()
```

Das Problem ist, dass wir so quasi eine Black Box im Modell haben. Die Summary würde folgende Zeile enthalten.

```
vgg16 (Model)                (None, 8, 8, 512)         14714688
```

Wir könnten also nicht in das VGG16-Modell hineinsehen, was aber für unser Grad-CAM – und auch für das stückweise aktivieren und deaktivieren der Trainierbarkeit – später nötig ist. Daher werden wir nun noch einmal auf die Model-API zurückgreifen müssen. Zunächst binden wir also statt `Sequential` die Klasse `Model` ein. Um mehr Vergleichbarkeit zu haben, nutzen wir die gleiche Bildauflösung wie bei unserem eigenen Modell.

```
import numpy as np
from tensorflow.keras.models import Model, load_model
from tensorflow.keras.applications.vgg16 import VGG16
from tensorflow.keras.preprocessing import image
from tensorflow.keras.layers import Flatten, Dense
from tensorflow.keras.preprocessing.image import ImageDataGenerator

reducePicDim = 256
```

Als Nächstes kommt der Generator für die Trainingsdaten mit der gleichen Technik und den gleichen Einstellungen wie in Abschnitt 11.4.

```
trainDatagen = ImageDataGenerator(rotation_range=30, rescale=1./255, horizontal_flip=0.1)
trainGenerator = trainDatagen.flow_from_directory(
    directory=r"./dogs-vs-cats/train/", target_size=(reducePicDim, reducePicDim),
    color_mode="rgb", batch_size=16, class_mode="categorical", shuffle=True, seed=42)
```

Ebenfalls wie zuvor schauen wir mal, ob wir nicht das Modell schon trainiert im Verzeichnis haben. Einfach falls wir etwas mehrfach probieren wollen, was die Visualisierung oder Auswertung angeht.

```

try:
    CNN = load_model("dogVScatVGGjustDense.h5")
```

Jetzt geht es los und wir machen etwas Neues. Wir binden das fertige VGG16 ein. Wie bei den Datensätzen werden beim ersten Einbinden eines solchen fertigen Netzes die nötigen Daten aus dem Internet geladen. Das Netz kann dann wie eine Klasse verwendet werden. Der erste Parameter `include_top=False` bedeutetet, dass auf den Fully-connected Layer verzichtet werden soll. Der zweite gibt wie gewohnt die Inputdimensionen an. Hierbei ist zu beachten, dass die Auswahl begrenzt ist. Tatsächlich ist 48 × 48 das kleinste Format, mit dem dieses Netz umgehen kann, der Default ist 224 × 224. Wir sind ein ganz kleines bisschen drüber und geben die Dimensionen daher explizit an. Die letzte Zeile in dem Abschnitt ist sehr interessant, da es sich ebenfalls um etwas handelt, was wir bisher so noch nicht hatten. Man kann einzelne Layer oder Modellteile durch das Setzen des Attributes `trainable = False` von der Optimierung ausnehmen. Für den Optimierer sind Gewichte in diesen Modellteilen keine Variablen mehr, sondern Konstanten, die er hinnimmt. In diesem Fall nehmen wir alle Filter vom Training aus.

```
17  except:
18      stumpVGG16 = VGG16(weights='imagenet', include_top=False,
19                         input_shape=(reducePicDim, reducePicDim, 3))
20      stumpVGG16.trainable=False
```

Unten kommt gleich eine Syntax, die vielleicht nicht sofort einleuchtend ist. Es sieht in Zeile 21 so aus, als wenn eine Funktion mit zwei Klammern als Syntax aufgerufen wird. Das ist mitnichten so. Hier passieren zwei Dinge in einer Zeile. Mit `Flatten()` wird ein entsprechender Layer erzeugt. Die zweiten Klammer ist Teil einer Funktion ohne Namen in Python. Diese Technik wird umgesetzt, indem beim Klassenentwurf eine `__call__()` Methode implementiert wird. Dabei handelt es sich um eine Default-Methode analog zu `__init__()` für Python-Klassen, welche man überschreiben kann. Im Fall der Functional-API von Keras ist diese so umgesetzt, dass einem Layer hiermit sein Vorgänger zur Verbindung übergeben werden kann. Man hätte Zeile 21 also auch in zwei Zeilen ausdrücken können:

```
flat = Flatten()
flat(vgg16Model.output)
```

Man sieht aber schon, dass es nicht immer der Vorgänger sein muss. Sie können einfache Layer übergeben oder bei Modellen einen Output. Dass man bei Modellen explizit den Output angeben muss, hat mit den größeren Möglichkeiten zu tun, diese zu gestalten. Ein Beispiel haben wir schon in Abschnitt 11.4 kennengelernt. Hier haben wir im Rahmen von Grad-CAM ein Modell gebaut, welches die Vorhersage und die generierten Feature ausgibt. Es hatte also mehrere Outputs. Tiefer gehen wir auf die Model-API aber hier nicht mehr ein. Anschließend bauen wir im gleichen Stil unseren Dense-Layer auf, um ein ähnliches Fully-connected-Modell wie in Abschnitt 11.3 und 11.4 zu haben.

```
21      flat = Flatten()(stumpVGG16.output)
22      x = Dense(100, activation='relu', name="dense1CatsVsDogs")(flat)
23      x = Dense(50, activation='relu', name="dense2CatsVsDogs")(x)
24      output = Dense(2, activation='softmax', name="softmaxCatsVsDogs")(x)
```

Am Schluss haben wir jedoch noch kein Modell. Tatsächlich ist `stumpVGG16` vom Typ *Modell*, aber das macht nicht unser gesamtes Konstrukt zu einem Modell. Wir nutzen nun die Modell-Klasse, um explizit anzugeben, was Input und Output des Modells sein soll. Damit ist auch klar, dass der Aufbau abgeschlossen ist. Im Anschluss können wir damit in den nächsten Zeilen wie gewohnt weiterarbeiten.

```
    CNN = Model(stumpVGG16.inputs, output, name='VGGCatDog')

    CNN.compile(optimizer='adam',loss='categorical_crossentropy',metrics=['accuracy'])
    CNN.fit_generator(generator=trainGenerator, epochs=5, verbose=True)
    CNN.save("dogVScatVGGjustDense.h5")
```

Es reichen hier wirklich 5 Epochen zum Trainieren. Es wird danach nicht mehr besser, manchmal sogar schlechter. Und auch wenn der Rumpf nicht trainierbar ist, generiert dieser am Ausgang 32768 Merkmale. Das bedeutet, unser Klassifikator, der darauf aufsetzt, hat nun 3282052 Freiheitsgrade. Noch mal zum Vergleich: Unser altes Modell, was wir selbst gebaut haben, hatte nur 729252 Freiheitsgrade. Nach fünf Trainingsschritten können wir dieselbe Technik wie in Abschnitt 11.3 und 11.4 benutzen, um das Modell auszuwerten. Das Ergebnis ist eine nur verbesserte Genauigkeit von 94.1 % gegenüber 89.4% bei unserem kleinen Netz. Alle Testbeispiele aus Abschnitt 11.4 werden nun auch richtig erkannt, außer der letzten Katze in Abbildung 11.20. Diese ist in etwas unangenehmer Weise von oben erwähnten scheinbar ausgenommen, sodass die Netze Augen, Pfoten etc. nicht gut verarbeiten und die Umgebung lenkt hier immer noch ab. Die Konfusionsmatrix sieht nun wie folgt aus:

	y_P Cat	y_P Dog
y_T Cat	95.01	4.99
y_T Dog	6.76	93.28

Wenn Sie diese mit der aus Abschnitt 11.3 vergleichen, werden Sie bemerken, dass wir unseren ganzen Fortschritt den Katzen zu verdanken haben. Bei der Erkennung der Hunde haben wir uns nicht verbessert. Als wir das VGG16-Modell geladen haben, hatten wir sinnvolle Werte für die Featuregenerierung, wenn auch für eine andere Aufgabe. Für das Transfer Learning sind dabei zwei Ansätze generell sinnvoll:

- Das alte Modell hatte vorher eine allgemeinere Aufgabe ausgeführt und soll nun spezialisiert werden
- Das alte Modell hatte eine verwandte bzw. ähnliche Aufgabe ausgeführt und soll nun auf eine neue übertragen werden

Wir hatten den ersten Fall vorliegen. Wird ein Netz auf ImageNet trainiert, so kann es bereits Hunde und Katzen unterscheiden. Es erkennt aber auch Autos, Menschen etc. Dafür ist es nicht so perfekt, wenn es nur um Hunde und Katzen geht. Ein Beispiel für ein Modell des weiten Typs könnte z. B. sein, dass man eigentlich mit einem Roboter oder ähnlichem mit Handzeichen kommunizieren möchte. Man hat aber nicht sehr viele Trainingsdaten. Dann könnte man Datensets wie **Sign Language MNIST** und/oder **Significant (ASL) Sign Language Alphabet Dataset** zum ersten Training verwenden. Abschließend hat man bereits sinnvolle Startwerte für die Filter und kann versuchen, diese mit seinen wenigen Daten zu spezialisieren. Hierbei gibt es ein Problem, was Sie nach den Diskussionen in Kapitel 7 und 8 sicherlich schon erahnen. Wenn wir mit wenigen Daten nun ein Netz trainieren, was mit vielen Freiheitsgraden ausgestattet ist, wird Overfitting verschärft zu einem Problem. Die Architektur war ja nicht für unsere Mini-Datenbank vorgesehen. Außerdem kann es gut sein, dass wenn wir mit keinen Batches arbeiten der Optimierer uns zu schnell aus unser sehr guten Startposition herausbewegt. Die haben wir uns jedoch durch unseren Transferansatz so teuer erkämpft. Das gilt besonders, wenn die Batches klein sind. Nun ist in dem Beispielcode, den ich auf einem Notebook mit Grafikkarte rechnen kann, schon eine recht kleine Batchgröße von 16 angeben.

Was machen wir nun aus dieser Vorahnung, dass wir auf dünnem Eis laufen? Wir nutzen unser Wissen über Optimierungsalgorithmen aus dem vorhergehenden Kapitel und drosseln die Lernrate. Damit bewegen wir uns nicht mehr so schnell – also vorsichtiger – und die Größe der Batches hat weniger Einfluss.

So gehen wir nun auch vor und versuchen noch mehr Genauigkeit für unsere Aufgabe rauszuholen, Hunde von Katzen zu unterscheiden. Also sorgen wir zunächst für eine kleinere – und damit langsamere – Lernrate.

```
try:
    CNN = load_model("dogVScatVGGPlus.h5")
except:
    from tensorflow.keras.optimizers import Adam
    CNN = load_model("dogVScatVGGjustDense.h5")
    slowADAM = Adam(learning_rate=0.0001)
```

Nun haben wir ein Modell, das recht konsistent für eine Aufgabe ist. Wir erreichen über 94% Genauigkeit mit den eingefrorenen Filtern des VGG16. Hier ändern wir nun das Attribut `trainable` auf `True`. In der Schleife in Zeile 78 werden alle Layer auf trainierbar verändert.

Probieren Sie einmal aus, ob Sie auch mit weniger Veränderungen auf gute Ergebnisse kommen. Setzen Sie dazu den Wert von 0 in `range` hoch, um die untersten Schichten festzuhalten. Es ist im Allgemeine nicht sinnvoll untere Schichten zu trainieren und obere zu fixieren. Die nachgelagerten Schichten *verlassen sich* auf den durchgereichten Strukturen im Netz und können, wenn vorne Veränderungen stattfinden, nicht mehr sinnvoll arbeiten. Die höheren Schichten hingegen können auf den gleichen Kantenerkennungen etc. immer noch keine abstrakte Konzepten bilden... meistens jedenfalls.

Der Rest des Codes läuft wie immer ab, nur dass die Dauer der Optimierung wesentlich länger dauert, weil die Optimierungsaufgabe nun viel mehr Freiheitsgrade hat. Ich schlage also vor, währenddessen etwas anderes Sinnvolles zu tun.

Vergessen Sie nie immer `compile` nach einer Änderung von `trainable` aufzurufen. Sonst ist das Modell nicht in einem konsistenten Zustand für die weitere Verarbeitung.

```
78      for i in range(0,23): CNN.layers[i].trainable=True
79      CNN.compile(optimizer=slowADAM,loss='categorical_crossentropy',metrics=['accuracy'])
80      CNN.summary()
81      CNN.fit_generator(generator=trainGenerator, epochs=5, verbose=True)
82      CNN.save("dogVScatVGGPlus.h5")
```

Vermutlich über eine Stunde später erfahren Sie, dass wird es nun auf 97.1% Genauigkeit und wir nun wieder viel besser bzgl. Hunden geworden sind.

	y_P Cat	y_P Dog
y_T Cat	95.06	4.94
y_T Dog	0.08	99.2

Man könnte jetzt sagen, wenn dieses Netz meint, es ist ein Hund, ist es auch ein Hund. Wenn es Katze sagt, sind leichte Zweifel erlaubt. Wie stark sich das auch auf die CAM auswirkt, zeigt die folgende Abbildung 11.25.

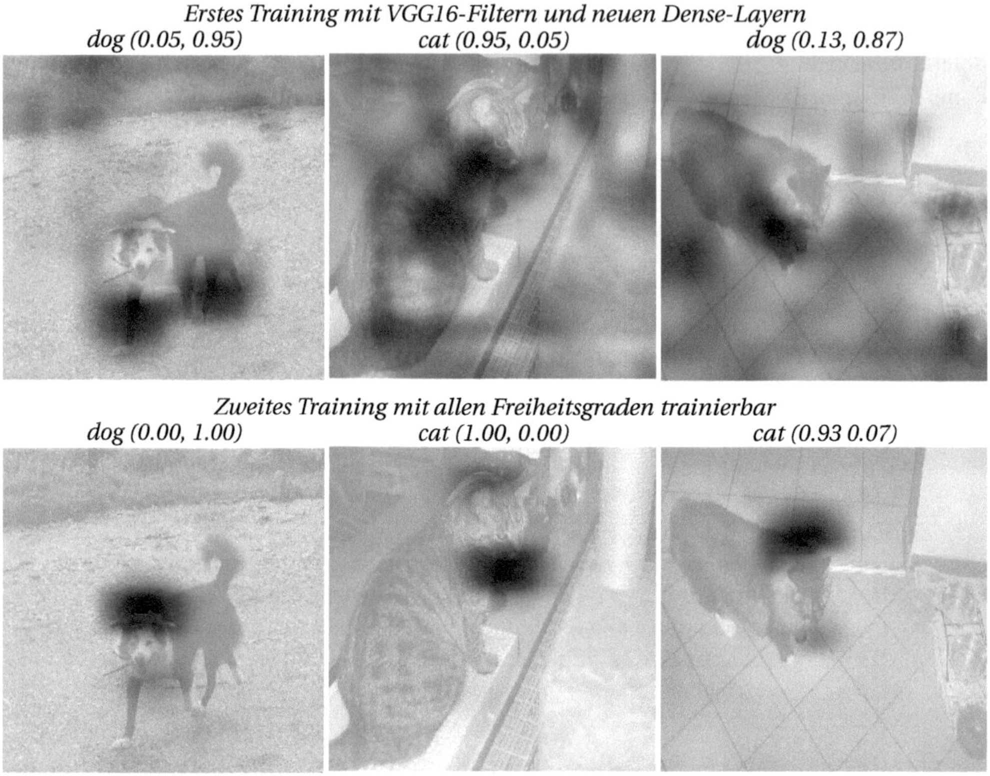

Abbildung 11.25 Veränderung der CAM und Vorhersagen für die beiden VGG16-Varianten

Man sieht, dass auch unsere Problem mit der Katze auf dem interessante Hintergrund sich endlich erledigt hat. Das Netz konzentriert sich jetzt scheinbar primär auf die Tiere und weniger auf Muster im Hintergrund. *Scheinbar* ist deshalb wichtig, weil wir mit Grad-CAM uns nur einzelne Fälle ansehen. Natürlich kann es sein, dass es in anderen Fällen noch suboptimal läuft. Aber mit der Kombination aus Genauigkeit auf der Testmenge, Konfusionsmatrix und Grad-CAM haben wir schon ein paar Werkzeuge, die aufzeigen, dass wir uns hier immer weiter verbessert haben. Nur in der Größe und Geschwindigkeit ist unser erstes Netz natürlich allen späteren überlegen.

Versuchen Sie einmal, ein Transfer Learning auf der Basis von MobileNet durchzuführen. Es ist wesentlich kompakter. Wie weit können Sie auf dieser Basis die Genauigkeit von *Cats vs. Dogs* treiben?

11.6 Ausblicke Continual Learning und Object Detection

Es gibt noch zwei Themen, die ich in dem Kontext umreißen möchte, ohne diese mit einer Implementierung im Buch zu untermauern. Das sind die Themenfelder **Continual Learning** und **Object Detection**.

11.6.1 Continual Learning

Beim **Continual Learning** geht geht es um etwas, was Transfer Learning leider nicht leistet. Nehmen wir an, Sie haben ein Netz, welches bereits auf der Basis des MNIST-Datensatzes in der Lage ist, Ziffern zu erkennen. Nun nehmen Sie dieses als Ausgangspunkt und trainieren dieses Netz mit den Daten aus dem **EMNIST**-Datensatz, also Buchstaben siehe hierzu u. a. [CATVS17]. Dann werden Sie dabei, wie im letzten Kapitel, vermutlich den dichten Teil des Netzes entfernen und durch einen neuen mit mehr Outputs ersetzen. Was ist aber, wenn dieses System nun zusätzlich lernen soll, Buchstaben zu erkennen, aber nicht vergessen, wie man Ziffern erkennt? Das ist die Herausforderung im Continual Learning. Wir könnten das dichte Netz nur erweitern mit 26 zusätzlichen Ausgängen und deren Verbindungen. War jedoch unser letzter Layer ein Softmax-Layer, können wir diesen nicht unverändert lassen, da sonst die Normierung auf eins verloren geht. In dieser Richtung sind Regressionen etwas einfacher. Nehmen wir an, wir hätten dieses Problem nicht. Es könnte ja sein, dass wir vorher schon geahnt haben, dass immer neue Aufgaben auf uns zu kommen. Wir haben das Netz bereits zu Beginn mit z. B. einhundert Ausgangsneuronen entworfen, da wir davon ausgingen, dass wir auf die Dauer sehr viele Zeichen erkennen können wollen. Das Netz ist also im Startdesign bereits bzgl. der Ausgangsneuronen auf Vorrat ausgelegt.

Wenn wir nun das Netz zuerst mit Ziffern trainieren und anschließend nur mit Buchstaben, laufen wir in ein Problem. Dieses ist im Bereich der neuronalen Netze als **Catastrophic Forgetting** bekannt. Das bedeutet, dass das Netz verlernt, Ziffern zu erkennen, und besser wird in Buchstaben. Eine gleichbleibende Qualität können wir nur erreichen, wenn wir dem Netz weiterhin Ziffern und Buchstaben zum Trainieren geben. Was vielleicht wie ein akademisches Problem klingt, ist ein reales, wenn es zum Thema Datenschutz und Datensparsamkeit kommt. Man soll bekanntlich Daten vernichten, wenn man diese nicht mehr benötigt. Nehmen wir an, ein autonomer Roboter soll die Mitglieder der Arbeitsgruppe anhand ihres Gesichtes erkennen. Dann wäre es wünschenswert, wenn er das in einer Art Online-Learning tun könnte. Wäre das möglich, bräuchte er die Fotos nicht lange speichern. Nachdem, was wir schon besprochen haben, ahnen Sie das Problem sicherlich. Es gibt ein Netz, welches bereits die Personen 0 bis 3 erkennen kann, es liegen jedoch keine Bilder mehr von diesen Personen vor. Nun soll das Gesicht der Person 4 gelernt werden. Das Ausgangsneuron dafür ist da, es ist bisher nur immer mit 0 belegt gewesen. Der Roboter bekommt n Bilder des neuen Gesichtes und trainiert damit sein Netz. Dabei verändern sich die Parameter η im Netz so, dass er dieses Gesicht sicher dem Wert 1 am Ausgangsneuron 5 zuordnen kann. Leider verändern wir damit auch die alten Werte und damit verschlechtert sich der Roboter darin, die Mitglieder 0 bis 3 zu erkennen, denn deren Fotos waren nun einmal nicht Bestandteil des letzten Fehlerfunktionals.

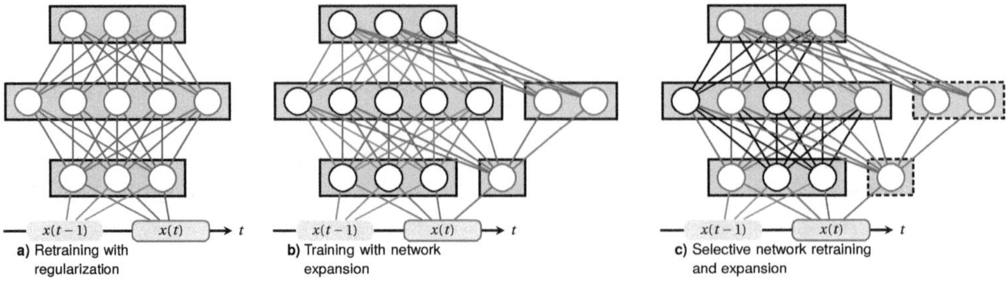

Abbildung 11.26 Verschiedene Ansätze zum Continual Learning in Anlehnung an [PKP⁺19] Fig. 2

Wir können auch nicht ganze Layer einfrieren, denn dann würde das neue Gesicht nicht erkannt. Wie man es doch schaffen könnte, damit beschäftigt sich eben die Forschung zum Thema Continual Learning. Die Abbildung 11.26 aus dem Review-Paper [PKP⁺19] zeigt die drei dabei aktuell am meisten verbreiteten Ansätze. Die mit **a)** angegebene Klasse der *Regularization Strategies* versucht dies mit dem Fixieren einzelner Neuronen, speziellen Fehlerfunktionalen und dem Einsatz von Regularisierungstechniken. Bei den Ansätzen **b)** und **c)** (*Architectural Strategies*) wird das Netzwerk vergrößert und entweder der alte Teil nicht trainiert – Ansatz b – oder wie im Ansatz c teilweise trainiert. Während Transfer Learning oft eine anwendbare Standardtechnik ist, gehört Continual Learning noch weit mehr in den Bereich der aktiven Forschung. Es ist sicherlich ein wichtiger Aspekt für die Verknüpfung von Datenschutz und maschinellem Lernen.

11.6.2 Object Detection und Semantic Segmentation

Wir haben in dem Kapitel jetzt sehr viel über die Klassifikation von Bildern gesprochen. Nun ist es generell natürlich nicht so, dass immer nur ein Hund oder eine Katze auf einem Bild sind, sondern eben ggf. auch Hund und Katze gemeinsam.

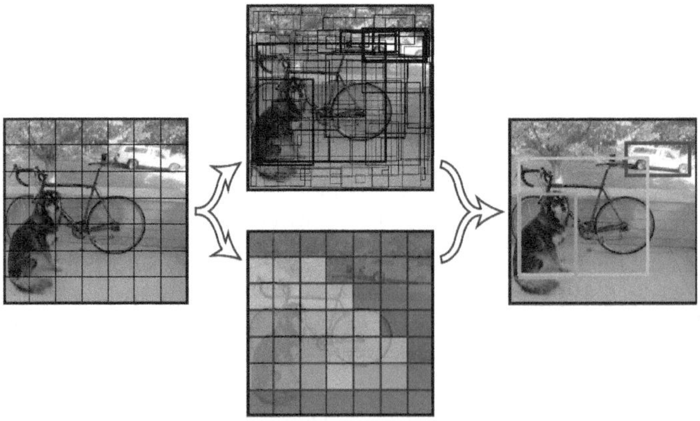

Abbildung 11.27 Objekterkennung mit YOLO, Bildmaterial entstammt Figure 2 aus [RDGF16]

Hierzu gilt es, in einem Bild Objekte zu erkennen und diese mit einer Bounding Box zu umgeben. In diesem Bereich gab es in den letzten Jahren eine kleine Revolution. Bis vor wenigen Jahren war der primäre Ansatz, ein Bild in Einzelteile zu zerlegen und auf jedem einzelnen erkannten Teilbild dann eine Klassifikation, wie wir sie oben durchgeführt haben, auszuführen. Das hat sehr lange gedauert – also in der Anwendung, das Training ist immer aufwendig – und war für Anwendungen wie das autonome Fahren oder die Robotik kaum anwendbar. Mittlerweile gibt es **YOLO**, welches u. a. in der Publikation [RDGF16] vorgestellt wurde.

YOLO seht für *You only look once* und nutzt einen Ansatz, bei dem Erkennung und das Bilden von Bounding Boxes Hand in Hand gehen. Wie man in Abbildung 11.27 sieht, findet YOLO schnell passende Bounding Boxes und kann dies mittlerweile in Echtzeit auf einfacher Hardware wie einem Notebook leisten. Wie gesagt, wir reden nicht von Trainings, sondern von der Anwendung des ausgelernten Netzes. Nichtsdestotrotz ist das sehr beeindruckend. Durch solche Durchbrüche werden praktische Anwendungen in der Robotik oder dem autonomen Fahren möglich. Der Quellcode von YOLOv3 ([RF18]) ist Open Source und kann auf der Projektwebseite (*https://pjreddie.com/darknet/yolo/*) bezogen werden. Lassen Sie sich übrigens nicht von dem Begriff *darknet* in der URL irritieren; so heißt das Framework für neuronale Netze, auf das YOLO aufbaut.

Abbildung 11.28 Segmentierung als wichtige Technologie des autonomen Fahrens entstammt Figure 1 aus [RS19]

Während Yolo sich auf die Klassifikation – oft mit Echtzeitanforderungen – innerhalb von rechteckigen Bildschirmausschnitten spezialisiert hat, gibt es noch eine weitere wichtige Technik. **Semantische Segmentierung** teilt ein Bild Pixelweise in Objekt- oder Sinnzusammenhänge auf. Dabei kommen heutzutage primär Techniken aus dem Bereich der neuronalen Netze zum Einsatz, siehe z. B.
[CZP+18]. Insbesondere in Anwendungen mit hohen Sicherheitsanforderungen ist diese Technologie von hohem Interesse, etwa in der Medizin [MJB+15] oder beim automatisierten Fahren [COR+16]. Die semantische Segmentierung erlaubt es für das automatisierte Fahren, wie in Abbildung 11.28 dargestellt, die Umgebung feiner aufgelöst und in semantischen Zusammenhängen zu erfassen. Da neuronale Netze als statistische Modelle jedoch mit gewisser Wahrscheinlichkeit Fehler machen, werden in diesem Bereich auch Überwachungsmechanismen zur Detektion solcher Fehler entwickelt, siehe [RCH+18, MRG19].

Die Erzeugung von Annotation für die semantische Segmentierung ist besonders kostspielig und zeitaufwendig. Dies liegt an der pixelweisen Annotation und bei der Medizin an dem erforderlichen Expertenwissen. Daher sind Methoden zur Reduktion des Annotationsaufwands von großem Interesse, siehe z. B. [MLG+18].

In diesem Kapitel haben wir uns ausschließlich mit tiefen neuronalen Netzen im Rahmen des überwachten Lernens beschäftigt. In Abschnitt 9.5 schauen wir uns einen unüberwachten Einsatz für tiefe neuronale Netze an. Dazwischen gibt es noch die **semi-überwachten Ansätze**. Diese können wir hier leider nicht mehr umfänglich behandeln. Das Ziel dieser Ansätze ist es, mit gelabelten Daten einen Prozess zu starten und dann selbstständig mehr Daten zu labeln. In letzter Zeit wurden hier wie z. B. in [RKG18] viele interessante Entwicklungen gemacht, die aufwendige Labeling-Prozesse durch Menschen abkürzen können.

Mit den Convolutional Neural Networks haben wir nun eine Klasse von Verfahren kennengelernt, die in gewisser Weise sich selbst die wesentlichen Merkmale für den Lernprozess generiert. Für unstrukturierte Daten wie Bilder, Texte und Sprache ist dies heutzutage oft der einzige effiziente Zugang. Allerdings schlägt auch hier das No-free-Lunch-Theorem unbarmherzig zu. Wir bezahlen dafür, dass wir dem Algorithmus diese Arbeit aufbürden; und zwar mit einem wesentlich höheren Bedarf an Daten, Rechenleistung und nicht zuletzt mit Unwissenheit. Es gibt einige Ansätze, zu verstehen, was CNN in Bildern *sehen* und warum sie welche Merkmale für wichtig halten, aber nichts davon erreicht die Qualität einer Merkmalsanalyse, die auf strukturierten Daten von einem Menschen durchgeführt werden kann. Diesem Thema werden wir uns u. a. im nächsten Kapitel zuwenden, nämlich den Möglichkeiten, auf strukturierten Daten selbst Featureräume zu analysieren, modifizieren und verstehen.

12 Support Vector Machines

Bereits in den Abschnitten 5.2 und 7.1 haben wir Klassifikatoren kennengelernt, die mittels einer einzelnen Ebene zwei Gruppen trennen konnten. Allerdings haben wir in Abschnitt 7.2 erfahren müssen, dass die Klasse der Probleme – eben lineare separierbare – nicht so groß ist, wie man es sich vielleicht wünschen würde. Beispielsweise gehört XOR als Operator zu den Funktionen, die wir mit den Verfahren den aus Abschnitten 5.2 und 7.1 nicht lernen können; wobei das nicht so ganz der Wahrheit entspricht. Wenn man etwas mit den Räumen und den Dimensionen spielt und das Problem von einem zweidimensionalen in einen dreidimensionalen Raum transferiert, ist es – wie wir später sehen werden – auf einmal wieder möglich. Diesen Kniff, die Dimension des Problems einmal nicht zu verkleinern, wie wir es im Kapitel 9 sehr oft versucht haben, sondern eher zu vergrößern, ist eine Grundidee der Methode der **Support Vector Machines** (**SVM**). Wie genau man die Dimension am sinnvollsten erhöht, um Probleme separierbar zu machen, ist Sache der sogenannten **Kernel Methods**, zu denen die SVM gehören. Die Grundlagen für die heutige Form der Support Vector Machines wurden Mitte der neunziger Jahre in [BGV92] und [CV95] durch Vladimir Vapnik gelegt. Durch die Optimierung von Abständen zwischen Klassen erreicht SVM sehr gute Ergebnisse bei der Klassifikation. Jedoch skaliert der Algorithmus nicht gut, weshalb er für sehr große Datensets oft weniger geeignet ist.

Grundlage der Support Vector Machines sind quadratische Optimierungen mit Nebenbedingungen, die man effizient durchführen muss. Hier können wir im Rahmen dieses Buches keinen Ansatz *from scratch* durchgehen und umsetzen. Es fehlt einfach zu viel und wird auch in der Theorie ein wenig dazu führen, dass wir zwischen Skylla (zu starke Vereinfachung) und Charybdis (zu viel Grundlagen voraussetzen) immer nur ganz knapp – hoffentlich – durchkommen. Im Anschluss an das gemeinsame Durchgehen der Grundlagen der SVM folgt also ausnahmsweise keine eigene Implementierung. Wir greifen – wie schon in der Einleitung erwähnt – ausnahmsweise direkt auf scikit-learn zurück, um praktische Erfahrungen mit den Support Vector Machines zu sammeln. Wer an einem Zwischenschritt zwischen *from scratch* und scikit-learn interessiert ist, kann diesen z. B. über den freien Optimierer **CVXOPT** (Python Software for Convex Optimization) erreichen.

12.1 Optimale Separation

Das wichtigste Merkmal der Support Vector Machines ist, dass diese uns nicht nur eine gute Klassifikation bieten, sondern auch eine Einsicht darin, wie die optimale Trennung zweier Klassen aussehen sollte. Dazu greifen wir ein wenig auf die Dinge bzgl. Projektionen zurück, die wir in Abschnitt 5.1.3 besprochen haben. Dort ging es zunächst nur um Untervektorräume. Ein Untervektorraum ist eine Gerade, Ebene etc., die durch den Nullpunkt geht. Ist z. B. die Gerade aus dem Ursprung heraus verschoben, spricht man von einem **affinen Unterraum**.

Eine Hyperebene zum Trennen und damit Klassifizieren zweier Mengen kennen wir bereits. Wie in Abbildung 12.1 illustriert, nutzen wir die Gleichung $g(x) = 0$, um die beiden Mengen zu trennen. Die Menge der $*$-Symbole hat entsprechend, wenn man ihre Elemente in g einsetzt, ein positives Vorzeichen und die Menge der $+$-Symbole ein negatives. Die Gewichte w_i bestimmen dabei die Lage der Hyperebene.

$$0 = g(x) = w_0 + w_1x_1 + w_2x_2 + \cdots + w_nx_n \tag{12.1}$$

Fasst man alle x_i, w_i $(i = 1..n)$ zu jeweils einem Vektor zusammen, erhält man:

$$= w_0 + w \cdot x \tag{12.2}$$

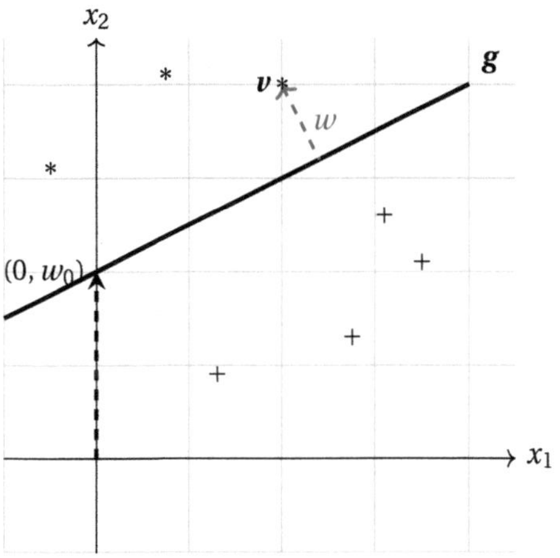

Abbildung 12.1 Abstand zu einem affinen Unterraum

Wie man an dieser Form erkennt, steht w senkrecht auf g und die Verschiebung von g ist durch w_0 definiert. Diese Trennlinien werden, wie in Abschnitt 7.1 gesehen, nicht immer optimal durch den Freiraum zwischen den beiden Mengen gelegt. Nun muss man sich zunächst fragen: Was wäre denn optimal? Für unsere Prognose wäre es optimal, wenn die Hyperebene nicht nur den Job erfüllt, allen Elementen der beiden Mengen das richtige Vorzeichen zu geben, sondern wenn der Abstand der Elemente zu dieser Ebene möglichst groß wäre. Die Begründung ist, dass ein Element, das sehr nah am Verlauf von g liegt, auch sehr nah an einem Vorzeichenwechsel liegt. Es bedarf also nur eines leicht veränderten Datensatzes, der dann anders klassifiziert werden würde. Das ist für den Einsatz unseres Klassifikators kein sehr robustes Verhalten.

Wie in Abbildung 12.1 erkennbar ist, haben wir es wie besprochen mit einem affinen Unterraum zu tun. Die Gerade geht also nicht durch den Ursprung, sondern ist durch eine Translation daraus verschoben. Wir wollen im Folgenden Abstände maximieren und dazu Projektionen verwenden. Das können wir genau so tun wie in Abschnitt 5.1.3, da man ja einfach die ganze Szenerie so verschieben könnte, dass g durch den Ursprung geht, ohne dabei Abstände zu verändern. Stellen wir uns also zunächst alles in den Ursprung verschoben vor.

Der nächste Schritt ist, dass wir v in eine Projektion v_g auf g und einen orthogonalen Teil aufspalten. Der orthogonale Teil geht dabei wie besprochen in Richtung w, wobei die Weite von dem Abstand von v abhängt. Wir spalten also v wie folgt auf:

$$v = v_g + r\frac{w}{\|w\|}$$

Da wir den Richtungsvektor der Geraden durch die Norm bzw. Länge von w geteilt haben, ist dieser normiert und der Betrag von r gibt den Abstand von v zu g an. Damit sind wir aber noch nicht fertig, denn wir können g benutzen, um die Gleichung noch weiter zu entwickeln. Dazu verwenden wir, dass für alle Vektoren x, die auf g liegen, $g(x) = 0$ gelten soll. Die Projektion von v_g liegt auf g, und daher ergibt sich:

$$g(v) = g\big(v_g + r\frac{w}{\|w\|}\big) \underbrace{=}_{(*)} g(v_g) + r\frac{g(w)}{\|w\|} = r\frac{g(w)}{\|w\|}$$

Den Schritt $(*)$ durften wir machen, weil es sich bei g um eine Hyperebene, also eine lineare Funktion, handelt. Auch das geht nur, weil wir alles um w_0 nach unten verschoben haben. Nun setzen wir einmal w in (12.1) ein und erhalten:

$$g(w) = w^2 = \|w\|^2 \Leftrightarrow \frac{g(w)}{\|w\|} = \|w\|$$

Wenn Sie w_0 vermissen, denken Sie daran, dass wir alles in den Ursprung schieben wollten, womit $w_0 = 0$ gilt. In unseren aktuellen Überlegungen kommt w_0 also nicht vor. Zunächst kommen wir dahin, dass

$$g(v) = r\|w\| \Leftrightarrow r = \frac{g(v)}{\|w\|}$$

ist. Die Abstände und ihre Berechnung sind translationsinvariant, die Verschiebung spielt also keine Rolle. Wenn wir aber mit den ursprünglichen Daten arbeiten wollen, sollten wir die nun wieder einbauen. Damit ergibt sich der Abstand $|r|$ von unserer Trennebene zu:

$$r = \frac{g(x)}{\|w\|} = \frac{w \cdot x + w_0}{\|w\|} = \frac{w^\top x + w_0}{\|w\|} \tag{12.3}$$

Mit dieser Formel für allgemeine x aus dem Merkmalsraum können wir nun weiterarbeiten, um den Abstand der Trennebene zu den beiden Mengen zu maximieren.

Bisher haben wir nur gefordert, dass für die beiden Klassen, die wir unterscheiden wollen, gilt:

$$w_0 + w^\top x > 0 \text{ für Klasse A}$$
$$w_0 + w^\top x < 0 \text{ für Klasse B}$$

Nun wollen wir einen größeren Abstand erreichen und fordern für die Klasse A, die wir mit $y = +1$ codieren, und die Klasse B, die wir mit $y = -1$ codieren:

$$w_0 + w^\top x \geq +1 \text{ für Klasse A} \tag{12.4}$$
$$w_0 + w^\top x \leq -1 \text{ für Klasse B} \tag{12.5}$$

Unter Verwendung der Codierung von y können wir das noch kompakter notieren:

$$y(w_0 + w^\top x) \geq +1 \tag{12.6}$$

Nun nutzen wir die Formel (12.3) für den Abstand. Die Variable r war dabei jedoch vorzeichenbehaftet, je nachdem in welche Richtung w ausgerichtet ist. $|r|$ ist also der Abstand und sein Vorzeichen die Richtung. Der Aspekt der Richtung wird jedoch durch die Codierung von y

wieder aufgehoben. Wäre r negativ, wird es mit $y = -1$ multipliziert. Entsprechend ist es unser Ziel, den Wert ρ in

$$\frac{y(w^\top x + w_0)}{\|w\|} \geq \rho \quad \text{für alle Elemente} x \text{ aus unseren Trainingsdaten} \tag{12.7}$$

zu maximieren. Das Problem ist dabei, dass unser w auch nicht eindeutig ist. Ein- und dieselbe Trennebene kann jeweils mit Vielfachen von w ebenfalls formuliert werden. Das bedeutet, (12.7) ist nicht eindeutig, da sich ρ in Abhängigkeit von w verändern könnte. Um eine Eindeutigkeit zu erreichen, fixieren wir das Verhältnis zwischen ρ und w so, dass $\rho \cdot \|w\| = 1$ gilt. Damit erhalten wir mit

$$\rho = \frac{1}{\|w\|} \tag{12.8}$$

aus (12.7):

$$\frac{y(w^\top x + w_0)}{\|w\|} \geq \frac{1}{\|w\|} \quad \text{für alle Elemente } x \text{ aus unseren Trainingsdaten} \tag{12.9}$$

Die rechte Seite der Ungleichung wird dabei als der **Margin** bezeichnet. Es handelt sich dabei um den Abstand der Trennebene zu den ihr am nächsten liegenden Elementen aus der Menge der Trainingsdaten. Die optimale Trennebene, die wir bestimmen wollen, ist diejenige mit dem größten Margin. Wenn man richtig darüber nachdenkt, ist auch nur eine kleine Teilmenge der Trainingsdaten wirklich nötig, um den Verlauf der Trennungsebene zu definieren. Ausschließlich die Punkte, die der finalen Hyperebene am nächsten liegen, definieren deren Lage und werden als **Support Vectors** bezeichnet.

Nun ist die Maximierung von $\frac{1}{\|w\|}$ für Optimierungsalgorithmen sehr undankbar. Gut kommen die Algorithmen hingegen mit quadratischen Optimierungsproblemen klar. Da man jedoch $\frac{1}{\|w\|}$ maximiert, wenn man $\|w\|^2$ minimiert, steht einer quadratischen Optimierung nichts im Wege. Nun wollen wir allerdings nicht einfach diesen Term minimieren, sondern dies unter der Bedingung tun, dass die Hyperebene natürlich die Klassen – wie in (12.6) gefordert – voneinander trennt. Obwohl das natürlich unser Hauptinteresse ist, wird es für die quadratische Optimierung als Nebenbedingung formuliert. Das bedeutet, dass wir für alle Elemente aus unserer Trainingsmenge folgendes Minimum suchen werden:

$$\min \frac{1}{2} \|w\|^2 \text{ unter der Nebenbedingung } y(w_0 + w^\top x) \geq +1 \tag{12.10}$$

Die $\frac{1}{2}$ ist genau wie bei der Fehlerfunktion in Abschnitt 7.2 für die neuronalen Netze eingeschmuggelt worden, da im Laufe der Optimierung wieder differenziert werden muss und daher der Faktor 2 auf diese Weise wegfällt.

Für die Formulierung braucht man nun eigentlich eine Mathematik, die sehr speziell auf Optimierung mit Nebenbedingungen abzielt; und zwar für den Fall, dass die Nebenbedingungen keine Gleichungen, sondern Ungleichungen sind. Benötigt werden die **Lagrange-Multiplikatoren**, welche noch in vielen Studienfächern Teil der Ausbildung sind, und die **Karush-Kuhn-Tucker-Bedingungen**. Spätestens letztere reduzieren deutlich die Anzahl der Personen, die dieses Feld kennen, wiederum. Ich werde jetzt ganz grob die Gedankengänge dazu skizzieren und dabei auch Dinge ausblenden:

Generell koppelt man bei der Verwendung der Lagrange-Multiplikatoren an die Optimierungsgröße die Nebenbedingungen mit neuen Variablen λ_i zusammen in eine Funktion, die maximiert werden soll. Dabei müssen die Nebenbedingungen nach null umgesetzt werden. Nehmen wir einmal an, in (12.10) stände nicht $\geq$, sondern $= 0$, dann ergibt sich:

$$1 - y(w_0 + w^\top x) = 0$$

Ignorieren wir den Aspekt der Ungleichung einmal vorläufig und notieren diese gekoppelte Gleichung:

$$\mathscr{L}(w, w_0, \lambda) = \frac{1}{2} w^\top w + \sum_{i=1}^{n} \lambda_i \left(1 - y(w_0 + w^\top x^{(i)}\right) \tag{12.11}$$

$$= \frac{1}{2} w^\top w + \sum_{i=1}^{n} \lambda_i + \sum_{i=1}^{n} \lambda_i y(w_0 + w^\top x^{(i)}) \tag{12.12}$$

Mit $x^{(i)}$ sind alle $i = 1 \dots n$ Elemente – genauer deren Merkmalsvektor – aus der Datenbank gemeint, mit denen wir das Verfahren trainieren wollen. Da der unten liegende Index schon für die Einträge in einem Vektor belegt war, mussten wir hier nach oben ausweichen. Der zugehörige Zielwert für die Klasse hingegen wird mit y_i bezeichnet und ist als ± 1 codiert. Entsprechend ist ein Paar von Merkmalen und Wert für das Training $(x^{(i)}, y_i)$.

Wie bei jeder anderen Optimierung soll auch unter Nebenbedingungen der Gradient, im Eindimensionalen eben die Ableitung, verschwinden. Hätten wir es mit einer Gleichung zu tun, würde das bedeuten, dass wir partiell nach w, w_0 und λ_i differenzieren. Nun haben wir es jedoch mit einer Ungleichung zu tun. Hier gilt, dass für jede Lösung der Optimierungsaufgabe die Karush-Kuhn-Tucker-Bedingungen erfüllt sind. Diese lauten für unsere Fragestellung:

$$\lambda_i^* (1 - y_i (w^{*\top} x^{(i)} + w_0^*)) = 0 \tag{12.13}$$

$$1 - y_i (w^{*\top} x^{(i)} + w_0^*) \leq 0 \tag{12.14}$$

$$\lambda_i^* \geq 0 \tag{12.15}$$

Der $*$ bezeichnet hier jeweils die optimale Wahl dieser Parameter. Gehen wir die Gleichungen einmal kurz durch: (12.14) verwundert zunächst nicht, da es sich ausschließlich um unsere umgestellte Nebenbedingung handelt. Es bleiben also (12.13) und (12.15). Für (12.13) gilt, dass das Produkt bekanntlich nur null werden kann, wenn einer der beiden Faktoren null ist. Also ist (12.13) erfüllt, wenn λ_i^* gleich null ist oder wenn $1 - y_i(w^{*\top} x_i + w_0^*) = 0$ ist. Letzteres ist genau für die Supportvektoren der Fall, die sich genau auf der geforderten Grenze mit ± 1 befinden. Aus (12.13) nehmen wir also mit, dass sehr viele λ_i^* null sein werden.

Nun steht immer noch aus, da man ein Maximum oder einen Sattelpunkt erwartet, dass in Gleichung (12.11) die partiellen Ableitungen nach w und w_0 verschwinden. Daraus ergeben sich die folgenden Gleichungen:

$$\frac{\partial \mathscr{L}}{\partial w} = w - \sum_{i=1}^{n} \lambda_i y_i x^{(i)} \tag{12.16}$$

$$\frac{\partial \mathscr{L}}{\partial w_0} = - \sum_{i=1}^{n} \lambda_i y_i \tag{12.17}$$

$\frac{\partial \mathscr{L}}{\partial w}$ aus Gleichung (12.16) ist für die Lösung w^* also null. Das können wir ausnutzen, um diese umzuformulieren:

$$w^* = \sum_{i=1}^{n} \lambda_i y_i x^{(i)} \tag{12.18}$$

Darüber hinaus haben wir die Forderung, die daraus resultiert, dass die partielle Ableitung $\frac{\partial \mathscr{L}}{\partial w_0}$ aus Gleichung (12.17) gleich null sein soll:

$$0 = -\sum_{i=1}^{n} \lambda_i y_i \Leftrightarrow 0 = \sum_{i=1}^{n} \lambda_i y_i \tag{12.19}$$

Das zusammen bauen wir nun in (12.12) ein, um das sogenannte **duale Problem** oder die **duale Formulierung** zu erhalten. In diesem dualen Problem kommt nur noch $\lambda = (\lambda_1, \lambda_2, \ldots, \lambda_n)^\top$ als Größe vor. Hat man dieses gelöst, können daraus w und w_0 berechnet werden. Spalten wir hierzu (12.12) noch einmal etwas weiter auf:

$$\mathscr{L}_d = \frac{1}{2} w^\top w - \sum_{i=1}^{n} \lambda_i y(w_0 + w^\top x^{(i)}) + \sum_{i=1}^{n} \lambda_i \tag{12.20}$$

$$= \frac{1}{2} w^\top w - w_0 \underbrace{\sum_{i=1}^{n} \lambda_i y}_{=0} - w^\top \sum_{i=1}^{n} \lambda_i y_i x^{(i)} + \sum_{i=1}^{n} \lambda_i \tag{12.21}$$

Ein Summand fällt wegen Gleichung (12.19) weg. Nun setzen wir das optimale w^* aus (12.18) für w ein. Das auf eine gute Notation zu bringen, ist etwas mühsam wegen der Indizes, aber am Schluss erhalten wir:

$$= -\frac{1}{2} \sum_{i=1}^{n} \sum_{j=1}^{n} \lambda_i \lambda_j y_i y_j x^{(i)\top} x^{(j)} + \sum_{i=1}^{n} \lambda_i \tag{12.22}$$

Das Ziel ist nun, (12.22) bzgl. λ zu maximieren. Ist das geschafft, so liefert uns (12.18) eine Möglichkeit, w^* zu berechnen. Was noch fehlt, ist eine Möglichkeit, w_0 zu berechnen. Um dies zu tun, nutzen wir, dass für Supportvektoren gilt:

$$y_i (w^\top x^{(i)} + w_0) = 1$$

Nachdem wir w^* berechnet haben, könnten wir nun einen Supportvektor nehmen und damit x_0 ausrechnen. Allerdings wäre es nicht klug, sich hier ausschließlich auf einen einzelnen Supportvektor zu verlassen. Dieser könnte mit Fehlern behaftet sein, die dann direkt an unser w_0 weitergegeben werden. Stattdessen nimmt man besser alle Supportvektoren und mittelt darüber. Nehmen wir einmal an, dass wir unsere Trainingsdaten umsortieren. Die ersten n_s Datensätze sind Supportvektoren und danach kommen die anderen Trainingsdaten. Dann lässt sich die Formel für w_0^* wie folgt notieren:

$$w_0^* = \frac{1}{n_s} \sum_{j=1}^{n_s} (y_j - \sum_{i=1}^{n} \lambda_i y_i x^{(i)\top} x^{(j)}) \tag{12.23}$$

(12.23) und (12.18) zusammen ergeben nun auch den Ansatz, um einen neuen Datensatz z zu klassifizieren.

$$w^{*\top} z + w_0 = \left(\sum_{i=1}^{n} \lambda_i y_i x^{(i)} \right)^\top z + w_0 \tag{12.24}$$

Zwar scheinen wir nun einen Ansatz zu haben, wie wir bessere Trennebenen durch linear separierbare Probleme legen können, aber wir haben noch immer die Einschränkung, dass zu viele Fragestellungen eben nicht linear separierbar sind. Hierzu gibt es zwei Ansätze, die im Allgemeinen kombiniert werden: Einmal der Ansatz über einen *Soft-Margin* (Abschnitt 12.2) und zum anderen die Kernel-Ansätze (12.3).

Der Aufwand für die Lösung des Problems wird massiv dadurch verringert, dass die λ_i eben nur für Support-Vektoren ungleich null sind. Das bedeutet, dass nur ein Bruchteil der Daten wirklich für die Berechnungen benötigt wird. Software und Algorithmen, welche die Support Vector Machines umsetzen, machen davon Gebrauch und sind daher sehr effizient. Der Aufwand hängt stark mit der Anzahl der tatsächlichen Supportvektoren zusammen.

12.2 Soft-Margin für nicht-linear separierbare Klassen

Im Fall, dass zwei Klassen nicht linear separierbar sind, funktioniert der Ansatz aus dem letzten Abschnitt nicht. Dabei haben wir im Fall des Ansatzes von oben zwei mögliche Problemstellungen: einmal Datensätze, die auch bei der besten Ebene auf der falschen Seite liegen und dadurch falsch klassifiziert werden, und zum anderen solche, die zwar auf der richtigen Seite liegen, aber die Bedingung (12.6) nicht erfüllen und zu nah an der Entscheidungsgrenze liegen. Um das Problem nun doch lösen zu können, definieren wir **Schlupfvariablen** (engl. **slack variables**) ξ_i, durch die eine Abweichung von unseren Forderungen möglich wird. Natürlich freuen wir uns, wenn diese möglichst klein bleiben. Jedoch lockern wir unsere Bedingung (12.6) zu:

$$y_i(w_0 + w^\top x^{(i)}) \geq 1 - \xi_i \tag{12.25}$$

Wie man sieht, bedeutet $0 < \xi_i < 1$, dass x_i korrekt klassifiziert wurde, während $1 \leq \xi_i$ bedeutet, dass es zu Fehlklassifikationen kommt. Unser Wunsch wäre natürlich, dass alle ξ_i null wären, was der Problemstellung des letzten Abschnitts entsprechen würde und für linear separierbare Probleme auch möglich ist. Das bedeutet, dass die Summe der ξ_i

$$\sum_{i=1}^{n} \xi_i$$

ein Maß für die Abweichung, auch *weicher Fehler* genannt, von diesem Wunschzustand ist. Wir addieren diesen weichen Fehler nun als Optimierungskriterium zu der Gleichung (12.11) und erhalten:

$$\mathscr{L}(w, w_0, \lambda, \xi) = \frac{1}{2} w^\top w + \sum_{i=1}^{n} \lambda_i \left(1 - \xi_i - y_i(w_0 + w^\top x^{(i)})\right) + C \sum_{i=1}^{n} \xi_i - \sum_{i=1}^{n} \mu_i \xi_i \tag{12.26}$$

Wir brauchen nun mehr Nebenbedingungen, weshalb wir μ_i als neue Lagrange-Multiplikatoren in der Gleichung haben. C hingegen als Parameter erlaubt es uns, die Bedeutung des Strafterms zu variieren.

Diese Formulierung kann man durch analoge Strategien wie im letzten Abschnitt wieder auf eine duale Formulierung bringen. Auch hier gilt, dass die meisten Einträge aus den Trainingsdaten keine aktive Rolle spielen, da ihre Lagrange-Multiplikatoren gleich null sind. Ebenso wird wieder analog das w_0^* berechnet.

Zwar erweitert der Ansatz über einen Soft-Margin, also einen Trennbereich, der auch mal verletzt werden darf, die Einsatzfähigkeit des Verfahrens, führt jedoch noch nicht zu großen Sprüngen. Irgendwie fühlt es sich an, als hätten wir eine etwas bessere Trennlinie als im Abschnitt 7.1 erreicht, aber dafür auch unglaublich viel Aufwand betrieben. Tatsächlich zeigen die Support Vector Machines erst ihre wirkliche Leistungsfähigkeit, wenn man noch einen Kniff über zusätzliche Dimensionen hinzunimmt.

12.3 Kernel-Ansätze

Sie erinnern sich sicherlich an das XOR-Problem, das wir auf Seite 177ff. mit Verfahren, die nur linear separierbare Mengen klassifizieren konnten, nicht in den Griff bekommen konnten. Diese Fragestellung war zweidimensional in dem Sinne, dass es zwei Merkmale gab. Die Eingabe bzw. der Merkmalsvektor bestand aus zwei booleschen Werte, und die Ausgabe sollte der von XOR entsprechen. Nun nehmen wir eine weitere Dimension hinzu. Der Wert, des quasi künstlichen, neuen Merkmals, ergibt sich dabei aus den bereits vorhandenen Werten der Merkmale. Für das XOR-Problem ist es sinnvoll, eine Funktion $\phi : \mathbb{R}^2 \to \mathbb{R}^3$ zu verwenden, welche von dem Raum mit den beiden vorhandenen Merkmalen auf den Raum mit drei Merkmalen abbildet. Dabei gilt

$$\begin{aligned}
\phi_1(x_1, x_2) &= x_1 \\
\phi_2(x_1, x_2) &= x_2 \\
\phi_3(x_1, x_2) &= \begin{cases} 1 & \text{für } (x_1, x_2) = (0,0) \\ 0 & \text{sonst} \end{cases} .
\end{aligned} \tag{12.27}$$

Als Ergebnis erhält das Lernverfahren die Inputs x_1, x_2 und $\phi_3(x_1, x_2)$; für das XOR-Problem also beispielsweise die Werte in der folgenden Tabelle 12.1.

Tabelle 12.1 Werte für das 3D-XOR-Problem

x_1	x_2	$\phi_3(x_1, x_2)$	y
0	0	1	0
1	0	0	1
0	1	0	1
1	1	0	0

In diesem neu konstruierten dreidimensionalen Raum kann nun selbst das einlagige Perzepton mit der hebbschen Lernregel aus Abschnitt 7.1 eine Hyperebene zur Trennung finden. Natürlich ist die Lösung durch das einlagige Perzepton hier nicht eindeutig, und wie Abbildung 12.2 zeigt, sind viele verschiedenen Trennebenen denkbar. Die drei Raumdimensionen bieten

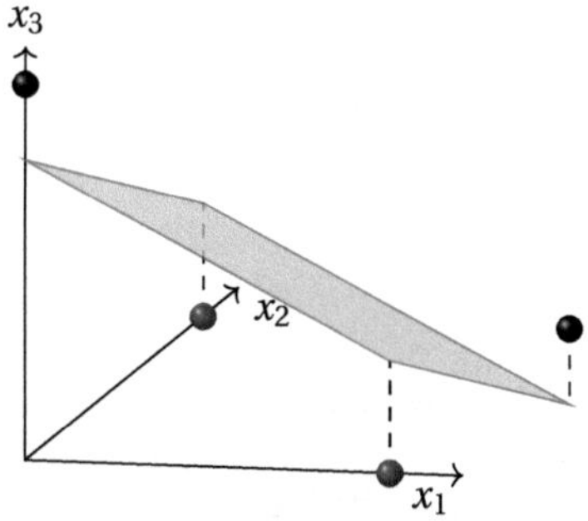

Abbildung 12.2 3D-XOR-Problem inklusive Trennebene

nun quasi mehr Platz, die Klassen zu trennen, und den müssen wir mit der Funktion ϕ vernünftig nutzen. Der folgende Code passt die Ansätze aus dem Abschnitt 7.1 auf unser aktuelles Problem an:

```
import numpy as np
np.random.seed(42)

xO = np.array([ [0,0,1], [0,1,0],[1,0,0],[1,1,0]])
y = np.array([0, 1, 1, 0])
x = np.ones( (len(y),4) )
x[:,0:3] = xO

def myHeaviside(x):
    y = np.ones_like(x,dtype=np.float)
    y[x <= 0] = 0
    return(y)

t = 0; tmax=100000
eta = 0.25
Dw = np.zeros(4)
w = np.random.rand(4) - 0.5
convergenz = 1
while (convergenz > 0) and (t<tmax):
    t = t +1;
    WaehleBeispiel = np.random.randint(len(y))
    xB = x[WaehleBeispiel,:].T
    yB = y[WaehleBeispiel]
    error = yB - myHeaviside(w@xB)
    for j in range(len(xB)):
        Dw[j]= eta*error*xB[j]
        w[j] = w[j] + Dw[j]
    convergenz =  np.linalg.norm(y-myHeaviside(w@x.T))

def predict(x,w):
    xC = np.ones( (x.shape[0],4) )
    xC[:,0:3] = x
    y = w@xC.T
    y[y>0] = 1
    y[y<= 0] = 0
    return(y)

yPredict = predict(xO,w)
```

Führt man diesen Code aus, erhält man

$$w = (-0.12545988, -0.29928569, -0.76800606, 0.34865848)^\top$$

für die Gewichte, was der Ebene

$$0.34865848 - 0.12545988x_1 - 0.29928569x_2 - 0.76800606x_3 = 0$$

entspricht. Diesen Kniff werden wir nun benutzen, um allgemein Daten besser trennbar zu machen. Für viele Verfahren wäre das jedoch wegen des *Curse of Dimensionality* mit Nachteilen verbunden. Wir haben uns im Kapitel 9 sehr viel Mühe gegeben, die Merkmalsräume zu verkleinern. Hier wollen wir einen Kniff nutzen, der uns größere Merkmalsräume beschert. Die gute Nachricht ist, dass jedoch, dass für die SVM dieser Ansatz keine Nachteile bringt, wenn die Funktion ϕ sinnvoll gewählt wird. Betrachten wir dazu einmal die Gleichung (12.24) von Seite 410, mit der wir die Klassifizierung im Betrieb durchführen wollen. Hier testen wir einfach einmal, was sich in der Gleichung (12.24) durch die Transformation von $x^{(i)}$ auf $\phi(x^{(i)})$ bzw. z auf $\phi(z)$ verändert:

$$w^{*\top} z + w_0 = \left(\sum_{i=1}^{n} \lambda_i y_i \phi(x^{(i)}) \right)^\top \phi(z) + w_0 \tag{12.28}$$

Die Struktur bleibt erhalten und weiterhin sind wie in Abschnitt 12.1 die meisten λ_i gleich null. Soweit scheint erstmal alles zu funktionieren. Schieben wir die Frage nach den Kosten zunächst auf. Ein Punkt ist sicherlich: Wie findet man solche Transformationen? Müssen wir jedes Problem neu und separat analysieren und eine Funktion ϕ per Hand designen? Das wäre das Gegenteil eines Black-Box-Verfahrens, und die SVM wären sicherlich nicht so erfolgreich geworden. Der Ansatz für die Wahl der Transformation kommt daher, dass man mehr an eine Basis – analog zu Kapitel 5 – für den höherdimensionalen Raum denkt. Ein Ansatz ist, unsere Merkmale im Sinne eines Polynomes vom Grad 2 zu organisieren. Nehmen wir den Fall, dass wir drei Merkmale x_1, x_2, und x_3 haben und sie mit diesem Ansatz in einen höherdimensionalen Raum transformieren wollen. Das Polynom enthält dann den konstanten Wert, die einfachen Variablen, die gemischten Terme, also z. B. $x_1 x_3$ und die quadratischen in einer Variable wie x_2^2. Im Endeffekt erhalten wir etwas in der folgenden Art:

$$(1, x_1, x_2, x_3, x_1^2, x_2^2, x_3^2, x_1 x_2, x_1 x_3, x_2 x_3)$$

Damit bilden wir im allgemeinen Fall vom $\mathbb{R}^d$ in einen Raum ab, der mit $\mathcal{O}(d^2/2)$ größer wird. Im Wesentlichen ist das auch der Ansatz, welcher allgemein benutzt wird, und die entsprechende Transformation wird üblicherweise mit Φ bezeichnet. Allerdings wird in alle Koordinaten, die nicht die Quadrate der Merkmale sind oder nicht der konstante Wert, noch der Faktor $\sqrt{2}$ eingeschmuggelt. Der Grund ist wieder eine Vereinfachung, die sich dadurch in den späteren Berechnungen ergibt. Wir arbeiten also mit:

$$\Phi(x) = (1, \sqrt{2}x_1, \sqrt{2}x_2, \sqrt{2}x_3, x_1^2, x_2^2, x_3^2, \sqrt{2}x_1 x_2, \sqrt{2}x_1 x_3, \sqrt{2}x_2 x_3)$$

Durch den Sprung von d Dimensionen auf ca. $d^2/2$ Dimensionen haben wir hoffentlich genug Platz bekommen, um viele Probleme linear separieren zu können, doch scheint dies mit Mehrkosten für die Berechnung einherzugehen. Wir müssen sehr oft wesentlich mehr Einträge und Zahlen multiplizieren als in dem Raum mit weniger Dimensionen. Für Fälle, in denen d etwas größer ist, wird das schnell relevant. Zum Glück haben einige kluge Menschen länger mit den Termen herumgespielt und dabei erkannt, dass wir gar nicht

$$\Phi\left(x^{(i)}\right)^\top \Phi\left(x^{(j)}\right)$$

berechnen müssen. Um das zu illustrieren, betrachten wir die Situation einmal für den dreidimensionalen Fall.

$$\Phi(x)^\top \Phi(y) = 1 + 2\sum_{i=1}^{d} x_i y_i + \sum_{i=1}^{d} x_i^2 y_i^2 + 2 \sum_{i,j=1;i<j}^{d} x_i x_j x_i x_j \tag{12.29}$$

Schon die Zusammenfassung in den drei Summen ist nicht einfach. Zum Glück haben schlaue Menschen vor uns gesehen, dass noch weitere Vereinfachungen möglich sind:

$$= (1 + x^\top y)^2 \tag{12.30}$$

Das bedeutet, dass man für den Fall der oben gewählten polynomialen Basis das Ganze im Wesentlichen auf ein Skalarprodukt zurückführen kann, und zwar in den ursprünglichen Raum mit der Dimension d. Die Operation in 12.30 geht nicht mehr über $d^2/2$ Dimensionen, sondern nur noch über d. Das Wesentliche ist also, dass wir uns zwar formal in eine höhere Dimension begeben. Dadurch, dass die entsprechenden höherdimensionalen Vektoren jedoch immer nur in Skalarprodukten auftauchen, führen wir die Berechnungen faktisch gar nicht in diesen hohen Dimensionen durch. Unsere Algorithmen bleiben bei der Komplexität eines Algorithmus im d-dimensionalen Merkmalsraum. Die Matrix dieser Skalarprodukte wird als **Gramsche Matrix** oder gerade in der englischen Literatur auch als **Kernel Matrix** bezeichnet. Daher kommt auch der Name **Kernel Methods** für die Klasse von Methoden, zu der die SVM gehören. Dieses spezielle Skalarprodukt von zwei transformierten Merkmalsvektoren wird entsprechend auch als **Kernel** bezeichnet. Einen Kernel haben wir also schon kennengelernt, nämlich:

$$K(x,y) = (r + \gamma x^\top y)^s \tag{12.31}$$

Dieser wird, wie oben gesehen, über einen Ansatz mit Polynomen erzeugt. Wir haben dabei den Fall betrachtet mit $r = \gamma = 1$. Der Fall $s = 1$ hat einen eigenen Namen und wird als **linearer Kernel** bezeichnet. Ein weiterer populärer Ansatz läuft über Sigmoidfunktionen mit zwei wählbaren Parametern γ und r:

$$K(x,y) = \tanh(\gamma x^\top y - r) \tag{12.32}$$

Zuletzt folgt noch der Ansatz über **radiale Basisfunktionen** (engl. **radial basis function**, kurz RBF), welche den Parameter σ beinhaltet.

$$K(x,y) = \exp\left(-\frac{(x-y)^2}{2\sigma^2}\right) = \exp\left(-\gamma(x-y)^2\right) \text{ mit } \gamma = \frac{1}{2\sigma^2} \tag{12.33}$$

Eigentlich ist das da oben natürlich eine Gaußfunktion, wie wir sie schon von der Normalverteilung in einer Raumdimension kennen. Die radialen Basisfunktionen sind eigentlich eine ganze Familie von Funktionen, die gewisse Eigenschaften erfüllen. Als radiale Basisfunktion bezeichnet man jede reelle Funktion, deren Wert nur vom Abstand zum Ursprung abhängt und nicht von der sonstigen Lage im Raum. Jede radiale Basisfunktion $\phi(x)$ kann man also stattdessen auch immer verstehen als $\phi(\|x\|)$. Für das K oben ist das auch der Fall, da ja $(x-y)^2 = (x-y)^\top(x-y) = \|x-y\|^2$ gilt. Damit geht immer eine Symmetrie – radialsymmetrisch – einher, wodurch sich dann auch der Name erklärt. Die Gaußfunktion ist einer der am häufigsten genutzten Vertreter dieser Gattung im Bereich des maschinellen Lernens.

Es gibt keine einfache Vorgehensweise, um für den Einsatz von SVM einen geeigneten Kernel auszuwählen. Wir haben oben drei Kernel zur Auswahl und es gibt eine mathematische Theorie, die besagt, dass wir diese auch noch kombinieren und darüber hinaus uns noch mehr neue Kernel bauen könnten. Es gibt also einen riesigen Raum von Möglichkeiten und dazu noch die Parameter, die zu den einzelnen Methoden gehören. Daher muss man, um die Qualität im Auge zu behalten, analog zu den neuronalen Netzen in Kapitel 7 mit einer Validierungsmenge arbeiten, um die Parameter der gewählten Methoden – hier SVM – einzustellen. Bzgl. des Overfittings sind SVM eher unempfindlich, da durch den Kerneltrick zwar in einer hohen Dimension gearbeitet wird, jedoch nur die Parameter eines wesentlich kleineren Raumes tatsächlich verwendet werden.

Daneben sollte man sich kurz vor Augen führen, dass die Ansätze oben nicht wie bei unserem XOR-Beispiel die minimale nötige Anzahl von zusätzlichen Dimensionen hinzufügen, sondern die Anzahl, die in der Natur des jeweiligen Ansatzes liegt. Mit dem Ansatz über einen Kernel mit einem Polynom des Grades 2 bekommen wir immer $\mathcal{O}(d^2/2)$ Dimensionen, auch wenn es etwas weniger vielleicht auch tun würden. Natürlich kann ein Ansatz auch zu wenig Freiheitsgrade bereitstellen.

Berechnen Sie einmal, mit welchem polynomialen Kernel vom Typ (12.31) man den Kernel (12.27) für das XOR-Problem von Seite 412 ersetzen könnte. Ein niedriger Polynomgrad ist natürlich vorzuziehen. Eine Lösung kommt am Ende des Abschnittes.

Generell sind SVM dazu geeignet, zwei Klassen zu unterscheiden. Viele praktische Fragestellungen enthalten jedoch mehr als zwei Klassen, die es zu unterscheiden gilt. Wie können wir SVM für mehrere Klassen verallgemeinern? Die Antwort ist ein klares Jein. Die eigentliche SVM funktioniert so nur für zwei Klassen. Um den Ansatz auf N Klassen $\Omega = \{A_1, A_2, \dots A_N\}$ zu erweitern, trainiert man die SVM darauf, die Klasse A_i von der Gruppe $\Omega \backslash A_i$ zu unterscheiden. Das macht man nun für jede Klasse, womit man für eine Klassifizierung von N Klassen tatsächlich faktisch N SVM benötigt. Für diese N Klassifikatoren bleibt die Frage, welche nun einen speziellen Input x richtig klassifiziert. Hierbei verwendet man im Allgemeinen denjenigen Klassifikator, der mit der größten Sicherheit eine entsprechende Aussage macht. Diese *Sicherheit* wird dadurch definiert, wo x am weitesten entfernt von der durch die Hyperebene aufgespannten Klassifizierungsgrenze liegt. Liegt also x zum Beispiel beim Klassifikator 4 sogar im Softmargin und beim Klassifikator 8 weit von der Grenze entfernt, so werden wir x als Angehörigen der Klasse 8 zurückmelden. Dieser Ansatz wird als **one-vs-all** bezeichnet. Er ist sehr intuitiv, jedoch gibt es manchmal Schwierigkeiten, wenn A_i nur sehr wenige Elemente beinhaltet und $\Omega \backslash A_i$ sehr viel mehr. Zu den Schwierigkeiten mit diesen unausgewogenen Lernmengen gibt es natürlich auch wieder Ansätze, damit umzugehen, was uns aber hier zu weit führt. Jedoch hat man sich neben diesen Reparaturansätzen noch eine andere Strategie ausgedacht, nämlich **one-vs-one**.

Abbildung 12.3 One-vs-One Klassifikation bei drei Gruppen

Der Unterschied ist die Anzahl der zu erlernenden Klassifikatoren. Beim one-vs-one-Ansatz, der in Abbildung 12.3 illustriert ist, wird für jedes Paar von Klassen ein Klassifikator gelernt. Das ist robuster und genauer, jedoch auch deutlich teurer. Dieser Ansatz führt nämlich statt zu N Klassifikatoren zu $N \cdot (N-1)/2$ Klassifikatoren. Die Anzahl steigt also quadratisch mit der Anzahl der zu unterscheidenden Klassen. Die vorhergesagte Klasse im zusammengefassten Verfahren entscheidet sich danach, welche Klasse am häufigsten Duelle eines der one-vs-one Duelle gewonnen hat.

Nun kommen wir noch zur Auflösung der Zwischenaufgabe bzgl. des polynomialen Kernels für das XOR-Problem. Den können wir im nächsten Abschnitt nämlich auch noch mal gut gebrauchen. Für das XOR-Problem unter Verwendung eines polynomialen Kernels kann man erneut eine Funktion wie folgt bilden:

$$\phi_1(x_1, x_2) = x_1^2$$
$$\phi_2(x_1, x_2) = x_2^2$$
$$\phi_3(x_1, x_2) = x_1 x_2$$

Damit verändert sich die Werte aus Tabelle 12.1 zu denen in Tabelle 12.2.

Tabelle 12.2 Werte für das 3D-XOR-Problem mit polynomialem Kernel

$\phi_1(x_1, x_2)$	$\phi_2(x_1, x_2)$	$\phi_3(x_1, x_2)$	y
0	0	0	0
1	0	0	1
0	1	0	1
1	1	1	0

Die Tabelle 12.2 sieht etwas komplizierter aus als Tabelle 12.1, der Vorteil ist jedoch, dass diese durch einen generischeren Ansatz erzeugt wurde. Die Darstellung in Abbildung 12.4 verändert sich im Vergleich zu Abbildung 12.2 nur geringfügig.

Es ist noch interessant zu wissen, dass das Prinzip der SVM, welches wir oben für die Klassifikation besprochen haben – und auch hier am naheliegendsten ist – ebenfalls für die Regression erweitert wurde. Beide Varianten, also Klassifikation und Regression, wurden in scikit-learn umgesetzt.

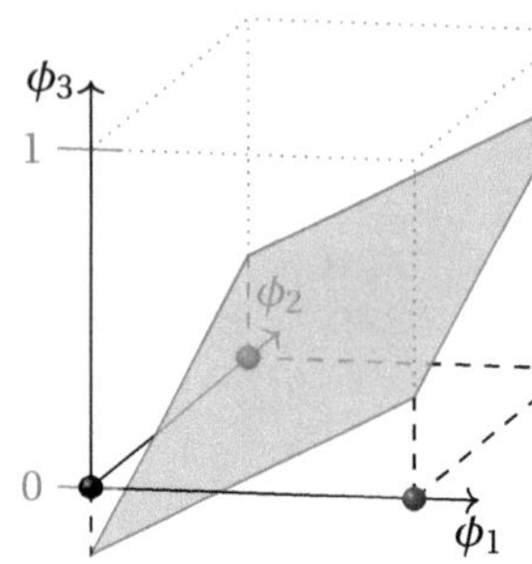

Abbildung 12.4 3D-XOR-Problem mit polynomialem Kernel inklusive Trennebene

12.4 SVM in scikit-learn

In scikit-learn sind alle Kernel, die wir im letzten Abschnitt erwähnt haben, als Optionen möglich. Die Klasse, welche die Implementierung für die Klassifikation beinhaltet, ist **SVC** bzw. **LinearSVC**. Letztere implementiert den linearen Fall etwas effizienter als SVC und mit mehr Einstellungsmöglichkeiten. Für kleine Mengen und nicht zu komplexe Fragestellung kann man jedoch auch die Klasse SVC mit einem linearen Kernel verwenden.

Wie schon erwähnt, wollen wir hier keinen wirklichen Einstieg in scikit-learn durchführen, sondern es nur in diesem Abschnitt einmal oberflächlich für die SVM einsetzen. Die Methoden sind im Wesentlichen identisch mit denjenigen, die wir bisher umgesetzt haben. Das bedeutet, ein SVM-Objekt wird erzeugt, anschließend mittels `fit` trainiert und schließlich mit `predict` verwendet. Die Klasse `SVC` bietet sehr viele Parameter, welche für die stabile Version unter der URL *http://scikit-learn.org/stable/modules/generated/sklearn.svm.SVC.html* abgefragt werden können. Wir werden hier i. A. alle Parameter bei den Default-Werten lassen und nur die Einstellungen bzgl. des Kernels und die Gewichtung C für den Soft-Margin aus Abschnitt 12.2 variieren.

Wir beginnen mit dem linearen Fall. Hierbei wollen wir nun sehen, ob wirklich in dem Mini-Beispiel bzgl. der PKW-Klassen von Seite 175 aus Abschnitt 7.1 die beste Trenngerade mit dem breitesten Margin gebildet wird.

Dazu laden wir wie gewohnt unsere Daten und normieren diese wie auch im Abschnitt 7.1 auf [0,1]. Wir brauchen hier natürlich kein Bias-Neuron, also bitte die Definition von x nicht einfach kopieren, sonst haben Sie drei Merkmale.

```
import numpy as np
from sklearn import svm

fFloat  = open("Autoklassifizierung.csv","r")
dataset = np.loadtxt(fFloat, delimiter=",")
fFloat.close()
y = dataset[:,0]
x = dataset[:,1:3]
xMin = x.min(axis=0); xMax = x.max(axis=0)
x = (x - xMin) / (xMax - xMin)
```

Das Trainieren unseres SVM-Klassifikators kostet tatsächlich in scikit-learn nur zwei Zeilen. Der Parameter `linear` für den Kernel ist gesetzt, um das Verhalten aus Abschnitt 12.1 und 12.2 ohne den Kerneltrick zu erhalten. Die Auswirkung von `C` aus Gleichung (12.26) diskutieren wir gleich unten.

```
11
12 svmLin = svm.SVC(kernel='linear', C=100)
13 svmLin.fit(x,y)
```

Nachdem wir die SVM trainiert haben, wollen wir uns auch einmal ansehen, wie das Verhalten ist. Für den linearen Fall kann man auf das Attribut `coef_` zugreifen und dessen Einträge als die Gewichte bzw. Koeffizienten der Variablen in der Trennungsebene interpretieren; in unserem Fall also $w[0]x_0 + w[1]x_1$. Hier fehlt noch die Verschiebung des Untervektorraumes aus dem Ursprung. Diese wird in dem Attribut `intercept_` abgespeichert. Mit diesen Informationen können wir die Geraden auf die beliebte Form $y = mx + b$ umstellen und plotten. Um den Margin plotten zu können, setzen wir in Zeile 19 die Formel (12.8) für die Breite des Margins als Code um. Da der Margin um eine Hyperebene verläuft, ist es natürlich im Allgemeinen nicht einfach ein Abstand, sondern ein Hyperzylinder, was man sich aber nur schwer vorstellen kann.

```
14
15 w = svmLin.coef_[0]
16 a = -w[0] / w[1]
17 xx = np.linspace(-1, 1,50)
18 yy = a * xx - (svmLin.intercept_[0]) / w[1]
19 margin = 1 / np.sqrt(np.sum(svmLin.coef_ ** 2))
20 yMarginDown = yy - np.sqrt(1 + a ** 2) * margin
21 yMarginUp   = yy + np.sqrt(1 + a ** 2) * margin
```

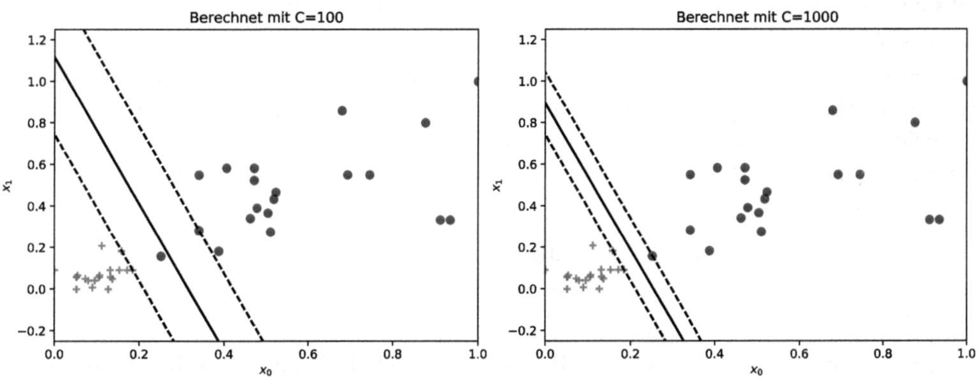

Abbildung 12.5 SVM mit Soft-Margin und unterschiedlichen Straftermen

Nun kann man sich also wie in Abbildung 12.5 die Klassen, die Entscheidungsgrenze und den Margin plotten lassen. Dabei reibt man sich vielleicht für kleinere Werte von `C` verwundert die Augen. Obwohl das Problem offensichtlich linear separierbar ist, schlägt uns die SVM hier eine Trennungsebene mit einer Fehlklassifikation vor. Der Grund wird klar, wenn wir daran denken, dass ein Softmargin wie in Abschnitt 12.2 umgesetzt ist. Fehler sind also möglich und werden lediglich mit Straftermen belegt. Die Optimierung versucht natürlich, den Strafterm gering zu halten, aber gleichzeitig auch den Margin möglichst groß zu wählen. Der eine Fehler erscheint bei `C=100` vertretbar und vielleicht ist dieses Element der Trainingsmenge ja auch ein Ausreißer oder einfach mit vielen Fehlern behaftet. Dann wäre die Ebene links in Abbildung 12.5 auch eine sehr gute Wahl. Je größer wir nun `C` wählen, desto mehr nähern wir uns dem Ansatz aus

Abschnitt 12.1 ohne Softmargin an. Für `C=1000` sieht man dann rechts auch den Fall, in dem alle Elemente der Trainingsmenge beachtet werden. Es fühlt sich vielleicht komisch an, die Parameter so groß zu wählen, da der Default-Wert doch bei 1 liegt. Dieser Wert gehört jedoch in gewisser Weise auch zu einem anderen Kernel, nämlich den radialen Basisfunktionen als Default-Kernel. Der passt nicht unbedingt zu jedem anderen Kernel für jedes Problem.

Das Beispiel oben war ein Fall der linear separierbaren Menge, bei der sich die Frage nach dem optimalen Kernel nicht gestellt hat. Wir greifen nun auf ein Problem zurück, welches für SVM nicht leicht zu lösen ist, nämlich die zwei Monde, die wir z. B. von Seite 125 schon kennen. Hierfür variieren wir einmal die Kernel, da diese sicherlich nicht linear trennbar sein werden. Der Code unten erzeugt einen Klassifikator mit scikit-learn auf SVM-Basis. Außer für den Fall eines Polynoms als Kernel wurde `C` immer auf dem Default-Wert 1 belassen.

```
import numpy as np
from twoMoonsProblem import twoMoonsProblem
from sklearn import svm

(XTrain,yTrain) = twoMoonsProblem()

svmP2 = svm.SVC(kernel='poly', degree=7, decision_function_shape='ovr', C=1000)
svmP2.fit(XTrain,yTrain)
```

Den kleinen Code-Schnipsel mit `C=1` kann man nun für die auf Seite 415 erwähnten Kernel, also die linearen (`'linear'`), die radialen Basisfunktionen (`'rbf'`) und den Sigmoid-Kernel (`'sigmoid'`) einmal ausprobieren. Evaluiert man die Trennung des Gebietes anschließend, ergibt sich das in Abbildung 12.6 dargestellte Bild. Die Werte für r und γ aus den Gleichungen (12.31), (12.32) und (12.33) wurden alle auf ihren Default-Werten belassen.

Das Ergebnis für die lineare Trennung war im Wesentlichen so vorherzusehen. Auch Probleme, mit der Hilfe der Sigmoidfunktion hier eine geeignete Nichtlinearität zu erzeugen sind nachvollziehbar. Schwer abzuschätzen sind hingegen oft die Möglichkeiten für höhere Polynomgrade. Dieser Ansatz reagiert auch sehr stark auf die Gewichtung des Strafterms.

> Varieren Sie einmal den Polynomgrad sowie den Wert von C und beobachten Sie, wie stark sich die Klassifizierung verändert.

Wenn Sie wie in der Aufgabe etwas am Polynomgrad gedreht haben, wird Ihnen aufgefallen sein, dass das Ergebnis generell für die vermuteten Freiheitsgrade unbefriedigend ist. Für das XOR-Beispiel hatten wir im letzten Abschnitt einen polynomialen Kernel mit $\gamma = 1$, $r = 0$ und $d = 2$, d. h. $(x_1 \cdot x_2)^2$, was die Features $[x_1^2, x_1 x_2, x_2^2]$ ergab. Das Problem für das Two Moon Set ist, dass auch der Default in sklearn $r = 0$ ist. Mit $r = 1$, d. h. $(x_1 \cdot x_2 + 1)^2$ erhält man einen wesentlich größeren Ansatzraum, nämlich $[1, x_1, x_2, x_1^2, x_1 x_2, x_2^2]$. Für höhere Polynomgrade mit steigendem Effekt. Das Problem ist manchmal brauch man die niedrigen Ansätze bzw. das konstante Element, auch wenn dies zu einer höheren Anzahl von hinzugefügten Dimensionen führt. Fügen wir dem dem Aufruf `coef0=1` hinzu können wir den Polynomgrad auf 3 reduzieren und erhalten eine saubere Trennung wie in Abbildung 12.7.

Wirklich sauber getrennt wurden die beiden Mengen nur durch den Einsatz der radialen Basisfunktionen. Um die Ausgabe bei den radialen Basisfunktionen ggf. weiter zu verbessern, könnten wir versuchen, über die Herleitung des Kernels usw. zu gehen. Die ist allerdings noch

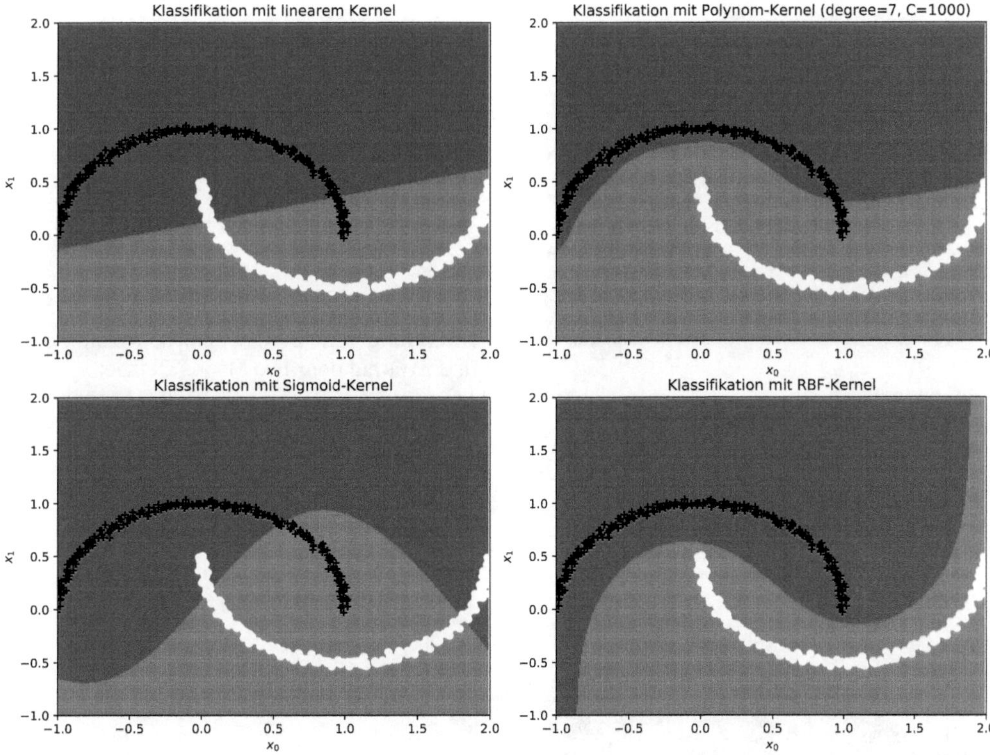

Abbildung 12.6 SVM mit verschiedenen Kerneln auf dem Two Moons Dataset

komplexer als für die Variante mit dem Polynom. Daher werden wir hier eine etwas oberflächliche Erklärung probieren, die nicht zu komplex wird und gleichzeitig die Ausgabe oben sowie die Phänomene unten erklärt. Im Prinzip wird der Bereich unserer Datenpunkte mit solchen RBFs ausgelegt, wie sie in Abbildung 12.8 für den zweidimensionalen Fall zu sehen sind. Der Algorithmus platziert die RBF dort, wo viele Punkte einer Klasse vorhanden sind und wölbt diese dort nach oben. Abhängig von dem Parameter γ, der in Abbildung 12.8 den Wert $25 = 1/0.2^2$ hat, wird dadurch ein unterschiedlich großer Bereich um das Zentrum der hier platzierten Basisfunktion einer Klasse zugeordnet. Stellen wir große Werte für γ ein, kann der Algorithmus sehr kleinteilig Bereiche zuordnen. Hierbei kann es dann auch zu einem Overfitting kommen. Stellen wir hingegen γ klein ein, werden viele Elemente der Trainingsmenge falsch klassifiziert. Dafür wird die Klassifizierung weniger komplex. Da wir oben die Default-Einstellung verwendet haben, nutzt scikit-learn hier den Kehrwert der Anzahl der Merkmale. Mit diesen Einstellungen und den radialen Basisfunktionen bekommen wir hierdurch eine Trennlinie, die der Ausgabe von k-NN mit der 1-Norm ähnlich sieht; nur dass die Trennung bei den Support Vector Machines mit RBF glatter und stabiler ist. Wenn Sie auf Seite 125 zurückblättern, sehen Sie, wie ausgefranst teilweise der k-NN-Ansatz an einigen Stellen war.

Der Ansatz über radiale Basisfunktionen ist hier durch diese Einstellmöglichkeit sehr flexibel und erlaubt es, mit vielen Situationen gut umzugehen. Um den Effekt von γ hierbei einmal zu demonstrieren und die damit verbundenen Möglichkeiten, greifen wir zu einer nicht widerspruchsfrei auflösbaren Problemstellung. Wir haben für die lineare SVM, die in Abbildung

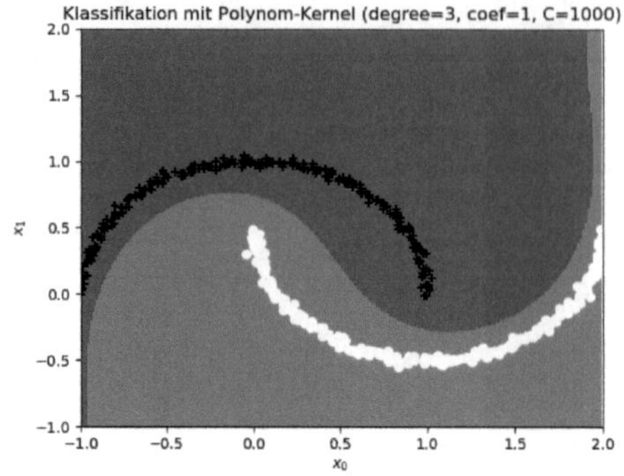

Abbildung 12.7 SVM mit polynomialem Kernel und $r = 1$ auf dem Two Moons Dataset

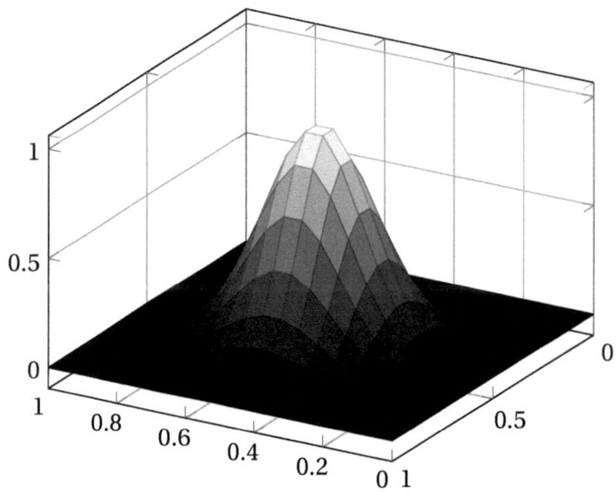

Abbildung 12.8 $\phi(x_1, x_2) = \exp(-\frac{(x_1-0.5)^2+(x_2-0.5)^2}{0.2^2}$ als Beispiel für RBF

12.5 dargestellt ist, den Fall betrachtet, in dem Klein- und Kleinstwagen sowie Mittelklasse und obere Mittelkasse zusammengelegt wurden. Das Ergebnis war ein linear separierbares Problem. Die ursprüngliche Anordnung mit vier Klassen in Abbildung 7.4 von Seite 171 ist hingegen nicht linear trennbar. Was Klein- und Kleinstwagen angeht, erscheint die Trennung der Klassen mit den zwei Merkmalen sogar nichtlinear fast hoffnungslos. Wir nehmen uns dieses Problems nun für verschiedene Werte von γ mit einer SVM mit einem Kernel von radialen Basisfunktionen an.

Das Training erfolgt wie unten angegeben mit unterschiedlichen Werten für γ.

```
import numpy as np
from sklearn import svm

fFloat  = open("Auto2MerkmaleClass.csv","r")
dataset = np.loadtxt(fFloat, delimiter=",")
fFloat.close()
yTrain = dataset[:,0]
x = dataset[:,1:3]
xMin = x.min(axis=0); xMax = x.max(axis=0)
```

```
XTrain = (x - xMin) / (xMax - xMin)

svmRBF = svm.SVC(kernel='rbf', decision_function_shape='ovr', gamma=1)
svmRBF.fit(XTrain,yTrain)
```

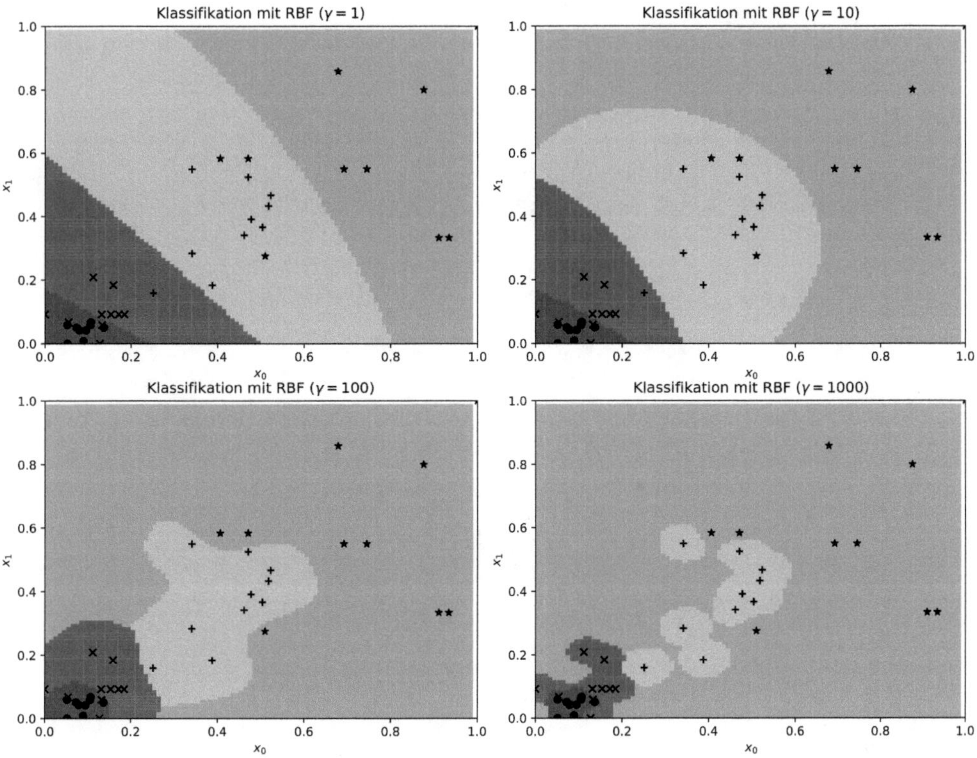

Abbildung 12.9 SVM mit RBF und unterschiedlichen Werten für γ

Die beiden oberen sind sicherlich sinnvolle Generalisierungen. Die beiden unteren hingegen fangen zwar die Trainingsmengen besser ein, sind jedoch viel zu komplex und weisen ein deutliches Overfitting auf. Natürlich macht man für kleinere Werte von γ durchaus einen Fehler in der Darstellung der Datenlage. Die wirkliche Lösung ist jedoch nicht ein größeres γ mit einer stark wachsenden Modellkomplexität, sondern eher die Datenlage zu verbessern, wenn man genauere Einschätzungen wünscht. Hier müsste man eigentlich versuchen, neue Daten für neue Merkmale zu gewinnen, um die Klassen besser unterscheiden zu können. Diese zwei Merkmale sind bzgl. der Gruppen Klein- und Kleinstwagen einfach unzureichend.

Abschließend kann man zusammenfassen, dass die SVM sehr gut in der Lage sind, mit Problemen mit höheren Dimensionen – also vielen Merkmalen – umzugehen. Das gilt besonders, wenn wenig Datensätze zur Verfügung stehen. Bei der Auswahl eines geeigneten Kernels können aus wenigen Daten noch sehr gute Resultate gewonnen werden. Die Wahlmöglichkeiten für Kernel und Parameter sind häufig auch gleichzeitig der Nachteil des Verfahrens. Es ist schwer zu sagen, was der richtige Kernel mit den richtigen Parametern für ein Problem ist. Es empfiehlt sich zunächst, mit dem linearen Kernel zu starten und diesen als Baseline zu nutzen.

Er ist immer eine gute erste Wahl. Ich selbst tendiere anschließend zu RBF als Ansatz, wobei die Parameterwahl weiterhin offen ist.

Wenden Sie die Support Vector Machine auf das u. a. schon aus Abschnitt 3.5 bekannte *Iris Flower Data Set*. Wählen Sie einen Parametersatz, sodass alle Datensätze fehlerfrei klassifiziert werden, ohne dass es zu deutlichen Überanpassungen kommt.

Wenden Sie die Support Vector Machine an, um die Ziffern des MNIST Dataset aus Abschnitt 8.4.4 zu erkennen. Stellen Sie eine Konfusionsmatrix auf und untersuchen Sie, welche Ziffern typischerweise in welcher Form falsch klassifiziert werden.

13 Clustering-Verfahren

Clustering-Verfahren sind Verfahren für unüberwachtes Lernen. Das einzige andere Verfahren, das in diese Kategorie der unüberwachten Verfahren fällt, das wir besprochen haben, ist die PCA in Abschnitt 9.4, welche zur Merkmalsreduktion eingesetzt wird. Dass Clustering-Verfahren unüberwacht sind, bedeutet, dass im Unterschied zur Klassifikation keine Zielwerte vorliegen. Während wir z. B. bei den Schwertlilien-Daten für alle 150 Datenbankeinträge wissen, um welche Art von Schwertlilien es sich handelt, haben wir dieses Wissen bei einem unüberwachten Verfahren nicht. Diese Spalte mit Daten würde hier fehlen und die Aufgabe unseres Algorithmus ist es dann, die Pflanzen danach zu gruppieren, welche Einträge sich am ähnlichsten sind.

Clusteranalyse ist somit die Einteilung einer Menge von Objekten in Gruppen, wobei wir folgende Ziele verfolgen:

- Wir wollen die Ähnlichkeit innerhalb der Gruppen maximieren.
- Wir wollen die Unterschiede zwischen den Gruppen maximieren bzw. ihre Ähnlichkeit minimieren.

Weit präsenter als die Gruppierung von Pflanzen oder Tieren anhand von Merkmalen ist den meisten Lesern sicherlich das Erlebnis im Bereich des Online-Handels. Wer ist nicht schon mal mit der Meldung konfrontiert worden: „Kunden, die diesen Artikel gekauft haben, kauften auch ...". Es geht also oft um die Identifikation gleichartiger Käufergruppen- und Interessen. Vergleichbare Anwendungen gibt es auch in anderen Beziehungen wie Business-to-Business. Darüber hinaus haben die Verfahren ein Einsatzgebiet im Bereich des Information-Retrieval.

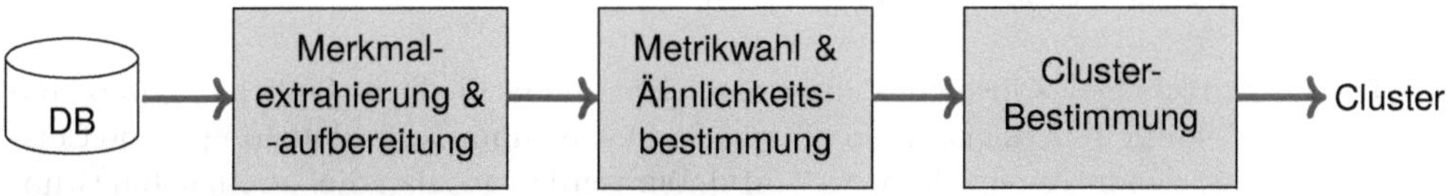

Abbildung 13.1 Grundablauf einer Clusteranalyse

Der grundsätzliche Ablauf einer Clusteranalyse besteht aus drei Schritten, die in der Abbildung 13.1 skizziert sind. Der erste ist wie immer die Merkmalextrahierung und -aufbereitung. Viele Dinge sind natürlich ähnlich wie schon in Kapitel 9 besprochen. Hierbei gibt es einen Unterschied zu den meisten überwachten Lernverfahren, die wir bis jetzt diskutiert haben. Bei der Analyse von Ähnlichkeiten ist es wie bei bereits besprochenen überwachten Verfahren wichtig, dass die verwendeten Einheiten in den Merkmalen das Verfahren nicht negativ beeinflussen. Nehmen wir einmal an, wir hätten bei dem bekannten Beispiel mit den Schwertlilien die Kelchblattlänge wie bisher in Zentimetern angegeben, die Kronblattlänge jedoch in Millimetern. Die meisten Algorithmen würden dann die Unterschiede bzgl. der Kronblätter völlig überbewerten und den Kelchblättern zu wenig Aufmerksamkeit schenken. Das ist im Wesentlichen das Problem, das wir bisher durch Skalierung oder Standardisierung gelöst haben und auch in diesem Fall angehen müssten. Wichtiger für das Gelingen einer Clusteranalyse ist jedoch oft eher der Abstand der Elemente in einem Cluster zueinander. Nehmen wir an, es geht um die Flügelspannweite von Vögeln. Bei Wanderalbatrossen sind wir hier im Bereich von 350 Zentimetern und bei Tannenmeisen von eher 20 Zentimetern. Dazwischen liegt eine Zehnerpotenz, jedoch ist es wichtiger, wie die Abstände innerhalb der Tannenmeisen aussehen, und dort wird oft ein Bereich von 17 bis 21 cm genannt. Der Spatz hingegen hat in der Regel eine etwas größere Spannweite um 23 cm. Wenn wir nun die Flügelspannweite auf das Intervall [0, 1] bringen würden ... was würde das für die Unterscheidbarkeit zwischen den kleinen Vogelarten bedeuten? Pauschal ist das schwer zu sagen und daher ist Domänenwissen hier oft hilfreich, da man nur mit einer Vorerwartung sagen kann, ob man durch Standardisierung, Normierung etc. vielleicht in den Daten eher Unterschiede verwischt. In der Praxis liegt man allerdings mit einer Standardisierung der Daten oft richtig, jedoch sollte man die Möglichkeit, hier Nachteile zu schaffen, kritisch im Hinterkopf haben.

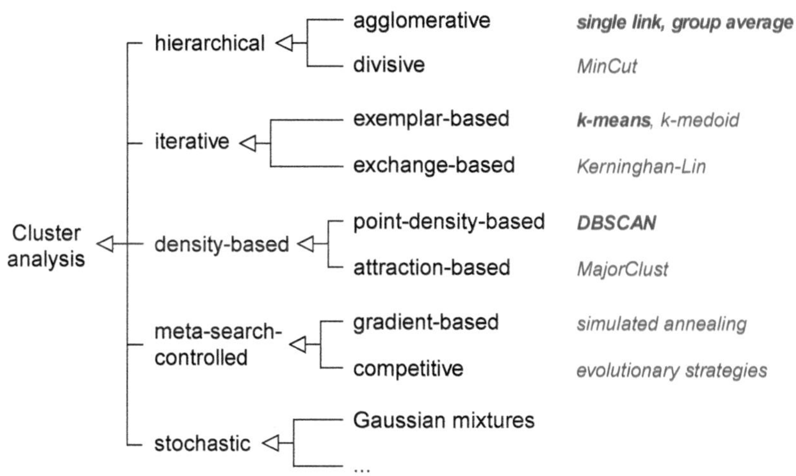

Abbildung 13.2 Taxonomie von Clusteralgorithmen

Es gibt natürlich sehr viele Clusterverfahren, die sich in unterschiedliche Einheiten gruppieren lassen. Die Abbildung 13.2 zeigt eine von Benno Stein vorgenommene Einteilungen von Clusterverfahren aus seinen Veranstaltungen [Ste18]. Wir werden aus den drei populärsten Gruppen, den hierarchischen, den iterativen und den dichte-basierten Verfahren, jeweils einen Clusteralgorithmus vorstellen. Dabei konzentrieren wir uns wieder jeweils auf recht populäre Verfahren wie den DBSCAN und k-Means.

Für unsere Clusterverfahren werden wir 4 Testfälle im Zweidimensionalen betrachten, da sie sich gut visualisieren lassen.

Die ersten beiden Fälle bestehen aus vier Bällen, die unterschiedlich viele Elemente beinhalten können. Das nächste ist eine Datenmenge, die aus drei Bällen besteht, zwischen denen es einen dünner besetzten Übergangsbereich gibt. Solche Datensätze werden oft als **Mouse Dataset** bezeichnet. Nun folgen die schon aus Abschnitt 5.4 bekannten zwei Halbmonde und als letzte Datenmenge mit Struktur kommen zwei ineinanderliegende Kreise. Die sechste Menge von Daten hat gar keine Struktur und soll zeigen, was passiert, wenn die Verfahren auf Rauschen angewendet werden. Wichtig ist, sich später vor Augen zu halten, dass die Art, wie die Daten erzeugt wurden, nicht automatisch die einzige mögliche Art ist, diese als Cluster zu

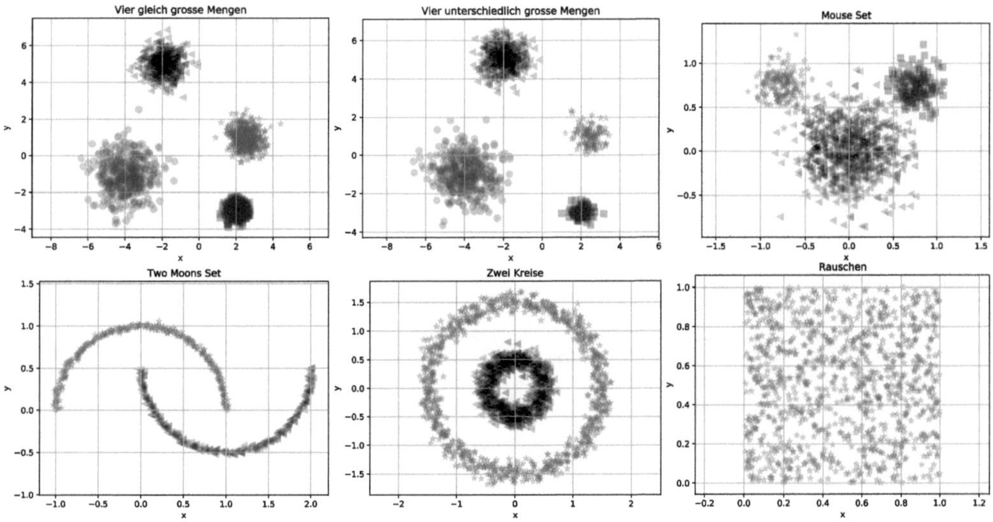

Abbildung 13.3 Testbeispiele für die Clusteralgorithmen

gruppieren. Als Menschen sehen wir Dinge anders als sie u. U. sind. Nehmen wir einmal Max Wertheimer, einen der Begründer der Gestaltpsychologie, und seine 1923 formulierten sechs wesentlichen Faktoren für Zusammenhänge in der Wahrnehmung als Grundlage. Menschen bevorzugen bei dem Beispiel mit den zwei Monden eben diese Zuordnung in zwei Halbkreise, da diese u. a. dem Gesetz der Nähe und der guten Gestalt entsprechen. Das ist jedoch nicht die einzige Gruppenbildung, die denkbar ist. Immerhin haben die beiden Enden der Bögen kaum etwas gemeinsam und liegen deutlich näher an Elementen des jeweils anderen Bogens. Ähnliches gilt für die beiden Kreise. Durch Farbe und Struktur käme kaum jemand auf die Idee, andere Gruppen als zwei Kreise zu bilden, aber vielleicht könnte man ja auch an der y-Achse die Mengen teilen und so zwei Gruppen erzeugen? Wir werden also gleich kritisch hinterfragen, warum uns ein Algorithmus welches Ergebnis zurückliefert. Manchmal ist es eine Schwäche der Methode, wenn das Ergebnis nicht unseren Erwartungen entspricht, jedoch ist unsere Erwartung auch manchmal zu stark von unseren Anlagen geprägt und rein formal nicht die einzige sinnvolle Lösung.

Die Quelltexte, um diese Beispiele zu erhalten, sind unten angegeben. Die Codezeilen zum Plotten der Daten sind nur für den ersten Fall angegeben, da diese sich in leichten Variationen immer wiederholen:

```
import numpy as np
import matplotlib.pyplot as plt

def bubbleSetNormal(mx,my,number,s):
    x = np.random.normal(0, s, number) + mx
    y = np.random.normal(0, s, number) + my
    return(x,y)

def fourBalls(n1,n2,n3,n4):
    np.random.seed(42)
    dataset = np.zeros( (n1+n2+n3+n4,2) )
    (dataset[0:n1,0],dataset[0:n1,1])          = bubbleSetNormal( 2.5, 1.0,n1,0.5)
```

```
    (dataset[n1:n1+n2,0],dataset[n1:n1+n2,1]) = bubbleSetNormal( 2.0,-3.0,n2,0.3)
    (dataset[n1+n2:n1+n2+n3,0],dataset[n1+n2:n1+n2+n3,1]) = bubbleSetNormal(-2.0, 5.0,n3,0.6)
    (dataset[n1+n2+n3:n1+n2+n3+n4,0],dataset[n1+n2+n3:n1+n2+n3+n4,1]) = bubbleSetNormal(-4.0,-1.0,n4,0.9)
    return (dataset)

plt.close('all')
n1=n2=n3=n4=400
# Testbeispiel 1
XBalls = fourBalls(n1,n2,n3,n4)

fig = plt.figure(1)
ax = fig.add_subplot(1,1,1)
ax.scatter(XBalls[0:n1,0]   ,XBalls[0:n1,1],c='red',s=60,alpha=0.2,marker='*')
ax.scatter(XBalls[n1:n1+n2,0],XBalls[n1:n1+n2,1],c='blue',s=60,alpha=0.2,marker='s')
ax.scatter(XBalls[n1+n2:n1+n2+n3,0],XBalls[n1+n2:n1+n2+n3,1],c='black',s=60,alpha=0.2,marker='<')
ax.scatter(XBalls[n1+n2+n3:n1+n2+n3+n4,0],XBalls[n1+n2+n3:n1+n2+n3+n4,1],c='green',s=60,alpha=0.2,marker='o')
ax.set_xlabel('x')
ax.set_ylabel('y')
ax.grid(True,linestyle='-',color='0.75')
ax.set_aspect('equal', 'datalim')
ax.set_title("Vier gleich grosse Mengen")

n1=n2=100
n3=n4=400
# Testbeispiel 2
XBalls2 = fourBalls(n1,n2,n3,n4)
```

Nun folgt das *Mouse Dataset.* Es gibt da im Netz und in der Literatur unterschiedliche Varianten von. Teilweise gehen die Ohren noch stärker in den Kopf über. Wenn sie an dem Fall interessiert sind, können Sie das durch die Parameter in *bubbleSetNormal* leicht erreichen.

```
def mouseShape():
    np.random.seed(42)
    dataset = np.zeros( (1000,2) )
    (dataset[0:150,0],dataset[0:150,1])       = bubbleSetNormal(-0.75, 0.75,150,0.15)
    (dataset[150:300,0],dataset[150:300,1])   = bubbleSetNormal( 0.75, 0.75,150,0.15)
    (dataset[300:1000,0],dataset[300:1000,1]) = bubbleSetNormal( 0, 0,700,0.29)
    return (dataset)
# Testbeispiel 3
XBMouse = mouseShape()
```

Noch einmal der bekannte Fall mit den beiden Halbmoden, hier jedoch für eine Aufgabe beim unüberwachten Lernen.

```
def twoMoonsProblem( SamplesPerMoon=240, pNoise=2):
    np.random.seed(42)
    tMoon0 = np.linspace(0, np.pi, SamplesPerMoon)
    tMoon1 = np.linspace(0, np.pi, SamplesPerMoon)
    Moon0x = np.cos(tMoon0)
    Moon0y = np.sin(tMoon0)
    Moon1x = 1 - np.cos(tMoon1)
    Moon1y = 0.5 - np.sin(tMoon1)
    X = np.vstack((np.append(Moon0x, Moon1x), np.append(Moon0y, Moon1y))).T
    X = X + pNoise/100*np.random.normal(size=X.shape)
    Y = np.hstack([np.zeros(SamplesPerMoon), np.ones(SamplesPerMoon)])
```

```
    return X, Y
# Testbeispiel 4
(XMoons,_) = twoMoonsProblem()
```

Nun die zwei ineinander liegenden Kreise.

```
def circels():
    np.random.seed(42)
    phi = np.linspace(0,2*np.pi, 800)
    x1 = 1.5*np.cos(phi)
    y1 = 1.5*np.sin(phi)
    x2 = 0.5*np.cos(phi)
    y2 = 0.5*np.sin(phi)
    X = np.vstack((np.append(x1,x2), np.append(y1,y2))).T
    X = X + 0.1*np.random.normal(size=X.shape)
    return(X)
# Testbeispiel 5
Xcircels = circels()
```

Abschließend noch das Rauschen im Einheitsquadrat.

```
np.random.seed(42)
# Testbeispiel 6
XRauschen = np.random.random( (1000,2) )
```

Beachten Sie, dass oben zwei unterschiedliche Arten zum Erzeugen von Zufallszahlen verwendet wurden. `np.random.random` erzeugt gleichmäßige Zufallszahlen zwischen 0 und 1, während `np.random.normal` entsprechend einer Normalverteilung diese erzeugt. Große Zufallszahlen sind also unwahrscheinlicher als keine, jedoch nicht ausgeschlossen. Daher enthalten die Mengen auch Einträge, die der eine oder andere Algorithmus als Ausreißer interpretieren wird.

13.1 k-Means und k-Means++

Ziel von k-Means ist es, die Elemente x_j des Datenbestandes in k Cluster aufzuteilen. Das Besondere bei dieser Clustertechnik ist, dass es einen Repräsentanten μ_i pro Cluster C_i gibt. Er ist quasi der Prototypvertreter des Clusters, jedoch im Regelfall kein Datenbankeintrag, sondern ein Mittelwert der Daten des Clusters. Die Frage ist nun, nach welchen Gesichtspunkten die Aufteilung erfolgt. Das Kriterium für die Qualität dieser Aufteilung ist, dass die Summe der Abweichungen von den Cluster-Repräsentanten in der gewählten Metrik minimal ist. Mathematisch entspricht dies der Optimierung der Funktion, hier bzgl. eines Minimums,

$$J = \sum_{i=1}^{k} \sum_{x_j \in C_i} d(x_j, \mu_i)$$

wobei $d(x_j, \mu_i)$ die Distanz in der entsprechenden Metrik ist. Die häufigste Interpretation erfolgt jedoch über den **Lloyd-Algorithmus**, wenn wir statt einer beliebigen Metrik das Quadrat der Euklid-Norm als Grundlage für den Abstand spezialisieren, dann erhalten wir mit

$d(x_j, \mu_i) = \|x_j - \mu_i\|^2$:

$$J = \sum_{i=1}^{k} \underbrace{\sum_{x_j \in C_i} \|x_j - \mu_i\|^2}_{(C)} \,. \tag{13.1}$$

Die äußere Summe durchläuft alle Cluster. Die Summe (C) besteht dabei aus dem Abstand aller Elemente des Clusters C_i vom Repräsentanten. J hängt hier nun mit der Methode der kleinsten Fehlerquadrate zusammen und man kann das Ziel im Sinne einer Varianzminimierung interpretieren. Unabhängig davon, welche Metrik man einsetzt, ist der Algorithmus in drei Phasen aufgeteilt:

1. Initialisiere k Repräsentanten μ_i für die Cluster
2. Ordne jedes Element dem Cluster zu, bei welchem die Distanz zum Repräsentanten des Clusters am kleinsten ist
3. Berechne durch Mittelwertbildung die neuen Repräsentanten μ_i der Cluster

Wenn der Schritt Nummer 3 abgeschlossen ist, wird wieder zu Nummer 2 gesprungen, bis die Lage der Repräsentanten stabil ist.

Der folgende Pseudocode des Algorithmus lässt sich leicht nach Python aber auch MATLAB oder R überführen. D ist dabei der gesamte Datenbestand, der vorliegt, und v ein Element daraus.

```
t = 0
for i = 1 to k do μ_i = choose(D)
end for
repeat
    t = t + 1
    for i = 1 to k do C_i = ∅
    end for
    for all v ∈ D do
        i = argmin_{j∈{1..k}} d(μ_j, v)
        C_i = C_i ∪ {d}
    end for
    for i = 1 to k do
        μ_i^old = μ_i
        μ_i = Mittelwert(C_i)
    end for
    e = Σ_{i=1}^k d(μ_i^old, μ_i)
until e < ε or t > tmax)
```

Die Laufzeit von k-Means ist $O(n \cdot k \cdot r \cdot i)$, wobei n die Anzahl der Einträge in unserer Datenbank D ist. r steht für die Dimension des Vektorraums, also die Anzahl der Merkmale. k ist die Zahl der Cluster, die k-Means finden soll, und i die Anzahl der Iterationen, welche bis zur Konvergenz benötigt werden. Für sinnvolle Einsatzfälle ist i dabei eine eher kleine Zahl im Bereich unter hundert. Da für eine feste Fragestellung r konstant ist und ebenso die Anzahl der gesuchten Cluster, wird der Algorithmus oft als Methode mit einer linearen Komplexität bezeichnet, da er abhängig von der Datenbankgröße n im Wesentlichen nur linear wächst.

Im Allgemeinen arbeiten Clusteralgorithmen auf einer Gesamtmenge und teilen diese in einzelnen Cluster auf. Kommt ein neues Element in einer Datenbank hinzu, muss die Clusteranalyse auch erneut durchgeführt werden. Bei k-Means gibt es jedoch die Repräsentanten, die man dazu nutzen kann, eine Vorhersage zu treffen, in welchem Cluster ein neues Element wohl wäre. Hierzu wird die Distanz zu jedem Repräsentanten berechnet und dann die Clusterzuordnung analog zur Zeile 9 in Pseudocode zurückgeliefert. Daher können wir hier ausnahmsweise wie bei den überwachten Verfahren die Methoden `fit` und `predict` zur Verfügung stellen.

Wir beginnen mit der Methode, um ein Objekt zu instanziieren. Wir beschränken uns bei unserer Umsetzung darauf, p-Normen für die Distanz zu verwenden, wobei der Default die Euklid-Norm mit $p = 2$ ist. Notwendiger Parameter hingegen ist die Anzahl der gewünschten Cluster. Zusätzlich initialisieren wir noch eine Liste, um uns die Veränderung der Repräsentanten während des Algorithmus ansehen zu können.

```
import numpy as np

class kmeans:
    def __init__(self, noOfClusters ,p=2):
        self.noOfClusters = noOfClusters
        self.p = p
        self.fitHistory = []
```

Bei k-Means geht es darum, Abstände von allen Zentren bzw. Repräsentanten der Cluster zu berechnen. Die Methode unten erlaubt dies in einer möglichst vektorisierten Form. Der erste Cluster wird dabei als Spezialfall vor der Schleife berechnet und abschließend alle weiteren Distanzen mittels `vstack` hinzugefügt.

```
    def _computeDistances(self,X,centres):
        distances = ( np.sum( np.abs(X-centres[0,:])**self.p,axis=1) )**(1/self.p)
        for j in range(1,self.noOfClusters):
            distancesAdd = ( np.sum( np.abs(X-centres[j,:])**self.p,axis=1) )**(1/self.p)
            distances = np.vstack( (distances,distancesAdd) )
        return(distances)
```

Die `fit`-Methode setzt mit dieser Distanzberechnung den oben angegebenen Pseudocode um.

```
    def fit(self, X, maxIterations=42):
        Xmin = X.min(axis=0)
        Xmax = X.max(axis=0)
        newcentres = np.random.rand(self.noOfClusters,X.shape[1])*(Xmax - Xmin)+Xmin
        oldCentres = newcentres + 1
        count = 0
        while np.sum(np.abs(oldCentres-newcentres))!= 0 and count<maxIterations:
            count = count + 1
            oldCentres = np.copy(newcentres)
            self.fitHistory.append(newcentres.copy())
            distances =self._computeDistances(X,newcentres)
            cluster = distances.argmin(axis=0)

            for j in range(self.noOfClusters):
                index = np.flatnonzero(cluster == j)
                if index.shape[0]>0:
                    newcentres[j,:] = np.sum(X[index,:],axis=0)/index.shape[0]
                else:
                    distances = ( np.sum( (X-newcentres[j,:])**self.p,axis=1) )**(1/self.p)
                    i = distances.argmin(axis=0)
```

```
36                  newcentres[j,:] = X[i,:]
37                  cluster[i]=j
38          self.centers = newcentres
39          return(newcentres,cluster)
```

Auffällig hierbei ist der `else`-Zweig von Zeile 34 bis 37. Hierbei geht es um einen unangenehmen Spezialfall, in welchem ein Cluster leer bleibt. Tatsächlich ist es nämlich nicht ausgeschlossen, dass im Laufe einer Iteration einem Repräsentanten alle *Mitglieder* durch andere Repräsentanten abspenstig gemacht werden. Ist dies der Fall, wird der Eintrag in der Datenbank herausgesucht, der am nächsten an diesem Zentrum von Garnichts liegt, und dieser Eintrag wird dem leeren Cluster zugewiesen. Da er nur aus diesem einen Element besteht, wird dann auch der Repräsentant gleich dem einzigen Eintrag gesetzt.

Wie schon erwähnt, können wir für k-Means eine `predict`-Methode bereitstellen:

```
40
41      def predict(self,X):
42          distances =self._computeDistances(X,self.centres)
43          cluster = distances.argmin(axis=0)
44          return cluster
```

Nun testen wir unsere Implementierung auf dem Testfall 1, bei dem wir es mit vier Gruppen ähnlicher Mächtigkeit zu tun haben.

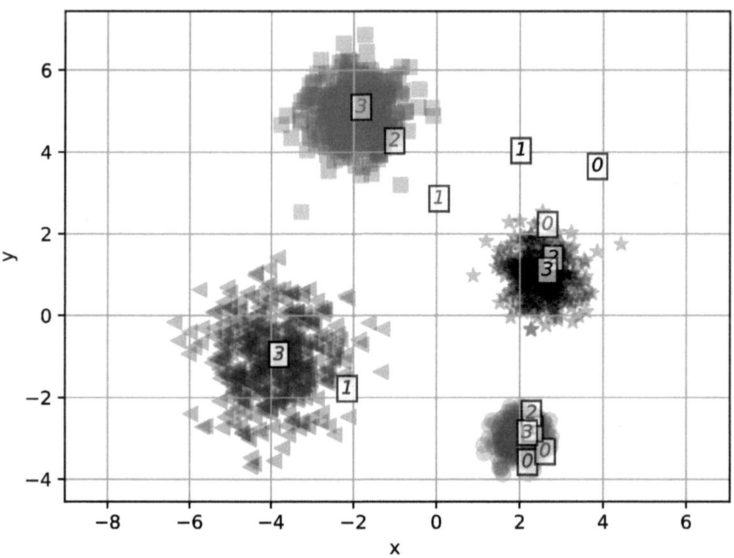

Abbildung 13.4 Testbeispiel 1 für k-Means

Wie man in Abbildung 13.4 sehen kann, konvergiert das Verfahren sehr schnell. Nach nur vier Iterationen stehen die Repräsentanten und damit auch die einzelnen Cluster fest. Der Algorithmus war dabei auch in der Lage, mit etwas unglücklichen Startwerten umzugehen. Wenn man einmal sucht, wo die vier mit 0 angegebenen Startpunkte liegen, so sind zwei nah beieinander in der grünen Menge gestartet. Auch die beiden später zum roten (Dreieck nach unten) und schwarzen (Kreis) Cluster gehörigen Startwerte sind eher eng beieinander. Während sich die nach oben und nach links zeigenden Dreiecke als Gruppen schnell getrennt haben, wurden die Kreise und nach unten zeigenden Dreiecke zunächst in die gleiche Richtung gezogen und haben sich dann ab 2 deutlich aufgeteilt. Die unterschiedliche Dichte der Gruppen hatte hier keinen Einfluss auf das Clustering.

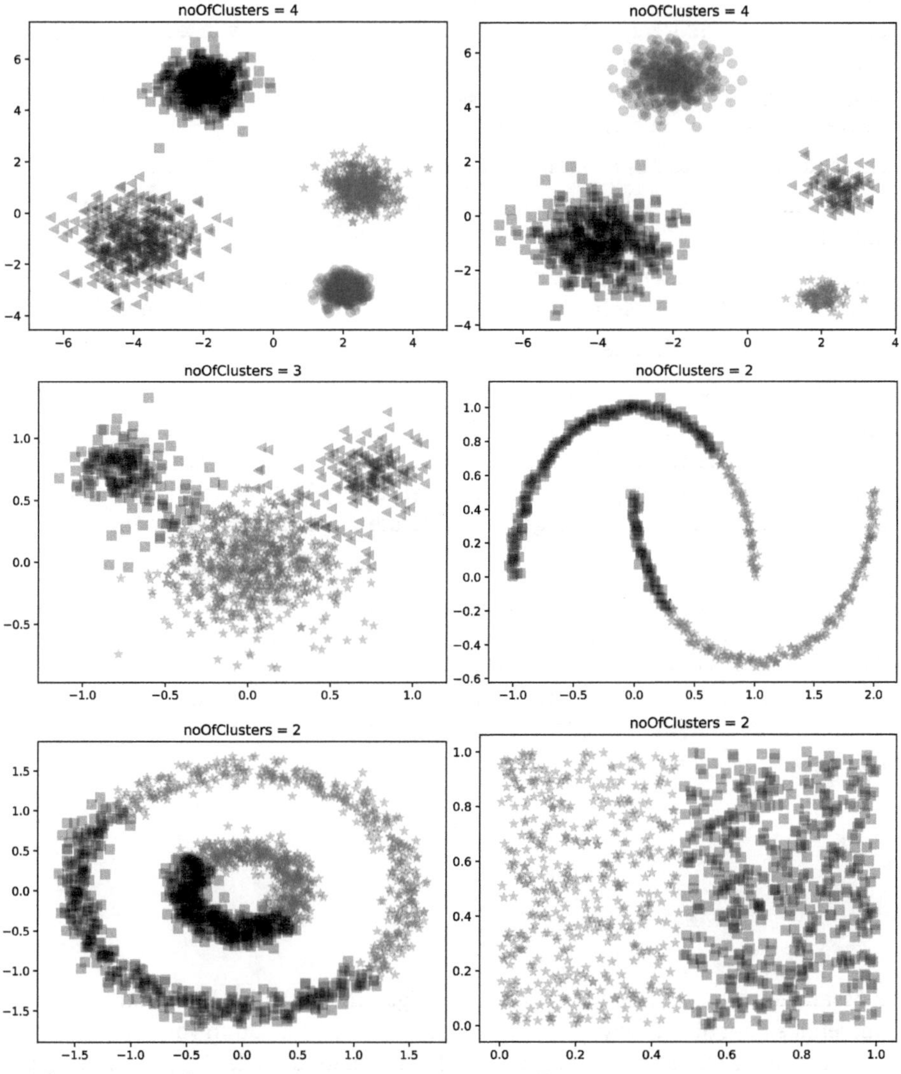

Abbildung 13.5 Clusterbildung mit k-Means auf den Testproblemen

Die restlichen in Abbildung 13.5 dargestellten Ergebnisse auf den Testproblemen sind auch zufriedenstellend. Beim Mouse Dataset sieht man, dass k-Means Gruppen gleicher Größe bevorzugt, weshalb die Ohren etwas auf den mittleren Bereich übergreifen und drei etwa gleich große Gruppen erzeugt werden. Die Testfälle 4 und 5 sehen für menschliche Betrachter etwas unglücklich aus, sind jedoch bzgl. der Minimierung des oben erwähnten Funktionals (13.1) stimmig. Eine für Menschen vertrautere Aufteilung erfolgt eher durch dichtebasierte Ansätze, wie wir sie in Abschnitt 13.3 besprechen werden. Wichtig ist jedoch vor allem der Testfall 2. Hier sind zwar die richtigen vier Cluster entstanden, jedoch ist dieses Ergebnis nicht stabil. Bei unglücklichen Startwerten können auch die beiden rechten Gruppen zusammengelegt und eine der beiden größeren Gruppen stattdessen geteilt werden. Hier ist der Algorithmus also sehr abhängig von den Startwerten.

Um hier robustere Startbedingungen zu schaffen, wurde eine Variante von k-Means, nämlich **kmeans++**, entworfen. Der Unterschied zu k-Means bezieht sich dabei ausschließlich auf die Initialisierung der Repräsentanten. Mit der Menge D aller Datenbankeinträge x lässt sich das Vorgehen in wenigen Punkten zusammenfassen:

1. Wähle einen Repräsentanten $\mu_1 \in D$ mit einer uniformen Wahrscheinlichkeit
2. Berechne für jeden Eintrag x den Abstand $D(x)$ zum nächstgelegenen bereits gewählten Repräsentanten
3. Wähle zufällig einen neuen Datenpunkt als neuen Repräsentanten. Hierbei nutzt man jedoch keine uniforme Wahrscheinlichkeit, sondern gewichtet diese proportional zu $D(x)^2$
4. Kehre zu Schritt 2 zurück, bis k Repräsentanten gewählt wurden
5. Führe nun den bekannten k-Means durch.

Wie man sieht, sind hier die Startwerte automatisch Elemente der Datenbank und nicht rein zufällige Werte in dem Bereich, der durch die Datenbank plausibel erscheint. Durch den anschließenden Algorithmus werden jedoch wieder Mittelwerte gebildet, weshalb erneut die Repräsentanten in der Regel nicht mit Einträgen aus der Datenbank übereinstimmen werden.

Nutzen Sie k-Means, um das u. a. schon aus Abschnitt 3.5 bekannte *Iris Flower Data Set* in Cluster einzuteilen; natürlich ohne die Zuordnung zu der jeweiligen Klasse zu verwenden. Wie Sie sehen werden, ist es hier nicht möglich, drei Cluster zu bilden, die genau die drei Gruppen von Lilien umfassen. Der Grund ist, dass diese Aufgabe als überwachtes Problem mit Zieldaten recht einfach ist, als unüberwachte Fragestellung jedoch nicht.

13.2 Fuzzy-C-Means

Während k-Means zeitlich im Bereich der späten fünfziger und sechziger Jahre aufkam, wurde etwa ein Jahrzehnt später eine Fuzzy-Variante in [Dun73] durch J.C. Dunn vorgestellt und anschließend weiterentwickelt. Dazu muss man sich klarmachen, dass der Begriff einer Fuzzy-Menge erst Mitte der Sechziger durch Lotfi Zadeh [Zad65] geprägt wurde. Die Grundidee ist etwas, was sofort intuitiv einleuchtet. Über die meisten realen Dinge sind Aussagen wie *X ist Y* selten unbestreitbar wahr, sonder eher graduell richtig. Beispielsweise könnten wir nun eine Reihe von Flussnamen aufzählen mit der Aussage *X ist ein langer Fluß*. Bei dem Nil und dem Amazonas ist die Zustimmung vermutlich gesichert. In dem Vorort, in dem ich wohne, fließt ein Bach mit Namen Kerbecke. Ohne eine Suchmaschine nicht auffindbar, wenn man hier nicht wohnt und daher sicherlich bzgl. der Aussage oben zu verneinen. Was machen wir denn nun mit dem Rhein? 1232 km sind gegen die 6852 km des Nil jetzt deutlich kürzer. Komplett verneinen würde jedoch nicht nur Rheinländer verärgern, sondern vermutlich auch damit alle Flüsse in Deutschland disqualifizieren. Der Ausweg ist eben die Fuzzy-Menge. Während man in der klassischen Logik diese Aussage nur mit Wahr (1) und Falsch (0) beantworten kann, können wir hier einer Aussage einen Wahrheitswert zwischen 0 und 1 zuweisen. Mit dieser Fuzzy-Aussage zum Wahrheitsgehalt geht auch die Fuzzy-Zugehörigkeit mit einer Menge einher. Der Rhein wird also vielleicht nur mit einem Wahrheitswert von z. B. 0.6 zur Menge der langen Flüsse gehören.

Nehmen wir an, dass wir n Datensätze haben und C Cluster, die wir bilden wollen. Da wir für jeden der n Datensätze somit C Werte benötigen, für die Aussagen, in welchem Maße der Datensatz zu einem Cluster zugehörig ist, ergibt sich eine Matrix $W \in \mathbb{R}^{c\times n}$. Diese Matrix enthält Werte von 0 bis 1. Jeder Eintrag w_{ij} gibt somit den Grad an, dem sich der Datensatz j dem Cluster i zugehörig fühlt. Ansonsten bleiben alle Basisideen von k-Means erhalten und es geht uns auch hierbei um eine Minimierung der Funktion

$$J = \sum_{i=1}^{C} \sum_{j=1}^{n} \left(w_{ij}\right)^m d(x_j, \mu_i) .$$

Neben der eher kosmetischen Änderung, dass k jetzt C heißt, geht es natürlich um den Faktor w_{ij}^m und seine Interpretation. Zum einen fließt die oben erwähnte Fuzzy-Zugehörigkeit so in das Funktional ein. Zum anderen geht es aber um die Rolle des Parameters $m \geq 1$. Dieser oft **Fuzzifier** genannte Parameter verändert, wie scharf die Zugehörigkeit zu Clustern gewertet wird. Für $m = 1$ geht die Zuordnung unverändert ein, je größer m wird, desto stärker werden jedoch Werte kleiner eins reduziert. Ein großes m führt also zu kleineren Werten in der Matrix W, was einer gleichmäßigeren Zugehörigkeit zu den Clustern entspricht und deshalb zu unschärferen Clustern führt. Wählt man $m = 1$, erhält man, nachdem der Algorithmus konvergiert ist, scharfe Mitgliedschaften wie schon beim k-Means. Werte größer als 3 sind unüblich und wenig erfolgversprechend. Sollte kein spezieller Grund durch Expertenwissen vorliegen, wird daher in der Regel die Mitte, also $m = 2$, als Ansatz gewählt.

Mit einem festen m ist der Algorithmus zum Auffinden des Minimums nun wieder sehr analog zu dem von k-Means. Wir erhalten nur eine weitere Nebenbedingung. Bei k-Means hatten wir nur die Bedingung: Die Cluster sind nicht-leer.

Im Fuzzy-Ansatz ist das noch leichter zu erfüllen. Es genügt zu fordern:

$$\sum_{j=1}^{n} w_{ij} > 0 \text{ für alle } i = 1 \ldots C$$

Die neue Nebenbedingung ist, dass die Summe der Zugehörigkeiten zu den Clustern für jeden Datensatz 1 ist, das bedeutet

$$\sum_{i=1}^{C} w_{ij} = 1 \text{ für alle } j = 1 \ldots n . \tag{13.2}$$

Man könnte sagen, die eine Bedingung bezieht sich auf die Zeilen unserer Matrix und die andere auf die Spalten.

Zur Lösung des Minimierungsproblems gehen wir nun wie folgt vor:

1. Initialisiere k Repräsentanten μ_i für die Cluster

2. Berechne für jedes Element bzgl. jedes Clusters ein Maß der Zugehörigkeit mittels:

$$w_{ij} = \frac{1}{\sum_{k=1}^{C}\left(\frac{\|x_i-\mu_j\|}{\|x_i-\mu_k\|}\right)^{\frac{2}{m-1}}} = \frac{1}{\|x_i-\mu_j\|^{\frac{2}{m-1}} \cdot \sum_{k=1}^{C}\|x_i-\mu_k\|^{\frac{-2}{m-1}}} \tag{13.3}$$

3. Berechne durch gewichtete Mittelwertbildung die neuen Repräsentanten μ_i der Cluster

$$\mu_i = \sum_{j=1}^{n} \underbrace{\frac{(w_{ij})^m}{\sum_{j=1}^{n}(w_{ij})^m}}_{=\omega_j} x_j = \frac{1}{\sum_{j=1}^{n}(w_{ij})^m}\sum_{j=1}^{n}(w_{ij})^m x_j \tag{13.4}$$

Die Gewichte in der Gleichung (13.3) findet man in der Literatur üblicherweise in der linken Formulierung. Die anschließende Umformung ist weniger intuitiv, eignet sich jedoch für eine vektorisierte Umsetzung in Python besser.

Jedoch ist schon die linke Formulierung der Gewichte vielleicht nicht direkt intuitiv zugänglich und man fragt sich beim Lesen: was passiert hier eigentlich? Man nimmt den Abstand zu einem Zentrum μ_j und teilt diesen durch die Summe der Abstände zu allen Zentren, um sicherzustellen, dass die Summe aller dieser Gewichte eben entsprechend (13.2) 1 ergibt.

Schauen wir uns zum besseren Verständnis zwei Beispiele an, beide mit $m = 2$ und drei Clusterzentren. Stellen wir uns ein Gewicht vor, bei dem der Abstand zu μ_j sehr klein ist, also ε, und der Abstand zu den beiden anderen jeweils 1. Was erhalten wir dann als Wert?

$$\frac{1}{\left(\frac{\varepsilon}{\varepsilon}\right)^2 + \left(\frac{\varepsilon}{1}\right)^2 + \left(\frac{\varepsilon}{1}\right)^2} \approx 1$$

Das stimmt mit der Intuition überein. Wenn der Datensatz fast direkt neben dem Zentrum liegt, sollte das Gewicht auch fast 1 sein. Nun noch der Fall, in dem der Datensatz zu allen Zentren den gleichen Abstand, sagen wir 1/2 hat. Hier ergibt sich mit

$$\frac{1}{\left(\frac{1/2}{1/2}\right)^2 + \left(\frac{1/2}{1/2}\right)^2 + \left(\frac{1/2}{1/2}\right)^2} = \frac{1}{3}$$

wie gewünscht eine Gleichverteilung für alle Zentren.

Die Gleichung (13.4) folgt demselben Muster. Die Zentren ergeben sich als gewichtete Summe der Datensätze. Die Gewichte bestehen hier aus den Maßen für die Zugehörigkeit, also w_{ij} und der Summe aller dieser Werte für diesen konkreten Cluster. Durch die Konstruktion entsteht auch wieder der Effekt, dass die Summe aller ω_j für einen Cluster 1 ergibt. Die rechte Formulierung von (13.4) ist wieder etwas schöner für die vektorisierte Umsetzung.

Mit dieser Umsetzung beginnen wir nun auch direkt, wobei die ersten 21 Zeilen identisch mit der k-Means Implementierung von Seite 431 sind. Lediglich der Klassenname muss durch `fuzzyCmeans` ersetzt und in Zeile 16 eine neue Option hinzugefügt werden.

```
16      def fit(self, X, maxIterations=42, vareps=10**-3):
```

Die wesentlichen Änderungen liegen in der `fit`-Methode. Hier starten wir mit Zeile 22 und ändern die Bedingung bzgl. des Abbruchs von 0 auf den neuen Parameter `vareps`. Eine entsprechende Anpassung lohnt sich auch ggf. für den k-Means, hier ist es jedoch wesentlich, weil sonst zu viele Iterationen erfolgen.

```
22        while np.sum(np.abs(oldCentres-newcentres)) > vareps and count<maxIterations:
23            count = count + 1
24            oldCentres = np.copy(newcentres)
25            self.fitHistory.append(newcentres.copy())
```

Ab Zeile 26 setzen wir nun die Gleichungen (13.3) und (13.4) um. Hierzu berechnen wir wie zuvor erneut die Abstände und erlauben wieder nur p-Normen bzw. -Metriken. Darüber hinaus sind die Umsetzungen der Formeln auf den häufigsten Fall von $m = 2$ spezialisiert. Wie man im Listing unten sieht, können alle Berechnungen vektorisiert erfolgen. Wegen $m = 2$ haben wir es überall mit den Quadraten des Abstandes zu tun, weshalb wir den Output unserer Methode in Zeile 28 zunächst quadrieren. Anschließend berechnen wir in Zeile 29 die Summe aus (13.3). In Zeile 30 wird dann der Nenner von (13.3) gebildet und in Zeile 31 das Reziproke. Damit haben wir die Gewichte aus (13.3) fertig berechnet und können zu (13.4) übergehen. In Zeile 32 bilden wir die benötigte Summe der Quadrate der Gewichte.

```
26
27            distances =self._computeDistances(X,newcentres)
28            d2 = distances**2
29            d2Sum = np.sum(1/d2,axis=0)
30            W = d2*d2Sum
31            W = 1/W
32            WSum = np.sum(W**2,axis=1)
```

Nun ist es unser Ziel, die ω_j, die wir für jedes μ_i berechnen, in einer einzigen $i \times j$-Matrix zu speichern, um so effektiver die Zentren zu berechnen. Dazu teilen wir die Matrix der Quadrate der Gewichte W durch die zuvor berechnete Summe. Damit die Dimensionen passen, muss transponiert werden. Anschließend kann jedoch die Verknüpfung von ω_{ij} mit den Merkmalsvektoren direkt als Matrix-Vektor-Multiplikation durchgeführt werden, wodurch auch Schleifen zur Umsetzung von (13.4) vermieden werden können.

```
33            omega = ((W**2).T/WSum).T
34            newcentres = omega@X
35
36        self.fitHistory.append(newcentres.copy())
37        self.centers = newcentres
38        return(newcentres,W.T)
```

Am Schluss liefert die Methode die berechneten Zentren μ_i in der Variablen `newcenters` zurück; darüber hinaus noch die Wahrscheinlichkeit, dass ein Element zu einem dieser Cluster gehört in Form der Matrix W. Eine `predict`-Methode auf der Basis dieser Zentren bzw. Repräsentanten kann wieder wie im Fall von k-Means umgesetzt werden.

Nimmt man nun den Fuzzy-C-Means und wendet ihn auf die Testprobleme an, so ergibt sich ein sehr ähnliches Bild wie für den k-Means auf Seite 13.5; jedenfalls wenn man einfach einen Datensatz dem Cluster zuschlägt, für den die größte Wahrscheinlichkeit vorliegt. Mittels

```
fig = plt.figure()
ax = fig.add_subplot(1,1,1)
ax.scatter(X[:,0]  ,X[:,1],c=W[:,0],s=60, cmap='binary')
```

können wir uns den Grad der Zugehörigkeit zu einem Cluster visualisieren.

Wie man in Abbildung 13.6 sieht, ist dies nicht einfach eine Frage des Abstandes vom Repräsentanten. Die Ränder der *Ohren* zum Beispiel im ersten Bild sind dunkler. Der Grund ist, dass

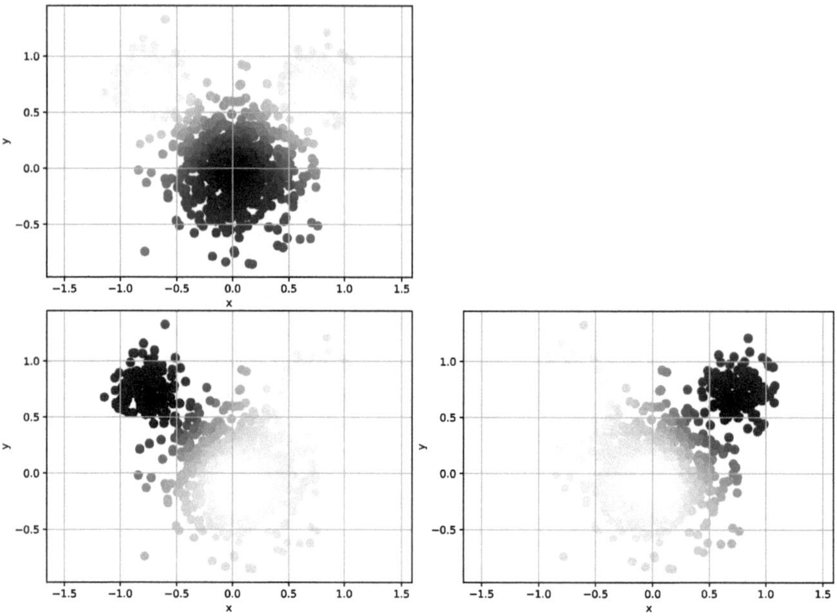

Abbildung 13.6 Wahrscheinlichkeit, zu einem speziellen Cluster zu gehören

diese weniger sicher zu den anderen Clustern gehören und dadurch die Möglichkeit steigt, zum zentralen Cluster zu gehören. Der einzelne Punkt unten links hat wiederum zu keinem Cluster eine sehr hohe Zugehörigkeit. Diese Information des Fuzzy-Ansatzes kann man nutzen, um zum Beispiel Randbereiche abzutrennen oder die Gewichte in der späteren Verarbeitung von Daten neu zu bewerten. Werden die Gewichte hingegen nur im Sinn einer Zuordnung über das Maximum verwendet, ist es in der Regel günstiger, den normalen k-Means zu verwenden. Die Ergebnisse sind in der Regel vergleichbar.

Wir haben im letzten Abschnitt bereits erlebt, dass die Clusteranalyse für das *Iris Flower Data Set* nicht unproblematisch ist. Wie verhält sich die Fuzzy-Variante hier? Visualisieren Sie sich die Gebiete, in denen das Verfahren besonders sichere oder unsichere Zuordnungen macht, mithilfe mehrerer 2D- oder 3D-Plots.

13.3 Dichte-basierte Cluster-Analyse mit DBSCAN

DBSCAN (Density-Based Spatial Clustering of Applications with Noise) gehört zur Klasse der dichte-basierten Clusteralgorithmen. Er wurde 1996 in der Veröffentlichung [EEHJ96] vorgestellt. Später wurde die Grundidee in Formen wie **OPTICS** (Ordering Points To Identify the Clustering Structure) [ABKS99] oder **MajorClust** [SN99] abgewandelt, wobei wir hier nur die

Grundform von DBSCAN besprechen. Tatsächlich ist auch diese Grundform diejenige, die man in Bibliotheken und Veröffentlichungen am meisten verwendet findet. Dieser dichte-basierte Algorithmus kann mehrere Cluster erkennen, ohne dass wie bei den k-Means-Varianten zuvor die Anzahl der Cluster bekannt sein muss. Darüber hinaus werden Rauschpunkte im Laufe der Clusteranalyse erkannt, für das Clustering ignoriert und separat zurückgeliefert. Zu den Nachteilen im Vergleich zu k-Means gehört, dass er weniger gut skaliert bzgl. großer Datenmengen und weit stärker vom Fluch der Dimension betroffen ist. Warum das so ist, wird klar, wenn wir uns ansehen, wie der Algorithmus arbeitet.

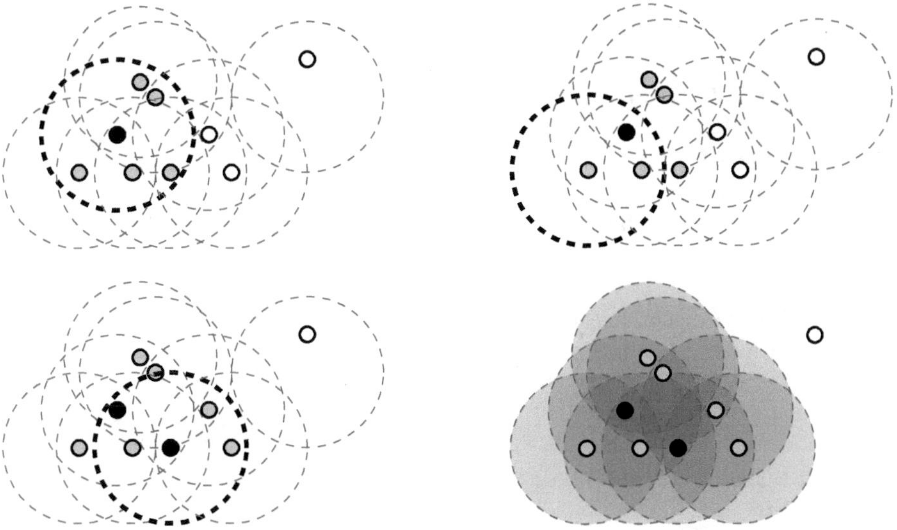

Abbildung 13.7 Stationen im DBSCAN mit minPts = 5

Der Algorithmus unterscheidet drei Arten von Punkten:

- Kernpunkte (Core Points)
- Randpunkte
- Rauschen bzw. Rauschpunkte (Noise)

Welcher Art ein Punkt ist, hängt von zwei Parametern ab, die der Benutzer zuvor wählen muss, nämlich ε und `minPts`. Wenn in der ε-Umgebung eines Punktes mindestens `minPts` Punkte – inklusive dem Punkt selbst – liegen, dann handelt es sich um einen Kernpunkt. Die Punkte, die in der ε-Umgebung liegen, sind zumindest Randpunkte. In Abbildung 13.7 sind die Umgebungen als Kreise eingezeichnet. Um ein Kernpunkt im obigen Beispiel zu sein, müssen in einem solchen Kreis 5 Punkte liegen.

Das Konzept der **Dichteverbundenheit** wird nun genutzt, um Cluster zu bilden. Zwei Kernpunkte gelten als dichte-verbunden, wenn es eine *Kette* von Kernpunkten gibt, die sie verbinden. Ist das der Fall, gehören diese Kernpunkte zum selben Cluster. Punkte, die zu keinem dichte-verbundenen Cluster gehören, werden als Rauschen klassifiziert.

Im Beispiel in Abbildung 13.7 wird zunächst ein Punkt als Kernpunkt identifiziert und alle Punkte in seiner ε-Umgebung als Randpunkte des neuen Clusters markiert. Nun wird jeder dieser Punkte darauf getestet, ob er ebenfalls ein Kernpunkt sein könnte. Oben rechts in Abbildung 13.7 ist das nicht der Fall und der Algorithmus fährt mit weiteren Punkten fort. Im Fall unten links ist nun ein weiterer Kernpunkt gefunden worden, der mit unserem ersten Kernpunkt dichte-verbunden ist. Wir nehmen alle Punkte aus seiner ε-Umgebung nun auch zu unserem Cluster hinzu. Anschließend werden auch diese getestet. Ein Punkt oben rechts wird jedoch durch keine ε-Umgebung eines Kernpunktes erreicht und somit als Rauschen eingeordnet. Am Schluss liegt ein Cluster aus zwei Kernpunkten und sechs Randpunkten sowie ein Punkt, der als Rauschen eingeordnet wird, vor.

Betrachten wir dieses Vorgehen einmal im Pseudocode. Hierbei gibt es zwei Funktionen, nämlich den eigentlichen `DBSCAN` und eine Funktion `expandCluster`, die für jeden neuen Cluster aufgerufen wird.

```
1:  function DBSCAN(D, ε, MinPts)
2:      C = 0
3:      for all unbesuchte P ∈ D do
4:          Markiere P als besucht
5:          N = {x ∈ D | ‖x − P‖ < ε}
6:          if #N < MinPts then
7:              Markiere P als Rauschen
8:          else
9:              C = C + 1
10:             Füge P dem Cluster Nr. C hinzu
11:             expandCluster(N, C, ε, MinPts)
12:         end if
13:     end for
14: end function
15: function EXPANDCLUSTER(N, C, ε, MinPts)
16:     for all P′ ∈ N do
17:         if P′ ist noch nicht besucht then
18:             Markiere P′ als besucht
19:             NExpand = {x ∈ D | ‖x − P′‖ < ε}
20:             if #NExpand >= MinPts then
21:                 N = N ∪ NExpand
22:             end if
23:         end if
24:         if P′ ist noch keinem Cluster zugewiesen then
25:             Füge P′ dem Cluster Nr. C hinzu und hebe ggf. Zuordnung als Rauschen auf
26:         end if
27:     end for
28: end function
```

Wichtig ist hierbei, sich den Effekt von Zeile 23 im Pseudocode klarzumachen. DBSCAN gilt als im Wesentlichen deterministisch und reihenfolgeunabhängig. Das bedeutet, dass immer dieselben Cluster entstehen, unabhängig davon, wie die Datenbank sortiert ist. Diese Beobachtung ist aber nur für die Kernpunkte richtig. Derjenige Cluster, welcher sich zuerst einen Randpunkt gesichert hat, erhält diesen in Zeile 23 auch. Das bedeutet, dass Randpunkte, die man zwei Clustern zurechnen könnte, durchaus den Besitzer wechseln können. Ein anderer Effekt, der zur Verwirrung führen kann, ist, dass man annehmen könnte, dass jeder Cluster mindestens MinPts-Objekte beinhaltet. Das ist aber wegen des Effektes von Zeile 23 nicht so. In der Umgebung eines Kernpunktes liegen zwar MinPts-Objekte, aber davon können schon einige einem anderen Cluster zugeordnet sein. Wenn man also den Algorithmus mit MinPts=10 startet, kann man durchaus Cluster mit nur 8 Elementen zurückgeliefert bekommen.

Der Ansatz über die Dichte hat viele Vorteile, jedoch schlägt hierbei der Fluch der Dimensionalität aus Abschnitt 5.3 zu. Wie in Abschnitt 5.3 besprochen, entsteht hier der Effekt, dass, falls man n Datenpunkte gleichmäßig in einem d-dimensionalen Einheitswürfel verteilt, der Teilwürfel mit der Kantenlänge 0.1, welcher direkt im Koordinatenursprung steckt, durchschnittlich $n \cdot 10^{-1/d}$ Elemente enthält. Anders formuliert befindet sich bei 100.000 Dateneinträgen bei 5 Merkmalen nur noch ein einziger Eintrag in diesem Quadranten. Derart vereinzelte Datenpunkte können über Dichtekriterien kaum noch analysiert werden. Es ist hier also nötig, im Sinne von Kapitel 9 die Anzahl der Merkmale zu reduzieren oder mittels PCA, Autoencoder etc. zu verdichten.

Wie man am Pseudocode schon erkennen kann, ist DBSCAN auf der obersten Ebene nur von linearer Komplexität. Das bedeutet, jeder Punkt wird im Wesentlichen nur einmal besucht und man könnte hoffen, dass der Algorithmus gut skaliert. Das Problem liegt in den Zeilen 5 und 19, da die Berechnung der ε-Umgebung nicht von linearer Komplexität ist, sondern im Allgemeinen quadratisch. Wir werden hier wieder für die Umsetzung in Python den schon bekannten kd-Baum verwenden, der für geringe Dimensionen gute Dienste leistet und den Algorithmus deutlich beschleunigt. Entsprechend binden wir für die Python-Umsetzung auch wieder die SciPy ein:

```python
import numpy as np
from scipy.spatial import KDTree

class DBSCAN:
    def __init__(self, X, p=2, leafSize=30):
        self.p = p
        self.leafSize = leafSize
        self.X = X
        self.kdTree = KDTree(self.X, leafsize=self.leafSize)
```

Neben den aus dem Pseudocode bekannten Parametern `eps` und `MinPts` erlauben wir dem Benutzer noch, durch p die gewünschte p-Norm für die Abstandsberechnung auszuwählen und bei Bedarf mittels `leafSize` unseren kd-Tree zu beeinflussen.

Die nächste Methode setzt die Funktion `DBSCAN` aus dem Pseudocode um. Die Umsetzung ist bis auf den Einsatz des kd-Trees quasi mit dem Pseudocode identisch. Um die besuchten Punkte und die Clusterzuordnung zu speichern, nutzen wir jeweils ein NumPy-Array.

```python

    def fit_predict(self,eps=0.5, MinPts=5):
        self.eps = eps
        self.MinPts = MinPts
        C = 0
        self.visited = np.zeros(self.X.shape[0],dtype=bool)
        self.clusters = -10*np.ones(self.X.shape[0],dtype=int)
        for i in range(self.visited.shape[0]):
            if not self.visited[i]:
                self.visited[i] = True
                P = self.X[i,:]
                N = np.array(self.kdTree.query_ball_point(P, self.eps, p=self.p))
                if N.shape[0] < self.MinPts:
                    self.clusters[i] = -1
                else:
```

```
                C = C+ 1
                self.visited[i] = C
                self._expandCluster(N, C)
        return self.clusters
```

Ähnlich geradlinig kann `expandCluster` aus dem Pseudocode übertragen werden. Augenfällig ist hier der Einsatz einer While- statt einer For-Schleife. Der Grund liegt darin, dass die sich verändernde Anzahl von Elementen in N nicht automatisch von der For-Schleife berücksichtigt wird. Diese orientiert sich an dem N, mit dem die For-Schleife betreten wird. Die Konstruktion über While erlaubt hier mehr Flexibilität.

```

    def _expandCluster(self,N, C):
        elements = N.shape[0]
        j = 0
        while j < elements:
            i = N[j]
            if not self.visited[i]:
                self.visited[i] = True
                NExpend =np.array(self.kdTree.query_ball_point(self.X[i,:],self.eps,p=self.p))
                if NExpend.shape[0] >= self.MinPts:
                    N = np.hstack( (N,NExpend) )
                    elements = N.shape[0]
            if self.clusters[i]<0:
                self.clusters[i] = C
            j = j + 1
```

Für den praktischen Einsatz von DBSCAN gibt es nun zwei Probleme, zum einen ggf. wie oben besprochen die Anzahl der Dimensionen und zum anderen die Wahl der beiden Parameter.

Hat man aus dem Anwendungsszenario kein Gefühl für die Wahl der Parameter, hilft es, die Daten vorab zu analysieren. Wir schreiben uns hierzu eine Methode, die uns die minimale Distanz ausgibt, in der sich `MinPts`-Punkte in der Umgebung jedes Datenbankeintrages finden. Der `kdTree` hat hierzu schon fast alles implementiert. Mit `query` fragen wir ab, wie die Distanzen der `MinPts` nächsten Nachbarn sind, und anschließend speichern wir die größte dieser Distanzen.

```

    def analyseEps(self,MinPts=5):
        (d,_) = self.kdTree.query(self.X,k=MinPts, p=self.p)
        d = np.max(d,axis=1)
        return d
```

Die Wahl von `MinPts` ist hingegen primär eine Frage, wie groß bzw. wie klein die gefundenen Cluster sein sollen: Je größer `MinPts`, desto eher entstehen wenige kompakte Cluster, und je kleiner `MinPts` gewählt wird, desto eher entstehen ggf. aus Rauschen auch Cluster.

Wir schauen uns das einmal am Beispiel unseres `twoMoonsProblems` an. Für `MinPts=5` ergibt sich für diese Daten das folgende Histogramm in Abbildung 13.8 bzgl. der Distanzen.

Wie man sieht, erscheint ein Bereich von 0.02 bis 0.08 sinnvoll. Das Problem ist, dass – auch wenn wir mit 0.05 eine typische Distanz wählen – wir nicht unsere zwei Mengen erhalten, die wir erwarten. Vielmehr gibt es zwischendurch Regionen, in denen die Distanzen größer sind, und hier wird ein neuer Cluster erzeugt.

In Tabelle 13.1 erkennen wir, wie stark das Resultat von den Parametern abhängt. Tatsächlich ergeben sich hier erst für Werte am rechten Rand unseres aus dem Histogramm ermittelten

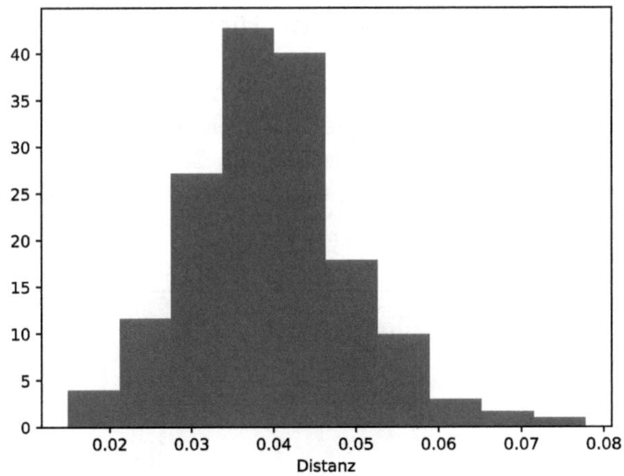

Abbildung 13.8 Analyse des Radius, innerhalb dessen sich 5 Nachbarn befinden

Tabelle 13.1 Clusteranzahl und Anteil des diagnostizierten Rauschens in Abhängigkeit von ε

ε	Clusterzahl	Rauschen
0.02	5	95 %
0.03	24	66 %
0.04	38	16 %
0.05	11	1.4 %
0.06	6	0.0 %
0.07	3	0.0 %
0.08	2	0.0 %

Wertebereiches sinnvolle Cluster. Ich selbst nehme auch den Anteil des Rauschens oft als Indikator, ob ich ein sinnvolles Parameterpaar gefunden habe. Oft hat man ein Gefühl dafür, dass man maximal von z. B. 1 % Rauschen in den eigenen Daten ausgeht. Liegt DBSCAN deutlich davon entfernt, ist es naheliegend, dass die Parameter ungünstig gewählt wurden. So wie unsere Testdaten erzeugt wurden, wäre von einem Rauschen unter 1 % auszugehen, was die letzten drei Einstellungen von ε sinnvoll erscheinen lässt.

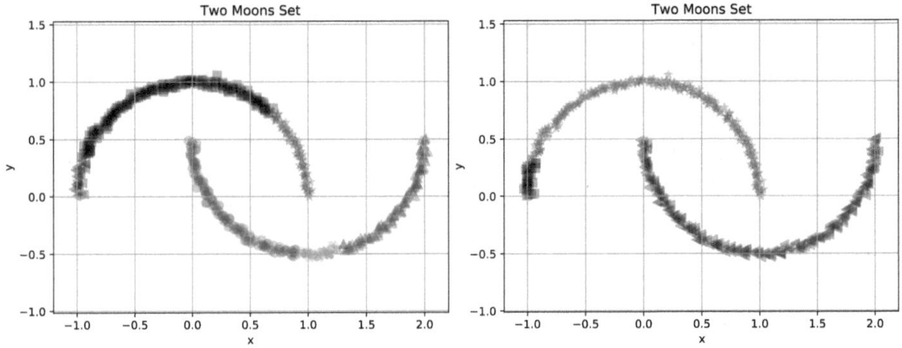

Abbildung 13.9 Clusterbildung mit DBSCAN für $\varepsilon = 0.06$ (links) und 0.07 (rechts)

Die Abbildung 13.9 illustriert, wie die zusätzlichen Cluster entstehen. Für $\varepsilon = 0.07$ gibt es am linken Rand des oberen Halbkreises eine Stelle, an der die Punkte vom Hauptarm aus nicht dichte-verbunden sind. Entsprechend wurde für den linken Bereich ein neuer Cluster eröffnet. In sich ist das Ergebnis schlüssig und tatsächlich ist das typische Ziel eines Clustering, die Ähnlichkeit innerhalb der Gruppen sowie die Unterschiede zwischen den Gruppen zu maximieren, erreicht. Unseren Erwartungen entspricht jedoch eher das Resultat für $\varepsilon = 0.08$ aus Abbildung 13.10.

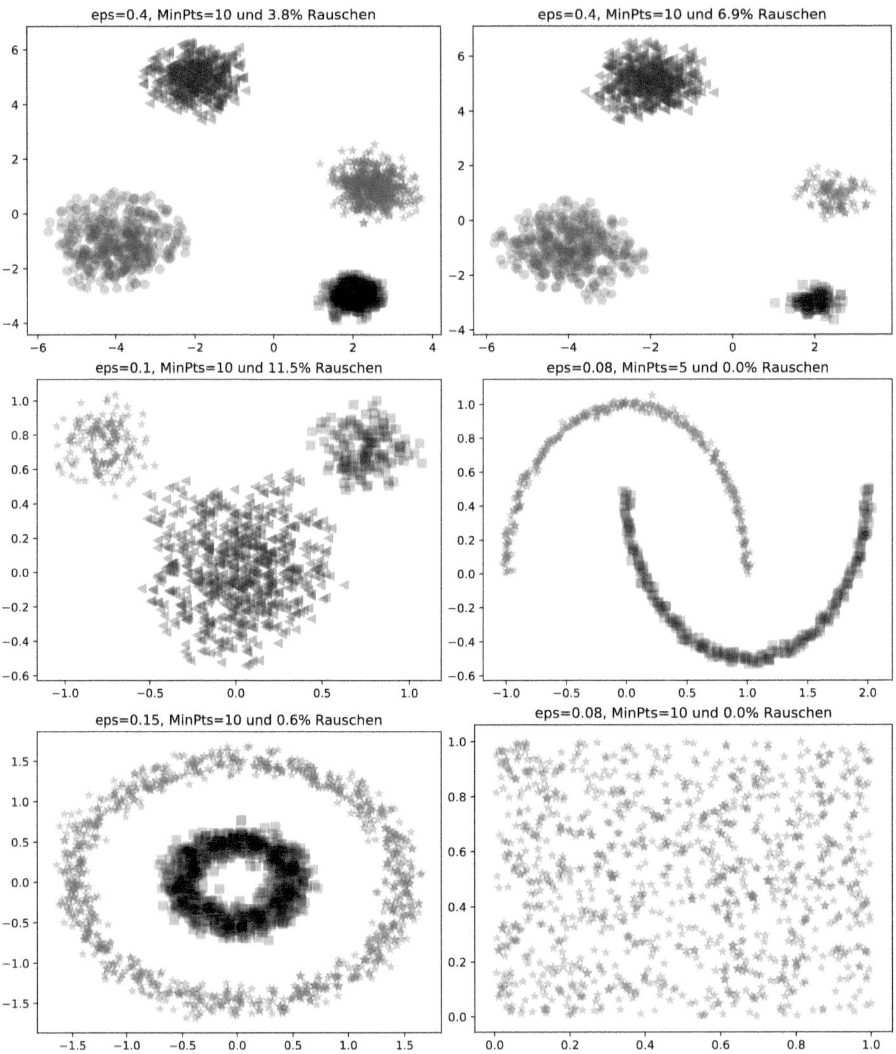

Abbildung 13.10 Clusterbildung mit DBSCAN auf den Testproblemen

In Abbildung 13.10 folgen nun die Resultate von DBSCAN für geeignete Parameter auf den bekannten Testproblemen. Wie man sieht, gelingt es DBSCAN hier besser als k-Means, unsere Erwartungen zu erfüllen. Ein Grund ist natürlich, dass DBSCAN eben auf der Dichte als Kriterium basiert, welches sich stärker mit der Wahrnehmung von Menschen deckt als die reine Distanz von k-Means. DBSCAN ist dabei sehr sensitiv bzgl. der Parameter, deren Wahl für höhere Dimensionen zunehmend schwerer fällt. Beim Mouse Dataset führen größere ε bei gleicher Wahl von `MinPts` dazu, dass nicht mehr drei, sondern nur noch zwei Mengen erkannt werden. Das linke Ohr wird dann mit der größten Menge vereinigt.

13.4 Hierarchische Clusteranalyse

Wir haben mit k-Means einen Algorithmus besprochen, der iterativ einen Repräsentanten für den Cluster berechnet. Der Abstand zum Repräsentanten entscheidet dann über die Zugehörigkeit zum Cluster. DBSCAN wiederum gehört zu den dichte-basierten Algorithmen. Der Algorithmus modelliert die Verbundenheit von Elementen durch die Analyse der Dichte zwischen den Elementen. Die dritte große Gruppe von Cluster-Algorithmen führt zu hierarchisch organisierten Clustern, die an die Art erinnern wie man in der Biologie Tierarten und deren Verwandtheitsgrade aufgezeigt bekommt. In dieser Anwendung werden Tiere in Arten, Gattungen etc. gruppiert. Abbildung 13.11 zeigt ein Beispiel inklusive dem allgemeinen Fall. Dazu muss man ggf. wissen, dass Hyänen tatsächlich den Katzenartigen zugerechnet werden, obwohl ich selbst vom optischen Eindruck eher nicht auf die Idee gekommen wäre.

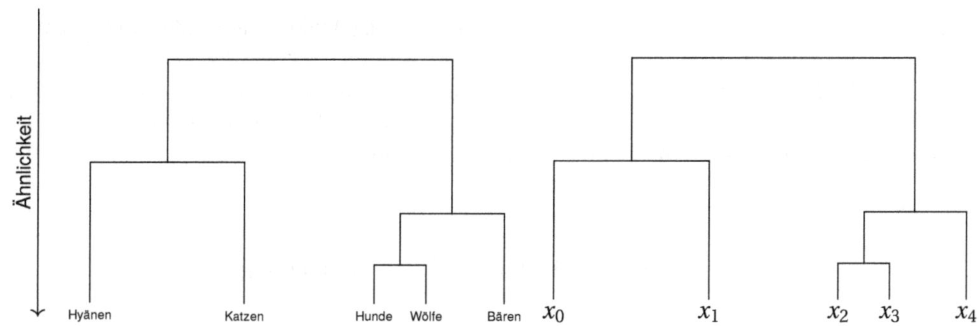

Abbildung 13.11 Dendrogramm mit fünf Elementen

Solche **Dendrogramme** werden tatsächlich im Rahmen des hierarchischen Clusterings automatisch erstellt und stellen für die Visualisierung auch einen Mehrwert dar. Auch müssen wir uns nicht vorher festlegen, wie viele Cluster es geben soll. Im Vorgehen unterscheidet man beim hierarchischen Clustering zwei Ansätze: **agglomerative** und **divisive Clusterverfahren**. Divisive ist englisch für *spaltend* und genauso funktioniert der Ansatz auch. Zu Beginn eines divisiven Clusterverfahrens steht ein großer Cluster, welcher alle Elemente beinhaltet. Dann wird dieser Cluster schrittweise in kleinere Untereinheiten aufgespalten. Am Schluss steht ein Zustand, in dem jeder Cluster genau ein Objekt beinhaltet. Wir konzentrieren uns auf den agglomerativen Ansatz, der genau umgekehrt vorgeht. Hier erhält zunächst jedes Objekt einen eigenen Cluster. Das entspricht der untersten Ebene in Abbildung 13.11. Nun suchen wir die zwei davon heraus, die sich am nächsten sind, und bilden aus den beiden einen neuen Cluster. Nun betrachtet man wieder die Ähnlichkeiten zwischen allen auf der neuen Ebene bestehenden Clustern. In der Abbildung sind das nun die Cluster, die jeweils nur Hyänen, Katzen und Bären beinhalten sowie der Cluster, der aus Haushunden und Wölfen besteht. Von diesen

Vieren werden nun wieder die zwei Cluster zusammengelegt, welche die größte Ähnlichkeit haben.

Wir nehmen an, dass wir wieder imstande sind, Distanzen im Sinne des Abschnitts 5.1.2 zwischen einzelnen Objekten zu berechnen. Dann können wir zunächst wählen, welche Metrik uns hier geeignet erscheint. Das Problem wird jedoch komplexer, wenn es darum geht, den Abstand bzw. die Ähnlichkeit zwischen zwei Clustern zu bestimmen. Die Metrik funktioniert zunächst nur auf der Ebene des einzelnen Objektes bzw. Vektors.

Um auf die Ebene des Clusters zu kommen, gibt es verschiedene Ansätze. Wie betrachten hier vier populäre, nämlich Single-Linkage, Complete-Linkage, Centroid-Method und Average-Linkage.

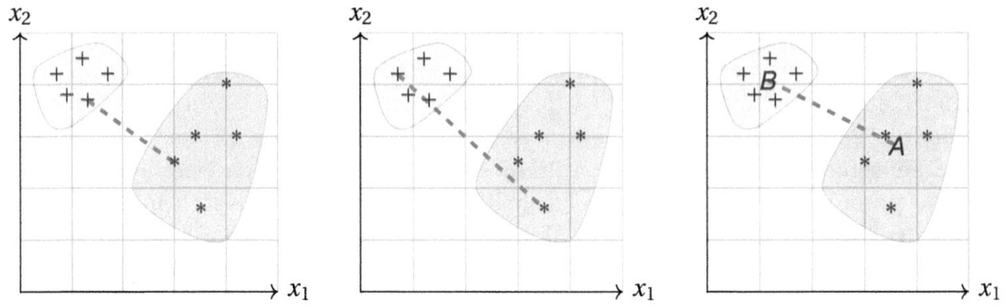

Abbildung 13.12 Single-Linkage (links), Complete-Linkage (Mitte) und Centroid-Method (rechts)

Beim **Single-Linkage** wird der minimale Abstand aller Elementpaare aus den beiden Clustern C_1 und C_2 verwendet. Die Ähnlichkeit orientiert sich also an der Distanz, die die beiden nächsten Objekte haben. Die mathematische Formulierung lautet:

$$D_{\text{sl}}(C_1, C_2) = \min_{a \in C_1, b \in C_2} \{d(a, b)\}$$

Ein großes Problem beim Single-Link ist die Tendenz zur Kettenbildung.

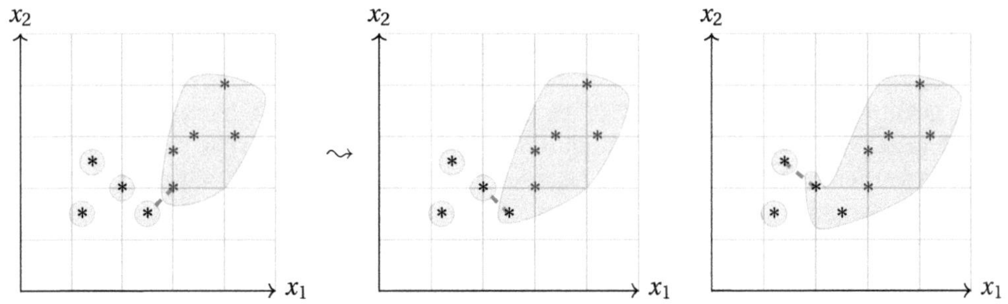

Abbildung 13.13 Kettenbildung bei Verwendung von Single-Linkage

Wie Abbildung 13.13 illustriert, kann es passieren, dass ein Cluster entsteht, welcher sich dann Objekt für Objekt weite Teile des Datenbereiches einverleibt. Das Dendrogramm sähe dabei so aus, dass ein Cluster immer neue Elemente oder kleinere Cluster integriert. Dieses Ausbreiten eines einzelnen Clusters oder nur weniger Cluster entspricht oft nicht der Intention einer Clusteranalyse und den Ähnlichkeiten, die man als Mensch glaubt, in der Menge zu erkennen. Ein

Lösungsansatz, der das Verfahren jedoch auch komplexer macht, besteht darin, die k nächsten Nachbarn auszuwerten, statt sich nur auf eine Verbindung zu konzentrieren.

Der Gegenentwurf ist der Ansatz des **Complete-Linkage**. Hier wird die Entfernung zwischen zwei Clustern C_1 und C_2 durch den maximalen Abstand aller Elementpaare aus den beiden Clustern definiert. Die mathematische Formulierung lautet:

$$D_{\text{cl}}(C_1, C_2) = \max_{a \in C_1, b \in C_2} \{d(a, b)\}$$

Während Single-Linkage zu Ketten tendiert, weil dieser Ansatz mehr Ähnlichkeiten sieht als Unterschiede, ist es bei Complete-Linkage genau umgekehrt. Man konzentriert sich auf die Unterschiede und gelangt folglich zu vielen kleinen Gruppen, die erst sehr spät zusammenwachsen.

Bei der **Centroid-Method** werden zunächst die Zentren der beiden Cluster durch Mittelwertbildung berechnet und dann wird der Abstand eben dieser Zentren als Distanz zwischen beiden Clustern verwendet. **Average-Linkage** wiederum ist in Abbildung 13.12 nicht dargestellt, weil man vor lauter Verbindungslinien nichts gesehen hätte. Hier werden die Abstände von allen Elementen beider Klassen zueinander gebildet. Daraus wird dann durch Mittelung der durchschnittliche Abstand aller Elementpaare berechnet. Als Distanz formalisiert erhalten wir:

$$D_{\text{al}}(C_1, C_2) = \frac{1}{\#C_1 \cdot \#C_2} \sum_{a \in C_1, b \in C_2} d(a, b)$$

Mit $\#C_1$ wird dabei die Mächtigkeit der Menge, also die Anzahl ihrer Elemente, bezeichnet. Dieser gemittelte Ansatz tendiert zwar nicht zu extremem Verhalten wie Single-Linkage oder Complete-Linkage, hat jedoch einen anderen Nachteil. Ebenso wie k-Means tendiert er dazu, konvexe Mengen auszubilden. Während die klare Sphärenform – in der jeweiligen Norm wie auf Seite 109 diskutiert – bei k-Means unmittelbar eingebaut ist, kann dieses Verfahren auch leichte Formänderungen ausbilden; quasi eine Kartoffel statt einer Kugel, die Tendenz ist aber durchaus gegeben. Im Unterschied zu k-Means ist jedoch die hierarchische Clusteranalyse mit Average-Linkage mit weitaus höheren Kosten verbunden. Das bedeutet, dass man in vielen Anwendungen, in denen eine Sphärenform akzeptierbar ist, eher dazu tendieren wird, k-Means einzusetzen. Das ist der Grund, warum diese Variante etwas seltener anzutreffen ist.

Kosten sind allerdings ein wichtiger Punkt. Wie schon erwähnt, ist das hierarchische Clustern nicht billig. Es wäre noch teurer, wenn nach jeder Zusammenlegung alle Distanzen neu berechnet werden müssten. Nehmen wir einmal an, wir haben einhunderttausend Datensätze. Würden wir die Distanzmatrix von jedem zu jedem speichern, dann müssten wir eine dicht besetzte Matrix 100 000 × 100 000 mit 8 Byte für einen Double speichern. Einmal schnell rechnen:

$$8 \text{ Bye} \cdot 100000^2 = 80000000000 \text{ Bye} = 80 \text{ Gigabyte}$$

Wir können das jetzt noch ca. um den Faktor 2 reduzieren, da der Abstand ja symmetrisch ist. Tatsächlich hat der Algorithmus für ein hierarchisches Clustering eine kubische Komplexität bzgl. der Rechenzeit und eine quadratische bzgl. des Speicherverbrauchs. Diese Laufzeiten sind nicht das, was man sich als Laufzeitverhalten für große Datenmengen wünscht. Es geht aber auch schneller. Nehmen wir einmal Single-Linkage als Beispiel. Hier interessieren uns doch eigentlich nur die Abstände zu den k nächsten Nachbarn, wobei der Parameter k

etwas ist, das man schätzen müsste. Alle anderen Distanzen kann man genauso gut behandeln wie *unendlich*, da sie für eine Fusion sowieso nicht in Frage kommen. Kann man diesen Parameter k gut schätzen, könnte man mit einer dünnbesetzten Matrix arbeiten, in der nur relevante Abstände gespeichert werden. Wir können hier nicht in Details gehen, aber viele intelligente Leute haben versucht, für jeweilige Spezialfälle bessere Laufzeiten etc. zu erreichen. Für Single-Linkage stehen mit SLINK, s. [Sib73], und für Complete-Linkage, s. [Def77], Ansätze bereit, die den Aufwand von kubisch auf quadratisch reduzieren können.

Für jeden Ansatz hilfreich ist der Einsatz einer Update-Formel. Das bedeutet, dass es eine Möglichkeit gibt, aus der einmal berechneten Distanzmatrix die Distanzmatrizen nach den Fusionen günstig abzuleiten. Am Anfang des Prozesses steht die $n \times n$ Matrix der Distanzen aller Objekte. Wenn nun basierend auf irgendeinem der obigen Ansätze klar ist, welche Cluster fusioniert werden sollen, so müssen nur die Distanzen zwischen den neuen fusionierten Clustern und allen anderen berechnet werden. Nehmen wir an, C_1 und C_2 wurden zu $\tilde{C} = C_1 \cup C_2$ zusammengelegt. Dann kann die Distanz zwischen $\tilde{C}$ und einem anderen alten Cluster C_i aus den bekannten Distanzen mithilfe der **Formel von Lance und Williams** berechnet werden:

$$D(C_1 \cup C_2, C_i) = \alpha_1 d(C_1, C_i) + \alpha_2 d(C_2, C_i) + \beta d(C_1, C_2) + \gamma |d(C_1, C) - d(C_1, C_i)|.$$

Die Werte für die Parameter $\alpha_1, \alpha_2, \beta$ und γ hängen von der Wahl von D ab, also ob man z. B. D_{sl} verwendet. In diesem Fall lauten die Werte $\alpha_1 = \alpha_2 = 0.5$ $\beta = 0$ und $\gamma = -0.5$. Für D_{sl} ändert sich nur das Vorzeichen von γ.

Es ist wichtig und sinnvoll, die Kosten im Blick zu haben und dass es Möglichkeiten gibt, hier Verbesserungen gegenüber der kubischen Laufzeit vorzunehmen. Dieses Mal benötigen wir jedoch nicht viele Details für die Implementierung, da in der SciPy schon viele Funktionalitäten für hierarchisches Clustering implementiert sind.

Wir nutzen dazu im Wesentlichen drei Funktionen: Die Funktion **`pdist`** berechnet die Distanz zwischen allen Elementen der Menge `X` unserer Merkmale. Als Optionen können wir u. a. die Metrik übergeben, mit deren Hilfe das passieren soll. Dabei wird die oben erwähnte Symmetrie durch `pdist` bereits genutzt, um Speicher zu sparen. Die Rückgabe erfolgt als Vektor, der nur die nötigen Informationen zu den Abständen enthält. Diese Daten übergeben wir nun der Funktion **`linkage`**. Als Optionen können wir hier neben der Metrik die Art festlegen, wie der Abstand zwischen den Clustern berechnet werden soll. Alle oben geschilderten Ansätze `single`, `complete`, `average` und `centroid` sind als Option möglich.

Wir verzichten hier auf einen Ansatz über ein Klassendesign, da es durch die bereits vorhandenen Funktionen kaum Vorteile gibt. Eine einfache Möglichkeit für eine `predict`-Methode für neue Datensätze analog zu k-Means existiert auch nicht, sodass auch diese hier entfällt. Der Ablauf für ein hierarchisches Clustering auf einer Merkmalsmenge `X` besteht also aus den drei Befehlen unten:

```
>>> import numpy as np
>>> from matplotlib import pyplot as plt
>>> from scipy.cluster import hierarchy
>>> from scipy.cluster.hierarchy import dendrogram, linkage, fcluster
>>> from scipy.spatial.distance import pdist
[...]
>>> D = pdist(X, metric='euclidean')
>>> Z = linkage(D, 'single', metric='euclidean')
>>> xCluster = fcluster(Z,4,criterion='maxclust')
```

Mit der Option `criterion='maxclust'` bestellen wir hier genau vier Cluster. Dabei muss man das *max* so interpretieren, dass die Funktion es sich vorbehält, uns ggf. auch nur eins, zwei oder drei zurückzuliefern, falls kein Punkt im Clustering-Prozess mit genau vier Clustern gefunden werden kann.

Nun haben wir bereits besprochen, dass gerade beim hierarchischen Clustering uns mehr Möglichkeiten vorliegen, als starr eine Anzahl von Clustern zu fordern. Um hier sinnvolle andere Kriterien anzulegen, ist es oft wichtig, sich den Clustering-Prozess mit einem Dendrogramm zu visualisieren. Auch hierfür hält die SciPy eine Funktion bereit, nämlich **`dendrogram`**. In unserem Fall würden wir diese Funktion z. B. wie folgt aufrufen:

```
>>> dendrogram(Z,truncate_mode='lastp',p=12)
```

Input ist also wie bei der Extraktion der Cluster mittels `fcluster` die von linkage zurückgelieferte $(n-1) \times 4$-Matrix. Zur Codierung der Information in dieser Matrix sei auf die SciPy-Dokumentation [Thed] verwiesen. In der Regel ist es für uns wichtig, die Ausgabe von `dendrogram` zu begrenzen. Tut man dies nicht, wird der Prozess von der untersten Ebene an visualisiert, die mehrere tausend Elemente umfassen kann. Mit den Parametern `truncate_mode='lastp',p=12` beschränken wir die Ausgabe auf die letzten zwölf Fusionen von Clustern.

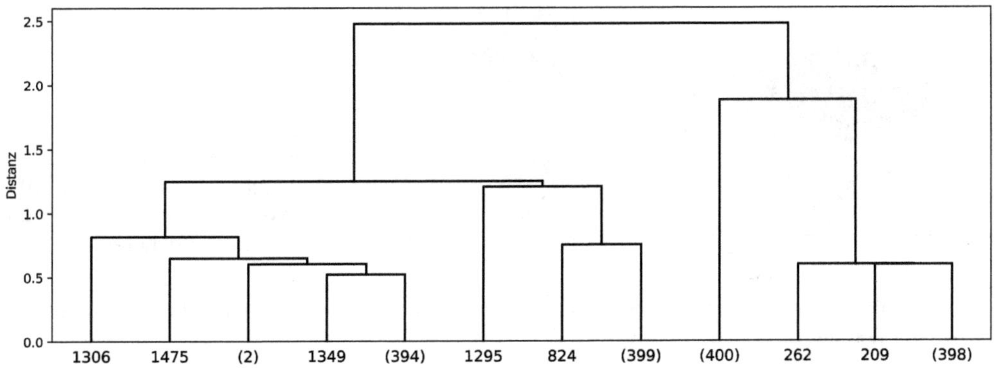

Abbildung 13.14 Dendrogramm für das Testbeispiel mit vier Bällen und Single-Linkage

Steht auf der x-Achse des Dendrogrammes wie in Abbildung 13.14 eine einzelne Zahl, so ist dies der Verweis auf die Zeile – hier z. B. `X[1306,:]` –, in der das entsprechende Objekt beschrieben wird. Steht dort hingegen eine Zahl in Klammern, wie (394), so bedeutet dies, dass dieser Cluster bereits entsprechend viele Elemente umfasst.

In unserem Beispiel wissen wir, dass vier mal 400 Elemente um ein Zentrum verteilt wurden, wobei kleinere Ausreißer möglich sind. Das bedeutet, dass sich in dem von uns beobachteten Abschnitt bereits die Cluster im Wesentlichen gefunden haben. Wenn wir nun aus dem Anwendungsfall motiviert annehmen könnten, dass alles, was bei einer Distanz von 0.5 noch nicht zusammengeschlossen ist, auch nicht zusammengehört, so lassen wir uns von `fcluster` nicht eine spezielle Anzahl von Clustern zurückliefern, sondern den Stand, der zu einem gewissen Abstand gehört. Hierbei muss man sich klarmachen, dass sich *Abstand* auf die gewählte Vorgehensweise bezieht. Die Werte an der y-Achse für die Distanz sind, falls z. B. Complete-Linkage genutzt wird, ungleich größer.

`fcluster` beginnt die Nummerierung bei 1, nicht bei 0. Wenn man anschließend mit Indizes arbeiten will, ist das wichtig.

Mit den folgenden Zeilen lassen wir uns also die zum Abstand 0.5 im Dendrogramm aus Abbildung 13.14 gehörenden Cluster ausgeben.

```
>>> clusterNo = fcluster(Z, 0.5, criterion='distance')
>>> (Number , counts) = np.unique(clusterNo,return_counts=True)
>>> big4 = np.argsort(counts)[-4:]
```

Wie wir feststellen, handelt es sich um zwölf Cluster. Mit Funktionen wie `unique` oder `argsort` können wir in der weiteren Verarbeitung schnell kleine von großen Clustern trennen.

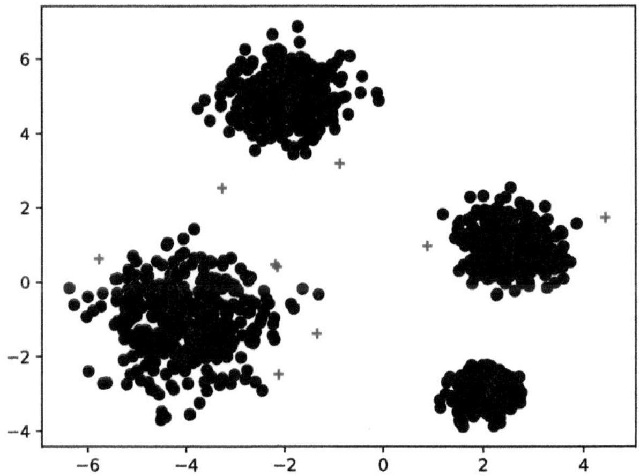

Abbildung 13.15 Abspaltung der Elemente, die bei einem Abstand von 0.5 noch nicht zu einem der vier großen Cluster gehören.

Damit kann man wie in Abbildung 13.15 noch schnell die mit einem + markierten Ausreißer deutlich machen und visualisieren.

Mit der obigen Vorgehensweise, jedoch mit einer angegebenen Anzahl von Clustern, wenden wir nun das Clustering auf Testprobleme an, die wir auch bereits auf Seite 444 für den DBSCAN untersucht haben. Da sich das Verhalten hier jedoch stark unterscheidet, welchen Ansatz wir in `linkage` verwenden, geben wir drei Varianten für jedes Problem an: `single`, `complete` und `average`. Wie man in Abbildung 13.16 sehen kann, sind alle Ansätze auf den beiden Testproblemen mit den vier Mengen sehr gut. Das Mouse-Dataset hingegen wird nur mit dem `average`-Ansatz im Wesentlichen sinnvoll bearbeitet. Bei der `single`-Variante kommt es zu der schon erwähnten Kettenbildung. Dadurch wird bis auf wenige Ausreißer das ganze Mouse-Dataset in einen Cluster integriert. Für das Beispiel der beiden Monde hingegen ist genau diese Vorgehensweise optimal und erzeugt eine ähnliche Zuordnung wie DBSCAN. Dasselbe gilt für die beiden ineinander liegenden Kreise. Wenn wir genau zwei Cluster bestellen, bekommen wir diese auf dem Rauschen natürlich auch. Jedoch wäre es hier bei einer Analyse mit einem Dendrogramm ggf. klargeworden, dass keine entsprechenden Strukturen in der Datenmenge vorliegen. Generell empfiehlt es sich, die besseren Analysemöglichkeiten über die Dendrogramme in der Praxis auch zu nutzen und nicht die Zahl der Cluster festzulegen.

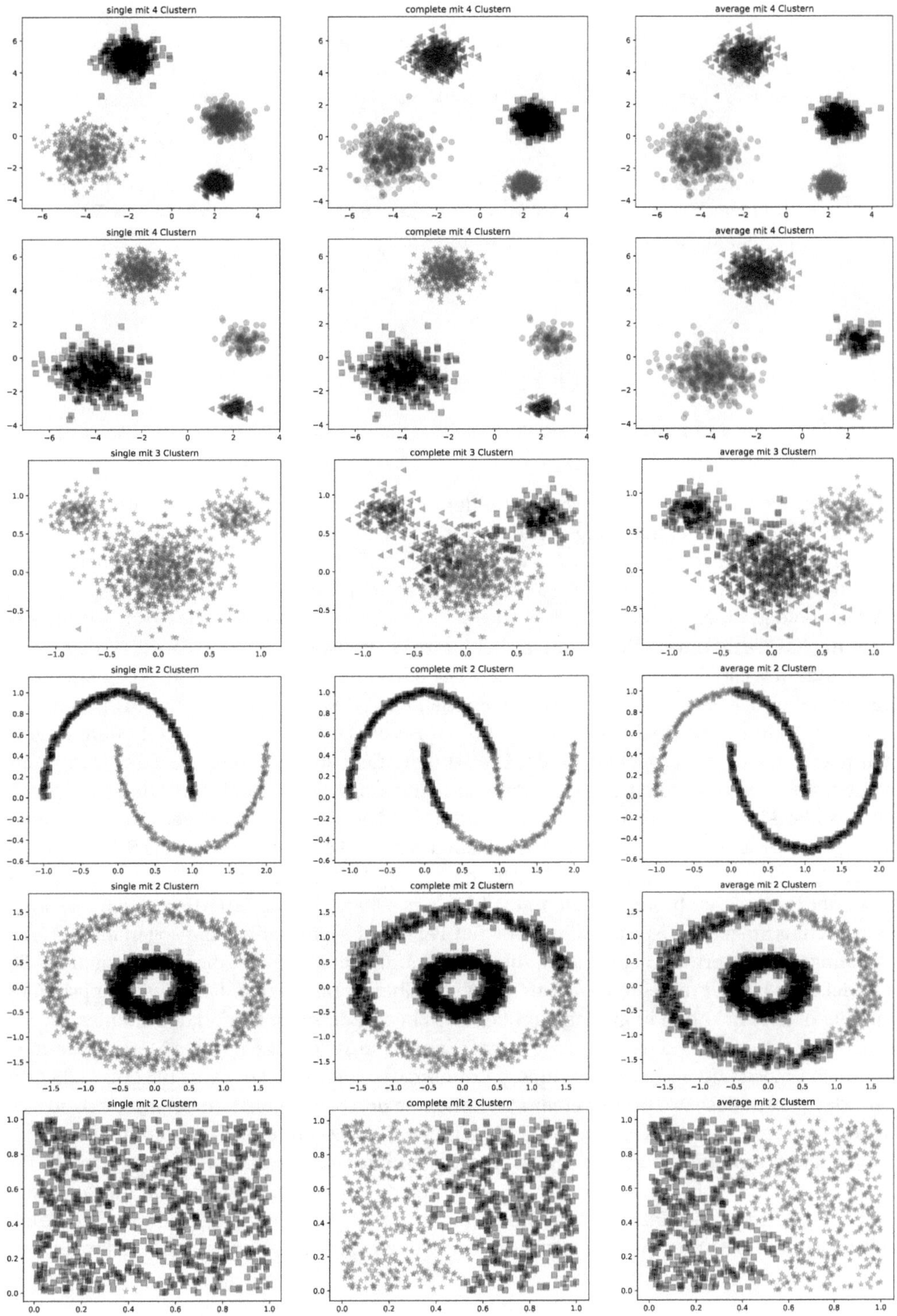

Abbildung 13.16 Hierarchische Clusterbildung mit verschiedenen Linkage-Ansätzen

Nutzen Sie die Daten aus dem u.a. aus Kapitel 9 bekannten Datenbestand `AutodatenbankAllEntries.csv` – außer der Spalte `Fahrzeugklasse` für eine Clusteranalyse. Legen Sie ca. 20% der Daten für eine Überprüfung beiseite. Verwenden Sie dazu sowohl die hierarchischen Verfahren aus diesem als auch den DBSCAN aus dem letzten Abschnitt, um sechs Cluster zu bilden. Überprüfen Sie, ob diese Cluster mit den Einstufungen in die Fahrzeugklassen zusammenfallen. Nutzen Sie die beiseite gelegten 20%, um zu testen, ob Sie z. B. bei der Verwendung von RBF eine mangelnde Generalisierung erzeugt haben.

13.5 Evaluierung von Clustern und Praxisbeispiel Clustern von Ländern

Wir haben die verschiedenen Clustermethoden bisher ausschließlich auf theoretischen, also generierten, Datenbeständen angewendet. Nun greifen wir auf den Länderdatensatz aus Kapitel 9 zurück und schauen einmal, welche Länder aus Sicht der Clusteralgorithmen Gruppen bilden. Die Idee zu dieser Fragestellung geht auf einen Ted Talk – TED ist die Abkürzung für Technology, Entertainment, Design – des schwedischen Professors Hans Gösta Rosling zurück, der darin sehr unterhaltsam und aufschlussreich Statistiken zur Analyse der Entwicklung von Ländern vorstellt. Sie können das Video *The best stats you've ever seen* aus dem Jahr 2006 bei *https://www.ted.com/* abrufen, und ich empfehle es wirklich sehr. Hans Rosling beschreibt darin zu Beginn seine Erfahrung im Kurs *Global Health* bzgl. eines Pre-Tests, in dem er Fragen nach der Kindersterblichkeit stellt. Die Studierenden sollen jeweils das Land von Zweien auswählen, welches die höhere Kindersterblichkeit hat, wobei die Unterschiede zwischen den Ländern jeweils deutlich ausgeprägt sind. Der Mean-Wert der richtigen Antworten von 5 möglichen war 1.8 ± 0.4, was – wie er feststellt – signifikant weniger war als Schimpansen durch Raten hätte schaffen können. Zur Ehrenrettung der Studierenden schiebt er die Ergebnisse der Professoren hinterher, die mit 2.4 ± 0.4 es schafften, mit den Affen gleichzuziehen. Seine Schlussfolgerung ist, dass die befragten Personen Mythen über die sogenannten Entwicklungsländer verinnerlicht haben, die es aufzubrechen gilt. Nach dieser Sicht gab es die entwickelten Länder mit einem langen Leben in kleinen Familien und die Entwicklungsländer mit einem kurzen Leben in großen Familien. Das bedeutet, seine Merkmale sind hier `life_expect`, '`birth_rate` und `neonat_mortal_rate`, also eine Teilmenge unseres Merkmalsraums, der noch `income` und `gdp_percap` umfasst. Er untersucht den Zeitraum von 1962 bis 2003 und geht davon aus, dass wir oft mit einem Weltbild aus den Sechzigern versuchen, die Welt des neuen Jahrtausends zu begreifen. Tatsächlich rückt die Welt immer mehr zusammen, und wir haben schon in Kapitel 9 gesehen, dass man sagen könnte, es wird alles besser ... nicht für jeden, aber im Schnitt. Trotzdem gibt es die Unterschiede vielleicht noch und nur in einem anderen – kleineren – Maßstab. Wir lassen mal unsere Algorithmen auf die Frage los. Vorab sollten wir darüber sprechen, wie wir beurteilen wollen, ob wir zufrieden sind mit dem Ergebnis.

13.5.1 Evaluierung von Clustern

Wir haben zu Beginn des Kapitels klargemacht, dass es das Ziel einer Clusteranalyse ist, Mengen so einzuteilen, dass:

- Die Ähnlichkeit innerhalb der Gruppen maximiert wird (**Konsistenz**) und
- die Unterschiede zwischen den Gruppen maximiert werden (**Separation**).

Wir haben im Kontext von k-Means auch anhand der Gleichung (13.1) auf Seite 430 gesehen, dass dem die Minimierung eines Funktionals zugrunde liegen kann. Das Optimum davon ist jedoch nur optimal für ein festes k. Es ist nicht das Optimum der Aufgabe, Cluster zu bilden, sondern das k Cluster entsprechend dem k-Means-Funktional zu bilden. Wie vergleichen wir denn allgemein, ob das Clustering der Daten gelungen ist? Das hängt zunächst vom Ziel ab und ist oft objektiv sehr schwierig zu sagen, denn es gibt kein allgemein gültiges Qualitätsmaß. Es gibt zwei Hauptarten, erreichte Cluster von Daten zu bewerten:

- Ein von außen gegebenes, also extrinsisches, Qualitätsmaß (eng. extrinsic) sowie
- Ein aus dem Cluster selbst gegebenes intrinsisches Qualitätsmaß (eng. intrinsic)

Oft sind Cluster-Algorithmen kein Selbstzweck, sondern sie werden verwendet

- als Zwischenschritt für eine weitere Verarbeitung,
- zum Auffinden bzw. Aussortieren von Outliern
- ...

Das alles sind von außen gegebene Qualitätsmaße. Wenn der Prozess mit Algorithmus A messbar besser funktioniert als mit Algorithmus B, ist der eben um diesen Unterschied besser geeignet. Ein Beispiel, das die Nutzung in einem Prozess meint, lernen Sie in Abschnitt 13.6 kennen. Wir werden uns bei den Länderdaten auf intrinsische Ansätze konzentrieren.

Was sind Qualitätsmaße, die aus den Clusterdaten selber kommen? Das können sein:

- Hilft Ihnen das Clustering die Daten besser zu verstehen?
- Ähnlichkeit zu einer verwandten Klassifikationsaufgabe
- oder Indikatoren, die anzeigen, ob Konsistenz und Separation gut gelungen sind.

Der erste Punkt ist sehr wichtig und oft hilfreich, aber schwer objektivierbar. Bei der Klassifikationsaufgabe kann es sein, dass Sie von einigen Daten wissen, dass diese zu einer Klasse gehören sollten. Entsprechend erwarten Sie diese in einem Cluster vorzufinden. Bei den Ländern ist das schwer zu sagen, denn wir betrachten unterschiedliche Eigenschaften. Würden wir uns nur Wirtschaftsdaten ansehen, könnten wir nach den G7 oder G20 suchen und schauen, was mit ihnen passiert ist.

Die Anzahl der Vorschläge für Indikatoren ist Legion, und die meisten sind schwer vergleichbar über Algorithmengrenzen hinweg. Nehmen wir als Beispiel den altehrwürdigen **Dunn Index** [Dun74] aus dem Jahr 1974. Dieser besteht in seiner primären Idee darin, den Quotienten aus Separation und Konsistenz zu bilden:

$$\mathrm{dunn}(C) = \frac{\mathrm{Sep}(C)}{\mathrm{Comp}(C)}$$

Das Problem liegt darin, wie man Separation und Konsistenz definiert. Hier besteht ein gewisser Freiraum. Nehmen wir die Separation, dann können und werden alle Ansätze benutzt, die wir in Abschnitt 13.4 diskutiert haben: Single-Linkage, Complete-Linkage, Centroid-Method und Average-Linkage. Wenn wir nun z. B. einen hierarchischen Ansatz mit Single-Linkage und Complete-Linkage vergleichen, ist es unglücklich, genau den Abstand zwischen den Clustern mit einem der beiden Maße zu messen. Derjenige, der nach dem entsprechenden Maß die Cluster gebildet hat, ist immer im Vorteil. Ähnliches gilt für die Kompaktheit.

Ich möchte Ihnen daher einen Ansatz aus dem Jahr 2014 vorstellen, siehe [DH04], der zumindest für unsere Algorithmen ein fairer Vergleich ist. Es geht um die **K-Nearest-Neighbor-Consistency**, welche die Dichte eines Clusterings betrachtet. Dazu wird die Umgebung jedes Elementes analog zum k-NN betrachtet, nur dass wir weder klassifizieren noch eine Regression durchführen wollen. Wir lassen uns die k Nachbarn jedes Objektes geben und schauen, ob diese alle zum selben Cluster gehören. Diesen Umstand gilt es zu maximieren, ein höherer Index ist wünschenswert. Der Index, wobei ich eine leichte normierte Abwandlung empfehle, berechnet sich wie folgt:

$$\frac{1}{k}\frac{1}{K}\sum_{c_i \in C}\frac{n}{\#c_i} \tag{13.5}$$

n ist dabei die Anzahl der konsistenten Nachbarn in einem Cluster und $\#c_i$ die Anzahl der Elemente im Cluster c_i. K ist die Anzahl der Cluster und k die Anzahl der Nachbarn, die jeweils überprüft werden. Da jeder Punkt mit k Nachbarn in die Berechnung eingehen kann, ergibt sich als maximal möglicher Durchschnitt über alle Cluster k als Obergrenze. Dividiert man, wie oben, das Ergebnis noch durch k, so entsteht ein Index, bei dem 1 für die größte mögliche Konsistenz steht. Die Separation wird durch diesen Index nicht gut erfasst.

Wir implementieren diesen Index in Anlehnung an den k-Nearest-Neighbor-Algorithmus aus Abschnitt 5.4 und greifen dabei erneut auf den KDTree zurück.

```
import numpy as np
from scipy.spatial import KDTree

class kNearestNeighborConsistency:
    def __init__(self, feature, k=3):
        self.kdTree = KDTree(feature)
        self.feature = feature
        self.k = k
```

Wir werden später mit einer Clusternummerierung konfrontiert, die sowohl Lücken als auch -1 für die Outlier enthält. Daher lassen wir uns über `np.unique` die tatsächlich vorhandene Clustercodierung zurückliefern. Anschließend durchlaufen wir mit einer Schleife alle Cluster und zählen dort mittels `unique` die Einträge für den jeweils aktuellen Cluster. Dabei werten wir die Outlier – also den Fall -1 – nicht aus.

```

    def consistency(self,c):
        clusterSet = np.unique(c)
        clusterIndex = 0
        for cluster in clusterSet:
            if cluster == -1: continue
            idx = np.flatnonzero(c==cluster)
            numberOfElements = len(idx)
            (dist, neighbours) = self.kdTree.query(self.feature[idx,:],self.k)
            (clusters, counts) = np.unique(c[neighbours], return_counts=True)
            clusterIndex += counts[clusters==cluster]/numberOfElements
        clusterIndex = float(clusterIndex / (self.k*clusterSet.shape[0]))
        return clusterIndex
```

13.5.2 Praxisbeispiel Clustern von Ländern

Einsetzen werden wir den oben kennengelernten Index am Ende des nun folgenden Beispiels. Um das etwas schöner visualisieren zu können, greifen wir auf **GeoPandas** zurück. GeoPandas ist ein Open-Source-Projekt mit dem Ziel, die Arbeit mit und die Visualisierung von Geodaten in Python zu erleichtern. Es wird hier keine echte Einführung geben, weil nur sehr wenige Funktionen benutzt werden. Generell ist das Projekt mehr als einen Blick wert. Zu Installation sollte

```
conda install geopandas
conda install descartes
```

ausreichend sein. Bevor es an die Visualisierung geht, müssen wir noch viel arbeiten und zunächst die Daten analog zu dem Vorgehen in Abschnitt 9.2 aufbereiten. Als Erstes werden die Daten geladen und der kategoriale Wert für *income* durch die Mittelwerte ersetzt.

```python
import numpy as np
import matplotlib.pyplot as plt
from scipy.cluster.hierarchy import linkage, fcluster, dendrogram
from scipy.spatial.distance import pdist
from dbscan import DBSCAN
import geopandas as gpd
import pandas as pd

df = pd.read_csv('nations.csv')
df['income'].replace(to_replace=['Low income']          , value= 647.5, inplace=True)
df['income'].replace(to_replace=['Lower middle income'], value= 2445.5, inplace=True)
df['income'].replace(to_replace=['Upper middle income'], value= 7975.5, inplace=True)
df['income'].replace(to_replace=['High income']        , value=27218.0, inplace=True)
df['income'].replace(to_replace=['High income: OECD']  , value=42380.0, inplace=True)
```

Anschließend ersetzen wir mittels `factorize` den Namen der Region durch eine eindeutige Nummer. Anschließend ersetzen wir fehlende Werte in den Spalten durch die regionalen und zeitlichen Mittelwerte. Es ist etwas detaillierter, als nur den Mittelwert einzutragen, aber etwas weniger aufwendig als einen Ansatz über den k-NN.

```python
df['region'] = pd.factorize(df.region)[0]
for i in range(df['year'].min(),df['year'].max()+1):
    indexYear = (df['year'] == i)
    for j in range(df['region'].min(),df['region'].max()+1):
        indexRegion = (df['region'] == j)
        index = np.logical_and(indexYear,indexRegion)
        columnMean = df[index].mean()
        df[index] = df[index].fillna(columnMean)
```

Probieren Sie aus Abschnitt 9.2 den k-NN als Imputer aus, wenn Sie den Versuch mit dem Mittelwert erfolgreich durchgeführt haben.

Am Schluss löschen wir die von uns nicht benötigten Spalten *population* und *region*. Die Population vernachlässigen wir, weil diese durch ihre starken Ausreißer dazu führt, dass China, Indien und die USA immer als Ausreißer eingeschätzt werden.

```python
df.drop(columns='population', inplace=True)
df.drop(columns='region', inplace=True)
```

Nun filtern wir die Daten der Jahre 1994 und 2014 heraus und konzentrieren uns auf die Merkmale `gdp_percap`, `life_expect`, `birth_rate`, `neonat_mortal_rate` und `income`.

```
df = df[np.logical_or(df['year'] == 1994 ,df['year'] == 2014)]
Features    = df[['iso3c','country','year','gdp_percap', 'life_expect', 'birth_rate', '
    neonat_mortal_rate', 'income']]
```

Wie in Kapitel 9 besprochen, ist durch die unterschiedliche Skalierung der Werte eine Normierung oder Standardisierung unerlässlich. Obwohl wir die Population bzw. Bevölkerung nicht betrachten werden, enthält auch das BIP pro Kopf einige extreme Werte, sodass man sicherlich eine Standardisierung vorziehen sollte. Dabei ignorieren wir natürlich die Spalten `iso3c`, `country` und `year`.

```
FeaturesStd = Features.copy()
numFeatureStart = 3
xbar = np.mean(FeaturesStd.iloc[:,numFeatureStart:],axis=0)
sigma = np.std(FeaturesStd.iloc[:,numFeatureStart:],axis=0)
FeaturesStd.iloc[:,numFeatureStart:] =  (FeaturesStd.iloc[:,numFeatureStart:] - xbar) / sigma
```

Wir haben es mit einem Raum der Dimension fünf zu tun und dabei pro Jahr 199 Länder, die geclustert werden können. Wir haben bereits mehrfach über den im Abschnitt 5.3 erstmals erwähnten Fluch der Dimensionalität gesprochen. Wie in Abschnitt 13.3 diskutiert, ist gerade ein Algorithmus wie der DBSCAN, der über Dichte funktioniert, hierfür sehr anfällig. Daher reduzieren wir die Dimension mittels einer PCA aus Abschnitt 9.4 auf zwei. Dabei nutzen wir die Daten beider Jahre gemeinsam, damit sich die Koordinaten, in denen wir arbeiten, hinterher nicht verändern. Dadurch kann man unten die Entscheidungen besser vergleichen. Je nach Anwendung kann man es rechtfertigen, die Projektion für jedes Jahr einzeln durchzuführen oder über alle Jahre von 1994 bis 2014.

```

projektionsDim = 2
Sigma = np.cov(FeaturesStd.iloc[:,numFeatureStart:].T)
(lamb, W) = np.linalg.eig(Sigma)
eigenVarIndex = np.argsort(lamb)[::-1]
WP = W[:,eigenVarIndex[0:projektionsDim]]
```

Nun isolieren wir die Daten jeweils für die Jahre 1994 und 2014. Die unbehandelten Daten ohne Standardisierung nutze ich später nur für eine Visualisierung, ansonsten haben diese keine Bedeutung mehr. Am Ende steht für jedes der beiden Jahre ein standardisierter Datensatz `XProj????` mit der PCA-Basis und `XFull????` in der ursprünglichen Basis zur Verfügung. Jeder ist dabei auf die Merkmale beschränkt, nach denen wir auch clustern wollen.

```

Features1994    = Features[FeaturesStd['year'] == 1994]
FeaturesStd1994 = FeaturesStd[FeaturesStd['year'] == 1994]
XProj1994 = ( WP.T @ FeaturesStd1994.iloc[:,numFeatureStart:].T ).T
XFull1994 = FeaturesStd1994.iloc[:,numFeatureStart:]
Features2014    = Features[FeaturesStd['year'] == 2014]
FeaturesStd2014 = FeaturesStd[FeaturesStd['year'] == 2014]
XProj2014 = ( WP.T @ FeaturesStd2014.iloc[:,numFeatureStart:].T ).T
XFull2014 = FeaturesStd2014.iloc[:,numFeatureStart:]
```

Wir verwenden später einmal hierarchische Clusterverfahren und den DBSCAN. Während der DBSCAN automatisch Outlier mit einer -1 identifiziert, wird ein hierarchisches Clusterverfahren, wenn wir `fcluster` verwenden, ggf. auch Cluster mit nur einem Element zurückliefern.

Da wir nach Gruppen von Ländern suchen, wollen wir das jetzt in diesem kleinen Versuch nicht akzeptieren und durchsuchen daher in der folgenden Funktion das Clustering nach Fällen mit weniger als drei Elementen und weisen diese der Gruppe −1 zu. Dabei nutzen wir, wie schon häufiger, `np.unique`, welches uns sowohl die auftretenden Werte als auch die Häufigkeit zurückliefern kann.

```

def defOutlier(c):
    clusterDaten = np.unique(c,return_counts=True)
    for i, clusterNo in enumerate(clusterDaten[0]):
        if clusterDaten[1][i] < 3:
            idx = np.flatnonzero(c==clusterDaten[0][i])
            c[idx] = -1
    return(c)
```

Die Funktion oben lässt Lücken in der Nummerierung der Cluster. Es entsteht beispielsweise eine Liste mit einer Nummerierung von −1 bis 6, wobei keine Gruppe 4 existiert.

Der nächste Punkt ist, dass die Nummerierung von Clustern immer so eine Sache ist. Wir haben leider naturgemäß keine Eindeutigkeit. Nutzen wir für die Daten des Jahres 1994 das Verfahren, so bildet der DBSCAN beispielsweise den Cluster 4 bestehend aus vier Elementen, nämlich Angola, Mali, Rwanda und Sierra Leone. Im Jahr 2014 hingegen ist Angola als Outlier eingeordnet worden, und die anderen vier Elemente sind dem Cluster mit der Nummer 1 des Jahres 2014 zugeordnet worden. Dieser enthält 132 Elemente. Das bedeutet natürlich, dass die Nummer 4 für Cluster jetzt ggf. völlig anders vergeben wird. Wir können anhand der reinen Nummer nichts sagen. Daher macht die folgende Funktion etwas, um Gruppen mit einem weiteren Merkmal zu versehen. Wir sortieren die Gruppennummer anschließend nach dem GDP. Das bedeutet, dass eine höhere Nummer immer einen höheren mittleren GDP in der Gruppe bedeutet, im Vergleich zu einer Gruppe mit einer niedrigen Nummer. Die Ausreißer werden immer in die Gruppe -1 gepackt.

Das GDP ist eine denkbare Wahl. Wenn Sie mögen, formulieren Sie die gleich kommende Funktion so um, dass ein anderes Merkmal verwendet wird, z. B. die Kindersterblichkeit.

Daneben soll die Funktion dafür sorgen, dass wir die Cluster besser kennenlernen. Wir können uns die Mittelwerte der Merkmale und die Abweichung ausgeben lassen. Das tun wir für die ursprünglichen Merkmale und die standardisierten. Für den Algorithmus spielen fairerweise nur die letzteren eine Rolle, wir Menschen haben es vermutlich mit den für uns normalen Skalen leichter. Wie zuvor bei der Funktion `defOutlier` lassen wir uns die Einträge und Anzahl mittels `np.unique` berechnen. Den mittlere GDP pro Cluster, den wir zur Visualisierung nehmen wollen, müssen wir jedem Land für später zuweisen. Also erzeugen wir einen Vektor der entsprechenden Länge und initialisieren die Werte mit −1, da dieser Wert real für das GDP nicht vorkommen kann.

```
def addGDPandStat(c, features, featuresStd, verbose=True):
    clusterDaten   = np.unique(c,return_counts=True)
    gdpClusterMean = -1*np.ones(clusterDaten[0].shape[0])
```

Die an die Funktion übergebenen Werte sind der Vektor c, dessen Länge der Anzahl der Länder entspricht. In jedem Eintrag von c steht, welchem Cluster das entsprechende Land zugeteilt wurde; daneben noch wie besprochen die Merkmale in ihrer ursprünglichen Form und standardisiert.

Wir gehen mit einer Schleife alle Cluster durch. Falls die Clusterkennung nicht durch -1 erkennbar die Gruppe der Outlier ist, weisen wir dem i-ten Eintrag des Vektors `gdpClusterMean` einen Wert zu. Dieser Wert ergibt sich als Mittelwert über alle Länder , denen die Clusterkennung `clusterNo` im Vektor `c` zugewiesen wurde. Beachten Sie, dass die Anzahl der Einträge in `gdpClusterMean` der Anzahl der entstandenen Cluster entspricht.

```
    for i, clusterNo in enumerate(clusterDaten[0]):
        if clusterDaten[0][i] != -1:
            gdpClusterMean[i] = features.loc[c == clusterNo,'gdp_percap'].mean()
```

Der nächste Abschnitt gibt uns diverse Informationen über die Cluster aus.

```
        if verbose:
            print('Cluster %d: %3d Elemente' % (clusterNo,clusterDaten[1][i]),end='')
            print(np.array(features[c == clusterNo].iso3c))
            for feat in ['gdp_percap', 'life_expect', 'birth_rate',
                         'neonat_mortal_rate', 'income']:
                m    = features.loc[c == clusterNo,feat].mean()
                s    = features.loc[c == clusterNo,feat].std()
                mStd = featuresStd.loc[c == clusterNo,feat].mean()
                sStd = featuresStd.loc[c == clusterNo,feat].std()
                print(feat, ': mean : %5.2f std %5.2f ' % (m,s) )
                print(feat, '[std]: mean : %5.2f std %5.2f ' % (mStd,sStd) )
            print()

    gdpClusterNo = -1*np.ones(c.shape[0])
```

Nach diesen rein informativen Aspekten geht es darum, auf der Basis von `gdpClusterMean` die Nummerierung der Cluster neu zu vergeben. Wir gehen davon aus, dass nie der genau gleiche Mittelwert für das GDP pro Kopf bei zwei Clustern auftritt, es sich also um eine eindeutige Erkennung handelt. Ist das nicht der Fall, funktioniert der Code nicht. Zunächst sortieren wir die Mittelwerte und lassen uns deren Position mittels `np.argsort` zurückliefern. Wir laufen erneut in einer Schleife über alle Cluster, und falls dies nicht die Gruppe der Ausreißer ist, bekommt jede Gruppe ihre neue Kennung entsprechend dem Platz, der sich beim Sortieren ergeben hatte. Zu guter Letzt setzen wir einen Data Frame zusammen, der neben der vom Algorithmus vergebenen Clusternummer c die nach dem GDP umsortierte Nummer `gdpIdx` und die ISO-Kennung des Landes enthält. Hier müssen wir mit `iso_a3` genau die Bezeichnung wählen, die später in der Zusammenarbeit mit GeoPandas benötigt wird.

```
    numbers = np.argsort(gdpClusterMean)
    for i, clusterNo in enumerate(clusterDaten[0]):
        if gdpClusterMean[numbers == i] != -1:
            gdpClusterNo[c == clusterNo] = np.flatnonzero(numbers == i)
```

```

    cluster = pd.DataFrame({'cluster': c,'iso_a3': features.iso3c, 'gdpIdx': gdpClusterNo})
    return cluster
```

Die nächste Funktion sollte es eigentlich gar nicht geben. Sie ist nötig, weil in den Daten, die mit GeoPandas mitkommen, in der Version, die der Autor gerade verwendet, ein Fehler ist. Einige Länder haben ihre ISO-Kennung *verloren*, und ohne diese können wir die Daten nicht fusionieren. Daher reparieren wir das schnell von Hand.

```

def fixMissingCodes(world):
    world2 = world.copy()
    world2.loc[world['name'] == 'France', 'iso_a3'] = 'FRA'
    world2.loc[world['name'] == 'Norway', 'iso_a3'] = 'NOR'
    world2.loc[world['name'] == 'Somaliland', 'iso_a3'] = 'SOM'
    world2.loc[world['name'] == 'Kosovo', 'iso_a3'] = 'RKS'
    return world2
```

Nun kommt es dazu, dass wir GeoPandas verwenden. Für die Visualisierung muss zunächst eine Karte eingelesen werden. Wir nutzen die mitgelieferte grobe Karte der Erde und reparieren mit unserer eigenen Funktion die Sache mit den fehlenden ISO-Werten. Wie schon der Name sagt, orientiert sich GeoPandas stark an Pandas und erzeugt ebenfalls Dataframes, die zusätzliche Informationen beinhalten. Auf den Dataframes von GeoPandas kann man im Prinzip arbeiten wie auf denen von Pandas. Daher nutzen wir die bekannte Methode `merge`, um unsere Spalte mit den Clustereinträgen dem vorhandenen Dataframe `world` hinzuzufügen. Die Option `on` sorgt dafür, dass die Daten nicht einfach entsprechend ihrer Lage im Vektor c dem Dataframe hinzugefügt werden, sondern entsprechend des in `iso_a3` hinterlegten Schlüssels.

```
def visualCluster(c, name):
    world = gpd.read_file(gpd.datasets.get_path('naturalearth_lowres'))
    world = fixMissingCodes(world)
    world = world.merge(c, on='iso_a3')
    ax = world.plot(column='gdpIdx', cmap='hot_r', legend=True, vmin=-1,
                    legend_kwds={'label': 'Cluster von Laendern',
                                 'orientation': "horizontal"})
    ax.set_title(name, fontsize=9)
    return ax
```

Die Methode `plot` lehnt sich an die bekannten Varianten an und akzeptiert, wie man sieht, die gleichen Optionen. Der Grund ist, dass auch diese Technik hier auf die Matplotlib aufbaut. Die Option `column` gibt an, welcher Wert für die Darstellung verwendet werden soll.

Nun haben wir alle Funktionen zusammen und nutzen die Clustering-Algorithmen, die wir im Abschnitt 13.3 und 13.4 kennengelernt und umgesetzt haben. Die Werte für den DBSCAN sind so gewählt, dass sich eine sinnvolle Menge von Clustern ergibt. Hintergrund ist, dass wir die These von einer Welt mit Industrie, Schwellen und Entwicklungsländern zzgl. Ausreißern überprüfen wollten. Das bedeutet, dass wir eine Anzahl von zwei bis maximal sechs Clustern erwarten zzgl. einer Gruppe für die Ausreißer. Dazu begrenzen wir das hierarchische Clustern auf zehn Cluster. Der Grund ist, dass wir hier noch den Fall haben, dass Gruppen kleiner als drei Elemente gebildet werden, die wir – wie oben besprochen – zu Outliern erklären. Um auch beim DBSCAN Cluster mit drei oder mehr Elementen zu fördern, setzen wir `MinPts=4`. Dass es hier zu kleineren Clustern kommen kann, haben wir in Abschnitt 13.3 besprochen. Sollte das passieren, wird unser Postprocessing diese ebenfalls zu Outliern erklären. Der Code unten gibt das Vorgehen für DBSCAN, hierarchisches Clustern mit Single- und Centroid-Ansatz im Jahr 1994 an. Das Jahr 2014 geht völlig analog.

```

print('----------   1994 mit DBSCAN   ----------')
clusterAlg = DBSCAN(XProj1994.to_numpy() )
c1994DB = clusterAlg.fit_predict(eps=0.275,MinPts=4)
c1994DB = defOutlier(c1994DB)
cluster1994DB = addGDPandStat(c1994DB,Features1994,FeaturesStd1994)
visualCluster(cluster1994DB, '1994 mit DBSCAN')

print('----------   1994 mit hierarchischem Clustering [single]   ----------')
D = pdist(XFull1994.to_numpy(), metric='euclidean')
Z = linkage(D, 'single', metric='euclidean')
plt.figure()
dendrogram(Z,truncate_mode='lastp',p=12)
c1994SG = fcluster(Z,10,criterion='maxclust')
c1994SG = defOutlier(c1994SG)
cluster1994SG = addGDPandStat(c1994SG,Features1994,FeaturesStd1994)
visualCluster(cluster1994SG, '1994 mit hierarchischem Clustering [single]')

print('----------   1994 mit hierarchischem Clustering [centroid]   ----------')
D = pdist(XFull1994.to_numpy(), metric='euclidean')
Z = linkage(D, 'centroid', metric='euclidean')
plt.figure()
dendrogram(Z,truncate_mode='lastp',p=12)
c1994HC = fcluster(Z,10,criterion='maxclust')
c1994HC = defOutlier(c1994HC)
```

Tabelle 13.2 Cluster gebildet durch DBSCAN für das Jahr 1994 mit Mittelwerten von drei Merkmalen

Nr.	Länder	GDP p. Kopf		Lebenser.		Geburtenrate	
		mean	std	mean	std	mean	std
-1	17 Elemente: 'ABW' 'BHR' 'BRB' 'BRN' 'GNQ' 'GAB' 'KWT' 'LUX' 'MAC' 'OMN' 'PRI' 'QAT' 'SAU' 'TLS' 'ARE' 'USA' 'VIR'	-	-	-	-	-	-
1	4 Elemente: 'AGO' 'MLI' 'RWA' 'SLE'	1000	801	38.3	8.1	47.6	3.5
2	6 Elemente: 'BHS' 'PYF' 'GRL' 'GUM' 'NCL' 'TTO'	10897	2463	69.9	2.4	21.7	2.7
3	134 Elemente: 'AFG' 'ALB' 'DZA' 'ATG' 'ARG' 'ARM' 'AZE' 'BGD' 'BLR' 'BLZ' 'BEN' 'BTN' 'BOL' 'BIH' 'BWA' 'BRA' 'BGR' 'BFA' 'BDI' 'KHM' 'CMR' 'CAF' 'TCD' 'CHL' 'CHN' 'COL' 'COM' 'COD' 'COG' 'CRI' 'CIV' 'CUB' 'DJI' 'DMA' 'DOM' 'ECU' 'EGY' 'SLV' 'ERI' 'ETH' 'FJI' 'GMB' 'GEO' 'GHA' 'GRD' 'GTM' 'GIN' 'GNB' 'GUY' 'HTI' 'HND' 'IND' 'IDN' 'IRN' 'IRQ' 'JAM' 'JOR' 'KAZ' 'KEN' 'KIR' 'KGZ' 'LAO' 'LVA' 'LBN' 'LSO' 'LBR' 'LBY' 'LTU' 'MKD' 'MDG' 'MWI' 'MYS' 'MDV' 'MHL' 'MRT' 'MUS' 'MEX' 'FSM' 'MDA' 'MNG' 'MNE' 'MAR' 'MOZ' 'MMR' 'NAM' 'NPL' 'NIC' 'NER' 'NGA' 'PAK' 'PLW' 'PAN' 'PNG' 'PRY' 'PER' 'PHL' 'ROU' 'RUS' 'WSM' 'STP' 'SEN' 'SRB' 'SYC' 'SLB' 'SOM' 'ZAF' 'LKA' 'KNA' 'LCA' 'VCT' 'SDN' 'SUR' 'SWZ' 'SYR' 'TJK' 'TZA' 'THA' 'TGO' 'TON' 'TUN' 'TUR' 'TKM' 'TUV' 'UGA' 'UKR' 'URY' 'UZB' 'VUT' 'VEN' 'VNM' 'PSE' 'YEM' 'ZMB' 'ZWE'	3983	3313	62.6	8.4	30.6	10.7
4	38 Elemente: 'AUS' 'AUT' 'BEL' 'BMU' 'CAN' 'CHI' 'HRV' 'CYP' 'CZE' 'DNK' 'EST' 'FIN' 'FRA' 'DEU' 'GRC' 'HKG' 'HUN' 'ISL' 'IRL' 'ISR' 'ITA' 'JPN' 'KOR' 'LIE' 'MLT' 'NLD' 'NZL' 'NOR' 'POL' 'PRT' 'SMR' 'SGP' 'SVK' 'SVN' 'ESP' 'SWE' 'CHE' 'GBR' 'ZMB' 'ZWE'	17839	5879	75.9	2.8	12.7	2.5

Die Ergebnisse sind in der Abbildung 13.17 sowie den Tabellen 13.2, 13.3 und 13.4 zusammengefasst. Während die Werte für das Funktional J mit 7.6 (DBSCAN), 6.8 (Single) und 7.0 (centroid) durchaus zusammenliegen, hat der DBSCAN am ehesten bzgl. dieses Wertes ausgeschert. Sieht man jedoch auf die Strukturen in den Abbildungen und Tabellen, erscheint es so, dass sich der Single-Ansatz und der DBSCAN am ehesten eine Weltsicht teilen. Beide bilden eine Art *Country Club*-Cluster bestehend primär aus europäischen Staaten und weiteren G7, wobei der DBSCAN die USA als Ausreißer sieht. Beide bilden eine sehr große Gruppe, die fast

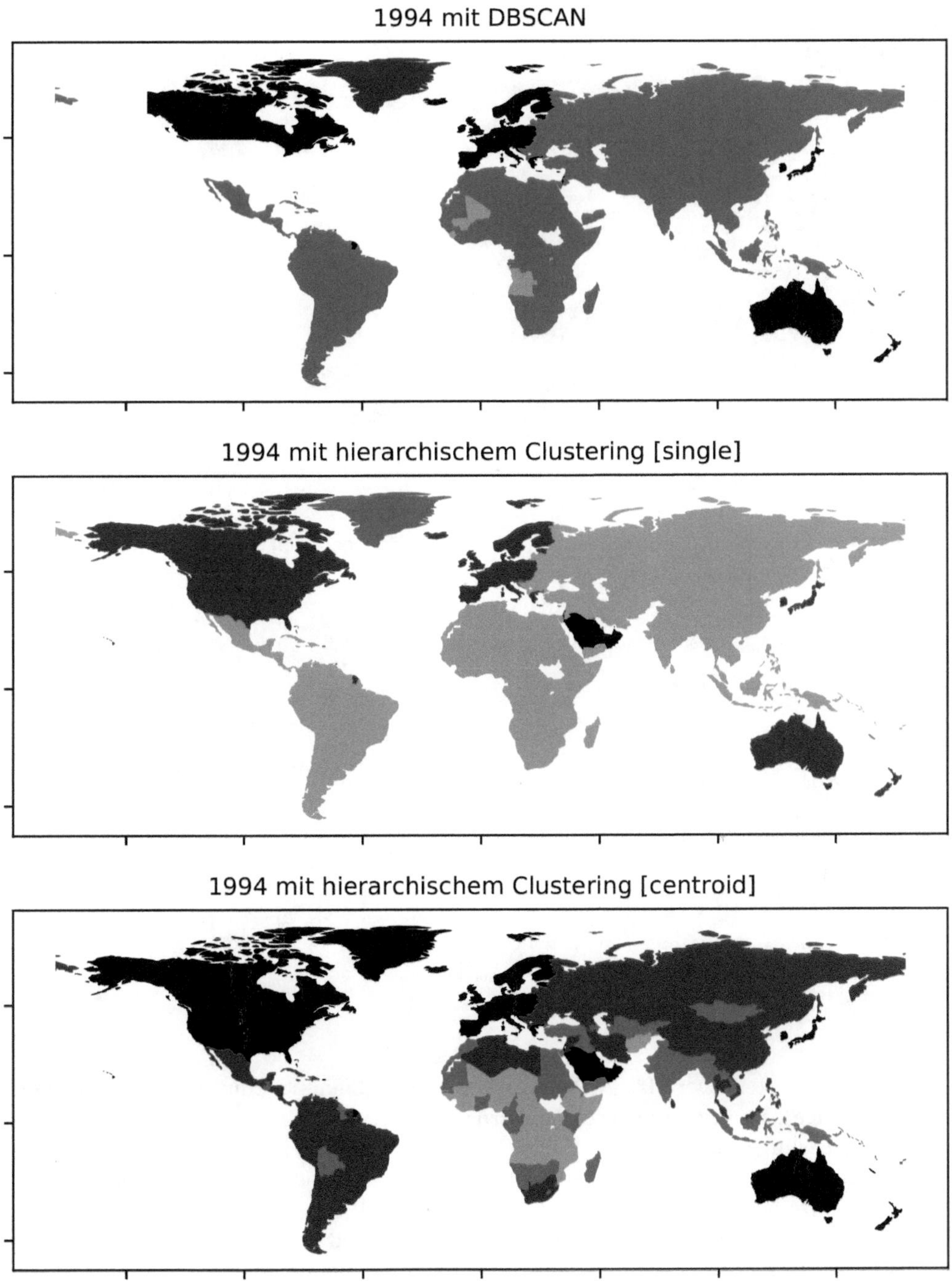

Abbildung 13.17 Clusterung von Staaten 1994 mittels DBSCAN & hierarchischem Clustering

Tabelle 13.3 Cluster gebildet durch hierarchisches Clustering [single] für das Jahr 1994 mit Mittelwerten von drei Merkmalen

Nr.	Länder	GDP p. Kopf		Lebenser.		Geburtenrate	
		mean	std	mean	std	mean	std
-1	7 Elemente: 'BRN' 'GNQ' 'PAK' 'RWA' 'SYC' 'SLE' 'ARE'	-	-	-	-	-	-
1	136 Elemente: 'AFG' 'ALB' 'DZA' 'AGO' 'ATG' 'ARG' 'ARM' 'AZE' 'BGD' 'BLR' 'BLZ' 'BEN' 'BTN' 'BOL' 'BIH' 'BWA' 'BRA' 'BGR' 'BFA' 'BDI' 'KHM' 'CMR' 'CAF' 'TCD' 'CHL' 'CHN' 'COL' 'COM' 'COD' 'COG' 'CRI' 'CIV' 'CUB' 'DJI' 'DMA' 'DOM' 'ECU' 'EGY' 'SLV' 'ERI' 'ETH' 'FJI' 'GAB' 'GMB' 'GEO' 'GHA' 'GRD' 'GTM' 'GIN' 'GNB' 'GUY' 'HTI' 'HND' 'IND' 'IDN' 'IRN' 'IRQ' 'JAM' 'JOR' 'KAZ' 'KEN' 'KIR' 'KGZ' 'LAO' 'LVA' 'LBN' 'LSO' 'LBR' 'LBY' 'LTU' 'MKD' 'MDG' 'MWI' 'MYS' 'MDV' 'MLI' 'MHL' 'MRT' 'MUS' 'MEX' 'FSM' 'MDA' 'MNG' 'MNE' 'MAR' 'MOZ' 'MMR' 'NAM' 'NPL' 'NIC' 'NER' 'NGA' 'PLW' 'PAN' 'PNG' 'PRY' 'PER' 'PHL' 'ROU' 'RUS' 'WSM' 'STP' 'SEN' 'SRB' 'SLB' 'SOM' 'ZAF' 'LKA' 'KNA' 'LCA' 'VCT' 'SDN' 'SUR' 'SWZ' 'SYR' 'TJK' 'TZA' 'THA' 'TLS' 'TGO' 'TON' 'TUN' 'TUR' 'TKM' 'TUV' 'UGA' 'UKR' 'URY' 'UZB' 'VUT' 'VEN' 'VNM' 'PSE' 'YEM' 'ZMB' 'ZWE'	4021	3391	62.4	8.7	31.0	10.9
2	22 Elemente: 'ABW' 'BHS' 'BRB' 'BMU' 'CHI' 'HRV' 'CYP' 'PYF' 'GRL' 'GUM' 'HKG' 'KWT' 'LIE' 'MAC' 'MLT' 'NCL' 'PRI' 'QAT' 'SMR' 'SGP' 'TTO' 'VIR'	14817	7138	73.8 3	3.3	17.2	4.2
4	31 Elemente: 'AUS' 'AUT' 'BEL' 'CAN' 'CZE' 'DNK' 'EST' 'FIN' 'FRA' 'DEU' 'GRC' 'HUN' 'ISL' 'IRL' 'ISR' 'ITA' 'JPN' 'KOR' 'LUX' 'NLD' 'NZL' 'NOR' 'POL' 'PRT' 'SVK' 'SVN' 'ESP' 'SWE' 'CHE' 'GBR' 'USA'	18861	6777	75.8	2.9	12.6	2.5
5	3 Elemente: 'BHR' 'OMN' 'SAU'	27730	2456	71.1	1.9	29.4	3.5

Tabelle 13.4 Cluster gebildet durch hierarchisches Clustering [centroid] für das Jahr 1994 mit Mittelwerten von drei Merkmalen

Nr.	Länder	GDP p. Kopf		Lebenser.		Geburtenrate	
		mean	std	mean	std	mean	std
-1	8 Elemente: 'BRN' 'GNQ' 'PAK' 'RWA' 'SYC' 'SLE' 'ARE' 'PSE'	-	-	-	-	-	-
	Elemente: 23 'AFG' 'AGO' 'BFA' 'BDI' 'CAF' 'TCD' 'COD' 'CIV' 'ETH' 'GMB' 'GIN' 'GNB' 'LBR' 'MWI' 'MLI' 'MOZ' 'NER' 'NGA' 'SOM' 'TZA' 'TLS' 'UGA' 'ZMB'	1456	1913	47.8	3.2	46.6	3.4
	Elemente: 49 'AZE' 'BGD' 'BEN' 'BTN' 'BOL' 'BWA' 'KHM' 'CMR' 'COM' 'COG' 'DJI' 'EGY' 'ERI' 'GAB' 'GHA' 'GTM' 'GUY' 'HTI' 'IND' 'IDN' 'IRQ' 'KEN' 'KIR' 'KGZ' 'LAO' 'LSO' 'MDG' 'MDV' 'MRT' 'FSM' 'MNG' 'MAR' 'MMR' 'NAM' 'NPL' 'PNG' 'STP' 'SEN' 'SLB' 'SDN' 'SWZ' 'TJK' 'TGO' 'TUR' 'TKM' 'TUV' 'UZB' 'YEM' 'ZWE'	2721	2418	59.8	4.5	34.5	6.1
	Elemente: 63 'ALB' 'DZA' 'ATG' 'ARG' 'ARM' 'BLR' 'BLZ' 'BIH' 'BRA' 'BGR' 'CHL' 'CHN' 'COL' 'CRI' 'CUB' 'DMA' 'DOM' 'ECU' 'SLV' 'FJI' 'GEO' 'GRD' 'HND' 'IRN' 'JAM' 'JOR' 'KAZ' 'LVA' 'LBN' 'LBY' 'LTU' 'MKD' 'MYS' 'MHL' 'MUS' 'MEX' 'MDA' 'MNE' 'NIC' 'PLW' 'PAN' 'PRY' 'PER' 'PHL' 'ROU' 'RUS' 'WSM' 'SRB' 'ZAF' 'LKA' 'KNA' 'LCA' 'VCT' 'SUR' 'SYR' 'THA' 'TON' 'TUN' 'UKR' 'URY' 'VUT' 'VEN' 'VNM'	6001	3374	69.6	2.7	22.4	6.9
	Elemente: 56 'ABW' 'AUS' 'AUT' 'BHS' 'BHR' 'BRB' 'BEL' 'BMU' 'CAN' 'CHI' 'HRV' 'CYP' 'CZE' 'DNK' 'EST' 'FIN' 'FRA' 'PYF' 'DEU' 'GRC' 'GRL' 'GUM' 'HKG' 'HUN' 'ISL' 'IRL' 'ISR' 'ITA' 'JPN' 'KOR' 'KWT' 'LIE' 'LUX' 'MAC' 'MLT' 'NLD' 'NCL' 'NZL' 'NOR' 'OMN' 'POL' 'PRT' 'PRI' 'QAT' 'SMR' 'SAU' 'SGP' 'SVK' 'SVN' 'ESP' 'SWE' 'CHE' 'TTO' 'GBR' 'USA' 'VIR'	17747	7369	74.8	3.2	15.3	5.2

den Rest der Welt stellt. Der DBSCAN nimmt die restliche Differenzierung eher nach unten vor, indem er einige kleinere Gruppen von Ländern bildet, denen es eher schlecht geht, die jedoch gerade genug gemeinsam haben, um eine Gruppe zu bilden. Der Single-Ansatz differenziert eher oberhalb. Das liegt zum einen daran, dass beim DBSCAN die Ausreißer sowohl aus armen als auch aus reichen Ländern bestehen. Der hierarchische Single-Ansatz hingegen nutzt die Grenze von drei Ländern, um aus Saudi-Arabien, Bahrain und Oman eine Gruppe von reichen arabischen Ölstaaten zu bilden, die beim DBSCAN als Outlier eingeordnet wurden. Entsprechend sieht man hier auf der arabischen Halbinsel nun die dunkelste Färbung in Abbildung 13.17 und danach folgt der Cluster aus den Staaten, die beim DBSCAN durch die Sortierung nach dem GDP die dunkelste Farbe bekommen haben.

Schaut man sich in der Abbildung an, wie sich die Welt bis zum Jahr 2014 verändert, so liegt das Bild auch näher beieinander, als es vielleicht zunächst den Eindruck macht. Beim DBSCAN ist

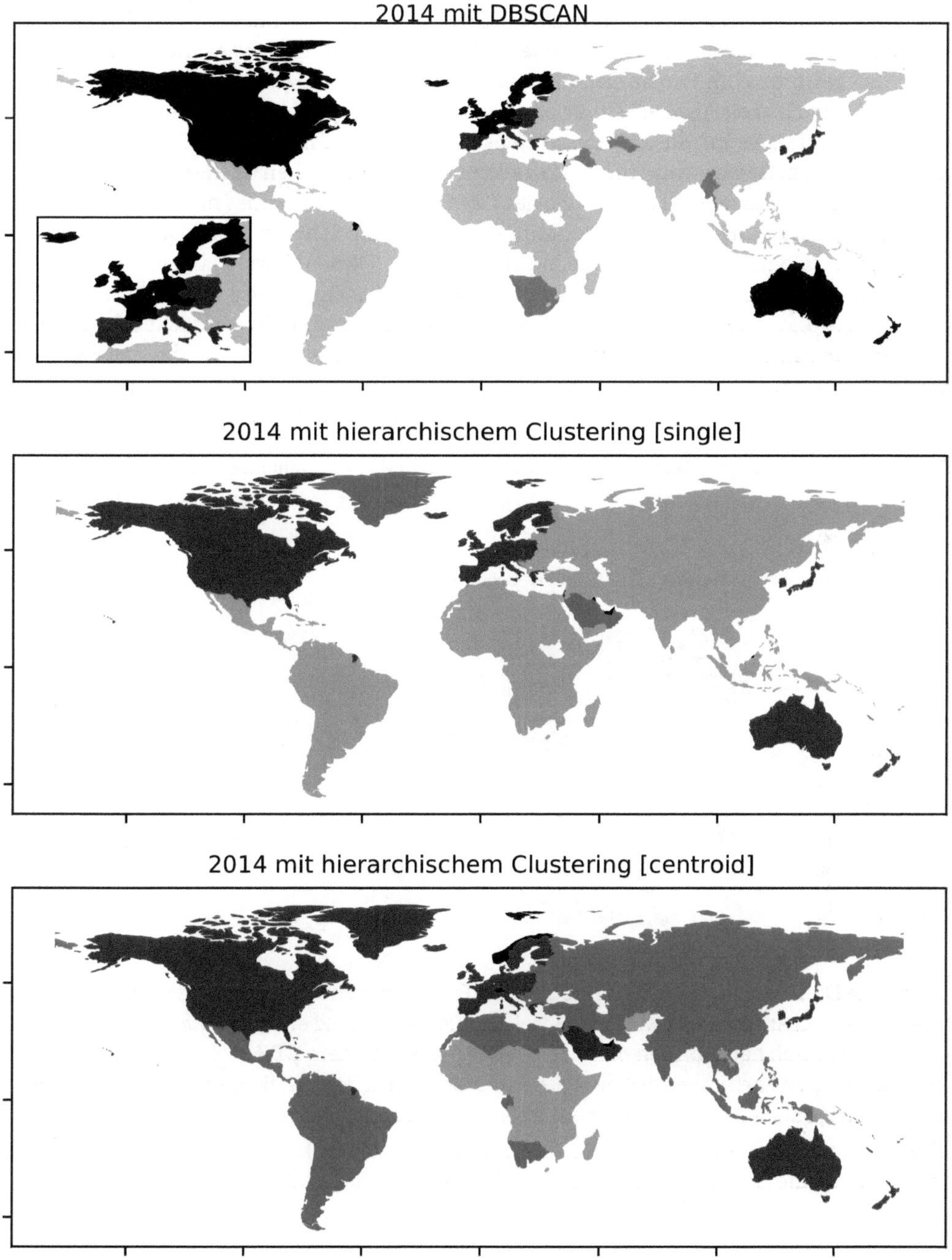

Abbildung 13.18 Clusterung von Staaten 2014 mittels DBSCAN & hierarchischem Clustering

die USA wieder aufgetaucht und nun als Grenzfall in der Gruppe mit den europäischen Ländern enthalten. Dafür ist ist die arabische Halbinsel quasi komplett verschwunden und zum Ausreißer geworden. Im Prinzip sieht das auch das hierarchische Clustering mit Single-Ansatz so, jedoch wird hier ein Teil der Halbinsel zu einer Mini-Gruppe und der andere zusammen mit Europa, den USA, Japan, Australien und Neuseeland in den *Country Club*-Cluster aufgenommen. Interessant ist die etwas differenzierte Sicht des hierarchischen Clusterings mit Centroid-Ansatz bzgl. der reicheren Länder sowie des DBSCAN bzgl. des Europas nach der Finanzkrise. Das hierarchische Clustering mit Centroid-Ansatz hebt die Schweiz, Norwegen und Teile der arabischen Halbinsel noch einmal heraus, während der DBSCAN, wie man auf der Vergrößerung von Europa auch gut erkennen kann, die Folgen der Finanzkrise in der Clusterung abbildet. Süd- und Osteuropa sind hier als Cluster zusammen mit einigen nicht europäischen Ländern identifiziert gegenüber dem um diese Gruppe verkleinerten Cluster 4, der sich aus Ländern zusammenzusetzen scheint, die etwas besser durch die Kreise gekommen sind als die des Clusters 3. Die Schweiz ist dabei als Ausreißer eingeordnet worden.

Tabelle 13.5 Cluster gebildet durch DBSCAN für das Jahr 2014 mit Mittelwerten von drei Merkmalen

Nr.	Länder	GDP p. Kopf		Lebenser.		Geburtenrate	
		mean	std	mean	std	mean	std
-1	22 Elemente: 'AGO' 'BHR' 'BRN' 'TCD' 'HRV' 'GNQ' 'GAB' 'GRL' 'KAZ' 'KWT' 'LUX' 'MAC' 'NOR' 'OMN' 'QAT' 'SAU' 'SGP' 'CHE' 'SYR' 'TTO' 'ARE' 'YEM'	-	-	-	-	-	-
1	132 Elemente: 'AFG' 'ALB' 'DZA' 'ATG' 'ARG' 'ARM' 'ABW' 'AZE' 'BGD' 'BRB' 'BLR' 'BLZ' 'BEN' 'BTN' 'BOL' 'BIH' 'BRA' 'BGR' 'BFA' 'BDI' 'KHM' 'CMR' 'CAF' 'CHL' 'CHN' 'COL' 'COM' 'COD' 'COG' 'CRI' 'CIV' 'CUB' 'DJI' 'DMA' 'DOM' 'ECU' 'EGY' 'SLV' 'ERI' 'ETH' 'FJI' 'GMB' 'GEO' 'GHA' 'GRD' 'GTM' 'GIN' 'GNB' 'GUY' 'HTI' 'HND' 'IND' 'IDN' 'IRN' 'JAM' 'JOR' 'KEN' 'KIR' 'KGZ' 'LAO' 'LVA' 'LBN' 'LSO' 'LBR' 'LBY' 'LTU' 'MKD' 'MDG' 'MWI' 'MYS' 'MDV' 'MLI' 'MHL' 'MRT' 'MUS' 'MEX' 'FSM' 'MDA' 'MNG' 'MNE' 'MAR' 'MOZ' 'NPL' 'NIC' 'NER' 'NGA' 'PAK' 'PLW' 'PAN' 'PNG' 'PRY' 'PER' 'PHL' 'PRI' 'ROU' 'RUS' 'RWA' 'WSM' 'STP' 'SEN' 'SRB' 'SYC' 'SLE' 'SLB' 'SOM' 'LKA' 'KNA' 'LCA' 'VCT' 'SDN' 'SUR' 'SWZ' 'TJK' 'TZA' 'THA' 'TLS' 'TGO' 'TON' 'TUN' 'TUR' 'TUV' 'UGA' 'UKR' 'URY' 'UZB' 'VUT' 'VEN' 'VNM' 'VIR' 'PSE' 'ZMB' 'ZWE'	8840	6810	68.9	7.5	24.0	10.1
1	6 Elemente: 'BWA' 'IRQ' 'MMR' 'NAM' 'ZAF' 'TKM'	15377	4230	64.5	4.0	24.8	6.3
2	4 Elemente: 'BHS' 'PYF' 'GUM' 'NCL'	22966	406	77.1	1.7	16.3	0.9
3	17 Elemente: 'CHI' 'CYP' 'CZE' 'EST' 'GRC' 'HUN' 'ITA' 'JPN' 'KOR' 'LIE' 'MLT' 'POL' 'PRT' 'SMR' 'SVK' 'SVN' 'ESP'	30079	3294	80.9	2.5	9.45	1.0
4	18 Elemente: 'AUS' 'AUT' 'BEL' 'BMU' 'CAN' 'DNK' 'FIN' 'FRA' 'DEU' 'HKG' 'ISL' 'IRL' 'ISR' 'NLD' 'NZL' 'SWE' 'GBR' 'USA'	45129	5520	81.4	1.0	11.9	2.8

Durch die Dendrogramme gibt es eine gewisse Transparenz für die Bildung der Cluster bei den hierarchischen Ansätzen, obwohl diese viel Akribie und Geduld erfordert, wenn man Entscheidungen händisch nachvollziehen möchte. Wie sieht es mit dem DBSCAN aus? Ist dieser durch die vorherige Projektion mittels der PCA mehr eine Black Box als die hierarchischen Ansätze? Es geht uns ja auch darum, etwas mehr über unsere Daten zu lernen und zu verstehen.

Die PCA ist als lineare Transformation alles andere als eine Black Box wir können uns zunächst ansehen, wie die Hauptachsen gebildet werden, indem wir die Matrix ausgeben.

$$\begin{pmatrix} h_1 \\ h_2 \end{pmatrix} = \begin{pmatrix} -0.3813 & -0.4823 & 0.4737 & 0.4705 & -0.4195 \\ -0.7196 & 0.2861 & -0.3192 & -0.3455 & -0.4229 \end{pmatrix} \cdot \begin{pmatrix} \text{gdp\_percap} \\ \text{life\_expect} \\ \text{birth\_rate} \\ \text{neonat\_mortal\_rate} \\ \text{income} \end{pmatrix}$$

Was kann man durch diese Abbildung erkennen? Zunächst bemerken wir, dass kein Merkmal marginalisiert wird. Das wäre der Fall, wenn bei einem Merkmal die Einträge sehr viel klei-

Tabelle 13.6 Cluster gebildet durch hierarchisches Clustering [single] für das Jahr 2014 mit Mittelwerten von drei Merkmalen

Nr.	Länder	GDP p. Kopf		Lebenser.		Geburtenrate	
		mean	std	mean	std	mean	std
-1	7 Elemente: 'GNQ' 'LUX' 'MAC' 'QAT' 'SGP' 'ZAF' 'SWZ'	-	-	-	-	-	-
1	138 Elemente: 'AFG' 'ALB' 'DZA' 'AGO' 'ATG' 'ARG' 'ARM' 'AZE' 'BGD' 'BLR' 'BLZ' 'BEN' 'BTN' 'BOL' 'BIH' 'BWA' 'BRA' 'BGR' 'BFA' 'BDI' 'KHM' 'CMR' 'CAF' 'TCD' 'CHL' 'CHN' 'COL' 'COM' 'COD' 'COG' 'CRI' 'CIV' 'CUB' 'DJI' 'DMA' 'DOM' 'ECU' 'EGY' 'SLV' 'ERI' 'ETH' 'FJI' 'GAB' 'GMB' 'GEO' 'GHA' 'GRD' 'GTM' 'GIN' 'GNB' 'GUY' 'HTI' 'HND' 'IND' 'IDN' 'IRN' 'IRQ' 'JAM' 'JOR' 'KAZ' 'KEN' 'KIR' 'KGZ' 'LAO' 'LVA' 'LBN' 'LSO' 'LBR' 'LBY' 'LTU' 'MKD' 'MDG' 'MWI' 'MYS' 'MDV' 'MLI' 'MHL' 'MRT' 'MUS' 'MEX' 'FSM' 'MDA' 'MNG' 'MNE' 'MAR' 'MOZ' 'MMR' 'NAM' 'NPL' 'NIC' 'NER' 'NGA' 'PAK' 'PLW' 'PAN' 'PNG' 'PRY' 'PER' 'PHL' 'ROU' 'RUS' 'RWA' 'WSM' 'STP' 'SEN' 'SRB' 'SYC' 'SLE' 'SLB' 'SOM' 'LKA' 'KNA' 'LCA' 'VCT' 'SDN' 'SUR' 'SYR' 'TJK' 'TZA' 'THA' 'TLS' 'TGO' 'TON' 'TUN' 'TUR' 'TKM' 'TUV' 'UGA' 'UKR' 'URY' 'UZB' 'VUT' 'VEN' 'VNM' 'PSE' 'YEM' 'ZMB' 'ZWE'	9417	7526	68.5	7.3	24.8	10.0
2	21 Elemente: 'ABW' 'BHS' 'BHR' 'BRB' 'BMU' 'CHI' 'HRV' 'CYP' 'PYF' 'GRL' 'GUM' 'HKG' 'LIE' 'MLT' 'NCL' 'OMN' 'PRI' 'SMR' 'SAU' 'TTO' 'VIR'	29588	12496	78.0	3.1	12.8	3.7
3	30 Elemente: 'AUS' 'AUT' 'BEL' 'CAN' 'CZE' 'DNK' 'EST' 'FIN' 'FRA' 'DEU' 'GRC' 'HUN' 'ISL' 'IRL' 'ISR' 'ITA' 'JPN' 'KOR' 'NLD' 'NZL' 'NOR' 'POL' 'PRT' 'SVK' 'SVN' 'ESP' 'SWE' 'CHE' 'GBR' 'USA'	39849	10184	80.8	2.0	10.9	2.6
4	3 Elemente: 'BRN' 'KWT' 'ARE'	70959	2827	77.0	2.1	15.6	4.6

Tabelle 13.7 Cluster gebildet durch hierarchisches Clustering [centroid] für das Jahr 2014 mit Mittelwerten von drei Merkmalen

Nr.	Länder	GDP p. Kopf		Lebenser.		Geburtenrate	
		mean	std	mean	std	mean	std
-1	8 Elemente: 'GNQ' 'LUX' 'MAC' 'PAK' 'QAT' 'ZAF' 'SWZ' 'YEM'	-	-	-	-	-	-
1	45 Elemente: 'AFG' 'AGO' 'BEN' 'BFA' 'BDI' 'CMR' 'CAF' 'TCD' 'COM' 'COD' 'COG' 'CIV' 'DJI' 'ERI' 'ETH' 'GMB' 'GHA' 'GIN' 'GNB' 'HTI' 'KEN' 'KIR' 'LAO' 'LSO' 'LBR' 'MDG' 'MWI' 'MLI' 'MRT' 'MOZ' 'NER' 'NGA' 'PNG' 'RWA' 'STP' 'SEN' 'SLE' 'SOM' 'SDN' 'TZA' 'TLS' 'TGO' 'UGA' 'ZMB' 'ZWE'	2596	1616	59.8	4.9	36.4	5.5
2	91 Elemente: 'ALB' 'DZA' 'ATG' 'ARG' 'ARM' 'AZE' 'BGD' 'BLR' 'BLZ' 'BTN' 'BOL' 'BIH' 'BWA' 'BRA' 'BGR' 'KHM' 'CHL' 'CHN' 'COL' 'CRI' 'CUB' 'DMA' 'DOM' 'ECU' 'EGY' 'SLV' 'FJI' 'GAB' 'GEO' 'GRD' 'GTM' 'GUY' 'HND' 'IND' 'IDN' 'IRN' 'IRQ' 'JAM' 'JOR' 'KAZ' 'KGZ' 'LVA' 'LBN' 'LBY' 'LTU' 'MKD' 'MYS' 'MDV' 'MHL' 'MUS' 'MEX' 'FSM' 'MDA' 'MNG' 'MNE' 'MAR' 'MMR' 'NAM' 'NPL' 'NIC' 'PLW' 'PAN' 'PRY' 'PER' 'PHL' 'ROU' 'RUS' 'WSM' 'SRB' 'SYC' 'SLB' 'LKA' 'KNA' 'LCA' 'VCT' 'SUR' 'SYR' 'TJK' 'THA' 'TON' 'TUN' 'TUR' 'TKM' 'TUV' 'UKR' 'URY' 'UZB' 'VUT' 'VEN' 'VNM' 'PSE'	12591	6749	72.9	3.5	11.3	6.2
3	49 Elemente: 'ABW' 'AUS' 'AUT' 'BHS' 'BHR' 'BRB' 'BEL' 'BMU' 'CAN' 'CHI' 'HRV' 'CYP' 'CZE' 'DNK' 'EST' 'FIN' 'FRA' 'PYF' 'DEU' 'GRC' 'GRL' 'GUM' 'HKG' 'HUN' 'ISL' 'IRL' 'ISR' 'ITA' 'JPN' 'KOR' 'LIE' 'MLT' 'NLD' 'NCL' 'NZL' 'OMN' 'POL' 'PRT' 'PRI' 'SMR' 'SAU' 'SVK' 'SVN' 'ESP' 'SWE' 'TTO' 'GBR' 'USA' 'VIR'	34522	11082	79.6	2.8	11.7	3.2
4	6 Elemente: 'BRN' 'KWT' 'NOR' 'SGP' 'CHE' 'ARE'	70301	8167	79.6	3.3	13.1	4.1

ner wären als bei den restlichen. Die größere Variation im GDP wirkt sich primär in der zweiten Hauptkomponente aus, in welcher der Eintrag etwa betraglich doppelt so groß ist wie die anderen. Ansonsten gilt, dass die wirtschaftlichen Aspekte grundsätzlich mit einem negativen Vorzeichen eingehen. Das bedeutet, reiche Länder werden sich eher in der unteren linken Ecke des Koordinatensystems finden. Die sehr stark korrelierenden Größen der Geburtenraten und der Neugeborenensterblichkeit gehen jeweils mit dem gleichen Vorzeichen ein. Dabei ist dieses in der ersten Achse positiv und in der zweiten negativ. Um das hierzu umgekehrte Vorzeichen der Lebenserwartung zu verstehen, muss man sich an unsere Analysen in Kapitel 9 erinnern. In der Tabelle 9.3 auf Seite 295 hatten wir gesehen, dass eine hohe Lebenserwartung mit einer niedrigen Geburtenrate und ebenso niedrigen Kindersterblichkeit korreliert. Man kann, obwohl Hans Rosling darauf hinwies, dass sich so viel seit den sechziger Jahren geändert hat, immer noch den Aspekt des *langen Lebens in kleinen Familien* vs. des *kurzen Lebens in großen Familien* erkennen. Es ist nur wesentlich schwächer ausgeprägt. Das bedeutet, wir können die Merkmale, ähnlich wie wir es in Kapitel 9 schon angedeutet haben, im Sinne von Meta-Merkmalen interpretieren. Einkommen und GDP spannen quasi den Wohlstand auf, und die Geburtenrate, Kindersterblichkeit und Lebenserwartung bilden das Merkmal *long life in small families*, welches positiv in die zweite Hauptkomponente eingeht und negativ in die erste. In der zweiten haben wir in der ersten Hauptkomponente Staaten mit *long life in small families* eher links im Koordinatensystem und in der zweiten eher oben; wobei die Betonung auf dieses Merkmal eher in der ersten Komponente liegt und die zweite eher wirtschaftliche Aspekte betont. Natürlich können welche auftreten, die dieses Meta-Merkmal auseinanderreißen wie etwa Kriege, in denen vermutlich überproportional die Lebenserwartung sinkt oder Hungersnöte, die zuerst die Kinder betreffen. Es gibt also nicht nur links und rechts bzw. oben und unten.

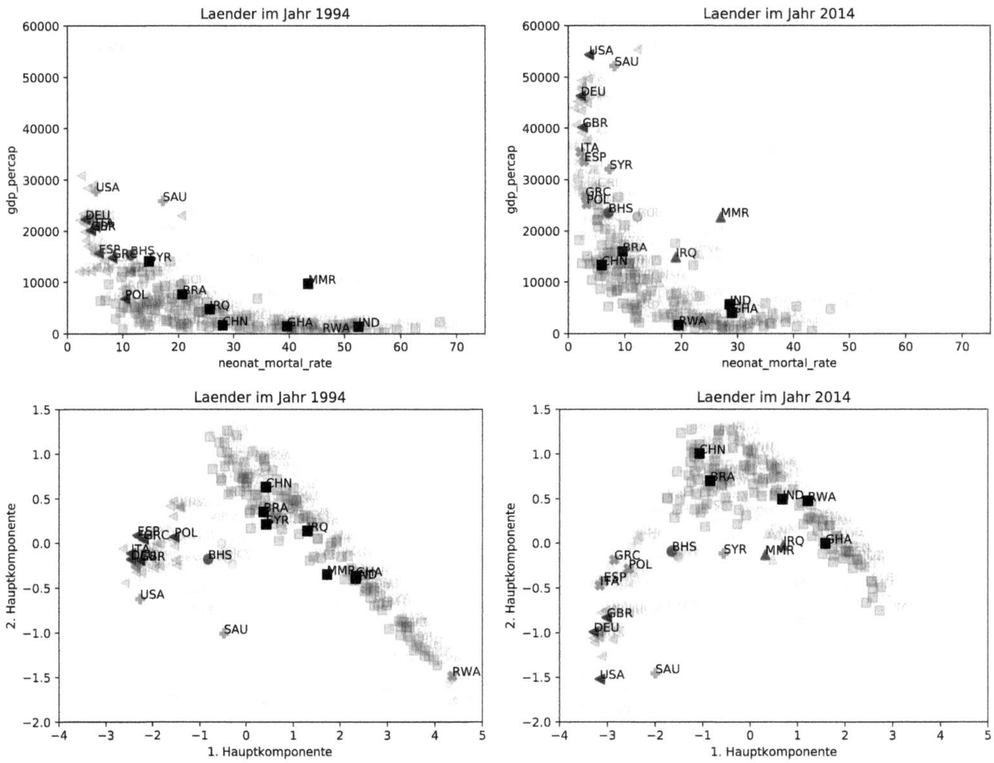

Abbildung 13.19 Datenset von Staaten 1994 und 2014 in unterschiedlichen Achsen

Abbildung 13.19 zeigt das Dataset zum einen mit zwei der ursprünglichen Merkmale und zum anderen nach der Transformation auf zwei Hauptachsen. Ich habe dabei einige Länder hervorgehoben, um besser die Plausibilität verdeutlichen zu können, welche die PCA hier erreicht und welche nicht. Einige Länder kennen sicherlich die meisten Leser. Zu anderen Ergebnissen bzw. Ländern sei hier eine minimale Zeittafel angegeben:

1990 Deutsche Wiedervereinigung

1992 Seit diesem Jahr ist Ghana nun eine Demokratie und seitdem ohne (Bürger)Kriege

1994 Der Völkermord in Ruanda

2003 Der Dritte Golfkrieg

2004 Osterweiterung der EU (u. a. Polen)

2008 Insolvenz der US-amerikanischen Großbank Lehman Brothers [Subprime-Markt-Krise]

2009 Eurokrise - Als Folge der Finanzkrise / Subprime-Markt-Krise in den USA

2010 Ende der Militärdiktatur (1988 bis 2010) in Myanmar

2011 Bürgerkrieg in Syrien beginnt & Abzug der US-Truppen im Irak abgeschlossen

Das sind neben dem wirtschaftlichen Aufstieg Ostasiens und besonders Chinas etc. alles Dinge, die in der Zeit, die unsere Daten abdecken, passiert sind. Man kann in den Plots gut erkennen, dass Hans Rosling recht hat und alles sich immer ähnlicher wird. Die Welt wird im Mittel reicher und der Trend geht hin zu *long life in small families* für alle Staaten. Man sieht auch, dass lokale Ergebnisse einen Einfluss haben. Myanmar zeigt eine deutliche Steigerung und wechselt in einem Cluster von Staaten, denen bzw. deren Bürgerinnen und Bürgern es tendenziell besser geht als denen im großen Cluster mit den Quadraten. Syrien hingegen fällt aus einem Cluster heraus und ist nur mit einem Kreuz für einen Outlier gekennzeichnet. Das Gegenteil davon bzgl. den USA, die 1994 noch ein Ausreißer waren und sich nun quasi am Rande eines Clusters mit Deutschland wiederfinden. Auch der Effekt der Finanz- und Eurokrise ist durch die Aufteilung des Clusters am unteren linken Rand erkennbar.

Diese Diskussion kann man fortsetzen, und wenn man Staaten und deren Historie nachschlägt und sich informiert, kommt man oft zu neuen Erkenntnissen was die Elemente eines Clusters gemeinsam haben. Das gilt für fast alle der verwendeten Clusteralgorithmen und Cluster. Lediglich die in der Regel sehr große Gruppe wird man aufgrund der Zahl auf diese Weise weniger beleuchten. Hier ist eine solche zwei- ggf. auch dreidimensionale Darstellung, wie die PCA sie liefert, sehr hilfreich, da man hierdurch auch die Veränderung von Staaten wie China und Ghana in einer Gruppe leichter beobachten kann.

Das schwer quantifizierbare und doch wichtige Kriterium, etwas aus und über die Daten zu lernen, hätten wir damit sicherlich sehr ausführlich diskutiert. Wie sieht es mit dem etwas formaleren K-Nearest-Neighbor-Consistency aus Abschnitt 13.5.1 aus? Mittels unserer selbst geschriebenen Klassen lassen wir uns den entsprechenden Wert für drei und vier Nachbarn berechnen:

```
from kNearestNeighborConsistency import kNearestNeighborConsistency

clusterEval = kNearestNeighborConsistency(XFull1994.to_numpy(),k=3)
indexDB1994 = clusterEval.consistency(cluster1994DB.cluster.to_numpy())
indexSG1994 = clusterEval.consistency(cluster1994SG.cluster.to_numpy())
indexHC1994 = clusterEval.consistency(cluster1994HC.cluster.to_numpy())
```

Die Werte drei und vier liegen nahe, weil wir Cluster kleiner als drei nicht zugelassen und anderseits beim DBSCAN vier Nachbarn für einen Kernpunkt gefordert haben. Hierbei muss man sich klarmachen, dass der DBSCAN nicht in dem Raum gearbeitet hat, in dem wir nun den Konsistenzindex berechnen, sondern in dem oben dargestellten zweidimensionalen Raum.

Da ein Index von eins optional ist, sind im Jahr 1994 die hierarchischen Verfahren deutlich besser. Die Anzahl der Nachbarn ändern dabei nicht wesentlich etwas an der Bewertung, da man hier einen gewissen Spielraum akzeptieren sollte. Im Jahr 2014 ist kein wesentlicher Unterschied bzgl. der Verfahren zu erkennen. Ein Grund kann sein, dass wir einen Abstand ε für

Tabelle 13.8 K-Nearest-Neighbor-Consistency in den Jahren 1994 und 2014 für drei und vier Nachbarn

Jahr	Nachbarn	DBSCAN	Single	Centroid
1994	3	0.675	0.800	0.790
2014	3	0.754	0.797	0.773
1994	4	0.636	0.748	0.787
2014	4	0.750	0.743	0.742

beide Jahre konstant gehalten haben, aber die Länder – wie man in Abbildung 13.19 sieht – ihre Abstände verändert haben. Das bedeutet, der recht gute Abstand im Jahr 2014 müsste im Jahr 1994 vermutlich ein klein wenig angepasst werden, um an die Konsistenz der anderen Verfahren heranzureichen.

Variieren Sie das ε im Jahr 1994 beim DBSCAN, bis die *K-Nearest-Neighbor-Consistency* in einem ähnlichen Bereich liegt wie die hierarchischen Verfahren. Wie verändert sich dadurch das Clusterung im Jahr 1994?

Probieren Sie den DBSCAN einmal direkt mit den in Abbildung 13.19 dargestellten ursprünglichen Merkmalen – natürlich nachdem diese vorher angepasst wurden – aus. Wie sehr unterscheiden sich die gebildeten Gruppen von denen nach der PCA?

Vielleicht wundern Sie sich, wie ähnlich Staaten wie die USA, China oder Russland anderen Ländern sind. Wir haben hier nur Merkmale betrachtet, die sich eher auf die Bevölkerung beziehen, also Gesundheit und Wohlstand. Das beinhaltet keine geopolitischen oder militärischen Aspekte. Machen Sie sich im Internet auf die Suche nach Daten wie den Militärausgaben und fügen Sie diese den Merkmalen hinzu.

Betrachtet man das Jahr 2014, in denen die K-Nearest-Neighbor-Consistency für alle Clustering-Verfahren sehr ähnlich ist, so stellt man fest, dass es eben nicht die eine optimale Clusterung in einer objektiv messbaren Weise gibt.

Das Problem kennt mehr als eine Lösung, wobei die Cluster die in Abbildung 13.18 erkennbar sind, sehr weitreichende Ähnlichkeiten aufweisen. Generell gehört die Clusterbildung zu den Problemen, die – wenn man es losgelöst von einer speziellen Methode mit fixen Rahmenbedingungen betrachtet – keine eindeutige Lösung besitzen. Genau bei solchen Problem können Clusterverfahren als Zwischenverarbeitungsschritt sehr hilfreich sein.

13.6 Schlecht gestellte Probleme und Clusterverfahren

Betrachten Sie ein Standard-Regressionsproblem. Ausgehend von einem Trainingssatz $S = (x, y)$ von Paaren von Eingabe- und Zieldaten versuchen wir, eine Funktion $h(x)$ so zu identifizieren, dass

$$y = h(x) + \varepsilon, \tag{13.6}$$

wobei der Begriff ε den Restfehler angibt und eine Funktion der Daten und der besonderen Form der verwendeten Regression ist. Implizit in diesem Modell ist die Annahme, dass das Problem **gut gestellt** ist, das heißt,

1. das Problem hat eine Lösung (Existenz)
2. Diese Lösung ist eindeutig bestimmt (Eindeutigkeit)
3. Diese Lösung hängt stetig von den Eingangsdaten ab (Stabilität)

Ist eine dieser Bedingungen nicht erfüllt, so heißt das Problem **schlecht gestellt**.

Schlecht gestellte Probleme sind eine sehr wichtige Klasse von Problemen und umfassen auch die sogenannten inversen Probleme. In Fällen, bei denen es keine eindeutige Lösung gibt, können Clusteralgorithmen sehr hilfreich sein. Zu dieser Klasse von Problemen gehören solche aus der inversen Kinematik und Teile des automatisierten maschinellen Lernens, auf welche wir noch zurückkommen werden.

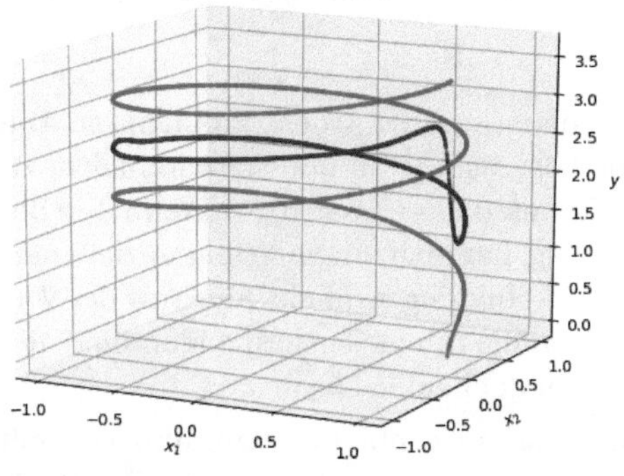

Abbildung 13.20 *Left:* Ein MLP (dunkel) findet eine falsche Lösung, wenn es mit einem Problem ohne Eindeutigkeit konfrontiert ist.

Standard-Regressionstechniken schneiden bei solchen schlecht gestellten Problemen besonders ungünstig ab und finden Lösungen zwischen den beiden möglichen korrekten Ergebnissen. Betrachten Sie zum Beispiel die zylindrische Spirale, die durch $y^2 = \tan^{-1}\left(\frac{x_2}{x_1}\right)$, $x_1, x_2 \in [-1, 1]$ gegeben ist. Wie links in Abbildung 13.20 zu sehen ist, gibt es zwei korrekte Ziele für jedes Eingangspaar (x_1, x_2), und das Multilayer Perceptron (MLP) findet keine der beiden Lösungen. Lokale Ansätze, wie z. B. k-nächste Nachbarstunden, scheitern ebenfalls, wenn auch auf etwas andere Weise. Das ist schlechter, als man es vielleicht zunächst erwarten würde. Die meisten Anwender könnten gut damit arbeiten, bei einem Problem, welches mehr als eine Lösung hat, nur eine der ggf. zahlreichen Lösungen zu erhalten. Hier werden Mittelwerte gebildet, die dazu führen, dass es rechts und links einen guten Weg gibt; der Algorithmus schlägt aber vor, geradeaus gegen die Wand zu laufen.

Der Kern des Problems liegt in der Tatsache, dass das zugrunde liegende Modell keine Funktion ist, sondern eine spezielle Form von Relation. Bei einer Funktion gilt die Regel, dass jedem x genau ein $y = f(x)$ zugeordnet ist. Hier liegen geordnete Paare vor, bei denen man weiß, dass für jedes x mindestens ein y existiert, aber die Funktion muss nicht eindeutig sein. Offensichtlich sind solche Funktionen nicht global umkehrbar. Es gibt also keine Funktion f^{-1}.

Deshalb haben inverse Probleme so häufig diese Form. Ein Beispiel ist das Problem der inversen Kinematik aus der Robotik. Gemäß dem alten Sprichwort, dass viele Wege nach Rom führen, gibt es viele Wege, um jeden beliebigen Ort des Endeffektors zu erreichen. Auch wenn man weitere Kriterien wie Zeit oder Energie hinzufügt, wird es nicht immer eindeutig.

Eine Möglichkeit, mit diesem Mangel an globaler Invertierbarkeit – dass f^{-1} nicht existiert – umzugehen, besteht darin, zu versuchen, die Funktion nur lokal und nicht global zu invertieren. Wann dies theoretisch geht und wann nicht, sagt der *Satz von der impliziten Funktion* in der Mathematik aus. Dazu muss man geeignete Teile der Funktion isolieren, wobei u. a. Clusteralgorithmen hilfreich sein können.

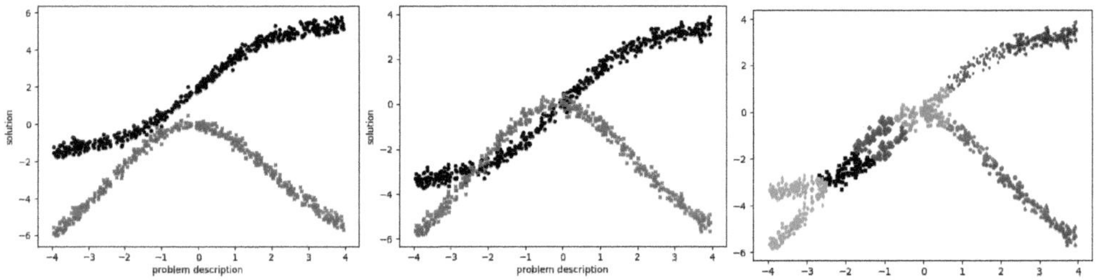

Abbildung 13.21 Lösungen durch Clustering, wenn die Beziehung kompliziert ist, zu trennen, ist nicht einfach.

Ob Clustern hilft oder ggf. sogar kontraproduktiv ist, hängt von der Art des Problems ab. Die Abbildung 13.21 illustriert die Probleme. Falls beide Lösungen (grau und schwarz) leicht zu trennen sind, wie in der linken Problemstellung, funktioniert das Clustern gut. Wenn ihre Beziehung komplizierter ist, wie in der Mitte der Abbildung, hat man am Ende tendenziell mindestens so viele Schwierigkeiten wie zuvor. Die rechte Abbildung zeigt das Ergebnis der Verwendung von DBSCAN. Wie man sehen kann, bestehen die durch Clustering identifizierten Teilmengen nicht notwendigerweise aus Daten nur einer der beiden Lösungen.

Bei einigen Problemen gibt es eine zusätzliche Struktur, die ausgenutzt werden kann. Dies gilt für die inverse Kinematik, bei der es einen zeitlichen Verlauf gibt, der den Datenproben Ordnung verleiht: Die Daten werden als eine Sequenz f_i erzeugt: $t \mapsto \mathbb{R}^n = y$ mehrerer Funktionen f_i, die jeweils eine Abbildung zwischen denselben Start- und Endpunkten liefern. Die Menge der verschiedenen Trajektorien, die dieselbe Abbildung durchführen, bietet genügend Struktur für neuronale Netze, um gute Näherungen zu finden, wie z. B. die von [TN98] verwendeten RNNs und die Standard-Feedforward-Netze von [LL01] und [Bro04].

Uns interessieren hier jedoch primär Ansätze, die auch auf Optimierungsprobleme angewendet werden können, unter anderem wegen der großen Bedeutung von Optimierungsfragen im maschinellen Lernen. Ein Beispiel ist das automatisierte maschinelle Lernen (**AutoML**), welches darauf abzielt, den gesamten Prozess der Auswahl von Algorithmen, der Anpassung von Hyperparametern etc. zu automatisieren, siehe z. B. [WHLG18]. Eine Möglichkeit, dieses AutoML-Problem zu formulieren, ist als Optimierungsproblem. Typische Anwendungen sind die Anzahl und Arten der Layer eines neuronalen Netze zu lernen. Das Lernen der Netzarchitektur wird selber zur Aufgabe eines Lernalgorithmus. Auf die gleiche Weise könnte das Transfer Learning aus Abschnitt 11.5 adressiert werden. Wenn man bereits viele ähnliche Probleme hatte, kann man nicht gute (Start)-Werte für die Gewichte eines Netzes lernen, statt mit zufälligen Werten zu starten?

Nehmen wir an, dass sich die Aufgabe durch die Parameter in einem Vektor θ beschreiben lässt. θ stellt somit die Varianten eines Problems dar, z. B. etwas bei einem Auto zu optimieren, ist eine für alle Autos recht ähnliche Aufgabenstellung, doch von Typ zu Typ unterschiedlich, und die Parameter, die einen Wagen vom anderen unterscheiden, werden in θ gebündelt. Die Funktion, die es zu optimieren gilt, beschreiben wir mit f. Die Zielfunktion $f(\cdot)$ ist z. B. die Verlustfunktion des neuronalen Netzes oder eine Funktion zur Minimierung von Faktoren wie Energie oder Kosten. Daneben liegen wie immer Daten in einer Datenbank D vor, welche aus dem Triple $(\theta, x, f_D(x,\theta))$ bestehen, wobei das Subskript D den Datensatz bezeichnet, den wir zum Lernen haben. Allgemein ausgedrückt ist das Ziel, das Minimum

$$\min_x f(x,\theta)$$

zu bestimmen. Dafür wollen wir x nicht mittels einer Optimierung – wie in Abschnitt 8.4 kennengelernt – suchen, sondern selbst die Zuweisung lernen. Wenn Sie sich nun fragen, wo die Problematik mit der Eindeutigkeit herkommt ... viele relevante Fragen gehören der Problemstellung der Mehrzieloptimierung an. Sie tritt häufig auf und die Ziele widersprechen sich oft. Man will möglichst mit wenig Spritverbrauch möglichst schnell einen Ort erreichen. Der Effekt ist, dass es mehrere Lösungen gibt, die aus Sicht der Bewertungsfunktion nicht unterscheidbar sind.

Nehmen wir als Beispiel ein Problem, mit dem wir uns schon häufiger beschäftigt haben. Wir haben bereits in Abschnitt 8.4.3.5 besprochen, dass sich durch die unterschiedlichen Darstellungen für XOR in den Gleichungen (8.17) bis (8.19) auf Seite 252 sechs Lösungsstrukturen zzgl. Skalierungen ergeben.

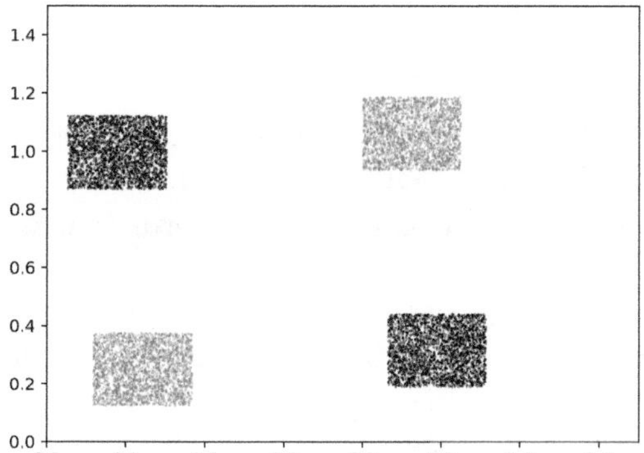

Abbildung 13.22 Affine Transformation einer XOR-Trainingsmenge.

Nehmen wir zu Testzwecken an, wir wollten uns mit Variationen θ des XOR-Problems beschäftigen. Dazu nehmen wir das Standard-XOR-Problem und wenden eine Rotation $\alpha \in [-45°, +45°]$ und eine Translation $[t_1, t_2]$, mit $0 \leq t_i \leq 0.5$, an. Das Ergebnis einer solchen Abbildung ist die in Abb. 13.22 dargestellte Menge. Die zu unterscheidenden Mengen sind verschoben und rotiert relativ zum klassischen XOR.

Unsere Aufgabe besteht darin, für die neun Gewichte des neuronalen Netzes auf der Grundlage einer Datenbank bestehend aus zuvor trainierten Netzen für eine neue Variante des Problems $\theta = (\alpha, t_1, t_2)$ die Werte der Gewichte x sowie eine Prognose für $f(x,\theta)$ zu ermitteln. Dabei ist $f(x,\theta)$ der Wert der Loss-Function. Die Datenbank enthält dabei nur alte Lösungen mit einer gewissen Qualität, nämlich $f(x,\theta) < 0.1$. Funktioniert ein solcher Ansatz, kann man die Gewichte selbst lernen und gleichzeitig eine Prognose über die Qualität erhalten. θ ist dabei die Variante des Problems bzw. im englischen kurz *Problem Description* und x seine Lösung (*Solution*).

Dies ist ein Beispiel für ein solches Optimierungsproblem, in dem es potenziell mehrere gleichwertige Lösungen gibt. Ein anderes aus einer Domain abseits des maschinellen Lernens schneiden wir zum Schluss an.

In [FM19] wurde 2019 das Verfahren kNN-MV (**kNN-Multivalued Function**) vorgestellt, welches durch die Kombination von Clusteralgorithmen und einem lokalen Lernen wie dem k-NN sehr robust lernen kann. Der Pseudocode für den Algorithmus ist unten angegeben.

Algorithm 13.1 The kNN-MV Algorithm

1: **procedure** KNN-MV($\hat{\theta}, \mathscr{D} = \{x, \theta, f(x,\theta)\}$)
Require: $k \geq 1$, $c \geq 1$ ▷ k = #Nachbarn, c = #gebildete Cluster
Require: $2 \leq m \leq 4$, $1 \leq n \leq 3$ ▷ m und n beeinflussen die Anzahl der Punkte in der Nachbarschaft
2: $\hat{N}$ = die Indizes der $a \cdot k \cdot m \cdot n$ nächsten Nachbarn von $\hat{\theta}$
3: N = die $a \cdot k \cdot m$ Beispiele in $\hat{N}$ mit den niedrigsten Werten von $f(x,\theta)$
4: Cluster die Beispiele in N zu c Clustern abhängig von ihrer Distanz im Lösungsraum x
5: **for** Für jeden Cluster **do**
6: **if** Der Cluster hat $< k$ Elemente **then** return $\emptyset$
7: **else** verwende die k Punkte, die am nächsten zueinander sind, für die Regression von $\hat{x}$ und $f(x,\theta)$ mittels des k-NN-Ansatzes
8: **end if**
9: **end for**
10: **end procedure**

In der ursprünglich veröffentlichten Version von [FM19] ist in der Codezeile 4 ein Tippfehler. Die hier angegebene Version ist korrekt. Der Algorithmus arbeitet in drei Schritten:

1. Wir finden eine große Menge von Punkten nahe θ und verfeinern sie auf die Punkte in dieser Menge mit den kleinsten $f(\theta, x)$-Werten
2. Diese Punkte werden zu c-Clustern gruppiert, die nachbearbeitet werden, um Cluster mit weniger als k-Mitgliedern zu entfernen und die k-Punkte, die in Bezug auf θ am nächsten liegen
3. Diese k-Datenpunkte werden analog zum k-NN zur Regression verwendet

Im Algorithmus wird eine Anzahl von Clustern verwendet, die optimalerweise der Anzahl der möglichen Lösungen entsprechen sollte. Es ist jedoch nicht notwendig, die Anzahl der Cluster genau zu bestimmen, wie Abbildung 13.23 illustriert.

Der Algorithmus sucht nach Punkten in der Nähe des mit einem schwarzen Dreieck auf der Achse markierten θ-Wertes in Abbildung 13.23. Im Fall links gibt es zwei Cluster und es werden entsprechend zwei Cluster identifiziert. Der Fall, dass drei Lösungen vorliegen und der An-

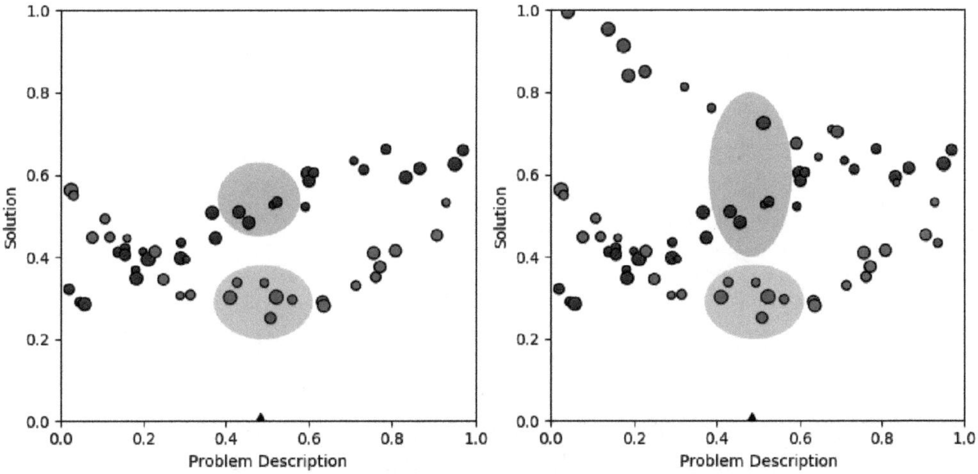

Abbildung 13.23 Auswirkung der Wahl der Anzahl der Cluster auf verschiedene Problemstellungen

wender falsch zwei Lösungen rät, ist rechts dargestellt. Dies führt dazu, dass zwei der Cluster zusammengeführt werden, was zu einer Streuung der potenziellen Punkte führt. Wenn jedoch in jedem Cluster die einander am nächsten liegenden Punkte in Zeile 7 des Algorithmus verwendet werden, setzt sich der dominante Cluster durch, und es werden nur die blauen Punkte für die Regression berücksichtigt. Wichtig ist, sich klarzumachen, dass das Problem natürlich wesentlich höherdimensional ist, als es in Abbildung 13.23 den Anschein hat. Die Problembeschreibung entspricht θ und ist mehrdimensional, ebenso die Lösung y.

Es sei noch erwähnt, dass der Algorithmus zwar konzipiert ist, mit den Funktionswerten einer Optimierungsfunktion $f(x,\theta)$ zu arbeiten, jedoch dies nicht zwingend ist. In Fällen, in denen keine Optimierungseigenschaft vorliegt, sondern *nur* ein Problem ohne Eindeutigkeit kann er auch verwendet werden. In diesem Fall ist im Pseudocode $n = 1$, und es besteht keine Notwendigkeit, das Auslesen in Zeile 3 sowie die Regression von f beim letzten Schritt in Zeile 7 durchzuführen.

Des Pseudocode orientiert sich in seiner Notation an der Logik eines Optimierungsproblems. Hier gilt es, zu der Problembeschreibung θ die Stelle x zu finden, bei der $f(\theta, x)$ minimal wird. Wenn es hingegen um eine Regression mit mehreren Lösungen geht, ist die übliche Notation eher X für die Merkmale und Y für die Zielmenge. Der Quellcode unten orientiert sich mehr an dem, was wir bisher an überwachtem Lernen hatten. Relativ zum Pseudocode gilt $X := \theta$ $Y := X$ und Quality $:= f(x,\theta)$.

Bei der Umsetzung in Python startet es analog zu dem k-NN, den wir bereits implementiert haben. Wir merken uns die Zielwerte und zusätzlich den Wert, der für das Optimierungskriterium vorliegt. Hierbei bedeutet `NaN`, dass wir ohne ein Qualitätskriterium arbeiten werden und es ausschließlich um eine mehrdeutige Lösung geht. Wie schon zuvor, organisieren wir die Werte in einem KDTree, wobei wir für sehr große Datenmengen den Baum stärker im Sinne eines Pre-Prunings durch deutlich größere Leafnodes aufstellen. Der `takeAddOnFactor` entspricht m im Pseudocode und der `QMultiplicator` m.

```
import numpy as np
from sklearn.neighbors import KDTree
from scipy.spatial import distance_matrix
from sklearn.cluster import KMeans

class knnRegressionMV:
    def fit(self, X, Y, Quality = np.NaN, takeAddOnFactor = 2.25, QMultiplicator = 2):
        if X.shape[0] > 200000: lsize = 200
        else: lsize = 10
        self.kdTree = KDTree(X, leaf_size=lsize, metric='minkowski', p=2)
        self.YTrain = Y
        self.Quality = Quality
        self.takeAddOnFactor = takeAddOnFactor
        self.QMultiplicator  = QMultiplicator
```

Wenn wir ein Qualitätsmerkmal haben, nehmen wir zunächst um den Faktor `QMultiplicator` mehr Elemente, als wir im anschließenden Schritt, nämlich `sizeLocalGroup`, clustern wollen. Alternativ ist diese Anzahl direkt die, welche wir uns von KD-Tree als nächsten Nachbarn zurückliefern lassen.

```

    def predict(self,X, kFin=3, smear = 1,answers=2):
        sizeLocalGroup = int(kFin*answers*self.takeAddOnFactor)
        if np.any(np.isnan(self.Quality)): k = sizeLocalGroup
        else: k = int(kFin*answers*self.takeAddOnFactor*self.QMultiplicator)
        (distInit, neighboursInit) = self.kdTree.query(X,k)
```

Im Fall, dass ein Qualitätsmerkmal vorliegt, sortieren wir die Nachbarn nach diesem Merkmal und schmeißen – bildlich gesprochen – die schlechtesten Ideen heraus. Dazu müssen wir die Outputs des KD-Trees, nämlich die Distanzen und die Nachbarn, entsprechend auswählen.

```

        if ~np.any(np.isnan(self.Quality)):
            neighbours = np.zeros( (neighboursInit.shape[0],sizeLocalGroup), dtype=int )
            dist = np.zeros( (distInit.shape[0],sizeLocalGroup), dtype=float )
            for i in range(neighboursInit.shape[0]):
                localQuality = self.Quality[neighboursInit[i,:]]
                choose = np.argsort(localQuality)[0:sizeLocalGroup]
                neighbours[i,:] = neighboursInit[i,choose]
                dist[i,:] = distInit[i,choose]
            YNeighbours = np.zeros( (self.YTrain[neighbours].shape[0],
                                     self.YTrain[neighbours].shape[1],
                                     self.YTrain[neighbours].shape[2]+1) )
```

Im Anschluss kleben wir an den Zielwert Y noch das Qualitätsmaß an. Es wird also in der Regression mit vorhergesagt. Liegt mehr als eine Lösung vor, so kann der Nutzer dies als Indikator für diejenige nehmen, die er am ehesten verwenden möchte.

```
            YNeighbours[:,:,0:self.YTrain[neighbours].shape[2]] = self.YTrain[neighbours]
            YNeighbours[:,:,self.YTrain[neighbours].shape[2]]  = self.Quality[neighbours]
```

Falls kein Qualitätsmerkmal vorliegt, übernehmen wir direkt die Ausgabe des KD-Trees.

```
        else:
            dist = distInit
```

```
            neighbours = neighboursInit
            YNeighbours = self.YTrain[neighbours]
```

Nun ergänzen wir die Arrays um eine führende Dimension für die möglichen Antworten. Denn es werden bei diesem Verfahren mehrere Lösungen mit jeweils der gleichen Dimension wie bei einem normalen k-NN zurückgeliefert.

```

        YNeighboursReduced= np.zeros((answers,YNeighbours.shape[0],kFin,YNeighbours.shape[2]))
        distReduced = np.zeros( (answers,dist.shape[0],kFin) )
```

Als Nächstes geht es darum, Cluster mit je `KFin` Elementen zu bilden, in denen sich möglichst nur Elemente eines Lösungsansatzes befinden. Die äußerste Schleife geht über alle Anfragen, einfach um eine Batch-Auswertung zu erlauben. Dann separieren wir zunächst die Anfrage zur Auswertung, um die es im letzten Durchlauf geht, in der Variablen `YN`. Anschließend lassen wir uns auf dieser Basis von KMeans so viele Cluster erzeugen, wie wir glauben, dass sinnvolle Antworten zu erwarten sind. `random_state` dient nur dazu, die Reproduzierbarkeit zu erhöhen. Der Vorteil von KMeans ist, dass wir die Anzahl der Cluster genau steuern können. Mit dem DBSCAN wäre sehr viel heuristisches Tuning nötig.

```

        for i in range(YNeighbours.shape[0]):
            YN = YNeighbours[i,:]
            kmeans = KMeans(n_clusters=answers, random_state=0).fit(YN)
```

Die nächste Schleife geht über alle gebildeten Cluster, die jeweils einer Antwort bzw. Lösung des Regressionsproblems entsprechen können. Wir bestimmen zunächst die Indizes der Elemente, die zu diesem Lösungs-Cluster gehören und reduzieren Y erneut von `YN` auf `YNA`, welche nur noch aus Elementen aus diesem Cluster besteht. Die Funktion `distance_matrix` berechnet für alle verbliebenen Elemente den Abstand untereinander.

```
            for antwort in range(answers):
                index = np.flatnonzero(kmeans.labels_ == antwort)
                if len(index) >= kFin:
                    YNA = YN[index]
                    dYN =  distance_matrix(YNA,YNA)
```

Diese Matrix der Abstände könnte z. B. so aussehen:

$$\text{dYN} = \begin{pmatrix} 0 & 2 & 1 & 3 \\ 4 & 0 & 1 & 1 \\ 4 & 2 & 0 & 1 \\ 1 & 1 & 3 & 0 \end{pmatrix}$$

Da wir die Matrix für einen Cluster mit sich selbst aufgestellt haben, erhalten wir auf der Diagonalen immer eine 0. Jedes Element hat natürlich von sich selbst den Abstand 0. Die Operation `argsort` wiederum führt im Beispiel oben für drei Elemente zu folgendem Ergebnis:

$$\text{choose} = \begin{pmatrix} 0 & 2 & 1 \\ 1 & 2 & 3 \\ 2 & 3 & 1 \\ 3 & 0 & 1 \end{pmatrix}$$

Wir haben jeweils die kFin Elemente in einer Zeile, die zu dem zur Zeilennummer gehörenden Element den geringsten Abstand bzw. die größte Ähnlichkeit aufweisen. Das sind die Kandidaten jeweils für die am engsten zusammenliegende Gruppe. Anschließend summieren wir über alle Abstände in der Gruppe. Am Schluss enthält die Variable dk die Summe der Abstände der jeweiligen Gruppen.

```
                choose = np.argsort(dYN,axis=1)[:,0:kFin]
                temp = np.zeros((choose.shape[0],kFin))
                for j in range(dYN.shape[0]):
                    temp[j,:] = dYN[j,choose[j,:]]
                dk = np.sum(temp,axis=1)
```

Dies geschieht, um dem in Abbildung 13.23 dargestellten Problem zu begegnen, das darin besteht, das ein Cluster durch Elemente einer anderen Lösungsstruktur verunreinigt sein könnte. Die Gruppe, deren summierter Abstand am kleinsten ist, gilt als am kompaktesten und wird ausgewählt. Der Index wird in theChoosenOnce gespeichert. Anschließend werden die Elemente in den dafür vorgesehenen Variablen für die spätere Regression gespeichert.

```
                theChoosenOnce = np.argsort(dk)[0]
                globalIndex = index[choose[theChoosenOnce]]
                YNeighboursReduced[antwort,i,:] = YNA[choose[theChoosenOnce]]
                distReduced[antwort,i,:] = dist[i,globalIndex]
```

Fällt ein Cluster zu klein aus, gehen wir davon aus, dass nicht so viele Lösungen existieren, wie der Benutzer geraten hat, und geben für diese Lösungsmöglichkeit NaN zurück.

```
            else:
                YNeighboursReduced[antwort,i,:] = np.NaN
                distReduced[antwort,i,:] = np.NaN
```

Das Vorgehen oben entspricht im Wesentlichen einem Bereinigen und Sortieren der Trainingsmenge. Nach dem Prozess steht eine kleinere Menge zur Verfügung, die hoffentlich nur noch Elemente einer Lösungsstruktur enthält. Diese Vorverarbeitung ist damit stark auf Clusterverfahren gestützt. Das restliche Vorgehen entspricht auf jeder einzelnen der Mengen dem normalen k-NN, den wir bereits kennengelernt haben. Lediglich einige Operationen sind durch die zusätzliche Dimension der Lösungsmenge technisch etwas komplexer.

```

    yAll = np.zeros( (answers,X.shape[0],YNeighbours.shape[2]) )
    for antwort in range(answers):
        distReducedA = distReduced[antwort,:]
        YNeighboursReducedA = YNeighboursReduced[antwort,:]
        distsum = np.sum( 1/(distReducedA+smear/kFin), axis=1)
        distsum = np.repeat(distsum[:,None],kFin,axis=1)
        dist = (1/distsum)*1/(distReducedA + smear/kFin)
        y = np.zeros((X.shape[0],YNeighbours.shape[2]))
        for i in range(YNeighbours.shape[2]):
            y[:,i] = np.sum( dist*YNeighboursReducedA[:,:,i],axis=1)
        yAll[antwort,:] = y
    yAll = np.swapaxes(yAll,0,1)
    return yAll
```

Mit diesem nun fertig implementierten Verfahren setzen wir unseren kleinen Test um. Da wir die Gewichte eines neuronalen Netzes lernen wollen, binden wir ein wenig von Keras ein. Pandas nutzen wir nur zum effizienteren Laden der ca. 20 MB großen Datei mit Trainingsdaten.

Die Daten finden Sie auf *https://joerg.frochte.de* zum Download. Um auszuschließen, dass Elemente doppelt in unserer Datenbank sind, nutzen wir einmal `np.unique`. Anschließend entnehmen wir genau so viele Elemente der Datenbank, wie wir nutzen wollen. X enthält die Beschreibung des Problems, Y die Gewichte und Q den Wert der Loss-Function.

```
if __name__ == '__main__':
    import pandas as pd
    from tensorflow.keras.models import Sequential
    from tensorflow.keras.layers import Dense

    dataset = np.unique(pd.read_csv("xorfile.csv",delimiter=",").to_numpy(),axis=0)
    np.random.seed(42)
    idx = np.random.choice(np.arange(dataset.shape[0]), 1000,replace=False)
    X = dataset[idx,0:3]
    Y = dataset[idx,3:12]
    Q = dataset[idx,12]
```

Als Nächstes machen wir unseren Lerner bereit, indem wir die benötigten Daten übergeben.

```
    mySep = knnRegressionMV()
    mySep.fit(X, Y, Quality=Q, QMultiplicator  = 1.25, takeAddOnFactor = 2.0)
```

Danach werden ein paar Listen und Variablen vorbereitet, in denen wir unsere Ergebnisse protokollieren.

```
    errorQ = []; errorC = []; lossValue = []
    solutionsFound = 0
```

Wir fahren 100 Tests. In jedem Test bestimmen wir basierend auf Zufallswerten eine Drehmatrix A und eine Translation b, die das ursprüngliche XOR-Problem verändert.

```
    for tests in range(100):
        b = np.array( [ ( np.random.rand())/2 , ( np.random.rand())/2] ) # XOR-Offset
        alpha = 2*(np.random.rand()-0.5) * np.pi*(45/180) # XOR-Winkel
        A = np.zeros((2,2))
        A[0,0] = np.cos(alpha); A[1,1] =   A[0,0]
        A[0,1] = np.sin(alpha); A[1,0] = - A[0,1]
```

In jedem Test erzeugen wir 10 000 Daten für die Testmenge in je vier Quadraten entsprechend der Abbildung 13.23, auf die die Drehung und die Translation angewendet werden. Anschließend kleben wir die Daten mittels `hstack` und `vstack` zusammen, um eine durchgängige Testmenge zu bekommen.

```
        k = 10000  # number of samples of each class
        X00 = 0.25*(np.random.rand(int(k/4),2)) + A@([0.00,0.00] + b)
        X11 = 0.25*(np.random.rand(int(k/4),2)) + A@([0.75,0.75] + b)
        X10 = 0.25*(np.random.rand(int(k/4),2)) + A@([0.75,0.00] + b)
        X01 = 0.25*(np.random.rand(int(k/4),2)) + A@([0.00,0.75] + b)
        XTest = np.vstack( (X00,X11,X10,X01))
        YTest  = np.hstack( (np.zeros(X00.shape[0]),np.zeros(X11.shape[0]),
                             np.ones(X10.shape[0]),np.ones(X01.shape[0]) ) )
```

Die Parameter der Drehung und Translation bilden unseren Vektor mit den Merkmalen. Diesen fügen wir zusammen und übergeben sie dem trainierten Lernalgorithmus.

```
        x = np.array([b[0],b[1],alpha]).reshape(1,3)
        y = mySep.predict(x, kFin=5, answers=6, smear = 0.1)
```

Wenn der Algorithmus ein NaN zurückgeliefert hat, liegt seiner Ansicht nach keine Lösung vor. Dann überspringen wir sie. Ansonsten gehen wir alle sechs möglichen Rückmeldungen durch und testen diese auf ihre Qualität.

```
        for i in range(y.shape[1]):
            if np.any(np.isnan(y[0,i,0:4])): continue
            solutionsFound += 1
```

Als Nächstes bauen wir ein neuronales Netz in Keras auf, wobei die Wahl des Optimierers irrelevant ist, da wir diesen nicht verwenden werden.

```
            myANN = Sequential()
            myANN.add(Dense(2,input_dim=2, activation='sigmoid',use_bias=True))
            myANN.add(Dense(1,activation='sigmoid',use_bias=True))
            myANN.compile(loss='binary_crossentropy', optimizer='SGD',  metrics=['acc'])
```

Nun nehmen wir die Rückmeldung unseres Lerners, welche in Form eines Vektors vorliegt, und formatieren diese so um, dass sie zu dem Format von Keras passt. Mit `set_weights` setzen wir, wie schon unter anderem in Abschnitt 8.1 besprochen, die Werte in unser neuronales Netz ein.

```
            B0 = y[0,i,0:4].reshape(2,2)
            b0 = y[0,i,4:6].reshape(2,)
            B1 = y[0,i,6:8].reshape(2,1)
            b1 = y[0,i,8].reshape(1,)
            WStart0 = [B0,b0]
            WStart1 = [B1,b1]
            myANN.layers[0].set_weights(WStart0)
            myANN.layers[1].set_weights(WStart1)
```

Daneben liefert der Lerner auch eine Prognose für die Qualität zurück, die wir uns aus dem Vektor herauspicken. Anschließend evaluieren wir das Netz, welches nicht im klassischen Sinne trainiert wurde, sondern dessen Gewichte selbst gelernt wurden. Anschließend fügen wir die erhaltenen Werte unseren Listen hinzu.

```
            quality = y[0,i,9]
            q, correct = myANN.evaluate(XTest,YTest)
            errorQ.append(quality-q)
            errorC.append(1-correct)
            lossValue.append(q)
    print(np.mean(errorQ), np.mean(errorC), np.mean(lossValue))
```

Tabelle 13.9 zeigt die Ergebnisse zu diesem Beispielproblem für eine Trainingsdatenbank mit entweder 500 und 1000 Proben im Trainingsset. In jedem der Fälle konnte mit *k*NN-MV mindestens eine Lösung gefunden werden. Der Algorithmus ergab während des Tests 600 Lösungen, da es sechs mögliche unterschiedliche Gewichte (bis hin zur Skalierung) gibt. *% sol.* ist der Prozentsatz der Lösungen, die gefunden wurden. Wie bereits erwähnt, kann *k*NNN-MV auch die Qualität der Lösungen vorhersagen. Daher ist die Spalte $|q - \text{Verlust}|$ die mittlere Differenz zwischen dem vorhergesagten Wert der Loss-Function und dem Wert, welcher tatsächlich beim Test auftrat. Die Spalte *class* ist hingegen der – mit den vorhergesagten Werten x für die Gewichte – korrekt klassifizierte Anteil.

Tabelle 13.9 Ergebnisse des *K*NN-MV ($k = 5$) für unterschiedlich große Trainingsmengen. Alle Werte sind Mittelwerte über 100 Testprobleme.

Samples in der Trainingsmenge							
500				1000			
% sol.	$\|q - \text{loss}\|$	class	loss	% sol.	$\|q - \text{loss}\|$	class	loss
89.6%	0.11	0.94	0.170	90.3%	0.0479	0.98	0.0998

Wie man sieht, sind die Ergebnisse sehr gut, wenn man bedenkt, dass nicht nachtrainiert wurde. Die Frage für viele realistische Anwendungen ist natürlich, ob man 500 ähnliche Netze schon mal vorher trainiert hat. Jedoch auch wenn weniger alte Daten vorliegen, kann das Ergebnis des Lerners ein hervorragender Startwert für eine anschließende Optimierung sein, in der schnell ein Ergebnis vorliegt.

Generell muss man sich bei Optimierungsproblemen jedoch immer klarmachen, dass ausgeprägte Nebenminima oder auch gleichwertige Minima häufiger vorkommen. Es gibt nicht die eine perfekte Architektur, sondern verschiedene gleichwertige. Die Probleme sind also *schlecht gestellt* und die mangelnde Eindeutigkeit muss man immer vor Augen haben. Ähnliches haben wir bereits für das Clustern an sich diskutiert.

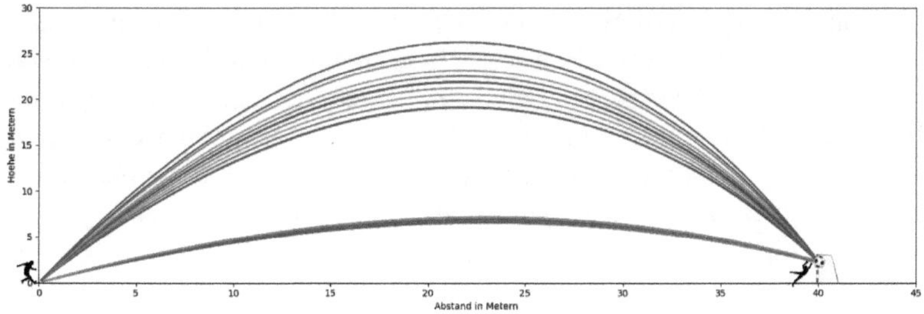

Abbildung 13.24 Zwei mögliche Gruppen von Trajektorien

Ein weiteres Beispiel aus [FM19] ist vermutlich vielen näher als eine Fragestellung aus dem Bereich des maschinellen Lernens. Es geht darum, durch Beispiele aus unterschiedlichen Entfernungen über den Torwart in ein Tor zu schießen. Die Varianten bestehen hier aus den Distanzen, unterschiedlich großen Bällen und der Frage, ob Rücken- oder Gegenwind herrscht. Ohne auf die Details aus der Veröffentlichung und der dem Modell zugrunde liegenden Differential-Algebraischen Gleichung einzugehen, ist ein Blick in die Datenbank, die aufgebaut wurde, interessant. Die Abbildung 13.25 zeigt die Datenbank, die sich ein Software-Agent mittels kNN-

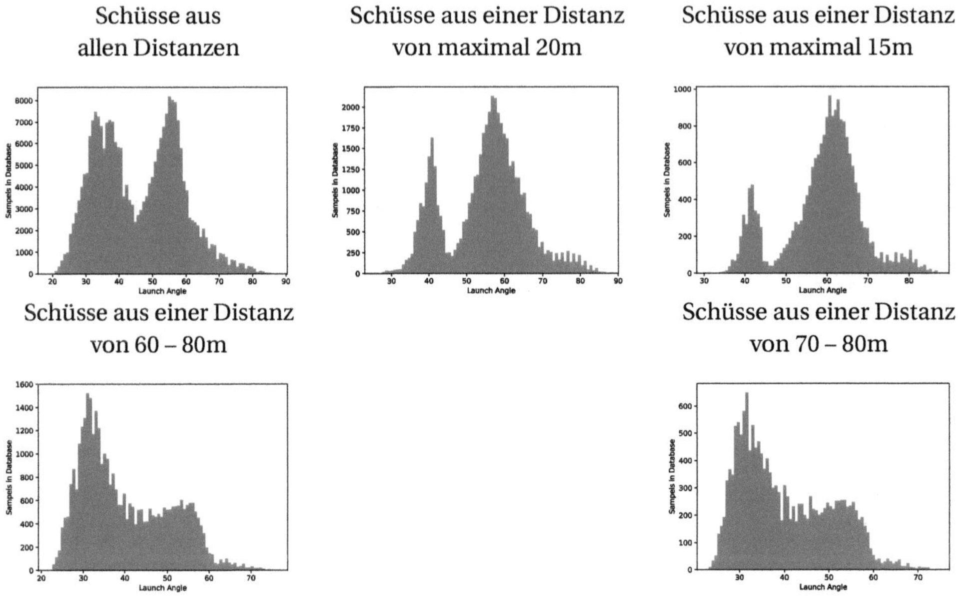

Abbildung 13.25 Erfolgreiche Schüsse in der Datenbank

MV aufgebaut hat. In die Datenbank wurden nur erfolgreiche Schüsse aufgenommen, die einen gewissen Score erreicht haben. Wie man sieht, wird für eine kurze Distanz die Gruppe der höheren Abschusswinkel als Strategie immer dominanter. Für Schüsse aus großer Weite hingegen wird die Gruppe mit dem kleineren Abschusswinkel dominanter. Ein Grund ist der im Modell enthaltene Wind, der aus zufälliger Richtung und stärker weht. Je länger der Ball in der Luft ist, desto wichtiger ist der Wind; daher sind lange und hohe Schüsse ein Problem.

> Dieses Problem illustriert, was in Abbildung 13.21 eher theoretisch aussah. Es gibt Problemklassen, die in einigen Bereichen schlecht gestellt sind und viele Lösungen zulassen. In denen verengt sich das Feld möglicher Lösungsstrategien wieder. Wenn man direkt vor dem Tor steht, funktioniert nun einmal nicht dasselbe wie aus einer größeren Distanz. Das gehört zu den Dingen, die einem offensichtlich erscheinen, die man aber nicht immer auf die Arbeit mit lernenden Algorithmen überträgt.

14 Grundlagen des bestärkenden Lernens

Bestärkendes Lernen oder auf Englisch *Reinforcement Learning* ist eine Antwort auf die Frage, wie ein Agent ein gutes – vielleicht sogar optimales – Verhalten lernen kann, wenn er keinen Lehrer hat. Lassen wir einmal für einen kurzen Moment die Frage beiseite, was ein Agent nun konkret sein soll und konzentrieren uns auf den Aspekt *Lernen ohne Lehrer.* Dieser Punkt schließt quasi auch *ohne Bücher, ohne Webseiten* und *ohne Videopodcast* etc. mit ein. Diese sind ja in gewisser Weise nur spezielle Lehrer, bei denen es den Vorteil gibt, sich eine Unterweisung im eigenen Tempo und ggf. auch mehrfach zuzuführen und den Nachteil, dass die Interaktion als Möglichkeit nicht gegeben ist. Auch ohne diese Gelegenheiten haben wir als Kinder beispielsweise viel gelernt; teilweise bestimmt durch *Abgucken,* was wieder eine Art Lehrer ist, aber auch durch Probieren und Auf-den-Hintern-Fallen. Auf dieses Prinzip setzt auch das bestärkende Lernen. Wir probieren etwas im Trial-and-Error-Sinne und versuchen, Dinge mit positiven Rückkopplungen zu wiederholen und welche mit negativen zu unterlassen. Im Bereich des maschinellen Lernens nutzen wir diesen Ansatz, wenn wir keine *hochwertigen Daten,* also solche, in denen das gewünschte Ergebnis bereits gekennzeichnet wurde, zur Verfügung haben. Natürlich geht es bei uns nicht um Kinder oder andere Lebensformen, sondern um Software, weshalb wir uns nun kurz dem Begriff des Agenten nähern werden.

14.1 Software-Agenten und ihre Umgebung

Ein Software-Agent ist eine Software, die – im Rahmen ihrer Fähigkeiten – zu eigenständigem bzw. autonomem Verhalten in der Lage ist. Das meint u. a. dass kein Mensch mehr involviert sein muss, wenn das Programm einmal gestartet ist. Es gibt zahlreiche Arten, diese zu klassifizieren. Ein recht populärer Ansatz aus [RN10] teilt sie in fünf Klassen ein:

- Einfache reaktive Agenten (**simple reflex agents**)
- Beobachtende Agenten (**model-based reflex agent**)
- Zielbasierte Agenten (**goal-based agents**)
- Nutzenbasierte Agenten (**utility-based agents**)
- Lernende Agenten (**learning agents**)

Eine Schwäche dieser Klassifikation ist, dass der Aspekt der Zusammenarbeit – oder eben auch der Abwesenheit einer solchen Fähigkeit – zwischen den Agenten nicht vorkommt. Daher ist es oft sinnvoll, die folgenden Attribute zusätzlich zu verwenden, die anderen Klassifizierungsansätzen entstammen:

- **robust** – der Agent kompensiert (teilweise) äußere und innere Störungen

- **kognitiv** – der Agent ist auf der Basis eigener Entscheidungen und Beobachtungen lernfähig
- **sozial** – der Agent kommuniziert mit anderen Agenten

Wie man sieht, ist ein *lernender Agent* in der Klassifikation aus [RN10] hier immer ein *kognitiver*. Da die Softwareagenten für uns nicht die zentrale Rolle spielen, sondern ihr Lernverhalten, soll diese Einordnung reichen. Wir sind natürlich im Rahmen des maschinellen Lernens nur an der Klasse der lernenden bzw. kognitiven Agenten interessiert. Dabei streben wir an, dass diese möglichst *robust* sind, und in einigen Szenarien, die wir diskutieren, ist auch der Aspekt *sozial* von Bedeutung. Trotzdem betrachten wir kurz den reaktiven und beobachtenden Agenten zur Abgrenzung vom lernenden Agenten.

Die Abbildungen 14.2, 14.2 und 14.3 sind komplett in Englisch gehalten und entsprechen im Wesentlichen denen aus [RN10] Kapitel 18. Es gibt viele Fachbegriffe, die man eher nicht übersetzen, sondern im Original kennen sollte. Statt einer deutsch-englischen-Mischdarstellung sind die Abbildung in englisch belassen und ich erkläre gleich stückweise die Bedeutung der Begriffe in dem Kontext.

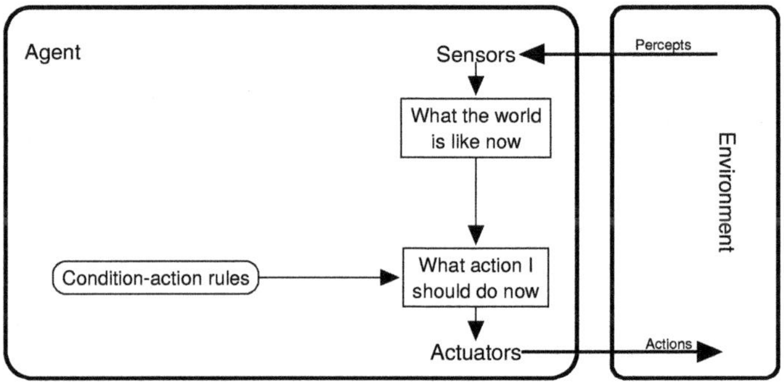

Abbildung 14.1 Schema eines reaktiven Agenten

Reaktive Agenten, wie in Abbildung 14.1 skizziert, besitzen schon einige der wichtigsten Eigenschaften für einen Agenten: zum einen Sensoren (**Sensors**), womit man echte Sensoren, also Hardware, meinen kann, aber auch alle anderen Informationsquellen einer – ggf. auch virtuellen – Umgebung (**Environment**), und zum anderen Aktoren (**Actuators**), also die Möglichkeit, Aktionen zu veranlassen. Diese Aktion können sich wieder auf Szenarien beziehen, die rein im Computer bzw. Computernetzwerk stattfinden. Das kann also eine Software sein, die sich durch das Internet wühlt und Webseiten liest und einordnet oder bearbeitet. Es kann aber auch eine Software sein, die Teil eines realen Roboters ist und z. B. mit einem Greifarm versucht, etwas auszunehmen.

Diese Interaktion mit seiner Umgebung geschieht aber nur durch einen eher einfachen gedächtnislosen Regelsatz (**Condition-action rules**). Man versteht also unter diesem rein reaktiven Verhalten eine Aktion, die durch einen äußeren Reiz hervorgerufen wird. Bezüglich Menschen oder Tieren spricht man hier von einem Reiz-Reaktions-Muster. Beispiele für reaktives Verhalten bei Menschen wären sicherlich z. B. der Augenlidreflex. Denkt man an Insekten, hat man sicherlich noch ein breiteres Feld solcher Aktionen, und die sind biologisch sehr erfolgreich. Aber was für uns fehlt, ist das Lernen. Mit dem beobachtenden Agenten nähern wir uns diesem an.

Wie man in der Abbildung 14.2 erkennen kann, besitzt dieser Agent zusätzlich ein Gedächtnis, welches durch die Aspekte *How the world evolves* und *States* sichtbar wird. Der Aspekt *Zustand*

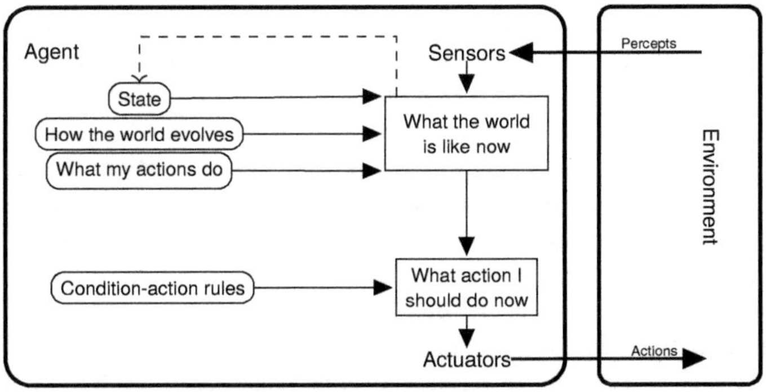

Abbildung 14.2 Schema eines beobachtenden Agenten

bzw. **State** kann dabei bedeuten, dass er ein Modell von seinem eigenen, aber auch eben vom Zustand der Welt hat. Meistens bezieht sich *State* auf aktuelle Zustände, man kann jedoch auch etwas wie *den Batteriestand vor 5 Minuten* als einen Zustand haben, der dann eben zur Speicherung von historischen Daten führt. Durch sein Sammeln von Informationen und sein Modell von sich und der Welt können die Aktionen nun auf der Basis dieser Modelle ausgewählt werden. Die Regeln beziehen sich nicht nur auf Sensorinformationen, sondern auf das gewonnene Gesamtbild. Damit wird die Basis für die Regeln flexibler, jedoch nicht die Regel selbst. Lernen würde in diesem Kontext bedeuten, dass der Agent auch seine Regeln hinterfragt und adaptiert.

Der lernende Agent in Abbildung 14.3 schließlich kann sein Verhalten basierend auf gemachten Erfahrungen ändern. Diese Änderungen basieren auf den gemessenen Reaktionen der Umwelt auf eigene Aktionen oder per Sensoren detektierten Bedingungen.

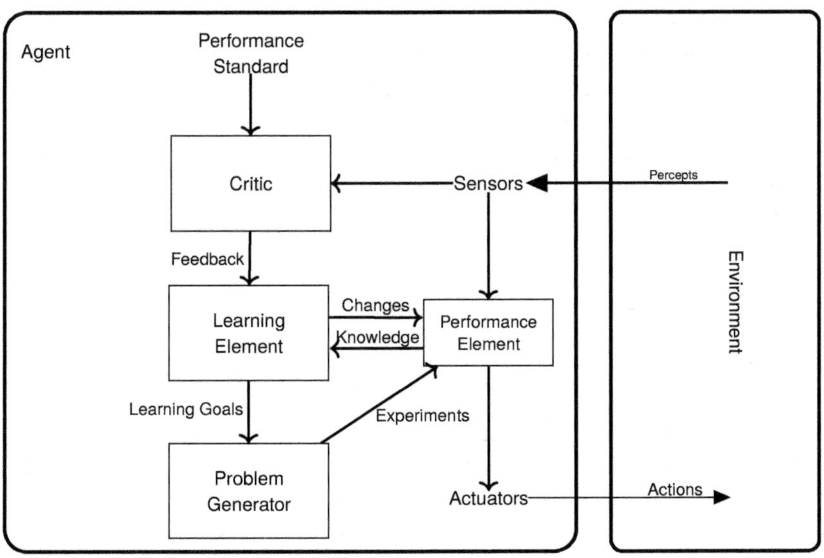

Abbildung 14.3 Schema eines lernenden Agenten

Das neu hinzugekommene **Performance Element** umfasst einen Großteil des zuvor diskutierten beobachtenden Agenten. Es ist der Teil, der wirklich die Aktionen auswählt, die unser Agent anstößt. Das **Learning Element** hingegen modifiziert das *Performance Element*, um weitere Verbesserungen in den Entscheidungen zu erreichen. Grundlage der Änderungen ist der Output des *Critic-Moduls*, welches die erzielten Resultate mit den gewünschten vergleicht. Damit das *Learning Element* also auch wirklich lernen kann, benötigt es das **Critic-Modul**, welches eben dafür verantwortlich ist, eine Rückmeldung (engl. *Feedback*) für das *Learning Element* bereitzustellen. Um diese Rückmeldungen bereitstellen zu können, vergleicht es die per Sensoren vermittelten Eindrücke mit von außen vorgeben Leistungsstandards (*performance standard*). Diese müssen von außen kommen, da der Agent oft nicht wissen kann, was das primäre Ziel ist und ggf. ob es noch weitere wünschenswerte Ziele gilt. Beispielsweise kann bei einer Fahrt über eine Urlaubsinsel ein landschaftlich schöner Weg wichtiger sein, als eine hohe Reisegeschwindigkeit. Bei der Fahrt zum Flughafen mag dies anders herum sein.

Der **Problem Generator** hingegen ist als Element dafür verantwortlich, dass nicht immer nur die vermeintlich besten Aktionen durchgeführt werden, sondern hin und wieder auch Aktionen, die dazu geeignet sind, neue Erfahrungen zu machen und das *Learning Element* als solches weiterzubringen.

Um die Einheiten noch mal in Relation zueinander zu setzen, spinnen wir unser Beispiel von oben mit der Fahrt etwas weiter. Nehmen wir an, unser Agent ist Taxi-Fahrer. Seine *States* zeigen, wo er sich befindet, dass er vollgetankt ist und es etwa Mittag ist. Das *Performance Element* würde dann so etwas sagen wie: Lass uns Weg A nehmen, da weiß ich, dass es funktionieren wird. Der *Problem Generator* würde dann einwerfen, man könne doch mal Weg B probieren. Den Weg wären wir zwar noch nie gefahren, aber vielleicht ist der schneller. Der Agent nimmt dann Weg B. Das *Critic-Element* stellt im Anschluss fest, dass der Weg ja sogar ein wenig schneller war und eine schönere Aussicht hatte. Daraufhin wird das *Learning Element* Weg B nun besser bewerten als Weg A und diesen in der Zukunft häufiger fahren. Falls man feststellt, dass Weg A nur schneller ist, wenn kein Berufsverkehr ist, werden die Regeln in der Zukunft sicherlich mit mehr Bedingungen versehen, um zu jeder Situation die beste Möglichkeit bereitzustellen.

Wir konzentrieren uns natürlich im Sinne unseres Themas darauf, wie das Lernen eines solchen Agenten funktionieren kann. Nutzt man maschinelle Lernverfahren fällt ein explizites Critic-Element im Agenten oft weg, da dieses Rückmeldung – wie wir noch sehen werden – anders erfolgt. Der nächste Abschnitt beschäftigt sich mit dem dafür nötigen theoretischen Unterbau.

14.2 Markow-Entscheidungsproblem

Der wesentliche Modellierungsansatz für unseren Lernansatz ist der Markow-Prozess (engl. *Markov Chain*). Hierbei handelt es sich um einen stochastischen Prozess, der nach dem russischen Mathematiker Andrei Andrejewitsch Markow (1856-1922) benannt ist. Ziel bei der Anwendung von Markow-Prozessen ist es, die Wahrscheinlichkeiten für das Eintreten zukünftiger Zustände berechnen zu können. Eigentlich gehen die Markov-Prozesse sehr tief in die Statistik hinein; wir beschränken uns in der Darstellung auf die Anwendung und so viel Mathematik, wie nötig ist, damit die Vorgänge nicht nach Hexerei aussehen und man auch die Grenzen der Ansätze erkennen kann.

Wesentlich für einen Markow-Prozess ist seine Ordnung. Am häufigsten tritt bei uns die Variante der 1. Ordnung auf, bei der die zukünftige Entwicklung nur vom aktuellen Zustand (Gegenwart) abhängt und nicht von den vorherigen. Betrachten wir als Beispiel einmal den Roboterhund in der Abbildung 14.4. Nehmen wir an, er besucht in jedem Zug mit gleicher Wahrscheinlichkeit eines der angrenzenden Felder. Die beiden dicken schwarzen Linien im Norden und Westen von Feld 5 kann er dabei nicht übertreten, das sind quasi Mauern. Sein Ziel ist die Zeitung in Feld 5. Wenn er diese hat, bleibt er dort. Eine unsympathische Person hat jedoch in Feld 3 eine Roboterfalle aufgestellt.

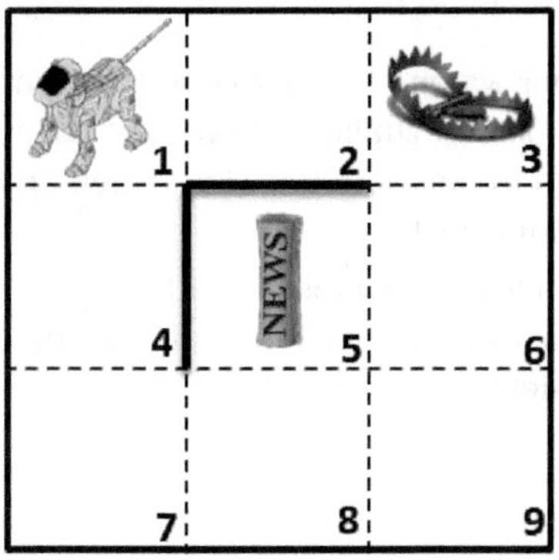

Abbildung 14.4 Roboter-Labyrinth

Nehmen wir weiter an, dass hier außer im Fall der Felder 3 und 5 der Roboter ein Feld immer sofort verlässt. Außerdem haben wir einen völlig zufallsgesteuerten Roboter. Das bedeutet, dass er in jedem Zug quasi würfelt, in welches der möglichen Felder er geht. Dieser nächste Zustand hängt dann im Sinne eines Markow-Prozesses erster Ordnung nur vom jetzigen Zustand ab, also wo der Roboterhund steht. Um diesen zufälligen Übergang zu modellieren, können wir auf die folgende Übergangsmatrix zurückgreifen:

$$D = \begin{pmatrix} 0 & \frac{1}{2} & 0 & \frac{1}{2} & 0 & 0 & 0 & 0 & 0 \\ \frac{1}{2} & 0 & 0 & 0 & 0 & 0 & 0 & 0 & 0 \\ 0 & \frac{1}{2} & 1 & 0 & 0 & \frac{1}{3} & 0 & 0 & 0 \\ \frac{1}{2} & 0 & 0 & 0 & 0 & 0 & \frac{1}{2} & 0 & 0 \\ 0 & 0 & 0 & 0 & 1 & \frac{1}{3} & 0 & \frac{1}{3} & 0 \\ 0 & 0 & 0 & 0 & 0 & 0 & 0 & 0 & \frac{1}{2} \\ 0 & 0 & 0 & \frac{1}{2} & 0 & 0 & 0 & \frac{1}{3} & 0 \\ 0 & 0 & 0 & 0 & 0 & 0 & \frac{1}{2} & 0 & \frac{1}{2} \\ 0 & 0 & 0 & 0 & 0 & \frac{1}{3} & 0 & \frac{1}{3} & 0 \end{pmatrix}$$

Wenn man diese Matrix D mit einem aktuellen Zustand s bzw. einen Vektor mit Aufenthaltswahrscheinlichkeiten durch eine Multiplikation verknüpft, erhält man eine Zustandsübergangsfunktion δ. In der gegebenen Matrix-Darstellung kann man an der Spaltensumme immer kontrollieren, ob diese 1 ist und damit alle Möglichkeiten erfasst wurden.

Nehmen wir an, der Roboterhund steht wirklich oben links in der Ecke. Dann ist sein Anfangszustand $s = (1,0,0,0,0,0,0,0,0)^\top$. Da wir wissen, dass er auf Feld 1 steht, ist die Wahrscheinlichkeit dort eben 100% bzw. 1. Mit welcher Wahrscheinlichkeit wird er nun im nächsten Schritt auf einem anderen Feld sein? Um das herauszufinden, wendet man die Matrix D auf seinen jetzigen Zustand an und erhält:

$$\begin{pmatrix} 0 \\ \frac{1}{2} \\ 0 \\ \frac{1}{2} \\ 0 \\ 0 \\ 0 \\ 0 \\ 0 \end{pmatrix} = \begin{pmatrix} 0 & \frac{1}{2} & 0 & \frac{1}{2} & 0 & 0 & 0 & 0 & 0 \\ \frac{1}{2} & 0 & 0 & 0 & 0 & 0 & 0 & 0 & 0 \\ 0 & \frac{1}{2} & 1 & 0 & 0 & \frac{1}{3} & 0 & 0 & 0 \\ \frac{1}{2} & 0 & 0 & 0 & 0 & 0 & \frac{1}{2} & 0 & 0 \\ 0 & 0 & 0 & 0 & 1 & \frac{1}{3} & 0 & \frac{1}{3} & 0 \\ 0 & 0 & 0 & 0 & 0 & 0 & 0 & 0 & \frac{1}{2} \\ 0 & 0 & 0 & \frac{1}{2} & 0 & 0 & 0 & \frac{1}{3} & 0 \\ 0 & 0 & 0 & 0 & 0 & 0 & \frac{1}{2} & 0 & \frac{1}{2} \\ 0 & 0 & 0 & 0 & 0 & \frac{1}{3} & 0 & \frac{1}{3} & 0 \end{pmatrix} \cdot \begin{pmatrix} 1 \\ 0 \\ 0 \\ 0 \\ 0 \\ 0 \\ 0 \\ 0 \\ 0 \end{pmatrix}$$

Wir sind also in einem Zustand s gestartet, in dem wir sicher waren, dass der Hund auf dem ersten Feld steht. Nachdem wir die Übergangsfunktion für dessen zufällige Bewegung angewendet haben, sehen wir, wie sich die Wahrscheinlichkeiten in dieser Welt in den neuen Zustand s' entwickeln. Zu 50% steht er auf Feld 2 und zu 50% auf Feld 4.

Wendet man δ nun 5-mal an, also $D^5 \cdot s$, so erhält man einen Vektor, der die Aufenthaltswahrscheinlichkeit für alle Felder nach 5 Zügen angibt. Da mehrfache Matrix-Vektor-Multiplikation keinen Spaß macht, lassen wir uns das von NumPy ausrechnen:

```
import numpy as np

delta = np.zeros( (9,9) )
delta[3,6] = delta[3,0] = delta[2,1] = delta[1,0] = delta[0,1] = delta[0,3] = 0.5
delta[6,3] = delta[5,8] = delta[7,6] = delta[7,8] = 0.5
delta[4,4] = delta[2,2] = 1
delta[8,7] = delta[8,5] = delta[6,7] = delta[4,5] = delta[4,7] = delta[2,5] = 1/3

s = np.zeros( (9,1) )
s[0] = 1
sNew = np.linalg.matrix_power(delta,5)@s
```

Das Ergebnis lautet dann $(0, 0.15625, 0.375, 0.27083, 0.04167, 0.02083, 0., 0.13542, 0)^\top$, wobei ich mir erlaubt habe, auf 5 Nachkommastellen zu runden. Langfristig, also wenn wir δ beliebig oft anwenden, bleiben natürlich nur zwei Zustände übrig, nämlich die Falle auf 3 und die Zeitung auf 5. Wendet man δ nun hundertmal auf $s = (1,0,0,0,0,0,0,0,0)^\top$ an, so ergibt sich eine Wahrscheinlichkeit von ca. 70%, in der Falle zu sein, und ca. 30% bei der Zeitung. Um das schnell auszurechnen, brauchen Sie oben nur die 5 durch 100 zu ersetzen. Das Ergebnis hängt natürlich vom Startvektor ab. Wenn wir auf dem Feld Nummer 7 starten, also $s = (0,0,0,0,0,0,1,0,0)^\top$, sieht es schon besser aus mit ca. 40% für die Falle und ca. 60% für die Zeitung. Generell muss man allerdings zugeben, dass die Falle schon sehr gut liegt.

In der kleinen 3×3-Rasterwelt oben war das einzige, was ein zufälliges Element einbrachte, das Verhalten des Roboterhundes. In den meisten Anwendungen ist dies nach einem gewissen Training sogar das Element, das am ehesten deterministisch ist und nur wenige Zufallselemente aufweist. Das Verhalten der Umwelt und ihre Reaktionen sind oft der stärker mit Zufallsereignissen behaftete Teil. Dabei ist die Übergangsmatrix oben für einen Fall mit diskreten Zuständen eine sehr gute Darstellungsform. Jedoch lässt sich kein praxisrelevantes System so notieren. Tatsächlich werden wir noch feststellen, dass wir δ – als die Wahrscheinlichkeiten für Übergänge und Entwicklungen in der Welt – im Allgemeinen nicht explizit kennen können und für unseren Ansatz auch nicht müssen. Für unser Agenten-Lernen müssen wir wissen bzw. notfalls einfach so tun, als ob ein Prozess die Markov-Eigenschaft erfüllt, dann können wir darauf einen entsprechenden Entscheidungsprozess etablieren. Dieser zentrale Begriff folgt nun, die einzelnen Aspekte seiner Definition besprechen wir anschließend stückweise.

Ein **Markov Decision Process** ist ein Tupel (S, A, r, δ) mit:

- der endlichen Zustandsmenge S und Aktionsmenge A
- der Zustandsübergangsfunktion δ
- der Belohnungsfunktion r

δ ist dabei nicht auf eine Matrix-Form beschränkt, sondern kann andere komplexere Formen annehmen. Wichtig ist jedoch, dass wir uns im Rest des Abschnittes auf Fälle beschränken, in denen der Übergang deterministisch erfolgt. Man spricht hierbei auch von einem **deterministischen Markov Decision Process**. Das bedeutet hier, dass für jedes Paar aus Aktion und Zustand (s_t, a_t) die Umgebung in einen deterministischen Zustand s_{t+1} übergeht. Der Zusammenhang ist durch die Funktion δ gegeben, also:

$$s_{t+1} = \delta(s_t, a_t)$$

Das ist nicht selbstverständlich – jedenfalls nicht aus Sicht unseres Agenten – wie wir später noch sehen werden. Tatsächlich muss man oft davon ausgehen, dass δ lediglich Wahrscheinlichkeiten für zukünftige Zustände angibt.

Im Folgenden sollten wir uns der Frage zuwenden, wie die vier Elemente des Tupels zusammenhängen. In Zeitschritt t wird Zustand $s_t \in S$ angenommen und Aktion $a_t \in A$ ausgeführt. Die Umgebung reagiert mit der **Belohnung** (engl. **Reward**) $r_t(s_t, a_t) \in \mathbb{R}$ und geht in den Zustand $s_{t+1} = \delta(s_t, a_t)$ über. δ, r sind Teil der Umwelt und unserem Agenten in der Regel nicht bekannt. Wichtig ist jedoch, dass δ, r die Markov-Eigenschaft erfüllen. Das bedeutet, dass es sich um gedächtnislose Prozesse handelt.

Sein Verhalten, also die Aktionen a_t, wählt unser Agent basierend auf seiner **Strategie** (engl. **Policy**). Die Basis für diese Wahl ist der aktuelle Zustand, in dem sich der Agent befindet, daher gilt für die Policy:

$$\pi : S \rightarrow A;\ \pi(s_t) = a_t \tag{14.1}$$

Im Beispiel unseres Roboterhundes kann man A angeben mit den Bewegungsrichtungen [Norden, Süden, Osten, Westen]. Eine lebenserhaltende Strategie für den Startpunkt in Abbildung 14.4 könnte z. B. aus $\pi(s_1) = \pi(s_4) =$ Süden. $\pi(s_7) =$Osten, $\pi(s_8)=$ Norden bestehen.

Die **Strategie** π in (14.1) ist **deterministisch** notiert. Das bedeutet, dass in einer Situation s_t immer die Aktion a_t ausgewählt wird. Das ist nicht die einzige Möglichkeit und wir kommen im Abschnitt 14.4 noch einmal darauf zurück.

Um eine solche Strategie zu finden, benötigen wir eine Möglichkeit, die Aktionen zu bewerten. Nicht jede Aktion ist ja gleich gut oder schlecht. Wichtig sind vor allem die kurz- und langfristigen Folgen einer Aktion. Zunächst erscheint es für den Roboterhund gleichgültig, ob er das

Feld 2 oder 4 aussucht. Da 2 aber viel näher an der Falle ist, scheint 2 auf längere Sicht die schlechtere Wahl zu sein. Um die Folgen quantifizieren zu können, gehen wir einmal davon aus, unser Roboterhund folgende Belohnungen erhält:

$$r = \begin{cases} +1000 & \text{für das Betreten des Feldes mit der Zeitung} \\ -1000 & \text{für das Laufen in die Falle} \\ -10 & \text{für das Laufen gegen eine Wand} \\ -1 & \text{sonst} \end{cases} \tag{14.2}$$

Jede Bewegung soll unserem Roboterhund etwas kosten. Wenn es umsonst wäre oder er dafür belohnt würde durch die Gegend zu laufen, käme er nur auf dumme Ideen. Außerdem ist auch *Energieverbrauch* durch Bewegung ohne Sinn und Nutzen nichts, was man fördern sollte.

Es geht dabei dem Roboterhund bzw. unserem Agenten nicht primär um die Belohnung, die uns im nächsten Zeitschritt erwartet, sondern um die Summe. Die Strategie π oben würde zu folgender aufsummierter Belohnung führen:

$$(-1) + (-1) + (-1) + (+1000) = 997$$

Das ist die beste denkbare Strategie für diesen Startpunkt. Würde man einen Umweg über die Felder 9 und 6 machen, so läge diese Summe niedriger. Die Frage ist: Wie lange sollen wir aufsummieren? In einer größeren Welt ist ja nicht klar, wie viele Schritte so typischerweise bis zum *Ende* unseres Agenten anfallen. Vielleicht gibt es gar kein Ende? Wir könnten natürlich die Anzahl der Schritte willkürlich auf z. B. 10 beschränken. Dann wäre unser Ziel immer, die Summe

$$\sum_{i=0}^{9} r_{t+i}$$

zu maximieren. r_{t+i} ist dabei immer die Belohnung, die wir wahrscheinlich im Zeitschritt $t+1$ erhalten. Der Aspekt *wahrscheinlich* ist wichtig, denn eigentlich sind das immer Erwartungswerte für Belohnung im Sinne dessen, was wir in Kapitel 4 gelernt haben. Die Welt könnte sich ja zufällig etwas verändern und $\delta(s_t, a_t)$ so nicht deterministisch werden. Wir ignorieren dies hier zunächst einmal, weil die Ansätze auch so schon recht komplex sind.

Solche endlichen aufsummierten – kumulativen – Belohnungen sind kaum im Einsatz. Es ist einfach schwierig, eine sinnvolle Schranke für die Praxis anzugeben. Sie kennen vielleicht den Ausspruch:

Es ging uns noch nie so gut wie heute, schnattern die Gänse kurz vor Weihnachten.

Man weiß also nie wirklich sicher, ob genau hinter der nächsten Kurve das große Problem droht. Daher ist es wünschenswert, die Belohnung unendlich lange aufzusummieren. Das Problem ist, dass

$$\sum_{i=0}^{\infty} r_{t+i}$$

oft keine Zahl aus $\mathbb{R}$ ergibt, sondern gegen $\pm\infty$ strebt. Stellen Sie sich einfach vor, es gäbe für das Erkunden eines Feldes eine konstante Belohnung $0 < c \in \mathbb{R}$. Egal wie klein Sie c wählen, wenn man es unendlich lange aufsummiert, geht die Summe gegen unendlich. Die Thematik, die uns da jetzt gerade etwas quält, ist die Reihenkonvergenz. Um hiermit umzugehen, wird die Belohnung mit einem **Diskontierungsfaktor** (**discount factor**) $0 \leq \gamma < 1$ versehen. Dieser wird wie folgt eingebracht:

$$\sum_{i=0}^{\infty} \gamma^i r_{t+i}$$

Um das plausibel zu machen, nehmen wir einmal für einen Moment an, der Reward wäre immer einfach 1, dann läge folgender Ausdruck vor:

$$\sum_{i=0}^{\infty} \gamma^i$$

Solange γ echt kleiner als 1 ist, wird durch den Exponenten i der Summand in der Zukunft bzw. in den späteren Schritten immer kleiner. Der als **geometrische Reihe** bekannte Ausdruck nimmt dabei einen bekannten Grenzwert an, nämlich $1/(1-\gamma)$. Das ist alles andere als selbstverständlich, da wir ja unendlich lange etwas dazu addieren. Nur das, was wir dazu addieren, wird halt auch sehr schnell kleiner. Wäre γ gleich 1, würde die Summe in jedem Schritt genau um eins wachsen und natürlich unendlich groß werden. Solche Reihen werden als divergent bezeichnet, weil es eben keinen endlichen Wert gibt, gegen den sie gehen – also konvergieren. Damit können wir nicht arbeiten, mit konvergenten Reihen hingegen schon. Dazu muss man leider sagen, dass wir, um Konvergenz sicherzustellen, eigentlich noch Eigenschaften von r bräuchten. $\gamma < 1$ allein reicht zwar nicht aus, ist jedoch als eine der notwendigen Bedingungen für uns leicht einzuhalten und zu überprüfen.

Diese Summe aller Belohnungen wird als **kumulierter Reward** bezeichnet. Das Ziel des Agenten besteht darin, eine Policy π zu lernen, welche den maximalem kumulierten Reward verspricht. Ein Hilfsmittel dazu ist die sogenannte **Value Function**:

$$V^{\pi}(s_t) = r_t + \gamma r_{t+1} + \gamma^2 r_{t+2} + \cdots = \sum_{i=0}^{\infty} \gamma^i r_{t+i} \tag{14.3}$$

$0 \leq \gamma < 1$ ist der bereits angesprochene Diskontierungsfaktor. Dieser gibt in Gleichung (14.3) an, wie stark zukünftige Belohnungen gewichtet werden sollen. Für $\gamma = 0$ wird nur der sofortige Reward im nächsten Schritt gezählt. Für $\gamma \to 1$ werden spätere Belohnungen stärker berücksichtigt. Nehmen wir noch mal das Beispiel von unserem Roboterhund in Abbildung 14.4 und der guten Strategie π, die wir schon besprochen haben für diesen speziellen Startpunkt. Für verschiedenen γ-Werte erhalten wir hier jeweils:

$$\begin{aligned}
V^{\pi}(\text{Feld } 1) &= (-1) + 0 \cdot (-1) + (0)^2 \cdot (-1) + (0)^3 \cdot (1000) &&= -1.00 \text{ für } \gamma = 0 \\
V^{\pi}(\text{Feld } 1) &= (-1) + \frac{1}{10} \cdot (-1) + \left(\frac{1}{10}\right)^2 \cdot (-1) + \left(\frac{1}{10}\right)^3 \cdot (1000) &&\approx -0.11 \text{ für } \gamma = 1/10 \\
V^{\pi}(\text{Feld } 1) &= (-1) + \frac{1}{2} \cdot (-1) + \left(\frac{1}{2}\right)^2 \cdot (-1) + \left(\frac{1}{2}\right)^3 \cdot (1000) &&= 123.25 \text{ für } \gamma = 1/2 \\
V^{\pi}(\text{Feld } 1) &= (-1) + \frac{3}{4} \cdot (-1) + \left(\frac{3}{4}\right)^2 \cdot (-1) + \left(\frac{3}{4}\right)^3 \cdot (1000) &&\approx 419.56 \text{ für } \gamma = 3/4
\end{aligned}$$

Man sieht, wie stark der Parameter γ das Verhalten bei der Auswahl einer Strategie verändern wird. Wie besprochen, kann der Agent für $\gamma = 0$ keinen Unterschied in den Optionen sehen, nach Süden oder nach Osten zu gehen. Auch für einen kleinen Wert von γ wie 0.1 sind die

Langzeit-Konsequenzen einer Handlung faktisch ausgewischt. So gesehen erscheinen hohe Werte nahe 1 für γ sinnvoller, wir werden jedoch später sehen, dass ein hoher Wert auf der anderen Seite mehr Schwierigkeiten beim Training eines Agenten macht.

γ ist ein Parameter, den man einmal wählen muss. Wichtig ist es nun, sich noch einmal die Rolle zweier anderer Bestandteile anzusehen. Um diese zu verstehen, muss man sich zunächst darüber im Klaren sein, dass die Belohnung, die unser Agent bekommt, von zwei Aspekten abhängt: einmal von seiner Strategie bzw. Policy π, mit der er die zukünftigen Aktionen auswählen wird. Um das klarzumachen, notieren wir die Funktion als V^{π}, was hervorhebt, dass V von π abhängig ist. Der zweite wichtige Aspekt ist der aktuelle Zustand s_t. Sie können beispielsweise einen sehr guten Spieler in ein fast verlorenes Spiel in den Zustand s_t setzen, und auch dieser wird die Niederlage nicht mehr abwenden können, im besten Falle wird er mit mehr Anstand verlieren. Also hängt die Belohnung auch vom aktuellen Zustand ab und wir notieren folglich wie schon oben $V^{\pi}(s_t)$.

> $V^{\pi}(s_t)$ gibt damit den mit γ gewichteten zu erwartenden kumulierter Reward an. Das wird abhängig von einer verfolgten Strategie π und einem aktuellen Zustand s_t getan. Man könnte also theoretisch mittels $V^{\pi}(s_t)$ versuchen, diese Größe nach erstrebenswerten Zuständen oder Strategien zu optimieren. Wir werden Letzteres nun versuchen.

Der Agent soll – wenn möglich – eine Policy π lernen, die $V^{\pi}(s)$ für alle Zustände s maximiert. Das bedeutet, er soll in jeder Situation s die maximale summierte Belohnung erreichen. Diese beste aller möglichen Strategien wäre dann die **optimale Policy** π^*:

$$\pi^* = \underset{\pi}{\operatorname{argmax}}\, V^{\pi}(s) \text{ für alle } s \in S$$

Die Funktion argmax bedeutet, dass der Parameter π zurückgeliefert wird, für den der Ausdruck $V^{\pi}(s)$ für alle $s \in S$ am größten war. Dass es nicht leicht wird, sieht man daran, dass hier eigentlich zwei Mengen im Spiel sind: Zunächst suchen wir die beste Strategie aus der Menge aller Strategien, jedoch soll das die beste Strategie für wirklich alle Zustände sein. Im wirklichen Leben sind wir oft bei solchen Fragen schnell dabei, den Zustandsraum zu verkleinern, weil es eben schwer möglich ist, etwas zu finden, was immer gut ist. Denken Sie nur an die Diskussion um Sommer-, Winter- und Ganzjahresreifen. Was man wählt, hängt vom Zustandsraum ab. Sind alle Zustände im ganzen Jahr gemeint, oder verkleinern wir die Frage auf eine Witterungsperiode?

Hat man eine solche optimale Strategie, ist $V^{\pi^*}(s)$ somit für den Ausgangspunkt s der maximale kumulierte Reward, der erreichbar ist. Jetzt hat leider die Funktion schon eine etwas komplexe Notation, die wir wie oft üblich zu $V^*(s)$ statt $V^{\pi^*}(s)$ vereinfachen. Das Ziel des Agenten ist das Erlernen eben dieser optimalen Policy π^* bzw. der besten möglichen Näherung. Wir werden in der Praxis ja nicht beliebige Funktionen beliebig genau darstellen können.

Für das Lernen der Strategie π^* ergeben sich folglich einige Probleme:

1. Wir haben keine Trainingsbeispiele, also gar keine Information über das korrekte Verhalten
2. Die Funktion V, nach der man sich richten könnte, bewertet Zustände und nicht Aktionen

Da eine Strategie aus einer Abfolge von ausgewählten Aktionen besteht und die Strategie π^* aus der Abfolge der optimalen Aktionen, sollten wir uns einmal kurz fragen, wie genau wir *optimale Aktion* definieren. Vielleicht kommen wir darüber weiter.

Ausgangspunkt ist Gleichung (14.3), wobei wir zunächst den ersten Term abspalten und γ vorziehen.

$$V^*(s_t) = \sum_{i=0}^{\infty} \gamma^i r_{t+i} = \gamma^0 r_t + \sum_{i=1}^{\infty} \gamma^i r_{t+i} = r_t + \gamma \underbrace{\sum_{i=1}^{\infty} \gamma^{i-1} r_{t+i}}_{(*)} = \ldots \tag{14.4}$$

Nun muss man sich klarmachen, dass $(*)$ nichts anderes ist als $V^*(s_{t+1})$. Das bedeutet, wenn der Agent die nächste Aktion a seiner optimalen Strategie π^* durchführt, ergibt sich durch die Übergangsfunktion $s_{t+1} = \delta(s_t, a)$. Durch diese Verschiebung in der Zeit von $t \rightsquigarrow t+1$ im Argument von V^* passen die Exponenten der γ wieder zu den Indizes der Belohnungen r und wir können notieren:

$$\cdots = r_t + \gamma V^*(\delta(s_t, a)) \tag{14.5}$$

Hierbei möchte ich noch einmal kurz anmerken, dass ich um einer vereinfachten Darstellung willen auf den letzten zwei Seiten den stochastischen Aspekt etwas vernachlässigt habe. Die Notation in (14.4) legt nahe, dass der Agent sicher mit einer speziellen kumulativen Belohnung rechnen kann. Das ist im Allgemeinen falsch, da die Umwelt sich auf der Basis von Wahrscheinlichkeiten, die von δ abhängen, weiterentwickelt. Es ist also zum Beispiel fast immer die beste Idee, den Weg über die Autobahn zu nehmen, aber gerade heute ist dort ein Laster umgestürzt und der Agent steht im Stau. Die Strategie, über die Autobahn zu fahren, ist jedoch trotzdem insgesamt betrachtet optimal, weil dieser Fall so selten ist. In der Formulierung (14.5) haben wir, um uns an diesen stochastischen Charakter zu erinnern, daher nicht s_{t+1} sondern $\delta(s_t, a)$ notiert.

Auf der Basis von (14.5) bzw. (14.4) formen wir zunächst eine weitere Definition und werden im nächsten Abschnitt diese Aufspaltung verwenden, um unser Problem in viele handlichere Teilprobleme zu zerlegen. Es geht um die **optimale Aktion** im Zustand s. Diese *optimale Aktion* ist die Aktion a, welche die Summe aus dem direkt erzielten Reward $r(s, a)$ und dem V^*-Wert des Folgezustandes maximiert:

$$\pi^*(s) = \underset{a}{\operatorname{argmax}} \left(r(s, a) + \gamma V^*(\delta(s, a)) \right)$$

Etwas maximieren oder minimieren klingt nach einem Optimierungsproblem und tatsächlich: Wären V^*, δ und r bekannt, so hätten wir es im Wesentlichen mit einem normalen Optimierungsproblem zu tun. Unser Agent müsste quasi in jedem Entscheidungsschritt das Optimum bestimmen. Nur kennt unser Agent leider δ und r im Allgemeinen nicht, und V^* sogar in keinem Fall. V^* könnten wir nur kennen, wenn uns π^* bekannt wäre, und dann hätte sich die ganze Fragestellung bzgl. der Suche nach der optimalen Strategie erledigt.

Wir diskutieren im Folgenden den Einsatz von Q-Learning, um bei diesem Problem ans Ziel zu kommen.

14.3 Q-Learning

Generell gibt es *Bestärkendes Lernen* bzw. *Reinforcement Learning* in zwei Formen, zum einen modellfreie Varianten und zum anderen solche mit Modell. Was bedeutet in diesem Kontext *Modell der Umwelt* und wie könnte ein solches Modell helfen? Nun, eines unserer Probleme ist, dass unser Agent seine Umwelt nicht einschätzen kann, weil er δ und r nicht kennt. Damit weiß der Agent insbesondere nicht, wie sich die Welt als Reaktion auf seine Handlungen verändern wird, was der Übergangsfunktion δ entspricht, und welche sofortige Belohnung er dafür erhält. Nun gut, das kann man versuchen zu ändern. Unser Agent wird herumprobieren und beobachten müssen, was passiert. Daraus kann er sich ein eigenes Modell von r und δ machen. Hat er gelernt, wie die Umwelt aus seinen Beobachtungen heraus funktioniert, könnte er versuchen, mit den klassischen Mitteln der Informatik eine Lösung zu planen. Wenn der Agent z. B. Schach spielen soll und die Regeln, die hier δ entsprechen, und die Belohnungen kennt, könnte er einen Planungsalgorithmus mit seinem erlernten Modell verwenden, um eine Strategie zu finden. Alle Ansätze, die versuchen, durch Versuch und Irrtum – eben durch *Bestärkendes Lernen* – auf diese Weise eine Lösung zu finden, nennt man **modellbasierte Ansätze**. Sie beruhen darauf, dass sich der Agent ein Modell der Umwelt macht.

Für den Roboterhund aus dem letzten Abschnitt bedeutet das: Falls der Roboter weiß, was passiert, wenn er in die Falle geht etc., und dieses Wissen für seine Planung nutzt, hat er ein Modell der Welt. Wir Menschen arbeiten oft mit solchen Modellen von der Welt. Wenn Sie im Kopf eine Situation oder ein Gespräch durchspielen, verfolgen Sie einen modellbasierten Ansatz. Sie haben ein Modell Ihrer Gesprächsteilnehmer und ein Gefühl dafür, wie diese typischerweise reagieren. Auf dieser Basis legen Sie Ihre optimale Gesprächsstrategie fest. Dass man damit auch daneben liegen kann, weil das eigene Modell der anderen Menschen vielleicht etwas oberflächlich war, hat sicherlich jeder bereits erfahren müssen.

Es kann also lange dauern, bis die eigenen Modelle gut genug sind, und dann bleibt die Frage, wie man auf diesen Modellen plant. Nun hat es sich allerdings herausgestellt, dass man nicht unbedingt ein Umweltmodell lernen muss, um eine gute Strategie zu finden.

Das Q-Learning, mit dem wir uns im Folgenden beschäftigen, ist eine **modellfreie** Technik des *Reinforcement Learnings*; einfach weil unser Agent auch nach dem Lernvorgang keine Vorhersagen darüber machen kann, was der nächste Zustand sein wird, wenn er eine Aktion durchführt. Könnte er das, wäre es ein modellbasierter Algorithmus. Der Agent, der ohne Modell arbeitet, weiß nicht, wie sich die Welt entwickeln wird, aber er ist sich sehr sicher, dass er in Summe am Ende am besten dasteht; jedenfalls falls das maschinelle Lernen als Technik funktioniert hat.

Q-Learning als Ansatz, um eine optimale Strategie für die Auswahl von Aktionen zu lernen, basiert darauf, eine sogenannte **Action-Value-Funktion** $Q(s, a)$ zu lernen. Diese liefert den erwarteten Nutzen, eine bestimmte Aktion a in einem bestimmten Zustand s durchzuführen und danach die optimale Strategie zu befolgen. Der Teilsatz, *danach die optimale Strategie zu befolgen*, klingt simpel, ist aber der wirkliche systematische Hintergrund des Ansatzes. Er ist Ausdruck des **Optimalitätsprinzips von Bellman**. Es ist nach dem amerikanischen Mathematiker Richard Bellman benannt und besagt, dass sich bei vielen Optimierungsproblemen die optimale Lösung aus einer Sequenz optimaler Teillösungen zusammensetzt. Quasi: Wenn ich in jedem einzelnen Schritt alles richtig mache, habe ich auf dem Weg als Ganzem alles richtig gemacht. Damit scheint die praktische Erfahrung, die sich in dem Sprichwort *Der Weg zur*

Hölle ist mit guten Vorsätzen gepflastert ausdrückt, dem Prinzip von Bellman zuwider zu laufen. Zum einen gilt aber, dass nicht jedes Problem in die obige Kategorie fällt, und zum anderen muss man unterscheiden, ob eine Lösung bzw. ein Schritt nach dem aktuellen Kenntnisstand optimal scheint oder es wirklich ist. Bei dem Sprichwort geht es zumeist eher um den Fall des aktuellen Kenntnisstandes, der zur Pflasterung des Weges beiträgt.

Während das Bellman-Prinzip seinen Ursprung Ende der fünfziger Jahre hatte, wurde das eigentliche Q-Learning von Watkins 1989 [Wat89] in seiner Dissertation publiziert und der Konvergenzbeweis für endliche Markow-Entscheidungsprobleme drei Jahre später [WD92] zusammen mit Dayan.

Die Funktion $Q(s,a)$ wird also unter der Annahme gebildet, dass der Agent – wie am Ende des Abschnitts 14.2 besprochen – im Anschluss an die Ausführung der Aktion a eine optimale Strategie verfolgt. Unter dieser Annahme setzt sich die Funktion für einen gegebenen Zustand s wie folgt zusammen:

$$Q(s,a) = r(s,a) + \gamma V^*(\delta(s,a)) \tag{14.6}$$

Betrachten wir nun noch einmal unsere Definition einer optimalen Aktion von Seite 491:

$$\pi^*(s) = \underset{a}{\operatorname{argmax}}\,(r(s,a) + \gamma V^*(\delta(s,a))) = \underset{a}{\operatorname{argmax}}\, Q(s,a)$$

Unser Ziel liegt also bei diesem Ansatz darin, $Q(s,a)$ zu lernen, ohne explizit δ, r kennen zu müssen. Die nötigen Zusammenhänge werden natürlich in gewisser Weise mit gelernt. Wollen wir eine überwachte Technik wie ein neuronales Netz aus Kapitel 7 oder einen Entscheidungsbaum aus Kapitel 6 einsetzen, um diese Funktion zu lernen bzw. zu approximieren, brauchen wir irgendwoher Trainingsbeispiele. Der Ansatz beim Q-Learning besteht in einer iterativen Approximation der Funktion, basierend auf dem oben erwähnten Prinzip von Bellman. Zunächst drücken wir hierzu $V^*(s)$ durch $Q(s,a)$ aus:

$$V^*(s) = \max_{a'} Q(s,a') = \max_{a'} r(s,a') + \gamma V^*(\delta(s,a)) \tag{14.7}$$

Damit wird die optimale Strategie zu einer Sequenz optimaler Entscheidungen. Nun nutzen wir diese Darstellung (14.7) zu einer Umformulierung von $Q(s,a)$, indem wir in (14.6) $V^*(\delta(s,a))$ durch $\max_{a'} Q(\delta(s,a))$ ersetzen. Dies geht direkt aus (14.7) hervor und ist im deterministischen Fall auch recht einfach, wenn man sich klarmacht, dass $\delta(s,a)$ hier einfach auch nur ein Zustand ist, nämlich der, in den das System übergehen wird.

$$Q(s,a) = r(s,a) + \gamma V^*(\delta(s,a)) = r(s,a) + \gamma \cdot \max_{a'} Q(\delta(s,a),a')$$

Da der Agent Q zunächst nicht kennt, arbeitet er gezwungenermaßen mit einer Schätzung $\hat{Q}$. Für Probleme mit wenigen diskreten Aktionen und Zuständen ist es möglich, diese Funktion in einer Tabelle abzulegen. Die Tabelle enthält dann die approximierten Q-Werte für jedes Zustands-Aktions-Paar. Dabei verfährt man wie folgt:

1. Man befindet sich im Zustand s und führt die Aktion a aus. Dabei werden die Belohnung r und der Folgezustand s' zwischengespeichert.
2. Die Approximation $\hat{Q}$ von Q wird nach jedem Schritt verbessert:

$$\hat{Q}(s,a) = r + \gamma \cdot \max_{a'} \hat{Q}(s',a') \tag{14.8}$$

Diese Anpassung (14.8) ist nach unserer Definition leicht möglich, da sie nur auf $\hat{Q}$ und den beobachteten Größen r und s' basiert. δ wird hierbei nicht benötigt und r nur in Form des Wertes, den wir aktuell erhalten haben.

Bezüglich der Konvergenz gibt es z. B. in [Mit97] – Theorem 13.1 auf S. 378 – für das Q-Learning einen Beweis, dass $\hat{Q}$ gegen Q unter den folgenden Bedingungen konvergiert:

1. Das System lässt sich als deterministischer Markov Decision Process beschreiben.
2. Die Rewards sind beschränkt, d.h. für alle s und a gibt es ein $c \in \mathbb{R}$, sodass gilt:

$$|r(s,a)| \leq c$$

3. Alle Zustands-Aktions-Paare (s, a) werden unendlich oft besucht.

Der zweite Punkt entstammt dem Problemumfeld der Reihenkonvergenz, das wir auf Seite 489 bereits angesprochen haben.

In der Praxis wird natürlich die letzte Bedingung nicht ausgeführt, aber man weiß dann, dass man durch eine sehr lange Laufzeit der Funktion Q unendlich nah kommen kann. Das gilt für Fälle, in denen der Markov Decision Process aus einer endlichen Zustands- sowie Aktionsmenge besteht. Auf den Fall mit kontinuierlichen Räumen gehen wir in Kapitel 15 ein. In praktischen Anwendungen mit endlichen, aber großen Räumen wird man die Konvergenz faktisch nicht erreichen können.

Die Konvergenzaussage für den nicht-deterministischen Markov Decision Process nach Watkins und Dayan findet man auch bei [Mit97] in Theorem 13.2 auf S. 378. Der Satz enthält ähnliche Voraussetzungen wie die Aufzählung oben, sodass der deterministische Fall schon eine brauchbare Einschätzung für Probleme vermittelt. Der nicht-deterministische würde jedoch weitere formelle Aspekte benötigen. Betrachten wir einmal den Pseudocode 14.1 zu dem Verfahren.

Algorithm 14.1 Q-Learning als Pseudocode

1: **procedure** Q-LEARNING
2:     Wähle $0 \leq \gamma < 1$
3:     **for all** s, a **do** initialisiere $\hat{Q}(s,a)$
4:     **end for**
5:     **loop**
6:         Beobachte Zustand s
7:         Wähle eine Aktion a aus und führe diese durch
8:         Erhalte Belohnung r
9:         Beobachte neuen Zustand s'
10:         $\hat{Q}(s,a) = r + \gamma \cdot \max_{a'} \hat{Q}(s', a')$
11:     **end loop**
12: **end procedure**

Eine wichtige Frage ist sicherlich, wie man die Aktionen in Zeile 7 auswählt. Auch heutige Computer können für praxisrelevante Probleme nicht den ganzen denkbaren Raum aus Zuständen und Aktionen ausprobieren. Es gilt primär, sinnvolle Ansätze zu verfolgen und möglichst schnell Strategien mit guten Chancen für hohe Belohnungen zu erforschen. Ansonsten hätte das Q-Learning ein unrealistisch langsames Konvergenzverhalten. Daher kommt also eine reine Zufalls-Auswahl nicht in Frage, aber gerade am Anfang ist alles andere auch schwierig. Der Agent muss jedoch in jedem Schritt eine Aktion $a \in A$ auswählen. Dabei steht man wie besprochen vor einem Dilemma zwischen dem Ausbeuten (engl. *Exploitation*) des Vorwissens und dem Erlangen neuen Wissens (engl. *Exploration*).

Exploitation bedeutet hier, dass man Vorwissen nutzt und immer die Aktion $a = \underset{a'}{\operatorname{argmax}} \hat{Q}(s, a')$ auswählt, um so den vermutlich maximalen Reward zu erhalten. **Exploration** wiederum nutzt man, um unbekannte Zustände zu erkunden und neue Informationen zu erhalten. Eine Mischform wird als ε-greedy bezeichnet. *greedy* bedeutet im Englischen *gierig* und entsprechend geht es um eine teilweise (gierige) Ausbeutung unseres bisherigen Wissens.

Formal definieren wir **ε-greedy** wie folgt: Wähle im Zustand s mit der Wahrscheinlichkeit ε eine zufällige Aktion und mit $1 - \varepsilon$ die Aktion mit dem maximalen $\hat{Q}$-Wert.

Wir testen den Ansatz einmal an dem Problem unseres Roboterhundes und versuchen, durch diese Übertragung auf ein praktisches Problem mit den Begriffen und Konzepten sattelfest zu werden. Wir nehmen als Beispiel den Fall aus Abbildung 14.5, der eine klassische Problemstellung für das Q-Learning darstellt. An dieser eigentlich sehr einfachen Problemstellung werden wir in Abschnitt 14.5 auch gut die Unterschiede zu einem leicht abgewandelten Lernansatz aufzeigen können.

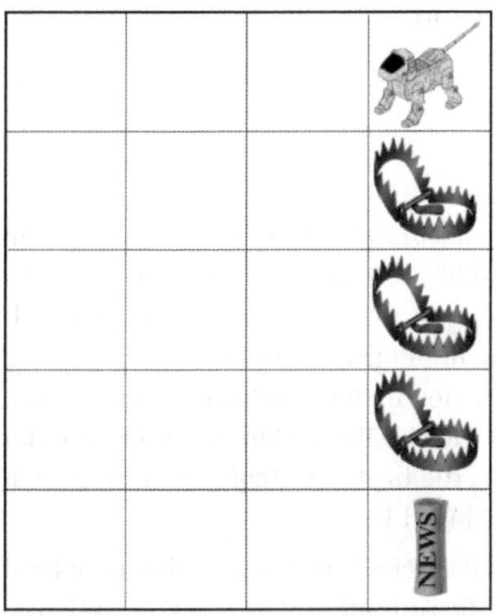

Abbildung 14.5 Roboterhund am Rande von Fallen

Zunächst brauchen wir eine Umwelt für unseren Roboterhund, welche die Belohnungen austeilt. Sie steht als r und δ zur Verfügung und gibt in gewisser Weise vor, welche Aktionen a in dieser Welt überhaupt möglich sind. Wir werden in Kapitel 15 mit **OpenAI-Gym** Umgebungen arbeiten. Um uns da schon einmal heranzuarbeiten, nutzen wir die gleiche API. Eine OpenAI-Gym Umgebung wird neben der jeweiligen `Init`-Methode mit folgenden Methoden ausgestattet:

- `reset` : Setzt die Umgebung auf den Startzustand zurück und liefert die beobachtbaren Größen, typischerweise aus dem Englischen *observation* genannt, in diesem Zustand zurück
- `render` : Visualisiert die Umgebung

- `step`: Führt einen Schritt in der Umgebung aus

Die *step*-Methode hat mit

```
observation, reward, done, info = env.step(action)
```

die komplexeste Syntax. Wie schon erwähnt, beinhaltet `observation` die möglichen, z. B. in Abbildung 14.3 auf Seite 483 dargestellten, Sensorwerte bzw. beobachtbaren Größen. Was das genau ist, hängt in Format und Natur von der jeweiligen Umgebung ab. Ebenfalls aus der Abbildung bekannt ist die vom Agenten durchgeführte Aktion (`action`). Auch hier ist die Codierung abhängig von der Umgebung, jedoch werden bei den einfachen meistens Integerwerte gewählt. Neben den Sensorwerten erhält der Agent noch die Belohnung für die durchgeführte Aktion, um so seine Strategie verbessern zu können. `info` enthält zusätzliche Informationen, die man z. B. für das Debugging benötigt. Sie sind nicht nötig für das eigentliche Lernen. *done* ist `False`, solange die Simulation noch läuft und `True`, falls diese von der Umgebung aus einem Grund terminiert wurde.

Dieses Terminieren hat durchaus Konsequenzen. Im Abschnitt 14.2 sind so ziemlich alle Summenformeln mit einem Unendlich als Grenze versehen. Ein endliches Spiel in Abbildung 14.5 begrenzt den erreichbaren Reward. Wir benutzen in Abbildung eine Reward-Funktion, die es auch erlaubt, später leichter auf Ansätze mit neuronalen Netzen umzusteigen. Das bedeutet, wir halten die Rewards in einem Bereich zwischen -1 und 1.

$$r = \begin{cases} +1 & \text{für das Betreten des Feldes mit der Zeitung} \\ -1 & \text{für das Laufen in die Falle} \\ -0.1 & \text{für das Laufen gegen eine Wand} \\ -0.01 & \text{sonst} \end{cases} \tag{14.9}$$

Das heißt, in einem endlichen Spiel kann unser Agent in der in Abbildung 14.5 angegebenen Startposition maximal einen kumulativer Reward von $1 - 0.05 = 0.95$ erreichen. Läuft das Spiel unendlich lange, kann dieser natürlich auch unendlich steigen. Würden wir ihn auf dem Zielfeld stehen lassen, könnte er immer nach Westen und anschließend nach Osten gehen und so seine Belohnung schnell steigern. Setzen wir ihn wieder auf den in der Abbildung dargestellten Start, dauert es etwas länger, aber auch so schnellt der kumulative Reward in die Höhe. Hat der Agent in einem endlichen Spiel von jedem Startpunkt aus die beste Strategie, so bewegt sich der maximal erreichbare kumulative Reward zwischen 0.94 und 1.

Okay, nun sollten wir mit der Arbeit anfangen und eine Welt erschaffen, eine bescheidene **Grid World**. In der Grid World sind, wie in der Abbildung 14.5, die Aufenthaltsorte diskret und analog zu einem Schachbrett. Die Fortbewegung wird durch diskrete Aktionen bestimmt. In unserem Fall beschränken wir uns auf Westen, Süden, Osten und Norden als Himmelsrichtungen. Auch gehen wir davon aus, dass der Agent seinen Aufenthaltsort in Form der Koordinaten perfekt kennt. Legen Sie hierzu eine Datei `environment.py` an.

Wir binden einige wenige Libs ein und schreiben einen Konstruktor, der im Wesentlichen nur die Werte für die Belohnungen enthält, wenn der Agent ein Feld betritt bzw. im Fall von Wänden versucht zu betreten. Die Gridworld selber ist hier als Liste von Strings umgesetzt, was es etwas netter macht, damit neue Umgebungen zu *zeichnen*. Eine Umsetzung als NumPy-Array mit entsprechenden Werten wäre auch sehr geeignet. *row* und *col* geben die Standardstartposition an.

```
1  import copy
2  import numpy as np
3
4  class environment:
5      def __init__(self, gridworld,row,col):
6          self.wall  = -0.1    # 'W'
7          self.minus = -1      # '-'
8          self.empty = -0.01   # ' '
9          self.plus  = 0       # '+'
10         self.goal  = 1       # 'g'
11         self.world = gridworld
12         self.reset(row,col)
```

Die Methode `reset` kann ohne Parameter aufgerufen werden, wenn man an der letzten Startposition erneut starten möchte. In Zeile 16 werden bei Bedarf neue Startwerte gesetzt. Hingegen geht es in Zeile 17 um den jeweils aktuellen Aufenthaltsort. Anschließend wird der Schrittzähler des Agenten wieder auf null gesetzt und abschließend werden die Koordinaten in Form eines NumPy-Arrays zurückgeliefert.

```
13
14     def reset(self, row=-1, col=-1):
15         if row != -1:
16             self.initCol = col; self.initRow = row
17         self.row = self.initRow; self.col = self.initCol
18         self.steps = 0
19         observation = np.array([self.col, self.row])
20         return observation
```

In der `step`-Methode wird zunächst zur Kontrolle der Default-Wert für `done` auf `False` gesetzt und anschließend der Schrittzähler hochgesetzt. Dies ist auch die einzige Information, die wir in `info` zurückliefern werden. Die Zeile 26 ist reine Convenience, da wir sehr viel mit den beiden Größen arbeiten werden.

```
21
22     def step(self,action):
23         done = False
24         self.steps += 1
25         info = self.steps
26         row = self.row; col = self.col
```

Die Zeilen 28 bis 32 fangen den Fall ab, dass der Agent direkt auf dem Ziel abgesetzt wird. Das ist eigentlich nicht vorgesehen, kann aber passieren, falls man mit zufälligen Startpositionen arbeitet.

```
27
28         if self.world[row][col] == 'g':
29             done = True
30             reward = 0
31             observation = np.array([self.col,self.row])
32             return observation, reward, done, info
```

Nun können wir endlich die Aktionen auswerten. Die vier Himmelsrichtungen sind mit Integerwerten von 0 bis 3 codiert, und entsprechend der gewählten Aktion wird eine zunächst temporäre Position berechnet.

```
        if   action == 0: row = self.row+1 # south
        elif action == 1: col = self.col+1 # east
        elif action == 2: row = self.row-1 # north
        elif action == 3: col = self.col-1 # west
```

Die Position ist insoweit temporär, als auf dem neuen Feld eine Wand stehen könnte und dieses daher nicht betreten werden kann.

Wir wollen später stochastische Elemente in unsere Umgebung einbauen. Wenn eine Ziffer zwischen 1 und 9 eingetragen wird, dann wird mit einer Chance von 10% bis 90% an der Stelle eine Wand erscheinen. Dieses Erscheinen wird in jedem Zug gewürfelt.

```
        newPlace = self.world[row][col]
        if ord(newPlace)>48 and ord(newPlace)<58:
            if np.random.rand()<float(newPlace)/10: newPlace = 'W'
            else: newPlace = ' '
```

In dem Fall, dass dort eine dauerhafte oder zufällige Wand steht, wird der Reward für die Kollision zurückgegeben und die alten Koordinaten werden beibehalten.

```
        if newPlace == 'W':
            reward = self.wall
            row = self.row
            col = self.col
```

In allen anderen Fällen werden die Koordinaten übernommen, der entsprechende Reward gespeichert, und falls es sich sogar um das Ziel handelt, auch `done` auf `True` gesetzt.

```
        else:
            self.row = row
            self.col = col
            if newPlace   == '-': reward = self.minus
            elif newPlace == '+': reward = self.plus
            elif newPlace == ' ': reward = self.empty
            elif newPlace == 'g':
                reward = self.goal
                done = True
```

Damit ist der Schritt nun abgeschossen, und die neuen Koordinaten werden zusammen mit den anderen Variablen der Schnittstelle zurückgegeben.

```
        observation = np.array([self.col,self.row])
        return observation, reward, done, info
```

Die letzte Methode, die noch fehlt, ist `render`. Hier beschränken wir uns darauf, die Welt als ASCII auszugeben und an der Stelle, an der sich der Agent befindet, ein großes *O* einzufügen.

```
    def render(self):
        w = copy.deepcopy(self.world)
        w[self.row] = w[self.row][0:self.col] + 'O' + w[self.row][self.col+1:len(self.world)]
        for line in w: print(line)
        print()
```

Nun ist unsere Umgebung fertig, und wir wenden uns dem Agenten selbst zu. Dieser muss die Q-Funktion speichern, und in der Grid World tut er dies sinnvollerweise in einem Array. Das hätten wir flach über den Zaun als NumPy-Array implementieren können. Dass wir nun einen scheinbaren Umweg über eine komplexere Klasse nehmen, hat damit zu tun, dass später leicht Code ersetzt werden soll, um andere Lernansätze zu nutzen und noch später neuronale Netze einzubinden. Wir können also das, was wir jetzt tun, besser wiederverwenden. Also legen wir eine neue Datei `QFunctionTable.py` an. Die Anzahl der Dimensionen ist im Fall diskreter Aktionen um eins größer als die Anzahl der Zustände. In unserem Fall sind es folglich mit x, y zwei Zustände plus eine Dimension für Aktionen. Die Menge der Einträge pro Dimension ergibt sich aus der Umgebung, die 5×4 Zustände kennt, und den 4 Aktionen, die in jedem dieser Zustände möglich sind. Es gilt also, eine Q-Funktion mit 80 diskreten Werten zu lernen. Angelegt werden solche Tabellen in dieser Klasse mit der Init-Methode. Die Tabelle wird mit Nullen initialisiert. Eine Alternative ist die Initialisierung mit Zufallswerten.

```
1  import numpy as np
2
3  class qFunctionTable:
4      def __init__(self,stateDim,actions,tablesize=[19,19], useRandom=False):
5          t = (len(actions),) + tuple(tablesize)
6          if useRandom: self._QFunction = np.random.rand( *t[:] )
7          else: self._QFunction = np.zeros( t )
```

Als Nächstes setzen wir eine `fit` Methode um, damit wir den Q-Table analog zu den bereits kennengelernten Regressionstechniken einsetzen können. Der Code ist etwas technischer, als man es jetzt für nötig halten könnte. Der Grund ist, dass es später darum geht, auch ganze Batches von Werten setzen zu können. Zeilen wie 10 und 17 sind beispielsweise nur dafür da, mit dem Unterschied zwischen einzelnen States, die abgefragt werden, und einer ganzen Matrix umzugehen. Die Dimensionen unterscheiden sich hier ggf. bei der Übergabe und führen sonst zu Schwierigkeiten.

```
8
9      def fit(self,state,action,Y):
10         if len(state.shape) == 1 : state = state[ np.newaxis, :]
11         if np.isscalar(action) : action = np.array([action])
12         row = np.rint(state[:,1]).astype(int).squeeze()
13         col = np.rint(state[:,0]).astype(int).squeeze()
14         a   = action.astype(int).squeeze()
15         self._QFunction[a,row,col] = Y.squeeze()
```

Dasselbe gibt für das Auswerten im Rahmen einer `fit`-Methode. Die Namen der Methoden sind für eine exakte Speicherung in einer Tabelle irreführend, aber so haben wir die gewünschte einheitliche API.

```
15
16     def predict(self,state,action):
17         if len(state.shape) == 1 : state = state[ np.newaxis, :]
18         if np.isscalar(action) : action = np.array([action])
19         row = np.rint(state[:,1]).astype(int).squeeze()
20         col = np.rint(state[:,0]).astype(int).squeeze()
21         a   = action.astype(int).squeeze()
22         temp  = self._QFunction[a,row,col]
23         if not np.isscalar(temp): temp  = temp.reshape(temp.shape[0],1)
24         else: temp = np.array([temp])
25         return temp
```

Der Code oben war eher technisch und wenig erhellend, was das Thema *Machine Learning* angeht. Ich versuche, wie gesagt, Python nur als Mittel zur Demonstration zu nutzen und möglichst generisch zu arbeiten, aber leider geht das nicht an allen Stellen.

Nun wenden wir uns dem eigentlichen Agenten zu. Wir beginnen wie fast immer mit der `Init`-Methode. Für das bisher besprochene Q-Learning muss unser Agent das gewünschte γ kennen und ε für den ε-greedy Ansatz zur *Exploitation* und *Exploration*. Wir versehen `vareps` und `totalReward` nicht mit einem Unterstrich, da extern oft darauf zugegriffen wird. Je besser der Agent trainiert ist, desto eher wird man `vareps` senken wollen, damit nur noch die (vermeintlich) optimale Entscheidung getroffen wird. `actions` ist eine Liste der Aktionen. Optimalerweise entspricht sie der internen Verarbeitung, was bedeutet, es sind einfach Integer von 0 an aufwärts.

```
1  import numpy as np
2  from QFunctionTable import qFunctionTable
3
4  class learningAgent:
5      def __init__(self,stateDim, actions, gamma=0.8, vareps = 0.01, tau=1, alpha=0.5):
6          self._actionRange   = actions
7          self._gamma = gamma
8          self.vareps = vareps
9          self.QFunction = qFunctionTable(stateDim, actions)
10         self.totalReward = 0
11         self._nextState = None
12         self._state     = None
13         self._action    = None
14         self._reward    = None
```

Die Eigenschaften `nextState`(s'), `state`(s), `action`(a) und `reward`(r) sind Werte, die für das Update nach der Gleichung (14.8)

$$\hat{Q}(s,a) = r + \gamma \cdot \max_{a'} \hat{Q}(s',a')$$

von Seite 493 benötigt werden. Da wir diese zunächst nicht haben, initialisieren wir alle mit `None`. Die Kommunikation mit der Umwelt geschieht über eine Set-Methode. Diese stellt sicher, dass s' und s immer umkopiert werden. Das funktioniert in dieser einfachen Variante gut, solange man nicht mit unterschiedlich langen Kommunikationsintervallen oder Aussetzern rechnen muss. Bei realen Anwendungen wird der Code hier komplexer.

```
15
16     def setSensor(self, state):
17         self._state = self._nextState
18         self._nextState    = state
19
20     def setReward(self,reward):
21         self.totalReward += reward
22         self._reward = reward
```

Die `learn`-Methode setzt im Wesentlichen Gleichung (14.8) um. Hierzu werden zunächst in Zeile 27 die Q-Werte für alle möglichen Aktionen ermittelt und deren Maximum in Zeile 29 gemäß Gleichung (14.8) verwendet. Zeile 30 speichert wie besprochen das Ergebnis nur in der Tabelle.

```
23
24      def learn(self):
25          maxQvalue = np.zeros(len(self._actionRange))
26          for i, a in enumerate(self._actionRange):
27              maxQvalue[i] = self.QFunction.predict(self._nextState, a)
28          maxQ = np.max(maxQvalue).squeeze()
29          Y = self._reward + self._gamma*maxQ
30          self.QFunction.fit(self._state, self._action, Y)
```

Um mit der Umgebung zu interagieren, nutzen wir die Methode `getAction`. Dass wir darin eine weitere interne Methode aufrufen, hat in diesem Szenario keinen Sinn. Der Vorteil ist jedoch, dass es eine Möglichkeit gibt, den Agenten zu fragen, was er tun würde, ohne dass er es wirklich tut – also in `_action` speichert etc. Das ist manchmal hinreichend, wenn man z. B. eine modellbasierte Methode umsetzen möchte statt Q-Learning oder wenn man abtasten möchte, wie die Strategie des Agenten für verschiedene Zustände ist.

```
31
32      def getAction(self,observation=np.NaN):
33          a      = self._chooseAction(observation)
34          action = self._actionRange[a]
35          self._action = action
36          return(action)
```

Für diese interne Funktionen checken wir zunächst, ob für den aktuell gespeicherten Zustand oder einen theoretischen, der übergeben wird, die Aktion angefragt werden soll. Dann wird in Zeile 40 gewürfelt, ob gemäß der ε-greedy Strategie eine *Exploration* stattfinden soll und man eben die Aktion würfelt. In allen anderen Fällen beuten wir unser Wissen (*Exploitation*) aus.

```
37
38      def _chooseAction(self,observation=np.NaN):
39          if np.any(np.isnan(observation)): observation = self._nextState
40          if np.random.rand()<self.vareps:
41              choosenA = np.random.randint(0,len(self._actionRange))
42              return(choosenA)
```

In diesem Fall fragen wir in Zeile 45 die aktuelle Näherung der Q-Werte für alle möglichen Aktionen ab. Dann bestimmen wir in Zeile 46, für welche Aktionen dieser am größten ist. Wenn mehrere Aktionen einen gleich großen Wert haben, wählen wir unter diesen zufällig in Zeile 48 eine aus. Um dies umzusetzen, nutzen wir `argwhere`, welcher mehrere Werte zurückliefert und nicht `argmax`, welcher bei mehreren gleich großen den zurückliefern würde, welcher als Erstes auftritt.

```
43          qvalues = np.zeros(len(self._actionRange))
44          for i in range(len(self._actionRange)):
45              qvalues[i] = self.QFunction.predict(observation,self._actionRange[i])
46          choosenA = np.argwhere(qvalues == np.max(qvalues))
47          if choosenA.shape[0] != 1:
48              idx = np.random.randint(0,choosenA.shape[0])
49              choosenA = choosenA.squeeze()[idx]
50          else:
51              choosenA = choosenA.squeeze()
52          return(choosenA)
```

Damit haben wir nun einen Agenten, eine Q-Funktion-Klasse und die Umgebung. Es fehlt nur noch das Skript, welches alles zusammenbringt.

Dazu gilt es nun, eine Datei `klippe.py` anzulegen und nach dem Einbinden der wesentlichen Bibliotheken, die wir großteils selber gerade erstellt haben, und dem Setzen des Zufallsgenerators mit dem Entwerfen unserer Grid-World zu beginnen. Die Strings im Code entsprechen dabei der Abbildung 14.5 von Seite 495 mit einer zusätzlichen Wand außen. Diese begrenzt für den Agenten die Umgebung.

```
import numpy as np
from environment  import environment
from learningAgent import learningAgent
np.random.seed(42)
#             012345
gridworld = ['WWWWWW', # 0
             'W    W', # 1
             'W   -W', # 2
             'W   -W', # 3
             'W   -W', # 4
             'W   gW', # 5
             'WWWWWW'] # 6
```

Anschließend erzeugen wir die Umgebung `env` und setzen den Start auf die Ecke oben rechts. `reset` rufen wir nur auf, um uns einmal `observation` zurückgeben zu lassen. Wir können so sehr generisch bestimmen, wie viele States es gibt. Diese Information brauchen wir wiederum bei der Initialisierung des Agenten. Der Agent startet mit einem sehr hohen Wert für ε von 0.5, sodass jede zweite Aktion zufällig ist. Jedoch werden wir diesen im Laufe der Zeit reduzieren. γ wählen wir wiederum nahe 1.

```

env = environment(gridworld,row=1, col=4)
observation = env.reset()
marvin = learningAgent(len(observation), actions=[0,1,2,3], vareps = 0.5, gamma=0.99)
```

Als Hommage an *The Hitchhiker's Guide to the Galaxy* bzw. *Per Anhalter durch die Galaxis* nennen wir den Agenten Marvin, da er wirklich sehr oft schmollen wird und sich wenig konstruktiv verhält. Wenn er fertig trainiert ist, bekommen wir bestimmt auch so was zu hören wie *Hier bin ich, ein Gehirn von der Größe eines Planeten und sie fragen mich nach...*

Nun starten wir in eine Schleife. Jeden Durchlauf zählen wir als Epoche. Am Start versetzen wir die Umgebung in ihren Urzustand, zeichnen diesen und teilen dem Agenten mit, welcher Initialzustand vorliegt.

```

epochen = 0; success = 0
while True:
    observation = env.reset()
    env.render()
    marvin.setSensor(observation)
    marvin.totalReward = 0
    done = False
```

Anschließend setzen wir eine Schleife auf, die solange läuft, wie das Ziel noch nicht erreicht wurde. Bei komplexeren Aufgaben, bei denen nicht schon aus Zufall der Agent zeitnah ins Ziel taumelt, sollte man zusätzlich eine Schrittanzahlbegrenzung vorsehen. Der restliche Ablauf ist nun mehr oder weniger die Blaupause für alle zukünftigen Aktionsschleifen der Agenten. Der Agent wird nach der durchzuführenden Aktion gefragt – durch die Startinitialisierung kennt er seinen Zustand bzw. den seiner Umgebung – und diese wird dann ausgeführt. Dann werden in Zeile 28 der erhaltene Reward und der neue Zustand (Zeile 29) an den Agenten gemeldet. Erst danach kann in Zeile 30 gelernt werden. Solange wir Aktionen nicht mit Zeitstempeln versehen, muss sich unser Agent darauf verlassen, dass ein Lernvorgang immer nur auf einer konsistenten Datenlage gestartet wird. Er kann nicht kontrollieren, ob z. B. zwischendurch einmal vergessen wurde, die Zustände zu übermitteln. Die Umgebung meldet `done=True` zurück, sobald das Ziel erreicht ist. Dann wird die Anzahl der Epochen hochgezählt.

```
25      while not done:
26          action = marvin.getAction()
27          observation, reward, done, steps = env.step(action)
28          marvin.setReward(reward)
29          marvin.setSensor(observation)
30          marvin.learn()
31          env.render()
32      epochen += 1
```

Wie gesagt, ist der Umstand, dass die Schleife verlassen wurde, kein Indiz für einen gut trainierten Agenten. Auch ein Agent, der nur zufällige Aktionen ausführt, könnte dies früher oder später erreichen. Das Kriterium in Zeile 33 ist erfüllt, wenn der Agent von jedem Punkt aus auf dem kürzesten Weg zum Ziel gegangen ist. Der größte Abstand bzw. der schlechteste Reward ist von der Position oben links erreichbar. Hat der Agent zumindest dies geschafft, senken wir ε ab. Dadurch wird zunehmend mehr auf *Exploitation* und weniger auf *Exploration* gesetzt. Wenn der Agent zehnmal das Kriterium erfolgreich trainiert hat, brechen wir das Training ab.

```
33      if steps<8 and marvin.totalReward>0.93:
34          marvin.vareps = max(marvin.vareps*0.9, 0.01)
35          success += 1
36          if success > 9: break
37      else:
38          success = 0
```

Würde man den Agenten für ausreichend trainiert halten, wäre der nächste logische Schritt $\varepsilon = 0$ oder, wenn es sich nicht um eine sicherheitskritische Anwendung handelt, auf einen sehr kleinen Wert zu setzen und diesen Agenten zu verwenden. Schauen wir mal, wie gut unser Agent nach dem Ausführen des Codes trainiert ist.

In der Abbildung 14.6 sehen wir, wie sich die Q-Werte für die vier Himmelsrichtungen entwickeln. Je heller der Eintrag, desto eher wird der Agent die entsprechende Richtung einschlagen. Wie man sieht, ist schon recht früh die Strecke gefunden, in welcher der Agent von oben rechts mit dem maximalen kumulativen Reward zum Ziel kommt. Mit sinkendem ε, welches am Schluss nur noch 0.0139 beträgt, erkundet der Agent allerdings seine Umgebung kaum noch. Das bedeutet, dass er beim Abbruch der Schleife keine perfekte Strategie auf der ganzen Umgebung gefunden hat, sondern nur für einen speziellen Startpunkt. Betrachtet man in Abbildung 14.6 die äußerste linke Spalte der Option *North*, so sieht man, dass hier kaum ein Unterschied besteht zwischen den Werten nach 20, 40, 50 und 80 Epochen. Das bedeutet, dass faktisch kaum erkundet wurde. Die Q-Werte in dem Array aus Abbildung 14.6 stellen also nach wie vor nur eine Näherung an den Grenzwert der konvergierten Q-Funktion dieses Problems dar.

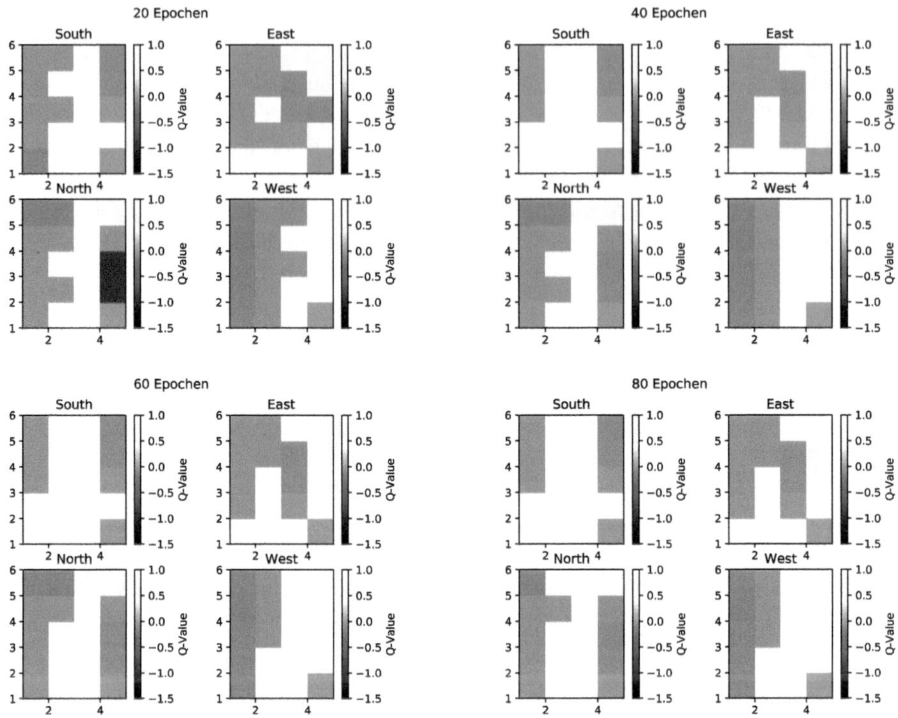

Abbildung 14.6 Entwicklung der Q-Werte über die Epochen

Wie kommt man nun zu der *wirklichen* Q-Funktion für alle denkbaren Startfunktionen? Ein möglicher Ansatz, um beurteilen zu können, ob man das Ziel erreicht hat, ist die Verwendung des **Cauchy-Kriteriums**. Es ist ein Konvergenzkriterium aus der Analysis für Folgen und Reihen. Bei uns bilden die einzelnen Approximationen der Q-Funktion eine Folge. Da diese Umgebung deterministisch ist, wissen wir, dass die Folge der Q-Funktionen Q_n gegen einen Grenzwert Q konvergiert. Mathematisch formuliert man dies wie folgt:

$$\text{Für alle } \varepsilon > 0 \quad \text{existiert ein } N \in \mathrm{N}\text{, sodass für alle } m, n \geq \mathbb{N} \text{ gilt :} \quad d(Q_m, Q_n) < \varepsilon$$

d ist dabei eine Metrik, wie wir sie u. a. schon im Abschnitt 5.1 kennengelernt haben, mit welcher der Abstand zwischen zwei Funktionen ermittelt wird. Auch hier gilt, wie schon in dem erwähnten Kapitel besprochen, dass Normen Metriken induzieren. Zu Deutsch: Wenn man eine Norm hat, kann man sich daraus eine Metrik basteln. In unserem Fall bieten sich zwei Normen als Grundlage an, nämlich die Supremumsnorm und ein Integralansatz wie die Lebesgue-Norm. Sie müssen jetzt nicht hektisch in Mathematikbüchern suchen, das ist für unsere stückweise konstanten Funktionen sehr einfach. Entweder nehmen wir die Supremumsnorm als Grundlage, wissend dass die Werte unserer Q-Funktion beschränkt sind. Ist das nicht der Fall, haben wir γ und die Reward-Funktion ohnehin falsch gewählt. Dann ergibt sich d für eine endliche Menge von Aktionen und Zuständen zu:

$$d(Q_n, Q_m) = \max_{s,a} |Q_n(s,a) - Q_m(s,a)|$$

In NumPy kann man das wie folgt umsetzen:

```
Qalt = marvin.QFunction._QFunction.copy()
...
diff = np.max(np.abs(Qalt  - marvin.QFunction._QFunction))
```

Hier wird also der größte Abstand als Kriterium genommen. Eine Alternative ist, die Unterschiede aufzusummieren und sich damit an eine Integralnorm anzulehnen. Gehen wir davon aus, dass es N verschiedene Kombinationen von

$$d(Q_n, Q_m) = \left(\sum_{s,a} (Q_n(s,a) - Q_m(s,a))^p \right)^{1/p}$$

gibt. Auch dies lässt sich in NumPy leicht umsetzen:

```
diff = np.linalg.norm( (Qalt  - marvin.QFunction._QFunction).flatten(),ord=p)
```

Stellt man die Differenzen als Kurve dar, so kann man nicht davon ausgehen, dass diese monoton fällt. Wird in der *Exploration*-Strategie ein neuer Zustand erkundet, schnellt der Wert sprunghaft nach oben. Folgt der Agent wegen eines niedrigen ε immer nur der eigenen Strategie, so bleibt die Differenz sehr klein bzw. null, obwohl der Grenzwert nicht erreicht ist. Die Differenz kann also nur dann als sinnvolles Kriterium für einen Abbruch verwendet werden, wenn man ausreichend *Exploration* durchführt.

Fixieren Sie ε auf einem ausreichend hohen Wert. In diesem sehr kleinen Beispiel können Sie sogar 1.0 nehmen, da man durch den Zufall hier das ganze Gebiet gut erkunden kann. Dann ersetzen Sie die Abbruchbedingung im Code oben durch ein Cauchy-Kriterium. Protokollieren Sie den Verlauf der Differenz in einer Liste. Setzen Sie den Agenten zufällig auf einem Feld ab. Achten Sie darauf, nicht die Wände am Rand als Spawn-Point zuzulassen. Wenn dieses länger als N Zyklen erfüllt ist, brechen Sie den Lernvorgang ab. Wenn Sie N und ε gut genug gewählt haben, sollten Sie überall die optimale Strategie erreicht haben.

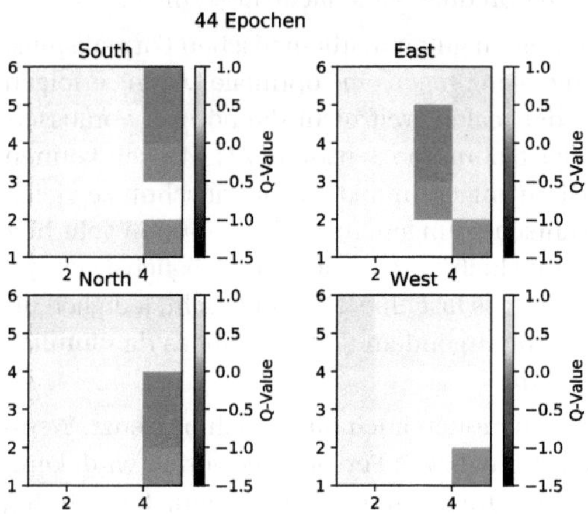

Abbildung 14.7 Q-Werte nach Test mit unterschiedlichen Startpositionen

Das Ergebnis dürfte etwa wie in Abbildung 14.7 aussehen und damit deutlich anders als der Zustand in Abbildung 14.6. Der Code, um diese Bilder zu machen, ist sehr technisch und hier nicht abgedruckt. Sie finden ihn, wie in der Einleitung erwähnt, auf meiner Webseite. Natürlich geht es auch schöner und Sie dürfen gerne selber in die Tasten greifen. Die Techniken sind alle im Buch sogar kurz angerissen.

In allgemeineren Fällen ist es schwierig, zu wissen, wann man aufhören muss. Der Grund ist, dass normalerweise der Zustandsraum viel größer ist und man ihn nicht vollständig wie oben ausschöpfen kann. Man kann und muss das Reinforcement Learning wie eine Optimierungsstrategie verstehen. Das Ziel ist es, die optimale Strategie für jeden oder – was leichter ist – einen speziellen Startpunkt zu finden. Wie bei den Optimierungsverfahren, die wir im Abschnitt 7.2 und 8.4.1 besprochen haben, besteht auch hier die Gefahr, in einem Nebenminimum zu verharren. Dabei hatten wir es hier sogar mit einer deterministischen Umgebung zu tun. Sind Effekte stochastisch, wird es anspruchsvoller. Dazu kommen wir gleich im folgenden Abschnitt und werden auch dafür Lösungen finden.

14.4 Unvollständige Informationen und Softmax

Für uns Menschen ist es normal, in einer sich verändernden Welt zu leben und diese mit sehr beschränkten Sinnen zu erfahren. Keiner von uns kennt seine absolute Position im Raum oder z. B. genau die Geschwindigkeit eines rennenden Kindes, das er sieht. Trotz dieser beschränkten sensorischen Informationen über unsere sich verändernde Welt sind wir in der Lage, mit den Herausforderungen unseres täglichen Lebens im Allgemeinen sehr erfolgreich umzugehen. Wenn man dagegen vergleicht, welche Annahmen wir für unsere Agenten gemacht haben, sind diese in einer sehr luxuriösen Situation. Der Agent hat Zugang zu allen Informationen über die Umgebung, die er für eine optimale Aktion benötigt. Das ist auch für einen deterministischen Markov Decision Process (MDP) als theoretischen Unterbau nötig. Kennt man nicht alle nötigen Informationen, ergeben zwei – aufgrund der begrenzten Informationslage – identisch erscheinende Situationen bei gleicher Aktion unterschiedliche Ergebnisse.

Zum einen bieten Markov Decision Prozesse also einen guten mathematischen Formalismus, der es sogar erlaubt, zu beweisen, dass eine Konvergenz gegen eine optimale Lösung erfolgen wird. Zum anderen erfüllen fast alle Probleme der realen Welt nicht die nötigen Voraussetzungen. Nehmen wir als Beispiel natürliche oder technische Sensoren. Als Mensch können wir nicht sehen, was sich hinter uns verbirgt. Diese eingeschränkte Sicht hat schon zu vielen Beulen geführt und damit zu nicht optimalen Entscheidungen. Auch die Evolution geht hier immer Kompromisse ein und ordnet die Augen von Fluchttieren so an, dass möglichst viel von der Umgebung wahrgenommen wird. Bei Pferden ist es fast eine 360-Grad-Sicht, lediglich direkt hinter ihnen befindet sich ein toter Winkel. Aber irgendein Problem gibt es da räumlich immer und wenn es eine Mauer ist, die im Weg steht.

Neben der räumlichen Begrenzung sind die Informationen auch oft zeitlich begrenzt. Wenn man sich ein Foto anschaut, auf dem ein Ball zwischen zwei Personen geworfen wird, kann es vorkommen, dass wir aufgrund mangelnder Bewegung nicht in der Lage sind, die Richtung und Geschwindigkeit des Balles zu bestimmen. Wir müssten also den Ball zeitlich etwas verfolgen können, um wenigstens grobe Schlüsse daraus ziehen zu können.

Wenn wir unserem Agenten nun den formalen Unterbau eines deterministischen Markov Decision Process wegnehmen, um reale Probleme anzugehen, hat das dramatische Konsequenzen. Das Problem verändert sich dann zu einem **Partially Observable Markov Decision Process** (**POMDP**), einer Verallgemeinerung eines Markov-Entscheidungsprozesses (MDP). Ein POMDP modelliert einen Prozess, bei dem man davon ausgeht, dass die Umgebung, in der der Agent agiert, durch ein MDP bestimmt wird, der Agent aber den zugrunde liegenden Gesamtzustand nicht direkt beobachten kann. Er kann nur Teile dieses Zustandes beobachten oder alles mit entscheidenden Unsicherheiten. Ein Ansatz dabei ist, dass der Agent seine Umgebung durch Wahrscheinlichkeitsfunktionen versucht zu modellieren, und zwar basierend auf dem, was er von der Umwelt an Informationen vorliegen hat. Der allgemeine Ansatz zu einem POMDP, der 1998 u. a. von Littman, Kaelbling und Cassandra in [KLC98] vorgestellt wurde, deckt hierbei eine Vielzahl von Anwendungsfällen ab. Ich möchte darauf verzichten, in die Theorie zu POMDP einzusteigen; einfach weil es im Rahmen dieses Buches zu weit führen würde – wir haben ja schon beim Markow-Prozess in Abschnitt 14.2 auf eine genaue mathematische Beschreibung verzichtet.

Generell kann man jedoch sagen, dass es oft sinnvoll ist, dem Agenten bzw. der Strategie zu einem Gedächtnis zu verhelfen. Das kann auf unterschiedliche Weisen passieren. Man kann Methoden, wie Recurrent Neural Networks (RNN), die wir in diesem Buch jedoch nicht besprochen haben, einsetzen oder den Zustandsraum so erweitern, dass für eine Entscheidung s auch aus Messwerten von vor einigen Zeiteinheiten zusätzlich zu den aktuellen Werten besteht. Entfernt man sich von modellfreien Ansätzen wie dem reinen Q-Learning können auch Modelle der Umwelt helfen. Wer im Anschluss an dieses Buch eine tiefergehende theoretische Einführung zum Thema POMDP wünscht, der findet diese in [WV12], Kapitel IV.12 und IV.15.

Wir werden hier einfach mal probieren, wie weit wir ganz hemdsärmelig mit den Mitteln kommen, die wir bereits kennengelernt haben. Man kann sich jedoch vorstellen, dass wir auf mehr Probleme bzgl. der Konvergenz stoßen werden. Es wäre in vielen praktischen Anwendungen sehr überraschend, wenn es keine neuen Probleme gäbe. Darüber hinaus liegt es nahe, dass sich das optimale Verhalten in einer sich verändernden Welt nicht durch eine statische Strategie wird erfassen lassen. In den Fällen, in denen es keine feste Zielfunktion gibt, gegen die unsere Lernverfahren konvergieren können, entstehen natürlich Probleme. Man muss sich in diesem Zusammenhang erneut die Stufen der Idealisierung klarmachen. Ein POMDP geht davon aus, dass man nicht alles erfassen kann, aber darunter ein MDP der Ordnung 1, wie wir in Abschnitt 14.2 besprochen haben, liegt. Ein MDP geht davon aus, dass die Markow-Annahme gilt, d. h. die Wahrscheinlichkeit von einem s zum Zustand s' zu gelangen, hängt nicht von der Historie, also den Vorgängerzuständen, ab. Das ist quasi ein stochastisches Modell einer Welt. Die Übergänge sind zwar stochastisch, jedoch ändern sich die Wahrscheinlichkeiten nicht. Wenn der Agent in einem Zustand s ist und Aktion a durchführt, landet er immer wieder mit der gleichen Wahrscheinlichkeit bei s'. In der Interaktion mit Lebewesen oder anderen lernenden Agenten ist das z. B. eine Voraussetzung, die nicht erfüllt sein muss. Das Verhalten hängt dabei von der Historie ab. Jemand legt Sie z. B. vielleicht einmal mit einem Trick herein, aber wenn er es wenig später mit dem gleichen Trick noch einmal probiert, hat er sicherlich schlechtere Chancen, Sie erneut hereinzulegen. Die reale Welt, in der Agenten agieren, hat eben oft ein Gedächtnis. Wir müssen also so oder so oft mit Zwischenlösungen und Näherungen arbeiten, während wir uns bei Problemstellungen in der realen Welt oft auf theoretisch nicht sehr dickem Eis bewegen.

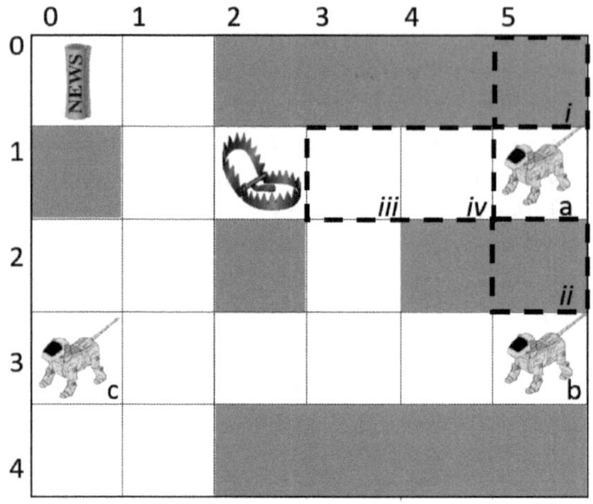

Abbildung 14.8 Schwer zu unterscheidende Situationen für den Roboterhund

Um das besser zu verstehen, betrachten wir einmal den Roboterhund in der Abbildung 14.8. Im Unterschied zu unserem letzten Roboterhund hat dieser keine perfekte Information über den Raum, sondern seine Sensoren zeigen ihm nur die Felder *i, ii, iii* und *iv* in Abbildung 14.8. Damit ergibt sich $s = [i, ii, iii, iv]$, wobei jeder der Einträge die Information über das entsprechende Feld enthält. Die Menge der möglichen Aktionen sei beispielsweise $A = \{\text{rechts, links, vorwärts}\}$. Hierdurch sind für ihn die Situationen a und b mit

$$s_a = (\text{Mauer}, \text{Mauer}, \text{Frei}, \text{Frei}) \text{ und } s_b = (\text{Mauer}, \text{Mauer}, \text{Frei}, \text{Frei})$$

nicht zu unterscheiden. Zwei Felder vor ihm sind frei, und rechts sowie links ist eine Mauer. Was immer er jetzt für eine Erfahrung macht, wird in der Q-Funktion für dieselbe Kombination (s, a) abgespeichert. Einen Schritt später beginnen die Situationen sich jedoch auseinander zu entwickeln.

Würden wir nun wie in Gleichung (14.8) auf Seite 493 verfahren, würden sich die jeweils unterschiedlichen Situationen a und b sowie ihre weiteren Entwicklungen in der Q-Funktion einfach gegenseitig überschreiben. So kann sich kein vernünftiges Verhalten für die Agenten entwickeln. Ein erster Lösungsansatz ist, dass wir folglich - sowohl, wenn wir es mit beschränkten Informationen als auch mit sich verändernden Umgebungen zu tun haben - vorsichtiger die Q-Funktion updaten. Dies geschieht, indem wir (14.8) weiterentwickeln zu:

$$\begin{aligned} Q_{neu}(s,a) &= Q_{alt}(s,a) + \alpha \cdot \left(r + \gamma \cdot \max_{a'} Q(s',a') - Q_{alt}(s,a) \right) \\ &= (1-\alpha) Q_{alt}(s,a) + \alpha \cdot \left(r + \gamma \cdot \max_{a'} Q(s',a') \right) \end{aligned} \tag{14.10}$$

Für $\alpha = 1$ erhält man die bekannte Formel der Ersetzung des neuen Wertes durch den alten. $\alpha = 0$ würde hingegen bedeuten, dass der Agent gar nicht mehr sein Verhalten verändert. Entsprechend gilt für α: $0 < \alpha \leq 1$. Besonders kleine Werte von α können zum Beispiel sinnvoll sein, wenn ein bereits gut trainierter Agent in einer sich langsam ändernden Umgebung agieren soll und sich dort langsam eben mit der Umwelt weiterentwickelt.

Die Gleichung (14.10) ist als Update-Regel für die Q-Funktion essentiell, wenn wir es

- nicht mit einer deterministischen **Umwelt** bzw. MDP zu tun haben, sondern mit einer **stochastischen** oder
- wenn ein **POMDP** vorliegt und objektiv unterschiedliche Situationen durch die beschränkte Wahrnehmung von Agenten als identisch wahrgenommen werden.

Kommen wir zu einem weiteren Problem. In der Situation c hingegen zeigt sich eine Schwäche des Ansatzes, wie wir ihn bisher verwendet haben. In solchen Situationen ist es mit den beschränkten Informationen, die unser Agent hat, nicht klar, ob es sinnvoller ist, sich nach rechts oder links zu drehen. Jedoch wird sich eine Drehrichtung mit einer ein klein wenig höheren kumulativen Belohnung herausbilden. Da `argmax` hier immer diese Aktion auswählt, wird der Roboter eine Vorliebe für *rechts drehen* oder *links drehen* ausprägen. Stehen nun die Wände etwas ungünstig, entsteht eine Situation, in welcher der Hund anfängt, einen Kreis abzulaufen. Aus diesem Kreis entkommt er durch ε-greedy Ansatz nur, wenn er zum richtigen Zeitpunkt eine zufällige Aktion auswählt. Das ist natürlich sehr ineffizient. Sinnvoll wäre es doch hingegen, dass, wenn *rechts drehen* und *links drehen* etwa gleich gute Ergebnisse liefern, beide Aktionen auch etwa gleich häufig ausgewählt werden. Um dies zu erreichen, nutzt man gerne statt dem `argmax` die **Softmax-** oder **Boltzmann-Funktion**:

$$P_\tau(a) = \frac{e^{x(a)/\tau}}{\sum_{i=1}^{n} e^{x(i)/\tau}} \tag{14.11}$$

Man spricht deshalb besonders in der englischsprachigen Literatur auch oft von **Boltzmann Policy**. In unserem Anwendungsfall entspricht $x(a)$ in (14.11) dem Wert der Q-Function. $\tau > 0$ ist ein Parameter, zu dem wir später noch kommen. Der Wertebereich der Funktion liegt zwischen 0 und 1. Der Effekt ist, dass die Funktion jedem Eintrag eines n-dimensionalen Vektors x eine Wahrscheinlichkeit zuordnet. Betrachtet man nicht nur eine Aktion a, sondern alle möglichen Aktionen a_i, ergibt sich:

$$1 = \sum_{i=1}^{n} P_\tau(a_i)$$

Wird der Parameter τ in Gleichung (14.11) klein gewählt, so sorgt der exponentielle Charakter der Funktion dafür, dass die Funktion Einträge mit größerem Reward stärker bevorzugt. Für sehr große τ kommt man stärker zu einer Gleichverteilung der Wahrscheinlichkeiten für die Wahl einer Aktion. Was in der Praxis *groß* und *klein* bedeutet, hängt natürlich vom Wertebereich der Rewards ab.

Eine solche **Boltzmann Policy** ist somit eine **stochastische Strategie**. Der Agent wählt eine Aktion mit einer gewissen Wahrscheinlichkeit aus. Je nach Wahl von τ wird der stochastische Charakter in der Praxis in einen beinah deterministischen überführt. Im Unterschied zur deterministischen Notation in (14.1) auf Seite 487 ist eine Notation mit

$$\pi(s) = (\,P_\tau(a_1), \ldots, P_\tau(a_n)\,)^T$$

deutlich komplexer. Man kann dies kompakter und theoretisch sauberer mit Hilfe einer Wahrscheinlichkeitsverteilung notieren, worauf wir an dieser Stelle aber verzichten.

Am besten schreiben wir schnell ein kurzes Skript, welches den Effekt in dem Rechts-Links-Szenario des Roboter-Hundes oben deutlich macht:

```
import numpy as np
import random

def softmax(Q, tau):
    return np.exp(Q/tau) / sum(np.exp(Q/tau))

Q=np.array([-10, 2.1, 1.9])
print( softmax(Q,0.1) )
print( softmax(Q,1.0) )
print( softmax(Q,100) )
```

Bezeichnen wir die Rückgabe von `softmax` einmal mit a. Nehmen wir weiter an, der erste Antrag in a steht für das Laufen gegen die Wand, der zweite für das Drehen nach rechts und der letzte für links. Als Ausgabe erhalten wir:

```
[ 2.48452605e-53  8.80797078e-01  1.19202922e-01]
[ 3.05680004e-06  5.49832317e-01  4.50164627e-01]
[ 0.30722015e-00  0.34673631e-00  0.34604354e-00]
```

Wie man sieht, wäre für $\tau = 0.1$ im Wesentlichen wieder ein rechtsdrehender Hund herausgekommen. Für $\tau = 100$ hingegen erscheinen alle drei Optionen gleich gut, was auch nicht sinnvoll ist. Das beste Ergebnis bei dem Wertebereich von r erhalten wir beim obigen Skript für $\tau = 1$. Wir drehen uns häufiger rechts herum als links, aber es hält sich vernünftig die Waage. Darüber hinaus müssen wir dank eines sehr kleinen Wertes von $a[0]$ nicht befürchten, unnötig oft vor die Wand zu laufen.

Um das zu veranschaulichen und direkt auch die Wahl einer Aktion basierend auf dieser Wahrscheinlichkeit deutlich zu machen, fügen wir dem Skript noch eine Funktion zur Auswahl von Aktionen an:

```

def chooseAction(Q, tau=1):
    p = softmax(Q,1.0)
    toChoose = np.arange(0,len(Q))
    a = int(random.choices(toChoose,weights=p,k=1)[0])
    return(a)

random.seed(42)
counter = np.zeros(len(Q))
for i in range(10000):
    counter[chooseAction(Q)] += 1
print(counter)
```

Wesentlich ist hier die Funktion `random.choices`. Diese trifft auf Basis der Gewichte `weights` eine zufällige Wahl innerhalb von `toChoose`. Theoretisch kann diese Funktion eine ganze Liste zurückliefern. Da wir jedoch einen einzelnen Integer-Wert wollen, fordern wir nur ein Element durch `k=1` an und entnehmen mittels `[0]` dieses der Liste. Lässt man das Skript nun wie oben durchlaufen, erhält man die Rückmeldung, dass bei zehntausend Versuchen 5461 mal nach rechts und 4539 mal nach links gedreht, jedoch niemals geradeaus gegen die Wand gelaufen wurde.

> Berechnen Sie einmal die Wahrscheinlichkeitsverteilung für einen Softmax mit den drei Werten für τ, wenn die Belohnungen wie folgt vorliegen:
> `Q=np.array([-0.1, 0.1, 0.5])`
> Welche Schlussfolgerung ziehen Sie?

Wenn Sie die kleine Aufgabe oben ausgeführt haben, werden Sie festgestellt haben, dass man τ nicht pauschal wählen kann.

> Wenn der Wertebereich der Q-Funktion klein ist und z. B. nur zwischen −1 und 1 liegt, muss man τ auch entsprechend wählen. Sie müssen bedenken, dass es im Beispiel viele Punkte gibt, in denen Werte nah zusammen liegen, da die Ränder des Wertebereiches selten als Alternativen zu einem Zustand gehören.

Wählen wir eher kleine τ, handeln wir uns leider ein neues Problem ein. Die Werte werden sehr groß und wir bekommen Probleme mit der **numerischen Stabilität**. Zum Glück können wir uns mit etwas Schulmathematik $e^{n-m} = \frac{e^n}{e^m}$ vor diesem Problem retten:

$$\frac{e^{t_j-m}}{\sum_{i=1}^{n} e^{t_i-m}} = \frac{\frac{e^{t_j}}{e^m}}{\frac{\sum_{i=1}^{n} e^{t_i}}{e^m}} = \frac{e^m \cdot e^{t_j}}{e^m \cdot \sum_{i=1}^{n} e^{t_i}} = \frac{e^{t_j}}{\sum_{i=1}^{n} e^{t_i}} \tag{14.12}$$

Nimmt man also für m den maximalen Wert, der auftritt, so kann man durch eine Translation alle Ausdrücke in einen numerisch stabilen Bereich überführen.

Damit haben haben wir nun alles zusammen, um unseren Agenten so weiterzuentwickeln, dass die Aktionen über Softmax ausgewählt werden, was eine sinnvolle Alternative zum `argmax` darstellt. Diese Technik unterstützt auch je nach Konfiguration ε-greedy bei der Exploration.

Zunächst ergänzen wir die `init`-Methode um die zwei Parameter α und τ und fügen dazu auch zwei Zeilen ein:

```
5      def __init__(self,stateDim, actions, gamma=0.8, vareps = 0.01, tau=0.1, alpha=0.5):
6          self.alpha = alpha
7          self.tau   = tau
```

Als Nächstes geht es daran, die `learn`-Methode anzupassen. Hier schieben wir eine Zeile vor der Formel der Q-Funktion ein, um Q_{alt} zu erhalten, und verändern ansonsten nur die Formel gemäß Gleichung (14.10):

```
31         Qalt = self.QFunction.predict(self._state,self._action)
32         QNeu = (1.0-self.alpha)*Qalt + self.alpha*(self._reward + self._gamma*maxQ)
33         self.QFunction.fit(self._state, self._action, QNeu)
```

Die nächste Änderung betrifft die Methode `\_chooseAction` und den Abschnitt von Zeile 49 bis 55. Hier setzen wir den numerisch stabilisierten Softmax aus Gleichung (14.12) um.

`np.random.choice` wählt aus dem Array ein Element entsprechend der Wahrscheinlichkeiten in `pW` aus. Der Rest der if-Abfrage aus Zeile 52 dient nur dazu, für den Fall des Falles vorzusorgen. Kommt es doch zu Schwierigkeiten, wird eine zufällige Aktion verwendet und nicht der Agent mit einer Fehlermeldung terminiert.

```
41      def _chooseAction(self,observation=np.NaN):
42          if np.any(np.isnan(observation)): observation = self._nextState
43          if np.random.rand()<self.vareps:
44              choosenA = np.random.randint(0,len(self._actionRange))
45              return(choosenA)
46          qvalues = np.zeros(len(self._actionRange))
47          for i in range(len(self._actionRange)):
48              qvalues[i] = self.QFunction.predict(observation,self._actionRange[i])
49          toChoose = np.arange(0,len(qvalues))
50          qvalues = qvalues/self.tau - np.max(qvalues/self.tau)
51          pW = np.exp(qvalues) / np.sum(np.exp(qvalues))
52          if np.any(np.isnan(pW)) or np.any(np.isinf(pW)):
53              choosenA = np.random.randint(0,len(qvalues))
54          else:
55              choosenA = np.random.choice(toChoose,replace=False, p=pW)
56          return(choosenA)
```

Erinnern wir uns an Abbildung 14.7 von Seite 505, so sind die Unterschiede im oberen linken Bereich der Grid World oft nur sehr schwach ausgeprägt. In solchen Fällen führt der betraglich niedrige Wert der Reward-Funktion von -0.01 für einen Schritt dazu, dass ein Agent mit Softmax sich schlechter verlässlich für den kürzesten Weg entscheiden kann. Um es für unseren Agenten mit einer Softmax-Auswahl leichter zu machen, ändern wir die Reward-Funktion ein wenig. Wir legen die Kosten für einen Schritt auf -0.1 und für die Kollision mit einer Wand auf -0.5 fest. Wir ändern also unseren Versuchsaufbau wie folgt:

```
import numpy as np
from environment import environment
from learningAgentAdv import learningAgent
np.random.seed(42)
#            012345
gridworld = ['WWWWWW', # 0
             'W    W', # 1
             'W   -W', # 2
             'W   -W', # 3
             'W   -W', # 4
             'W   gW', # 5
             'WWWWWW'] # 6

env = environment(gridworld,row=1, col=4)
env.empty = -0.1
env.wall  = -0.5
observation = env.reset()
marvin = learningAgent(len(observation), actions=[0,1,2,3], vareps = 1.0,
                       gamma=0.99, tau=0.1, alpha=0.5)

epochen = 0; success = 0
while True:
    r = np.random.randint(1,6)
    c = np.random.randint(1,5)
    if c == 4 and r<1 : r=1
    observation = env.reset(row=r,col=c)
```

```
        env.render()
        marvin.setSensor(observation)
        marvin.totalReward = 0
        done = False
        while not done:
            action = marvin.getAction()
            observation, reward, done, steps = env.step(action)
            marvin.setReward(reward)
            marvin.setSensor(observation)
            marvin.learn()
            env.render()
        epochen += 1
        if steps<8 and marvin.totalReward>=1-steps*0.1:
            marvin.vareps = max(marvin.vareps*0.9, 0.01)
            success += 1
            if success > 19: break
        else:
            success = 0
```

Damit ist auch direkt ein Beispiel geliefert, wie man in der Aufgabe von Seite 505 das Starten an zufälligen Punkten umsetzen könnte. Wegen der Tatsache, dass man auf der einen Seite auch schnell neben dem Ziel starten kann und auf der anderen Seite höhere Bewegungskosten hat, sind die Abbruchbedingungen hier angepasst. Die folgende Abbildung 14.9 zeigt, wie sich beim Ende des Programmes die Strategie darstellt.

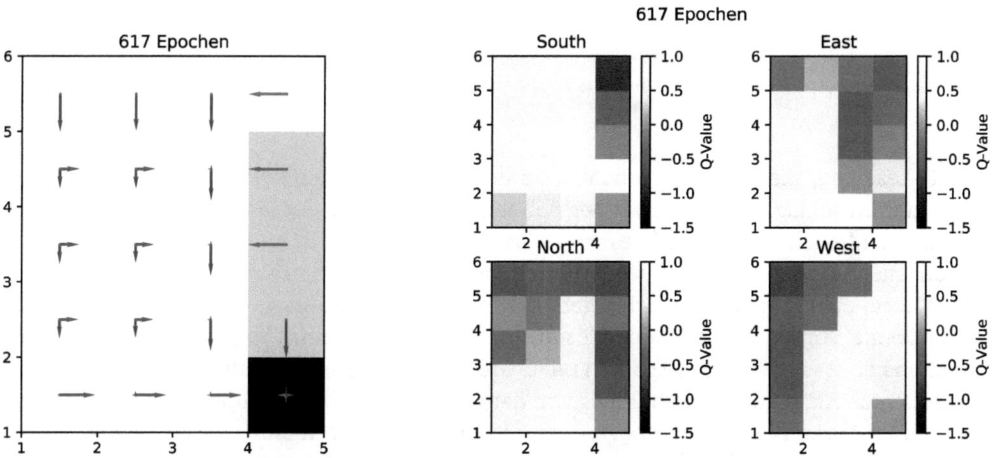

Abbildung 14.9 Softmax-Strategie und Q-Werte für die Klippe

Die linke Darstellung in Abbildung 14.9 ist so angepasst, dass mehrere Pfeile möglich sind. Die Länge des Pfeiles steht für die Wahrscheinlichkeit, eine Richtung auszuwählen. Dieser Teil ist fast wie erwartet, bei einigen Feldern gibt es mehrere ähnlich gute Lösungen. Nur die beiden Felder oben rechts in der ersten Zeile entsprechen nicht den Erwartungen, da sich der Agent hier konsequent auf *Süden* festgelegt hat. Da wir auch die Belohnungen verändert haben, sind die Q-Werte verändert. α spielt hierfür theoretisch keine Rolle, da die Funktion als Grenzwert identisch ist; praktisch jedoch schon. Einmal rechnen wir nicht bis zum theoretischen mathematischen Grenzwert. Beendet man also nach einer festen Anzahl von Iterationen das Training, sieht das Resultat selbstverständlich anders aus.

Da man das Q-Learning in dem Beispiel oben am ehesten mit einem Optimierungsalgorithmus vergleichen kann ... welche Rolle hat in dieser Analogie dann α?

Die Rolle von α ist verwandt mit der Schrittweitensteuerung als Ansatz, um die Stabilität des Verfahrens zu verbessern und so eher zu einer Konvergenz zu führen. Wählen wir α sehr klein, findet kaum ein Update der Q-Funktion statt und somit auch kaum ein Lernprozess. Der Ansatz ist sehr vorsichtig, braucht aber entsprechend (wesentlich) länger, um zu konvergieren. Wählen wir hingegen α sehr groß, ggf. sogar 1, kann die Konvergenz völlig fehlschlagen. Wenn wir Glück haben, geht es aber sehr schnell. Ähnlich wie bei den Parametern in Abschnitt 8.4.1 ist es oft sinnvoll, hier die Parameter im Laufe des Trainings zu verändern. Man beginnt mit einem Wert nahe 1 und senkt diesen mit der Zeit ab.

Bauen Sie dem Agenten einmal ein interessantes Labyrinth, in dem manchmal einfach Wände erscheinen und verschwinden. Unsere Implementierung der Umgebung erlaubt dies, wenn man die Zahlen 1 bis 9 verwendet. Lassen Sie den Agenten an verschiedenen Stellen im Labyrinth auf dem Weg zum Ausgang starten. Nutzen Sie dabei einen Ansatz mit einem angepassten α. Beginnen Sie einmal das Beispiel oben mit einem sehr großen α, z. B. wirklich 1. Anschließend reduzieren Sie es bei jedem Erfolg weiter, bis es nur noch 0.05 ist. Jetzt ist Ihr Agent faktisch fertig ausgebildet.

14.5 Der SARSA-Algorithmus

Das Q-Learning, wie bisher besprochen, optimiert das Verhalten, wenn es konvergiert, quasi bis zum Anschlag. Das bedeutet, der Roboter-Hund bzw. Agent läuft immer direkt an den Fallen entlang. Ich selber würde es vermeiden, unmittelbar z. B. an einer Klippe entlang zu laufen, auch wenn das der kürzeste Weg ist ... Der Grund ist neben einer leichten Höhenangst das Wissen, dass immer etwas schiefgehen kann. Mit einer Wahrscheinlichkeit, die ich nicht genau kenne, könnte sich der Boden lösen, auch wenn dieser beim Vorgänger noch so gerade gehalten hat. Wenn wir einen Agenten mit ε-Greedy betreiben, gibt es diese Möglichkeit einer unbedachten Aktion auch unabhängig von der Umgebung, also der Klippe. Unser Agent wird sich auf Basis von ε-Greedy fortbewegen und hin und wieder in die Falle laufen bzw. unvermittelt von der Klippe springen. Der Grund ist, dass wir ja würfeln und in z. B. 10% der Fälle eine zufällige Aktion auswählen.

Dieses Problem könnte man dadurch beheben, dass wir den Roboter nicht im ε-Greedy-Modus betreiben, sondern nur trainieren. Er würde also immer nur den optimalen Q-Wert im Betrieb nutzen. Das hätte aber den sehr unangenehmen Effekt, dass das System nicht mehr effektiv lernen kann, wenn es einmal im Einsatz ist. Effektiv bedeutet, dass wir quasi gar nicht mehr den Exploration-Modus nutzen, sondern nur noch unser vorhandenes Wissen ausbeuten, also Exploitation. So kann man jedoch nicht auf eine sich verändernde Umgebung reagieren. Bei Menschen oder Gesellschaften würde man vermutlich davon sprechen, dass hier die Gefahr besteht, die Innovationskraft zu verlieren und in den *Das-Haben-Wir-Schon-Immer-So-Gemacht*-Modus zu verfallen.

Das kann in manchen Fällen zwar eine Lösung sein, aber wir wünschen uns doch oft weiterlernende Agenten. Wenn wir daher unseren Agenten in einer veränderlichen Umgebung betreiben wollen, sollte man Alternativen in Erwägung ziehen. Einen Ansatz liefert der SARSA-Algorithmus. Dieser verfährt nach dem antiken Prinzip *kenne dich selbst.* Praktisch kennt jeder dieses Problem: Ich selbst spiele gerne Strategie-Spiele (am Computer), die durchaus länger dauern können. Wenn ich mir erlaube, eines zu starten, kenne ich mich gut genug, um zu wissen, dass Arbeit liegen bleibt. Ich erlaube mir daher nur in gewissen Phasen im Jahr, überhaupt ein Spiel zu beginnen. Wenn ich als Roboter weiß, dass ich hin und wieder zu selbstmörderischen Aktionen neige, wenn ich direkt neben einer Falle stehe, dann sollte ich generell versuchen, nicht direkt neben einer Falle zu stehen, sondern etwas Abstand halten.

Auf diese Erkenntnis, dass man eben nicht wie beim Q-Learning immer davon ausgehen kann, dass anschließend die optimale Aktion gewählt wird, sondern die für das eigene Verhalten typische, baut SARSA auf. Der Unterschied in der Umsetzung ist minimal. Statt im Update-Schritt für die Q-Funktion den Wert mit dem größten Eintrag zu wählen, nimmt der Agent denjenigen, den er nach seinem aktuellen Verhalten wählen würde. Dadurch fügen wir unter anderem auch abhängig von ε die Fehltritte bei zufälligen Entscheidungen hinzu, ebenso wie den noch nicht perfekten Trainingszustand. Entsprechend gibt es auch nur in den Zeilen 10 und 11 im Pseudocode 14.2 relativ zu 14.1 eine Veränderung.

Algorithm 14.2 SARSA als Pseudocode

1: **procedure** SARSA-LEARNING
2: Wähle $0 \leq \gamma < 1$
3: **for all** s, a **do** initialisiere $\hat{Q}(s,a)$
4: **end for**
5: **loop**
6: Beobachte Zustand s
7: Wähle eine Aktion a aus und führe diese durch
8: Erhalte Belohnung r
9: Beobachte neuen Zustand s'
10: Wähle eine Aktion a' nach dem aktuellen Lernstand aus
11: $\hat{Q}(s,a) = r + \gamma \cdot \hat{Q}(s', a')$
12: **end loop**
13: **end procedure**

SARSA wird auch als ein **On-Policy-Learning**-Ansatz bezeichnet, da es beim Lernen seine eigene Strategie verwendet. Das Q-Learning hingegen verwendet den maximalen Wert der Q-Function, unabhängig davon, nach welcher Policy – also z. B. ε-Greedy oder den Zugang über Softmax – es zwischen Exploration und Exploitation wechselt. Es wird daher als **Off-Policy-Learning**-Ansatz bezeichnet.

Abbildung 14.10 zeigt, wie unterschiedlich sich der Agent mit den beiden besprochenen Ansätzen auf dem Testproblem in der Theorie verhält. Der Agent der SARSA nutzt einen sichereren Weg, der verhindert, dass durch eine *explore*-Aktion der Agent doch einmal in eine Falle läuft. Der Nachteil ist, dass dieser Weg für eine perfekte Wahl von Aktionen eben nicht der

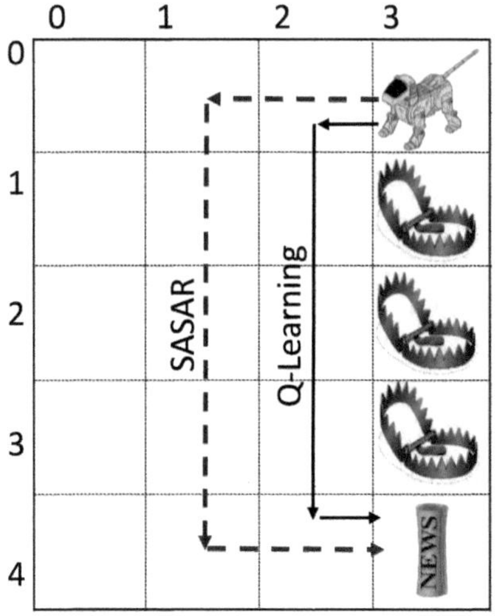

Abbildung 14.10 Theoretische Erwartung an das Verhalten des Agenten mit SARSA und Q-Learning

optimale ist, sondern zwei Strafpunkte für Bewegungen mehr kostet als der Weg, welchen der Q-Learning-Agent nimmt. In der Praxis sieht das jedoch etwas komplexer aus und hängt von ein paar Faktoren bzw. hier von Parametern ab. Setzen wir das einmal um und schauen es uns an:

Dazu benötigen wir zunächst einen Agenten mit einer angepassten `learn`-Methode. Hier reicht es, die Ermittelung des Maximums durch die Abfrage zu ersetzen: *Welche Aktion würdest du im nächsten Zustand auswählen?*:

```
    def learn(self):
        nextA  = self._chooseAction(observation=self._nextState)
        qValue = self.QFunction.predict(self._nextState, nextA)
        Qalt = self.QFunction.predict(self._state,self._action)
        QNeu = (1.0-self.alpha)*Qalt + self.alpha*(self._reward + self._gamma*qValue)
        self.QFunction.fit(self._state, self._action, QNeu)
```

Unser Versuchsaufbau unterscheidet sich primär darin, wann wir abbrechen. Wir könnten es mit dem Cauchy-Kriterium versuchen, aber die Werte für einen sinnvollen Abbruch sind sehr unterschiedlich. SARSA ändert sich länger und stärker, da die Strategie im Lernvorgang sich ebenfalls über die Trainingszeit verändert. Das führt auch dazu, dass oft *On-Policy-Learning* etwas länger benötigt, um zu konvergieren als *Off-Policy-Learning*.

Wir wandeln nun also unser Experiment ein wenig ab:

```
SARSA = True ; VERBOSE = False; epochen = 0
import numpy as np
from environment  import environment
if SARSA: from learningAgentAdvSARSA import learningAgent
else: from learningAgentAdv import learningAgent
np.random.seed(42)
#             012345
gridworld = ['WWWWWW', # 0
             'W    W', # 1
             'W   -W', # 2
             'W   -W', # 3
             'W   -W', # 4
```

```
             'W   gW', # 5
             'WWWWWW'] # 6

env = environment(gridworld,row=1, col=4)
observation = env.reset()
marvin = learningAgent(len(observation), actions=[0,1,2,3], vareps = 0.2,
                       gamma=0.99, tau=0.05, alpha=0.2)
while epochen<10000:
    observation = env.reset()
    if VERBOSE: env.render()
    marvin.setSensor(observation)
    marvin.totalReward = 0
    done = False
    Qalt = marvin.QFunction._QFunction.copy()
    while not done:
        action = marvin.getAction()
        observation, reward, done, steps = env.step(action)
        marvin.setReward(reward)
        marvin.setSensor(observation)
        marvin.learn()
        if VERBOSE: env.render()
    epochen += 1
```

Die beiden sich ergebenden unterschiedlichen Strategien für `SARSA True` und `False` sind in Abbildung 14.11 dargestellt. Wie man sieht, entspricht der Weg, den der Agent vom Startpunkt aus wahrscheinlich nehmen würde, den Erwartungen. Was darüber hinaus auffällt ist, dass - falls der Agent durch Absetzen oder aus Versehen auf ein Feld neben den Fallen gelangt - ihm nur beim obersten Feld geraten wird, sofort das Weite zu suchen. Beim unteren der drei an Fallen angrenzenden Feldern ist es sofort die Einsicht, dass es die Empfehlung geben wird, nach unten zu gehen. Wenn eine zufällige Aktion erfolgt, die nachteilig ist, dann passiert das so oder so. Im anderen Fall steht man auf einem wesentlich besseren Feld bzw. befindet sich in einem besseren Zustand. Beim mittleren Feld des Fallenrandes hängt es stark von ε ab. Bei 20% Wahrscheinlichkeit auf einen unbedachten Zug erscheint es hier sinnvoller, das Risiko einzugehen und dafür weniger Nachteile durch den Weg in Kauf zu nehmen.

Daneben wird dem aufmerksamen Beobachter aufgefallen sein, dass sich die Bilder auch bzgl. des Off-Policy-Learnings von denen in Abbildung 14.9 auf Seite 513 unterscheiden; nicht sehr, aber doch sichtbar. Beachten Sie, dass wir oben ein anderes τ und α gewählt haben.

Variieren Sie in dem Listing oben ein wenig die Parameter τ, α und ε, um ein Gefühl für deren Bedeutung und die Auswirkungen zu bekommen.

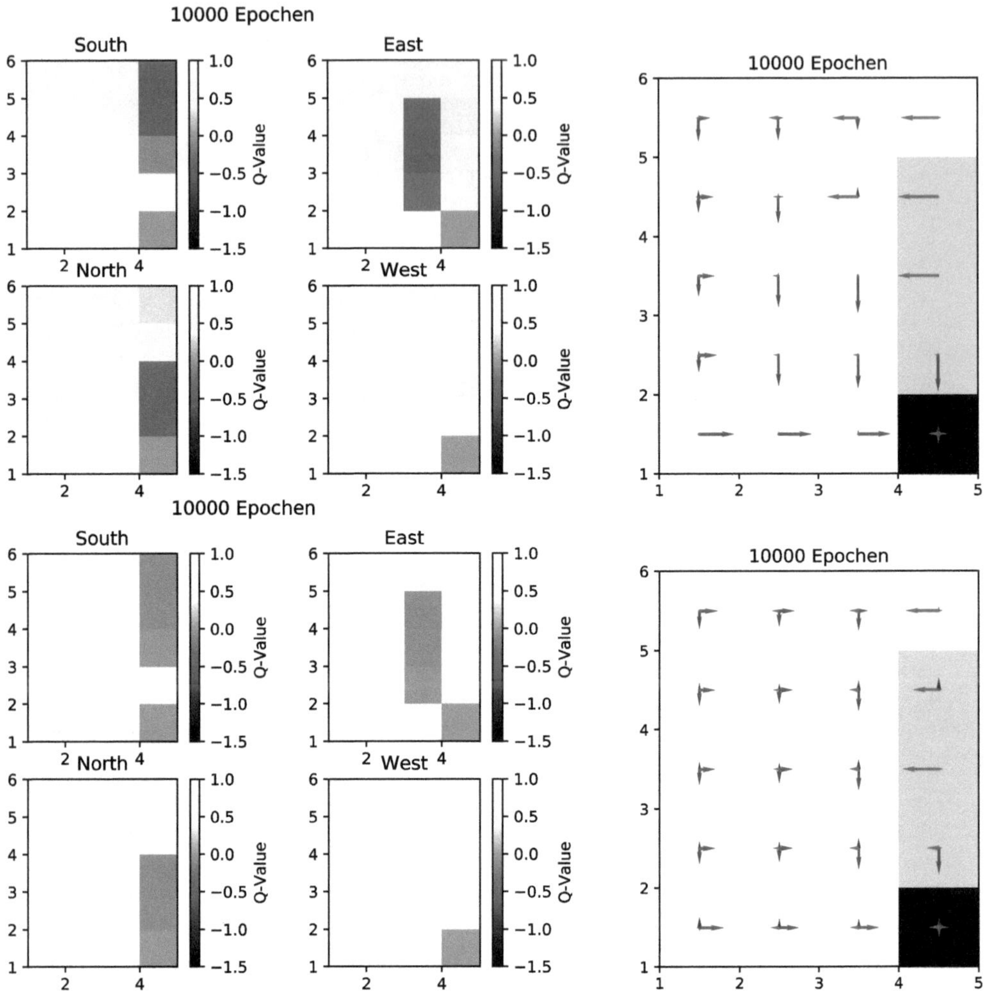

Abbildung 14.11 In der ersten Zeile die Resultate für On-Policy-Learning und in der zweiten für Off-Policy-Learning

15 Fortgeschrittene Themen des bestärkenden Lernens

In Kapitel 14 haben wir uns bereits mit bestärkendem Lernen beschäftigt und wichtige Grundprinzipien besprochen. Alle Beispiele dort waren jedoch so angelegt, dass die Q-Funktion exakt gespeichert werden konnte und als Tabelle vorlag. Wir werden uns nun um fortgeschrittene Themen kümmern. Das erste wird dabei sein, die Approximation von Funktionen, wie z. B. mittels neuronaler Netze, und das bestärkende Lernen zusammenzufügen. Um dort auf eine bekannte Umgebung mit recht gut ausgebauter API zurückgreifen zu können, nutzen wir unter anderem die Beispielumgebungen aus OpenAI Gym.

OpenAI Gym gehört im erweiterten Sinne zu den Aktivitäten von OpenAI Inc, einer unter anderem durch Elon Musk und Microsoft finanzierten Organisation. Die Rolle der Organisation ist sicherlich spannend zu verfolgen, da zu den Zielen explizit die Beschäftigung mit der Frage nach der *existenziellen Bedrohung durch künstliche Intelligenz* gehört. Unabhängig davon, wie man persönlich die Bedeutung dieser Fragestellung einschätzt, sind einige interessante Tools entstanden, die gerade für die Lehre und Forschung im Bereich der künstlichen Intelligenz sehr sinnvoll sind. Dazu gehört eben das seit 2016 verfügbare OpenAI Gym. Dieses fokussiert bestärkendes Lernen und stellt eine Reihe von Umgebungen bereit, in denen Agenten trainieren können. Ein Ziel war und ist es, Benchmarkbeispiele für Publikationen zu liefern, um diese leichter vergleich- und reproduzierbar zu machen. Im Herbst 2019 umfasste die Sammlung Umgebungen aus folgenden Kategorien:

- Algorithms
- Atari
- Box2D
- Classic control
- ~~MuJoCo~~
- ~~Robotics~~
- Toy text

Bei beiden durchgestrichenen Umgebungen benötigen die proprietäre Software *MuJoCo*, welche Lizenzfragen aufwirft. Diese beiden Umgebungen werden wir daher im Buch nicht berücksichtigen.

Classic Control und *Toy Text* enthalten Standardbeispiele aus der Regelungstechnik mit Grafikausgabe und eine Reihe einfacher Beispiele ohne Grafik – eben Toy Text. Die Installation dieser Pakte ist mit am einfachsten und wird uns Beispiele in den ersten paar Abschnitten liefern. Box2D ist eine recht einfache Physik-Engine für Spiele, die uns mit weiteren Beispielen versorgt, u. a. mit solchen, die kontinuierliche Größen als Eingangswerte erwarten bzw. kontinuierliche Statuswerte liefern.

Interessant ist auch die Atari-Umgebung, weil uns diese einige gute Beispiele für Deep Q-Learning liefert. Leider ist die Installation unter Windows nicht trivial. Die unten angegebene Hilfestellung ist auf neu aufgesetzten Windows 10-Systemen getestet und funktioniert dort. Es kommt aber bei der Atari-Umgebung öfter zu Schwierigkeiten, wenn bereits mehrere C/C++ Compiler installiert waren. Wenn es hier zu Problemen kommt, muss ich Sie leider an die entsprechenden Webseiten im Netz verweisen, da diese oft sehr unterschiedliche Ursachen und Lösungsstrategien haben. Unter Linux hingegen ist die Installation sehr leicht und gelingt im Allgemeinen problemlos.

Installation unter Windows: Als Erstes müssen Sie sicherstellen, dass die **Microsoft Visual C++ build tools** installiert sind. Dies können Sie unter *Apps und Features* nachsehen. Wenn nicht, besuchen Sie die Webseiten von Microsoft, laden Sie das entsprechende Programm kostenlos herunter und installieren Sie es. Dabei müssen Sie darauf achten, auch die **C++ - Buildtools** auszuwählen. Achtung, der Download ist recht umfangreich. Als Nächstes öffnen Sie den **Anaconda Prompt** als *Administrator* und tippen dort die folgenden Befehlszeilen ein:

```
> pip install gym
> pip install pystan
> pip install atari-py
> conda install swig
> pip install Box2D-kengz
```

Installation unter Linux: Unter Linux funktioniert die Installation weitgehend analog, nur eben kürzer, da wir uns nicht um die Build-Tools kümmern müssen und damit die größte Fehlerquelle sparen können. Auch hier gilt es, eine Konsole zu öffnen und Folgendes einzutippen:

```
> pip install gym
> pip install pystan
> pip install atari-py
> pip install swig
> pip install Box2D-kengz
```

Installation testen: Zum Testen führen Sie folgendes Programm aus:

```
import gym
env = gym.make('Pong-v0')
env.reset()
for _ in range(1000):
        env.render()
        env.step(env.action_space.sample())
env.close()
```

Wenn Sie unter Windows mit Spyder arbeiten, sollten Sie in keinem Fall versuchen, das Fenster des Atari-Spiels direkt zu schließen; warten Sie, bis das Programm fertig ist. Da wir keine sinnvolle Steuerung durchführen, stürzt die Landefähre natürlich immer nur böse ab. Wenn Sie doch einmal die Ausführung mit CRTL-C abbrechen, nutzen Sie `env.close()`, um die Umgebung ordentlich zu schließen.

Im nächsten Absatz geht es um **TF-Agents, Google DeepMind und Softwarepatente**. Eine sehr interessante Bibliothek, um mit Keras/Tensorflow mit lernenden Agenten zu arbeiten, ist **TensorFlow Agents**, siehe [GKR+18]. Die Implementierung hat eine gute Schnittstelle zu OpenAI Gym, welche auch mehrere parallele Umgebungen bedienen kann. Wer primär einen Agenten einsetzen oder leicht variieren möchte, sollte überlegen, sich diese Lib anzusehen. Im Buch geht es darum, die Prinzipien zu verstehen und dabei selber umzusetzen, daher mache ich hier davon keinen Gebrauch. Die Bibliothek ist aber noch aus einer anderen Perspektive sehr wichtig bzw. interessant. Sie wurde von Danijar Hafner, James Davidson, Vincent Vanhoucke et al. als Teil des Forschungsprojekts Google Brain entwickelt [HDV17]. Die Lib ist zwar kein offizielles Produkt von Google, aber von Google unter der Apache 2.0 Lizenz veröffentlicht. Das ist in sofern sehr bedeutend, als seit ca. 2014 die Patente und Patentanmeldungen in dem Bereich besonders durch Google DeepMind rasant zugenommen haben. Das betrifft primär den US-Markt, es gibt aber auch Anmeldungen als europäisches Patent (EP-Patent), die versuchen, mittels Argumentation über eine *Technizität* von Software die eigentlich von der EU-Gesetzgebung gewünschte Nichtpatentierbarkeit von Algorithmen zu unterlaufen. Das Release unter der Apache 2.0 ist in diesem Zusammenhang erneut, wie schon bei der Drop-Out-Technik für neuronale Netze, ein Lichtblick. Verkürzt gesprochen – für eine verbindlichere und ausführlichere Darstellung wäre ein Anwalt für Lizenz- und Patentrecht der richtige Ansprechpartner – sieht die Apache 2.0 eine unentgeltliche Nutzung der im Code umgesetzten Patente vor und enthält Regeln, die dem Projekt helfen, sich gegen gerichtliche Angriffe auf Basis von Patenten zu verteidigen. Voraussetzung ist jedoch, dass der Code, der übernommen bzw. als abgeleitetes Werk verwendet wird, wieder unter der Apache 2.0 steht. Was das je nach Unternehmen bzgl. der eigenen Strategie bedeutet, klärt man natürlich am besten mit denen, die dafür bezahlt werden. Der Ansatz über die Apache 2.0 ist jedoch vermutlich der zweitbeste nach dem Ansatz, Softwarepatente konsequenter zu verbieten oder durch Prio Art zu erschweren. Hier scheint Google DeepMind weiter als manche Mitbewerber zu sein. Wenn ich weiß, dass zu einem Algorithmus ein Patent angemeldet wurde, schreibe ich das im Folgenden hinzu. Umgekehrt gilt: Wenn ich hier nicht auf Patente hinweise, bedeutet dies *nicht*, dass der Algorithmus frei von Patentansprüchen Dritter ist. Dies lässt sich genau genommen selbst mit aufwendigen Recherchen oft nicht garantieren. Wenn dieser Algorithmus in der TF-Agents umgesetzt wurde, stehen die Chancen – *auf hoher See und vor Gericht* redet man glaube ich immer eher von Chancen – dass Sie den Algorithmus unter Apache 2.0 benutzen dürfen, recht gut. Die Apache 2.0 ist übrigens keine Copyleft-Lizenz, wodurch die Integration in Close-Software-Produkte nicht ausgeschlossen ist. Zum Zeitpunkt, zu dem dieses Kapitel geschrieben wird, sind unter anderem die folgenden Agenten bzw. Algorithmen in TF-Agents – sortiert nach dem Erscheinen der entsprechenden Veröffentlichungen – umgesetzt worden:

- DQN: Human level control through deep reinforcement learning Mnih et al., 2015 [MKS+15]
- DDQN: Deep Reinforcement Learning with Double Q-learning Hasselt et al., 2016 [VHGS16]
- TD3: Addressing Function Approximation Error in Actor-Critic Methods Fujimoto et al., 2018 [FHM18]

Auf diese drei werden wir im Rahmen der nächsten Abschnitte eingehen. Eine vollständige Besprechung aller dort im Mai 2020 umgesetzten Agenten würde den Rahmen sprengen, da wir zeitlich auch im Jahr 2005 mit der Betrachtung starten werden.

15.1 Experience Replay und Batch Reinforcement Learning

Im letzten Kapitel 14 hat der Agent ohne Gedächtnis gearbeitet. Es wurde immer nur bzgl. der Kombination aus Zustand und Aktion die Q-Funktion verändert, die gerade *erfahren* wurde. Wir haben also ausschließlich Reinforcement Learning in einer Form von **Online-Learning** durchgeführt. Wie schon bei neuronalen Netzen hat es viele Vorteile – wenn man die Informationen speichern kann –, eine Batch-Variante einzusetzen, in welcher der Agent von alten Erinnerungen profitieren kann. Im Prinzip haben wir hier wieder die gleiche Terminologie wie bei den neuronalen Netzen. Der Agent kann mittels eines Batches trainieren und dies als **Online-** oder **Offline-Learning** tun. Die Frage ist nun, wie genau das für einen Agenten funktioniert.

Ein Ansatz, um die Erfahrungen aus der Vergangenheit zu nutzen, ist **Batch Reinforcement Learning**, wobei wir hier nur die Variante des **Growing Batch Reinforcement Learnings** diskutieren werden und viele historische Entwicklungen beiseite lassen. Wer tiefer an dem Thema interessiert ist, sei auf [WV12], Kapitel II.2 verwiesen. Der nun folgende Ansatz trägt der Idee Rechnung, dass Daten und Informationen etwas zu Wertvolles sind, um sie wegzuwerfen. Wir versuchen stattdessen, die alten Informationen zu sammeln und weiter zu verwenden.

Während unser Agent mit seiner Umwelt interagiert, sammelt er unter anderem die Information, wie die Welt vor einer Aktion (a) beschaffen war (s), in welchen Zustand sie sich entwickelt hat (s') und welche Belohnung (r) er erhalten hat. Diese vier Werte

$$(s, a, r, s')$$

bilden den Kern dessen, womit unser Agent seinen Lernfortschritt bei Techniken wie dem Q-Learning bestreitet. Sie stellen in diesem an sich modellfreien Ansatz das Bild bzw. Modell des Agenten davon dar, wie seine Umgebung reagiert.

Tabelle 15.1 Ablage der Lerndaten in einer Tabelle

Zeitschritt t	s	a	r	s'
t_1	s_1	a_1	r_1	s_2
t_2	s_2	a_2	r_2	s_3
$\vdots$	$\vdots$	$\vdots$	$\vdots$	$\vdots$
t_n	s_n	a_n	r_n	s_{n+1}

Für s und s' gilt das Verhältnis $s = s_t$ und $s' = s_{t+1}$. s' ist also einfach der nächste aufgezeichnete Zustand. Die Aufzeichnung der Daten führt zu einer Datenbank wie in Tabelle 15.1 dargestellt. Wie man in Tabelle 15.1 erkennt, braucht man nur (s, a, r) zu speichern, wenn man lückenlos jede Interaktion mit der Umgebung protokolliert.

Die Abbildung 15.1 zeigt den Prozess hinter dem Growing Batch Learning. Die Darstellung oben ist angelehnt an den Aufsatz [LGR12] im oben erwähnten Buch. Der Agent erkundet mit einer initialen Strategie seine Umgebung und protokolliert dabei das Werte-Quartett (s, a, r, s'). Diese bei der Erkundung wachsende Datenbank bildet nun die Grundlage des Lernens. Wir nutzen also mehrere Werte aus der Datenbank – unter Umständen auch einfach alle –, um zu lernen, und nicht nur den letzten Wert. Was immer der Agent dabei gelernt hat, wird anschließend zur Erkundung verwendet, um den Raum aus Aktionen und Zuständen effektiver nach

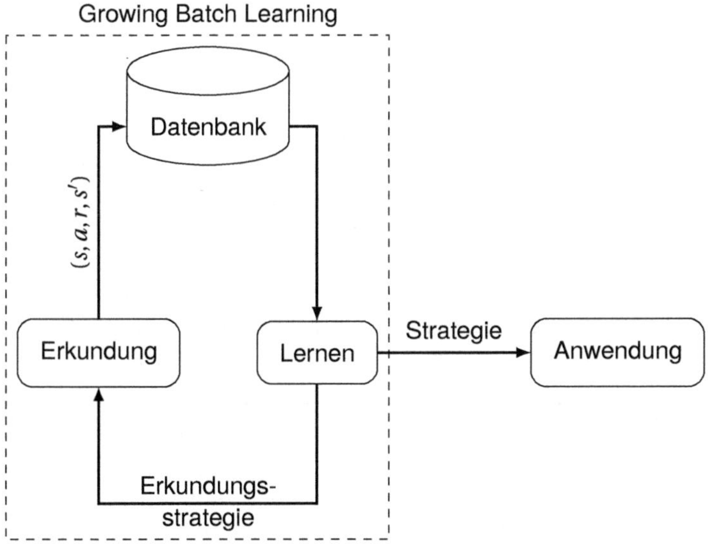

Abbildung 15.1 Schema des Growing Batch Learning Prozesses

einer optimalen Strategie absuchen zu können. Sind wir irgendwann zufrieden mit der Performance des Agenten, so können wir die Strategie einfrieren und an eine Anwendung übergeben. Natürlich können wir auch den dauerhaften Lernmodus in der Anwendung einsetzen, wenn uns das sicher genug erscheint.

Die Frage ist, wie genau diese alten Erinnerungen aus der Datenbank uns helfen können, die Q-Funktion zu approximieren. Die Grundidee geht auf eine Veröffentlichung aus dem Jahr 1992 zurück [Lin92] und wird als **Experience Replay** bezeichnet. Die grundsätzliche Idee lässt sich wie folgt zusammenfassen: Nehmen wir an, wir haben eine Datenbank

$$\mathcal{D} = \{(s_t, a_t, r_t, s_t') \mid t = 1 \dots p\}$$

mit p Einträgen. Darüber hinaus haben wir irgendwoher eine alte Approximation der Q-Funktion $\hat{Q}_i$. Für jeden dieser p Einträge berechnen wir nun:

$$q_{s,a}^{i+1} = r + \gamma \max_{a'} \hat{Q}_i(s', a') \tag{15.1}$$

Das können wir tun, denn r und s' haben wir gespeichert. Weiter berechnen wir basierend auf der Gleichung (14.10) von Seite 508 eine Menge von Zielwerten für unsere Approximation der Q-Funktion:

$$y_t = (1 - \alpha)\hat{Q}_i(s, a) + \alpha q_{s,a}^{i+1} \tag{15.2}$$

So haben wir mit $x_t = (s, a)$ lauter Paare (x_t, y_t), wie wir es bei jedem überwachten Regressionsverfahren bisher auch hatten. Die Menge

$$\mathcal{T} = \{(x_t, y_t) \mid t = 1 \dots p\}$$

von p Paaren aus Merkmalen x_t und Zielwert y_t sind also der Ausgangspunkt für unsere Approximation der Zielfunktion $\hat{Q}_{i+1}$. Der Name *Experience Replay* kommt daher, dass wir die alten Erfahrungen nicht verwerfen, sondern wiederholt dem lernenden Agenten vor Augen führen.

Die Frage ist, wie wir im ersten Schritt starten. Ein Ansatz ist, davon auszugehen, dass die Q-Funktion am Anfang null ist. Damit ergibt sich im ersten Schritt:

$$q^1_{s,a} = r$$

Das *Growing* im Namen der Methode kommt daher, dass mit jeder Interaktion mit der Umwelt die Menge an Daten wächst. Da wir diese ganzen Daten gleichzeitig in eine Regression einfließen lassen, spricht man von einem *Batch* im Unterschied zu der Variante, in der immer nur das letzte Ergebnis verwendet wird. Nun ist es bei *Experience Replay* nicht unbedingt erforderlich, die ganze Menge $\mathcal{T}$ zum Update von $\hat{Q}$ zu verwenden. Man kann auch **Mini-Batches** einsetzen. Was hier sinnvoll ist, hängt von der verwendeten Regressionstechnik und der Frage ab, ob man überhaupt in der Lage ist, immer die ganze Erinnerung zu verarbeiten.

Das Verarbeiten der Erinnerungen in einem großen Batch statt einzeln während des Onlinelernens hat einen großen Vorteil bzgl. des Erkundungsaufwandes. Dieser bezieht sich auf die Effekte, die wir u. a. auch im letzten Kapitel diskutiert haben. Der Agent muss die gleiche oder eine sehr ähnliche Situation – wenn wir das Stabilitätsproblem im Griff hätten – sehr oft erleben, bis sich durch das Update der Q-Funktion eine gute Strategie ergibt. In unseren Karten musste der Agent eine einzige Position sehr oft besuchen, bis sich die beste Strategie durchsetzt. Mit dem Ansatz oben reduziert sich das Problem massiv und erlaubt es uns erst später, auch Umgebungen mit mehreren kontinuierlichen Größen zu erkunden.

In dieser komplexeren Welt stellt sich nun die Frage nach der Terminologie für die einzelnen Interaktionsschleifen, die durchlaufen werden. Die ist in vielen Papern und Büchern oft etwas unscharf, auch weil sich hier so vieles oft unterschiedlich vermischt. Man kann Folgendes als Ansatz nehmen:

Versuch einer Terminologie:

- **Episode**: Hierunter verstehen wir eine Folge von Zuständen, Aktionen und Belohnungen, die mit dem Endzustand endet. Zum Beispiel kann das Spielen eines ganzen Spiels als eine Episode betrachtet werden, wobei der Endzustand erreicht wird, wenn ein Spieler verliert/gewinnt/gezogen wird. Manchmal ist es jedoch auch sinnvoller, eine Episode als mehrere Spiele zu definieren.
- Trainings-**Epoche**: Ein Trainingszyklus mit allen (ausgewählten) Trainingsbeispielen in der zugrunde liegenden Regressionstechnik.

Für alle Mischformen oder wenn man sich sonst schwer tut, kann man versuchen, auf das Wort **Zyklus** zurückzugreifen. Mit der beliebten Technik der Komposita im Deutschen kommen Sie damit zur Beschreibung Ihrer Techniken schon sehr weit.

Theoretisch kann man die Q-Funktion bei jedem Update mit fast jeder Regressionstechnik annähern. In [EGW05] wurde zum Beispiel auf Ansätze mit Entscheidungsbäumen zurückgegriffen. Der Vorteil von Entscheidungsbäumen ist sicherlich, dass diese sehr robust sind und auch gut mit Q-Funktionen zurechtkommen, welche extrem sprunghaft und ggf. auch unstetig ihre Werte ändern. Ein Nachteil ist jedoch, dass wir in jedem neuen Lernschritt den alten Baum – nachdem wir $q^{i+1}_{s,a}$ berechnet haben – verwerfen würden. Die neue Approximation der Q-Funktion braucht einen neuen Baum oder eben einen neuen Random Forest. Da quasi jede Regressionstechnik möglich ist, zählt dazu auch unsere Tabelle aus dem Kapitel 14. Damit fangen wir an. Wir nutzen *Experience Replay* zusammen mit unserem alten Agenten, um eine schnellere Konvergenz zu erreichen. Im späteren Abschnitt werden wir dann die Tabelle durch ein neuronales Netz ersetzen. Jetzt geht es zunächst darum, dem Agenten ein einfaches Gedächtnis zu implementieren. Dafür greifen wir auf die in Abschnitt 3.2.1 vorgestellte deque zurück, damit uns im Zweifelsfall nicht der Speicherplatz im Rechner ausgeht. Daneben nutzen wir **pickle**, um unseren Speicher sichern zu können; später dazu mehr.

```
import numpy as np
import pickle
from collections import deque

class agentMemory:
    def __init__(self, stateDim, memoryBuffer = 100000):
        self.buffer = deque(maxlen=memoryBuffer)
        self.state     = np.NaN
        self.action    = np.NaN
        self.reward    = np.NaN
        self._nextstate = np.NaN
```

Wie man sieht, speichern wir einmal die aktuellen Informationen zum Zustand des Agenten, nämlich `state` (s), `action` a und `reward` r. Der Umhang mit `nextstate` s' ist etwas komplexer, da wir hier sicherstellen müssen, dass wir im ersten und im letzten Schritt in einer Umgebung keine inkonsistenten Informationen abspeichern. Die Problematik wird klar bei der Betrachtung der Methode `addState`:

```
    def addState(self,state):
        self._nextstate = state
        self._addMemory()
        self.state = state
        self._nextstate = np.NaN
```

Wir setzen zunächst $s' = s$, da dies für den letzten gespeicherten Zustand der Fall ist. Dann fügen wir vom letzten Zustand nun das konsistente Tupel (s, a, r, s') der Datenbank hinzu. Anschließend tauschen s und s' die Rollen. Wenn der erste Zustand hinzugefügt wird, erkennt die Methode `_addMemory`, dass es zu s' kein s gibt, da der Wert noch auf `NaN` gesetzt ist, und verweigert das Abspeichern. Die Umsetzung folgt unten und besteht im Wesentlichen nur aus der oben genannten Schutzabfrage.

```
    def _addMemory(self):
        if np.any(np.isnan(self.state)) or np.any(np.isnan(self._nextstate)) or \
                np.isnan(self.action) or np.isnan(self.reward):
            return False
        else:
            newMemory = (self.state, self.action, self.reward, self._nextstate)
            self.buffer.append( newMemory )
            return True
```

Damit am Ende einer Epoche eines Trainings nicht der letzte Zustand der vorherigen Epoche und der erste Zustand der nächsten vermischt wird, brauchen wir eine Operation, die den aktuellen Speicher, der noch nicht ins Gedächtnis übertragen wurde, wieder zurücksetzt.

```
    def cleanCurrentMemory(self):
        self.state      = np.NaN
        self._nextstate = np.NaN
        self.action     = np.NaN
        self.reward     = np.NaN
```

Abschließend geht es darum, dass unser Agent einen Batch von Erinnerungen für das Training aus dem Gedächtnis zurückgeliefert bekommt. Wird keine Größe (`size`) angegeben, wird das ganze Gedächtnis zurückgeliefert. In jedem Fall wird jedoch die Reihenfolge immer durchgemischt bzw. der Batch als Auszug zufällig bestimmt.

```
    def getBatch(self, size=None):
        if size == None or size > len(self.buffer): size = len(self.buffer)
        idx = np.random.choice(np.arange(len(self.buffer)), size=size, replace=False)
        b = [self.buffer[ii] for ii in idx]
        states = np.array([sample[0] for sample in b])
        actions = np.array([sample[1] for sample in b])
        rewards = np.array([sample[2] for sample in b])
        nextStates = np.array([sample[3] for sample in b])
        actions = actions[:,np.newaxis]
        rewards = rewards[:,np.newaxis]
        return (states,actions,rewards, nextStates)
```

Jetzt kommt `pickle` zum Einsatz, was in diesem Kontext so viel wie *einmachen* bedeutet, also in dem Sinne wie *Gurken einmachen*. Python stellt dieses Modul zur Verfügung, um jedes Python-Objekt in eine Datei zu speichern und es später erneut zu laden. Leider funktioniert dies nicht wirklich gut mit den Objekten aus dem Keras/Tensorflow -Umfeld. Hier muss man auf die dort implementierten Methoden zurückgreifen. Wir nutzen `pickle`, um die in der `deque` enthaltenen Daten zu speichern und zu lesen. Die Frage ist, warum machen wir uns die Arbeit? Wenn wir Daten in der Interaktion mit der Umgebung erzeugen, sind diese etwas wert; besonders, wenn darin tatsächlich Lösungswege enthalten sind.

```
    def saveMemory(self,name):
        filename = name+".mem"
        dbfile = open(filename, 'wb')
        pickle.dump(self.buffer, dbfile)
        dbfile.close()

    def loadMemory(self,name):
        filename = name+".mem"
        dbfile = open(filename, 'rb')
        self.buffer = pickle.load(dbfile)
        dbfile.close()
```

Die Datenbank oben ist nicht perfekt. Beispielsweise wird nicht darauf geachtet, ob ein Tupel (s, a, r, s') nicht vielleicht exakt oder in einer gewissen Näherung bereits enthalten ist. Stellen Sie sich vor, Ihr Agent lernt, ein Autorennen zu beschreiben. Sie werden mehrfach den Start in der Datenbank vorfinden, wenn er mit dem Lernen beginnt, aber nur selten eine erfolgreiche Kurve. Die Erinnerungen sind unterschiedlich viel wert, und wertvolle Erinnerungen, die z. B. hohe Belohnungen gebracht haben, oder schreckliche Fehler sollte man dauerhafter speichern. Erweitern Sie den Speicher so, dass er ähnliche Dinge nicht aufnimmt und besonders wichtige versucht, nicht zu löschen. Ich schlage vor, Sie machen diese Erweiterung erst, wenn der Agent unten einmal läuft.

Das haben wir jetzt geschafft. Die Klasse oben setzt – bis auf den endlichen Speicher – um, was in der Tabelle 15.1 als Datenablage für unseren Lernansatz gefordert war. Nun verschlanken und verallgemeinern wir schnell die Tabelle, die wir im letzten Kapitel als Annäherung für die Q-Function verwendet haben. Sie war darauf optimiert, den Zugriff auf eine Karte zu erleichtern und zu visualisieren. Wir wollen jetzt höhere Dimensionen einfach ablegen können, ohne die Hoffnung, das leicht visualisieren zu können. Da sonst die Ideen sehr ähnlich sind, gebe ich den Code dafür jetzt einfach am Stück an. Einträge wie `stateDim` dienen weiterhin nur dazu Schnittstellen mit späteren Erweiterungen gleich zu halten und haben hier noch keinen funktionalen Charakter.

```
import numpy as np

class qFunctionTable:
    def __init__(self,stateDim,actions,tablesize=[19,19], useRandom=False):
        t = (len(actions),) + tuple(tablesize)
        if useRandom: self._QFunction = np.random.rand( *t[:] )
        else: self._QFunction = np.zeros( t )

    def fit(self,state,action,Y):
        if len(state.shape) == 1 : state = state[ np.newaxis, :]
        if np.isscalar(action) : action = np.array([action])
        a  = action.astype(int).squeeze()
        self._QFunction[(a,) + tuple(state.T)] = Y.squeeze()

    def predict(self,state,action, mapMode=True):
        if len(state.shape) == 1 : state = state[ np.newaxis, :]
        if np.isscalar(action) : action = np.array([action])
        a   = action.astype(int).squeeze()
        states = np.rint(state).astype(int)
        temp  = self._QFunction[(a,) + tuple(states.T)]
        if not np.isscalar(temp): temp  = temp.reshape(temp.shape[0],1)
        else: temp = np.array([temp])
        return temp
```

Jetzt geht es an den eigentlichen Agenten. Er ähnelt dem aus dem letzten Kapitel, setzt jedoch nun das (Growing) Batch Learning um. In unserer Implementierung der Datenbank über unsere `agentMemory`-Klasse wächst die Datenbank zwar nur begrenzt, aber das reicht für unsere Zwecke.

Der Agent, den wir jetzt umsetzen, ist direkt für das nächste Kapitel mitgeschrieben. Dadurch wird es hier etwas technischer, geht aber danach umso schneller. Wir bauen den Agenten so, dass er sowohl mit einer Tabelle für die Approximation der Q-Function als auch mit einem neuronalen Netz arbeiten kann. Das eigentliche Netz lassen wir bis zum nächsten Kapitel noch weg. In dem folgenden Abschnitt können Sie also die Zeilen 4, 6, 21 und 22 ganz auskommentieren oder die Anteile der If-Abfrage. Im nächsten Abschnitt sind diese Zeilen erst wieder relevant. Die größte Änderung zum letzten Kapitel ist das nun vorhandene Gedächtnis bzw. die Datenbank, die in `_M` gespeichert wird. Damit verbunden gibt es nun den Parameter `learnbatch`, der es erlaubt, die Größte der verwendeten Batches kleiner zu wählen als die gesamte Erinnerung.

```
import numpy as np
import pickle
from QFunctionTable import qFunctionTable
from QFunctionANN import qFunctionANN
from agentMemory import agentMemory
from tensorflow.keras.models import load_model

class learningAgent:
    def __init__(self,stateDim, actions, gamma=0.8, vareps = 0.01, tau=0.1, alpha=0.5,
                 learnbatch = None, memoryBuffer = 10000, tablesize=[19,19],
                 ANN=False, networkArc = [100]):
        self.alpha  = alpha
        self.tau    = tau
        self._gamma = gamma
        self.vareps = vareps
        self.totalReward = 0
        self._actionRange   = actions
        self.learnbatch = learnbatch
        self._M = agentMemory(stateDim, memoryBuffer = memoryBuffer)
        self.ANN = ANN
        if self.ANN: self.QFunction = qFunctionANN(stateDim, actions,networkArc=networkArc)
        else: self.QFunction = qFunctionTable(stateDim, actions,tablesize=tablesize)
```

Im Unterschied zum letzten Kapitel hat der Agent die Speicherung des Zustandes an die Memory-Klasse abgegeben, und entsprechend reichen wir die Aufrufe einfach durch.

```

    def setSensor(self, state): self._M.addState(state)

    def resetMemory(self): self._M.cleanCurrentMemory()

    def setReward(self,reward):
        self.totalReward += reward
        self._M.reward = reward
```

Auch bei der Methode `getAction` besteht der Unterschied ausschließlich in der Speicherung der Aktion in der Memory-Klasse.

```

    def getAction(self,observation=np.NaN):
        a      = self._chooseAction(observation)
        action = self._actionRange[a]
        self._M.action = action
        return(action)
```

Die nächste Methode ist vollständig identisch zum letzten Kapitel und hier nur der Vollständigkeit wegen angegeben.

```

    def _chooseAction(self,observation=np.NaN):
        if np.any(np.isnan(observation)): observation = self._M.state
        if np.random.rand()<self.vareps:
            choosenA = np.random.randint(0,len(self._actionRange))
```

```
42                 return(choosenA)
43             qvalues = np.zeros(len(self._actionRange))
44             for i in range(len(self._actionRange)):
45                 qvalues[i] = self.QFunction.predict(observation,self._actionRange[i])
46             toChoose = np.arange(0,len(qvalues))
47             qvalues = qvalues/self.tau - np.max(qvalues/self.tau)
48             pW = np.exp(qvalues) / np.sum(np.exp(qvalues))
49             if np.any(np.isnan(pW)) or np.any(np.isinf(pW)):
50                 choosenA = np.random.randint(0,len(qvalues))
51             else:
52                 choosenA = np.random.choice(toChoose,replace=False, p=pW)
53             return(choosenA)
```

Hier kommt der Abschnitt, in dem wirklich der konzeptionelle neue Teil gemäß Abbildung 15.1 und den Gleichungen (15.1) und (15.2). In Zeile 56 lassen wir uns für das *Experience Replay* einen Batch von Erinnerungsdaten zurückgeben. Im Gegensatz zum Online-Lernen wird alles nicht für den zuletzt erlebten Zustand berechnet, sondern für alle Einträge des Batches, so auch in Zeile 57 die Werte der aktuellen Approximation der Q-Funktion für die vorliegenden Paare aus Zustand und Aktion.

```
54
55         def learn(self):
56             (state,action,reward, nextState) = self._M.getBatch(size=self.learnbatch)
57             Qsa = self.QFunction.predict(state, action).squeeze()
```

Analog wird für die nachfolgenden Zustände s' der Q-Wert aller möglichen Aktionen berechnet und hiervon jeweils für jedes Sample aus dem Batch der maximale bestimmt sowie in `maxQ` abgespeichert. Dies ist nun ein Vektor mit den jeweils maximalen Q-Werten in dem Nachfolgezustand.

```
58             maxQvalue = np.array([], dtype=np.float).reshape(reward.shape[0],0)
59             for a in self._actionRange:
60                 Qvalue = self.QFunction.predict(nextState, a*np.ones( (reward.shape[0],1)))
61                 maxQvalue = np.hstack( (Qvalue,maxQvalue))
62             maxQ = np.max(maxQvalue,axis=1).squeeze()
```

Nun bilden wir – wie auch zuvor – den Zielwert gemäß (15.2) für die Regression. In diesem Fall ist der Ausdruck *Regression* nicht wirklich korrekt, da die Werte exakt in der Tabelle abgelegt werden. Das passiert hier durch den Aufruf von `fit`. Die Methode hatten wir extra so gewählt, dass sie die gleiche Syntax hat wie die meisten Fit-Methoden anderer Regressionstechniken.

```
63             Y = (1-self.alpha)*Qsa + self.alpha*(reward.squeeze() + self._gamma*maxQ )
64             if np.max(np.abs(Y)) > 100:
65                 print('Warning: Q-Fct seems to diverge! Max Value=',np.max(np.abs(Y)),flush=True)
66             self.QFunction.fit(state,action,Y)
```

Die Bedeutung der Warnung in den Zeilen 64 und 65 wird klarer, wenn wir zu neuronalen Netzen übergehen. Aktuell lassen wir dies einmal unkommentiert.

Der Rest des Listings ist rein technisch, aber sehr praktisch. Manchmal stürzt ein Prozess ab oder der ganze Rechner verabschiedet sich; und das nach Stunden und ggf. Tagen des Trainingsaufwandes. Es kann auch vorkommen, dass das Training ab einem gewissen Zeitpunkt divergiert und der Agent schlechter statt besser wird. Auch hier bietet es sich an, zu einem alten Entwicklungspunkt zurückspringen zu können. Man sollte also immer Methoden vorsehen, welche die wichtigsten Daten in Sicherheit bringen. Der Code ist etwas umständlicher, als man vielleicht erwartet. Wir können, spätestens wenn ein neuronales Netz verwendet wird, nicht das ganze Objekt *pickeln*, da das in Keras/Tensorflow gehaltene Netz dies erschwert. Der Code unten sichert das Gedächtnis und die Q-Function, was die beiden wichtigsten Elemente sind, um weiterrechnen bzw. weitertrainieren zu können.

```

    def restore(self,name):
        self.loadMemory(name)
        self.loadQfunction(name)

    def save(self,name):
        self.saveMemory(name)
        self.saveQfunction(name)

    def saveMemory(self,name):
        self._M.saveMemory(name)

    def loadMemory(self,name):
        self._M.loadMemory(name)

    def saveQfunction(self,name):
        if self.ANN:
            self.QFunction._QFunction.save(name, save_format='tf')
        else:
            filename = name+".qfT"
            dbfile = open(filename, 'wb')
            pickle.dump(self.QFunction, dbfile)
            dbfile.close()

    def loadQfunction(self,name):
        if self.ANN:
            self.QFunction._QFunction = load_model(name)
            self.QFunction.unfitted = False
        else:
            filename = name+".qfT"
            dbfile = open(filename, 'rb')
            self.QFunction = pickle.load(dbfile)
            dbfile.close()
```

Nun haben wir einen Agenten fertig, der lernen könnte, es fehlt an der passenden Aufgabe. Dazu nehmen wir aus OpenAI Gym `CartPole-v0` als Umgebung.

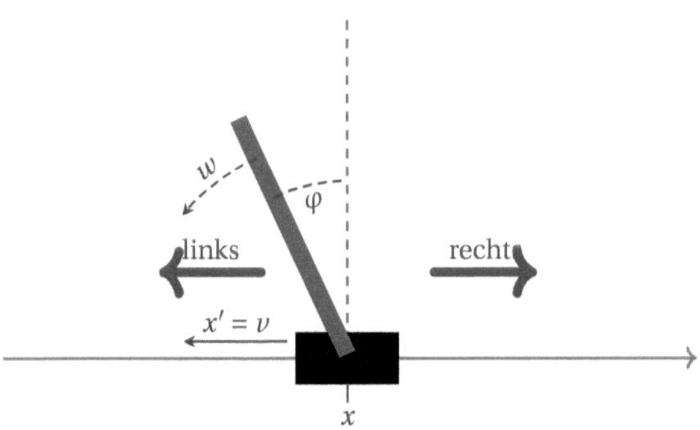

Abbildung 15.2 Skizze der Cartpole-Umgebung

Hierbei geht es, wie in Abbildung 15.2 dargestellt, um das sogenannte **inverse Pendel** . Es ist eine klassische Aufgabe aus der Regelungstechnikausbildung. Hierbei befindet sich das Pendel an seinem höchsten Punkt in einer instabilen Ruhelage. Wer schon mal versucht hat, einen Schirm auf einem Finger zu balancieren, weiß was gemeint ist. Statt dem Finger wird das Pendel auf einem Wagen mit einem darauf montierten inversen Pendel umgesetzt. Die Bewegung des Pendels wird durch die horizontale Bewegung des Wagens beeinflusst werden. Es geht also im Unterschied zum Schirm nur um eine Achse. Unser Agent hat in diesem einfachen Fall nur zwei Aktionsmöglichkeiten. Einen Stups nach links ($a = 0$) oder nach rechts ($a = 1$). In diesem einfachen Fall gibt es keine Möglichkeit bzw. Notwendigkeit, die Stärke des Anstupsens zu verändern. Das Pendel startet immer nah an der perfekten Lage, aber mit einer leichten Störung. Ein einzelner Versuch wird als beendet angesehen, wenn:

1. $|\phi| > 12°$ (Stange fällt)
2. $|x| > 2.4$ (Wagen verlässt den sichtbaren und damit zulässigen Bereich)
3. Es wurde mehr als 200 Zyklen lang die Stange oben gehalten (Erfolg)

Das einzige wünschenswerte Ende ist natürlich Nummer 3.

Tabelle 15.2 Beobachtbarer Zustand und mögliche Aktionen

Nummer	Zustand	min	max	Start	Ende
0	x-Position	−4.8	4.8	−2.0	2.0
1	Geschwindigkeit (v)	$-\infty$	$+\infty$	−2.0	2.0
2	Winkel ϕ	−22°	+22°	−14.3°	+14.3°
3	Geschwindigkeit an der Stabspitze (w)	$-\infty$	$+\infty$	−2.0	2.0

Der Agent nimmt seine Umgebung über vier Zustände wahr, die in Tabelle 15.2 angegeben sind. Die Einträge bzgl. minimalen und maximalem Wert kann man bei einer OpenAI-Umgebung i.d.R. wie folgt erhalten

```
>>> env.observation_space.high
array([4.8000002e+00, 3.4028235e+38, 4.1887903e-01, 3.4028235e+38],dtype=float32)
>>> env.observation_space.low
array([-4.8000002e+00, -3.4028235e+38, -4.1887903e-01, -3.4028235e+38],dtype=float32)
```

Die Ausgabe oben gehörte zu der Umgebung `CartPole-v0`, und es handelte sich dabei um teilweise theoretische Werte. Die Umgebung simuliert auf Wunsch weiter, aber `done=True` ergibt sich schon ab einer Winkelabweichung von 12°. An den größeren Winkeln sind wir folglich nicht interessiert. Wenn diese auftreten, hat der Agent bereits versagt; ebenso bei sehr großen Bahngeschwindigkeiten des Pendels, die nur beim Fallen vorkommen. Wenn Sie auf Netzseiten sehen, dass Winkel bis zu 41.8° vorgesehen sind, liegt das daran, dass es manchmal bei der Übertragung von Grad zu Bogenmaß zu Konfusionen kommt. Die Grenze oben bezieht sich auf das Bogenmaß, was eben ±22° entspricht. Das fällt selten auf, weil es dem Algorithmus auch oft so herzlich egal ist. Da wir aktuell noch mit einer Tabelle arbeiten, um die Q-Funktion zu approximieren, müssen wir Bereiche einem Tabelleneintrag zuordnen. Beispielsweise die eine Geschwindigkeit von −2.0 bis −1.9 dem Index 0 etc. Für diese Umrechnung können wir mit $\pm\infty$ nichts anfangen. Wir überlegen stattdessen, welche Wertebereiche wir in der Nähe unseres Zieles wohl wirklich erfassen wollen. Das Ergebnis, zu dem ich gekommen bin, stellen die Einträge unter *Start* und *Ende* in Tabelle 15.2 dar. Die Umrechnung geschieht einfachheitshalber gleichmäßig durch die folgende Funktion:

```
1  import numpy as np
2
3  def rescaleStates(obs,buckets=1,discrete=False):
4      upper_bounds = np.array([ 2,  2.0,  0.25,  2.0])
5      lower_bounds = np.array([-2, -2.0, -0.25, -2.0])
6      obsNew = (obs - lower_bounds) / (upper_bounds - lower_bounds)
7      obsNew[obsNew>1] = 1
8      obsNew[obsNew<0] = 0
9      if discrete: obsNew = np.round(buckets*obsNew,0).astype(int)
10     return obsNew
```

0.25 entspricht dabei grob der in der Tabelle 15.2 angegebenen Grenze als Bogenmaß. Zeile 6 skaliert den von uns vorgesehenen Bereich auf Werte von 0 bis 1. Die Zeilen 7 und 8 schneiden den Wertebereich ab, wenn Zustände jenseits der gedachten Grenzen auftreten. Bis hierhin handelt es sich jedoch immer noch um Gleitkommawerte, die ungeeignet sind, als Zuweisung auf Speicherplätze in einem Array zu dienen. Entsprechend müssen wir die Werte runden und zu Integern konvertieren (Zeile 9). Die If-Abfrage erlaubt die Weiterverwertung später für neuronale Netze. Diese profitieren nämlich auch von der Skalierung, jedoch nicht vom Runden der Werte.

> Wenn das Experiment fertig ist und Sie es einmal erfolgreich mit der gleichmäßigen Auflösung durchgeführt haben, könnten Sie hierher zurückkehren und diese Funktion anpassen. Es ist durchaus z. B. naheliegend zu versuchen, innen die Abstände kleiner zu machen für die feine Regelung und außen, wo man schon fast verloren hat, gröber. Oder vielleicht haben Sie eine ganz andere Idee?

Als Nächstes legen wir alle Werte, die man normalerweise variiert, auf der Suche nach einer guten Lernstrategie bzw. einem erfolgreichen Agenten an einer Stelle fest. Wenn man wirklich größere Experimente hat, ist es wichtig, noch etwas mehr zu investieren, um diese automatisch setzen zu können. Das erlaubt z. B. eine systematische Grid-Suche auf einem Cluster.

```
11
12 Gamma       = 0.99
13 Tau         = 0.05
14 aufloesung = 20
15 storeIt     = (aufloesung+1,aufloesung+1,aufloesung+1,aufloesung+1)
16 alphaInit  = 0.5; alphaLow = 0.1; delta=0.001
17 varepsInit = 0.2; varepsLow = 0.001
18 useANN      = False
19 networkArc = [100]
20 runsToStop = 20
21 if useANN:
22     maxEpoch = 500
23     discrete = False
24 else:
25     maxEpoch = 6000
26     discrete = True
```

α ist die Lernrate aus dem Q-Learning und τ der Parameter für die Softmax-Auswahl der Aktion. In Zeile 14 und 15 geht es darum, das Array für die Q-Funktion zu konfigurieren. Wählt man hier eine hohe Auflösung des Zustandsraumes, so kann recht fein gesteuert werden. Jedoch nimmt entsprechend schnell auch die Menge der Zustände zu, die man schon einmal durchlaufen haben muss. Zu dem Problem kommen wir am Ende des Versuches. Wir wollen mit einem recht großen α starten und es dann gemäß einer Heuristik steuern; dasselbe gilt für ε und damit die ε-Greedy-Strategie. Die Parameter in 16 und 17 geben für diese Steuerung obere und untere Grenzen an. Mit `useANN` werden wir später zwischen dem Einsatz einer Tabelle und eines neuronalen Netzes umschalten können. Sollten wir ein Netz verwenden, gibt die Liste in Zeile 18 die Anzahl der Neuronen pro Schicht an.

Wir wissen schon, wann ein Durchlauf endet, aber wann denken wir, dass der Agent wirklich austrainiert ist und perfekt arbeitet? Sicherlich wenn er es einmal geschafft hat, das Experiment 200 Zyklen oben zu halten. Ein blindes Huhn findet bekanntlich auch mal ein Korn. Die Anforderung, die OpenAI Gym definiert, ist

> *considered solved when the average reward is greater than or equal to 195.0 over 100 consecutive trials.*

Im Training ist das für uns später bei den neuronalen Netzen auf einem weniger leistungsfähigen Rechner ein recht anspruchsvolles Kriterium. Wir gehen also so vor, dass wir das Training abbrechen, wenn der Agent es `runsToStop` Mal geschafft hat, besser als 190 zu sein. Mit etwas Glück reicht das, und wir testen den Agenten mit 100 Durchläufen, ohne dass weitergelernt wird. Der `maxEpoch` dient lediglich einer Art Notabschaltung. Ab diesem Punkt möchten wir das Training in jedem Fall beenden und uns die Sache einmal ansehen.

Als Nächstes definieren wir die Reward-Funktion. Eigentlich liefert jede Umgebung vom OpenAI Gym immer schon einen Reward, den man benutzen kann. Der eingebaute ist aber recht unpraktisch, da er nur eine `1` für jeden Schritt zurückliefert, in dem das Pendel nicht heruntergefallen ist. Beenden wir bei `done` automatisch das Training, gibt es keine wirklich differenzierte Rückmeldung. Auch ist der Wertbereich von einem kumulativen Reward von bis zu 200 nicht gut geeignet für das neuronale Netz später. Entsprechend definiert die Funktion unten auf der Basis des Zustandes eine eigene Belohnung.

```
27
28  def rewardFct(observation, rewardEnv=0):
29      reward  = 0.25
30      reward -= np.abs(observation[2])/0.15
31      reward -= (np.abs(observation[0]/2.40))**8
32      reward  = 0.1*reward
33      return reward
```

> Auch diese ist nicht der Weisheit letzter Schluss. Experimentieren Sie später einmal mit dieser Funktion und schauen Sie, ob eine andere Reward-Funktion zu einer schnelleren und stabileren Konvergenz führt.

Wir wollen dreimal mit der Umgebung interagieren:

- Beim initialen Aufbauen der Datenbasis
- Beim weiteren Training des Agenten
- Beim Abschlusstest, wie gut sich unser Agent schlägt

Um diesen Interaktionszyklus nicht dreimal zu schreiben und pflegen zu müssen, wird das alles in der Funktion `oneEpoch` zusammengefasst. Einige der Parameter sind recht technisch, wie `discrete` und `buckets`, werden jedoch dazu gebraucht, an die oben besprochene Funktion zum Umrechnen des Zustandsvektors durchgereicht zu werden. Davon abgesehen, ist der Ablauf analog zu dem, den wir mit unserer selbstgeschriebenen Kartenumgebung im letzten Kapitel umgesetzt haben.

```
import gym
from learningAgentAdv import learningAgent

def oneEpoch(agent,env, verbose=False,discrete=False,buckets=40):
    agent.resetMemory()
    observation = env.reset()
    agent.setSensor(rescaleStates(observation,aufloesung,discrete=discrete))
    done = False
    steps = 0
    while not done:
        steps += 1
        action = agent.getAction()
        observation, reward, done, info = env.step(action)
        reward = rewardFct(observation)
        agent.setReward(reward)
        agent.setSensor(rescaleStates(observation,buckets,discrete=discrete))
        if verbose: env.render()
    return steps , done
```

Nun sorgen wir, soweit das möglich ist, dafür, dass die Ergebnisse reproduzierbar sind und lassen uns vom OpenAI Gym eine Umgebung erzeugen. Wie auch im letzten Kapitel dient der erste Rest-Aufruf nur dazu, die Lange der Zustände zu ermitteln. Damit wird der Agent konfiguriert.

```
import random
random.seed(42)
np.random.seed(42)
env = gym.make('CartPole-v0')
observation = env.reset()
marvin = learningAgent(len(observation), actions=[0,1], vareps = varepsInit,
                       gamma=Gamma, tau=Tau, alpha=alphaInit, tablesize=storeIt,
                       ANN=useANN,networkArc=networkArc)
```

Der nächste Schritt ist die erste Interaktion des Agenten mit seiner Umgebung. Wie man sieht, wird nie die Lernmethode des Agenten aufgerufen. Es werden wirklich durch die zufällige Interaktion nur Daten generiert und im Gedächtnis abgespeichert. Dieser zufällige Ansatz ist nicht optimal, da er keine erfolgreiche Strategie oder Ansätze dazu enthalten kann. Daher ist es für viele Bereiche besser, die Agenten zu Beginn mit alten Daten zu füttern, die z. B. durch Menschen erzeugt wurden, die versucht haben, die Aufgaben dieser Umgebung quasi per Hand zu lösen.

```
from tqdm import tqdm
for epochen in tqdm(range(500),desc='Init Population',unit=' episode'):
    marvin.totalReward = 0
    steps, done = oneEpoch(marvin,env,discrete=discrete, buckets=aufloesung)
```

Das oben eingesetzte Modul **tqdm** beinhaltet einen sehr intelligent umgesetzten Fortschrittsbalken. Die Ausgabe kalkuliert für die Restlaufzeit auf Basis der vorangegangenen Schleifendurchläufe. Da jetzt alles etwas länger dauern kann, ist das ein schönes Feature, das Ihnen hilft, zu entscheiden, ob Sie einen Tee aufsetzen oder eher einen Film einlegen bzw. ein Buch lesen sollen.

```
67
68  perfect = 0; perfectBest=0
69  stepsDone = []
70  for epoche in tqdm(range(maxEpoch),desc='Training',unit=' episode'):
71      marvin.totalReward = 0
72      steps, done = oneEpoch(marvin,env,discrete=discrete, buckets=aufloesung)
73      stepsDone.append(steps)
74      for _ in range(5): marvin.learn()
```

Wichtig in dem Code oben ist die Zeile 64, denn diese steht für die wirkliche Änderung gegenüber dem Online-Lernen.

Mittels **Batch Reinforcement Learning** bzw. **Growing Batch Reinforcement Learning** wird das Gewinnen von Erfahrung entkoppelt. Ist die Datenmenge in Größe und Qualität ausreichend, so kann direkt gelernt werden, ohne dass der Agent in Interaktion mit der Umgebung tritt. Auch die Anzahl der Lernzyklen und der Interaktionszyklen mit der Umgebung ist nicht mehr wie beim Online-Learning auf 1:1 fixiert.

Im Code oben führen wir z. B. fünf Lernepochen aus, nachdem einmal eine vollständige Episode mit der Umgebung durchgeführt wurde. Denkbar und auch sinnvoll bei einer größeren und besseren Startmenge an Daten ist es auch, zunächst nur zu lernen und viel seltener in Interaktion mit der Umgebung zu treten.

Nach der Definition aus [LGR12] liegt reines *Batch Reinforcement Learning* vor, wenn nach dem Aufbau der Datenbank keine Exploration mehr durchgeführt wird. Das passiert aber in der Praxis so selten als Ansatz, dass die Sprachökonomie das *Growing* in *Growing Batch Reinforcement Learning* oft abgeschliffen hat. Zu Deutsch: Viele sagen oder schreiben *Batch Reinforcement Learning*, machen aber *Growing Batch Reinforcement Learning*.

Der nächste Code-Abschnitt dient dazu, unseren Fortschritt abzuschätzen. Wenn der Agent in einer Episode das Pendel länger als 190 Zeiteinheiten oben halten konnte, nennen wir dies einen perfekten Durchlauf und zählen hoch. Sinkt er unter diese Grenze, wird der Zähler zurückgesetzt. Hintergrund ist unsere Hoffnung, nach 20 bzw. `runsToStop` guten Episoden in Folge den Agenten austrainiert zu haben. Um ggf. neu starten zu können, speichern wir den Agenten mit der letzten Höchstzahl an nacheinander gut ausgeführten Episoden immer ab.

```
75      if steps > 190:
76          perfect += 1
77          if perfect > perfectBest:
78              perfectBest = perfect
```

```
                lastSave = 'agent'+str(epoche)
                marvin.save(lastSave)
        else:
            perfect = 0
        if perfect>runsToStop: break
```

Ein rein zufällig agierender Agent schafft es im Allgemeinen nicht, das Pendel länger als 100 Zeiteinheiten oben zu halten. Man kann also hoffen, dass Agenten, die dieses Niveau erreicht haben, bereits etwas gelernt haben. Um ab diesem Zeitpunkt das Erreichte zu schützen und das Gewicht mehr von *Exploration* zu *Exploitation* zu verschieben, setzen wir die unten implementierte Steuerung ein. Sie ist recht einfach, aber für diese Beispiele effektiv. Wichtig ist vor allem, sich für die Grenzen zu entscheiden. Was ist das höchste, was z. B. bzgl. der Lernrate zugelassen werden soll, was das niedrigste?

```
        if steps > 100:
            marvin.alpha  = max(marvin.alpha -delta,alphaLow)
            marvin.vareps = max(marvin.vareps-delta,varepsLow)
        else:
            marvin.alpha  = min(marvin.alpha +delta,alphaInit)
            marvin.vareps = min(marvin.vareps+delta,varepsInit)
    env.close()
```

Führen wir den Code bis hierhin aus, so erzeugt die intelligente Statusleiste eine solche Ausgabe:

```
Init Population: 100%|#########| 500/500 [00:02<00:00, 202.83 episode/s]
Training:  22%|##        | 1321/6000 [03:41<13:03,  5.97 episode/s]0.5 0.2
```

Die genauen Zahlen hängen natürlich völlig von der verwendeten Hardware ab, aber man sieht, dass der Lernanteil schon beim Einsatz einer Tabelle ins Gewicht fällt. Man kann aber nicht wirklich genaue Faktoren ablesen, denn während des Trainings werden die Episoden immer länger. Hingegen beinhaltet eine Episode während des Befüllens der Startdatenbank nur selten über 30 Zeiteinheiten.

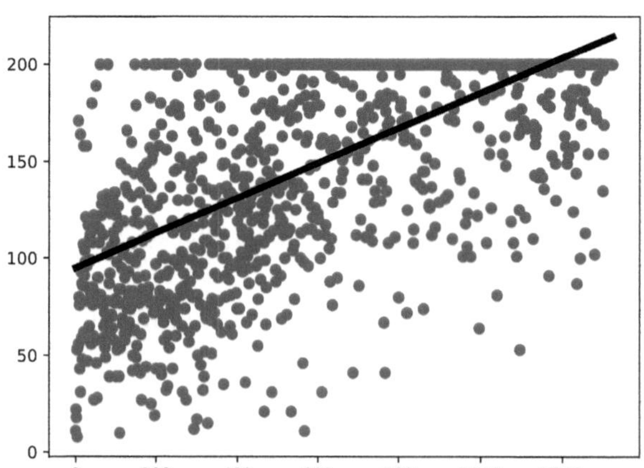

Abbildung 15.3 Schritte pro Episode, die das Pendel oben gehalten wurde

Die Abbildung 15.3 zeigt, wie sich unser Agent im Laufe der Episoden verbessert hat. Jede Episode steht dabei für fünf Trainingsepochen. Um ein besseres Gefühl zu haben, ist zusätzliche eine Trendgrade eingezeichnet. Man sieht deutlich den Lernerfolg und auch, dass bis zum Schluss noch sehr lange schlechte Durchläufe auftreten.

Nun testen wir ihn – wie für das OpenAI Gym Problem gewünscht – über 100 Episoden. Um zu sehen, ob das Laden und Speichern unseres Agenten auch wirklich funktioniert, löschen wir ihn einmal und laden ihn erneut.

```
del marvin
marvin = learningAgent(len(observation), actions=[0,1], vareps = varepsInit,
                       gamma=Gamma, tau=Tau, alpha=alphaInit, tablesize=storeIt,
                       ANN=useANN,networkArc=networkArc)
marvin.restore(lastSave)
```

Anschließend lassen wir ihn 100 Episoden interagieren. Überlegen Sie sich, ob Sie das wirklich sehen wollen (`verbose=True`), da dies dann schon etwas Zeit in Anspruch nimmt.

```

env = gym.make('CartPole-v0')
marvin.vareps = 0
allSteps = 0
for i in range(100):
    steps, done = oneEpoch(marvin,env,discrete=discrete, buckets=aufloesung,verbose=True)
    allSteps += steps
    print(i,steps)
env.close()
print(allSteps/100)
```

Nachdem unser Agent 100 Episoden durchlaufen hat, bekommen wir die Rückmeldung über den Durchschnitt. Bei meinem Durchlauf erreichte er einen Durchschnitt von 188.91 Zeiteinheiten, in denen das Pendel oben gehalten wurde. Das Ziel von 194 wurde also quasi knapp verfehlt, aber für diesen sehr einfachen Ansatz ist das Ergebnis schon ganz gut.

> Variieren Sie einmal `runsToStop` und ggf. weitere Parameter und Strategien in dem Code oben, um sich der 195 als Durchschnitt anzunähern. Es ist mit einer Tabelle durchaus möglich, das Problem gemäß der Anforderung zu lösen.

Während man die Qualität des Agenten noch etwas verbessern kann, um sich der Lösung der Aufgabe zu nähern, gibt es ein Problem, welches dem Ansatz über Tabellen bzw. Arrays immanent ist. Man erkennt es schnell, wenn wir uns die Arrays unserer trainierten Agenten ein wenig ansehen:

```
>>> np.sum(marvin.QFunction._QFunction == 0)
  377344
>>> np.sum(marvin.QFunction._QFunction != 0)
   11618
```

Das bedeutet, dass nur ca. 3% der Felder im Array überhaupt verändert wurden – denn es ist sehr unwahrscheinlich, dass der Wert sonst exakt bei null geblieben wäre – und für die Mehrheit der denkbaren Zustände keine Information vorliegt. Natürlich gibt es ein paar Kombinationen, die eher theoretisch sind, wie beispielsweise ein sehr schnell fahrender Wagen, aber ein sich nicht bewegendes Pendel. Diese sind aber nicht der primäre Grund für die vielen ungenutzten Speicherplätze.

> **!** Man spricht davon, dass das Lernen mittels einer Tabelle bzw. den Arrays dazu führt, dass der Agent schlecht generalisieren kann.

Praktisch bedeutet das, dass z. B. für den Fall mit 8° und 9° eine Strategie vorliegt, aber der Agent völlig hilflos reagiert, wenn der Fall 10° auftritt. Der kann nicht extrapolieren und auch nicht interpolieren. Diese mathematischen Einschränkungen führen zu der mangelnden Fähigkeit, aus den Erfahrungen bzw. dem Gelernten eine generelle Strategie abzuleiten. Mit allen Verbesserungen, die Sie oben vornehmen, wird man daran nichts ändern können. Wir werden uns daher gleich damit beschäftigen, die Tabelle durch eine Regressionstechnik, in unserem Fall ein neuronales Netz, zu ersetzen. Bevor wir das tun, möchte ich jedoch noch eine Lanze für den Ansatz über Tabellen brechen. Wie Sie gesehen haben, bekommt man hiermit sehr schnell ein Ergebnis – im völligen Unterschied zu neuronalen Netzen – und kann so leicht ein Gefühl entwickeln, wie α, τ, die Belohnungsfunktion etc. etwa aussehen müssten. Da ich nicht fast unbegrenzte Rechenleistung zur Verfügung habe, teste ich erst grob mithilfe einer Tabelle und gehe mit den initial sinnvollen Parametern zum nächsten Schritt über.

15.2 Q-Learning mit neuronalen Netzen

Allen unseren Ansätzen ist bisher gemein, dass wir diese ausschließlich auf diskrete Zustände angewendet haben. Wir hatten also z. B. (x,y)-Koordinaten, die sich tabellenartig genau abbilden ließen. Wenn es einen Abstandssensor gab, der uns Werte von 0 bis 10 m in einer kontinuierlichen Form geliefert hat, haben wir diese auf diskrete Werteinvervalle heruntergebrochen. Das Gleiche gilt für unsere Entscheidungen. Es war bisher eine endliche Menge von Auswahlmöglichkeiten und kein kontinuierlicher Wert wie der Winkel, in dem wir ein Lenkrad drehen.

Im Bereich des Reinforcement Learnings unterscheidet man zwischen Problemstellungen, in denen die Zustände diskret sind, und solchen, in denen Aktionen diskret sind. Der Fall kontinuierlicher Aktionen ist wesentlich schwerer zu erfassen, wie im Laufe dieses Abschnitts deutlich werden wird. Wir beschränken uns auf diskrete Aktionen. Den Fall kontinuierlicher Zustände kann man etwas besser angehen, und wir werden nun versuchen, das durch eine Approximation der Funktion Q mit einer Regressionstechnik anzugehen. Damit erhalten wir auch endlich die im letzten Abschnitt als Manko festgestellte mangelnde Generalisierungsfähigkeit. Außerdem sind Regressionstechniken, die verallgemeinern können, unsere einzige Möglichkeit, wenn wir mit einem immer größeren Raum aus Zuständen und Aktionen konfrontiert sind. Die Erkundung dieses größeren Raumes bekommt man sonst in praktischen Anwendungen kaum in den Griff.

Nehmen wir einmal an, wir würden dabei vorgehen wie im Abschnitt 14.3 dargestellt. Das bedeutet, wir trainieren online, nutzen immer nur eine neue Information bzw. Erfahrung zum Trainieren und verwerfen diese anschließend. Wenn nun globale Techniken wie neuronale Netze eingesetzt werden, entsteht ein Problem: Wir statten das Netz am Anfang mit einer festen Menge von Freiheitsgraden aus; das kann man sich wie eine endliche Bettdecke vorstellen. Diese ist durch die letzten Erfahrungen in eine gewisse Gestalt gepresst worden. Nun kommt eine neue Erfahrung hinzu, und wir trainieren dieses Netz online nur mit dieser einen Erfahrung. Die Loss- bzw. Fehlerfunktion enthält also nur diesen einen Wert und die ganze Optimierung richtet sich danach aus. Damit drücken wir die Bettdecke an einer einzigen Stelle ein, um diese Erfahrung einzubringen. Damit ziehen wir aber gleichzeitig überall anders am Stoff der Decke und verändern dort ungewollt die Werte für ganz andere Fälle. Das passiert immer, wenn die Anzahl der Freiheitsgrade im Netz dazu führt, dass zwischen verschiedenen Werten ausgeglichen werden muss, und dies wird im Fall des Online-Lernens dadurch verstärkt, dass eben nur ein Beispiel als Trainingsmenge verwendet wird. Im Sinne des Abschnitts 15.1 ist damit vor allem das Arbeiten mit kleinen Mini-Batches nicht unproblematisch. Haben wir hingegen so viele Freiheitsgrade im Netz, dass dieser Effekt quasi nicht eintritt, haben wir etwas anderes falsch gemacht. Dann ist das Netz so ausgelegt, dass ein Overfitting einsetzt und unser Agent nicht generalisieren kann, obwohl wir im Unterschied zum Abschnitt 15.1 nun ein neuronales Netz verwenden. Der Agent lernt nur auswendig. Ein Hauptproblemen, auf das wir noch stoßen werden, ist die Stabilität bei der Approximation der Q-Funktion.

Die Formulierung (15.2) enthält – ebenso wie die alte Gleichung (14.10) – den Parameter α. Er trägt dazu bei, die Entwicklung der Q-Funktion zu stabilisieren. Will man mit Mini-Batches arbeiten, darf die Lernrate im Sinne der Analogie oben nicht zu groß gewählt werden, um den oben geschilderten Effekt, dass der jeweilig Mini-Batch das Verhalten dominiert, zu vermeiden.

Nun stellt sich bei den oben angesprochenen Herausforderungen die Frage, was gerade neuronales Netz zu einer geeigneten Regressionstechnik für das Q-Learning macht. Ein wichtiger Grund dafür ist sicherlich, dass ein neuronales Netz die Arbeit des letzten Approximationsschrittes nicht vollständig verwerfen muss. Wir gehen davon aus, dass $\hat{Q}_i$ und $\hat{Q}_{i+1}$ sich ähnlich sehen – das gilt besonders für kleine α – und daher $\hat{Q}_i$ ein guter Startwert für die Approximation von $\hat{Q}_{i+1}$ ist. Bei neuronalen Netzen bedeutet dies, dass wir mit dem Netzwerk starten, welches bereits $\hat{Q}_i$ angenähert hat. Dann führen wir einige Lernzyklen mit dem neuen Batch durch und hoffen, nach wenigen Durchläufen eine hinreichend gute Approximation von $\hat{Q}_{i+1}$ bekommen zu haben. Man baut also nicht jedes Mal ein neues Netz, sondern nimmt das alte und führt nur ein Update mit neuen Daten aus. Auf die Dauer nähert man sich dabei jedoch der gesuchten Q-Funktion an. Ein Beispiel für eine Veröffentlichung, die sich mit der Verwendung von neuronalen Netzen beschäftigt, ist [Rie05] von Riedmiller. Er nennt seinen Ansatz **Neural Fitted Q Iteration** (NFQ), der sich in unserer Notation wie folgt darstellt:

Algorithm 15.1 Neural Fitted Q Iteration

procedure NFQ($\mathscr{D}$, N)
  $i = 0$
  Initialisiere das neuronale Netz und erzeuge $\hat{Q}_0$
  repeat
    Erzeuge die Input-Output-Menge $\mathscr{T}$
    Füge künstliche Elemente der Menge $\mathscr{T}$ hinzu
    Normalisiere die Zielwerte in $\mathscr{T}$
    Skaliere die Merkmale in $\mathscr{T}$
    Verwende ein neuronales Netz zur Approximation von $\hat{Q}_{i+1}$
    $i = i + 1$
  until $i == N$ **return** ()
end procedure

Ein Unterschied zum Original [Rie05] ist, dass dort in Zeile 9 dort eine spezielle vom Autor des Papers entwickelte Technik verwendet wird. Ein Punkt, der in dem Paper erwähnt wird und der uns auch noch beschäftigen wird, ist, dass das Netz divergiert, in der Regel durch ein schnelles Anwachsen der Q-Werte. Wir kommen später dazu. Grob gesagt kann man das Problem damit andeuten, dass wir bei der Approximation über ein Regressionsverfahren natürlich Fehler machen. Durch das Maximum im Q-Learning werden aber nur Überschätzungen weitergegeben, nicht die Unterschätzungen von Werten. Eine Quelle, die sich schon früh mit den Problemen durch die Approximation der Q-Funktion beschäftigt hat, ist [TS93]. In dem Paper von Riedmiller wird u. a. die Normalisierung der Zielwerte als Ansatz eingebracht, um dies zu verhindern.

Generell ist es eine gute Idee, bei dem Design der Belohnungsfunktion etwas im Blick zu haben, das diese mit einem neuronalen Netz angenähert werden soll. Es ist also oft nicht ratsam, sehr sprunghafte oder unstetige Belohnungsfunktionen r zu verwenden. Springt r stark, hat ein Entscheidungsbaum damit kein Problem. Ein neuronales Netz, welches als globales Verfahren auf kontinuierliche und oft auch differenzierbare Basisfunktionen setzt, ist hier hingegen im Nachteil. Ein anderer interessanter Punkt in NFQ ist das Hinzufügen künstlicher Elemente in die Datenbank. Dies bedeutet, Fälle einzubauen, von denen man weiß, dass der Agent diese selten erleben wird, welche jedoch wichtig sind. Das können sowohl besonders gute – positiver Reward – als auch besonders schlechte Ergebnisse – negativer Reward – sein. Die Hoffnung ist, so den Lernprozess zu beschleunigen. NFQ ist einer von mehreren Ansätzen, wie man mit neuronalen Netzen vorgehen kann, und jede Technik hat in einzelnen Fällen ihre Berechtigung. Vieles hat sich im Detail in den letzten Jahren entwickelt.

Das war jetzt etwas Theorie. Um das neuronale Netz erst einmal als Ansatz in Aktion zu sehen, müssen wir noch eine Klasse implementieren. Diese hat mit `tablesize` einen quasi sinnlosen Parameter, der nur existiert, damit die Schnittstelle für die Array-Lösung aus dem letzten Abschnitt und dem neuronalen Netz gleich ist. Bei der Umsetzung mit dem neuronalen Netz nutzen wir so ziemlich alles, was wir in Kapitel 8 gelernt haben. Das bedeutet, dass wir mittels Keras/Tensorflow ein Netz aufbauen und dabei mehrere Ansätze nehmen, die wir zur Vermeidung von Overfitting kennen. Das Problem ist ja, dass wir mehr oder weniger blind arbeiten. Wir können das Netz nicht perfekt auf **die** Q-Funktion auslegen, denn es ist eine Sequenz von Funktionen Q_k, die sich hoffentlich gegen einen Grenzwert bewegt. Jede von ihnen ist unterschiedlich komplex, und auch der Wertebereich ändert sich. Um alles zu stabilisieren, nutzen wir einmal eine *Batch Normalization*. Die L2-Regularisierung hat hier zwei Effekte: einmal natürlich, das Overfitting zu verhindern. Das werden wir später mit einer Validierungsmenge adressieren.

> **!** Es gibt einen zweiten Effekt, den ich in diesem Kontext noch nicht zitierfähig beschrieben gefunden habe. Wenn wir mit den typischen Aktivierungsfunktionen höhere Gewichte mittels L2-Gewichtung bestrafen, so werden die Werte tendenziell eher geringer als größer; also ein Ausgabewert wird eher unterschätzt als überschätzt. Das ist ein Effekt im Durchschnitt und man kann sich nicht darauf verlassen. Aber eine L2-Regularisierung hilft tendenziell dabei, das starke Anwachsen der Q-Werte zu unterdrücken, und stabilisiert somit das Training. Andere, moderne Ansätze direkt bzgl. des Q-Learnings selber werden im nächsten Abschnitt thematisiert.

```
1  import numpy as np
2  import tensorflow as tf
3  from tensorflow.keras.models import load_model
4  from tensorflow.keras.models import Sequential
5  from tensorflow.keras.layers import Dense
6  from tensorflow.keras.regularizers import l2
7
8  class qFunctionANN:
9      def __init__(self,stateDim,actions, networkArc=[100], l2Reg=0.001,
10                  activation = 'tanh', tablesize=[19,19]):
11         self._stateDim = stateDim
12         self.unfitted = True
13         self._QFunction = Sequential()
14         self._QFunction.add( Dense(networkArc[0], kernel_regularizer=l2(l2Reg),
15                                    input_dim=stateDim+1, activation=activation) )
16         self._QFunction.add(tf.keras.layers.BatchNormalization())
17         for i in range(1,len(networkArc)):
18             self._QFunction.add(Dense(networkArc[i],  kernel_regularizer=l2(l2Reg),
19                                       activation=activation))
20             self._QFunction.add(tf.keras.layers.BatchNormalization())
21         self._QFunction.add(Dense(1,  kernel_regularizer=l2(l2Reg), activation='linear'))
22         self._QFunction.compile(optimizer='adam', loss='mse', metrics=['mae'])
23         self._QFunction.summary()
```

Die Initialisierung enthält einen Parameter `unfitted`, mit dessen Hilfen wir nur abfangen, was passieren soll, wenn der Agent vor dem ersten Lernzyklus um eine Einschätzung gebeten wird.

Als Nächstes geht es um die `fit`-Methode. Um unsere Approximation der Q-Funktion möglichst als Black Box über viele Epochen zu gestalten, nutzen wir eine Trainings- und eine Validierungsmenge. Die Daten werden dabei zufällig gezogen und nicht gemäß der Reihenfolge, in der sie in der Datenbank auftauchen. Ansonsten handelt es sich um die aus Kapitel 8 bekannten Techniken.

```
24
25     def fit(self,state,action,Y, epochs = 5000):
26         X = np.hstack((state,action))
27         earlystop  = tf.keras.callbacks.EarlyStopping(monitor='val_loss', patience=500,
28                                                       verbose=False,restore_best_weights=True)
29         callbacksList = [earlystop]
30         ValSet    = np.random.choice(X.shape[0],int(X.shape[0]*0.2),replace=False)
31         TrainSet  = np.delete(np.arange(0, Y.shape[0] ), ValSet)
32         XVal      = X[ValSet,:]
33         YVal      = Y[ValSet]
34         X         = X[TrainSet,:]
35         Y         = Y[TrainSet]
36         history = self._QFunction.fit(X,Y,epochs=epochs, validation_data=(XVal, YVal),
37                                       callbacks=callbacksList ,verbose=False,batch_size=1000)
38         self.unfitted = False
```

Es fehlt die `predict`-Methode. Hier unterscheiden wir den Fall, ob das Netz schon trainiert wurde oder nicht. Wenn noch kein Training erfolgte, drückt der Agent sein Unwissen dadurch aus, dass er nur Nullen zurückliefert. Die Zeile 48 sollte es nicht geben. Als das Buch geschrieben wurde, hatten einige Versionen von Keras ein Speicherleck und diese Zeile vermied es, dass der Speicher sich bei jeder Abfrage etwas weiter füllte. Da der Agent oft eine solche Abfrage stellt, geht das manchmal recht schnell. Wenn Sie Glück haben, könnten Sie die Zeile ignorieren.

```
    def predict(self,state,action):
        X = np.hstack((state,action))
        if self.unfitted:
            if len(X.shape) == 1: Qsa = np.array([0])
            else: Qsa = np.zeros((state.shape[0],1))
        else:
            if len(X.shape) == 1: X = X[np.newaxis,:]
            Qsa = self._QFunction.predict(X)
        tf.keras.backend.clear_session()
        return Qsa
```

Diese Klassen können wir mit dem Experiment zum Cartpole aus Abschnitt 15.1 kombinieren. Sie brauchen dort nur `useANN = True` zu setzen. Anschließend geht es los, und Ihnen wird auffallen, dass es langsamer ist als bei einer Repräsentation der Q-Funktion über ein Array.

```
Init Population: 100%|########## 500/500 [00:26<00:00, 18.86 episode/s]
Training:  10%|#         | 51/500 [2:46:15<20:29:22, 164.28s/ episode]
```

So etwa sieht die Ausgabe aus, wenn Sie Glück haben. Es fällt auf, dass das initiale Training mit 18.86episoden/s ca. eine Größenordnung länger dauert als das mit dem Array und 202.83episoden/s . Das Netz ist also in der Auswertung wesentlich teurer. Auch im Training ist der Worst-Case hier deutlich länger. Oft haben Sie entweder Glück und es ist in maximal 70 Episoden geschafft, oder das Netz divergiert. Schauen wir einmal, wie es aussehen könnte, je nachdem, ob es funktioniert oder nicht.

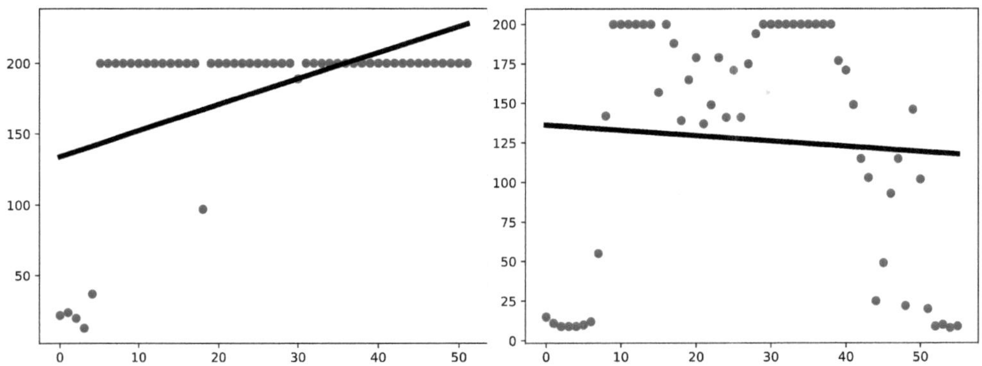

Abbildung 15.4 Konvergenter (links) und divergenter (rechts) Verlauf eines Agententrainings mit einem neuronalen Netz

Der Verlauf links in Abbildung 15.4 ist der, den man sich wünscht. Er gehört zu dem oben abgedruckten Fortschrittsbalken, und der trainierte Agent war nach weniger als drei Stunden auf meinem Notebook fertig. Etwas lang, aber man kann nebenbei ja etwas anderes machen. Der erfolgreiche Agent hat anschließend tatsächlich die Testphase mit 199.99 Zeiteinheiten, in denen das Pendel oben gehalten wurde, bestanden. Er hat in weniger Epochen und Episoden eine höhere Qualität erreicht. Betrachtet man die Rechenzeit, so ist das kein Argument. Die 51 Episoden des Ansatzes mit einem neuronalen Netz haben über zweieinhalb Stunden benötigt und der über die Tabelle mit 1321 Episoden ca. vier Minuten. Der wirkliche Unterschied liegt in der Qualität. Es ist wie oft schwierig, wirklich die letzten Prozente bei der Zuverlässigkeit herauszuholen, und das ist hier gelungen; leider nicht immer bzw. bei jedem Start.

Im rechten Verlauf gab es ab der Episode 38 Warnungen, dass die Q-Werte ungewöhnlich anstiegen. Man sieht, dass es eine gute Phase gab, vergleichbar mit dem konvergenten Fall, aber es danach irgendwie abgedriftet ist. Wenn die Warnungen über die Q-Werte massiv kommen und Sie nicht vergessen haben, den Schwellwert an ihre Erwartungen anzupassen, sollten Sie das Training abbrechen. Es ist keineswegs so, dass es sich bei diesem Beispiel immer nach 50 Episoden entscheidet. Ich hatte auch mit dem gleichen Quellcode ein erfolgreiches Training, welches 120 Episoden benötigte. Dabei blieben jedoch die Werte der Q-Funktion immer beschränkt.

Leider brauchen Sie etwas Glück oder zumindest kein Pech, denn der kleine Unterschied in der Tensorflow-Zufallsfunktion ist oft ausschlaggebend. Wie gesagt, das neuronale Netz ist sehr leistungsstark, wenn es funktioniert, aber es ist in der vorliegenden Form oft nicht sehr stabil und rechenintensiv. Sie können den Lernvorgang natürlich billiger gestalten, indem in der Fit-Methode weniger Lernepochen festgelegt werden. Das passiert wiederum oft auf Kosten der Stabilität.

Ein Ansatz, um schneller trainieren zu können, ist nicht wie zuvor einen Full-Batch zu verwenden. Dabei muss man – wie es im Paper von [Rie05] angeklungen ist – die Zusammensetzung des Batches im Auge behalten. In diesem Paper wurden künstliche Anreicherungen empfohlen. Unter anderem wird in [SQAS16] ein Ansatz angesprochen, bei dem generell die Zusammenstellung von Batches, die beim Lernen verwendet werden, nach speziellen Gesichtspunkten aus den bestehenden Daten zusammengestellt werden. Indem wir den Batch gezielt zusammensetzen, können wir einen ähnlichen Effekt erzielen wie beim NFQ mit den künstlichen Beispielen und gleichzeitig für kleinere Trainingsbatches das Lernen stabilisieren. Um sich das Problem und die Lösung klarzumachen, stellen wir uns einen Putzroboter vor, der nicht gegen Möbel fahren und es vermeiden soll, bereits gereinigte Räume erneut zu putzen. Die meisten Erfahrungen, die sich in seiner Datenbank ansammeln, werden das Fahren bei durchschnittlich viel Platz mit durchschnittlich viel Reinigungsleistung ohne Kollisionsgefahr betreffen. Das bedeutet, dass das Gedächtnis unseres Agenten irgendwann viele Werte enthält, aber nicht alle gleich wichtig sind. Es ist sogar so: Je besser dieser Agent mit der Zeit manövriert, desto geringer wird der Anteil der Erinnerungen sein, der eine Kollision in der Datenbank beinhalten.

Der in [SQAS16] vorgestellte Ansatz ist komplexer, der folgende etwas hemdsärmeliger, jedoch oft wirksam. Ich kann Ihnen nicht empfehlen, den neueren im angegebenen Artikel zu verwenden. Immer, wenn Sie einen Artikel finden, bei dem die Autoren bei DeepMind angestellt sind, ist das der Moment, in dem es sich lohnt, eine Patent-Suchmaschine anzuwerfen. In diesem Fall stoßen Sie auf [SQS17]. Mit etwas Glück ist die Verwendung durch eine Implementierung in TFAgents [GKR+18], welche schon zu Anfang von Kapitel 15 angesprochen wurde, gedeckt. Dazu wäre in diesem Fall ggf. ein genaueres Code-Review nötig, was ich nicht durchgeführt habe. Also kommen wir zu *meinem Ansatz* zurück, der hoffentlich nicht aus irgendwelchen Gründen doch unter diese Ansprüche fällt. Er benutzt kein im Patent und Paper erwähntes Wahrscheinlichkeitsmaß, weshalb es Anlass zur Hoffnung gibt. Wir schauen uns an, welche Aktionen zu einer *Menge besonderer Ereignisse* gehören, und zwar basierend auf dem Reward, den unser Agent bekommen hat:

$$\mathcal{I} = \{ t \in \mathbb{N} \mid r_t \text{ entspricht entweder einer großen Strafe (und/oder einer Belohnung) } \}$$

Nehmen wir an, es wird als Kriterium für die Optimierung der Gewichte des neuronalen Netzes die kleinsten Fehlerquadrate als Fehlermaß wie in Abschnitt 7.2 eingesetzt. Dann haben wir analog zur Gleichung (7.6) von Seite 185 eine Summe über alle Beispiele. Diese kann man wie folgt aufspalten:

$$J(W) = \sum_{t=1}^{p} \frac{1}{2}\left(y_t - y\right)^2 = \sum_{t\in\mathscr{I}} \frac{1}{2}\left(y_t - y\right)^2 + \sum_{t\in\mathscr{K}} \frac{1}{2}\left(y_t - y\right)^2 \tag{15.3}$$

Wenn die Anzahl der Elemente in $\mathscr{I}$ wesentlich kleiner ist als die Anzahl der Elemente im Komplement

$$\mathscr{K} = \{t \in \mathbb{N} \mid 1 \leq t \leq p\} \backslash \mathscr{I} .$$

besteht die Gefahr, dass diese für das Verhalten unseres Agenten wichtigen Informationen in der Regression untergehen. Die Gewichte des neuronalen Netzes werden so gewählt, dass die Summe der Fehlerquadrate minimiert wird, und dabei ist oft eine große Menge interessanter als eine kleine. Um die Anzahl der Beispiele auszugleichen, könnte man versuchen, den Fehler für die interessanten Beispiele zu vergrößern. Dies geht mit sehr hohen Belohnungen bzw. Bestrafungen einher. Das wiederum führt zu sehr stark springenden Belohnungsfunktionen, die man aus anderen Gründen vermeiden wollte. Es bedeutet, wir laufen Gefahr, dass sich die Gewichte eher nach der Anzahl der meisten Einträge ausrichten, also der Menge $\mathscr{K}$, und nicht nach den seltenen, jedoch wichtigen Ereignissen in $\mathscr{I}$. Der Effekt ist, dass wahrscheinlich die wichtigsten Erfahrungen in der Q-Funktion am schlechtesten abgebildet werden.

Um das zu vermeiden, mischen wir uns jedes Mal eine neue Menge – unseren Mini-Batch – für das Training, in dem das Verhältnis aus seltenen und wichtigen Ergebnissen sowie dem Rest besser ausbalanciert ist.

Hierzu nutzen wir eine Teilmenge $\hat{\mathscr{I}} \subset \mathscr{I}$ der *Menge besonderer Ereignisse* und eine $\hat{\mathscr{K}} \subset \mathscr{K}$ der sonstigen Fälle aus unseren Erinnerungen. Vorab legen wir einen Faktor $1 \geq s \in \mathbb{R}$ fest, um ein Wievielfaches die Menge $\hat{\mathscr{K}}$ größer sein darf als $\hat{\mathscr{I}}$. s muss dabei abhängig von Anwendung und verwendeter Belohnungsfunktion gewählt werden.

Es ist generell sinnvoll, wenn man mit kleineren Batches arbeiten muss oder möchte, sich Gedanken über die Zusammenstellung zu machen. Mit etwas Glück bekommt man so schnell eine Rückmeldung, ob ein Ansatz funktioniert oder nicht. Die Stabilität adressieren wir damit nur indirekt. Es gibt auch neuere Techniken, die sich unter anderem dem Stabilitätsproblem angenommen haben. Eine davon sehen wir uns im nächsten Abschnitt an.

Eine gute Möglichkeit, dieses und auch die nächsten Kapitel selbstständig noch mal nachzuvollziehen ist die Lunar Lander-Umgebung `LunarLander-v2`.

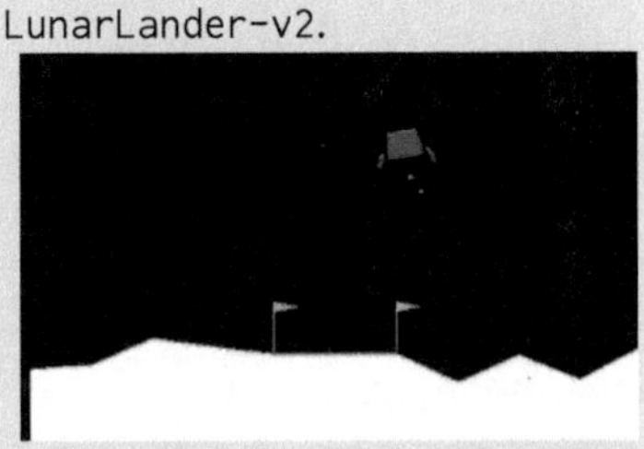

Ziel ist es eine Mondlandefähre sicher abzusetzen und zwar mir vier diskreten Aktionen:

1. Nichts tun
2. Linke Schubdüse
3. Hauptschub unten
4. Rechte Schubdüse

Die Simulation gibt in jedem Zeitschritt einen Zustandsvektor zurück, der folgende Informationen enthält:

- x-, y-Koordinaten

- Geschwindigkeit in x- und y-Richtung
- Winkel und Winkelgeschwindigkeit des Landers
- Information über Bodenkontakt der beiden Standbeine

Es sind alles in allem acht Zustände, womit der Zustandsraum deutlich größer ist also beim Cartpole. Ebenso wird für jede Aktion ein Reward zurückgegeben. Zum Beispiel wird die Aktion *Hauptschub unten* mit -0.3 Punkten pro Zeitschritt bewertet. Der Reward für die Bewegung vom oberen Punkt des Bildschirms bis zum Landeplatz wird belohnt mit 100 bis 140 Punkten. Entfernt sich die Landefähre am Boden vom Landeplatz weg, verringert sich der Reward dementsprechend. Am Ende einer Episode gibt es einmalig +100 Punkte für eine Landung bzw. -100 Punkte für einen Absturz. Eine Landung innerhalb des Landeplatzes gibt 200 Punkte. Es ist möglich, außerhalb des Landeplatzes zu landen. Zudem verfügt die Landefähre über einen unendlichen Treibstofftank.

15.3 Double Q-Learning

Q-Learning tendiert dazu, unter gewissen Umständen den Wert von Zustand-Aktions-Paaren zu überschätzen. Dies kommt unter anderem daher, dass durch das Suchen des Maximums in der Update-Regel Überschätzungen von einzelnen Werten recht wahrscheinlich sind, während ein Unterschätzen durch diesen Mechanismus nicht gefördert wird. Das Beispiel, mit dem ich das versuche zu erklären, ist an [SB18] Abschnitt 6.7 angelehnt. Das Buch beschäftigt sich auf über 500 Seiten ausschließlich mit Reinforcement Learning. Wer nach Ende dieses Kapitels noch nicht genug hat und vor einer etwas theoretischeren Darstellung nicht zurückschreckt, kann z. B. dort weitermachen. Stellen wir uns einen Agenten vor, der in einem Zustand A ist und in diesem zwei Aktionen durchführen kann. Die Aktion 0 führt ihn in den Schlusszustand T und dafür bekommt er einen Reward von 0; die Aktion 1 hingegen in den Zustand B und dafür bekommt er zunächst ebenfalls nichts. Aber in B kann er $n \in \mathbb{N}$ Aktionen durchführen. Gehen wir davon aus, es wären ziemlich viele Aktionen. Sie haben keinen festen Reward, sondern er wird jedes Mal zufällig bestimmt. Der zufällige Reward wird ermittelt durch eine Normalverteilung wie in Abbildung 15.5 mit einem Erwartungswert von 0.1 und einer Varianz von 1.

Nach der Ausführung jeder dieser Aktionen wird für den Agenten die Episode beendet. Das bedeutet, dass es statistisch für den Agenten sinnvoller ist, einen sicheren kommutativen Reward von 0 zu erhalten und im Zustand A direkt die Aktion 0 auszuwählen. Im Mittel erhält er für die Aktion 1, die in den Zustand B führt, einen kommutativen Reward von -0.1. Betrachtet man die Updateregel 14.10 für das Q-Learning

$$Q_{neu}(s,a) = (1-\alpha)Q_{alt}(s,a) + \alpha \cdot \left(r + \gamma \cdot \max_{a'} Q(s',a')\right) \tag{15.4}$$

so erkennt man das Problem. Der Agent nutzt für das Update das Maximum über alle seine Erinnerungen. Das bedeutet, er wird seine Chancen systematisch überschätzen, durch die Aktion 1 im Zustand A mehr als nur die statistisch möglichen -0.1 als Belohnung herauszuholen.

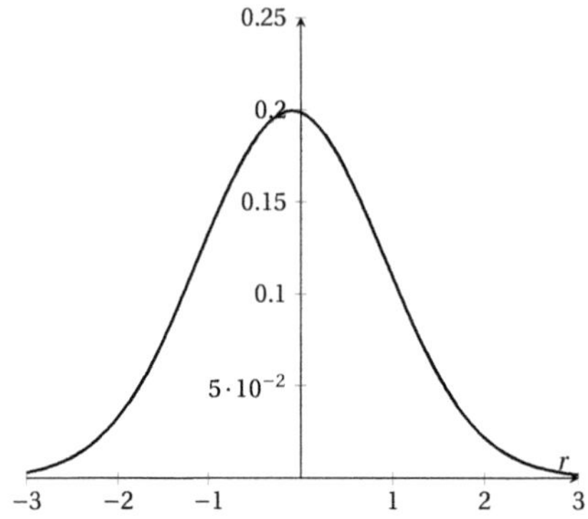

Abbildung 15.5 Wahrscheinlichkeitsverteilung der Belohnungen r im Zustand B

Es hat ja auch in der Vergangenheit schon mal besser funktioniert und er ist mit einem der zahlreichen Zuständen in B noch so verankert. Schauen wir uns das einmal in einem Beispiel mit vier Aktionen an:

Tabelle 15.3 Datenbankeinträge der erhaltenen Belohnungen im Zustand B für unterschiedliche Aktionen

Zeitschritt Aktion 1	Aktion 2	Aktion 3	Aktion 4
−1	1	−0.1	−0.2
0.9	−0.5	−0.2	0.2
-0.05	0.25	-0.15	0.0

Die Tabelle 15.3 enthält zwei Einträge pro Aktion, und in der letzten Zeile ist der Mittelwert, der sich durch eine Regression bildet, notiert. Auf der Basis der Regressionswerte ergibt sich folgendes Update für den Q-Wert:

$$\begin{aligned} Q_{neu}(A,1) &= (1-\alpha)Q_{alt}(A,1) + \alpha\cdot\left(r+\gamma\cdot\max\{-0.05, 0.25, -0.15, 0\}\right) \\ &= (1-\alpha)Q_{alt}(A,1) + \alpha\cdot\left(r+\gamma\cdot 0.25\right) \end{aligned}$$

Es dauert wirklich sehr lange, bis sich die Erkenntnis, dass es nicht sinnvoll ist im Zustand A die Aktion 1 durchzuführen, durchsetzt, und eine niedrigere Lernrate, die wir sonst gerne zur Stabilisierung verwenden, verschlimmert alles noch. Das Problem beim Q-Learning besteht darin, dass die gleiche Datengrundlage verwendet wird, um zu entscheiden, welche Aktion die beste – also höchste erwartete Belohnung – ist, und ebenfalls dazu den Wert einer Aktion zu schätzen. Um die Aussage oben und die Lösungsstrategie, welche 2010 in [VH10] als Double Q-Learning veröffentlicht wurde, besser zu verstehen, nehmen wir die Gleichung (15.4) und tun so, als wenn es zwei Q-Funktionen geben würde.

$$\begin{aligned} Q_{neu}(s,a) =& (1-\alpha)Q_{alt}(s,a) + \alpha\cdot\left(r+\gamma\cdot\max_{a'} Q(s',a')\right) \\ =& (1-\alpha)Q_{alt}(s,a) + \alpha\cdot\left(r+\gamma\cdot\hat{Q}\left(s',\arg\max_{a} Q_{alt}(s,a')\right)\right) \end{aligned}$$

Wenn $Q = \hat{Q}$ ist, haben wir unsere alte Gleichung. In diesem Fall sind wir an dem Punkt, an dem – falls der Wert einer Aktion überschätzt wurde – diese als die beste Aktion ausgewählt und ihr überschätzter Wert auch als Ziel verwendet wird. Nutzt man zwei unterschiedliche Funktionen $Q \neq \hat{Q}$, kann die vermeintlich beste Aktion auf der Grundlage der Werte der ersten Aktionswertschätzung gewählt werden, und das Ziel kann durch die zweite Aktionswertschätzung bestimmt werden. Das macht uns robuster, denn nun müssten beide an der gleichen Stelle dazu neigen, den Wert zu überschätzen.

> Das hier geschilderte Problem ist universal und auch als **Goodharts Gesetz** bzw. **Goodhart's Law** bekannt. Die plakative Zusammenfassung lautet:
>
> *When a measure becomes a target, it ceases to be a good measure.*
>
> Goodhart ist Ökonom und adressierte damit ursprünglich Phänomene aus diesem Bereich. In unserem Fall messen wir den erhofften kumulativen Reward mit dem Ziel, den kumulativen Reward zu erhöhen. Anders formuliert, wir fragen den Händler, bei dem wir etwas kaufen wollen, wie viel dieser Gegenstand wohl wert ist. Sie können sich vorstellen, wie das ausgeht. Wir brauchen eine zweite Meinung.

Entsprechend wird beim Double Q-Learning mit zwei Q-Funktionen gelernt.

Algorithm 15.2 Double Q-Learning (nach [VH10])

Initialisiere die neuronalen Netze Q^A und Q^B
repeat
  Wähle a auf der Basis von $Q^A(s,.)$ und $Q^B(s,.)$ und erhalte r und s'
  Wähle (z. B. durch Zufall), ob entweder Q^A oder Q^B aktualisiert werden soll
  if Update(A) **then**
    $a* = \arg\max_a Q^A(s', a)$
    $Q^A(s,a) := (1-\alpha)Q^A(s,a) + \alpha \cdot \left(r + \gamma \cdot Q^B\left(s', a*\right)\right)$
  else
    $b* = \arg\max_a Q^B(s', a)$
    $Q^B(s,a) := (1-\alpha)Q^B(s,a) + \alpha \cdot \left(r + \gamma \cdot Q^A\left(s', b*\right)\right)$
  end if
  $s := s'$
until end

Die Formulierung ist an [VH10] angelehnt und daher an einer Online-Learning-Variante orientiert. Ich habe für Sie keine Quelle zur Notation des Algorithmus mit Experience Replay aus der Zeit gefunden. In [VHGS16] aus dem Jahr 2016 entwickelt u. a. Hado van Hasselt, mittlerweile bei Google DeepMind angestellt, den Ansatz weiter.

Dieser beinhaltet, wie man sieht, mehr als nur den Einbau eines Experience Replays, nämlich eine Veränderung in der Rolle der Netze. Diese sind nicht mehr gleichberechtigt, sondern es gibt ein Target-Netz und ein Modell-Netz. Die Parameter θ ändern sich dabei durch ein Verfahren, wie z. B. den Gradientenabstieg, während die Werte des zweiten Netzes durch eine Mittelwertbildung, deren Gewichte von β abhängen, in (15.6) verändert werden. Dies bedeutet im Unterschied zum Ansatz von 2010 automatisch, dass beide Netze die gleiche Struktur haben müssen. Sonst funktioniert diese Übertragung nicht. Der Veröffentlichung [VHGS16] ging ca. ein Jahr vorher ein Patentantrag [VHG17] voraus. Lassen Sie sich übrigens nicht von den Daten bei den Zitaten verwirren. Patente werden eingereicht und sind dann für eine lange

Algorithm 15.3 Double Q-Learning (nach [VHGS16])

Initialisiere die neuronalen Netze Q_θ und $Q_{\theta'}$
for so viele Iterationen wie nötig **do**
  for Umgebungsinteraktionen **do**
    Interagiere mit der Umgebung
    Speichere (s, a, r, s') in der Datenbank $\mathscr{D}$
  end for
  for Lerniterationen **do**
    Entnehme einen Eintrag (s, a, r, s') aus $\mathscr{D}$
    Berechne Q-Zielwert:

$$y = r + \gamma Q_\theta \left(s', \arg\max_{a'} Q_{\theta'}(s', a') \right) \tag{15.5}$$

    Führe einige Trainingsschritte für Q_θ mit den oben berechneten Zielwerten durch
    Aktualisiere die Parameter/Gewichte von $Q_{\theta'}$:

$$\theta' := \beta\theta + (1 - \beta)\theta' \tag{15.6}$$

  end for
end for

Phase quasi U-Boote, bis diese durch die Patentbehörde publiziert werden. In diesem Fall wurde 2015 eingereicht und 2017 veröffentlicht. Da die Veröffentlichung Grundlage eines Agenten in TFAgents war, gilt, was schon am Anfang dieses Kapitels auf Seite 521 geschrieben wurde. Ich möchte lieber den Algorithmus von 2010 nur leicht variieren und diesen mit Ihnen ausprobieren. Das geht recht einfach, indem wir das Update im Algorithmus des Double Q-Learnings einfach um ein Experience Replay erweitern.

Hierzu müssen wir zum Glück nur die Klasse des eigentlichen Agenten verändern. Der restliche Code ist bereits so einsatzbereit. In der Init-Methode nehmen wir die Optionen für das Array als Speicherform heraus und ersetzen diese durch eine zweite Netzwerkarchitektur. Darüber hinaus ändern wir die Default-Werte für `learnbatch` und `memoryBuffer`. Der Grund ist, dass wir jedem Netz leicht unterschiedliche Trainingsmengen vorgeben wollen, daher ist der Full-Batch als Default-Ansatz ungünstig.

> **!** Es ist generell wichtig beim Double-Q-Learning und seinen Derivaten, dass sich die beiden Netze nicht zu ähnlich werden. Sonst können sie die ihnen zugedachte Rolle als Kontrolleur des jeweils anderen nicht mehr wahrnehmen.

Beide Netze sollen in der Regel weiterhin mit 10000 Datensätzen trainiert werden, weshalb entsprechend der `memoryBuffer` erweitert werden muss. Das Double-Q-Learning ist stabiler als das normale Q-Learning mit einem neuronalen Netz. Es ist deshalb nicht *unsinkbar*. Die Suche nach der optimalen – oder auch einer brauchbaren – Strategie π ist im Grunde immer noch ein Optimierungsproblem. Es ist immer möglich, z. B. in einem lokalen Extremwert hängen zu bleiben. Bei dem Cartpole mit Double-Q-Learning schien z. B. bei mir das Verfahren extrem schnell zu konvergieren. Es hatte sich aber in einen lokalen Extremwert verrannt und balancierte das Pendel mit einem leichten Rechtsdrall. Damit verließ der Agent immer nach rechts den zulässigen Bereich. Die Daten enthielten diese Möglichkeit kaum, denn beim Aufbau der Startmenge kommt dieses Verhalten nicht vor. Trotz dieses ungünstigen Ansatzes kam der Agent immer noch auf 150 bis 180 Zyklen, in denen das Pendel oben gehalten wurde. Ich habe das Verfahren einen Tag weiterlaufen lassen. Der Agent verlernte diesen ungünstigen Ansatz, schien sich jedoch in einer Ebene abzuarbeiten, in der es wenig Fortschritt gab. Wenn man mit begrenzten Ressourcen arbeitet und einen gewissen Punkt überschreitet, lohnt es sich oft, eher abzubrechen, Parameter zu verändern und die Suche neu zu starten.

> **!** Q-Learning mit neuronalen Netzen ist immer zu einem gewissen Grad instabil; auch Double-Q-Learning. Es ist im Grunde ein Optimierungsverfahren, das immer mal divergieren kann. Variieren Sie Parameter. Ein wichtiger Faktor ist oft die Größe des Memory-Buffers und der Learnbatch. Unter einer gewissen Größe wird das Verfahren öfter instabil.

```
1  import numpy as np
2  import pickle
3  from QFunctionTable import qFunctionTable
4  from QFunctionANN import qFunctionANN
5  from agentMemory import agentMemory
6  from tensorflow.keras.models import load_model
7
8  class learningAgentDoubleQ:
9      def __init__(self,stateDim, actions, gamma=0.8, vareps = 0.01, tau=0.1, alpha=0.5,
10                  learnbatch = 10000, memoryBuffer = 20000,
11                  networkArc1 = [100], networkArc2 = [100]):
12         self.alpha  = alpha
13         self.tau    = tau
14         self._gamma = gamma
15         self.vareps = vareps
16         self.totalReward = 0
17         self._actionRange   = actions
18         self.learnbatch = learnbatch
19         self._M = agentMemory(stateDim, memoryBuffer = memoryBuffer)
20         self.QFA= qFunctionANN(stateDim, actions,networkArc=networkArc1)
21         self.QFB= qFunctionANN(stateDim, actions,networkArc=networkArc2)
```

Im Double-Q-Learning sind beide Netze an der Auswahl der Aktion beteiligt. Dazu gibt es mehrere Wege, das umzusetzen. Der Code unten übernimmt fast alles vom alten Agenten, und verändert wurde nur der Abschnitt zwischen Zeile 28 und 33. Ziel ist, dass in Zeile 33 der Mittelwert der Q-Werte gebildet wird und auf dieser Basis die Entscheidung getroffen wird.

```
22
23     def _chooseAction(self,observation=np.NaN):
24         if np.any(np.isnan(observation)): observation = self._M.state
25         if np.random.rand()<self.vareps:
26             choosenA = np.random.randint(0,len(self._actionRange))
27             return(choosenA)
28         qvalues1 = np.zeros(len(self._actionRange))
29         qvalues2 = np.zeros(len(self._actionRange))
30         for i in range(len(self._actionRange)):
```

```
31                qvalues1[i] = self.QFA.predict(observation,self._actionRange[i])
32                qvalues2[i] = self.QFA.predict(observation,self._actionRange[i])
33            qvalues = (qvalues1 + qvalues2)/2
34            toChoose = np.arange(0,len(qvalues))
35            qvalues = qvalues/self.tau - np.max(qvalues/self.tau)
36            pW = np.exp(qvalues) / np.sum(np.exp(qvalues))
37            if np.any(np.isnan(pW)) or np.any(np.isinf(pW)):
38                choosenA = np.random.randint(0,len(qvalues))
39            else:
40                choosenA = np.random.choice(toChoose,replace=False, p=pW)
41            return(choosenA)
```

Die größten Änderungen ergeben sich in der Learn-Methode. Zunächst wählen wir zufällig aus, welches der beiden Netze welche Rolle übernehmen soll.

```
42
43        def learn(self):
44            (state,action,reward, nextState) = self._M.getBatch(size=self.learnbatch)
45            maxQvalue = np.array([], dtype=np.float).reshape(reward.shape[0],0)
46            if np.random.rand()<0.5:
47                Q2Train   = self.QFA
48                Q2Messure = self.QFB
49            else:
50                Q2Train   = self.QFB
51                Q2Messure = self.QFA
```

Anschließend lehnen wir uns sehr stark an die alte Vorgehensweise an, lassen uns jedoch in Zeile 57 – wie in dem Pseudocode des Double-Q-Learnings oben vorgesehen – nicht den maximalen Wert zurückliefern, sondern das Argument, bei dem dieser angenommen wird. In Zeile 58 nutzen wir dieses Argument, um mithilfe der zweiten Q-Funktion den Wert zu bestimmen. Das ist der einzige Moment, in dem diese zum Einsatz kommt. Anschließend gehen wir wie gewohnt vor. Jedoch ändern wir in Zeile 62 die maximale Anzahl der Trainingsepochen. Da wir davon ausgehen, weniger anfällig für die Näherungsfehler aus der Q-Funktion zu sein, können wir es uns so ersparen, die Approximationen Q_k, die wir auf dem Weg zum Grenzwert durchlaufen, sehr genau approximieren zu müssen. Wenn Sie jedoch feststellen, dass sich ein Aufschaukeln der Q-Werte abzeichnet, versuchen Sie an dieser Stelle mehr Rechenleistung zu investieren.

```
52
53            QTrainOld = Q2Train.predict(state, action).squeeze()
54            for a in self._actionRange:
55                Qvalue = Q2Train.predict(nextState, a*np.ones( (reward.shape[0],1)))
56                maxQvalue = np.hstack( (Qvalue,maxQvalue))
57            aMax = np.argmax(maxQvalue,axis=1)
58            maxQ = Q2Messure.predict(nextState, aMax[:,np.newaxis]).squeeze()
59            Y = (1-self.alpha)*QTrainOld + self.alpha*(reward.squeeze() + self._gamma*maxQ )
60            if np.max(np.abs(Y)) > 100:
61                print('Warning: Q-Fct seems to diverge! Max Value=',np.max(np.abs(Y)),flush=True)
62            Q2Train.fit(state,action,Y, epochs=1000)
```

Die Methoden zum Laden und Speichern müssen wir natürlich wegen des zweiten Netzes anpassen. Hier sind nur die beiden angegeben, welche auch geändert werden müssen. Die anderen können Sie einfach vom letzten Agenten übernehmen.

```
63
64      def saveQfunction(self,name):
65          self.QFA._QFunction.save('QFA'+name, save_format='tf')
66          self.QFB._QFunction.save('QFB'+name, save_format='tf')
67
68      def loadQfunction(self,name):
69          self.QFA._QFunction = load_model('QFA'+name)
70          self.QFB._QFunction = load_model('QFB'+name)
71          self.QFA.unfitted = False
72          self.QFB.unfitted = False
```

Ich habe oben bereits von dem lokalen Extremwert erzählt, der mich Zeit gekostet hat. Das Double-Q-Learning lernt in gewisser Weise oft schneller als das normale Q-Learning, weshalb es hier eine gute Idee ist, das Experiment, das wir in Abschnitt 15.1 auf Seite 532 definiert haben, etwas abzuwandeln. Hierzu ändern Sie bitte den Wert von `delta` in Zeile 16 auf 0.01, damit die Werte schneller umgesteuert werden. Wichtig ist jedoch primär, in Zeile 64 weniger Starttrainingsbeispiele vorzusehen. Reduzieren Sie die Zahl auf 200. Daneben ändern Sie die Lernzyklen in Zeile 74 von 5 auf 2. Der Agent lernt weniger Epochen pro Episode und baut im stärkerem Maße seine eigene Datenbasis auf. Das hat in meinem Fall dazu geführt, nicht

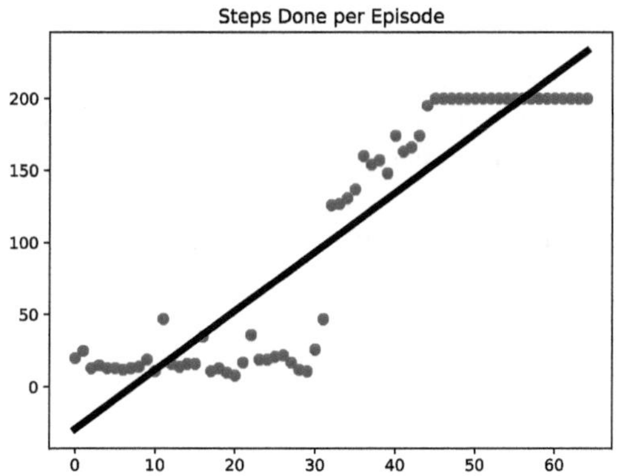

Abbildung 15.6 Konvergenter Verlauf eines Agententrainings mit Double Q-Learning und Experience Replay

in einem lokalen Extremwert zu verweilen, sondern recht schnell die in Abbildung 15.6 dargestellte Konvergenz zu erreichen. Ich hoffe, der Zufallsgenerator spielt Ihnen keinen Streich und Sie schaffen es ebenso schnell.

Tatsächlich erreicht man hier das Ziel wesentlich schneller, als Abbildung 15.6 vermuten lässt.

```
Init Population: 100%|##########| 200/200 [00:18<00:00, 11.00 episode/s]
Training:  13%|#         | 64/500 [56:23<9:38:08, 79.56s/ episode]
```

Es hat weniger als eine Stunde gebraucht, um zum Ergebnis zu kommen; im Vergleich zu über zweieinhalb Stunden für den Ansatz, in dem wir das Q-Learning nur mit einem neuronalen Netz und Experience Replay ausgestattet haben. Die Anzahl an Episoden ist jedoch in etwa gleich. Der primäre Grund liegt darin, dass wir pro Episode mit nur zwei statt fünf Lernepochen auskommen. $150/5 * 2 = 60$ ergibt die Zeitänderung. Die Trainingsepochen sind vergleichbar, da in jedem Fall mit im Durchschnitt 10.000 Datensätzen trainiert wurde – in der Startphase weniger. Die reduzierten Epochen beim Training des neuronalen Netzes fallen anscheinend kaum ins Gewicht. Startet man den Agenten, um seine Qualität zu beurteilen, so haben wir keinen Rückschritt gemacht. Der Agent erreicht im Durchschnitt bei einhundert Tests die maximal mögliche Punktzahl von 200.

Zum Schluss möchte ich auf eine Weiterentwicklung aus dem Jahr [FHM18] eingehen. Sie gehört zur Klasse der **Actor-Critic-Methods**, deren Idee und Methodik im Buch nicht dargelegt wird. Jedoch kann man eine Idee daraus leicht verstehen, das sogenannte Clipping, weshalb der Ansatz auch als **Clipped Double Q-Learning** bezeichnet wird. Das Verfahren nutzt analog zum bereits vorgestellten Double-Q-Learning mehrere Netze, u. a. Q_{θ_1} und Q_{θ_2}. Das Update wird in [FHM18] gemäß

$$y_1 = r + \gamma \min_{i=1,2} Q_{\theta'_i}(s', a') \tag{15.7}$$

berechnet. Das Entscheidende an der Idee ist die Verwendung des Minimums in Gleichung (15.7). Dadurch wird eine sehr pessimistische Schätzung verwendet, bei der immer der kleinere der möglichen kumulativen Rewards verwendet wird. Das bedeutet, die Überschätzung von Belohnungen wird unwahrscheinlicher und entsprechend auch ein mögliches Ansteigen der Q-Werte inklusive Divergenz des Verfahrens. Darüber hinaus wird davon ausgegangen, dass die Anwendung des Minimums zu einer Bevorzugung von Zuständen mit niedrigen Varianzwertschätzungen führen wird, was wiederum zu sichereren Aktualisierungen der Strategie mit stabilen Lernzielen führt.

Wir haben in Abschnitt 14.5 SARSA besprochen, eine Technik, die On-Policy-Learning verwendet. Im SARSA-Algorithmus kommt beim Lernen zwar kein `max` vor, jedoch verbirgt sich hinter *Wähle eine Aktion a' nach dem aktuellen Lernstand aus* ein ähnlicher Effekt. SARSA ist daher von Natur aus weniger anfällig für das Divergieren durch sich aufschaukelnde Q-Werte; es kann jedoch vorkommen. Generell profitiert SARSA auch von der Integration eines Experience Replays und kann mit Ideen wie denen aus dem Double-Q-Learning verbessert werden.

Setzen Sie einen SARSA-Algorithmus mit Experience Replay um und testen Sie ihn für das Cartpole Problem.

15.4 Credit Assignment und Belohnungen in endlichen Spielen

Wir haben uns bisher nicht viele Gedanken gemacht, was das Design der Reward-Funktion angeht. In den letzten Anschnitten habe ich sogar dreisterweise die Umgebung überschrieben. Warum eigentlich und was gilt es mindestens zu berücksichtigen? Es gibt mehrere Herausforderungen, auf zwei möchte ich hier eingehen:

- Credit Assignment Problem
- Unendlich wachsende Belohnungen

Beim Reinforcement Learning lernt der Agent bzw. das System bekanntlich nicht anhand gegebener Beispiele, sondern mittels Daten, die durch die Interaktion mit einer Umgebung als Feedback entstanden sind. In der Belohnungsfunktion oben wurde sehr schnell eine Rückmeldung gegeben, ob das Verhalten gut oder schlecht ist. Das Verlassen des Arbeitspunktes

– Pendel oben halten – ist schlecht und wird schnell bestraft. Je mehr man die Belohnungsfunktion auf ein schnelles Feedback designed, desto mehr schränkt man den Suchraum guter Strategien ein. Der Grund ist, dass man in das Design der Funktion oft eine Erwartungshaltung einbaut; nicht nur was, sondern auch wie es erreicht werden soll. Strategien, die auch sehr gut wären, aber eben nicht zu dieser Belohnungsfunktion, sind damit aus dem Rennen. Ein häufiger Ansatz für endliche Spiele, welcher auch viel bei den OpenAI-Umgebungen verwendet wird, ist bei der Erfüllung der Aufgabe eine Belohnung zu geben; mehr nicht. Das lässt maximalen Spielraum, verschärft aber das sogenannte **Credit Assignment Problem**. Es bezieht sich auf die Tatsache, dass Belohnungen, insbesondere in großen Zustands-Aktionsräumen oft erheblich zeitverzögert zu den Aktionen vergeben werden. Folglich werden sich solche Belohnungsrückmeldungen nur sehr schwach auf alle zeitlich entfernten Zustände auswirken, die der Belohnung vorausgegangen sind. Es ist fast so, als würde sich der Einfluss einer Belohnung über den zeitlichen Abstand hinweg immer mehr verwässern, und dies kann zu schlechten Konvergenzeigenschaften des Verfahrens führen. Da die Belohnung zumindest am Anfang des Prozesses nicht aus einer optimalen Strategie hervorgegangen ist, werden viele Schritte ein wenig mit der Ehre, dieses Ergebnis hervorgebracht zu haben, versehen statt gezielt die wirklich nötigen. Man kann also schlecht einer Aktion den ihr zustehenden Anteil am Ergebnis zuweisen. Je schneller das Feedback kommt, desto leichter ist das. Man kennt das vielleicht beim Umgang mit Haustieren: Mehrere Stunden später braucht niemand mehr ein Tier für eine Aktion zu schimpfen oder belohnen, denn es kann das sowieso nicht dem gewünschten Verhalten zuordnen.

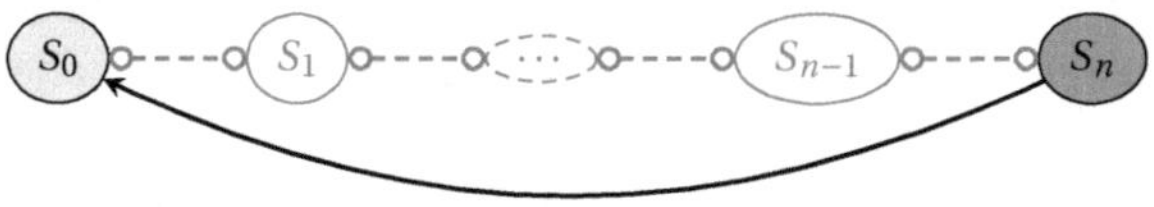

Abbildung 15.7 Zustandsübergänge im Beispiel

Nehmen wir an, dass ein Agent nur zwischen den Entscheidungen *rechts* und *links* wählen kann. Die Umgebung entsprechend Abbildung 15.7 ist dabei deterministisch. Das bedeutet für $i = 1 \dots n-1$ befördert *links* den Agenten vom Zustand S_i in den Zustand S_{i-1} und *rechts* entsprechend in den Zustand S_{i+1}. Der Agent startet ganz links im Zustand S_0; geht er von diesem nach links, so verbleibt er im Zustand S_0. Erreicht er durch seine Aktionen den Zustand S_n, erhält er eine Belohnung von 1, in allen anderen Fällen ist sie 0. Wird S_n erreicht, bringt ihn die nächste Aktion unweigerlich in den Zustand S_0 zurück. Nun kann man sich ausrechnen, was und wie schnell es passiert. Das geht per Hand, aber das Buch heißt ja *mit Python*, also lassen wir den Computer rechnen.

```
import numpy as np

gamma = 0.9
n = 6
r = np.zeros(n,dtype=float); r[-1] = 1
Q = np.zeros_like(r,dtype=float)
for i in range(10):
    QLast = Q.copy()
    Q[0:len(r)-1] = r[0:len(r)-1] + gamma*Q[1:len(r)]
    Q[len(r)-1]  = r[len(r)-1]   + gamma*Q[0]
    diff = np.mean(np.abs(Q - QLast))
    print(i, diff, Q)
```

Für diese Rechnung gehen wir davon aus, dass unser Computer bereits alle Zustände besucht hat und alles weiß. Es geht zunächst nicht um das Problem der Erkundung, sondern was sogar bei perfekter Informationslage passieren kann bzw. wird. Der Code oben führt in jedem Schritt das Update für das Modell bzgl. der Aktion *nach rechts gehen* durch, die Linksrichtung vernachlässigen wir hier. n ist dabei die Anzahl der diskreten Zustände wie in Abbildung 15.7.

Tabelle 15.4 Entwicklung der Werte von Q für $\gamma = 0.9$

Iterationsschritt	S_0	S_1	S_2	S_3	S_4	S_5
0	0	0	0	0	0	1
2	0	0	0	0	0.9	1
2	0	0	0	0.81	0.9	1
3	0	0	0.729	0.81	0.9	1
4	0	0.6561	0.729	0.81	0.9	1
5	0.59049	0.6561	0.729	0.81	0.9	1.531441
6	0.59049	0.6561	0.729	0.81	1.3782969	1.531441
⋮	⋮	⋮	⋮	⋮	⋮	⋮
249	1.260225	1.4002505	1.5558339	1.7287043	1.9207826	2.1342029

In der Tabelle 15.4 sehen wir zwei sehr wichtige Dinge:

1. Der Abstand der Zustände bestimmt die Ausbreitung der Information. Dass *links* die beste Wahl ist, wird erst nach so vielen Schritten in einem Zustand bekannt, wie der Agent in der Anordnung vom Zustand der Belohnung entfernt ist.
2. Beweise sind etwas sehr Beruhigendes. Wir haben in Abschnitt 14.3 gesagt, dass für deterministische Umgebungen mit einem $\gamma < 1$ und begrenzten Belohnungen die Iteration gegen einen Grenzwert, in diesem Fall eine Funktion, konvergiert. Wie man sieht, funktioniert es auch hier gut.
3. Dadurch, dass der Agent erneut einen Anlauf auf das Ziel nehmen kann, kommt es zu einem Loop-Effekt, und die Werte in Q werden größer als die größte Belohnung.

Die Tabelle ist im Rahmen der Gleitkomma-Berechnung exakt und kein Näherungsverfahren. Im Schritt 249 liegt die Veränderung bei $3.84877 \cdot 10^{-15}$, verschwindet kurz danach in einem numerischen Unterlauf und wird damit für den Computer tatsächlich zu null. Setzt man ein Näherungsverfahren wie ein neuronales Netz ein, kommt jedoch eine Quelle für Instabilität hinzu. Das Regressionsverfahren verschätzt sich leider und – wie wir im Abschnitt 15.3 schon angesprochen haben – wird der Effekt beim Q-Learning immer nur nach oben verstärkt. Hier entsteht eben ein zusätzlicher Aspekt, der dazu führt, dass sich Werte verstärken. Mit dem Double-Q-Learning haben wir bereits einen Ansatz kennengelernt, sich dem Problem zu stellen. Ein weiterer, jedenfalls für endliche Spiele, ist, die Formel (14.8) von Seite 493 im Q-Learning zu ändern, und zwar wie folgt:

$$\hat{Q}(s,a) = r + (1 - done) \cdot \gamma \cdot \max_{a'} \hat{Q}(s', a') \tag{15.8}$$

Die Variable *done* ist dabei eine boolsche Variable mit den Werten 0 und 1. Außer im finalen Zustand des Spieles wird die übliche Formel (14.8) verwendet und sonst der Q-Funktion nur der Reward als Zielwert zugewiesen. Die Rechtfertigung ist, dass der γ-Term für den später zu erreichenden Reward steht. Wenn es kein *später* gibt, weil das Spiel beendet ist, kann man diesen Term im terminierenden Zustand des Spiels auch wegfallen lassen. Dadurch entstehen keine solchen Loop-Effekte mehr wie oben. Im Code bedeutet dies, dass wir nur die Zeile 10 ändern müssen, sodass die Zeile 19 aus dem Listing unten entsteht:

```
13
14  r = np.zeros(n,dtype=float); r[-1] = 1
15  Q = np.zeros_like(r,dtype=float)
16  for i in range(10):
17      QLast = Q.copy()
18      Q[0:len(r)-1] = r[0:len(r)-1] + gamma*Q[1:len(r)]
19      Q[len(r)-1]   = r[len(r)-1]
20      diff = np.mean(np.abs(Q - QLast))
21      print(i, diff, Q)
```

Tabelle 15.5 Entwicklung der Werte von Q für $\gamma = 0.9$ nach der Formel (15.8)

Iterationsschritt	S_0	S_1	S_2	S_3	S_4	S_5
0	0	0	0	0	0	1
2	0	0	0	0	0.9	1
2	0	0	0	0.81	0.9	1
3	0	0	0.729	0.81	0.9	1
4	0	0.6561	0.729	0.81	0.9	1
5	0.59049	0.6561	0.729	0.81	0.9	1
⋮	⋮	⋮	⋮	⋮	⋮	⋮
249	0.59049	0.6561	0.729	0.81	0.9	1

An der Tabelle 15.5 sieht man den positiven Effekt. Die Funktion konvergiert schneller und die Werte von Q bleiben auf den am Ende maximal erreichbaren Reward begrenzt. Schneller lässt sich hierbei auch quantifizieren, nämlich entsprechend der Distanz im Zustandsraum – im Allgemeinen entspricht dies der zeitlichen Distanz.

Bisher haben wir uns darüber Gedanken gemacht, dass es lange dauern kann, bis eine Belohnung an den relevanten Zuständen durch das iterative Update der Q-Funktion angekommen ist. Eine anderer Aspekt ist, ein Gefühl dafür zu bekommen, wie lange es wohl dauert, bis der Agent entdeckt, dass dort ein wünschenswertes Ziel ist. Hier können wir auf Hilfsmittel aus dem Abschnitt 14.2 zugreifen und diesen Aspekt als Markov-Prozess modellieren. Dafür ändern wir eine Kleinigkeit an dem Modell aus Abbildung 15.7. Wir wollen durch den Prozess sehen, wie oft jemand schon im Zustand S_n angekommen ist. Damit sich das akkumuliert, schicken wir den Agenten nicht zurück nach S_0, sondern halten ihn in diesem Markov-Modell im Zustand S_n fest.

Stellt man entsprechend die Übergangsmatrix

$$D = \begin{pmatrix} 0 & 0.5 & 0 & \dots & & \dots & \dots & 0 \\ 1 & \ddots & 0.5 & \ddots & & & & \vdots \\ 0 & 0.5 & \ddots & \ddots & \ddots & & & \vdots \\ \vdots & \ddots & \ddots & \ddots & & \ddots & & \vdots \\ \vdots & & \ddots & & \ddots & \ddots & \ddots & \vdots \\ \vdots & & & \ddots & \ddots & \ddots & 0.5 & 0 \\ \vdots & & & & \ddots & 0.5 & \ddots & 0 \\ 0 & \dots & \dots & \dots & \dots & 0 & 0.5 & 1 \end{pmatrix} \tag{15.9}$$

auf, so erkennt man, dass es sich um eine Bandmatrix handelt, bei der nur die beiden Nebenbänder mit Werten besetzt sind. Lassen wir ihn im Zustand S_1 starten, so können wir durch wiederholte Multiplikation

$$D^n \cdot s$$

die Wahrscheinlichkeiten berechnen, nach denen der Agent in einem bestimmten Zustand ist, wobei uns nur der Zustand S_n interessiert. Natürlich wollen wir eine größere Menge von Matrix-Matrix-Multiplikationen nicht selber ausrechnen und nutzen dazu Python. Dabei nehmen wir an, dass $n = 100$ ist, was bedeutet, dass die Belohnung 100 Zustände entfernt liegt. Das ist keinesfalls unrealistisch, weil einige der OpenAI-Umgebungen durchaus entsprechende Abstände mit den eingebauten Reward-Funktionen haben.

```

from numpy.linalg import matrix_power
n = 100
steps= 10000
D = 0.5*np.eye(n,k=1) + 0.5*np.eye(n,k=-1)
D[ 1, 0] = 1; D[-1,-1] = 1; D[-2,-1] = 0
s = np.zeros(n); s[1] = 1
stepList = [100,500,1000,5000,10000,20000,30000]
p = []
for steps in stepList:
    finals = matrix_power(D,steps)@s
    p.append(finals[-1])
```

Wichtig in dem Listing oben, das sonst quasi nur Standardbefehle verwendet, ist, dass Sie nicht einfach `D**n` schreiben dürfen. Hierbei werden bekanntlich die Matrixelemente jeweils einzeln potenziert und nicht eine Matrix-Multiplikation durchgeführt. Dies erreichen wir im Fall oben durch `matrix_power`.

Die Abbildung 15.8 illustriert, was wir erwarten müssen oder dürfen. Etwas unter 10000 Aktionen hat der Agent eine fünfzigprozentige Chance, S_{100} erreicht zu haben. Es kann am Anfang auch nichts geben, was ihn stärker nach rechts als nach links zieht. Das bedeutet, *Exploration* ist hier ein sehr großes Problem. Das spiegelt sich auch wider, falls Sie im Netz für ein komplexeres Problem die Aussage finden *nach x Stunden/Tagen hat es sehr gut funktioniert.* Natürlich kann ein Glücklicher schnell ein Problem knappen, wenn die Lösung sich in der Erinnerung befindet, die der Agent regelmäßig zum Lernen erhält. Aber Ihr Agent kann es nun einmal in

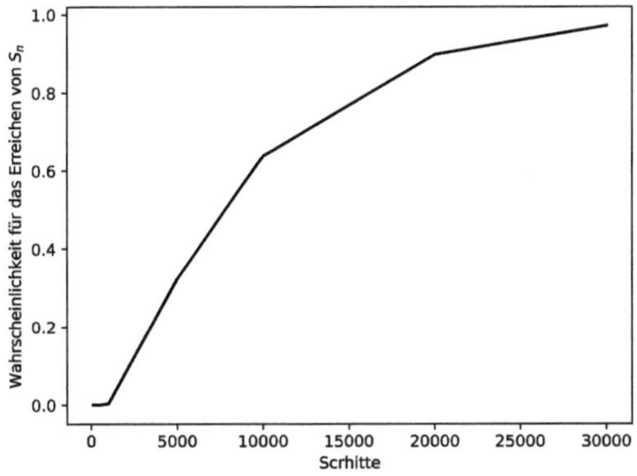

Abbildung 15.8 Veränderung der Wahrscheinlichkeit für das Erreichen von S_n mit der Anzahl der Interaktionen

der Abbildung 15.8 nach 5000 Schritten geschafft haben, diesen wichtigen Informationshappen zu ergattern, oder er gehört zu den unglücklichen 3%, die es auch nach 30 000 Schritten nicht geschafft haben. Je nach Umgebung liegt dazwischen sehr viel Zeit. Erst, wenn diese Information regelmäßig zum Lernen zur Verfügung steht, kommen die Überlegungen vom Anfang des Abschnittes zum Tragen, nämlich wie lange es dauert, bis sich die Information durch die Zustände propagiert hat. Nutzen Sie die Formel (15.8) und kommt es zu keinen Störungen durch das Näherungsverfahren oder die Zusammenstellung des Lernbatches, so dauert es noch einmal mindestens 100 Schritte. Wird der Lernbatch zufällig zusammengestellt und steht die ganze Zustandskette nicht zur Verfügung, kann es länger dauern.

Man sieht an den Größenordnungen, dass in großen Aktions-Zustandsräumen, wenn gleichzeitig sehr spät die Rückmeldung über ein sinnvolles Verhalten erfolgt, *Exploration* unser primäres Problem ist. Liegen die Informationen in dem Erinnerungsspeicher vor und werden sie oft genug vorgeführt, ist das Lernen die kleinere der beiden Herausforderungen.

Bedenken Sie, dass wir hierbei nur von zwei Aktionen und zahlreichen, jedoch diskreten Zuständen ausgegangen sind. Nimmt die Anzahl der Aktionen zu, verstärkt sich natürlich das Problem.

In der Diskussion haben wir auch über die Möglichkeit von Umwegen gesprochen – welche trotzdem, aber nicht deshalb am Ende zu einer Belohnung geführt haben – und dass es dadurch in der Praxis Probleme mit dem Credit Assignment geben kann. Abbildung 15.9 zeigt einen Fall, in dem es die Punkte S_n und S_{n+m} gibt, an denen das Spiel beendet werden kann. Nehmen wir an, bei S_{n+m} gibt es eine Belohnung von 0.5 und bei S_n eine von 1. Natürlich ist die Exploration nun sehr kritisch. Gehen wir davon aus, dass S_{n+m} dem Agenten bekannt ist und es bereits eine Strategie hin zu S_{n+m} gibt. Die Frage, wann – und in realen Szenarien ob – der Zustand S_n entdeckt wird, hängt von der Distanz von S_1 nach S_n ab. Hier sind es zwei Aktionen in allen Zuständen – außer S_1 – die möglich sind. Mittels ε-Greedy muss sich der Agent nun von S_1 nach S_n durchhangeln. Sollte er wieder bei S_1 landen, so wird er durch die aktuelle Strategie vermutlich in Richtung S_{n+m} gedrängt.

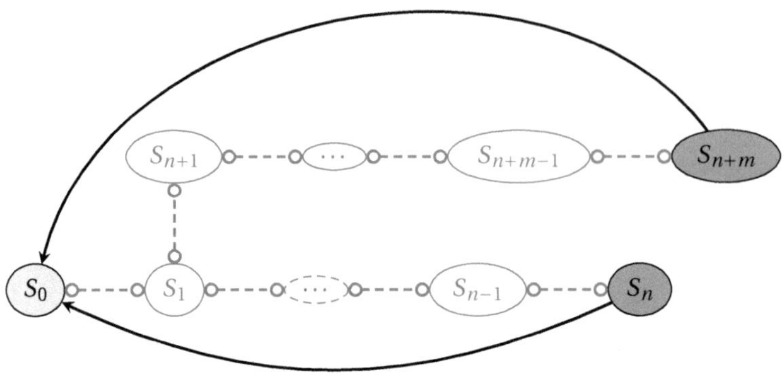

Abbildung 15.9 Schema der Zustandsübergänge bei einem Fall von Nebenextremwerten

Erneut lässt sich das Problem als Markov-Prozess darstellen, wobei die Übergangsmatrix für die Zustände ein wenig komplizierter ist.

$$D = \begin{pmatrix} 0 & 0.033 & 0 & \cdots & 0 & \cdots & & & & \cdots & 0 \\ 1 & \ddots & 0.5 & \ddots & \vdots & 0 & 0.05 & 0 & \cdots & 0 & 1 \\ 0 & 0.033 & \ddots & 0.5 & 0 & \cdots & 0 & \cdots & & \cdots & 0 \\ \vdots & 0 & 0.5 & \ddots & 0.5 & \ddots & \vdots & & & \cdots & 0 \\ \vdots & \vdots & 0 & 0.5 & 0 & 0 & 0 & & & \cdots & 0 \\ \vdots & 0 & \vdots & 0 & 0.5 & 1 & 0 & \ddots & & \cdots & 0 \\ \vdots & 0.933 & \ddots & \vdots & 0 & 0 & 0 & 0.05 & \ddots & \cdots & 0 \\ \vdots & 0 & & & \vdots & 0 & 0.95 & \ddots & 0.05 & \ddots & 0 \\ \vdots & \vdots & & & & \ddots & 0 & 0.95 & \ddots & 0.05 & 0 \\ \vdots & \vdots & \vdots & & & & \vdots & \vdots & 0.95 & 0 & 0 \\ 0 & 0 & 0 & \cdots & \cdots & \cdots & 0 & 0 & 0 & 0.95 & 0 \end{pmatrix} \quad (15.10)$$

Die $n \times n$-Matrix aus (15.10) entspricht im Wesentlichen der aus (15.9), jedoch ist die zweite Spalte komplexer. Hier gibt es drei Optionen. Wir gehen davon aus, dass die gelernte Strategie verfolgt wird und nur in 10% der Fälle ε-Greedy zum Einsatz kommt. In diesem Fall teilen sich die 10% gleichmäßig auf die Möglichkeiten auf. Dasselbe gilt für den Rest des Weges hin zu S_{m+n}. Wird S_{m+n} erreicht, was der letzten Spalte der Matrix entspricht, so wird der Agent zurück nach S_0 geschickt. Wie auch beim letzten Mal nutzen wir Python, um die Wahrscheinlichkeiten auszurechnen:

```
n = 100
m = 50
D = np.zeros( (n+m,n+m))
D[0:n,0:n] = 0.5*np.eye(n,k=1) + 0.5*np.eye(n,k=-1)
D[n:n+m,n:n+m] = 0.05*np.eye(m,k=1) + 0.95*np.eye(m,k=-1)
```

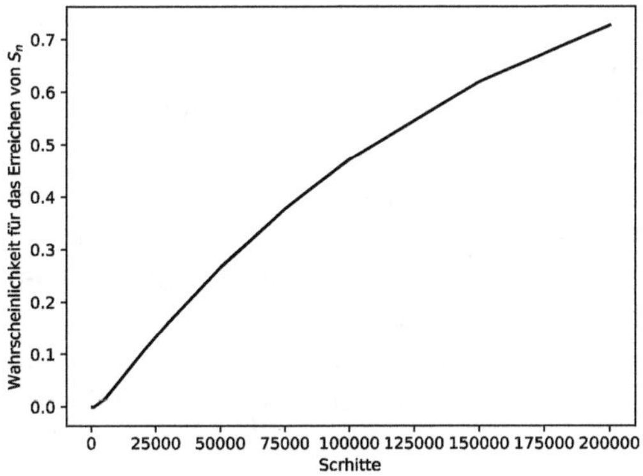

Abbildung 15.10 Veränderung der Wahrscheinlichkeit für das Erreichen von S_n, wenn bereits eine suboptimale Strategie in Richtung S_{n+m} vorliegt.

```
D[0,1] = 1.0/30; D[2,1] = 1.0/30
D[n+1,1] = 0.9+ 1.0/30
D[n,n] = 1; D[1, 0] = 1
D[n+1,n] = 0; D[1,n+1] = 0.05
D[1,-1] = 1; D[-2,-1] = 0
D[n,n-1] = 0.5; D[n,n+1] = 0
s = np.zeros(n+m); s[1] = 1
stepList = [500,1000,5000,10000,20000,30000,50000,75000,100000,150000,200000]
p = []
for steps in stepList:
    finals = matrix_power(D,steps)@s
    p.append(finals[n])
```

Das Ergebnis in Abbildung 15.10, welches der Code produziert, ist etwas schockierend. Über 100 000 Schritte sind nötig, um eine fünfzigprozentige Chance zu haben, den Zustand S_n einmal erreicht zu haben. Zur Beruhigung: In der Praxis ist es oft nicht ganz so schlimm. Nach jedem Spiel wird, wenn doch kein Attraktor – also eine Lösung – gefunden wird, ein Repellor gefunden. Der Abschluss eines Spieles, bei dem man nicht gewonnen hat, wird in der Regel mit einer Strafe wie -1 versehen. Das hilft natürlich, ungünstige Wege zu meiden. Das Problem sind einmal eingefahrene Lösungen, die zu einem lokalen Extremwert führen. Wie schon erwähnt, ist ein bestärkendes Lernen als Suche nach einer Strategie im Grunde seines Herzen eine Optimierungsaufgabe und als solche nun einmal anfällig für lokale Extremwerte.

15.5 Inverse Reinforcement Learning

In allem, was wir bisher getan haben, wurde der Reward-Funktion zu wenig Aufmerksamkeit geschenkt. Sie ist bekanntlich das Ziel, nachdem sich der Agent beim Reinforcement Learning richtet. Das Ziel ist es, eine Strategie π zu finden, mit der sich eben dieser Reward maximieren lässt. Das bedeutet logischerweise, dass – wenn man die Reward-Funktion ändert – man auch das Verhalten des Agenten ändert. Wenn zwei Personen sich ein Problem ansehen und jeweils eine Reward-Funktion designen, kommen diese vermutlich zu unterschiedlichen Ergebnissen. Es kann sein, dass beide Funktionen den Extremwert, nach dem gesucht wird, für die gleiche Strategie π annehmen. In diesem Fall besteht die Auswirkung darin, dass die Suche nach dieser

Strategie mit der einen Reward-Funktion leichter ist als mit der anderen. Die eine mag Nebenmaxima haben, in denen der Prozess hängen bleiben kann, die andere nicht. Es kann auch sein, dass eine Person einen Designfehler macht und die gewählte Reward-Funktion überhaupt nicht zum Optimum führt.

Immer jedoch ist die Reward-Funktion beim klassischen Reinforcement Learning Mittel zum Zweck. Den Prozess etwas anders sieht das Inverse Reinforcement Learning, wie es in [NR⁺00] definiert wird. Das Inverse Reinforcement Learning, wie es in [NR⁺00] definiert wird, hat einen etwas anderen Blick auf den Prozess. Am weitesten verbreitet ist der Ansatz im Umfeld der Robotik und des autonomen Fahrens. Hier ist es nicht so, dass es noch niemanden gibt, der Auto fährt oder eine Treppen hinaufsteigt. Beobachtet man Menschen, so erhält man eine Reihe von Daten.

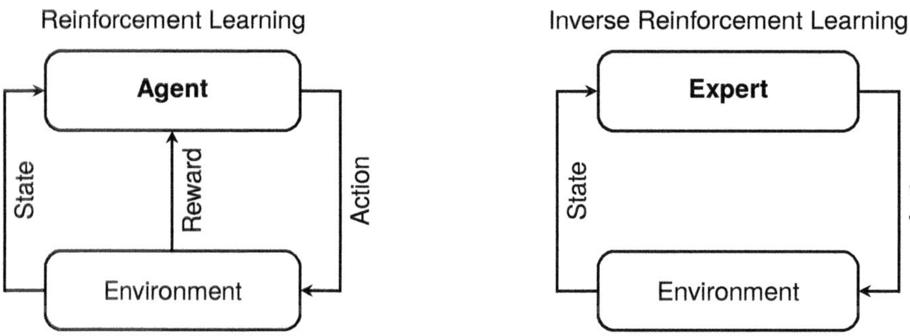

Abbildung 15.11 Reinforcement Learning vs. Inverse Reinforcement Learning

Die Abbildung 15.11 gibt einen Eindruck davon, was die größte Verschiebung zwischen Reinforcement Learning und Inverse Reinforcement Learning ist. Das Reinforcement Learning hat eine Umgebung, von der wir hoffen, dass sie sich durch einen *Markov Decision Process* beschreiben lässt, die neben der Rückmeldung über die beobachteten Zustände auch einen Reward zurückliefert. Dieser ist Teil des *Markov Decision Processes.* Beim Inverse Reinforcement Learning nimmt man den Reward nicht als gegeben an, sondern ersetzt diesen durch einen Experten, der Daten generiert. Dabei unterstellt man, dass der Experte sich in seinem Verhalten im Wesentlichen nach der optimalen Strategie π richtet. Man würde beim autonomen Fahren nur Daten von Personen nehmen, bei denen man glaubt, einen vorbildlichen Fahrstil zu erkennen. Das ist ein Unterschied zum Experience Replay, bei dem man es im Zusammenhang mit Reinforcement Learning auch wie Einstein halten kann:

> *Es gibt keine andere vernünftige Erziehung, als Vorbild zu sein, wenn es nicht anders geht, ein abschreckendes.*

Inverse Reinforcement Learning braucht gute Vorbilder, da diese Technik davon ausgeht, dass die optimale Strategie π^* implizit durch die aufgezeichneten Daten vorliegt. Es gilt zunächst, die Reward-Function r zu konstruieren. Hat man diese, ist der nächste Schritt π^* und dieses r zu nutzen, um damit Agenten zu trainieren. Ein Grund ist, dass unsere Daten diese optimale Strategie nur in einem Teil der Situationen darstellen und wir auf Basis dieser Strategie anfangen können, eine Art *Transfer Learning* durchzuführen, um auch in anderen Situationen diese Strategie anzuwenden. Wege, um r zu finden und daraus ein (initales) π^* abzuleiten, werden u. a. in [NR⁺00] und [AN04] beschrieben. Aus der grundlegenden Idee des Inverse Reinforcement Learning zusammen mit der schon bei [Rie05] beschriebenen Idee ergibt sich ein guter Ansatz für eine schnellere Lösung der komplexeren Probleme in OpenAI Gym, TORCS etc. Man programmiert einen Controller für einen Menschen, z. B. mittels der Bibliothek **Pygame**. Anschließend bittet man einen Menschen, das Problem zu lösen, also z. B. zu spielen. Dabei loggt man (s, a, s') mit, vorzugsweise erst, wenn der Mensch/die Menschen etwas besser in dem Spiel sind. Manchmal ist es auch sinnvoll, gezielt einen schwächeren Spieler antreten zu lassen. Nun kann man versuchen, aus den Daten zunächst eine Idee für eine gute Reward-Funktion r zu gewinnen. Diese sollte mindestens so sein, dass bessere Spieler auch bessere Rewards erhalten. Wenn die Funktion das Feedback schneller gibt als erst am Ende des Spieles – sonst könnte man einfach den Score nehmen – ist das i.d.R. ein Vorteil für die Konvergenzgeschwindigkeit. Hat man diese hoffentlich gute Funktion $r(s, a)$ entworfen, kann man damit für alle Datenbankeinträge r berechnen. Dieser Datensatz eignet sich sehr gut als initiale Datenbank für einen Agenten, auch im klassischen Reinforcement Learning.

15.6 Deep Q-Learning

Im Jahr 2015 wurden von DeepMind in [MKS+15] erstaunliche Ergebnisse im Feld des Reinforcement Learnings auf dem Preprint-Server arXiv vorgestellt und 2017 in einem Artikel in Nature [MK13] als Peer Review Paper veröffentlicht. Der Unterschied ist, dass arXiv Paper aller Qualität enthält, weil dort jeder wissenschaftlich Arbeitende seine Vorveröffentlichungen hochladen kann, während das Peer Review einen gewissen Qualitätsstandard sichert, der aber seine Zeit braucht. Auf eine Diskussion, wie schwankend dieser sein kann, lasse ich mich jetzt nicht im Detail ein. Es wurden schon großartige Paper zunächst abgelehnt und expliziter Betrug veröffentlicht; das Instrument ist jedenfalls das beste, was die Wissenschaft aktuell hat. Im Paper von DeepMind wurde gezeigt, wie ein Agent zahlreiche Atari-Spiele meistern lernen konnte, und zwar auf Basis der Bildschirmausgabe. In diesem Paper sprechen die Autoren davon

to achieve this, we developed a novel agent, a deep Q-network(DQN), which . . .

womit der Name **Deep Q-Learning** bzw. DQN als Abkürzung in der Welt war. Wer sich im Nachhinein die Artikel, die in IT-Magazinen direkt danach erschienen, ansieht, wird feststellen, dass dies zu einem bedauerlichen Missverständnis führte. Die schnelle Zusammenfassung war oft, es gehe darum, tiefe Netze für das Reinforcement Learning einzusetzen. Da wir in dem Buch fast historisch vorgegangen sind, wissen Sie, dass das nicht die Neuerung gewesen sein kann. Netze mit mehreren Layern wurden schon vorher eingesetzt und auch Experience Replay wird oft fälschlich auf diese Paper verwiesen. Das Erstaunliche ist eher die Zusammenführung von Techniken und ein bis zwei andere Innovationen. DeepMind setzt in dem Paper eben nicht auf Merkmale wie Geschwindigkeit und Ortskoordinaten, sondern nutzt wie oben erwähnt die Bildschirmausgabe. Entsprechend kommen CNNs zum Einsatz und nicht irgendwelche tiefen neuronalen Netze. Das ist der erste mir bekannte Einsatz von CNN in dem Kontext; also eines der Dinge, die ich interessant fand.

> **!** Das bedeutet, dass im Laufe des Trainings der Agent nicht wie bisher ausschließlich die Strategie lernen muss. Er muss auch lernen zu erkennen, welche Merkmale in einer Bildschirmausgabe für einen Reward bzw. einen Q-Wert relevant sind.

Hieraus ergeben sich ein paar Herausforderungen, wobei die größte die Stabilität ist. Wir beginnen an einer anderen Stelle: der Art, wie die Q-Funktion verwendet wird.

Abbildung 15.12 Alternative Struktur für die Q-Funktion mit einer vektoriellen Ausgabe

Abbildung 15.12 zeigt die Veränderung. Rechts ist die Q-Funktion, wie wir diese bisher benutzt haben, und links die Variante, die u. a. im Rahmen des Deep Q-Learnings verwendet wird. Zunächst ist die linke Variante insofern die natürliche, als dass man in einem Zustand s nicht für alle möglichen Aktionen $a_1 \ldots, a_n$ die Belohnungen kennt. Der Agent hat in der Regel die Situation nur einmal in seinem Gedächtnisspeicher und das mit der Aktion a_k, die damals eben ausgeführt wurde. Welchen Vorteil bietet also ein Struktur wie rechts in Abb. 15.12 dargestellt?

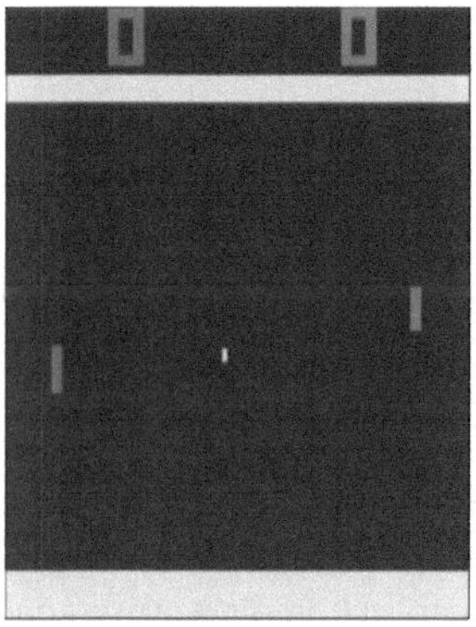

Abbildung 15.13 Bildschirmausgabe von Pong im OpenAI Gym

Ein Punkt ist sicherlich, dass wir bisher als Input für die Q-Funktion immer einen Vektor (s, a) verwendet haben; also den Zustand durch reine Skalare ausgedrückt und diesem einen Wert für die Aktion voran- oder auch nachgestellt haben. Nun wollen wir Bilder wie in Abbildung 15.13 verarbeiten und diese auch in ihrer Struktur weitestgehend, wie in Kapitel 11 besprochen, erhalten und nicht zu einem Vektor umformatieren. Das bedeutet, es ist nicht mehr so einfach, die Aktion durch das Netz mitzuführen, obwohl dies mit dem Mergen von Layern etc. in Keras durchaus geht. Aber es ist weniger natürlich. Darüber hinaus haben wir bisher immer umständlich eine Schleife verwendet, um für die maximalen Q-Werte mittels des neuronalen Netzes zu berechnen. Hätten wir eine solche vektorielle Ausgabe, könnte die Schleife entfallen.

> **!** Sie können die Struktur der Q-Funktion aus Abbildung 15.12 (rechts) auch nutzen, wenn Sie es nicht mit Bilddaten zu tun haben. Mit den später besprochenen Techniken kann es auch dort vorteilhaft sein.

Der nächste Punkt neben der Natur des Inputs ist die Stabilität. DQN ist so etwas wie ein *Wackelkontakt mit Ansage.*

Bei Spielen wie Pong in OpenAI Gym wird analog zu dem, was bereits in Abschnitt 15.4 besprochen wurde, der Reward erst sehr spät gewährt. Bei Pong gilt:

$$r = \begin{cases} +1 & \text{falls der Agent einen Punkt macht} \\ -1 & \text{falls der Gegner einen Punkt macht} \\ 0 & \text{sonst} \end{cases}$$

Das bedeutet, mehrere hundert Zustände haben genau wie im Abschnitt 15.4 den Wert Null, und erst danach erhält der Agent eine Rückmeldung, die schwierig auf die Aktionen vorher zuzuordnen ist. Das ist auch bei Ansätzen mit wenigen verdichteten Skalaren als Zuständen eine Herausforderung. Nun hat man es hier mit einem sehr großen Raum zu tun. Die Bildschirmausgabe der Atari-Spiele besteht aus einem Array der Dimensionen 210 × 160 × 3, wobei die 3 für die Farbkanäle steht. Das bedeutet, der Zustandsraum ist sehr groß und der Agent bzw. das CNN muss lernen, was in diesem Bild von Interesse ist. Bei diesen Rahmenbedingungen ist eine (schnelle) Konvergenz zum Optimum, hier der gewünschten Strategie, alles andere als sicher. Neben Experience Replay wird zusätzlich auf ein sogenanntes Target-Network zurückgegriffen. Diese Technik, und zwar das Nutzen eines zweiten Netzes durch Kopieren der Gewichte zur Stabilisierung im Einsatzgebiet des Reinforcement Learnings, ist im US-Patent [MK13] abgedeckt. Das Europäische Patentamt hat das zugehörige EP-Patent, während das Buch in den letzten Zügen lag, nämlich im Mai 2020, durchgewunken und damit ein weiteres Mal einem reinen Algorithmus ein Patent in der EU beschert. Sie können also außerhalb einer privaten oder akademischen Anwendung nur hoffen, dass die Sache mit der Apache-Lizenz so im Sinne von Google zu sehen ist, denn auf das Europäische Patentamt als Wächter gegen Softwarepatente sollten man sich nicht verlassen. Wir werden später diskutieren, wie man um dieses spezielle Patent herumkommt. Umsonst ist das leider nicht, und generell würde es nur helfen, konsequenter gegen diese innovationsfeindliche Politik Stellung zu beziehen, alternativ sollte die Apache-Lizenz mit Patentschutz von möglichst vielen Unternehmen eingesetzt werden.

Wenden wir uns von diesem unerquicklichen Thema ab und der Technik dahinter zu. Was tut dieses Target-Network und wofür ist es gut? Unser Netz soll ja weiterhin einem Zustand s mittels der Q-Funktion einen Wert zuweisen. Dieser Zustand muss anhand eines Bildes eindeutig bestimmt werden. Das bedeutet, die Filter im CNN müssen sich erst anpassen, überhaupt die jeweiligen Zustände entsprechend erfassen zu können. Wenn nun währenddessen sich das Ziel – eng. Target – bzw. Zielwert y zu schnell durch die äußere Iteration zur Bildung der Q-Funktion selber ändert, so ist die Konvergenz stark gefährdet. Das bedeutet, das Netz muss sich auf ein Ziel einschießen können. Gleichzeitig ist der Zustands-Aktions-Raum nie klein, da es durch die Bilder sehr viele Zustände gibt, und das Credit Assignment Problem kommt verstärkt durch die Art des Feedbacks dazu. Wäre der Aktions-Zustandsraum klein und das Credit Assignment Problem nicht ausgeprägt, könnten wir einfach mit einem großen Batch lernen und hoffen, daraus alles Nötige an Wissen zu ziehen. Die Trajektorien, die hier zum Erfolg führen, sind jedoch so schwer zu finden und müssen durch eine geeignete Exploration-Strategie in längeren und gesteuerten Interaktionen mit der Umgebung gefunden werden. Also nutzt man für die Bestimmung des Maximums im Zielwert eine Kopie der Q-Funktion, die sich nur selten ändert.

Betrachtet man den Pseudocode zum Verfahren, so wird zunächst direkt der Ansatz klar, $\hat{Q}$ als Kopie von Q zu verwenden, welche in Zeile 14 alle C Schritte auf den aktuellen Stand gebracht wird. C ist dabei typischerweise eine große Zahl, wie z. B. 1000. Um ein Gefühl für die Parameter zu bekommen, hier eine Tabelle mit den verwendeten Parametern für das Lernen aller

Algorithm 15.4 Deep Q-Learning mit Experience Replay

Initialisiere einen ersten Datenbestand $\mathcal{D}$ der Größe N für das Experience Replay
Initialisiere die Action-Value-Function Q mit zufälligen Gewichten θ
Initialisiere die Target Action-Value-Function $\hat{Q}$ mit der Kopie θ^- von θ
for episode $= 1 \dots M$ **do**
  Initialisiere eine Sequenz $s_1 = \{x_1\}$ und Preprocessing-Sequenz $\phi_1 = \phi(s_1)$
  for episode $= 1 \dots T$ **do**
    Wähle mit einer Wahrscheinlichkeit ε eine zufällige Aktion, sonst wähle

$$a_t = \arg\max_a Q_\theta(\phi(s_t), a)$$

    Der Agent führt die Aktion a_t aus und beobachtet r_t und x_{t+1}
    Setze $s_{t+1} = s_t, a_t, x_{t+1}$ und führe das Preprocessing $\phi_{t+1} = \phi(s_{t+1})$ durch
    Speichere das Tuple $(\phi_t, a_t, r_t, \phi_{t+1})$ in $\mathcal{D}$
    Ziehe einen zufälligen Minibatch von Tupeln $(\phi_j, a_j, r_j, \phi_{j+1})$ aus $\mathcal{D}$

$$\text{Setze } y_j = \begin{cases} r_j & \text{wenn done=true im Schritt } j+1 \\ r_j + \gamma \max_{a'} \hat{Q}_{\theta^-}(\phi_{j+1}, a') & \text{sonst} \end{cases}$$

    Führe einen Optimierungsschritt bzgl. des Fehlers $\left(y_j - Q_\theta(\phi_j, a_j)\right)^2$ durch und verändere θ
    Alle C Schritte setze $\hat{Q} = Q$.
  end for
end for

Atari-Spiele. Wir werden alles etwas schlanker halten können, da wir uns bzw. dem Agenten nur ein spezielles Spiel vorsetzen werden: Pong.

Die Tabelle 15.6 enthält nicht alle Werte, aber die wichtigsten, welche wir für die weitere Diskussion brauchen. Dabei geht es zunächst um das schon im Pseudocode erwähnte Preprocessing ϕ. Hierzu gehören die in der Tabelle 15.6 enthaltenen Parameter für das Puffern der Frames. Was ist der Hintergrund dafür, dass der Agent nicht ein Bild, sondern eine ganze Sequenz bekommt? Werfen wir noch einmal einen Blick auf das Pong-Spielfeld in Abbildung 15.13. Fliegt der Ball in diesem Bild Ihrer Ansicht nach von rechts nach links oder von links nach rechts? Man kann das an einem einzelnen Bild nicht sagen, sondern man braucht eine Sequenz wie einen kleinen Filmausschnitt, um Richtung und Geschwindigkeit raten zu können. Bei einem Bild alleine wären viele Situationen ununterscheidbar und nicht einzuschätzen. Darüber hinaus ... haben Sie in der Abbildung die Farben vermisst? Eigentlich nicht, oder? Grautöne sind völlig ausreichend. Entsprechend wird das neuronale Netz nicht ein RGB-Bild mit drei Kanälen erhalten, sondern ein Array, in dem die vier Kanäle jeweils aus einem Graustufen-Bild des Bildschirms bestehen.

Der nächste Aspekt sind die vier wiederholten Aktionen. Eine Beobachtung besteht aus vier Frames und vier solcher Beobachtungen lang wiederholt man nun jeweils eine Aktion, also z. B. *oben*. Dafür gibt es drei Gründe:

1. Faktisch sind zwei Zustände dadurch 16 Frames voneinander entfernt. Um diesen Faktor verringert sich auch das Credit Assignment Problem der Propagierung der Information über die Zustände.

Tabelle 15.6 Im Paper von DeepMind zum DQN verwendete Hyperparameter

Hyperparameter	Wert	Beschreibung
γ	0.99	Bekannter Parameter aus dem Q-Update
Start ε	1.0	Startwert für die ε-Greedy-Strategie
Minimales ε	0.1	Minimaler Wert für die ε-Greedy-Strategie
Abschlussframe für die Exploration-Phase	1 000 000	Zwischen Frame 0 und diesem Frame wird ε linear auf seinen minimalen Wert abgesenkt
Anzahl der gepufferten Frames	4	Anzahl der Frames, die der Agent als einzelner Input erhält
Anzahl der wiederholten Aktionen	4	Aktionen werden über mehrere Beobachtungen hinweg wiederholt
minibatch size	32	Anzahl der Trainingsbeispiele in jedem Optimierungsupdate
Datentupel im Replay Memory Speicher	1 000 000	Aus diesem Speicher werden die Trainingsbeispiele entnommen
Lernrate des Optimierers	0.00025	Lernrate des eingesetzten Optimierers RMSProp

2. Wenn zwei Zustände sich zu ähnlich sehen, bedeutet das für das CNN mehr Probleme, die Werte zielsicher zu lernen. Der gewählte Abstand sorgt für ausreichende Unterschiede zwischen s_n und s_{n+1}.
3. Man hat gemerkt, dass es auf lange Sicht reicht, wenn der Agent in Zeitintervalen von 16 Frames reagiert und dadurch keinen starken Nachteil hat, sobald das Training weit genug fortgeschritten ist.

Der nächste sehr wichtige Punkt im Pseudocode des DQN ist der explizit erwähnte Minibatch inklusive des Optimierungsziels. Es sind sehr viele Iterationsschritte in der Q-Funktion nötig, um zu guten Ergebnissen zu kommen. Würde man hier mit einem großen Batch arbeiten, wie bei unseren Beispielen zuvor, würde das Training viel zu lange dauern. Daher nutzt man sehr oft einen sehr kleinen Batch, was jedoch zusätzliche Herausforderungen mit sich bringt. Dieser repräsentiert natürlich nur einen kleinen Ausschnitt des Merkmalsraumes und würde das Netz zu einem Overfitting auf genau die Bestandteile des Batches ermutigen. Daher wird immer nur eine Trainingsepoche ausgeführt und auch diese nur mit kleineren Lernraten als sonst üblich. Der Effekt stellt sich eher über die Vielzahl an kleinen Mini-Trainingsepochen ein.

Bezüglich des Quellcodes beginnen wir mit der Aufbereitung ϕ und deren Umsetzung. Die

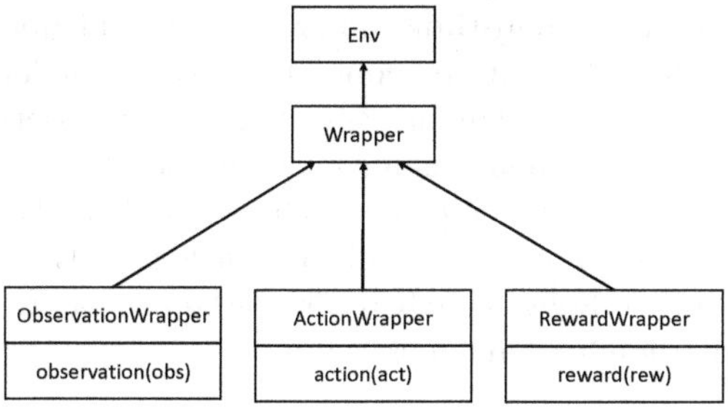

Abbildung 15.14 Wrapperklassen des OpenAI Gym Environments

Wrapperklasse erbt von der Environment-Klasse. Hier können Methoden wie `step` oder `reset` überschrieben werden, indem die ursprüngliche Methode aufgerufen und um neue Funktionalität erweitert wird. Darunter gibt es eine weitere Ebene mit spezialisierten Wrappern, die z. B. lediglich die beobachteten Zustände verändern.

Die Änderung des Rewards beim Cartpole hätte man wie gleich beschrieben durchführen können. Vielleicht mögen Sie einmal zurückblättern und diese Option umsetzen?

Wir nutzen diese Wrapper, um die Aufbereitung ϕ aus dem DQN-Algorithmus umzusetzen. Dazu erstellen Sie bitte eine Datei `pongEnvWrapper.py`.

Als Erstes müssen wir dafür sorgen, dass immer vier Schritte mit der gleichen Aktion gemacht werden. Das bedeutet, die `step`-Methode muss verändert werden, weshalb keiner der spezialisierten Wrapper zu dieser Aufgabe passt. Wir sind bisher kaum auf Vererbung in Python eingegangenen und versuchen auch jetzt, mit so wenig wie möglich auszukommen. Um unsere neue Klasse `Skip4Env` als abgeleitete Klasse von `gym.Wrapper` zu implementieren, muss hinter dem Namen der Klasse in den Klammern die Basisklasse angegeben werden. Würden wir auch die `__init__`-Methode überschreiben, müssten wir zusätzlich den Befehl `super` verwenden; wir kommen hier aber darum herum, tiefer einzusteigen. Was tut unsere Klasse? Sie führt einfach in einer Schleife eben viermal dieselbe Aktion aus. Dabei anfallende Belohnungen werden aufaddiert, und falls genau in dieser Phase das Spiel beendet wird, wird auch die Schleife beendet. Als Beobachtung wird dabei immer der letzte der vier Frames zurückgeliefert.

```
import numpy as np
import gym

class Skip4Env(gym.Wrapper):
    def step(self, action):
        reward = 0.0
        done = False
        for _ in range(4):
            obs, r, done, info = self.env.step(action)
            reward += r
            if done: break
        return obs, reward, done, info
```

Nun geht es nur noch darum, den Frame, der zurückgeliefert wird, zu modifizieren. Das bedeutet, wir nutzen als Basisklasse, die wir verändern, `gym.ObservationWrapper`. Zunächst sind es noch drei Integer-Layer im Array mit Werten zwischen 0 und 255, eben der RGB-Werten. Wir wollen diese zunächst in Graustufen umwandeln. Dazu multiplizieren wir jeden Kanal mittels `np.dot` mit einem Float-Wert, der typisch für eine Graustufen-Umwandlung ist, und addieren diese auf. Am Ende steht eine Graustufen-Darstellung des ganzen Frames. Jedoch ist nicht der ganze Bildschirm für das Pong-Spiel interessant und viele von Ihnen werden bei dieser Umsetzung ein wenig auf den Speicherplatz achten müssen. Für den Agenten reicht uns der Bereich, in dem aktiv gespielt wird, denn der Punktestand ist für den Agenten nicht wesentlich. Also schränken wir das Array auf diesen Bereich ein. Auch brauchen wir nicht so viele Details. Es reicht, wenn jeder zweite Pixel übernommen wird. Als Ergebnis haben wir eine 80 × 80-Matrix mit einer weiteren technisch notwendigen Dimension für den Kanal.

```python

class GrayCrop(gym.ObservationWrapper):
    def observation(self, frame):
        processedFrame = np.reshape(frame, frame.shape).astype(np.float32)
        processedFrame = np.dot(processedFrame[...,:3], [0.299, 0.587, 0.114])
        processedFrame = processedFrame[35:195:2, ::2].reshape(80,80,1)
        return processedFrame.astype(np.uint8)
```

Unser Zwischenergebnis ist ein Graustufenbild der Größe 80 × 80. Wie oben bereits erwähnt, werden vier dieser Bilder zusammengefügt, um dem Agenten die Informationen über Geschwindigkeit und Richtung zu geben. Dazu bauen wir ein Array der Dimension 80 × 80 × 4, um eben diese vier Frames aufnehmen zu können. Im CNN wird jede dieser zeitlichen Schichten als ein Kanal verarbeitet werden. Für den Fall, dass ein `reset` aufgerufen wird, müssen wir diesen auch zurücksetzen bzw. initialisieren. Entsprechend wird die `reset`-Methode überschrieben.

```python

class BufferWrapper(gym.ObservationWrapper):
    def reset(self):
        self.buffer = np.zeros( (80,80,4))
        return self.observation(self.env.reset())
```

In der `observation`-Methode wird darüber hinaus einfach umkopiert. Sobald eine neue Beobachtung hinzukommt, rücken alle einen Speicherplatz nach vorne, wodurch die älteste verloren geht. Bevor die Rückgabe erfolgt, wird diese zur besseren Verarbeitung in einem CNN noch durchnormiert, indem durch 255 geteilt wird.

```python

    def observation(self, observation):
        self.buffer[:,:,0:3] = self.buffer[:,:,1:4]
        self.buffer[:,:,3] = observation.squeeze()
        obs = np.array(self.buffer).astype(np.float32) / 255.0
        return obs
```

Nun implementieren wir eine Funktion, die alle unsere Wrapper zusammenfügt und über eine bestehende OpenAI Gym-Umgebung stülpt.

```python

def envPhi(envName):
    env = gym.make(envName)
    env = Skip4Env(env)
    env = GrayCrop(env)
    env = BufferWrapper(env)
    return env
```

Das Vorgehen, das wir zuvor mittels `deque` gemacht haben, ist hier zu ressourcenintensiv. Bei dieser Aufgabe lohnt es sich, einen eigenen kleinen zyklischen Speicher zu implementieren. Dies tun wir in der Datei `agentMemoryDQN.py`. Wir allozieren am Anfang so viel Speicher, wie unser Replay Buffer maximal Einträge haben soll; inklusive einem Zähler `mCounter`, wie viel schon hineingeschrieben wurde.

```python
import numpy as np
import matplotlib.pyplot as plt
```

```

class agentMemory(object):
    def __init__(self, memSize, input_shape):
        self.memSize = memSize
        self.mCounter= 0
        self._stateM     = np.zeros((self.memSize, *input_shape))
        self._nextstateM = np.zeros((self.memSize, *input_shape))
        self._actionM    = np.zeros(self.memSize, dtype=np.int32)
        self._rewardM    = np.zeros(self.memSize)
        self._doneM      = np.zeros(self.memSize, dtype=np.uint8)
```

In der Methode zum Hinzufügen der neuen Daten kommt der Aspekt, der `agentMemory` zu einem zyklischen Speicher macht. Die Position `idx`, an der der neue Eintrag gespeichert wird, berechnen wir mittels Modul-Rechnung.

Das bedeutet, wir nutzen den Speicher einfach bis zum Anschlag aus, und anschließend werden die ältesten Erinnerungen überschrieben.

```

    def addMemory(self, state, action, reward, nextState, done):
        idx = self.mCounter% self.memSize
        self.mCounter+= 1
        self._stateM[idx]       = state
        self._nextstateM [idx] = nextState
        self._actionM [idx]     = action
        self._rewardM[idx]      = reward
        self._doneM[idx]        = done
```

Wenn wir den Batch bilden, um darauf zu lernen, müssen wir natürlich wissen, bis wohin bereits Daten geschrieben wurden. Daher berechnen wir mit `maxMem` das Minimum aus dem Zähler und der maximalen Größe, um so eine obere Grenze für die anschließende zufällige Auswahl mittels `choice` zu haben. Danach wird wie schon bei den anderen Agenten der Batch entsprechend der zufälligen Indizes gezogen.

```

    def getBatch(self, bSize):
        maxMem     = min(self.mCounter, self.memSize)
        batchIdx   = np.random.choice(maxMem, bSize, replace=False)
        states     = self._stateM[batchIdx]
        actions    = self._actionM [batchIdx]
        rewards    = self._rewardM[batchIdx]
        nextStates = self._nextstateM [batchIdx]
        done       = self._doneM[batchIdx]
        return states, actions, rewards, nextStates, done
```

Die letzte Methode ist für den Betrieb nicht nötig. Ich möchte damit nur dazu ermutigen, sich für das Debuggen immer Visualisierungsmöglichkeiten zu schaffen. Solche Techniken, wie wir sie in diesem Kapitel umsetzen, sind sehr undankbar bzgl. der Fehlersuche. Meistens läuft der Code nur ohne das gewünschte Ergebnis. Das kann sehr viele Gründe haben. Das Verfahren kann trotz des richtigen Codes nicht konvergieren, der Code kann fehlerhaft sein oder, oder, oder. Manchmal, wenn man Daten vorverarbeitet, macht man Fehler, und diese sind sehr schwer zu finden. Also sehen Sie solche Bullaugen in Ihrem Algorithmus hin und wieder vor. Die kleine Methode unten zeigt einfach nur für eine Stelle, was gespeichert wurde. Dabei sehen wir, was unser Agent als Zustand sieht.

```

    def showMemory(self,no):
        print('Memory No.',no,' with memory counter',self.mCounter )
        print('Reward:',self._rewardM[no])
        print('Action', self._actionM[no])
        print('Done', self._doneM[no])
        fig = plt.figure()
        for i in range(4):
            ax = fig.add_subplot(1,4,i+1)
            ax.imshow(self._stateM[no,:,:,i])
        fig = plt.figure()
        for i in range(4):
            ax = fig.add_subplot(1,4,i+1)
            ax.imshow(self._nextstateM[no,:,:,i])
```

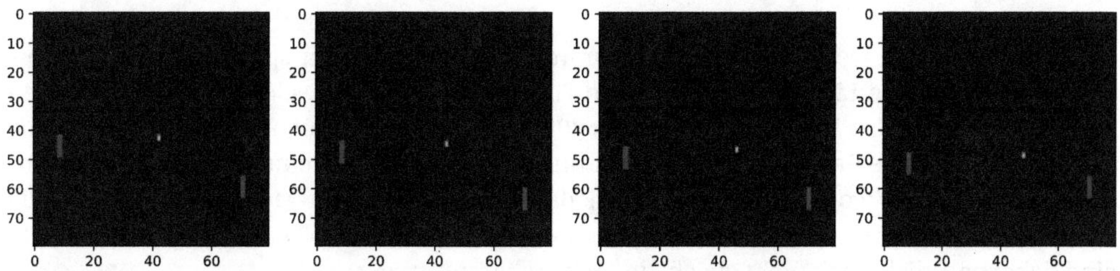

Abbildung 15.15 Ein Zustand im Speicher des Agentenm bestehend aus vier Frames

Wie Abbildung 15.15 zeigt, scheint die Speicherung der Frames wie geplant zu funktionieren. Theoretisch hat der Agent Zugriff auf Informationen wie Ort, Geschwindigkeit und Richtung der drei relevanten Objekte. Die Zustände sind durch die zeitlichen Abstände von vier Aufnahmen, die jeweils vier Frames auseinander liegen, ausreichend unterscheidbar geworden.

Was man hier unter anderem macht, ist, dafür zu sorgen, dass das Problem gut gestellt und deterministisch wird. Der Algorithmus würde ohne diese Aufbereitung nicht funktionieren. Sie ist wesentlich, ähnlich wie auch beim überwachten Lernen der Algorithmus nie mehr erreichen kann, als die Datenqualität es erlaubt.

Nun geht es darum, die Agenten inklusive den nötigen CNN selbst zu implementieren. Beim CNN wurden die Angaben aus dem Paper übernommen.

Das Netz ist eigentlich zu mächtig, weil es deutlich komplexere Spiele lernen können soll. Jedoch ist es sehr rechenaufwendig, hier andere Strukturen auszuprobieren. Ein Testlauf dauert ca. 8 Stunden, bis man weiß, ob das neue Netz ähnlich gut funktioniert. Wenn Sie mögen und einen Rechner länger entbehren können, probieren Sie damit gerne einmal herum.

Das CNN wird – wie schon in Kapitel 11 besprochen – zusammengesetzt; wobei generell alles eher auf *billig* ausgerichtet ist. Das bedeutet eher `strides` statt Pooling, keine Regularisierung, weil auch das die Kosten erhöht usw. In Teilen fährt man damit bewusst eher auf Risiko.

```
import numpy as np
from agentMemoryDQN import agentMemory
from tensorflow.keras.layers import Dense, Activation, Conv2D, Flatten
from tensorflow.keras.models import Sequential, load_model
from tensorflow.keras.optimizers import Adam

def qFunctionCNN(lr, outputs, frameDims):
    QFunction = Sequential()
    QFunction.add(Conv2D(32, (8,8), strides=4, activation='relu', input_shape=frameDims))
    QFunction.add(Conv2D(64, (4,4), strides=2, activation='relu'))
    QFunction.add(Conv2D(64, (3,3), strides=1, activation='relu'))
    QFunction.add(Flatten())
    QFunction.add( Dense(512, activation='relu') )
    QFunction.add(Dense(outputs, activation='linear'))
    QFunction.compile(optimizer=Adam(lr=lr), loss='mean_squared_error')
    return QFunction
```

In der Init-Methode werden alle nötigen Parameter gesetzt. Wie wir später noch sehen werden, ist `actions` eine Liste von Integern und `frameDims` ein Tupel, welches die Dimensionen der Beobachtung, also in unserem Falll $80 \times 80 \times 4$ angibt. Den Namen benutzen wir, um die Netze zu sichern. Die Berechnungen laufen mitunter länger und der eine oder andere wird unterbrechen müssen/wollen. Der Rest sind skalare Werte. In der Init-Methode nutzen wir die Funktion von oben, um zweimal ein identisches Netz aufzubauen. Die zufälligen Startwerte sind dabei natürlich noch nicht gleich, der Aspekt kommt später.

```

class dqnAgent(object):
    def __init__(self, lr, gamma, actions, vareps, bSize, frameDims,
                 replace=1000, epsDec=0.0,  epsMin=0.01,
                 memSize=10000, name='marvin'):
        self.actions = actions
        self.gamma   = gamma
        self.vareps  = vareps
        self.epsDec  = epsDec
        self.epsMin  = epsMin
        self.bSize   = bSize
        self.memory  = agentMemory(memSize, frameDims)
        self.replace = replace
        self.Q       = qFunctionCNN(lr, len(actions), frameDims)
        self.hatQ    = qFunctionCNN(lr, len(actions), frameDims)
        self.name    = name
        self.steps   = 0
```

Die nächste Methode reicht einfach nur den Input an das Speicherobjekt weiter.

```

    def addMemory(self, state, action, reward, nextState, done):
        self.memory.addMemory(state, action, reward, nextState, done)
```

Bei der Auswahl der Aktion gehen wir wie immer nach der ε-Greedy-Strategie vor, nutzen aber wie im DQN-Algorithmus oben nun einfach den maximalen Wert. Auch hier wird eher auf die einfache Lösung gesetzt. Das geht, weil – wie wir später herausstellen werden – alles getan wurde, um das Problem deterministisch zu halten.

```
    def getAction(self, observation):
        if np.random.random() < self.vareps:
            action = np.random.choice(self.actions)
        else:
            actions = self.Q.predict(observation[np.newaxis,:])
            action = np.argmax(actions)
        return action
```

In der learn-Methode werden, sobald genug Daten im Replay-Speicher sind, als Erstes die Gewichte zwischen den Netzen kopiert. Da passiert in durch self.replace definierten Intervallen.

```
    def learn(self):
        if self.memory.mCounter > self.bSize:
            if self.steps % self.replace == 0:
                self.hatQ.set_weights(self.Q.get_weights())
```

Als Nächstes setzen wir den Pseudocode des DQN quasi 1:1 in Python um, und zwar auf dem Batch, den unser Memory-Objekt uns zurückliefert. Neu ist die Methode train_on_batch. Sie tut fast dasselbe wie fit, jedoch kann man das Verhalten bei Bedarf exakter kontrollieren. Es wird genau ein einziger Optimierungsschritt auf genau dem übergebenen Batch durchgeführt. Er wird z. B. nicht wie bei fit intern weiter aufgeteilt. Das ist ein Vorteil für die Art, in der wir die Zielwerte definieren. Wir wollen laut dem im Pseudocode angegebenen DQN-Algorithmus die Optimierung bzgl.

$$\left(y_j - Q_\theta(\phi_j, a_j)\right)^2$$

durchführen; also nur die Einträge im Vektor, bei denen ein Wert für die Aktion im Speicher vorliegt, nicht den ganzen Vektor. Hierzu wird zunächst im Pythoncode $y = Q(\phi_j)$ gesetzt. In diesem Fall ist die Differenz logischerweise null. Anschließend setzen wir die neuen Zielwerte nur an den Stellen des Vektors auf einen neuen Wert, die auch in Mini-Batch enthalten sind. Da wir mit train_on_batch genau ein Update im Optimierungsverfahren auf der Basis der Summe der Fehler durchführen, ist es kein Problem, dass dies nur eine kleine Teilmenge ist. Die meisten Summanden sind wegen der Initialisierung $y = Q(\phi_j)$ null, und nur die abweichenden, entsprechend y[idx,action] umdefinierten Werte tragen etwas zum Fehlerfunktional bei. Würden wir mehrere Schritte durchführen, würden die anfangs kopierten Werte sich zunehmend so auswirken, was nicht gewünscht ist. Das kann man auch mit einem fit-Aufruf und angepasster Batchgröße etc. erreichen, aber so ist es wesentlich sicherer und quasi eingebaut.

```
            state, action, r, nextState, done = self.memory.getBatch(self.bSize)
            hatQ    = self.hatQ.predict(nextState)
            hatQMax = np.max(hatQ, axis=1)
            idx     = np.arange(self.bSize)
            y       = self.Q.predict(state)
            y[idx, action] = r +  self.gamma*(1 - done)*hatQMax
            self.Q.train_on_batch(state, y)
```

Am Schluss der learn-Methode verringern wir den Wert für die Exploration-Strategie bis zum angegebenen Minimum und zählen die gemachten Lernschritte hoch.

```

        self.vareps = self.vareps - self.epsDec
        if self.vareps < self.epsMin:
            self.vareps = self.epsMin
        self.steps += 1
```

Den Schluss bilden zwei Methoden, welche die Netze speichern und laden. Beachten Sie, dass dabei die jeweils letzten Netze überschrieben werden. Wenn Sie das nicht wollen, können Sie leicht dem Namen den Lernschrittzähler hinzufügen.

```

    def saveCNNs(self):
        fname = self.name+'.h5'
        self.Q.save('Q'+fname)
        self.hatQ.save('hatQ'+fname)

    def loadCNNs(self):
        fname = self.name+'.h5'
        self.Q = load_model('Q'+fname)
        self.q_nexdt = load_model('hatQ'+fname)
```

In unserer letzten Datei fügen wir alle Funktionalitäten zusammen. Dabei geht es zunächst um die Auswahl der geeigneten Umgebung. Es gibt im OpenAI Gym zu vielen Umgebungen eine Reihe leicht unterschiedlicher Versionen. Für einen Algorithmus wie den vorliegenden macht die Auswahl jedoch einen großen Unterschied. Wie schon erwähnt, hätten wir es gerne so kontrolliert und deterministisch wie möglich. Die erste Umgebung, auf die man vermutlich mittels einer Google-Suche stößt, ist `Pong-v0`. Diese möchte jedoch eine gewisse Zufälligkeit erzeugen und führt daher jede Aktion zufällig für $k \in \{2,3,4\}$ Frames aus. Es gibt Umgebungen, bei denen man versuchen kann, auf dem RAM des Spieles zu trainieren statt auf dem Bild etc. Die Systematik bei den Namen ist dabei im Wesentlichen so: `Spielname`+{nichts oder `Deterministic` oder `NoFrameskip` }+{nichts oder `-ram`} +{`-v0` ... `-v4`}. Die Versionen dienen dazu, damit man Paper nachvollziehen kann. Wenn es einem nicht darum geht, wäre immer die neueste zu empfehlen. Der Namensbestandteil `Deterministic` bezieht sich bei Pong nur auf den Start des Spiels, ob jedes Mal das erste Spiel mit dem gleichen *Aufschlag* begonnen wird oder nicht. Uns geht es darum, dass wir für die Vorverarbeitung ϕ die beste Kontrolle über die Frames haben, und daher wählen wir `PongNoFramesskip-v4`.

```
import numpy as np
from tqdm import tqdm
from dqnAgent import dqnAgent
from pongEnvWrapper import envPhi

env = envPhi('PongNoFrameskip-v4')
```

Als Nächstes initialisieren wir den Agenten. Da wir einen anderen Optimierer verwenden als im ursprünglichen Paper, passen wir auch leicht die Lernrate an. Ebenfalls angepasst wird die Größe des Speichers. Damit der Code auch auf schwächeren Maschinen läuft, beschränken wir uns auf 25000 Einträge im Replay Buffer. Die Frage bleibt noch, was die sechs Aktionen sind und woher man wissen kann, dass es eben sechs sein sollen. Die Umgebungen enthalten ein paar Methoden, die Auskunft geben können, u. a. `get_action_meanings()`.

```
>>> import gym
>>> env = gym.make('PongNoFrameskip-v4')
>>> print(env.unwrapped.get_action_meanings())
['NOOP', 'FIRE', 'RIGHT', 'LEFT', 'RIGHTFIRE', 'LEFTFIRE']
>>> env.close()
```

Man sieht, dass wir auch mit weniger Aktionen auskommen könnten. Rechts und links werden in Sinne von oben und unten interpretiert, und mittels `Fire` startet der Agent das Spiel. Letzteres könnten wir auch in die Umgebung einbauen, sodass immer direkt mit `Fire` gestartet wird. Es reichen folglich drei Aktionen. Der Agent lernt, dass einige redundant sind und eben `RIGHTFIRE` und `RIGHT` denselben Effekt haben.

```
marvin = dqnAgent(gamma=0.99, vareps=1.0, lr=0.0001,
                  frameDims=(80,80,4), actions=[0,1,2,3,4,5], memSize=25000,
                  epsMin=0.02, bSize=32, replace=1000, epsDec=1e-5)
maxReward= -21
rewards = []; epsHistory = []
steps = 0
verbose = False
```

Für die Schleife über alle durchgeführten Spiele nutzen wir den aus Abschnitt 15.1 bekannten Fortschrittsbalken. Die Umsetzung ist dabei vollkommen analog zu den vorangegangen Agenten. Die ganze *Magie* steckt in den Codes, die wir oben geschrieben haben. Wichtig ist nur, dass wir die Verwaltung der Zustände dieses Mal nicht im Agenten umgesetzt haben. Daher müssen wir selber in der letzten Zeile immer den vorhergehenden Zustand kopieren, um ein vollständiges Tupel an `addMemory` übergeben zu können.

```

progress = tqdm(range(500),desc='Training',unit=' episode')
for epoche in progress:
    done = False
    env.reset()
    observation = np.zeros( (80,80,4) )
    totalReward = 0
    while not done:
        steps += 1
        action = marvin.getAction(observation)
        obs, reward, done, info = env.step(action)
        totalReward += reward
        marvin.addMemory(observation, action, reward, obs, int(done))
        if verbose : env.render()
        marvin.learn()
        observation = obs
```

Am Ende jedes Spiels monitoren wir, was erreicht wurde, und speichern dies in Listen ab. Zusätzlich berechnen wir einen gleitenden Mittelwert der letzten zwanzig Spiele. Diesen verwenden wir als Abbruchkriterium. Ein einzelnes gutes Spiel ist noch nicht sehr aussagekräftig. Einige dieser Informationen integrieren wir in die Fortschrittsleiste, um etwas besser sehen zu können, wie sich der Agent entwickelt.

```

    rewards.append(totalReward)
    epsHistory.append(marvin.vareps)
    movingAvr = np.mean(rewards[-20:])
```

```
        msg  =' Training r='+str(totalReward)
        msg +=' vareps='+ str(round(marvin.vareps,ndigits=2))
        msg += ' avg='+str(movingAvr)
        progress.set_description(msg)
```

Alle zehn Spiele speichern wir die Netze des Agenten ab. Sie können das auch ändern und z. B. an Verbesserungen im gleitenden Mittelwert koppeln. Wichtig ist nur, nicht zu oft zu speichern, sonst dauert es einfach alles länger. Wenn der gleitende Mittelwert größer als 19 ist, also unser Agent schon länger souverän gewinnt, hört das Training auf.

```
        if epoche % 10 == 0: marvin.saveCNNs()
        if movingAvr>19: break
```

Dieses Listing habe ich mir nicht auf meinem Notebook mit Grafikkarte angetan, sondern einen Gaming-PC bemüht. Das Ergebnis bzgl. der Rechenzeit sieht so aus:

```
Training r=18.0 vareps=0.02 avg=19.1:  44% #####      220/500 [8:10:33<9:43:54, 125.12s/ episode]
```

Es hängt einiges von Zufallswerten ab, aber nach 200 bis 300 Spielen sollte Ihr Agent das entsprechende Niveau erreicht haben. In meinem Fall bietet es sich an, die Rechnung mit ca. 8 Stunden über Nacht laufen zu lassen.

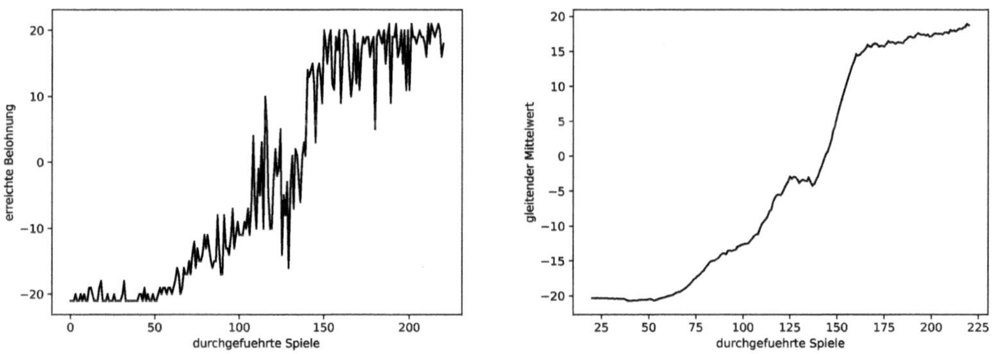

Abbildung 15.16 Erreichte Belohnung bzw. gleitender Mittelwert im Laufe der Trainingsspiele beim DQN

Während – wie man in Abbildung 15.16 erkennen kann – der Fortschritt für den erreichten Reward in einem Spiel auch starken Schwankungen unterliegt, zeigt der gleitende Mittelwert hingegen eine beinahe monoton steigende Kurve. Man erkennt jedoch Plateaus, die überwunden werden müssen: eines am Eingang bis etwa 50 Zyklen und ein weiteres kurz vor dem rasanten Anstieg.

Im Ergebnis haben wir einen Agenten, der eingebaute Gegner in einer Sequenz fast perfekter Spiele – also zu null bzw. mit 21 Punkten Vorsprung – besiegt. Das ist sehr gut, und man freut sich sehr, wenn es endlich klappt. Die acht Stunden sind ausschließlich die Rechenzeit. Wenn Sie das Projekt auf der Basis des Pseudocodes starten und nichts *abschreiben*, machen Sie vermutlich Fehler und stellen Parameter ein. Das kann Wochen dauern. Da ist man am Schluss sehr stolz auf seinen Agenten. Wenn Sie diesem Agenten jedoch einmal kritisch beim Spielen zusehen, werden Sie feststellen, dass wir keinen sehr kreativen Spieler hervorgebracht haben, sondern einen, der Schwachstellen im eingebauten Gegner mit sehr wenigen Manövern sehr gut ausnutzt. Er ist sehr effektiv, aber nicht kreativ.

Aktuell haben wir einen Agenten erzeugt, der sehr gut Pong gegen einen speziellen Gegner spielen kann. Pong ist als Spiel nicht schwierig zu programmieren. Mit Libs wie PySDL2 , Pygame oder Godot kann man leicht ein eigenes solches Pong-Spiel schreiben, bei dem man mehrere verschiedene Gegner und auch Menschen einer solchen KI als Gegner gegenüberstellen kann. Sie können auch versuchen, die Ausgabe von Ihrem Pong so zu gestalten, dass der trainiert Agent damit zurecht kommt. Finden Sie heraus, wie gut Sie gegen Ihren Agenten wären.

Ich hatte angekündigt, etwas bezüglich einer Alternative zum patentierten Ansatz über das Kopieren des Netzes noch etwas zu sagen. Alle anderen Aspekte oben sind eigentlich Techniken, die schon länger existieren, wie Experience Replay, und der Einsatz von neuronalen Netzen. Das Ziel, sich mit dem maschinellen Lernen auseinanderzusetzen, ist, die Ideen zu verstehen und zu Variationen fähig zu sein. In diesem Fall entsteht die Notwendigkeit bekanntlich daraus, dass es eine gewisse Stabilität braucht, während mit einem Minibatch die Filter und der dichte Teil des CNNs trainiert werden, damit sich durch die Q-Iteration das Ziel nicht zu instabil verändert. Das lässt sich auch ähnlich erreichen wie beim ursprünglichen Double-Q-Learning. Kommentieren Sie in dem Code das reine Kopieren einmal aus und lassen Sie stattdessen wie beim Double-Q-Learning die Netze einfach die Rollen tauschen. Das geht wie folgt:

```
if self.steps % self.replace == 0:
        #self.hatQ.set_weights(self.Q.get_weights())
        temp = self.Q
        self.Q = self.hatQ
        self.hatQ = temp
```

Damit gehen wir einen Schritt weiter als der Ansatz aus dem schon besprochenen Double-Q-Learning nach [VHGS16] aus dem Abschnitt 15.3. Es werden Rollen getauscht und nicht Gewichte, wie auch immer, kopiert übertragen. Dieses patentierte Vorgehen wird also von ihren Agenten dann nicht mehr angewendet.

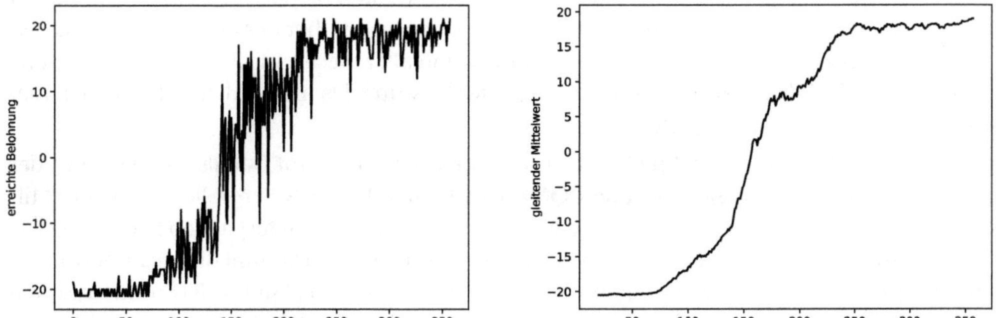

Abbildung 15.17 Erreichte Belohnung bzw. gleitender Mittelwert im Laufe der Trainingsspiele beim DQN mit Netzwerktausch

Der Vorteil, diese Netze einzeln zu trainieren, was jetzt faktisch passiert, ist derselbe, den wir schon bzgl. des Double-Q-Learnings von 2010 [VH10] im Abschnitt 15.3 diskutiert haben. Wir können unter anderem auch unterschiedliche Netzwerke benutzen, um mit Problemen, die besonders in stochastischen Umgebungen auftreten, besser umzugehen. Natürlich gibt es auch einen Nachteil, sonst würden es ja alle so machen, und dieser ist bei rechenaufwendigen Ansätzen wie solchen über CNN sehr relevant: Es dauert länger! Wir trainieren eben zwei Netze und kopieren nicht immer nur Fortschritte. Abbildung 15.17 zeigt, was dies bedeutet. Statt 220 Spiele brauchte der Agent nun 357 Spiele bzw. statt ca. acht Stunden ca. 14 Stunden. Es ist nicht ganz der Worst-Case eines Faktors zwei, denn der würde unberücksichtigt lassen, dass es oft einfach darum geht, auf die richtige Strategie zu stoßen. Man muss mit einem Faktor 1.25 bis 1.75 an Mehraufwand rechnen, wenn die Umgebung recht deterministisch ist und es sonst keine besonderen Vorteile durch den Einsatz zweier Netze gibt.

Wie oben erwähnt, ist die Sammlung von alten Atari-Spielen spätestens seit [MKS+15] einer der am häufigsten genutzten Benchmarks. Seitdem ist klar, dass man, wenn man Q-Learning mit geeignet dimensionierten neuronalen Netzen und einigen Optimierungsstrategien kombiniert, menschliche oder übermenschliche Leistung in mehreren Atari-Spielen erreichen kann. Alle Leser haben einmal gezockt ... nehme ich mal an. Der Energiebedarf des menschlichen Gehirns wird oft mit einer Glühlampe verglichen. Bevor Sie jetzt träumen: Es geht um die gute alte Technik, bei der ein elektrischer Leiter durch Strom aufgeheizt und dadurch zum Leuchten gebracht wird, also keine LED. Gehen wir von einem Wert zwischen 25 und 50 Watt aus; es geht auch nicht ums Detail, sondern um Größenordnungen. Damit arbeitet ein menschliches Gehirn etwa in der Kampfklasse einer mobilen CPU des Jahres 2019, während die stationären Hochleistungs-CPUs in Workstations sogar etwa doppelt so viel brauchen. Ein interessiertes Kind kann diese Atari-Spiele sehr schnell begreifen und gute Ergebnisse mit seiner *Rechenleistung* erzielen ... auch hier hat i.d.R. kein Erwachsener die Regeln erklärt und bei den Atari-Spielen hat auch keiner eine Doku gelesen. Es handelt sich also auch um bestärkendes Lernen.

Die Atari-Spiele laufen mit ca. 60 Bildern pro Sekunde. Wie viele Bilder benötigt wohl ein modernes DQN, um menschliche Leistung zu erreichen? Die Antwort hängt natürlich etwas vom Spiel ab, und ein gutes Gefühl bekommt man mit einem Blick in das Paper [HMVH+18], in dem eine Ablationsstudie durchgeführt wird. Im Zusammenhang mit maschinellem Lernen bzw. tiefen neuronalen Netzen wird der Begriff **Ablationsstudie** bzw. englisch **ablation study** genutzt, um einen Ansatz zu beschreiben, bei dem bestimmte Teile des Netzes entfernt oder gestört werden, um ein besseres Verständnis für das Verhalten des Netzes zu erhalten. Das ist für uns weniger interessant. Hierbei werden Fortschritte gegenüber der ursprünglichen DQN-Architektur erzielt und gezeigt, dass eine Kombination aller dieser Ansätze die beste Leistung bringt. Dieser *Rainbow*-Ansatz übertrifft mit seiner Leistung das menschliche Niveau bei über 40 der 57 versuchten Atari-Spiele.

Die Abbildung 15.18 zeigt die Ergebnisse. Die y-Achse ist – ohne auf Details einzugehen – der menschliche Leistungsstand. **RainbowDQN** überschreitet die 100%-Schwelle bei etwa 18 Millionen Frames, was – wie man mit den 60 Bildern pro Sekunde leicht feststellen kann – etwa 83 Stunden Spielerfahrung für die Datengewinnung entspricht. Dazu kommt die Leistung, die benötigt wird, um das Modell zu trainieren. Wenn wir unser Vergleichskind ca. 83 Stunden zocken lassen; sagen wir einmal vier Stunden am Tag und das über drei Wochen – was zu pädagogischen Sturmgewittern führen dürfte – ,so kann es mit seinen 25 bis 50 Watt Leistung verdammt gut diese Atari-Spiele bewältigen und das ist nur die Spielerfahrung. Das Kind lernt dabei auch noch! Dabei sind 18 Millionen Frames technische Höchstleistung. Das DQN aus [MKS+15] war bei weitem nicht so leistungsstark und benötigte 200 Millionen Frames; also eine ganze Größenordnung mehr ... rechnen Sie mal aus, was das unserem Vergleichskind für eine Zeit vor dem Bildschirm gibt! Leider enthält das Paper keine Angabe, wie viele Recheneinheiten daran geschuftet haben, das Netz zu trainieren, und wie oft man vor dem entscheidenden Durch-

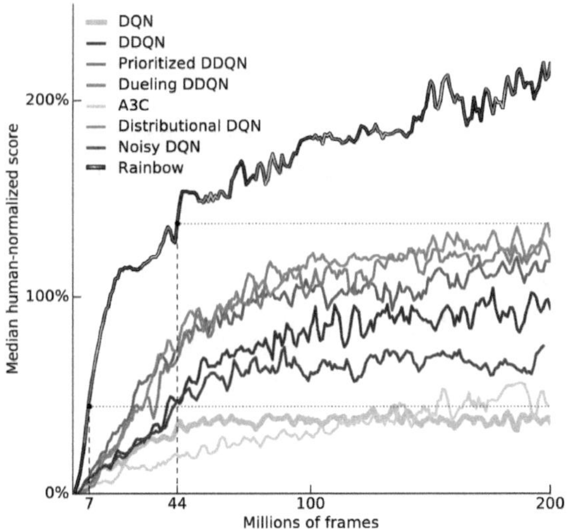

Abbildung 15.18 Figure 1 aus der Veröffentlichung [HMVH+18]

bruch neu starten musste. Leider habe ich die Information auch nirgendwo gefunden. In einem anderen Paper, in dem es um eine Laufaufgabe im Rahmen der MuJoCo-Benchmarks geht, findet man bei [HTS+17] immerhin ein paar Angaben; andere Aufgabe und etwas anderer Ansatz ... nicht ganz zu vergleichen ... aber es gibt ein Gefühl für Größenordnungen. In diesem Paper wird angegeben, dass 64 *Worker* über 100 Stunden lang zum Training eingesetzt wurden. Es ist anzunehmen, dass ein *Worker* für eine CPU steht. Die Ergebnisse des Papers sind beeindruckend, und man kann es sogar schön in einem Video auf Youtube sehen. Aber es sind auch 6400 CPU-Stunden, die dort eingeflossen sind. Wenn Sie nur eine einzige Workstation zur Verfügung haben, läuft Ihr Gerät fast neun Monate durch. Dabei hat dieses Gerät vermutlich den vierfachen Leistungsverbrauch Ihres Gehirns. Sie könnten sich auch fragen, wie gut ein Mensch wohl wäre, wenn man ihm 35 Monate Zeit 24/7 gibt. Wenn Sie davon ausgehen, dass Sie sich nur ca. acht Stunden am Tag konzentrieren können, reden wir über acht bis neun Jahre Ihrer Lebenszeit bzgl. der Lernleistung.

Was ich damit sagen möchte ist, dass Verfahren aus dieser Familie von Ansätzen daten- und ressourcenhungrig sind. Man darf hoffen, dass diese Form des modellfreien Lernens nicht das Ende der technologischen Entwicklung darstellt. Sehr kritisch ist auch, dass die weitere Verfolgung primär rechenintensiver Ansätze das Thema *künstliche Intelligenz* im Umfeld von Reinforcement Learning in eine stärkere Gefahr bringt, Monopole auszubilden, als in anderen Bereichen. Solche Aufwände bilden einfach starke Hürden.

15.7 Hierarchical Reinforcement Learning

Wir haben im Abschnitt 15.4 besprochen, dass es lange dauert, bis sich Informationen herumsprechen, und dazu im Abschnitt 15.6 einige Klimmzüge gemacht, um die Propagierung von Resultaten schneller zu ermöglichen, u. a. indem wir mehrere Schritte zusammengefügt haben. Eine mögliche Idee, darauf einzugehen, besteht darin, die Aufgaben aufzuteilen, und zwar entlang von Hierarchien. Zwei Grundideen, die im letzten Jahrhundert in Papern vorgestellt wurden, das von Dayan und Hinton aus dem Jahr 1993 [DH93] und [SPS99] von Sutton, Precup und Singh von 1999, werden wir uns genauer ansehen. Wir starten mit der zweiten, werden aber bei beiden nicht beliebig tief gehen. Eine fundierte theoretische Einführung in das Thema hierarchischer Ansätze für Reinforcement Learning findet man bei [WV12], Kapitel III.9.

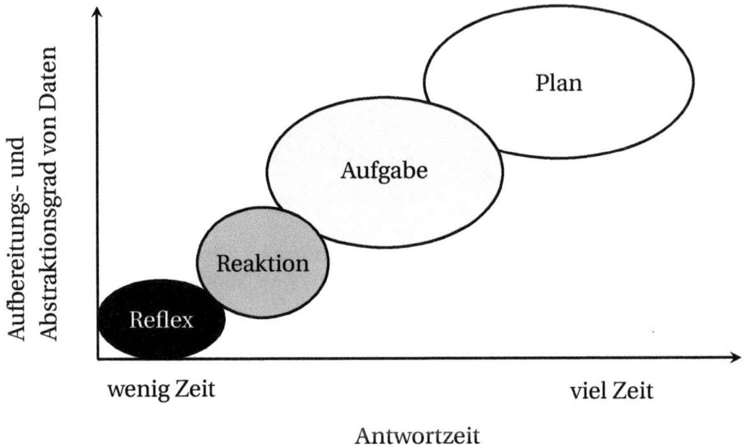

Abbildung 15.19 Hierarchieebenen von Aktionsauswahl und Lernebenen

Ich möchte die Grundidee anhand der Abbildung 15.19 verdeutlichen. Diese ist an eine Abbildung für Kontrollzyklen bei Robotern aus [HLN12, p. 262] angelehnt und hier auf eine allgemeinere Sicht für Lernkontexte übertragen worden. Dazu nehmen wir einfach an, wir würden uns mit Haushaltsrobotern beschäftigen, die sich in einem Gebäude bewegen.

Klären wir zunächst einige Begrifflichkeiten aus Abbildung 15.19 in unserem Kontext: Ein **Plan** ist so etwas wie eine Langzeitstrategie. Ein Beispiel könnte sein, dass wir ein Zimmer A, das etwas von unserem Roboter entfernt ist, reinigen wollen. Diesen Entschluss fassen wir auf der Basis zusammengetragener und aufbereiteter Daten; beispielsweise einer Karte der Umgebung, der Position anderer Agenten und der Prognose, wie dreckig das Zimmer wohl sein wird. Diesen Plan ändern wir zunächst nicht, es sei denn, etwas Fundamentales verändert sich an der Datenlage. Ein Beispiel für eine solche Änderung könnte die Mitteilung sein, dass bereits ein anderer Roboter dieses Zimmer erreicht hat. Wir haben viel Zeit, Pläne zu machen und ggf. zu ändern.

Um unseren Plan umzusetzen, müssen wir einzelne **Aufgaben** bzw. **Tasks** bewältigen. Eine solche Aufgabe kann die Durchquerung des Zimmers B sein, das zwischen uns und unserem Ziel liegt. Wenn wir die Tür zu Zimmer B verschlossen finden, nehmen wir halt einen anderen Weg, aber dies berührt nicht automatisch unseren Plan. Allerdings ändert sich die Aufgabe, um diesen Plan zu erreichen. Die meisten Tasks werden primär auf aufbereiteten und abstrahierten Daten erfolgen. Eine Aufgabe ändert sich öfter als ein Plan, aber wir haben schon in Computer-Maßstäben recht viel Zeit, um auf Änderungen zu reagieren.

Beide Ebenen, die der Aufgaben und die der Pläne, bieten sich besonders für maschinelles Lernen an. Wir haben in der Regel komplexe und sich verändernde Situationen, die ein Entwickler nicht vorab vollständig wird überblicken können. Außerdem hat der Agent genug Zeit, komplexere Verfahren auszuwerten und ggf. auch noch im Betrieb zu lernen.

Wenn wir jetzt durch das Zimmer B fahren, kann es passieren, dass unsere Karte, die wir uns vom Zimmer B gemacht haben, nicht mehr ganz aktuell ist. Die Katze hat sich mitten in unseren Fahrweg gelegt und versperrt die ursprünglich geplante Route. Hier kommt die Ebene der **Reaktionen** ins Spiel. Reaktionen basieren oft zu einem guten Teil auf leicht verarbeiteten oder sogar Rohdaten. Auf Basis dieser Daten wird ein Verhalten oder eben eine Reaktion angestoßen. Man kann sich das so vorstellen, dass zu einer Situation, die eine Reaktion hervorruft, ein oder mehrere Verhaltensmodule als Software existieren, die aktiviert werden. Eine Reaktion in unserem Fall wäre, die Katze auf einem Kreisbogen rechts oder links herum in einem festgelegten Abstand zu umfahren. Eine solche Reaktion lässt sich sehr gut fest programmieren. Wenn ein Hindernis in einem Abstand h auftaucht und der Agent rechts oder links freie Bahn hat, soll er die Reaktion *Kreisumfahren* ausführen. Auch auf dieser Ebene können wir sinnvoll maschinelles Lernen einsetzen, und zwar unterschiedlich komplex. Wir können mindestens die folgenden drei Dinge lernen:

Eine Situation s liegt vor und ...

1. ... eine Entscheidung muss getroffen werden, welches fertige Verhaltensmodul aktiviert wird.
2. ... der Agent wird mit einem definierten Verhaltensmodul reagieren. Was ist die beste Wahl für einen Parameter innerhalb des Moduls?
3. ... der Agent soll zu dieser Situation ein neues Verhalten lernen.

Zweitens kann der Fall des Umfahrens eines Hindernisses bedeuten, dass wir zwar immer eine Kreisbahn nehmen werden, jedoch lernen wollen, was der beste Radius ist. Kann unser Roboter Gegenstände – z. B. einen Papierkorb – von Lebewesen – z. B. einer Katze – unterscheiden, so wird er bei Gegenständen einen kleineren und bei Lebewesen einen größeren Radius wählen. Wenn wir eine Situation als nicht sicherheitskritisch einschätzen, kann es auch interessant sein, zu einigen ggf. schon vorhandenen Verhaltensweisen neue auszuprobieren. Auf der Ebene der Reaktionen kann gelernt oder auch viel auf fest definierte Verhaltensweisen zurückgegriffen werden. Mischungen können ebenso vorkommen.

Reflexe wandeln unverarbeitete Signale direkt in eine Aktion um. Beispielsweise könnte ein Agent bei Kontakt mit einem Hindernis sofort den Motor abschalten, um stehen zu bleiben. Diese Ebene dient im Allgemeinen der Sicherheit des Agenten oder seiner Umgebung. Diese sicherheitskritischen Reaktionen würden auch Anweisungen der höheren Ebenen überschreiben. Das, was man auf dieser Ebene entscheidet, ist immer zeitkritisch. Ein Beispiel, das man aus dem Alltag kennt, ist die heiße Herdplatte. Fassen wir etwas Heißes an, kommt durch das Rückenmark getriggert sofort ein Befehl, die Hand zurückzuziehen. Wenn unser Körper diesen Job den komplexen Prozessen in unserem Gehirn überlassen würde, wären starke Verbrennungen kaum zu vermeiden. Auf dieser Ebene sind Zweifel angebracht, ob es sinnvoll ist *zu lernen.* Viele Reflexe sind auch bei uns Menschen quasi hart eincodiert und können nicht unterdrückt werden. Natürlich ist das keine absolute Aussage. Jeder kennt den berühmten Pawlow'schen Hund. Sein Speichelfluss ist ein Beispiel für ein konditioniertes Verhalten, welches erlernt wurde. Man kann sagen, dass viele Prozesse auf dieser Ebene hart codieren sind und z. B. durch schnelle Algorithmen aus der Regelungstechnik gesteuert werden. Natürlich sind analog zu dem Pawlow'schen Hund auf der Reflex-Ebene lernende Elemente nicht gänzlich ausgeschlossen.

Damit bilden Pläne, Aufgaben, Reaktionen und Reflexe eine **Lernhierarchie** bzw. eine **Hierarchie von Lernebenen**. Hierdurch kann man einen *Divide and Conquer*-Ansatz anwenden. Statt eine optimale Strategie auf einem sehr großen Merkmalsraum zu suchen, organisiert man das Lernen in einzelne Teilprobleme und zerlegt es so. Aus deren Lösungen ergibt sich eine gelernte Strategie für das Gesamtproblem. Je höher wir uns in der Ebene befinden, desto mehr Zeit haben wir, Merkmale im Echtzeiteinsatz aus verschiedenen Quellen zu aggregieren und zu verdichten. Wir können unseren Plan auf abstrakten Merkmalen lernen, während wir für eine Reaktion zwar weniger Aufbereitung durchführen können, jedoch dafür auch nur mit eher lokalen Problemen konfrontiert sind. Durch die Konzentration auf wenige lokale Sensoren wird somit der Merkmalsraum eingeschränkt. Ein Problem dieses Ansatzes ist erneut die Stabilität. Wenn wir alle Ebenen gleichzeitig versuchen zu lernen, so wird es sehr lange dauern, bis sich auf den höheren Ebenen eine gute Strategie durchsetzt. Nehmen wir an, unser Agent entschließt sich, Plan A auszuführen. Dieser wird nun durch die niedrigere Ebene wie die Aufgaben ausgeführt, welche noch nicht gut trainiert sind. Der Effekt ist, dass die Ausführung von Plan A so schlecht war, dass der Agent keinen hohen Reward bekommt. Diesen schlechten Ausgang schreibt sich zu Unrecht der Lerner auf der Planungsebene zu, was sein Training lange beeinflussen wird. Es ist daher im Allgemeinen sinnvoll, von unten nach oben in der Hierarchie zu lernen.

Hier ein Vorschlag für einen Prozess von unten nach oben: Wir beginnen auf der Ebene der Reflexe und versuchen dort, so viel wie möglich nicht zu lernen, sondern der klassischen Regelungstechnik mit ihren PID-Controllern etc. zu überlassen. Diese Abläufe sind fixiert, und der Lernprozess auf der Ebene der Reaktionen kann auf ein stabiles System von Reflexen aufbauen. Die Reaktionen kann man versuchen, in einer Art Trainingsraum für Standardsituationen so weit wie möglich zu trainieren. Anschließend wird über das α im Q-Learning die Verhaltensänderung verlangsamt. Diese nur noch träge zu trainierenden Reaktionen bilden ab jetzt die Grundlage für die Aufgabenebene usw. bis hinauf zu den Plänen. Dies ist ein denkbarer Ansatz, wenn man in der Lage ist, sich für jede Ebene eine ausreichende und gute Menge an isolierten Trainingssituationen zu überlegen.

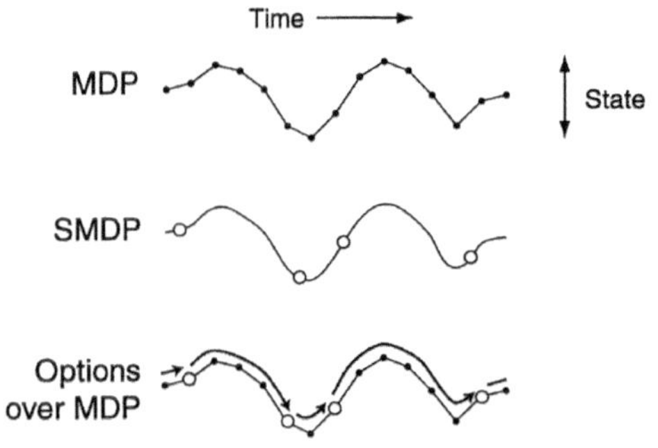

Abbildung 15.20 Trajektorie von Zuständen bei zwei Hierarchieebenen aus [SPS99] Fig. 1

Der oben skizzierte Ansatz ist dem von Sutton, Precup und Singh aus [SPS99] recht ähnlich, jedoch etwas weiter gefasst. Die Autoren beleuchten in dem Paper, wie in Abbildung 15.20 dargestellt, primär zwei Ebenen. Die abstraktere Ebene wird als Semi-Markov Decision Process (SMDP) bezeichnet, bei dem die Meta-Aktionen ausgewählt werden. Das entspricht im Schema oben einer höheren Ebene in der Lernhierarchie. Ein wesentlicher Unterschied, den wir oben nicht thematisiert haben, in dieser Sicht zwischen der hohen und der niedrigen Ebene sind die unterschiedlichen Charaktere der Momente, in denen eine Aktion ausgewählt werden muss. Die untere Markov-Ebene ist als zeitlich diskret angenommen, das bedeutet, wir müssen z. B. alle zehn Millisekunden eine Entscheidung treffen. Die obere Ebene hat kein festes zeitliches Raster. In der Simulationstechnik spricht man von Zeitevents – eben alle zehn Millisekunden – und State-Events. Ein State-Event tritt ein, wenn eine Bedingung erfüllt ist, beispielsweise, dass wir Zimmer A erreicht haben. Es ist nicht klar, wann das genau passieren wird, und die Kontrolle an die höhere Ebene wird in [SPS99] nicht nach einer festen Anzahl von Zeitschritten zurückgegeben, sondern wenn ein Zustandstrigger erfolgt.

Unabhängig, wie man es genau erreicht, ist der Sinn von hierarchischen Ansätzen immer eine Strategie, π in mehrere Ebenen mit Unterstrategien aufzuteilen, die in einer hierarchischen Struktur zusammenarbeiten. Bezüglich des bestärkenden Lernens soll dieser Ansatz folgende Vorteile bringen:

- **Verbesserte Erkundung bzw. Exploration**: Durch den Einsatzes von quasi Meta-Aktionen auf höheren Lernhierarchie-Ebenen wird der Aktionsraum reduziert und dadurch die Erkundung vereinfacht. Auf jeder Ebene werden neue relevante States schneller erreicht und Informationen schneller propagiert.
- **Höhere Effizienz pro Sample**: Zustände können auch hierarchisch verwaltet werden, da die Strategien auf niedrigeren Ebenen irrelevante Informationen vor den Strategien auf höherer Ebene verbergen können.
- **Transfer Learning**: Bis jetzt haben wir uns um Transfer Learning nur in Abschnitt 11.5 im Rahmen von neuronalen Netzen gekümmert. Auf der Ebene des Reinforcement Learnings wird die Herausforderung eher größer als kleiner. Hier bieten hierarchische Ansätze eine Ansatzmöglichkeit. Strategien auf den unteren Ebenen können für verschiedene Aufgaben wiederverwendet werden. Nehmen wir an, ein Agent hat gelernt, wie man optimal den Punkt abpasst, um zur Ladestation zurückzukehren; nicht zu oft, aber so, dass man auch bei Unsicherheiten nicht liegen bleibt. Diese Routine kann man in unterschiedlichen Szenarien verwenden und wieder einbauen, wenn ein Agent trainiert werden soll. Dann sind nur kleine Adaptionen nötig.

Abbildung 15.21 Hierarchisches Lernen im Sinne eines feudalen Systems; Bildbestandteile der Open Clip Art Library entnommen

Bisher haben wir die Ebene primär bzgl. der zeitlichen Komponenten strukturiert. Das eingangs erwähnte Paper [DH93] schlägt als Alternative einen Ansatz vor, der sich eher an einem feudalen System orientiert, wie es aus dem Mittelalter bekannt ist, siehe dazu Abbildung 15.21. **Feudal Reinforcement Learning** aus [DH93] definiert entsprechend eine Kontrollhierarchie, in der eine höhere Hierarchieebene die darunterliegende kontrolliert, was über mehrere Ebenen kaskadiert werden kann. Jeder Agent auf einer höheren Ebene weist seinem Sub-Agenten Ziele zu, und die Sub-Agenten führen Maßnahmen durch, um dieses Ziel zu erreichen und eine Belohnung zu erhalten. Feudal Reinforcement Learning basiert auf zwei primären Ideen, die den obigen nicht unähnlich sind; zum einen dem Verbergen von Belohnungen und zum anderen dem Verbergen von Informationen. Mit *Verbergen von Belohnungen* meint man, dass übergeordnete Agenten Sub-Agenten für die Ausführung ihrer Befehle belohnen müssen, unabhängig davon, ob dies der Anordnung der noch höheren Ebene entspricht oder nicht. So lernt jeder Agent, die übergeordnete Ebene zufriedenzustellen. Hingegen bezieht sich das *Verbergen von Information* auf die Tatsache, dass Manager den Zustand des Systems nur in der Granularität ihrer eigenen Aufgabenauswahl kennen müssen. Dank dessen arbeiten die höheren Ebenen auf einer breiteren Granularität mit einem vereinfachten Zustand. Solche Systeme werden, obwohl sie in vielen Formen in der menschlichen Gesellschaft bis in die heutige Zeit existieren, seltener angewendet als die zeitlichen Ansätze. Es gibt neben der Originalarbeit weitere interessante Arbeiten, wie eine aus dem Hause DeepMind von 2017 [VOS+17], die diese Idee aufgreifen.

In OpenAI Gym gibt es die Umgebung Taxi-v3, *https://gym.openai.com/envs/Taxi-v3/*, welche aus der Veröffentlichung [Die00] übernommen wurde. Es ist eine einfache ASCII-Umgebung. In ihr gibt es vier Standorte. Die Aufgabe des Agenten ist es, den Passagier an einem Standort abzuholen und an einem anderen abzusetzen. Für eine erfolgreiche Abgabe erhält der Agent 20 Punkte Belohnung, für jeden Zeitschritt verliert er einen Punkt. Außerdem gibt es eine Strafe von 10 Punkten für fehlerhafte Abhol- und Absetzaktionen. In der oben erwähnten Veröffentlichung wurden hierarchische Lernverfahren für dieses Problem verwendet. Versuchen Sie analog, einen hierarchischen Ansatz – den aus der Veröffentlichung oder einen der oben skizzierten – zu verwenden, um das Problem zu lösen.

15.8 Model-based Reinforcement Learning

Q-Learning und SARSA sind beide sogenannte Varianten des Lernens, ohne ein Modell von seiner Umwelt zu haben. Im Fall der Online-Variante stimmt dies ohne Zweifel. In der Variante, die über ein Experience Replay verfügt, gibt es in gewisser Weise ein implizites Modell der Welt durch die Daten. *Die Welt* meint dabei primär, wie diese funktioniert, also die Zustandsübergangsfunktion δ, und wie der Agent für Aktionen in gegebenen Situationen belohnt wird, also die Belohnungsfunktion r. Durch die Daten im Gedächtnis des Experience Replays liegen δ und r in gewisser Weise vor, jedoch nicht als auswertbares Modell. Wenn es solche modell-freien Varianten gibt, existieren quasi logisch auch modell-basierte, man spricht von **Model-based Reinforcement Learning**.

Die Abbildung 15.22 zeigt am Beispiel eines integrierten Q-Learnings die Unterschiede. Ein modellbasierter Ansatz lernt explizit δ und r. Das Ziel ist, mit dem Modell zu planen und/oder es zur Generierung von Lerndaten zu nutzen. Es gibt sehr viele Varianten, aber eine der einfachsten aus dem, was wir schon im Buch besprochen haben, ist die oben dargestellte. Dabei werden δ und r gelernt und verwendet, um neue Beispiele für das Q-Learning zu generieren. Die Q-Funktion wird nicht direkt auf der Basis des Umgangs mit der Umgebung gebildet, sondern auf Basis eines Modells dieser Umgebung. Ein großer Vorteil ist, das die realen Daten aus

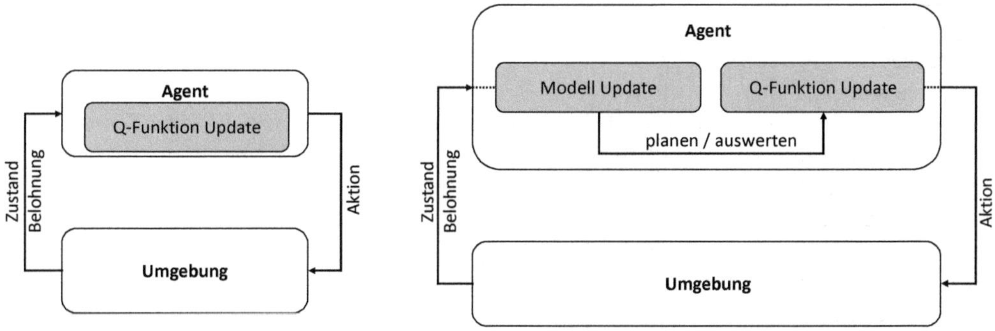

Abbildung 15.22 Schema modellfreies (links) vs. modellbasiertes Lernen (rechts), jeweils mittels Q-Learning

der Umgebung viel effektiver genutzt werden. Wir haben hier immer mit virtuellen Umgebungen interagiert. Das geht oft schneller als in Echtzeit, und wenn das nicht möglich ist, können wir zumindest parallel mehrere Modelle laufen lassen und die Daten aus den verschiedenen Quellen zusammenführen. Kein einzelner Roboter könnte so viel mit der Welt interagieren, wie es für manche der zurückliegenden Beispiele nötig wäre. Dafür fehlt schlicht die Zeit. Mit wenigen Interaktionen kann oft ein Modell der Umgebung gebildet werden, welches viel schneller abgefragt werden kann. Der offensichtlichste Nachteil, der schon in der Abbildung 15.22 deutlich wird, ist die Steigerung der Komplexität.

Für δ und r stehen zur Modellbildung einmal Regressionsmethoden zur Verfügung, die wir schon gelernt haben. So können wir für deterministische Umgebungen zum Beispiel auf neuronale Netze zurückgreifen. In Umgebungen mit ausgeprägten statistischen Aspekten wären die neuronalen Netze jedoch analog zu dem, was wir in Abschnitt 13.6 besprochen haben, mit schlecht gestellten Problemen konfrontiert. Es würden im übertragenden Sinne Mittelwerte zwischen *rechts* und *links* gebildet, obwohl *geradeaus* als Lösung keine Option ist. In diesem Fall muss man auf Ansätze wie Gauß-Prozesse, siehe z. B. [Mar15] Kapitel 18, zurückgreifen, die im vorliegenden Buch jedoch nicht besprochen wurden. Darüber hinaus kann es in speziellen technischen Anwendungen natürlich sinnvoll sein, Modelle differential-algebraischer Gleichungen als Ansatz zu verwenden und hier beispielsweise lediglich Parameter zu lernen. Hier steckt man direkt ingenieur- oder naturwissenschaftliches Modellwissen in den Ansatz. Jedoch ist dieses Vorgehen nur für sehr spezielle Probleme geeignet und damit quasi das Gegenteil eines generischen Ansatzes.

Wie man im Algorithmus oben sieht, übernimmt das Modell quasi die Rolle des Experience Replays. Es dient dazu, über den aktuellen besuchten Zustand hinaus Updates der Q-Funktion durchführen zu können. Hierdurch sind oft weniger Interaktionen mit der Umgebung nötig als bei einem traditionellen Ansatz. Es gibt jedoch einen qualitativen Unterschied: Beim Experience Replay arbeitet das Verfahren nur mit echten Erinnerungen, diese sind zwar ggf. statistischer Natur, jedoch im Rahmen der Messgenauigkeit fehlerfrei. Das Problem hierbei ist: Was ist, wenn die Modelle T und R des Agenten sehr weit von der vorliegenden Umgebung entfernt sind? Das Modell ist zunächst nur eine Näherung, beeinflusst aber die Entwicklung der Q-Funktion. Das Problem ist schon länger bekannt und wurde bereits mehrfach auf die eine oder andere Weise adressiert. Einer der bekanntesten Ansätze wurde im Jahr 1990 von Sutton für Q-Learning mit Tabellen in der Veröffentlichung [Sut90] vorgestellt und heißt **Dyna-Q**.

Algorithm 15.5 Model-based Reinforcement Learning mit Q-Learning

procedure MODELBASEDRL(s)
    repeat
        Wähle a aus und führe es in der Umgebung aus, erhalte anschließend s' und r
        Führe ein Update des Übergangsmodells $T \approx \delta$ aus
        Führe ein Update des Modells der Belohnungsfunktion $R \approx r$ aus
        for eine kleine natürliche Zahl **do**
            erzeuge $\hat{s}$ und $\hat{a}$ aus den Modellen R und T
            Führe ein Update der Q-Funktion basierend auf $\hat{s}$ und $\hat{a}$ aus
        end for
        Interaktion mit der Umwelt wird fortgesetzt, s' wird zu s
    until Konvergenz von Q
end procedure

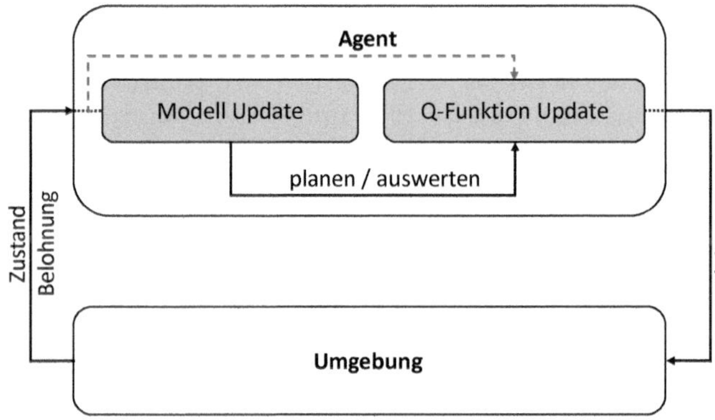

Abbildung 15.23 Dyna-Ansatz für Model-based Reinforcement Learning

Wie in Abbildung 15.23 erkennbar, wird eine zusätzliche Verbindung von den real erfahrenen Zuständen und Belohnungen zum Update der Q-Funktion eingebaut. Das Resultat ist die Möglichkeit, beim Update der Q-Funktion sowohl mit den realen als auch mit den simulierten Daten zu arbeiten, wie in dem folgenden Pseudocode deutlich wird.

Dieser Ansatz von Dyna-Q kann dazu verwendet werden, zunächst nur mit den realen Daten zu arbeiten, und sobald die Modelle der Umgebung eine gewisse Qualität haben, diese hinzuzuziehen. Das löst das Problem abweichender Modelle nicht abschließend, verringert es jedoch. Der Algorithmus oben ist sehr grob skizziert und entspricht nicht ganz demjenigen aus dem Jahr 1990, welcher primär auf tabellenbasierte Approximation der Q-Funktion zugeschnitten war. Mittlerweile gibt es sehr viele Varianten, die auch Experience Replay stärker einbringen.

Liest man moderne Paper oder Monographien im Englischen zum Thema *Model-based Reinforcement Learning* kommt bei vielen Leuten aus der Robotik oder aus verwandten Gebieten etwas Verwirrung auf, da hier die Nutzung der simulierten Daten als *Planing* bezeichnet wird, obwohl im Sinne einer z. B. Robotik-KI keine wirkliche Planung stattfindet, sondern nur die Verwendung künstlicher Daten. Hier ist terminologisch oft alles *Planing*, was nicht die Verwendung realer Erfahrungen meint. Es gibt jedoch auch eine Planung im Bereich des Model-based Reinforcement Learnings, die der aus der typischen Robotik entspricht, also der Planung mit-

Algorithm 15.6 Dyna Reinforcement Learning mit Q-Learning

procedure ModelBasedRL(s)
  repeat
    Wähle a aus und führe es in der Umgebung aus, erhalte anschließend s' und r
    Führe ein Update des Übergangsmodells $T \approx \delta$ aus
    Führe ein Update des Modells der Belohnungsfunktion $R \approx r$ aus
    Führe ein Update der Q-Funktion mit den realen Erfahrungen s, r, s', a aus.
    for eine kleine natürliche Zahl **do**
      erzeuge $\hat{s}$ und $\hat{a}$ aus den Modellen R und T
      Führe ein Update der Q-Funktion basierend auf $\hat{s}$ und $\hat{a}$ aus
    end for
    Interaktion mit der Umwelt wird fortgesetzt, s' wird zu s
  until Konvergenz von Q
end procedure

tels eines simulierten Modells. Ein häufig eingesetztes Mittel ist der **Monte Carlo Tree Search**. Hierbei handelt es sich um einen heuristischer Suchalgorithmus für Entscheidungsprozesse, welcher oft bei Spielen zum Einsatz kommt. Hierbei werden Bäume vom aktuellen Zustand ausgebildet und die voraussichtlichen Konsequenzen erfasst. Dies geschieht bis zu einem gewissen Horizont für die zukünftigen Zustände, bei dem man aufhört zu versuchen, die Zukunft abzubilden. Je mehr Aktionen es gibt, desto weniger Schritte wird man generell vorausberechnen. Unabhängig von der Anzahl der Aktionen wächst der Baum jedoch schon bei nur zwei Aktionen, wenn er vollständig aufgespannt wird, exponentiell, was einer vollständigen Suche schnell Grenzen setzt.

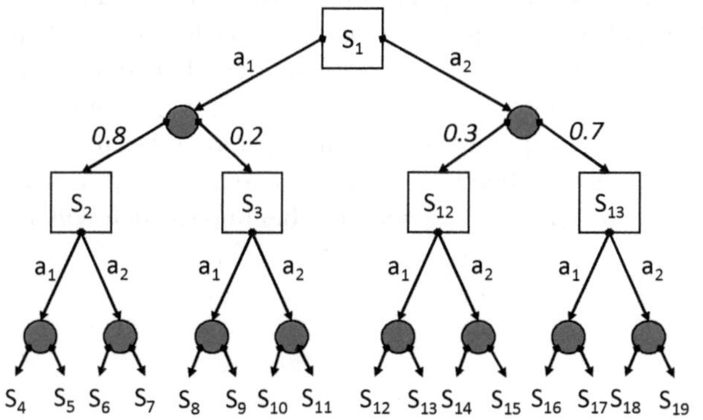

Abbildung 15.24 Suchbaum für die weiteren Entscheidungen eines Agenten in einer nicht-deterministischen Umgebung

Dazu überlegen wir uns anhand von Abbildung 15.24, wie ein solcher Baum in einer nichtdeterministischen Umgebung aussehen würde. Der Agent befindet sich im Zustand S_1 und kann die Aktionen a_1 und a_2 ausführen. Da sich die Umgebung stochastisch für ihn verhält, gibt es unterschiedliche Zustände, zu denen ihn die Wahl zum Beispiel der Aktion a_1 führen kann. Wählt er a_1, landet er in 80% der Fälle im Zustand S_2 und in 20% der Fälle im Zustand S_3. Den ausgefüllten Knoten, der damit zusammenhängt, nennen wir **Entwicklungsknoten**, denn er beinhaltet die nicht-deterministische Entwicklung der Umgebung bei einer Aktion. Das Beispiel in Abbildung 15.24 beinhaltet nur zwei mögliche Aktionen und nur zwei Zustände, die stochastisch mit dieser Entscheidung verknüpft sind. Natürlich sind es in der Regel mehr Aktionen und mehr Möglichkeiten. Das würde nie einen wirklich tiefen Baum ergeben können, da die Komplexität rasant zunimmt.

Um etwas tiefer zu kommen, nimmt man keine vollständigen Bäume, sondern kombiniert das Aufbauen der Bäume mit Techniken aus dem bestärkenden Lernen. Statt einen Baum gleichmäßig aufzubauen, versucht man, diesen zu begrenzen, und zwar auf die Äste, die am erfolgversprechendsten sind. Man nennt dieses Vorgehen auch **Tractable Tree Search**, und nutzt dazu vor allem die drei folgenden Ideen bzw. Strategien:

1. **Leaf Nodes mit Aussagekraft über den Horizont hinaus**:
   Versuchen, in den entstehenden Leaf Nodes eine möglichst gute Aussage zu haben, wie es hinter dem Horizont weitergehen könnte. Dazu nutzt man die aktuelle Strategie π des Agenten und berechnet im Leaf Node: $Q_{\text{Leaf}} \approx Q^{\pi}(s, a)$
2. **Entscheidungsknoten begrenzen**:
   An Entscheidungsknoten nutzt der Ansatz den Wert einer Q – oder anderen auch V – um zu raten, ob es sich lohnt, diesen Ast weiterzuentwickeln. Es werden nur Äste mit hinreichend hoher prognostizierter Qualität entwickelt.
3. **Entwicklungsknoten begrenzen**:
   Benutzt man das Modell für die Übergänge T, um den Baum auf die wahrscheinlichsten Entwicklungen zu begrenzen.

Das Paradebeispiel für solche kombinierten Einsätze ist die erste Version des von DeepMind entwickelten AlphaGo, [SHM$^+$16], welche 2016 mit dem Südkoreaner Lee Sedol einen der weltbesten Profispieler besiegte. Diese Version von AlphaGO benutzt dabei auch Modelle der Umgebung, um zu Resultaten zu kommen, und keinen vollständig modell-freien Ansatz. Generell sind modellbasierte Ansätze jedoch immer besonders stark, wenn die Komplexität der Umgebung es nicht erlaubt, über direkte Erfahrungsgewinnung genug Informationen zu gewinnen; sei es, weil es ein Roboter ist, der in der realen Welt alleine Erfahrungen sammeln soll, oder weil die Rechenleistung nicht ausreicht. Tatsächlich ist es oft ein Problem, dass viele Fortschritte in dem Gebiet des maschinellen Lernens quasi mit Rechengewalt erreicht werden statt mit algorithmischer oder mathematischer Eleganz. Diese Entwicklung verhindert, dass kleine und mittlere Unternehmen ebenso wie Forschungsgruppen eigenständig agieren und es überprüfen können. Niemand kann Ergebnisse nachvollziehen oder selbst aufbauen, die auf riesigen Computerfarmen erzielt wurden, es sei denn, man verfügt selber darüber und ist auch Willens, diese dafür einzusetzen.

15.9 Multi-Agenten-Szenarien

In diesem letzten Abschnitt soll es darum gehen, wie wir das für Szenarien mit einem Agenten Gelernte auf Fragestellungen mit mehreren lernenden Agenten übertragen können. Damit gehen natürlich neue Herausforderungen einher.

Daneben muss man unterscheiden, ob die Agenten zusammenarbeiten oder gegeneinander. Arbeiten bzw. spielen mehre Agenten gegeneinander ist der Umstand, ob ein Spiel endlich ist oder nicht, und ob es sich um ein Spiel mit festem Ende handelt, sehr bedeutsam. In solchen Spielen sind **Tit for Tat**- oder zu deutsch *Wie du mir, so ich dir*-Strategien sehr erfolgreich. Also kooperativ starten und unkooperatives Verhalten sanktionieren. Wenn man weiß, dass ein Spiel nur über n Runden geht, nimmt mit jeder Runde die Möglichkeit ab, ein unsoziales Verhalten zu sanktionieren. In der letzten Runde kann der Agent quasi machen, was er will. Real bekommen Songs wie *If Today Was Your Last Day* mit der Aussicht, seinen letzten Tag zu kennen, somit einen sehr beunruhigenden Charakter, wenn man an soziale Umgangsformen denkt. Sanktionsmöglichkeiten würden sich dann ausschließlich auf den Glauben auf ein irgendwie geartetes Leben nach dem Tod verlagern.

Gehen wir einmal im folgenden von einem kooperativen Szenario aus. Sobald mehrere Agenten beteiligt sind, existieren unterschiedliche Sichten, wie sich hierdurch der Markov Decision Process als Grundlage eines Q-Learnings verändert. Man muss hierbei vor allem die Fälle unterscheiden, in denen jeder Agent ein unabhängiger Lerner ist und einen eigenen Markov Decision Process besitzt (unabhängiger Aktions- und Zustandsraum) oder alle Agenten gemeinsame Aktionen festlegen (gemeinsamer Aktionsraum) oder alle Agenten durch einen gemeinsamen Team-Reward verbunden sind. Aus der Kombination dieser und anderer Faktoren kann man sehr unterschiedliche Szenarien ableiten. Die folgende Liste enthält eine nicht abschließende Aufzählung von Möglichkeiten:

1. *Gemeinsamer Zustandsraum, gemeinsamer Aktionsraum mit Team-Reward.*
   Finde eine gemeinsame Strategie π, die basierend auf den gemeinsamen Zuständen s den Team-Reward r maximiert.
2. *Gemeinsamer Zustandsraum, unabhängige Aktion mit Team-Reward.*
   Jeder Agent i versucht eine eigene Strategie π_i zu finden, um basierend auf den gemeinsamen Zuständen s entscheiden zu können, was die beste Aktion a_i ist, um den Team-Reward zu optimieren.
3. *Gemeinsamer Zustandsraum, unabhängige Aktion mit Einzel-Reward.*
   Jeder Agent i versucht eine eigene Strategie π_i zu finden, um basierend auf den gemeinsamen Zuständen s entscheiden zu können, was die beste Aktion a_i ist, um seinen eigenen Reward zu optimieren.
4. *Lokaler Zustandsraum, unabhängige Aktion mit Team-Reward.*
   Jeder Agent i versucht eine eigene Strategie π_i zu finden, um basierend auf seinen Zuständen s_i entscheiden zu können, was die beste Aktion a_i ist, um den Team-Reward zu optimieren.
5. *Lokaler Zustandsraum, unabhängige Aktion mit Einzel-Reward.*
   Jeder Agent i versucht eine eigene Strategie π_i zu finden, um basierend auf seinen Zuständen s_i entscheiden zu können, was die beste Aktion a_i ist, um seinen eigenen Reward zu optimieren.

Um das etwas mit Leben zu füllen, wäre ein Beispiel für den Fall 1 ein Team von n Agenten, bei dem jeder Agent weiß, was alle anderen Agenten wissen oder alternativ eine zentrale Lerneinheit weiß, was jeder der Agenten weiß. Das Ziel des bestärkenden Lernens ist es, dass ein Vektor von Aktionen $a = (a_1, a_2, \ldots a_n)$ ausgesucht wird, der die Belohnung, die das Team der Agenten zusammen erhält, maximiert. a_1 ist dabei die Aktion, die Agent 1 durchführt usw. Sie ahnen sicherlich schon, dass das nicht leicht wird. Neben der allgemein ansteigenden Komplexität wächst mit jedem Agenten der Merkmalsraum bedrohlich an. Die Fälle in der Aufzählung oben entstammen im Wesentlichen [Wei13], Kapitel IV.10, und dort kann man noch mehr über die Theorie des Lernens für Multi-Agenten-Szenarios erfahren. Für Fälle, in denen eine gemeinsame Aktion gefunden werden soll, wird dort auf Seite 439ff **Joint Action Learning** als

Ansatz diskutiert, was auf eine Veröffentlichung aus dem Jahr 1998 zurückgeht [CB98], und darüber hinaus das **Nash Q-Learning** [HW03].

Wir sehen uns in diesem kurzen Ausblick nur diejenigen Fälle weiter an, in denen unabhängige Aktionen jedes Agenten erfolgen. Der Fall 5 oben, in dem alles lokal ist, bildet quasi die Anti-These zum Fall 1. Jeder Agent versucht, seinen Nutzen zu optimieren. Die Frage ist, ob dadurch ein gutes Resultat für alle herauskommt. Die Idee, dass dies funktionieren kann, ist nicht zu abwegig. Wenn in ökonomischen Kontexten von der *Invisible Hand* nach Adam Smith die Rede ist, verbirgt sich dahinter auch die Hoffnung, dass – obwohl jeder einzelne Marktteilnehmer danach strebt, seinen Gewinn zu maximieren – er über die unsichtbare Hand des Marktmechanismus trotzdem zum Gemeinwohl beiträgt. Oder etwas volkstümlicher und flapsiger formuliert: *Wenn jeder an sich denkt, ist an jeden gedacht.* Es klappt tatsächlich erstaunlich oft, dass auf diese Art ein brauchbares Ergebnis entsteht; vielleicht nicht das Optimum, aber immerhin ein gutes. Aber dies gilt nicht immer, und besonders ergeben sich Probleme, wenn unsere Agenten wenig bis nichts von den Aktionen der anderen Agenten wissen.

Das bedeutet, dass wir für viele praktische Fragestellungen versuchen werden, so etwas wie den Fall 3 umzusetzen, jedoch nicht mit einem vollständig gemeinsamen Zustandsraum. Wir werden in der Praxis oft die Informationen, die wir von den anderen Agenten bekommen, einschränken. Dabei diskutieren wir drei Ansätze:

1. Einschränkung des Merkmalsraums über die räumliche Nähe zueinander
2. Einschränkung des Merkmalsraums über die Aufbereitung- und Abstraktion von Daten
3. Einschränkung des Merkmalsraums über eine hierarchische Organisation von Lernaufgaben

Wir stellen dem Agenten (einige) Merkmale desjenigen Agenten zur Verfügung, der ihm am nächsten ist. Die Idee ist, dass für viele Aufgaben die Agenten in der näheren Umgebung für uns am wichtigsten sind. Lassen wir sogar die nächsten zwei Agenten zu, können sich darüber sogar Informationsketten ergeben. Agent 1 kommuniziert mit 2 und 3, Agent 3 jedoch mit 1 und 4 usw.

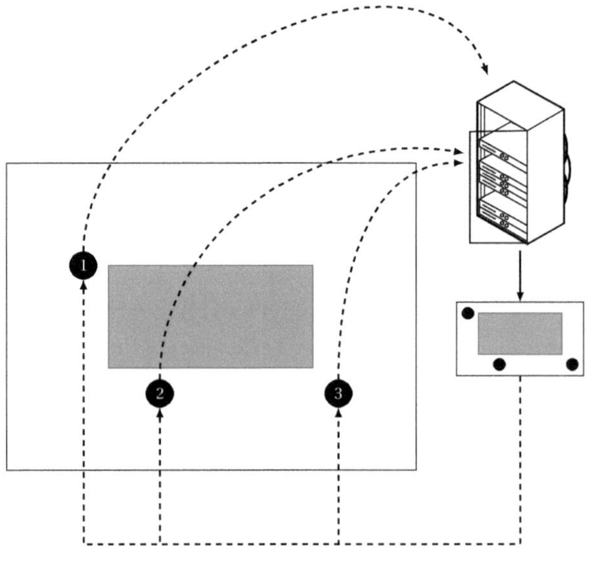

Abbildung 15.25 Informationen fusionieren und verdichten

Dieses Vorgehen schränkt den Merkmalsraum entsprechend auf eine kleine Anzahl von Agenten ein. Punkt 2 betrifft den Aspekt, dass wir bisher fast ausschließlich auf Raw-Data gelernt haben. Ein Grund ist, dass dies kein Buch über künstliche Intelligenz, sondern über maschinelles Lernen ist. Das bedeutet, wir haben uns außer in Kapitel 9 wenig damit beschäftigt, ob es nicht abstraktere Darstellungen unseres Wissens gibt, sodass der Merkmalsraum kleiner und gleichzeitig trotzdem aussagekräftiger werden könnte.

Ein typisches Beispiel ist in Abbildung 15.25 illustriert. Wenn mehrere Agenten nicht ihre absolute Position im Raum kennen, können diese trotzdem gemeinsam eine Karte aufbauen und sich mithilfe dieses zentralen Mittels über ihre ungefähre Position austauschen. Dadurch wird nicht auf der Vereinigung aller Sensoren gelernt, sondern der Merkmalsraum jedes einzelnen Agenten besteht nur aus seinen Sensoren und den aufbereiteten gemeinsamen Daten aller Agenten. Über diesen Informationsaustausch wird es wahrscheinlicher, dass die Summe der lokalen Belohnung wirklich maximiert wird und nicht nur einzelne Summanden auf Kosten anderer.

Literatur

[ABKS99] ANKERST, Mihael ; BREUNIG, Markus M. ; KRIEGEL, Hans-Peter ; SANDER, Jörg: OPTICS: ordering points to identify the clustering structure. In: *ACM Sigmod record* Bd. 28 ACM, 1999, S. 49–60

[AHK⁺15] ARENS, Tilo ; HETTLICH, Frank ; KARPFINGER, Christian ; KOCKELKORN, Ulrich ; LICHTENEGGER, Klaus ; STACHEL, Hellmuth: *Mathematik*. Springer-Verlag, 2015

[AN04] ABBEEL, Pieter ; NG, Andrew Y.: Apprenticeship learning via inverse reinforcement learning. In: *Proceedings of the twenty-first international conference on Machine learning*, 2004, S. 1

[ATSL10] ALTMANN, André ; TOLOŞI, Laura ; SANDER, Oliver ; LENGAUER, Thomas: Permutation importance: a corrected feature importance measure. In: *Bioinformatics* 26 (2010), Nr. 10, S. 1340–1347

[BC] BREIMAN, Leo ; CUTLER, Adele: *Random Forests*. https://www.stat.berkeley.edu/~breiman/RandomForests/cc_home.htm, Abruf: 30.08.2020

[Bel61] BELLMAN, Richard: *Adaptive Control Processes: A Guided Tour*. Princeton University Press, 1961 (Princeton Legacy Library)

[BFSO84] BREIMAN, Leo ; FRIEDMAN, Jerome ; STONE, Charles J. ; OLSHEN, Richard A.: *Classification and regression trees*. CRC press, 1984

[BFV⁺13] BURROWS, Steven ; FROCHTE, Jörg ; VÖLSKE, Michael ; TORRES, Ana Belén M. ; STEIN, Benno: Learning Overlap Optimization for Domain Decomposition Methods. In: *Proceedings of the Seventeenth Pacific-Asia Conference on Knowledge Discovery and Data Mining* Bd. 7818. Gold Coast, Australia : Springer, April 2013 (LNAI). – ISBN 978–3–642–37452–4, 438–449

[BGV92] BOSER, Bernhard E. ; GUYON, Isabelle M. ; VAPNIK, Vladimir N.: A training algorithm for optimal margin classifiers. In: *Proceedings of the fifth annual workshop on Computational learning theory* ACM, 1992, S. 144–152

[BJM13] BRÜDERLIN, Beat ; JOHNSON, Michèle L. J. ; MEIER, Andreas: *Computergrafik und Geometrisches Modellieren*. Vieweg+Teubner Verlag, 2013 (XLeitfäden der Informatik). – ISBN 9783322801111

[Boa99] BOARD, Mars Climate Orbiter Mishap I.: *Mars Climate Orbiter Mishap Investigation Board: Phase I Report*. Jet Propulsion Laboratory, 1999

[Bre96] BREIMAN, Leo: Bagging predictors. In: *Machine learning* 24 (1996), Nr. 2, S. 123–140

[Bre97] BREIMAN, Leo: Arcing the edge / Technical Report 486, Statistics Department, University of California at .... 1997. – Forschungsbericht

[Bre98] BREIMAN, Leo: Bias-variance, regularization, instability and stabilization. In: *NATO ASI series. Series F: computer and system sciences* (1998), S. 27–56

[Bre01] BREIMAN, Leo: Random forests. In: *Machine learning* 45 (2001), Nr. 1, S. 5–32

[Bro04] BROUWER, Roelof K.: Feed-forward neural network for one-to-many mappings using fuzzy sets. In: *Neurocomputing* 57 (2004), S. 345–360

[BSF+11] BURROWS, Steven ; STEIN, Benno ; FROCHTE, Jörg ; WIESNER, David ; MÜLLER, Katja: Simulation data mining for supporting bridge design. In: *Proceedings of the Ninth Australasian Data Mining Conference-Volume 121* Australian Computer Society, Inc., 2011, S. 163–170

[BSR16] BONNEFON, Jean-François ; SHARIFF, Azim ; RAHWAN, Iyad: The social dilemma of autonomous vehicles. In: *Science* 352 (2016), Nr. 6293, S. 1573–1576

[BY05] BRADY, Thomas F. ; YELLIG, Edward: Simulation Data Mining: A New Form of Computer Simulation Output. In: *Proceedings of the 37th Conference on Winter Simulation*, Winter Simulation Conference, 2005 (WSC '05). – ISBN 0–7803–9519–0, 285–289

[CATVS17] COHEN, Gregory ; AFSHAR, Saeed ; TAPSON, Jonathan ; VAN SCHAIK, Andre: EMNIST: Extending MNIST to handwritten letters. In: *2017 International Joint Conference on Neural Networks (IJCNN)* IEEE, 2017, S. 2921–2926

[CB98] CLAUS, Caroline ; BOUTILIER, Craig: The dynamics of reinforcement learning in cooperative multiagent systems. In: *AAAI/IAAI* 1998 (1998), S. 746–752

[CBHK02] CHAWLA, Nitesh V. ; BOWYER, Kevin W. ; HALL, Lawrence O. ; KEGELMEYER, W P.: SMOTE: synthetic minority over-sampling technique. In: *Journal of artificial intelligence research* 16 (2002), S. 321–357

[CG16] CHEN, Tianqi ; GUESTRIN, Carlos: Xgboost: A scalable tree boosting system. In: *Proceedings of the 22nd acm sigkdd international conference on knowledge discovery and data mining*, 2016, S. 785–794

[CL14] COHEN, Joseph P. ; LO, Henry Z.: Academic Torrents: A Community-Maintained Distributed Repository. In: *Annual Conference of the Extreme Science and Engineering Discovery Environment*, 2014

[COR+16] CORDTS, Marius ; OMRAN, Mohamed ; RAMOS, Sebastian ; REHFELD, Timo ; ENZWEILER, Markus ; BENENSON, Rodrigo ; FRANKE, Uwe ; ROTH, Stefan ; SCHIELE, Bernt: The Cityscapes Dataset for Semantic Urban Scene Understanding. In: *Proc. of the IEEE Conference on Computer Vision and Pattern Recognition (CVPR)*, 2016

[CSHB18] CHATTOPADHAY, Aditya ; SARKAR, Anirban ; HOWLADER, Prantik ; BALASUBRAMANIAN, Vineeth N.: Grad-cam++: Generalized gradient-based visual explanations for deep convolutional networks. In: *2018 IEEE Winter Conference on Applications of Computer Vision (WACV)* IEEE, 2018, S. 839–847

[CV95] CORTES, Corinna ; VAPNIK, Vladimir: Support-vector networks. In: *Machine learning* 20 (1995), Nr. 3, S. 273–297

[CV97] CORTES, Corinna ; VAPNIK, Vladimir: *Soft margin classifier*. Juni 17 1997. – US Patent 5,640,492

[Cyb89] CYBENKO, George: Approximation by superpositions of a sigmoidal function. In: *Mathematics of Control, Signals, and Systems (MCSS)* 2 (1989), Nr. 4, S. 303–314

[CZP+18] CHEN, Liang-Chieh ; ZHU, Yukun ; PAPANDREOU, George ; SCHROFF, Florian ; ADAM, Hartwig: Encoder-Decoder with Atrous Separable Convolution for Semantic Image Segmentation. In: *CoRR* abs/1802.02611 (2018)

[DDS+09] DENG, Jia ; DONG, Wei ; SOCHER, Richard ; LI, Li-Jia ; LI, Kai ; FEI-FEI, Li: Imagenet: A large-scale hierarchical image database. In: *Computer Vision and Pattern Recognition, 2009. CVPR 2009. IEEE Conference on* IEEE, 2009, S. 248–255

[Def77] DEFAYS, D.: An efficient algorithm for a complete link method. In: *The Computer Journal* 20 (1977), Nr. 4, S. 364–366

[Deu04] DEUFLHARD, Peter: *Newton Methods for Nonlinear Problems: Affine Invariance and Adaptive Algorithms*. Springer, 2004 (Springer Series in Computational Mathematics). – ISBN 9783540210993

[DH93] DAYAN, Peter ; HINTON, Geoffrey E.: Feudal reinforcement learning. In: *Advances in neural information processing systems*, 1993, S. 271–278

[DH04] DING, Chris ; HE, Xiaofeng: K-nearest-neighbor consistency in data clustering: incorporating local information into global optimization. In: *Proceedings of the 2004 ACM symposium on Applied computing*, 2004, S. 584–589

[DHS11] DUCHI, John ; HAZAN, Elad ; SINGER, Yoram: Adaptive subgradient methods for online learning and stochastic optimization. In: *Journal of Machine Learning Research* 12 (2011), Nr. Jul, S. 2121–2159

[Die00] DIETTERICH, Thomas G.: Hierarchical reinforcement learning with the MAXQ value function decomposition. In: *Journal of artificial intelligence research* 13 (2000), S. 227–303

[DR08] DAHMEN, Wolfgang ; REUSKEN, Arnold: *Numerik für Ingenieure und Naturwissenschaftler*. Springer, 2008. – ISBN 978–3540764922

[Dun73] DUNN, Joseph C.: A fuzzy relative of the ISODATA process and its use in detecting compact well-separated clusters. (1973)

[Dun74] DUNN, Joseph C.: Well-separated clusters and optimal fuzzy partitions. In: *Journal of cybernetics* 4 (1974), Nr. 1, S. 95–104

[EEHJ96] ERIKSSON, Kenneth ; ESTEP, Don ; HANSBO, Peter ; JOHNSON, Claes: *Computational Differential Equations*. Cambridge : Cambridge University Press, 1996

[EGW05] ERNST, Damien ; GEURTS, Pierre ; WEHENKEL, Louis: Tree-based batch mode reinforcement learning. In: *Journal of Machine Learning Research* 6 (2005), Nr. Apr, S. 503–556

[EKN+17] ESTEVA, Andre ; KUPREL, Brett ; NOVOA, Roberto A. ; KO, Justin ; SWETTER, Susan M. ; BLAU, Helen M. ; THRUN, Sebastian: Dermatologist-level classification of skin cancer with deep neural networks. In: *Nature* 542 (2017), Nr. 7639, S. 115–118

[FB16] FROCHTE, Jörg ; BERNST, Irina: Success Prediction System for Student Counseling Using Data Mining. In: AL., Ana F. (Hrsg.): *Proceedings of the 8th International Conference on Knowledge Discovery and Information Retrieval*, SCITEPRESS, November 2016. – ISBN 978–989–758–203–5, S. 181 – 189

[FHK+16] FAHRMEIR, Ludwig ; HEUMANN, Christian ; KÜNSTLER, Rita ; PIGEOT, Iris ; TUTZ, Gerhard: *Statistik: Der Weg zur Datenanalyse*. Springer Berlin Heidelberg, 2016 (Springer-Lehrbuch). – ISBN 9783662503720

[FHM18] FUJIMOTO, Scott ; HOOF, Herke van ; MEGER, David: Addressing Function Approximation Error in Actor-Critic Methods. In: *Proceedings of the 35th International Conference on Machine Learning (ICML)*, 2018

[FM19] FROCHTE, Jörg ; MARSLAND, Stephen: A Learning Approach for Ill-Posed Optimisation Problems. In: *Australasian Conference on Data Mining* Springer, 2019, S. 16–27

[FMH+96] FEYNMAN, R.P. ; METZGER, H.J. ; HUTCHINGS, E. ; FRITZSCH, H. ; LEIGHTON, R.: *Sie belieben wohl zu scherzen, Mr. Feynman!: Abenteuer eines neugierigen Physikers.* Piper, 1996. – ISBN 9783492213479

[FPSS96] FAYYAD, Usama ; PIATETSKY-SHAPIRO, Gregory ; SMYTH, Padhraic: From data mining to knowledge discovery in databases. In: *AI magazine* 17 (1996), Nr. 3, S. 37

[Fri01] FRIEDMAN, Jerome H.: Greedy function approximation: a gradient boosting machine. In: *Annals of statistics* (2001), S. 1189–1232

[Fro14] FROCHTE, Barbara: *Substantive mit starker Präpositionsbindung im Spannungsfeld zwischen Sprachsystem und Sprachgebrauch: exemplarische Analyse sechs ausgewählter Rektionssubstantive*, Universität Duisburg-Essen, Diss., 2014

[FS95] FREUND, Yoav ; SCHAPIRE, Robert E.: A desicion-theoretic generalization of online learning and an application to boosting. In: *European conference on computational learning theory* Springer, 1995, S. 23–37

[FTG13] FANAEE-T, Hadi ; GAMA, Joao: Event labeling combining ensemble detectors and background knowledge. In: *Progress in Artificial Intelligence* (2013), S. 1–15. – ISSN 2192-6352

[Ág00] ÁGEL, Vilmos: *Valenztheorie.* Narr, 2000 (Narr Studienbücher). – ISBN 9783823349785

[GB10] GLOROT, Xavier ; BENGIO, Yoshua: Understanding the difficulty of training deep feedforward neural networks. In: *Proceedings of the thirteenth international conference on artificial intelligence and statistics*, 2010, S. 249–256

[GKR+18] GUADARRAMA, Sergio ; KORATTIKARA, Anoop ; RAMIREZ, Oscar ; CASTRO, Pablo ; HOLLY, Ethan ; FISHMAN, Sam ; WANG, Ke ; EKATERINA GONINA, Neal W. ; KOKIOPOULOU, Efi ; SBAIZ, Luciano ; SMITH, Jamie ; BARTÓK, Gábor ; BERENT, Jesse ; HARRIS, Chris ; VANHOUCKE, Vincent ; BREVDO, Eugene: *TF-Agents: A library for Reinforcement Learning in TensorFlow.* https://github.com/tensorflow/agents. https://github.com/tensorflow/agents. Version: 2018. – [Online; accessed 25-June-2019]

[GN17] GILLULA, Jeremy ; NAZER, Daniel: *Stupid Patent of the Month: Will Patents Slow Artificial Intelligence?* https://www.eff.org/de/deeplinks/2017/09/stupid-patent-month-will-patents-slow-artificial-intelligence. Version: 2017, Abruf: 30.08.2020

[HDF+] HUNTER, John ; DALE, Darren ; FIRING, Eric ; DROETTBOOM, Michael u. a.: *matplotlib.axes.* https://matplotlib.org/api/axes_api.html, Abruf: 30.08.2020

[HDV17] HAFNER, Danijar ; DAVIDSON, James ; VANHOUCKE, Vincent: Tensorflow agents: Efficient batched reinforcement learning in tensorflow. In: *arXiv preprint arXiv:1709.02878* (2017)

[HJR78] HARRISON JR, David ; RUBINFELD, Daniel L.: Hedonic housing prices and the demand for clean air. In: *Journal of environmental economics and management* 5 (1978), Nr. 1, S. 81–102

[HKSS16] HINTON, Geoffrey E. ; KRIZHEVSKY, Alexander ; SUTSKEVER, Ilya ; SRIVASTVA, Nitish: *System and method for addressing overfitting in a neural network.* August 2 2016. – US Patent 9,406,017

[HLN12] HERTZBERG, Joachim ; LINGEMANN, Kai ; NÜCHTER, Andreas: *Mobile Roboter: Eine Einführung aus Sicht der Informatik.* Berlin : Springer Vieweg, 2012. – ISBN 978–3642017254

[HMVH+18] HESSEL, Matteo ; MODAYIL, Joseph ; VAN HASSELT, Hado ; SCHAUL, Tom ; OSTROVSKI, Georg ; DABNEY, Will ; HORGAN, Dan ; PIOT, Bilal ; AZAR, Mohammad ; SILVER, David: Rainbow: Combining improvements in deep reinforcement learning. In: *Thirty-Second AAAI Conference on Artificial Intelligence*, 2018

[HTS+17] HEESS, Nicolas ; TB, Dhruva ; SRIRAM, Srinivasan ; LEMMON, Jay ; MEREL, Josh ; WAYNE, Greg ; TASSA, Yuval ; EREZ, Tom ; WANG, Ziyu ; ESLAMI, SM u. a.: Emergence of locomotion behaviours in rich environments. In: *arXiv preprint arXiv:1707.02286* (2017)

[HW03] HU, Junling ; WELLMAN, Michael P.: Nash Q-learning for general-sum stochastic games. In: *Journal of machine learning research* 4 (2003), Nr. Nov, S. 1039–1069

[HW19] HÜLLERMEIER, Eyke ; WAEGEMAN, Willem: *Aleatoric and Epistemic Uncertainty in Machine Learning: A Tutorial Introduction.* 2019

[HZRS15] HE, Kaiming ; ZHANG, Xiangyu ; REN, Shaoqing ; SUN, Jian: Delving deep into rectifiers: Surpassing human-level performance on imagenet classification. In: *Proceedings of the IEEE international conference on computer vision*, 2015, S. 1026–1034

[HZRS16] HE, Kaiming ; ZHANG, Xiangyu ; REN, Shaoqing ; SUN, Jian: Deep residual learning for image recognition. In: *Proceedings of the IEEE conference on computer vision and pattern recognition*, 2016, S. 770–778

[IS15] IOFFE, Sergey ; SZEGEDY, Christian: Batch normalization: Accelerating deep network training by reducing internal covariate shift. In: *arXiv preprint arXiv:1502.03167* (2015)

[KB12] KNABNER, Peter ; BARTH, Wolf: *Lineare Algebra: Grundlagen und Anwendungen.* Springer Berlin Heidelberg, 2012 (Springer-Lehrbuch). – ISBN 9783642321863

[KB14] KINGMA, Diederik P. ; BA, Jimmy: Adam: A method for stochastic optimization. In: *Proceedings of the 14th IEEE International Multi-Conference on Systems, Signals and Devices 2017*, 2014

[KB15] KINGMA, Diederik P. ; BA, Jimmy: Adam: A Method for Stochastic Optimization. In: *3rd International Conference on Learning Representations, ICLR 2015, San Diego, CA, USA, May 7-9, 2015, Conference Track Proceedings*, 2015

[KLC98] KAELBLING, Leslie P. ; LITTMAN, Michael L. ; CASSANDRA, Anthony R.: Planning and acting in partially observable stochastic domains. In: *Artificial intelligence* 101 (1998), Nr. 1-2, S. 99–134

[Knu97] KNUTH, Donald E.: The Art of Computer Programming. Volume 1: Fundamental Algorithms. Volume 2: Seminumerical Algorithms. In: *Bull. Amer. Math. Soc* (1997)

[LBOM98] LECUN, Yann A. ; BOTTOU, Léon ; ORR, Genevieve B. ; MÜLLER, Klaus-Robert: Efficient backprop, neural networks: Tricks of the trade. In: *Lecture notes in computer sciences* 1524 (1998), S. 5–50

[LC16] LO, Henry Z. ; COHEN, Joseph P.: Academic Torrents: Scalable Data Distribution. In: *Neural Information Processing Systems Challenges in Machine Learning (CiML) workshop*, 2016

[LeC89] LECUN, Yann: Generalization and network design strategies / University of Toronto. 1989. – techreport. – CRG-TR-89-4

[LGR12] LANGE, Sascha ; GABEL, Thomas ; RIEDMILLER, Martin: Batch reinforcement learning. In: *Reinforcement learning*. Springer, 2012, S. 45–73

[Lin92] LIN, Long-Ji: Self-improving reactive agents based on reinforcement learning, planning and teaching. In: *Machine learning* 8 (1992), Nr. 3-4, S. 293–321

[LL01] LEE, Kwok-Wai ; LEE, Tong: Design of neural networks for multi-value regression. In: *Neural Networks, 2001. Proceedings. IJCNN'01. International Joint Conference on* Bd. 1 IEEE, 2001, S. 93–98

[LNA17] LEMAÎTRE, Guillaume ; NOGUEIRA, Fernando ; ARIDAS, Christos K.: Imbalanced-learn: A Python Toolbox to Tackle the Curse of Imbalanced Datasets in Machine Learning. In: *Journal of Machine Learning Research* 18 (2017), Nr. 17, 1-5. http://jmlr.org/papers/v18/16-365.html

[LSSK19] LU, Lu ; SHIN, Yeonjong ; SU, Yanhui ; KARNIADAKIS, George E.: Dying ReLU and Initialization: Theory and Numerical Examples. In: *arXiv preprint arXiv:1903.06733* (2019)

[LXT+18] LI, Hao ; XU, Zheng ; TAYLOR, Gavin ; STUDER, Christoph ; GOLDSTEIN, Tom: Visualizing the Loss Landscape of Neural Nets. In: *Proceedings of the 32Nd International Conference on Neural Information Processing Systems*. USA : Curran Associates Inc., 2018 (NIPS'18), S. 6391–6401

[Mar15] MARSLAND, Stephen: *Machine learning: an algorithmic perspective*. CRC press, 2015

[MBBF00] MASON, Llew ; BAXTER, Jonathan ; BARTLETT, Peter L. ; FREAN, Marcus R.: Boosting algorithms as gradient descent. In: *Advances in neural information processing systems*, 2000, S. 512–518

[Mei11] MEISTER, A.: *Numerik linearer Gleichungssysteme*. Springer, 2011. – ISBN 978-3834881007

[Mes12] MESSERLI, Franz H.: Chocolate Consumption, Cognitive Function, and Nobel Laureates. In: *The New England Journal of Medicine* 367 (2012), S. 16

[Mit97] MITCHELL, Tom M.: *Machine Learning*. McGraw-Hill, 1997 (McGraw-Hill International Editions). – ISBN 9780071154673

[MJB+15] MENZE, Bjoern H. ; JAKAB, Andras ; BAUER, Stefan u. a.: The Multimodal Brain Tumor Image Segmentation Benchmark (BRATS). In: *IEEE Transactions on Medical Imaging* 34 (2015), Oct, Nr. 10, S. 1993–2024. http://dx.doi.org/10.1109/TMI.2014.2377694. – DOI 10.1109/TMI.2014.2377694. – ISSN 0278–0062

[MK13] MNIH, Volodymyr ; KAVUKCUOGLU, Koray: *Methods and apparatus for reinforcement learning.* 2013. – US Patent 9,679,258

[MKS+15] MNIH, Volodymyr ; KAVUKCUOGLU, Koray ; SILVER, David ; RUSU, Andrei A. ; VENESS, Joel ; BELLEMARE, Marc G. ; GRAVES, Alex ; RIEDMILLER, Martin ; FIDJELAND, Andreas K. ; OSTROVSKI, Georg u. a.: Human-level control through deep reinforcement learning. In: *Nature* 518 (2015), Nr. 7540, S. 529

[MLG+18] MACKOWIAK, Radek ; LENZ, Philip ; GHORI, Omair ; DIEGO, Ferran ; LANGE, Oliver ; ROTHER, Carsten: CEREALS - Cost-Effective REgion-based Active Learning for Semantic Segmentation. In: *CoRR* abs/1810.09726 (2018). http://arxiv.org/abs/1810.09726

[MP43] MCCULLOCH, Warren S. ; PITTS, Walter: A logical calculus of the ideas immanent in nervous activity. In: *The bulletin of mathematical biophysics* 5 (1943), Nr. 4, S. 115–133

[MP69] MINSKY, Marvin ; PAPERT, Seymour: *Perceptrons: An Introduction to Computational Geometry.* The MIT Press, Cambridge MA, 1969. – ISBN 0–262–63022–2.

[MRG19] MAAG, Kira ; ROTTMANN, Matthias ; GOTTSCHALK, Hanno: Time-Dynamic Estimates of the Reliability of Deep Semantic Segmentation Networks. In: *CoRR* abs/1911.05075 (2019). http://arxiv.org/abs/1911.05075

[MZ03] MANI, Inderjeet ; ZHANG, Jianping: kNN approach to unbalanced data distributions: a case study involving information extraction. In: *In Proceedings of workshop on learning from imbalanced datasets* Bd. 126, 2003

[NKS+18] NARLA, Akhila ; KUPREL, Brett ; SARIN, Kavita ; NOVOA, Roberto ; KO, Justin: Automated classification of skin lesions: from pixels to practice. In: *Journal of Investigative Dermatology* 138 (2018), Nr. 10, S. 2108–2110

[NR+00] NG, Andrew Y. ; RUSSELL, Stuart J. u. a.: Algorithms for inverse reinforcement learning. In: *Icml* Bd. 1, 2000, S. 2

[PKP+19] PARISI, German I. ; KEMKER, Ronald ; PART, Jose L. ; KANAN, Christopher ; WERMTER, Stefan: Continual lifelong learning with neural networks: A review. In: *Neural Networks* 113 (2019), S. 54 – 71. – ISSN 0893–6080

[PMC18] PRIYADARSHANI, Nirosha ; MARSLAND, Stephen ; CASTRO, Isabel: Automated birdsong recognition in complex acoustic environments: a review. In: *Journal of Avian Biology* (2018)

[Pol12] POLILOV, Alexey A.: The smallest insects evolve anucleate neurons. In: *Arthropod structure & development* 41 (2012), Nr. 1, S. 29–34

[Pyt] PYTHON SOFTWARE FOUNDATION: *Data Structures.* https://docs.python.org/3/tutorial/datastructures.html, Abruf: 30.08.2020

[Qui86] QUINLAN, J. R.: Induction of decision trees. In: *Machine learning* 1 (1986), Nr. 1, S. 81–106

[Qui93] QUINLAN, J. R.: *C4.5: Programs for Machine Learning.* San Francisco, CA, USA : Morgan Kaufmann Publishers Inc., 1993. – ISBN 1–55860–238–0

[RCH+18] ROTTMANN, Matthias ; COLLING, Pascal ; HACK, Thomas-Paul ; HÜGER, Fabian ; SCHLICHT, Peter ; GOTTSCHALK, Hanno: Prediction Error Meta Classification in

Semantic Segmentation: Detection via Aggregated Dispersion Measures of Softmax Probabilities. In: *CoRR* abs/1811.00648 (2018). http://arxiv.org/abs/1811.00648

[RDGF16] REDMON, Joseph ; DIVVALA, Santosh ; GIRSHICK, Ross ; FARHADI, Ali: You only look once: Unified, real-time object detection. In: *Proceedings of the IEEE conference on computer vision and pattern recognition*, 2016, S. 779–788

[RF18] REDMON, Joseph ; FARHADI, Ali: YOLOv3: An Incremental Improvement. In: *arXiv* (2018)

[RHW86] RUMELHART, David ; HINTON, Geoffrey ; WILLIAMS, Ronald J.: Learning representations by back-propagating errors. In: *Nature* 323 (1986), Nr. 6088, S. 533 – 536

[Rie05] RIEDMILLER, Martin: Neural fitted Q iteration–first experiences with a data efficient neural reinforcement learning method. In: *European Conference on Machine Learning* Springer, 2005, S. 317–328

[RKG18] ROTTMANN, Matthias ; KAHL, Karsten ; GOTTSCHALK, Hanno: Deep Bayesian Active Semi-Supervised Learning. In: *arXiv preprint arXiv:1803.01216* (2018)

[RN10] RUSSELL, Stuart J. ; NORVIG, Peter: *Artificial Intelligence: A Modern Approach.* 3rd. Prentice Hall, 2010. – ISBN 9780136042594

[RS04] RAILEANU, Laura E. ; STOFFEL, Kilian: Theoretical comparison between the gini index and information gain criteria. In: *Annals of Mathematics and Artificial Intelligence* 41 (2004), Nr. 1, S. 77–93

[RS19] ROTTMANN, Matthias ; SCHUBERT, Marius: Uncertainty measures and prediction quality rating for the semantic segmentation of nested multi resolution street scene images. In: *Proceedings of the IEEE Conference on Computer Vision and Pattern Recognition Workshops*, 2019, S. 0–0

[RSG16] RIBEIRO, Marco T. ; SINGH, Sameer ; GUESTRIN, Carlos: "Why should I trust you?" Explaining the predictions of any classifier. In: *Proceedings of the 22nd ACM SIGKDD international conference on knowledge discovery and data mining*, 2016, S. 1135–1144

[SB18] SUTTON, Richard S. ; BARTO, Andrew G.: *Reinforcement learning: An introduction.* MIT press, 2018

[SCD+17] SELVARAJU, Ramprasaath R. ; COGSWELL, Michael ; DAS, Abhishek ; VEDANTAM, Ramakrishna ; PARIKH, Devi ; BATRA, Dhruv: Grad-cam: Visual explanations from deep networks via gradient-based localization. In: *Proceedings of the IEEE international conference on computer vision*, 2017, S. 618–626

[Sha48] SHANNON, Claude E.: A Mathematical Theory of Communication. In: *Bell System Technical Journal* 27 (1948), Nr. 3, S. 379–423. – ISSN 1538–7305

[SHK+14] SRIVASTAVA, Nitish ; HINTON, Geoffrey ; KRIZHEVSKY, Alex ; SUTSKEVER, Ilya ; SALAKHUTDINOV, Ruslan: Dropout: A simple way to prevent neural networks from overfitting. In: *The Journal of Machine Learning Research* 15 (2014), Nr. 1, S. 1929–1958

[SHM+16] SILVER, David ; HUANG, Aja ; MADDISON, Chris J. ; GUEZ, Arthur ; SIFRE, Laurent ; VAN DEN DRIESSCHE, George ; SCHRITTWIESER, Julian ; ANTONOGLOU, Ioannis

; PANNEERSHELVAM, Veda ; LANCTOT, Marc u. a.: Mastering the game of Go with deep neural networks and tree search. In: *Nature* 529 (2016), Nr. 7587, S. 484–489

[Sib73] SIBSON, R.: SLINK: An optimally efficient algorithm for the single-link cluster method. In: *The Computer Journal* 16 (1973), Nr. 1, S. 30–34

[SK11] SCHWARZ, Hans R. ; KÖCKLER, Norbert: *Numerische Mathematik.* Vieweg+Teubner Verlag, 2011. – ISBN 9783834881663

[SN99] STEIN, Benno ; NIGGEMANN, Oliver: On the nature of structure and its identification. In: *Graph-Theoretic Concepts in Computer Science* Springer, 1999, S. 122–134

[SPNP99] SOMOL, Petr ; PUDIL, Pavel ; NOVOVIČOVÁ, Jana ; PACLIK, Pavel: Adaptive floating search methods in feature selection. In: *Pattern recognition letters* 20 (1999), Nr. 11, S. 1157–1163

[SPS99] SUTTON, Richard S. ; PRECUP, Doina ; SINGH, Satinder: Between MDPs and semi-MDPs: A framework for temporal abstraction in reinforcement learning. In: *Artificial Intelligence* 112 (1999), Nr. 1, S. 181 – 211. – ISSN 0004–3702

[SQAS16] SCHAUL, Tom ; QUAN, John ; ANTONOGLOU, Ioannis ; SILVER, David: Prioritized Experience Replay. In: *Proceedings of the International Conference on Learning Representations (ICLR)*, 2016

[SQS17] SCHAUL, Tom ; QUAN, John ; SILVER, David: *Training neural networks using a prioritized experience memory.* Mai 18 2017. – US Patent App. 15/349,894

[Ste18] STEIN, Benno: *Vorlesungen zum Data Mining.* University Lecture/Slides. www.webis.de/lecturenotes/slides/slides.html. Version: 2018

[Sut90] SUTTON, Richard S.: Integrated architectures for learning, planning, and reacting based on approximating dynamic programming. In: *Machine learning proceedings 1990.* Elsevier, 1990, S. 216–224

[SZ14] SIMONYAN, Karen ; ZISSERMAN, Andrew: Very deep convolutional networks for large-scale image recognition. In: *arXiv preprint arXiv:1409.1556* (2014)

[Thea] THE PYTHON SOFTWARE FOUNDATION: *string – Common string operations.* https://docs.python.org/3/library/string.html, Abruf: 14.08.2020

[Theb] THE SCIPY COMMUNITY: *Array creation routines – NumPy.* https://numpy.org/doc/stable/reference/routines.array-creation.html, Abruf: 14.08.2020

[Thec] THE SCIPY COMMUNITY: *numpy.set_printoptions – NumPy.* https://numpy.org/doc/stable/reference/generated/numpy.set_printoptions.html, Abruf: 30.08.2020

[Thed] THE SCIPY COMMUNITY: *scipy.cluster.hierarchy.linkage – SciPy.* https://docs.scipy.org/doc/scipy/reference/generated/scipy.cluster.hierarchy.linkage.html, Abruf: 30.08.2020

[Thee] THE SCIPY COMMUNITY: *scipy.interpolate.lagrange – SciPy.* https://docs.scipy.org/doc/scipy/reference/generated/scipy.interpolate.lagrange.html, Abruf: 30.08.2020

[TN98] TOMIKAWA, Yoshihiro ; NAKAYAMA, Kenji: Approximating many valued mappings using a recurrent neural network. In: *Neural Networks Proceedings, 1998. IEEE World Congress on Computational Intelligence. The 1998 IEEE International Joint Conference on* Bd. 2 IEEE, 1998, S. 1494–1497

[Tre20] TREMMEL, Moritz: *Baden-Württemberg: Polizeibehörde fotografiert Corona-Gästelisten.* https://glm.io/150295?m. Version: 2020, Abruf: 31.08.2020

[TS93] THRUN, Sebastian ; SCHWARTZ, Anton: Issues in using function approximation for Reinforcement Learning. In: *Proceedings of the 1993 Connectionist Models Summer School Hillsdale, NJ. Lawrence Erlbaum*, 1993

[VA17] VARSHNEY, Kush R. ; ALEMZADEH, Homa: On the safety of machine learning: Cyber-physical systems, decision sciences, and data products. In: *Big data* 5 (2017), Nr. 3, S. 246–255

[VH10] VAN HASSELT, Hado: Double Q-learning. In: *Advances in neural information processing systems*, 2010, S. 2613–2621

[VHG17] VAN HASSELT, Hado P. ; GUEZ, Arthur C.: *Training reinforcement learning neural networks.* März 16 2017. – US Patent App. 15/261,579

[VHGS16] VAN HASSELT, Hado ; GUEZ, Arthur ; SILVER, David: Deep reinforcement learning with double q-learning. In: *Thirtieth AAAI conference on artificial intelligence*, 2016

[VOS+17] VEZHNEVETS, Alexander S. ; OSINDERO, Simon ; SCHAUL, Tom ; HEESS, Nicolas ; JADERBERG, Max ; SILVER, David ; KAVUKCUOGLU, Koray: FeUdal Networks for Hierarchical Reinforcement Learning. In: *Proceedings of the 34th International Conference on Machine Learning - Volume 70*, JMLR.org, 2017 (ICML'17), S. 3540–3549

[Wat89] WATKINS, Christopher J.: Learning from delayed rewards. In: *University of Cambridge* (1989)

[WD92] WATKINS, Christopher J. ; DAYAN, Peter: Q-learning. In: *Machine learning* 8 (1992), Nr. 3-4, S. 279–292

[Wei13] WEISS, Gerhard: *Multiagent Systems.* MIT Press, 2013. – ISBN 9780262018890

[WHLG18] WONG, Catherine ; HOULSBY, Neil ; LU, Yifeng ; GESMUNDO, Andrea: Transfer learning with neural AutoML. In: *Advances in Neural Information Processing Systems*, 2018, S. 8356–8365

[WV12] WIERING, Marco ; VAN OTTERLO, Martijn: *Reinforcement Learning: State-of-the-Art.* Bd. 12. Springer, 2012. – ISBN 9783642276453

[Z+20] ZEICHHARDT, Heinz u. a.: *Kommentar zum Extra Ringversuch Gruppe 340 Virusgenom-Nachweis-SARS-CoV-2.* https://www.instand-ev.de/System/rv-files/340%20DE%20SARS-CoV-2%20Genom%20April%202020%2020200502j.pdf. Version: 5 2020

[Zad65] ZADEH, Lotfi: Fuzzy sets. In: *Information and Control* 8 (1965), Nr. 3, S. 338–353

[ZH05] ZOU, Hui ; HASTIE, Trevor: Regularization and variable selection via the elastic net. In: *Journal of the Royal Statistical Society: Series B (Statistical Methodology)* 67 (2005), Nr. 2, S. 301–320

[ZKL+16] ZHOU, Bolei ; KHOSLA, Aditya ; LAPEDRIZA, Agata ; OLIVA, Aude ; TORRALBA, Antonio: Learning deep features for discriminative localization. In: *Proceedings of the IEEE conference on computer vision and pattern recognition*, 2016, S. 2921–2929

Index

T

U